Niederlande

~770–~1100: …olingische u. …onische Kunst

~1100–~1200: Romanik

… frühem 13. Jh.: …k (stark von Frankreich beeinflußt)

Internationale Gotik

…ät-…ik – Eckiger Stil (van Eyck und Nachfolge)

Antwerpener Manieristen

Renaissance und Manierismus

Romanisten

Barock

Einfluß des franz. Rokoko

Klassizismus

Historismus

Impressionismus

Realismus

…-…smus

Jugendstil (les Vingt)

England

Irisch-angelsächsische Kunst

1066

Normannische Romanik

~1180

Early English

Decorated Style

Curvilinear Style

Perpendicular Style

Gotik

Renaissance

Tudor Style

Manierismus ~1550

Elizabeth – 1603

1603 Stuart

Palladianischer Klassizismus

1649 Cromwellian

Barock

1660 – 1689 Carolean

William and Mary

1702 Queen Anne

1714 Early Georgian

1745 Chippendale

1779

Neo-Palladianismus

1762 Adam Style

1792

Klassizismus

Neugotik (Gothic Revival)

Romantik

1806 Sheraton

1820 Regency

1837 Late Georgian

Victorian

Historismus

ab 1901 Edwardian

Glasgower Schule

Arts + Crafts

Modern Style

Ingenieurbaukunst

Iberische Halbinsel

Spanien

provinzialrömische Tradition seit 5. Jh. westgotische Kunst

seit spätem 8. Jh. karolingische Kunst

711 Mozarabische Kunst

Romanik

~1085 Mudejar-Stil

Gotik

Internationale Gotik

Renaissance

Plateresken-stil

Manieris-mus

Churriguerismus

Romantik

Klassizismus

Historismus

Impressionismus

Modernismo = Jugendstil (Neukatolonische Schule: Gaudi)

Portgual

Bis 1500 parallele Entwicklung zu Spanien

1495 – 1521 Emanuelstil (Spätgotik)

Renaissance

Barock

Klassizismus

Historismus

KEYSERS
GROSSES ANTIQUITÄTENLEXIKON

KEYSER

KEYSERS GROSSES ANTIQUITÄTEN LEXIKON

Keysersche Verlagsbuchhandlung München

Autoren und Bearbeiter:
Friedrich Aichele, Stuttgart – Lothar Altmann, München – Werner Baus, Fuldatal – Ulrike Besch, München – German Bogner, München – Saskia Durian-Ress, München – Günther Gall, Offenbach – Walter Grasser, München – Claus Grimm, Gräfelfing – Otto Habinger, München – Hans-Jürgen Hansen, Gräfelfing – Hans-Werner Hegemann, Bad Orb – Gerd Höpfner, Berlin – Barthel Hrouda, München – Peter Jaeckel, München – Ulrich Klever, Gut Weisham – Christine Kerler, München – Marit Kretschmar, München – Heide Lauter, Hattingen – Claudia List, München – Stephan List, München – Heinz E. R. Martin, München – Ilas Neufert, München – Gisela Pause-Chang, Köln – Alexander Rauch, München – Gisela Reineking von Bock, Köln – Uwe Scheid, Dierikon – Waldemar Schlögl, Bamberg – Hans Schneider, Tutzing – Anton Schnell, München – Renate Scholz, Hamburg – Werner Schroeder, Düsseldorf – Sibylle Spiegel, München – Walter Spiegl, Grafing – Ulla Stöver, Hamburg – Edith M. H. Sträßer, Köln – Wolfgang Till, München – Dietrich Wildung, München – Mechthild Wiswe, Braunschweig – Norbert Wolf, München – Sylvia Wolf, München – Paulus Wunderlich, Arnsberg – Gertrud Wyman, München

CIP–Kurztitelaufnahme der Deutschen Bibliothek:
Keysers großes Antiquitätenlexikon /
[Autoren u. Bearb.: Friedrich Aichele ...]. –
München: Keyser, 1980.
(Keysers Handbücher für Kunst- und Antiquitätensammler)
ISBN 3–87405–132–3
NE: Aichele, Friedr. [Mitverf.]

Redaktion: Peter Wiench

Umschlagentwurf: Hansjörg Langenfass, Ismaning

Das Frontispiz zeigt eine Stutzuhr, Deutschland, um 1780, Sign. Castens, Bremen, H 60 cm

Gesamtherstellung: Druckerei Georg Appl, Wemding
Papier: Spezialmattgestrichenes Offsetpapier der Firma Zanders, Bergisch-Gladbach
Printed in Germany

Zur Neuausgabe:

Vor zwanzig Jahren erschien unser erstes Antiquitätenlexikon, das in mehreren Auflagen das Kunsthandwerk vom 15. Jahrhundert bis zu seinem Höhepunkt im 18. Jahrhundert schwerpunktmäßig behandelte. Angesichts eines breiteren Sammlerinteresses wurde es Zeit, das 19. und 20. Jahrhundert mit zu erfassen und auch außereuropäische Kulturen wie afrikanische, ostasiatische und präkolumbianische Kunst stärker einzubeziehen.
Die weitgefächerte Produktion des Verlages mit namhaften Autoren auf dem Antiquitätensektor gab die erforderliche Grundlage.
Unser besonderer Dank gilt den 44 Autoren für ihre fachliche Mitarbeit, die es ermöglicht, allen Antiquitätenliebhabern das Nachschlagewerk in die Hand zu geben, das die allgemeinen Begriffe der Kunstgeschichte und des Kunsthandwerkes definiert und über Typologie, Werkstoffe, Herstellungsverfahren und Produktion bedeutender europäischer Werkstätten und Manufakturen, Daten und Werke namhafter Kunsthandwerker Auskunft gibt.
Ein ausführliches Literaturverzeichnis zu allen Spezialgebieten ermöglicht es, sich mit einzelnen Interessengebieten näher zu beschäftigen. Die Vielzahl der Abbildungen soll eine Andeutung der künstlerischen Kraft und der lebendigen Fülle geben, die uns noch heute aus den Schöpfungen des Kunsthandwerkes entgegenstrahlt und uns zum Sammeln anreizt.

Dekor von Meeresflächen. Aus: Mercator-Hondius, „Atlas ...“, Amsterdam, Hondius-Jansson, 1633

Aachener Möbel, Geschirrschrank. Mitte 18. Jh. Eiche, geschnitzter Dekor, 225 × 160 × 50 cm. Aachen, Sammlung Lüttgens.

A

Aachener Möbel, auch Aachen-Lütticher-Möbel, eine von niederländischen Vorbildern abhängige Gruppe ungefaßter, geschnitzter Eichenmöbel, die in Aachen und im benachbarten Lüttich im zweiten und dritten Viertel des 18. Jh.s entstanden. Sie zeichnen sich durch flache Reliefierungen der Füllungen und durch vollplastisch ausgearbeitete Ecken und Aufsätze aus. Besonders charakteristische Möbeltypen sind u. a. der oben verglaste → Geschirrschrank, der → Kleiderschrank und die → Bodenstanduhr. Aachener Möbel werden im Kunsthandel häufig angeboten, da sie als Beispiele bürgerlicher Wohnkultur des 18. Jh.s auf Grund ihrer Ausmaße und Proportionen auch heute noch ohne Schwierigkeiten in moderne Einrichtungen einzugliedern sind. Diese Beliebtheit führte allerdings zu zahlreichen → Möbelfälschungen, die der Nichtfachmann oft kaum von Originalen unterscheiden kann.

Aachener Steinzeug → Rheinisches Steinzeug, → Raerener Steinzeug

Aalto, Hugo Alvar Henrik (1898–1976), finnischer Architekt und Designer, der besonders für seine verformten Sperr- und Schichtholzmöbel berühmt wurde. Anfänglich als Architekt tätig, wandte sich Aalto zwischen 1929 und 1933 dem → Möbelentwurf zu, der hauptsächlich Stahlkonstruktionen aufwies. Doch schon bald nach seiner Gründung der Artek, einer Firma für „architekturale Accessoires" in Helsinki, 1933, entdeckte er, daß das verformte Schichtholz in der Möbelkonstruktion ähnliche Eigenschaften wie der Stahl aufweist, ökonomischer und wohnungsfreundlicher ist. Technisch ging Aalto nicht nur von den Errungenschaften Thonets (→ Thonet-Möbel) aus, sondern auch von der Herstellung des Ski; formal beeinflußten ihn die → Sitzmöbel von Mart → Stam und Marcel → Breuer. Aaltos Entwürfe zielen unmittelbar auf die Serienherstellung: Stapelstühle, Kindergartenmöbel u. ä.; auch seine wenigen Einzelstücke sind kaum von seinen Serienentwürfen unterscheidbar. Aalto trat auch als Glasdesigner hervor und schuf einige wenige Objekte, die eine völlig freie, weitgehend vom Typus losgelöste Gestaltung zeigen.

Alvar Aalto, Hocker. H 45 cm. Arbeitsstuhl K 65. 1933–1935. Birke, H 60 cm. Helsinki, Artek.

Abakus → Säule

Abasquesne, Masséot → Rouen

Abbassi, alte persische Silbermünze. Zuerst um 1620 unter Schah Abbas dem Großen geprägt.

Abbinden, das Nieder- und Festlegen der Schußfäden durch Kettfäden (→ Kette) oder der Kettfäden durch Schußfäden beim Weben.

Abendmahlsbecher → Abendmahlsgerät

Abendmahlsgerät, vom 16. Jh. an in den reformierten Kirchen die neue Form des Meßgeräts (→ Altargerät). Es besteht aus Abendmahlskelch (→ Kelch), vereinzelt ersetzt durch Abendmahlsbecher, der → Abendmahlskanne zum Nachgießen des Abendmahlsweines in den Kelch und dem → Abendmahlsteller für die Oblaten oder das Brot, das der Geistliche der Gemeinde reicht.

Abendmahlskanne, Gefäß für das Nachgießen des Weines in den Abendmahlskelch (→ Kelch), meist aus Zinn, seltener aus vergoldetem Silber, Messing oder Gold, oft mit gravierten Inschriften, Ornamenten oder Figuren. Sie faßt mindestens einen Liter. Der Form nach entspricht sie den Deckelkrügen und -kannen jeweils der Zeit, in der sie entstand; so war sie bis ins 18. Jh. walzen-, später birnenförmig. Erst seit der zweiten Hälfte des 17. Jh.s weist die Abendmahlskanne einen Ausguß auf. (Abb. s. a. S. 8)

Abendmahlskelch → Kelch

Abendmahlspfennige, von den reformierten und calvinistischen Kirchengemeinden ausgegebene Marken und Zeichen, die den Inhabern die Teilnahme am Abendmahl erlaubten. Verbreitet vor allem in der Schweiz und in Frankreich, ferner in den südlichen Niederlanden, in Schottland und Nordamerika.

Abendmahlsteller, Altargerät, das in zwei verschiedenen Formen vorkommt: als kleiner, flacher Teller für Oblaten, wie ihn die protestantische Kirche verwendet (→ Patene), und als tiefer, weit größerer Brotteller in den reformierten Kirchen; meist aus Edelmetall.

Abfasen, das Abschrägen von Kanten an Architekturgliedern. Die schrägen Flächen heißen Fasen oder Schmiegen.

Abguß, das Verfahren zur Abformung eines Gegenstandes, eines (Wachs-)Modells, eines plastischen Kunstwerks usw. in Gips, Ton oder anderem Material (→ Bronzekunst). Von dem vorhandenen Original wird zunächst eine Negativform hergestellt, in deren Hohlraum die eingegossene, noch weiche Masse erhärten kann. Soll nur ein einziger Abguß hergestellt werden, so kann die Negativform in einem Stück gefertigt und nach Erhärten des Gusses zerstört (abgeschlagen) werden (= verlorene Form). Bei mehreren erforderlichen Abgüssen von einem Original muß diese Negativform aus zusammengesetzten und nach dem Guß wieder auseinandernehmbaren Teilen (sogenannte Keilstücke) gefertigt werden. Dabei entstehen an den Nahtstellen am Abguß die sogenannten Gußnähte, die anschließend bearbeitet werden müssen. Der Abguß nach der Natur wurde schon in Ägypten vorgenommen. In der Antike übte man ebenso bereits den Gipsabguß, wenig dagegen im Mittelalter. Seit der Renaissance und besonders in Akademien des 17. Jh.s wird es üblich, Sammlungen von Gipsabgüssen nach antiken Werken zusammenzustellen. Die Kunstwissenschaft und Archäologie

Abendmahlsgerät. Kelche, Patenen und Abendmahlskanne. Braunschweig, Städtisches Museum

des 19. Jh.s richtete in Museen eigene Abteilungen für (Gips-)Abgußsammlungen ein.

Abildgaard, Nicolai Abraham (1743–1809), dänischer Maler, Architekt und Dekorateur. Vertreter des dänischen Klassizismus, der von englischen Vorbildern geprägt ist.

Ablaßbild, seit dem 15. Jh. meist im Holzschnitt und Kupferstich hergestellte religiöse Darstellungen, Andachts- oder Erbauungsbilder, denen Gebete und Anleitungen zur Erreichung der Ablaßerteilung beigegeben sind (z. B. Reuetaten, Wallfahrten, Bußgelder, Gebete).

Abondio, Antonio (1538–91), bekannter italienischer Medailleur der Spätrenaissance. Vorwiegend tätig in Prag am Hof der Kaiser Maximilian II. und Rudolf II.

Abrammuo → Ashanti

Abrasch, im Orientteppich häufig vorkommende Abstufungen innerhalb einer Farbe, die dadurch entstehen, daß die Wolle in verschiedenen Partien eingefärbt wird und der Ton jedesmal etwas anders ausfällt.

Abraxasgemmen, spätantike → Gemmen, die wahrscheinlich als gnostische Amulette galten. Sie wurden bis ins Mittelalter als Amulette oder Siegelringe benutzt. In den Stein eingeschnitten ist ein Fabelwesen aus Hahnenkopf und Schlangenfüßen, meist mit einer Peitsche und einem Schild in den Händen.

Abschläge → Probemünzen

Abschnitt (Numismatik) → Münze

Abschuß, die letzten Schüsse (→ Kette) in einem Gewebe, die oft unterschiedlich in Bindung und Material eine Abschlußborte ergeben.

Absehe, Visier, senkrechtes Plättchen mit Loch am Ende eines Zeigers oder an der Kante wissenschaftlicher Instrumente. Ein Zeiger oder Lineal mit zwei aufgesetzten Absehen heißt Alhidade.

Absteckvisier → Visier

Abtsbessingen, thüringische Fayencemanufaktur (→ Thüringer Fayencen), ca. 1739 vom Fürsten Schwarzburg-Sonderhausen gegründet. Die Qualität der in Abtsbessingen hergestellten Fayencen steht weit über der anderer thüringischer Manufakturen. Hervorstechend sind die Stücke mit gelbem oder grünem Scharffeuerfond (→ Scharffeuerfarben). Besonders bekannt sind die Mopsdosen der Abtsbessinger Manufaktur. → Chinoiserien in bunten → Muffelfarben sind häufig kennzeichnend für Gebrauchs- und → Formgeschirr. Als bekanntester Maler ist Joseph Philipp Dannhofer zu nennen, der zuvor in → Ansbach und → Bayreuth, später in → Fulda tätig war. Die Abtsbessinger Manufaktur bestand nur bis zum Ende des 18. Jh.s; ihre Erzeugnisse sind mit der zweizinkigen Gabel aus dem fürstlichen Wappen gezeichnet.

Abzeichen (engl. *badge*), aus Metall oder anderen Materialien hergestellte Kennzeichnung von Waffengattungen, Truppenteilen besonders in England. Dort beliebtes Sammelgebiet.

À cage, en cage → Schnupftabakdosen

Acajouholz, sog. weißes Mahagoni. Eine Terebinthenart (Terpentinpistazie) aus Senegal. In Frankreich wird → Mahagoni mit Acajou bezeichnet.

Achatglas, Mischung aus in zähflüssigem Zustand ineinandergerührten verschiedenfarbigen Glasflüssen, meist Blau, Grün und Kupferrubin. Schon alexandrinische Glasmacher kannten das Herstellungsverfahren, das in Venedig im 15. Jh. wiederentdeckt wurde (→ venezianisches Glas).

Achatware, englisches Steingut des ausgehenden 18. Jh.s, das aus Lagen verschiedenfarbigen Tons zusammengesetzt ist und Achat (→ Chalcedon) ähnelt.

Acheiropoieten (griech., nicht von Menschenhand gemacht), Bezeichnung von Heiligenbildern (hauptsächlich Christusbilder), die einer Legende nach auf wundersame Weise entstanden sein sollen. Bekannteste Beispiele sind das Jesusantlitz auf dem Schweißtuch der Veronika und das Christusbild von Edessa.

Achselbänder, in der preußischen Armee Offiziersabzeichen, aber auch in anderen Heeren vorkommend. Die Achselbänder entstammen entweder den Schnüren, die die Reiter zum Zusammenbinden der Pferdefutterbündel benötigten, den Fouragierleinen (daher die franz. Bezeichnung *fourragère*) oder Schmuckbändern, die von Kavalieren des 17. Jh.s an der Kleidung getragen wurden.

Achselklappen → Uniform (Abb. s. a. S. 10)

Achselkragen, Achseln → Harnisch

Achtbrüdertaler, Taler von Sachsen-Weimar (1606–1619) mit den Brust- oder Hüftbildern der acht Söhne des Herzogs Johannes.

Acht Glückszeichen, weitverbreitete Symbole des Mahâyâna-Buddhismus. 1. Schirm: Symbol des Sitâtapatrâ, 2. Zwei goldene Fische: ‚Fische der Seligkeit', verkörpern Glück und Erfolg, 3. Weihwassergefäß: Kultrequisit, Symbol des Amitâyus und anderer Gottheiten, 4. Muschel: ursprünglich Turbinella-Schnecke, glückverheißendes Symbol, Vajratârâ zugeordnet, 5. Endloser Knoten: entstammt dem Hinduismus, ursprünglich Haarlocke auf der Brust Wischnus, Symbol der endlosen Wiedergeburten und Liebesschlinge, 6. Standarte: Beziehung zum Weltberg Meru, Symbol der Kraft, Attribut des Kriegsgottes Cam-srin, 7. Lotosblüte (Nelumbo nucifera): In Vereinigung mit der Campakablüte (Michelia Champaka) und der Ashokablüte (Jonesia Ashoka) das Symbol der heiligen Blüte in vielen Kulturen; versinnbildlicht die Entfaltung des geistigen Lebens, im Buddhismus das Prinzip des Weiblichen, 8. Goldenes Rad: Mit dem Schirm, Symbol Buddhas als Weltherrscher.

Achttageuhren, Bezeichnung für alle Uhren, die nach dem Aufziehen acht Tage laufen. Der Uhrmacher benötigt für diese Uhren ein Rad mehr als für die gewöhnlichen vierundzwanzigstündigen Uhren.

Acht Unsterbliche, chin. Pa Hsien, eine seit der Yüan-Zeit gestaltete Gruppe von acht taoistischen Heiligen. 1) Chung-li Ch'üan, eine kräftige, halbnackte, bärtige Gestalt mit einem Fächer; 2) Ho Hsien-ku, ein anmutiges Mädchen mit Lotosblüte auf langem Stengel; 3) Chang Kuo, bärtige Figur mit Bambustrommel und zwei Schlegeln, eventuell auf einem weißen Maultier reitend; 4) Lü Tung-pin, würdevoller alter Mann mit Schwert; 5) Han Hsiang Tzu, der jugendliche Philosoph mit einer Flöte; 6) Ts'ao Kuo-chiu, älterer bärtiger Mann mit Kastagnetten; 7) Li T'ieh-kuai, der abgezehrte Alte mit der eisernen Krücke und einem Flaschenkürbis; 8) Lan Ts'ai-ho, ein Mädchen mit Blumenkorb oder Pfirsichen.

Acier, Michel Victor (1736–99), französischer Bildhauer und Porzellanmodelleur, von 1764 bis 1781 neben → Kändler († 1775) Modellmeister in → Meißen. Mit seinen Kinderfiguren und -gruppen führte er den →Klassizismus französischer Prägung in Meißen ein.

À cire perdue → Guß

Adam, Robert (1728–92), englischer Architekt, Innenraumgestalter und Möbelentwerfer. Sein Dekorationsstil, der alle Sparten des Kunstgewerbes nachhaltig beeinflußte und einer ganzen Epoche seinen Namen verlieh, leitet sich in seinen Ursprüngen von klassischen antiken Architekturen, pompejanischen Innenraumgestaltungen und der Groteskenmalerei Raffaels und seiner Schüler ab, die er während eines vierjährigen Romaufenthaltes (1754/58) unter der Anleitung Giovanni Battista Piranesis studierte. Im Unterschied zum französischen → Louis-seize, dessen Formenrepertoire sich ebenfalls an die Antike anlehnt, zeigen sich die frühen Arbeiten Adams eher trocken-archäologisch: Eine Vielzahl von unmittelbar der Antike entnommenen Motiven, wie Urnen, Sarkophage, Grotesken u. ä., dekorieren seine Innenräume, die er von den Wänden her gliedert. Seine Entwürfe leben vom Ornament und nicht wie die des Louis-seize von der Form. Kennzeichnend sind für ihn die Motive von Glockenblumen, Geißblatt, Muscheln und Patenen, Palmetten und Festons, die nicht nur in Architektur- und → Möbelentwürfen, sondern auch bei Metallarbeiten, Silber und im → Wedgwood-Steingut erscheinen. Er veröffentlichte seine Entwürfe zusammen mit seinem Bruder James in dem Vorlagenwerk *The Works of Architecture* (London 1772–1822). Während des englischen → Regency gerieten seine Dekorationen mehr und mehr in Vergessenheit; erst die zweite Hälfte des 19. Jh.s entdeckte Adam von neuem, und bis heute finden sich zahlreiche Möbel dieser Epoche auf dem Markt.

Adam-Stil, der nach dem Architekten Robert → Adam (→ Georgian style) benannte englische Architektur-, Möbel- und Dekorationsstil der Mitte und 2. Hälfte des 18. Jh.s.

Adelheid-Denare, Otto-Adelheid-Denare, in Nord-, Mittel- und Ostdeutschland weitverbreitete Silbermünzen, die vorn Namen und Titel Kaiser Ottos I., auf der Rückseite ein Kirchengebäude mit der Umschrift Athalheit tragen. Sie entstammen wahrscheinlich den Jahren 991–994, als Adelheid, Gemahlin Ottos I., für ihren unmündigen Enkel Otto III. die Regentschaft führte. Als Münzstätte wird Magdeburg angenommen.

Ader, bei Steinen ein von der Grundfarbe abweichender Streifen, ein Effekt, der in Geweben und Holz künstlich herbeigeführt wird. Einschnitte in Möbelholz werden mit Adernsäge, Adernkratzer und Adernhobel ausgeführt. Hellere oder dunklere Holzadern waren im späten 18. und frühen 19. Jh. als Möbelornament beliebt.

Aderholz, geschnittenes Holz, dessen Fläche dem Faserlauf folgt.

Adler, 1. Symbol und Attribut der Macht, als solches häufig im Ornament, in → Wappen (→ Gemeine Figuren) und in der → Heraldik usw. auftauchend.
2. Symbol des Evangelisten Johannes (→ Evangelistensymbole).

Armstuhl im Adam-Stil. England, um 1775. Mahagoni, H 86 cm. London, Auktionshaus Christie's.

Achselklappen und Epauletten mit Namenszügen und anderen Kennzeichen. Aus „Die Uniform der Deutschen Armee I" (Leipzig 1914).

Adlerfibel, schmuckhafte Gewandspange in Adlerform mit ausgebreiteten Flügeln in Gold oder Bronze, paarweise zum Halten des Mantels, von germanischen Fürsten des 4.–11. Jh.s getragen. Das Motiv kommt aus dem Orient. Frühestes Beispiel: Adlerfibel von Pietrossa, um 375, 27 cm lang. Um 500 ostgotische Adlerfibel von Cesena: Gold mit Zelleneinlagen aus Almandin, Elfenbein und Lapislazuli, 12 cm lang (Nürnberg, Germanisches Nationalmuseum). In der Spätgotik, 14./15. Jh., wird Adlerschmuck zum silbernen Massenartikel. Goldene Adlerfibeln gelangten als Fälschungen auch in den Kunsthandel.

Adlerhumpen → Reichsadlerhumpen

Adlerkasak, auch Wappen- oder Schwerterkasak, Teppich aus dem Kasak-Gebiet (→ Karabagh-Teppiche), meist rotgrundig, mit vielstrahlig ausgebildeten Medaillons, die an Adlerschwingen oder Schwertklingen erinnern und meist weiß sind. Die Musterung in der Mitte ist im allgemeinen blau. Ähnlich ist der nicht aus dem Kasak-Gebiet stammende → Tschelaberd.

Adlerpult → Ambo

Adnet, Jacques (* 1900), in Paris tätiger Architekt und Designer, entwirft hauptsächlich Metallmöbel in der Nachfolge Jacques → Ruhlmanns, seit 1959 Direktor der École Nationale Supérieure des Arts Décoratifs in Paris.

Adorant, eine meist kniend dargestellte anbetende Gestalt zu Füßen eines Christus- oder Marienbildnisses. Auf Epitaphien, Altarbildern und Grabmälern zu finden. Meist handelt es sich um Herrscher- oder Stifterbildnisse; allerdings erst im 15./16. Jh. mit Porträtcharakter. Adoranten sind oft in der → Bedeutungsperspektive wiedergegeben.

Adresse, Beschriftung einer Graphik, entweder vom Künstler selbst oder einem Schriftstecher angefertigt; → *avant la lettre,* → *après la lettre.* Seit dem 17. bis ins 19. Jh. ist es üblich, die an der Ausführung eines Blattes Beteiligten am unteren Rand zu benennen. Sind, wie im 17. und 18. Jh. die Regel, mehrere Ausführende beteiligt, so beziehen sich → *inv., invenit* (lat., hat es erfunden) oder → *del., delineavit* (lat., hat es gezeichnet) auf den entwerfenden Künstler, → *sc., sculps., sculpsit* (lat., hat es gestochen) oder → *inc., incidit* (lat., hat es geschnitten) auf den Stecher, → *exc., excudit* (lat., hat es verfertigt) auf den Verleger, der auch Stecher sein kann. Alle diese Angaben zusammen bezeichnet man als Adresse.

Ädikula (lat., Tempelchen), in eine Wand gefügter Aufbau aus Säulen, Halbsäulen oder → Pilastern, die ein Gebälk, einen Giebel oder einen Bogen tragen. Das Motiv beherrschte von 1550 bis zum Anfang des 18. Jahrhunderts die Altarbaukunst und war auch für Schränke, Wandverkleidungen und Türflügel beliebt.

Ägyptiaca, altägyptische Antiken. Sie gelten zu Unrecht als Randgebiet der Sammlertätigkeit. Der Zeitraum von 3000 v. Chr. (die ägyptische Vorgeschichte nicht eingerechnet) bis in die koptische Zeit des 2.–8. Jh. n. Chr., die für die Erhaltung auch vergänglicher Materialien (Holz, Papyrus) idealen Klimabedingungen in Ägypten und die außergewöhnliche künstlerische Produktivität der alten Ägypter machen den Boden Ägyptens zu einer immer noch unerschöpflichen Quelle archäologischer Objekte.

Während in den Gründerjahren der privaten und öffentlichen Ägyptensammlungen (seit Beginn des 19. Jh.s.) ganze Reliefwände, Grabmalereien und Architekturteile in den Handel gelangten, hat sich heute der Sammler aus denkmalpflegerischen Gründen strikt auf das Einzelobjekt zu beschränken, das nicht einem integralen Zusammenhang ent-

Adler-Kasak. Knüpfteppich aus Wolle. Karabagh, Süd-Kaukasus, Mitte 19. Jh. 127 × 235 cm. München, Eberhart Herrmann, Teppich-Antiquitäten.

rissen ist. Sowohl der reiche Bestand an Privatsammlungen als auch das bei kleinformatigen Einzelobjekten nicht strikt praktizierte Ausfuhrverbot aus Ägypten sorgen für eine nach wie vor interessante Marktlage bei allerdings extrem anziehendem Preisniveau. Neben den Auktionen der großen Häuser sind es wenige auf Altägypten spezialisierte Händler in Frankreich, USA, England und Deutschland, die Qualitäts- und Preisniveau formen.

Um sich vor Fälschungen (heute häufig und oft von guter Qualität) zu schützen, sollte sich der Sammler des Rates von

Fachägyptologen bedienen, da angesichts des weit gefächerten Sammelgebiets der Nichtfachmann fundierte Kenntnisse fast nur auf einzelnen Spezialgebieten erwerben kann. Die Spitzenleistungen altägyptischer Kunst in Plastik und Relief sind in ihrem Preisniveau dem Privatsammler kaum erreichbar. Hohe und höchste künstlerische und handwerkliche Qualität – sie sollte das wichtigste Kriterium des Sammlers sein – findet sich aber auch bei Objekten der Kleinkunst, die man systematisch sowohl nach Objektgattungen – z. B. Skarabäen – als auch nach Materialien – z. B. Fayence oder Glas – sammeln kann.

Ägyptische Bronzen, als Votivgaben in Tempel gestiftete Figuren, Götter in Menschen-, Tier- und Mischgestalt. Bei kleinen Formaten Vollguß, sonst Hohlguß in Wachsausschmelzverfahren. Einlagen (Tauschierung) in Gold und Silber. Meist in eine kastenförmige Basis eingezapft. Auf der Basis of Widmungsinschrift mit Stifternamen. Moderne Nachgüsse häufig, vor allem bei Bronzekatzen.

Ägyptische Keramik, bislang wenig beachtetes, reich bestücktes Sammelgebiet mit (noch) günstigen Preisen. Vorgeschichte (4. Jh.): schwarzrandige Black-topped-Ware, Negade I rotgrundig mit weißer Bemalung, Negade II beigegrundig mit rotbrauner Bemalung. Altes Reich: rotpolierte Ware. Neues Reich: neben der hellblau bemalten Keramik der 18. Dynastie vor allem blaue und türkisfarbene sowie grüne Glasuren. Spätzeit bis römische Kaiserzeit: polychrome Glasuren.

Ägyptische Steingefäße. Neben großformatigen Gefäßen aus Kalzit („Alabaster"), Schist und anderen Hartgesteinen interessieren den Sammler insbesondere die sog. Scheingefäße, Miniaturversionen feinster Qualität, die vor allem im Mittleren Reich hergestellt werden.

Ägyptische Textilien. Aus koptischer (frühchristlicher) Zeit sind in großer Zahl Besatzstücke von Gewändern erhalten, die in ihren gewebten Motiven vom späten Hellenismus bis an die Schwelle des Islam reichen. Größerformatige Stücke sind selten; im reichen Angebot kleinerer Fragmente finden sich noch in sich geschlossene Motive guter Qualität.
An die Tradition koptischer Stoffe knüpfen moderne ägyptische Textilmanufakturen an, die in der Schule von Ramses Wissa Wassef in Harrania hohes künstlerisches Niveau erreichen.

Ägyptischer Schmuck. Gold- und Silberschmuck ist selten, da meist schon in der Antike eingeschmolzen. Reichhaltig ist das Angebot an Fayenceschmuck (Amulette, Skarabäen) von einfachen Ketten aus Scheiben- und Röhrenperlen („Mummy-beads") bis zu figuralen à-jour-Kettengliedern und polychromen Blütenketten.

Ägyptisches Schwarz, Bezeichnung für in Staffordshire in England hergestelltes schwarzes, unglasiertes → Steinzeug. War besonders für Teegeschirr beliebt und fand vom Beginn des 18. bis zum Ende des 19. Jh.s Verwendung.

Äolsharfe, ein von alters her bekanntes Instrument, bei dem über einen Resonanzkörper gespannte Saiten (sechs oder mehr) durch die Einwirkung eines Luftstromes Obertöne des Grundtones erklingen lassen.

Äquatoriale Reisesonnenuhren, Sonnenuhren aus Bronze, vergoldetem oder versilbertem Messing, deren Zifferblatt auf die Polhöhe einstellbar ist. Sie wurden vereinzelt im 15. und 16., in großer Zahl im 17. und 18. Jh. hergestellt, vor allem in Augsburg. Über äquatoriale Tischsonnenuhren → Horizontal- und Vertikaluhr.

Ägyptische Bronze. Stehende Göttin mit einem Sistrum auf dem Kopf. H 18,5 cm. München, Staatliche Sammlung Ägyptischer Kunst.

Aër, reichbesticktes seidenes → Velum der Ostkirche, das über → Potirion und → Diskos gebreitet wird.

Ärmelbänder, wurden zur ehrenden Erinnerung an Waffentaten oder Persönlichkeiten in den Heeren des Deutschen Reiches getragen.

Aes grave, Schwergeld: die frühesten Münzen der Römer, gegossene Kupfermünzen, im 4. und 3. Jh. v. Chr. auch geprägt. Die stadtrömische Serie zeigt vorn den doppelköpfigen Janus, hinten einen Schiffsbug. Unregelmäßig geformte Bronzebarren, die vorher als Geld dienten, heißen *Aes rude* („rohes Erz"), quaderförmige mit Symbolen, eine Zwischenform zwischen beiden, *Aes signatum* („gezeichnetes Erz").

Ätzspitzen, Nachahmung von Nadelspitzen durch Stickerei in Baumwolle auf wollenem Grund. Durch ein Ätzmittel, das die Stickerei nicht angreift, wird dieser Grund zerstört. Es gibt auch Ätzspitzen aus Leinen, Seide und Wolle. Die Ätzspitzen wurden zuerst 1883 von den Gebrüdern Wetter in St. Gallen gemacht.

Ätzung, Verzierung von Gegenständen aus Metall, Stein, Elfenbein oder Muscheln durch Wegätzen eines Musters mit Säure (Ätzwasser, Aquaforte). Die nicht zu ätzenden Teile werden mit einer Wachsschicht oder Asphaltlack (Ätzgrund) vor der Säure geschützt. Wird, wie bei der → Radierung, der Grund geschützt und die eingravierte Zeichnung geätzt, spricht man von Tiefätzung; von Hochätzung hingegen, wenn die Zeichnung erhaben stehenbleibt und der Grund weggeätzt wird.
Die Ätzung wurde von dem Augsburger Stecher Daniel Hopfer erfunden und spielte bis ins 17. Jh. eine große Rolle bei der Verzierung von Rüstungen und Waffen (→ Plattnerkunst). Wurden dabei die tiefgeätzten Teile mit Gold oder → Schwarzlot gefüllt, so wirken sie wie → tauschiert.
Affenkapelle, Gruppe musizierender Affen. Am berühmtesten die aus 19 verschiedenen Figuren bestehende Meißener Affenkapelle, modelliert 1753 von J. J. Kändler. In Mennecy wurde bereits in den vierziger Jahren des 18. Jh.s eine Affenkapelle hergestellt. (→ Singeries).
Afghan, turkmenischer Teppich mit konstanter Zeichnung vertikaler und horizontaler → Güls auf rotem Grund. Auch die Belutsch-Teppiche (→ Belutsch) zählen zu den Afghanen.
Afrikanische Kunst, ein Sammelgebiet, das spätestens seit der Entdeckung der hohen Qualität afrikanischer Kunstwerke durch epochemachende Künstler der Moderne wie Pablo Picasso, Max Pechstein, Max Ernst u. a. nun auch den Kunstmarkt zunehmend erobert hat. Gemeint sind im wesentlichen Holzskulpturen, Masken und kunsthandwerkliche Arbeiten, die von den schwarzafrikanischen Stämmen aus über zweihundert Stilprovinzen geschaffen wurden. Dabei handelt es sich in der Regel um Objekte, die wegen der Unbeständigkeit des Materials in tropischen Klimaverhältnissen selten älter als hundert Jahre alt sind, abgesehen von musealen Stücken wie die frühgeschichtlichen Funde der → Nok-Kultur oder der Ife- und Beninkunst. Das Verständnis für die afrikanische Kunst setzt Kenntnisse der religiösen und sozialen Verhältnisse voraus – ein bei weitem noch nicht lückenlos bearbeitetes Feld der Forschung. So fehlen der Ethnologie noch weitgehend kunsttheoretische Grundlagen. Das Sammeln der Objekte ist eine erste Materialsondierung, im Grunde eine Arbeit, die auch den bescheideneren Sammler reizt, beschäftigt man sich doch überhaupt erst seit dem ausgehenden 19. Jh. mit den Primitiv- oder Naturvölkern. Gleichzeitig sind viele der alten Kulturen durch die Einflüsse der Missionierung und der Technisierung im Begriff unterzugehen.
Stammesnamen wie → Yoruba, → Senufo oder → Fang gelten ebenso als Stilbezeichnungen wie die Namen einzelner auftretender Kultstile (→ Fomena-Stil) oder Landschaftsräume (→ Kameruner Grasland). Dabei ist die Schreibweise der von oft wechselnden Kolonialherren und ebenso von den einzelnen Dialekten verschieden benannten Stämme nicht einheitlich (z. B. Pangwe → Fang, Joruba → Yoruba, Tschelede → Gelede, Tschokwe → Chokwe usw.). Trotz aller Unterschiedlichkeit der Stilrichtungen und der kulturellen Ebenen innerhalb der afrikanischen Kunst lassen sich einige wesentliche gemeinsame Grundzüge, besonders in der figürlichen Kunst, zu der auch die Masken zählen, feststellen. Der figurale Bereich läßt sich in gewisse Gruppen gliedern: Ahnen, Geister, Götter und schließlich – wenn auch nicht bei allen Stämmen – das profane Bild des lebenden Menschen. Mythen verlagern solche Ahnen oder Stammesgründer in den Bereich der Geisterwelt oder darüber hinaus in den der Götter. Die Übergänge sind hier fließend, dennoch läßt sich eine entwicklungsmäßige Tendenz der hierarchisch aufsteigenden „Vergöttlichung" in der Reihenfolge Lebende – Ahnen – Geister – Götter beobachten.
a) *Ahnen:* Der Totenkult stellt die Beziehungen zwischen Jenseits und Diesseits her und rechnet die Ahnen zur Gesellschaft der Lebenden. Ihre meist an Kultstätten aufgestellten Abbilder werden durch Opfer- und Kulthandlungen vom Geist der Verstorbenen beseelt. In matriarchalischen Gesellschaften überwiegen die Frauendarstellungen, die oft als „Urmutter" und nicht immer richtig als „Fruchtbarkeitssymbol" interpretiert werden (→ Luba).
b) *Geister* können aus allen Bereichen der sich von Naturvölkern als beseelt vorgestellten und oft in Personifizierung wiedergegebenen Naturerscheinungen auftreten. Nicht selten sind die bildhaft gemachten Wesen zoomorph gestaltet oder mit tierischen Attributen versehen. Die Benennung ist weder bei den Völkern selbst noch in der Ethnologie einheitlich. So werden Masken oder Figuren dieser Art als „Dämonen", „Seelen", „Wesen", „Kobolde" oder auch „Götter" bezeichnet. In diesem Bereich überwiegt das furchterregende Element, das aus der Angst vor den dem Menschen nicht erklärbaren Kräften resultiert; solche Geisterwesen stellen oft gestalterische Kombinationen aus Naturelementen wie Wasser, Wald, Busch, Erde und Tierformen sowie die von Schlangen, Büffel, Fischen usw. dar.
c) *Götter* werden bei afrikanischen Völkern meist als einem „Hochgott" oder Weltschöpfer untergeordnet verstanden, mit jeweils genau abgrenzbarem Wirkungsbereich. So erscheinen die Göttergestalten in der Regel auch mit bestimmten Attributen oder Gesten, etwa als Jagd- oder Fruchtbarkeitsgötter, als Götter über „Eisen und Krieg", Krankheiten

Aes grave

Luba-Hocker mit Karyatide. Luba, südöstlicher Kongo. Holz, H 54 cm. Paris, Collection Jacques Kerchache.

Gesichts-Maske der Baule. Elfenbeinküste. Holz, bemalt. München, Privatsammlung.

Nagelfetisch. Bakongo, Gebiet des unteren Kongo. Holz und andere Materialien, H 74 cm. Köln, Rautenstrauch-Joest-Museum.

oder Tod usw. Hochentwickelte Kulturen (→ Yoruba) kennen einen ausgesprochenen Pantheon. Dagegen spielt der Hochgott selbst als „otioses", meist bildloses Wesen im Kult kaum eine Rolle. Er wird, wenn überhaupt, meist in abstrakter Form wiedergegeben (→ Baga).

d) *Abbilder von lebenden Menschen* erscheinen dem ungeübten Auge des Europäers nicht immer porträthaft, aber ohne Zweifel ist dem vertrauteren Blick und gar dem Afrikaner die gemeinte Person im abbildenden Werk sofort erkennbar. Bei einigen Stämmen hatte das Porträtieren der Könige (→ Kuba, → Benin) oder der Häuptlingsfamilien (→ Kameruner Grasland) bereits Tradition. Auch die zahlreich zu findenden Köpfchen an Geräten (z. B. „Po-Löffel", → Dan), an Hauspfählen usw. dürfen nicht immer nur als anonyme figürliche Dekorationen betrachtet werden. Attribute und persönliche Kennzeichnung verweisen in manchen Fällen dem Nahestehenden auf das gemeinte Vorbild.

e) *Zauberfiguren* oder *Fetische* bilden eine besondere Gruppe und sind nicht immer im ästhetisch-künstlerischen Bereich figuraler Kunst anzusiedeln. Dies gilt besonders für präparierte menschliche oder tierische Figuren, aber auch für durch allerlei Zutaten, Medizin, zauberkräftige Ingredienzien wirkende Objekte, die in bestimmten Riten vom Magier zum Zauber befähigt werden – so in der Absicht, Krankheiten zu bannen, Feinde abzuwehren usw. Am bekanntesten sind wohl die Spiegel- und Nagelfetische des → Kongo.

f) *Masken* erlauben – im Gegensatz zu den statischen Kultfiguren –, durch Tanz, Bewegung, Gestik, Stimme usw. das dynamische Prinzip der Geisterwelt auszudrücken. Obwohl der Maskenträger in seiner ganzen Gestalt vermummt auftritt und auch die Bekleidung künstlerisch eine wesentliche Rolle spielt, haben sich die Sammlungen in der Regel auf die Kopfverhüllungen beschränkt, die, meist holzgeschnitzt, in den einzelnen Stilrichtungen unverkennbar und stammestypisch gearbeitet sind. Dabei sind einige Grundtypen zu unterscheiden: Vorhaltemasken, die nur das Gesicht bedecken (Gesichtsmasken), während der übrige Teil des Körpers und Kopfes durch Flechtwerk usw. verhüllt wird, sowie Stülpmasken, Helmmasken oder Aufsatzmasken, die von oben senkrecht über den Kopf gestülpt oder hutähnlich getragen werden. Sog. „Passport"-Masken sind kleine, oft nur 5–10 cm große Miniaturmasken, die vom Besitzer gewissermaßen als Ausweis der Zugehörigkeit zu einem Verband mitgeführt werden (→ Dan). Andererseits kennen wir Helm- und Schultermasken, die bis zu 2 Meter hoch sein können und deren Gewicht auf den Schultern getragen werden muß, wie etwa beim Epa-Kult der → Yoruba. Maskentänzer werden durch die Geister autorisiert; die Verehrung gilt nur der Maske, nicht der Trägerperson, von der der Geist Besitz ergriffen hat.

Auch stilistisch kann die afrikanische Kunst in ihrer Gesamtheit grob umrissen in einige markante Gruppierungen geordnet werden: In dem weiten Feld der über zweihundert verschiedenen Stammesstile erscheinen einige Stilgruppen überwiegend „kubistisch", andere eher „naturalistisch". Obwohl sich feststellen läßt, daß beide Stilarten auch in einzelnen Stämmen parallel vorkommen, überwiegt in Teilen des Sudan, in Mali, Ostafrika und Teilen des Kongo die Pfahlplastik. Die Bildwerke sind betont vertikal und oft, dem Wuchs des Holzes entsprechend, pfahlartig gestaltet. Dabei wird deutlich, daß dem Naturvolk die dem Baum als innewohnend gedachte Seelenkraft auch in der Figur spürbar bleibt. Die einzelnen Körperteile werden durch Abarbeiten von Teilen des Holzstammes herausgelöst. Deutlich wird dies besonders etwa bei der Bearbeitung der → Dogon-Figuren, wobei Körper und Kopf gleichermaßen durch Einsägen und Verjüngung des Halsdurchmessers gebildet werden. Dagegen überwiegt bei Stämmen mit ausgesprochen höfischen Kulturen eines oft sakralen Königtums – vor allem im westlichen Küstengebiet – die naturalistisch geprägte „Rundplastik". Bedeutende Beispiele finden sich bei den Stämmen der → Baule, → Yoruba, → Kuba, → Benin oder → Luba. Hier spielten die Betonung der Physiognomie, die Ausarbeitung einzelner Elemente wie Frisuren, Tätowierungen, Hände, Bekleidung usw. eine große Rolle. In einigen Fällen (→ Kamerun, → Yoruba) ist auch eine Körperbewegung zu beobachten, die die Figuren von dem mehr symmetrisch-statuarisch orientierten Pfahlstil unterscheidet.

Das Sammeln afrikanischer Kunstwerke ist trotz der wirtschaftlichen Beziehungen der Kontinente nicht leichter ge-

worden. Qualitätvolle Stücke erzielen auf dem Weltmarkt Preise, die Werken bedeutender europäischer Meister nicht nachstehen. Die immer zahlreicheren Fälschungen zu erkennen, ist oft nicht einfach – sieht man von der in Massenproduktion gefertigten Touristenware ab. Da afrikanische Stükke als echt gelten, wenn sie im Kultzusammenhang benutzt wurden, sind die sichersten Erkennungsmerkmale die Gebrauchsspuren wie Patina, Abgegriffenheit (an den Stellen, wo die Gegenstände tatsächlich angefaßt wurden). Bei manchen Objekten, wie Masken etwa (→ Bassa, → Punu), die nicht auf dem Gesicht, sondern auf Geflechten montiert getragen werden und daher auch, wenn sie echt sind, so gut wie keine Abnutzungsstellen aufweisen, ist die Bestimmung schon schwieriger und zuweilen ausschließlich durch eine profunde Kennerschaft in der Stilistik möglich.

Afroportugiesische Elfenbeinschnitzerei, eine Tradition afrikanischer Elfenbeinarbeiten, die in der Zeit des portugiesischen Afrikahandels im 16. Jh. in den Orten an der Sklavenküste (Lagos, Porto Novo u. a.) entstand. Hergestellt wurden mit Ornamenten und Figuren reich beschnitzte Pokale (sog. Salzfässer), Löffel und Trompeten. Afrikanische Schnitzer arbeiteten im Auftrag von Weißen. So entstand ein afrikanisch-europäischer Mischstil.

Afschar-Bidjar, von einer südlich des Urmiasees lebenden, dorthin verschlagenen Nomadengruppe hergestellte Knüpfteppiche, die vereinfachte Bidschar-Muster (→ Bidschar) zeigen.

Afschari, in Südpersien von einem zwischen Schiras und Kirman lebenden Nomadenstamm hergestellte Teppicherzeugnisse, die den Schirasteppichen (→ Schiras) ähnlich sind.

Agnus Dei (lat., Lamm Gottes), 1. Christussymbol. 2. Als → Andachtsbild und Amulett dienende Scheibe aus geweihtem Wachs mit dem Relief des Lammes mit Kreuz, Kreuzesfahne oder Kelch und Nimbus, auch mit dem aufgeschlagenem Buch der Hl. Schrift. 3. Die Bezeichnung wurde auch auf Behälter für solche Wachsmedaillen übertragen, die als Kapseln oder in der Form von → Monstranzen vorkommen.

Sog. Salzfaß. Afroportugiesische Elfenbeinschnitzerei, 16. Jh. Museum der Stadt Braunschweig.

Agraffe, Schmuckstück zum Zusammenhalten oder Raffen von Gewandteilen und Stoff, das aufgenäht, mit Haken und Öse oder einer Nadel geschlossen wurde. In der höfischen Juwelierkunst bloßes Zierstück. Den großen, plastischen Mantelagraffen der Gotik folgten kleinere, an Kleidern, Hüten und Baretts befestigte der Renaissance. Im 17. und 18. Jh. trugen die Damen edelsteinbesetzte Agraffen an Brust und Schulter, längliche Haaragraffen in der Frisur. Abgeleitet von ahd. *krapfo,* Haken, ist die Bezeichnung aus dem Französischen zurückentlehnt. Sie erscheint zuerst 1715 als „Häcklein an einem Juwel".

Agrippiner, Kölner Silberdenare des 11. Jh.s und ihre Nachprägungen in Westfalen, Niedersachsen und Friesland. Benannt nach dem lateinischen Namen für Köln: Colonia Claudia ara Agrippinensis.

Aigrette (von franz. *aigrette,* weißer Reiher, Busch von Reiherfedern, Federbusch), in der ersten Hälfte des 18. Jh.s Bezeichnung für einen von Damen und Herren getragenen, in seiner hohen, schlanken Form dem Reiherbusch nachgebildeten, mit Edelsteinen besetzten Hutschmuck. Die Hülse am unteren Teil nahm den natürlichen Federbusch auf, ein reich geschmückter Bügel griff über die hochgeschlagene Krempe des Dreispitzes.

Aiguière (franz.), antikisierende prunkvolle Wasserkanne des 16. und 17. Jh.s mit Fuß, gebauchtem Körper, schlankem Hals, hochgezogenem Henkel und meist schnabelartigem Ausguß aus Edelmetall, Metall (insbesondere Zinn, → Briot) oder Bergkristall, die vornehmlich in den Zeiten, da man beim Essen noch keine Gabel benutzte, mit zugehörigem Becken zum Überspülen der Hände bei Tisch gedient hatte.

A-jour-Fassung, auf der Rückseite durchbrochene, lichtdurchlässige Fassung von Edelsteinen (→ Edelsteinfassung).

Akademiestück, ursprünglich Bezeichnung für Modellzeichnungen und Gipsabgüsse, die den Schülern der Akademie als Vorlagen dienten; dann die Arbeiten, die nach diesen Vorlagen entstanden; schließlich wurde die Bezeichnung immer mehr für konservativ und schulmäßig (also „akademisch") gearbeitete Werke gebraucht.

Akanthus, gezacktes, oft eingerolltes Blattornament, das einzeln oder in Ranken vorkommt und nach der Bärenklaupflanze der Mittelmeerländer benannt ist. Es wurde im 5. Jh. v. Chr. in Athen ausgebildet (korinthische → Säule), beherrschte die Schmuckkunst der römischen Kaiserzeit und trat später in allen antikisierenden Epochen wieder hervor. Besonders verbreitet war es zwischen 1680 und 1710 (Akanthusstil → Barockstil).

Akanthusblatt-Motive.

Akeleipokal. Meister Esaias zur Linden. Nürnberg, zwischen 1609 und 1632. Vermeil, H 41,5 cm. Göteborg, Röhsska Konstslöjdmuseet.

Akeleibecher → Buckelpokal, dessen Gefäßkörper mit spitzausgezogenen Buckeln einer Akeleiblüte nachgebildet ist, die als christologisches Symbol galt. Diese im 2. Viertel des 16. Jh.s in Nürnberg aufgekommene Form wurde, da sie hohe Anforderungen an das Können des Goldschmieds stellte, anfangs in Nürnberg, dann auch in anderen Städten als Meisterstück verlangt.

Akoluthenleuchter (von Akoluthen, griech. Begleiter, Diener), zwei Leuchter, die dem Priester bei feierlichen Messen auf dem Weg zum Altar vorangetragen werden.

Akrolith, Bezeichnung für griechische Plastiken, bei denen die nackt gegebenen Körperteile aus Marmor bestanden, während der übrige Körper mit seiner Bekleidung aus Holz gefertigt war, das meist bemalt oder vergoldet wurde.

Akstafa, meist schmaler, länglicher Knüpfteppich aus dem Schirwan-Gebiet im Kaukasus. Geflügelte Tiere und große Sternmedaillons sind charakteristisch.

Akt (von lat. *actus,* Handlung, Bewegung), Begriff, der an-

Alabaster-Relief: Die Auferstehung. Um 1400. H 52 cm. London, Victoria & Albert Museum.

fangs die künstlerische Studie nach der von einem nackten Modell ausgeführten Haltung oder Bewegung bezeichnete; dann aber die Darstellung des nackten Menschen überhaupt. In der griechischen Kunst – besonders des 4. Jh.s v. Chr. – wird im Akt ein Schönheitsideal entwickelt, das für die ganze abendländische Kunst Geltung behielt. Das christlich-religiöse Mittelalter hat nur ausnahmsweise im Akt gearbeitet und dann nur in motivisch geforderten Fällen, gewöhnlich nach männlichen Modellen, sieht man von wenigen Ausnahmen ab, wie etwa die Eva des Genter Altars der Brüder van Eyck. Der nackte Körper ist in der Gotik auch fast immer schematisch wiedergegeben, obwohl die Behandlung des Kopfes oft stärkste realistische Wirkung erreicht hat. In der Renaissance wird auch nach weiblichen Aktmodellen gearbeitet (besonders nach 1500). Michelangelos nackte Figuren der Sixtinischen Kapelle leiten eine Zeit ein, in der der Akt – obwohl thematisch an Mythologie oder biblische Geschichte gebunden – ein Zentralmotiv künstlerischer Darstellung wurde, gipfelnd in einer stärker erotisch verstandenen Aktauffassung des 18. Jh.s. Im 19. Jh. wird der Akt zum akademischen Pflichtfach (→ Akademiestück). Erst an der Wende zum 20. Jh. bildet in der künstlerischen Gestaltung auch der nackte Körper Teil des beabsichtigten Ausdrucks psychisch deutbarer Stimmungen.

Akua-Ba, bei den afrikanischen Stämmen → Ashanti und → Fante (Ghana) gebräuchliche Fruchtbarkeitspuppen aus Holz, die Frauen und Mädchen bei sich führen, in der Hoffnung, gesunde Kinder zu bekommen. Die Puppen sind meist aus leichtem Holz hergestellt, etwa 20–30 cm, selten größer, der Körper ist stielartig abstrahiert, mit angedeuteten Armstummeln, Nabel und Brüsten. Damit die Puppe bequem unter dem Gewand getragen werden kann, ist der Kopf in der Regel scheibenartig flach gebildet, mit eingeschnitzter stilisierter Gesichtszeichnung. Exemplare mit voll ausgebildeten Armen und Beinen sind seltener. Während die Akua-Ba der Ashanti meist dunkel gebeizt sind, mit auffallend großer runder Kopfscheibe, sind diejenigen der Fante gewöhnlich naturhell belassen, die Kopfform ist hier in der Regel hochrechteckig-langgezogen. Die Ausbildung von „Ringwülsten“ am Hals ist für die Arbeiten beider Stämme typisch.

Akwanshi → Ekoi

Alabaster, ein nach der altägyptischen Stadt Alabastron benanntes kalk- oder gipsartiges, feinkörniges Gestein. Das leicht zu bearbeitende Material hat weißliche, gelbe bis rötliche Farbe und ist in dünnen Platten durchscheinend, deshalb für Fenster geeignet und in frühchristlicher Kirchenbaukunst dazu verwendet (Ravenna). In Ägypten wurden seit dem 4. Jahrtausend Schalen, Becher, Schminkgefäße, Einbalsamierungstische, Statuetten von Göttern, Menschen und Tieren hergestellt. Gefäße und figürliche Arbeiten in Alabaster wurden auch in Alt-Mesopotamien hergestellt. Eine besondere Gattung enghalsiger griechischer Salbgefäße, ursprünglich vorwiegend aus Alabaster gearbeitet, trägt den Namen Alabastron. In der europäischen Bildhauerei des 16. und 17. Jh.s wurde Alabaster bevorzugt für Kleinplastiken benutzt, bis das Elfenbein ihm den Vorrang nahm. Im Klassizismus wurde Alabaster neben dem Marmor wieder geschätzt.

Alabasterglas → Farbengläser

Alabastron, schlauchförmiges griechisches Öl- oder Parfümgefäß ohne Standfläche und Henkel, mit flachem Lippenrand, das an einem Riemen am Handgelenk getragen wurde.

À la grecque, 1. Bezeichnung für das vielverwendete griechische → Mäandermotiv, 2. für die im griechischen Stil gehaltene Damenmode des → Directoire.

Albarello, große italienische Fayencevase (→ Majolika) von zylindrischer, in der Mitte leicht eingezogener Form. Das älteste und beliebteste → Apothekengefäß.

Albarello. Valencia (Manises), Spanien. Letztes Viertel 15. Jh. Dekor in Blau, mit Rotlüster, H 29,5 cm. Köln, Kunstgewerbemuseum.

Albe, weißes geistliches Gewand (vgl. Meßornat), meist aus Leinen, in Form eines langen Kittels mit Ärmeln, der durch das → Cingulum zusammengehalten wird. Entstanden aus der römischen Tunika (→ Tunicella). Sonderformen: Girenalbe (mit seitlich eingesetzten Keilstücken), Spatelalbe (wenn diese Keilstücke bis zur Schulter reichen), Zugalbe (mit eingearbeitetem → Cingulum). Ähnlich ist das → Sticharion im → Meßornat der Ostkirche.

Albertustaler, 1612 von den österreichischen Statthaltern Albertus und Isabella in den Niederlanden eingeführter Taler, der auch in Westdeutschland verbreitet war. Wegen des Andreaskreuzes auf dem Revers hieß er auch Kreuztaler.

Albisolaspitzen, in Albisola bei Genua geklöppelte → Blonden in Weiß, Schwarz und anderen Farben.

Albus → Groschen

Alcaraz, südostspanische Stadt, die vom späten 15. bis zur Mitte des 17. Jh.s das Zentrum der spanischen Teppichfabrikation darstellte, sie wurde ab der Mitte des 17. Jh.s von Cuenca überflügelt. Die frühen Alcaraz-Teppiche kennzeichnen der grobe Wollflor, die spanische Knüpfung (→ spanischer Knoten), die gedämpfte Farbigkeit (vorwiegend Rottöne) und die geometrischen Muster. Seit dem 16. Jh. machte sich bei den Teppichen aus Alcaraz der orientalische Einfluß bemerkbar. Im 17. Jh. war die Nachahmung von → Uschak-, → Holbein- und Lottoteppichen für Alcaraz typisch.

Alcarraza, spanische Wassergefäße aus porösem, unglasiertem Ton, in denen das Wasser verdunsten und dadurch kühlgehalten werden kann.

Alchemistenmünzen, Münzen und Medaillen, die aus Edelmetall geprägt wurden, das angeblich Alchimisten aus unedlen Metallen oder anderen Stoffen gewonnen hatten. Der Name rührt entweder von der Inschrift oder aber von alchimistischen Symbolen auf den Stücken her.

Alchemistenmünzen (Abb. verkleinert)

Alcora, spanische Fayence- und Porzellanmanufaktur (→ Spanische Fayencen) nahe Valencia; gegründet 1727 von Don Pedro de Alcantara Graf von Aranda; existierte bis 1858. Zunächst wurde nur Fayence hergestellt. Die frühen Erzeugnisse sind prunkvolle Einzelstücke wie Tafelaufsätze, Figuren und Plaketten. Sie sind häufig mit starkem plastischem Rokokodekor versehen. Seit 1751 versuchte man Porzellan herzustellen. Das erste Hartporzellan gelang jedoch erst 1786. Es ist gelblich, glatt in der Form, hat häufig einen blauen oder marmorierten Fond und ist oft mit Sepialandschaften oder Blumen bemalt. Neben Tafelgeschirr wurden Schnupftabaksdosen mit Schraubdeckel und Riechfläschchen gefertigt.

Aldegrever, Heinrich (1502 – zwischen 1555 und 1561), zu den → Kleinmeistern zählender Kupferstecher, Maler und Stempelschneider. Die Stiche des in Soest/Westfalen tätigen Künstlers sind von Dürer, Barthel und Sebald Beham, Lukas van Leyden u. a. beeinflußt und behandeln hauptsächlich volkstümliche und mythologische Szenen sowie Allegorien. Seit den dreißiger Jahren wendet er sich stilistisch mehr und mehr dem → Manierismus zu. Eine besondere Bedeutung erlangte er durch seine etwa 100 Ornamentstiche, in denen er Renaissanceelemente phantasievoll weiterentwickelte. Durch seine Ornamentvorlagen übte er einen großen Einfluß auf das zeitgenössische Kunstgewerbe aus.

Aldinen, von Aldus Manutius (1449–1515) in Venedig verlegte Bücher. Sie sind hervorragend gedruckt und ausgestattet.

Alençonspitzen. Colbert, der Finanzminister Ludwigs XIV., richtete 1665 in Alençon (Normandie) eine Spitzenschule mit Lehrerinnen aus Venedig ein (→ Venezianische Spitzen), in deren Nachfolge sich Alençon zum Zentrum einer blühenden Spitzenindustrie entwickelte. Nur Alençonspitzen durften die Bezeichnung „point de France“ führen. Es sind leichte, elegante Rokokospitzen (→ Nadelspitze) mit glattem Rand, deren zarte Muster auf sechseckigem Netzgrund (→ Réseau) stehen.

Alexandriner, vom 1. bis 3. Jh. n. Chr. in Alexandria in Ägypten geprägte römische Provinzialmünzen mit griechischer Beschriftung. Im Wert entsprachen sie den Tetradrachmen. Das Metall war → Billon, und zwar enthielten sie ursprünglich so viel Silber wie der römische Denar.

Algraphie, Flachdruck von Aluminiumplatten, verwandt mit der →Zinkographie. Aluminium kann ähnlich wie Solnhofer Schiefer (→ Lithographie) präpariert und dann bezeichnet werden. Die Algraphie ergibt satte und deckende Drucke, selbst feine Bleistiftstriche können übertragen werden; sie ist besonders für große Formate geeignet und wurde hauptsächlich in den Vereinigten Staaten angewandt. 1892 von Josef Scholz in Mainz erfunden.

Alhambravasen → Spanische Fayencen

Alhidade → Absehe

Alla porcellana, Bezeichnung, die im 15. und 16. Jh. für → Majolika (besonders aus Faenza) gebräuchlich war; in Form und Dekor (Schilfrohr, Vögel, Chrysanthemen, Lotusblüten etc.) auf chinesisches Porzellan zurückgehend.

Alla prima, Begriff für eine Malweise ohne vorbereitende Untermalung und ohne Überarbeitung durch Lasuren. Die Farben wurden dem italienischen Ausdruck gemäß „von Anfang an“ naß in naß oder in einem vorgemischten, endgültig deckenden Auftrag auf den Farbträger gebracht.

Allegorie, ein vom Symbol meist nur schwer abzugrenzender Terminus, der die gleichnishaft-symbolische Darstellung abstrakter Begriffe, Vorstellungen und gedanklicher Zusammenhänge meint. Die Allegorie wird meist verbildlicht durch die Umsetzung des Begriffes in eine Menschenfigur (Personifikation) mit → Attributen, seltener durch Einbindung in eine Tiergestalt. Die Allegorie kann auch zu szenischen, fiktiven Handlungen zur Darstellung eines Begriffssystems erweitert sein.

Allerheiligenbild, eine Darstellung der Verehrung des Christuslammes (→ Agnus Dei) durch Vertreter der gesamten Menschheit. Das Bildmotiv wurde aus Kapitel 7 der Offenbarung des Johannes hergeleitet und ist seit der Einführung des Allerheiligenfestes im 7. und 8. Jh. verbreitet. Früheste Beispiele finden sich in der karolingischen Buchmalerei. Seit dem 12. Jh. tritt an die Stelle des Lammes häufig die Darstellung Christi oder des → Gnadenstuhles. Zu den bekanntesten Beispielen gehören die Anbetung des Lammes im Genter Altar der Gebrüder van Eyck sowie das Allerheiligenbild, das Albrecht Dürer 1511 für die Nürnberger Zwölfbruderschaftskapelle zu Allen Heiligen gemalt hat, hier im Mittelpunkt die Darstellung der Dreifaltigkeit.

Alles oder nichts → Repetieruhr

Alliancering (Allianzring), ein mit einer einfachen Reihe von Edelsteinen besetzter Ring. Er wurde im 19. Jh. als Verlobungsring geschenkt (für die Braut Rubine, Brillanten, für den Bräutigam Saphire, Brillanten) und als Trauring getragen. Vorläufer der modernen Eheringe in Form von Brillantstreifenringen.

Allianzwappen, auch Ehe- oder Heiratswappen, entstehen aus der Verbindung der Wappen eines Ehepaares.

Allongeperücke, die im ausgehenden 17. und frühen 18. Jh. von Männern getragene lange Lockenperücke.

Almandin, zur Granatgruppe (→ Granat) gehörender Edelstein von kräftig violettroter Farbe, durchsichtig. Der Name ist abgeleitet vom Fundort Alabanda in Kleinasien (bei Plinius der *Carbunculus alabandicus,* der Karfunkelstein des Mittelalters). Wichtigste Vorkommen heute: Ceylon, Vorderindien, Brasilien. In der Antike Siegelstein. In der Goldschmiedekunst der Völkerwanderungszeit beliebtester Stein für die Füllung von Zellenwerk (plangeschliffene Tafeln), nach Versiegen des Importes Ersatz durch rotes Glas (Zellenverglasung). Almandin-Cabochons (→ Cabochon) waren häufig verwendete Schmucksteine in der Goldschmiedekunst des frühen Mittelalters und der Spätgotik. Zum Zweck der Farbaufhellung oft an der Unterseite rundlich ausgeschliffen (Almandinschüsseln) und mit Metallfolien unterlegt.

Almerei → Almer

Almosenbrett, auch Bedel, vorne schaufelartig offenes Holzkästchen mit Griff oder langem Stiel zum Einsammeln des Opfergeldes, oft mit figürlichen Reliefs verziert.

Almosentasche → Aumônière

Almucia → Almutie

Almutie, auch Almucia, ursprünglich bis über die Schultern reichende Kapuze, meist aus Pelz, als Teil der → Chorkleidung von Stiftsherren; im späten Mittelalter zum Schultermäntelchen mit Zierkapuze stilisiert (→ Mozetta).

Altar, besteht in den christlichen Kirchen im allgemeinen aus Stipes (Unterbau) und Mensa (Altarplatte). Er hat Tisch- oder Blockform, wobei in letzterem Fall ein Hohlraum im Innern des Stipes (eventuell mit Öffnungen nach außen) zur Aufbewahrung von Reliquien ausgespart sein kann (Kastenaltar). Über einem Heiligengrab stehend und mit diesem durch einen Schacht verbunden, heißt er Confessioaltar. Seit dem 16. Jh. kann der Stipes auch sarkophagartig gestaltet sein (Sarkophagaltar). In Italien erhielt der Altar seit dem 6. Jh. häufig einen Überbau (→ Baldachin). Zunächst nur mit einem → Antependium geschmückt, bildete sich im Laufe des Mittelalters das → Altarretabel heraus. Der im Chor errichtete Hauptaltar heißt Hochaltar, im Gegensatz zu den (übrigen) Seitenaltären. Seit dem 2. Vatikanischen Konzil ist in alten Kirchen meist vor dem Hochaltar ein einfacherer Zelebrationsaltar aufgestellt, der es dem Priester ermöglicht, das Meßopfer zur Gemeinde gewandt zu feiern, daher auch Versus-populum-Altar genannt. Neben dem feststehenden Altar *(altare fixum)* gibt es auch den tragbaren (→ Portatile).

Altaraufsatz → Altarretabel

Altarauszug → Altarretabel

Altarblatt → Altarretabel

Altargerät, die Gesamtheit der beim Gottesdienst Verwendung findenden Geräte. Man unterscheidet in der katholischen Kirche heilige und liturgische Geräte. *Heilige Geräte* (lat. *vasa sacra*): → Kelch zur Konsekration des Weines, Hostienschüssel (→ Patene) für die Hostien, Ziborium (→ Pyxis) zur Aufbewahrung bereits konsekrierter Hostien, → Monstranz, Schaugefäß zur Aussetzung der großen Hostie, Custodia, vielgestaltiger Behälter zur Aufbewahrung der zur Aussetzung konsekrierten großen Hostie, Kommunionspatene (→ Patene) zum Auffangen herabfallender kleiner Hostienteile. *Liturgische Geräte:* Meßkännchen (→ Ampulle) für den zu konsekrierenden Wein und das ihm beizumengende Wasser, mit Kännchenschüssel, die Hostienbüchse (→ Pyxis) zur Aufbewahrung der noch nicht konsekrierten Hostien, Kelchlöffel zum Herausschöpfen des mit dem Meßwein zu mischenden Wassers, Gießgefäß (→ Aquamanile) und Lavabobecken für die vor und während der Messe vorzunehmenden Handwaschungen, → Rauchfaß mit → Weihrauchbehälter (*navicula,* „Schiffchen") und Löffel zum Aufstreuen des Weihrauchs, Altarglocke, → Weihwasserkessel mit Weihwedel (Aspergill), → Kußtafel (Pax) zur Erteilung des Friedenskusses, → Altarkreuz, → Altarleuchter.

Altargerät der reformierten Kirchen → Abendmahlsgerät.

Die speziellen Altargeräte der Ostkirche sind: → Potirion, →

Barocke Altarleuchter. Holz, teilweise vergoldet und getriebene Silberarbeit. Neheim-Hüsten, Leuchtenmuseum.

Diskos mit → Asteriskos, → Heilige Lanze, → Cochlearium und → Artophorion.

Altaristen, Glasmacher aus Altare bei Genua, denen im Gegensatz zu venezianischen Arbeitern das Auswandern erlaubt war. Mehrere deutsche Hüttengründungen des 16. Jh.s gehen auf Altaristen zurück.

Altarkreuz, seit dem späten 11. Jh. gebräuchliche Form des Kreuzes, meist aus vergoldeter Bronze; vielfach war auch ein bronzener Corpus Christi (der häufig allein erhalten ist) einem Holzkreuz angeheftet. Zuweilen haben sich auch nur die Kreuzfüße erhalten, die wie die Füße von → Altarleuchtern gestaltet sind. Im Barock setzte sich das silberne Altarkreuz durch (→ Altargerät).

Altarleuchter, Teil des Altargeräts. Im 12. und 13. Jh. waren Altarleuchter meist aus vergoldeter Bronze. Sie zeigen gedrungene Formen. Auf drei Füßen (meist Löwen- oder Klauenfüße) ruht ein pyramidenförmiger Sockel, über dem sich unmittelbar der Nodus (→ Kelch) und eine breite Tropfschale (Kerzenteller) mit Kerzendorn erheben. Daneben waren Leuchter in Tier- und Menschengestalt gebräuchlich, vor allem Drachen-, Ritter- und Simsonleuchter (Simson auf dem Löwen). Vom 14. bis 17. Jh. bevorzugte man als Material Messing. Als Typen treten auf: der Scheibenleuchter (14. bis 16. Jh.) mit ausladendem Fuß und Kerzenteller, dessen (in der Spätgotik hoher, in der Renaissance gedrungener) Schaft durch scheibenförmige Knäufe unterteilt ist; der Glockenleuchter des 17. Jh.s mit hohem, glockenförmigem Fuß. Die Altarleuchter des 18. Jhs. waren meist aus Silber und folgten den Formen des Hausleuchters (vgl. Leuchter).

Altarretabel, Altaraufsatz. Im Mittelalter auf dem hinteren Teil der Mensa (→ Altar), später meist auf eigenem Unterbau ruhend. Das Retabel des 12. und 13. Jh.s war eine Tafel aus Stein (mit Reliefs) oder Holz (mit Malereien). Das späte 14. Jh. bildete den Flügelaltar aus, der im 15. und frühen 16. Jh., besonders in Deutschland und den Niederlanden, weiteste Verbreitung fand. Er besteht aus einem feststehenden Kasten in der Mitte, dem Altarschrein, der Holz-, seltener Steinbildwerke umschließt, und aufklappbaren Flügeln mit Relief- oder Bilddarstellungen innen und außen, den sog. Feiertags- und Werktagsseiten. Die Flügel wurden stellenweise um ein oder mehrere Paare erweitert, so daß mehrere Ansichten möglich wurden (Wandelaltar: z. B. Michael Pacher, Altar von St. Wolfgang, 1471–81, Matthias Grünewald, Isenheimer Altar, Colmar, 1512–16). Häufig setzte man den Schrein auf einen niedrigen, gemalten oder mit Bildwerken geschmückten Unterbau, die Altarstaffel oder Predella, und fügte einen turmartigen Aufbau hinzu, das Gesprenge, das auch kleinere Schnitzfiguren enthält.

Die spätmittelalterlichen Schnitzfiguren und Bildtafeln, die gehandelt und gesammelt werden, stammen zum großen Teil aus säkularisierten Flügelaltären.

Die Renaissance schuf das Aedikularetabel (→ Aedikula); die bis dahin übliche Vielbildigkeit des Altarretabels wird nun auf ein Gemälde, das Altarblatt, reduziert. Im Barock nimmt das Retabel zumeist in der Form eines mit Säulen bestückten Triumphbogens aus Holz, Marmor oder Stuck die ganze Altarwand ein, in dessen Bogenöffnung gemalte oder plastische Figurengruppen dramatisch wie auf einer Bühne agieren, von der Lichtführung der Chorarchitektur unterstützt. Oben läuft der Barockaltar im Altarauszug aus, in dem meist Gott-Vater oder die Dreifaltigkeit dargestellt ist.

Altarschrein → Altarretabel

Altarvase. Florenz, um 1460–1470. Blau, gelb und ockerfarbig bemalt, H 26,5 cm. Luzern, Auktionshaus Fischer.

Altarstaffel → Altarretabel

Altartuch, in der römisch-katholischen Kirche das → Chrismale. In der Ostkirche heißen die drei Altartücher: Katasarkion (unterstes Tuch aus Leinen, das an allen Seiten herabhängt), Endytion (mittleres Altartuch aus Leinen) und Iliton (oberstes Altartuch, früher aus Leinen, heute aus Seide).

Altarvase, Schmuckgefäß für den Altar, vielfältig in Material und Form. Besonders häufig kommt jedoch der Amphorentyp vor. Oftmals ist die Altarvase auf die einseitige Blickrichtung der Gläubigen abgestimmt. Im süddeutschen Raum und in Italien ist sie daher vom 18. bis ins späte 19. Jh. aus Silberblech in Hochrelief gearbeitet und einem tragenden Holzkern vorgesetzt. Sie enthielt künstliche Blumen.

Altchinesische Bronzen (Abb. s. a. S. 22), zur Hauptsache Sakralgefäße aus Bronze aus der Shang- bis Han-Zeit für die Ahnenverehrung mit Speise- und Wein-Opfern. Sie nehmen in der Kunst der Bronzegießerei weltweit eine hervorragende Stellung ein, nicht nur wegen ihrer besonderen Qualität, sondern auch aufgrund ihres einzigartigen Herstellungsverfahrens. Denn diese Bronzeobjekte sind nicht im Verfahren der verlorenen Form *(à cire perdue)* hergestellt, vielmehr wurden sie mittels keramischer Teilformen, von Patrizen und Matrizen, geschaffen, die für den Guß angefertigt und um einen keramischen Kern mit einem der gewünschten Gefäßwandstärke entsprechenden Zwischenraum zusammengesetzt und nach Vollendung der Arbeit abgenommen wurden. Auf diese Weise entstanden der gesamte Gefäßdekor und alle Zusätze, wie Ösenhenkel oder Tierkopfagraffen mit voll beweglichen,

oft mehrgliedrigen Ringhenkeln, plastische Tierhenkel mit unterschnittenem Relief sowie Inschriften (im Innern der Gefäße) und Hohlfüße in einem Arbeitsgang beim Guß.
Chin. Bronzegefäße enthalten außer Kupfer und Zinn sehr oft, und manchmal in erheblichen Mengen, Blei; in geringen Spuren auch andere Metalle, z. B. Eisen und Zink. Eine stark variierende Zusammensetzung der Bronzelegierungen führte bei Lagerung der Gefäße in den durchweg alkalischen Böden Chinas zur Patinabildung in ganz verschiedenen Farbtönen von Blau-Grün bis zu Rotnuancen und schwärzlichen Marmorierungen.
Die Gefäßtypen lassen sich nach Form und Funktion in mehrere Gruppen gliedern. Es gibt a) Gefäße zum Kochen und Dünsten (→ *li*, → *ting*, → *hsien*), b) Speisebehälter (→ *kuei*, → *tou*), c) Weinkannen (→ *ho*, *kuang*), d) Weinbecher (→ *chia*, → *chüeh*, →*ku*), e) Wein- und Wasserbehälter (→ *fang-i*, → *hu*, → *lei*, → *yu*) und f) Gefäße zur Zeremonialwaschung (→ *p'an*, *i*). Außerdem wurden aus Bronze Waffen (Äxte, Dolche, Messer) gefertigt. Erst zur mittleren Chou-Zeit erweiterte sich der Typenbestand um große Glocken *(ch'un)*, Wagenteile, Beschläge, Schöpfkellen und anderes Gerät sowie Spiegel mit reliefierter Rückseite, die für die Han-Zeit und später nochmals, zur T'ang-Zeit, besondere Bedeutung erlangten.
Wichtig für die chin. Bronzekunst wurde schließlich noch die Sung-Zeit mit ihrem großen Interesse für Antiquitäten, das zur Nachgestaltung bestimmter alter Gefäßtypen (bes. → *hu*, → *ku*, → *ting*) führte. – Stilistisch sind vier Hauptphasen zu unterscheiden, die sich nicht mit den rein historischen Zeitabschnitten decken: 1) Shang-Stil (von Cheng-chou und Anyang), 1500–1300–1100 v. Chr., für den kleine und dünnwandige Gefäße (besonders → *chia* und → *ting*) mit schmalen Ornamentbändern charakteristisch sind, aus denen sich allmählich → *t'ao-t'ieh*-Ornamente entwickeln, oft von Ringleisten gerahmt. Am Ende dieser Phase zeigt sich deutlich eine Tendenz, die Gefäßkörper ganz mit zunehmend plastischer gestaltetem Tierdekor zu überziehen, der um *k'uei*-Drachen, → Zikaden- und Vogel-Motive auf einem Grund aus gebrochenen Spiralen *(lei-wen)* erweitert wird. 2) Shang-Chou-Übergangsstil, 1100–900 v. Chr., gekennzeichnet durch Hochreliefdekor mit Zacken und Haken, dem der *lei-wen*-Grund weichen muß, bis die infolge der Zerlegung des → *t'ao-t'ieh*-Motivs stärker differenzierten Tierornamente auf glattem Grund stehen. Das Vogel-Motiv tritt stärker in den Vordergrund, typisch der Vogel mit zurückgewandtem Kopf und prächtigem Federkamm. 3) Mittel-Chou-Stil, 900–800–600 v. Chr.; die hochentwickelte Gußtechnik erlaubt Verfeinerungen und Spielformen, gefälligere Gefäßformen mit geschwungenem Umriß. Der Dekor zeigt eine ziemlich plötzlich auftretende Wende zur Auflösung in chiffrierte Motive und Neuordnung zu Ornamentbändern aus zoomorphen Sigeln, deren Sinn dem Uneingeweihten verschlossen bleiben muß. Im Gegensatz dazu stehen vollplastische Tierhenkel und -griffe, bes. in Tigergestalt. 4) Spät-Chou-Stil, 600–220 v. Chr.; die Gefäße tragen nun breite Bandornamente aus ineinander verschlungenen Drachenschlangen mit vielen „Flügelvoluten", im nördl. Li-yü-Stil und dem etwas späteren und südlicheren Huai-Stil. Das Relief verliert dabei zunehmend an Plastizität und weicht am Ende der Phase einer radikalen Abstraktion der Tier-Ornamente zum linearen, elegant geschwungenen Ornament mit den Leitmotiven der „Flügelspirale" und der spatelförmigen (einstigen) Drachenzunge. Die Gefäßtypen des → *tui* und → *hu* sind in dieser Phase führend, bevorzugt mit Gold-Silber-Tauschierung und Einlagen von Gold-Silber-Folie sowie Türkisen.

Altenburg, sächsisches Steinzeugzentrum (→ sächsisches Steinzeug) des 17./18. Jh.s. Die Produktion von Altenburg war sehr vielseitig. Der braune Scherben einiger Krüge kann mit dem braunen → rheinischen Steinzeug verwechselt werden, nicht aber die Form und die Dekoration. Neben Stempel- und Reliefauflagen gibt es auch das Zirkelschlagornament, das mit Emailfarben bemalt sein kann. Charakteristisch ist ein perlartiger, aus Tonschlicker aufgetragener Dekor volkstümlicher Motive. Im 18. Jh. wurde neben der braunen auch eine weiße Ware gebrannt, die verschiedenartig dekoriert ist.

Alud → 'Ud

Amalgam → Feuervergoldung

Amaranthholz, in Südamerika und Westindien beheimatetes Edelholz, das sich an der Luft violett verfärbt. Seit dem 18. Jh. in Europa für → Marketerien verwendet, erlangte es im → Art Déco wieder besondere Bedeutung.

Amati, Geigenbauerfamilie aus Cremona, tätig im 16. und 17. Jh. Der berühmteste war Nicola Amati (1596–1684); er war der Lehrer von Andrea → Guarneri und Antonio → Stradivari. Charakteristische Kennzeichen der von ihm geschaffenen Instrumente sind die zierliche Form und die relativ kurzen F-Löcher.

Altenburger Perlhumpen. 1715–1730. Hellbraunes Steinzeug, Scherben innen hellgrau, Tupfenauflagen braun und weiß. Köln, Kunstgewerbemuseum.

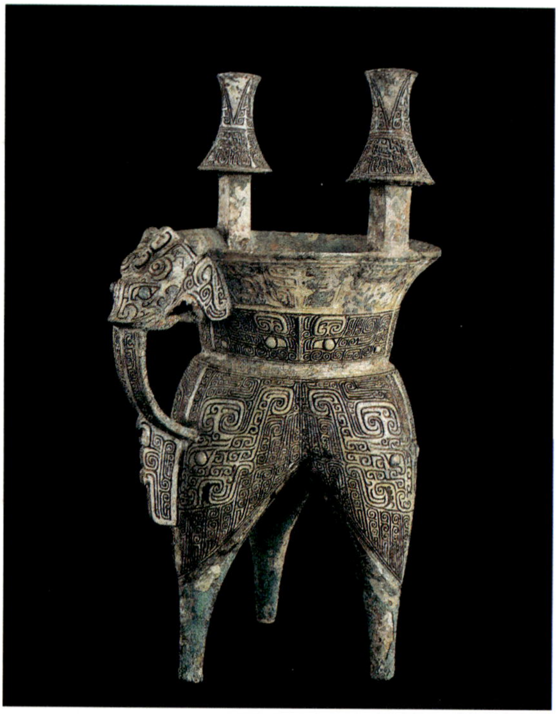

Zeremonialgefäß vom Typ Chia. China, An-yang, späte Shang-Dynastie, 12. Jh. v. Chr. Bronze, H. 39,5 cm. Köln, Museum für Ostasiatische Kunst.

Amberg, 1759 gegründete Fayencenmanufaktur, die einfache Gebrauchsware mit derber Scharffeuerbemalung (→ Scharffeuerfarben) herstellte und als Marke ligiertes AB führte.

Amberg, Adolf (1874–1913), deutscher Bildhauer und Porzellanmodelleur. Nach Studien an der Berliner Kunstgewerbeschule und der Pariser Académie Julian schuf er Kleinplastik, Medaillen, Tafel- und Dekorationsgerät. Als seine bedeutendste Leistung gilt der 1904/05 für die Berliner Porzellan Manufaktur (→ Berliner Porzellan) entworfene vielteilige Tafelaufsatz in Form eines Hochzeitszuges anläßlich der Vermählung des preußischen Kronprinzenpaares.

Ambo, Pult im Chor zum Verlesen von Epistel und Evangelium während der Liturgiefeier. Eine Sonderform ist das besonders im 14. und 15. Jh. beliebte Adlerpult, bei dem das Buch von den ausgebreiteten Flügeln eines Bronze- oder Messingadlers (Symbol des Evangelisten Johannes) getragen wird.

Amboinaholz, auch Amboyna, hartes, gesprenkeltes Holz, hellrotbraun bis orangefarben, das von den Molukken (Ambon und Ceram) stammt und in der Kunstschreinerei Verwendung findet.

Ambrotypie, frühe, nach dem Naßkollodiumverfahren hergestellte Photographie. Eigentlich handelt es sich um ein Scheinpositiv, denn die „Ambro“, wie sie kurz in Sammlerkreisen genannt wird, ist ein schwach belichtetes Glasnegativ, das erst dadurch positiv wirkt, wenn man es vor einem schwarzen Hintergrund betrachtet. So sind die Ambrotypien entweder auf der Rückseite schwarz lackiert, oder sie wurden zusammen mit schwarzem Karton oder Samt gerahmt. Meist wurden sie unter Messingpassepartouts in Bildetuis gefaßt, seltener als Wandschmuck gerahmt. Aufgrund ihrer sehr ähnlichen Erscheinungsformen werden Ambros oft mit → Daguerreotypien verwechselt. Wegen des Negativcharakters sind sie Unikate. Von Mitte des vorigen Jahrhunderts bis etwa 1880 waren sie beliebt. Andere, weniger gebräuchliche Bezeichnungen: Melainotypie und Amphitypie.

Amerikanisches Glas, seit dem 18. Jh. bestehende Tradition der Glasherstellung; die frühesten Hütten gehen auf Gründungen deutscher Einwanderer zurück: 1739 Wistarberg, New Jersey, gegr. von Caspar Wistar (1696–1752); 1763 Elisabeth Furnace bei Manheim in Pennsylvania (gegr. von Henry William Stiegel aus Köln; 1784 New Bremen Glass Manufactory in Maryland (gegr. von John Frederick Amelung aus Bremen). Hergestellt wurde vorwiegend Fensterglas, daneben Flaschen, Krüge und andere einfache Gebrauchsgläser, zum Teil aus farbigem Glas. Nur in New Bremen scheint man Gläser mit einfachen, flachen Dekors und Datierung graviert zu haben. Bei den Formen der Gläser hielt man sich weitgehend an englische und andere europäische Muster. Erst um 1820 entwickelte sich mit dem in dreiteiligen Metallformen gepreßten Gläsern (→ Preßglas) ein eigener amerikanischer Stil, wobei man allerdings irische und böhmische Musterschliffe nachahmte. Bedeutendste und noch heute existierende amerikanische Hütte für Kunstglas sind die Steuben Glass Works in Corning, New York, 1918 von den Corning Glass Works übernommen.

Amikt, auch Humerale, Teil der liturgischen Gewandung. Rechteckiges, mit einem Kreuzchen besticktes Tuch aus weißem Leinen, das unter der → Albe um Hals und Schultern geschlungen wird.

Amitâbha (sanskr. „unermeßlicher Glanz“; tib. *'Od-dpag-med,* chin. *O-mi-to-fo,* jap. *Amida-butsu*), ein Dhyâni-Buddha, d. h. einer der Fünf Weisheits-Buddhas (tib. *rgyal-ba riglnga,* chin. *wu-chih ju-lai,* jap. *gochi nyoraî*) des Mahâyana-Buddhismus, die in Paradies-Welten in überirdischen Seligkeitsleibern *(sambhoga-kâya)* weilen und nur in mystischer Versenkung erfahrbar sind. Den Gläubigen offenbaren sie sich in „Erscheinungsleibern“ *(nirmâna-kâya).* Bei der Vorrangstellung der Mahâyana-Lehre in Ostasien und nach der Häufigkeit der Darstellung ist von ihnen Buddha Amitâbha der wichtigste. Seine große Verehrung in Ostasien seit dem 5. Jh. n. Chr. resultierte aus einer ganz konkreten, für alle Gläubigen gültigen Paradies-Verheißung, die sogar die höchste Zielvorstellung aller buddhist. Schulen, Erleuchtung und Eingehen ins Nirvâna, in den Hintergrund (fernster Zukunft) drängte. Amitâbhas Paradies ist das als Palast-Gefilde mit Teichen voll Lotos, in denen die Gläubigen in Kindergestalt wiedergeboren werden, immer wieder dargestellte „Reine Land des Westens“, Sukhâvatî (chin. Ching-t'u, jap. Jôdo); danach benannten sich in Japan sogar zwei bedeutende Sekten, die heute noch mit vielen Zweigen existieren.

Die kennzeichnenden Gesten Amitâbhas sind *abhaya-* und *varada-* → *mudrâ,* Furchtlosigkeit und Wunschgewährung, oft gleichzeitig Lehrgestus *(vitarka-mudrâ),* oder er thront im Diamantsitz (→ *âsana*) und hält beide Hände im Meditationsgestus *(dhyâna-mudrâ)* im Schoß. In Japan, wo er als Erlöser und Seelenretter die größte Verehrung fand, wird er meistens in einer Dreiergruppe, mit seinen Bodhisattvas

Ambrotypie

Amitâbha/Amida-nyorai im Meditationssitz. Japan, Fujiwara-Zeit, Mitte 12. Jh. Hinoki-Holz, Reste von Fassung, H 56 cm. Köln, Museum für Ostasiatische Kunst.

Avalokiteshvara (jap. → Kannon) zur Linken und Mahâsthâmaprâpta (jap. Dai Seishi) zur Rechten dargestellt, oft als Amida Raigô („zum Empfang des Gläubigen kommender Amitâbha") oder Yamagoshi Amida („über die Berge kommender Amida"). In Tibet dagegen mag er seiner → Prajñâ Pândara zugesellt sein und auf einem Pfau (→ *vâhana)* thronen.

Gleichrangig in frühbuddhistischer Zeit, später aber vom Amitâbha-Kult verdrängt, ist Buddha Amitâyus, der „Buddha unermeßlicher Lebensdauer", geschmückt, aber ohne Krone, im Meditationssitz, mit beiden Händen ein vasenartiges Gefäß mit Ambrosia *(amrita)* im Schoß haltend. Er findet sich sehr oft unter den kleinen bronzenen Kultfiguren aus Tibet (→ Buddha).

Amman(n), Jost (1539–1591), Schweizer Maler und Graphiker, der in Nürnberg nach dem Tod des Virgil → Solis wahrscheinlich dessen Werkstatt weiterführte. Der vielseitige Künstler zeichnete sich hauptsächlich durch Buchillustrationen, Holzschnitte und Radierungen aus. Zu seinen kulturhistorisch wichtigen Werken zählen u. a. das *Turnierbuch* (1566), das *Kriegsbuch* (1571/73), das *Frauentrachtenbuch* (1586), das *Kartenspielbuch* (1588) und das *Wappen- und Stammbuch* (1589). In genealogischen Werken schuf Amman farbenprächtige, kostümkundlich aufschlußreiche Blätter.

Amor (griech. Eros), antiker Liebesgott, Personifizierung der Liebe und der Freundschaft. In bildlichen Darstellungen taucht er als schöner, geflügelter Knabe auf, mit einem Bogen bewaffnet, mit dem er goldene Pfeile auf Götter und Menschen abschießt, Pfeile, die den Getroffenen Liebesfreuden, aber auch Liebesschmerz zufügen. Seit hellenistisch-römischer Zeit wird er immer mehr im Sinne der → Amoretten verniedlicht. Seit dem 14. Jh. erscheint Amor (Cupido) auf französischen Elfenbeinen und Minnedarstellungen oder in Handschriften. Hierbei wird er auch bisweilen als thronender geflügelter König oder als fliegender, modisch gekleideter Kavalier wiedergegeben. Die italienische Frührenaissance kehrt zur Darstellung des nackten, meist kindlichen Amor zurück. In der Renaissance und im Barock erscheint er als Gefährte der → Venus, im Zusammenhang mit Liebesbrunnen-Darstellungen, als Bogenschütze und dgl. mehr. Häufig ist er auch auf Cassone-Bildern (→ Cassone) zu finden.

Amoretten, geflügelte Kindergestalten. Der Begriff leitet sich ab von → Amor und wird daher oft synonym mit → Eroten verwendet; strenggenommen bezieht er sich aber nur auf Kindergestalten in rein weltlicher Bedeutung, wie sie besonders im Rokoko häufig vorkamen.

Ampel (von lat. *ampulla,* Fläschchen), hängende → Öllampe aus Ton mit einem oder mehreren Dochten, die bis zum 12. Jh. zur Beleuchtung der Kirchen diente; dann wurde sie allmählich durch den Kronleuchter ersetzt. In der katholischen Kirche hielt sich die Ampel als „ewige Lampe“ vor dem → Tabernakel, die im Barock kostbar ausgestaltet wurde (meist aus Silber).

Ampel. Taube mit geritztem Gefieder. Römisch, 3. Jh. Bronze, H 9 cm. Speyer, Historisches Museum der Pfalz.

Ampelkrone, auch Hängeampel, die Frühform des späteren → Kronleuchters, von frühchristlicher Zeit bis ins späte

Ampelkrone. Breites Reifband, als Mittelstück Fries mit koptischen Schriftzeichen, zwölf Leuchterarme mit Ringen, in die die Näpfchen für die Ölbeleuchtung eingehängt waren. Koptisch 5./6. Jh. Bronze, Durchmesser ca. 50 cm. Paris, Musée National du Louvre.

10. Jh. gebräuchlich. An einem tragenden Reifen waren zahllose Öllämpchen (→ Öllampe) angebracht, die jeweils von einem eigenen Ölbehälter gespeist wurden.

Amphitypie → Ambrotypie

Amphora, zweihenkeliges griechisches Gefäß zur Aufbewahrung von Öl oder Wein. Man unterscheidet folgende Formen: Halsamphora: der Hals ist scharf vom Gefäßkörper abgesetzt; Bauchamphora: der gedrungene Hals geht in den bauchigen Gefäßkörper über; Spitzamphora: der Gefäßkörper läuft unten spitz zu und hat nur eine kleine Standfläche, so daß er von einem Ständer gehalten werden muß; die Spitzamphora kann Hals- oder Bauchamphora sein; unter den Halsamphoren gibt es solche mit besonderen Henkelformen; Bandhenkelamphora, mit bandartigen Henkeln; Strickhenkelamphora: die Henkel haben die Form gewundener Taue. Eine Sonderform sind die panathenäischen Preisamphoren, welche die Kampfsieger des alle vier Jahre statt-

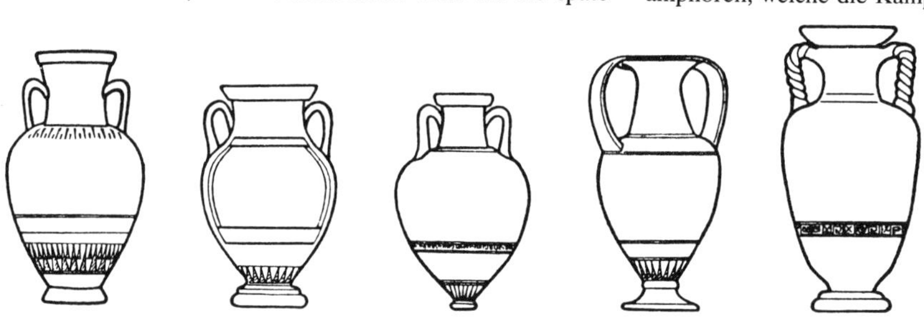

Von links:
Halsamphora
Bauchamphora
Spitzamphora
Bandhenkelamphora
Strickhenkelamphora

findenden Panathenäenfestes zu Athen, mit staatlichem Öl gefüllt, als Preis erhielten. Es sind Bauchamphoren, die im vorderen Bildfeld die kämpfende Athena, im hinteren die Kampfart des Siegers zeigen. Von der Neuordnung des Panathenäenfestes, 566 v. Chr., an bis ins 1. Jh. v. Chr. behielten sie diesen Typus und die altertümliche schwarzfigurige Technik der Malerei (→ Vasenmalerei) bei.

Ampulle (lat. *ampulla,* Fläschchen), Fläschchen für geweihtes Wasser oder Öl. Die katholische Kirche nennt sowohl die gläsernen oder metallenen Meßkännchen (→ Altargerät) als auch die Zinngefäße für die am Gründonnerstag geweihten Tauf- und Sterbeöle Ampullen. Als Sonderform haben die Pilgerampullen Bedeutung, unter ihnen vor allem zwei Serien: die Menaskrüglein, flache runde Tongefäße des 5. und 6. Jh.s n. Chr., in denen man Wasser vom Grab des heiligen Menas am Rand der Libyschen Wüste aufbewahrte, und die um 600 datierbaren palästinensischen Pilgerampullen (heute im Domschatz zu Monza), in denen man Öl aus den Lampen der Kirchen Palästinas ins Abendland mitnahm. Dies sind flache Trommeln aus Blei oder vergoldetem Silber; ihnen sind Nachbildungen palästinensischer Mosaiken des 6. und 7. Jh.s aufgeprägt, deshalb kommt ihnen wichtiger Quellenwert zu.

Amstel, niederländische Porzellanmanufaktur in Ouder-Amstel nahe Amsterdam. Bestand von 1784 bis 1820. Amstel-Porzellan ist vorwiegend im Stil des Louis-seize und Empire dekoriert; am häufigsten kommen mehrfarbige Landschaften, Reiterdarstellungen sowie Vogel- und Blumenmalereien auf Kaffee- und Tee-Servicen vor.

Teekanne mit Reitern. Amstel, um 1785/90. H 11,2 cm. Amsterdam, Rijksmuseum.

Amtsheraldik, Wappenführung aufgrund eines bestimmten Amtes. So führt etwa der Kurfürst von Sachsen als Erzmarschall des Reiches zwei gekreuzte rote Schwerter in silberschwarz geteiltem Herzschild. Ein wichtiger Teil der Amtsheraldik ist in der → kirchlichen Heraldik zu sehen.

Amulett, Talisman, am Körper, meist um den Hals getragener Gegenstand, dem magische Kräfte zugeschrieben werden: Unheil abzuwenden, Glück zu bringen und die Kraft des Trägers zu stärken. Amulette kommen von vorgeschichtlicher Zeit bis heute vor und können dem Pflanzen-, Tier-

Schwarzfigurige Amphora. Griechisch, um 540 v. Chr. Bochum, Kunstsammlungen der Ruhr-Universität.

oder Mineralreich (besonders beliebt: Edelsteine) entnommen sein. Oft suchte man ihre Kraft durch Buchstaben und andere Geheimzeichen (→ Abraxasgemmen) noch zu erhöhen oder gab ihnen eine besondere Gestalt (→ Feige).

Amulettkästen, tibetische → tibetische Amulettkästen

Amulettmünzen, gelochte oder gehenkelte Münzen, die zur Abwehr von Unglück um den Hals getragen wurden. Vor allem Gepräge mit Heiligendarstellungen, wie → Georgs- oder → Marientaler, waren für diesen Zweck beliebt. Amulettmünzen kommen vor allem auch im Orient vor.

Amulettmünzen (Abb. verkleinert)

Ananaspokal → Traubenpokal

Anastasis, ein in der byzantinischen und abendländischen Kunst bekanntes Bildthema. Da in den kanonischen Evangelien die Auferstehung Christi nicht beschrieben ist, war sie in der byzantinischen Malerei kein eigenes Bildthema. Statt dessen wurde sie in das Thema der Höllenfahrt miteinbezogen. Seither wird dieser Bildtypus (oder auch Christus in der Vorhölle) als Anastasis bezeichnet.

Anatol, Sammelbezeichnung für ländliche, nicht genauer lokalisierbare anatolische Teppiche.

Anatolische Teppiche, auch türkische oder kleinasiatische Teppiche, eine der Hauptgruppen des Orientteppichs. Die frühesten Exemplare sind aus dem 13. Jh. erhalten und befinden sich im Türk ve Islam Eserlere Müzesi in Istanbul.

Andachtsbild, 1. Angeregt von der Mystik und der geistlichen Dichtung, wurden im frühen 14. Jh. aus dem szenischen Historienbild Einzelgruppen herausgelöst, die dem Bedürfnis nach stiller Andacht des einzelnen Gläubigen dienten: die Klage Mariens um den toten Sohn (Vesperbild, Pietà), Christus als Schmerzensmann, der Lieblingsjünger an der Brust des Herrn (Christus-Johannes-Gruppe) – vorwiegend Holzbildwerke. Im Laufe des 14. und 15. Jh.s kamen noch das Heilige Grab, die Schutzmantelmadonna und andere ikonographische Neuschöpfungen hinzu. 2. Seit dem 14. Jh. bis in die Gegenwart gebräuchliche kleine Bilder, die zur Andacht anregen sollen. Eine große Anzahl der → Einblattdrucke des 15. und 16. Jh.s sind Andachtsbilder. Besonders viele Andachtsbilder wurden im 17. Jh. im Zusammenhang mit der Gegenreformation hergestellt. Beliebt sind sie auch heute noch als Erinnerung an Wallfahrtsorte. Andachtsbilder gibt es in den unterschiedlichsten Techniken, z. B. → Holzschnitte, → Kupferstiche, → Pergamentschnitte und → Spitzenbilder bis hin zu den massenhaft vervielfältigten Heiligenbildchen des 19. und 20. Jh.s.

Andenkengläser, besonders zur Biedermeierzeit beliebte Geschenke oder Souvenirs aus Badeorten (→ Bädergläser) und Städten mit berühmten Sehenswürdigkeiten. Zu den

Andenkenglas. Farbloses Glas mit farbiger Emailmalerei. Johann August Mohn, Berlin, 1815. H 10,8 cm. Stuttgart, Württembergisches Landesmuseum.

Andachtsbilder
Links: Augsburg, 18. Jh.
Rechts: S. Maria Hilf. Pergamentbild, bemalt.

Anatolischer Teppich (Bergama). Westanatolien, Mitte 19. Jh. 170 × 184 cm. München, L. Bernheimer KG.

mannigfaltigen Verzierungen gehörten geschnittene Ansichten, allegorische Darstellungen und Blütensträuße, in Verbindung mit einer Widmung, bisweilen zu einem bestimmten Anlaß datiert und häufig mit den Besitzerinitialen versehen. An bemalte Geschenktassen erinnern die → Kothgassergläser, mit bunten, durchscheinenden Flachfarben (→ Transparentmalerei) bemalte Becher, die in Dresden (→ Mohn), Wien und Nordböhmen hergestellt wurden.

Anderthalbhänder → Schwert

Andirons, meist paarweise verwendete Kaminböcke, die zum Auflegen der Scheite dienten. Ihrer Grundform nach bestehen sie aus je zwei Vorderfüßen und einem Hinterfuß, die eine waagerechte Verbindungsstange tragen. Die Vorderfront ist über die Stange hinaus erhöht und im Stil der Zeit, in der die Andirons entstanden, dekorativ gestaltet. In Frankreich und Italien kommen auch figürlich gearbeitete Feuerböcke in Form von Tieren (Fabeltieren), Amphoren u. a. vor. Das Material für Andirons war Gußeisen, Kupfer, Messing, Bronze und in selteneren Fällen auch Silber.

Andreastaler, in Braunschweig und Lüneburg geprägte → Ausbeutemünzen mit dem Bild des heiligen Andreas aus Andreasberger Silber. Sie werden auch Harzgulden genannt.

Andreoli → Gubbio

Androiden → Automaten

Andruck, erster Abzug eines maschinellen Druckverfahrens, analog zum Probedruck beim Handdruck. Teilweise signiert der Künstler den Andruck und autorisiert damit den Druck einer maschinell gedruckten → Originalgraphik.

Anflugglasuren, keramische Glasuren, die nicht vor dem Brand auf den lederharten Gegenstand aufgetragen werden, sondern die sich erst im Ofen während des Brennvorgangs entwickeln. Sie können wie die → Salzglasur unter Einfluß des Töpfers entstehen oder aber wie die Aschenglasuren sich auch zufällig bilden. Diese entstehen beim Brand mit Holzfeuer durch den Anflug von Aschepartikeln. Ascheglasuren aber, die durch das Mischen von Glasurbreien mit der Asche verschiedener Substanzen entstehen, werden wie jede Glasur vor dem Brand auf den Gegenstand aufgetragen und sind daher keine Anflugglasur.

Angel, erstmals unter Eduard IV. 1465 geprägte englische Goldmünze. Sie zeigt auf der Vorderseite den Hl. Michael im Kampf mit dem Drachen und auf der Rückseite ein Schiff mit strahlender Sonne über dem Mast. Bis 1642 ohne Unterbrechung geprägt.

Angelica, kleine Laute, bis ins 18. Jh. gebräuchlich, auch Engelsgitarre genannt, war diatonisch, d. h. wechseltonisch, gestimmt und mit siebzehn Saiten.

Angers, 1. → Apokalypse von Angers, 2. Angers, David d' → Medaillen

Angoulême, Louis Antoine de Bourbon Duc d' (1775–1855), Protektor einer Pariser Porzellanmanufaktur.

Angster, 1. Kuttrolf, deutsches Vexierglas des 15. bis 18. Jh.s mit zwiebelförmigem Gefäßkörper. Der Hals besteht aus mehreren dünnen, verschlungenen Röhren, die in einer gemeinsamen Mündung enden. So konnte die Flüssigkeit nur tropfenweise entnommen werden. 2. Münze, → Rappen.

Anhänger (Abb. s. a. S. 30), an der Halskette, am Rosenkranz oder Gürtel getragenes Schmuckstück, das im 15. Jh. aufkam. Es waren zunächst goldene, silberne oder kupfervergoldete Amulettanhänger, die vor ausgeschnittenem Grund Bilder heiliger Namenspatrone zeigten. Entwürfe von Albrecht Dürer, Hans Holbein und den Ornamentstechern bezeugen seine künstlerische Selbständigkeit. Im 16. und 17. Jh. waren Anhänger für praktischen Gebrauch wie → Bisamäpfel, → Betnüsse, Nadelbüchsen, Zahnstocher u. a. üblich. In Italien und Burgund entstand um 1500 der kostbare Anhänger mit Edelsteinen, Perlen, Kameen (→ Gemmen) oder → Niello zum dekolletierten Kostüm, der seinen Höhepunkt in den prunkvollen Goldemailanhängern der zweiten Hälfte des 16. Jh.s erlebte. Sie tragen biblische oder mythologische Szenen und waren beliebte Fürstengeschenke. Im Lauf des 17. Jh.s trat der Anhänger zurück. Um 1800 kam er in Form von Gemmen, Kameen und ovalen → Miniaturporträts nochmals in Mode. Erneute Bedeutung des Anhängers im Jugendstil. Wiederentdeckung des von Struktureffekten, plastischen oder graphischen Elementen bestimmten Anhängers durch den Künstlerschmuck der Nachkriegszeit. Im Juwelenschmuck spielt der Anhänger als kostbarer Solitär eine Rolle.

Anilinfarben, künstliche organische Farbstoffe, die in der Mitte des 19. Jh.s erfunden wurden. Um 1870 bürgerten sie sich für den Orientteppich ein und ersetzten dort die mühsam zu gewinnenden Pflanzenfarben. Da sie sich als nicht licht- und waschecht erwiesen, verbot der Schah von Persien 1890 ihre Verwendung bei strenger Strafe. In den anderen Landschaften blieben sie in Gebrauch. Seitdem ist ihre Qualität wesentlich verbessert worden.

Animetta → Palla

Anker, Symbol der Hoffnung und des Glaubens, → Emblem des Handels und der Schiffahrt.

Angster. Deutschland, 17. Jh. Gelblichgrünes Glas, H 19,7 cm. München, Bayerisches Nationalmuseum.

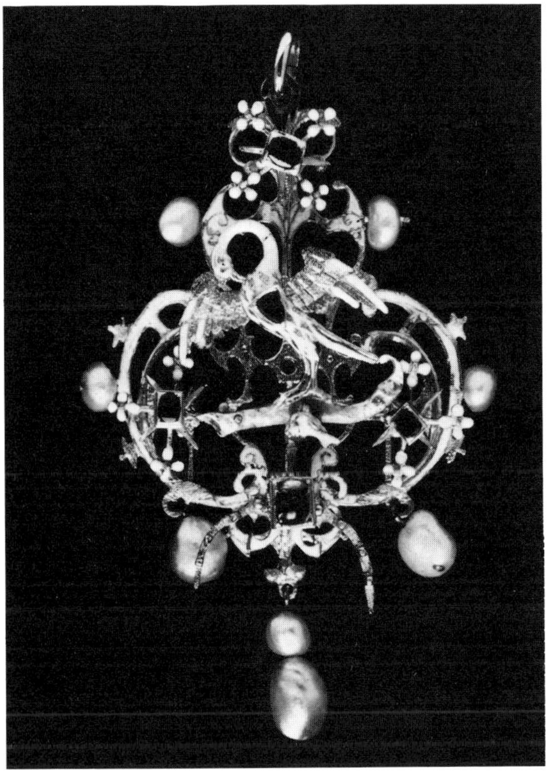

Anhänger in Form eines Pelikans. Süddeutsch, um 1600. Gold, Email, Perlen, Rubin. Hamburg, Museum für Kunst und Gewerbe.

Ankerkette, einfachste Art der Kette, wobei die runden Glieder so ineinanderhängen, daß jedes zweite vollrund erscheint, während das dazwischenliegende als Verbindung dient und nur in Aufsicht erkennbar ist. Die Ankerkette gibt es als Standardform in gleichmäßiger Stärke oder nach Verlauf gearbeitet seit Jahrhunderten, wie man Porträts des 16. Jh.s entnehmen kann. (→ Kette)

Anlegetechnik, in der Stickerei das Aufnähen der musterbildenden Fäden durch zweite oder dritte Fäden, mittels derer die Hauptfäden fixiert oder überfangen werden. Diese Technik wurde bei Stickereien primitiver Art sowie bei den kostbaren → Goldstickereien vor allem des Mittelalters angewendet.

Annaberger Spitzen, in Annaberg im Erzgebirge geklöppelte Spitzen des 18. und 19. Jh.s vom Typ der → Mechelner Spitze. Nach der Tradition ist die Klöppelei in Annaberg und Umgebung 1561 von Barbara Uttmann eingeführt worden.

Annagelb → Farbengläser

Anna selbdritt, Gruppendarstellung der Mutter Anna, ihrer Tochter Maria und dem Jesuskind. Seit etwa 1300 in Deutschland, später auch in anderen Ländern vorkommend, wird das Thema im späten 15. und frühen 16. Jh. beliebt.

Annunziata, ein Bildthema der abendländischen Kunst. Nach der italienischen Bedeutung „die Verkündigte" ist die Darstellung Mariens gemeint, der die Geburt Christi angekündigt wird.

Anok → Baga

Anreiter von Zirnfeld, Johann Karl Wendelin (1702–1747), österreichischer Maler an den Porzellanmanufakturen in → Wien und → Doccia. War zeitweilig auch als → Hausmaler tätig. Seine Spezialität waren Ruinenlandschaften mit Staffagefiguren, Chinesen sowie Laub- und Bandelwerkornamente in Schwarzlot und Eisenrot. Er malte nicht nur auf Wiener, sondern auch auf → Blanc-de-Chine und Meißener Porzellan. Anreiter signierte meist mit vollem Namen und dem Zusatz VZ oder der Ortsangabe Wien bzw. Florenz (Doccia). Er war der Vater von Anton Anreiter von Zirnfeld (1727–1801), der zunächst in Doccia bis 1746, dann in Wien Porzellanmaler war. Anton signierte mit „Ant. Anreiter Zirnfeldt" und der Ortsangabe. Seine Motive reichen von „deutschen Blumen" und Reptilien bis zu Reitern, Landschaften, Bildnissen und Wappen.

Teekanne. Hausmalerarbeit von Johann Karl Anreiter (von Zirnfeld). Wien, um 1730. H 11 cm. Wien, Österreichisches Museum für angewandte Kunst.

Anrichte → Kredenz

Ansbacher Fayence, 1709 von Markgraf Wilhelm Friedrich in Ansbach gegründete bedeutende deutsche Fayencemanufaktur. Zunächst unter der Leitung des weitgereisten, aus → Frankfurt kommenden Johann Caspar Ripp. 1747 übernahm sie der Maler Popp. Die Manufaktur arbeitete bis 1839, zuletzt als Steingutfabrik. Die frühen Erzeugnisse waren stark von → Delft und → Hanau beeinflußt; sie tragen mit Arabesken und Laubwerk bemalte Ränder in tiefem Blau. 1720 wurden Behangmuster im Stil von → Rouen übernommen, ab 1730 eine in Hanau gepflegte Vogelmalerei. Künstlerisch

am wertvollsten sind die zwischen 1730 und 1745 mit → Muffelfarben bemalten Geschirre der „Grünen Familie", an denen der 1737 bis 1740 in Ansbach tätige Adam Friedrich von → Löwenfinck wesentlich beteiligt war. Zu den schönsten Ansbacher Fayencen gehören auch die großen Vasensätze, die japanisches Imariporzellan nachahmen und bei denen Scharffeuerblau (→ Scharffeuerfarben) durch kalte Bemalung mit Rot und Gold ergänzt ist. Auch Wandfliesen mit Jagdmotiven waren sehr beliebt. Daneben wurde, wie in → Bayreuth, → Böttgersteinzeug nachgeahmt im „braunen Porzellan" mit dunkelbrauner Glasur über rotbraunem Scherben. Diese Geschirre sind mit Reliefs verziert und in

Anhänger, Vorder- und Rückseite. Deutsch, 2. Viertel 16. Jh. Gold mit farbigem Email, in der Mitte achtseitiger, facettierter Aquamarin und gewölbter dreipassiger Almandin, Hängeperle. Köln, Kunstgewerbemuseum.

Gold und Silber kalt bemalt. Eine Marke führte Ansbach nicht, nur Malersignaturen kommen vor, die durch den ausgeschriebenen oder mit On abgekürzten Ortsnamen ergänzt sein können.

Ansbacher Porzellan. Markgraf Alexander, der Schwager Friedrichs des Großen, gründete 1758 wahrscheinlich mit Meißner und Berliner (Wegely) Arbeitern eine Porzellanmanufaktur im Gebäude der Fayencefabrik von Ansbach; 1763 wurde die Porzellanherstellung in das Jagdschloß Bruckberg verlegt. Die Manufaktur schuf außer Kopien nach Berliner Geschirrformen und Figuren u. a. das „Ansbacher Muster", eines der graziösesten Geschirre der Zeit. Sie bestand als Privatunternehmen bis 1860. Als Marken kommen A, ein Adler (mit oder ohne A) und das Ansbacher Wappenschild (Bach mit Fischen), sämtlich in Unterglasurblau, vor.

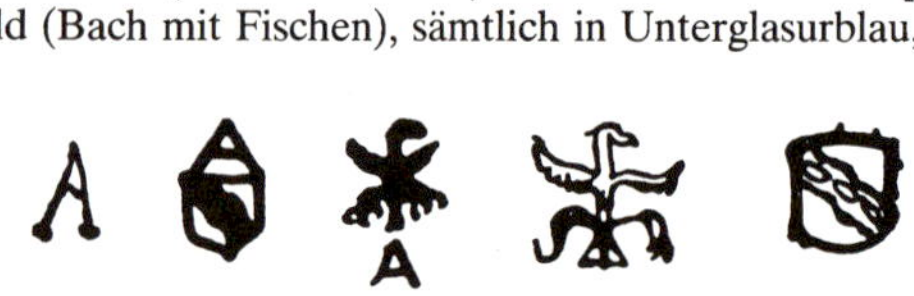

Anschlag, das Anpressen des Schusses (→ Kette) nach jedem Eintrag, um die Schüsse gleichmäßig und das Gewebe dicht zu halten.

Ansichtspostkarte, mit Bildern bedruckte Karte in genormter Größe, deren Rückseite einen Vordruck für die Empfängeranschrift aufweist. 1869 wurden erstmals sogenannte Correspondenzkarten herausgegeben, aber noch ohne jeglichen Schmuck. Seit etwa 1870 erschienen die ersten Ansichtspostkarten; größere Verbreitung finden sie seit den achtziger Jahren. Ein Grund für ihre große Beliebtheit ist in dem aufkommenden Tourismus zu sehen, durch den das Verschicken von Ansichtspostkarten zur Mode wurde. Um

Ansbacher Teller mit Bemalung der „Grünen Familie". 1724–1749. Dm 22 cm. Düsseldorf, Hetjens-Museum.

1900 werden Künstlerpostkarten beliebt, später haben photographische Karten mit Ansichten von berühmten Bau- und Kunstdenkmälern großen Erfolg. Heute reproduzieren die großen Museen ihre wichtigsten Werke als Ansichtspostkarten.

Antependium, Altarvorsatz, ital. *paliotto,* vordere, ursprünglich auch seitliche und rückwärtige Bekleidung des Stipes (→ Altar). Die Vorderseite nennt man Frontale (franz. *frontier*), die Rückseite Dorsale (franz. *dossier*). Seit dem Mittelalter sind Antependien aus Edelmetall mit getriebenem oder emailliertem Figurenschmuck von hohem künstlerischem Wert (z. B. Baseler Antependium, um 1020; Paris, Musée de Cluny) aus Stoff (meist Seide mit reicher Stickerei), aus Holz (mit Schnitzwerk und/oder Malereien) und seltener aus Leder erhalten. Das Parement de Narbonne (1373–78; Paris, Louvre) mit Grisaillenmalereien (→ Grisaille) auf Seide ist

◁
Traubenprobe. Ansbach, um 1770. H 13,5 cm. Stuttgart, Landesgewerbeamt Baden-Württemberg.

Antependium. Verehrung der Heiligen Dreifaltigkeit durch musizierende Engel. Flämisch, frühes 17. Jh. 107 × 182 cm. Köln, v. Hünerbein.

die Vorzeichnung für ein Antependium mit Stickerei, die nicht ausgeführt wurde. 1570 wurde in der katholischen Kirche ein vor der Mensa (→ Altar) herabhängender Stoffbehang in den Kirchenfarben vorgeschrieben.

Anthemion, Ornament, das in der griechischen und römischen Kunst häufig Verwendung fand und im späten 18. und frühen 19. Jh. als Schmuckmotiv auf Möbeln, Silber und Textilien besonders in England wieder auflebte. Seiner Form nach besteht das Anthemion aus stilisierten Palmetten und Lotosblüten, die sowohl zu Ketten aneinandergereiht als auch als Einzelmotiv vorkommen können.

Antike, Antiken, (von lat. *antiquus,* alt, ehrwürdig). Als antik werden die im griechisch-römischen Altertum entstandenen Kunstwerke bezeichnet. Darüber hinaus benutzt der Kunsthandel den Begriff unterschiedlich. Antik als Synonym für alt (Antiquität) bezeichnet den prinzipiellen Gegensatz zu modern und zeitgenössisch, wobei man bei Teppichen noch zwischen antik (älter als 150 Jahre) und alt unterscheidet. Das griechisch-römische Altertum als die bedeutendste frühe Hochkultur auf dem europäischen Kontinent ist die Ursprungskraft der christlich-abendländischen Kunst. In wiederkehrenden Renaissancen (karolingische Renaissance im 9. Jh., italienische Renaissance im 16. Jh., Klassizismus im 18. Jh. und auch im Barock, vorzugsweise in der Ikonographie) versuchte man sich mit dem geistigen Erbe der Antike zu identifizieren und wesentliche Elemente antiker Kunst (z. B. die Darstellung des nackten menschlichen Körpers, den Goldenen Schnitt, die Proportionslehre, Säulen und Ornamentformen) zu einer Wiedergeburt, d. h. einer Renaissance, zu verhelfen. Durch Johann Joachim Winckelmanns (1717–1768) Schriften (u. a. Gedanken über die Nachahmung der griechischen Werke in der Malerei und Bildhauerkunst) initiiert, wurde die antike Kunst zum verpflichtenden Formenkanon bis weit ins 19. Jh. Die Kunstakademien (die erste wurde 1577 in Florenz gegründet) waren die wichtigsten Pflegestätten dieser Kunstauffassung. Im Kunsthandwerk sind antikisierende Motive nicht nur in der Renaissance, dem Empire und Biedermeier, sondern in allen Epochen zu finden. Sie beziehen sich auf die Form des Gegenstandes, das Ornament und Motive der Darstellung.

Ornamente an Möbeln, Metallgegenständen, Porzellan, Schmuck und Stoffen stammen größtenteils aus der Antike. Hierzu gehören u. a. Mäander, Palmetten, Eierstab, Arabesken, Pittoresken, Granatmuster, Rankenwerk, Girlanden,

a b c d g h e f i j k

Rotfiguriger Krater. Griechisch, um 470 v. Chr. Bochum, Kunstsammlungen der Ruhr-Universität.

◁
Kleine Bronzestatue der Aphrodite auf Sockel. Hellenistisch, 2.–1. Jh. v. Chr. Malachit- und Cuprit-Patina, H mit Sockel 21 cm. London, René Gott SA.

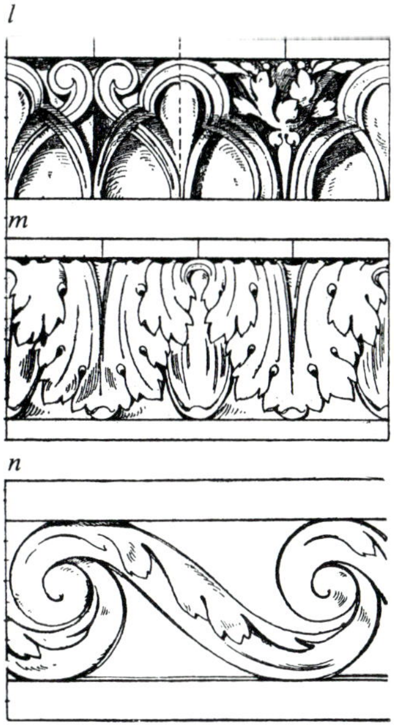

Ornamente. a und b: Eierstabbänder, c, d, e und f: Mäander, g und h: Palmettenbänder, i und j: Blatt- und Rankenbänder, k: Flechtband, l und m: Blattstäbe (m: Akanthusmotiv), n: Wogenband.

Laufender Hund, Schachbrett, Raute, Zickzack, Wellenband, Rosetten, Knospen, Blüten, Palmbänder, Rankenwerk usw. Die Antike hat wesentlichen Anteil an der Ikonographie der christlichen Kunst. Antike Götter wie Neptun, Venus, Diana usw. sowie Satyre, Nymphen, Amoretten, Engel und Putten spielten als Dekor auf den Gegenständen der Kunst eine große Rolle.

Antikenfälschung, gefälschtes griechisch-römisches Werk, moderne Neuschöpfung, die durch Stilnachahmung und künstlich hervorgerufene Alterungserscheinungen der Materialoberfläche als alt erscheint. Alterungseffekte werden künstlich herbeigeführt, indem etwa bei Marmor durch Säuren eine Korrosion, durch Sauerstoffgebläse eine Kalzinierung, durch hypermangansaures Salz und Rostwasser eine Patina hervorgerufen wird. Auch die typischen Eindrücke von Pflanzenwurzeln sind chemisch nachzuahmen. Noch komplexer sind die Methoden, die antike Patina auf Bronzen zu imitieren. War die Frage der Echtheit bis vor zwanzig Jahren noch allein eine Frage des Stiles, so ist die Echtheitsprüfung heute mit objektiveren Methoden möglich, insofern Alterungserscheinungen und Material naturwissenschaftlich nachprüfbar sind. Die anzuwendenden archäometrischen Methoden sind je nach Objekt verschieden: Bei griechisch-römischen Bronzen sind es die Materialanalyse (Menge der Zinkbeimischung) und die Untersuchung der Alterungserscheinungen (Kristallbildung der Patina), bei Tongegenständen die Thermoluminiszenz (Messung der beim Erhitzen entstandenen Lichtmenge), der Archäomagnetismus (Auswertung des Magnetfeldes in der Keramik), die Untersuchung der Alterungserscheinung (Kristallgehalt des Sinters). Bei Gold ist es nur die Materialanalyse (Nachweis von modernen Lötelementen), bei Silber die Materialanalyse (Anzahl der Spurenelemente) und die Prüfung der Alterungserscheinung (Kristallgehalt der Patina), bei Glas die Spaltspurenmethode. Bei Marmor ist es die Prüfung des Alterungseffektes (Ultraviolettbestrahlung der Patina), ebenfalls bei Elfenbein (Sinter). Die analytischen Verfahren zur Untersuchung von Kunstwerken werden in speziellen Labors durchgeführt, über die größere Museen und einige Hochschulinstitute verfügen. Doch sind naturwissenschaftliche Methoden nicht in jeder Hinsicht aufschlußreich. Materialanalysen an Naturprodukten wie Ton, Marmor, Elfenbein, Edelstein tragen für die Echtheitsfrage oft nichts bei. Hinzu kommt, daß Materialien wie Gold und Edelstein nie Alterungseffekte aufweisen. Bedenkt man ferner, daß Goldobjekte auch aus eingeschmolzenem antiken Gold erstellt werden können und daß mittlerweile der antike schwarze und rote Firnis nachzumachen ist, dann wird deutlich, daß in vielen Fällen den Objekten naturwissenschaftlich nicht beizukommen ist, so daß die Frage der Echtheit – da nunmehr doch eine Frage des Stils – an den Kunstexperten zu gehen hat, der gegebenenfalls eine Expertise ausstellt.

Antikisieren, allgemein das Nachahmen vergangener Stile. Im besonderen die Nachahmung der Kunst der → Antike.

Antillenperlen, Perlmutterkugeln, gedrechselt aus der Schale bestimmter Meeresschnecken, Durchmesser 8–12 mm. Sitz der seit dem 19. Jh. wichtigen Industrie ist Paris.

Antiminsion, auch Antimension, mit der Darstellung der Beweinung Christi besticktes, serviettenartiges Leinentuch, das mit Seide gefüttert ist und dem an einer Ecke Reliquienpartikel eingenäht sind; früher hatte es in der Ostkirche etwa die Funktion eines → Portatile, heute liegt es auf dem Iliton (→ Altartuch) und entspricht dem lateinischen → Corporale.

Antiphonar, liturgisches Buch für den Chordienst, das die Antiphonen (Wechselgesänge zwischen Priester und Chor) und Responsorien (Antworten der Gemeinde) enthält. Der Höhepunkt künstlerischer Ausgestaltung der Antiphonare mit Miniaturen lag im 11. Jh.

Antiqua, Schriftart, um 1460 in Italien entstanden. Die Großbuchstaben wurden in Anlehnung an römische Inschriften entwickelt, die Kleinbuchstaben aus der karolingischen → Minuskel. Aldus Manutius (→ Aldinen) führte die Antiqua um 1500 in den Buchdruck ein.

Antoninian

Antoninian, Doppeldenar, römische Silbermünze des 3. Jh.s n. Chr. Zuerst 214 unter Caracalla geprägt. Die Büsten der Kaiser tragen die Strahlenkrone, die Büsten der Kaiserinnen ruhen auf einer Mondsichel. Unter Diokletian durch andere Münzen abgelöst.

Antwerpener Möbel, hatten ihre Blütezeit im 17. Jh. und sind Zeugnisse des Reichtums der Antwerpener Kaufleute. Die kostbaren, meist im Orienthandel zusammengetragenen Sammlungen von Naturalien wie Muscheln und Edelsteine, aber auch Juwelen, bedurften einer besonderen Aufbewahrung. Für sie wurden bemalte oder furnierte → Kabinettschränke mit zahlreichen kleinen Schubladen angefertigt, oft aus → Ebenholz mit rot unterlegten Schildpatteinlagen. Sie standen auf gedrechselten, gesondert gefertigten Gestellen, deren Herstellung beim Export dem Empfängerland oblag. Auch zweigeschossige, geschnitzte oder bemalte Schränke, meist mit mythologischen Szenen verziert, gehörten neben Tischen mit Marketerien aus Messing, Schildpatt und Perlmutter zu den Spezialitäten der Antwerpener Möbelproduktion.

Antwerpener Steingut, in Antwerpen seit dem frühen 16. Jh. entstandenes zinnglasiertes → Steingut. Antwerpen wurde durch italienische Zuwanderer zum ersten Zentrum der Steingutproduktion in den Niederlanden.

Antwerpener Teppich, seit dem 15. Jh. in Antwerpen hergestellte → Bildteppiche. Bevorzugte Darstellungen waren die

Kabinett. Antwerpen, 1. Hälfte 17. Jh. Eichenkern mit Schildpatt verkleidet, 150 × 112 × 43 cm. Amsterdam, Rijksmuseum.

Geschichte Jakobs, Trojas und des Achill. Auch Landschaften und Grotesken finden sich häufig. Antwerpen war seit dem 15. Jh. Zentrum der flämischen Teppichherstellung und des Teppichhandels bis in die Mitte des 17. Jh.s.

Anyang → Ekoi

Apfelbaumholz, dichtes, bräunliches Holz, das sich für Tischler- und Drechslerarbeiten eignet.

Apfelentkerner, Hausgerät mit länglichem Griff und einer halbrund gebogenen Stechklinge, oft ganz aus Silber, aber auch mit Holzgriff und Metallklinge.

Apfelgroschen, Reichsgroschen, die seit etwa 1570 auf der Rückseite den Reichsapfel mit der Wertzahl 24 (d. h. $^1/_{24}$ Taler) tragen.

Apfelgulden, rheinische Goldgulden des 15. und 16. Jh.s mit dem Reichsapfel im Dreipaß auf der Rückseite.

Apfelsinenbecher, tassenförmiges, henkelloses Porzellangefäß, das dazu diente, eine abgeschälte Apfelsine aufzunehmen. Es wurde hauptsächlich zwischen 1735 und 1745 in → Meißen hergestellt.

Aphrodite (lat. Venus), antike Liebesgöttin, Tochter des Zeus, nach einer anderen Version aus dem Schaum des Meeres geboren. Aphrodite wird seit dem 4. Jh. v. Chr. nackt oder halbnackt dargestellt, häufig mit einem Apfel als Attribut und → Amor und/oder → Amoretten als Begleiter. Im Mittelalter lebte Aphrodite/Venus in der Vorstellung der „Frau Minne" oder „Frau Welt" weiter. Die Venusdarstellungen häufen sich seit der Frührenaissance in der abendländischen Kunst, wobei der Liebesgöttin oft die → Grazien beigestellt sind. Seit dem 16. Jh. entsteht der Typus der stehenden Venus mit Amor, der Venus Marina (auf dem → Delphin) u. a. Im Rokoko wird Aphrodite gern in erotisch-neckischen Szenen mit Amor zusammengebracht. Szenische Schilderungen der verschiedenen Liebesabenteuer der Göttin sind überhaupt seit der Renaissance zu allen Zeiten beliebtes Thema.

Apokalypse von Angers, eines der Hauptwerke der frühen Bildwirkerei. Ursprünglich sechs monumentale Wandbehänge mit Darstellungen zur Apokalypse, von denen noch 72 Szenen erhalten sind.

Die zwischen 1375 und 1380 nach Entwürfen des Hennequin de Bruges (Hans von Brügge) in der Manufaktur des Nicolas Bataille in Paris entstandenen Behänge wurden von Herzog Ludwig von Anjou der Kathedrale von Angers (Departement Main-et-Loire) gestiftet. Sie werden heute in der Burg von Angers aufbewahrt.

Aposteldarstellungen, 1. Petrus als kräftiger Greis, mit grauem, kurzem Kopf- und Barthaar, zuweilen in Papsttracht. Attribute sind der Schlüssel, ein Stab oder das → Stabkreuz. 2. Paulus, kahlköpfig mit langem Bart, Attribute: Buch und Schwert. 3. Andreas, ein Greis mit langwallendem Bart und einem Schrägbalkenkreuz als Attribut, dem sog. Andreaskreuz. 4. Jakobus der Ältere als Pilger mit Stab, Reisetasche, Wasserflasche, Pilgerhut und Pilgermuschel, manchmal auch mit einem Schwert. 5. Johannes, jugendlich und bartlos, Attribut: Kelch mit Schlange. 6. Philippus, meist mit Kreuzstab oder T-Kreuz. 7. Bartholomäus mit einem Messer als Attribut. 8. Thomas mit den Attributen Lanze oder Winkelmaß. 9. Matthäus mit Geldbeutel, Schwert oder Hellebarde. 10. Jakobus der Jüngere mit Stange oder Keule. 11. Simon mit einer Säge. 12. Thaddäus, bisweilen mit einer Keule als Attribut. 13. Matthias mit einer Axt. 14. Judas mit den Silberlingen, manchmal auch mit einem Teufel auf der Schulter, immer aber mit häßlich verzerrtem oder abstoßendem Gesicht dargestellt.

Apostelglas, zylindrischer Humpen des 16. und 17. Jh.s mit Darstellungen der zwölf Apostel (in zwei Zonen angeordnet) in bunter Emailmalerei (→ emaillierte Gläser). Auch Service aus Gläsern mit je einem Apostel sind bekannt. Für die Herkunft kommen Schlesien, Böhmen oder Franken in Betracht. Im 18. Jh. entstanden meist dickwandige konische Becher mit geschnittenen Apostelporträts in Rundmedaillons.

Apostelkrüge → Creußener Steinzeug

Apostelleuchter, jeweils bei den zwölf Weihekreuzen einer Kirche angebrachter Wandleuchter, zum Teil mit dem Bild eines Apostels.

Apostellöffel, Silberlöffel des 15. und 16. Jh.s mit einer plastischen Apostelfigur am Stiel, die als Taufgeschenk gebräuchlich waren; man schenkte einen Löffel mit dem Namenspatron des Täuflings oder des Paten. Am verbreitetsten war die Sitte in England. Nur ausnahmsweise (für Fürstengeschenke) wurden Serien aus zwölf oder dreizehn Stück (mit einem Christus- oder Marienlöffel) bestellt. Aus dem 19. Jh. existieren provinzielle Nachahmungen. Heute vorkommende Serien sind meist von Sammlern zusammengebracht worden.

Apostelsteine, Symbolsteine, und zwar symbolisieren nach Tirinus und Rocus, Jaspis den Petrus, Saphir den Andreas, Chalcedon den Jacobus, Smaragd den Johannes, Sardonyx den Philippus, Karneol den Bartholomäus, Chrysolith den Matthäus, Beryll den ungläubigen Thomas, Topas Jacobus d. J., Chrysopras den Thaddäus, Hyacinth den Simeon und Amethyst den Matthias.

Die Farbendeutung geht ebenso wie die heilige Zahl Zwölf auf okkulte Vorstellungen des alten Orients zurück. Sinnbilder sind die zwölf Edelsteine des himmlischen Jerusalem in der Apokalypse und die zwölf Edelsteine am Brustschild des Hohenpriesters.

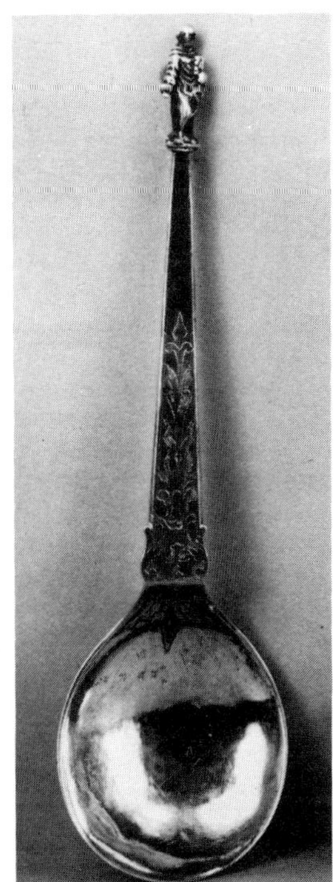

Apostellöffel. Deutschland, 17. Jh. München, Auktionshaus Weinmüller

Apothekengefäß mit der Aufschrift ‚sy de Ribes' (Beerensyrup). Siena, um 1510. Braun, blau und schwarz bemalt, H 22,5 cm. Hamburg, Museum für Kunst und Gewerbe.

Apothekengefäße, Schaugefäße zur Aufbewahrung von Arzneien. Im 15. und 16. Jh. wurden sie von allen italienischen Fayencemanufakturen (→ Majolika) als wichtiger Ausfuhrartikel hergestellt, zunächst in der Form des → Albarello. Im 16. Jh. kamen bauchige Krüge und Flaschen hinzu. Berühmt sind die im Stil der Loggien von Raffael verzierten Gefäße für die Hofapotheke von → Urbino. Ab dem 17. Jh. ab wurden Apothekengefäße aus Fayence und Steinzeug sowie Apothekenflaschen aus Glas mit Emailmalerei auch nördlich der Alpen hergestellt. Die vom 14. Jh. an gegossenen Apothekenmörser (→ Mörser) dienten gleichfalls als Schaugefäße.

Apotheose, nach der griechischen Wortbedeutung die Vergöttlichung eines Herrschers. Im Orient, in Griechenland und besonders in der römischen Kunst wurde der Gedanke bildlich dargestellt, gewöhnlich in der Weise, daß Adler oder Genien den Kaiser oder das Herrscherpaar in den Himmel tragen. Im Barock hat erstmals Peter Paul Rubens in der Apotheose Heinrichs IV. von Frankreich 1621 bis 1625 das Thema erneut aufgegriffen. Jean Baptiste Dominique Ingres malte 1827 für den Louvre das Deckengemälde „Die Apotheose des Homer".

Apotropäon, magisches Abwehrmittel → Amulett.

Applikation, Dekoration von Stoffen durch aufgenähte Stoffreste. Zu allen Zeiten ist diese Technik bekannt, doch kulminiert die Produktion im Europa des 18. Jh.s. mit den sogenannten Bändchenstickereien, eine Mischtechnik zwischen Stickerei und Applikation, im 19. Jh. in den Vereinigten Staaten mit den → Quilts, im 20. Jh. mit den sogenannten → Molas, indianischen Arbeiten aus dem Panamagebiet.

Appliken, 1. selbständig gearbeitete Zierstücke, die auf Gegenstände gleichen oder anderen Materials aufgesetzt werden. In der Kunstschreinerei die vergoldeten Bronzebeschläge an Prunkmöbeln des 18. Jh.s (→ Boulletechnik), die von selbständigen Bronzegießern, Ziseleuren und Vergoldern gearbeitet wurden. 2. Von den Beschlägen ist die Bezeichnung Appliken auf ein- oder zweiarmige Wandleuchter übertragen worden.

Après la lettre (frz., nach der Schrift), im Gegensatz zu → *avant la lettre* Abzüge nach vollzogener Beschriftung. (→ Adresse).

Aprey, französische Fayencemanufaktur, um 1744 gegründet. Stellte in erster Linie Tafelgeschirr im Stil von → Straßburg her. In den achtziger Jahren soll dort aber auch Hartporzellan hergestellt worden sein, das für lebensgroße Porträtbüsten Verwendung gefunden haben soll; ist durch aufgefundene Stücke nicht belegt. 1885 wurde der Betrieb eingestellt.

Apsaras (sanskr.; chin. *t'ien-nü,* jap. *tennyô,* „Himmelsfrauen"), namenlose buddhistische Göttinnen *(deva)* von feenhafter Anmut, in schönen Gewändern mit reichem Schmuck und wehenden Bändern, gleich Engeln musizierend oder blumenstreuend vom Himmel herabfliegend dargestellt, um die Nähe eines → Buddha oder Bodhisattva anzukünden.

Apt, seit dem frühen 18. Jh. französisches Zentrum der → Steingutherstellung. Braungelber Körper mit dicker gelber Glasur mit Craquelée ist typisch für die frühe Ware. An Silbergeschirrformen angelehnte Kannen, Becken und → Wöchnerinnenschüsseln sind typische Erzeugnisse. Seit den achtziger Jahren des 18. Jh.s bevorzugte man gelblich-cremefarbenes Steingut mit marmoriertem Streifendekor.

Aquaforte, Ätzwasser → Ätzung

Aquamanile, mittelalterliches Gießgefäß zur Handwaschung für liturgischen und profanen Gebrauch. Ursprünglich bezeichnete man mit Aquamanile die Schale, in der das über die Hände gegossene Wasser aufgefangen wurde. Da die Schalen meist verlorengegangen sind, wurde der Ausdruck auf die Gießgefäße übertragen, die sich in reicher Zahl aus dem 12.–15. Jh. erhalten haben. Sie sind aus Bronze oder Messing gegossen und stellen Tiere und Fabelwesen wie Greifen oder Löwen dar, die wohl durch orientalische Vorbilder angeregt wurden.

Aquarell, mit lasierenden, transparenten Wasserfarben (Aquarellfarben) auf Papier, Karton, Elfenbein oder Pergament gemaltes Bild. Die Farben sind mit pflanzlichem Gummi, Dextrin oder Tragant gebunden und werden durch Wasser gelöst und verdünnt. Beim Auftrag auf den Grund bleibt dieser durchscheinend, im Gegensatz zu den anderen Wasserfarbentechniken wie → Temperamalerei oder → Gouachemalerei. Seit dem 18. Jh. wird fast ausnahmslos nur noch Papier als Malgrund verwendet, das möglichst holzfrei und nicht mineralhaltig sein soll. Speziell dafür hergerichtete Aquarellpapiere mit gekörnter Oberfläche steigern durch ihren Lichtbrechungseffekt die farbliche Wirkung. Die Malweise geschieht durch feine Haarpinsel in zügigem Auftrag, durch Absetzen der einzelnen Farbwerte oder Naß-in-naß-Technik. Weiß entsteht durch Freilassen des Papiergrundes.

Das Ziel ist die Erreichung möglichst ungebrochener, klarer Grundfarbtöne bei möglicher Beschränkung auf wenige Töne, wobei Korrekturen kaum möglich sind, was eine sichere Hand und große Beherrschung der Maltechnik erfordert. Stellen, die übermalt werden sollen, müssen trocken sein. Von ägyptischen Aquarelltechniken und denen des Mittelalters abgesehen, die allerdings stark an die Deckfarbenmalerei herankommen, tritt die reine Aquarellmalerei erstmals mit der Kolorierung der Einblattholzschnitte im 15. Jh. auf. Meisterwerke schuf Albrecht Dürer in seinen kleinen Landschaftsaquarellen. Im Holland des 17. Jh.s wurde eine hochentwickelte Aquarellkunst betrieben (z. B. durch Savery, Ostade, Berchem). Im 18. und 19. Jh. tritt England (besonders durch Alexander und Robert Cozens, Thomas Girtin und William Turner) an die Spitze der Aquarellmalerei. War diese Maltechnik im Klassizismus auch in Deutschland sehr beliebt (in München besonders von Wilhelm Kobell und Georg von Dillis meisterhaft beherrscht), so wurde sie zum Ende des 19. Jh.s zunehmend von der Ölmalerei verdrängt. Im Impressionismus wurde sie schließlich eher zum Zweck der skizzenhaften Vorstudie benutzt, bis sie im 20. Jh., besonders durch Paul Klee, August Macke oder Emil Nolde, wieder zu hohem Ansehen gebracht wurde.

Aquatinta, Tiefdruckverfahren zur Wiedergabe von Flächen. In einem sog. Staubkasten wird feiner Kolophonium- oder Asphaltstaub aufgewirbelt. Sobald sich der Staub auf der im Kasten liegenden Kupferplatte abgesetzt hat, wird sie vorsichtig herausgenommen und erwärmt, bis die Partikel anschmelzen, ohne jedoch ineinander zu verlaufen. Die Säure kann beim Ätzen die Platte nur in den Zwischenräumen der Staubkörnchen angreifen. Die durch wiederholtes Abdecken und Ätzen einzelner Partien entstehende Darstellung ähnelt einer lavierten Pinselzeichnung. Meist wird die Aquatinta mit der → Radierung kombiniert, dann ist sie mit einer lavierten Federzeichnung vergleichbar. Hierbei wird zuerst die Radierung im üblichen Verfahren hergestellt, dann die Platte vom Ätzgrund befreit und danach der Staub aufgeschmolzen. Von Aquatintaplatten können nur etwa 100 gute Abzüge hergestellt werden, da das empfindliche Korn beim Drucken zusammengepreßt wird und an Tiefe verliert. Als Erfinder der Aquatinta gilt Jean Baptiste Le Prince (1734–1781), seine frühesten Blätter sind 1768 datiert. Besonders geschätzt wurde die Aquatinta im ausgehenden französischen Rokoko, jedoch vorwiegend zu reproduktiven Zwecken; seit dem 19. Jh. wird sie überwiegend als eigenständige künstlerische Technik benutzt.

Arabeske, Ornamentform, gebildet aus einer zwar stilisierten, aber plastisch empfundenen und organisch bewegten, meist symmetrischen Blattranke. Die italienische Frührenaissance wandte die Arabeske besonders zur Verzierung von → Friesen, → Pilastern und → Kandelabern an. In Deutschland taucht sie seit etwa 1520 auf, u. a. im → Ornamentstich der sog. → Kleinmeister. Auch als Stempelmuster für Bucheinbände wird die Arabeske seit der Renaissance verwendet. In der islamischen Kunst wird der Terminus Arabeske auf die völlig anaturalistisch geformte Gabelblattranke bezogen, die in einzelnen Fällen mit Schriftzeichen oder Blütenrankendekor kombiniert sein kann.

Arabeskenkanne, französische Zinnkanne des späteren 16. Jh.s, gearbeitet entweder als gefußte Kanne mit umgekehrt glockenförmigem Körper, maskenartigem Ausguß und Hermenhenkel oder (selten) gebaucht und mit Schnabelausguß. Der in Zonen gegliederte Gefäßkörper ist durch reliefierte → Arabesken ornamentiert. Der Entstehungsort ist wahrscheinlich Lyon.

Arabesken-Teppich → Schah-Abbas-Teppich

Arabische Schrift, hat sich als Schrift des Korans mit der islamischen Kultur ausgebreitet und zählt heute zu den Schriften mit dem größten Verbreitungsgebiet. Mit ihr werden außer dem Arabischen auch andere Islamsprachen wie das Persische, Berberische, Urdu und, vor Einführung der Lateinschrift 1928, das Türkische geschrieben, früher auch Kaukasussprachen, das Malaiische, Somali, Haussa und Kisuaheli. Die auf die aramäische und nabatäische Schrift zurückgehende arabische Schrift wird von rechts nach links geschrieben. Sie hat nur für Konsonanten, lange Vokale und Diphthonge Buchstaben, nicht aber für kurze Vokale, die lediglich durch Zusatzzeichen über oder unter den vorhergehenden Konsonantenbuchstaben ausgedrückt werden. Die kunstvolle Gestaltung und die Häufigkeit von Inschriften an Gebäuden und auf Gebrauchsgegenständen, aber auch die kalligraphische Ausschmückung von religiösem, literarischem und wissenschaftlichem Schrifttum sind Ausdruck der großen Bedeutung, die im Islam dem geschriebenen Wort zugemessen wird. Die Schrift als Ornament ist ein wesentlicher Bestandteil der islamischen Kunst, und das Schönschreiben als Gewerbe hat man stets besonders hoch angesehen und gefördert. Die Namen vieler Kalligraphen sind überliefert, während andere Künstler meist anonym blieben. Religiöse Inschriften sind immer in arabischer Sprache verfaßt (wie ja auch der → Koran nur in arabischer Sprache tradiert werden durfte), ebenso auf Kunstwerken angebrachte Huldigungen an den Herrscher oder Segenswünsche für den Besitzer, Meistersignaturen, Grabinschriften usw. Bei persischen Texten auf Kunstwerken handelt es sich stets um Verse, oft von einem berühmten Dichter. Die arabische Schrift hat im Laufe der Zeit eine Reihe unterschiedlicher, mannigfaltig variierter Schreibarten hervorgebracht, als deren älteste bereits zur Zeit der omaijadischen Kalifen (661–750) das eckige Kufi mit dem steifen Duktus und das kursive Naskhi mit dem gerundeten Duktus gebräuchlich waren.

Das nach der Stadt Kufa im Irak benannte Kufi, das sich aus einer ursprünglich vorauszusetzenden Kursivschrift entwikkelt hat, ist seit dem 7. Jh. n. Chr. belegt und wurde außer für Inschriften und Münzaufschriften bevorzugt für Korane verwendet. Aus der einfachen, klassischen Form des Kufi haben sich verschiedene Abwandlungen entwickelt, wobei es aufgrund der allgemeinen Verbreitung der verschiedenen Formen in den islamischen Ländern oft unmöglich ist, die Herkunft einzelner Schriftbeispiele festzustellen. Auf die Entstehungszeit dagegen lassen sich eher Rückschlüsse ziehen, da die Schriftart sich allmählich gewandelt hat von der schlichten zur zierlichen und schließlich zur geschmückten Ausführung und die verschiedenen Formen zu bestimmten Zeiten besonders bevorzugt wurden. Dies schließt allerdings nicht aus, daß mehrere Varianten nebeneinander existierten. Zu den bekanntesten Kufi-Abwandlungen zählen folgende: das in die Breite gezogene „gestreckte" Kufi mit durch Dehnen der Buchstaben betonter Horizontalen (besonders 8.–10. Jh.), das durch Kürzen der hohen Buchstabenschäfte (Hasten) zum „schleichenden" Kufi wird; das seit dem 10. Jh. beliebte vertikal betonte Kufi, bei dem die Buchstaben mit Unter- und Mittellänge in die Höhe gezogen sind; die Variationen mit dekorativ betonten, z. B. keil- oder dornenförmig

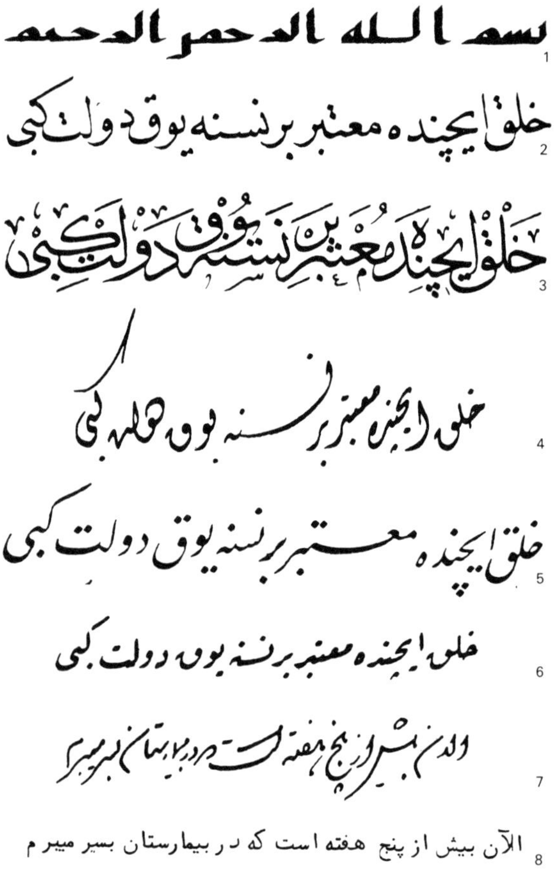

Arabische Schrift aus „Kreiser, Riem, Majer, Lexikon der Islamischen Welt, Bd. 2", Stuttgart, 1974.
1. Kufi (Basmala aus dem Koran) – 2. Naskhi (osmanischer Text) – 3. (dito) – 4. Diwani (dito) – 5. Nasta'liq (dito) – 6. Riq'a (dito) – 7. Sikasta (neupers. Text) – 8. Schreibmaschine (dito)

gestalteten Hastenköpfen (sog. „apiziertes" Kufi, 9.–14. Jh.); das Kufi mit blatt-, → arabesken- und blumenbildenden Buchstaben, das zusammenfassend vielfach „blühendes" Kufi genannt wird (vermehrt seit Ende des 10. Jh.s); das sog. „redende" Kufi mit anthropomorphen und zoomorphen Buchstabenenden (vornehmlich auf ostiranischen Bronzegefäßen des 12. Jh.s); das mit Knoten geschmückte „Flechtkufi" (besonders Mitte 11.–16. Jh.) sowie zum reinen Ornament umgewandelte spätere Formen wie das „Kufi-Flechtband" und das „geometrisierte" Kufi.
Das leicht les- und schreibbare Naskhi, das zunächst der Korrespondenz und Buchhaltung vorbehalten war und neben dem Kufi als Schönschrift zurücktrat, verdrängte dieses im 10./11. Jh. weitgehend aus den Handschriften, nicht aber aus dem Baudekor und der Geräteverzierung, wo beide Schriftarten weiterhin Verwendung fanden. Bald entwickelte sich aus dem Naskhi die durch Hyperbelbildung charakterisierte Zierschrift Thuluth oder Thulth, bei der Leerräume, wie sie durch die unterschiedliche Buchstabenhöhe entstehen, gern durch hineingehobene Wörter oder Wortteile des fortlaufenden Textes ausgefüllt werden. Dieser Duktus (Blütezeit 13.–17. Jh.) ist z. B. häufig in Form von frommen Lobsprüchen auf mamelukischem Bronzegerät, im Baudekor sowie auf ornamentalen Schmuckplatten anzutreffen. Weitere Naskhi-Varianten sind das dem Thuluth ähnliche Rihani oder Rihan-Naskhi, das großformatige Tumar, das in Kleinasien hervorgebrachte weiche, abgerundete Rika und die schleifenbildende Kanzleischrift Tauki. Ein ganz besonders mit der persischen Poesie verbundener Duktus ist das elegante, schräg fließende Nastalik, das nach den gängigen Darstellungen im 14. Jh. aus einer Vorform „Talik" hervorgegangen sein soll und seine Blütezeit vom 15.–17. Jh. hatte. Jahrhundertelang war es die Gebrauchsschrift des persisch-indischen Raumes, wurde aber auch in der Türkei gepflegt, wo man es mit „Talik" bezeichnete. Das enggefaßte, ausgewogene Diwani war die Kanzleischrift des Osmanischen Reiches und wurde auf Urkunden und Diplomen (→ Ferman) in Verbindung mit der → Tughra angewendet. Daneben arbeitete die osmanische Finanzverwaltung noch mit dem stark abkürzenden Duktus Siyakat. Im Iran und in Indien entwickelte sich die Notizschrift Schikasta (Schikeste).
In Spanien und Nordafrika bildete sich aus dem schlanken Zierkufi ein eigener Duktus als Buchschrift heraus, das Maghribi. In die Bau- und Geräteepigraphik wurde es allerdings nicht übernommen; dort verwendete man auch im maurischen Bereich dekorative Abarten des Kufi sowie in Andalusien eine Variante des Naskhi.
Zu den Besonderheiten der arabischen Schrift zählen die in der Türkei seit dem 15. Jh. gepflegte Papierschnitt-Kalligraphie, die Spiegelbildschrift zur Gewinnung graphischer Figuren sowie in späterer Zeit figürliche Kompositionen aus Worten oder Versen.

Arazzi, *arrazzi,* ital. Bezeichnung für → Bildteppiche, abgeleitet von → Arras, dem frühesten Zentrum der Gobelinwirkerei. Berühmt sind die zehn Teppiche mit Szenen aus dem Leben der Apostel Petrus und Paulus für die Sixtinische Kapelle (jetzt Rom, Vatikanische Museen), die nach → Kartons von Raffael 1515 in der Manufaktur des Pieter van Aelst in → Brüssel gewirkt wurden.

Archaisch, 1. Bezeichnung für die Stilmerkmale kunstgeschichtlicher Frühzeiten. Gekennzeichnet durch betonte Strenge, einfache Geschlossenheit und additiven Aufbau. Im Menschenbild bleibt die Wiedergabe psychischer Regungen auf das sog. archaische Lächeln beschränkt.
2. Stilbezeichnung innerhalb der griechischen Kunst, etwa vom 7.–6. Jh. v. Chr. (→ Antike).
3. Historisierende Rückbesinnung auf archaische Gestaltungsprinzipien bezeichnet man als archaisierend.

Architekturbild. Obwohl zwischen den einzelnen Malthemen die Grenzen fließend sind, hebt sich das reine Architekturbild von der Vedute (hauptsächlich getreue Wiedergabe von Stadtansichten), dem Interieur (oft stimmungsvoll wiedergegebene Innenraumdarstellung) und der mit Architektur besetzten Landschaftsmalerei ab. Das Architekturbild stellt eine gebaute oder gedachte architektonische Schöpfung um seiner selbst willen dar. Dabei sind Menschen, Tiere, Pflanzen usw. dem Bildthema untergeordnet, sie sollen nur räumliche Tiefe, Proportion und Maßstab verdeutlichen. In der Antike (Pompejanische Wandmalereien) und im Mittelalter geben Architekturmalereien meist nur schematisch den Schauplatz einer Handlung wieder. Erst im italienischen →

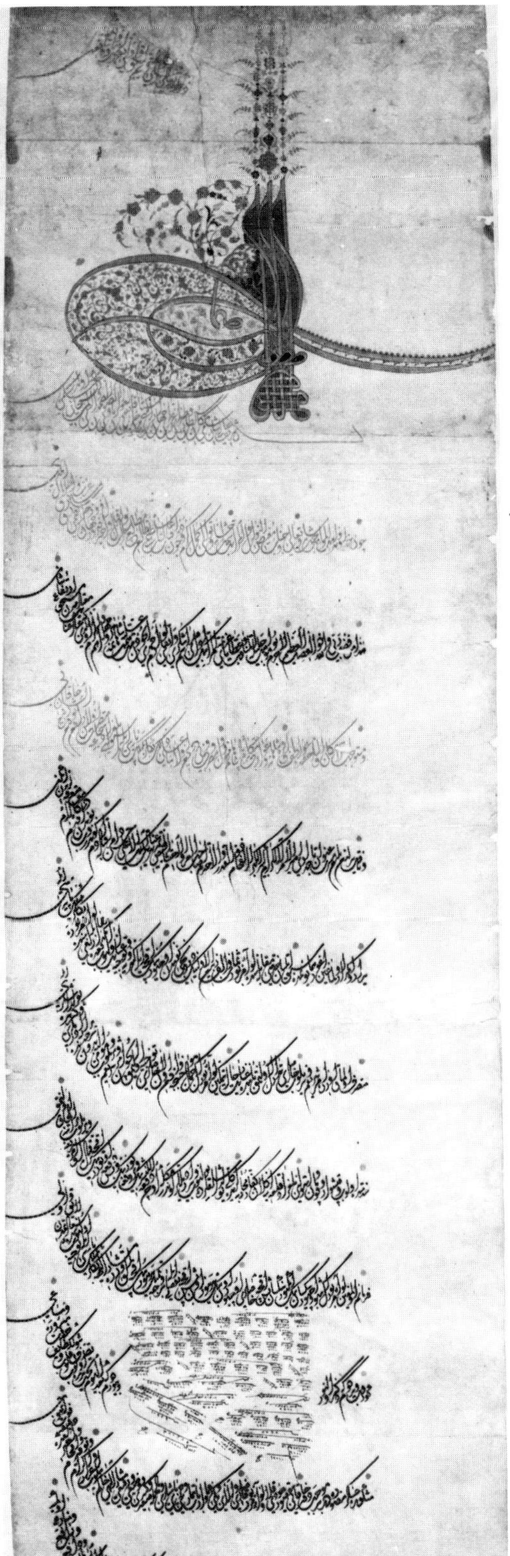

Trecento werden die im Hintergrund von Szenen gegebenen Bauten feiner und detaillierter behandelt. Bei Jan van Eyck (nach 1400) werden die Kircheninnenräume bereits mit großer Genauigkeit und Präzision gemalt, ohne daß aber – etwa im Bild „Madonna in der Kirche" – Figur und Raum in Proportion und Perspektivik aufeinander abgestimmt sind. Konrad Witz gibt nach 1400 das Innere des Basler Münsters mit großer Sorgfalt wieder. Um 1600 erfährt die Architekturmalerei einen Höhepunkt als eigener und selbständiger Bildtypus, vorbereitet durch das Wirken Jan Vredeman de Vries' (1527–um 1604), der in seinen zahlreichen Architekturgemälden sowie in seinen Traktaten „Artis perspectivae" und „Architectura" das besonders seit der Renaissance beachtete Perspektiveproblem behandelt. Eine Reihe von Meistern widmen sich speziell diesem Thema: Emanuel de Witte, Pieter Janszoon Saenredam, Hendrik van Steenwijk, Peter Neefs, um nur einige zu nennen. Durch Piranesi und Canaletto, Guardi und Pannini erringen die Italiener im 18. Jh. die Vorrangstellung innerhalb der Architekturmalerei, die zum Ende des Jahrhunderts gern in einer thematischen Variante als → Ruinenmalerei behandelt wurde (besonders bei Hubert Robert).

Architrav → Säule

Ardebilteppich, der berühmteste Teppich der Welt (11,5 × 5,3 m, 1539/40 datiert, London, Victoria and Albert Museum), Hauptwerk der persischen Hofkunst von Täbris. Da er für die Moschee von Ardebil bestimmt war, wurde auf Tier- und Menschendarstellungen verzichtet. Das Mittelmedaillon ist ein sechzehnstrahliger Stern auf dunkelblauem, dicht mit Ranken gemustertem Grund (→ Persische Teppiche).

Arendt, Servatius (tätig in Würzburg um 1712), Kunstschreiner am Hofe des Fürstbischofs Johann Philipp von Greiffenclau; einer der frühesten Exponenten der höfischen fränkischen Möbelkunst.

Argandlampe (Abb. s. a. S. 40), Öllampe, erfunden 1783 von dem Schweizer Aimé Argand (1755–1803), ist gewissermaßen die erste lichttechnische Erfindung, durch die die Lichthelligkeit auf das Mehrfache stieg. Der röhrenförmige Docht und der Glaszylinder bewirken eine verstärkte Luftzufuhr, bessere Verbrennung, Geruchsminderung und helleres Licht. Diese Erfindung war so epochemachend, daß 1784 die Comédie Française und 1785 die Große Oper in Paris mit Argandlampen ausgerüstet wurden. Eine Weiterentwicklung war die → Moderateurlampe.

Argentan, Ort in der Normandie, bedeutend durch die Herstellung von Nadelspitzen in der Zeit des ausgehenden 17. und des 18. Jh.s. Die Spitzen mit sechseckigem Netzgrund und am Rande gezähnten Blümchen gleichen denjenigen von Alençon.

Argenteus, von Kaiser Diokletian 294 eingeführte römische Silbermünze. Nur bis etwa 310 n. Chr. geprägt und recht selten. Der antike Name ist nicht bekannt.

Argyle (engl.), Soßengefäß in Silber oder → Plated Silver in Form einer Kanne mit geschweiftem Ausguß, das entweder durch ein eingeführtes heißes Eisen oder durch einen mit heißem Wasser gefüllten Mantel oder Untersatz erhitzt wurde. Das angeblich nach dem Herzog von Argyll benannte

Arabische Schrift. Faksimile einer Urkunde. München, Staatliches Museum für Völkerkunde.

Argandlampe. Neheim-Hüsten, Leuchtenmuseum.

Gefäß fand vorwiegend im späten 18. und frühen 19. Jh. Verwendung.

Arhat (sanskr.; chin. *Lohan,* jap. *Rakan,* ein „Würdiger"), am Vorbild der einstigen Buddhajünger (Ânanda, Mahâkâshyapa u. a.) orientierte Idealgestalt eines buddhistischen Mönchs, der kraft eigener Meditationsübungen und harter Askese in der Einöde im hohen Alter die höchste Erkenntnis und Zugang ins Nirvana erlangt. Häufiges Thema in der ostasiatischen Malerei, besonders der Tuschemalerei, sowie der Holzschnitzerei und Graphik (Steinabreibungen u. Holzschnitt). Dargestellt sind die Arhats als magere oder gar abgezehrte, indisch gewandete Einsiedler mit geschorenem Haupt und lang herabhängenden Brauen, und zwar einzeln oder in den Gruppen der 16 bzw. 18 Buddhajünger und Patriarchen (später auch 500). In China, etwa vom 12. Jh. n. Chr. an, dagegen wurden die Lohan als Mönche und Priester sichtlich vornehmer Herkunft und geachteten Standes wiedergegeben, denen man übernatürliche Fähigkeiten zuschrieb und die so in die Nähe der taoistischen → Acht Unsterblichen gerückt wurden. In dieser gewandelten Auffassung wurden Lohan-Figuren mit Vorliebe in bunt glasiertem Steinzeug oder aber monochromem Porzellan, besonders Blanc de Chine, geschaffen.

Arkade, auf Säulen oder Pfeilern ruhender offener Bogen. Unter dem Begriff Arkaden oder Arkatur versteht man eine fortlaufende Reihe solcher Bogenstellungen oder einen überwölbten Bogengang, der nach oben häufig durch ein Arkadengesims abgeschlossen ist. Die sog. Blendarkade dient als gliederndes Element, ohne die Flächenzone, der sie vorgeblendet ist, wirklich zu öffnen. Obwohl die Arkade hauptsächlich in der entwickelten Steinbaukunst aller Zeiten anzutreffen ist, kommt sie auch als Gliederungs- und Ziermotiv an kirchlichen Geräten, Schreinen, Altären, Kästchen, Möbeln usw. vor.

Arkadenfassung, (von lat. *arcus* = Bogen), Edelsteinfassung aus lichtdurchlässigen Bogenstellungen, aufgelötet auf einer Grundplatte; nicht zu verwechseln mit Edelsteinen in Kastenfassung, die auf Goldarkaden aufgesetzt wurden. Beides typische Stilmerkmale ottonischer Goldschmiedekunst. (→ Fassung)

Arkanisten, die des Arkanums, des „Geheimnisses" der Zusammensetzung der Porzellanmasse, Kundigen. So wurden im 18. Jh. die Porzellankeramiker genannt, die häufig von einer Manufaktur zur anderen wechselten und sich das Arkanum durch große Summen bezahlen ließen: Johann → Benckgraff, Louis Victor → Gerverot (→ Fürstenberger Porzellan), Christoph Conrad → Hunger, Joseph Jakob → Ringler.

Arkebuse → Feuerwaffen

Arma Christi, symbolische Darstellung der Leidensgeschichte Christi in Form der Werkzeuge (Kreuznagel, Lanze) und anderer auf die Passion bezogener Gegenstände (Würfel, Beutel mit 30 Silberlingen). In Bayern und Österreich be-

Arhat. China, Yüan-Dynastie, 1279–1368. Gebrannter Ton, Fassung und Reste von Bemalung, H 46 cm. Köln, Museum für Ostasiatische Kunst.

liebtes volkstümliches Motiv bei Kreuzen, Eingerichten, Rosenkränzen usw.

Armada-Truhe, Truhe aus Schmiedeeisen mit verstärkten Bändern und komplizierten Verschlüssen. Diese Truhen wurden vom späten 16. Jh. bis ins späte 18. Jh. hauptsächlich in Süddeutschland hergestellt. Es gibt sie in sehr kleinen bis hin zu ca. 2 m großen Varianten. Der Name entstand vermutlich im 19. Jh. aus der Annahme, diese Truhen seien Fundstücke aus den Wracks der spanischen Armada.

Armarium, alte Bezeichnung für Schrank, im besonderen Bücherschrank. Davon abgeleitet wurde das Wort auch für Bibliothek gebraucht; der Bibliothekar hieß Armarius.

Armband, gereihtes oder Gliederband von meist gleichmäßiger Breite für den Unterarm. In Antike und Mittelalter dominieren Armreifen. In der Renaissance werden prunkvolle Goldarmbänder mit Edelsteinen besetzt über dem Ärmel getragen (vgl. Hans Mielich, *Kleinodienbuch der Herzogin Anna von Bayern,* München, Bayerische Staatsbibliothek). Im 17. Jh. sind Kettenarmbänder modern, im 18. Jh. Perlschnüre, im Klassizismus antikisierende Motive mit goldgefaßten Gemmen und Kameen. Nach den Freiheitskriegen kamen Armbänder aus Eisenkunstguß (→ Eisenschmuck), im Biedermeier Armbänder aus geflochtenen Haaren mit reich ausgebildeter Schließe auf. Farbige Streifenbänder aus Edelmetall, Steinen und Email mit geometrischer Musterung sind typisch für den Art Déco. Heutige Metallarmbänder werden hauptsächlich industriell gefertigt. Juwelenbänder bedürfen der Handarbeit spezialisierter Fasser.

Armbinde, von gemeinsam fechtenden Soldaten verschiedener Staaten am Arm getragenes Erkennungszeichen. Die von paramilitärischen Verbänden der Parteien im 20. Jh. getragene Armbinde wurde auch als Kampfbinde bezeichnet.

Armbrust, die erste mechanische Fernwaffe, schon im Altertum bekannt; eine Verbesserung von Pfeil und Bogen, die sich in Europa im 12. Jh. einbürgerte. Auf dem Schaft, der Säule, liegt vorn der durch die Sehne gespannte Bogen auf (seit dem 15. Jh. waren Bogen und Säule aus Stahl). In der Säule ist die Abschußvorrichtung eingebettet, bestehend 1. aus der in Schnüren beweglichen Nuß, in deren Kerbe die gespannte Sehne liegt, 2. aus dem Abzugshebel, der, gezogen, die Sperrung der Nuß löst, wobei die schnellende Sehne den Bolzen abschießt. Zum Spannen der Sehne erfand man im 15. Jh. verschiedene Arten von Winden. Im Mittelalter stellte die Armbrust eine gefürchtete Waffe dar, die sich neben den im 14. Jh. aufkommenden → Feuerwaffen noch bis

Biedermeier-Armband aus geflochtenen Haaren mit goldener Schließe. Deutschland, 19. Jh. Pforzheim, Schmuckmuseum.

ins frühe 16. Jh. behauptete und als Jagdwaffe bis ins 17. Jh. gebräuchlich blieb. Im 16. Jh. entstand eine Abart mit geschlossener Säule zum Abschießen von Kugeln (Italienischer Schnepper, Kugelballäster, Kugelschnepper). Die ältesten erhaltenen Armbrüste entstammen dem 15. Jh.; sie zeigen einen schlanken gotischen Schaft, die Winden sind reiche spätgotische Schmiedearbeit. Im 16. Jh. wurde die Säule balusterförmig verdickt und durch Beineinlagen, Gravierung oder Ätzung reich geschmückt. Die Bolzen tragen verschieden geformte Eisenspitzen. Sie wurden in Köchern aus Leder oder lederbezogenem Holz aufbewahrt, von denen nur wenige erhalten sind. Die Waffe war und ist auch in China und Japan in Gebrauch. Verschiedene Naturvölker Asiens und Afrikas kennen sie ebenfalls. Bei einigen wird sie auch als befestigte Wildfalle verwendet.

Armenbibel, lat. *biblia pauperum,* Bilderbibel des späten Mittelalters. Durch kurze Unterschriften erklärt, sind Bilder aus dem Leben Jesu jeweils einer alttestamentlichen Szene gegenübergestellt, entsprechend der von frühchristlicher Zeit an in der Kunst wirksamen Lehre der Typologie, wonach auf jedes Ereignis des Neuen Testaments, den Typus, bereits ein Antitypus, ein Geschehnis des Alten Testaments, vorausge-

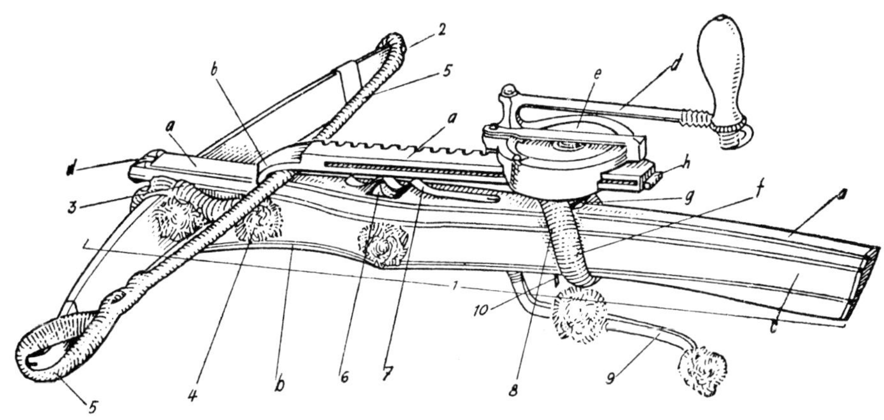

Armbrust mit Winde.
1. Säule: a) Oberseite, b) Unterseite, c) Seiten, d) Bolzenführung
2. Stahlbogen
3. Seilwerkverankerung
4. Aufputz
5. Sehne
6. Nuß im Faden laufend
7. Bolzenklammer
8. Windenknebel
9. Abzugsschutzbügel
10. Drücker
11. Stecker – Winde: a) Zahnstange, b) Krampe, c) Gehäuse, d) Kurbel, e) Gehäusedecke, f) Windfaden, g) Gürtelhaken, h) Zapfen.

deutet habe. Der Name Armenbibel bezieht sich auf die materielle Armut der Geistlichen, die sich keine vollständige Bibel leisten konnten, und auf die Armen im Geiste, die nicht lesen konnten. Die um 1300 ausgebildete Armenbibel erlebte im 14. und 15. Jh. in Deutschland und den Niederlanden große Verbreitung und übte starken Einfluß auf die Kunst der Zeit aus. Seit etwa 1430 erschien sie auch als Blockbuch (→ Holzschnitt).

Armenische Drachenteppiche, teppichgeschichtlicher Begriff; früher Bezeichnung für eine Gruppe der → kaukasischen Teppiche, da man in den eigenartigen bewegten Mustern stilisierte Drachen zu erkennen glaubte und diesen Teppichtypus den Armeniern zuschrieb.

Armillarsphäre, eine aus mehreren Ringen zusammengesetzte Kugel, die die Lage der Himmelskreise veranschaulichen und den Ort der Gestirne am Himmel bestimmen soll. Dabei existieren zwei Hauptarten der Armillarsphären: jene, in deren Mittelpunkt die Erde dargestellt ist, und jene, in welchen die Sonne das Zentrum einnimmt. Letztere ist eigentlich ein Planetarium, in dem die Planeten sich nach ihren heliozentrischen Positionen bestimmen lassen. Bei der ersteren Version stellt die Achse der Kugel die Weltachse dar, die einzelnen

Armenischer Drachenteppich. Soumak-Technik. Arthur D. Jenkins Collection. Aus „Landreau/Pickering, From the Bosporus to Samarkand. The Textile Museum, Washington, 1969".

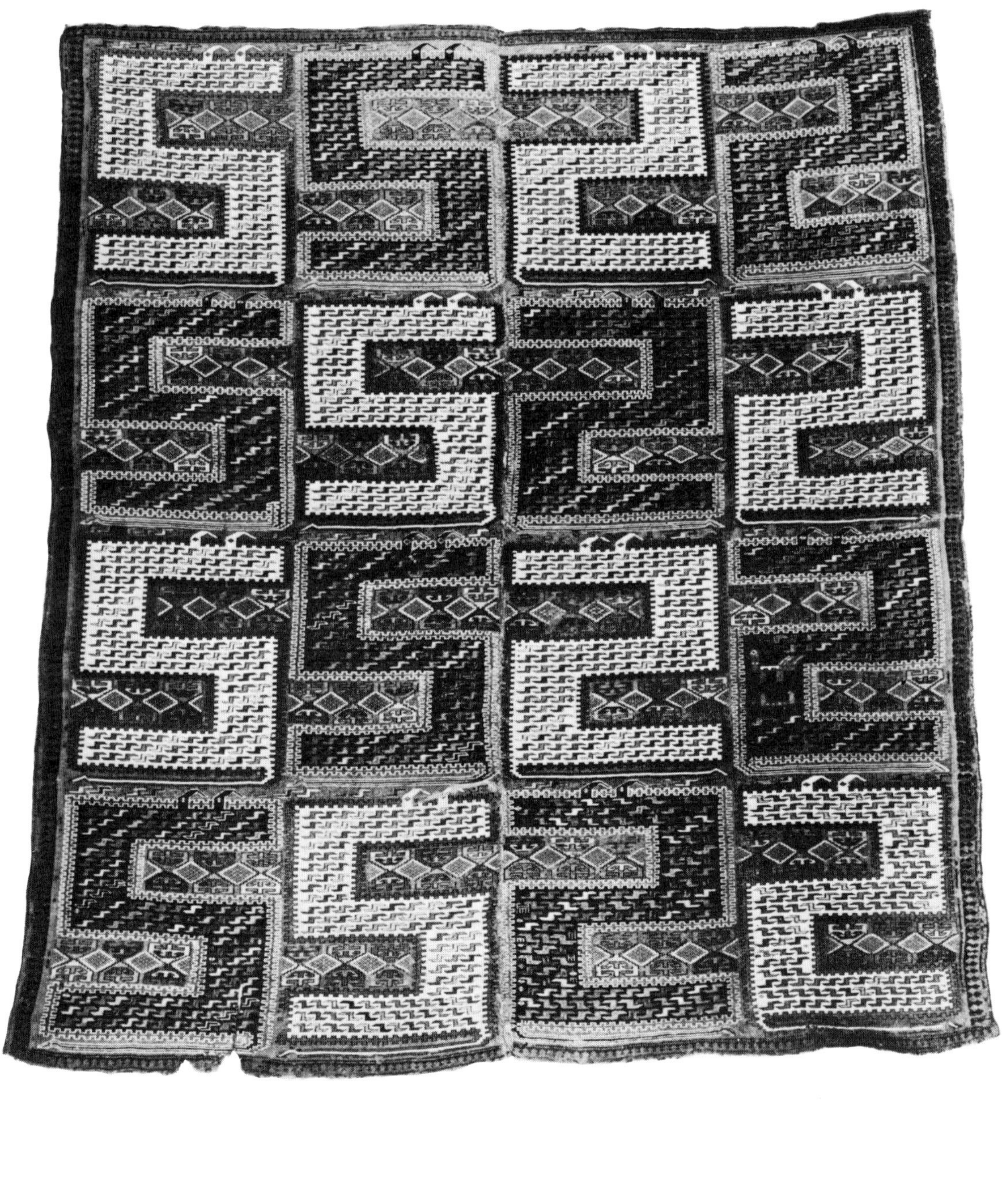

Ringe den Äquator, die Wendekreise, die Polarkreise und die Ekliptik. Die Achse ist mit ihren Endpunkten an einem unterteilten größeren Kreis drehbar befestigt, welcher den Meridian bedeutet und jenen Vorgang ermöglicht, nach dem die Kugel je nach der Polhöhe des Meßortes eingestellt wird. Die Armillarsphäre ist wahrscheinlich von den Chaldäern erfunden worden, sie war in der Antike verbreitet und diente vor allem in der Spätgotik zu astronomischen Unterrichtszwecken.

Armkachel → Harnisch

Armlehnstuhl → Sitzmöbel

Armleuchter, Standleuchter mit Fuß und Schaft und zwei bis sieben Armen, zumeist aus Bronze und Messing, seltener aus Silber oder Porzellan. Sie unterscheiden sich vom Typ des → Kandelabers durch die stark ausgebildeten Arme, die auf einer Achse einander gegenüberstehen, während sie beim Kandelaber vom Schaft aus in alle Richtungen ausschwingen.

Armoire, französische Bezeichnung für einen meist eintürigen, monumentalen Schrank, dessen Korpus zwischen vier Säulen oder → Pilaster eingespannt ist. Er tritt gegen Ende des 16. Jh.s auf; sein Entwurf wird gewöhnlich Jacques → Ducerceau zugeschrieben. Aus ihm entwickelt sich der → Armoire à deux corps.

Armoire à deux corps, eine Abart des → Armoire und ein verbreitetes Möbel der ersten Hälfte des 17. Jh.s in Frankreich. Er besteht aus zwei aufeinandergesetzten Kastenmöbeln, einem kredenzartigen Untergeschoß und einem schmaleren, verjüngten schrankartigen Aufsatz. Meist zieren ihn figurale und ornamentale Schnitzereien aus → Nußholz, oft wird er von einem architekturalen, gebrochenen Giebel bekrönt.

Armröhre, Armzeug → Harnisch

Aron ha-Kodesch → Toraschrein

Arras, 1. französische Porzellanmanufaktur, die nur 20 Jahre lang, von 1770 bis 1790, bestand. Sie stellte vorwiegend Tafelgeschirr im Stil von → Tournai her, mit geschweiftem Rippenrelief und bemalt mit blauen chinoisen Blütenzweigen.

2. Im späten Mittelalter (noch bis 1659 niederländisch) Zentrum der Tuchweberei und Bildwirkerei; erste urkundliche Erwähnung für das Bestehen von Manufakturen für → Bildteppiche aus dem Jahr 1313. Im 15. Jh. wurden religiöse Bilderfolgen für Kirchen und im Auftrag der Herzöge von Burgund historische Serien gewirkt.

Arretinische Gefäße, auch → Terra Sigillata, reliefverzierte römische Tonwaren mit glänzendem siegellackrotem Überzug, die vor allem in Arezzo in Mittelitalien gemacht wurden, am qualitätvollsten im 1. vor- und 1. nachchristlichen Jh. Im 2. Jh. kam die → Barbotineverzierung auf, bei der Ornamente aus Tonschlicker nach Art unserer Konditoren aufgetupft wurden. Es gab auch schwarz glasierte Gefäße *(terra nigra).* In Gallien und Germanien wurden diese Tonwaren nachgeahmt.

Art Déco, Modestil der zwanziger Jahre, der Kunst- und Kunsthandwerk zwischen dem Ende des Ersten Weltkrieges

Armleuchter. Schäferin in Astgabel sitzend, die Arme um beide Äste gelegt. Narzissenblüten bilden die Kerzentüllen. Meißen, Elias Meyer, um 1740. Porzellan, bunt bemalt, H 21 cm. Essen, Folkwang-Museum.

Armoire à deux corps. Frankreich, 2. Hälfte 16. Jh. Paris, Musée des Arts décoratifs.

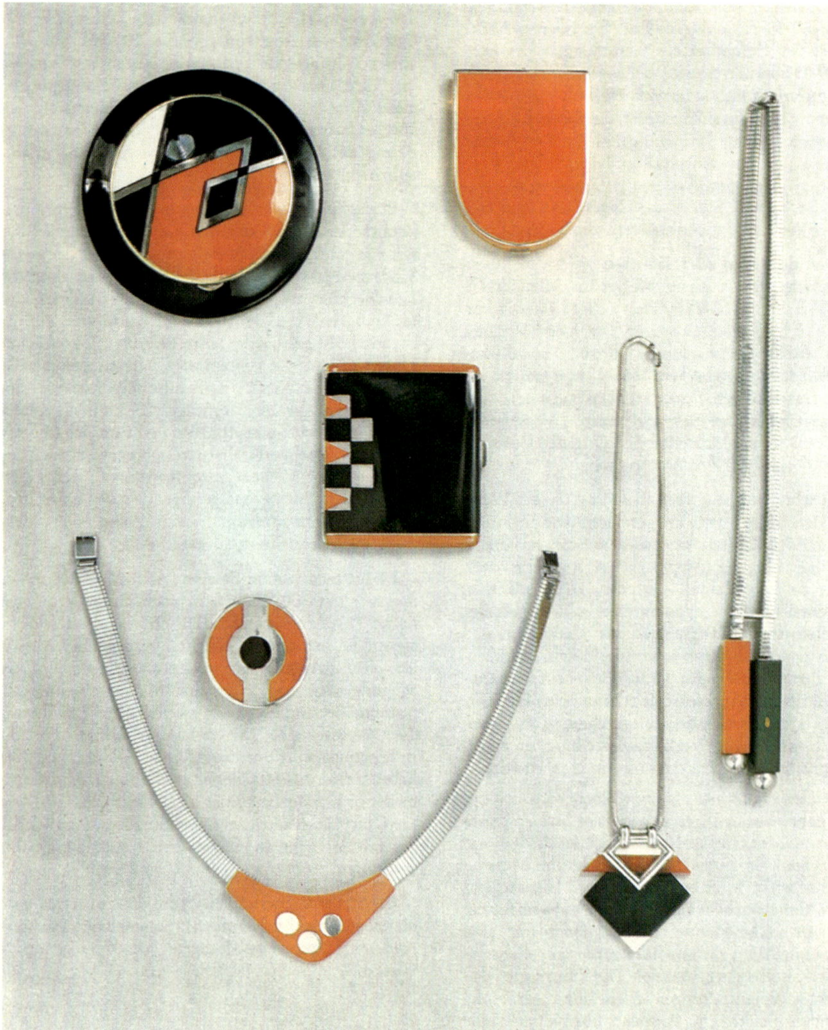

Modeschmuck der zwanziger Jahre. Puderdosen, Etuis aus Metall, Lack und Kunststoff, Ketten und Anhänger Silber und vermutlich Bakelit. Berlin, Privatbesitz.

und der Mitte der dreißiger Jahre bestimmte. Der Name ist die Abkürzung für eine aufsehenerregende Ausstellung dekorativer Kunst, die 1925 in Paris stattfand (Exposition Internationale des Arts Décoratifs et Industriels Modernes). Der → Jugendstil mit seinem Streben nach Funktionalität und Schönlinigkeit als bewußtem Gegensatz zu den historischen Stilen war eine der wichtigsten Voraussetzungen des Art Déco. Es wurde jedoch jetzt nicht mehr die hochqualifizierte Handwerkskunst zur Bedingung gestellt, sondern die maschinengerechte Form und Herstellbarkeit. Größten Einfluß auf die charakteristische Stilbildung des Art Déco, auf Formgebung und Musterung hatte das → Bauhaus in Weimar, später in Dessau und Berlin. Strenges geometrisches Design versinnbildlichte den Geist des industriellen Zeitalters. Handwerksprodukte fanden sich häufig nur mehr dort, wo sie als Prototypen für die Serienproduktionen dienten. Architektur, Möbel, Glas, Keramik, Metall, Schmuck und die vielen Haushaltsgeräte zeigen den typischen Stil der Zeit. Dreiecke, Kreise, Kreissegmente und Linien sind die Elemente, aus denen sich Formen und Muster zusammensetzen. Frankreich gilt als führendes Land des Art Déco auf dem Gebiet der Mode, der Glaskunst, des Schmucks und der Metallverarbeitung.

Art-Déco-Glas, entwickelte sich in den zwanziger und dreißiger Jahren unseres Jahrhunderts aus dem Art-Nouveau-Glas (→ Art Nouveau) und daran anschließenden modernen Stilrichtungen. Charakteristisch ist die Betonung geometrischer Muster. Zu den führenden Vertretern gehören Maurice Marinot, seine Schüler Henri Navarre und André Thuret sowie René → Lalique.

Art Furniture, ursprünglich der Name einer Möbelfirma, der Art Furniture Company, im England der sechziger Jahre des 19. Jh.s; sie fertigte nach Entwürfen von E. W. Godwin Möbel an, die sich durch klare, zweckbestimmte Formen und durch die Verwendung einfacher, dauerhafter Hölzer, wie Eiche und Nußholz, auszeichneten. Diese bewußte Reaktion auf die aufwendigen Produkte des Neorokoko, die zumeist auch noch industriell hergestellt wurden, war von entscheidender Bedeutung für die Entwicklung der → Arts-and-Crafts-Bewegung. Wenn auch nach heutigem Geschmack die Erzeugnisse der Art Furniture Company klobig und unwohnlich wirken, so ist doch ihr Einfluß auf die Moderne nicht zu unterschätzen.

Art Nouveau, französischer Name für die Kunst zwischen 1890 und 1910. Er geht zurück auf das 1895 von Samuel Bing in Paris eröffnete Geschäft *La Maison de l'Art Nouveau* die zentrale Stätte der neuen Stilrichtung in Kunst und Kunsthandwerk. Art Nouveau bezeichnet die speziell französische oder von Frankreich beeinflußte Ausformung der Kunst der Jahrhundertwende, während sie in Deutschland und Skandinavien → Jugendstil, in Italien Stile Liberty, in

Art-Déco-Vase. Bez. am Boden „DAUM NANCY France/L. Majorelle", 1918–1925. H 22,5 cm. Leerdam, Nationaal Glasmuseum.

Art-Déco-Samowar von Christian Dell. 1923/24. Silber mit Ebenholz. Weimar, Bauhaus.

Art-Déco-Teekanne von Wolfgang Rössger und Friedrich Marby. 1924. Tombak und Neusilber. Weimar, Bauhaus.

Art-Déco-Lackschränkchen von Eugène Printz. London, The Foulk Lewis Collection.

Art-Déco-Interieur. Roter Ledersessel von Pierre Legrain, Tischchen in Ebenholz und Haifischhaut von Rose Adler. London, Philippe Garner.

England und den USA Modern Style genannt wird. Nancy und Paris waren die Orte, an denen sich die bedeutendsten kunsthandwerklichen Betriebe und Künstlerpersönlichkeiten zusammengefunden hatten. Während Émile → Gallé und Antonin → Daum der Glaskunst dieser Zeit ganz neue Impulse gaben, wurden Louis Majorelle, Hector Guimard, Eugène Vallin und viele andere in ihren Möbel- und Gebrauchsgerätentwürfen zeitbestimmend. Das naturalistische Dekorationsmotiv (Pflanze und Blume) mit seinem bewegten Linienspiel und die Liebe zur Exklusivität und Kostbarkeit des Materials kennzeichnen den Art Nouveau.

Artophorion, meist kästchen-, aber auch tauben- oder grabmalförmiger Behälter aus Edelmetall, der in der Ostkirche zur Aufbewahrung des konsekrierten Brotes dient und dem lateinischen Ziborium bzw. der → Pyxis entspricht.

Arts-and-Crafts-Bewegung (Abb. s. a. S. 47), Reformbewegung innerhalb der englischen Kunst und des Kunsthandwerks vom Ende des 19. Jh.s, die als Reaktion auf die zunehmende Industrialisierung der handwerklichen Fertigungstechniken und damit auf den drohenden Untergang der traditionellen Handwerkskunst die künstlerische Durchgestaltung von Büchern, Wohnungsschmuck, Möbeln, Hausgeräten und Gebrauchsgegenständen aller Art anstrebte. Die Bewegung erreichte in den achtziger Jahren im Anschluß an die sozialutopischen Ideen von John Ruskin und William → Morris ihren Höhepunkt. Es wurde eine Reihe von Vereinigungen gegründet, die an das mittelalterliche Gildenwesen anknüpften und deren Publikationsorgan die Zeitschrift *The Hobby Horse* (1884–1893) war. Wortführer der Bewegung,

Art-Déco-Vase. Nancy, um 1910–15. Gelbes und braunes Überfangglas mit Pulvereinschmelzungen, geätzt, H 39,5 cm. Frankfurt, Museum für Kunsthandwerk.

die um 1900 endete, waren Morris, Philip Webb und Charles Robert → Ashbee. Im Versuch, historisierende Formen abzuschaffen und einfache pflanzliche Ornamentik einzuführen, wurden ihre Anregungen zu Voraussetzungen für den → Jugendstil, den Werkbund (→ Werkbund, Deutscher) und das → Bauhaus.

Aryballos, griechischer Name für ein enghalsiges Ölgefäß. Es gibt zwei Haupttypen: einen mit kugeligem, vollständig gerundetem Körper, scheibenförmiger Mündung, einem Henkel; den anderen mit unten abgeplattetem Körper, halbkugeliger Mündung, zwei Henkeln. Der Gefäßkörper ist häufig figural: als Kopf, als Muschel, als Igel u. a. Wurde wie das → Alabastron am Handgelenk getragen.

As → Denar

Asahi, (jap. Morgensonne), japanisches Töpferzentrum, das seit der frühen Edo-Zeit besteht und bis heute in der gleichen Art produziert. Kennzeichnend ist der grobe, braune Körper mit transluzenter blaugrüner Glasur. Vorwiegend wurden Teekannen hergestellt. Die besten Produkte stammen aus der 2. Hälfte des 17. Jh.s.

Âsana (sanskr.), Sitzposen buddhistischer Gestalten in der mittel- und ostasiatischen Kunst, von denen die Yogaposition mit überkreuzten Beinen und verdeckten Füßen, der „Verschränkungssitz“ *(paryankâsana)* oder, mit sichtbaren Füßen und nach oben gekehrten Fußsohlen, der „Lotossitz“ *(padmâsana,* chin. *lien-hua tso,* jap. *rengeza)* sowie der „Diamantsitz“ *(vajrâsana)* – in allen Fällen ein „Meditationssitz“ *(dhyânâsana)* – am häufigsten begegnet, vornehmlich in der ostasiatischen Kunst. In den weit stärker von Indien beeinflußten Kulturen wurde sehr oft auch die Sitzhaltung indischer Fürsten nachgestaltet, z. B. *bhadrâsana* („guter Sitz“), eine dem europäischen Sitzen *in throno* entsprechende Haltung, die typisch für den westlichen Teil Zentralasiens zu sein scheint. „Gelöstes Sitzen“, *lalitâsana,* mit einem angewinkelt liegenden und einem herabhängenden Bein, findet sich manchmal bei Figuren von → Bodhisattvas, Manushrî z. B., meistens jedoch bei Gottheiten. Mit den Typen von Schutz- und Wächtergottheiten gelangte die Wiedergabe dieser Sitzhaltung auch nach Fernost; dort begegnet sie vor allem bei den japanischen Kultfiguren des esoterischen Buddhismus, insbesondere den Vidyârâjas, „Königen vom geheimen Wissen“ (jap. *myôô*). Für die Darstellung der unter tibetischem Einfluß im ganzen innerasiatischen Bereich überaus häufig wiedergegebenen Nothelferin „Grüne Tara“ (Grüner Stern, sanskr. Târâ shyâmavarna oder kurz Shyâmatârâ, tib. sGrol-ljang) (Abb. s. a. S. 48) ist die *lalitâsana*-Haltung sogar vorgeschrieben, wenn die Göttin nicht stehend gegeben werden

Aryballos. Griechisches Salbgefäß, Fikellura-Gattung. 6. Jh. v. Chr. Bochum, Kunstsammlungen der Ruhr-Universität.

Arts-and-Crafts-Sessel in Eiche mit Ledersitz. Entwurf Charles Annesley Voysey, um 1906–1910.

Arts-and-Crafts-Kabinett von Charles Annesley Voysey. 1896. Brighton, Art Gallery & Museums.

sollte, während der „Weißen Târâ“ (Shitârâ, tib. sGrol-dkar) wie der Prajñâpâramitâ der *vajrâsana*-Sitz vorbehalten ist. Für Maitreya, den künftigen Buddha, als → Bodhisattva dargestellt, übernahm man in frühbuddhistischer Zeit auch in China manchmal die *badhrâsana*-Haltung, meistens allerdings mit überkreuzten Füßen. In späterer Zeit wurde eine Darstellung Maitreyas in nachdenklicher Pose – Kinn auf die Finger der rechten Hand gestützt – verbindlich, bei der das in einer *lalitâsana*-Variante angezogene und dabei mit dem Fuß auf dem linken Oberschenkel ruhende rechte Bein zur Stütze für den Ellenbogen des angewinkelten Armes dient. Die lässige Haltung indischer Fürsten, *mahârâjalîlâ,* bei der beide Beine angezogen sind, das rechte aber nicht ruht, sondern aufgestellt ist, zum Halt für den meist locker ausgestreckten rechten Arm, wurde in Ostasien bezeichnend für die Darstellung des sitzenden → Bodhisattva Avalokiteshvara (chin. Kuan-yin, jap. Kannon). In spättantristisch-hinduistischen Werken ist oft der Gott Shiva mit Umâ, seiner *shakti* (Energie), zur Linken in dieser wahrhaft souveränen Sitzweise wiedergegeben. Für die Darstellung der tantristischen Schutzgottheiten ist eine Ausfallstellung *(âlîdha)* im Stehen oder Knien typisch.

Aschenurne, römisches, meist kastenförmiges, kleines Behältnis mit Deckel (durchschnittlich 30–40 cm breit, 20–25 cm hoch), in der Regel aus Marmor, bestimmt zur Aufnahme der Asche der Toten. Zunächst bei den Etruskern, dann mit der Übernahme von deren Grabsitten bei den Römern (1. Jh. v. Chr.–3. Jh. n. Chr.). Fester Formtypus:

Körperhaltungen der Kultfiguren: vajrâsana, mahârâjalîlâ, lalitâsana und bhadrâsana.

Grüne Tara in Lalitasana-Haltung. Nepal, wohl 17./18. Jh. Kupferbronze, feuervergoldet, mit Edelsteinbesatz, H 42 cm. München, Sammlung Eli Ashan.

Die Hauptseite trägt auf einer Art Tafel die Inschrift und ist meist noch mit einer an Widderköpfen aufgehängten Fruchtgirlande versehen, seltener einfach nur mit Blüten. Die Nebenseiten sind gar nicht oder nur im flüchtigeren Relief dekoriert. Neben der Kastenform gibt es andere Formen, darunter z. B. die eines Pokals, unseren heutigen Urnen ähnlich. Sie können aus Marmor und aus → Glas gefertigt sein.

Asen, ein aus Schmiedeeisen gefertigtes Kultobjekt kunstschaffender afrikanischer Stämme wie der → Yoruba, → Dogon, → Fon usw. Die Grundform ist meist ein langer (Vierkant-)Stab, der in oberen Verzweigungen oft phantastische Formen entwickelt, etwa einen Kranz von Vögeln oder Tiergestalten. (Die Darstellung von 16 Vögeln steht bei den Yoruba im Zusammenhang mit dem Schöpfungsmythos.) Der Asen wird auch als tragbarer Eisenaltar genutzt, zuweilen auch als Kulteisen bezeichnet.

Ashanti, ein afrikanischer Stamm der ehemaligen Goldküste, der den südlichen Teil des heutigen Ghana bewohnt. Der Name Ashanti steht meist auch als Bezeichnung für die künstlerischen Arbeiten dieses Stammes. Früheste und seltene Zeugnisse sind die in Ton gearbeiteten Grabfiguren der Stammesgruppe der „Kwahu" oder des „Fomena-Stils". Die Holzarbeiten weisen auch hier ihre stammestypischen Stilmerkmale auf, etwa bei Statuetten und menschlichen Darstellungen eine auffallend eiförmige Kopfbildung mit markant ausgeprägten „Wülsten" oder ringartigen Einkerbungen am Hals. Am bekanntesten sind die meist kleinformatigen Bronzegußarbeiten geworden, die mit dem Namen Ashanti am ehesten in Verbindung gebracht werden, die sog. Goldgewichte (*„Mrammuo"*, sing.: *„Abrammuo"*), figural oder ornamental gestaltete Messinggewichte zum Wiegen von Goldstaub, der vor der Einführung moderner Währung

Goldgewichte der Ashantis in geometrischen Formen. Privatbesitz.

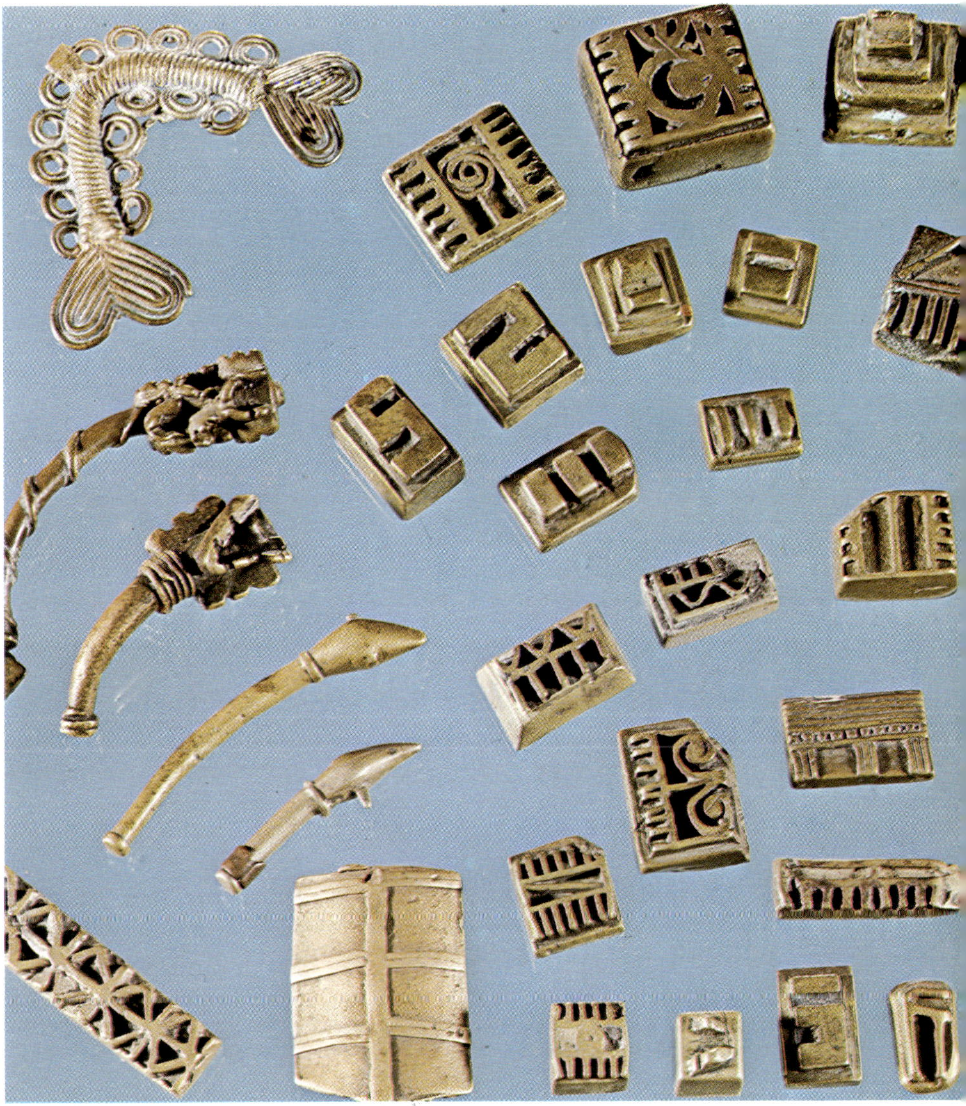

Weibliche Ahnfigur der Ashanti. Holz, dunkelgebeizt. München, Privatsammlung.

zu Anfang dieses Jh.s gebräuchliches Zahlungsmittel war. Man unterscheidet zwei Arten: Einmal die 2–3 cm großen „geometrischen" Gewichte, rechteckig oder quadratisch, mit geometrisch-ornamentierter Oberseite; dann die „figürlichen", plastischen Darstellungen von Gegenständen, Tieren, Früchten, Menschen – auch Gruppen, Miniaturplastiken, in unerschöpflichem Motiv- und Phantasiereichtum, oft mit sinnbildlicher Aussage. Die Messinggewichte sind in der Technik der Verlorenen Form gegossen (Zinkanteile 12–25%), und zwar nach Wachsmodellen oder auch nach der Natur, etwa nach dem Vorbild von Muscheln, kleinen Tieren, Pflanzen oder Früchten. Der unerschöpfliche Themenreichtum, der den gesamten Lebensbereich der materiellen Kultur umfaßt, steht auch in vielfältiger Beziehung zu den Stammesmythen. Die Goldgewichte und das seltener zu findende Zubehör wie Waagen, Löffelchen, Goldstaubbehälter sind gesuchte Sammelobjekte geworden, deren Beliebtheit zur Herstellung von Imitationen geführt hat, die inzwischen auch vom Kenner nur schwer von echten Stücken zu unterscheiden sind. Die ebenfalls gegossenen „Kuduos", kultische Bronzegefäße für Goldstaub („Seelenbehälter") oder die „Frowas" – gehämmerte und ziselierte Behälter – zeigen die hochentwickelte Kunst der Metallverarbeitung dieses Stammes. Weitere für die Ashantikunst (und auch für die des Nachbarstammes Fante) typische Sammelobjekte sind die sog. Fruchtbarkeitspuppen (→ Akua-Ba).

Ashbee, Charles Robert (1863–1942), englischer Architekt, Designer und Schriftsteller. Er gründete 1888 die *Guild and School of Handicraft* und wurde einer der Wortführer der → Arts-and-Crafts-Bewegung. Ashbee entwarf Möbel, Schmuck und Silbergerät. Bereits diese fein gearbeiteten frühen Stücke stehen dem → Jugendstil sehr nahe. Sie sind

Silber-Tablett von Charles Robert Ashbee. 1898. London, Victoria und Albert Museum.

leicht und durchaus neu in der Formgebung und dekorativen Gestaltung. 1896 gründete Ashbee die Essex Press in Anknüpfung an die von William → Morris gegründete Kelmscott Press zur Pflege der Buchdruckkunst. Er veröffentlichte zahlreiche Schriften, die Ideen und Ziele von ihm und seinen Freunden verdeutlichen.

Ashberry-Metall, Metall-Legierung aus Antimon und Zink, dem Zinn ähnelnd. Wurde vor allem für Knöpfe, Gabeln, Löffel u. ä. verwendet.

Asiatische Elfenbeinschnitzerei, in *China* während der Shang-Dynastie (16.–11. Jh. v. Chr.) aufgekommene Tradition der Elfenbeinkunst; zu dieser Zeit gab es in China noch Elefanten. Nach der Zeitenwende wurde der chinesische Elfenbeinbedarf durch Mammutelfenbein aus Ostsibirien (→ Schwarzes Elfenbein) und Elefantenzähne aus Indochina, Indien und Afrika gedeckt. Heute kommt Elfenbein ausschließlich aus Afrika nach China. Aus der Shangzeit sind ornamental beschnitzte Sattelknöpfe, Griffe und Zeremonialnadeln mit Edelstein – vor allem Türkiseinlagen – überliefert. In der Chou-Dynastie (11.–3. Jh. v. Chr.) kamen Tierfiguren und Kämme mit Goldauflagen vor. Während der Sung-Dynastie (10.–13. Jh. n. Chr.) nahm die Figurenschnitzerei zu. Sie steigerte sich unter der Herrschaft der mongolischen Yüan-Dynastie (13.–14. Jh. n. Chr.) und kam in der Ming-Dynastie (1368–1643 n. Chr.) zur höchsten Blüte. Liegende Frauenakte (sog. Doktorfiguren, die ärztlichen Diagnosen dienten) und bekleidete weibliche Figuren, Darstellungen der Acht Unsterblichen, Lohans und sonstige Figuren aus Mythologie und Religion gehörten zum Repertoire der Ming-Zeit, in der eine Renaissance der älteren chinesischen Kunst stattfand. Während der Ch'ing-Dynastie (1644–1912 n. Chr.) wurde die Elfenbeinkunst bis zur Überhäufung mit dekorativen Elementen verfeinert. Neben figürlichen Arbeiten und Tieren entstanden dekorative Gegenstände wie durchbrochen gearbeitete und bemalte Deckeldosen, durchbrochene, dünnwandige Zierkörbe und Fächer, Pinselbecher mit eingraviertem und eingefärbtem Landschaftsdekor, Leuchter auf Löwen, Wächterfiguren, Siegel, Lesezeichen, Zierrahmen mit Appliken, Schachspiele, Einlegearbeiten auf Lacktafeln, Lichtschirme, Prunkbarken und aus ganzen Elefantenzähnen in durchbrochener Arbeit gestaltete Gartenberge, die unter der Bezeichnung Paradiesgärten gehandelt werden. Im 20. Jh. entwickelte China eine große Elfenbeinmanufaktur für den Export. Seit 1949 ist eine neue Note in die chinesische Elfenbeinkunst gekommen: neben Nachahmungen altchinesischer Formen treten realistisch Darstellungen aus dem Leben und der Arbeit des Volkes.

Die Elfenbeinkunst *Japans* knüpft an die chinesischen Traditionen an. Japanische Neuerfindungen sind die Netsukes (→ Netsuke) und Okimonos (→ Okimono) aus dem 17.–19. Jh. n. Chr.

In *Indien* gab es schon in den Industalkulturen (3000–2000 v. Chr.) Elfenbeinschnitzerei mit Beziehungen zu Mesopotamien und dem drawidischen Indien. Im 5. Jh. v. Chr. kamen mit dem Buddhismus bildprägende indische Kunstformen nach China. Indische Exporte von Elfenbeinkunst nach Europa sind schon in der römischen Kaiserzeit bezeugt. Während der europäischen Kolonialzeit in Indien (16.–19. Jh.) entstanden Sonderformen indo-europäischer Elfenbeinschnitzerei. Beispiele liefern Goa und Ceylon. Dort arbeiteten indische Schnitzer für Europäer nach christlichen Motiv-Vorlagen. So entstanden im 17. Jh. in Goa für die portugiesischen Kolonialherren die sog. Guten Hirten (→ Guter Hirte), und in Ceylon wurden für Holländer Schmuckkästen mit biblischen Darstellungen auf den Deckeln und Wandungen hergestellt.

In *Indonesien* wurde die indische Figurenschnitzerei vom Islam durch ornamentalen Dekor verdrängt. Nur auf Bali, das nicht von der islamischen Eroberung erfaßt wurde, blieben hinduistische Kunst und Religion bis heute lebendig. Typisch für indonesische Elfenbeinschnitzerkunst sind die Krisgriffe (→ Kris). Daneben entstanden auf Bali Götterbilder nach indischen Vorbildern und Szenen aus dem Epos *Ramajana.*

Askos, griechisches Ölgefäß, einem Weinschlauch ähnlich. Flach aufliegender, kreisrunder Körper, der oben konvex ist und einen zur Mündung gebogenen Henkel hat.

Aspalatholz, grünes Ebenholz, von einem tropischen Strauchgewächs. Es wird von Streifen hellerer oder dunklerer Farbe durchzogen und zeichnet sich durch besondere Dichte und Härte aus, ähnlich wie das schwarze → Ebenholz.

Aspergill, Weihwedel (vgl. Weihwasserkessel).

Asphaltmalerei, schon bei Rembrandt – besonders aber im späten 19. Jh. – öfters angewandte Malweise mit Hilfe braun lasierender Asphaltfarben. Der Grundstoff, Naturasphalt, ist wohl ein Oxydationsprodukt des Erdöls, das die Eigenschaft besitzt, schlecht zu trocknen, stark nachzudunkeln und auch darauf aufgetragene Farben zu verändern. Daneben entstehen wegen Zusammenziehens der Asphaltfarbe beim langsamen Trocknen Risse, was in extremen Fällen, etwa bei Gemälden von Hans von Marées, Wilhelm Leibl, Hans Makart oder Adolf von Menzel, zu einer langsamen, nur schwer aufzuhaltenden Zerstörung führt.

Assignaten, frühe Form des Papiergeldes; Schuldverschreibungen des Staates, die zuerst 1769 in Rußland und dann von 1790 bis 1796 in großen Mengen in Frankreich ausgegeben wurden.

Assist, gemalte Schraffur in Goldlinien; sollte dem Dargestellten göttliche Energie verleihen.

Asteriskos, auf dem → Diskos liegendes Schutzgestell aus zwei sich kreuzenden Metallbügeln, das die Berührung des konsekrierten Brotes durch das → Kalymmaton verhindern soll. Oft hängt vom Zenit ein Sternchen (daher der Name) herab, das den über der Krippe stehenden Stern von Bethlehem symbolisiert.

Elfenbeinschnitzerei. Frauenfigur. China, Ming-Dynastie 16./17. Jh. H 24,8 cm. Frankfurt, Museum für Kunsthandwerk.

Astkreuz, ein seit der Frühromanik vorkommender Kreuztyp, bei dem der Kreuzstamm und die Arme als Baumast – meist mit Aststümpfen – wiedergegeben sind; dem „Baumkreuz", einer anderen Sonderform des Kreuzes, verwandt. Frühes Beispiel an der Bernwardstür am Dom von Hildesheim (1015).

Astragal, in der antiken Baukunst erstmals vorkommendes Zierelement in Form einer Perlenschnur. Fand als Schmuckmotiv im Kunsthandwerk besonders häufig sowohl an Möbeln wie an Silbergerät des 18. Jh.s Verwendung.

Astrolabium, astronomisches Instrument, das bereits in der griechischen Antike bekannt war. Anfangs war es eine Art → Armillarsphäre: Zwei gegeneinander senkrecht stehende Kreise stellten die Ekliptik dar. Weitere drehbare Ringe mit Meßskalen markierten den Tierkreis und die Position verschiedener Sterne. Nach Europa gelangte das Astrolabium im 9. Jh. n. Chr., und zwar durch Übernahme von den Arabern. Im 15. und 16. Jh. wurde es hier zu einem Universalgerät für astronomische und nautische Messungen, wobei vor allem das senkrecht aufgehängte Astrolabium zu astronomischen Breitenbestimmungen zur See Verwendung fand. Später wurde es hierbei durch den Sextanten, auf Sternwarten durch den Theodoliten verdrängt.

Astronomische Uhren, Uhren, die bei der wissenschaftlichen Beobachtung von Himmelserscheinungen gebraucht wurden und bei denen demnach auf größte Genauigkeit und Präzision Wert gelegt wird. Der Astronom Schoner war der erste, der sich 1544 Uhren bei der Observation bediente. Eine wesentliche Verbesserung erfuhren diese Uhren seit der Erfindung des Pendels durch Christiaan Huygens (1629–1695); eine weitere Vervollkommnung erhielten sie mit der Erfindung des Rostpendels (→ Uhrentechnik) in der ersten Hälfte des 18. Jh.s.

Astwerk → Wimperg

Ateliermalerei, im Unterschied zur → Freilichtmalerei nach Vorskizzen im Atelier gemalte Außenmotive. Im 19. Jh. wandten sich die Naturalisten und Impressionisten entschieden von der Ateliermalerei ab und arbeiteten ihre Landschaftsmotive stets im Freien.

Athénienne, dreifüßiges Beimöbel auf geschweifter Plinthe mit einem runden oder ovalen Aufsatz, der als Pflanzenkübel oder Handwaschbecken verwendet werden konnte. Die Athénienne, 1773 von einem Amateur erfunden, ist ein wichtiges Beispiel für den Einfluß pompejanischer Möbel auf das klassizistische Frankreich.

Atlant, männliche Figur, die (wie Atlas, der nach der griechischen Mythologie das Himmelsgewölbe trug) ein Gebälk oder eine Decke trägt. Das weibliche Gegenstück zum Atlanten ist die Karyatide. Eine tragende Halbfigur oder Büste nennt man Herme. Alle drei Figurentypen entstammen der griechischen Antike und tauchen seitdem immer wieder in der Architektur und im Kunstgewerbe auf, z. B. an romanischen Bronzegeräten (Taufbecken in St. Michael, Hildesheim), in nachmittelalterlicher Zeit besonders in der Möbel- und Goldschmiedekunst. Atlanten finden sich außerdem in der toltekischen Kultur und wurden später von den Azteken übernommen.

Atlas, Gewebe in Atlasbindung, eine der drei Grundformen der → Bindung. Die Kett- und Schußfäden (→ Kette) kreuzen sich darin möglichst selten, so daß die Bindepunkte kaum sichtbar werden. Dadurch entsteht eine einheitliche Lichtreflexion; der Glanz der Seide kommt daher im Atlasgewebe am stärksten zur Geltung. Man spricht von Kett- oder Schußatlas, je nachdem, ob Kett- oder Schußfäden die Schauseite des Gewebes bestimmen. Man nimmt an, daß die Art des Gewebes seinen Ursprung in der Heimat der Seide, in China oder Japan, hat. Persische Seidenstoffe des 6.–8. Jh.s zeigen, daß der Atlasgrund in den gemusterten Geweben bevorzugt wird. Von der islamischen Textilkunst wurde diese Webtechnik dann im 14./15. Jh. in der italienischen und spanischen Seidenweberei übernommen.

Atlasbindung → Atlas

Atour, weiblicher Kopfputz des 14. und 15. Jh.s, mit zwei hornartigen Aufsätzen, die durch ein Haarnetz verbunden waren. Später wurde die Bezeichnung allgemein auf weiblichen Kopfputz übertragen.

Attasche, figürlicher oder ornamentaler Henkelschmuck an antiken Gefäßen.

Attila → Uniform

Attribut. Den Personen aus der Mythologie, der Kirchengeschichte sowie allegorischen Gestalten werden zur genaueren Kennzeichnung Gegenstände beigegeben, die in engem Zusammenhang mit deren Geschichte stehen oder für sie typisch sind. So wird der Gott Neptun mit dem Dreizack, Jupiter mit dem Adler oder dem Blitzbündel, Juno mit einem Pfau dargestellt. Märtyrer werden oft durch ihre beigegebenen Folterwerkzeuge kenntlich gemacht: Katharina mit dem Rad, Laurentius mit dem Rost, Erasmus mit einer Winde. Apostel und Heilige werden durch besondere, der Legende entnommene Attribute bezeichnet. Der Schlüssel des Petrus, das Schwert des Paulus, usw. Die Attribute erleichtern natürlich auch die Bestimmung von Bildinhalten oder Figurentypen der außereuropäischen Kunst (→ buddhistische Kunst, → afrikanische Kunst).

Aubusson, in Zentralfrankreich (Departement Creuze); seit dem späten Mittelalter eines der Zentren für die Herstellung von → Tapisserien. Bis gegen Ende des 17. Jh.s hatten sich die Manufakturen in Aubusson vor allem auf das Thema der → Verdüren spezialisiert. 1665 Erhebung zur Hofmanufaktur durch Colbert. Von dieser Zeit an Verwendung der Marke MRD (B) = *manufacture royale d'Aubusson.*

Im 18. Jh. entstanden zusätzlich Manufakturen für die Herstellung von Knüpfteppichen. Neben der Hauptmanufaktur der → Savonnerie belieferte Aubusson lange Zeit den französischen Hof mit Bodenteppichen.

Audenarde → Oudenaarde

Aufenwerth, Johann († 1728), Augsburger → Hausmaler, der frühes → Meißner Porzellan mit Chinesendarstellungen in Gold und mit farbigen Szenen nach Watteau bemalte. Er arbeitete in Werkstattgemeinschaft mit seinen drei Töchtern Anna Elisabeth (Wald), Johanna (Warmberger) und Sabina (Hosennestel).

Auferstehungsteller, Nürnberger Reliefzinn-Teller des 17. Jh.s mit der Auferstehung Christi im Spiegel. Bei den kurz nach 1600 entstandenen, frühen Modellen, von denen eines Caspar → Enderlein zugeschrieben wird, sind auf dem Rand der Kaiser und die Kurfürsten dargestellt. Nach 1630 entstanden ein von Paulus → Öham d. J. benutztes Modell mit den Aposteln und eine Variante von Hans → Spatz II mit Leidenswerkzeuge haltenden Engeln auf dem Rand (→ Reliefzinn).

Auflaufschwert → Jagdwaffen

Aufnähspitzen, durch Aufnähen genähter oder geklöppelter Muster auf einen Maschinentüllgrund hergestellte Spitzen. Sie kommen um 1780 in Paris auf.

Aufsatzschrank, ein zusammengesetztes Möbel, aus einem Unterbau in Form einer Kommode oder eines halbhohen zweitürigen Schrankes und einem Aufsatz, entweder ein kleiner zweitüriger Schrank oder ein Kabinett. Der Aufsatz-

Auferstehungsteller. Nürnberg, um 1650. Modell des Stechers M. S. für P. Öham d. J. Dm 20 cm. Freiburg, Simmermacher.

Aufsatz-Vitrinen-Schrank. Norddeutsch, um 1750. Nußbaumfurnier auf Weichholzkorpus, 210 × 95 × 60 cm. Düsseldorf, E. Gierhards.

schrank entstand im Spätbarock in Frankreich, im 18. Jh. wurde er in Deutschland eingeführt.

Aufstechen, nennt man das Nachziehen der Linien einer durch das Drucken abgenutzten gestochenen oder geätzten Platte (→ Kupferstich, → Radierung). Aufgestochene Platten ergeben zwar wieder einen kräftigen Abdruck, aber die Qualität wird sehr beeinträchtigt, der ursprüngliche Zustand verfälscht.

Augenkühler, häufig in Porzellan ausgeführtes Schälchen auf hohem Fuß, das im 18. Jh. beliebt war und zum Spülen bzw. Kühlen der Augen Verwendung fand.

Augsburger Kabinette, im 17. Jh. in Augsburg entstandene Kabinettschränke mit reichen Verzierungen aus Perlmutt, Elfenbein, Metall, Schildpatt. Sie dienten zur Aufbewahrung von kleinen kostbaren Gegenständen (→ Augsburger Möbel).

Augsburger Möbel, seit 1322 nachweisbare Tradition der Möbelherstellung, als in Augsburg bereits eine wassergetriebene Sägemühle existierte. Einen ersten Höhepunkt erreichte die Augsburger Möbelkunst um die Mitte des 16. Jh.s (Täfelungen im Fuggerschloß Donauwörth); ihr Formenschatz lehnte sich an Vorbilder aus der italienischen Renaissance an, die durch → Vorlagenstiche vermittelt wurden. Eine besondere Rolle spielte in Augsburg in der zweiten Hälfte des 16. Jh.s die → Intarsie, die sich in all ihren vielfältigen Variationsmöglichkeiten am deutlichsten am Wrangelschrank zeigt. Um die Wende zum 17. Jh. entstanden hier die Kabinettschränke aus → Ebenholz, die Augsburg berühmt machten. Durch die Initiative des Kunstagenten Philipp Hainhofer wurden sie in Deutschland und im Ausland vertrieben. Sie dienten als Kunstkammer-Schränke, waren oft prächtig mit Silberappliken, Perlmutt, Edelstein- und Miniatureinlagen verziert und bewahrten in zahlreichen kleinen Fächern den Inhalt der „Kunst- und Wunderkammern". Einer der berühmtesten Kunstschränke dieser Art war der im Zweiten Weltkrieg verbrannte → Pommersche Kunstschrank des Ulrich → Baumgartner. Die Technik des Franzosen André Charles → Boulle und die Vorlagenstiche von Lukas → Kilian, der den → Knorpelstil in Augsburg verbreitete, prägten das 17. Jh. Prunktische mit eingelegten Landschaften aus Halbedelsteinen, Metalleinlagen mit graviertem Perlmutt oder Schildpatt, aber auch geschnitzte Möbel mit Akanthusblattwerk zeigen den Reichtum der Auftraggeber. Gleichzeitig erscheinen hier die ersten → Silbermöbel, als deren berühmtestes Stück der von Abraham → Drentwett angefertigte massivsilberne Thronsessel der Königin Christine gilt (Stockholm, Königliches Schloß). Das 18. Jh. brachte in Augsburg mehr und mehr eine Rückbesinnung auf bürgerliche Möbeltypen wie → Aufsatzschränke und → Sitzmöbel.

Kabinettschränkchen. Augsburg, erstes Viertel 18. Jh. Schildpatt, vergoldete Silberbeschläge, H 87 cm. London, Auktionshaus Sotheby's.

Trembleuse von Johann Jacob Adam. Augsburg, 1755–1757. Silber vergoldet, B 24 cm. Dortmund, Museum für Kunst und Kulturgeschichte.

Augsburger Silber, Erzeugnisse der Silberschmiede in Augsburg, das seit dem 16. Jh. ein Zentrum der deutschen Silberschmiedekunst, im 18. Jh. sogar das bedeutendste war. Ab 1529 wurde es Pflicht, Silbergerät mit einem Stadtbeschauzeichen und der Meistermarke zu kennzeichnen. Augsburgs Beschauzeichen ist ein aufrechtstehender Pinienzapfen. Ab 1735 wurde unter den Pinienzapfen ein Jahresbuchstabe gesetzt, der zuerst alle 2 Jahre, später jährlich wechselte. Die Silberschmiedekunst wurde in einzelnen Familien über Generationen hinweg betrieben, z. B. → Drentwett, → Biller. Vgl. auch J. H. → Mannlich, J. A. →Thelot.

Augsburger Uhren, in Augsburg während des 16. und frühen 17. Jh.s hergestellte Uhren. Augsburg war eines der wichtigsten deutschen Zentren der Uhrenherstellung. Es wurden die verschiedensten Typen hergestellt; allen ist die hohe Qualität und sehr dekorative Ausschmückung gemeinsam. Sie waren selten signiert, aber teilweise mit AG (Augustae) gestempelt.

Augustalis, in Sizilien und Unteritalien geprägte Goldmünze Kaiser Friedrichs II. (1215 bis 1250) mit antikisierendem Brustbild des Kaisers und Reichsadler. Eine der edelsten Münzen des Mittelalters. Es gibt auch halbe Augustalen. Das Gewicht des Augustalis betrug 5,24 g.

Augustalis

Augustus-Rex-Marke, Porzellanmarke der → Meißener Manufaktur, die zwischen 1723 und 1736 für königliche bzw. kurfürstliche Sonderanfertigungen benutzt wurde. Sie besteht aus den unterglasurblauen Buchstaben AR in Ligatur. In der Hauptsache wurde sie für Aufträge des Kurfürsten Friedrich August I. von Sachsen, seit 1697 als August II., der Starke, König von Polen, nach dessen Tod 1733 noch weitere drei Jahre für König August III. von Polen verwendet.

Auliczek d. Ä., Dominikus (1734–1804), böhmischer Bildhauer und Porzellanmodelleur, von 1763 bis 1797 als Nachfolger → Bustellis Modellmeister an der → Nymphenburger Porzellanmanufaktur. Von ihm stammen ca. 25 Jagdgruppen und zahlreiche Tiere sowie Folgen von Allegorien und Gottheiten.

Aumbry, mittelalterliches englisches Kastenmöbel mit einer oder mehreren Türen. Oft als Sakristeimöbel verwendet.

Aumônière (franz. „Almosentasche"), am Gürtel befestigte oder über der Schulter getragene Tasche für Schlüssel und andere kleine Gegenstände. Sie war aus Stoff oder Leder, oft reich bestickt, in der Form trapezförmig und wurde durch einfachen Überschlag geschlossen. In der Spätgotik gehörte sie zur vornehmen männlichen und weiblichen Tracht. Herstellungsort war vor allem Paris.

A und O (Alpha und Omega), symbolische Bezeichnung für Gottvater und Christus, meist zusammen mit dem Kreuz oder dem → Christusmonogramm dargestellt.

Aureus, römische Goldmünze, die seit Augustus (31 v. Chr. bis 14 n. Chr.) in Umlauf war. Der Aureus hatte ursprünglich den Wert von 25 Denaren = 100 Sesterzen. Unter Konstantin dem Großen (309–324) wurde der Aureus durch eine neue Goldmünze, den → Solidus, abgelöst.

Aurifrisium, auch Auriphrygium, mittelalterliche Bezeichnung für aufgenähte Schmuckstreifen (→ Bortenweberei) an geistlichen Gewändern und Altardecken. Sie ersetzten am liturgischen Gewand die frühchristlichen Claven (→ Clavus). Ursprünglich nur auf goldbroschierte Borten angewandt, ging der Name später auf jeden Zierbesatz, auch ohne Gold (→ Parura), über.

Ausbeutemünze, aus dem Gold oder Silber einheimischer Funde geprägte Münze, deren Darstellung oder Inschrift auf diese Herkunft hinweist.

Ausgebrochen, Bezeichnung für ein parallel zu seinen Begrenzungslinien ausgeschnittenes Wappenbild, so daß die Unterlage (Schild) wieder sichtbar wird.

Ausgerissen (Heraldik) → gemeine Figuren

Ausschneidebogen, Bogen zum Ausmalen und Ausschneiden, gibt es seit Ende des 17. Jh.s. Im Jahr 1776 gab der Hofdrucker Decker in Berlin ein ABC-Spiel heraus, dessen 28 Kupferstiche mit großem und kleinem Alphabet ausgeschnitten werden sollten. Die Hauptproduktion der Ausschneidebögen war in Augsburg und Paris. Ab 1840 wurden Ausschneidebögen in der Technik der Lithographie hergestellt (Paris), um 1907 wurde der Ort Weißenburg dafür bekannt. Bekannteste Verlage der Ausschneidebögen waren Gg. Nikolaus Renner (Nürnberg), Hermann & Barth (München), Chr. Winkelmann und Söhne (Berlin), Arnz & Co. (Düsseldorf), David Martin Kanning (Hamburg), Oehmigke & Riemenschneider (Neu-Ruppin), Joseph Scholz (Mainz), Schreiber (Esslingen), Trentsensky (Wien).

Auswurfmünzen, wurden bei festlichen Anlässen, wie Krönungen (→ Krönungsmünzen) und Fürstenhochzeiten, unter das Volk geworfen oder an Hofbeamte verteilt. Ursprünglich nahm man Kursmünzen. Vom 16. Jh. an wurden eigene Auswurfmünzen geprägt. Das Metall war Silber oder Gold. Auf das jeweilige Ereignis wurde durch Bilder und Symbole, Inschriften und Daten hingewiesen.

Autographen, handgeschriebene Schriftstücke bekannter Persönlichkeiten, bei denen es nicht auf den Inhalt, sondern auf die Echtheit der Handschrift ankommt. Sie werden seit dem 17. Jh. gesammelt.

Automaten, Bezeichnung für Maschinen, bei denen die sie bewegende Kraft verborgen ist, also für jene Maschinen, die sich von selbst zu bewegen scheinen. Automaten waren bereits im Altertum bekannt. Besitzt der Automat die Gestalt eines Mannes, so bezeichnet man ihn auch als Androiden. Höhepunkte des Automatenbaus stellen das 16. Jh. – mit den Arbeiten von Hans Slottheimer und Christoph Schießler – sowie das 17. Jh. – mit den Werken von Achilles Langenbucher – dar. Zu den erstaunlichsten Automaten, die je geschaffen wurden, zählen die im 18. Jh. entstandenen Androiden der beiden berühmten Uhrmacher Pierre Jacquet (1721–1790) und Henri Louis Jacquet (1752–1791) Droz in la Chaux-de-Fonds, Schweiz. Zu den Automaten sind auch die sogenannten Jaquemarts zu rechnen: bei bestimmten Turmuhren angebrachte, meist geharnischte Figuren, welche an der Glocke die Zeit anschlagen. In der Regel sind zwei solcher Figuren vorhanden, eine für den Viertel- und eine für den Vollschlag.

Automatenuhren, unter dieser Bezeichnung versteht man Uhren mit → Automaten, die einen wesentlichen Bestandteil des Uhrsystems bilden. Meist handelt es sich bei den Automaten um Figuren, die durch Uhrwerke angetrieben werden und irgendwelche Bewegungen unabhängig von jeglicher Zeitangabe ausführen können. Gelegentlich dienen allerdings Automatenfiguren auch als Zeiger. Bereits bei den Arabern wurden in früher Zeit monumentalen → Wasseruhren Automaten angeschlossen. In Europa fanden die Automatenuhren im 16. und 17. Jh. einen Höhepunkt ihrer Entwicklung, eines der führenden Zentren war dabei Augsburg.

Autotypie, Verfahren zur Herstellung eines Halbtonklischees mittels einer Netzätzung. Bei der Herstellung des Negativs wird durch die Vorschaltung eines Rasters vor den lichtempfindlichen Film das aufzunehmende Bild in Punkte zerlegt. An den hellsten Stellen erscheinen die Punkte mit weitem Abstand, an den dunkelsten Stellen werden sie immer dichter. Das so entstandene Rasternegativ wird auf photomechanischem Weg auf eine lichtempfindliche Zinkplatte übertragen. Das Verfahren wurde 1882 von Georg Meisenbach erfunden und ist allgemein gebräuchlich geworden.

Auvera, Johann Wolfgang von der (1708–1756), einer der bedeutendsten Bildhauer und Kunstschreiner des süddeutschen Rokoko. Der aus Würzburg gebürtige Auvera hatte sechs Jahre an der Wiener Akademie studiert und kehrte beeindruckt vom theresianischen und josefinischen Stil (→ österreichisches Rokoko) in die Heimat zurück, wo er mit phantastischen Formen und überreichem Schnitzwerk eine Sonderform des → Rokoko, das Würzburger Rokoko, schuf.

Avant la lettre (frz., vor der Schrift), Bezeichnung für den Abzug einer Platte, bevor sie mit der → Adresse versehen wird. Es fehlen noch Künstler- und Stechernamen, manchmal sind auch Hintergrundpartien noch nicht ganz ausgeführt. Meist wurden von → Kupferstichen 20 bis 25 Abzüge *avant la lettre* hergestellt. Sie gelten als besonders wertvoll, da sie selten und von Sammlern entsprechend begehrt sind.

Aventuringlas, Anfang des 17. Jh.s in Murano entdeckte Glasart von bräunlicher Farbe mit glänzenden Einschlüssen aus oxidiertem Metall, die wie Goldflitter aussehen. Die Färbung wurde mit Kupferverbindungen erreicht. Um 1865 gelang die Herstellung des grünen Aventuringlases mit Hilfe von Chromoxid. (→ Venezianisches Glas)

Avers, die Bild- oder Schauseite einer → Münze oder → Medaille. Dieser Begriff ist numismatisch international üblich.

Avisse, Name dreier, miteinander verwandter, berühmter Pariser → Ménuisiers: Michel Avisse (tätig 1740–1744), Guillaume Avisse (* 1720, war tätig bis 1785), Jean Avisse (1723 – nach 1796). Jean Avisse schuf hauptsächlich im Auftrag des Pariser Adels zahlreiche → Sitzmöbel im Stil des → Louis-seize, die durch perfekte Verarbeitung und hohe Eleganz bestachen.

Axminster-Teppiche, Erzeugnisse einer englischen Teppichmanufaktur, die 1755 in Axminster in Devonshire gegründet wurde und bis 1835 bestand. Sie war spezialisiert auf handgeknüpfte, dichtflorige Wollteppiche von guter Qualität mit Blumenmustern bzw. Chinoiserien. Der Name wurde nach Auflösung der Firma von der Wilton-Teppich-Manufaktur weitergeführt.

Azulejos → Spanische Fayencen

Ausbeutemünze, Vorder- und Rückseite

B

Baccarat, Cristalleries de Baccarat (Lothringen), bedeutende französische Glashütte des 19. Jh.s, gegr. 1764. Führte 1819 das englische → Bleikristall auf dem Festland ein. Etwa seit 1835 Herstellung von Farben- und Überfangglas nach böhmischen Mustern, in den vierziger Jahren Übernahme altvenezianischer Glasmachertechniken (→ Fadengläser, → Millefioriglas). Zu den Spezialitäten der Hütte gehörten → Paperweights und → Pastengläser.

Vase von L. Marcus. Baccarat, 1900. Farbloses Glas mit Facett-, Bogenschliff und Mattschnitt. Formenentwurf vor 1878. H 21,8 cm. Stuttgart, Württembergisches Landesmuseum.

Bacchanal, ein seit der Antike bis ins 20. Jh. vorkommendes Bildthema, das Fest des griechischen Weingottes Bacchus. Bildinhalt ist meist das Festgelage oder der Tanz der Bacchanten, motivisch mit den dem Bacchus zugeordneten → Attributen (Weinblatt, Trauben oder Becher) bereichert.

Bacchusteller, um 1630 entstandener Nürnberger Reliefzinn-Teller, der im Spiegel Bacchus – auf einem Weinfaß reitend –, am Rand Arabesken zeigt.

Backeisen, ein als Untersatz für einen kleinen eisernen Backofen oder einen Kochtopf dienender eiserner Dreifuß mit langem Griff.

Badge (engl.), bildartiges Abzeichen, Bilddevise → Prachtstücke.

Bädergläser, auch Badegläser, Becher, auch mit Henkel, aus farblosem, etwa ab 1835 häufiger aus farbigem Glas, die in Böhmen zur Biedermeierzeit in großen Mengen und sehr unterschiedlicher Qualität hergestellt und in den böhmischen und deutschen Badeorten als Souvenirs oder Geschenkgläser verkauft wurden. Besonders beliebt waren Bädergläser mit gravierten Darstellungen von Stadtansichten und örtlichen Sehenswürdigkeiten.

Bändchenstickerei, beliebte Technik am Ende des 18. Jh.s: schmale Seidenbändchen werden in feinen Streublumen- oder Rankenmuster auf seidenen weißen Tüchern, Handtäschchen oder Kostümteilen aufgenäht oder durchgezogen.

Badeglas. Böhmen, Mitte 19. Jh. Auf der Wandung in Tiefschnitt sechs Ansichten von Karlsbad und ein Namenszug, H 14 cm. Mülheim/Ruhr, Sammlung Krug.

Bärenmütze → Kopfbedeckung, militärische

Bärentatzen → Kuhmaulschuhe

Baga, afrikanischer Stamm in Sierra Leone sowie Bezeichnung des Kunststiles dieses Stammes, der mit Nachbarstämmen wie den Nalu oder Landuma besonders auch durch den Simo-Männerbund in kulturellem Kontakt steht. Zu den bekanntesten künstlerisch gestalteten Kultobjekten des Simo-Bundes gehört die sog. „Nimba"-Maske, eine hohe, bis 50 kg schwere Schultermaske mit weit vorkragendem, riesigem Kopf, großer, gebogener Nase und flach ausgebildeten Brüsten. Der Maskenträger wird durch ein Kleid verhüllt. Die Maske personifiziert den Schutzgeist für Schwangerschaft und wird besonders vor der Ernte im Tanz eingesetzt. Eine Variation des Typs ist die „Nimba-péfète", mit kleinerem Kopf und nur zwei (statt vier) Tragestützen. Zu den bekannteren Kultfiguren der Baga und ihrer Nachbarstämme gehören ferner der „Anok", ein vogelkopfähnliches Kultbild für Initiationsriten, Bestattungs- und Erntefeiern, und die „Kakilembe", eine abstrakte Darstellung des Hochgottes in Form eines schlanken Schnabelkopfes mit hörnerartigen Bildungen. Die Bagafiguren weisen oft geometrische Schnitzmuster auf und nicht selten Verzierungen mit Messingnägeln.

Baghschaich, Knüpfteppich aus der Umgebung von Heris in Nordwestpersien. Meist Kelleygrößen (→ Kelley) in feinkörniger Wolle. Botehmuster (→ Boteh) sind gebräuchlich.

Baguette (von franz. *baguette,* Stäbchen), Treppenschlifform, bei der Edelsteine zu stäbchenähnlichen Langkarrees geschliffen werden. Um 1925 in Paris zunächst für Diamanten üblich, übertrug man den Baguetteschliff bald auch auf Rubine und Saphire, weil der Kontrast verschiedener Schliffformen sich als effektvoll erwies und kleineres Material verwendet werden konnte (→ Edelsteinschliff).

Bahiaholz, auch Redwood, amerikanisches Bau- und Möbelholz.

Bahut, französische Bezeichnung für → Truhe. Ursprünglich verstand man unter Bahut einen im Mittelalter gebräuchlichen großen Koffer mit gewölbtem Deckel, der mit Leder besetzt und mit Nägeln beschlagen war.

Baigneuse, Dormeuse, aus der Bade- und Schlafhaube entwickelte Frauenhaube der zweiten Hälfte des 18. Jh.s.

Baillie-Scott, Mackay Hugh (1865–1945), Architekt und Möbelentwerfer. Aus der → Arts-and-Crafts-Bewegung hervorgegangen, entwickelte er sich zu einem der führenden Möbelentwerfer der englischen Jahrhundertwende. Der Einfluß dieser mit von ihm geprägten Komponente des englischen → Jugendstils reichte über weite Teile Europas bis in die Vereinigten Staaten. Als sein Hauptwerk gilt allgemein die Ausstattung des großherzoglichen Schlosses in Darmstadt (1896), die in England hergestellt wurde (Guild of Handicrafts). Diese meist aus Eichenholz gearbeiteten Möbel und Einrichtungsgegenstände sind vom Umriß her geradlinig und kastenartig konzipiert und entfalten ihre besondere Eigenart im intarsierten oder aufgelegten (Beschläge) Dekor, der sich in seinem Formenschatz an präraffaelitischen Motiven wie z. B. der Lilie orientiert.

Anok der Baga (Sierra-leone); Holz mit Resten von heller Färbung; Länge des beweglichen „Schnabel"-Kopfes 68 cm. Meran, Sammlung C. v. Pizzicolli.

Bajadere, aus kleinen gebohrten Perlen verschlungener Halsschmuck, der auch gewebeähnlichen Charakter haben kann und als Träger von Farbsteinen, Brillanten oder Quarzen benutzt wird.

Bakalowits, E. & Söhne, neben J. & L. → Lobmeyr wichtigste Vertriebsfirma für anspruchsvolle Gebrauchs- und Luxusgläser u. a. nach Entwürfen von Bakalowits, Graz, Joseph Maria → Olbrich und Koloman → Moser, gegr. 1845 in Wien. Bakalowits arbeitete mit zahlreichen böhmischen Hütten, u. a. mit → Loetz' Witwe, zusammen.

Baku-Teppich, aus Baku in der Provinz Schirwan (Ostkaukasus) stammende Teppiche, die dem → Schirwan nahestehen. Zur Gruppe der Baku-Teppiche zählen der → Chila, der → Surahani und → Saliani. Diagonale Rhomben, Diagonalstreifen, → Botehs mit Medaillon und entsprechenden Eckmedaillons sind Standardmuster.

Bakuba → Kuba

Balalaika, russisches Volksinstrument mit drei Saiten, zwei im gleichen Ton, die dritte in der Unterquint gestimmt; ähnlich der Gitarre, aber mit dreieckigem Schallkörper. In sechs Größen von der Piccolo- bis zur Kontrabaßbalalaika.

Balasrubin, irreführende Bezeichnung für rosenroten Spinell. Der Name ist abgeleitet vom Hauptfundort Badachschan (Turkestan).

Wegen seiner Ähnlichkeit mit dem Rubin und seiner Größe wird der Stein häufig zu Schmuck verarbeitet. Meist achtekkig geschliffen und auf rote Folie gelegt.

Baldachin, mittelalterliche Bezeichnung für Seidenstoff aus Bagdad. Sie wurde auf den aus derartigem Stoff gebildeten Traghimmel über dem Allerheiligsten bei Prozessionen übertragen, dann auch auf aus verschiedensten Materialien bestehende ortsfeste Bekrönungen von Altären, Thronsitzen, Grabmälern und gotischen Steinfiguren. Altarbekrönungen heißen auch Ziborium oder Tabernakel.

Balken (Heraldik) → Heroldsbilder

Balläster → Armbrust zum Verschießen von Kugeln für die Vogeljagd.

Ballenblume, zu Anfang des 14. Jh.s besonders in England gebräuchliche plastische Ornamentform in der Hohlkehle eines Gesimses, wobei eine runde, dreiblättrige Blume eine kleine Kugel umschließt.

Ballin, Claude d. J. (1661–1754), bedeutender Pariser Goldschmied des Régence und des Rokoko, von dessen Werken nur wenige erhalten sind.

Baluba → Luba

Baluster, auch Docke, kurzes, stark gebauchtes Säulchen oder Doppelsäulchen. Zu mehreren auftretend, tragen sie ein Geländer oder eine Brüstung, die Balustrade. Motiv der Antike, das auch im Kunstgewerbe Verwendung fand. Die in Holz, Bronze oder Messing geformten Baluster spielten im Möbelbau eine große Rolle, als Pfosten, als Tisch- oder Stuhlbeine sowie als Schäfte von Lesepulten und Leuchtern. Balusterfüße kennzeichnen in Deutschland vor allem die Möbelkunst des späten 17. und frühen 18. Jh.s.

Balusterkanne, Zinnkanne in Form eines schlanken, gelegentlich facettierten Balusters mit breitem Standring und relativ flachem, profiliertem Scharnierdeckel. Der Schmuck beschränkt sich wie bei den → Hansekannen auf Reliefierung des Henkelrückens. Die etwa 25 bis 35 cm hohen Schenkkannen waren im späteren 15. und 16. Jh. in Nordostdeutschland üblich.

Balustervase → Flaschenkürbisvase

Balzo, Wulsthut, Wulsthaar, turbanartige Kopfbedeckung verschiedener Form mit Stirnwulst. In der italienischen Frührenaissance von Männern und Frauen getragen. Auch die nach oben gekämmten Frauenfrisuren, die mit einem Haarnetz gehalten wurden, nannte man Balzo.

Bambara, afrikanischer Stamm und Bezeichnung seines Kunststils. Der Legende nach lehrte die Pferdeantilope die Vorfahren der Bambara einst die Bebauung des Bodens. In den „Tjiwara"-Tanzaufsätzen zeigt die Stilisierung dieses Stammestieres jede denkbare Variation zwischen naturalistischer und völlig abstrakter Gestaltung, und zwar in als männlich und weiblich unterscheidbaren Ausprägungen. Aus den verschiedenen Regionen des Stammes lassen sich drei Haupttypen feststellen: a) mit horizontal gerichteten, weit ausladenden Hörnern (Kopf und Rumpf aus zwei Teilen gefertigt), aus dem Umkreis der Hauptstadt und danach Bamako-Typ genannt; b) mit betont vertikaler Hörnerstellung und meist schnabelartigem, nach unten gestelltem Kopf, östliches Bambara, der sog. Minianka-Typ; c) der Suguni-Typ, in reicher Phantastik und ebenso wie der Bamako-Typus meist in durchbrochen geschnitzter Arbeit gefertigt, kommt aus den Gebieten, die an die Nachbarstämme → Senufo und Malinke grenzen. Von den Großplastiken der Bambara sind wenige bekannt, im Handel treten häufiger die Masken des „Ntomo"-Bundes oder des „Kore"-Bundes auf, die Ntomo-Masken mit menschlichen Zügen und oft einer über dem Kopf stehenden Figur; die Kore-Masken lassen an Löwen- oder Hyänenköpfe denken.

Bambara. Tjiwara-Maskenaufsatz in Antilopengestalt. Bambara von Ségu, Westsudan. Frankfurt am Main, Museum für Völkerkunde

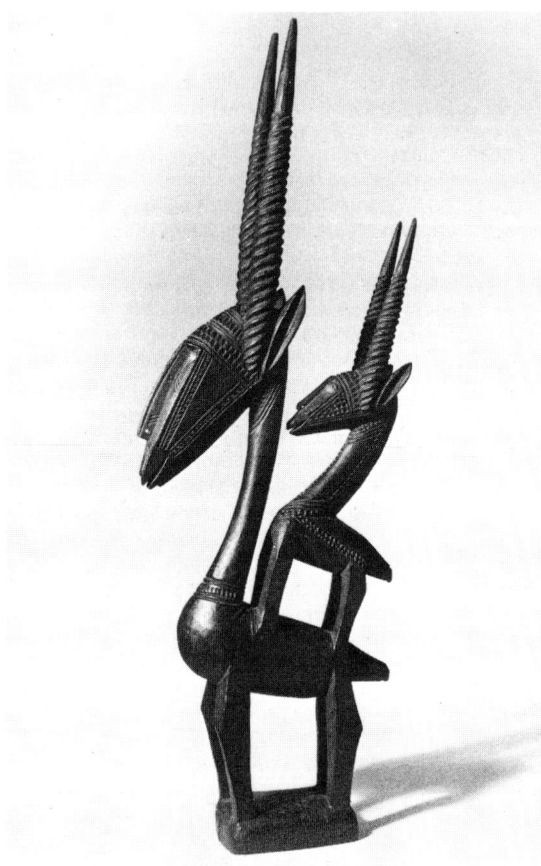

Bamboo → Wedgwood

Bambusmöbel, Gebrauchsmöbel des Fernen Ostens, waren fast ausnahmslos aus dem Holz der Bambuspflanze gefertigt und genossen bereits im 18. Jh. auf Grund ihrer Leichtheit und dekorativen Wirkung großes Ansehen in den europäischen Importländern, an erster Stelle in England. Um 1800 ließ der Prince of Wales seinen Pavillon in Brighton zum größten Teil mit diesen fernöstlichen Erzeugnissen der Wohnkultur möblieren. Auf die Dauer jedoch wurden diese Importe zu teuer, so daß sich sehr bald ein inländischer Markt für imitierte Bambusmöbel – sie waren zumeist aus Buchenholz geschnitzt – bildete.

Bamileke → Kameruner Grasland

Bandelier, das im 17. Jh. schräg über den Oberkörper gehängte Degentragband, weiterhin der Traggurt, an dem Behälter aus lederbezogenem Holz oder Metall hängen, die das Pulver für einen Schuß enthalten. Bei den Soldaten des 17. Jh.s. in Gebrauch, aber auch im ganzen Osten verwendet. Hier auch oft in Form des Patronengurtes.

Bandelwerk, reich geschwungenes und verflochtenes Bandornament, meist mit Laubwerk, Gehängen und Figuren durchsetzt. Aus italienischen und niederländischen Anregungen von Jean → Bérain d. Ä. entwickelt, wurde es zum beliebtesten und charakteristischsten Schmuckmotiv der Régencezeit. Es herrschte in Frankreich und Deutschland etwa von 1710 bis 1735.

Bandelwerk

Banderole, Spruchband (Bandrolle), das besonders in der deutschen Kunst des 15. Jh.s gerne in Bilder einkomponiert wurde oder das die dargestellten Personen (auch in der Plastik) in Händen hatten. Diese Banderolen sind häufig an Epitaphien, Reliefs, auch Holzschnitten und Kupferstichen zu finden und zur genaueren Bestimmung des gemeinten Bildinhaltes jeweils mit betreffender Legende beschriftet.
Bandwerk, Dekorationsornament des Kunstgewerbes aus miteinander verflochtenen, sich kreuzenden und sich verschlingenden Bändern. Die Bänder können in Pflanzenteile auslaufen. Das Bandwerk entstand Ende des 17. Jh.s in Frankreich und verbreitete sich im 18. Jh. in Europa. Besonders auf französischen, deutschen Möbeln und englischen Stühlen zu finden.
Bandintarsie → Intarsie
Bandwurmgläser, deutsche Gläser des 17. Jh.s von hoher zylindrischer Form, mit um die Wandung spiralförmig umgelegtem Faden.
Bank → Sitzmöbel
Banquette, ursprüngliche Bezeichnung für einen Pferdesattel, wurde in Frankreich des späten 17. und frühen 18. Jh.s auf ein → Sitzmöbel angewandt, das einen für mehrere Personen verlängerten → Tabouret darstellt, auf sechs bis acht Beinen ruht und zumeist mit einem → Savonnerie-Bezug versehen ist. Die Banquette hielt sich als Typus bis zum Beginn des → Empire.
Barbara, Hl., eine zu den Vierzehn → Nothelfern gehörende Heilige. Sie wird meist mit den → Attributen Turm und Kelch dargestellt. Als Einzelfigur wurde die heilige Barbara in der spätmittelalterlichen Kunst und in der Renaissance zu einem beliebten Motiv.
Barbarenmünzen, die Nachahmungen griechischer oder römischer Münzen durch Kelten und Germanen. Später wurden auch die byzantinischen Münzen von Völkern ohne eigenes Münzsystem nachgeahmt.

Barbarenmünze

Barbarossaleuchter → Radleuchter
Barbe (von *barbe,* Bart), in einem Stück gearbeitete bandartige Spitze, die, vor allem im 18. Jh. als Kopfschmuck getragen, das Gesicht bis unter das Kinn rahmte.
Barbierschüssel, auch Rasierbecken genannt, Schüssel oder Schale mit halbkreisförmigem Ausschnitt. Durch diese Einmuldung konnte sie dicht an den Hals des zu Rasierenden gesetzt werden. Barbierschüsseln kamen gegen 1600 auf und waren besonders im bartlosen 18. Jh. weit verbreitet. Fast alle europäischen Fayencefirmen haben sie hergestellt. Es gibt auch Barbierschüsseln aus Silber, Messing, Zinn, Sheffield Plate. Seit dem 17. Jh. wurden sie oft durch passende Kannen und Seifendosen ersetzt.
Barbotineverzierung, auch *a barbottina,* Keramikdekor, der gehämmertem Metall ähnelt, besonders auf italienischer Majolika des 16. Jh.s.
Barcelona-Stuhl, 1929 von Ludwig → Mies van der Rohe für den deutschen Pavillon auf der Weltausstellung in Barcelona

Barcelona-Stuhl. Entwurf von Ludwig Mies van der Rohe. 1929. Hersteller Knoll International, Murr. New York, The Museum of Modern Art.

entworfen. Das Stahlrohrmöbel, dessen schlichte Eleganz in den gegenläufigen Schwüngen von Rückenstützen und Sitzträgern besteht, besitzt eine einfache Kissenauflage aus gestepptem Leder. Der Barcelona-Stuhl wird auch heute noch serienmäßig hergestellt.
Barett, männliche und weibliche Kopfbedeckung der ersten Hälfte des 16. Jh.s, die in der Amtstracht der Geistlichen, Professoren und Richter fortlebt. Oft wurde unter dem schief sitzenden Barett die Kalotte oder Drahthaube getragen, eine netzartig geflochtene Haarhaube.
Barlow, Edward → Repetieruhr
Barmherzigkeitskrüge, Krüge aus → Raerener, → Westerwälder und Creußener Steinzeug, die auf einem breiten Mittelfries die Darstellung der Barmherzigkeit zeigen.
Barock, der letzte umfassende europäische Stil, der von etwa 1600 bis 1760 Gültigkeit hatte. Er ist durch plastisch schwellende, Bewegung ausdrückende Formen, die zur Verschmelzung drängen, und durch das Vorherrschen repräsentativer und dekorativer Gesichtspunkte gekennzeichnet. Im barokken Innenraum gelingt die Schaffung eines Gesamtkunstwerks von vollkommener dekorativer Einheit. Die Barockkunst entstand in Rom. Schwerpunkte außer Italien waren im 17. Jh. Spanien und die südlichen Niederlande (Peter Paul Rubens), während Holland Sonderformen entwickelte, auf die der Begriff Barockkunst kaum anwendbar ist (Malerei). Um 1670 ging die Führung an Frankreich über, das bis zum Ende des Barock die beherrschende Rolle in Europa spielte. Deutschland, das durch den Dreißigjährigen Krieg (1618–1648) stark in seiner Entwicklung gehemmt wurde, hat im 18. Jh. auf zahlreichen Kunstgebieten Hervorragendes geleistet (Augsburger Silber, → Meißner Porzellan). Die Zeit von 1600 bis 1630 bezeichnet man in den Ländern

Barock-Schrank. Mitteldeutsch, um 1730. Korpus Eiche, Nußholz und Nußwurzelholz furniert, in Ahorn und Mooreiche intarsiert, 220 × 240 × 92 cm. München, L. Bernheimer.

nördlich der Alpen als Frühbarock, auf den der – in Italien ab 1600 herrschende – Hochbarock folgt. Um 1735 setzt in Europa der Spätbarock, der meist Rokoko genannt wird, ein. In Frankreich, wo die Kunst entscheidend vom Hof bestimmt und getragen wurde, benennt man die Stilphasen nach den regierenden Herrschern: nach Ludwig XIV. (1661–1715) → Louis-quatorze-Stil, → Régence die Zeit der Regentschaft des Herzogs Philipp von Orléans für den unmündigen Ludwig XV. (1715–1723) und nach Ludwig XV. (1723–1774) → Louis-quinze-Stil. Diese Bezeichnungen sind auch in anderen Ländern übernommen worden, vor allem in Deutschland, das in enger Beziehung zu Frankreich stand. In England, wo am Ende des 17. Jh.s eine Blüte des Kunstgewerbes begann, die auf den Kontinent ausstrahlte, wird die dem Louis-quatorze entsprechende Epoche als Stil William and Mary, die dem Régence entsprechende Phase als → Queen-Anne-Stil (1690–1720) bezeichnet, die folgende, die dem kontinentalen Louis-quinze und Rokoko entspricht, nach Georg II. als Mid Georgian style (→ Georgian style).
Dank der beherrschenden Rolle des Ornaments kann der Barock auch in eine Abfolge von Schmuckstilen eingeteilt werden: Bis etwa 1650 herrschte der Knorpelstil (→ Knorpelwerk), ab 1620 in seiner Spätphase als Ohrmuschelstil. Im dritten Viertel des 17. Jh.s trat in allen Kunstgattungen die → Blumenmode auf. Um 1680 wurde sie von der Vorherrschaft des → Akanthus abgelöst, der den Louis-quatorze-Stil bestimmte und bis zu seinem Ende gültig blieb. Das Régence wird vom Bandelwerkornament (1710–1735, → Bandelwerk) bestimmt, der Louis-quinze-Stil wird von der → *Rocaille* (1735–1760) beherrscht, von der die Bezeichnung Rokoko abgeleitet ist.
Fülle, Kraft und Pathos des Hochbarock, die noch den Louis-quatorze-Stil beherrschten, wurden im 18. Jh. – beginnend im Régence, vollendet im Rokoko – in Zierlichkeit, Leichtigkeit und spielerische Eleganz verwandelt. Alle Formen gerieten ins Schwingen und verschmolzen miteinander.

Barock-Silberfigur der Maria Immaculata. Augsburg, um 1710/15. Meistermarke des Johann Heinrich Manlich (?). Silber, teilweise vergoldetes Kupfer, farbige Steine, H 120 cm. Amberg, Kongregationssaal des ehemaligen Jesuitenkollegs.

Barockgläser. Links: Deckelpokal. Dresden, 1710–1715. Farbloses geschliffenes und geschnittenes Glas, H 57 cm. Stuttgart, Württembergisches Landesmuseum. Mitte: Zwei Becher auf Fuß. Der linke ist eine Nachbildung aus Böhmen, um 1895, der rechte von Johann Balthasar Sang, Braunschweig, um 1750. Farbloses Glas mit Schliff und Mattschnitt, H 12,6 cm. Prag, Kunstgewerbemuseum. Rechts: Pokal. Nürnberg, um 1680. Farbloses Glas mit Tiefschnitt, H 23,3 cm. Stuttgart, Württembergisches Landesmuseum.

Barock-Henkelschale. Niederlande, Mitte 17. Jh. Farbloses diamantgerissenes Glas, H 6,7, Dm 10,5 cm. Straßburg, Château des Rohan.

Römer. Mitte 17. Jh. Grünes Glas mit Diamantgravierung, H 30,5 cm. Amsterdam, Rijksmuseum.

Flügelglas. Belgien, 2. Hälfte 17. Jh. Farbloses Glas mit Schnitt, der Schaft besteht aus vier, in Köpfen endenden Schlangenfäden. H 28,5 cm. Brüssel, Musée Royaux d'art et d'Histoire.

Barockperle in Goldfassung. Süddeutsch (?), 17. Jh. Teilemailliert mit Diamanten, H 4 cm. Hamburg, Museum für Kunst und Gewerbe.

Das Kunstgewerbe gelangte im Barock zu einmaliger Blüte. Es drang im 18. Jh. in alle Lebensbereiche ein, erhielt eine Fülle neuer Aufgaben und Möglichkeiten und erhob sich zu so hohem künstlerischen Rang, daß seine Hauptwerke zu den bedeutendsten und charakteristischsten Schöpfungen ihrer Epoche zählen.

Barockglas, in der zur Unterscheidung von den venezianischen Gläsern (→ venezianisches Glas) und den nördlich der Alpen entstandenen Gläsern *à la façon de venise* zusammenfassende Bezeichnung für die deutschen Gläser des 17. und 18. Jh.s. Eine Gruppe bilden die → emaillierten Gläser, die andere die geschliffenen und geschnittenen Gläser. Sonderformen sind die böhmischen Doppelwandgläser mit Zwischendekors (→ Zwischengoldgläser), → Reliefgoldgläser und mit Schwarzlot bemalte Gläser (→ Schapergläser). → Glasschliff und → Glasschnitt lassen sich auf die Veredelungstechniken der am Hofe Rudolfs II. in Prag wirkenden italienischen Bergkristall- und Steinschneider zurückführen. Ihr Einfluß ist am deutlichsten bei den Erzeugnissen Nürnberger Graveure erkennbar (→ Nürnberger Glasschnitt). Der böhmische Glasschnitt (→ böhmische Gläser) läßt sich stilistisch von der Glasmalerei ableiten und ist eine volkstümliche Kunst. Bis Ende des 17. Jh.s folgten die Pokalformen noch ihren venezianischen Vorbildern, ließen aber deren Eleganz und ausgewogenen Aufbau vermissen. Eine Ausnahme bildeten die schlesischen Hochschnittgläser, die als direkte Nachfolger der Prunkgefäße aus Bergkristall anzusehen sind. Nach 1700 traten vor allem in Böhmen, Schlesien und Potsdam-Zechlin geschliffene Gläser an die Stelle der nach venezianischer Art verzierten. Auch der Glasschnitt entwickelte sich weiter. Bis 1725 war Böhmen führend. Die einfachen gerutschten Dekors wurden von sauber geschnittenen Streublumen und Fruchtbündeln abgelöst, ihnen folgten große Ranken, Kalligraphenschnörkel und frühes Laub- und Bandelwerk sowie figurale Motive und Landschaften, deren Qualität sich zusehends verbesserte. Als Vorlagen dienten zeitgenössische Ornamentstiche französischer, Augsburger und Nürnberger Stecher wie Johann Conradt Reiff und Paul Decker. 1725 bis 1750 löste Schlesien die Hütten Böhmens auf dem Gebiet des künstlerischen Glasschnitts ab, die vorwiegend für den Export produzierten und sich mehr und mehr auf Kommerzware beschränkten. Zentrum des schlesischen Glasschnitts wurde wieder das Hirschberger Tal, als Hauptmeister wird Christian Gottfried Schneider (1710–1782) genannt. Vorherrschend ist der nun vollentwickelte Laub- und Bandelwerkstil mit ausgeprägtem figuralem und landschaftlichem Beiwerk. Erst verhältnismäßig spät brach sich die Rokokoornamentik im Glasschnitt Bahn, und zwar zu einer Zeit, als sich der Niedergang des schlesischen Glases, bedingt durch den Übergang Schlesiens an Preußen (1742), abzuzeichnen begann. In Preußen hatte die Hütte Potsdam-Zechlin (→ brandenburgische Gläser) unter dem Einfluß Johannes → Kunckels und der Glasgraveure Martin Winter, Gottfried Spiller und Elias Rossbach höchste künstlerische Bedeutung gewonnen, und auch in Nürnberg verwendete man inzwischen für den Glasschnitt moderne Kristallgläser und gravierte im neuen Geschmack des Laub- und Bandelwerkstils, nachdem die Schwanhardt-Schwinger-Tradition in Killinger ihren letzten Vertreter gehabt und sich eine neue Generation von Graveuren um Anton Wilhelm

Mäuerl zusammengefunden hatte. Geschnittenes und geschliffenes Glas erzeugten neben thüringischen und sächsischen Hütten Kunsthandwerker in Hessen und Braunschweig sowie in den Niederlanden, wo der deutsche Künstler Jacob → Sang die besten Arbeiten schuf. Eine holländische Spezialität bilden die mit dem Diamanten gerissenen Gläser (→ diamantgravierte Gläser).

Barockperlen, unregelmäßige Perlen, große Exemplare werden auch Monsterperlen genannt. Barockperlen wurden im 16. Jh. zu figürlichen Anhängern, im 18. Jh. zu Kabinettstükken *(objet d'art)* verarbeitet, wobei die Perlformen geschickt für Tierleiber und bizarre Körper ausgenutzt wurden. Eine Art Renaissance erlebten die Barockperlen im Jugendstil (→Perlen).

Barometer, ein 1643 von Evangelista Torricelli (1608–1647) erfundenes physikalisches Instrument zur Messung des atmosphärischen Luftdruckes. Barometer sind ähnlich wie → Uhren unter einem formal-stilistischen und einem technologischen Gesichtspunkt zu klassifizieren.

Das Torricellische Barometer bestand aus einer mit Quecksilber gefüllten, luftleeren, am oberen Ende geschlossenen Glasröhre, deren unteres offenes Ende in ein quecksilbergefülltes Gefäß getaucht wurde. Das Quecksilber in der Röhre steigt dann bei stärkerem Luftdruck, bei geringerem sinkt es. Röhre und Gefäß waren an einem langen, schmalen Brett befestigt, mit dessen Hilfe der Apparat so aufgehängt wurde, daß die Glasröhre vertikal stand. Um das sperrige Gefäß auszuschalten, erfand man einige Zeit später das sogenannte Heberbarometer. Hierbei wird die Glasröhre unten umgebogen, so daß ein Paar kommunizierender Röhren entstand, in denen ein ungleicher Flüssigkeitsstand abzulesen war, da der auf die rechte Röhre einwirkende atmosphärische Druck in der linken gänzlich aufgehoben war. Die Länge der gehobenen Quecksilbersäule wurde gemessen von deren Ende im kürzeren Schenkel der Glasröhre bis zu ihrem Ende im längeren. Da hierbei die Last des Quecksilbers im kürzeren Schenkel seinem Fallen im längeren ein gewisses Hemmnis entgegenstellte, suchte man diesen Nachteil durch Ankitten eines Gefäßes an die längere Röhre zu beheben. So entstanden die sogenannten Kapsel- und Flaschenbarometer. Die Meßgenauigkeit dieser Apparaturen war aber ebenfalls nur sehr gering. So ging man bald wieder zu den Heberbarometern über, die im Laufe der Zeit technisch immer mehr vervollkommnet wurden. Als Ersatz des Quecksilberbarometers, das seiner leichten Zerbrechlichkeit wegen besonders auf Reisen eine vorsichtige Handhabung erforderte, entwickelte man im 19. Jh. das Aneroidbarometer. Dieses Metallbarometer besteht aus einer dünnen Metallblechröhre, die hermetisch verschlossen und bogenförmig gekrümmt ist. Bei verändertem Luftdruck ändert sich dann der Grad dieser Krümmung. Zur genauen Justierung dieses Gerätes bedurfte man jedoch weiterhin der Quecksilberbarometer.

Bartmannkrüge (Abb. s. a. S. 65), rheinische Kugelbauchgefäße des 16. Jh.s aus → Steinzeug, mit abgeplatteter Standfläche, kurzem Hals und starkem Henkel, die auf dem Hals eine Bartmaske tragen. Zunächst als edle Männerköpfe gestaltet, wurden die Bartmannauflagen seit dem Ende des 16. Jh.s mehr und mehr zu Grimassen. Bartmannkrüge wurden bis ins 18. Jh., teilweise auch noch im 19. Jh., hergestellt (→ Rheinisches Steinzeug).

Bartzeichen, von Peter dem Großen (1682–1725) in Rußland eingeführte Bartsteuermarken. Bartträger mußten eine erhöhte Steuer tragen. Als Nachweis der bezahlten Steuer galt das Zeichen. Es bestand aus Kupfer.

Basaltware → Wedgwood

Basanello, ein dem Fagott verwandtes Holzblasinstrument des 17. Jh.s mit doppeltem Rohrblatt.

Baseler Antependium → Antependium

Basis, Fuß einer Säule oder eines Pfeilers.

Bas-Lis, flacher Stuhl → Wirktechnik

Basma, Metallverkleidung für die Ränder von Ikonen.

Basmala, Kurzform der Anrufung Allahs *(bismi llâhi r-rahmâni r-rahîmi,* im Namen des (all)barmherzigen und gütigen Gottes), steht am Beginn der Koransuren sowie religiöser und anderer Schriften und ist ein häufiges Motiv in der islamischen Epigraphik und Kalligraphie.

Basrelief → Relief

Bassa, afrikanischer Stamm an der Küste Liberias, bedeutende Tradition von Gesichtsmasken, die eine eigentümliche Konkav-Krümmung aufweisen. Sie sind den Masken der → Dan verwandt, werden im Gegensatz zu diesen aber nicht vor dem Gesicht, sondern auf einem Korbgeflecht befestigt getragen und zeigen daher nicht die bei Gesichtsmasken anderer Stämme üblichen Gebrauchsspuren. Die Gesichtsform ist länglich-oval, die Oberfläche der Maske stets fein poliert und dunkel gebeizt.

Bast, Fasern pflanzlicher Herkunft, gewonnen aus Rinden, Stengeln, Blättern oder Fruchtschalen.

Batak-Kunst, vor allem hölzerne Ahnenfiguren, mit Reiterfiguren versehene Zauberstäbe aus Holz und beschnitzte Zauberhörner aus Sumatra. Baumrindenbücher mit Batakschrift enthalten magische Texte.

Bataviaporzellan, braune chinesische Porzellanvasen der Epoche K'ang-Hsi (1662 bis 1722), mit weißen Reserven, die in den Farben der famille rose (→ chinesisches Porzellan) bemalt sind.

Bath-Metall, Legierung aus Kupfer und Zink, die seit dem späten 18. Jh. für kleine Gebrauchsobjekte Anwendung fand.

Batiken, in Ost- und Südostasien seit langem geübtes Verfahren der Stoffmusterung: Was keine Farbe annehmen soll, wird mit Wachs abgedeckt, ehe der Stoff in Farbe getränkt wird. Im Jugendstil hat man die Technik in Europa einzuführen versucht.

Batist, Leinwand von so hoher Feinheit, daß sie halb durchsichtig erscheint.

Battersea-Email, emailbemalte → Dosen einer in Battersea bei London 1753 gegründeten Fabrik, deren Erzeugnisse

Battersea-Kupferemaildose in Gestalt eines gelben Mopses, im Inneren galantes Paar in Umdrucktechnik. 1753–1756. H 4,5 cm. Wien, Privatbesitz.

trotz kurzen Bestehens (sie ging 1756 in Konkurs) Berühmtheit erlangten. Auf weißem Grund wurden im Abziehbildverfahren Kupferstiche aufgedruckt, eingebrannt und manchmal noch mit goldenen Rankenornamenten verziert → Email.

Batzen, seit dem 15. Jh. in Süddeutschland geprägte Vierkreuzerstücke (→ Groschen). Die Silbermünzen sollten das steigende Bedürfnis des Handels nach größeren Münzsorten befriedigen.

Baudrier, Bezeichnung für das sog. „lange Wehrgehenk" (Degengehenk), von 1630 bis Anfang des 18. Jh.s zum höfischen Kostüm gehörig, häufig auch nur für die daran befindlichen, reich verzierten Schnallen im Sinne von Wehrgehenkschmuck.

Baudry, François (1791–1859), *ébéniste du roi* unter Louis Philippe. Seit 1822 in Paris als Kunsttischler ansässig, prägte er entscheidend den französischen Möbelstil der dreißiger Jahre des 19. Jh.s. Durch seine regelmäßige Teilnahme an den großen Pariser Ausstellungen finden seine Möbelentwürfe weite Verbreitung.

Bauernmöbel, von der Volkskunde genauer als Ländliche Möbel bezeichnet, ein Terminus, der der Tatsache Rechnung trägt, daß Bauernmöbel in den seltensten Fällen von Bauern für Bauern, sondern meist von ländlichen Handwerkern hergestellt wurden und sie fester Bestandteil aller ländlichen Inneneinrichtungen waren. Es soll jedoch hier weiter der eingebürgerte Begriff ‚Bauernmöbel' verwendet werden, da er sich seit vielen Jahrzehnten im Sprachgebrauch eingebürgert hat.

Das Bauernmöbel schließt sich, viel enger als das städtische Möbel, an die seit Generationen vorgegebenen Binnenstrukturen des Bauernhauses an. Das Gefüge des ländlichen Hau-

▷ *Bartmannkrug. Datiert 1605 und 1612. Braunes, salzglasiertes Steinzeug, originale Zinnmontierung, H 42 cm. Münster, Frye & Sohn.*

Tölzer Kleiderschrank. 1818. Fichte bemalt, 169,5 × 110 × 44 cm. Nürnberg, Germanisches Nationalmuseum.

Kastentruhe mit Sockel. 1669. Weichholz bemalt, 102 × 187 × 76 cm. München, Bayerisches Nationalmuseum.

Spinnstuhl. Tirol, 1724. Buche. München, Bayerisches Nationalmuseum.

Bauernstuhl. Oberösterreich, Gegend von Linz (?), um 1800. Weichholz bemalt. München, Bayerisches Nationalmuseum.

ses wurde geprägt von den Grundbedürfnissen Kochen, Essen, Schlafen. Der Herdraum mit dem fest eingebauten Ofen war das „Herz" des Hauses. Der offene, tischhohe Herd mit dem darüber aufgehängten Kessel und der aus Steinen gemauerte Ofen dienten der Zubereitung der Speisen; in einfachen Bauernhäusern waren Ofen und Ofenbank gleichzeitig Schlafplatz. Ein Tisch mit Lade stand zumeist in einer dem Herd nächstgelegenen Ecke des Raumes, umgeben von fest an der Wand angebrachten Bänken und Brettstühlen. Wirtschaftsschränke zur Aufbewahrung der Lebensmittel sowie Truhen und Borde für Geschirr und Besteck ergänzten die traditionelle Ausstattung. Die Stube, Mittelpunkt des Wohnteils, in Bayern und Schwaben meist vertäfelt, war der Raum des Hauses, dessen Heizung nicht durch die offene, rußende Feuerstelle, sondern durch den Kachelofen erfolgte. Sie war Aufenthalts- und Wohnraum der bäuerlichen Familie, gleichzeitig aber auch Arbeitsraum für die Hausfrau, wie es die häufig in Stuben aufgestellten Spinnräder bezeugen. Die Schlafkammern waren mit Betten und Schränken sowie Truhen zur Aufbewahrung von Kleidung und Bettwäsche – eine gehütete Kostbarkeit im ländlichen Raum und wichtiger Bestandteil der Aussteuer – ausgestattet; auch die Kinderwiegen, meist sehr liebevoll gestaltet, fanden hier ihren Platz. Auf dem Speicher wurden, im Gegensatz zum heutigen Gebrauch, besonders wertvolle Besitztümer wie Festkleidung und kostbareres Mobiliar aufbewahrt.
Die Kategorien des Bauernmöbels sind nicht sehr differenziert, nur in ihrer Auszier, also der besonderen Ausgestaltung, lassen sich landschaftliche Besonderheiten ablesen (→ Miesbacher Bauernmöbel, → Rhöner Bauernmöbel, → Schlierseer Bauernmöbel, → Schwälmer Bauernmöbel, → Tölzer Bauernmöbel, → Vierländer Bauernmöbel). Es sind im wesentlichen Bänke, Stühle und Tische, Schlafmöbel, Wiegen, Truhen, Schränke für Wirtschaftsräume, Stuben und Kammern, Kommoden oder Anrichten, Borde und Kleinmöbel wie → Löffelbretter, Pfeifengestelle u. ä. Süddeutsche, schwäbische und alpenländische Bauernmöbel sind meist farbig bemalt, norddeutsche in der Regel ungefaßt, aber reich mit Schnitzwerk verziert.
Bauernsilber → Silberglas
Bauhaus, Staatliches, Kunst- und Lehrinstitut zuerst in Weimar, dann in Dessau, das für die moderne Gestaltungsweise in Architektur, Kunst und Kunstgewerbe über Deutschland hinaus richtungweisend wurde. 1919 von Walter → Gropius gegründet, sollte es zu einer „Volkseinheitsschule auf der Basis des Handfertigkeitsunterrichts" (Gropius) werden. Kunst und Industrie sollten zum Zwecke umfassender Lebensgestaltung zusammenarbeiten, beispielsweise in der Produktion ästhetisch hochstehender, aber reproduzierbarer Typen für die industrielle Fertigung. Zwischen 1923 und 1925 wurde das Bauhaus stark von der holländischen Gruppe → De Stijl und dem russischen → Konstruktivismus beeinflußt. In den Jahren vor der gewaltsamen Schließung durch die Nationalsozialisten, 1933, wurden zudem funktionalistische Ideen immer wichtiger. Mit seinen Entwürfen für Tapeten (Bauhaustapeten für Arbeiterwohnungen), Beschläge, Möbel, Lampen und Industrietextilien leistete das Bauhaus, neben seiner Rolle in der modernen Kunst und Architektur, einen unabschätzbaren Beitrag zur Entwicklung des modernen → Designs und der Innendekoration.
Bauhaus-Möbel, Möbelentwürfe des Staatlichen Bauhauses (→ Bauhaus, Staatliches) Weimar. Sie waren nur ein, allerdings signifikanter, Teil eines Gesamtkonzeptes, das das funktionsgerechte, industriell auswertbare → Design auf Handwerk, Technik, Architektur und Malerei, also auf die Gestaltung der Umwelt, anwandte. Aus diesem Grunde sind auch die Entwerfer des Staatlichen Bauhauses nicht als voneinander unabhängige Repräsentanten einer bestimmten Stilrichtung zu sehen, sondern als Glieder einer Gemeinschaft, deren erklärtes Ziel das kollektive Schaffen von Lebensraum und -umraum war.
Unter diesem kollektiven Aspekt ist auch die Tischlereiwerkstatt zu sehen, der u. a. Johannes Itten, Walter → Gropius, Marcel → Breuer und Josef Albers vorstanden. Von Gropius stammt z. B. eine Typenmöbeleinrichtung (1927), die noch heute als Grundlage für Büromöbel anzusehen ist. Trotz des bewußt auf Massenproduktion zielenden Designs erreicht Gropius Individualität durch die unterschiedliche Kombinierbarkeit der Elemente. Auch Breuer beschritt neue Wege des Designs; er ging als einer der ersten von neuen Materialien, vornehmlich dem Stahlrohr, aus und entwickelte bereits 1924/25 sein erstes Metallmöbel, einen freitragenden Stuhl aus nicht-elastischem Stahlrohr. Auch die von ihm entworfenen Interieurs, zu den berühmtesten gehört die

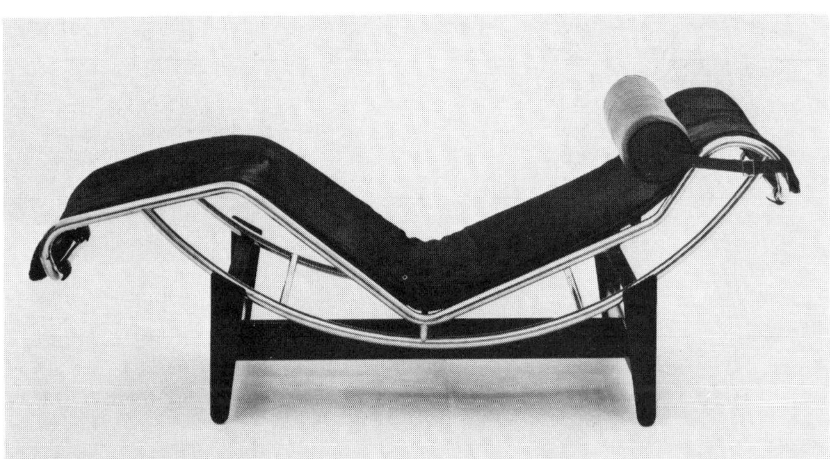

Chaiselonge von Le Corbusier. Entwurf von 1928. Chromstahl, Holz, Leder.

Wandbehang von Benita Koch-Otte. 1923/24. Leinwandbindung und Gobelintechnik, Wolle und Baumwolle. Berlin, Bauhaus-Archiv.

Wohnung des Berliner Intendanten Erwin Piscator, zeigt diese Vorliebe für eine dem Material entsprechende karge Strenge, die in der Sparsamkeit im Detail noch heute als richtungweisend angesehen wird.
1930 bis 1933 unterstand das Staatliche Bauhaus Ludwig → Mies van der Rohe, dessen → Barcelona-Stuhl bereits 1929 zu den vielbeachteten Ausstellungsstücken des deutschen Pavillons auf der Weltausstellung in Barcelona gehörte. Auch Erich Dieckmann und Mart → Stam gehörten zeitweilig dem Bauhaus an. Die Traditionen des Möbeldesigns des Staatlichen Bauhauses, durch den Nationalsozialismus entwurzelt, setzten sich durch die Emigration fast aller leitenden Mitarbeiter in die Vereinigten Staaten fort, vor allem auch durch die tätige Unterstützung der Möbelfirma → Knoll Ass. und die Förderung durch das Museum of Modern Art in New York.

Baukasten, Konstruktionsspiel mit Bauelementen aus Holz, Stein oder Metall. Dieses einfache, unkomplizierte Spielzeug läßt sich seit etwa 1800 nachweisen. Einen Aufschwung nahm es durch die um 1830 von Friedrich Fröbel (1782–1852), dem Begründer der Kindergartenbewegung, entwickelten Spielmittel, die sog. Fröbelgaben, die der stufenmäßigen Entwicklung des Kindes angepaßt waren. Diese Fröbel-Baukästen aus Holz wurden angeblich seit ca. 1840

Steinbaukasten der Firma Anker, um 1900. Privatbesitz.

von F. Ad. Richter in Rudolstadt (Thüringen) hergestellt. Seit ca. 1879 produzierte diese Firma Steinbaukästen mit der Schutzmarke „Anker". Die aus einem steinartigen Material gepreßten farbigen Bausteine nahmen von Anfang an eine Sonderstellung auf dem Spielzeugmarkt ein. Trotz aller Nachahmungsversuche waren diese Baukästen bis in die dreißiger Jahre des 20. Jh.s weitverbreitete Spielzeuge. Ausschlaggebend für diesen Erfolg war die Vielfalt der Spielmöglichkeiten; mit den Steinen konnten realitätsgetreue Bauwerke errichtet werden, und die Ergänzungs- und Zusatzkästen, vielfach nach Entwürfen des Flugpioniers Otto Lilienthal (1848–1896), mit Material für Brücken, Burgen und Landhäuser, gaben immer neue Bauanregungen.
Der Engländer Hornby verwendete erstmals 1901 für seine Baukästen gelochte Metallelemente und schuf damit die Grundlage für das Prinzip der heute noch verwendeten Konstruktionsbaukästen.

Baule, afrikanischer Stamm der Elfenbeinküste und Bezeichnung seines Kunststils. Die künstlerischen Erzeugnisse des Stammes zählen zu den gesuchtesten Objekten afrikanischer Kunst, besonders auch, weil der Stil dem europäischen Geschmack sehr entgegenkommt. Die Masken der Baule sind ebenso berühmt wie ihre Ahnenfiguren, sie vermitteln das hochentwickelte Formgefühl eines sakralen Königtums, verbunden mit höchster Reife künstlerischen Ausdrucks. Die Schnitzwerke sind stets fein ausgearbeitet, ihre Oberfläche glatt behandelt – meist mit dunkelrotbrauner bis schwarzer Patina. Besonders fein sind die kunstvollen Haartrachten wiedergegeben. Die Gesichter haben einen ruhigen, „ins Jenseits blickenden" Ausdruck. Neben Menschendarstellungen kommen – etwas seltener – Elefantenmasken vor oder die „Goli"-Maske in Form eines Büffelkopfes. Auch Dosen, Gerät, Werkzeug und die häufiger im Handel vorkommenden → Webrollenhalter sind gerne figürlich gestaltet. Beinahe surrealistisch wirken die „Kplekple"-Masken, mit kleinen Hörnern besetzte runde Scheibengesichter, oft mit abstrakter Gesichtszeichnung bemalt. Die berühmten Goldschmuckarbeiten der Baule sind im Handel inzwischen recht selten geworden, häufiger trifft man schon auf Gelbguß-Reproduktionen. Der Baule-Kunst verwandt sind die Arbeiten der Unter- und Nebenstämme *Guro* und *Yaure.* Typisches Merkmal der Yaure-Maske ist etwa die regelmäßige Zickzack-Umrahmung des Gesichtes. Guromasken zeigen im allgemeinen etwas länglichere Gesichtsformen.

Baumgartner, Ulrich (um 1580–1652), bedeutendstes Mitglied einer berühmten Augsburger Kunsttischlerfamilie. Als sein Hauptwerk gilt der im Auftrag seines Förderers und Freundes, des Kunstagenten Philipp Hainhofer, entstandene → Pommersche Kunstschrank (1615/17), der an Philipp II. von Pommern verkauft wurde. Zu seinen Mäzenen gehörten neben den Kurfürsten von Köln auch die Habsburger Rudolf II. und Matthias, die bayerische Herzogin Elisabeth und der Kardinal Borghese.

Baumölkrug, Bezeichnung für ein humpenartiges Zinngefäß mit zwei Henkeln und zweigeteiltem Deckel, gelegentlich mit Siebeinsatz, um die Gewürze beim Trinken zurückzuhalten.

Ahnenfigur der Baule. Elfenbeinküste. Holz, H 38 cm. München, Privatsammlung.

Vermutlich wurde der Name von ähnlich geformten Ölvorratsgefäßen übernommen.

Baumwolle, besteht aus den Samenhaaren der Fruchtkapseln verschiedener Gossypiumarten, welche als Spinnfaser Verwendung finden. Baumwollgewebe wurden bereits im frühen Altertum hergestellt.

Bauornamentik, Gesamtheit aller nichtfiguralen, schmückenden Elemente an einem Bauwerk, die sich in zwei Hauptgruppen unterteilen lassen: die wesentlichen Bestandteile architektonischer Gliederungen (→ Säulen, → Pilaster, → Wimperge usw.) und die nichtstruktiven Ornamentformen (z. B. → Kreuzblumen, → Astragal, → Fries usw.). Die Bauornamentik, und dies ist für den Sammler von Kunstwerken wichtig, fand aber auch zu allen Zeiten Eingang in architektonisierende Objekte des Kunsthandwerks, der Möbelkunst, des Altarbaus usw.

Bauplastik, bildhauerische Werke, die mit einem Bauwerk in Zusammenhang stehen, meist aus Stein, Terrakotta, Stuck usw., seltener Holz. Dabei kann die rein dekorative Bauplastik (Karyatiden, Masken, Putten, Zierornament) von der mit figural eigenem Aussagewert unterschieden werden (Stand- und Nischen- oder Giebelfiguren, Madonnen, Heiligenfiguren). Die meist für den erhöhten Standpunkt konzipierten Figuren verlieren in ihrer Wirkung bei veränderter unsachgemäßer Aufstellung, etwa in einem Raum, was vom Sammler berücksichtigt werden muß.

Bayeux → Teppich von Bayeux

Bayreuth, führende deutsche Fayencemanufaktur neben → Ansbach und → Nürnberg. Sie wurde 1719 vom Markgrafen von Brandenburg-Bayreuth in Schloß Georgen am See gegründet und 1728 an den Kriegskommissar Johann Georg Knöller verpachtet. Unter ihm entstanden die besten Werke. Ende des Jahrhunderts verlagerte sich, wie in anderen Manufakturen, das Schwergewicht auf Steingut, im 19. Jh. auf Porzellan, bis das Unternehmen 1852 geschlossen wurde. – Am Anfang der Produktion standen bandelwerk- und blumengerahmte Stilleben von Früchten und Blumen in blassem Scharffeuerblau. Unter Knöller waren Platten und Maßkrüge, die mit Wappen oder Monogrammen in Kartuschenumrahmung bemalt waren, beliebt, daneben entstanden Pilasterkrüge in Berliner Art (→ Berliner Fayencen). Auf dem Gebiet der Muffelmalerei (→ Muffelfarben) wetteiferte Bayreuth mit → Meißner Porzellan, vor allem in den vorzüglich gemalten deutschen Blumen (→ Indianische Blumen). Die bedeutendsten Maler waren Adam Friedrich von → Löwenfinck, Joseph Philipp Dannhofer aus Wien und die → Hausmaler Johann Friedrich → Metzsch und Johann Christoph Jucht.

Auch in Bayreuth wurde, wie in Ansbach, → Böttgersteinzeug nachgeahmt: in der „braunen Ware" (dunkelbraune Glasur über rotem Scherben) und in der „gelben Ware" (bräunlichgelbe Bleiglasur über hellerem Scherben). Diese Tonwaren wurden mit → Chinoiserien und Jagdszenen in Silber (heute leider oxydiert) und Gold bemalt. Als Marken kommen BK, BFS und BP, häufig in Verbindung mit Malersignaturen, vor.

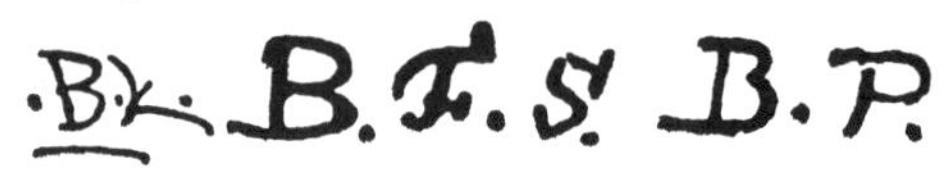

Bayreuther Möbel, Tradition der Bayreuther Möbelherstellung der ersten Hälfte des 18. Jh.s, im wesentlichen geprägt durch den Hof der Markgräfin Wilhelmine (1709–1758), einer Schwester Friedrichs des Großen; sie war eine der wesentlichen Voraussetzungen für die Entstehung des → Friderizianischen Rokoko bei der Ausstattung der Schlösser in Potsdam und Berlin. Vor allem die Brüder → Spindler waren es, deren phantasievolle großflächige → Marketerien mit Blumen, Vögeln und Rocaillen, in exotischen Hölzern ausgeführt, Friedrich den Großen so begeisterten, daß er sie 1764 zu sich nach Potsdam holte.

Im Kunsthandel werden heute zahlreiche Möbel als „Bayreuth-Berlin" angeboten – eine Doppelbezeichnung, die aus der schwierigen Unterscheidbarkeit von Möbeln, die noch in Bayreuth oder schon in Berlin entstanden, resultiert. Genaugenommen dürften aber nur Möbel diesen Namen tragen, die entweder eigenhändige Werke der Brüder Spindler sind oder in ihrer Werkstatt entstanden.

Beardsley, Aubrey (1872–1898), englischer Illustrator. Führender Vertreter des → Jugendstils in England. Nach frühen musikalischen und dichterischen Versuchen wandte er sich bereits mit fünfzehn Jahren der Zeichenkunst zu. 1888 Beginn eines Architekturstudiums; 1892 Studium an der Kunstakademie in Westminster, das er schon nach kurzer Zeit abbrach, um als Autodidakt weiterzuarbeiten. Seine frühen Werke weisen Einflüsse von William → Morris, Edward → Burne-Jones und des → Japonismus auf. Beardsley entwikkelte einen flächenhaft-ornamentalen Stil, der sich in raffinierter Verflechtung von zartem Linearismus mit machtvol-

Aubrey Beardsley, Salome mit dem Haupt Johannes des Täufers.

len Schwarzweiß-Kontrasten zu bizarren Gebilden entfaltet. Die Mitarbeit an verschiedenen Kunstzeitschriften wie *The → Studio* und *The Yellow Book* verhalf seiner Schwarzweiß-Kunst zu einem erstaunlichen Einfluß auf europäische und amerikanische Künstler und Kunsthandwerker.

Beauvais (Departement Oise), war im 18. Jh. berühmt für seine Bildwirkereien (→ Bildteppiche) rein dekorativen Charakters, die den Bedürfnissen des Adels und des gehobenen Bürgertums entsprachen und in großer Zahl exportiert wurden. Theater-, Genre- und leichte mythologische Szenen, deren Entwürfe häufig von bekannten Malern stammen (Oudry, Boucher u. a.), sind mit Vorliebe auf roten Grund gesetzt. Am feinsten sind die Wirkereien der Régencezeit, die das → Groteskenmotiv abwandeln. In Beauvais wurden auch die schönsten Möbelbezüge des 18. Jh.s gewirkt, die sich der Architektur und den Wandteppichen des umgebenden Raumes nach Schmuckmotiven, Farben- und Themenwahl anpaßten.

Becher, Trinkgefäße verschiedener Materialien (Holz, Glas, Metall, Keramik) mit zylindrischer, konischer, gebauchter oder geschweifter Wandung und vorwiegend henkellos (gehenkelt, → *mug*). Sie konnten fußlos, mit Fußrand, mit eingezogenem Fuß oder mit drei Kugelfüßen, gedeckelt oder ungedeckelt gearbeitet sein. Es gibt Sonderformen wie z. B. den einen Übergang zum Pokal bildenden Becher in Römerform (→ Römer), den Doppelbecher aus zwei gleichgeformten, mit den Lippenrändern aufeinandergesetzten Bechern, und den → Sturzbecher.

Becherglobus → Globusbecher

Becherschraube. Ein verzierter Balusterschaft aus Edelmetall trägt ein von Klauen oder Figuren gehaltenes Glas (z. B. → Krautstrunk, → Römer). Becherschrauben waren im 16. und 17. Jh. in Holland beliebt.

Bechersonnenuhren, Sonnenuhren aus vergoldetem Messing, deren Zifferblatt im Innern eines halbkugeligen oder spitzen Bechers liegt. Sie wurden im 16. Jh. in Süddeutschland hergestellt.

Becke, Seraphia de → Ludwigsburger Fayence, → Porzellan, → Straßburger Fayence

Beckenhaube → Helm

Beckersche Fälschungen, nach dem Hofrat und Bibliothekar des Fürsten Carl von Isenburg, Carl Wilhelm Becker (1772–1830), benannte Münzkopien vor allem antiker Prägungen.

Bedel → Almosenbrett

Bedeutungsperspektive; besonders im christlichen Mittelalter, aber auch in der außereuropäischen Kunst (Buddhismus, Tantrismus, Ägypten usw.) werden Figuren nicht in ihrer proportional dem Raum entsprechenden Größe, sondern ihrer ideellen Bedeutung entsprechend abgebildet. So erscheinen Herrscher – etwa als → Adoranten – größer als ihr Gefolge, der Gottheit näherstehende Gestalten größer als die weniger bedeutenden, oft abgestuft in einem gewissen Bedeutungsmaßstab.

Beefwood → Casuarinaholz

Beek, Jan Bontjes van (1899–1969), deutscher Kunsthandwerker und Keramiker. Gründete 1922 eine eigene Töpferwerkstatt und studierte 1923 im chemischen Laboratorium für Tonindustrie von Professor Seger in Berlin. Nach dem Zweiten Weltkrieg absolvierte er eine Lehrtätigkeit an der Hochschule für angewandte Kunst in Berlin, 1946–1950, war 1953 bis 1960 Direktor der Meisterschule für Kunsthandwerk in Berlin und 1960–1966 Professor an der Hochschule für Bildende Künste in Hamburg. Vor allem seine in den dreißiger und vierziger Jahren geschaffenen Keramikobjekte, die sich durch einfache Formen auszeichnen, sich aber andererseits von Maschinenprodukten durch betont natürliche und naturgemäße Kompositionen abheben, fanden Eingang in die Kunstgewerbemuseen und Sammlungen.

Beeldenkast, niederländischer Barockschrank, der neben reichem Reliefschmuck Atlanten und Karyatiden (*beelden,* niederl. Bildsäule) als Trägerfiguren zeigt.

Begleitet, in der Heraldik Bezeichnung für ein Hauptbild, um das kleinere Bilder stehen, ohne es zu berühren. Sie können dabei die Hauptfigur ringförmig „umgeben" oder sie nur rechts oder links „beseiten" oder oben oder unten „begleiten".

Begräbnistaler, Taler oder andere Münzen, die entweder anläßlich des Begräbnisses einer Person geprägt wurden oder aber an die Verdienste eines Verstorbenen erinnern sollen.

Behrens, Peter (1868–1940), deutscher Maler, Architekt und Designer, 1892 Mitbegründer der Münchener → Sezession, 1903–1907 Direktor der Kunstgewerbeschule in Düsseldorf, seit 1907 als künstlerischer Berater der AEG (Allgemeine Elektrizitätsgesellschaft) in Berlin, ab 1922 Leiter der Meisterschule für Architektur an der Wiener Akademie als Nachfolger von Otto → Wagner, seit 1936 Leiter eines Meisterateliers an der Preußischen Akademie der Künste in Berlin. Behrens entwarf für die Industrie 1898 neben jugendstilhaften Türbeschlägen auch Glasflaschen im funktionalistischen Stil. Mit seiner Berufung zur AEG wurde er, neben Richard → Riemerschmid, zum führenden deutschen Industriearchitekten und Formgestalter. Er entwarf damals Haushaltsgeräte, Lampen und sonstige Massenprodukte der AEG in zweckmäßig einfachen Formen und war der Erfinder des Markenzeichens und des Firmenkopfes. Einfachheit, Gerad-

Elektrischer Wasserkessel von Peter Behrens. Um 1908. Ausführung AEG. Messing, gehämmert, H 19,5 cm. Darmstadt, Landesmuseum.

linigkeit und Funktionsgerechtigkeit kennzeichnen seinen Stil.

Behrens-Möbel, Möbelentwürfe des universalen Designers Peter → Behrens (1868–1940); sie nehmen eine Sonderstellung zunächst innerhalb des deutschen → Jugendstils ein. Als Mitbegründer der → Vereinigten Werkstätten für Kunst im Handwerk in München (1897) bemühte sich Behrens schon früh um funktionsgerechte Schlichtheit, die sich eher an den Vorbildern aus der englischen → Arts-and-Crafts-Bewegung orientierte als an den wuchernden Formen der französischen Jugendstilmöbel. 1899 wurde er an die Künstlerkolonie in Darmstadt berufen. Das Haus, das er sich selbst 1901 auf der Mathildenhöhe (→ Darmstädter Künstlerkolonie) errichtete, zeigt in seiner Innenausstattung in der bewußten Abkehr von „modischen" Jugendstilformen bereits den Weg zum modernen Innenraumdesign auf. Die häufig weißlackierten Möbel unterstreichen die Lichtheit der Räume; die Möblierung selbst ist sparsam; Behrens arbeitet dabei viel mit eingebauten Möbeln. Auch als Mitbegründer des Werkbundes im Jahr 1907 (→ Werkbund, Deutscher) hatte er Anteil an der Entwicklung eines neuen Wohnstils.

Behzâd → Bihzâd

Beiderwand, Gewebe mit einer Grund- und einer Bindekette, dessen Aufbau mit dem Doppelgewebe verwandt ist. Für den fest und dauerhaft gewebten Stoff wurden als Materialien meist Leinen (oder Baumwolle) und Wolle zusammen verwendet. Die Technik der geometrisch oder mit bildlichen Darstellungen gemusterten Beiderwandstoffe war im 18. Jh., vor allem in der mehr volkstümlichen Textilkunst Norddeutschlands, sehr beliebt. Der Technik des Gewebes entsprechend, erscheint das Muster auf der Rückseite in vertauschten Farben.

Beinglas → Milchglas

Beinling, strumpfähnliche Fuß- und Beinbekleidung des Mannes im Mittelalter.

Beiderwand. Leinendecke. Italien, Ende 15. Jh. 159,5 × 127,5 cm. München, Bayerisches Nationalmuseum.

Beistelltische. England, Mitte 19. Jh. Die Platten sind mit Nußbaum furniert, die Füße der ineinanderschiebbaren Tische aus massivem Holz gedrechselt. London, Sotheby's Belgravia.

Beinröhre, Beinschiene, Beinzeug → Harnisch

Beistelltisch, drei oder vier Satztische, die ineinandergeschoben werden können; eine englische Erfindung des späten 18. Jh.s.

Beizeichen, Brüche, Brisüren, Wappenminderungen. Nur im Schild geführte Beizeichen zur Kennzeichnung des Familienoberhauptes, der Bastarde u. a., die vor allem in Frankreich und England üblich waren. Sie wurden über die Schildfigur gelegt. Die bekanntesten Brisüren sind: der Turnierkragen (eine Art Rechen) zur Kennzeichnung jüngerer Söhne und der Faden (ein Schrägbalken zur Kennzeichnung einer Nebenlinie, ein Schräglinksbalken zum Zeichen nichtehelicher Geburt), der manchmal zu einem kleinen Stück verkürzt („Einbruch") wurde.

Belagerungsmünzen, diese meist als → Klippen geprägten Münzen wurden in belagerten Städten und Festungen zur Deckung des Geldbedarfs hergestellt. Als Material diente oft Tafelgeschirr oder auch beschlagnahmtes Kirchengerät. Bekannt sind die Belagerungsklippen der pfälzischen Stadt Landau.

Belagerungsmünzen (Abb. verkleinert)

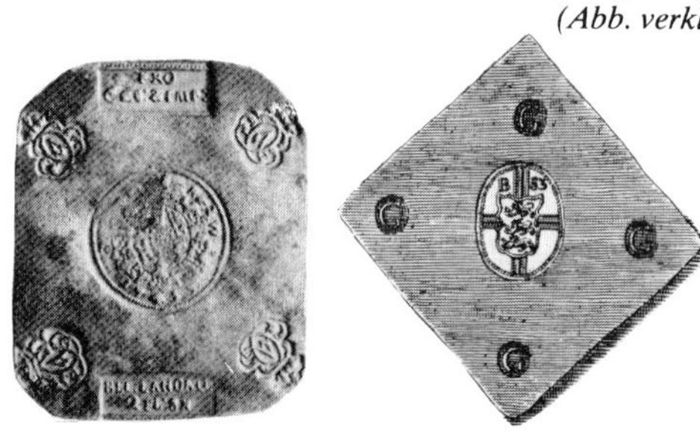

Belutsch, Gebetsteppich. Ende 19. Jh. 90 × 127 cm. München, Privatbesitz.

Belegt, in der Heraldik Bezeichnung für eine Figur, auf die eine oder mehrere andere gelegt sind, ohne ihre Begrenzungslinien zu überdecken (z. B. ein mit Rosetten belegter Balken, → Heroldsbilder).

Bellangé, Pierre-Antoine (um 1760 – um 1844), Pariser Kunstschreiner, dessen Werke vom Stil einem ganz späten → Louis-quinze (1788 wurde er Meister) über → Empire bis hin zum → Louis-Philippe reichen. Von seiner Hand stammt unter anderem ein Teil der Möbel des Weißen Hauses in Washington, die der amerikanische Präsident James Monroe bei ihm bestellt hatte.

Belutsch, auch Beloutsch oder Beloudschi, im Südosten Persiens bis Afghanistan lebende Volksgruppe persischen Ursprungs. Die Farbskala der dort entstandenen Teppiche umfaßt Braun- und Blaurot bei meist dunklem Gesamteindruck. Vielfältig in der Ornamentierung – auch mit menschlichen Figuren und Tieren –, ist der Belutsch überwiegend in Kleinformaten vorhanden.

Bembe → Kongo

Benckgraff, Johann (1708–1753) → Arkanist, → Berliner Porzellan (Wegely), → Fürstenberger Porzellan, → Höchster Porzellan.

Beneman (auch Bennemann), Guillaume (tätig 1784– um 1801), bedeutender Pariser → Ebenist deutscher Herkunft. Zunächst Mitarbeiter Jean Henri → Rieseners. 1785 Meister, danach bevorzugter Ebenist der Krone. Seine Möbel leiten in ihrem klaren Aufbau und der Betonung der Horizontalen vom → Louis-seize zum → Empire über.

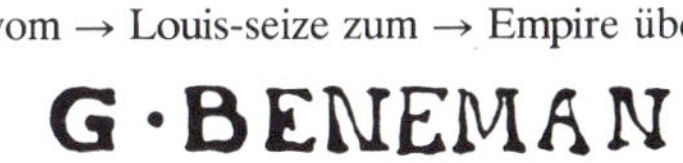

Metallkopf mit Öffnung für einen Elefantenzahn. Benin, Süd-Nigeria. Frankfurt am Main, Museum für Völkerkunde.

Benin, Begriff für einen der wichtigsten Stile der → afrikanischen Kunst. Die sensationellen Funde in der Stadt Benin am unteren Niger 1897 brachten Bronze- und Elfenbeinkunstwerke des 15.–19. Jh.s zutage, die eine völlige Neuorientierung der Kunstgeschichte Afrikas zur Folge hatten. Die in Bronze gegossenen Königsköpfe und reliefierten Gußplatten von Altaranlagen oder aus Magazinen des Königsviertels der Stadt gelten als die bedeutendsten Beispiele der afrikanischen Kunst überhaupt. Die Beninkunst war eine rein höfische, in Qualität und Stil von der Stammeskunst der schon die bürgerliche Stadt und das Umland bewohnenden → Bini grundverschieden. Die Wurzeln der Benintradition werden vielmehr einerseits in den Terrakottafiguren der „Nok"-Kultur (500 v.–200 n. Chr.) gesehen, andererseits in den Kunstschöpfungen des 10.–13. Jh.s, die in Ife, der heiligen Priesterstadt der Yoruba, gefunden wurden. In den sog. „Bronzewerkstätten am unteren Niger" vermutet man ein weiteres Bindeglied zwischen den Stilen Nok-Ife und Benin. Einige Darstellungen aus Benin zeigen auch Europäer in der Kleidung des 15./16. Jh.s, was die Tatsache der portugiesischen Seehandelsbeziehungen dieser Zeit mit Benin von afrikanischer Seite her anschaulich illustriert. Die Beninfunde sind fast ausschließlich in Museen gelangt. Die Preise der wenigen Einzelobjekte, die in internationalen Auktionen hin und wieder auftauchen, übersteigen nicht selten die Millionengrenze. Bei den sonst auf dem Markt angebotenen Stükken handelt es sich meist um Touristenware oder Fälschungen.

Bénitier, Weihwasserbehälter aus Keramik, Zinn oder Blei. Von den Bénitiers haben sich nur wenige aus der Zeit vor dem 17. Jh. erhalten.

Bérain, Jean d. Ä. (1637–1711), Pariser Architekt, Zeichner, Möbelentwerfer und Ornamentstecher. Neben phantasievollen Fest-, Theater-, Kostüm- und kunstgewerblichen Entwürfen entwickelte er in Anlehnung an die niederländische Spätrenaissance das sogenannte → Bandelwerk, in dem auch Elemente der → Groteske eine große Rolle spielten.

Bérain, Jean d. J. (1678–1726), Sohn → Bérains d. Ä., dessen Arbeiten denen seines Vaters formal stark entsprechen.

Berchtesgadener Schnitzerei, wurde bis in die 1. Hälfte des 20. Jh.s als Heimindustrie betrieben (→ Oberammergau). Mit „Berchtesgadener Ware" bezeichnete man im Spielzeughandel die etwas grobgeschnitzten Rösser und Reiter (meist „Pfeifenrößl", deren Schwanz als Pfeife funktioniert), vier- und sechsspännige Kutschen, Vögel, kleine Puppenmöbel, „Schepperdocken" (ausgehöhlte Puppen mit Steinen zum Scheppern), Grillenhäuser, Ratschen u. ä. Im 20. Jh. fanden diese Schnitzereien vor allem als → Christbaumschmuck Verwendung. An figürlichen Schnitzereien sind die Krippenfiguren, die Arche Noah, bayerische Trachtenfiguren und Berchtesgadener Knappen in der historischen Tracht der Salzbergwerkleute zu erwähnen. Bezeichnend für die Figuren ist ihre eckige Form, die mit wenigen Kerbschnitten herausgearbeitet wurde; die Arme z. B. bestehen oft aus angeleimten Flachhölzern. Ein besonderer Zweig der Holzschnitzerei war die Anfertigung von gedrechselten Dosen mit figürlichen Durchbrucharbeiten. Berchtesgaden war auch einer der wichtigen Herstellungsorte von → Spanschachteln.

Bergama, bäuerlich-dörflicher Teppich aus Westanatolien in auffallend breitem Format. Quadrate, Oktogone und Rhombenformen dominieren. Der → Ezine, → Canakkale, → Yaçebedir und der → Soma zählen zur Gruppe der Bergama.

Bergère, um 1735 aufkommende Form des → Fauteuils, mit Polsterung und geschlossenen Armlehnen, meist mit beweglichem Sitzkissen. Die Rücklehne weist manchmal Ohren auf (franz. *bergère à oreilles*).

Bergkristall, durchsichtiger farbloser Quarz. In der Antike auch als Adamas (Diamant) beschrieben. Vorkommen in den Alpen, im Ural, Indien, Japan, Madagaskar, Brasilien. Von Griechen, Römern und in karolingischer Zeit zu → Gemmen geschnitten. Gefäße und Figuren des fatimidisch-ägyptischen Kunstkreises (10./11. Jh.), abendländisch gefaßt, in mittelalterlichen Kirchenschätzen. Größte Blüte der Bergkristallkunst durch italienische Werkstätten im 16. Jh. (Mailand, Brüder Sarachi, Annibale Fontana): Tafelaufsätze, Schalen, Prunkgefäße. Wechselbeziehungen zwischen Bergkristall- und Glasschnitt ab Anfang des 17. Jh.s in Böhmen.

Verwendung in China in der Han-Zeit Kugeln für Ketten, in der T'ang-Zeit Einlage über farbig lackierten Teilen, später Ziervasen. Zierat repräsentativer Gefäße in der sassanidischen Kunst Irans.

Bergmannsleuchter, im sächsischen Erzgebirge heimische Kerzenleuchter-Form. Den Schaft dieser Leuchter bildet die plastische Figur eines Bergmanns. Bei den frühesten Beispie-

Bergmannsleuchter. Schneeberg, 1674. Zinn, H 32 cm. Berlin, ehem. Staatl. Museum.

len aus dem 17. Jh. tragen die Bergleute Arbeitstracht, im 19. Jh. wurden sie in Paradeuniform dargestellt. Auch in jüngerer Zeit wurden diese Leuchter noch hergestellt.

Berkemeyer, ein dem → Krautstrunk verwandter Trinkbecher des 16. Jh.s mit ausladender Kuppa und großen Nuppen am unteren Teil der Wandung. Frühe Form des → Römers.

Berlage, Hendrikus Petrus (1856–1934), holländischer Architekt und Designer, Lehrer von Ludwig → Mies van der Rohe, ging in seinen Möbelentwürfen von der englischen → Arts-and-Crafts-Bewegung aus. Das Freilegen von Strukturen, d. h. von tragenden und stützenden Teilen, verbunden mit hoher handwerklicher Perfektion, charakterisiert die meisten seiner Eichenmöbel.

Berliner Eisenschmuck → Eisenschmuck

Berliner Fayencen, 1. Gerhard Wolbeer. Der Große Kurfürst ließ sich 1678 von Fachleuten aus → Delft eine Fayencemanufaktur einrichten, die 1697 in den Besitz von Gerhard Wolbeer gelangte, dessen Nachkommen sie bis um 1786 betrieben. Zunächst wurden → Birnkrüge mit weitem Hals, ab 1710 große → Walzenkrüge hergestellt, die mit → Chinoiserien bemalt sind. Bald wagte man sich an Schaugefäße und große Vasen, die manchmal, in Anlehnung an Delft, gerippt sind. Die Bemalung erfolgte in bunten → Scharffeuerfarben.
2. Cornelius Funcke, der bei Wolbeer gearbeitet hatte, gründete 1689 eine eigene Fayencefabrik, die bis um 1750 bestand. Ihre Erzeugnisse gehören zu den schönsten deutschen Fayencen des 17. und frühen 18. Jh.s. Es sind vorwiegend achteckige Vasen, die mit kombinierten ostasiatischen und deutschen Motiven bemalt sind, und Maßkrüge mit dem preußischen Adler oder dem kurfürstlichen Monogramm. Sie waren für bürgerliche Kreise bestimmt. Beliebt waren farbige Gründe aus Scharffeuerfarben, wobei Gelb und Grün glatt, Blau und Violett jaspiert (→ Fayence) aufgetragen wurden. Andere Manufakturen haben die jaspierten Krüge nachgeahmt.
3. Johann Gottfried Menicus, Berliner Fayencemaler, der um 1748–1760 eine Manufaktur betrieb, die Funckes Formen nachahmte. Die Spezialität von Menicus waren Pilasterkrüge, Maßkrüge mit vier hochformatig gerahmten, mit verschiedenen Motiven bemalten Feldern.
4. Carl Friedrich Lüdicke, der in Delft gelernt hatte, gründete 1756 eine Fayencemanufaktur in Berlin, 1770 einen Zweigbetrieb in Rheinsberg, der 1786 auf Steingut umgestellt wurde. Er folgte den anderen Berliner Manufakturen und dekorierte mit Scharffeuerfarben, wobei die Blumenmalerei naturalisiert wurde. Beliebte Motive seiner Krüge waren Soldaten, Jäger und Hirten, oft zwischen zwei Bäumen stehend. – Von den vier Berliner Manufakturen führte nur Lüdicke ab 1778 eine Marke; sie bestand aus verschmolzenem BL oder RL.

Berliner Möbel, Tradition der Möbelherstellung in Berlin, deren Höhepunkt das → Friderizianische Rokoko im 18. Jh. bildete; die Grundlagen für diesen Aufschwung des höfi-

Berkemeyer. Belgien oder Rheinland (?), 16. Jh. Grünes Glas, eingestochener Boden und gezackter Fußreif, H 8,1 cm Lüttich, Musée du Verre.

Berliner Schrank. Potsdam, Mitte 18. Jh.

schen Möbels in Preußen hingegen wurden bereits im späten 17. Jh. gelegt. 1687 berief der Große Kurfürst, Friedrich Wilhelm von Preußen, den Niederländer Gerhard → Dagly aus Spa nach Berlin, der die Aufgabe hatte, die erste deutsche Lackmöbelmanufaktur ins Leben zu rufen. Unter seinem Nachfolger, König Friedrich I. von Preußen (1701–13), erreichte die Lackmöbelherstellung ihre große Blütezeit; doch auch geschnitzte Möbel, deren Entwürfe teilweise der berühmte Bildhauer Andreas Schlüter lieferte, erfreuten sich der Gunst des königlichen Auftraggebers. Der schwedische Architekt und Innenraumgestalter Eosander von Göthe führte in Berlin Laub- und Bandelwerkdekor ein, der dem französischen → Régence entlehnt war. Doch auch englische Einflüsse spielten eine bedeutende Rolle. So finden wir zahlreiche Stühle mit Rohrgeflecht, die sich unmittelbar von Entwürfen des → Queen-Anne-Stils ableiten. Die Anfänge des Friderizianischen Rokoko wurden geprägt von den Entwürfen des Hofarchitekten Georg Wenzeslaus von Knobelsdorff, dessen etwas nüchterner Stil jedoch sehr bald von den Arbeiten des „Directeur des ornements", Johann August → Nahl, überflügelt wird. Den eigentlichen Höhepunkt aber erreicht die Kunsttätigkeit in Berlin unter den Brüdern → Hoppenhaupt, die 1746 berufen wurden, und unter den Brüdern → Spindler, die 1764 aus Bayreuth kamen. Eine Sonderstellung nimmt Melchior → Kambli ein, dessen prunkvolle Schloßmöbel sich durch die Verwendung aufwendiger figuraler und ornamentaler Beschläge auszeichnen. Der in Paris ausgebildete Architekt Paul Gontard führt schließlich das Friderizianische Rokoko in den → Zopfstil hinüber. Die Regierungszeit Friedrich Wilhelms II. kennzeichnet die Epoche des → Klassizismus in Berlin, den jedoch auch entscheidend Elemente der englischen Romantik prägen. So ist zum Beispiel die Ausstattung des Schlößchens auf der Pfaueninsel teilweise abhängig von Möbelformen der spätgeorgianischen Zeit (1794/95). Den Übergang zum 19. Jh. bringen die eigenwilligen Entwürfe des Architekten Karl Friedrich Schinkel, die im Auftrag der Königin Luise entstanden.

Berliner Porzellan. 1. Der Wollzeugfabrikant Wilhelm Caspar Wegely gründete 1751 mit → Hoechster Arbeitern eine Porzellanmanufaktur; das Ofenmodell hatte ihm → Benckgraff verkauft. Es wurden derbe Geschirre mit einfacher Bemalung und Reliefdekor erzeugt. Die frisch modellierte Figurenplastik wird von Sammlern sehr geschätzt. Das Unternehmen bestand nur bis 1757; daher sind Wegely-Porzellane selten. Als Marke tragen sie W in Unterglasurblau, durch eingepreßte Ziffern ergänzt.

2. Eine Manufaktur von noch kürzerem Bestand war die des Johann Ernst Gotzkowsky (1761–1763), die von dem Bildhauer Johann Elias Meyer aus → Meißen und drei Meißner Malern getragen wurde. Die Manufaktur stellte Geschirre mit eisenroten → Indianischen Blumen und → Galanterien her. Die Marke Gotzkowskys, ein unterglasurblaues G, kommt selten vor.

3. 1763 wurde die Manufaktur Gotzkowskys mit allen Gebäuden und Angestellten von Friedrich dem Großen übernommen, der sie förderte und persönlich überwachte. Sie besteht noch jetzt als Staatliche Porzellanmanufaktur. Sie zeichnete sich im 18. Jh. durch Reichtum an Geschirren aus, deren Entwürfe von Meyer (bis 1785 Modellmeister) unter Mitarbeit der Brüder → Hoppenhaupt stammten. Von Anfang an malte man deutsche (→ Indianische) Blumen von großer Qualität, daneben Vögel, Putten, Szenen nach Teniers, Watteau und Boucher, ab 1780 auch → Silhouettenporträts. Die Figurenplastik war weniger bedeutend. Um 1800 entwarfen die Bildhauer Schadow und Rauch (Kronprinzessin Luise und ihre Schwester, → Biskuit) Modelle für die Manufaktur. – Seit der Übernahme durch den König führte Berlin die Zeptermarke in Unterglasurblau.

Berliner Sezession → Sezession

Berliner Wandteppiche, in Berlin hergestellte → Bildteppiche, vorwiegend aus der 1699 gegründeten Werkstatt der französischen Emigranten J. Barraban und P. Mercier.

Berlocke (von franz. *berloque, breloque,* kuriose Kleinigkeit), kleines Schmuckstück, das als Anhänger an der → Châtelaine getragen wurde, z. B. Petschaft, Uhrschlüssel, Riechflakons, Münzen, Kügelchen aus Edelmetall und Schmucksteinen. Blütezeit 2. Hälfte des 18. Jh.s. Um 1850 bis 1900 erneut in Mode.

Berner, auch Perner, Tiroler Silbermünzen des 13. bis 15. Jh.s, die den → Silberpfennigen von Verona (eingedeutscht Bern) nachgebildet waren.

Berner Stegkannen → Stegkannen

Bernstein, amorphes Gemisch aus fossilen organischen Har-

Zwei Bernstein-Anhänger von Martin Seitz. Um 1925–1930. Ovale Gemmen, glasklarer goldgelber Succinit aus Ostpreußen. Erbach, Deutsches Elfenbeinmuseum.

Schreibkasten aus Bernstein-Intarsien und durchbrochenen Elfenbeinreliefs auf blauem Untergrund. Aus dem Besitz des Großen Kurfürsten von Brandenburg. Um 1675. Erbach, Deutsches Elfenbeinmuseum.

Bernsteinfigur von Jan Holschuh. Königsberg, 1927. Samland-Bernstein. Erbach, Deutsches Elfenbeinmuseum.

zen der Tertiärzeit. Große Variationsbreite der Farben von durchsichtig hellgelb über viele Gelbtöne bis braun, seltener gelbrot, orange, rotbraun, auch milchig trüb bis ganz undurchsichtig, schlackenfarbig tiefblau und schwarz. Als schaumiger Bernstein auch gelblichweiß bis rein weiß. Zu allen Zeiten waren Stücke mit Einschlüssen von Pflanzenteilen und Insekten besonders begehrt. Bernstein ist ein relativ weiches Material, läßt sich schneiden, ritzen, schnitzen, schleifen und drechseln. Es wird bei 100 Grad Celsius weich, schmilzt zwischen 300 und 420 Grad Celsius und ist brennbar. Die ergiebigsten Fundstätten der Welt befinden sich an den südlichen Ostseeküsten, besonders im Samland (Bernsteinküste). Heute sind Polen und die Sowjetunion im Besitz der wichtigsten Fund- und Produktionsstätten.

Bernsteinkunst, in Europa nachweisbar seit der jüngeren Steinzeit, wie Funde von Menschenfiguren und tierförmigen Amuletten aus der kammkeramischen Kultur um 2000 v. Chr. in Ostpreußen (Schwarzort), Ostpommern (Stolp)

Bernstein. Pferdchen von Jan Holschuh. Königsberg, 1927. Grand Prix in Barcelona 1929. Erbach, Deutsches Elfenbeinmuseum.

und Brandenburg (Woldenberg) zeigen. Die Binnenformen der mit Feuerstein und Schleifsand geformten Arbeiten sind eingeritzt. Daneben Halsketten aus Kegel-, Dreikant- und Röhrenstücken. Schmuckfunde in mykenischen Kuppelgräbern deuten auf mittelmeerische Bernsteinschnitzer des 2. Jahrtausends v. Chr. hin. Während der römischen Kaiserzeit wurde Samlandbernstein in Italien massenhaft manufakturell zu Kleinplastiken, Ziergefäßen und Schmuck verarbeitet. Zentren waren Rom und Aquileja. Zwischen Antike und Mittelalter verlor sich in Europa die künstlerische Bernsteinverarbeitung. Wiederbelebung in Nordostdeutschland im 13. Jh., als Rosenkränze aus Bernstein europaweit in Mode kamen. Beginnender Export auch von Betkränzen in islamische Länder. Hierdurch Zunahme des Berufs der Bernsteindreher (Paternostermacher) mit eigenen Zünften. In den folgenden Jahrhunderten kam es mit der zunehmenden Verfeinerung der Schneid-, Dreh- und Schleiftechniken zu immer hochwertigeren Arbeiten. Hierdurch wachsendes Interesse fürstlicher Auftraggeber, an der Spitze die Kurfürsten und Könige von Brandenburg-Preußen und die dänischen Könige. Höchste Blüte der Bernsteinkunst im 17. und 18. Jh. mit den künstlerischen Zentren in Königsberg, Danzig, Berlin und Kopenhagen. Es entstanden figürliche Arbeiten (kirchliche und mythologische Motive ähnlich wie in der gleichzeitigen Elfenbeinkunst), Hausaltärchen, Prunkgefäße, Medaillons, Kassetten, Spiegel, Stand- und Kronleuchter, Möbel, Wandvertäfelungen und Bernsteinkabinette. Neben reinen Bernsteinarbeiten gab es auch kombinierte Bernstein-Elfenbeinwerke. Die ausführenden Künstler waren zumeist in beiden Techniken ausgebildet. Während der Bernsteinmode in der Barockzeit waren auch Bernsteinamulette als Anhänger weitverbreitet. Der Name Augenstein (Agstein) für Bernstein rührt noch aus jener Zeit, in der man annahm, daß Bernstein vor Augenkrankheiten schütze. Aus dieser magischen Wurzel erhält Bernstein auch die Schmuckfunktion in den Volkstrachten (Bückeburger Schließen, Halsschmuck aus Bernsteinkugeln mit Metallschließen, Braunschweiger Ketten).

Bernsteinschmuck ist auch in Ostasien verbreitet, Mandarinenketten in China und Korea, „Ohrkolben" in Indien.

In Europa neues Aufleben der Bernsteinverarbeitung im Jugendstil. Um 1900 entwickelte Erich Stumpf in Danzig aus der Kombination von Bernstein mit Gold, Silber und Edelsteinen neuartigen Schmuck wie Ziergefäße, Petschaften, Stock- und Schirmgriffe. Martin Seitz (* 1895) in Passau erreichte einen Höhepunkt im Schneiden von Bernsteingemmen. Die Gründung der Preußischen Staatlichen Bernsteinmanufaktur in Königsberg und Danzig 1926 gab der Bernsteinkunst neue Impulse. Neben Kleinplastiken und Schmuck entstanden nun wieder großformatige Schalen, Pokale, Becher, Sportehrenpreise, Bucheinbände, Truhen, Kassetten, Leuchter, in denen der transluzide Charakter und die Farbigkeit des Bernsteins im ausgewählten Wechsel der zusammengesetzten Stücke künstlerisch wirksam gemacht wurden. Hauptmeister der Jahre von 1927 bis zum Zweiten Weltkrieg ist Jan Holschuh (*1909). In den zwanziger und dreißiger Jahren gestalteten in Königsberg auch Hermann Brachert und Tony Koy Bernsteinschmuck und -gerät. Bedeutender Tierschnitzer war der auch als Elfenbeinschnitzer tätige Louis Küchler aus Erbach (1892–1952).

Bernwardleuchter, entworfen von Bischof Bernward von Hildesheim († 1022), Förderer der Goldschmiedekunst in Hildesheim. Vorbild aller mittelalterlichen Schaftleuchter. Zwei Leuchter wurden ihm in den Sarkophag gelegt und erst 170 Jahre später bei der Öffnung desselben zur Heiligsprechung wieder entdeckt. Sie stellen sein Glaubensbekenntnis dar. Repliken sind heute im Kunsthandel erhältlich.

Bertoia, Harry (* 1915), seit 1930 in den USA ansässiger, italienischstämmiger Designer und Bildhauer, entwarf 1952 seinen muschelförmigen Drahtgeflechtstuhl mit Sitzkissen, der, von → Knoll Ass. hergestellt, unter dem Namen „Bertoia-Stuhl" international bekannt wurde und noch heute vertrieben wird. Charakteristisch für seinen Stil ist die elegante Formung von Industriematerial zu schwebend leichten Schalenkonstruktionen.

Beryll (von griech. *beryllos,* grüner Stein), Gruppenbezeichnung für Tonerdesilikate, zu denen als Edelsteine die Varietäten Aquamarin (blau), Heliodor (gelb), Morganit oder Rosaberyll und Smaragd gehören. Der farblose oder schwach gefärbte Beryll fand in der → Glyptik Verwendung. Er wurde im Mittelalter wie der Bergkristall in Monstranzen und Reliquiare eingefügt.

Beschauzeichen (auch Silbermarke, Schaumarke, → Merkzeichen, Signum, Signetum, Stempel, Stampf, Punze oder Pünzel), sind Bestätigung der Qualität und des Feingehaltes bei Legierungen von → Edelmetallen mit unedlen Metallen. Hierbei erfolgt die Nachprüfung und Überwachung (Beschau) durch eine über den Goldschmied wachende Instanz (früher gewählte Geschworene der Zunft, städtische und staatliche Obrigkeit), die einen Beschaumeister oder Wardein zur Überprüfung der fertigen Gold- und Silberarbeiten einsetzt, der die Beschauzeichen einschlägt.

Beschauzeichen sind seit dem 4. Jh. in Syrien nachweisbar. Die punzierten Zeichen erscheinen vertieft oder erhaben auf vertieftem Grund. Es bestand keine allgemein verbindliche Ordnung bei der Beschau, so gibt es neben den Meisterzeichen (Initialen, Hausmarken, deren Probeschlag bei der Zunft hinterlegt war) in der Hauptsache Stadtzeichen, Wappen (eines der ältesten ist die Lilie von Paris 1299) sowie Anfangsbuchstaben der Stadtnamen. Im Laufe des 15. Jh.s gibt es mancherorts Jahreszeichen (Montpellier, London) und im 17. Jh. (Straßburg, Breslau) Feingehaltszeichen, beide oft als Bestandteil des Stadtzeichens.

Neben den Beschauzeichen befindet sich eine gravierte Zickzacklinie, der Tremulier- oder Ziselierstrich, eine Spur der Materialprobeentnahme zur Überprüfung des Feingehaltes.

Beispiele für Stadtmarken

Beispiele für Stempel von Goldschmieden

Beispiele für Beizeichen

Zur Prüfung bediente man sich zweier Methoden: der einfacheren Strichprobe, bei der man Gold und Silber auf einen schwarzen Probierstein aufstrich und aus der Farbe des Striches auf den Feingehalt schloß, und der komplizierteren, genaueren Probe aus einem Kupelle genannten Schmelztiegel aus reiner Holzkohle, die der Beschaumeister in seiner Werkstatt vornahm, nachdem er von dem zu prüfenden Gegenstand eine Probe abgestochen hatte. Nachträglich eingeschlagene Marken (Repunzen) wie Steuerstempel und Quittungsstempel sowie Einfuhrstempel für importierte Ware oder Stempel für reparierte Ware kommen noch dazu.
Zinnware wurde nach einer Züricher Verordnung von 1371 ebenfalls gestempelt und wie Kupferlegierungen mit dem Stadtzeichen versehen. Seit 1880 ist die Edelmetallstempe-

lung einheitlich durch Reichsgesetz geregelt. Manche Hofhandwerker unterstanden nicht den strengen Zunftregeln, sondern agierten als souveräne Meister des Hofes als „hofbefreite" (z. B. eine Gruppe von Hofgoldschmieden in Hannover).
Oft wird echten, ungemarkten, belanglosen Objekten durch Einschlagen gefälschter Beschau- und Meisterzeichen eine scheinbar bedeutende Herkunft verliehen. Hier vergleicht man am besten mit bekannten Marken (in Markenbüchern veröffentlicht).
Seltenere Teilfälschungen ergeben sich durch Punzieren mit echten Marken in ein entweder gefälschtes oder weniger wertvolles Stück (z. B. durch Einsetzen eines gemarkten Salzfaßbodens an Stelle eines Kaffeekannenbodens). Hier ist die Feststellung der Echtheit der Beschaumarken schwierig. Als weiteres Hilfsmittel dienen die Kenntnis der Goldschmiedetechniken sowie die Beachtung der einzelnen Stilelemente. Etwaige Lötstellen sind allerdings auch noch nach sorgfältiger Überarbeitung zu erkennen. Bei eingesetzten Teilen (Ergänzungen) werden geringfügige Farbnuancen durch unterschiedliche Legierung meist durch einen Feinsilberüberzug (durch elektrolytische Versilberung) versteckt, die jedoch nach mehrmaligem Gebrauch wieder zum Vorschein kommen. Ältere Überarbeitungen zum Angleichen an den neuen Stilgeschmack bedeuten jedoch keine Wertminderung. Im allgemeinen sind Gebrauchsspuren (z. B. Abnutzungserscheinungen an Rändern) als Zeichen für Echtheit anzusehen.

Beschir, von einem bedeutenden Unterstamm der Ersari-Turkmenen hergestellte Knüpfteppiche, die stets in schmalem Format und oft in beträchtlicher Länge (bis 3,5 × 10 m) vorkommen. Zu den Hauptmustern zählen ein durchlaufendes Rosettenmuster, das Wolkenbandmuster und Achteckmedaillons in Verbindung mit Herati-Zeichnung.

Beschläge → Möbelbeschläge

Beschlagwerk, in der niederländischen und deutschen Spätrenaissance und im Manierismus aufkommende flächenfüllende Ornamentform aus Stegen, Leisten und gebrochenen oder geschwungenen Bändern, die sich verschränken und überschneiden können. Nagelähnliche Elemente erinnern an die Eisenbeschläge, von denen sich auch der Name herleitet. Das Beschlagwerk wurde um 1560 von Johann → Vredeman de Vries aus der Kombination von → Rollwerk und Band (→ Maureske) entwickelt. Seit 1570 ist das Beschlagwerk auch in Deutschland (vor allem Norddeutschland, z. B. in der sog. Weserrenaissance) üblich und dient hauptsächlich der Verzierung von Epitaphen, Kanzeln, Altären und Möbeln. Gegen Ende des Jahrhunderts laufen die Beschlagwerksenden in sog. Keulenschwünge (Schweifwerk) aus. Das Ornament geht etwa ab 1610 in den sog. Ohrmuschelstil (→ Knorpelwerk) über.

Beschneidungsgerät, wird im jüdischen Ritus zur Beschneidung der Knaben benutzt. Es besteht aus Beschneidungsmesser mit vorne abgerundeter, beidseitig beschliffener Stahlklinge (oft an Griff oder Klinge mit hebräischer Inschrift oder auch nur ornamental verziert), Schutzgabel oder Schutzplatte, Sandschale, einem meist silbergetriebenen Gefäß zur Aufnahme des abgetrennten Präputiums, sowie dem sog. Beschneidungsbecher für den Wein, oft in Form von Doppelbechern. Sie sind ebenfalls mit hebräischen Inschriften versehen. Die in Sammlungen befindlichen Stücke sind selten früher als ins 19. Jh. zu datieren.

Beseitet → Begleitet

Besomim-Büchse, ein im jüdischen Brauchtum verwendetes Zeremonialgerät. Die Besomimbüchse ist ein meist turmähnliches Behältnis, das wohlriechende Kräuter (hebr. *Besomim*) enthält. Daneben finden sich Besomimbüchsen auch in Fischform, als Runddosen mit luftdurchlässigem Deckel oder in Form von Früchten wie der des Granatapfels usw. Die künstlerische Phantasie bei der Gestaltung ist hier weniger begrenzt als bei anderen Zeremonialgegenständen der → Judaica. Die meist 20–30 cm hohen Silbertürmchen, aber auch in Zinn, versilbertem Messing, etwas seltener in Holz oder Elfenbein, haben an den oberen Geschossen meist bewegliche Fähnchen und ein verschließbares Türchen zum Einlegen der Kräuter. Die häufigere Turmform mit hoher Spitzhaube dürfte ein im Mittelalter entwickelter Typus sein, der sich bis in die jüngste Zeit erhalten hat. Datierte Stücke mit hebräischen Inschriften sind ausgesprochen selten. In letzter Zeit treten auf dem Kunstmarkt immer wieder Fälschungen auf, bei denen in geschickter Weise Bruchstücke älterer nichtjüdischer Geräte zur gewünschten Form zusammengefügt werden, oft auch mit alten Silberpunzen versehen.

Besteck, bezeichnet ursprünglich ein mit Werkzeugen „besterktes" Futteral, also im heutigen Sinn von Eßbesteck, das es erst seit der Einführung der Eßgabel seit dem 17. Jh. gibt. Im 16. Jh. bestand das Eßbesteck noch aus Messer und einer als Spieß benutzten Gabel. Klinge und Zinken waren aus

Stahl gearbeitet, die Griffe aus organischem Material wie Gehörn, wodurch möglicherweise auch die paarweise Bestückung herrührt. Da die Griffe aus dem Futteral ragten, ist die reiche Verzierung im Gegensatz zum Tafelbesteck nach der Spitze hin ausgerichtet.
Die Gabel als Eßinstrument bürgerte sich erst im 18. Jh. zusammen mit dem Messer ein. Aus der zweizinkigen entwikkelte sich eine dreizinkige Form, die erst Ende des 18. Jh.s von unserer vierzinkigen abgelöst wurde.
Der Löffel, der seit der Antike als Eßinstrument dient, hat eine lange Entwicklung durchlaufen. Zunächst war die Laffe rund und ging mit einer Spitze in den kräftigen, von der Faust umspannten Stiel über. Später wurde der Übergang von der Laffe zum Griff fließender, der Stiel am Ende verbreitert und aufgebogen. Taufbesteck, z. B. → Apostellöffel, die vom Taufpaten verschenkt werden, erhielt sich als Einzelanfertigungen.
Betnuß, als → Anhänger hauptsächlich am Rosenkranz getragene kleine aufklappbare Kapsel in Kugelform, aus Buchsbaum, Elfenbein oder Metall. In ihrem aufklappbaren Inneren enthält sie winzige geschnitzte Szenen religiösen Inhalts (Mikroschnitzereien, die auch in anderem Zusammenhang im 16. und frühen 17. Jh. sehr beliebt waren). Die Blütezeit der Betnüsse lag um 1500; am weitesten verbreitet waren sie in England und Flandern.
Bett. Das Bett des Mittelalters hatte – wie ein selbständiges Gemach – eine Decke und zwei geschlossene Wände, die mit Schnitzereien verziert waren (Kastenbett); die offenen Seiten wurden mit Vorhängen geschlossen. Im 15. Jh. kamen Betten mit an die Wand gelehnter Rückwand auf, bei denen die Decke auf einen freitragenden, den Kasten nur zum Teil überspannenden Schirm reduziert war (Baldachinbett). Die-

Oben rechts: Tafelbesteck mit Dessertlöffel. Berlin, um 1840, Meister Joh. Friedrich Demessieur. Fadenmustergriffe. Messer-L 25 cm. Hamburg, Privatbesitz.

◁
Reisebesteck. Augsburg, um 1745. Meistermarke mit steigendem Löwen. Silber.

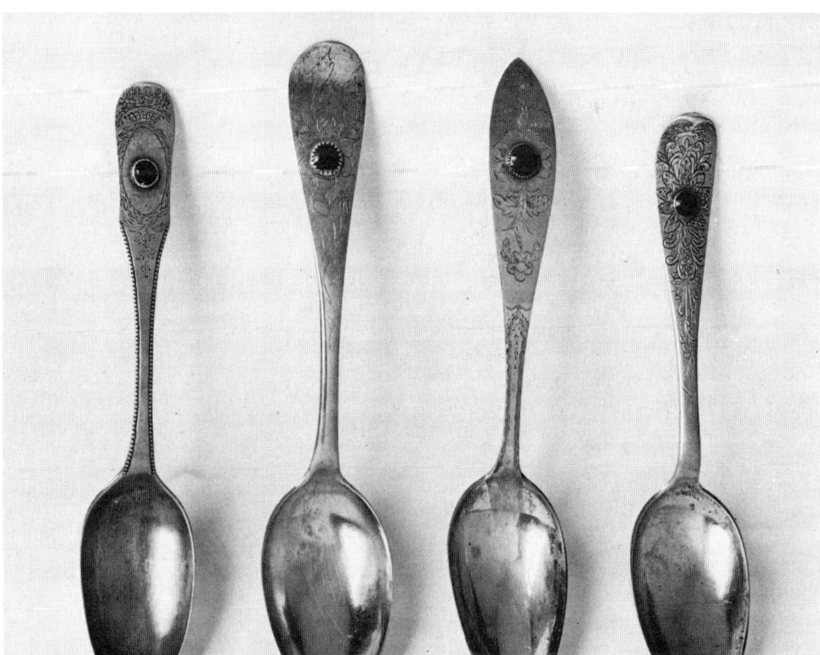

Vier Löffel. Schleswig-Holstein, 1795–1830. L 22–24 cm. Hamburg, Altonaer Museum.

ser Typ blieb bis zum Ende des 18. Jh.s in Gebrauch. Das Bett wurde ringsum mit gerade herabhängenden oder gerafften Stoffbahnen oder Spitzen verkleidet, in denen sich das Schmuckbedürfnis der Zeit auslebte. Daneben gab es das polnische Bett (franz. *lit à la polonaise*, nach der Gemahlin Ludwigs XV., Maria Leczinska von Polen, benannt) mit erhöhten Seitenwänden, das mit der Längsseite an der Wand stand. Von einem kleinen Betthimmel fielen durch gekurvte Eisenstangen gehaltene Vorhänge herab, die das Bett rings umgaben. Ähnlich war das türkische Bett (franz. *lit à la turque*), bei dem die stützenden Eisenstangen unter den Vorhängen verborgen blieben. Im Empire entstand in Anlehnung an antike Bronzebetten das niedrige Kahnbett (franz. *lit en bateau*) mit kahnartig geschwungenen Seitenwänden.

Bettlertaler, im 16. Jh. in Mainz geprägte Taler mit dem Bild des Hl. Martin, der seinen Mantel mit einem Bettler teilt.

Bettwärmer → Wärmepfanne

Beurdeley, Louis Auguste Alfred (1808–1882), einer der berühmtesten Kunsttischler des → Napoléon III. Die von ihm entworfenen Möbel zeichnen sich durch hohe handwerkliche Perfektion aus und werden bereits heute im Kunsthandel sehr gesucht.

Bezeichnung, ein Begriff, der in Bild- und Kunstbeschreibungen häufig verwendet wird, besonders in Museums- und Auktionskatalogen (abgekürzt „Bez."). Die Bezeichnung nennt den Namen eines auf dem Bild gegebenen Künstlers. Ist der Namenszug vom Künstler selbst ausgeführt, so wird auch von Signatur gesprochen.

Bezoar, das Drüsensekret der persischen Bezoarziege, auch von Lamas und Gemsen, das in hartem Zustand im 16. und 17. Jh. zusammen mit Edelmetallen zu kleinen Kunstwerken verarbeitet wurde und als giftabweisend galt. Es kommen je nach Größe und Form der Bezoare kleine, mit Silber oder Gold montierte, nußartige Gebilde vor; am kostbarsten sind die orientalischen: glatt, glänzend, schwärzlich-grün, gräulich oder bläulich, am unscheinbarsten die deutschen. Im 16. und beginnenden 17. Jh. galten Bezoarsteine als heilkräftig und wurden als Amulette in Schmuckstücke eingelassen.

Bhaishajyaguru (sanskr., Meister der Medizin, tib. *sMan-bla,* chin. *Yao-shih,* jap. *Yakushi*), eine in Ostasien sehr wichtige Buddhagestalt, der Herr des Ost-Paradieses. Er wird zumeist stehend dargestellt, die rechte Hand in der → *mudrâ vitarka* lehrend erhoben, während er auf der flach geöffneten linken eine kleine bauchige Arzneidose trägt. In Tibet hält er mit der Rechten außerdem die Krankheiten heilende Myrobalanen-Frucht oder eine heilkräftige Blume (→ Buddha).

Bibel-Clavichord, im 18. Jh. anscheinend aus dem → Bibelregal nachgebildete Kleinform des Klavichords (in geschlossenem Zustand in Folioformat).

Bibel-Harmonium, im 19. Jh. dem → Bibelregal nachgebildete Kleinform des Harmoniums.

Bibliothèque Basse. Louisquatorze, Ende 17. Jh.

Bibelot → Nippes

Bibelregal, kleines Regal, tragbare Orgel, die in die Blasebälge hinein (wie in Buchform) zusammengelegt werden konnte.

Biblia pauperum → Armenbibel

Bibliothèque Basse, niedriger französischer und englischer Bücherschrank des 18. Jh.s, der häufig mit Glastüren verschlossen war.

Bidjar → Bidschar

Bidjov, kaukasischer Knüpfteppich aus dem Schirwan-Distrikt (→ Schirwan) mit symmetrisch aufsteigenden Mustern aus erstarrten Blütenformen.

Bidschar, auch Bidjar, schwerer, brettartiger Teppich aus dem alten Knüpfzentrum im persischen Kurdengebiet (Gerusdistrikt). Meist in Brückenformaten, aber auch bis 40 qm^2 vorkommend. Zentrales Medaillon, Mina-Khani-Zeichnung (→ Mina Khani) und → Herati sind Standardmuster.

Biedermeier, der Stil der Restaurationszeit, der etwa 1820 bis 1850 Gültigkeit hatte. Der letzte in fortlaufender Entwicklung gewachsene Stil vor Einsetzen des → Historismus. Er fand seine reinste Ausprägung in der deutschen Möbelkunst; das wichtigste Zentrum war Wien. Von anderen Gattungen des Kunstgewerbes hat nur die Glaskunst noch eigene Leistungen hervorgebracht (→ Biedermeierglas, → Hyalith, → Kothgasser, → Lithyalinglas). Der Biedermeierstil, der wesentliche Impulse von England erhielt, war im Grunde ein vereinfachter und verbürgerlichter Empirestil. Das Biedermeiermöbel ist schlicht, aber mit edlem Holz furniert, geschmackvoll und handwerklich solide gearbeitet, zudem bequem und praktisch und paßt sich vorzüglich den Körperformen an. – In Frankreich herrschte zur Zeit des deutschen Biedermeiers der Stil → Louis-Philippe.

Bidschar. Nordwestpersien, Mitte 19. Jh. 211 × 358 cm.

◁
Bild aus der Biedermeierzeit von Georg Friedrich Kersting. 1827 (?). Öl auf Holz. Kiel, Kunsthalle.

Biedermeierglas, Glas der Biedermeierzeit, in dem sich Schmuck und Formen des → Empireglases mit den Einflüssen der historisierenden Stile wie Neugotik und zweites Rokoko (→ Historismus-Glas) vereinigten. Bis etwa in die Mitte der dreißiger Jahre des 19. Jh.s überwog das kunstvoll und reich geschliffene farblose, dickwandige → Kristallglas mit zum Teil sehr komplizierten Musterschliffen (→ Glasschliff) vor allem bei den Geschenk- und → Andenkengläsern. Einfache Gebrauchsware war meist nur sparsam oder gar nicht geschliffen, aber trotz der Dickwandigkeit von anheimelnden Formen, aus denen die romantische Grundströmung jener Zeit spricht. Ab 1840 waren vor allem böhmische Hütten (→

Gläser der Biedermeierzeit. Meist Böhmen, erste Hälfte 19. Jh.

böhmische Gläser, → Buquoy, → Meyr'sche Hütten, → Harrachsche Hütte) technisch in der Lage, in der Masse gefärbtes Glas und farbige → Überfanggläser in zahlreichen Farbtönen herzustellen, die in geschliffenen, bunt bemalten und vergoldeten Ausführungen zu begehrten Modeartikeln wurden und das farblose Glas fast völlig verdrängten. Rührige Erfinder wie Friedrich → Egermann oder Graf Buquoy ersannen neuartige Glassorten (→ Hyalith, → Lithyalinglas) und Veredelungsprozesse zur Herstellung von Surrogaten farbiger Gläser (→ Gelbbeize, → Rubinätze). Zu beachtlicher Kunstfertigkeit brachten es die Glasgraveure in den nordböhmischen Veredelungsgebieten (→ Steinschönau), die sich zur Saison auch in den berühmten böhmischen und deutschen Bädern niederließen (→ Bädergläser). Aus der großen Zahl talentierter böhmischer Graveure ragen Dominik → Biemann mit Meisterleistungen im Porträtfach und August → Böhm mit figurenreichen Schlachtendarstellungen besonders hervor. Den schwierigen → Überfangreliefschnitt pflegten Karl → Pfohl und Franz Paul → Zach. Eine Wiener Spezialität waren Geschenkgläser mit → Transparentmalerei (→ Kothgassergläser). Die Hütten und Veredlungsbetriebe entwickelten eine bisher nicht gekannte Vielzahl von Gebrauchs-, Repräsentations- und Ziergegenständen aus Glas, die früher aus anderem, meist teurerem Material hergestellt worden waren, und schufen einen Formenreichtum, wie er später nie wieder erreicht wurde.

Biedermeiermöbel, Möbelerzeugnisse dieser Epoche des deutschsprachigen Raumes, die strenggenommen nur etwa 15 Jahre andauerte, nämlich von 1815 bis 1830; sie gehören heute zu den gesuchtesten Einrichtungsgegenständen im Kunsthandel, sind aber nach wie vor noch verhältnismäßig preiswert zu erwerben. Die Gründe dafür liegen im Wesen des Biedermeiermöbels: Geprägt von den Bedürfnissen des Bürgertums und gestaltet mit den neuen Möglichkeiten eines von Zunftzwängen befreiten Handwerkertums, paßt sich das Mobiliar des Biedermeier dem Lebensraum der Familie und nicht dem der höfischen Kultur, abhängig von den Bestimmungen der Etikette, an. Die Proportionen des Biedermeiermöbels entsprechen denen bürgerlicher Wohnräume, ihre Typen den Bedürfnissen des täglichen Lebens. Kennzeichnend sind das Sofa, begleitet von kleinen Beistelltischen, der runde oder ovale Eßtisch mit den Eßzimmerstühlen, der Kleiderschrank und der Schreibsekretär. Geschirr und Tafelsilber, Gläser und Sammeltassen, Zeichen eines wohlgeordneten, gutbürgerlichen Haushalts, aber auch die Bücher des Hausherrn wurden in verglasten Vitrinenschränken zur Schau gestellt. Den hellen, lichtdurchfluteten Räumen des Biedermeier entspricht auch die Wahl der hellfarbigen, warmtonigen Furnierhölzer, wie Nußbaum, Kirsche und Birnbaum; nur selten, meist bei norddeutschen Möbeln des Biedermeier, findet man das dunkle Mahagoni. Form und Kontur des Biedermeiermöbels sind geradlinig, Stuhllehnen

Biedermeier-Wohnzimmer. Weimar, um 1820/30. Weimar, Nationale Forschungs- und Gedenkstätten der klassischen deutschen Literatur, Kirms-Krackow-Haus.

Biedermeierbank mit Polstersitz. Bayern, um 1820. Kirschholz, Kanten schwarz abgesetzt. Regensburg, Städtisches Museum.

Biedermeier-Schreibschrank und -stuhl. Thüringen, um 1830/35. Kirschholz. Plauen, Vogtländisches Kreismuseum.

Biedermeier-Stuhl. Norddeutschland, um 1820. Mahagoni, Nußbaum, Vogelahorn. Braunschweig, Städtisches Museum.

stets durchbrochen und gegliedert, die Eßtische fast ausschließlich auf einem mittleren Säulenfuß ruhend. Stilistische Anklänge finden sich in erster Linie bei englischen Vorbildern des → Sheraton-Stils und des → Adam-Stils. Die Binnengliederung des Biedermeiermöbels besteht zumeist aus schwarz gebeizten Leisten oder Vorlagen, seltener in der Variation von Furnierflächen – mit Ausnahme der Innenausstattung von Schreibsekretären. Intarsierte Biedermeiermöbel finden sich nur im österreichischen Raum, dort allerdings als Nachhall des → Louis-Philippe. Die Fabrikanten und Kunstschreiner des Biedermeier sind zahlreich, der bedeutendste unter ihnen ist der Wiener Joseph → Danhauser.
Unter dem Einfluß des Werkbundes (→ Werkbund, Deutscher) entstand in Deutschland nach dem Ersten Weltkrieg eine Renaissance des Biedermeiermöbels als Reaktion auf den Jugendstil. Diese Möbelerzeugnisse, bewußt geplant als

Einrichtungsgegenstände breiter Schichten und in Billigverfahren hergestellt, lassen sich aber zumeist leicht, auf Grund geringerer handwerklicher Verarbeitungen und der Benutzung serieller Herstellungsmöglichkeiten, von den originalen Biedermeiermöbeln unterscheiden.

Biemann, Dominik (1800–1857), vor allem durch seine nach dem Leben geschnittenen Porträts bekannt und berühmt gewordener Glasgraveur der Biedermeierzeit. Die meisten seiner Porträtschnitte sind signiert. Daneben hat Biemann auch alle anderen gängigen Motive auf Biedermeiergläser (→ Biedermeierglas) geschnitten, die sich jedoch wegen fehlender Signaturen nicht als seine Arbeiten nachweisen lassen.

Bienenkorbhumpen, gehenkelte Trinkgefäße aus zinnmontiertem Steinzeug, die diese Bezeichnung ihrer an einen Bienenkorb gemahnenden Gestalt mit gebauchtem, sich über der Standfläche sockelartig erweiternden Gefäßkörper und die Form abrundendem Zinndeckel verdanken. Sie wurden in → Creußen und in Sachsen gefertigt; ihre Blütezeit lag im 17. Jh.

Biennais, Martin-Guillaume (1764–1843), französischer Silberschmied, ließ sich 1789 in Paris als Tabletier nieder. Er stellte unter anderem Reisenecessaire-Etuis für Offiziere des italienischen und ägyptischen Feldzuges her, lieferte kirchliches Gerät für die Hochzeit Napoleons I. 1810 und führte Aufträge des russischen Hofes aus. Biennais' Markenzeichen ist ein B mit zwei Kügelchen und einem Affen in einer Raute.

Bierifiguren → Fang, → Kota

Bigati, die großartigsten Exemplare der griechischen Münzkunst (zweite Hälfte des 4. Jh.s v. Chr.). Es sind Prägungen großgriechischer (d. h. unteritalischer und sizilische(r) Städte, die vorn ein Götterbild, hinten eine Biga (Zweigespann) oder Quadriga (Viergespann) tragen. An versteckter Stelle finden sich Initialen der Stempelschneider. Die berühmtesten Bigati, im Werte von zehn → Drachmen, Erinnerungsmünzen der Stadt Syrakus an die zum Gedächtnis der Schlacht am Assinaros 413 gestifteten Spiele, sind von den Künstlern Kimon und Euainetos signiert.

Bihänder → Schwert

Bihzâd (Behzâd), Kamâladdîn, geb. etwa 1450–60, gest. 1533/34 oder 1536/37, angesehenster der persischen Miniaturmaler, wirkte zunächst im spättimuridischen Herat, von 1506 bis ca. 1520 im safawidischen Täbris. Bezeichnend für seinen Stil, der richtungweisend für die safawidische Epoche wurde, sind neben einer reichhaltigen, nuancierten Farbskala die Tendenz zur physiognomischen Differenzierung der dargestellten Personen, deren lebendige, ungezwungene Haltung sowie ein gewisser Realismus, der sich u. a. in der Wiedergabe alltäglicher Szenen äußert. → Islamische Malerei

Bijouterie (von franz. *le bijou,* Kleinod), in Frankreich ursprünglich Bezeichnung für auf der Grundlage der Goldschmiedekunst gefertigte Schmuckstücke, im Gegensatz zu *joaillerie* (Juwelenschmuck). Heute versteht man unter Bijouterie billigere Schmuckwaren vorwiegend modischen Charakters.

Bilderbogen, seit der Erfindung des Holzschnittes bekannte Darstellungen, die zur weiten Verbreitung bestimmt waren. Sie waren einseitig auf Papier gedruckt (mit und ohne Text) und von mittlerem Format. Bilderbogen sind populäre Druckgraphiken mit verständlichen, allgemein beliebten Themen in künstlerisch anspruchsloser Aufmachung und zu niedrigen Preisen. Der Themenkreis der Bilderbogen wurde um 1500 über Andachts- und Heiligenbilder hinaus auf profane Motive erweitert: Herrscherporträts, Darstellung von Naturwundern, Spottbilder auf Liebe, Ehe und Familie, Moritaten, Schwänke, Allegorien usw. Erst im 17. Jh. wurde der Kupferstich für Bilderbogen verwendet. Dieser diente als Technik für die Bilderbogen bei einem städtischen Publikum, während der Holzschnitt mehr bei bäuerlichen Kreisen Verwendung fand. Im 18. Jh. finden sich Bilderbogen für Erwachsene und Kinder. Seit der Erfindung der Lithographie (um 1800) erscheinen die Bilderbogen in größerer Auflage. Abnehmer war das einfache Bürgertum, das mit zunehmendem Bildungsgrad nach guter, aber preislich erschwinglicher Druckgraphik Bedürfnis hatte. Die Aufschriften auf den Bilderbogen des frühen 19. Jh.s enthielten meist das Thema sowie die gesetzlich geforderte Angabe von Namen und Adres-

Neuruppiner Bilderbogen. Kolorierte Lithographien. Um 1830. Bayerisches Nationalmuseum, München.

se des Verlages, bisweilen Titel einer Serie und Seriennummer. Bekanntester Ort für die Herstellung von Bilderbogen in dieser Zeit war Neu-Ruppin. Um 1844 wurde der Münchner Verlag Braun & Schneider (Münchner Bilderbogen) gegründet.

Bilderrahmen, befestigende und ästhetisch abgrenzende Einfassung zunächst von → Tafelbildern. Die Herkunft des Tafelbildes aus dem kirchlichen Ausstattungszusammenhang und der theologischen Programmatik hat die Haupttypen der Rahmung bis ins 18. Jh. bestimmt: die Architekturrahmen, die aus Sockel, tragenden Seiten, häufig mit → Halbsäulen oder → Pilastern, und krönendem Gebälk bestehen, und die Leistenrahmen, die an den Umfassungen der Einzeltafeln des Altargefüges zuerst ausgebildet sind. Diese Grundformen der Rahmung als stehendes bzw. liegendes Bild (mit der entsprechenden Organisation des Dekors senkrecht bzw. zentrifugal) sind in der Antike vorgebildet. Ebenso folgt die Ornamentik von Schnitzwerk und aufgelegten Profilen antiken Vorbildern. Die Wahl der Rahmentypen entspricht bis ins 18. Jh. der Rangordnung der Bildgattungen: → Ädikularahmen um die großen Altarbilder, → Tabernakelrahmen als kleine Ädikulaformen umschließen religiöse Darstellungen, aber auch – seit dem 16. Jh. – Porträts und allegorische, mythologische und historische Darstellungen. Die Mehrzahl der profanen Gemälde ist seit dem 15. Jh. in flache → Plattenrahmen eingefügt worden. Hervorhebungen waren durch aufgelegte Profile oder durch geschnitzten oder gemalten Ornamentdekor betont.

Die Perioden der Rahmenkunst lassen sich nach Materialgruppen, nach Kulturlandschaften und Stilgruppen unterteilen. Das meistbenutzte Material ist Holz (billige Holzsorten für den tragenden Blindrahmen, edle Hölzer für Schnitzerei, Profile und Furniere). Häufig kommen Materialverbindungen vor: auf die Vorderseite aufgelegte Stuckmasse, Metallblech, Schildpatt. Seltener sind Metallrahmen (aus Eisen-, Messing- und Silberblech) und Keramikrahmen (Porzellan, Steingut und Fayence).

Die → Fassung der Rahmen geschah überwiegend durch → Vergoldung, aber auch durch Furnierauflage (mit Ebenholz bei den niederländischen Flammleistenrahmen). Als Blütezeiten der Rahmenkunst können die Perioden besonders entwickelter Durchgestaltung von Rahmenleiste und Dekor gelten: die italienischen Renaissance- und Barockrahmen, die französischen Rahmen von Louis XIII. bis Louis XVI., die holländischen Lutma-Rahmen des 17. Jh.s, die englischen Rahmen von der Mitte des 17. Jh.s bis zum Ende des 18. Jh.s. und die deutschen und österreichischen Régence- und Rokokorahmen. Der Symbolismus des 19. Jh.s und der gleichzeitig einsetzende Historismus haben verschiedentlich zu einem besonderen Interesse an Rahmen geführt: so bei den englischen Präraffaeliten und in der Neurenaissance von Siena und Florenz. Unterscheidbare Regionalstile wurden in der Rahmenherstellung im 15. Jh. herausgebildet in Siena, Florenz, Venedig, im 16./17. Jh. in Florenz, Bologna, Venedig, Neapel. Typische Eigenformen stellten im 16. und 17. Jh. die französischen Tabernakelrahmen („Corneille de Lyon"-Rahmen), die vergoldeten spanischen, portugiesischen und südamerikanischen Platten- und Blattrahmen und die niederländischen Ebenholzrahmen (teilweise mit Elfenbein- und Schildpattauflage) dar. Erstmals im 17. Jh., in Holland und England, begann die Pluralität von Rahmenstilen: schwarze Leisten- und Plattenrahmen, vergoldete Schnitzrahmen (im nördlichen Ohrmuschelstil oder an bolognesische Rankenformen angelehnt) und Profilrahmen im Stil Louis XIII. erscheinen gleichzeitig. Signierte Rahmen finden sich in der Regel erst ab der 2. Hälfte des 18. Jh.s. Eine Sondergattung stellen die für Einzelaufträge gefertigten Bildhauerrahmen seit dem 16. Jh. dar. Eine weitere Sonderform sind die von Malern eigens entwickelten Rahmenformen im 19. Jh.: bei Ingres, bei den englischen Präraffaeliten, bei Whistler, auch bei Seurat. Eine in Dekor und Profilen vereinheitlichte Form hat die seit dem späten 17. Jh. aufkommende Galerierahmung („Pitti"-Rahmen, Dresdner-Rahmen, Schinkel-Rahmen).

Fayence-Spiegelrahmen. Stockelsdorf, um 1760. 96 × 54 cm.

Der Verfall der Rahmenkunst begann mit der serienmäßigen Herstellung von Leisten und Profilen und der Ersetzung der Schnitzarbeit durch Stuck- und Gipsdekor, der aus Modeln geformt wurde. Seit dem späten 18. Jh. ist die Rahmenherstellung immer weiter rationalisiert und mechanisiert worden bis zur überwiegend fabrikmäßigen Herstellung im 20. Jh.

Bilderuhr (Abb. s. a. S. 88), gemaltes Bild, meist eine Landschaft oder Architekturdarstellungen, in das eine Uhr eingebaut ist. Bilderuhren gibt es seit der zweiten Hälfte des 18. Jh.s, im Biedermeier waren sie große Mode. Die meisten Exemplare stammen aus Wiener oder Schweizer Werkstätten.

Bildhauerkunst → Bildnerei

Bildkasel → Kasel

Bilderuhr. Wien, um 1820. Vergoldeter Bronzerahmen, Spielwerk. 26 × 32 cm.

Bildnerei, Schaffen plastischer Kunst, Bildwerke. Dafür sind verschiedene Begriffe gebräuchlich, die allgemein zwar gleichbedeutend verwendet werden, im engeren Sinne aber die einzelnen Techniken meinen: Bildhauerei, das Arbeiten in Stein, der behauen wird; Bildschnitzerei (Skulptur) in Holz (Holzbildhauerei) oder Bein usw. (→ Elfenbeinkunst); Plastik, das Formen und Modellieren in weichem Material (Ton, Wachs, Masse). Formal werden unterschieden: Vollplastik, Hoch- und Flachrelief (→ Relief). In der Regel werden große Objekte durch Tonskizzen (→ Bozzetto) vorbereitet, vor der letztlichen Ausführung (etwa in Stein) wird ein (Gips-)Modell gleicher Größe hergestellt. Für die → Bronzekunst ist das Wachs- oder Gipsmodell ohnehin erforderlich. Die Bemalung von Bildwerken (→ Faßmalerei) war bis ins 19. Jh. allgemein mit wenigen Ausnahmen üblich, wird seither eher als Beeinträchtigung der plastischen Wirkung angesehen. Bei der Aufstellung plastischer Werke ist zu berücksichtigen, ob es sich um Figuren handelt, die von vornherein auf Frontalansicht oder auf Rundansicht hin geschaffen wurden. Nischenfiguren, Wandfiguren, → Bauplastik usw. sind rückseitig oft unbearbeitet belassen, ringsum bearbeitete (Stand-)Figuren werden auf Sockeln aufgestellt, auf Postamenten, die das Werk von der Umraumschale isolieren. Die Restaurierung plastischer Werke geschieht den verschiedenen Materialien entsprechend unterschiedlich. Wurmfraß bei Holzfiguren wird durch Gifteinspritzung erst beseitigt, die Festigkeit des Holzes durch Einspritzen von Leim oder ähnlichem (Leimbad) wieder erhalten; bei der Bemalung wird entsprechend der → Gemälderestaurierung von → Tafelbildern vorgegangen. Steinplastiken, die der Verwitterung ausgesetzt waren oder sind, können mit entsprechendem festigenden Überzug behandelt werden. Tonplastiken (→ Terrakottaplastik) sind mit ähnlichen Schwierigkeiten wie Porzellan zu restaurieren.

Bildnisminiaturen → Miniaturen

Bildteppiche, → Tapisserien, → Gobelins, gewirkte Wandteppiche (→ Wirktechnik) mit figürlichen Darstellungen; auch gestickte Wandteppiche, die Wirkereien ähneln (→ Teppich von Bayeux, → Wienhausener Bildteppiche). Wirkerein in kleinem Format wurden vom 11. Jh. ab vereinzelt in deutschen Frauenklöstern hergestellt. Um 1300 ging die Produktion in der Schweiz und in Süddeutschland auf kleine Handwerksbetriebe über (→ Rücklaken); gleichzeitig entstanden die ersten Manufakturen (→ Arras, → Tournai; → Apokalypse von Angers). In der Spätgotik blühte in den Niederlanden eine stilistisch von Burgund bestimmte Bildwirkerei. Im 16. Jh. wurde → Brüssel zum Zentrum der Tapisserienherstellung und bildete einen Renaissancetypus des Wirkteppichs aus, der im 17. Jh. mit den Stilmitteln des Barock weitergepflegt wurde. Im Louis-quatorze-Stil ging die Führung an Frankreich über; Hauptorte der Produktion waren Paris (→ Manufacture des Gobelins), → Beauvais und → Aubusson. Auch im 18. Jh. bleibt der gewirkte Wandbehang für die Ausstattung des Innenraumes unentbehrlich. In der Zeit des → Empire erlebte er in dieser Funktion seine letzte Blüte.
Die mit dem → Neubarock aufkommende Gobelinmode des 19. Jh.s wurde weitgehend durch maschinelle Nachahmungen historischer Bildteppiche befriedigt.
Deutsche Manufakturen von mehr als lokaler Bedeutung waren: im 16. Jh. die Manufaktur von Frankenthal, im frühen 17. Jh. die Hofmanufaktur des Hans van der Biest in München, im 18. Jh. die Manufakturen von München, Erlangen, Würzburg, Berlin und Kassel. Im 16. und 17. Jh. wurden sie von niederländischen, im 18. Jh. meist von französischen Wirkern gegründet und betrieben. Auch der berühmte Reformationsteppich der Universität Greifswald (→ Croyteppich) von 1554 ist von einem Niederländer gewirkt worden.

Bildwirkerei → Bildteppiche, → Wirktechnik

Biller, bedeutende Augsburger Goldschmiedefamilie des ausgehenden 17. und des 18. Jh.s. Der bedeutendste Vertreter war Johann Jacob Biller II. († 1777).

Billon, geringwertige Silberlegierung für gewisse antike Münzen, z. B. für → Alexandriner.

Binche, in Binche in der belgischen Provinz Hennegau gearbeitete → Klöppelspitzen des späten 17. und des 18. Jh.s, mit fünflöchrigem Maschengrund. Sie sind → Valenciennesspitzen ähnlich, nur loser geklöppelt.

Bindung eines Gewebes, das Gefüge der sich rechtwinklig kreuzenden → Kett- und Schußfäden. Die Kreuzungspunkte heißen Bindungspunkte. Indem der Schuß einmal unter, einmal über der Kette durchgeführt wird, entstehen Festigkeit und Muster des Gewebes. Die drei Grundformen der Bindung sind → Leinen-, → Köper- und Atlasbindung (→ Atlas).

Bing, Samuel (1838–1905), Besitzer des Pariser Einrichtungshauses Maison de l'Art Nouveau, das dem französischen → Jugendstil seinen Namen gab. Bing hatte z. B. Eugène → Gaillard, Eugène → Colonna und George de → Feure verpflichtet. Zudem war er der Vertreter von → Tiffanys in Paris.

Bing & Grøhndahl, dänische Porzellanmanufaktur in Kopenhagen. Gegründet 1853; besteht noch heute. Sie stellt Gebrauchs- und Kunstporzellan sowie Steingut her. Erst durch die fruchtbare Zusammenarbeit mit dem Maler Pietro Krohn, seit 1886, errang sie internationalen Ruf. Die Service und Figuren in Unterglasurmalerei und in einem farblich und formal strengen Jugendstil, die den Erzeugnissen der königlichen Manufaktur verwandt sind, bestimmen weitgehend die Produktion des Unternehmens.

Bildteppich. Herbstliche Bauernarbeit. Flandern, 17. Jh. 305 × 217 cm.

Bini, afrikanischer Stamm und Bezeichnung seines Kunststiles. Der in Nigeria ansässige Stamm ist sprachlich den → Yoruba verwandt. Seine Kunst hat sich, trotz der überragenden Hofkunst innerhalb der Hauptstadt → Benin, recht eigenständig gehalten, obgleich sich bei den für den Ahnenkult hergestellten Gedenkköpfen stilistische Abhängigkeit von den Beninbronzen feststellen läßt (hohe Perlkettenreihen am Hals und Anlehnung an die Grundform der Benin-Königsköpfe). Eigentypischer dagegen sind die Gesichtsmasken, oft mit schmalen Sehschlitzen, hochgezogenen Brauenbögen und einem meist bis zum Haaransatz hochgeführten Steg, der die Nasenlinie mit der Stirn verbindet; häufig sind die Masken mit Hörnern ausgestattet.

Kopf für den Ahnenkult der Bini. Nigeria. Holz, H 50 cm. München, Schwarz-Weiß-Galerie Stoll.

Birett, ursprünglich halbkugelförmige, später vierkantige Mütze aus Wolle oder Seide mit drei oder vier steifen, bogenförmigen Erhöhungen und meist einer Quaste im Scheitel als Kopfbedeckung katholischer Geistlicher, in der jeweiligen → Rangfarbe entsprechend dem Träger.

Birkenholz, beliebtes, meist auffällig gemasertes Furnierholz, das von weißen bis zu gelblichen, selten rötlich-braunen Tönen spielt. Birkenholzfurniere sind seit dem 18. Jh. bekannt, erlebten aber einen besonderen Aufschwung im → Biedermeier und im → Jugendstil. Seit den fünfziger Jahren des 20. Jh.s ist auch die stark gemaserte, geflammte finnische Birke geschätzt.

Birmingham, seit dem 16. Jh. Zentrum der englischen Metallindustrie. Die Produktion von Rohmaterial und Fertigwaren aus Eisen, Messing, Kupfer und Stahl erreichte von der zweiten Hälfte des 18. bis zum Ende des 19. Jh.s ihren größten Umfang, ebenso die Exporte auf den Kontinent.

Birnbaumholz, dichtes, sehr hartes Holz von rötlich-gelber bis rotbrauner Farbe, das in der Möbelschreinerei, Drechslerei und Holzschnitzerei verwendet wurde. Da es schwarze Beize gleichmäßig aufnimmt, diente es u. a. im 18. Jh. als Ersatz für →Ebenholz.

Birnkrug, birnförmiger, aus verschiedenen Materialien (Fayence, Steinzeug, Zinn) gefertigter Krug, bei dem der Bauch des Gefäßes allmählich in einen breiten Hals übergeht, im Gegensatz zum → Enghalskrug, → Trichterhalskrug (→ Rheinisches Steinzeug) und Kugelbauchkrug, dessen Hals vom Bauch abgesetzt ist.

Birnkrug. Nürnberg, vor 1670. Hausmalerarbeit von Johann Schaper. Fayence mit Schwarzlotmalerei, H 24,1 cm. Hamburg, Museum für Kunst und Gewerbe.

Birrus, im Mittelalter derbes Gewebe, das zu Mänteln und Mützen verarbeitet wurde, die ebenfalls Birrus hießen.

Bisamapfel, auch Bisamknopf oder Riechapfel genannt, fein ausgearbeiteter Zierbehälter für Bisam (Moschus) meist in durchbrochener Kugel- oder Apfelform, vorwiegend aus Edelmetall mit Perl- und Edelsteinbesatz. Herkunft wohl aus dem Orient. In Mitteleuropa vom 12. bis Ende des 16. Jh.s vor allem als Vorbeugungsmittel während der Pestzeiten gebräuchliche Anhänger an Gürtelketten und Rosenkranz. Ähnliche Funktion hatten auch die Ambrakapseln. Zuweilen waren → Halsuhren in die Kapsel eingebaut.

Bischofskamm → Konsekrationskamm

Bischofsornat → Meßornat

Bischofsring, der goldene, mit Edelsteinen geschmückte Ring, den ein Bischof als Zeichen der geistlichen Vermählung mit der Kirche zur Bischofsweihe erhält.

Bischofsstab, auch Krummstab, Hirtenstab, Pedum, mannshoher Stab des Bischofs (bzw. mit → Pannisellus: des Abtes) als liturgisches Zeichen seines Hirtenamts. Seit dem 10. Jh. allgemein gebräuchlich, zunächst aus Holz, dann aus Elfenbein oder Edelmetall; anfänglich oben kugel- oder T-förmig (Taustab) endend, ist seit dem 11. Jh. die über dem Knauf (Nodus) ansetzende, volutenartig eingedrehte Krümme der übliche obere Abschluß, in die Ornamente oder Figuren eingesetzt sein können. Unten läuft der Bischofsstab in einer Spitze, dem Stimulus, aus. Der etwas anders geformte Bischofsstab der Ostkirche heißt → Paterissa.

Biseauschliff, früher gebräuchliche Bezeichnung für Schmucksteinschliffform mit großer Tafel, umsäumt von einem schmalen Kranz kleiner Facetten. (→ Edelsteinschliff)

Bisen → Uniform

Biskuitporzellan, ein Weichporzellan mit hohem Feldspat- und niedrigem Quarzgehalt; das Quarz kann sogar ganz fehlen. Die Masse muß besonders aufbereitet werden, damit sie – obwohl sie ohne Glasur gebrannt – eine schöne glatte, mattglänzende Oberfläche erhält. Biskuitporzellan war Ende des 18. und Anfang des 19. Jh.s besonders beliebt.

Bläuen → Plattnerkunst

Blaker, Wandleuchter aus Silber oder Messing mit einem oder mehreren Armen. Diese sind an einem glatten Wandschild befestigt, der die Wand vor Ruß schützte und zugleich das Kerzenlicht zurückwarf.

Blanc de Chine → chinesisches Porzellan

Blankscheit, der vordere Stab aus Holz, Fischbein oder Stahl im eng geschnürten Frauenmieder (Schnürbrust, Schnürleib) des 16. bis 18. Jh.s. Im Ausschnitt des Mieders wurde der Stecker, ein reich verzierter, gestärkter Latz, getragen.

Blasonieren, ein Wappen den Gesetzen der Heraldik gemäß beschreiben, daß man es danach zeichnen könnte. Dazu hat sich eine Fachsprache entwickelt (→ Gemeine Figuren, → Heroldsbilder). Danach heißt die Fläche des Schildes Feld; der obere Teil heißt Schildhaupt, der untere Schildfuß; die kleinen, durch Teilung entstehenden Felder heißen Plätze. In der Heraldik gelten die Bezeichnungen rechts und links für den Träger des Schildes; d. h. die vom Beschauer linke Seite gilt als heraldisch rechts. Die rechte Seite ist im Wappen die vornehmere, bei der mit der Beschreibung begonnen wird. Bei → Allianzwappen z. B. steht der Schild des Mannes rechts. Die → gemeinen Figuren sind in der Mehrzahl nach rechts gewandt.

Blattgold, auch Häutchengold, aus äußerst feinen Blättchen

Biskuitgruppe aus Sèvres nach François Boucher, Modell von E. M. Falconet, ausgeformt 1765 von Jean Jaques Bachelier. H 21 cm. München, Bayerisches Nationalmuseum.

bestehendes reines Gold, für den Goldgrund und zum Vergolden von Holz-, Metall- und Lederarbeiten u. ä. Es wird zwischen Pergamentblättern, später zwischen Rindsdarmhäutchen bis zu 0,00014 mm dünn ausgeschlagen. Je nach den Metallzusätzen gibt es gelbes, zitronenfarbenes, orangerotes und grünliches Blattgold. Zwischengold zeigt eine silberne Innenseite, während Metallgold, eine Silber-Kupfer-Legierung, kein Gold enthält. Blattsilber entsteht in Goldschlägereien nach dem gleichen Verfahren; es beschlägt schwarz, da es Kupfer enthält, das unter Einfluß von schwefliger Atmosphäre reagiert (Vergoldung). Auf Tierdarm fixierte Goldblättchen dienten seit dem Mittelalter zur Broschierung, für die Goldstickerei (Opus anglicanum) und zur Fertigung von Goldspitzen (genannt Points d'Espagne).

Blattmaske, Zierelement in Form einer Gesichtsmaske, die sich mit Laubwerk zu einem einheitlichen Phantasiegebilde verbindet. Von der römischen Kunst herkommend, tritt sie in der französischen und deutschen Romantik und Gotik auf und ist bis in die Renaissance hinein zu finden. Im Manierismus und Barock wird sie selten. Die Blattmaske ist nicht nur an tektonischen Gliedern, sondern auch in den Schmuckranken mittelalterlicher Handschriften zu entdecken.

Blattwerk, auch Laubwerk, jede aus Blättern zusammengesetzte Verzierung. In allen historischen Stilen vorkommend, besonders typisch jedoch für die gotische Kunst, in der die Blattmotive meist der heimischen Pflanzenwelt entlehnt werden.

Blauätzung → Plattnerkunst

Blauweiß-Porzellan, chin. *ch'ing-hua (pai-ti),* kräftige chinesische Ware, deren Dekor mit Kobaltoxyd auf den ungebrannten Scherben aufgetragen und dann mit einer transparenten Glasur überfangen und gebrannt ist. Die Anfänge dieser Porzellanart mögen bis in die Sung-Zeit zurückreichen, die eigentliche Produktion aber scheint erst im 14. Jh. begonnen zu haben. Gefäße aus dieser Zeit der späten Yüan- und

Blauweiß-Porzellan. China, Ming-Dynastie, frühes 15. Jh. Dm 44,2 cm. Köln, Museum für Ostasiatische Kunst.

frühen Ming-Dynastie sind groß und schwer und haben unglasierte Böden. Ihr Dekor ist spontan, in breiten Zügen aufgebracht und besteht aus Pflanzen, oft Wasserpflanzen, Blütenornamenten und Drachen-Motiven (ohne Mähne) sowie schmalen Wogenbändern. Bis zum Ende des 15. Jh.s (Cheng-hua-Periode) sind kleine schwärzliche oder rötlichbraune Flecken, wo das Kobaltoxyd zu dick aufgetragen wurde und durch die Glasur schlug, ein Echtheitsmerkmal, das am Ende der Ming-Zeit nachgeahmt wurde (Flecken zu

Blechspielzeug. Vorn: Uhrwerkeisenbahn, um 1900. Hinten: Zahnradbahn, um 1910. Privatbesitz.

gleichmäßig). Von der Hsüan-te-Periode (1426–1435) an wird das Drachen-Motiv mit einer Mähne versehen und insgesamt gedrungener gestaltet. Blauweiß-Porzellan aus der Cheng-hua-Periode (1465–1487) ist wegen seiner vorzüglichen Qualität höchst begehrt; sein Blau ist allerdings blasser. Bezeichnenderweise sind die Motive des Dekors zunächst nur in ihren Konturen gezeichnet und dann laviert worden. Zur Cheng-te-Periode (1506) ist islamisch beeinflußter Dekor in tiefblauen Tönen (Mohammedanerblau) üblich. Das ähnlich satte zur Chia-ching-Periode (1522–1566) gebrauchte Violettblau nimmt in der Wan-li-Periode (1573–1619) eine ins Grau spielende Tönung an. Sogenannte Übergangsware (transitional style) von der Ming- zur Ch'ing-Zeit besitzt wieder einen Dekor von kräftigem Blau, der um Landschaftsdarstellungen aus der gleichzeitigen Malerei erweitert wird und überhaupt überwiegend malerische Qualitäten aufweist. Ware aus der K'ang-hsi-Periode (1662–1722) der Ch'ing-Zeit trägt meistens einen dichten Dekor, in dem auch die Drachen-Motive dichte Mähnen, aber lange Fühler erhalten. Insgesamt ist der Dekor dunkel, wirkt jedoch härter und schärfer. Zur Yung-cheng-Periode (1723–1735) hat man sich bemüht, die Ming-Ware in Form und Dekor nachzuschaffen; viele Blauweiß-Gefäße tragen darum auf dem Boden ein „Ta Ming-" oder auch „Ta Ming Cheng-hua nien-hao", ohne aus jener Zeit zu stammen. Mit der Ch'ien-lung-Periode (1736–1795) begann unaufhaltsam der Verfall der Blauweiß-Produktion. Die Formen erstarrten allmählich, und das Blau wurde rötlich oder violettstichig und in den hellen Partien verwaschen.

Blechspielzeug (Abb. s. a. S. 91), industriell gefertigtes Spielzeug. Nach Frühformen – Trompeten, Flinten im 18. Jh. – begann sein Aufschwung durch die Erfindung der Blechdruckerei (1815), bei der Weißblech – dünnes, verzinktes Blech – als Rohmaterial eingesetzt wird. Zur Verzierung war die Handlackierung verbreitet; sie wurde jedoch bis zum Ende des Jh.s durch den Blechdruck, ein lithographisches Druckverfahren, bei dem die Metallplatte vor der Verarbeitung bedruckt wurde, ersetzt. Grundsätzlich wurden drei verschiedene Druckverfahren eingesetzt: der direkte Druck vom Lithographenstein auf das Metall; das sehr zeitraubende Umdruckverfahren, wobei das Motiv auf Umdruckpapier gedruckt und von da auf das Blech übertragen wurde; sowie die 1875 von den Londonern Robert Barclay und John Doyle Fry entwickelte Offset-Lithographie. Nachdem 1889 der Patentschutz dieses Verfahrens abgelaufen war, setzte sich diese Druckmethode in der ganzen Welt langsam durch.

Vorläufer des Blechspielzeugs waren die feinmechanischen Erzeugnisse der Uhrmacher des Rokoko, → Automaten, die immer meisterhafte Einzelleistungen blieben, während Blechspielzeug ohne die industrielle Revolution undenkbar ist. Kurz nach 1830 entstanden in den USA die ersten Blechspielzeugfabriken, z. B. Francis, Field and Francis. Um 1860 arbeiteten in den USA so bekannte Firmen wie Althof, Bergmann and Co., Edward Ives und Stevens and Brown.

In Deutschland begann die Blechfabrikation mit der Gründung der Fabrik von Mattheus Hess 1826 in Nürnberg. Die Fabrikanten der heute sehr gesuchten Blechspielzeuge begannen mit der Produktion erst in den sechziger Jahren des 19. Jh.s: Märklin, Göppingen 1859, Bing, Nürnberg 1863, Plank, Nürnberg 1866, Schoenner, Nürnberg 1875, Lehmann, Brandenburg 1881, und Carette, Nürnberg 1886. Über die ersten Produkte dieser Firmen ist nur wenig bekannt, erst seit 1895 ist das Produktionsprogramm teilweise nachweisbar. Einen ersten Höhepunkt hatte die Blechspielzeugfabrikation in der Gründer- und Kaiserzeit. Gegen 1900 wurde bereits ein Drittel der gesamten deutschen Blechspielzeugproduktion in die USA exportiert. Dank niedriger Löhne, Anpassung der Exportartikel an die Wünsche der Importländer und dauernder Entwicklung von Neuigkeiten konnte der Marktanteil bis zum 1. Weltkrieg gehalten werden. Danach wurden vorwiegend weniger aufwendige, preiswerte Spielzeuge produziert. Bei den → Modelleisenbahnen und den → Modellautos war die originalgetreue Maßstabgenauigkeit das vorherrschende Fabrikationsprinzip. Mit der Militarisierung im Dritten Reich nahm auch das Angebot an Panzern und anderem Kriegsspielzeug zu.

Ende der vierziger Jahre wurde in Baden-Württemberg Blechspielzeug mit der Herkunftsbezeichnung „Made in US Zone" produziert. Seitdem geht der Marktanteil des Blechspielzeugs immer stärker zugunsten der Plastikspielzeuge zurück. Die wenigen zeitgenössischen Blechprodukte lassen im Aussehen eine gewisse Nostalgie spüren. Weitere große Blechspielzeugzentren sind die USA, England und Frankreich sowie seit den fünfziger Jahren Japan mit einem eigenständigen Angebot von Robotern und Weltraumspielzeug.

Das Produktionsspektrum umfaßte Tiere und Menschenfiguren, Kreisel, Eisenbahnen und Schiffe sowie Modellautos. Jede technische Erfindung wurde sofort auf das Spielzeug übertragen, z. B. Zeppeline und Flugzeuge, → Dampfmaschinen und Betriebsmodelle, Fahr- und Motorräder, Panzer und Geschütze sowie Konstruktions- → Baukästen. Angetrieben wurden diese Spielzeuge häufig durch einen Schwungradmechanismus, ein Uhrwerk oder mit Dampfkraft. Bekannt sind auch durch Schwerkraft, Handkurbel, Elektrizität oder mit Gummizügen betriebene Blechspielzeuge. Eine Sonderform des Angebots waren die vor allem zwischen 1895 und 1914 im Einzelhandel beliebten → Pennytoys (Groschenspielzeuge).

Blechspielzeug, das nach dem Ersten Weltkrieg produziert wurde, kann über Warenzeichen und Katalogabbildungen meist zeitlich eingeordnet und einem bestimmten Fabrikanten zugewiesen werden. Bei früheren Blechspielzeugen, die meist durch Grossisten vertrieben wurden, ist eine Zuschreibung an Fabrikanten schwer, teilweise unmöglich, da diese Stücke oft keine Warenzeichen tragen. Eine weitere Möglichkeit, den Produktionszeitraum einzugrenzen, besteht in der Überprüfung der Patent- oder Gebrauchsmuster-Nummern (DRP oder DRGM). Das Anmeldedatum des Patents sagt allerdings nichts darüber aus, wie lange bestimmte Formen verwendet wurden. In den letzten Jahren werden zunehmend Replikate alter Blechspielzeugmodelle angeboten, die mit den alten Formen hergestellt werden und die früheren Patentnummern und Warenzeichen tragen. Hier ist die Grenze zur Fälschung nicht immer leicht zu ziehen.

Blei, sehr weiches und dehnbares Schwermetall. Der Bleiguß war bereits seit der Bronzezeit bekannt, in der Antike wurde er für die Herstellung von Weihgaben, Ampullen u. ä. verwendet, im Mittelalter für die von Reliquienkästchen, Plaketten und Kleinplastik. Im späten 18. Jh. entwickelte man einen neuartigen Härtungsvorgang, der aus Blei geschnittene Details genauer zu konturieren erlaubte. Blei wurde daraufhin häufig bei Innenausstattungen, z. B. für Friese, Rosetten, Rahmen, Schnitzwerkimitationen usw., aber auch für Kleingegenstände wie Tabakdosen u. ä. verwendet.

Bleiglas → Bleikristall
Bleiglasur, glasartiger Überzug auf keramischen Gegenständen, der schon bei relativ niedriger Temperatur schmilzt. Er enthält Bleioxyd bzw. Bleisulfid.
Bleikristall, Erfindung des englischen Kaufmanns und Hüttenbesitzers George Ravenscroft (1632–1683). Durch einen Zusatz von Blei zum Gemenge gelang es ihm, die zur Glaskrankheit führenden Folgen eines Überschusses von Pottasche im Glas zu neutralisieren. 1675 wurde das erste Bleiglas in England hergestellt. Es hat einen niedrigeren Schmelzpunkt als das böhmische Kreideglas (→ Kristallglas) und bessere lichtbrechende Eigenschaften, eignet sich deshalb vorzüglich für die Veredelung durch → Glasschliff.
Bleistift, als selbständiges Zeichenmittel erst seit Ende des 18. Jh.s von Bedeutung. Die heute bekannten verschiedensten Abstufungen der Härtegrade werden durch Beimengung von Ton zu geschlemmtem Graphit erreicht.
Blindholz, in der Schreinerei Bezeichnung für den Träger des → Furniers, also den eigentlichen Korpus des Möbels. Blindholz ist meist ein einfaches, preiswertes, aber beständiges Konstruktionsholz, das je nach landschaftlichen Vorkommen aus Nadelhölzern, Eiche, Pappel oder Buche besteht.
Blockbuch, zusammengehörige Folgen von → Holzschnitten. Bild und erklärender Text (z. B. → Armenbibeln) werden aus einem Holzblock herausgeschnitten, der im Reiberdruckverfahren abgezogen wird. Dadurch entsteht auf der Rückseite ein Relief, so daß kein Widerdruck möglich ist (→ Einblattdruck). Man bedruckt die Druckbogen einseitig mit zwei Holzblöcken und faltet sie dann in der Mitte. Zwei Seiten werden zu einer Vorder- und Rückseite zusammengeklebt. Der Rücken des Blocks wird geheftet. Ab 1470 wird das Blockbuch, da technisch überholt, durch das von Johannes Gutenberg erfundene mit beweglichen Lettern gedruckte → Buch verdrängt.
Blonden, geklöppelte oder genähte Spitze aus starker, weicher und offener Rohseide, in der Regel weiß (nach ihrem gelblichen Schimmer Blonden genannt), selten schwarz oder bunt. Der netzartige Grund wird mit Blumenmotiven oder anderen Figuren gefüllt. Die um die Mitte des 18. Jh.s in Frankreich aufkommenden, meist geklöppelten Blonden werden auch im 19. Jh. unter verschiedenen Bezeichnungen und in verschiedenen Arten hergestellt. Die italienischen Blonden werden hauptsächlich in Venedig und Genua gefertigt. An deutschen Blonden sind vor allem die des Sächsischen Erzgebirges zu nennen.
Blumenbild, eine Sonderform des Stillebens. Tritt in der abendländischen Kunst erstmals im Humanismus auf, als ein besonderes Interesse für Botanik, Pflanzen als Heilkräuter und Blumen erwachte. Frühe Blumenbilder in naturkundlichen Handschriften („Historia Plantarum" oder „herbarius" von 1484). Im Spätmittelalter wird die Blumendarstellung noch hauptsächlich als Beiwerk in Bildern anderer Hauptthematik (Marienverkündigungen usw.) verwendet. Durch Jan Brueghel d. Ä. (1568–1625), auch „Blumenbrueghel" genannt, erreicht das Blumenbild in der Ölmalerei eine erste vollkommene Selbständigkeit als Bildgattung. In Werken von Savery oder Bosschaert wird gern ein Kosmos von Kleintieren und Insekten beigegeben. Innerhalb der Blumenmalerei läßt sich die Gruppe der „Floristen" (David de Heem, Daniel Seghers) mit ausgesprochen dekorativem Anspruch von den 19 „Botanisten" unterscheiden, die hauptsächlich Naturwahrheit anstreben („Hortus Eystettensis" – der in Eichstätt entstandene Corpus kolorierter Kupferstichdarstellungen, oder die Serie der „Guirlande de Julie" von Nicolas Robert, 1610–1684, oder das Werk des „Blumen-Raffael" Joseph Redouté, 1759–1840). Nur noch rein malerisch wird das Blumenbild im Verlauf des 19. Jh.s von Eugène Delacroix über einen letzten Höhepunkt etwa im Makartstil bis hin zu Vincent van Gogh aufgefaßt.
Blumenmode, im dritten Viertel des 17. Jh.s im Kunstgewerbe die bevorzugte Darstellung von Blattranken mit großen, naturalistisch wiedergegebenen Blüten. Um 1680 wurde sie von der Vorherrschaft des → Akanthus abgelöst.
Blumenteller, Nürnberger Zinnteller aus der Mitte des 17. Jh.s, die einen glatten Spiegel und einen mit großformigen Blumen geschmückten Reliefrand zeigen. Die frühesten Exemplare stammen von Hans → Spatz II.
Blutstein, kristallisiertes Eisenoxyd (Hämatit), undurchsichtig, dunkelstahlgrau bis eisenschwarz von lebhaftem Metallglanz. Dünnschliffe rot scheinend, pulverisierter Blutstein dunkelrot (Pariser Rot). Bereits in Babylon und Ägypten zu Zylindergemmen (Rollsiegeln) und Schmuck verarbeitet. Im 19. und 20. Jh. für → Trauerschmuck, Manschettenknöpfe und gravierte Broschen beliebt.
Bobinet (engl. *bobbinnet*), Bezeichnung für spitzenartige Gewebe, welche auf der Bobbinnet-Maschine hergestellt sind. Nachahmung des geklöppelten oder genähten Spitzengrundes in dem sog. Wabenmuster mit sechseckigen Maschen. Der Bobbinnet-Stuhl wurde 1809 von dem Engländer John Heathcoat erfunden.
Bochio → Fon
Bodenehr, Georg Conrad (1663–1710), Augsburger Kupferstecher, der Ornamentstiche im → Akanthusstil veröffentlichte.
Bodenstanduhr (Abb. s. a. S. 95), seit dem → Rokoko bis ins 20. Jh. beliebter Einrichtungsgegenstand, ist erst in zweiter Linie unter uhrentechnischen Gesichtspunkten zu sehen. Die Bodenstanduhr gehörte zu den Dekorationsstücken eines gutbürgerlichen oder adeligen Interieurs; ihr Gehäuse ist oft die Arbeit eines hervorragenden Möbelschreiners, mit kostbaren → Furnieren, → Intarsien, → Marketerien oder Schnitzereien verziert. Bis heute erfreuen sich die Amsterdamer Bodenstanduhren besonderer Beliebtheit; sie erzielen im Handel hohe Preise (→ Standuhr).
Bodhidharma (sanskr., chin. *P'u-t'i-ta-mo* oder *Ta-mo,* jap. *Daruma*), Gründer und erster Patriarch der Ch'an-buddhist. Sekte in China, der als Missionar 520 n. Chr. aus dem Westen gekommen sein soll. Dargestellt wird er als indischer Mönch mit Bart und gekraustem Haar, oft starren Blicks ohne Augenlider (die er sich im Zorn über seine Ermüdung bei der Meditation ausgerissen haben soll), meist, wie er auf einem Schilfblatt einen Fluß (den Jangtsekiang) überquert. Seine Darstellung kommt besonders in der Zen-Malerei, aber auch in der Kleinkunst (→ Netsuke, Obidome usw.) vor.
Bodhisattva (sanskr., chin. *P'u-sa,* jap. *Bosatsu,* tib. *Byang-c'ub sems-dpa*), Anwärter auf die Buddhaschaft, der in Ostasien wie ein Nothelfer verehrt wird. In der Kunst Gestalttypus von ikonographischer Vielfalt und starker regionaler Differenzierung; oft vielarmig und mehrgesichtig (bei Abstammung aus dem indischen Tantrismus), in idealisierender Weise dargestellt; unterscheidbar durch Attribute und symbolische Gesten (sanskr. *mudrâs*); im Unterschied zu → Buddha reich gekleidet und prinzlich geschmückt. Obwohl

Bodhisattva. Nyoirin-kannon. Japan, Edo-Zeit, 17.–18. Jh. Hängerolle. Gold, Farben und Tusche auf Seide, 103 × 43 cm. Köln, Museum für Ostasiatische Kunst.

der Bodhisattva, besonders in späterer Zeit, in feminin wirkender Ausstattung und in anmutig dreifachgeneigter Haltung (sanskr. *tribangha*) vorkommen kann, darf er nie als „Göttin der Barmherzigkeit" oder gar „Madonna" betrachtet werden, selbst wenn die Kultfigur ein Kind hält (→ Kinderbringer). Er ist vielmehr als übergeschlechtliche Manifestation von Güte und Weisheit zu verstehen.

Als Kultfiguren sind am bekanntesten: *Bodhisattva Avalokiteshvara* (chin. *Kuan-yin,* jap. *Kannon,* tib. *sPyan-ras-gzigs*), leicht zu identifizieren an der Miniaturfigur des Buddha Amitâbha, dem er zugeordnet ist, an Krone oder Diadem. Von diesem Typus sind zwei Erscheinungsformen in der jap. Kunst besonders häufig, nämlich der → Wunschjuwel (sanskr. *cintâmanî*) und Rad der Lehre *(cakra)* tragende sechsarmige Nyoirin Kannon Bosatsu (sanskr. *Cintâmani-cakra Avalokiteshvara*) sowie der elfköpfige Ekadashamukha Avalokiteshvara, jap. Jûichimen Kannon Bosatsu. Sehr gebräuchlich sind auch die Gestalten des Bodhisattva Manjushrî (chin. *Wenshu,* jap. *Monju,* tib. *'Jam-dpal*), mit Schwert der Weisheit und Schriftrolle oder Buch, oft auf einem Löwen als seinem Reittier *(vâhana)* sitzend, sowie des *Bodhisattva Samantabhadra* (chin. *Pu-hsien,* jap. *Fugen,* tib. *Kuntu bzangpo*), der gewöhnlich auf einem weißen Elefanten reitet. Der als Seelenführer pilgernde Jüngling in Mönchsgestalt ohne Schmuck Bodhisattva Kshitigarbha (chin. *Ti-tsang,* jap. *Jizô,* tib. *Sai Snying-po*), zu erkennen an seinem Rasselstab (sanskr. *khakkara,* chin. *hsi-chang,* jap. *shakujô,* tib. *mk'ar-gsil*), ist ebenfalls eine populäre buddhistische Gestalt, vornehmlich in der japanischen und tibetischen Kunst.

Böhm, August (1812–1890), Glasgraveur aus Meistersdorf in Nordböhmen, berühmt wegen seiner bewegten Schlachtendarstellungen. Böhm ging als einer der ersten böhmischen Graveure in den vierziger Jahren des 19. Jh.s nach England, wo er den ausgezeichneten Ruf des geschnittenen → englischen Glases in der zweiten Jahrhunderthälfte mitbegründen half.

Böhmisches Glas, im 16. und 17. Jh. in Böhmen hergestelltes, mit bunten Emailfarben bemaltes Glas (→ emaillierte Gläser). Die Anwendung der Steinschneidekunst auf Glasgefäße (→ Glasschnitt) gewann erst nach der Erfindung einer dafür geeigneten Glasart (→ Kristallglas) Bedeutung. Nach dem Dreißigjährigen Krieg setzte sich die von Caspar → Lehmann eingeleitete Entwicklung kontinuierlich fort. 1682 war die Hälfte der Meister der 1661 im nordböhmischen Kreybitz gegründeten Zunft der Glasmaler, -schneider und -vergolder Glasgraveure; vorher hatten die Maler überwogen. Parallel mit dem Glasschnitt entfaltete sich der böhmische Glashandel. Im ganzen 18. Jh. (→ Barockglas) wurden gravierte böhmische Gläser in viele Länder exportiert. Während der napoleonischen Kriege stagnierten Erzeugung und Handel, aber schon zur Biedermeierzeit dominierte wieder das böhmische Glas (→ Biedermeierglas).

Böhmisch-Mährische Zunftkannen → Schleifkannen

Böttger, Johann Friedrich (1682–1719), Erfinder des europäischen → Porzellans. Kam sechzehnjährig zu einem Berli-

Böttgersteinzeug. Harlekin. Um 1710/15. Kalt bemalt und geschliffen, H 16 cm. Frankfurt, Museum für Kunsthandwerk.

ner Apotheker in die Lehre und beschäftigte sich dort mit chemischen und alchimistischen Studien, auf die Friedrich I. von Preußen aufmerksam wurde. Dieser wollte Böttger in Gewahrsam nehmen lassen; doch flüchtete Böttger nach Sachsen, wo ihn August der Starke gefangensetzte und zu alchimistischen Experimenten in Zusammenarbeit mit Tschirnhaus zwang. Der Physiker und Mathematiker Ehrenfried Walter von Tschirnhaus hatte die Steine und Erden Sachsens auf ihr Verhalten in hohen Temperaturen hin untersucht und dafür Brennspiegel konstruiert, mit denen Böttger experimentieren konnte. Er setzte Ton und Feldspat hohen Temperaturen aus und gewann dabei das rote → Böttgersteinzeug. Als er den rotbraunen Ton durch weißes Kaolin ersetzte, hatte er das → Porzellan entdeckt (1708). Die Gründung der → Meißner Manufaktur unter Böttgers Leitung erfolgte am 23. Januar 1710.

Böttgerlüster, blasser purpurfarbener → Lüster, der von Johann Friedrich → Böttger in Meißen entwickelt und in den zwanziger Jahren des 18. Jh.s dort verwendet wurde.

Böttgersteinzeug, von Johann Friedrich → Böttger um 1708 erfundenes rotes Steinzeug mit sehr hartem Scherben, eine Weiterentwicklung des → Delfter Steinzeugs, unmittelbare Vorstufe des → Porzellans. Die aus Böttgersteinzeug hergestellten Teekannen, Vasen und Flaschen lehnen sich an chinesische Vorbilder und an Formen von Silbergefäßen an. Zuweilen tragen sie schwarze Glasur. Unglasierte Stücke wurden durch Schnitt oder kalte Bemalung in Gold dekoriert. Als Schmuckformen treten → Bandelwerk-Motive auf. Auch Figuren wurden aus Böttgersteinzeug gebrannt (→ Kuan-yin; Statuette Augusts des Starken in Rüstung). – Als Nachahmungen sind die „braune" und „gelbe Ware" Bayreuths, das „braune Porzellan" Ansbachs und das Plauer Steinzeug zu nennen, das zwischen 1714 und 1730 durch Samuel Kempe in Plaue an der Havel hergestellt wurde.

Bogenharfe, die älteste Form der Harfe, bei der aus dem Schallkörper ein bogenförmiger Hals herauswächst, nachweisbar seit der sumerischen Zeit.

Bogenklavier, Bezeichnung für ein Saiteninstrument mit kreisenden Rädern, die durch eine Klaviatur auf die Saiten drücken.

Bogenlaute, die älteste der Lautenformen, mehrere Ruten an der Unterseite des Schallkörpers halten je eine Saite; ähnlich der → Bogenharfe.

Bois de Spa → Spa

Boîte à portrait, Porträtdose, den Tabatièren ähnlich, diente im 17. Jh. in Frankreich als Geschenk und Gunstbeweis König Ludwigs XIV. Die flachen, runden, ovalen oder rechteckigen Dosen enthielten im Inneren ein Bildnis des Königs in Email- oder Miniaturmalerei. Sie wurden sowohl in Gold als auch in Elfenbein, Schildpatt oder Lackarbeit hergestellt und reich mit Perlen und Juwelen verziert. Unter Ludwig XV. übernahmen verschwenderisch geschmückte Tabaksdosen die Rolle der *boîtes à portrait.* Auch sie wurden aus verschiedenen Werkstoffen hergestellt, deren Skala von Gold über Silber, Halbedelsteinen, Elfenbein bis Perlmutt und Schildpatt reicht.

Bodenstanduhr (Präzisionspendeluhr). England, um 1840. Gehäuse Mahagoni furniert, H 187 cm.

Bonheur du jour. Paris, um 1750. Rosenholz und Palisander auf Eiche, feuervergoldete Bronzebeschläge.

Bolpoottafel, schwerer holländischer Tisch des 17. Jh.s mit Kugelfüßen. Die damals gebräuchlichste Form des Eßtisches, auch im angrenzenden Norddeutschland.

Bolus, bei Siena in der Toskana gefundene Tonerde (Material der → arretinischen Gefäße), von gelber, brauner oder roter Farbe, die, fein gerieben, mit Leimwasser oder Eiweiß zu Poliment verrührt wurde, das bei Vergoldung und Versilberung von Schnitzfiguren, Rahmen u. a. als Grundierung diente. Die niederländischen Maler des 17. Jh.s haben Bolus auch als Malgrund verwendet. – Weißer Bolus wird Pfeifenton genannt, da aus ihm Pfeifen gebrannt werden. Er ist schwer schmelzbar und wird nach dem Brand weiß. In der Fayence- und Steinzeugproduktion findet er als Anguß (→ Engobe) Verwendung.

Bolusrot, reliefstark aufgetragene tomatenrote Farbe auf den osmanischen Keramiken der zweiten Hälfte des 16. Jh.s. Zusammengesetzt aus einem natürlich vorkommenden Gemenge aus Eisen(III)-oxid, Fe_2O_3, und Ton.

Bombard, vornehmlich in England üblicher großer Schenk- und Vorratskrug aus Leder.

Bombé, Bezeichnung für die zwei- oder mehrachsige konvexe Form der Rokoko-Kommode, die zumeist in Schweden und Italien auftritt.

Bomhart, altes Holzblasinstrument, zu den Schalmeien gehörig, Vorgänger des Fagotts; wurde gebaut als Altinstrument (Bombardo piccolo), Tenorinstrument (Bassetbomhart), Baßinstrument (Bomhart) und Kontrabaßinstrument (Bombardone, großer Baßbomhart).

Bonbonnière, kleine Dose für Pralinen oder Pastillen, aus den verschiedensten Materialien und in diversen Formen. Sie sind oft ähnlich wie Schnupftabakdosen dekoriert.

Bonheur du jour, kombinierter Damenschreib- und Toilettentisch mit zurückgesetztem Aufbau. Er war um 1750 bis etwa 1800 in Mode.

Bonzanigo, Giuseppe Maria (1745–1820), führender italienischer Kunsttischler und Holzbildhauer des savoyischen Hofes in Turin. Bonzanigos Möbelentwürfe zeichnen sich durch einen überquellenden vegetabilen und dekorativen Formenschatz aus, der sich an den vollplastischen oder reliefierten Schnitzereien seiner aufwendigen Hofmöbel zeigt.

Bordjalou, Knüpfteppich aus der Kasak-Region mit meist breiter Bordürenzeichnung, in der Hakenstangen und Hakenrauten vorherrschen. Bei frühen Exemplaren tritt eine schmale, reziproke, floral abgewandelte Borte in den Vordergrund.

Bordüre, Randstreifen von Buchseiten, graphischen Blättern, → Tapeten und Textilien (→ Bildteppiche, → Orientteppiche). Im wesentlichen werden drei Schemata befolgt: Die Bordüre erscheint entweder als Imitation eines geschnitzten Bilderrahmens, oder sie zeigt die Darstellung eines breiten, aus Laub, Früchte- und Blumengehängen gebildeten Bandes, durchsetzt mit Elementen aus der Ornament-Groteske, oder sie folgt rein dem Motiv der → Groteske. Die formale Ausbildung der beliebten Früchte- und Blumenbordüren geschah im 16. Jh. in den Manufakturen von Brüssel.

Bortenweberei, eine der uralten Handwerksübungen der Menschheit, die bei primitiven Völkern noch heute Brauch ist. Die Werkzeuge dafür sind Brettchen (→ Brettchenweberei), → Webegatter, Webekamm, Weberost. Im alten Orient und in Griechenland wurden Borten von hohem künstlerischem Rang gewebt. Im frühen Mittelalter arbeitete man in Frauenklöstern gold broschierte Borten (→ Broschieren) für → Cingulen, → Stolen und → Aurifrisien. Im späten Mittelalter erfreuten sich → Kölner Borten besonderer Beliebtheit. In Italien blühte die Bortenweberei in Lucca und Florenz (meist Szenen aus dem Leben Christi und Mariae in Rot auf Goldgrund, Florentiner Goldborten).

Borussia-Glas, farbloses Kristallglas mit schwarzem und weißem Überfang (→ Überfanggläser) und Kugelschliffdekor (→ Glasschliff); Erzeugnisse der Firma Carl Schappel, Haida (heute Nový Bor), ab 1912 (→ Ziersaumgläser).

Bossierer → Porzellan

Boteh, auch Mir-i-botah, eines der bedeutendsten Teppichmuster in floraler und geometrisierter Form, das bei Knüpfarbeiten fast aller teppichproduzierender Länder Verwendung findet.

Boteh-Muster

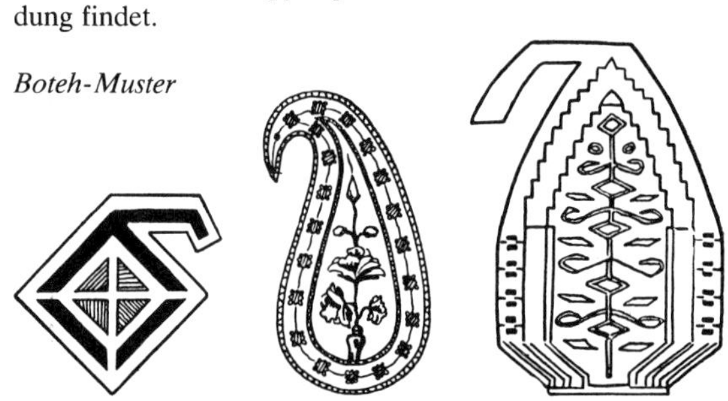

Bordjalou. Knüpfteppich aus Wolle. Kaukasus, 19. Jh. 122 × 151 cm.

Bottengruber, Ignaz, hervorragender Breslauer → Hausmaler, der etwa 1720 bis 1740 Wiener Porzellan mit → Bandelwerkdekor in Gold und mit Figurenszenen in Eisenrot und Purpur bemalte. Sein Schüler war C. F. von Wolfsburg, der in Bottengrubers Art arbeitete.

Boucher, François (1703–1770), einer der wichtigsten Maler des französischen Rokoko, seit 1765 Peintre du roi Ludwigs XIV. 1736–1755 künstlerischer Leiter der Teppichmanufaktur in → Beauvais, seine Entwürfe zeichneten sich durch eine ungewöhnlich reichhaltige Farbpalette aus und beeinflußten den Stil von Beauvais nachhaltig. Ab 1755 wurde er Leiter von Les Gobelin in Paris. Die Figuren seiner Gemälde wurden vielfach als Vorlagen für Fayence- und Porzellanbemalung verwendet.

Bouillons → Dienstgradabzeichen

Boulard, Jean Baptiste (um 1725–1789), neben Jean Baptiste Claude → Sené der bedeutendste Hersteller von → Sitzmöbeln des → Louis-seize. Als seine charakteristischsten Werke gelten das *lit à la polonaise*, ein zeremonielles Bett für Ludwig XVI. von 1785 (Versailles, Petit Trianon), und seine Sitzgarnitur für den Salon de Jeu in Fontainebleau von 1786 (Paris, Musée National du Louvre; London, Wallace Collection; New York, Metropolitan Museum).

Anleitung zum Schnitt von Boulle-Marketerien in Schildpatt und Kupfer (nach André Roubo „L'Art du Menuisier", 1769–1775).

Boulle, André Charles (1642–1732), der einflußreichste Pariser → Ébéniste des Louis XIV, der den Möbelstil bis ins 18. Jh. hinein bestimmte. Zunächst betrieb er eine Werkstatt für Malerei und → Marketerie in Paris, seit 1672 im Louvre. Bald darauf ernannte ihn Ludwig XIV. zum ersten Ebenisten der königlichen Möbelmanufaktur. Boulle gab als erster seinen Möbeln einen geschweiften Umriß. Er verkleidete sie mit Marketerie aus ausländischen Hölzern und aus holzfremdem Material (→ Boulletechnik). Zur Verstärkung der Kanten und Auflockerung der Umrisse führte er vergoldete Bronzebeschläge ein, ein Motiv, das die französische Möbelkunst bis zum Ende des 18. Jh.s beherrschte. In der Ornamentik förderte er die Überwindung des durch Jean → Lepautre und Daniel → Marot vertretenen → Akanthusstils durch das von Jean → Bérain geschaffene leichtere Bandelwerk. Seine vier Söhne führten Werkstatt und Tradition des Vaters fort.

Boulletechnik, die von André Charles → Boulle erfundene Technik der → Marketerie aus Schildpatt (oder Elfenbein) und Metall (Messing oder Zinn). Platten verschiedenen Materials wurden aufeinandergepaßt; in der oberen sägte man das Muster aus, leimte die Platten zusammen und legte sie dem Möbel auf. Erscheint das Muster in hellem Messing auf dunklem Schildpattgrund, spricht man von *premier effet, partie* oder *boulle*, bei dunklem Schildpatt auf hellem Metall von *deuxième effet, contre-partie* oder *contre-boulle.*

Boulsover → Plated-Silver

Bourg la Reine → Mennecy

Bouteille (franz.), gläserne Weinflasche, die sich im 17. Jh. in Deutschland eingebürgert hat und bis in das 19. Jh. beherrschend blieb. Niederdeutsch ist Bouteille zu Buddel geworden und bezeichnet hier auch die kleine Taschenflasche für Branntwein aus Glas.

Bow, englische Porzellanmanufaktur, die von 1750 bis 1776 Tafelgeschirr, anfangs vorwiegend in ostasiatischem Geschmack, erzeugte.

Boxchronometer → Schiffschronometer

Bozzetto, Bozetto, italienische Bezeichnung für einen ersten künstlerischen Entwurf. Der Begriff wird hauptsächlich für plastische Vorentwürfe verwendet und ist in besonderer Weise in der italienischen Kunst üblich. Je nach dem Material, in dem der plastische Vorentwurf gearbeitet wurde, spricht man etwa von Tonbozzetto oder Wachsbozzetto. Der Bozzetto ist – abgesehen von vorausgehenden Vorzeichnungen – gerade deswegen von besonderer Bedeutung, weil in ihm die erste unverfälschte Absicht des Künstlers sichtbar wird, vor allem im Barock, wo häufig die Werkstatt nach dem Bozzetto des Meisters das Monumentalwerk ausführte.

Brabanter Spitze, → Klöppelspitze des 18. Jh.s in → Brüsseler Art, nur gröber.

Bracket-Uhr, kleine Standuhr für den Tisch oder eine Wandkonsole, die durch eine Feder angetrieben wird. Sie wurde nach der Erfindung des Pendels 1657 eingeführt. Die frühen Stücke bis etwa 1700 hatten meist ein architektonisches Gehäuse, die späteren z. B. kuppelförmige Oberteile.

Braguette, Schamkapsel, beutelförmiger Latz der Männerhose des 15. und 16. Jh.s.

Brakteaten (von lat. *bractea*, dünnes Blech, abgeleitet von griech., knistern). 1. Von den Germanen der Völkerwanderungszeit getragene Schmuckanhänger in Nachahmung römischer Kaisermünzen und Medaillons (Goldbrakteaten, Ende 5.–8. Jh.). 2. Einseitig geprägte silberne Hohlpfennige

Bracket-Uhr. London, um 1700. Mit Repetier- und Weckeinrichtung, Gehäuse aus Ebenholz mit Silberbeschlag. H 25 cm.

(Schüsselpfennige) von kurzer Umlaufszeit (1130–14. Jh.). Sie waren in Österreich, Mittel- und Norddeutschland weit verbreitet. Die Stempelschneidekunst des Mittelalters erlebte in ihnen ihre schönste Blüte. Die von Zierrahmen umgebenen Münzbilder zeigen häufig biblische Figuren unter reicher Architektur. Vorläufer sind die doppelseitig geprägten Halbbrakteaten (10.–14. Jh.). Hunderte von Brakteaten wurden in der ersten Hälfte des 18. und im 19. Jh. gefälscht.

Brandenburger, franz. *brandebourg,* untaillierter Männermantel des späten 17. und frühen 18. Jh.s.

Brandenburger Porzellan, zwischen 1714 und 1730 von Samuel Kempe in Plaue an der Havel hergestelltes Steinzeug. Eine Nachahmung des → Böttgersteinzeugs.

Brandenburgische Gläser, Produkte der brandenburgischen Hüttengründungen Grimnitz und Marienwalde; hier wurden bis 1661 → emaillierte Gläser hergestellt. Erst in diesem Jahr werden auch geschnittene und geschliffene Gläser erwähnt. Sie dürften sich von den böhmischen → Barockgläsern kaum unterschieden haben. 1679 pachtete Joh. → Kunckel die 1674 neu gegründete Hütte in Potsdam. Er verbesserte die Qualität des → Kristallglases und erzeugte als erster kostbare Schliffgläser aus → Goldrubin. Um 1680 führte Martin Winter aus dem Hirschberger Tal in Schlesien den → Hochschnitt in Potsdam ein. Aus Schlesien kam auch Winters Neffe Gottfried Spiller (1663?–1728), der nach dem Tod seines Onkels 1702 zum königlichen Glasschneider ernannt wurde. Er war ein Meister im figuralen Fach und schnitt hauptsächlich mythologische Szenen und Putten in Kristall- und Goldrubingläser. Neben ihm waren in Berlin andere Glasschneider tätig, unter ihnen Elias Rossbach, von dem sich als einzigem Berliner Graveur signierte Arbeiten erhalten haben. 1736 wurde der Hüttenbetrieb von Potsdam nach Zechlin verlegt. Etwa um dieselbe Zeit machte sich eine Vorliebe für die Vergoldung von geschliffenen und geschnittenen Gläsern bemerkbar, die auch auf das schlesische Rokokoglas übergriff. Ab 1760 setzte – wie auch in anderen Glaserzeugungsgebieten – ein Verfall des künstlerischen Glasschnitts ein, bedingt durch die Hinwendung des kaufkräftigen Publikums zum aufwendig dekorierten Porzellan.

Branntweinschalen, in Norddeutschland verbreitete Zinn- oder Silberschalen für süße Branntweinzubereitungen. Es gibt sie als Ohrenschüsselchen mit zwei waagrechten Griffen (dieser Typ wird auch Kolleschal genannt) und in gefußter Form mit senkrechten Griffen. Die tiefen, bauchigen Tröstelbierschalen haben einen ringförmigen und einen meist muschelförmigen Griff. Aus ihnen wurden in Ostfriesland bei Trauerfeiern alkoholische Getränke, in die man Gebäck einbrockte, getrunken.

Bratina, kugelförmiges Trinkgefäß, henkellos und mit eingezogenem senkrechten Lippenrand, vorwiegend aus Edelmetall gefertigt. Eine russische Sonderform, die auf russische Bestellung auch in Norddeutschland gearbeitet wurde. Sie diente dem Genuß von Branntwein, Met oder Kwass (russisches Getränk aus Brot und Beeren).

Bratwurstdose, Nürnberger Zinndose des 18. Jh.s, die noch im 19. Jh. fortlebte. Ovale Deckeldose mit senkrechter Wandung (mitunter mehrpassig geschweift), Kugelknauf, seitlichen Kugelgriffen, oft kleinen Kugel- oder Krallenfüßen.

Braun AG, deutsche Firma, die auf Phono- und Elektrogeräte spezialisiert ist; entwickelte ab 1955 unter der Leitung von Fritz → Eichler eine Produktform, die zu einem international anerkannten Beispiel guten Industriedesigns wurde. Die Konzeption des Designprogramms spiegelt deutlich die Maximen der Ulmer Hochschule für Gestaltung wider.

Braune Bayreuther Ware → Bayreuth

Braunes Porzellan → Ansbacher Fayence

Braunschweiger Fayence, 1. Manufaktur Herzog Anton Ulrichs. 1707 gegründet, bald verpachtet, in vielen Händen. Die Erzeugnisse folgten dem Vorbild von → Rouen, → Delft, später Berlin (→ Berliner Fayencen), von dort wurden die Maßkrüge mit fürstlichem Monogramm übernommen. Die Glasur der Braunschweiger Fayencen ist ziemlich stumpf. Als Marken treten die Besitzermonogramme VH, B & R, BR & C auf.

2. Chely, 1747 von Anton Chely und seinen Söhnen gegründete Fayencemanufaktur, die bis 1757 bestand. Sie produzierte auffallend große Stücke, darunter Formgeschirre und

Brandenburgische Gläser. Flasche und Krug. Potsdam, um 1700. Rubinglas, silbergefaßt. H 21 und 15 cm. Stuttgart, Württembergisches Landesmuseum.

Braunschweiger Deckelvasen. 18. Jh. H 49 cm.

Figuren, die wohl von Christoph Rudolf Chely entworfen wurden (am häufigsten Terrine in Form einer zwischen Früchten und Eiern sitzenden Ente). Als Marke kommt verschlungenes CC in Manganviolett in Verbindung mit Malersignaturen vor.

Braunschweiger Möbel, ein beliebter Terminus des Kunsthandels, wird zumeist auf Schränke des frühen 18. Jh.s angewandt, deren Vorderfronten inmitten ornamentaler Marketerien Zinn- bzw. Elfenbeineinlagen mit figürlichen Motiven aufweisen. Diese eigentümliche Technik läßt sich tatsächlich bei einigen nachweislich in Braunschweig entstandenen Möbeln verfolgen, ist jedoch im mitteldeutschen Raum nicht unüblich. Auch in Böhmen und in Österreich kann man Möbelstücke, die in dieser Art verziert sind, finden. Eine genauere Einordnung dieser Möbel ist meist nur dem einschlägig bewanderten Fachmann möglich.

Brautbecher → Jungfrauenbecher

Brauttruhe, auch Hochzeitstruhe, besonders kostbare → Truhe, die die Braut als Morgengabe zur Aufbewahrung der Aussteuer erhielt. Oft deuten auf Liebe, Treue und Tugend bezügliche Szenen im Dekor auf diese Bestimmung hin. Besonders beliebt waren Hochzeitstruhen in der florentinischen → Renaissance; vergoldete Stuckauflagen oder eingesetzte Tafelbilder verliehen diesen Cassoni (→ Cassone) ihren besonderen Reiz.

Braze, auch Bratze (von franz. *brocher,* stechen), silberne, z. T. vergoldete Hemdschließe mit vorderem Querdorn oder Minnespange von geschlossener Ringform. Ab 13. Jh. auch als Sechseck, Stern und Mehrpaß. Die mittelalterliche Ringscheibe, entwickelt aus der eisenzeitlichen Ringfibel, erhielt sich im → Trachtenschmuck bis ins 19. Jh. Brazen mit verschlungenen Händen, Liebesinschriften und herzförmigem Umriß waren im 14./15. Jh. Verlobungsgeschenk in Norddeutschland, Skandinavien und dem Baltikum. (→ Fürspan)

Brechrand → Harnisch

Brechscheibe, Brechstange → Stechzeug

Breguet, Abraham Louis → Uhrentechnik

Breitrandteller, frühe, bis in das 17. Jh. übliche Form des glatten Zinntellers, mit breiter, glatter Fahne. Wegen seiner Ähnlichkeit mit dessen Form wird er auch Kardinalshut genannt.

Brettchenweberei, bei Borten (Bortenweberei) angewandte, seit ältester Zeit geübte Webtechnik. Ein Brettchengewebe entsteht mit Hilfe von vier- oder mehreckigen Brettchen, die an den Ecken gelocht sind. Die an den beiden Enden fixierten Kettfäden laufen durch diese Löcher. Durch Drehen der Brettchen bildet sich das Fach, in das der Schuß eingelegt wird. Der Schuß, abgesehen vom Zierschuß, ist unsichtbar. Entsprechend der Löcherzahl in den Brettchen, der Art, wie die Kettfäden eingezogen werden, und der Drehungsform der Brettchen ergeben sich sehr verschiedenartige Bindungen. Da die Zahl der Brettchen und damit der Kettfäden

Braunschweiger Kunstschrank. Anfang 18. Jh. In den Türfeldern geschnitzte und vergoldete Holzgitter in Bandelwerkornamentik, 232 × 160 × 53 cm. Braunschweig, Herzog-Anton-Ulrich-Museum.

beschränkt ist, können nur schmale Gewebe (Bänder und Borten) angefertigt werden.

Brettluhren, eine in der → Biedermeierzeit vor allem in Wien beliebte Uhrform, die hauptsächlich für Uhrwerke billigerer Machart Verwendung fand. Bei den Brettluhren sind kleine Gewichts- oder Federzugswerke auf einem lackierten oder mit Politur behandelten Wandbrett aufgehängt.

Brettschemel, ein einfacher Stuhl, dessen viereckige, brettartige Sitzplatte auf vier schräggestellten kantigen Beinen ruht (vgl. Sitzmöbel).

Breuer, Marcel Lajos (* 1902), Architekt und Designer, nach dessen Auffassung die Zivilisierung der Technologie *(civilizing technology)* die wesentliche Aufgabe des modernen Designers ist. Diese deutliche Absage an die Traditionen der → Arts-and-Crafts-Bewegung, die die Zukunft in der Förderung des individuellen Handwerks sah, zeigt sich in den Möbelentwürfen Breuers schon sehr früh. Als Leiter der Tischlerwerkstatt des Bauhauses (→ Bauhaus, Staatliches) in Weimar, 1925, schuf er den sog. Wassilystuhl (Wassily steht für Wassily Kandinsky, Breuers Lehrerkollegen am Bauhaus), ein Sitzmöbel aus verchromtem Rundstahl mit Lederbezug, das gezielt für eine standardisierte Massenproduktion entworfen wurde. Ein Jahr später wurden die Räume des Bauhauses mit diesem Stuhl möbliert – ein sichtbares Zeichen, welche zukunftsträchtige Bedeutung man diesem Sitzmöbel beimaß. Im selben Jahr, 1926, entwickelte er parallel zu Ludwig → Mies van der Rohe ein weiteres Serienmöbel, einen Stuhl, der aus einem einzigen Stück gebogenen Stahlrohrs bestand. Die Breuersche Version, von ihm selbst mehrfach variiert, darunter auch mit Sitz und Rückenlehne aus Holz bzw. aus Rohrgeflecht, wird heute noch serienmäßig hergestellt. Der Nationalsozialismus zwang Breuer zur Emigration (1935), zuerst nach England und dann in die Vereinigten Staaten (1937), wo er sich mit Walter → Gropius zusammentat (bis 1941). Nach dieser für beide Seiten fruchtbaren Partnerschaft gründete Breuer sein eigenes Architektur- und Designbüro. Die nach der Emigration entstandenen Möbelentwürfe Breuers zeigen, trotz aller Originalität, starke Einflüsse des finnischen und des schwedischen Möbeldesigns, vor allem Alvar → Aaltos. Nach dem Kriege wandte sich Breuer mehr dem experimentellen Möbel zu.

Breviarium, Brevier → Stundenbuch

Brickard, Servatius (1676–1742), aus Brabant stammender Kunstschreiner, war von 1735 an als Hoftischler der Bamberger Fürstbischöfe aus der Familie der Schönborn tätig. Sein für das Schloß Pommersfelden angefertigter Schreibschrank mit den eingesetzten Elfenbeinreliefs Ignaz Elhafens (1727) gehört zu den bedeutendsten Erzeugnissen der Möbelkunst im deutschen Spätbarock.

Briefbeschwerer aus Glas → Glass-Paperweights

Briefpaneel → Faltwerk

Briefwappen → Urwappen

Brigandine, westenartiger Oberkörper- und Lendenschutz des 15. und 16. Jh.s. Auf einer Stoffunterlage wurden dachziegelartig geschichtete Eisenplättchen befestigt, die man mit farbigem Samt überzog.

Brillant, runde Schliffform des → Diamanten, die auch bei hochlichtbrechenden Farbsteinen angewandt wird. Der Vollschliffbrillant hat heute 58 Facetten (einschließlich Tafel und Kalette), der aus kleinerem Material als Besatzstein geschliffene Achtkant je acht Facetten über und unter der Rondiste. Die seit Mitte des 16. Jh.s bekannte Rose besteht aus einem facettierten Oberteil ohne Tafel und ist unten flach. Der sog. Altschliffbrillant (2. Hälfte des 19. Jh.s) hat ein hohes Oberteil mit Tafel und 32 Facetten sowie einen runden, noch etwas quadratischen Querschnitt. Ludwig van Berquem aus Brügge ermöglichte 1475/76 durch Einführung der Schleifscheibe die systematische Facettenverteilung. 1640 förderte Kardinal Mazarin die Entwicklung (Mazarinschliff). Vincenzo Peruzzi aus Venedig erfand um 1700 den Brillantschliff mit Tafel, Kalette und 32 Facetten über – sowie 24 Facetten unter – der Rondiste. Abgeleitete Formen des Brillanten sind Navette oder Marquise (beidseitig spitze Ovale) und Tropfen (poire).

Brinquinos → Talavera

Briolette, tropfenförmige, oben spitze Schliffform von Edelsteinen (Phantasieschliff). Verwandt sind Pampel und Olive. (→ Edelsteinschliff)

Briot, François (um 1550– um 1616), berühmter Zinngießer, Hauptmeister des französischen Edelzinns (→ Zinn), der sich um 1580 in Montbéliard (Mömpelgard, württembergische Enklave zwischen Burgund und Oberelsaß) niederließ. Sein Hauptwerk ist die häufig kopierte Temperantiaschale (um 1585–90) mit den allegorischen Figuren der Mäßigkeit im Mittelmedaillon, der vier Elemente und der sieben freien Künste auf dem Rand. Figuren und umrahmende → Grotesken zeigen Einflüsse der Schule von Fontainebleau (→ Renaissance). Die Schale diente zur Handwaschung bei festlichen Anlässen und wird durch eine auf das Mittelmedaillon passende Wasserkanne (→ Aiguière) antikisierender Form (eiförmiger Körper, geschweifter Ausguß, mit weiblicher Halbfigur besetzter geschwungener Henkel) ergänzt. Es gibt weitere Prunkschüsseln und -kannen von Briot und seiner Schule. Sie übten großen Einfluß auf das in Nürnberg blühende deutsche Edelzinn aus (→ Enderlein, Caspar).

Brisüren → Beizeichen

Britanniametall, eine erstmals um 1770 hergestellte Zinn-Kupfer-Antimon-Legierung, die als billiger Ersatz für → Sheffield Plate diente.

Brocard, Philippe-Joseph, französischer Glaskünstler, von 1867 bis 1890 in Paris tätig, †1896. Er belebte die Emailmalerei auf Glas (→ emaillierte Gläser) in Frankreich wieder und erregte vor allem mit Nachbildungen orientalischer Gläser des 13./14. Jh.s Aufsehen. In der Folge stellten auch Antonio → Salviati und J. & L. → Lobmeyr emaillierte Gläser im orientalischen Stil her (→ islamisches Glas). In den achtziger Jahren wandte sich Brocard, beeinflußt von Émile → Gallé, europäischen Formen und naturalistischen Dekors zu.

Brokat, durch zusätzliche Schußfäden, meist Gold- oder Silberfäden, bereichertes Gewebe (→ Broschieren).

Brokatell, lampasartige (→ Lampas) Gewebeform, in der Regel gekennzeichnet durch einen Grund mit → Köperbindung aus → Lancierschüssen, meist Seide, die durch eine Bindekette abgebunden werden. Das Relief der Musterpartien ist meistens atlasbindig, es entsteht durch Verwendung eines Grundschusses aus grobem Leinen. Seit dem 16. Jh. beliebt vor allem in der Herstellung von Möbelbezugsstoffen (Italien).

Bronze doré → Ormoulu

Bronzekunst, eine Legierung aus Kupfer und Zinn im Verhältnis von etwa 9 : 1, ist seit dem mittleren 3. Jahrtausend v. Chr. (Beginn der Bronzezeit) bekannt und wird seitdem zu Geräten und Bildwerken verarbeitet. Die Formung erfolgt durch den → Guß, als Voll- oder Hohlguß, in verlorener

Altchinesische Bronze. Kriegsgott Kuan-ti. Ming Dynastie (1368–1644 n. Chr.). Bronze, feuervergoldet. H 20 cm.

oder erhaltener Form. Einen frühen Höhepunkt stellen die Altchinesischen Bronzen dar (1500 v. Chr. – 220 n. Chr.), technisch hervorragend gearbeitete (in Teilen gegossene) Gefäße für das Ahnenopfer, für die sich feste Typen herauskristallisierten; sie bilden ein geschlossenes Sammelgebiet. In Griechenland gab es vom 8. Jh. v. Chr. an bronzene Kleinplastiken, vom späten 6. Jh. an Großplastiken (Hohlguß). Aus Bronze waren die großartigsten griechischen Bildwerke klassischer und hellenistischer Zeit, die uns fast nur in römischen Marmorkopien überliefert sind. Ein berühmtes Werk der etruskischen Bronzekunst ist die Wölfin im Kapitolinischen Museum in Rom (spätes 6. Jh. v. Chr.). Elegante Bronzegeräte waren im ganzen römischen Kaiserreich verbreitet; ein Zentrum ihrer Herstellung war Capua in Süditalien (Capuanische Gefäße). Die bedeutendste römische Bronzeplastik ist die Reiterstatue des Kaisers Marc Aurel auf dem Kapitol in Rom (2. Jh. n. Chr.). Im Mittelalter blühte die Bronzekunst in karolingischer (Türen des Aachener Münsters), ottonischer (Aufträge Bischof Bernwards von Hildesheim) und romanischer Zeit (Türen, Grabplatten, liturgisches Gerät). Die italienische Renaissance belebte die Bronzekunst im Anschluß an die Antike (Donatello, Reiterstatue des Gattamelata, Padua). Der von Italien angeregte deutsche Bronzeguß der Reformationszeit (Gießhütte Peter Vischers, Nürnberg, Grabmal Maximilians in Innsbruck) erlebte um 1600 eine Nachblüte in Augsburg und München (Hubert Gerhard, Hans Krumpper). Die bedeutende französische Bronzeplastik des 17. und 18. Jh.s wurde in der Französischen Revolution vernichtet. Bis ins 19. Jh. blieb die Bronzekunst sowohl für das kleine (Kleinbronzen) wie für das große Format von hervorragender Bedeutung, zumal für Standbilder und (Reiter-)Denkmäler, wegen der hohen Belastbarkeit des Materials und der Eignung auch für kleine Standflächen. Kleinbronzen, die im weiten Sinne auch Sammelobjekte sind, werden vor allem seit dem 19. Jh. in der Regel signiert, mit dem Stempel des Gießers versehen und bei Auflagengüssen numeriert. Dabei kann die Signatur im Modell gegeben sein – dann wird sie mitgegossen –, oder sie wird durch Gravur am fertigen Guß angebracht. Bedeutende Gußanstalten des 19. Jh.s waren in Frankreich: Barbedienne, Valsavani, Quesnel oder Susse Freres, ferner Rudier (für Rodin) und Hébrard (für Degas). In Deutschland waren es etwa Gladenbeck (und Söhne), Berlin; F. G. Sanson, Hamburg; Brandstätter, Leyrer sowie Harrach, München. Künstlerpersönlichkeiten des 19.–20. Jh.s aufzuzählen, erübrigt sich, denn beinahe alle Bildhauer haben auch in der Bronzekunst gearbeitet. Über bronzenes Gebrauchsgerät vgl. → Grapen, → Hansaschüsseln, → Lavabokannen, → Mörser.

1. Wachsausschmelzverfahren (franz. *à cire perdue*): Das über einem Tonkern aus Wachs modellierte Bildwerk wird mit einem Gußmantel aus feinem Sand überzogen, der sich in alle Fugen und Modellierungen des Wachses einfügt und zum Erhärten gebracht wird. In den Hohlraum, der durch das Herausschmelzen des Wachses entsteht, fließt die Bronze, die die genaue Form des „verlorenen" Wachsmodells annimmt. Dabei kann nur ein Gußexemplar hergestellt werden.

2. Hohlformguß: Von einem Gipsmodell wird eine Hohlform abgenommen, mit der mehrere Güsse (→ Abguß) vorgenommen werden können.

Bronzepest, auch giftige → Patina, Erkrankung alter Bronzegegenstände, die sich durch grüne Flecken in der Patina zu erkennen gibt und zu völliger Zersetzung des Stückes führt. Die Ursache der Krankheit, die auf andere Gefäße übergreifen kann, ist noch ungeklärt.

Bronzitdekor, auf Kristallglas und mattierten Gläsern in Schwarz bis Dunkelgrau gehaltene Verzierungen, abgeleitet von der Schwarzlotmalerei, aber in Ätztechnik entstanden. Glasgegenstände mit Bronzitdekor nach Entwürfen von Josef Hoffmann und L. H. Jungnickel ließ um 1910 Ludwig → Lobmeyr in Nordböhmen herstellen. Für die gräflich Schafgottschsche Josephinenhütte in Schreiberhau lieferte Adolf Beckert die Zeichnungen.

Brosche, meist auf der Brust getragener Ansteckschmuck mit rückseitiger Nadel, Abart des mittelalterlichen → Fürspans. Die Brosche hatte zunächst außer der Nadel noch zwei Ösen zum Durchziehen einer Kette. Seit Mitte des 17. Jh.s als Schleife, Strauß oder Laubwerk mit Edelsteinbesatz gebildet nach Entwürfen französischer und deutscher Ornamentstecher. Ende des 18. bis Mitte des 19. Jh.s waren ovale, kreis- oder rautenförmige Broschen mit Miniaturporträts, allegorischen Darstellungen in Emailmalerei, Reliefs aus Wedgwoodporzellan, Kameen und goldgefaßten Schmucksteinen in Mode.

Das aus dem Französischen entlehnte Wort Brosche erscheint Mitte des 19. Jh.s erstmals in Deutschland und bedeutet Vorstecknadel mit Schmuckplatte.

Broschieren, in der Weberei ein Verfahren anderer Musterbildung, als sie durch den Grund- und → Lancierschuß entsteht. Der Broschierschuß ist ein zusätzlicher Zierschuß. Er ist begrenzt auf die Form des Motivs und läuft daher nicht von → Webekante zu Webekante. Auf der Gewebeunterseite kann er nach jedem Mustermotiv abbrechen oder zum nächsten Motiv überspringen.

Brotmarken, münzähnliche Marken und Zeichen aus Kupfer oder Zinn, die bei Getreideknappheit oder allgemeiner Teuerung im 18. und 19. Jh. von verschiedenen Städten an die ärmere Bevölkerung ausgegeben wurden, damit sie sich dafür Brot eintauschen konnte.

Brotteller → Abendmahlsteller

Bruche, kurze Oberschenkelhose des Mannes im Mittelalter.

Brüche (Heraldik) → Beizeichen

Brünne → Panzerhemd

Brüsseler Bildteppiche. Brüssel war im 16. und 17. Jh. das Zentrum der Bildwirkerei, das zeitweise mehr als 1000 Wirkereibetriebe umschloß, die nicht nur Teppiche in alle Länder Europas lieferten, sondern auch Wirker, die an vielen Orten Manufakturen gründeten. Die spätgotischen Bildteppiche von → Arras und → Tournai wurden in Brüssel unter dem Einfluß der italienischen Hochrenaissance (Raffaelteppiche → Arazzi) von einem an der Freskenmalerei orientierten monumentalen Teppichstil abgelöst. Die Themen bestanden aus biblischen, historischen, mythologischen und allegorischen (Jahreszeiten-, Monatsbilder) Folgen. Charakteristisch für Brüsseler Gobelins ist die breite → Bordüre mit Blumen und Früchten oder → Grotesken, die um 1600 mit der Entstehung des Barockstils üppiger und großformiger wurden. Ende des 17. Jh.s tauchen in den schmaler gewordenen Bordüren → Kartuschen und → Trophäen auf, die Einwirkungen der Pariser → Manufacture des Gobelins verraten, an die Brüssel nunmehr die Führung in der Gobelinkunst abtrat.

Brüsseler Spitzen. Aus den → flandrischen Spitzen kristallisierten sich um 1700 die Brüsseler heraus und wurden die führenden belgischen Spitzen des 18. Jh.s. Sie bedeuten die Vollendung der → Klöppelspitze. Muster und Grund (der aus sechseckigen Maschen bestehende „Droschelgrund") wurden gesondert geklöppelt. Außer Modeartikeln aus Spitze wurden in Brüssel auch große Stücke wie → Alben für Kirchenfürsten, Altartücher und Madonnenmäntel mit Heiligendarstellungen geklöppelt. In Resten erhalten ist das in Brüssel gearbeitete Spitzenkleid, das Maria Theresia 1744 bei ihrem Staatsbesuch in den Niederlanden als Geschenk erhielt; es kostete 25 000 Gulden.

Brussa, auch Bursa, in der wegen ihrer Seidenherstellung berühmten Stadt am Marmarameer (Kleinasien) hergestellte feine Teppiche, deren Blütezeit nach dem Ersten Weltkrieg zu Ende ging.

Brustschmuck, im engeren Sinne der an der Kleidung befe-

Brustschmuck, Brustschleife. Dresden, 1782. Diamanten, Gold, Dm 21 cm. Dresden, Grünes Gewölbe.

Schleifenbrosche. Niederlande, 2. Hälfte 17. Jh. Gold, Email, Perlen, Rubine. H 7 cm. Amsterdam, Rijksmuseum.

Brosche von René Lalique. Zwei Mädchen mit Schwalben. Paris, 1901. Gold, Email, Barockperle. Pforzheim, Schmuckmuseum.

stigte Schmuck wie → Agraffe, → Brosche, → Fibel, → Fürspan, → Tassel. Brustgehänge haben ihren Ursprung im Mittelmeerraum und gelangten über Byzanz nach Europa, wo sie im → Trachtenschmuck noch heute eine Bedeutung haben.

Brustulon, Andrea (1662–1732), berühmter venezianischer Möbelschnitzer, lernte bei dem Bildhauer Filippo Parodi; diese Ausbildung dokumentiert sich an allen seinen Möbelstücken. So zeigt sein berühmtestes Ensemble, die Möbel für die Familie Venier (Venedig, Palazzo Rezzonico), eher die Auffassung des Bildhauers als die des Kunsttischlers: Verzweigte Äste bilden die Lehnen von Armstühlen, → Guéridons werden von Mohrenknaben mit elfenbeinernen Köpfen und Gliedern getragen, ein Vasenpodest zeigt vollplastisch neben Mohren auch die römischen Flußgötter.

Bry, Theodor de (1528–1598), in Frankfurt ansässiger Kupferstecher und Verleger aus Lüttich, fruchtbarer Ornamentstecher. 1589 erschien die Folge *Spitzen und Laubwerck für die Goldschmit.*

Buccherovasen, etruskische Tongefäße des 8.–4 Jh.s v. Chr. aus geschwärztem Ton mit glänzender Oberfläche. Sie sind mit aufgelegten oder eingepreßten Reliefdarstellungen verziert.

Buch, größeres handgeschriebenes oder gedrucktes Werk, das aus Papier- oder Pergamentbögen besteht, die gefalzt und geheftet (heute auch geklebt) und mit einem Einband versehen sind. Im Mittelalter wurden Bücher von Mönchen handgeschrieben, teilweise mit Buchmalerei geschmückt und mit kostbaren Bucheinbänden versehen. Bis zur Einführung des → Papiers schrieb man auf Pergament. Durch die Erfindung des → Buchdrucks und durch die Illustration mittels graphischer Techniken konnte das Buch allmählich zum Massenartikel werden. Die frühen gedruckten Bücher (→ Inkunabeln) versuchten noch Handschriften nachzuahmen. Erst im 16. Jh. entwickelten sich eigenständige Formen.

Buchara, Bezeichnung für die von den Tekke-Turkmenen (→ Tekke-Turkmenen-Teppich) geknüpften Teppiche, die in Buchara gehandelt werden.

Bucharastickereien, meist großformatige Behänge und Dekken nicht nur aus der Stadt Buchara, sondern auch aus anderen Ansiedlungen des zentralasiatischen Raumes wie Samarkand, Ura, Tube, Schachrisabs, Nurata, Taschkent und Pskent. Als Aussteuer für die heiratsfähigen Töchter in Form von Bettlaken, Bettdecken, Vorhängen in bunter Seide auf weißem Leinen, selten auch Seide, bestickt, sind sie die typischen Erzeugnisse der Stadtbevölkerung. Im Gegensatz zu der geometrischen Ornamentierung der teppicherzeugenden Nomaden im Umkreis stellten die Städter florale Musterungen her, die jedoch immer ein Hauptmotiv variieren: das des roten Kreises. In den besonders feinen Arbeiten Bucharas stellen sie den Schnitt durch eine Blüte dar, die Produktionen aus Pskent und Taschkent abstrahieren zu roten Scheiben, die, in Reihung, die gesamte Fläche ausfüllen. Der symbolische Gehalt der Motive ist nur vage zu entschlüsseln. Die Bucharastickereien, auch Susani genannt (persisch *susan*, Nadel), werden unterschieden nach dem jeweiligen Herstellungsort. Die Stickereien haben meist eine Größe von 1,70 × 2,50 m und werden über den Teppichhandel angeboten. Die meisten Arbeiten stammen aus dem 19. Jh. Jüngere Susanis enthalten anilingefärbte Seidengarne, alte Stücke zu Beginn des 19. Jh.s sind kleinformatiger, weisen Pflanzenfarben auf und zeichnen sich durch reichhaltig ornamentierte Bordüren aus.

Buchdruck, Hochdruckverfahren, bei dem die erhabenen Stellen einer eingefärbten Druckform den Abzug liefern. Der von Johannes Gutenberg (vor 1400–1468) erfundene Druck mit gegossenen, beweglichen Lettern verdrängte das handgeschriebene Buch. Die um 1455 fertiggestellte berühmte Gutenbergbibel wurde in ca. 100–200 Exemplaren gedruckt, von denen 40 Stücke erhalten sind. Die Lettern

Bucharastickerei. Schachrisabs. Mitte 19. Jh. München, Sammlung Besch.

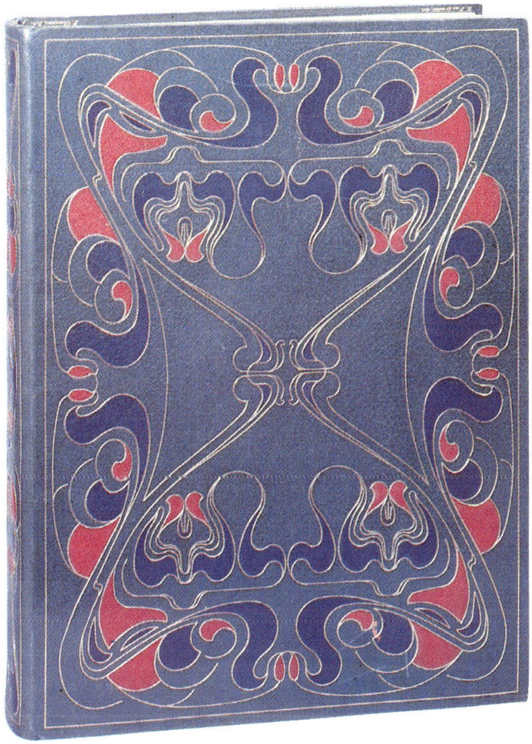

Bucheinband von Henry van de Velde. Ausgeführt von P. Claessens. Brüssel, 1895. Hamburg, Museum für Kunst und Gewerbe.

können mit anderen Hochdruckverfahren kombiniert gedruckt werden (→ Holzschnitt, → Holzstich, → Klischee).

Bucheinband. Mittelalterliche Bücher waren oft mit prächtigen kostbar verzierten Deckeln ausgestattet. Durch die Erfindung des → Buchdrucks veränderten sich auch die Einbände, sie werden weniger kostbar gestaltet und leichter. Im 16. und 17. Jh. werden mit Leder überzogene Pappeinbände üblich, die oft mit Goldprägungen verziert sind. Der Bucheinband vollzog alle Wandlungen der Ornamentik mit. Im 19. Jh. ging seine künstlerische Gestaltung stark zurück. Erst mit der Rückbesinnung auf das künstlerische Handwerk durch William → Morris erlebte auch der Bucheinband seit den achtziger Jahren des 19. Jh.s einen neuen Aufschwung, um sodann im → Jugendstil einen neuen Höhepunkt zu erleben. In neuerer Zeit werden auch Schutzumschläge künstlerisch gestaltet und sammlungswürdig.

Buchmalerei, Ausschmückung eines Buchtextes mit → Miniaturen. Von der Spätantike bis ins frühe 15. Jh. (→ Stundenbuch) eine der Hauptgattungen der Malerei.

Buchrolle → Megilla → Toraschmuck

Buchsbaumholz, sehr hartes, dichtes Holz von gelber Farbe, das mit Vorliebe in der Drechslerei und als Holzstock für → Holzschnitte verwendet wurde.

Buchstabenschmuck, aus Buchstaben als selbständigen Formelementen gebildeter Schmuck: Anhänger, Schließen und Ketten, auch Orden. Blütezeit 16./17. Jh. Das 17./18. Jh. ersetzte Buchstaben auch durch Zahlenmonogramme (numerisch geordnetes Alphabet). Im 19. Jh. Buchstabenschmuck bei Broschen, im 20. Jh. Initialen aus Edelmetall.

Buckelpokal, zu seiner Zeit Knorrecht oder Kop genannt – ein seit dem späteren 15. Jh. gefertigter Deckelpokal, dessen Schmuck an Fuß, Bauch und Deckel aus hochgetriebenen, versetzt angeordneten, fast immer spitz ausgezogenen, geraden oder geschweiften Buckeln besteht. Der Gefäßkörper weist meist in der Mitte eine Einschnürung auf. Die Buckelung bot den Vorteil erhöhter Lichtreflexe und stärkerer Stabilität gegenüber glattwandigen Gefäßen. Im 16. Jh. entstanden in Anlehnung an Naturformen → Akeleibecher, in der 2. Jahrhunderthälfte → Trauben- oder Ananaspokale.

Buddel → Bouteille

Buddelschiffe (nach dem plattdeutschen Wort Buddel für Flasche, daher auch Flaschenschiffe genannt), kleine, schmale, aus Holz gearbeitete (zumeist Segel-)Schiffsmodelle, die mit niedergeklappten Masten durch den Hals in eine Flasche geschoben und auf einem vorher eingebrachten, wellenartig modellierten Grund aus farbigem Kitt festgedrückt werden. Die Masten werden anschließend an Fäden in die Senkrechte gezogen. Das Basteln von Buddelschiffen war seit etwa Mitte des 19. Jh.s (vorher waren geeignete Flaschen aus gut durchsichtigem Glas zu teuer und an Bord ungebräuchlich) eine der beliebtesten Freizeitbeschäftigungen der Schiffsbesatzungen.

Buddelschiff mit einem Modell der Bark „Orion“, Häusern und der Hamburger Michaeliskirche. Um 1910. München, Privatbesitz.

Buddha (sanskr., chin. *Fo,* jap. *Butsu,* tib. *Sangs-rgyas*), der „Erleuchtete“, jedwedes Wesen, das *bodhi,* die Erleuchtung, erlangt hat; in der buddhistischen Kunst ein Hauptthema der bildlichen und figürlichen Gestaltung mannigfacher Art. Den Heiligen Schriften des Mahâyana (→ Sûtra) nach gibt es ungezählte Buddhas. Zur Darstellung in der Kunst kamen verwirrend viele, unterschieden nach Herkunft, Alter, Funktion und Aspekt, erkennbar an Gesten (→ *mudrâ*), in Ausnahmefällen an Attributen, an ihren Sitzweisen (→ *âsana*) und Thronen sowie eventuell ihren Reittieren (→ *vâhana*), wenn möglich nach Farben und oft nach ihrem Gefolge, z. B. → Bodhisattvas, Gottheiten (→ Yidam), und eventuell nach den weiblichen Entsprechungen, ihren Erkenntnisformen (→ Prajnâ), unterscheidbar. Alle Buddha-Darstellungen sind jedoch an einen strengen Kanon gebunden, der die typisierte Grundform idealisierend vorschreibt. Die wichtigsten Merkmale sind: Schlichtheit der Person, d. h. Schmucklosigkeit

(mit zwei Ausnahmen: Vairocana und Amitâyus), und einfaches Mönchsgewand *(kâshâya)*; als Zeichen seines außergewöhnlichen geistigen Vermögens ein deutlich gewölbter Schädelauswuchs *(ushnîsha)* unter gewelltem Haar (bei frühen Werken unter indischem Einfluß), klein gelocktem Haar (Pfefferkornlocken, typisch in Ostasien) oder hochgebundenem Haar, bekrönt von einer kleinen – vergoldeten – Flamme (in Südostasien); das zweite Weisheitszeichen ist die *ûrnâ* zwischen den Augenbrauen, die mit ihrem Licht die Welt erhellende Wirbellocke oder das „Auge der Weisheit", oft in Gold aufgesetzt oder, bei ostasiatischen Figuren, als kleine, runde Vertiefung ausgeführt, in die ein Bergkristall eingelegt wurde; auf Handflächen und Fußsohlen sollte das Rad der Lehre *(cakra)* zu sehen sein, was aber nicht immer befolgt ist; um sein Haupt erstrahlt ein Nimbus, und meistens leuchtet um seine ganze Gestalt eine Aura in Form einer Mandorla. Ausdruck und Haltung eines Buddha sind von vollkommener Ruhe. Er steht entweder, ohne die geringste Neigung, ganz gerade *(samâpada),* oder er sitzt, in den meisten Fällen, im Lotos- oder Meditationssitz *(padmâsana, dhyânâsana)* *(Abb. s. a. S. 109).*
Besonders hervorgehoben unter den Buddhas, namentlich im Vajrayâna, ist der Ur- und All-Buddha (Âdi-Buddha), der Weltherrscher (Cakravartin), als solcher durch die Ausstattung mit einer – in ostasiatischen Darstellungen meist kastenförmigen – reichen Krone und eventuell sogar mit Schmuck in ungewöhnlicher Weise ausgezeichnet. In Ostasien ist dies Buddha Vairocana (tib. rNan-snang, chin. Tajih, jap. Dainichi), der auch an seiner *mudrâ* der Weisheitsfaust *(bodhyagrî-mudrâ)* zu erkennen ist, wenn er nicht das Rad der Lehre *(dharma-cakra)* in den Händen hält. Er ist immer in throno wiedergegeben *(dhyânâsana).* Seine Farbe ist weiß und sein Aspekt im Tantrismus friedlich. Im Lamaismus hingegen gilt gewöhnlich Vajradhara oder Vajrasattva, beide mit → *vajra* und *ganthâ,* als Âdi-Buddha (→ Amitâbha, → Bhaishajyaguru, → Maitreya, → Shâkyamuni).

Büchse, aus der Fachsprache der griechischen Heilkunde stammende Bezeichnung, die ursprünglich für den aus Buchsbaum gedrechselten Arzneibehälter, insbesondere für das Deckelgefäß für Salben, verwendet wurde. Später ist mit dem Wort Büchse die Bedeutung „Hohlzylinder" allgemein verbunden, und man meint damit entsprechende Deckelgefäße u. a. aus Holz, Elfenbein und Metall. Seit dem 14. Jh. ist der Begriff auch als Synonym für die mit einem derartigen Rohr ausgerüstete → Feuerwaffe entwickelt. Büchse wird im Deutschen teilweise synonym gebraucht für Dose, und zwar in der Neuzeit nicht nur für runde Stücke, sondern auch für eckige von gewisser Höhe, etwa in den Begriffen Kaffee-, Keks-, Nadelbüchse.

Büchsensonnenuhren, viereckige Reisesonnenuhren des 15. und 16. Jh.s mit waagerechtem Zifferblatt, die im Beutel oder Lederetui mitgeführt wurden (aus Messing oder Kupfer, oft versilbert oder vergoldet). Sie haben einen Kompaß, der zur richtigen Einstellung des Polstabes in die Mittagslinie dient, und in ihm eingeritzt die Linie der Mißweisung der Magnetnadel. Sie wurden in Augsburg, München, Nürnberg und Prag hergestellt.

Büfett → Kredenz

Bügeleisen, auch Plätteisen, wahrscheinlich seit dem 15. Jh. vorkommend und meist aus Gußeisen hergestellt. Die häufigste Variante stellt ein einfacher Block mit Griff dar, der zum Erhitzen auf einen Feuerrost gesetzt wurde. Holzkohleneisen sind innen hohl und wurden mit glühenden Scheiten gefüllt.

Bügeleisen aus Messingguß. Arbeit des Nürnberger Meisters Andreas Kechel, 1721. Nürnberg, Germanisches Nationalmuseum.

Bügelfibel, dominierende Form der Frauengewandspange bei den germanischen Stämmen der Völkerwanderungs- und Merowingerzeit, bestehend aus Kopf- und Fußplatte, verbunden durch schmalen, meist bandförmigen Bügel. Material: vorwiegend vergoldetes Silber, seltener Gold oder Bronze. (→ Fibel)

Buen Retiro → Capodimonte

Bürgeler Ware, zunächst unglasierte graue Irdenware, wird seit dem 14. Jh. in Bürgel hergestellt. Bis ins 19. Jh. wird sie ohne Schablone frei aus der Hand auf der Scheibe gedreht. Die heute noch erhältlichen frühen Stücke zeichnen sich durch braune Töne der Glasuren aus, bei späteren herrscht ein lebhaftes Hellblau mit weißen Tupfen vor. An Formen sind Dosen, Schüsseln, Töpfe, Kannen, Essentragen und außerdem Kacheln bekannt.

Bürgerkönig → Louis Philippe

Büste, auch Brustbild (ital. *busto*); in der → Bildnerei der bis zur Brust mit oder ohne Einbeziehung der Schultern dargestellte Mensch. Wohl in der griechischen Kunst aus der Herme entwickelt, von großer Bedeutung in der Porträtbildnerei der römischen Kaiserzeit. Das Mittelalter kennt die Büste lediglich als Reliquiar. Die Kunst der Büste erhält erst in der Renaissance neuen Aufschwung und bleibt bis ins beginnende 20. Jh. unvermindert beliebt.

Büttenmann, Silbergefäß in Form eines Winzers mit Kiepe auf dem Rücken, das im 16. und 17. Jh. besonders in Süddeutschland und der Schweiz als Trinkgefäß (→ Willkomm) beliebt war.

Buffet, halbhohes Kastenmöbel, verwandt mit der → Kredenz.

Bugatti, Carlo (1855–1940), vielleicht bedeutendster Möbelentwerfer des italienischen → Jugendstils, begann seine Karriere als Designer auf der Ausstellung italienischer Kunst in London, 1888, auf der er – bereits ein Vorgriff auf seine Exotismen – ein türkisches Rauchzimmer vorstellte. Elfenbein- und Metalleinlagen, teilweise kombiniert mit gemaltem Dekor, kennzeichnen diese frühen Möbel; doch nicht nur die islamische Kunst, auch fernöstliche, dann wieder romanisierende Elemente beeinflußten seine Gestaltungen. Berühmt wurden seine revolutionären Entwürfe für Tische, von schneckenartig eingerollten Voluten getragen, oder seine G-förmig gestalteten → Sitzmöbel, die auf der Turiner Weltausstellung 1902 eine Sensation waren. Einer seiner Söhne, Ettore Bugatti, war ein berühmter Autodesigner.

Bugholzmöbel, Möbel, deren Konstruktion aus über Wasserdampf gebogenem Buchenholz besteht. Der Name leitet sich vom Schiffsbau ab, bei dem diese Technik schon von alters her gebräuchlich war. Für den Möbelbau adaptierte man das Verfahren bereits im 18. Jh., doch erst das frühe 19. Jh. wandte diese Möglichkeiten in größerem Umfang an. Der *elastic chair* des Amerikaners Samuel Gragg (1808 patentiert) gilt als das früheste Bugholzmöbel. Die Serienproduktion jedoch ermöglichte erst Michael Thonet mit seiner in Boppard 1819 errichteten Fabrik für Bugholzmöbel, die noch heute unter gleichem Namen firmiert (→ Thonet). Im 20. Jh. entdeckten vorwiegend skandinavische Designer die Eigenschaften des Bugholzes in der abgewandelten Form des Schichtholzes wieder.

Bukranion, Ochsenschädel, Schmuckmotiv der griechischen und römischen Kunst, das in Verbindung mit → Festons vor allem an Friesen (Bukranionfries) Verwendung fand und von der italienischen Renaissance wiederaufgenommen wurde.

Bugholzstuhl. Sessel No. 14. Österreich, um 1900. Der Typ wurde von 1859 bis 1930 in unveränderter Gestalt von der Thonet-Fabrik hergestellt. München, Die Neue Sammlung.

Bulge. Kanton Bern, datiert 1719. H 56 cm.

Bulge, schweizerisches Zinngefäß mit vierseitiger Wandung auf rechteckiger Grundfläche, das einen schlanken Hals mit Ausguß und oben einen beweglichen Eisenhenkel trägt. Die Bulgen erlebten ihre Blüte im 17. Jh., wo sie, mit gravierten Initialen geschmückt, als Abendmahls- oder Gemeindeschenkkannen dienten.

Bulle, meist doppelseitig geprägtes Hängesiegel aus Metall, vorwiegend aus Blei (Byzanz, Papstkanzlei) und Gold (Byzanz, deutsche Kaiser), seltener Silber (Byzanz). Davon abgeleitet die Bezeichnung einer besonderen Papsturkundenart mit der Formel „ad perpetuam rei memoriam", welche seit der Mitte des 13. Jh.s zuerst für Dekrete usw., dann auch für Privilegierungen verwendet wurde. Die Bezeichnung „Bulle" für jede bullierte Papsturkunde anzuwenden, ist frühneuzeitlicher Sprachgebrauch und nicht haltbar.

Bundu-Masken → Mende

Buntpapier, Sammelbegriff für Papiere, deren Oberfläche gefärbt ist und die farbig getränkt, bedruckt oder geprägt sind. Die ältesten Buntpapiere (einfarbig gestrichene Buntpapiere) sind Anfang des 15. Jh.s entstanden, als das Papier das Pergament ablöste. Farbiges Pergament – meist karmin- oder zinnoberrot – war als Material für Einbände bekannt. So wurde dieses Verfahren auch für Papier übernommen. Der Begriff Buntpapier *(papier peint, papier de fantaisie)* taucht vermutlich gegen Ende des 17. Jh.s auf. Buntpapier

muß nicht mehrfarbig sein. Seine Verwendung war zunächst für Spielkarten-Rückseiten bestimmt (um 1430, „Türkisch Papier"). Ab 1700 kennt man das sog. Bronzefirnispapier, ab 1720/30 das Brokatpapier, ab 1750/60 das Kleisterpapier. Buntpapier war gedacht für Bucheinbände (Vorsatzpapier, Broschurumschlag, Einbandpapier), Umschläge von Glückwünschen, Privatdrucke, Geschenkexemplare von Dissertationen, Vorsatzpapiere für Adelsdiplome, also für Bücher und Schriften mit intimem, festlichem Charakter.

Bunzlau bei Liegnitz, → sächsisches Steinzeugzentrum, 17. bis 20. Jh. Das Bunzlauer Steinzeug hat einen weißen → Scherben, da der Bunzlauer Ton eisenarm ist. Vom 17. Jh. an ist die Oberfläche dank einer glänzenden Lehmglasur braun. Darauf heben sich Reliefauflagen als leuchtend weiße Felder dekorativ ab. Es sind aus Modeln aufgelegte Blüten und Blätter und oft der preußische Reichsadler. Im 19. und 20. Jh. wurde der weiße Scherben auch mit grünen, blauen und gelben Ornamenten geschmückt. Sie entstanden durch Farbmittel, die mit dem Schwamm aufgedrückt wurden und meist pfauenartige Kreisornamente zeigen („geschwämmelter" Dekor).

Buquoy, Georg Franz August de Longueval, Graf von (1781–1851), erbte von seinem Onkel Johann die südböhmischen Herrschaften Gratzen und Rosenberg mit den Glashütten Paulina, Silberberg, Georgenthal, Bonaventura und Johannesthal. Anstelle der aufgelassenen Hütte Johannesthal errichtete Buquoy 1838 die moderne Hütte Schwarzthal. In Georgenthal gelang 1816 die Erfindung des schwarzen, um 1820 des roten → Hyalith. Mitte der dreißiger Jahre erzeugten die Buquoyschen Hütten dickwandige, geschliffene, farbige → Opalgläser, die heute irrtümlich zu den → Lithyalingläsern gerechnet werden. Obgleich die Bedeutung der Buquoyschen Hütten auf dem Gebiet des Farbenglases liegt, wurden dort auch ausgezeichnetes graviertes und geschliffenes → Kristallglas und zeitweilig → Preßglas erzeugt.

Bureau plat. Paris, um 1740. Schlagstempel Dubois. Furniert in hellem und dunklem Satin-Holz. 78 × 130 × 78 cm. Monte Carlo, Fersen.

Buddha. Monju-bosatsu. Japan, Kamakura-Zeit, um 1220. Holz farbige Fassung, H 33,5 cm. Köln, Museum für Ostasiatische Kunst.

◁ *Bronzefirnispapiere von Jakob Enderlin, Augsburg, um 1710. Aus: Haemmerle, Buntpapier, München 1961 (Abb. verkleinert).*

Bureau plat, flacher, langer Schreibtisch mit Schubladen unter der Platte. Der Mittelteil der → Zarge wurde zum bequemeren Sitzen meist zurückgesetzt. Das Bureau plat war eine Schöpfung des → Louis-quatorze und blieb das ganze 18. Jh. hindurch bis ins 19. Jh. als Herrenschreibtisch beliebt.

Burges, William (1827–1881), führender Vertreter des Präraffaelismus in der Möbelkunst, inspiriert von neugotischen, historistischen Formen. Seine im Grunde einfachen, kastenförmigen Möbel zeigen ihren Reichtum in der Vielfältigkeit ihrer Bemalungen, in denen sich mittelalterliche Szenen mit grotesken Elementen vermischen.

Burgundische Standuhr → Comtoise

Burin (frz., Grabstichel) → Kupferstich

Burma-Lacke, meist zylindrische Schalen und hohe Gebäckdosen mit tiefreichendem Überfalldeckel aus Bambus- oder Rotanggeflecht, das beidseitig mit einem Gemisch aus Erde und Lack abgedichtet und abschließend mit Rotlack überfangen ist. Der Dekor – lineare, in sich verschlungene geometrische Ornamente mit darin eingewobenen Figuren und Tieren – ist eingraviert und mit grünem, gelbem und schwarzem Lack gefüllt.

Burne-Jones, Edward (1833–1898), englischer Maler und Formgestalter, entwarf als Mitarbeiter von William → Morris Möbel, Mosaiken, Glasfenster, Fliesen, Wandbilder und -teppiche, seltener Schmuck. Er schloß sich den Präraffaeliten an und lieferte Anregungen für den → Jugendstil.

Bursa, taschen- oder mappenartiger, rechteckiger, reichverzierter Behälter zur Aufnahme des zusammengefalteten → Corporale; die (ebenso wie die Rückseite verstärkte) Oberseite entspricht in Material und Dekor der jeweiligen → Kasel und unterliegt wie diese dem Farbenkanon (→ Kirchenfarben).

Bursa → Brussa

Busch, August Otto Ernst von dem (1704–1779), Kanonikus in Hildesheim, → Hausmalerdilettant, der mit dem Diamanten Ruinenlandschaften auf Porzellan riß und durch Einreiben mit Lampenruß sichtbar machte.

Bustelli, Franz Anton (1723–1763) → Nymphenburger Porzellan

Butterlampe, kleiner tibetischer Altarleuchter in Form eines → Pokals aus Bronze oder getriebenem Silber mit oft feiner → Ziselierung. In der Schale brennt ein mit Butterfett gespeister Docht.

Buttermuscheln, in der Mitte des 18. Jh.s aufkommende englische Butterschalen aus Silber in Muschelform.

Butzenscheibe, runde Fensterscheibe, ca. 10–15 cm Durchmesser mit einer Erhöhung in der Mitte, dem Butzen oder Nabel. Eine Butze entsteht aus einer mit der Pfeife geblasenen Kugel, die abgesprengt und durch rasches Drehen zu einer Scheibe ausgeschleudert wird. Die ersten Butzenscheiben tauchen im 14. Jh. auf; seit der ersten Hälfte des 15. Jh.s lassen sich datierte und bemalte Stücke nachweisen. Im 16. und 17. Jh. waren sie besonders beliebt, wogegen sie im 18. Jh. abgelehnt, doch dann in der Romantik wieder gerne verwendet wurden.

B.V.R.B. → Risenburgh, Bernhard II van

Byôbu (jap.), zwei- oder mehrteiliger Faltschirm, bestehend aus einem hölzernen, oft mit Stoff verkleideten oder mit Lack überzogenen Rahmenwerk, das mit Papier oder Seide bespannt ist; gewöhnlich paarweise zur Raumgliederung aufgestellt, wie der einfachere Stellschirm *(tsuitate)*; gleichzeitig als Bildträger von großer Bedeutung in der japanischen Kunst und Kultur. Die Byôbu-Malerei nahm ihren glanzvollen Anfang um die Mitte des 16. Jh.s, als die mächtigen Militärherrscher und Mäzene sich prächtige Schlösser und Residenzen bauen ließen, deren Räume nach ebenso ungewöhnlicher Ausstattung verlangten. So entstand, auf Malschulen chinesischer Tradition fußend, eine in der Kühnheit ihrer Kompositionen, die dennoch der Sensibilität für die Sprache der Tusche nicht entbehren, und in der festlichen Pracht ihrer Farbgebung ureigene japanische Malkunst *(shôhekiga),* in ihrem Anfangsstadium von den großen Meistern der Kanô-Schule, besonders von Kanô Eitoku (1543–1590), dem Enkel von Kanô Motonobu, geprägt und von den Meistern der Rin-Schule zur frühen Edo-Zeit, namentlich von dem von Sôtatsu (1596–1623) inspirierten Ogata Kôrin (1658–1716), und von Maruyama Ôkyo (1733–1796) zur Vollendung gebracht. Kennzeichnend für dieses *shôhekiga* ist die Verwendung von Muschelkalk *(gofun)* zur reliefartigen Gestaltung einzelner Bildelemente, z. B. bei Blumen und Baumstämmen, die wie die übrigen pastos übermalt wurden. Sehr viele *byôbu,* vor allem die frühen, haben Goldgründe, aus Folienquadraten zusammengesetzte oder auch gemalte. Die mittlere und späte Edo-Zeit ließ solche Prachtentfaltung nicht mehr zu. Es entstanden einfachere Faltschirme, auch solche mit der reinen Tuschemalerei, die an die großen Werke der Muromachi (→ Suibokuga) anzuknüpfen versuchten, und auch *byôbu,* die ausschließlich kalligraphisch gestaltet sind. – Sondergruppen sind die Namban-(Südbarbaren)*byôbu,* mit der Darstellung der Portugiesen und ihrer Handelsschiffe in den japanischen Seehäfen (um 1600), und die *byôbu* mit Genreszenen aus Kyôto *(rakuchû-rakugai),* ebenfalls aus der Vor-Edo-Zeit.

Byssus, Name für die durchschimmernden feinen Gewebe aus gelblichen und weißen Leinenfäden, wie sie im Altertum vor allem in Ägypten und in Syrien hergestellt wurden.

Byzantiner → Solidus

Byzantinische Kunst, die Kunst des byzantinischen Reiches (330–1453), in der das Formengut der Spätantike weiterlebte. Bis zum Beginn der Renaissance hat das Abendland aus dieser Quelle geschöpft. Die frühbyzantinische Kunst setzt sich von der spätantik-frühchristlichen Reichskunst im 6. Jh. als Sonderform ab und endet 726. Neben der Architektur und der Mosaikkunst und neben bedeutenden Werken der Buchmalerei entstanden in dieser Zeit die ersten typischen → Ikonen. Nach einem Niedergang der Kunst in der Zeit des zehnjährigen Bilderstreites (726–843) entwickelte sich die mittelbyzantinische Kunst, die bis 1204 andauerte. Die Epoche der spätbyzantinischen Kunst reicht von 1261 bis 1453. Ikonen- und Buchmalerei tendieren nun zu einer gewissen Porträtähnlichkeit und Vermenschlichung im Figurenbild. Eine besondere Rolle spielte die mazedonische Malerschule auf dem Balkan. Nach 1453, nach dem Zeitpunkt der Eroberung Konstantinopels durch die Türken, lebte im türkischen Reich eine postbyzantinische Kunst in alter Tradition weiter.

Byzantinisches Glas → islamisches Glas

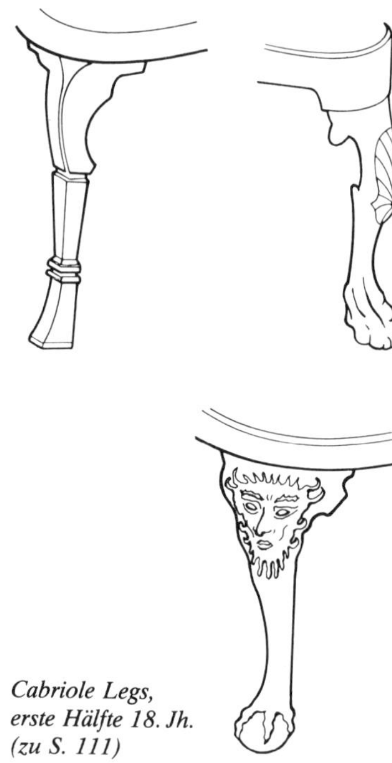

Cabriole Legs, erste Hälfte 18. Jh. (zu S. 111)

C

Cabinetphoto

Cabinet-maker, auch Joiner, englische Bezeichnung für den Kunstschreiner, dessen Aufgabe die Anfertigung von → Kastenmöbeln ist; in Frankreich entspricht dem der → Ébéniste. Der Gestellmacher wird in England Chair-Maker genannt; ihm oblag, wie in Frankreich dem → Menuisier, die Herstellung von → Sitzmöbeln.

Cabinetphoto, in der Sammlersprache mit „Cabinets" bezeichnet: Photographien im Postkartenformat (etwa 10 × 15 cm), die auf Kartons in der Größe von etwa 11 × 17 cm aufgezogen wurden. Im Erscheinungsbild gleichen sie der → Carte-de-visite-Photographie sehr, sie wirken wie ihr größerer Bruder. Cabinetphotos kamen etwa zehn Jahre später als die Visitkarten, also ca. 1865, auf den Markt. Bis zum Ersten Weltkrieg waren sie in Gebrauch. Der Vorteil des Cabinetbildes lag darin, daß sein größeres Bildformat eine bessere Detailtreue bot. Cabinetphotographien wurden erst nach dem Naßkollodium- und seit 1871 nach dem Trockenplattenverfahren hergestellt. Häufig findet man Cabinet- wie auch → Carte-de-visite-Photographien in Einsteckalben (→ Photoalbum).

Cabochon, (von franz. *caboche,* Nagelkopf), mugelige Schliffform beliebigen Querschnitts mit stärker gewölbtem Oberteil und flachem oder ganz leicht gewölbtem Unterteil, bevorzugt für durchscheinende und undurchsichtige Schmucksteine sowie für Edelsteine mit Asterien wie Sternsaphire und -rubine, Katzenaugen.

Cabriole Leg (engl., Bocksfuß), englische Bezeichnung für den zügig geschweiften Möbelfuß, der im späten 17. Jh. die aus Kurven und gebrochenen Voluten zusammengesetzte Stütze ablöste.

Cachenez, in Frankreich aufgekommene Gesichtsmaske aus Seide, auch aus Samt, die von der Stirn bis über die Nase reichte. Diente den Damen im 16. Jh. als Gesichtsschutz gegen Witterungseinflüsse, wurde im 18. Jh. dann in erster Linie getragen, um unerkannt zu bleiben.

Cachepot, Blumenübertopf aus Porzellan, Fayence oder Steingut.

Caddy, besonders in England verbreitete, zweigeteilte oder mit zweiteiligem Einsatz versehene Teedose. Die Fächer dienten für verschiedene Teesorten, zumeist für grünen und für schwarzen Tee. Caddy geht auf eine chinesische Gewichtsbezeichnung zurück, der etwa $1^{1}/_{3}$ englische Pfund entsprechen. Dieses Gewicht war für die Teeabpackung verbreitet und wurde von da auf den Behälter übertragen, der dementsprechend stets von etwa gleicher Größe ist. Bevorzugte Materialien sind Holz und Metall, die interessantesten Stükke stammen aus dem 18. Jh.

Caffagiolo, Majolikafabrik zwischen Florenz und Bologna, die den Medici gehörte. Sie stellte zwischen 1500 und 1530 hervorragende Prunkschüsseln und Vasen mit Figurenszenen und → Grotesken her; sie sind zuweilen lüstriert (→ Spanische Fayencen).

Caffiéri, Jacques (1678–1755), der bedeutendste Entwerfer von → Möbelbeschlägen des französischen → Régence und → Louis-quinze. Als Sohn eines aus Italien eingewanderten Bildhauers in Paris geboren, erwarb er kurz vor 1715 den Meisterbrief eines Fondeur-Ciseleur. Seit 1736 war er fast ununterbrochen in königlichen Diensten; große Teile der Ausstattung der Schlösser in Versailles, Fontainebleau, Choisy und Marly stammen von seiner Hand. Er fertigte u. a. auch Leuchter, Uhrengehäuse und Spiegelrahmen an.

Calatravamöbel, mit reichem Eisenbeschlag verzierte Möbel des 16. und 17. Jh.s (Vargueño → Kabinett), die in Calatrava (Neukastilien) hergestellt wurden, das seit dem 12. Jh. Sitz des Calatravaordens war.

Calceus, bis zu den Knöcheln reichende Fußbekleidung der Römer.

Calix → Kelch

Calotte → Kalotte

Calzedonio → venezianisches Glas

Camaieu, Malerei *en camaieu,* in Abstufungen eines Farbtons gehaltene Malerei auf Porzellan (→ Grisaille).

Camail, Schulterkragen ohne Kapuze (→ Soutane).

Camauro, über die Ohren gezogene päpstliche Haube aus rotem → Samt oder roter Seide mit Hermelineinfassung; im 18. Jh. auch von Ordensleuten getragen.

Camba, afrikanischer Stamm und Bezeichnung für dessen Kunststil. Die Camba bewohnen den Nordosten Nigerias. Von ihren Kunstschöpfungen sind vielleicht die sehr abstrakt gestalteten großen Tiermasken am bekanntesten; meist Aufsatzmasken des „Buschkuhgeistes" mit halbkugelförmigem Kopfoberteil und langgezogenen, krokodilähnlichen Mäulern (Nassa-Büffelmaske). Die männliche Maske ist rot, die weibliche schwarz bemalt. Daneben finden sich die sog. „Tauwa" (weibl. „Tau-kendoa", männl. „Tau-wandoa"), abstrakt gestaltete Figürchen mit nach unten an den Körper angelegten Armen und meist einem unteren Eisendorn, mit dem die Figuren in die Erde gesteckt wurden; sie gelten als Schutzfiguren gegen Schlangengift.

Cambrian Pottery, in Swansea (Wales) in der zweiten Hälfte des 18. Jh.s hergestellte Steingutgefäße mit → Emailmalerei.

Cameen → Gemmen

Cameo Glass, englische Bezeichnung für → Kameenglas.

Camera obscura, Zeichenhilfe, eine „black box" mit anfänglich einer kleinen Öffnung, später mit einer Optik ausgestattet, durch die Licht auf die gegenüberliegende Seite auf eine Mattscheibe fällt. Der Maler brauchte das Motiv nur noch abzuzeichnen. Damit das Bild nicht auf dem Kopf stand, verwendete man seit dem 16. Jh. einen um 45° geneigten Spiegel. Es gab eine Vielfalt von Camera-obscura-Typen: tragbar als Zeltversion (z. B. für die Landvermessung), als Sänfte oder in der Größe einer Zigarrenkiste, fahrbar in Kutschen montiert; stationär in Gebäuden oder Pavillons installiert. Bereits im 4. Jh. v. Chr. beschrieb Aristoteles die Funktionsweise der Camera obscura. Um 1500 entdeckte sie Leonardo da Vinci erneut. Als Urahn aller → photographischen Kameras ist die Camera obscura bei Sammlern von → Photographica begehrt.

Camera obscura

Campanaplatten, Gruppe von Terrakottareliefs, die der Verkleidung von Architekturen dient. Stets mit figürlichen Szenen aus dem Mythos. Die Produktion war auf die augusteische Zeit beschränkt.

Çanakkale, Knüpfteppiche aus dem antiken Troja an den Dardanellen in Westanatolien. Es handelt sich um bäuerlichdörfliche Arbeiten, die vielfach kaukasische Einflüsse erkennen lassen.

Canapé (franz.), deutsch Kanapee, breites Sitzmöbel mit Rücklehne und offenen oder geschlossenen Seitenlehnen. Es kam in der zweiten Hälfte des 17. Jh.s in Deutschland und Frankreich auf.

Canapé à Confidents, breites, dreiteiliges Canapé, an dessen Enden durch Armlehnen Ecksitze abgesondert sind. Das Möbel kam in den siebziger Jahren des 18. Jh.s auf.

Candiana, Ort in der Nähe von Padua, in dem im 17. Jh. Fayencen hergestellt wurden, die durch gute Malerei und orientalisierende Ornamentik gekennzeichnet sind.

Cannetille → Filigran

Capa, auch Cappa, → Kappe

Capella, mittelalterliche Bezeichnung für die Gesamtheit der liturgischen Gewänder und Behänge. Das Wort Capella ist abgeleitet von Cappa (Kappe) und bezeichnete zunächst den Betraum des Königsschlosses in Paris, in dem die Cappa (der Mantel) des heiligen Martin von Tours aufbewahrt und verehrt wurde. Von da übertrug man den Begriff auf andere Beträume in Schlössern, dann allgemein auf kleine sakrale Räume oder Bauten wie auch auf die in solchen Räumen aufbewahrten Meßgewänder.

Capodimonte, Buen Retiro. 1743 gründete König Karl IV. von Neapel im Schloß Capodimonte bei Neapel eine Porzellanmanufaktur, die 1759 nach Buen Retiro bei Alicante in Spanien verlegt wurde, wo sie bis 1808 bestand. In Capodimonte wurden Geschirre, Vasen, Tabakdosen, Stockgriffe und feingliedrige Figuren gearbeitet, die zu den besten Porzellanen des 18. Jh.s gehören. Räume mit vollständiger Porzellanausstattung sind in den Schlössern Portici (bei Neapel) und Capodimonte noch heute erhalten. Bald nach der Übersiedlung nach Buen Retiro setzte der Verfall ein, da die spanischen Grundstoffe für Porzellan ungeeignet sind. Beide

Manufakturen verwendeten als Marke eine Lilie, Buen Retiro auch ein gekröntes M.

Cappa Magna, zur → Chorkleidung der höheren Geistlichkeit gehörender langer Mantel in der jeweiligen → Rangfarbe mit großer Kapuze und langer Schleppe (Cauda).

Capuanische Gefäße → Bronzekunst

Caquetoire, eines der typischsten Möbel der französischen Renaissance. Der Armlehnstuhl mit gerader, hoher, oft figürlich oder ornamental geschnitzter Rückenlehne besitzt einen trapezförmigen Grundriß und meist gedrechselte, mit Streben verbundene Beine.

Caraco, kurzes Frauenschoßjäckchen des 18. Jh.s. Um 1800 entwickelte sich daraus der noch kürzere Spenzer.

Caradosso → Medaillen, → Plaketten

Carlin, Martin († 1785), einer der bedeutendsten französischen Kunstschreiner des späten → Louis-quinze und des → Louis-seize. Aus Deutschland stammend, wie zahlreiche französische → Ébénistes der Zeit, ließ er sich 1759 in Paris nieder; möglicherweise erhielt er seine Ausbildung in der Werkstatt Jean François → Oebens, dessen Schwester er heiratete. Auch zu Roger Vandercruse (gen. → Lacroix) stand er in enger Beziehung. 1766 wurde er Meister; er arbeitete hauptsächlich für die *marchands-mercier,* also die Zwischenhändler der Kunstschreiner, die sich große Lager anlegten und aus ihnen an Adel und Krone, aber auch ins Ausland verkauften. Carlins → Bonheur du jour und kleine Tische zeigen häufig Einlagen aus Sèvres-Porzellan (→ Vincennes-Sèvres) oder aus Japanlack.

Detail einer Sèvres-Platte von einem Verwandlungstischchen von Martin Carlin. Paris, 1783. London, Wallace Collection.

Carmagnole, der Bauern- und Arbeitertracht entnommene kurze Jacke der französischen Revolutionäre von 1789, die nach ihren aus der Arbeiter- und Matrosenkleidung stammenden Röhrenhosen, den Pantalons, Sansculotten (franz. *sans culottes,* „ohne Kniehosen", → Culotte) genannt wurden. Als Fußbekleidung trugen sie Sabots, einfache Holzschuhe.

Carneol → Chalcedon

Carraraporzellan, weißes englisches Steingut mit porzellanartigem Scherben, das dem feinkörnigen, glänzenden Marmor aus Carrara ähnelt und im späten 18. Jh. als Material für Kleinplastiken diente.

Carta Rigata → Wirktechnik

Carte-de-visite-Photographie, photographische Bilder, meist als Albuminpapierabzug im Kleinformat von ca. 6 × 9,5 cm, auf Karton (ca. 6,5 × 10,5 cm) kaschiert, abgekürzt: Cdv. Daneben sind auch Begriffe wie Visitkarte oder Visitkartenphotographie gebräuchlich. Aufgrund der Reduzierung des Aufnahmeformates (Formate von 24 × 30 cm galten bis dahin als durchaus normal) sowie dadurch, daß mehrere Bilder, meist acht, auf eine Platte aufgenommen wurden, wurde das Sichphotographierenlassen für jedermann erschwinglich. Als Erfinder gilt der Franzose Dodero, vermarktet hat diese Idee jedoch sein Landsmann, der Pariser Photograph Disdéri (1819–1890).

Die Visitkartenphotographie machte die Photographie bei Millionen beliebt. Sie wurde von Mitte der fünfziger Jahre des 19. Jh.s bis Anfang des 20. Jh.s, also mehr als sechs Jahrzehnte lang, ausgeübt. Bedingt durch die Standardisierung des Formates wurden → Photoalben herausgebracht, die Photos durch einfaches Einstecken bewahren konnten. Als photographisches Verfahren lag der Naßkollodiumprozeß zugrunde, der durch die Trockenplattenmethode Anfang der siebziger Jahre des 19. Jh.s abgelöst wurde. Interessant sind auch die Rückseiten der Visitbilder mit ihren Werbeaufdrucken.

Carteluhren, (von franz. *cartel,* Rahmen), typisch französische Uhren, bei denen ein Federzugsuhrwerk in ein mehr oder weniger reich ausgebildetes, flach an der Wand liegendes Gehäuse eingesetzt ist. Die Blütezeit prächtiger Bronze-Carteluhren fällt ins 18. Jh., in die Zeit Louis XV. und Louis XVI. Gute Bronze-Carteluhren, vor allem wenn sie von anerkannten Bronzegießern signiert sind, gehören heute zu den gesuchtesten Stücken des Kunstmarktes. Um die Dekorationswirkung dieser kostbaren Uhren auf billigere Weise zu erreichen, verlegte man sich in Wien und Stockholm darauf, die Cartelkörper aus Lindenholz zu schnitzen und dann zu vergolden. Die Blütezeit der österreichischen Carteluhren fällt hierbei in die zweite Hälfte des 18. Jh.s. Auch in der Schweiz stellte man damals Carteluhren her, wobei dem Uhrkasten selber das Hauptaugenmerk geschenkt wurde, während Schnitzereien und Bronzegüsse zurücktraten.

Cartonnier, auch Serre papier, im 18. Jh. gebräuchliches Gestell mit Schubladen und Fächern für Schreibmaterial, das auf den Schreibtisch aufgesetzt oder an ihn angestellt wurde.

Cassapanca, italienische Truhenbank mit Seitenlehnen und überhöhter Rückwand, meist auf stufenhohem Sockel. Ende des 15. Jh.s aus der Vereinigung von Truhe und Thronsitz entstanden, entwickelte sie sich im 16. Jh. zum kennzeichnendsten Möbel der italienischen Renaissance.

Cassolette, meist aus Goldbronze hergestelltes, vasenartiges Gefäß mit durchbrochenem Deckel, das dem Verbrennen von Parfumpastillen diente. Hauptsächlich im Frankreich des 17. Jh.s verfertigt, wurde es gelegentlich auch in anderen Ländern nachgeahmt. Exemplare des 18. Jh.s weisen oft einen Deckel auf, den man umdrehen und so als Kerzenhalter benutzen konnte.

Cassone, italienische → Truhe, die sich im Lauf des 14. Jh.s aus einem einfachen Gebrauchsstück zum Prunkmöbel entwickelte (zeitgenössische Bezeichnung *forziere*); sie war vor allem als → Brauttruhe beliebt. Die Verzierung erfolgte durch Reliefs in vergoldetem Stuck, im 15. Jh. meist durch Bemalung, z. T. von berühmten Meistern (Paolo Uccello, Sandro Botticelli). Im 16. Jh. setzte sich die Gliederung durch sparsam verwendete Architekturformen durch. Um 1600 wurden die Cassoni durch üppigen Reliefschmuck dem beginnenden Barockstil angepaßt.

Castel Durante, seit dem 15. Jh. Sitz von Majolikawerkstätten (→ Majolika). Um 1520 wurde hier das Gonzagaservice für Isabella d'Este, die Gattin des Gian Francesco Gonzaga von Mantua, gearbeitet. Die mit → Grotesken verzierten Majoliken von Castel Durante stehen in enger Beziehung zu den Erzeugnissen des nahegelegenen → Urbino.

Castellani, Pio Fortunato (1793–1865), römischer Goldschmied, der mit großem Erfolg etruskischen, griechischen und römischen Schmuck studierte und nachbildete. Seine Produktion von „italienischem archäologischem Schmuck" fand weltweite Verbreitung. Die Söhne Augusto und Alessandro Castellani waren außer Händlern leidenschaftliche Sammler antiken Schmucks. Ihre Sammlung griechischer und römischer Schmuckstücke befindet sich heute im Nationalmuseum (Villa Giulia) in Rom, die italienischen Gold- und Silberarbeiten im British Museum in London.

Carteluhr. Frankreich, um 1750. Feuervergoldetes Bronzegehäuse in typischer Louis-XV.-Ausformung. H 56 cm.

Castelli bei Neapel, um 1700 Produktionsstätte für Majoliken, die durch zarte Farben gekennzeichnet und mit Tieren, Genreszenen und Landschaften mit antiken Ruinen bemalt sind.
Caster, Castor, englische Bezeichnung für Streudosen.
Castiglioni, Achille (*1918) und **Pier Giacomo** (*1913), italienische Architekten und Designer. Von ihnen stammen das als Designklassiker geltende Phonola-Radiomodell von 1944 und eine Reihe bekannter Produktentwürfe, darunter Lampen, Stühle, Espressomaschinen u. ä. Ihre Arbeiten für die Hersteller → Knoll International, Kastell, Zanotta u. a. beeinflußten stark das italienische, aber auch das internationale Design.
Casuarinaholz, engl. *beefwood,* hartes, dichtes Holz von ziegelroter oder dunkelbrauner Farbe, das im 18. Jh. für Marketerien Verwendung fand. Wahrscheinlich wurde es aus Südafrika importiert. Heute kommt es aus Australien.
Casula → Kasel
Cauda, Schleppe der → Cappa Magna
Caughley, um 1750 gegründete englische Porzellanmanufaktur, die seit 1772 Porzellan in der Art von → Worcester herstellte und 1799 durch John Rose mit der Manufaktur Coalport vereinigt wurde, die heute noch besteht.
Causeuse (von franz. *causer,* plaudern), ein kleines französisches Sofa oder eine breite → Bergère, in der zwei Personen sitzen können. Sie hieß im 18. Jh. auch Confident oder Tête-à-tête. Die neuere Bezeichnung ist Marquise. In England entsprachen ihr → Settee und Loveseat.
Cellini, Benvenuto (1500–1571), italienischer Goldschmied, Medailleur und Bildhauer des → Manierismus. Die eigentliche Leistung dieses Künstlers liegt in der Kleinkunst, in der sein überfeinerter manieristischer Stil voll zur Geltung kommt. Auch als Münzstempelschneider und Medailleur leistete er Wesentliches. Zusätzlich beeinflußte er durch seine Schriften, darunter einen Traktat über die Goldschmiedekunst (1565), die Kunst und das Kunsthandwerk seiner Zeit in starkem Maße. Berühmt ist sein 1540/44 in Paris für Franz I. geschaffenes Salzfaß (Wien, Kunsthistorisches Museum). Außerdem schuf er beispielhafte Bronzeplastiken.
Cembalo, 1. Kielflügel mit längssaitiger Bespannung, in Richtung zum Spieler verlaufend (Gegensatz: quersaitig), seit dem 16. Jh. verbreitet; die Saiten wurden früher durch Federkiele angerissen; zur Bach-Zeit baute man Cembali mit zwei Manualen und mehreren Saitenchören (Registern).
2. ursprünglich die italienische Bezeichnung des Klaviers als Verkleinerungsform von Clavicembalo; in Frankreich heißt die ältere Form, das eigentliche Cembalo, Clavecin, im Unterschied zum Klavier, dem Piano.
Certosina (von ital. *certosa,* Kartäuserkloster), in oberitalienischen Kartäuserklöstern gepflegte → Intarsientechnik des 15. und 16. Jh.s, bei der aus weißen Beinplättchen und schwarzen Ebenholzplatten geometrische Ornamente zusammengesetzt wurden. Im 19. Jh. fand die Certosina-Technik erneuten Aufschwung bei Möbeln im „maurischen“ Stil.
Chaire (franz.), repräsentativer → Kastensitz mit Armlehnen und hohem Rückenbrett, oft mit geschnitzten Füllungen. In Frankreich und Flandern das vornehme Sitzmöbel des 15.

Castelli-Majolika-Prunkvase. 1. Drittel 18. Jh. H 56 cm.

Schreibzeug. Chantilly, 2. Viertel 18. Jh. Weichporzellan, H 13 cm. Paris, Mes. Ader et Picard.

und 16. Jh.s für profanen und kirchlichen Gebrauch. *Chaire à femmes* → Caquetoire.

Chaire (jap.), kleine, gebauchte japanische Steinzeugurne mit Elfenbeindeckel, aus der bei der Teezeremonie der grüne Tee genommen wird. Das ebenso geformte größere Gefäß zur Aufbewahrung des Tees heißt Chatsubo und ist oft mit Schmelzfarben bemalt (→ Teekeramik).

Chair-maker → Cabinet-maker

Chaise à gondole, französische Bezeichnung für die Sonderform eines → Sitzmöbels, das um 1760 in Frankreich aufkam und sich zu einem der charakteristischen Möbel des → Klassizismus und frühen → Biedermeiers entwickelte. Es zeigt eine unmittelbar am Sitz ansetzende konkav gebauchte, gepolsterte Rückenlehne.

Chaiselongue, aus dem Stuhl durch Verlängerung der Sitzfläche entstandenes Ruhebett (→ Duchesse).

Chajli, Knüpfteppich aus dem Ostkaukasus, der zu den Erzeugnissen der Schirwangruppe (→ Schirwan) zählt.

Chalcedon, nach der antiken Handelsstadt Kalchedon (gegenüber Byzanz am Bosporus gelegen) benannter Halbedelstein. Einheitlich gefärbt, findet er sich vorwiegend in den Farben hellgrau, gelb oder auch bläulich. Milchig undurchsichtiger Chalcedon wird Karneol genannt, eine braune Art heißt Sard, ein apfelgrüner halbdurchsichtiger Chrysopas, ein dunkelgrüner mit roten Eisenoxydeinschlüssen Heliotrop, Blutstein oder Blutjaspis. Die grüne Varietät mit grünlichweißen Einschlüssen wird Smaragdplasma genannt. Der Chalcedon gehört mit dem Sardonyx zu den zwei bedeutenden Steinen der Gemmenschneidekunst.

Chaliza-Schuh, ein ohne Fäden hergestellter Lederschuh, der im jüdischen Brauchtum zu der Zeremonie benötigt wurde, die stattfand, wenn ein Mann von der sog. Leviratsehe Abstand nehmen wollte. In sog. Chaliza-Darstellungen (z. B. der Kupferstich von Jan Luyken) ist die Zeremonie selbst wiedergegeben.

Chambrelan → Hausmaler

Chamse, auch Khamse, Knüpfteppich aus Nordwestpersien, der zu den Erzeugnissen der Hamadangattung (→ Hamadan) zählt.

Chantilly bei Paris, französische Porzellanmanufaktur (1725–1800), die Frittenporzellan (→ Porzellan) mit schöner milchiger Zinnglasur (ähnlich der → Fayenceglasur) erzeugte. Die Masse eignete sich besonders für Teller, die in reicher Zahl in Chantilly hergestellt wurden. Als Marke diente ein Jagdhorn in Rot, Gold oder Blau.

Chantillyspitzen, Klöppelspitzen aus schwarzer Seide auf Netzgrund mit rundlicher Masche. Sie kamen im Louis-seize in Mode, durften aber nach der Französischen Revolution nicht mehr in Chantilly hergestellt werden. An anderen Orten gearbeitete „Chantillyspitzen" gelangten zur Zeit der Krinolinenmode (→ Krinoline) im Zweiten Kaiserreich (1852–1870) noch einmal zu hoher Blüte.

Chanukkaleuchter (hebr. *Chanukkia*), ein im jüdischen Brauchtum benötigtes häusliches Kultgerät. Entsprechend dem acht Tage dauernden Lichtfest Chanukka (hebr., Weihe) in Erinnerung an die Neuweihe des Tempels in Jerusalem im Jahre 165 v. Chr. und der Legende, daß der Ölvorrat für einen Tag einem Wunder zufolge acht Tage reichte, hat der Chanukkaleuchter acht Öl- oder Kerzenflammen. Ein neuntes Licht, der sog. Schammes (hebr. *Schamasch* = Diener) dient dem Anzünden der Lichter, wobei am ersten Tag eines, an jedem weiteren Tag je ein weiteres mehr entzündet wird. Aus der Antike sind hauptsächlich Öllampen aus Ton überliefert. Das Mittelalter entwickelte einen Formtyp, bei dem die Lichter bankartig in einer Reihe vor einer oft beschrifte-

Chanukkaleuchter. Italien, frühes 19. Jh. B ca. 45 cm.

ten oder ornamentierten Rückwand angeordnet sind, das neunte Licht an der Seite in erhöhter Stellung. Bei den älteren Stücken ist die Rückwand meist in Dreiecksform gebildet, ein oberer Ring dient zum Hängen an der Wand; im 18/19. Jh. auch mit Stellfüßchen. Die Leuchter sind meist aus Silber oder Messing getrieben oder gegossen, als Menora-Typus (→ Menora) mit einfach glatten Armen ebenso wie reich ornamentiert oder mit Blattwerk, das den Leuchter als Baum darstellt. Erst in der zweiten Hälfte des 19. Jh.s treten die in Stanzprägung hergestellten Lampen auf.

Chareau, Pierre (1883–1950), Architekt, Möbel- und Innenraumentwerfer, dessen aus kostbarsten Materialien angefertigte Möbel (Elfenbein, Ebenholz u. a.) kubistische Formen zeigen, jedoch verbunden mit der Eleganz des → Art Déco.

Charpentier, Alexandre (1856–1909), Pariser Bildhauer und Möbelentwerfer des → Art Nouveau. Berühmt wurde sein Notenpult (1901), dessen Fuß einer hochwachsenden Wasserpflanze und dessen Pultständer einer zusammengeklappten Blüte ähneln (Paris, Musée des Arts Décoratifs).

Chateauneuf, Alexis de (1799–1853), Hamburger Architekt, zeigt auch in seinen Möbel- und Innenraumentwürfen einen gemäßigten → Historismus mit Elementen aus → Gotik, → Renaissance und → Klassizismus. Als seine wichtigsten Ensembles gelten das Sievekingsche Haus in Hamburg-Hamm (1830/31) und das Abendrothsche Haus in Hamburg (1835).

Châtelaine, Bezeichnung für den aus Metallgliedern gefertigten Gürtel der Schloßfrau, an dem Schlüssel, Beutel u. a. befestigt waren und der bis etwa 1500 in Verwendung blieb. Im 18. Jh. bezeichnete man mit diesem Ausdruck den Gürtelschmuck, der zum Aufhängen von Uhr, Schlüssel, Petschaft, Siegel, Nadelbüchse und Riechfläschchen (den sogenannten Berlocken) diente.

Chaton (franz. Kätzchen, Ringfassung), metallische Halterung für Edel- und Schmucksteine, bei der aus dem Rahmenring einzelne Krappen krallenartig über den Stein gedrückt werden und ihn kranzförmig umschließen. Die Chatonfassung löste als Folge der Entwicklung des Steinschliffs die in Mittelalter und Renaissance übliche Kastenfassung ab. (→ Edelsteinfassung).

Chatsubo → Chaire

Chawan, konische oder zylindrische japanische Teeschale aus Steinzeug, in der bei der Teezeremonie der Tee gequirlt wird, ehe alle Gäste der Reihe nach aus ihr trinken (→ Teekeramik).

Chèches, militärische → Kopfbedeckung

Chéchia, militärische → Kopfbedeckung

Chelsea, 1745 bis 1784 bestehende englische Porzellanmanufaktur, die zunächst nach ostasiatischen und → Meißner Vorbildern arbeitete. In ihrer Blütezeit zwischen 1755 und 1760 stellte sie als Spezialität die berühmten „Chelsea-toys", kleine → Galanterien, her. 1770 wurde sie von → Derby übernommen. Die am häufigsten verwendete Marke ist ein Anker in verschiedenen Farben.

Chely → Braunschweiger Fayence

Chemisenkleider → Mode à la grecque

Chêng, chinesische Bronzeglocke aus der Zeit der Shang- und der Chou-Dynastie, mit ovalem Querschnitt und weiter Öffnung.

Chenille (franz., Raupe), Garn mit eingewebten, kurzen Fadenenden. Es wird hergestellt aus einem Gewebe, dessen → Ketten in Gruppen zusammenliegen und dessen Schüsse in der Längsrichtung des Gewebes durchgeschnitten werden. Die so gebildeten Streifen, in deren Kettfäden die Fadenenden der Schüsse hängen, werden zu Garn verdreht. Gewöhnlich wird dieses Garn für Broschierschüsse (→ Broschieren) gebraucht.

Chevrons → Dienstgradabzeichen

Chia, Gefäßtypus → altchinesischer Bronzen der Shang-Zeit; besonders eigentümliches, becherähnliches Weingießgefäß mit drei spitzzulaufenden, dreikantigen Füßen und zwei kleinen pilzförmigen Aufsätzen auf dem Rand (wohl um das Gefäß vom Feuer zu heben). Ein sehr ähnliches, nur schlankeres Gefäß mit schnabelartig ausgezogenem Ausguß und langer, spitzer Verlängerung des gegenüberliegenden Randteils ist der gleichfalls auf die Shang-Zeit beschränkte Typus des → *chüeh.* Beide Gefäßtypen besitzen einen seitlichen Henkel.

Chichi → Tschitschi

Chiffonnière, auch Pfeilerkommode oder Pfeilerschrank, geradlinig begrenztes, hohes Möbel des 18. Jh.s. mit zahlreichen Schubladen (bis zu zwölf), das man vor Pfeilern zwischen Fenstern aufzustellen pflegte.

Chila, Knüpfteppich aus dem Baku-Distrikt (→ Baku). Botehzeichnung (→ Boteh) auf der Fläche, oft von kleinen Me-

Cochinchina-Hahn und Papagei. Chelsea, um 1755. Doppelflakon, Goldfassung, H 7,2 cm. Hamburg, Museum für Kunst und Gewerbe (Leihgabe Ernesto und Emily Blohm).

daillons unterbrochen, und diagonale Stufenzeichnung in der Bordüre sind charakteristische Merkmale dieser Arbeiten, deren Farbbild von Hellblau und Türkis bis Schwarz reicht.

China-case, englische Bezeichnung für einen → Vitrinenschrank zur Aufbewahrung von Porzellan.

Chinateppiche, Erzeugnisse der chinesischen Teppichknüpfkunst, die vermutlich im 18. Jh. einsetzte. Die Lokalisierung ist oft sehr schwer, doch überwiegen im Handel Erzeugnisse aus Ning-hsia, Suiyüan und Pau-tou. Die vielfache symbolische Bedeutung der Muster beruht auf deren Verwendungszweck oder dem chinesischen Brauchtum. Eine Sonderform bilden die Säulenteppiche, die zum Verkleiden von Tempelsäulen dienten. Häufig ist die Darstellung eines geschuppten Drachens, auch in Teile zerlegt, der sich dann bei geschlossener Umhüllung um die Säule zu winden scheint.

Chinesische Bronzen → altchinesische Bronzen

Chinesische Grabbeigaben, chin. *ming-ch'i,* soviel wie Ausstattung für die erhabenen Ahnen; Figuren und Modelle, den Toten ins Grab mitgegeben, die uns ein anschauliches Bild des Lebens ihrer Entstehungszeit vermitteln, denn es sind Menschen- und Tierfiguren, Schutzgeister und Gottheiten sowie Modelle von Gebäuden, Geräten und Wagen, mit denen im Grab die Umgebung des Verstorbenen, oft mit Hunderten von Figuren, simuliert wurde. Solche Grabfiguren hat man wohl seit der späten Chou-Zeit aus Holz oder Ton angefertigt, und die Tonfiguren, mittels Modeln in Hälften modelliert und zu Hohlkörpern zusammengefügt, wurden etwa seit der Han-Zeit mit Kaltbemalung (auf dem gebrannten Scherben) versehen, die oft vergangen ist. Die T'ang-Zeit brachte auch für die Grabfiguren die Neuerung der „Drei Farben" *(T'ang san-ts'ai),* auf Bleibasis buntglasierter Tonware, bei der cremiges Weiß, Kupfergrün und Gelb- bis Brauntöne von Eisenoxyden über einem hellen Scherben oder einem hellen Anguß (Engobe) auf dunklem Scherben weich ineinanderfließen. Unter diesen Figuren sind die lebensnah gestalteten, kraftvollen Pferde am bekanntesten und hochgeschätzt, was leider auch Anlaß zu Fälschungen gab. Deshalb sollte man solche Pferdefiguren immer auch mit keramischen Gefäßen derselben Art vergleichen und auf eine überzeugende Muskelmodellierung achten. – Von besonderer Art sind die angeblich aus Hui-hsien, Honan, stammenden Grabfiguren der Chou- und Han-Zeit aus glänzend schwarzem Ton mit Resten roter Bemalung, charakterisiert durch modern anmutende, kubisch vereinfachte Körpergestaltung und flache Gesichter mit Stegnasen. Diese Gruppe ist in ihrer Echtheit umstritten. Aus der Han-Zeit sind auch bronzene *ming-ch'i* gefunden worden. Vorsicht ist jedoch geboten bei solchen aus Gold und Silber.

Chinesische Lackkunst → Lackkunst

Chinesische Malerei, ist abgesehen von der Wandmalerei *(pi hua)* eine Malerei auf Papier oder Seide, in der Frühzeit auch auf Hanf, die grundlegend von der Tuschezeichnung bestimmt wird, d. h. sie ist zur Hauptsache eine a-prima-Malerei, die keine Korrektur einmal gesetzter Tuschelinien und -tupfen *(ts'un* und *tien)* erlaubt. Die Farbe, zumeist nur lavierend gebraucht, außer in der buddhistischen Malerei, im Blaugrün-Stil der T'ang-Zeit (mit deckenden Mineralfarben und evtl. Gold) und seinen Spuren in der Sung-chinesischen, ist eigentlich nur Zusatz, auf den sehr oft verzichtet wird. Ein naturbelassener Malgrund saugt die Tusche stark auf und läßt sie mehr oder weniger breit zerfließen, je nachdem, ob sie fett oder, mit reichlicher Wasserzugabe, dünn angerieben wurde; so ist allein mit der Tusche eine sehr reiche Ausdrucksskala und Nuancierung zu erreichen (Tuschemalerei, *shuimo).* Am härtesten und feinsten steht die Tuschezeich-

▷ *Chinesische Porzellanvasen, Ming-Ch'ing-Zeit, Übergangsstil, um 1650. H 40,5 cm.*

Sitzende Dame. Grabfigur. China, Sechs Dynastien, 5.–6. Jh. Ton mit bunter Bemalung, H 115 cm. Paris, Musée Guimet.

Chinesische Malerei. Pfirsichquell-Schlucht. Doppelseite mit Bild und Schrift. Köln, Museum für Ostasiatische Kunst.

nung auf Malgründen, die mit Alaun präpariert wurden. Grundsätzlich werden zwei Arten des Malens unterschieden, die freizügig spontane und skizzenhafte Weise des *hsie-i* (impressionistische Umrisse) und die sorgfältige, auf Details und Vorschriften achtende des fleißigen Pinsels *(kung pi)*, die in aller Regel auch Farben verwendet.
Die Themen der chinesischen Malerei ordnen sich in vier große Klassen: 1) *shan shui* (Berge und Wasser), Landschaften, die wichtigste, am ausgeprägtesten chinesische; 2) *jen wu*, Porträts *(hsiang)* und allgemein Figuren- und Genre-Darstellung; 3) *ling mao* (Federn und Haare) oder *ch'in shou*, Vögel und Tiere (Vierbeiner); 4) *hua hui*, Blumen und Pflanzen, Gräser und Insekten oder Frösche u. a. *(ts'ao chung)* einbezogen. – Bemalt wurden Quer- oder Handrollen *(shou chüan)*, nicht zum Aufhängen geschaffen, sondern für die Liebhaberbetrachtung in jeweils entrollten Abschnitten, des weiteren Blätter oder Seidenstücke für → Hängerollbilder *(chou)*, die besonders montiert werden mußten, Albumblätter *(tou fang)* und Fächerblätter *(shan mien)*, die durchaus nicht immer auch für Fächer verwendet wurden. Chinesische Malerei und Schriftkunst (Kalligraphie) sind eng verwandt. So ist es nicht verwunderlich, daß viele Bilder beschriftet sind, vom Maler selbst, mit einem Entstehung und Zueignung erläuternden Kolophon *(k'uan)* und eventuell seiner Signatur *(shuang k'uan)*, und viele tragen eine Gedichtaufschrift *(t'i shih)*, meistens von zweiter Hand, und schließlich Siegel des Malers (wichtiger als die Signatur), aber auch der Sammler, von denen schon aus dem 5. Jh. n. Chr. berichtet wird. Über Zuschreibung und Echtheit chinesischer Bilder, selbst wenn sie gesichert erscheinen, streiten sich Liebhaber wie Experten immer wieder. Es ist in der Tat schwierig und braucht seine Zeit wiederholter Betrachtungen und Studien, um in der Zuordnung und Einschätzung sicherer zu werden. Ein gut gemaltes Bild, gleich welcher Klasse, muß in seinen Formen leben, gleichsam atmen. Schematisierung, allzu gleichförmige Wiederholungen lassen ein Bild wieder zum unbelebten Gegenstand werden, dem der chinesische Kenner verachtend seine Aufmerksamkeit versagt. So muß ein chinesisches Landschaftsbild einladen, in ihm mit dem Blick umherzustreifen. Seine freigelassenen oder von Nebel und Wolken verhüllten Partien sollen die Vorstellungskraft anregen; auch der Hintergrund, die Ferne und Tiefe, ohne die ein chinesisches Landschaftsbild nur als ein Objekt handwerklicher Fertigkeit angesehen wird, nicht aber als Zeuge wirklicher Malkunst.

Chinesisches Glas, reicht in seiner Tradition weit zurück. Älteste chinesische Glasfunde, vornehmlich auch aus dem Westen importierte Perlen, Einlegeplättchen und andere kleine Gegenstände, stammen aus der späten Tschou-Dynastie (1122–249 v. Chr.). Während und nach der Han-Dynastie (206 v. Chr.–220 n. Chr.) sollen Glasgegenstände, darunter opake farbige Gläser, aus Syrien und Alexandrien nach China gelangt sein. Im 5. Jh. wurde Glas im nördlichen China hergestellt. In der Folgezeit wurden Becher und Schalen, vor allem Nachahmungen von Jade und anderen Steinarten, als heimische Produkte angeführt. Aber die Vorherrschaft des → chinesischen Porzellans behinderte die Entwicklung der Glaserzeugung. 1680 ließ Kaiser Kang-hi im Palast zu Peking eine Glashütte errichten, die nur für den kaiserlichen Hof arbeitete und neben farblosem und opakweißem Glas mit Emaildekors geschnittene → Überfanggläser erzeugte. Die meist floralen Motive wie Lotoszweige, Blütenranken

Flaschenvase. China, 18. Jh. Milchglas mit blauem geschnittenem Überfang. Düsseldorf, Kunstmuseum.

und Darstellungen von Vögeln und Drachen wie auch rein geometrische Muster sind reliefartig aus dem Überfang herausgearbeitet und heben sich plastisch von dem opaken oder transparenten Gefäßkörper ab. Nachbildungen in Porzellan wurden zu Beginn der Herrschaft Kien-lungs (1736–1795) von den unter dem Manufakturdirektor Hu entstandenen Gläsern angefertigt. Zu den chinesischen Glasspezialitäten gehören die in ihren Tönen fein abgestuften Färbungen, meist Blau, Grün und Gelb und eine tiefrote Rubinfarbe, die sich von dem Kunckelschen → Goldrubin darin unterscheidet, daß sie bei auffallendem Licht stumpf und leicht gewölkt erscheint. Ungewöhnliche und im Westen nicht bekannte Glasarten sind mit Rissen durchzogenes Scherbenglas mit völlig glatter Oberfläche, zum Unterschied vom venezianischen → Eisglas, und das von opakweißen Punkten durchsetzte trübweiße Reisglas. Die Chinesen entwickelten keine eigenen Gläserformen, sondern bildeten Gegenstände aus anderen Materialien, insbesondere aus Porzellan, Jade und sonstigen Steinarten, nach. Die zur Meisterschaft entwickelte Dekorationstechnik ist der Schnitt des Überfangglases, der sich von der Steinschneiderei ableitet. Die interessantesten und vielfältigsten Beispiele dafür findet man bei den manchmal auch mehrfach überfangenen Tabakfläschchen. Bemalte

Vasentypen als Leitformen in der chin. Keramik und Porzellankunst
Sung-Zeit: a) Schulterflasche, mei-p'ing (kor. malbyöng), b) Langhalsflasche, chih-ch'ui p'ing (Kinnta-Form), c u. d) Langhalsflaschen.
Ming-Zeit: a) Schulterflasche, b) bandige Zylindervase, c) Kalebassenform, d) Langhalsflasche.
Ch'ing-Zeit: a) Schultertopf mit Deckel, b) Langhalsvase, c) Flötenvase, d) bandige Langhalsflasche, t'ien-ch'iu-p'ing.

Gläser lassen den Einfluß der Porzellanmalerei erkennen. Holländische Arbeiten lieferten die Vorlagen für → diamantgravierte Gläser.

Chinesische Spiegel, meist runde Spiegel aus Bronze (mit hohem Zinngehalt), die vom 5. vorchristlichen bis zum 10. nachchristlichen Jh. hergestellt wurden. Die eine Spiegelseite ist in der Regel glänzend poliert, die andere mit Reliefdekor versehen. In der Tang-Zeit weisen viele Exemplare Einlagen aus Gold und Silber auf und besitzen bogenförmige, mit Blattwerk besetzte Ränder.

Chinesisches Porzellan enthält weniger Kaolin als europäisches → Porzellan, ist daher weniger hart und stärker durchscheinend. Es wird schon vor dem ersten Brand glasiert. Der Garbrand, der bei 1300 Grad (Europa 1400 bis 1500 Grad) erfolgt, macht die Glasur völlig glasig und transparent und verschmilzt sie unlösbar mit dem Scherben. – Das chinesische Porzellan entfaltete sich, nach Vorformen Ende des 2. vorchristlichen Jahrtausends, um Christi Geburt und in der T'angzeit (618–906), voll zur Zeit der Mingkaiser (1368–1644) und der darauffolgenden Ch'ing-Dynastie (bis 1911), besonders unter K'anghsi (1662–1722). Während europäisches Porzellan nur mit weißer Porzellanmasse glasiert wird, kennt die chinesische Porzellankunst zahlreiche farbige Glasuren und verschiedene Kombinationen von Glasur und Malerei. Die wichtigsten sind folgende: Porzellan mit weißer Glasur zeigt gravierten oder mit weißem Schlicker unter der Glasur aufgetragenen plastischen Dekor. Zum besten weißen Porzellan des 17. und 18. Jh.s zählt das in Europa häufig nachgeahmte Blanc-de-Chine, ein blendend weißes, sehr durchsichtiges (da stark verglastes) Porzellan, aus dem vor allem Figuren und große → Flötenvasen gemacht wurden; die Glasur ist sahne- bis elfenbeinfarben. Berühmt sind chinesische Porzellane mit farbigen Glasuren, die auch durch Veränderung beim Brand (Mutation) geflammt sein können. Es gibt blaue, grüne, gelbe (am berühmtesten eigelbähnliches Kaisergelb), rote (am schönsten Ochsenblut), braune und schwarze Glasuren, die alle in zahlreichen Schattierungen auftreten. Beim Dreifarbendekor werden auf große Gefäße und Geräte (Gartenhocker) aus halbflüssigem Schlicker plastische Konturen von Blüten und Figuren aufgesetzt und gebrannt, deren Zwischenräume vor einem zweiten Brand durch verschiedenfarbige Glasuren (türkis, violett, blau, gelb, weiß) ausgefüllt werden. Die Bemalung unter der Glasur, die wichtigste Verzierungstechnik des 15. bis 18. Jh.s, die die europäische Fayencekunst (→ Delft) entscheidend beeinflußte, erfolgte in Unterglasurblau, das leuchtender als in Europa ist, und seltener in Unterglasurrot; die beliebtesten Motive der Blau-Weiß-Schalen des 15. Jh.s sind Drachen, Früchte, Blütenranken und -sträuße. Bemalung mit Emailfarben über der Glasur, die wie die europäischen → Muffelfarben dem glasierten Stück bei 1000 Grad aufgeschmolzen werden, tritt in folgenden Formen auf: Fünffarbendekor des 16. Jh.s, der neben Schmelzfarben noch Gold zeigt, die Grüne Familie *(famille verte)* des 18. Jh.s mit reicher Verwendung von Kupfergrün, die Rosa Familie *(famille rose)* des fortgeschrittenen 17. Jh.s mit purpurroter Randverzierung (Siebenränderschalen). Emailfarben auf gebranntem, unglasiertem Porzellan (Biskuit) finden vor allem für die dreifarbigen Plastiken der paarweise hergestellten Fo-Hunde (stilisierte Löwen) und für Fondstücke Verwendung; dies sind vorwiegend große Balustervasen (→ Flaschenkürbisvasen), bei denen eine Farbe als Grund für sparsam dargestellte Blumen, Zweige oder Vögel dient; man unterscheidet dabei die Schwarze, Grüne und Gelbe Familie *(famille noire, verte, jaune)*. – Die genannten Dekorationsarten wurden auch kombiniert, am häufigsten Unterglasurblau mit Rot und Gold über der Glasur für Exportstücke des 18. Jh.s nach Europa. Die meisten chinesischen Porzellane tragen Marken, in der Regel sechs, von denen die ersten beiden die Kaiserdynastie, die dritte und vierte den Kaisernamen und die beiden letzten die Worte „Jahr" und „gemacht" bedeuten.

Chinoiserien, Schmuckmotive, die sich an chinesische und orientalische Architektur- und Ornamentformen anlehnen oder Chinesen in ihrer Tracht und Umwelt darstellen. Derartige Zierformen fanden seit der zweiten Hälfte des 17. Jh.s und vor allem im 18. Jh. bis zu Beginn des 19. Jh.s über Frankreich, Holland und England Eingang in die europäische Kunst und ins Kunstgewerbe. Neben der motivischen Übernahme fernöstlicher Szenerien bevorzugte man bald

Chinesische Motive: K'uei (kleine Schlangendrachen), Shang-Zeit und ableitbare Motive (aus der frühen Chou-Zeit). Untere Reihe: Vogeldrache (späte Chou-Zeit).

T'ao-T'ieh (Shang-Dynastie), frühe und hochentwickelte Form.

auch das entsprechende chinesische Material und fand so u. a. das Rezept für das → Porzellan. Ihren graziösesten Ausdruck fand die Chinoiserie, die ihr hauptsächliches Feld neben der Innendekoration in der Fayence- und Porzellankunst besaß, in den → Ornamentstichen des Rokoko. Der Chinoiserie verwandt und häufig mit ihr verbunden ist die Singerie, die spielerische, humorvolle Darstellung menschenähnlich agierender Affen. Während die Chinoiseriemode im übrigen Europa Ende des 18. Jh.s erlosch, hielt sie sich in Deutschland bis um 1820, um im sog. zweiten Rokoko (Neorokoko) 1840–60 sogar noch einmal wiederaufzuleben.

Chippendale, der nach dem Londoner Möbelzeichner und Kunsttischler Thomas → Chippendale benannte erste englische Möbelstil des 18. Jh.s. Gerade, flache Formen werden bevorzugt, ein Charakteristikum besteht in der dekorativ durchbrochenen Rückenlehne der Stühle. In seinen Entwürfen griff Chippendale häufig auf chinesische und gotische Motive zurück, die in der Praxis jedoch selten verwirklicht wurden. Der Chippendale-Stil wurde in ganz Europa nachgeahmt.

Chippendale, Thomas (1718–1779), englischer Kunstschreiner, als Sohn eines Zimmermanns in der Grafschaft Yorkshire geboren, ließ sich spätestens 1748 bei seiner Heirat in London nieder. Seit 1754 besaß er ein eigenes Geschäft für Kunstschreinerei, für das er persönlich die Entwürfe lieferte. Schon bald expandierte sein Unternehmen so stark, daß er Partner aufnahm, zuerst James Rannie, nach dessen Tod Thomas Haig, der dann nach dem Tod Chippendales das Geschäft mit dessen Sohn Thomas weiterführte. Chippendales größtes Verdienst und Grundlage für seine epochale Bedeutung hingegen war der 1754 zuerst erschienene *The Gentleman & Cabinet Maker's Director* (2. Auflage 1755, 3. Auflage 1762), ein Vorlagenwerk für Möbelschreiner, das den Geschmack der Engländer bis ins 19. Jh. entscheidend prägte. Neben Entwürfen im zeitgenössischen Rokokostil, der jedoch hier, in seiner englischen Variante, leicht überladen und etwas skurril erscheint, finden wir Möbel im chinesischen Stil (Chinese Chippendale) und in dem damals aufblühenden Stil des → Gothic revival, einer Vorform der historistischen Neugotik. Als Materialien empfahl Chippendale hauptsächlich → Mahagoni oder Weichhölzer, die vergoldet und in japanischer Art gelackt wurden.

Bis heute ist „Chippendale" mehr eine Markenbezeichnung als das Charakteristikum des englischen → Rokoko. So ist auch erklärlich, warum zahlreiche Möbelstücke, die entweder im 19. Jh. oder sogar im 20. Jh. angefertigt wurden, unter diesem Kennwort angeboten werden. Strenggenommen dürften aber nur die Möbel den Namen ihres Entwerfers tragen, die im „Director" aufgenommen wurden.

Chiton, griechisches Untergewand. Ursprünglich Teil der ionischen Tracht. Nach den Perserkriegen (480 v. Chr.) bürgerte er sich auch im übrigen Griechenland ein. Er war aus Leinen, später aus Wolle, oft reich gefältelt. Fußlang war der Chiton Frauengewand und Festkleid der Männer; Mädchen und Jünglinge trugen einen nur bis zum Knie reichenden Chiton. Der kurze, enge Chiton der niederen Stände hieß Exomis.

Chlamys, kurzer griechischer Reitermantel.

Ch'l-Lin → Kilin

Chodowiecki, Daniel (1726–1801), deutscher Kupferstecher, Maler und Radierer, Hauptvertreter des Zopfstils. Er war ab 1743 in Berlin tätig, wo er 1797 Direktor der Kunstakademie wurde. Er schuf über 2000 Radierungen mit Dar-

Settee im Chippendale-Stil. England, um 1760. Mahagoni, 100,3 × 127 × 67,1 cm. London, Victoria & Albert Museum.

stellungen des bürgerlichen Lebens, teilweise als Illustrationen, aber auch als Einzelblätter. Eine ähnlich große Anzahl seiner Zeichnungen ist erhalten. Daneben war er eine Zeitlang als Porzellanmaler tätig.

Choker (von engl. *choke,* würgen), eng um den Halsansatz liegende Kette aus gleich großen Perlen bzw. Kugeln. Sie wurde schon im 16. Jh. zum großen Dekolleté getragen und kam im 20. Jh. erneut in Mode.

Chokwe (auch Batshioko, Batshokwe, Cokwe, Tschokwe usw.), afrikanischer Stamm und Bezeichnung für seinen Kunststil. Der in Zentral-Angola ansässige Stamm mit Ausdehnung nach Zambia und Kongo zeichnet sich durch eine hochentwickelte aristokratische Kultur aus. Die Chokwe tradieren Kultformen des im 17. und 18. Jh. mächtigen Balunda-Reiches, das sie selbst Ende des 19. Jh.s eroberten. Den vitalen Charakter des Krieger- und Jägervolkes zeigen auch die beinahe aggressiv wirkenden „Königsstatuen" mit dem charakteristischen „Tshihongo", der kühn geschwungenen

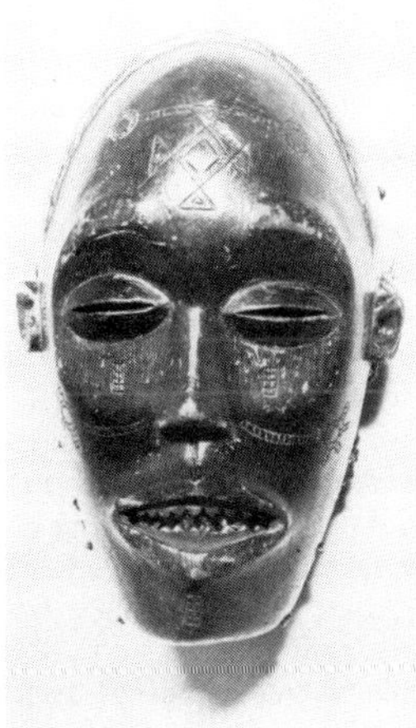

Tanzmaske der Chokwe. Grenzgebiet Angola/Zaïre. Holz, dunkelbraun patiniert, H 21,5 cm.

Königshaube. Die massiv gebildeten Hände dieser Statuen wirken oft wie in aktionsbereiter Stellung innegehalten. Die Gesichtszüge sind markant und expressiv wiedergegeben, mit kurzem Kinnbart. Die Beinhaltung mit leicht vorgeschobenen Knien gibt der Figur Kantigkeit, aber auch federnde Spannung. Zuweilen werden auch Kult- und Zeremonialstäbe mit Köpfen dieses Figurentyps besetzt. Berühmt die nach europäischem Formvorbild figural beschnitzten Häuptlingsstühle. Unter den Masken der Chokwe ist der vielleicht bekannteste Typ die „Mmwana-Pwo"-Maske („Die junge Frau") mit Nasen- oder Ohrschmuck, die im Pwo-Tanz Fruchtbarkeit bewirken soll. Das männliche Gegenstück zeigt oft den „Tshihongo" und den Kinnbart als Würdezeichen und wird beim Tanz nur vom Häuptlingssohn getragen.

Chondzoresk → Wolkenbandkasak

Chorassan → Khorassan

Chorkleidung, Gewandung in der römisch-katholischen Kirche für liturgische Dienste außerhalb der Messe; sie besteht aus → Talar (→ Soutane) und → Superpelliceum. Entsprechend dem Rang des Trägers wird dieses Gewand durch Rochett, → Almutie, → Cappa Magna oder → Mozetta ersetzt bzw. ergänzt.

Chorrock → Superpelliceum

Chrismale, wachsgetränktes Leinentuch, das zum Schutz der Mensa (→ Altar) unter die drei Altartücher gelegt wird.

Chrismarium, oft dreiteiliger Behälter aus verschiedenen Materialien (Glas, Edelmetall usw.) für die heiligen Öle (Chrisma) der katholischen Kirche.

Christbaumschmuck, wird aus den verschiedensten Materialien gefertigt; die früheste Form sind wohl vergoldete Früchte und Nüsse oder Figuren aus Teig, in → Modeln ausgebakken. Christbaumschmuck aus Zinn ist ein Nebenprodukt der Zinnspielwarenindustrie; meist zeigt er facettierte Hohlformen, ornamental angeordnet, die das Kerzenlicht spiegeln. Seine Produktionsstätten lagen im 18. Jh. in Nürnberg. 1796 wurde in Diessen/Ammersee eine Zinngießerei gegründet, die u. a. Christbaumschmuck herstellt.

Der rote, bronzierte und weiße bemalte Wachs-Christbaumschmuck ist verhältnismäßig jung; wächserne Engel wurden in Thüringen im 19. Jh. gefertigt, indem man Papiermachéengel in Wachs tauchte. Auch hölzerner Christbaumschmuck ist ein Nebenerzeugnis der Spielwaren-Heimindustrie z. B. in Berchtesgaden (→ Berchtesgadener Schnitzerei). Dagegen ist der Christbaumschmuck aus Watte ein Randprodukt der Dekorationsartikel- und Kunstblumenfertigung, vor allem in Sachsen, Sebnitz und Lauscha. Watteschmuck wie Zwerge und Püppchen ist oft mit → Oblatenbildern, Flitter und Leonischen Drähten verziert. Leonische Drähte (flaschenbürstenähnlich zusammengedrehtes Lametta) und Lametta sind flachgehämmerte Metalldrähte aus den Fürther Hammerschlägereien, wo sie seit dem 18. Jh. hergestellt werden.

Der Dresdener Christbaumschmuck ist aus geprägtem Postkarten- oder Goldkarton gefertigt. Es handelt sich um Figuren wie Sonne und Mond, Musikinstrumente, Tannenzapfen usw., die oft bunt bemalt und vollplastisch zusammengeklebt sind.

Am besten erhalten hat sich Christbaumschmuck aus Glas, der vor allem in Lauscha, etwa seit der 2. Hälfte des 18. Jh.s, gefertigt wird. Kugeln sind meist frei an der Pfeife geblasen, Vögel, kleine Häschen, Tannenzapfen usw. zeigen meist Formnähte. Der hohlgeblasene Christbaumschmuck ist oft innenverspiegelt (→ Silberglas), bemalt oder mit aufgeschmolzenem Glasstaub und Perlen verziert; auch hier finden Leonische Drähte zum Umspinnen Verwendung. Vogelschwänze und Schmetterlingsflügel bestehen aus eingeleimter Glasseide. Beim gläsernen Christbaumschmuck sind auch die aus Glasfäden gedrehten „Eiszapfen" beachtenswert.

Christiansen, Hans (1866–1945), Kunsthandwerker und Möbelentwerfer. Der aus Flensburg stammende Christiansen begann seine Karriere nach einer Malerlehre in Hamburg und dem Besuch der Münchner Kunstgewerbeschule mit der Gründung eines Geschäftes für Dekorationsmalerei in Hamburg (um 1890). Ein offizieller Besuch bei der Weltausstellung in Chicago, 1893, konfrontierte ihn mit den Werken Louis Comfort → Tiffanys, die ihm entscheidende Impulse gaben. Von 1899 bis 1902 war er in der → Darmstädter Künstlerkolonie auf der Mathildenhöhe tätig. Hier entstanden auch seine wichtigsten Möbel, die einerseits die kunstgewerblich-volkskundliche Ausbildung ihres Entwerfers nicht verhehlen (Direktionszimmer Hildebrandt, um 1903) – geschnitzte Flachornamente, gediegener, geradliniger Kontur, dazu eine gewisse Wuchtigkeit –, andererseits in ihren kubistischen, geometrischen Formen (eigenes Wohnzimmer, um

1910) an gewisse Arbeiten der → Wiener Werkstätten erinnern. Möbel in einem von Jugendstilelementen geprägten Neorokoko gehören ebenfalls zum Werk dieses vielseitigen Entwerfers.

Christofle, Charles (1805–63), Gründer der noch heute bestehenden großen Silberschmiedefirma. 1842 erwarb er die französischen Rechte für das Elektroplatieren. Die unter der Leitung von Charles Christofle hergestellten Stücke, besonders das Tafelsilber, waren im historisierenden Stil des Louis-treize und des Louis-seize gehalten. In dieser Zeit wurden auch Möbel aus Metall, in großem Stil aber Bronze-Beschläge angefertigt. Nach dem Tod des Gründers ging die Firma an seinen Sohn Paul, 1907 an einen Neffen über. Besonderes Niveau hatten viele der um die Jahrhundertwende und in den zwanziger Jahren entstandenen Silberwaren im Stil des Art Nouveau und des → Art Déco.

Christogramm → Christusmonogramm

Christus in der Kelter, allegorische Darstellung des Blutopfers Christi, der die Schilderung des Propheten Jesaia (63,1–3) vom Sieg Gottes über seine Feinde zugrunde liegt. In den ältesten Darstellungen des 12. Jh.s zerstampft Christus mit seinen Füßen und einem Stampfholz die Trauben, deren Saft häufig in einen Meßkelch fließt. Später, beispielsweise in der Graphik des 15. Jh.s, wird Christus selbst unter dem Druck des Kelterbalkens zerpreßt. Das Motiv taucht in allen künstlerischen Bildgattungen und Techniken auf.

Christus in der Rast → Schmerzensmann

Christus-Johannes-Gruppe, Zweifigurengruppe mit Christus und dessen Lieblingsjünger Johannes, der sein Haupt an Jesu Brust oder Schulter lehnt. Die Christus-Johannes-Gruppen, die ein mystisches, inniges Verschmelzen mit dem Objekt religiöser Verehrung, also mit Christus, symbolisch zum Ausdruck bringen, entstanden etwa ab 1280 und erreichten ihren quantitativen und qualitativen Höhepunkt in der ersten Hälfte des 14. Jh.s. Von den fünfundzwanzig erhaltenen Holzbildwerken vom 14. bis zum 16. Jh. stammen die meisten aus Südwestdeutschland. Darstellungen mit dieser Thematik haben sich in kleiner Zahl auch in anderen Herstellungstechniken erhalten.

Christusmonogramm, Christogramm, Namenszeichen für Jesus Christus, gebildet aus den Anfangsbuchstaben J (Jota), X (Chi) und P (Rho) des griechischen Namens Christi; oder gebildet aus den ersten Buchstaben von XPICTOC. Beide Monogramme werden häufig ergänzt durch → A und O oder durch Symbole wie Taube, Fisch und Pfau. Seit dem 15. Jh. ist das Monogramm IHS (volkstümlich gedeutet als Jesus, Heiland, Seligmacher oder In Hoc Signo) in allen Kunstgattungen anzutreffen.

Chronogramm, lateinische In- und Aufschrift, bei der einzelne Buchstaben farblich, formal oder größenmäßig betont sind und ihrem lateinischen Zahlenwert entsprechend eine Jahreszahl ergeben. Die Zahlbuchstaben müssen nicht in der gleichen Reihenfolge wie in der zu bildenden Jahreszahl auftreten. Da in Deutschland im 15. und 16. Jh. meist arabische Ziffern verwendet wurden, taucht hier das Chronogramm erst im 17. und 18. Jh. verstärkt auf.

Chronometer → Schiffschronometer

Chryselephantin (griech., in Goldelfenbeintechnik gearbeitet), ein in der antiken Plastik verwendetes Verfahren, die sichtbaren Körperteile einer Skulptur in Elfenbein, die Gewand- und Haarpartien, Attribute etc. in Gold auf einen nicht massiven Holzkern aufzuarbeiten. In der Antike besonders bei Kultbildern angewandt (Zeus in Olympia und Athena Parthenos in Athen, beide von Phidias).

Chrysoprasglas → Farbengläser

Chüeh, Gießgefäß auf drei Beinen, mit Ausguß, seitlichem Henkel und zwei pilzförmigen Aufsätzen. Häufiger Gefäßtyp der → altchinesischen Bronzen, der für das Weinopfer Verwendung fand (→ Chia).

Chung, seit dem 9. Jh. v. Chr. hergestellte chinesische Bronzeglocke ohne Klöppel, die von außen mit einem Schlegel angeschlagen wurde.

Chute, französische Bezeichnung für Eckbronze an Möbeln.

Cimarre, Zinnkanne des 16. bis 18. Jh.s mit beweglichem Griff, die französische Abwandlung der → gefußten Kannen.

Cimier, Zimier → Helm, → Wappen

Cingulum, Gürtel der → Albe.

Cinquecento, Bezeichnung für die italienische Kunst des 16. Jh.s.

Cinquedea → Dolch

Cire perdue → Bronzekunst

Cister, birnenförmiges Zupfinstrument mit Zargen und rosettenartigem Schalloch und mit langem Hals, 4- bis 14tönig mit Stahlsaiten, verdrängte im 16./17. Jh. zeitweise die → Laute. In vielen Formen verbreitet, auch der Laute und → Mandoline ähnlichen; zeitweise auch eine Baß- oder Erzcister gebräuchlich; später von der Gitarre abgelöst; die Thüringer → Zither (Waldzither) ist ein Nachkomme der Cister, nicht aber die flache älplerische Zither.

Cistophoren → Kistophoren

Clair-obscur-Schnitt, eine Hochdrucktechnik, zur Widergabe der Wirkung einer Helldunkelzeichnung. Der Druck erfolgt von zwei bis drei Platten. Eine Platte enthält die schwarzlinige Zeichnung, die sogenannte Strichplatte, die andere den Farbton, die Tonplatte, die dritte kann eine dunklere Variante des Tons haben. Das Weiß entsteht durch Weglassen der entsprechenden Stellen im Druckstock, so daß das Weiß des Papiers erhalten bleibt.

Clar, Christian Friedrich → Rendsburger Fayence- und Steingutmanufaktur

Clavus, 1. als Rangabzeichen dienendes, gewebtes oder gewirktes Besatzstück an spätantiken und frühchristlichen Gewändern (→ Toga, → Tunika).
2. senkrechtes Zierband in roter oder violetter Farbe als Rangzeichen des Diakons auf der → Dalmatik.

Claw-and-ball-foot (engl., Vogelfuß), Darstellung eines Vogels, dessen Krallen eine Kugel umspannen. Beliebtes Stützmotiv englischer Sitzmöbel des 18. Jh.s, das vielleicht von chinesischen Bronzen entlehnt ist. Bei italienischen und deutschen Möbeln findet sich das Motiv bereits im frühen 17. Jh. (Abb. s. a. S. 110).

Clichy, Cristalleries de, 1837 gegründete Glashütte. Spezialität der Hütte waren farbige Gläser, von 1846 bis 1857 phantasievolle → Paperweights, zu deren berühmtesten die mit einer aufgeblühten Rose (Clichy-Rose) gehören. Daneben erzeugte die Hütte Gegenstände aus → Millefioriglas.

Cloisonné → Email

Club foot (engl.), keulenförmiger Fuß an englischen Sitzmöbeln, vielleicht nach chinesischem Vorbild. Das ganze 18. Jh. neben dem → Claw-and-ball-foot im Gebrauch.

Coalbrookdale Company, 1709 gegründetes englisches Eisenwerk, in dem verschiedene Metallgußtechniken vervollkommnet wurden. Im 19. Jh. produzierte diese Firma eine Reihe von Gegenständen wie Tore, Geländer, Gartenmö-

bel, Türklopfer, Garderobentische und -ständer, Wandplaketten, schmiedeeiserne Erzeugnisse usw.
Coalport → Caughley
Coaster, runder Flaschen- oder Karaffenuntersatz aus Silber, Sheffield Plate oder Holz, mit erhöhtem Rand. Die frühesten, aus England stammenden Exemplare des späten 18. Jh.s sind ganz aus Silber mit konkaver Basis. Später kann die Basis auch aus Holz bestehen und Rollen zum Schutz der Tischplatte aufweisen. Coaster wurden paar- oder satzweise hergestellt, boot- oder achtförmige Stücke waren für zwei Flaschen gleichzeitig gedacht.
Coburger Fayence, thüringische Fayencemanufaktur (→ Thüringer Fayencen), die von 1739 bis 1786 bestand. Ihre Erzeugnisse waren für den häuslichen Bedarf bestimmt, die Produktion eher bescheiden. Der verwandte Dekor läßt auf die Beschäftigung zahlreicher Bayreuther Fayencemaler (→ Bayreuth) in Coburg schließen. Coburger Fayencen haben einen besonders dünnen Scherben. Die Marke ist ein CB, das ebenfalls in → Friedberg in Bayern Verwendung fand. Diese und zum Teil übereinstimmende Künstlerinitialen führen leicht zu Verwechslungen.
Cochlearium, Kommunionlöffel
Codex, Handschrift in Buchform.
Collaert, Hans (1540–1622), Antwerpener Stecher und Goldschmied, nach dessen Entwürfen die zeitgenössischen europäischen Goldschmieden figürliche Anhänger und Agraffen schufen. Typisch für den Stil ist die Verwendung von quaderförmigen Diamanten und Perltropfen sowie Fabelwesen.
Collage, ein Klebebild, zusammengesetzt meist aus Papier, Stoffresten, Holzfurnieren oder anderem Material, auch aus Teilen anderer Bilder, Drucke usw. Die Technik war zwar schon in früherer Zeit (Biedermeier-Klebebilder) eine beliebte Spielart der Bildgestaltung, wurde aber um 1910 von Pablo Picasso und vor allem von Georges Braque als Bereicherung des synthetischen Kubismus in der modernen Kunst neu angewandt. Auch die Künstler des Futurismus, Surrealismus und Dadaismus fanden in dieser Technik mit der Möglichkeit, durch überraschende Kombinationen neue Bildideen entstehen zu lassen, ein weites Aufgabengebiet. Das Wort Collage wurde erstmals durch den Surrealisten André Breton definiert. Zu den bedeutendsten Künstlern der Collage gehören ferner Max Ernst, Marcel Duchamp und Kurt Schwitters. Eine verwandte Weiterentwicklung fand die Collage in der Photomontage, vor allem bei El Lissitzky, Man Ray, Lászlò Maholy-Nagy, Hannah Hoech und John Heartfield.
Colle, Rafael del → Urbino
Collett → Uniform

Aquamarin-Brillant-Collier. Ehem. im Besitz von Kaiserin Auguste Viktoria, heute Frankfurt, Privatbesitz.

Collier (franz., Halsring), im 19. Jh. entstandene Bezeichnung für einen Halsschmuck von zunächst bandartigem Charakter mit dichter Verbindung der Glieder. Später auf Halsschmuck allgemein übertragen.
Collier de Chien (franz., Hundehalsband), Bezeichnung für den Hals eng umschließendes Band aus mehreren Reihen Perlen, geschliffenen Steinen oder Metallgliedern, das Anfang des 20. Jh.s in Mode war und nach dem Zweiten Weltkrieg für kurze Zeit wieder auftauchte. Das *collier de chien* löste den *tour de cou,* das Samtbändchen mit vorgestreckter Brosche oder Schließe, ab.
Colombo, Joe Cesare (1930–1971), einer der bedeutendsten italienischen Möbeldesigner der frühen fünfziger Jahre. Als Mitbegründer der Gruppe *Art Concret* wurden seine Arbeiten schon früh in Europa und in den USA bekannt. Das

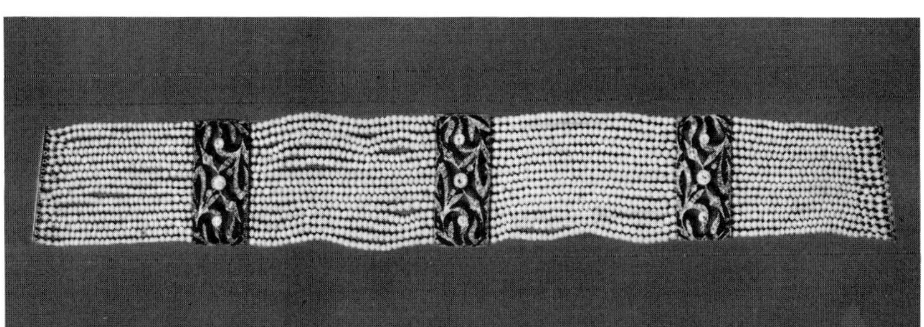

Collier de Chien. Frankreich, um 1910. Perlen, Brillanten, Platin. Frankfurt, Privatbesitz.

„mobile" Wohnen gehört mit zu seinen Erfindungen; er arbeitete auch viel mit Kunststoffen.

Colonna, Eugène, französischer Kunsthandwerker und Möbelkünstler des → Jugendstils. Er war um 1900 bei Samuel → Bing verpflichtet, für den er zusammen mit Eugène → Gaillard und George de → Feure die Ausstattung des Pariser Weltausstellungs-Standes entwarf.

Comité Centrale des Arts Appliqués → Werkbund, Deutscher

Compositionsglas, in kleinen Mengen geschmolzene farbige Glasflüsse für die Erzeugung künstlicher Schmuck- und Edelsteine. Im ausgehenden 18. Jh., vor allem im ersten Drittel des 19. Jh.s war die Compositionsbrennerei ein im böhmischen Isergebirge weitverbreiteter Erwerbszweig.

Comtoise, französische Bezeichnung für eine besondere Bodenstanduhr, die vom Ende des 17. Jh.s bis um 1900 in der Franche-Comté hergestellt wurde. Anfangs besaß sie ein Faltpendel, das an der hinteren Platine angebracht war, dann ein Drahtpendel zwischen vorderer Platine und Zifferblatt, im 19. Jh. schließlich aus dünnen Messingfolien geprägte, stark ornamentierte Pendel, häufig in Form einer verlängerten Violine. Die Comtoise-Uhr, die meist eher mit den Namen des Händlers als dem des Herstellers versehen und auch in Belgien und der Schweiz anzutreffen ist, besitzt einen sogenannten Erinnerungsschlag, d. h. die vollen Stunden werden nach zwei Minuten wiederholt geschlagen.

Confessioaltar → Altar

Confident → Causeuse

Consulat, eine Stilperiode innerhalb der französischen Kunst zwischen dem → Louis-seize und dem → Empire, politisch gesehen die Zeit der Konsulatsherrschaft Napoleons I. (1799–1804). Diese fünf Jahre werden entscheidend geprägt durch eine – bedingt durch die Napoleonischen Feldzüge – neue Hinwendung zur archäologisch untersuchten und erforschten Antike, zur Kunst der Ägypter, der Etrusker, Griechen und Römer. Bedeutendster Exponent in der Schreinerkunst war Georges → Jacob.

Contrefaitbüchsen, eiförmig gedrehte Elfenbeinbüchsen, in denen beim Öffnen eine zweite, aus demselben Stück gedrehte Büchse zum Vorschein kommt. Die Technik entstand in Deutschland Ende des 16. Jh.s. Besonders in Nürnberg von Lorenz Zick (1594–1666) gepflegt.

Contrefaitkugeln, Spitzenleistungen deutscher Elfenbeindrechslerkunst des 17. Jh.s. Es handelt sich um Kugeln, in deren Innerem sich ein Satz von bis zu 20 und mehr immer kleiner werdenden Hohlkugeln befindet, die auf der Drehbank in der ursprünglich massiven Hauptkugel ausgeschält wurden. Die für den Drechselvorgang notwendige runde Bohrung durch alle Kugeln bildet ein Sehloch, durch das im Raum der innersten Kugel Überraschungen betrachtet werden können, z. B. an Schnüren bewegbare, bemalte Elfenbeintäfelchen oder Miniaturgegenstände wie Lüster u. ä. Zur Contrefaitkugel (früher auch Kontrefactkugel genannt) gehören ein Tragfuß und eine Bekrönung, beide kunstvoll gearbeitet und mit Schnitzereien dekoriert. Auch die Standfüße waren oft hohl und enthielten Überraschungen wie Miniaturmöbel u. ä.

Corporale, geweihtes quadratisches Leintuch, das in der katholischen Kirche während der Messe als Unterlage für Kelch und → Patene mit der Hostie (Corpus Christi) dient. Ihm entspricht in der Ostkirche das → Antiminsion.

Corsagenstecker, an der Corsage befestigter triangelförmiger Brustschmuck des 18. Jh.s, reich mit Steinen und Perlen besetzt. Die lose aneinandergehängten Teile ermöglichten je nach Anlaß mehr oder weniger große Prachtentfaltung.

Cotte, Untergewand des 13. und frühen 14. Jh.s mit langen, glatten Ärmeln, das mit oder ohne Gürtel getragen wurde.

Council of Industrial Design → Werkbund, Deutscher

Couse, Kuse → Stangenwaffen

Couvre-feu, im 16. und 17. Jh. verbreitete viertelkugelige Herdbedeckung aus Schmiedeeisen, dann auch aus Messing oder Kupfer, mit getriebenen Ornamenten.

Cozzi, Geminiano → venezianisches Porzellan

Crailsheimer Fayence, vor 1732 wurde eine Fayencemanufaktur in Crailsheim in Württemberg gegründet, die bis ins frühe 19. Jh. bestand. Sie hatte eine umfangreiche Produktion an Geschirren. Nach der Farbigkeit unterscheidet man die „Gelbe Familie", mit Wappen, Tier- und Genredarstellungen in → Scharffeuerfarben (unter denen Eigelb vorherrscht), von der „Grünen Familie" mit Grün in Grün gemalten Blumen und einer großzügigen Blumenmalerei in → Muffelfarben auf braunem Grund. Eine Marke wurde nicht geführt.

Craquelé, ein Netz feiner Risse, das sich auf Keramiken und Porzellan bildet, wenn sich nach dem Brand Scherben und Glasur verschieden schnell abkühlen. Der Effekt ist auf chinesischem Porzellan oft künstlich zur Belebung der Oberfläche hervorgerufen worden (→ Eisglas, → venezianisches Glas).

Craqueléglasur, Glasuren, die seit dem Jugendstil beliebt sind. Durch verschiedenartige Bedingungen beim Brennen von Keramik entstehen auf der Oberfläche der Glasur feine Haarrisse, die den Gegenstand wie ein Netz überziehen. Manchmal treten diese Craquelés auch erst durch das Abkühlen oder Altern auf. Sie sind vom Töpfer gewollt und werden oft durch eine Nachbehandlung besonders deutlich gemacht.

Craqueluren, feine Haarrisse oder Sprünge in der Farb- oder Firnisschicht von Gemälden. Bei Ölbildern gewöhnlich netzartig, bei Temperabildern oft dem Farbstrich entsprechend gitterartig. Sie entstehen beim Zusammenziehen der Farbe durch Austrocknen und durch die Verschiedenheit der Dehnung von Farbe und Farbträger (Leinwand oder Holz). In der Regel sind die Craqueluren für die Erhaltung des Gemäldes ungefährlich und brauchen deshalb nicht unbedingt ausgebessert zu werden. Für den Erhaltungszustand weit gefährlicher sind dagegen Risse, die durch Zusammenstauchung zu dick aufgetragener Farbschichten entstehen; besonders häufig bei Mitverwendung von den im 19. Jh. üblichen Asphaltfarben (→Asphaltmalerei).

Crayonmanier, auch Kreidemanier, aus der → Radierung entwickeltes Tiefdruckverfahren zur Wiedergabe von Kreide- und Rötelzeichnungen. Auf der mit Ätzgrund versehenen Kupferplatte arbeitet man mit verschiedenen punktierenden Instrumenten, z. B. die Roulette, ein gezahntes kleines Rad von verschiedener Breite, das Mattoir, ein mit Metallspitzen versehenes keulenartiges Gerät, oder die Echoppe, ein radiernadelähnlicher Stahlstift. Die fertige Platte wird wie eine Radierung weiterbehandelt. Die Crayonmanier wurde um 1750 von Jean Charles François (1719–1769) erfunden. Sie erlebte vor allem in Frankreich im späten 18. Jh. ihre Blütezeit.

Cressent, Charles (1685–1758), führender → Ébéniste und Bildhauer des französischen → Régence. Ursprünglich als

Kommode von Charles Cressent. Paris, um 1725. München, Residenzmuseum.

Bildhauer ausgebildet und in dieser Eigenschaft 1714 in die Pariser Lukasgilde aufgenommen, scheint er sich nach seiner Heirat mit der Witwe des Kunstschreiners Poitou (1719) ausschließlich auf die Anfertigung von Möbeln verlegt zu haben. Schon bald avancierte er zum Hofkünstler des Regenten, des Herzogs von Orléans, und belieferte nicht nur den französischen Hof, sondern auch König Johann V. von Portugal und Kurfürst Karl Albrecht von Bayern. Die ihm zugeschriebenen prunkvollen Möbel, von denen nicht eines signiert ist, fallen besonders durch ihre aufwendigen Bronzebeschläge auf; ohne technische Funktionen zumeist, nur der Schmuckfreude dienend, zeigen sie Putten, Vögel, Drachen und weibliche Hermen. Cressent fertigte sie persönlich an, was ihn öfters in Konflikt mit den strengen Zunftbestimmungen brachte. Auch als Kunstsammler trat er hervor: Nach seinem Tode fanden sich Werke von Albrecht Dürer, Raffael, Tizian, Peter Paul Rubens und Hans Holbein in seinem Nachlaßinventar.

Cresson, Louis (1706–1761). Aus einer berühmten Familie von → Ménuisiers stammend, gehört er zu den wichtigsten Herstellern von → Sitzmöbeln des französischen → Louisquinze. Seine eleganten Stühle, Sessel und Sofas mit geschnitzten Gestellen und häufiger Verwendung von Rohrgeflecht möblierten unter anderem das Palais Bourbon und das Schloß Chantilly.

Crest (engl.), in der Heraldik die in England manchmal ohne Helm auf dem Schild stehende Helmzier (→ Wappen).

Creußener Steinzeug. In Creußen bei Bayreuth wurde in wenigen Familienbetrieben → Steinzeug vorwiegend im 17. Jh. hergestellt. Der Scherben ist hart und vollkommen säurefest, daher auch für Apothekengefäße (→ Schraubflaschen, Salbentöpfe) geeignet. Den Hauptteil der Produktion bildeten Weinkannen und Trinkkrüge; eine Creußener Sonderform ist die Krause, ein gedrungener, zylindrischer oder leicht gebauchter Krug mit Zinndeckel und -standring, dessen Durchmesser oft größer ist als die Höhe. Die Verzierung der braunglasierten Gefäße erfolgte durch Reliefauflagen und Bemalung (vor dem Brand) in bunten, hellen Emailfarben, unter denen Blau vorherrscht. Nach den Themen der Reliefs unterscheidet man folgende Typen: Barmherzigkeitskrüge, auf denen die sieben Werke der Barmherzigkeit dargestellt sind; Planetenkrüge, mit den Zeichen der sieben Planeten; Kurfürstenkrüge, mit den Halbfiguren des Kaisers und der sieben Kurfürsten. Als biblische Darstellungen wurden für protestantische Abnehmer die Apostelkrüge, mit zwölf oder weniger Aposteln, die sich um das → Agnus Dei gruppieren, gemacht. Jagdkrüge zeigen einen springenden Hirsch in einer Landschaft mit Bärenhatz. Gefäße mit Wappen, meist ergänzt durch Jahreszahl und Besitzernamen, heißen Wappenkrüge. Schlichte Krüge ohne figürlichen Schmuck dienten als Trauerkrüge bei Begräbnissen. Creußener Krüge waren vorbildlich für → sächsisches Steinzeug des 18. Jh.s.

Criaerd, Matthieu (1689–1776), bekannter Pariser → Ébéniste flämischer Herkunft, 1738 Meister, hauptsächlich für Jean François → Oeben tätig. Berühmt waren Criaerds Prunkkommoden.

Criarde → Panier

Crinoline → Krinoline

Criseby-Eckernförde, 1759 bis um 1780 arbeitende Fayencemanufaktur, die ihre vorzügliche technische und künstlerische Qualität Johann Buchwald (→ Kieler Fayence) und seinem Schwiegersohn, dem Maler Abraham Leihamer, verdankte. Sie stellte die in Norddeutschland üblichen Geschirre her (Kieler, → Schleswiger, → Stralsunder Fayence).

Crouchware, einfaches englisches Steinzeug des 17. und 18. Jh.s, mit aufgepreßten, in Goldschmiedestanzen geformten Ornamenten. Anfangs gelblich, im 18. Jh. weiß.

Croyteppich, berühmter, 1554 datierter → Bildteppich, auf dem in lebensgroßen Figuren Mitglieder des sächsischen Für-

Apostelkrug. Creußen, datiert 1686. Farbiger Reliefdekor mit zwölf Aposteln, H 17 cm.

stenhauses mit Melanchthon, Angehörige der pommerschen Herzogsfamilie mit Bugenhagen, dem Reformator des Nordens, dargestellt sind, während als Prediger auf der Kanzel Luther erscheint. Er wurde nach Entwürfen der Cranachschule von dem in Stettin tätigen Niederländer Peter Heyman gewirkt. 1684 kam er durch Schenkung des Herrn von Croy an die Universität Greifswald, wo er sich noch heute befindet.

Crusie-Lampe, wahrscheinlich seit dem 16. Jh. entwickelte ovale Öllampe aus Eisen oder Blech mit Griff oder Aufhängung und spitzer Dochthalterung. Die Doppel-Crusie des späten 17. Jh.s besitzt ein Auffangpfännchen für Öltropfen, im 18. Jh. wurden auch Exemplare aus Messing oder Kupfer hergestellt.

Csisme → Uniform

Cucci, Domenico, auch Dominique de Cuccy (um 1635–1704/05), aus dem umbrischen Todi stammender Kunstschreiner und Bildhauer, wurde vermutlich von seinem Landsmann Kardinal Mazarin nach Paris berufen. Um 1660 ließ er sich hier nieder, erwarb 1664 die französische Nationalität und entwickelte sich unter dem Patronat des Hofes bald zum großen Gegenspieler André Charles → Boulles. Als seine Spezialität galten große Kabinettschränke, im italienischen Geschmack mit → Pietra-Dura-Einlagen, eingesetzten Gemälden und vergoldeten Bronzebeschlägen, die für die Schlösser Ludwigs XIV. bestellt wurden. Über den Umfang seiner Tätigkeit können wir uns heute kaum noch eine Vorstellung machen, da die meisten seiner Möbel im 18. Jh. zur Gewinnung der kostbaren Materialien aufgebrochen und diese, unter anderem auch von Adam → Weisweiler, wiederverwendet wurden.

Cul-de-lampe, nach unten spitz zulaufende Vignette einer Buchseite am Ende eines Abschnitts.

Cul de Paris, falscher Steiß. Im späten 18. Jh. unter dem Frauenrock getragenes Polster.

Culotte, Kniehose des männlichen Kostüms, während der 2. Hälfte des 17. Jh.s und im ganzen 18. Jh. in Mode. Erst gegen Ende des 18. Jh.s wurde die Culotte von den engen Pantalons, den Vorläufern der heutigen Herrenhosen, abgelöst.

Cupido → Amor

Cuppa → Kelch

Custodia → Altargerät

Cuvette, bei → Taschenuhren der innere Druckdeckel

Cuvilliés, François de d. Ä. (1695–1768), Architekt, Innenraum- und Möbelentwerfer aus dem flandrischen Hennegau, der seine Karriere eigentlich als Hofzwerg des bayerischen Kurfürsten Max Emanuel begonnen hatte; er gehört zu den bedeutendsten Schöpfern des deutschen → Rokoko. Der Kurfürst hatte ihn aus seinem Exil mit nach München gebracht und schon bald die ungewöhnlichen Fähigkeiten seines Schützlings erkannt. So schickte er ihn 1720 bis 1724 nach Paris zum Studium der Architektur unter François Blondel. Nach seiner Rückkehr erfolgte seine Ernennung zum Hofbaumeister (1725), eine Position, in der er mit Joseph → Effner konkurrierte. Seine entscheidend vom französischen → Louis-quinze geprägten Entwürfe verbinden – wie an den „Reichen Zimmern" der Münchner Residenz, der Architektur und Ausstattung der Schlösser Amalienburg und Nymphenburg und am Schloß Brühl zu beobachten – in sehr harmonischer Weise französische Eleganz mit süddeutscher Dekorationsfreude. Ähnliches zeigt sich auch bei seinen Möbeln, die durch ein Vorlagenstichwerk von seiner Hand (in drei Serien erschienen, ab 1738, ab 1745 und ab 1756) in ganz Deutschland anregend wirkten. Seine Möbel zeigten reiche Schnitzereien, waren zumeist weiß- oder hellfarbig gefaßt und mit vergoldeten Stuckornamenten verziert.

Cyfflé, Paul Louis → Niederweiler

François de Cuvilliés d. Ä., zwei Kommodenentwürfe auf Kupferstichtafeln.

D

Dachtruhe, Dachstollentruhe, aus der römischen Antike abgeleiteter frühmittelalterlicher Truhentyp aus Nadelholz, der in der Schweiz, in Südtirol, Siebenbürgen, England und Norwegen verbreitet war. Die Wandbretter sind in dicke senkrechte Eckhölzer (Stollen), die auch die Füße bilden, eingenutet. Der Klappdeckel in Form eines Satteldachs, der an den Seiten eine Art Giebel trägt, ist mit den hinteren Stollen drehbar verbunden. Dieser Truhentyp hat sich in bäuerlichen Nachfahren noch lange gehalten.

Daffinger, Moritz Michael (1790–1849), berühmter Wiener Miniaturmaler, der Bildnisse zahlreicher bekannter Persönlichkeiten seiner Zeit gemalt hat.

Dagestan, Teppiche aus dem bedeutenden alten Knüpfzentrum gleichen Namens im Nordosten des Kaukasus. Es handelt sich meist um Gebetsteppiche mit Blüten oder Sternen, auch in Läuferformaten.

Dagly, Gérard, Lackmaler (→ Lackkunst) aus → Spa, der 1687 vom Großen Kurfürsten nach Berlin berufen wurde und ab 1696 die Oberaufsicht über die kurfürstlichen Schlösser innehatte. Zusammen mit seinem Bruder Jacques schuf er neben → Galanteriewaren auch Lackmöbel wie → Kabinette und → Schreibschränke. Nach dem Regierungsantritt des sparsamen Soldatenkönigs wurden die Daglys 1713 entlassen. Gérard ging wahrscheinlich nach Spa zurück, Jacques nach Paris († 1728).

Daguerre, Louis Jacques Mandé (1787–1851), einer der Väter der Photographie. 1822 erregte der Dekorationsmaler Daguerre Aufsehen in Paris, als er das von ihm erdachte → Diorama eröffnete. Mittels raffinierter Beleuchtungstechnik zauberte er Tag- und Nachteffekte. In Kooperation mit Joseph Nicéphore Niepce (1765–1833) konnte Daguerre das erste brauchbare photographische Verfahren entwickeln und vervollkommnen. 1837 war seine Technik, der Prozeß der → Daguerreotypie, für die Praxis einsatzbereit. Aber erst am 19. August 1839 – dieses Datum gilt als die Geburtsstunde der Photographie – wurde die Erfindung in einer Sitzung der Akademie der Wissenschaften von François Arago vorgestellt, nachdem Daguerre vorher vergeblich versucht hatte, die Erfindung wirtschaftlich zu verwerten. Mit Begeisterung wurde das Daguerresche Verfahren aufgenommen. Der Siegeszug der Photographie begann.

Daguerreotypie, sehr frühe Photographie auf versilberten Kupferplatten, benannt nach dem Erfinder dieser Technik, Louis Jacques Mandé → Daguerre. Von Sammlern von → Photographica mit „Dago" bezeichnet. Der Daguerreotypie-Prozeß war das erste brauchbare photographische Verfahren, es wurde von 1839 bis ca. 1860 (in Europa) bzw. ca. 1870 (in den Vereinigten Staaten) ausgeübt.

Mittels der Spiegelprobe kann geprüft werden, ob eine Daguerreotypie vorliegt oder evtl. eine → Ambrotypie, die gleich gerahmt ist und oft verwechselt wird. Denn Daguerreotypien kann man wegen ihrer stark reflektierenden Silberoberfläche nur aus einer bestimmten Richtung betrachten. Ein weiteres Indiz ist die Beobachtung, daß Daguerreotypien nur dann positiv wirken, wenn sie eine dunkle Fläche reflektieren, bei einer hellen Fläche erscheinen sie dagegen

Daguerreotypie

negativ. Daguerreotypien sind Unikate, sie sind seitenverkehrt, sofern nicht mittels eines Spiegels gekontert wurde. Meist sind sie unter Glas in Lederetuis oder → Union Cases aufbewahrt oder gerahmt, seltener findet man sie als Bestandteil von → Photoschmuck. Die Viertel- oder Achtelplatte war das gängigste Aufnahmeformat, das sich von der Ganzplatte, 8 × 6 Pariser Zoll (216 × 162 mm), ableitet. Als Motiv findet man zu neunzig Prozent Porträts. Von Sammlern begehrt sind künstlerisch ausdrucksstarke Daguerreotypien, möglichst signiert und/oder koloriert.

Dahlström, Carl Peter (1700–1794), einer der bedeutenden schwedischen Kunstschreiner der zweiten Hälfte des 18. Jh.s. Ausgebildet u. a. auch in der Pariser Werkstatt Jean François → Oebens, ließ er sich 1755 in Stockholm nieder. Seine häufig mit Blumenmarketerien geschmückten Möbel wurden sogar vom Zarenhof angekauft.

Daktyliothek (griech., Ringbehältnis), Sammlung von geschnittenen Steinen (→ Gemmen). Schon im Altertum gab es Gemmensammlungen. Der erste Besitzer einer solchen *dactyliotheca* war laut Überlieferung Scaurus, der Stiefsohn Sullas. Aus der Zeit der Renaissance, der Sammlungen der italienischen Geschlechter der Medici, Gonzaga, Este, stammen zum Teil die noch heute berühmten Daktyliotheken. Sie befinden sich in Wien (Antikenkabinett), Paris (Nationalbibliothek), Leningrad (Eremitage) und Florenz (Uffizien). Im 18./19. Jh. umfaßte die Dactyliothek auch eine Sammlung von Schwefel- oder Gipsabdrücken geschnittener Steine.

Dalmatik, Teil des → Meßornats. Kittelartiges, angeblich zuerst in Dalmatien (daher der Name) getragenes, mit Ärmeln versehenes Obergewand der Diakone, seit dem 13. Jh. aus Seide (ursprünglich weißes Leinen). Von den Schultern läuft ein Zierstreifen (→ Clavus) senkrecht über Brust und Rükken herab. Die Dalmatik wird auch vom Bischof bei der Messe als Untergewand unter der → Kasel getragen.

Damaskusteppiche → Mameluckenteppiche

Damaskus-Ware, frühere Bezeichnung für eine Gruppe osmanisch-türkischer Keramiken des 16. und 17. Jh.s, die man heute im allgemeinen zur → Iznik-Ware zählt (andere Fachleute vermuten die Herstellung in Istanbul) und die ihren Namen offenbar von Fliesen dieser Art hat, mit denen die Selimiye-Moschee von 1566 in Damaskus geschmückt ist. Als Merkmal gilt bei dieser Gruppe z. B. die Verwendung von Manganviolett (neben Blau, Türkis und Hellolivgrün).

Damast, nach der Stadt Damaskus benannte Gewebeart, die im Abendland seit dem 15. Jh. gewebt wurde. Gewebe mit einem Kett- und Schußsystem, bei dem sich das Muster durch den Wechsel von Kett- und Schußwirkung bildet. So bestehen Muster und Grund etwa aus Kett- und Schußköper oder Kett- und Schußatlas. Durch die verschiedene Lichtreflexion tritt trotz Einfarbigkeit das Muster deutlich hervor. Damastgewebe aus Leinen, die als Tafeltücher verwendet werden, nennt man Tafeldamast.

Damaszieren, 1. allgemeine Bezeichnung für → Tauschieren. Im besonderen meint man damit das Schmieden von Stahlklingen aus Stäben verschieden harten Stahls, die, um die Klinge fester zu machen, in mehreren Arbeitsgängen verschweißt, umeinandergewunden und wieder gestreckt werden. Die Trennungslinien erscheinen auf der Klinge als gewundenes Muster. Die Kenntnis der Technik, die von der Spätantike bis zum Mittelalter von den Waffenschmieden in Damaskus gepflegt wurde, gelangte im 14. Jh. nach Spanien und von dort in das übrige Abendland, wo sie bis ins 17. Jh. lebendig blieb.

2. das Überziehen ganzer Flächen mit einem oft orientalischen Ornament aus Blättern, Ranken etc. Wird häufig in diesem Sinne in der → Heraldik verwendet.

Damenschreibtisch, franz. *secrétaire en pente* (Pultschreibtisch), *en dos d'âne* (mit Eselsrücken), *à tombeau* (als Sarkophag), Schreibtisch mit schrägem Verschluß, der als Schreibplatte heruntergeklappt wird. Dahinter gruppieren sich, oft terrassenförmig, kleine Schübe und Fächer um ein mittleres Schließfach. Ein typisches Möbel des Rokoko, das um 1730 in Frankreich ausgebildet wurde.

Dampfmaschinen, im Bereich des Spielzeugs spiritusbefeuerte Maschinen mit liegendem oder stehendem Kessel, die über Transmissionsriemen Betriebsmodelle, z. B. Wasser- und Windmühlen, Fontänen, Jahrmarktsmodelle und Berufsdarstellungen wie Scherenschleifer, Schneider oder Drehorgelspieler antreiben. Die bekanntesten Hersteller von Dampfmaschinen waren Gebr. Bing, Doll & Cie., Joseph Falk, Märklin und Jean Schoenner (→ Blechspielzeug).

Dan, afrikanischer Stamm und Bezeichnung für dessen Kunststil. Die Maskenkunst einer Vielzahl von Stämmen und Unterstämmen Liberias, eines Teiles Sierra Leones, Südguineas und der Elfenbeinküste läßt sich trotz ethnischer und sprachlicher Verschiedenheiten in einer ziemlich einheitlichen Stilgruppe zusammenfassen: Die Dan-Kran-Stämme (an der Elfenbeinküste Ngere und Wobe) hatten wohl in vorkolonialistischer Zeit nicht zu staatsbildenden Herrschaftsformen gefunden, vielmehr wurden die öffentlichen Belange von maskentragenden Geheimbünden (Poro-Bund) geregelt. Der Komplex des dadurch differenziert entwickelten Maskenwesens läßt sich im wesentlichen in zwei grob unterscheidbaren Stilen zeigen: einmal die naturalistischen, feingebildeten Masken der Dan, zum andern die expressiv-abstrakten, Masken der Ngere und Kran-Stämme. Zu den schönsten, die weibliche Anmut charakterisierenden Masken zählen die sog. „Muttermasken" der Dan, mit ausgewogener ovaler Gesichtsform; der Reiz des Ausdruckes liegt in der Augenpartie, genauer, in der Spannung zwischen hochgezogenen Brauenbogen und kleinen, zusammengekniffenen Sehschlitzen der Augen (kleine, fast geschlossene Augen, die den begehrlichen Blicken der Männer ausweichen, gelten bei den Dan als weibliches Schönheitsideal). Ein verwandter Maskentyp „Deangle" – meist mit vertikalem Stirnwulst und Ornamentierung der Augenpartie – tritt bei der Beschneidungszeremonie der Knaben auf. Die männliche sog. „Läufermaske" *(zakpai* oder *gunyegä)*, auch „Feuermeldermaske", ist durch große Augenlöcher gekennzeichnet, um dem Träger in seiner Funktion als Botenläufer bessere Sicht zu gewähren. Die sog. „Po-Löffel" der Dan sind häufig ebenfalls mit Maskenköpfchen, aber auch mit Tiergestalten verziert; sie werden bei Festmälern zeremoniell benutzt. Eine Besonderheit sind die Miniaturmasken der Dan, die *ma-go* (6–15 cm groß), die auf Reisen mitgeführt werden (sog. Passeportmasken), aber auch Zeugenfunktion bei Initiationsriten anstelle großer Masken erfüllen können. Die Masken der Ngere, Wobe und auch der Kru steigern den expressiven Ausdruck durch phantasievolle, oft aus dem tierischen Bereich genommene Elemente wie Schnabelnasen, Stielaugen, Eberzähne und erreichen nicht zuletzt mit Hilfe künstlerischer Abstraktion eine absichtlich erschreckende Aggressivität.

Dan-Masken, Holz. Links: München, Privatsammlung. Rechts: Meran, Sammlung C. v. Pizzicolli.

Danese, 1957 von Bruno Danese gegründete italienische Hersteller- und Vertriebsfirma von Designobjekten für den Wohnbereich (Vasen, Lampen, Schalen usw.). Mehrere der technisch stets hervorragenden Danese-Produkte befinden sich im New Yorker Museum of Modern Art.

Danhauser, Joseph d. Ä. († 1830), aus Württemberg stammender Ornamentschnitzer und Beschlägeentwerfer, begründete 1804 die bedeutendste Möbelfabrik Österreichs in Wien. Zu seinen Kunden gehörten Erzherzog Karl und der berühmte Kunstmäzen Herzog Albert von Sachsen-Teschen, aber auch Vertreter des Mittelstandes. Neben Entwürfen im Stil des → Empire entstanden in seinen Werkstätten die frühesten Möbel des österreichischen → Biedermeier, die sich besonders durch ihre Bevorzugung der gebogenen Form auszeichnen. Sein Sohn Joseph d. J. (1805–1845) übernahm nach dem Tode des Vaters die Fabrik, schloß sie aber bereits 1838, um sich der Malerei zuzuwenden. Etwa 2500 Entwurfszeichnungen der Danhauserschen Möbelfabrik haben sich erhalten; sie werden im Österreichischen Museum für angewandte Kunst in Wien aufbewahrt.

Danielstaler, im 16. Jh. in Jever geprägter Taler mit dem Bild Daniels in der Löwengrube auf dem Revers.

Dannhofer, Joseph Philipp → Bayreuth

Danziger Schapp, Bezeichnung für die um 1680 aufkommende Sonderform eines hanseatischen Bürgermöbels; es handelt sich um einen ausladenden Schrank, der sich durch einen trapezförmigen Giebel und gerade, profilierte Schenkel auszeichnet.

Danziger Tisch, schwerer Barocktisch des ausgehenden 17. Jh.s, mit geschnitzter → Zarge, dicken gedrehten Beinen auf Kugelfüßen und Querhölzern in Form eines doppelten Ypsilon mit angespitztem Knauf.

Dareikos, Goldmünze der persischen Könige des 5. und 4. Jh.s. v. Chr. Sie wog 8,4 g und war die am weitesten verbreitete Goldmünze der Antike. Die zeitgenössische Silbermünze hieß Siglos.

Dareikos

Darmstädter Künstlerkolonie, durch die persönliche Initiative des Großherzogs Ernst Ludwig von Hessen ins Leben gerufene Künstlergruppe, bestehend aus Architekten, Malern, Graphikern, Bildhauern und Kunsthandwerkern, die es sich zum Ziel setzte, eine alle Bereiche des täglichen Lebens umfassende Neuorientierung der Umwelt in die Tat umzusetzen. Die Ursprünge dieser bahnbrechenden Idee sind in der englischen → Arts-and-Crafts-Bewegung zu suchen, die der junge Erbprinz bei Aufenthalten bei seiner Großmutter, der Königin Viktoria, in England persönlich kennengelernt hatte und von der er sich sehr beeindruckt zeigte. Bereits 1897 ließ sich Ernst Ludwig Räume in seinem neuen Palais in Darmstadt von Mackay Hugh → Baillie-Scott und Charles Robert → Ashbee entwerfen. Zu diesem persönlichen Engagement trat das besonders progressive kulturelle Klima der hessischen Residenzstadt, das im wesentlichen von dem Verleger Alexander Koch geprägt wurde. Koch fungierte als Initiator und Herausgeber dreier Zeitschriften, die entscheidend den fortschrittlichen Geschmack dieser Zeit beeinflußten: die *Deutsche Tapetenzeitung,* die *Innendekoration* und – am bedeutendsten – die *Deutsche Kunst und Dekoration* (ab 1897). Die Forderung nach „wirklichen großen Künstlern für die Kleinkunst" – eine Idee, die William → Morris schon eine Generation früher postuliert hatte –, wirkte bahnbrechend in einer Zeit, in der immer gravierendere Unterschiede gemacht wurden zwischen sog. wirklichen Künstlern und den als zweitrangig angesehenen „Kunstgewerblern". 1898 rief Koch, mit Unterstützung des Großherzogs, die „Erste Darmstädter Kunst- und Kunstgewerbeausstellung" ins Leben, die den Grundstock für die Bildung einer Künstlerkolonie bedeutete. Eine Reihe von prägenden Künstlern wurde durch die progressive Ausstellung angezogen und schloß sich der Vereinigung an: der Maler Hans → Christiansen, der

Danziger Schapp. 2. Hälfte 17. Jh. Nußholz, 270 × 266 × 96 cm.

Bildhauer Ludwig Habich, der Möbelentwerfer und Innenarchitekt Patriz → Huber, um nur einige zu nennen. Peter → Behrens und Joseph Maria → Olbrich stießen ein Jahr darauf zur Künstlerkolonie, ihnen folgten Johann Vincenz Cissarz, ein universaler Kunstgewerbeentwerfer, die Bildhauer Daniel Greiner und Bernhard Hoetger, Christian Heinrich Kleukens, einer der Initiatoren der privaten Ernst-Ludwig-Presse, Emanuel Josef Margold, Entwerfer für Glas und Porzellan, Albin → Müller, dessen Repertoire über Möbel und Silber bis hin zu Glas und Elfenbein reichte, der Keramiker Jacob Julius Scharvogel und der Glaskünstler Joseph Emil Schneckendorf, der Leiter der Großherzoglichen Edelglasmanufaktur. Die Auswahl dieser Künstler, für die er in Darmstadt einen eigenen Bezirk, die Mathildenhöhe, errichten ließ, in dem sie ihre Häuser und Inneneinrichtungen selber entwerfen konnten, hatte der Großherzog auf seinen zahlreichen Informationsreisen in Deutschland selbst getroffen. Der eigentliche Durchbruch, verbunden mit internationaler Beachtung, gelang der jungen Künstlerkolonie mit der Ausstellung *Ein Dokument deutscher Kunst,* 1901, in der sie sich mit von ihnen erbauten und ausgestatteten Wohnhäusern auf der Mathildenhöhe als Gesamtkonzept einer neuen Umweltgestaltung präsentierte. Die Darmstädter Künstlerkolonie wurde bei Kriegsausbruch 1914 geschlossen.

Datierung, zunächst die vom Künstler selbst durch entsprechende Datumsangabe gemachte zeitliche Zuordnung eines Werkes; gewöhnlich durch die Jahreszahl, seltener mit Monats- oder Tagangabe, meist im Zusammenhang mit der → Signatur gegeben („datiertes" Werk). Dabei ist zu beachten, daß Künstler (etwa Ernst Ludwig Kirchner) zuweilen mit ihren Datierungen recht willkürlich verfuhren, teils weil an einem Werk oft noch später Änderungen vorgenommen wurden, teils weil die Werke oft nachträglich datiert wurden und aus mangelhafter Erinnerung „falsch". Datierung kann

Darmstädter Künstlerkolonie. Peter Behrens, Lampe. 1902. Großherzoglich Hessische Privatsammlung.

▷
Darmstädter Künstlerkolonie. Hans Christiansen, Sechs Porzellanteller. 1901. Überwiegend im Hessischen Landesmuseum, Darmstadt.

auch eine zeitliche Einordnung eines nicht mit Jahreszahl usw. versehenen Werkes sein, die dann durch Stilanalyse, Formenvergleich, Zuordnung von Vorzeichnungen und Skizzen usw. geschehen muß. Auch technische Hilfsmittel können dazu eingesetzt werden (→ Gemäldedurchleuchtung oder Altersbestimmung durch die Radiocarbonmethode usw.). Zusammen mit der Lokalisierung eines Werkes ist die Datierung eine der wesentlichen Grundlagen für die kunstwissenschaftliche → Zuschreibung.

Daubenkrug, zinnmontierter, konischer Bierkrug mit Holzwandung und -boden. In die Wandung eingeschnittene Ornamente wurden mit Zinn ausgegossen und überschliffen, so daß sie wie Intarsien wirken. In gleicher Technik wurden auch – seltenere – Schraubflaschen gefertigt. Die Bezeichnung → Lichtenhainer Krug hat sich als unzutreffend erwiesen, einige Krüge aus dem 18. Jh. sind mit Kulmbacher → Zinnmarken gezeichnet.

Daumenglas, großes getonntes, gedeckeltes oder ungedeckeltes Trinkgefäß mit Eindellungen in der Wandung zum besseren Greifen des Glases. Deutsche Sonderform des 17. und 18. Jh.s.

Daumenruhe, Daumenrast, kleiner verschiedenartig geformter Hebel am metallenen Scharnierdeckel von Trink- und Schankgefäßen, auf den man zum Öffnen des Deckels drückt.

Daum Frères, Glashütte in Nancy, die Jean-Louis Auguste (1853–1909) und Jean Antonin Daum (1864–1930) 1885 von ihrem Vater Jean Daum, der sie seit 1875 betrieben hatte, übernahmen. In Anlehnung an die Kunstgläser Émile → Gallés erzeugten sie Zier- und Gebrauchsglas im Art-

Nouveau-Stil (→ Jugendstilglas). Die meisten Stücke sind mit der Bezeichnung „Daum Nancy“ und dem Lothringer Kreuz versehen.

Davidsgulden, Goldgulden mit der Darstellung König Davids, die Bischof David von Utrecht im 16. Jh. prägte.

Day-Bed (engl., Tagbett), mit Polsterung oder Rohrgeflecht versehene lange Bank auf sechs Beinen, die an einer Schmalseite einen hohen, zurückgelehnten Stuhlrücken trägt. Ein typisch englisches Möbel, das seit dem späten 17. Jh. verbreitet war.

Deangle-Masken → Dan

Deck, Théodore (1823–1891), französischer Entwerfer und Gestalter kunstgewerblicher Keramikprodukte. Nach seiner Lehre in der Straßburger Ofenfabrik Hügelin und mehreren Studienreisen eröffnete er 1856 zusammen mit seinem Bruder Xavier eine Fayence-Werkstatt (→ Fayence) in Paris. 1870 entwickelte er die ersten mehrfarbigen Unterglasdekore. 1874 erfand er eine neuartige Türkisfarbe, das sog. *le bleu Deck*. Mit seiner 1887 publizierten Schrift *La faïence* schuf er eines der wichtigsten Lehrbücher des französischen Jugendstils.

Deckelpokal → Pokal

Deckfarben, haben im Gegensatz zu lasierenden oder Aquarellfarben die Eigenschaft, daß sie durch ihre starke Pigmentierung den Maluntergrund verdecken. Die Malweise mit Deckfarben erfordert eigene Techniken. Die bekanntesten Deckfarbentechniken sind die Tempera-, Gouache-, Pastell- und auch Ölmalerei. Im Unterschied zum Aquarell sind hier Übermalungen problemlos.

Dedikationsplatten → Tischschoner

Deesis, frühchristliches und mittelalterliches Motiv des thronenden oder stehenden Christus als Weltenrichter zwischen Maria und Johannes dem Täufer als Fürbittern der Menschheit. Das Thema wird in der Architekturplastik und häufig in ostchristlichen → Ikonen und byzantinischen Elfenbeinarbeiten dargestellt mit dem Ende des Mittelalters.

Degen, leichte Blankwaffe, die sich im späten 16. Jh. aus dem Schwert entwickelte, in dem sie schmäler und für den Stich geeigneter wurde, während sich aus der Parierstange des Schwertes ein raffiniert konstruierter Faustschutz mit Parierringen, Spangenkörben und Griffbügeln bildete, der bei Prunkdegen reiche Verzierung erhielt. Am berühmtesten waren die italienischen und spanischen Glockendegen (mit Korb unter der Parierstange). Ende des 17. Jh.s kamen Hofdegen mit juwelengeschmückten Edelmetallgriffen auf, die im 18. Jh. auch als Ehrengeschenke verliehen wurden.

Déjeuner (franz., Frühstück), Kaffee- oder Schokoladenservice für eine Person.

Dekadrachme, antike griechische Silbermünze im Wert von 10 Drachmen. Geprägt u. a. in Athen und in Syrakus (→ Demareteion).

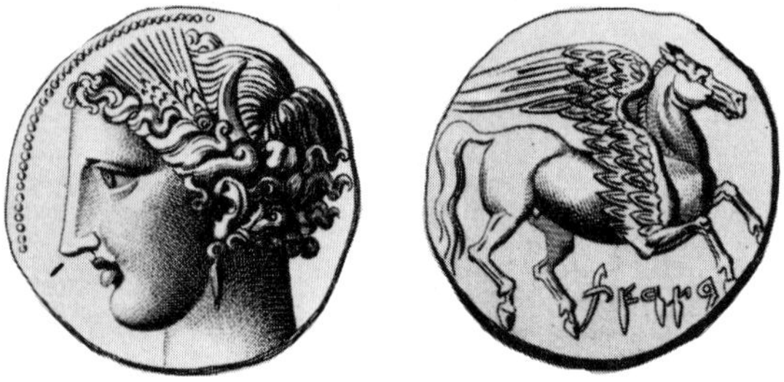

Dekadrachme (Abb. verkleinert)

Dekorationswaffen, nicht zu Kampf-, sondern zu Dekorationszwecken geschaffene Waffen. Sie sind leicht an ihrer Vernickelung, am Guß und bei Dolchen, Schwertern usw. an der stumpfen Klinge zu erkennen. Das gleiche gilt für Dekorationswaffen der heutigen Zeit. Aus Spanien allerdings kommen besser gefertigte Dekorationswaffen, meist Degen. Schwerer sind persische Dekorationswaffen des 19. Jh.s zu erkennen. Sie sind von guten Waffenschmieden gefertigt. Allerdings ist ihre Dekoration (Eisenschnitt usw.) weniger gut.

L•DELANOIS

Del., delineavit (lat., hat es gezeichnet), bezieht sich auf den entwerfenden Künstler der Vorlage zu einem graphischen Blatt (→ Adresse).

Delanois, Louis (1731–1792), führender → Menuisier des → Louis-quinze. Zwischen 1768 und 1770 lieferte er fast alle → Sitzmöbel für das Appartement in Versailles und den Pavillon de Louvecienne der Madame du Barry, der Mätresse Ludwigs XV. Daneben gehörten aber auch der König von Polen, der Prinz von Condé, der Herzog von Choiseul u. a. zu seinen Kunden. 1777 verkaufte er sein Geschäft mit seinem Möbellager an Martin Julien und beschäftigte sich mit Grundstückspekulationen. Dies führte zu seinem völligen Bankrott (1790).

Delaulne oder **Delaune, Étienne** (1518–1583), Kupferstecher, Medailleur und Goldschmied, der in Paris, Straßburg und Augsburg tätig war. Er hat zahlreiche Ornamentstiche mit → Mauresken und → Grotesken und Entwürfe für Goldschmiedearbeiten veröffentlicht.

Delft in Holland, das Zentrum der europäischen Fayencekunst des 17. Jh.s. Um 1570 begann man im Anschluß an italienische Gefäß- und Schmuckformen Fayencefliesen, -teller und -krüge mit bunter Scharffeuerbemalung auf leuchtend weißer Glasur (die nur die Vorderseiten bedeckte) herzustellen. Im 17. Jh. glichen sich Form und Dekor chinesischen und japanischen Porzellanen an, die jetzt in großer Zahl durch die Ostindische Handelskompanie eingeführt wurden. Es entstanden Flaschen, → Flötenvasen und → Flaschenkürbisvasen sowie große, häufig geriefelte Deckelvasen in Blau-Weiß-Dekor, wobei der Glanz der jetzt allseitig deckenden Glasur durch → Kwaarten erhöht wurde. Sie kamen dem Vorbild sehr nahe und wurden Delfter oder holländisches Porzellan genannt. Um 1680 arbeiteten in Delft 25

Delfter Fayence. Zwei Pferdchen. 18. Jh. Signiert V. Duyn. Amsterdam, Rijksmuseum.

Werkstätten. Die bekanntesten Unternehmer waren Jacobus und Adriaen Pynacker († 1707), Wouter van Eenhoorn († 1678), Ary de Milde († 1708; → Delfter Steinzeug). Als bester Maler gilt Frederick van Frijtom (1658–1673 tätig). Im frühen 18. Jh. ging die Produktion durch die Konkurrenz des Porzellans zurück, Ende des Jahrhunderts kam sie zum Erliegen. Auch an anderen Orten Hollands wurden Fayencefliesen gemacht (friesische Fayence aus Makkum, die sich bis ins 19. Jh. hielt).

Delfter Steinzeug, sehr hartes rotes Steinzeug, das in Anlehnung an chinesisches → I-hsing im 17. Jh. in Delft (wahrscheinlich von Ary de Milde) gemacht und, wie sein Vorbild, zu unglasierten, durch Reliefs und Schliff verzierten Teekannen mit polygonalen Untertellern verarbeitet wurde. Rote Delfter Teekannen dienten wahrscheinlich als Vorbild für → Böttgersteinzeug.

Delphin, ein seit dem Altertum bekanntes Motiv der bildenden Kunst, das in der Renaissance als beliebtes Ornament des Kunsthandwerks wiederkehrt.

Demareteion, nach Demarete, der Gemahlin Gelons I. von Syrakus, benannte legendäre → Dekadrachme. Vorn trug sie den von vier Delphinen umgebenen Kopf der Quellnymphe Arethusa, auf der Rückseite ein Viergespann mit Lenker und einer darüber fliegenden Nike.

Demareteion (Abb. verkleinert)

Demay, Jean Baptiste Bernard (1759–1848), bedeutender → Menuisier des französischen → Louis-seize, der als Erfinder des Montgolfier-Stuhles gilt, eines Stuhles, dessen durchbrochene Rückenlehne in der Art eines Ballons geformt ist (1784).

Denar, römische Münzeinheit. Silbermünze, die vom beginnenden 2. Jh. v. Chr. an als Ersatz des → Aes grave geprägt wurde. 1 Denar waren 10 Asses, 2½ Asses bildeten 1 Sesterz. Auch der → Silberpfennig des frühen Mittelalters wurde Denar genannt. Er wog etwa 1,4 bis 1,5 g. Ursprünglich gingen 240 Denare auf ein karolingisches Pfund.

Denga, seit dem späten 14. Jh. bestehende russische Silbermünze mit einem Säbel- oder Lanzenreiter. Wegen ihrer unregelmäßig ovalen Form in Deutschland auch Tropfkopeke genannt.

Den Haag, 1776–1790 wurde hier eine Porzellanmanufaktur betrieben, die anfangs nur Porzellane anderer Manufakturen bemalte, später selbst Service und Vasen herstellte. Die Marke ist ein Storch, der einen Aal im Schnabel hält.

Terrine. Den Haag, um 1780. H 25 cm. Hamburg, Museum für Kunst und Gewerbe.

Denkmünze → Medaille

Dentelle (franz., Zähnchen, Zäckchen), Bezeichnung für → Klöppelspitze im Gegensatz zur → Nadelspitze (Point).

Dentelles-Stil, Klöppelstil, Schmuckstil französischer Bucheinbände des 18. Jh.s, bei dem Ränder und Ecken mit spitzenähnlichen Mustern bedeckt sind. Anfangs war die Dentelle ein einfaches, auf Rollen eingraviertes Muster zur Verzierung der Randleisten, entwickelte sich aber um die Mitte des 18. Jh.s zu einer Spitzenbordüre mit Handvergoldung. Das Blüten-, Ranken- oder Blättermuster wurde mittels punktierter und konturierter Stempel auf farbiges Maroquinleder aufgetragen.

Derbend, zur Dagestangruppe (→ Dagestan) zählender kaukasischer Knüpfteppich in lockerer Knüpfung und vielseitiger Musterung. Im Gegensatz zu den übrigen kaukasischen Erzeugnissen ist er im Farbbild dunkler.

Derby, 1750 gegründete englische Porzellanmanufaktur, die bis heute arbeitet. Im 18. Jh. stand sie stark unter dem Einfluß → Meißens. Die Marke ist D mit Krone.

Deruta, Ort bei Perugia in Umbrien, Produktionsstätte von → Majolika, die den spanischen Vorbildern (→ Spanische Fayencen) sehr nahekommen. Es sind durchsichtig lüstrierte Schüsseln mit Blaumalerei, die im Spiegel häufig weibliche Brustbilder, am Rand Schuppen- und Strahlenmuster zeigen.

Design, auch industrielle Formgebung (engl. *industrial design*; franz. *esthétique industrielle*), die ästhetische Formung oder Gestaltung von Industrieprodukten, deren visuelles Ergebnis häufig auch als Design bezeichnet wird. Die industrielle Formgebung trat als eigenständiger künstlerischer Bereich im 19. Jh. neben die angewandte Kunst und das Kunstgewerbe. Mit der beginnenden Industrialisierung des vorigen Jahrhunderts ging zunächst die Tendenz einher, maschinell gefertigten Gegenständen die traditionellen Formen der von ihnen verdrängten handwerklichen Produkte einschließlich des damals üblichen historisierenden (→ Historismus) Dekors zu verleihen. An dieser Diskrepanz zwischen anscheinend individualistischer Produktgestaltung und serieller Massenanfertigung entzündete sich die von William → Morris u. a. in England geführte Kritik am allgemeinen Verfall der schöpferischen Kräfte. Zwar wurde hierbei eine Rückbesinnung auf die ästhetischen Qualitäten des alten Handwerks gefordert, eine Rückwendung jedoch, die sich letzten Endes mit den technischen Bedingungen eines Maschinenstils vereinbaren lassen sollte. Unter dem Eindruck der neuen schmucklosen und sachgerecht geformten Maschinen sowie der damaligen mit den modernen Materialien Glas und Eisen operierenden Ingenieurbaukunst wurde bis zur Jahrhundertwende eine Überwindung der eklektisch-historisierenden Gestaltungen zugunsten industrieller Formgebung eingeleitet.

In Deutschland leisteten diese Einbeziehung industrieller Produktgestaltung in ästhetische Neuerungsbewegungen in erster Linie Künstler wie Henry van de → Velde u. a. Das Schwergewicht lag um 1900 noch in der Möbelherstellung, wo etwa Richard → Riemerschmid u. a. sogenannte Maschinenmöbel entwarfen und serienmäßig produzieren ließen. Einen ersten Höhepunkt industrieller Formgebung stellte die 1906 in Dresden veranstaltete Kunstgewerbeausstellung dar, in der die Forderung nach industrieller Serienfertigung standardisierter Inneneinrichtungen für Schulen usw. sowie nach Vorfertigung ganzer Wohnhäuser, Postämter, Bahnhofsgebäude u. a. vor einem breiten Publikum artikuliert wurde. Aus dieser Ausstellung ging 1907 der Deutsche → Werkbund hervor, der sich die Veredelung der gewerblichen Arbeit durch Künstler zum Ziel setzte. Wegen mangelnden In-

Leuchter von Richard Riemerschmid, um 1900. München, Kunsthandlung K. Barlow.

teresses von seiten der Industrie wurden seine Bestrebungen für die Produktgestaltung zunächst jedoch nicht relevant – einzig die AEG (Allgemeine Elektrizitätsgesellschaft) in Berlin berief 1907 Peter → Behrens zum Chefdesigner ihrer Industrieprodukte, Bauten und Verkaufsstellen. Während Deutschland und beispielsweise auch Holland mit der Bewegung → De Stijl nach dem Ersten Weltkrieg sich mehr und mehr der Tendenz industrieller Produktgestaltung erschlossen, blieb das Nachkriegsfrankreich weitgehend der Tradition eines luxuriösen Kunstgewerbes verpflichtet, gipfelnd in den Bestrebungen des → Art Déco im Lauf der zwanziger Jahre. Die damaligen Erzeugnisse des Art Déco sind im Gegensatz zu denen der industriellen Formgebung gekennzeichnet durch die Übernahme exotischer und expressionistischer Stilmittel. In der Ausarbeitung von Methoden der Produktgestaltung und entsprechender Lehrpläne für Industriedesigner nahm schließlich das deutsche → Bauhaus eine der wichtigsten Rollen ein, durch das auch verstärkt konstruktivistisches Gedankengut (→ Konstruktivismus) an die industrielle Formgebung herangetragen wurde. Seit den dreißiger Jahren wurde schließlich die Beschäftigung von Designern für Produktgestaltung in allen Industrieländern selbstverständlich. So verschafften einige der 1933 emigrierten Bauhaus-Meister den Ideen des *good design* in den USA erstmals Anerkennung.

Das Design umfaßt die Gestaltung von Anlagen, Maschinen, Verkehrsmitteln, Apparaten und Geräten, Möbeln, Beleuchtungskörpern, Flächengestaltungen, Haushaltsgegenständen und Verschiedenes mehr. Zweckvollkommenheit und technische Perfektion sollen sich dabei mit der sinnlich ansprechenden Wirkung des Gestalteten harmonisch verbinden. Funktionalistische Gesichtspunkte wie Standardisierung, Typisierung, Baukastensysteme und Einbeziehung moderner Materialien und Technologien sollen einer variantenreichen Formgebung integriert werden. Ihren ersten eigentlichen Höhepunkt besaß die industrielle Produktgestaltung in den späten zwanziger und frühen dreißiger Jahren, und zwar in Deutschland, das bis 1933 das führende Land für die Moderne gewesen war. Zu den führenden Entwerfern dieser Avantgarde zählten u. a. Wilhelm → Wagenfeld und Ludwig → Mies van der Rohe.

Klaren, einfachen Formen funktionell geplanter Gegenstände, die materialgerecht gebildet und nicht mit überladenem Zierat versehen waren, galt das Hauptaugenmerk in Konfrontation zu jeglicher historischer Betrachtung. Besonders die damals entstehenden Porzellane werden großenteils auch heute noch als zeitgemäß empfunden. Moderne Industrieformen wurden zudem auf dem Glassektor fabriziert. Führend war hierbei die Staatliche Fachschule für Glasindustrie in Zwiesel unter der Leitung von Bruno Mauder (1877–1948). Nicht nur im Gebrauchsgerät, auch im Möbeldesign bleibt Deutschland dem funktionalistischen Stil verhaftet, im Gegensatz etwa zu Frankreich, das gerade damals auf diesem Sektor zu einem Höhepunkt der Dekorationslust gelangt. Das sogenannte Herrenzimmer ist in Deutschland typisches Produkt dieser Jahre, ausgestaltet mit schweren Clubsesseln, die, wie das sonstige Mobiliar auch, zwischen gefälliger Linienführung und streng funktioneller Form einen Ausgleich suchen. Die eckig-kubischen Umrisse der zwanziger Jahre werden dabei mehr und mehr abgerundet. Die Stahlrohrmöbel freilich, die in eleganter Linienführung beispielsweise von Mies van der Rohe oder Marcel → Breuer entworfen wurden

Vase von Bruno Mauder. Zwiesel, 1922. Farbloses Glas mit Schwarzlot- und Goldmalerei. H 29 cm. Zwiesel, Waldmuseum.

und zum Standard französischer, englischer und amerikanischer luxuriöser Innenarchitektur gehörten, wurden in Deutschland seit 1933 aus dem allmählich sich entwickelnden ‚gutbürgerlichen' Wohlstand ausgeklammert.
Der Industrieentwurf war in den dreißiger Jahren Deutschlands Beitrag zur Moderne. Aber auch das Kunsthandwerk, das sein Formenvokabular aus ganz anderen Traditionen herleitete, kam damals zu ausgezeichneten Ergebnissen, vor allem auf dem Sektor der Keramikproduktion. Namen wie J. B. van → Beck und H. Gretsch sind hier zu nennen.
Nach dem Ende des Weltkrieges war ein neuer unerhörter Aufschwung industrieller Formgebung zu verzeichnen, der in den sogenannten Tendenzen der fünfziger Jahre gipfeln sollte.
Am stärksten und unmittelbarsten profilierten sich vom Anfang des modernen Designs an die auf wirtschaftliche Effektivität angelegten Bereiche wie Elektronik, mobile Büroeinheiten usw. Demgegenüber boten die Gegenstände des täglichen Gebrauchs ästhetisch oft ein konfuses Bild, da sich ihre Erscheinung am vermeintlichen Geschmack des rasch wechselnden Konsummarktes orientierte. Um so mehr Beachtung fanden die Entwürfe von Firmen wie Herman Miller oder der – gleichfalls auf den Entwurf von Interieurs und

Lounge Chair von Charles Eames. 1958. Aluminium und stoffüberzogener Schaumstoff. New York, Museum of Modern Art.

Sessel von Eero Saarinen. 1957. Glasfieberverstärkter Kunststoff mit farbigem Aluminiumfuß. Hersteller Knoll Associates Inc. New York, Museum of Modern Arts.

Möbel spezialisierten – Firma → Knoll Associates. Die von Charles → Eames für Miller konzipierten Möbel wurden zu Klassikern der modernen industriellen Formgebung, und seine Experimente mit Fiberglas-Sitzschalen, Schichtholz- und Drahtgeflechtmöbeln beeinflußten eine ganze Generation junger Designer. Die von Hans Knoll für seine 1938 gegründete Furniture Company konzipierten Möbel folgten den Entwürfen von Designern wie Harry → Bertoia und Eero → Saarinen.
Aus Skandinavien kam ein Design ganz anderer Prägung. Es war bei aller Dominanz moderner Formgebung stark von der Tradition des Handwerks und vom Material bestimmt. Naturhölzer, Webstoffe, Keramik, Silber, Glas wurden nach ihren stofflichen Kriterien verarbeitet. Die Handwerkstradition äußerte sich auch in der häufig vorkommenden Fertigung handgearbeiteter Unikate: so in den kostbaren Glasobjekten der Finnen Tapio Wirkkala und Tino Tapani Sarpaneva, in dänischen Textilien oder in den Metallarbeiten der Silberschmiede Georg Jensens.
Das deutsche Design der fünfziger Jahre wird vor allem durch die Erzeugnisse der Firma → Braun repräsentiert. Um 1955 stellte Braun als erste ihrer Art Geräte in hellen, klaren Formen vor. Ahornholz, typographisch klare hellgraue Skalen und Proportionen, die auf eine Integration in moderne Wohnelemente abzielten, waren kennzeichnend. Fritz → Eichler hatte den Anstoß zum neuen Designkonzept der Firma Braun gegeben.

Design and Industries Association → Werkbund, Deutscher

De Stijl, 1917 in Holland gegründete Künstlervereinigung, die eine besonders strenge Richtung innerhalb des → Konstruktivismus vertrat. Von künstlerischen Grundformen ausgehend, gelangte man zu elementar vereinfachten Formen und Farben: Ein Gefüge rechtwinkliger Liniensysteme verbindet sich farbigen Rechteckflächen, in denen nur reine Primärfarben und zusätzlich Schwarz und Weiß angewandt werden. Natürliche Materialien wurden häufig zugunsten künstlich hergestellter abgelehnt. Die Ziele des De Stijl wurden nicht nur für die Malerei und die Architektur fruchtbar gemacht, sondern auch für Innenarchitektur, Möbelkunst (Gerrit → Rietveld), Textil- und Glaskunst.

Deut, früher die kleinste niederländische Kupfermünze. Im 17. Jh. auch in einigen Teilen Westdeutschlands verbreitet.

Deutsche Blumen → indianische Blumen

Deutsche Möbel. Viel stärker als das der europäischen Nachbarländer ist das deutsche Möbel regional geprägt. Die Gliederung Deutschlands in zahlreiche Fürstentümer, weltliche und geistliche Residenzen und in freie Städte spiegelt sich auch an der Gestaltung des Möbels wider. Dazu treten die ebenfalls regional bedingten Einflüsse der Nachbarländer. Westdeutsche Möbel aus der Eifel, aus der Gegend von Aachen, aus dem mittleren Rheinland, aber auch aus dem württembergischen Raum zeigen Reminiszenzen französischer Vorbilder, norddeutsche Möbel orientieren sich mehr am holländischen oder englischen Raum, an der Grenze nach Böhmen und im östlichen Bayern findet man Möbel, die stilistisch den böhmischen Werkstätten nahestehen.

Das norddeutsche Möbel spiegelt die Wohlhabenheit des Bürgertums der Hansestädte wider, ist auch typologisch den Bedürfnissen einer gutgestellten Mittelschicht, auch des Patriziats, angepaßt. Ähnlich ist die Situation im Aachener Raum (→ Aachener Möbel), wo ebenfalls wohlhabende Bürger die Klientel der Kunstschreiner stellten. Vor allem in → Renaissance und Frühbarock (→ Barock) tragen die freien Reichsstädte, allen voran Nürnberg, Augsburg und Ulm, eine eigene bürgerliche Kultur.

Das höfische Möbel, mit kostbaren Materialien verarbeitet und auch typologisch, v. a. im → Rokoko, den Ansprüchen einer verfeinerten, sich an ausländischen Höfen orientierenden Gesellschaft angepaßt, konzentriert sich im wesentlichen auf die führenden weltlichen und geistlichen Residenzen. Hier stehen allen voran Berlin, Dresden und München, aber auch Würzburg, Stuttgart, Köln, Braunschweig und die kleineren Höfe in Ansbach und Bayreuth, um nur einige der wichtigsten zu nennen.

Mit dem Beginn des → Biedermeier ändert sich diese Grundsituation entscheidend: Als Auftraggeber des Kunstschreiners treten jetzt mehr und mehr die breiten Schichten hervor; die Einrichtung dient immer weniger dem Zweck einer höfischen oder Patriziats-Repäsentation; sie soll in erster Linie die Wohnbedürfnisse des normalen Bürgers befriedigen. Diese Tendenz hält bis gegen Ende des 19. Jh.s. an, erst mit der → Gründerzeit erreicht die mittlerweile voll industrialisierte Möbelproduktion nochmals eine Phase, in der das neue „Patriziat", die Fabrikanten und reichen Unternehmer, auch das Handwerk prägen. Es ist ein Verdienst von → Jugendstil, Deutschem → Werkbund und → Bauhaus, wiederum die Wohnkultur breiteren Massen zugeführt zu haben.

Deutsche Werkstätten, eine Einrichtung, die als Gegenpol zu der → Wiener Werkstätte gebildet wurde, sich aber von dieser grundlegend unterscheidet, da der Schwerpunkt der Deutschen Werkstätten im wesentlichen in der Möbelherstellung liegt. Zu den Deutschen Werkstätten gehörten im wesentlichen drei Einzelunternehmen, die Münchener → Vereinigten Werkstätten für Kunst im Handwerk, die Dresdener Werkstätte für Handwerkskunst und die Deutschen Werkstätten für Handwerkskunst in Hellerau bei Dresden. Die Münchener Werkstätten wurden 1897 durch Hermann → Obrist, Bernhard → Pankok, Bruno → Paul und Richard → Riemerschmid ins Leben gerufen, ein Jahr darauf folgte die Dresdener Werkstätte unter Leitung des Entwerfers Karl Schmidt (1891–1948), 1906 schlossen sich mehrere kleinere Unternehmen zu den Deutschen Werkstätten in Hellerau zusammen; ihnen trat 1910 die Dresdener Werkstätte bei. Das entscheidende Verdienst der Deutschen Werkstätten sind die Vermeidung jeglicher historistischer Anklänge in ihren Entwürfen, die „saubere" handwerkliche Verarbeitung und das Bemühen um gute Form mit Hilfe standardisierter Fertigteile (Typenmöbel), die auf der einen Seite Massenproduktion, auf der anderen Seite aber auch Massenwirkung mit sich bringen. – Die Vereinigten Werkstätten für Kunst im Handwerk bestehen noch heute.

Deutscher Werkbund → Werkbund, Deutscher

Devise, Sinnspruch, Wahlspruch. Über Verwendung in der Wappenkunde → Prachtstücke.

Diadem (von griech. *diadema,* Binde), Kopfschmuck in Form eines offenen Reifens aus Edelmetall mit aufsatzartiger Erhöhung über der Stirn, von Edelsteinen und Perlen geziert. Das Diadem, ursprünglich eine auf dem Hinterkopf zur Schleife mit herabfallenden Enden geknotete Binde, stammt aus dem Orient und galt als Zeichen der Herrscherwürde. Bis ins hohe Mittelalter wurden die Bezeichnungen Diadem und Krone synonym gebraucht. Byzantinische Fürstinnen wurden mit dem Diadem gekrönt. Seit der Hochrenaissance hat das Diadem seinen Symbolcharakter immer mehr verloren. Im Zeitalter des Absolutismus setzte man der zu Krönenden die Krone über das Diadem. Der Klassizismus brachte eine Hochblüte; um 1800 waren die Pariser Juweliere führend in der Anfertigung von Diademen.

Diamant (von griech. *adamas,* der Unbezwingbare), der härteste aller Edelsteine und der einzige, der aus nur einem

Diadem. Hanau, um 1912. Farbige Glassteine, Perlen, Metall vergoldet.

Element besteht (kristallisierter Kohlenstoff). Er kommt in Oktaedern und Dodekaedern vor, ist durchsichtig, farblos oder schwach gelblich, selten blau, grün, rosa, braun *(fancy coloured)*. Hauptschlifform: der → Brillant. Den Preis bestimmen Farbe, Reinheit, Größe und Schliff. Die Farbe ist von hochfeinem Blauweiß (Jäger) bis stark gelblich *(yellow)* zehnfach gestuft. Die Reinheit (unter zehnfach vergrößernder Lupe) reicht von „Sauber" *(flawless)* bis „3. Piqué" (mit erheblichen Fehlern). Die Größe wird in Karat gewogen (1 kt = 0,2 g). Der ideale Schliff hat bestimmte Winkel und Maßverhältnisse, von denen abgewichen wird, um die Substanz des gewachsenen Kristalls zu erhalten. Die Qualitätsbezeichnungen „vom ersten, zweiten und dritten Wasser" sind veraltet, ebenso die Gewichtsangabe nach Punkten (1 point = 0,01 kt). Der größte bisher gefundene Diamant ist der Cullinan (Rohgewicht 3106 kt), abenteuerlich die Geschichte berühmter indischer Diamanten (blauer Hope, Großmogul, grüner sächsischer Diamant). Die wichtigsten Fundstätten: Südafrika und Rußland, bis zum 18. Jh. Indien, danach bis Ende des 19. Jh.s Brasilien. Seit Anfang des 18. Jh.s beherrscht der Diamant (als Brillant) die Schmuckkunst.

Diamantgravierte Gläser, tragen als Schmuck zarte, mit dem Diamanten gerissene ornamentale und figurale Dekors. Diese Technik erlebte ihre Blüte im 17. Jh. in den Niederlanden (ehe dort das → Stippen in Mode kam), wo sie von Willem Jacobsz van Heemskerk (1613–1692) in Leiden, Anna Roemers Visscher (1583–1651) und ihren beiden Schwestern in Amsterdam gepflegt wurde. Um 1800 verzierte Johann Josef → Mildner viele seiner Medaillongläser mit gerissenen Empireornamenten.

Diamantschnitt, Diamantierung, auf Silberbechern des 17. Jh.s (→ Schwitzbecher) vorkommendes Flächenmuster aus rautenförmig angeordneten flachen Pyramiden.

Diaphanbild, auf durchscheinendem Grund – meist Glas – mit transparenten und lasierenden Farben gemaltes Bild: Glasgemälde oder auch, besonders im 19. Jh., durchscheinend hergestellte Lithographie. (Abb. s. a. S. 140)

Diasper, Bezeichnung für eine besondere Art italienischer und nahöstlicher Seidenstoffe des 13. und 14. Jh.s. In der modernen Literatur oft für → Lampas gebraucht.

Diatreta → römisches Glas

Dicken, in der Schweiz geprägter → Teston, der etwa 1482–1520 geschlagen wurde. Die ersten Dicken prägte Bern.

Dickstein, alte Schlifform des Diamanten: Oktaeder mit abgeschnittener Spitze. Heute ist der Dickstein nur eine Zwischenstufe beim Schleifprozeß zum Brillanten.

Dicktaler, mit dem Stempel eines halben Talers auf einem dicken – in Gewicht und Legierung einem Taler entsprechenden – Schrötling geprägte Münzen.

Didrachme, in der Antike weitverbreitetes Doppelstück der Silberdrachme.

Diechling → Harnisch

Dienstgradabzeichen, Kennzeichnungen an Uniformen, die über den Dienstgrad des jeweiligen Trägers Auskunft geben. Das älteste Dienstgradabzeichen ist die seit den Heeren des Hellenismus bekannte Feldbinde. Sie war im Dreißigjährigen Krieg Abzeichen der kämpfenden Heere und wurde von Offizieren und Unteroffizieren getragen. Eigentliches Dienstgradabzeichen war in dieser Zeit und später die Partisane (→ Stangenwaffen) für Offiziere, später in einigen Heeren durch das Sponton (→ Stangenwaffen) ersetzt, und für Unteroffiziere die Hellebarde (→ Stangenwaffen). Daneben war für alle Kommandierenden der Stock das Würde- und Dienstabzeichen, im Marschallstab noch fortlebend. Gegen Ende des 17. Jh.s kam bei den Offizieren der Ringkragen hinzu, der bis weit ins 19. Jh. in einigen Heeren fortlebte. Im 18. Jh. kam dann das Portepée, die Degen- bzw. Säbelquaste dazu. Dienstgradabzeichen im eigentlichen Sinn gab es erst ab Mitte des 18. Jh.s. Auf den Schultern getragene Bänder zum Festhalten des Degenbandeliers oder der Feldbinde entwikkelten sich zu metallenen Dienstgradabzeichen. Ursprünglich trugen Offiziere bis zum Major nur auf einer Schulter eine Epaulette, vom Stabsoffizier aufwärts zwei. Die Fransen an diesen Silberbändern vergrößerten sich und wurden zu steifen Bouillons. Den Übergang zu diesen bildeten halbrunde Metallplatten, die Monde. Um eine weitere Kennzeichnung der Dienstgrade zu schaffen, wurden an den Epauletten Sterne angebracht (in England 1810). Die Epauletten schob man durch eine Schleife aus Metallband, die Passanten. 1866 wurden in Preußen Schulter- oder Achselstücke eingeführt, die zunächst als „Feldachselstücke" bezeichnet wurden. In anderen Heeren setzte man die Sterne der Dienstgradabzeichen auf die Passanten. 1888 wurde eine neue Form der Schulterstücke eingeführt, die bis 1945 in der Wehrmacht getragen wurde. In der österreichischen Armee wurden nach 1848 Sterne am Kragen, die Distinktionen, eingeführt, Metallsterne ohne Tressen für die Leutnants und Hauptleute, für die Stabsoffiziere und Generale gekoppelt mit Tressen. Die Unteroffiziere erhielten etwas später diese Sterne aus Bein am Kragen. Die preußischen Unteroffiziere hatten bereits seit Ende des 17. Jh.s Tressen an Ärmeln und Hüten als Kennzeichen. Die britischen und französischen Unteroffiziere trugen seit 1803 → Chevrons, V-förmige Tressen am Oberarm. Ähnliche Tressen trugen die Mannschaftsdienstgrade der Reichswehr und Wehrmacht am linken Oberarm.

Dietterlin, Wendel (1550–1599), südwestdeutscher Ornamentstecher und Architekt, dessen 1593/94 in Stuttgart und Straßburg erschienenes Vorlagenwerk *Architectura, von Austeilung, Symmetria und Proportion der Seulen* nicht nur von Architekten, sondern auch von Möbelschreinern und Kunsthandwerkern der Zeit ausgiebig benutzt wurde. Dietterlins Zierelemente lehnen sich teilweise an Vitruv, aber auch an Motive der Dürerschen Graphik und an Erfindungen des Hans Vredeman de Vries an; sie lebten vor allem im Nürnberger und im schwäbischen Raum noch weit in das 17. Jh. hinein nach.

Dikerion → Dikirotrikira

Dikirotrikira, die beiden bischöflichen Segensleuchter der Ostkirche: das Dikerion mit zwei Kerzen (Symbol der beiden Naturen Christi) und das Trikerion mit drei Kerzen (Symbol der Dreifaltigkeit).

Dinanderien, in Dinant an der Maas gemachte Messinggeräte des Mittelalters. Als ihre Herstellung sich auf andere Orte ausbreitete, ging die Bezeichnung auf alle Messingwaren aus dem Maastal, aus Flandern, Brabant und Aachen über. Sie umfassen Leuchter, → Aquamanilen, → Rauchfässer, Weihwasserbecken, Zier- und Gebrauchsschüsseln in Guß- und Treibtechnik.

Dinglinger, Johann Melchior (1664–1731), Hofjuwelier Augusts des Starken von Sachsen, einer der berühmtesten Goldschmiede des 18. Jh.s. Seine Brüder Georg Friedrich und Georg Christoph waren Hofemailleure und Hofgoldarbeiter

Diaphanbild von dem Münchner Porzellan- und Miniaturmaler Franz Schier (1852–1922). Um 1890. München, Sammlung Eli Ashan.

in Dresden. Die Tafelaufsätze und Kabinettstücke, das „Goldene Kaffeezeug" und die Juwelengarnituren sowie der vielfigurige „Hofhalt des Großmoguls", Gemeinschaftsleistungen der Werkstatt Dinglinger, gehören zu den Meisterwerken europäischer Barockkunst. Die Zusammenarbeit mit Johann Balthasar Permoser, dem Erbauer des Zwingers, dokumentiert das Elfenbeinfigürchen der Konfektschale *Bad der Diana.* Die Hauptwerke befinden sich im Grünen Gewölbe in Dresden, der ehemals fürstlichen Schatzkammer.

Dionysos, griechischer Gott des Weines, in Rom als Bacchus verehrt. Er wird in der Antike zunächst meist bärtig dargestellt, efeubekränzt, mit Weinreben und einem Becher in den Händen. Seit dem 4. Jh. vor Christus setzt sich die jugendliche Darstellung des Gottes durch. In der Renaissance werden das Dionysosmotiv und das Motiv der Bacchanalien, der zu Ehren des Gottes gefeierten orgiastischen Feste und Umzüge, erneut aufgegriffen. Liebe und Musik als Begleiter des Weingenusses werden allegorisch verbildlicht. Das Sujet hält sich über das Barock hinaus bis ins 18. Jh. und wird vereinzelt im 19. Jh. wieder verwendet.

Diorama, „Durchscheinbild", bestehend aus kolorierten Stichen, die, kulissenartig gestaffelt, miteinander verbunden und zur Buchform zusammenklappbar, ihre Gegenstände und Figuren für den Beschauer räumlich darstellen.

Dioskurendenare, römische → Denare des 2. und 1. Jh.s. v. Chr., die vorn die Stadtgöttin Roma, hinten in galoppierendem Viergespann die Dioskuren (Kastor und Pollux) zeigen.

Dioskurendenare

Diptychon, in der Antike Begriff für zusammenklappbare Holz- oder Elfenbeintäfelchen mit inneren Wachseinlagen, die zum Schreiben benutzt wurden; die Außenseiten waren oft künstlerisch reich verziert (Konsulardiptychen). In der mittelalterlichen Kunst Bezeichnung für zweiflügelige Altarbilder ohne Mittelteil (im Gegensatz zum → Triptychon).

Dipylonstil, Dipylonvasen → Vasenmalerei

Directoire, ein nach der damaligen französischen Regierungsform, dem 1795–1799 herrschenden → Directoire, benannter Stil, der zur Zeit der Französischen Revolution aufkam und als eine Sonderform des → Klassizismus zwischen dem → Louis-seize und dem → Empire vermittelt. Im Gegensatz zum → Rokoko erhielten Innendekoration und Möbel schlichte und geradlinige Formen. Die Resultate der

Diptychon-Tafel mit Verkündigung. Relief. Frankreich, 15. Jh. H 9,8 cm. Erbach, Deutsches Elfenbeinmuseum.

Ausgrabungen von Pompeji machten einen Stil *à la grecque* modern. Vor allem die Frauenmode wurde durch hochgegürtete, langfließende Schleppenkleider oder tunikaartige Gewänder sowie durch Sandalen bestimmt, während in der Männermode weite Hosen und enge Jacken mit hohen Halsbinden dominierten. Das Directoire wurde stark vom englischen → Adam-Stil beeinflußt.

Dirhem, vom 7. bis 18. Jh. gültige arabische Silbermünze. Die Dirhem sind bildlos und tragen nur auf die islamische Religion bezogene Inschriften, ferner das Jahr und den Prägeort. Auf späteren Stücken erscheinen auch die Namen von Kalifen und Statthaltern. Zeit der größten Ausbreitung zwischen 800 und 1012.

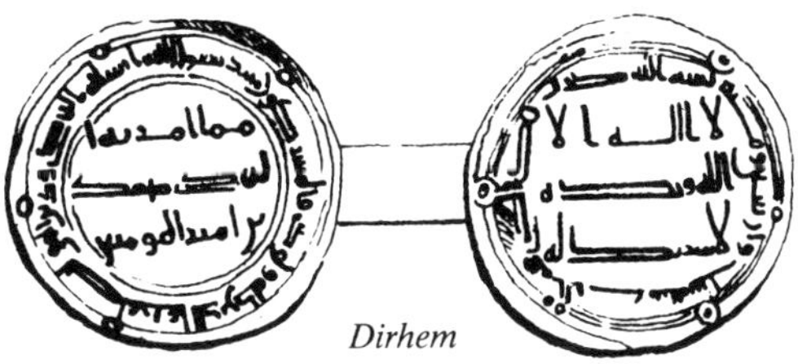

Dirhem

Diskos, fußloser oder auf niedrigem Fuß ruhender Edelmetallteller mit vergoldeter Innenfläche (Durchmesser ca. 20–25 cm) für das konsekrierte Brot in der Liturgie der Ostkirche (Gegenstück zur lateinischen → Patene); er symbolisiert die Krippe Christi.

Directoire-Sekretär. Rußland, um 1800. Mahagoni, mit Messingeinlagen und feuervergoldeten Bronzen. 125 × 79 × 37 cm.

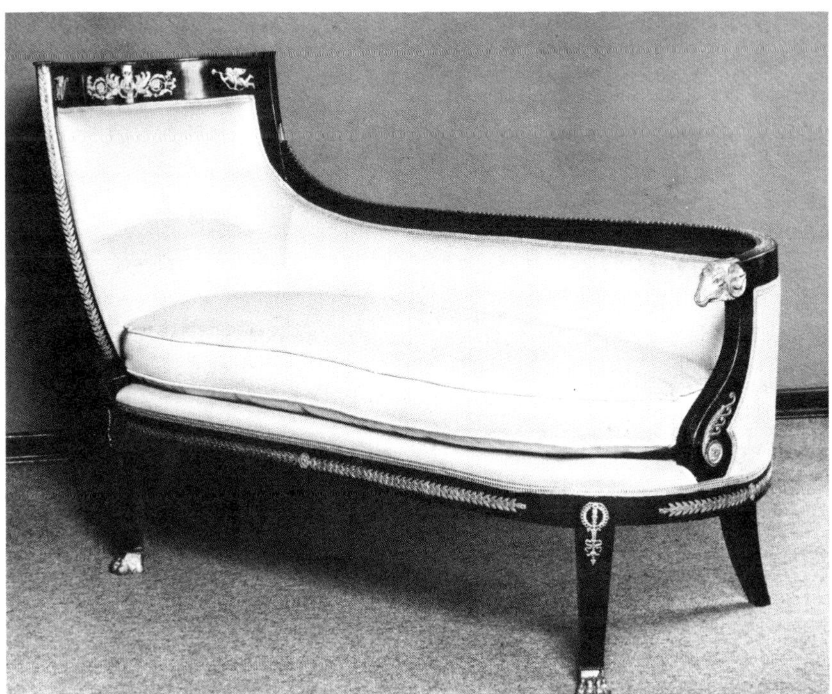

Directoire-Liege. Frankreich, um 1795. Mahagoni mit vergoldeten Bronzen, Widderkopf signiert „VD". L 150 cm.

Distinktionen → Dienstgradabzeichen
Diwan, ein ursprünglich dem persischen Kulturkreis zugehöriges, üppig gepolstertes Sitz- und Liegesofa, oft mit losen Kissen und ohne Rückenlehnen und Armstützen. Seit dem französischen Empire und besonders im 2. Jahrzehnt des 19. Jh.s. (türkische Mode) ein beliebtes Salonmöbel.
Diwani → Arabische Schrift, → Ferman
Do, japanischer Panzer, ist in seiner Grundform vom 10.–19. Jh. fast gleich geblieben. Er besteht aus Vorder- und Rückenstück, die aus einer Platte, häufiger aber auch aus durch Lederstrippen oder Seidenschnüre verbundenen Eisenstreifen, den Lamellen, bestehen. Seitenteile gleicher Technik verbinden beide Teile. Auch Schultern, Arme, Beine, Handrücken waren geschützt.
Doccia bei Florenz, 1737 gegründete Porzellanmanufaktur, die heute noch besteht. Im 18. Jh. wurden Geschirre in schweren Barockformen hergestellt, u. a. Gefäße mit doppelter Wandung, deren äußere durchbrochen war, sowie Porzellane mit vergoldeten Reliefs. Als Marke wurde ein Stern verschiedener Form und Farbe verwendet.

Docke → Baluster
Dogon, westafrikanischer Stamm, der die Canyons und Felsenhöhlen Ost-Malis bewohnt; der Name Dogon steht auch für die eigentypischen, archaisch anmutenden Kunstschöpfungen dieses Stammes. Am bekanntesten die im Pfahlstil (→ Afrikanische Kunst) geschnitzten, die menschliche Form weitgehend abstrahiert wiedergebenden Ahnen-, Götter- und Priesterfiguren mit meist überlangem, gestrecktem Oberkörper und fast horizontal abstehendem Kinnbart. Eine Reihe mythischer Elemente bestimmen Haltung und Gestus der Figuren: „Nommo", mit zum Himmel emporgestreckten Armen, bittet um den „Regen des Vergessens"; „Dyougou-Serou", – eine mythische Gestalt (nach der Stammesreligion hervorgegangen aus der Verbindung zwischen Schöpfergott Amma und der Erde), meist hockend dargestellt, mit den Händen das Gesicht verhüllend (aus Scham über begangenen Inzest). Bekannt auch die Darstellung des mythischen Schmiedes „Hogon" als Reiterfigur. Beliebte Sammelobjekte der Dogon sind (leider oft gefälschte) Speichertüren und Türschlösser, die mit kleinen Ahnenfigürchen als „Wächter" beschnitzt sind. Bei den Dogon gibt es an die hundert verschiedene Maskentypen; drei seien hervorgehoben: Die „Affen"-Maske, mit totenkopfähnlichen, meist viereckig ausgeschnittenen Augenhöhlen; die „Kanaga"-Maske, mit einem doppelkreuzähnlichen, eine Tiergestalt abstrahierenden Aufbau und die bis zu fünf Meter hohe, brettähnliche „Sirige"- oder „Etagen"-Maske, die in ihren Abstufungen die 80 Urahnen der Menschheit symbolisiert. Die wegen ihrer Länge von etwa 10 Metern nicht getragene, nur an bestimmten Anlässen verehrte Muttermaske „Iminana" verkörpert wohl den Archetyp aller Dogonmasken; ihrer Größe wegen kommt sie auch kaum im Handel vor. Bei Sammlern beliebt, weil von besonderem Zauber abstrakter Darstellung, sind die Schmiedeeisenarbeiten: sensibel geformte Tiermotive, aber auch Gestaltungen der oben genannten Figurentypen.
Do Guleh, persische Bezeichnung für zwei Blumen. Bei Knüpfteppichen des Bidschar-Gebietes (→ Bidschar) in Form von Rosetten und Kreublüten in unendlichem Rapport vorkommend.

Reiterfigur des „Hogon" aus dem Stamm der Dogon. Mali. Holz, als Deckelaufsatz geschnitzt, H 35 cm. München, Sammlung Eli Ashan.

Dolch, für den Stoß berechnete Nahkampfwaffe mit kurzer Klinge; sie entwickelte sich aus dem Messer und wurde bereits im Mittelalter als Hilfswaffe neben dem → Schwert, an einer Kette hängend, getragen. Eine Zwischenform zwischen Schwert und Dolch sind die reich verzierten italienischen Ochsenzungen des 16. Jh.s (Cinqueden genannt, vor allem in Verona hergestellt), die sich auch in Frankreich und Deutschland einbürgerten. Neben dem → Degen führte man im 16. und 17. Jh. in der linken Hand den Parierdolch.
Dolman → Uniform
Domino, loser Mantel oder Überwurf mit Kapuze, ursprünglich den Geistlichen vorbehalten, lebt heute noch in der Art von Mönchskutten weiter. Im 18. Jh. wurde der Domino zum eigentlichen Kernkleidungsstück bei der Maskierung. Sowohl von Damen als auch von Herren getragen.
Domra, altrussisches Lauteninstrument, langhalsig und mit zwei Metallsaiten, wird mit Plektron gespielt; im 16./17. Jh. in drei Größen gebaut, heute bis zu sechs.
Doovpötte, in Holland gebräuchliche kupferne, oft mit Messing beschlagene Behälter, in denen über Nacht die glühenden Kohlenreste aufbewahrt wurden.
Doppelgewebe, Gewebeart aus zwei farbig meist kontrastierenden Gewebelagen. Die Bindung ist gewöhnlich für beide Gewebelagen gleich, meistens Leinwandbindung. Die beiden Lagen können voneinander getrennt, aber auch stellenweise

durch besondere Zwischenbindungen oder Vereinigungen an den Webekanten verbunden sein.

Doppelkasel → Kasel

Doppelkürbisvase → Flaschenkürbisvase

Doppelscheuer, entweder Bezeichnung für einen Doppelpokal, d. h. zwei mit den Mündungen aufeinandergesetzte, gleich oder ähnlich geformte, hochgefußte Trinkgefäße, oder: bauchige Trinkschale (→ Scheuer) des späteren Mittelalters auf niedrigem Fuß, mit aufgebogenem Griff oder Ringhenkel, der ein ebenso oder ähnlich geformtes Gefäß, das gleichfalls als Becher diente, mit dem Mündungsrand aufgesetzt ist; anfänglich aus Maserholz gedrechselt und mit Metallmontierung, später auch aus anderen Materialien gefertigt (Silber, Gestein).

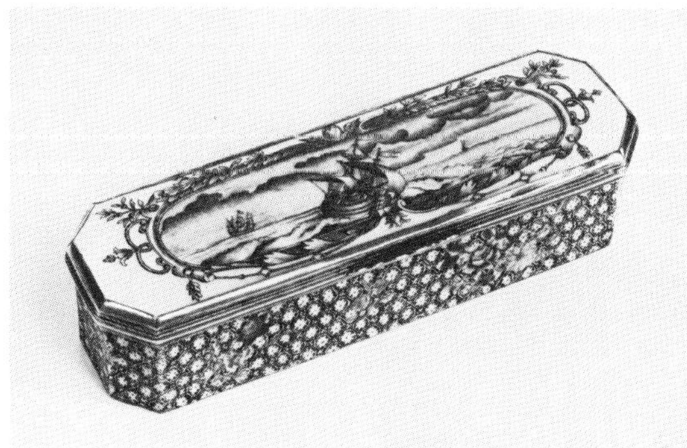

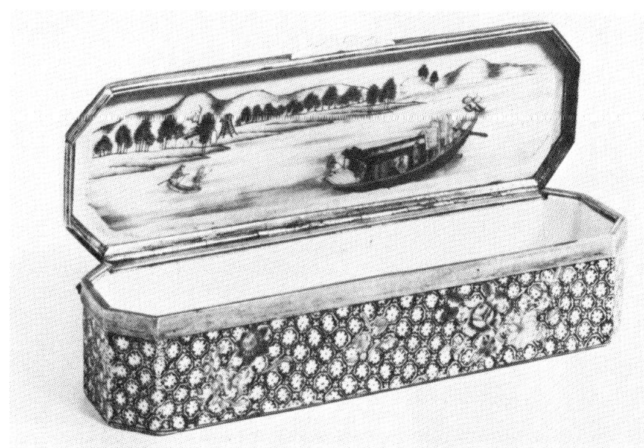

▷
Montierte Porzellan-Dose. Companie des Indes, 18. Jh. Famille-Rose-Dekor. 15 × 3 × 4,5 cm.

Doppelscheuer. Nürnberg, um 1629, Meister Peter Wiber. Vermeil, H 46,5 cm. Nürnberg, Germanisches Nationalmuseum.

Dorische Säule → Säule

Dormeuse → Baigneuse

Dorotheenthaler Fayence, Erzeugnisse der bedeutenden Thüringer Fayencemanufaktur Dorotheenthal, die um 1716 von der Fürstin Augusta Dorothea von Schwarzburg gegründet wurde und bis ins beginnende 19. Jh. bestand. Stücke in Blaumalerei oder mit blauen, manganfarbenen, blaugrünen und eisenroten → Scharffeuerfarben dekoriert und mit einem dichten Dekor aus Laub- und Bandelwerk entstammen der Blütezeit der Dorotheenthaler Manufaktur. In der großen Menge von Stücken mit bunten Scharffeuerfarben und chinoisem Dekor wird das typische Erscheinungsbild der → Thüringer Fayencen anschaulich. Als Fabrikmarke waren nur zeitweise die Buchstaben A und B in Ligatur gebräuchlich, daneben Malerinitialen.

Dorsale, 1. oft mit Reliefs oder → Intarsien verzierte Rückwand des Chorgestühls bzw. deren Behang, auch Rückenkissen. 2. → Antependium.

Dosar, Größenbezeichnung persischer Knüpfteppiche: ca. 1 × 2 m.

Dose, Bezeichnung für einen kleineren Behälter mit Deckel, unterschiedlich gebraucht nach Material, Form, Dekoration (u. a. → Dosenstück, Porträt-, Schnupftabakdose), Qualität, Wert und Nutzung (→ Bratwurst-, Schnupftabak-, Streu-, Zucker-, Zündholzdose, Vinaigrette); teilweise wird die Bezeichnung Dose synonym zu → Büchse verwendet, aber unterschieden von der → Schachtel.

Die Dosen sind stark dem jeweiligen Zeitstil verhaftet; so sind im 18. Jh. bewegte, zunächst schwerere barocke, später leichtere, verspielte Rokokoformen üblich, im Klassizismus und Empire herrschen strengere, gerade Gestaltungen vor, die oft durch Gehänge geschmückt sind. Im 18. Jh. begegnen auch besonders üppige Ausführungen in Porzellan. Im 18. Jh. und wohl auch bereits im 17. Jh. steht die Bezeichnung vornehmlich für die kleine handliche Dose, die Ziergegenstand war (→ Porträtdose), zugleich aber meist zur Aufbewahrung von Schnupftabak (→ Schnupftabakdose) diente; in Miniaturform existieren Dosen auch zur Unterbringung von Pillen sowie von Schönheitspflästerchen und Puder.

Dosenstück, feine Miniaturmalerei auf → Schnupftabak- und ähnlichen Dosen.

Dossier → Antependium

Doublé, Dublee, mit einem edleren Metall überzogenes geringerwertiges Metall, z. B. Gold auf Silber, Silber auf Neusilber. Das Dublieren oder Plattieren erfolgt entweder durch Aufeinanderwalzen der beiden Metallbleche oder durch heißes Aufwalzen mit Hilfe eines Lotes als Zwischenlage.

Doubletten, in der Edelsteinkunde Steine, die aus zwei Teilen gleichen oder unterschiedlichen Materials zusammengeklebt wurden, um ihnen größere Körper zu geben. Für den nicht sichtbaren Teil verwendet man farbiges Glas oder eine mindere Steinqualität. Bei Opaldoubletten hat eine aufgepreßte Bergkristallschicht die Wirkung einer Lupe. Hohldoubletten schließen einen mit gefärbter Flüssigkeit gefüllten Raum zwischen den beiden Teilen ein. Doubletten sind wie

Tripletten (aus drei Teilen bestehend) am Rondistenstreifen zu erkennen. Doubletten werden heute industriell als billigere Ersatzsteine im Schweizer Jura, in Indien und Paris gefertigt.

Doublieren, eine Technik der Gemälderestaurierung, die notwendig wird, wenn die Leinwand brüchig geworden ist. In diesem Fall wird sie mit einer neuen hinterklebt, gewöhnlich mit einer speziellen Kaltleimsorte. Wird als Klebemittel Wachs verwendet, so spricht man von Wachsdoublierung. In jedem Fall ist dabei die Leinwand zuerst vom (Keil-)Rahmen zu lösen; der Trocknungsprozeß geschieht unter einer Presse, um zu vermeiden, daß sich zwischen den Leinwandschichten Luft- oder Leimblasen bilden. Durch die Festigkeit der neuen Leinwand kann das Bild auch wieder im Keilrahmen gespannt werden (→ Gemälderestaurierung).

Drachenteppiche, teppichgeschichtlicher Begriff für kaukasische Teppiche bis zum 18. Jh., in denen man stilisierte geometrisierte Drachenformen zu erkennen glaubt.

Drachme, Münzeinheit der griechischen Silberwährung. 6000 Drachmen waren 1 Talent, 2 Drachmen 1 Stater. 6 Obolen waren 1 Drachme.

Draht-Email → Email

Drahthaube → Barett

Drapp, Bezeichnung für sandfarbene Grundtöne bei Knüpfteppichen (→ Hamadan).

Drehorgel, ein → mechanisches Musikinstrument, das für den Gebrauch auf der Straße entwickelt wurde. Mittels einer Handkurbel wird die Geschwindigkeit der Walze gesteuert, ebenso werden die Luftschöpfer in Bewegung gesetzt. Sogenannte Clavisse „lesen" die Stifte der Walze ab und öffnen über Stecher die Ventilklappen im Innern der Windlade. Die Druckluft kann entweichen und über die Pfeife einen Ton erzeugen. Die wichtigsten Hersteller waren in Waldkirch/Breisgau, z. B. Ruth & Söhne, Gebr. Bruder, Carl Frei, Gavioli.

Drehtabernakel → Tabernakel

Dreibeintöpfe → Grapen

Dreifaltigkeitsring, auch Trinitatisring, Ring aus drei gleichgroß gedrehten Reifen, die ineinander verschlungen sind und aus einem massiven Elfenbeinring gearbeitet wurden. Ursprünglich Erfindung deutscher Goldschmiede im 17. Jh. Im Wettstreit mit ihnen drehten Nürnberger Drechsler solche Ringe aus Elfenbein. Bewunderung erregten die Dreifaltigkeitsringe der Nürnberger Meister Lorenz Zick (1594–1666) und Stephan Zick (1639–1715). Ähnliche Arbeiten sind von Magnus Stenbock (1664–1717), und Lorenz Spengler (1720–1807), beide in Kopenhagen, überliefert.

Dreifarbendekor → chinesisches Porzellan.

Dreifuß, dreibeiniger Ständer für Schalen und Kessel; ursprünglich griechisches Kochgerät. Reich verzierte geometrische Dreifüße aus Bronze waren kostbare Weihgaben in Heiligtümern (Olympia, Dodona).

Dreikönigsschrein → Reliquiar

Dreipaß, Vierpaß, Sechspaß, gotische Maßwerkfiguren in Art eines Kleeblattmusters aus drei (bzw. mehr) Dreiviertelkreisen. Paß bedeutet Zirkelschlag.

Dreispitz, militärische → Kopfbedeckung

Drentwett, bedeutende Augsburger Goldschmiedefamilie, die von 16. bis zum Ende des 18. Jh.s nachweisbar ist. Die hervorragendsten Vertreter waren Abraham IV. (1709/11–1785) und sein Sohn Christian II. (1728/30–1801).

Dresdner Fayencen. 1708 richtete Johann Friedrich → Böttger zusammen mit Peter Eggebrecht aus Berlin (Funcke) für August den Starken eine Fayencemanufaktur ein, die bald von Eggebrecht allein, später von seinen Erben, ab 1767 von der Familie Hörisch, betrieben wurde. In der ersten Zeit leistete die Manufaktur Hervorragendes. Es wurden Prunkvasen mit Blaumalerei und lackbemalte Figuren nach chinesischen Vorbildern gemacht. Später stellte man nur noch Massenware her. Eine Marke, DH, wurde nur unter den Hörischs geführt.

Dressoir (von franz. *dresser,* anrichten), französische → Kredenz des 15. und 16. Jh.s. zum Aufbewahren und Anrichten des Tafelgeschirrs. Sie besteht wie der → Stollenschrank aus Fußplatte, offenem Untergestell (mit Rückwand) und kastenförmigem Aufsatz, der einen Aufbau tragen kann.

Dril bu (Ghantâ), tibetische Priesterglocke, Ritualgerät in der Form einer Tischglocke (Höhe 15–20 cm) mit spitz zulaufendem Handgriff über dem Glockenkörper. Der Griff wird getrennt in Bronze gegossen, oft mit einem Griffring, der in einem Götterkopf endet, aus dessen Haar ein einseitiger → Vajra ragt. Der Glockenkörper besteht aus einer Silberbronzelegierung. Glocken mit weichem Klang sind besonders wertvoll. Der Corpus zeigt die vereinfachte Form eines → Stûpa mit stilisiertem Girlandenmuster, dessen unterer Rand einen Kranz von → Vajras bildet. Ältere Glocken sind aufgrund des erhöhten Silbergehaltes relativ leicht. Im Handel, insbesondere in Nepal, werden vorwiegend neue, antikisierende Stücke angeboten, sie zeigen meist scharfe Gußränder.

Dröppelminna, volkstümliche Bezeichnung für eine zinnerne → Kranenkanne, da der meist undichte Zapfhahn (Kran) häufig „dröppelte"; wohl der behäbigen Form wegen gab man ihr den Namen „Minna".

Droguet, Seidengewebe des 18. Jh.s mit auf verschiedene Weise erzeugten schmalen Mustern. (→ Rapport)

Droschelgrund → Brüsseler Spitzen

Droz, Henri Louis Jacquet → Automaten

Droz, Pierre Jacquet → Automaten

Druckermarken, Verlegermarken, Druckerzeichen, Abart der Handwerkerzeichen, seit der zweiten Hälfte des 15. Jh.s für die Herkunft von Druckerzeugnissen aus der Werkstatt eines bestimmten Druckers verwendet. Später öfters im Wappen geführt.

Druckgraphik, Bezeichnung für die druckgraphischen Techniken und ihre Erzeugnisse (→ Hochdruck, → Tiefdruck, → Flachdruck, → Siebdruck).

Dublee → Doublé

Dubois, Jacques (um 1693–1763) und René (1737–1799), Vater und Sohn, hervorragende Pariser Ebenisten (→ Ébéniste). Jacques wurde 1742 Meister. Er schuf vor allem → Kommoden, → Eckschränke, → Sekretäre und → Bureaux plats, die sich durch den Einklang von Furnier und phantasievollem Bronzebeschlag auszeichnen. Von ihm stammen auch Lackmöbel (→ Lackkunst). René, 1755 Meister, ab 1763 Nachfolger des Vaters, vollzog den Übergang vom → Rokoko zum → Louis-seize. Er arbeitete ebenfalls Lackmöbel und spezialisierte sich auf Damenschreibtische und Möbel mit raffinierter Inneneinrichtung. Ab 1779 war er Ebenist der Königin Marie-Antoinette.

Ducerceau, Jacques Androuet d. Ä. (um 1520 – um 1584), einer der bedeutendsten Architekten und Möbelentwerfer der französischen Spätrenaissance. In den vierziger Jahren des 16. Jh.s lernte er in Rom die Architektur des → Manie-

Cartonnier von René Dubois. Paris, um 1780. Als Ergänzung zum Bureau plat gedacht. 208,8 × 71,7 × 41,3 cm. London, Wallace Collection.

rismus kennen, 1549 kehrte er nach Frankreich zurück und veröffentlichte hier sein erstes druckgraphisches Werk, die *Arcs* (Orléans 1549) als Vorlagenbuch für Architekten. Diesem folgten eine Reihe weiterer Vorlagenwerke, wie *Livre Contenant Cinquante Bastiments* (Paris 1559) und *Plus excellents Bastiments de France* (Paris 1576–79). Seine Bedeutung für das französische Renaissancemöbel aber liegt in seinen Möbelstichen, die um 1550 erschienen und sich durch reiche, teils figürliche, teils ornamentale, Dekorationen auszeichnen. Ducerceaus Entwürfe für Kabinettschränke, Bänke, Tische und Vertäfelungen boten einen reichen Formenschatz für die französischen Möbelschreiner unter König Franz I.

Duchesse, → Chaiselongue des 18. Jh.s, die aus dem Zusammenschluß von → Bergère, → Tabouret und einer kleineren Bergère (genannt *bout de pied,* franz., Fußende) entstand. War das Fußteil nicht fest mit dem Sitz verbunden, sprach man von „gebrochener Duchesse", *duchesse brisée.*

Dudelsack, auch Sackpfeife, sehr altes Blasinstrument, das durch einen Windsack angeblasen wird; dadurch erklingt eine Flöte (Schalmei) mit sechs Grifflöchern, untermalt von mehreren Brummpfeifen mit unveränderlichem Ton.

Dünnpfennige → Halbbrakteaten

Dufrène, Maurice (1876–1955), Entwerfer für kunstgewerbliche Gegenstände und Möbel, berühmt für seine Inneneinrichtungen im Stil des → Art Déco. Neben exklusiven Möbeln und Einrichtungsgegenständen aus kostbaren Materialien entwarf er auch für das Pariser Kaufhaus Lafayette erschwingliche Serienmöbel.

Duftbrenner, eine kleine Dose mit durchbrochenem Deckel zum Abbrennen von Duftstoffen. Es gibt sie seit dem 16. Jh. in den verschiedensten Formen und Materialien, z. B. Silber, Steingut und Porzellan.

Dugento, Bezeichnung für die italienische Kunst des 13. Jh.s.

Dugourc, Jean Démosthène (1749–1825), einer der führenden Möbelentwerfer des späten → Louis-seize, wandte sich während der → Restauration dem Entwurf von Stoffen und Tapisserien zu. Seine Möbelentwürfe sind im wesentlichen geprägt durch die archäologischen Anregungen seiner Zeit, vor allem durch die Kunst der Etrusker; Martin → Carlin und Jean Baptiste Claude → Sené arbeiteten unter anderem nach seinen Vorlagen.

Dukaten, die langlebigste „Goldmünze" aller Zeiten. Seit 1284 in Venedig als Gegenstück zu dem seit 1252 in Florenz geprägten → Goldgulden hergestellt. Der Name leitet sich von dem Schlußwort der Umschrift *(Sit tibi Christe datus quem tu regis iste ducatus)* der Vorderseite ab. Gewicht 3,5 g. Dukaten wurden außer in Venedig vor allem auch in Ungarn und Österreich geprägt.

Dukaten

Du Paquier → Wiener Porzellan

Dupondius, Messingmünze der römischen Kaiserzeit.

Dupré, Guillaume → Medaillen

Dupsing, ursprünglich Schwertgurt, der in der zweiten Hälfte des 14. Jh.s zum tiefsitzenden, reich verzierten Gürtel der männlichen und weiblichen Tracht wurde.

Durchbrucharbeit, entsteht im gewebten Stoff durch Ausziehen und Ausschneiden von Fäden und Umsticken der übriggebliebenen Fadenpartien. Seit dem Altertum geübte Technik, die als Vorläuferin der Spitzennäherei anzusehen ist.

Durlacher Fayence. Eine Manufaktur wurde 1723 von Johann Heinrich Wachenfeld aus → Straßburg gegründet; sie bestand, zuletzt als Steingutfabrik, bis 1840. Ihre Blüte lag im letzten Viertel des 18. und am Anfang des 19. Jh.s, als → Birnkrüge mit Wappen, Handwerks- und Genredarstellungen, durch Sprüche ergänzt (→ Nevers), in Scharffeuer- und Muffelmalerei (→ Scharffeuerfarben, → Muffelfarben) hergestellt wurden. In der Ornamentik wirkte bis ins 19. Jh. das Rokoko nach.

Duvivier → Jetons, → Medaillen

Dyrnak, stammesspezifisches → Göl als Hauptornament auf Knüpfteppichen der jomutischen Stämme Turkmeniens (→ Jomut).

E

Eames, Charles (* 1907), einer der bedeutendsten amerikanischen Architekten und Entwerfer von Kunststoff-, Schichtholz- und Aluminiummöbeln der vierziger und fünfziger Jahre. Ausgebildet im Architekturbüro Eliel Saarinens, des Vaters von Eero → Saarinen, begann er 1940, zusammen mit Eero, Kunststoffstühle zu entwerfen, die in einem ähnlichen Fertigungsprozeß wie Autoteile oder Flugzeugteile hergestellt werden können. Parallel dazu entstanden Schichtholzstühle, deren weiche, gerundete Formen endgültig mit der von Marcel → Breuer nach Amerika gebrachten Bauhaustradition brachen. Nicht nur Stühle, auch zusammenlegbare Tische mit Metallrahmen und Radiogehäuse sowie zahlreiche mobile und vielfach verwendbare Einrichtungsteile und Kombinationsmöbel stammen von seiner Hand. Seine Konstruktionen zählen heute zu den Klassikern des modernen → Designs.
Eastlake, Charles Lock (1836–1906), englischer Architekt, Kunstschriftsteller und Innenraumentwerfer, der sich entschieden gegen die überladenen, schwülstigen Wohnräume der frühviktorianischen Zeit wandte und in seinem 1868 veröffentlichten *Hints on Household Taste in Furniture, Upholstery and other Details* mit eine Grundlage für die → Arts-and-Crafts-Bewegung schuf.
Ebenholz, hartes, feinkörniges, tiefblau-schwarzes oder dunkelbraunes Holz, das aus Afrika oder Westindien, Celebes oder Hinterindien eingeführt wird; es gehörte schon immer zu den teuersten und wertvollsten Hölzern. Bereits in der Antike für Prunkmöbel beliebt, erlebt das Ebenholz, als → Furnier oder zum Intarsieren verwendet, einen erneuten Aufschwung im 16. und 17. Jh., v. a. in Augsburg. Der → Ebenist oder → Ébéniste war ursprünglich der Kunstschreiner, der Ebenholz zum Furnieren verwenden durfte. Für billigere Möbel nahm man als Ersatz schwarz gebeiztes Birnbaumholz.
Ebenist, ursprünglich deutsche Bezeichnung für diejenigen Kunstschreiner, die das besonders kostbare Ebenholzfurnier verarbeiten durften, deren handwerkliche Fähigkeiten also über den Durchschnitt herausragten; wurde schon gegen Ende des 17. Jh.s allgemein auf alle Kunsttischler angewandt, die im Unterschied zum Kistler aufwendigere Arbeiten wie Intarsien anfertigten. Ihr Gegenpol waren die Gestellmacher, die meist nur → Sitzmöbel herstellten; jedoch sind die Unterschiede zwischen Kunstschreinern und Gestellmachern in keiner Weise so festgelegt wie in Frankreich, da in Deutschland die Schreiner nur verschiedentlich in Zünften organisiert waren.
Ébéniste, französische Bezeichnung für den → Ebenisten, im Unterschied dazu jedoch eine Zunftbezeichnung. Sie erscheint zuerst 1657 in einem Dokument. Obwohl von Anfang an ein Unterschied gemacht wurde zwischen *Ébéniste* und → Menuisier, also zwischen dem Hersteller von Kastenmöbeln und Furnieren und dem Hersteller geschnitzter Gestelle, besonders von → Sitzmöbeln, Betten u. ä., die beide den Meisterbrief von der Zunft der *Corporation des menuisiers-ébénistes* erhalten haben mußten, konnten sie doch theoretisch beide Tätigkeiten ausüben – was jedoch fast nie der Fall war. Erst 1745 wurde die strenge Trennung zwischen *ébéniste* und *menuisier* festgelegt, dazu trat 1751 die Einführung des Stempelzwanges für die Mitglieder der Zunft (→ Signaturen).
Eberlein, Johann Friedrich → Meißen
Echinus → Säule
Eck, Adam → Egerer Kabinett
Eckernförde → Criseby-Eckernförde
Eckmann, Otto (1865–1902), Hamburger Graphiker und Jugendstilentwerfer, seit 1895 als Entwerfer bei den Jugendstil-Zeitschriften *Pan* und *Jugend* tätig. Von seiner Hand stammen Möbelentwürfe, u. a. die Innenausstattung des Arbeitszimmers des Großherzogs Ernst Ludwig von Hessen im Neuen Palais in Darmstadt (→ Darmstädter Künstlerkolonie), aber auch zahlreiche textile Arbeiten, wie seine berühmten Bildteppiche mit den fünf Schwänen und den „Simplicissimus-Möpsen". Eckmann war ab 1897 als Lehrer an der Berliner Kunstgewerbeschule tätig und arbeitete maßgeblich an der Webschule Scherrebek.

Eckschrank. Potsdam, 18. Jh. München, Kunsthandlung Fischer-Böhler.

Eckschrank, franz. *encoignure,* in eine Ecke eingepaßtes kommodenartiges Schränkchen mit ein oder zwei Türen, ein beliebtes Möbel des 18. Jh.s. Es hatte meist einen offenen Aufsatz mit verstellbaren Brettern (Etagère), der oft verloren ist. Eckschränke wurden häufig paarweise oder für alle vier Ecken eines Raumes in gleicher Form gemacht.

Eckstuhl, in der Mitte des 18. Jh.s auftretender Schreibtischstuhl (→ Fauteuil de bureau) mit übereckgestelltem Sitz, der – zum bequemeren Sitzen am Schreibtisch – vorn in der Mitte ein Stuhlbein hat.

Écu, seit 1641 geprägte französische Silbermünze nach der Art des → Talers, die auch in Deutschland umlief und Laubtaler genannt wurde. Der *Écu d'or* aus Gold wurde vom 13. Jh. an in Frankreich geprägt.

Edelmetalle, Metalle, die sich durch besonders hohe chemische Beständigkeit auszeichnen (Reaktionsträgheit gegenüber Sauerstoff). Es gibt 8 Edelmetalle: Gold und Silber, dazu die erst seit Mitte des 18. Jh.s bekannten Platinmetalle, insbesondere Platin (neben Iridium, Palladium usw.). Durch ihre außergewöhnlichen Eigenschaften sind Edelmetalle, da sie meist in reinem, gediegenem Zustand vorkommen (z. B. als kristallines Berggold oder im Flußsand als Waschgold), einfach in der Verhüttung, zum anderen besitzen sie den auffälligen Glanz, ewige Beständigkeit und Seltenheitswert. Diese Umstände machen ihre Verwendung schon in ältesten Kulturen als bevorzugtes Material künstlerischer Gestaltung aus. So sind Gold und Silber seit der ausgehenden Steinzeit zuerst im östlichen Mittelmeergebiet in Verwendung (ägyptische Funde am Tell Halaf). 3500 v. Chr. wurden in vorderasiatischen Hochkulturen die wichtigsten Techniken der Gold- und Silberverarbeitung wie → Guß, → Treibarbeit und → Ziselieren entwickelt. Später entstanden innerhalb eines der ältesten Handwerkszweige, der Goldschmiedekunst (seit 4000 v. Chr.), weitere Bearbeitungsmöglichkeiten der Edelmetalle: → Filigran, → Granulation, → Gravierung, → Niello, → Tauschierung, daneben die Verwendung von Edelsteinen und verschiedenen Emailtechniken (→ Email). Edelmetalle fanden schon früh als Münzmetalle Verwendung.

Edelsteine, durch Schönheit der Farbe, Härte, Glanz, Durchsichtigkeit oder das Lichtbrechungsvermögen ausgezeichnete Mineralien, die von alters her zu Schmuckzwecken verwendet werden. Als die wertvollsten gelten neben dem → Diamanten vor allem der Smaragd, der Saphir und der Rubin (die sog. Farbsteine). „Echt" ist nur der Naturstein. Synthesen, Imitationen und Doubletten dürfen nicht so bezeichnet werden.

Edelsteinfassung, die aus Edelmetall bestehende Halterung, mit der ein Edelstein gerahmt und am Schmuckstück oder Gerät befestigt wird. Über das Technische hinaus gewann die Fassung durch den künstlerischen Rang ihrer Arbeit Bedeutung. Sie bestimmt entscheidend die Wirkung des Steines. Man unterscheidet zwei Grundtypen: die schon im Altertum bekannte Kastenfassung und die als Folge des Facettenschliffs aufkommende *à-jour*-Fassung mit durchbrochener Grundfläche. Von beiden gibt es Variationen und für die Datierung wichtige stilistische Besonderheiten. Dazwischen liegt die Zargenfassung. Für die sog. Edelsteininkrustationen benutzten die alten Völker sowie die Germanen der Völkerwanderungszeit aneinandergereihte Metallvertiefungen oder Zellen. Ab dem beginnenden 18. Jh. erlaubte die → Pavéfassung eine dichte Gruppierung. Nach dem 2. Weltkrieg entwickelten Van Cleef et Arpels, Paris, das *serti invisible* bzw. *serti mystérieux,* bei dem kein einziger Metallsteg auf der Schauseite zu sehen ist. Im 18. Jh. dominierte Silber als Metall für Juwelenfassungen, ab der 2. Hälfte des 19. Jh.s wurde es von Weißgold und Platin abgelöst und kommt seither nur auf Silberschmuck als Fassung für Schmucksteine vor.

Edelsteinimitationen, billiger Ersatz für echte Steine, vorwiegend aus Glas oder Kunstharz. Das hochlichtbrechende Bleiglas, → Straß genannt, wird zur Imitation von Brillanten verwendet. Werden den Gläsern farbgebende Metalloxyde zugesetzt, spricht man von Pasten (gefärbte Glasflüsse). Auch aus geschmolzenem Bergkristall hergestelltes Kieselsäureglas wird mit Metalloxyden gefärbt und zu Imitationen verwendet. Synthetische Edelsteine dagegen sind Laboratoriumsprodukte, die die gleichen kristallographischen und physikalischen Eigenschaften haben wie die natürlichen, echten Steine. Besondere Beliebtheit erlangten Edelsteinimitationen im Barock, nachdem Johannes → Kunckels Anweisungen zur Schmelze von farbigen Gläsern (→ Farbengläser) erschienen waren. Ende des 18. Jh.s und im ersten Drittel des 19. Jh.s arbeiteten im nordböhmischen Isergebirge viele Compositionsbrenner, die nach eigenen und geheimgehaltenen Rezepten das Rohmaterial für die Herstellung von → Glaskurzwaren im Gebiet von Gablonz lieferten (→ Compositionsglas).

Edelsteinschliff, soll die Schönheit der Steine zur besten Geltung bringen. Vom Orient übernahm die Antike das Polieren, Abrunden der Ecken und Wölben (Mugeln). Techniken

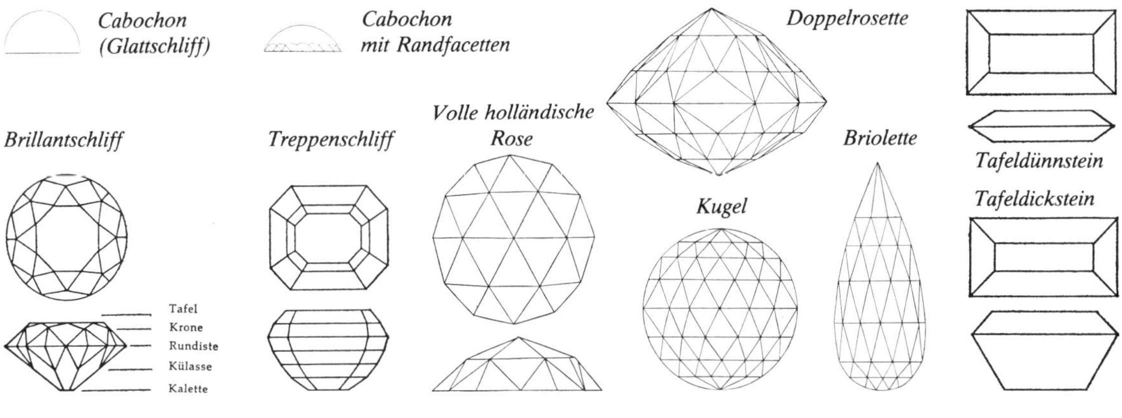

abendländischer Edelsteinbearbeitung um 1100 beschreibt Theophilus in seiner *Schedula diversarum artium.* 1290 gab es in Paris eine Steinschleiferzunft, im 14. Jh. verbreitete sich der Flächenschliff (Facettieren). Berühmt waren die flämischen Schleifereien des 15. und 16. Jh.s. Mitte des 17. Jh.s Anfänge des Brillantschliffs (→ Brillant). Durchsichtige Steine erhalten überwiegend Treppen- oder Brillantschliff, undurchsichtige oder durchscheinende den mugeligen (→ Cabochon) oder den Flach- bzw. Tafelschliff. Hinzu kommt der Biseauschliff mit einer großen Tafel, umgeben von einem Kranz kleiner Facetten. Der indische oder Ceylonschliff hat unregelmäßig angelegte Facetten, um möglichst viel Substanz zu erhalten. Zum Schleifen auf der rotierenden Scheibe werden als Schleifmittel pulverisierter Granat, Korund (Schmirgel) sowie Karborund benutzt. Diamanten werden mit ihrem eigenem Pulver geschliffen. Zum Polieren dienen Poliermittel wie Bimsstein, Tripel und gemahlener Blutstein. Manche Steine werden vor dem Schleifen zurechtgesägt oder gespalten.

Edelzinn → Zinn

Eenhoorn, Wouter van → Delft

Effigienbecher → Kuba

Effner, Joseph (1687–1745), neben François de → Cuvilliés der bedeutendste Architekt und Möbelentwerfer des Münchner Hofes. Auch er begann als Hofbaumeister des Kurfürsten Max Emanuel (1715), nachdem er in Paris unter Germain Boffrand das französische → Régence kennengelernt hatte. Seine ornamentalen Dekorationen, meist Vertäfelungen, die sich in besonders charakteristischer Form in den Nymphenburger Schlößchen Pagodenburg und Badenburg zeigen, wurden zumeist von Johann Adam Pichler, dem Hofkistler, ausgeführt. Auch in seinen Möbelentwürfen zeigt er französische Einflüsse, die v. a. an Charles → Cressent denken lassen und in ihrer Ornamentik von Daniel → Marot abgeleitet sind.

Egerer Kabinett, benannt nach seinem Ursprungsort, der Stadt Eger in Nordwestböhmen. Es stellt eine Sonderform des spätbarocken Kabinettschrankes dar, der sich durch seine vielfarbigen Reliefintarsien auszeichnet, die in umfangreichen Bildprogrammen religiöse oder mythologische Szenen darstellen. Die größte Blüte erlangte die Fertigung der Egerer Kabinette, die fast ausschließlich für den Export hergestellt wurden, unter Adam Eck (1603–1664), dessen Kompositionen sich meist an Bildideen Jacques Callots anlehnen.

Egermann, Friedrich (1777–1866), Glasmaler und -veredler in Blottendorf und Haida in Nordböhmen. Bei Färbungsversuchen mit der → Gelbbeize erfand Egermann das farbig marmorierte Edelsteinglas (→ Lithyalinglas). Ende der dreißiger Jahre gelang ihm nach langjährigen Experimenten mit Kupfersalzen die Rubinfärbung farbloser Gläser durch Pinselauftrag und Einbrennen im Muffelofen (→ Rubinätze), ein anfangs geheimgehaltenes, später verratenes und von anderen Raffineuren ausgenutztes Verfahren, das wesentlich zur Verbilligung farbiger Gläser und schließlich zur Massenfabrikation führte. Von Egermanns Söhnen wurde Anton Ambros Glasmaler, Friedrich Glasgraveur, beide mit eigenen Werkstätten in Haida.

Egg-shell porcelain → Eierschalenporzellan

Églomisé, Sonderform der → Hinterglasmalerei. Die Glastafel wird auf der Rückseite mit schwarzem Lack bemalt, wobei das Motiv ausgespart und mit einer Gold- oder Silberfolie

Eichenschrank. Normandie, um 1760. 210 × 148 × 64 cm.

hinterlegt wird. Das Verfahren ist nach seinem Erfinder benannt, Jean Baptiste Glomy, einem Pariser Kunsthändler und Rahmenmacher des ausgehenden 18. Jh.s. Die Bezeichnung Églomisé wird oft fälschlich auch auf Hinterglasbilder anderer Technik angewandt.

Egungun-Masken → Yoruba

Ehewappen → Allianzwappen

Ehrenreich, Johann E. L. → Marienberg, → Stralsund, → Königsberg

Eibenholz, dichtes rotbraunes Holz, das sich für Schnitzarbeiten und als Furnierholz eignet. Eibenholz wird häufiger bei englischen Möbeln verwendet.

Eiche, sehr hartes, fein gefasertes Holz. Die Trauben- oder Wintereiche hat rötlich-braunes, die Stiel- oder Sommereiche ein helleres Holz. Eiche war, bis zum Aufkommen der Furnierung Ende des 17. Jh.s, in Westdeutschland und den Niederlanden, Nord- und Mitteldeutschland das verbreitetste und edelste Schnitz- und Möbelholz. Im 18. Jh. beherrschte es noch das hochrangige Aachen-Lütticher Schnitzmöbel (→ Aachener Möbel).

Eichler, Fritz (*1911), deutscher Designer. Er übernahm ab 1954 Designaufgaben der Firma → Braun AG, deren Produktgestaltung er maßgeblich mitbestimmte und der er zu internationaler Geltung verhalf.

Eierschalenporzellan (engl. *egg-shell porcelain*), Handelsbezeichnung für stark verglastes, sehr dünnwandiges chinesisches und japanisches Porzellan des 17. und 18. Jh.s mit etwas rauher Oberfläche. Es wurden Teeschalen und Vasen aus ihm hergestellt.

Eierstab, in der griechischen Architektur ausgebildetes Schmuckband, bei dem Hochovale mit schmaleren, angespitzten Formen wechseln. Der klassische Eierstab des ionischen Kapitells, auch ionisches Kymation genannt, ist konvex. Seit der Romantik wurde das Motiv in antikisierenden Epochen wieder aufgegriffen; dabei kommt der konkave neben dem konvexen Eierstab vor. (Abb. s. a. S. 32)

Einblattdruck, Bezeichnung für die frühen → Holzschnitte vom Ende des 14. Jh.s bis ca. 1550, die nur einseitig bedruckt sind. Seit ca. 1430 wurden Einblattdrucke auch zu → Blockbüchern zusammengestellt.

Eingericht, kleine Schnitzerei aus Holz oder Bein, die durch die enge Flaschenhals-Öffnung in eine Flasche eingebaut ist und manchmal bewegt werden kann. Meist religiöse Themen wie → Arma Christi, Altäre (Berchtesgaden, Oberammergau), aber auch Profanes wie Bergwerksszenen, Innenräume und vor allem Segelschiffe (Schlesien, Böhmerwald, Pommern).

Einglas, geschliffenes rundes Augenglas mit goldener Fassung, im frühen 19. Jh. von Damen benutzt (→ Monokel, → Lorgnette).

Einhorn, ursprünglich orientalisches Fabeltier, das als Pferd mit einem einzigen (gewundenen) Horn auf der Stirn dargestellt wird. In der christlichen Ausdeutung galt das Einhorn als Symbol der Stärke, Reinheit und Keuschheit. Nach mittelalterlichen Vorstellungen ließ sich das wilde Tier nur fangen, wenn es seinen Kopf in den Schoß einer reinen Jungfrau bettete und einschlief. Nach diesen Berichten konnte das Einhorn häufig im Zusammenhang mit der Jungfrau Maria dargestellt werden, in deren Schoß Christi Menschwerdung begann. Einhorndarstellungen finden sich auf Gemälden, Reliefs, → Minnekästchen, → Bildteppichen und in der → Heraldik. Die bildliche Darstellung der Einhornlegende wurde am Ende des 15. Jh.s von der Kirche verboten.

Einlegarbeit → Intarsie

Einschlag, Einschuß, Schußfaden des Gewebes (→ Kette).

Eisen, das Metall, das am längsten zur Herstellung von Gerät bekannt ist. Die ältesten Funde stammen aus dem kleinasiatischen Raum und entstanden in der 2. Hälfte des 3. Jahrtausends v. Chr. Erst im 9. Jh. v. Chr. drang die Kenntnis der Eisengewinnung und Bearbeitung nach Mittel- und Westeuropa vor. Es diente als Material für Waffen und Gerät. Im Mittelalter war Deutschland das Zentrum der Eisenverarbeitung im europäischen Raum. Hier wurden im 14. Jh. durch die Erfindung des Hochofens höhere Brenntemperaturen erzielt, die zu einer Verflüssigung des Materials und damit zu einer Verfeinerung des Eisens führten. Das so gewonnene Eisen ließ sich gießen (→ Gußeisen) und ermöglichte ganz neue Anwendungsgebiete. Waffen und Rüstungen, Türverkleidungen und Beschläge, Haus- und Ziergeräte wie Leuchter und Schatullen waren die hauptsächlichsten Anwendungsgebiete für Schmiedeeisen. Allmählich wurden neben der Ziselierung auch rein figürliche Schmuckformen zur Zierde von eisernen Geräten gearbeitet. Zum bedeutendsten, was auf dem Gebiet der Schmiedekunst hervorgebracht worden ist, gehören die von der Renaissance bis ins 18. Jh. geschaffenen Gitter, die im sakralen wie profanen Bereich Verwendung fanden. Im 19. Jh. wurde in großen Mengen Gußeisen verwendet, das, weil es billig in der Herstellung war, zur Anfertigung von Gebrauchs- und Dekorationsgegenständen diente. Es verdrängte schließlich die Schmiedekunst gänzlich.

Eisenguß, in der Technik dem Bronzeguß (→ Abguß, → Bronzekunst) gleiches Verfahren, das im 15. Jh. erstmals auch in der Kunst Verwendung findet. Neben der Herstellung auch künstlerisch gearbeiteter Feuerwaffen hauptsächlich auch für Ofen- und Kaminplatten, später – vor allem in der ersten Hälfte des 19. Jh.s – für Grabplatten, dann auch für Denkmäler. Kleinplastiken in Eisenguß sind wegen ihrer Seltenheit gesuchte Sammelobjekte geworden.

Eisenkupfergefäße, ungarische Kannen und Trinkgefäße des 17. und 18. Jh.s aus verkupfertem Eisen, die manchmal durch Vergoldung bereichert sind. Sie tragen häufig Inschriften.

Eisenmöbel, wurden seit dem Ende des 18. Jh.s vorwiegend für den Gebrauch im Garten hergestellt. Einen besonderen Aufschwung erlangten sie im Klassizismus, in Berlin. Zu den bedeutendsten Entwerfern gußeiserner Möbel gehörte Karl Friedrich → Schinkel.

Eisenradierung → Radierung

Eisenschmuck, wurde, dem Beispiel der Französischen Revolution folgend, Anfang des 19. Jh.s vor allem in den Eisengießereien von Gleiwitz und Berlin, aber auch in Österreich (Wien, Graz) hergestellt. Für die Modelle lieferte der reiche ornamentale Formenschatz die Grundlage, das mattschwarz gestrichene Metall wirkte durch die Klarheit der Umrißzeichnung oft wie Spitze. Technische Voraussetzung für solche Zartheit aus fadendünnen Gußkanälen schufen die Erfindung kleiner Schmelzöfen für Steinkohlefeuerung und die

Eiserne Ofenplatte. Norddeutsch, 18. Jh. Privatbesitz.

Verbesserung der Sandformerei. Nach den Freiheitskriegen galt Eisenschmuck als patriotischer Schmuck; (Inschriften wie „Gold gab ich für Eisen"). Diese Mode hielt sich bis zur Märzrevolution. Der serienmäßig, sogar für den Export nach Amerika, hergestellte Eisenschmuck wird im Kunsthandel allgemein als Berliner Eisenschmuck geführt. Wiederaufnahme von Eisen als Schmuckmaterial in den zwanziger Jahren des 20. Jh.s (Kunsthandwerker der Burg Giebichenstein) und nach dem Zweiten Weltkrieg.

Eisenschnitt → Plattnerkunst

Eisglas, venezianische Glasart mit craquelierter Oberfläche. Es entsteht, indem man die heiße Glasblase in kaltem Wasser abschreckt und nach kurzem Anwärmen in der Form zum fertigen Glasgegenstand aufbläst.

Eisgrond → Mechelner Spitze

Eiskannen, Kannen, die zugleich Kühlgefäße sind, oft aus Glas mit Silbereinsatz. Die Kühlbehälter werden vom Deckel aus in den Gefäßrumpf eingeführt und verschlossen.

Ekekek-Masken → Fang

Eklektizismus, besonders im → Historismus das Prinzip, einzelne Formen oder ganze Stile der Vergangenheit in der neuen Gestaltung wiederzuverwenden.

Ekoi, afrikanischer Stamm und Bezeichnung für dessen Kunststil. Die Ekoi leben im Cross-River-Gebiet zwischen Nigeria und Kamerun. Ihre bekannten Kopf-Aufsatzmasken wirken im Vergleich zu anderen westafrikanischen Stammesstilen selten durch ästhetischen Ausdruck, vielmehr bestechen sie durch einen eher dämonisch wirkenden Naturalismus, der oft ins Furchterregende, ja für den ästhetischen Sinn des Europäers oft Makabre gesteigert sein kann. Diese Tanzaufsätze sind in der Regel holzgeschnitzte Maskenköpfe, mit pergamentartiger, oft dunkel präparierter Tierlederhaut überzogen und mit Echthaar oder Wollfrisuren versehen. Der Maskentänzer personifiziert den Geist eines Verstorbenen. Dies erklärt auch, daß solche Aufsatzköpfe (wie auch präparierte Schädel) früher mit Menschenhaut überzogen waren, allerdings existieren kaum noch solche Beispiele. Halterung der Aufsätze ist meist ein Korbgeflecht. Im Handel kommen noch relativ häufig die ganzfigurigen Tanzaufsätze vor, ebenfalls hautüberzogene Gestalten mit beweglichen Gliedern. Die Masken der Unterstämme Anyang und Banyang unterscheiden sich von denen der übrigen Ekoi-Gruppen vielleicht durch größeren Naturalismus. Die Frauenmasken der Keaka sind an einer kreisförmigen Tätowierung an den Schläfen im allgemeinen gut erkennbar. Weniger überliefert ist über die im nördlichen Grenzgebiet der Ekoi gefundenen phallusförmigen Steine mit menschlichen Gesichtszügen, die sog. Akwanshi. Die Steine sind etwa ins 17. Jh. zu datieren, zwischen 0,5 m und 2 m groß, vielleicht Darstellungen ehemaliger Priester oder Häuptlinge. Die Ekoi selbst behaupten, ihre Ahnen hätten diesen Figuren Menschenopfer dargebracht. Der einfachen Ornamentik wegen werden solche Monolithe in letzter Zeit gerne gefälscht.

Elefant, ikonographisch häufig Verkörperung von Macht und Stärke. In China gilt er gleichzeitig als Symbol der Stärke, der Weisheit und des Friedens. In Europa wird er erstmals Mitte des 3. Jh.s v. Chr. dargestellt, taucht dann auf römischen Münzen, Tonlampen, auf islamischen und byzantinischen Seidenstoffen und Elfenbeinen, im Mittelalter auf Bronzeleuchtern usw. auf. Auch als Schachfigur war der Elefant gebräuchlich.

Elektrisches Klavier, ein → mechanisches Musikinstrument, eine Weiterentwicklung von Phonola bzw. Pianola, der Antrieb erfolgt mechanisch-pneumatisch durch von einem Gebläse erzeugten Unterdruck; ein Elektromotor betreibt das Gebläse und die Steuerung über einen gelochten Papierstreifen (Notenrolle). Es ist nur eine Anschlagstärke möglich. Elektrische Klaviere wurden etwa ab 1905 bis 1930 hergestellt. Die wichtigsten Hersteller waren: Hupfeld, Popper, Lösche, Dienst in Leipzig, Frati, Bacigalupo in Berlin, Philipps in Frankfurt, Weber in Waldkirch/Breisgau und Aeolian, Seeburg, Link in den USA.

Elektron- oder **Elektrummünzen,** die frühesten Münzen. Sie wurden aus Elektron, einer natürlichen Gold-Silber-Legierung, um 650 v. Chr. in Lydien geschlagen. Es sind kleine, bohnenähnliche Metallstücke, die auf einer Seite einen oder mehrere Einschläge (*incusa*) zeigen.

Elektroplattieren, Bezeichnung für das elektrolytische Aufbringen einer Metallschicht auf ein anderes Metall.

Elektrummünzen → Elektronmünzen

Elfenbein, Beinmaterial der Stoßzähne von Elefanten und Mammuts; seit der jüngeren Steinzeit in Europa, Afrika und Asien verwendeter Werkstoff; zeichnet sich durch Haltbarkeit, Elastizität, Transparenz, feine Äderung und angenehme haptische Eigenschaften aus, deshalb besonders geeignet für Schmuck, figürliche Gestaltungen und Drechselarbeiten (→ Elfenbeinkunst). Man unterscheidet zwischen Stoßzähnen asiatischer und afrikanischer Elefanten und dem der Mammuts. Asiatisches Elfenbein, das kaum mehr auf den Weltmarkt kommt, ist fast weiß mit rötlichem Schimmer und neigt zum Vergilben. Afrikanisches Elfenbein variiert je nach Herkunft zwischen weißgelben und dunkleren rötlich-gelben Farbtönen. Weißgelbes Elfenbein kommt aus der östlichen Hälfte Afrikas. Beim Bleichen wird es rein weiß. Wegen seiner spezifischen Leichtigkeit, inneren Elastizität und Griffigkeit ist es für Schmuck und Klaviertasten geeignet. Westafrikanisches Elfenbein ist härter, mehr rötlich-gelb und leichter polierbar, deshalb wird es für figürliche Schnitzereien und Gebrauchsgegenstände bevorzugt. Das einst begehrte „grüne" Elfenbein aus Gabun und Angola gibt es nicht mehr. Arbeiten aus diesem Werkstoff stammen spätestens aus dem 18. Jh. Mammutelfenbein kommt nur noch aus Sibirien. Sei-

▷
Eskimo-Skulptur aus Potwalzahn (Tupilak). Grönland (Angmagssalik-Distrikt), 20. Jh. H 14 cm. Erbach, Deutsches Elfenbeinmuseum.

Elfenbein. König vor Lebensbaum. Einlegearbeit von einem Kultbett. Phönizisch, aus Nimrud, 8. Jh. Karlsruhe, Badisches Landesmuseum.

ne Körnung und Äderung ist feiner als das heutige Elfenbein.
Die zapfenförmigen Stoßzähne im Oberkiefer der Elefanten sind an der Wurzel hohl und dünnwandig. Zur Spitze hin nimmt die Wandstärke der „Hohlung" zu, um in einer massiven Spitze zu enden. Aus dem massiven Zahnstück werden die rundplastischen Arbeiten geschnitzt, aus den Wänden der „Hohlung" Reliefs, Dosen, Gefäße, Geräte und Schmuck. Bullenzähne sind länger und stärker als die von weiblichen Tieren. Beim afrikanischen Elefanten können sie 2 bis 2,5 m lang und 70 bis 90 kg schwer werden. Indische Elefantenzähne werden 1 bis 1,5 m lang mit Gewichten zwischen 25 und 35 kg. Mammutzähne sind bei 3 bis 4,5 m Länge entsprechend schwerer. Elfenbeinähnliche Werkstoffe liefern Narwalstoßzähne, Walroßhauer (→ Walroßelfenbein), Nilpferd- und Pottwalzähne (→ Pottwalbein). In geschnitztem und poliertem Zustand wirken auch Arbeiten aus Knochen elfenbeinähnlich (→ Knochenschnitzerei). Arbeiten aus all diesen elfenbeinähnlichen Werkstoffen werden in Museen, Sammlungen sowie im Kunst- und Antiquitätenhandel heute unter der Rubrik Elfenbein mit geführt. Nicht hierher gehören Schnitz- und Drechselarbeiten aus dem sog. → vegetabilischen Elfenbein.
Zur Behandlung von echtem Elfenbein: Elfenbeinarbeiten dürfen weder zu lange an der Sonne noch zu nahe an warmen Heizkörpern oder in zu lufttrockenen Räumen aufbewahrt werden, sonst trocknet das Elfenbein aus und reißt. Auch ist jäher Wechsel aus Kälte in Wärme und umgekehrt schädlich. Bei Gefäßen mit silbernen Einsätzen ist zu beachten, daß der Ausdehnungskoeffizient von Elfenbein und Silber verschieden ist. Silber erwärmt sich schneller und kann den Elfenbeinmantel sprengen. Zum Reinigen verwende man weder ätzende Laugen noch zu heißes Wasser, sondern lauwarme Seifenlauge und weiche Pinsel oder Bürsten. Vergilbtes Elfenbein läßt sich mit Wasserstoffsuperoxyd oder Salzsäure bleichen. Dabei ist zu beachten, daß bei zu starker Wasserstoffsuperoxydbleiche sich die Knorpelsubstanz des Elfenbeins auflöst und das Kalkgerüst übrigbleibt. Zu starke Salzsäurebleiche zeigt das umgekehrte Ergebnis.
Elfenbeindrechseln, eine Technik, die im 16. Jh. durch die Vervollkommnung der Drehbänke mit Räderantrieb aufkam. Führend auf diesem Gebiet wurde Deutschland. Im Wettstreit mit den Goldschmieden des 16. und 17. Jh.s entstanden bravouröse Elfenbeinarbeiten: gebuckelte und passig (→ Passigdreherei) gedrehte Pokale, gedrehte und beschnitzte Humpen, Schalen, Dosen, Schraubflaschen, Schachspiele, Besteckgriffe, Trinkschiffe und andere drechslerische Spitzenleistungen wie → Contrefaitkugeln oder → Dreifaltigkeitsringe. Die hochbezahlten Arbeiten der Kunstdrechsler waren begehrte Ehrengaben, Geschenke und Sammlerobjekte für Kunstkammern. Zentrum der Elfenbeindrechslerei in Europa war während des 17. und 18. Jh.s Nürnberg. Hier waren durch drei Generationen die Mitglieder der Drechslerfamilie → Zick führend.
Seine Blütezeit erreichte das Elfenbeindrechseln unter Kaiser Leopold I. (1658–1705). In dieser Zeit kam auch eine Sonderform des Drechselns auf: das Reliefdrechseln von Landschaften, Porträts und Figuren auf Medaillons und Dosendeckeln, eine teure und komplizierte Arbeitsweise. Von einem Erstrelief aus hartem Holz oder Metall erfolgte die Übertragung auf Elfenbein auf mechanischem Weg über die

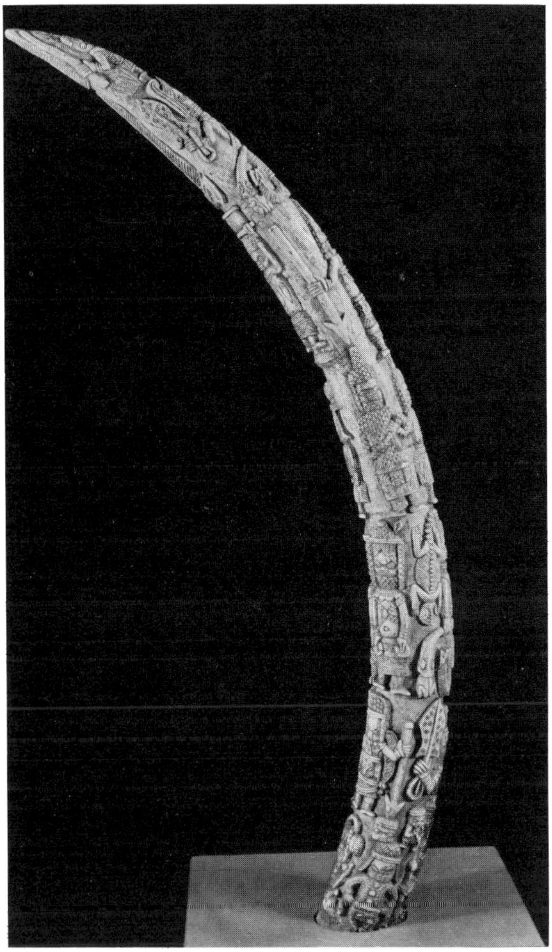

Beschnitzter Elfenbeinzahn. Benin/Afrika, 18. Jh. L 155 cm. Stuttgart, Lindenmuseum.

Elfenbein. Bettlerpaar von Simon Troger. München, 18. Jh. Erbach, Deutsches Elfenbeinmuseum.

Drehbank. Der Unterschied zwischen einem geschnitzten und einem gedrechselten Relief ist an den Drehrillen erkennbar. Selbst starkes Polieren entfernt sie nicht ganz aus der Oberfläche gedrechselter Formen.

Elfenbeinkunst, einer der ältesten Kleinkunst-Zweige. Die frühesten bekannten figürlichen Schnitzereien stammen aus dem Aurignacien und sind noch aus Mammutelfenbein. In den ersten Ackerbaukulturen am Nil und im Zweistromland löste Elefantenelfenbein die Mammutzähne ab. Seit dem 4. Jahrtausend hochentwickelte Elfenbeinkunst in Ägypten und Sumer: figürliche Kleinplastiken, Tierdarstellungen, Ziergeräte, Gefäße, Einlegearbeiten an liturgischen Möbeln. Im 2. Jahrtausend bedeutende Elfenbeinschnitzerei auf Kreta: Elfenbeinfiguren mit Goldauflagen (Schlangengöttinnen), Darstellungen bewegter Körper (Stierspringer). Die umfangreichsten Elfenbeinfunde der Antike stammen aus den assyrischen Palastruinen von Nimrud (9.–8. Jh.): Tausende von Elfenbeinfragmenten figürlicher und ornamentaler Arbeiten von Kultbetten, Thronen und Wandverkleidungen. Im 7. Jh. sind die ägäischen Inseln wichtige Umschlagplätze von orientalischer und junger, festlandgriechischer Elfenbeinkunst. Beginn eigenständiger griechischer Elfenbeinkunst in Ionien, Attika (Athen) und Lakonien (Sparta). Den Höhepunkt der griechischen Elfenbeinkunst stellen die attischen Gold-Elfenbein-Plastiken des 5. Jh.s dar (Phidias).

In Italien beginnt die Elfenbeinkunst bei den Etruskern (Einlegearbeiten mit Tierreliefs u. a.). In Rom herrschte zur Kaiserzeit riesiger Bedarf an Luxusgegenständen aus Elfenbein. Das gesamte Repertoire aus dem Orient und Griechenland wird verwertet. Die spätrömische bzw. byzantinische und frühchristliche Elfenbeinkunst umfaßt zwei Blütezeiten, eine oberitalienische (4.–6. Jh.) und eine oströmische (10.–12. Jh.).

Im 6. Jh. ging die Führung in der Elfenbeinkunst des Mittelmeerraumes von Oberitalien auf Konstantinopel und das byzantinische Reichsgebiet über. Bis zur Eroberung durch den Islam bedeutende Schnitzerschulen in Syrien und Palästina. Im 10.–12. Jh. in Byzanz Renaissance der spätrömisch-frühchristlichen Elfenbeinschnitzerei. Die Diptychen, Triptychen, Buchdeckel, Pyxiden und Reliquienkästen dieser Epoche beeinflußten die mit der karolingischen Renaissance (7.–10. Jh.) beginnende westeuropäische Elfenbeinkunst. In Klosterwerkstätten (Lorsch, Metz, Reims, St. Denis, St. Gallen) entstanden liturgische Geräte, Buchdeckel und Antependien aus Elfenbein. In der Epoche der ottonischen Kaiser (10.–11. Jh.) mischt sich eine neue, archaische Formensprache in die byzantinische Darstellungsweise. Neue Elfenbeinschnitzerschulen auf der Insel Reichenau, in Trier, Lüttich und Echternach. Letzte Blüte romanischer Elfenbeinkunst in Deutschland in Köln, wo neben Bischofsstabkrümmen, Tragaltärchen, Turmreliquiaren nun auch weltliche Gegenstände wie Schachspiele u. a. entstanden.

In England entfaltete sich um 1000 eine bedeutende Elfenbeinkunst im Anschluß an die Buchmalerei der Winchesterschule. In der Gotik wird im 13. Jh. Frankreich führend in der europäischen Elfenbeinkunst. Zentrum wird Paris, später

▷ *Hirschbrosche von Ernst Kehrer. Erbach, um 1840. Erbach, Deutsches Elfenbeinmuseum.*

Elfenbeindose von Franz I. Graf zu Erbach, um 1783. H 9,7 cm. Erbach, Deutsches Elfenbeinmuseum.

folgt Dieppe. Im Vordergrund stehen rundplastische Marienstatuetten, Marienaltärchen, Passionsdiptychen und -Triptychen, Schreibtafeln, Spiegelkapseln, Musikinstrumente usw. In Italien um 1400 eine Blüte der Bein- und Elfenbeinschnitzerei in Venedig (→ Embriachi).
Während der Renaissance Rückgang der Elfenbeinkunst in ganz Europa. Vorherrschen von Bronze, Marmor, auch Alabaster in den Kleinkünsten. Ende des 16. Jh.s kommt Elfenbein neu in Mode, seit durch den einsetzenden Ostindienhandel Elefantenzähne in großen Mengen wieder nach Europa gelangten. Elfenbein wird bevorzugter Werkstoff für die aufblühende Kunstdrechslerei (→ Elfenbeindrechseln). Der hohe Adel, selbst Fürsten und Kaiser betreiben im 16., 17. und 18. Jh. die Kunst des Elfenbeindrechselns als Liebhaberei. Führend war Deutschland. Außerdem gewann die Elfenbeinplastik derart an Ansehen, daß in vielen Residenzen Hofschnitzer angestellt wurden. Neben religiösen Motiven traten nun mythologische Darstellungen in den Vordergrund dieser Kleinkunst. Zugleich erlebt die Kunst der Aktdarstellung in Elfenbein ihre höchste Blüte. Wegbereiter dieser Entwicklung ist Leonhard → Kern. Im 17. Jh. umfaßt das Elfenbeinrepertoire Europas neben Rundplastiken Reliefs,

Lichtschirm aus Hirschhorn und Elfenbein. Vermutlich aus Erbach, 1. Viertel 19. Jh. Erbach, Deutsches Elfenbeinmuseum.

Elfenbein. „Frühlingserwachen“ von Ferdinand Preiß. 1920/30. Erbach, Deutsches Elfenbeinmuseum.

Prunkgefäße, Bestecke, Medaillons, Möbel, Büchsenschäfte und Musikinstrumente mit Einlagen in Bein und Elfenbein. Zu den bedeutendsten Meistern des Barock gehören u. a. in Augsburg Georg Petel († 1634), in Bremen Wilhelm Freese († 1763), in Düsseldorf Ignaz Elhafen (1658–ca. 1725) und der Venezianer Antonio Leoni (1704– 1716 nachweisbar), in Dresden Balthasar Permoser (1651–1732), in Kassel Jakob Dobbermann (1682–1745), in München Christoph Angermair († um 1632) und Simon → Troger, in Wien Matthias Rauchmiller (1645–1686), in Würzburg Johann Michael Maucher (1645–1700). In Flandern gehören Francis van Bossuit (1635–1692) und Lucas → Faydherbe, in Skandinavien Magnus Berg (um 1666–1739), in Frankreich Jean Cavalier, der bedeutendste Porträtmedailleur des 17. Jh.s (von 1683 bis 1697 nachweisbar), zu den führenden Elfenbeinkünstlern ihrer Zeit.
Während im 18. Jh. der Höhepunkt der barocken Elfenbeinmode überschritten wurde, blühte in der Kunsttischlerei noch einmal die Einlegearbeit mit Elfenbein und Perlmutt. Spitzenkönner auf diesem Gebiet waren die Kunsttischler Abraham Roentgen (1711–1793) und sein Sohn David (1743–1807). Mit dem Barock endete die große Zeit der Elfenbeinkunst in den meisten Hochburgen dieser Kleinkunst während des Absolutismus. Die nach der Säkularisation zu Beginn des 19. Jh.s noch verbliebenen Elfenbeinwerkstätten verteilen sich im wesentlichen auf Dieppe, Dresden, Geislingen und Wien. Hergestellt werden Mikroarbei-

Tischleuchter aus Silber und Elfenbein von Frans Hoosemans, Brüssel. Entwurf von Egide Rombaux. 1900 auf der Pariser Weltausstellung. H 34,5 cm. Frankfurt, Museum für Kunsthandwerk.

ten, Dosen aller Art, Stock- und Schirmgriffe, Fächer, Spiegelrahmen sowie örtliche Spezialitäten wie Heiligenfiguren, sakrale Gefäße und Jagdbecher.
Mitten in dieser Krise entstand in Erbach im Odenwald während der Regierung des Grafen Franz I. (1775–1823) ein neuer Schwerpunkt für Elfenbeinkunst. Zunächst entstanden Gefäße und Geräte im klassizistischen Stil. Um 1830 kam Jagdschmuck hinzu (Hauptmeister Ernst → Kehrer). Ab 1858 führt Erbach die Blumenbroschen ein (→ Michel, Johann), aus denen um 1873 die Erbacher Rosenbrosche hervorging. Neben dem Schmuck entwickelte Erbach ein reichhaltiges Repertoire an Tier- und Figurenschnitzerei. Erster internationaler Erfolg auf der Wiener Weltausstellung 1873. Seitdem ist Erbach Mittelpunkt der neueren europäischen Elfenbeinkunst. Hinzu trat Offenbach, zunächst mit Elfenbeinauflagen für die junge Lederwarenindustrie. Um 1850 wurden in Offenbach dann auch größere Kleinkunstwerke gearbeitet. Um die Jahrhundertwende war hier Carl Schubö (1839–1905) führend. Mit ihm endete die Ära der Offenbacher Elfenbeinschnitzerei des 19. Jh.s. In Geislingen geht die dort seit dem späten Mittelalter ansässige Elfenbeinkunst im 19. Jh. ebenfalls zu Ende, während sie sich in Erbach zu neuer Blüte entwickelt. Die figürliche Elfenbeinkunst des 19. Jh.s ist teils historisierend (am ausgeprägtesten in Dieppe, Erbach und Geislingen), teils folgt sie, seit etwa 1890, der Entwicklung zum Jugendstil, in dem die chryselephantine Plastik wieder auflebte. Beginn dieser Renaissance um 1850 in Paris mit Arbeiten von Charles Simart (1806–1857) (Bildwerke, deren Holzkerne mit Elfenbein und Gold umkleidet sind). Fortsetzung über die belgische Erneuerungsbewegung in der Elfenbeinplastik der neunziger Jahre bis in die Elfenbein-Bronze-Kleinplastik des → Art Déco der zwanziger und dreißiger Jahre mit ihren Schwerpunkten Berlin (Johann Philipp Ferdinand →Preiss) und Paris (Demetre Chiparus). Zu den führenden Elfenbeinschnitzern dieser Jahre gehören außerdem die Deutschen Otto Glenz aus Erbach (1865–1948), Johann Balthasar Trumpfheller in Baden-Baden (1876–1961) und Otto Ernst Richter in Dresden (1863–1953). Seit 1945 konzentriert sich die Elfenbeinschnitzerei in Europa auf Erbach.
Die Elfenbeinkunst spielte auch in Asien, Schwarzafrika und dem arktischen Nordamerika eine große Rolle (→ afroportugiesische Elfenbeinschnitzerei, → asiatische Elfenbeinschnitzerei, → schwarzafrikanische Elfenbeinschnitzerei, → islamische Elfenbeinschnitzerei).

Elfenbeinporzellan → Worcester

Elfenbeinuhren, Uhren, deren Werke einschließlich der Räder und des Gehäuses aus Elfenbein hergestellt sind. Besonders beliebt im 19. Jh.

Elizabethan style, die englische Stilepoche unter der Regierungszeit Königin Elisabeths I. (1558–1603) ist die große Zeit der englischen → Renaissance. Vor allem Möbel, Stikkereien und Goldschmiedearbeiten charakterisieren diese Zeit besonders. Hugenottische Einwanderer, aber auch der Import deutscher Vorlagenwerke, wie die Kupferstiche von Virgil Solis und Hans Brosamer, beeinflussen entscheidend die künstlerische Produktion. Venezianer, Franzosen und Niederländer gründen Glashütten, deren Erzeugnisse sich mit denen des europäischen Kontinents messen können.

„Die große Badende" von Otto Glenz. Erbach, um 1920. Elfenbeinschnitzerei. Erbach, Deutsches Elfenbeinmuseum.

Fayencen aus dem türkischen Iznik (→ Iznik-Ware), chinesisches Porzellan und deutsche → Irdenwaren wurden importiert und in England kostbar gefaßt.

Elizabethan Ware, weißes englisches Steinzeug des ausgehenden 17. Jh.s, das Ähnlichkeit mit Porzellan hat.

Elkington & Co., 1829 in Birmingham gegründete Firma, die hauptsächlich elektroplattierte Erzeugnisse, vor allem Haushaltsgeschirr, produzierte.

Ellbogenkachel → Harnisch

Ellwangen-Utzmemmingen, 1757 bis 1759 von → Ringler betriebene kleine Porzellanmanufaktur, die durch ständige Streitigkeiten mit der Fayencefabrik des nahegelegenen → Schrezheim gehemmt war. Es wurden → Galanterien und Geschirre in Bunt- und Blaumalerei hergestellt. Als Marke diente eine Mitra in Unterglasurblau.

Email, Bezeichnung für Glasfluß, also die durch lösliche Oxyde gefärbte, leichtflüssige Glasmasse, ebenso Bezeichnung für das auf Metall fertig aufgeschmolzene Produkt. Der Glasfluß kann durchsichtig (transluzid) oder undurchsichtig (opak) sein. Opakes Email entsteht durch Beigabe nicht schmelzender Stoffe wie Knochenasche oder Zinnoxyd.

Technik: Der feste Glasfluß wird zerstückelt und im Mörser mit wenig Wasser zerstoßen und zu Pulver gerieben. Als feuchten Brei trägt der Emailleur die Masse auf den Metallrezipienten und läßt sie im Emailofen bei einer Temperatur von 700–800 Grad Celsius aufschmelzen. Verschiedene technische Verfahren führen zu unterschiedlichen Arten von Email:

1. Grubenschmelz *(émail champlevé)*: Auf einer Metallfolie werden mit Meißel und Stichel flache Mulden eingegraben, die den einfließenden Schmelz aufnehmen. Als Metall verwendet man häufig Gold, bzw. man vergoldet nach dem Schmelzvorgang und dem Schleifen die stehengebliebenen Teile eines unedlen Metalls.

2. Zellenschmelz *(émail cloisonné)*: Auf den Metallträger lötet man hochkant Metallstege, so daß verschiedene, die Umrißlinien des Dekors bildende Zellen entstehen. Nach dem Erkalten des eingebrachten Emails wird die gesamte Oberfläche glattgeschliffen und poliert, so daß Schmelz und Stege auf einer Ebene liegen. Ist die gesamte Fläche mit Zellen überzogen, so spricht man von Vollschmelz; wird das Email in den künstlerischen Gegenstand eingesenkt, spricht man von Senkschmelz.

3. Drahtemail: eine Varietät des Zellenschmelzes. Die teilenden Stege bestehen hier aus Draht. Die Glasflußmasse sinkt zwischen den Drähten ein, die auch nach dem Erkalten noch sichtbar bleiben. Die Oberfläche bleibt ungeschliffen.

4. Fensteremail *(émail de plique à jour)*: Statt des Metallrezipienten wird eine vorläufige Folie benutzt, auf die die Stege aus Draht oder Metallstreifen nur aufgeklebt werden. Nach dem Entfernen der Folie entsteht ein durchsichtiger Glasgrund, der in seinem künstlerischen Eindruck einem Glasfenster entspricht.

5. Silberreliefschmelz: Hier graviert der Künstler die Zeichnung als flaches Relief in den silbernen Rezipienten und überzieht anschließend die Platte mit transluzidem Glasfluß. Der Grund reflektiert das Licht je nach Tiefe der Eingrabungen hell bis schattig.

6. Emailplastik *(émail en ronde bosse)*: Der ganze Gegenstand aus Metall (getrieben oder gegossen) wird mit Glasflüssen überschmolzen, so daß eine farbig glänzende Emailschicht entsteht.

7. Maleremail: Eine Metalloberfläche erhält zunächst eine einfarbige, meist opake Schmelzschicht. Nacheinander werden ohne trennende Stege die opaken Glasflüsse nach einer bildlichen Vorlage aufgetragen. Zu den Farben tritt oft eine Goldhöhung, d. h. für den Eindruck wichtige Binnenlinien werden durch Goldeinlage besonders betont.

8. Glasemail: In ein Glas ritzt der Künstler wie bei einer Gemme die Zeichnung ein. In die Vertiefungen kommt eine hauchdünne Goldfolie, die anschließend mit transluzidem Glasfluß bedeckt wird.

9. Emailmalerei: Die bildliche Darstellung wird auf einen Emailgrund mit reinen Metalloxydfarben aufgetragen. Der Emailgrund besteht aus einem bevorzugt weißen Glasfluß auf goldenem, kupfernem oder silbernem Rezipienten. Die Technik, die der der Porzellanmalerei entspricht, eignet sich besonders für Darstellungen *en miniature.* Auch Kupferstiche wurden auf Emailfolien übertragen und aufgeschmolzen (→ Battersea-Email). Die jeweilige Emailliertechnik liefert Hinweise auf Ort und Zeit der Herstellung.

Geschichte: Die frühesten Emailarbeiten stammen aus dem Bereich der ägäischen Kultur und wurden in Zypern gefunden. Einen ersten künstlerischen Höhepunkt erreichte die Emailtechnik im keltischen Kunsthandwerk.

In der byzantinischen Goldschmiedekunst diente das Email erstmals zur Ausschmückung liturgischer Geräte, Reliquiare und Kultgegenstände, ein wichtiger Ausgangspunkt für die Entwicklung der Emailkunst im abendländischen Mittelalter. Die abendländische Zellenschmelzproduktion folgte dem byzantinischen Vorbild bis in die ottonische Zeit. Die Stücke dieser Zeit zeigen die spezifisch abendländische, lichte Buntheit und variationsreiche Zeichnung. Im 12. Jh. verdrängte der Grubenschmelz den Goldzellenschmelz.

Die hochgotische Goldschmiedekunst verwendete kaum Email. Wiederbelebt wurde die Emaillierkunst um 1300 mit der neuen Technik des transluziden Silberschmelzes. 1380 wurde dann vom Hof Karls IV. in Paris aus über den burgundisch-niederländischen Raum das Gold-Email *en ronde bosse* als luxuriöse, höfische Kunstform verbreitet. Wichtigstes erhaltenes Werk: Maria im Rosenhag in Altötting, 1404. Das um 1300 zuerst in Italien angewandte Draht-Email erlebte im 15. Jh. seinen Höhepunkt in Ungarn, von wo es nach Österreich und Deutschland gelangte. Gegen Ende des 15. Jh.s entwickelte sich in den Niederlanden unter dem Einfluß der großen Bildkunst das Maleremail, das durch schwarzen Fond auf einem Silber- oder Goldgrund seine Nähe zu Zeichnung und Druckgraphik bekundet.

Im 15.–17. Jh. gipfelte die Emailproduktion in der Schule von Limoges (→ Limosiner Email), die, schon im Mittelalter gegründet, das Email nahezu industriemäßig verbreitete. Dann gewann das Email in Renaissance und Barock an den Höfen Europas an Bedeutung durch emaillierte Gefäße, Schreine, Altäre, Monstranzen, Schmuck, vorwiegend als Grubenschmelz und *en ronde bosse* emaillierte Plastiken.

Das Glasemail erlebte nur eine kurze Blüte nach 1600. Die komplizierte Technik wurde nur von wenigen, nicht mehr lokalisierbaren Werkstätten ausgeführt.

Mit Melchior Dinglinger (1665–1731) erlebt die Emailliertechnik, verbunden mit der Goldschmiedekunst, ihre letzte

Eine von sechs emaillierten Schalen. Augsburg 1695–1700. Mythologische Szenen. Dm 11 cm.

Zwei Empire-Fauteuils. Frankreich, um 1810. Mahagoni, geschweifte, profilierte Rückenlehne, Armlehnen mit Löwenköpfen, Vierkantbeine mit Klauenfüßen, rückwärtig Säbelbeine.

bedeutende Phase. Gefördert von August dem Starken brachte diese Werkstätte jahrelang hervorragende Geschirre und Zierobjekte hervor. Mit der Erfindung des Porzellans in Europa und dem Erblühen der Porzellanmalerei trat die Emaillierkunst zurück. Aus der Zeit Ludwigs XVI. sind Golddosen, Uhren und Galanterieartikel erhalten, die mit transluzidem Flächenschmelz meist kobaltblau oder smaragdgrün verziert sind.
Um die Mitte des 19. Jh.s führte die wiedererwachte Wertschätzung des Kunsthandwerks zu einer neuen Belebung der Emailtechniken. In Wien, Paris und Petersburg entstanden technisch hervorragende Arbeiten aus Zellenschmelz, Grubenschmelz, transluzidem Silberrelief-Email und Limosiner Email (Fabergé und in der Porzellanmanufaktur Sèvre).
Durch die in der Restauration aufkommende Bestrebung, die altgeübte Technik des Emaillierens zu erneuern, sind die Datierungsfragen schwierig zu lösen. Alte Stücke lassen sich aufgrund der Technik, verbunden mit der Stilkritik, gut datieren, während Email aus dem 19. Jh. jede Möglichkeit offen läßt, denn alle Emaillierungsarten wurden wieder verwendet. Einzig die bildliche Aussage, die technische Perfektion der Glasflüsse und der Erhaltungszustand ergeben vage Zuschreibungen. Auch hier bietet die Einübung in die Betrachtung alter Stücke, die sich vorwiegend in Schatzkammern befinden (z. B. München, Altötting), die wichtigste Voraussetzung für eine regionale und zeitliche Bestimmung. Emailarbeiten sind heute – nicht zuletzt wegen des oft beträchtlichen Materialwerts – als Schmuckgegenstand selten im Handel. Doch sind besondere „Funde" durchaus möglich.

Émail cloisonné →Email

Émail de plique à jour → Email

Émail de Saxe, Dekor einer Gruppe meist kupferner Toilettenartikel und Dosen, deren in der Regel weißer Fond mit Goldreliefauflagen und bunter → Emailmalerei verziert ist.

Émail en ronde bosse → Email

Emailfarben → Email

Emailglas, eine Glasart, die einen Dekor aus im Muffelofen eingebrannten bunten Email-Schmelzfarben trägt. Die frühesten Erzeugnisse entstanden im 13./14. Jh. in Persien und Mesopotamien (→ islamisches Glas). Im 15. Jh. lebte die Kunst der Emailmalerei auf Glas in Venedig wieder auf (→ venezianisches Glas), gelangte von dort in die Gebiete nördlich der Alpen und wurde besonders von deutschen und böhmischen Glasmalern übernommen. Neben floralen Motiven wurden vor allem figurale Darstellungen, teils mit erotischen Anspielungen, Handwerks- und Jagdszenen bevorzugt. Weit verbreitet waren alle Arten von → Wappengläsern. Zu den meist sehr aufwendig bemalten Sonderformen gehören die → Apostelgläser, die Ochsenkopfgläser (→ Fichtelgebirgsgläser), die sächsischen → Halloren- und → Hofkellereigläser, → Kurfürsten- und → Reichsadlergläser. Mit dem Aufkommen des Glasschnitts im Barock (→ Barockglas) verkümmerte die Emailmalerei auf Glas und sank zu einer primitiv-bäuerlichen Kunst herab. Lediglich als Dekor von Glasgegenständen aus → Milchglas konnte sie sich ins 19. Jh. hinüberretten. Zur Biedermeierzeit (→ Biedermeierglas) erlebte die Bemalung mit bunten Schmelzfarben, angeregt durch die Porzellanmalerei, eine neue Blüte, die bis ins späte 19. Jh. andauerte, als man neben der naturalistischen Malerei die altdeutsche Emailmalerei wiederbelebte und zahllose Kopien von Originalen aus dem 16./17. Jh. herstellte (→ Historismus-Glas).

Emailmalerei, angeblich 1632 von Jean Toutin aus Chateaudun erfundene Technik der Bemalung einer mit Glasfluß grundierten Metallunterlage mit Metalloxydfarben. Das kostbare Material und die klein dimensionierte Platte ermöglichen im besonderen Maße eine feine Zeichnung, die dem Geschmack des überfeinerten französischen Hofes am Ausgang des Barock entgegenkam. Später wurde die Technik auch von England übernommen. Der Dekor bestand im Zeitalter Ludwigs XIII. (1. Hälfte des 17. Jh.s) hauptsächlich aus naturgetreu nachgebildeten Blumen (besonders Tulpen) nach Vorlagen französischer, deutscher und niederländischer Stecher. Der Grund dieser Blumenarrangements war weiß, auch schwarz und hellblau. Zuweilen finden sich auch Ton in Ton gemalte Platten. Diese sind, wie die Blumenbilder, oft eingelassen in die Rückseiten von Spiegeln, Zierdosen, Puderdosen u. ä. In der 2. Hälfte des 17. Jh.s und im frühen 18. Jh. tritt die Emailmalerei in den Dienst der figürlichen Miniaturmalerei. Es entstehen sowohl selbständig gerahmte Bildchen als auch Platten, die, eingesetzt, Kabinettschränke und Zierate schmücken. Außer biblischen, allegorischen und mythologischen Szenen kommen im frühen 18. Jh. entsprechend der monumentalen Rokokomalerei auch Schäferszenen, Chinoiserien und arkadische Landschaften vor. Mit der Erfindung des Porzellans in Europa, 1709, wird die Emailmalerei nach und nach abgelöst von der Porzellanmalerei, die noch preziösere Nuancierungen erlaubt (→ Email).

Emailplastik → Email

Emblem, chiffrierte, bildliche Darstellung mit Symbolgehalt, seit dem 14. Jh., besteht aus Motto (knapper Ausspruch mit sittlichem oder ethischem Gehalt, Wahlspruch oder Lebensregel), Bild (Pflanzen, Tiere, Körperteile, Tätigkeiten, historische, biblische oder mythologische Figuren und Szenen) und Epigramm (Aufschrift). Fast nur in Büchern, selten als Einblattdruck. Techniken: Handzeichnung, Kupferstich, Radierung und Holzschnitt. Am bekanntesten sind die Folgen von Jacques Callots *Lux Claustri* (Folge von 27 Radierungen mit Titel, Lieure 599–625) und *La Vie de la Mère de Dieu représentée par des emblèmes* (Folge von 27 Radierungen mit Titel, Lieure 626–652).

Embriachi, Name einer Schnitzerfamilie aus Florenz, die im 15. Jh. in Venedig eine große Werkstatt unterhielt. In dem manufakturell produzierenden Betrieb wurden sowohl Bein (Pferdeknochen) als auch Elfenbein verarbeitet. Neben Hausaltärchen (heute beliebte Sammlerstücke) wurden in großem Umfang Schmuckkästen, Brauttruhen, Spiegelrahmen, Zierkämme und kleine Luxusmöbel hergestellt.

Emens, Jan → rheinisches Steinzeug

Empire, französische Sonderform des → Klassizismus, die sich im Kaiserreich Napoleons I. (1804–1815) entwickelte und bis etwa 1830 das Kunstgewerbe, die Innendekoration und die Mode beherrschte. Vom → Directoire übernahm es die Tendenz zu antiken Stilanleihen, bevorzugte aber wieder stärker schmückendes und ornamentales Beiwerk von oft pathetischer Wucht. Bezeichnend ist die häufige Übernahme monumentaler Formen der antiken und ägyptischen Kunst (Tempelformen, Pyramiden, Sphinxe, Obelisken usw.) für kleinformatige Objekte des Kunstgewerbes (Leuchter, Uhren u. ä.). Auch an Möbelbeschlägen findet sich antike Ornamentik. Die Entwürfe für Innendekoration und Kunstgewerbe unter dem Titel *Recueil de décorations intérieurs,* 1812 von den Architekten Charles → Percier und Pierre François Léonard → Fontaine herausgegeben, trugen wesentlich zur Entwicklung des Empire bei, das sich auch auf die antikisierende weibliche Mode (→ Mäander als Ziermotiv) auswirkte. Zur Zeit des zweiten französischen Kaiserreiches (1852–1870) kam es zu einer historisierenden Neubelebung des Empire (Zweites Empire). (Abb. s. a. S. 157)

Empireglas, 1770 einsetzende Form des Glases, gekennzeichnet durch die allmähliche Degeneration der verspielten Rokoko-Glasformen und begleitet von einem merklichen Qualitätsabfall der gravierten Verzierungen. Klassizistische Einflüsse machten sich nun auch beim Glas geltend und brachten eine Vereinfachung der Formen. Die Becher erhielten tonnenförmige oder zylindrische Gestalt, bei den Stengelgläsern und Pokalen überwog die geradwandige oder eiförmige Kuppa auf eckig geschliffenem Schaft über quadratischer Bodenplatte, Flaschen und Flakons zeigten keulenförmige Umrisse. Nur noch bei den als Porzellansurrogat beliebten Gegenständen aus → Milchglas lassen sich Reminiszenzen des Rokokogeschmacks erkennen. Der Schnittdekor der farblosen Gläser war einfach und erschöpfte sich größtenteils in Blütenkränzen, Sternchen und stilisierten Streublümchen, Eierstabbordüren und Bändern. Verhältnismäßig aufwendig geschnitten wurden noch die Kartuschenumrandungen von Pokalen mit Silhouettenporträts auf eingesetzten Glasplättchen, die um 1800 im schlesischen Warmbrunn entstanden und deren bekanntester Vertreter Johann Sigismund Menzel (1744–1810) ist. Die Technik des Einsetzens bemalter Glasplättchen in ausgesparte Vertiefungen in der Wandung meist einfacher Zylindergläser wendete auch der vielseitig begabte Johann Josef → Mildner (1763–1808) in der österreichischen Glashütte Gutenbrunn an. Die eigentliche Bedeutung des Empire lag bei der Glasveredelung in der Einführung und Entwicklung des dekorativen → Glasschliffs, die beim → Biedermeierglas ihren Höhepunkt erreichte. In England, vor allem in den irischen Hütten, hatte man im letzten Viertel des 18. Jh.s damit begonnen, das dort ausschließlich hergestellte Bleiglas (→ Kristallglas) mit Musterschliffen zu dekorieren, die Elemente des Bergkristallschliffs (→ Bergkristall) der Renaissance aufweisen, aber nach neuen Gesichtspunkten entwickelt worden waren, um die ausgezeichneten lichtbrechenden Eigenschaften des englischen Bleikristalls am vorteilhaftesten zur Geltung zu bringen. Böhmische Glashändler erkannten als erste die Bedeutung dieser neuen Veredelungstechnik und veranlaßten die Hütten in der Heimat, Schleifwerkstätten einzurichten und die Qualität des böhmischen Glases der des englischen anzupassen. Zu den frühesten und am häufigsten angewendeten Schliffmustern gehört der Steinelschliff mit seinen prismatischen Flächen, der in der Folge um eine Fülle von anderen, teils recht komplizierten und aufwendigen Mustern bereichert wurde. Der Schliffdekor entwickelte sich zum vorherrschenden Schmuckprinzip veredelter Gläser und behielt diese Bedeutung bis in die späten dreißiger Jahre des 19. Jh.s. Dann wurde er allmählich von der bunten Bemalung und den modischen Effekten des farbigen Glases verdrängt.

Encoignure → Eckschrank

Endell, August (1871–1925), stark von Hermann → Obrist beeinflußter Münchener Jugendstilarchitekt, Kunstgewerbler, Möbel- und Innenraumentwerfer. Der Formenschatz seiner Entwürfe wirkt bisweilen bizarr, die bewegte Linie wird bei ihm zum Funktionsträger und erinnert an Arbeiten Antonio → Gaudís und Victor → Hortas. Sein berühmtestes Werk ist das 1896/97 entstandene Atelier Elvira in München (zerstört).

Enderlein, Caspar (1560–1633), in Basel geborener, seit 1586 in Nürnberg ansässiger Zinngießer, der durch seine freien Nachschöpfungen von Werken François → Briots (Temperantiaschale, auf der Rückseite Relief mit dem Bildnis Enderleins, u. a.) in seiner Zeit berühmt war. Nach eigener Erfindung schuf er reich reliefierte Schalen mit biblischen Szenen.

Endytion → Altartuch

Engelgroschen, auch Schreckenberger genannt, ab 1498 aus dem Silber des Schreckenberges geprägte sächsische Groschen, auf denen ein Engel den sächsischen Kurschild hält. Im Dreißigjährigen Krieg (1618–1648) verloren sie stark an Wert; seitdem nannte man viele schlechte Münzen Schrekkenberger.

Engelmarke → Zinnmarken

Engeltaler, sächsische → Kippermünzen mit Engel. Zwischen 1620 und 1623 in zahlreichen Münzstätten in unterwertiger Legierung geprägt. Anhand der Münzmeisterzeichen können sie verschiedenen Münzstätten zugewiesen werden.

Enghalskrug, Schenkkrug aus Fayence mit eingezogenem Fuß, gebauchtem Körper und langem, engem, sich zur Mündung erweiterndem Hals; meist mit einer Zinnfassung versehen. Wandung, Hals und Henkel sind vielfach geriefelt. Er wurde zuerst in der Hanauer Manufaktur wohl gegen 1700 gefertigt.

Enghien, Stadt in Flandern; seit dem 15. Jh. ist dort die Herstellung von → Bildteppichen nachweisbar. Ihre Blütezeit erleben die Manufakturen von Enghien im 16. Jh. mit der Produktion von Verdüren neben den zu dieser Zeit beliebten Folgen historischer oder religiöser Thematik. Die künstlerische Qualität der Brüsseler Teppiche, deren Einfluß deutlich wird, wird in Enghien jedoch nicht erreicht.

Enghalskrug. Nürnberg, vor 1717. Fayence, blauer Vögelesdekor.

Englische Möbel. Das englische Möbel wird im wesentlichen durch die Wahl des Holzes charakterisiert. So unterscheidet man zwischen der Oak-(Eichenholz-) Periode, der Walnut-(Nußholz-) Periode, der Mahogany-(Mahagoni-) Periode und der Satinwood-(Satinholz-) Periode, die ungefähr dem 16., 17., 18. und frühen 19. Jh. entsprechen. Dazu tritt ein Spezifikum der englischen Kunst: Ihre zeitlichen Abschnitte richten sich nach den Regierungsepochen ihrer Herrscher. Man unterscheidet zwischen dem → Tudorstil (1485–1603), weiter dem → Elisabethan Style (1558–1603) – er überlagert den Tudorstil –, dem Jakobäischen und Karlinischen Stil im 17. Jh., der durch die Herrschaft Oliver Cromwells (1649–1660) beendet wird, und der Restauration (bis 1689). Eine zeitliche Parallele zum französischen Louis-quatorze gibt der Stil William and Mary (bis 1702), gefolgt vom → Queen Anne (1702–1714). Damit ist die Zeit der Einzelstile beendet. Das 18. Jh., nach seinen Regenten Georgianischer Stil (→ Georgian style) benannt, untergliedert sich lediglich in Early und Later Georgian, ihm folgt von etwa 1800 bis 1830 das → Regency, eine gewisse Entsprechung zum kontinentalen Klassizismus. Bis zur Jahrhundertwende beherrscht der Viktorianische Stil die Kunst Englands.

Tudorstil und Elisabethanischer Stil sind gekennzeichnet

Bücherschrank von Thomas Chippendale. London, um 1760. 218,5 × 147,5 × 61,5 cm. London, Victoria and Albert Museum.

durch geschnitzte Eichenmöbel, oft mit der beliebten Tudor-Rose verziert; als Möbeltypen waren, wie auch auf dem Kontinent, Truhen, Tische, Bänke und Stühle beliebt. Obwohl durchaus italienische und französische Einflüsse erkennbar sind, besitzt das Möbel dieser Epoche, wenn man von wenigen ausgesprochenen Hofmöbeln absieht, einen rustikalen Charakter. Auch der Karlinische und der Jakobäische Stil brachten wenig Änderungen, und unter der Ära Cromwells verstärkte sich noch diese rustikale Tendenz. Erst die endgültige Wiedereinsetzung des Königtums brachte auch eine Öffnung zum Kontinent mit sich. Bezeichnend ist die Einführung des Nußholzes, eine deutliche Reminiszenz französischen Mobiliars der Spätrenaissance und des Frühbarocks. Mehr und mehr dominieren eingewanderte Kunstschreiner, vor allem Holländer und französische Hugenotten. Ihnen ist auch die Einführung der Intarsien- und Furniertechnik (um 1670) sowie der Lackarbeiten zuzuschreiben. Das Nußholz mußte aus Frankreich zum größten Teil eingeführt werden. So ergab sich aus der von den Franzosen 1720 verhängten Handelssperre die Notwendigkeit, die Möbelproduktion auf andere Holzarten umzustellen. Kennzeichnende Möbeltypen des William and Mary und Queen Anne sind Schränke mit mehreren Schubladen, zumeist auf einem Gestell, → Gate-leg-tables, → Windsorstühle, Schreibschränke, in ihren oberen Teilen oft verspiegelt oder verglast, mit dem typischen gebrochenen, gerundeten Giebel mit mittlerem Vasenaufsatz, Stühle mit geschwungenen Beinen auf Klauenfüßen, die einen Ball umschließen, und Ohrensessel. Durch das französische Embargo gezwungen, sich auf andere Hölzer umzustellen, nutzten die Engländer nach 1720 ihre weitreichenden Handelsbeziehungen und führten aus Kuba und Honduras das → Mahagoniholz ein. Meist wurde es zusätzlich rötlich gebeizt, um einen satten, warmen Ton hervorzurufen. Vom Kontinent wurde die Technik gefaßter und vergoldeter Möbel übernommen, die sich allerdings in England nie recht durchsetzen konnte. Ein wichtiger Aspekt georgianischer Wohnkultur ist die Zunahme der Reisen vornehmer Engländer meist nach Italien und Frankreich, eine Tendenz, die bis gegen Ende des 19. Jh.s symptomatisch für die Beziehung Englands zum Kontinent geworden ist. In der Zeit des Early und Late Georgian arbeiten die bedeutendsten Entwerfer und Möbelschreiner, deren Einflüsse bis weit in das 19. Jh. hineinreichen: William Kent, Thomas → Chippendale, Robert → Adam, George → Hepplewhite und an der Wende des Jahrhunderts Thomas → Sheraton. Kennzeichnende Möbeltypen der Zeit sind der frühgeorgianische Sekretär mit drei Schubladen, aufklappbarer Schreibplatte und einem mehrfächerigen Aufbau, der Stuhl mit dem → Cabriole leg, die einfachen, kubischen Kommoden, Kleiderschränke und verglaste Bücherschränke, Schreibtische mit mittlerer Kniehöhle, Eckschränke und halbrunde Konsoltische. Dem in seiner Spätzeit noch im Regency tätigen Thomas Sheraton ist im wesentlichen die Einführung des → Satinholzes zu verdanken, ein seidenglänzendes helles Holz aus dem indischen Raum, dessen Wirkung durch die hellen, weißgestrichenen Räume mit den hohen, gitterartig durchbrochenen Fenstern noch erhöht wurde. Demgegenüber brachte das Viktorianische Zeitalter einen entschiedenen Rückschlag. Der radikale Wandel des Wohnstils drückte sich in einem Übermaß an Plüschbezügen, Stoffdraperien, dunklen, massiven Vorhängen, überreich geschnitzten, verschnörkelten Möbeln, kurz einem Sammelsurium von Stilreminiszenzen aus, die mit dem deutschen Historismus nicht verglichen werden dürfen. Zwar brachte der Viktorianische Stil auch liebenswerte Möbel her-

Gate-leg-table (Klapptisch). England, Mitte 17. Jh. 74 × 135,5 × 118 cm. Frankfurt, Museum für Kunsthandwerk.

Armstuhl im Hepplewhite-Stil. England, um 1780. Paris, Musée des Arts décoratifs.

vor, wie in erster Linie die meist in Oxford hergestellten → Papiermaché-Möbel, die kunstvoll bemalt und oft mit Perlmutter eingelegt waren und heute ein beliebtes Sammelgebiet des englischsprechenden Raumes sind, doch ist es unter diesen Aspekten nicht verwunderlich, daß die in der zweiten Jahrhunderthälfte aufkommende → Arts and Crafts-Bewegung teilweise in das Gegenteil umschlug. Die Rückbesinnung auf handwerkliche Qualitäten, die Bevorzugung bewußt spartanischer, rustikaler Formen, verbunden mit präraffaelitischen religiösen Motiven, waren die Antwort auf die Zeit einer „finster-drohenden" Inneneinrichtung. William → Morris, Arthur Haygate → Mackmurdo, Charles Annesley → Voysey und Charles Robert → Ashbee waren die Protagonisten dieser neuen Zeit, die zu den Voraussetzungen für den → Jugendstil und den Deutschen → Werkbund gehörten.

Englisches Glas, wurde nach venezianischer Art seit 1575 hergestellt, nachdem Königin Elisabeth I. dem venezianischen Glasmacher Giacomo Verzellini die Erlaubnis erteilt hatte, in England Glas zu erzeugen und englische Handwerker in dieser Kunst zu unterweisen. Trotzdem wurde der Großteil des benötigten Glases nach englischen Entwürfen in Venedig bestellt (→ venezianisches Glas). Dies änderte sich erst, nachdem es George Ravenscroft 1675 gelungen war, ein bleihaltiges Kristallglas (→ Bleikristall) zu schmelzen, das sich für die Dekoration durch → Glasschliff und → Glasschnitt eignete. Bis in die Mitte des 18. Jh.s folgte England der Entwicklung des → Barockglases und stellte neben farblosem auch farbiges und opakes Glas her. In den sechziger Jahren führten William und Ralph Beilby in Newcastle-on-Tyne die Emailmalerei auf Hohlglas ein (→ emaillierte Gläser). In der zweiten Hälfte des 18. Jh.s entwickelten englische Hütten eigene Gläserformen. Statt des barocken Balusterschaftes verwendete man einen glatten Stiel mit darin eingeschlossenen Luft- und Farbenglasspiralen (→ Fadengläser). Die Kuppa verlor die bisher übliche konische Form und wurde zylindrisch oder glockenförmig geschweift gestaltet. Einfache Schnittdekors wurden im eigenen Land hergestellt, aufwendigere Arbeiten ließ man von holländischen Graveuren besorgen. Im letzten Viertel des 18. Jh.s stand die Formgestaltung unter klassizistischem Einfluß. Der Glasschliff wurde zum dominierenden Schmuckprinzip. Um der Belastung durch die hohe Glassteuer zu entgehen, verlegten viele englische Hütten die Erzeugung nach Irland (Waterford), so daß eine Unterscheidung zwischen englischem und irischem Glas kaum möglich ist. Um 1800 hatte das geschliffene englische Glas einen so hohen Beliebtheitsgrad erreicht, daß die Hütten auf dem Kontinent, vor allem in Böhmen, gezwungen waren, sich der neuen Entwicklung anzupassen. In der ersten Hälfte des 19. Jh.s geriet das englische Glas unter den Einfluß des modischen böhmischen Farbenglases und in die Abhängigkeit von den historisierenden Stilrichtungen (→ Historismus-Glas), aber schon in den sechziger Jahren fand man zu den klassisch-eleganten Formen der Antike zurück, die auch dann noch beibehalten wurden, als die Neurenaissance als anerkannte Stilform auf kunstgewerbliche Arbeiten einwirkte. Vor allem auf dem Gebiet der künstlerischen Glasgravur war England, dank der Erfahrungen der zugewanderten böhmischen Glasgraveure, lange Zeit führend und gab damit letztlich den Anstoß zu einer Geschmacksreform auf dem Kontinent.

Engobe, Anguß, Beguß von Tonwaren vor dem Brand mit einem Tonschlamm von anderer Farbe als der Scherben. So wurden die altorientalischen Halbfayencen hergestellt (dann mit durchsichtiger Bleiglasur überschmolzen). Auch bestimmte Arten von chinesischem und japanischem Steinzeug und Porzellan sind mit Engobe begossen worden, die die Gefäße nur oben bedeckt und unten den Scherben sichtbar werden läßt (→ Temmoku). Zuweilen wurden in die Engobe Ornamente geritzt, so daß an diesen Stellen der Scherben wieder sichtbar wird.

Engssi, kleiner turkmenischer Teppich, der als Türbehang an der → Jurte diente.

Enkaustik, Malverfahren mit Wachs als Bindemittel, bei → Fayumporträts (2.–3. Jh.) und bei früher Ikonenmalerei verwendet.

Enkolpion, Kapsel mit Reliquien, die im frühen Mittelalter die Bischöfe auf der Brust trugen. Im 13. Jh. entwickelte sich daraus das → Pectorale.

En Plein, Verzierung von Golddosen (→ Dosen) mit opaken Emailfarben (→ Emailkunst), die nicht in vorbereitete Vertiefungen gesetzt sind, sondern als eigene Schicht auf der Oberfläche des Goldes liegen.

Enseigne (von frz. *enseigne,* Zeichen), eine am Hut zu befestigende Agraffe, die vorwiegend Medaillenform hatte und gegen Ende des 16. Jh.s vom edelsteinbesetzten Band oder dem hohen Federbusch (→ Aigrette) verdrängt wurde. Die Enseigne leitet sich aus der mittelalterlichen Tradition der Pilgerzeichen her und erfuhr besonders in der 1. Hälfte des 16. Jh.s ihre kunstvollste Ausführung.

Entasis → Säule

Entenschnabel → Schnabelschuh

Entremetschale, silberne Schüssel für Zwischengerichte, häufig mit doppelter Wandung, zwischen die heißes Wasser zum Warmhalten der Speise gegossen wurde.

Epa-Masken → Yoruba

Epanokalimavchion, Schleier des → Kalimavchions.

Epaulette → Dienstgradabzeichen

Epigonation, auch Hypogonation, Teil des → Meßornats der Ostkirche. An einem Band auf der rechten Körperseite vom → Zonarion bzw. → Sakkos in Kniehöhe herabhängendes, quadratisches oder rautenförmiges Stück Stoff, das durch einen Karton verstärkt und meist mit einem Kreuz bestickt ist. Zunächst war das Epigonation als Zeichen des geistlichen Schwertes dem Bischof vorbehalten, wird aber seit dem 12. Jh. auch von den Priestern getragen.

Epimanikion, auch Stauche, Manschette des → Sticharions.

Epitaph, Wanddenkmal, Erinnerungsmal an einen Verstorbenen, meist an Kirchenwänden und Pfeilern bzw. an Friedhofsmauern; oft ausführlich beschriftet mit architektonischem Aufbau und figürlicher Darstellung.
Epitaphios, auch Thrinos, mit der Darstellung der Grablegung Christi besticktes rotes Tuch (meist aus Seide), das vom Karfreitag bis zur Osternacht die → Ikonostase verhüllt.
Epitrachilion, ein der Stola ähnlicher Stoffstreifen aus Leinen oder Seide, der über dem → Sticharion um den Hals gelegt wird, vorne zusammengenäht ist und gewöhnlich bis zu den Knien herabfällt. Seit dem Konzil von Laodicea (um 380) in der Ostkirche für den → Meßornat von Geistlichen höherer Weihestufen vorgeschrieben.
Erbärmdebild → Schmerzensmann
Erbschaftswappen, Wappen, die wegen der Erbschaft eines Besitztums angenommen werden.
Erdglobus → Globus
Ereignisbild → Historienmalerei
Erfundene Münze, Prägungen, die in Wirklichkeit nicht existiert haben und erst durch historische Legenden oder die Phantasie von Fälschern erfunden wurden. Als Beispiele gelten die Schekel des Königs Salomon oder die Münzen des Königs Priamos von Troja.

Erfundene Münze (Abb. verkleinert)

Erfurter Fayence, Erzeugnisse der Erfurter Fayencemanufaktur, die von 1717 bis 1792 bestand. Für die Erfurter Fayencen sind der breite Pinselstrich und die etwas derbe Farbendeckung kennzeichnend. Ein leuchtendes Gelb, oft in Zusammenstellung mit Eisenrot, ist in Erfurt besonders beliebt. Die zahlreichen Maßkrüge, die hier entstanden, tragen in barocken Bildkartuschen (→ Kartuschen) Landschafts- und Seeansichten.

Erfurter Fayencen sind zum Teil mit einem sechsspeichigen sogenannten Mainzerrad als Fabrikmarke versehen und zusätzlich mit einer Malersignatur bezeichnet, die aber auch allein vorkommt. Die stilistische Unvereinbarkeit der Höchster und der Erfurter Fayencen, die beide das sechsspeichige Rad als Fabrikmarke tragen, läßt Verwechslungen kaum vorkommen.
Erntekannen, sächsische und thüringische Zinnflaschen des 18. Jh.s von polygonaler Form mit Schraubverschluß, Henkel und langem, oft als Tierhals gebildetem Ausguß. Sie dienten als Trinkflaschen bei der Feldarbeit oder als Schankgefäße bei Festlichkeiten.
Eros → Amor
Eroten, kleine Erosfiguren, die seit dem Hellenismus häufig in dekorativen Darstellungen auftreten.
Erotische Uhren, Taschenuhren, die erstmals im → Louis-seize vorkommen und mit einem durch ein Schlag- oder Musikwerk angetriebenen Automaten in Bewegung gesetzt werden, wobei dann die beweglichen Automatenfiguren in erotischer Aktion begriffen sind. Mitte des 19. Jh.s beschränkte man sich auf erotische Darstellungen in Emailmalerei, Ende des 19. Jh.s wurden die Automatenfiguren mit einem Remontoiraufzug in Bewegung gesetzt.
Ersari, bedeutende Teppicherzeugnisse des Turkmenenstammes gleichen Namens, dessen Erzeugnisse auch unter den Namen → Beschir und → Afghan ein Begriff sind.
Eschenholz, dichtes Holz von bräunlichgelber Farbe und schöner Maserung, das hart, aber elastisch ist und für Möbel und Drechslerarbeiten verwendet wurde.
Escudo, im frühen 16. Jh. geschaffene spanische Goldmünze. Gewicht 3,38 g.
Eshu → Yoruba
Espagnolette, Frauenkopf spanischen Typs, der bei französischen → Möbelbeschlägen des frühen 18. Jh.s verwendet wurde.
Etagère, Tisch mit Zwischenbrettern oder Tisch aus mehreren übereinandergestellten Tabletts, ein am Ende des 18. Jh.s übliches Kleinmöbel. Das Wort Etagère wird auch für Aufsätze von → Eckschränken und für offene Seitenteile mit Stellbrettern an verschiedenen Möbeltypen gebraucht. (Abb. s. a. S. 164)
Etrogdose, ein Kultgefäß des jüdischen Brauchtums, das anläßlich des Laubhüttenfestes (hebr. *Sukkot*), das auch als Erntedankfest gefeiert wird, Verwendung findet. Neben dem aus Myrthen, Palmzweigen und Weiden gebundenen Feststrauß (hebr. *Lulaw*) wird beim Festgottesdienst auch der sogenannte Paradiesapfel (hebr. *Etrog*), eine Zitrusfrucht, stellvertretend für die Erntefrüchte gesegnet. Besondere Dosen dienen der Aufbewahrung des Etrog. Sie sind häufig in Form der Frucht gearbeitet. Meist macht ein entsprechender hebräischer Text (Segensspruch) auch Behälter andrer Form als Etrogdosen kenntlich.
Etui, ein Behälter oder eine Kapsel aus kostbarem Material, z. B. Porzellan, Leder, Schildpatt, zur Aufbewahrung von Besteck, Nähzeug und ähnlichen persönlichen Dingen. Seit dem frühen 17. Jh. in Gebrauch.
Eucharistische Lanze → heilige Lanze
Eulenmünze, im 5. und 4. vorchristlichen Jh. in Athen geprägtes Vierdrachmenstück (→ Drachme), das in Griechenland, Vorderasien und Ägypten in Umlauf war. Es zeigt auf der Vorderseite einen altertümlichen Profilkopf der Göttin

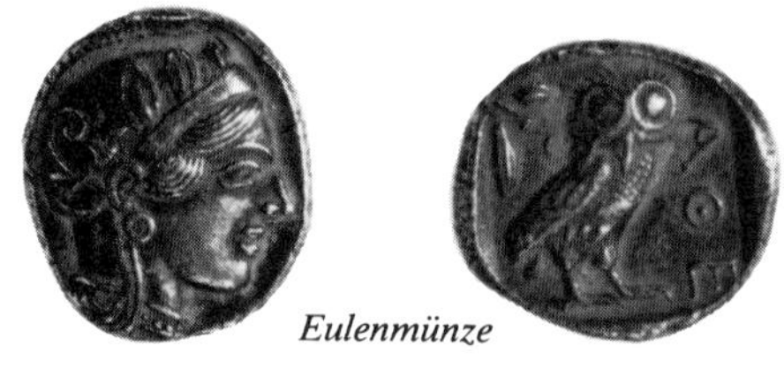

Eulenmünze

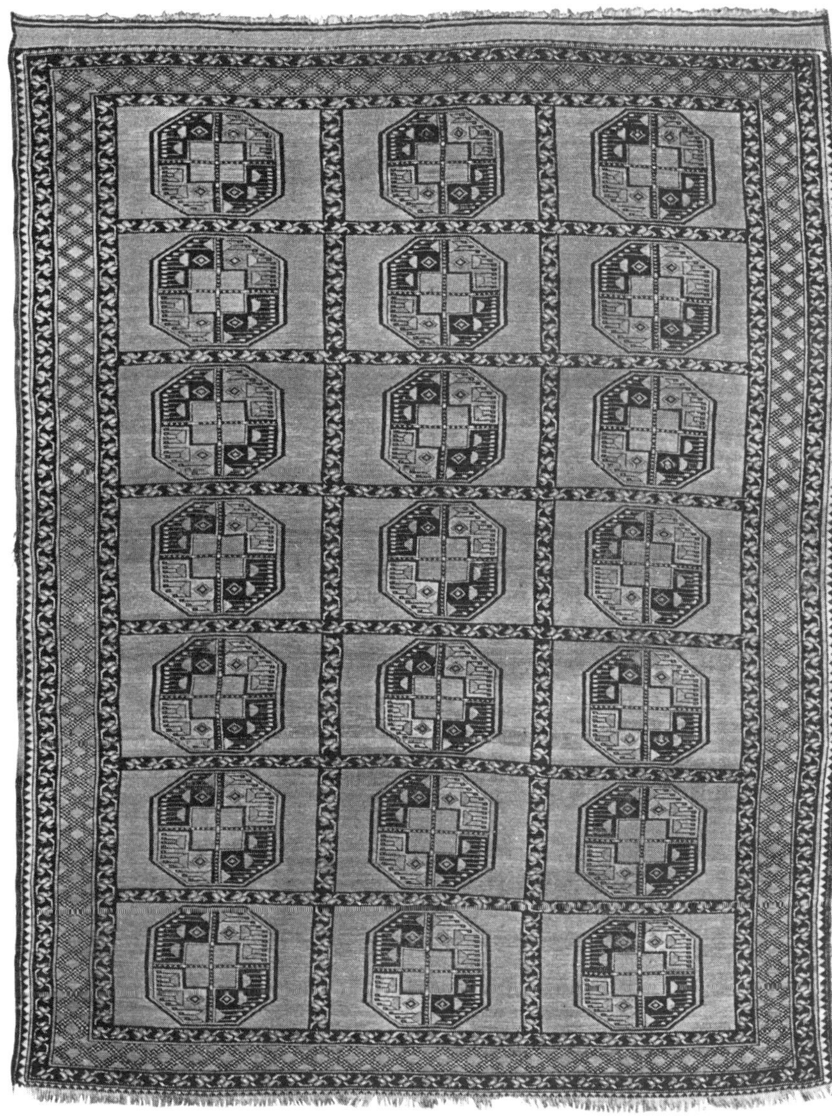

Ersari-Hauptteppich. Um 1900. 336 × 260 cm. Aus: Werner Loges, Turkmenische Teppiche (München 1978).

Athena (nach 490 mit drei Olivenblättern geschmückt), auf der Rückseite das Wappentier Athens, die Eule. Wegen ihrer großen Verbreitung und Beliebtheit gilt diese Silbermünze als „Dollar" der Antike.

Eulenpokale, Trinkgefäße in Eulengestalt aus verschiedenen Materialien (Silber, Fayence, Steinzeug), deren abnehmbarer Kopf als Becher diente. Sie wurden vornehmlich im 16. Jh. gefertigt. In Fayence tragen sie auf der Vorderseite Wappen, seltener Figuren. Es waren vermutlich Schützenpreise, die von den Personen gestiftet wurden, deren Wappen sie zeigen.

Evangeliar, liturgisches Buch mit dem vollständigen Text der vier Evangelien. Vor allem im frühen Mittelalter reich mit → Buchmalerei verziert.

Evangelistar, Perikopenbuch, liturgisches Buch, das nur diejenigen Texte der Evangelien enthält, die in der Messe gelesen werden (die Perikopen). Im frühen Mittelalter oft reich mit → Buchmalerei geschmückt.

Evangelistensymbole, den vier Evangelisten symbolisch zugeordnete geflügelte Tiere, die ursprünglich durch Sternbilder der sumerisch-akkadischen Astrologie vorgeformt waren. Nach der Vision des Ezechiel und der Offenbarung Johannes werden dabei dem Matthäus ein Engel (eigentlich ein Tier mit Menschenantlitz), dem Markus ein Löwe, dem Lukas ein Stier und dem Johannes ein Adler beigefügt. Die Vereinigung der vier Gestalten zu einem Mischwesen bezeichnet man als Tetramorph.

Exc., excudit (lat., hat es verfertigt), bezieht sich auf den Drucker oder Verleger eines graphischen Blattes.

Excelente, zuerst 1497 unter König Ferdinand und seiner Gemahlin Isabella (1494–1515) ausgegebene spanische Goldmünzen im Gewicht eines Dukaten.

Exomis → Chiton

Expertise, Gutachten eines Experten über ein Kunstwerk. In der Regel sind Experten auf bestimmte Bereiche der Kunst spezialisiert. Die Expertise wird gewöhnlich schriftlich abgegeben, dabei werden so genau wie möglich Angaben über Format, Material, Technik, Provenienz (Herkunft), Stil und Zustand des Werkes sowie nach Möglichkeit eine Einordnung innerhalb des Œuvres des jeweiligen Meisters gemacht. Im Kunsthandel hat die Expertise als Beglaubigung der Echtheit eines Werkes besondere Bedeutung. Um Austausch von Expertisen auf andere oder themengleiche Bilder bzw. Werke zu vermeiden, wird der Gutachtertext meist handschriftlich auf die Rückseite einer das Werk abbildenden Photographie geschrieben und datiert.

Exportlacke, japanische und chinesische Lackwaren (Kabinettkästen, Schalen, Dosen usw.), die seit der 2. Hälfte des 17. Jh.s bis zum späten 18. Jh. für den europäischen Markt angefertigt wurden. Ihre handwerkliche und künstlerische Qualität ist geringer als die der für den heimischen Auftraggeber gefertigten Waren. Dennoch gaben sie den Anstoß zur europäischen Lackkunst. Ihre vereinfachten, leicht nachzuvollziehenden Dekorelemente (Figuren, für Ostasien charakteristische Tiere, Architekturen, Pflanzen und Landschaften) trugen wesentlich zur Stilbildung der europäischen → Chinoiserie bei. Sie wurden von den Ostindischen Handelskompagnien Hollands, Englands und Dänemarks, die seit der 2. Hälfte des 17. Jh.s einen intensiven Handel mit China und Japan unterhielten und ihre Hauptumschlaghäfen an der ostindischen (bengalischen) Küste hatten, nach Europa gebracht; deshalb wurden diese ostasiatischen Exportlacke häufig als Indianische Lackwaren bezeichnet. In fast allen Barockschlössern Europas wurden mit ihnen ganze Indianische Lackzimmer bzw. Lackkabinette gestaltet (→ Lackkunst).

Expressionismus, im ersten Drittel des 20. Jh.s in Deutschland verbreitete Richtung der Malerei und Plastik, die die Veranschaulichung des seelischen Ausdrucks anstrebte.

Ezine, Knüpfteppich aus dem westanatolischen Bergama-Gebiet (→ Bergama).

Runde Etagère. Süddeutsch, um 1820. Nußbaum. Im Sockel Geheimfach. Essen, Kunsthandel.

F

Fabergé, Peter Carl (1846–1920), russischer Hofjuwelier, dessen Firma auf der Höhe ihres Ruhmes außer dem Geschäft in St. Petersburg Niederlassungen in Moskau, Odessa, Kiew und London hatte und mehr als 500 Mitarbeiter beschäftigte, darunter rund 30 Entwerfer. Seine Spezialität waren Kästen, kleine Tierskulpturen, Blütenzweige in Vasen oder Körben, Uhren und kostbare Geschmeide, deren farbige Raffinesse und virtuose Technik typisch für das *fin de siècle* sind. Anfang des 20. Jh.s nahm Fabergé die Impulse des Jugendstils auf. Die Firma Fabergé fiel der russischen Revolution zum Opfer, ihre Arbeiten gehören zu den im Kunsthandel begehrten Objekten. In London gibt es die private Fabergé-Sammlung von Kenneth Snowman.

△
Fabergé-Dose im Louis-Seize Stil von Michael Perchin. Gold, Email und eine Kamee. Dm 5 cm. New York, Auktionshaus Parke-Bernet.

Fabergé-Dosen, kostbare Gold- und Silberdöschen, geschmückt mit Emailarbeiten und Edelsteine, benannt nach der Werkstatt des Herstellers, des berühmten russischen Juweliers hugenottischer Abkunft Carl Fabergé (1846–1920). Fabergé verarbeitete geschickt Motive der russischen Volkskunst und der → Art-Nouveau-Bewegung bei außerordentlich qualitätvoller kunsthandwerklicher Ausführung unter Verwendung der kostbarsten Materialien.

Fabrikzeichen → Warenzeichen

Facettenkanne → Schleifkannen

Fachralo, im Kaukasus geknüpfter Teppich aus dem Kasak-Distrikt (→ Kasak-Teppiche). Die Darstellung der Gebetsnische (→ Mihrab) über einem Rechteck oder Quadrat in der Basis des Teppichs und ein Medaillon sind markante Merkmale dieser Teppichgruppe.

Faden (Heraldik) → Beizeichen, → Heroldsbilder

Fadengläser, wurden im 16. Jh. von venezianischen Glasmachern erfunden (→ venezianisches Glas) und entstehen in einer sehr umständlichen und komplizierten Technik. Voraussetzung ist das Vorhandensein von Glasstäben, in denen ein spiralig gedrehtes Muster aus weißen Fadenbündeln eingeschlossen ist. Diese Stäbe werden in einem Zylinder nebeneinander angeordnet, mit einer in die Mittenöffnung geblasenen Glasblase aufgenommen und weiterverarbeitet.

Fadenzahl, die Anzahl der Kettfäden auf einen Zentimeter der Stoffbreite oder der Schußfäden auf einem Zentimeter der Stofflänge.

Fächer, schon im Altertum zum Zufächeln kühler Luft und als Schmuck gebräuchlich; in Rom und Byzanz waren sie Standesabzeichen des Kaisers und der höchsten Beamten. Kunsthistorisch interessant ist der aus China stammende Faltfächer, der sich im 17. Jh. in Europa einbürgerte und seine prunkvollste Ausprägung im 18. Jh. in Frankreich er-

Kelchglas und Deckelvase aus weißem Fadenglas. Vermutlich Kassel, 1583. Glas H 12 cm, Vase ohne Deckel H 19,9 cm. Stuttgart, Württembergisches Landesmuseum.

hielt. Die Gestelle sind aus Silber getrieben, aus Holz, Elfenbein, Schildpatt oder Perlmutter geschnitzt, während das Fächerblatt galante Malereien auf Seide, Papier oder Schwanenhaut trägt.

Fächerschale, Muschelschale, Fayenceschale mit fächerförmig gefaltetem Rand.

Faenza, erstes Zentrum der italienischen Majolikaherstellung (→ Majolika), die Mitte des 15. Jh.s begann und ihre künstlerische Reife um 1500 erlangte. Zunächst wurde sie von anonymen Meistern getragen, ab 1525 führte die fruchtbare Werkstatt der Casa Pirota. In Faenza wurde zunächst eine Untermalung in Blau angelegt, wodurch die Farbstimmung einen kühlen Gesamtton erhält. Der Spiegel der Teller ist mit biblischen, mythologischen oder historischen Szenen nach Mantegna, Schongauer, Dürer, Cranach u. a. geschmückt, die Ränder sind mit → Grotesken verziert.

Fahne, der Rand von Tellern, Schalen oder Platten, der den Spiegel, die eingetiefte innere Fläche, umrahmt. Bei Prunkgeräten ist er meist mit getriebenem oder graviertem Ornament bedeckt, zum Teil auch mit Wappen, Tieren, mythologischen Szenen usw. je nach Anlaß und Gebrauch.

Falconet, Etienne Maurice → Vincennes-Sèvres

Faldistorium, bezeichnet ursprünglich einen → Faltstuhl, der von einem Bischof oder einem anderen hochgestellten Geistlichen während der Liturgie benutzt wurde, wenn das Sitzen auf dem Bischofsthron nicht vorgeschrieben war.

Faltstuhl, mittelalterlicher Stuhl. Er besteht aus zwei Paaren gekreuzter, zusammenklappbarer Stäbe, die oben und unten durch Querhölzer verbunden sind; die oberen tragen den aus Gurten oder Leder bestehenden Sitz (früheste Beispiele 13. Jh.). Die italienische Renaissance bildete ihn zum Faltsessel mit Arm- und Rückenlehne und meist nicht mehr beweglichem Sitz aus; die gekreuzten Traghölzer sind nun geschwungen. In dieser Form blieb der Faltstuhl bis ins 17. Jh. in Gebrauch. Eine Sonderform (ab 15. Jh.) ist der zusammenklappbare Rippen- oder Scherenstuhl aus mehreren geschwungenen, nach oben verlängerten Kreuzholzpaaren mit Rücklehne und Armlehnen.

Faltstuhl. Salzburg, 1242. 56 × 63 × 46 cm. Salzburg, Kloster Nonnberg.

Faltwerk, holl. Briefpaneel, geschnitztes oder gemaltes Ornament aus einer Folge vor- und zurücktretender Teile, deren untere und obere Umrisse so gezackt sind, daß der Eindruck gefalteten Pergaments oder gefalteter Textilien entsteht. Es war vor allem auf flandrischen Eichenmöbeln des 15. und 16. Jh.s beliebt.

Fama-Platte → Horchaimer, Nicolaus

Familienmünzen, römische Münzen republikanischer Zeit, die den Namen des Münzbeamten und seines Geschlechtes tragen. Dieser Name kam erst in der Renaissance auf.

Familientaler, Taler mit der Darstellung mehrerer Mitglieder einer regierenden Familie. Bekannt sind u. a. Stücke aus Sachsen, Gotha, Altenburg.

Famille jaune, Gelbe Familie → chinesisches Porzellan, → Crailsheimer Fayence.

Famille noire, Schwarze Familie → chinesisches Porzellan.

Famille rose, Rosa Familie → chinesisches Porzellan

Famille verte, Grüne Familie → chinesisches Porzellan, → Ansbacher, → Crailsheimer, → Wiesbadener Fayence

Fanfaresstil, Schmuckstil französischer Bucheinbände des 16. Jh.s, der als Ornament mit Blüten und Ranken durchsetztes → Bandelwerk zeigt.

Fang, afrikanischer Stamm und Bezeichnung für dessen Kunststil. Von dem in Teilen Gabuns und Kameruns lebenden Stamm Fang (auch Pangwe) mit den Unterstämmen Yaunde und Bulu finden sich auf dem Kunstmarkt immer seltener echte Skulpturen oder Masken. Einerseits wurden durch die Missionierung wertvolle Kunstwerke zerstört, andererseits befinden sich die qualitätvollsten Stücke längst in guten Sammlungen. Von den drei hervorzuhebenden Maskentypen ist die Ngel-Maske (auch „Tortngil") vielleicht die bekannteste: weißbemaltes, extrem langgezogenes Gesicht mit meist feinen, gebogenen Brauenlinien, kleinem Mund und vorgewölbter Stirn. Die Wgontange-Masken, Helmmasken, die über den Kopf gestülpt werden, sind leicht an den rundum angebrachten (mindestens vier) Gesichtern zu erkennen; sie sind Personifikation des Geistes der sog. Weißen Frau. Die Ekekek-Masken dagegen sind etwas gröber im Stil, schwarz-weiß-braun oder gelb bemalt, meist mit wilder Haartracht, gelten sie als Fabelwesen einer Geheimgesellschaft. Bekannt sind auch die sog. Bieri-Figuren geworden. Reliquiarfigürchen (oder auch nur Köpfe), oft von seltener Schönheit und ausdrucksvoller Physiognomie. Sie wurden als Schutzfiguren an Baumrindenkistchen befestigt, in denen die Gebeine der Ahnen aufbewahrt wurden. Bei der Knaben-Initiation spielten sie eine große Rolle und erhielten durch Kultopfer meist eine speckige Patina, was das Fälschen der Figuren leichter macht. Echte Masken und Figuren der Yaunde und Bulu sind im Handel sehr selten.

Fang-i, chinesische Ritualbronze der späten Shang-Zeit in Form eines kleinen Hauses mit dachförmigem Deckel. Auf diesem sitzt ein ebenfalls dachförmig gebildeter Knauf.

Fano, über der → Kasel getragenes, kreisförmig geschnittenes Schultergewand des Papstes aus weißer Seide mit roten und goldenen Zierstreifen (→ Meßornat).

Fante → Ashanti

Farbengläser, seit dem Altertum bekannte Formen des Glases. Später bedienten sich vor allem venezianische Glasmacher einer reichen Palette von farbigen Gläsern (→ venezianisches Glas), und Wissenschaftler wie Antonio → Neri und Johann → Kunckel veröffentlichten in ihren Büchern über die Kunst des Glasmachens Rezepte zum Glasfärben. Die kostbarste Glasfärbung des 17. Jh.s war der in seiner Herstellung schwierige und wegen der ihm nachgesagten heilenden Kräfte begehrte → Goldrubin. Daneben verarbeitete man bei Hohlgläsern mit Kobalt- und Kupferoxyden blau und grün gefärbtes Glas sowie ein dem → Karneolglas ähnliches opakes rotbraunes Glas, das im 19. Jh. die Grundlage für die Herstellung des roten → Hyaliths und der farbig marmorierten → Lithyalingläser lieferte. Populärstes Farbenglas des ausgehenden 18. Jh.s war das → Milchglas mit bunter Bemalung, das einen preiswerten Ersatz für das damals noch teure → Porzellan bot. Die Erzeugung von Gegenständen aus Milchglas, vor allem Vasen in klassizistisch-antiken Formen mit zeitgenössischen gemalten Dekors, hielt sich bis in die Biedermeierzeit (→ Biedermeierglas). Zu den Neuerfindungen zu Beginn des 19. Jh.s gehörten der schwarze → Hyalith und der Kupferrubin, der bislang nur für die Tafelglasmalerei verwendet worden und in Vergessenheit geraten war. Kupferrubingläser sind, wie auch die meisten kobaltblauen Gläser, nur mit einer Farbenglasschicht überfangen (→ Überfanggläser), weil die Farbe nur in dünner Schicht rubinrot erscheint und in der Masse fast schwarz wirkt. In der → Harrachschen Hütte in Neuwelt und in der benachbarten schlesischen Josephinenhütte wurde Ende der dreißiger Jahre nach langwierigen Experimenten der Goldrubin wiederentdeckt, kurz danach eine rosa Goldrubinfärbung, das meist für den Überfang herangezogene Rosalinglas. In diese Zeit fallen die meisten Farbenglasentwicklungen der böhmischen Hütten, mit denen zum Teil die Farben von Halbedelsteinen nachgeahmt wurden, z. B. mit dem Chrysoprasglas der Harrachschen Hütte und den dickwandigen opalisierenden Gläsern von Buquoy, die meist für Lithyalingläser gehalten werden, mit diesen allerdings nichts zu tun haben, weil die Färbung in reiner Hüttenarbeit entstanden ist. Besonders beliebte Glasfärbungen waren seit 1840 die fluoreszierenden Farben Annagelb und Annagrün, die durch Zusatz von Uranoxyd entstanden und auch unter der Bezeichnung Urangläser bekannt sind. Statt des aus der Mode gekommenen Milchglases entwickelte man das leicht graustichige Alabasterglas, das farbig überfangen wurde, und das schon in dünnsten Schichten völlig undurchsichtige Zinnemailglas, das sich besonders für den Überfang und die bunte Bemalung eignete. In den fünfziger Jahren schränkten die Hütten die Erzeugung von farbigen Gläsern stark ein, und es wurden fast nur noch Gläser aus grünem und blauem Glas oder mit Kupferrubinüberfang hergestellt, daneben, wieder als Porzellanimitation, Vasen aus Milch- und → Opalglas. Von den hüttenmäßig erzeugten Farbengläsern unterscheiden sich die von den Raffinerien mit → Gelbbeize und → Rubinätze nachträglich gefärbten Kristallgläser. Frische Impulse erhielt das Farbenglas unter dem Einfluß des Jugendstils (→ Jugendstilglas) und durch die Verwendung neuartiger Techniken. (Abb. s. a. S. 168)

Farbenkanon → Kirchenfarben

Farbenperspektive; ein Bild kann dadurch tiefenräumlich gegliedert werden, daß die Wirkung von vortretenden bzw. zurücktretenden Farbtönen mit berücksichtigt wird. Erfahrungsgemäß scheinen Rot- und Gelbtöne vor –, Blau- und Grüntöne dagegen zurückzutreten. Unter dieser Berücksichtigung können im Bildraum komponierte Elemente zusätzlich in ihrer Vorder-, Mittel- oder Tiefengrunderscheinung zur Wirkung gebracht werden. Die damit verwandte Erscheinung der Luftperspektive arbeitet nach dem Erkenntnisprinzip, daß farbige Objekte mit zunehmender Entfernung zum Horizont mehr und mehr bläulich wirken, weil ihre Farbwirkung von den dazwischen liegenden Luftschichten absorbiert wird. Eine gewünschte Fernwirkung im Bild wird also durch Abstufung der Farbwerte nach Blau hin erzielt.

Farbholzschnitt → japanischer Holzschnitt, → Holzschnitt

Farbkanon → Kirchenfarben

Farblithographie, entsteht durch Druck mehrerer Lithosteine nacheinander. Alois Senefelder druckte schon 1817 mit elf Platten. Ab 1837 wurde das Verfahren durch die Entdekkung des Dreiplattensystems (rot, blau, gelb) entscheidend vereinfacht (→ Lithographie).

Farbstich → Kupferstich

Faßmalerei, die farbige Fassung von plastischen Werken, auch deren Vergoldung. Dabei wird das Holz zuerst mit einer Kreide- oder Gipsgrundierung überzogen (auch in Leimwasser und Kreide usw. getränkte Leinwand), um eine glatte, von der Holzmaserung unbeeinflußte Oberfläche zu erhalten, auf die die Farbe aufgetragen wird. Bis zum 18. Jh. waren dafür Temperafarben (→ Temperamalerei) in Gebrauch, die mit Wachs überzogen wurden, später auch Ölfarben. Bis zum Ende des 15. Jh.s waren Holzfiguren stets bemalt. Die frühesten ungefaßten Holzbildwerke stammen von Tilmann Riemenschneider. Die Faßmalerei wurde bis ins 19. Jh. als eigener Beruf ausgeübt.

Fase → Abfasen

Fassadenschrank, zweigeschossiger süddeutscher Schrank

Fassadenschrank. Franken, 1590. B 224, T 80 cm. München, Bayerisches Nationalmuseum.

Farbenglas. Berkemeyer. Rheinland, frühes 17. Jh. Grünes Glas mit Diamantriß, H 11,8 cm.

des 16. und frühen 17. Jh.s, der seine Schmuckformen der Architektur entlehnt. Er besteht aus sockelartigem Untergeschoß (mit Schubladen), zweigeschossigem, durch Schubladen unterteiltem Aufbau und abschließendem Gebälk (→ Säule) oder Giebel. Die Türen sind wie Fenster gerahmt. → Pilaster oder Säulen als Mitte und Randverzierung unterstreichen die Gliederung. Eine Nachblüte (bis Ende des 17. Jh.s) erlebte der Typ im Ulmer Fassadenschrank, einem mit farbigen Hölzern eingelegten, nußbaumfurnierten Schrank mit gewundenen Säulen, Blendrahmen, Blendgiebeln und hohem dreiteiligen Aufsatz.

Fassonieren, in der Porzellanherstellung das Einkerben von Rändern. Auch Silber- und Zinnteller mit abgesetzter Randeinfassung bezeichnet man als fassoniert.

Fassung, 1. Bemalung und Vergoldung von Plastiken (→ Faßmaler).
2. Befestigung eines Edelsteins auf einem Schmuckstück (→ à-jour-, → Kasten-, → Pavéfassung).
3. Edelmetallbeschläge an Gefäßen und Geräten aus anderem Material, wie Holz, Stein, Elfenbein, Perlmutter, Muscheln, Kokosnüsse, Straußeneier. Diese Fassung wird auch Montierung genannt. Auch die Bronzeappliken (→ Appliken) an Möbeln bezeichnet man als Montierung.
4. Läßt ein Künstler zu ein und demselben (Bild-)Thema hintereinander zwei oder mehrere Werke entstehen, die sich durch gewisse Änderungen voneinander unterscheiden, so spricht man von erster, zweiter usw. Fassung. Im Gegensatz zur → Replik, die ein erstes Werk unverändert wiederholt.
5. die farbige Ausstattung von Innenräumen (besonders des Mittelalters).

Fastentuch → Hungertuch

Faszien → Säule

Faust, Isaac → Zinn

Faustbecher, Tummler, halbkugeliger Silberbecher, der sich von selbst aufrichtet.

Faustfeuerwaffen, mit der Hand zu bedienende Waffen, die es seit Erfindung des Radschlosses gibt. Aus dem im 16. Jh. gebräuchlichen Faustrohr entwickelte sich die Pistole. Heute bezeichnet man damit eine Faustfeuerwaffe, deren Munition in einem Magazin außerhalb des Laufes untergebracht ist. Der Revolver – in Vorläufern bereits im 17. Jh. entwickelt – wurde im 19. Jh. besonders in den USA fabrikmäßig hergestellt. Seine frühen Formen sind beliebte Sammelobjekte.

Faustriemen, Riemen am Säbelgriff, der um die Faust geschlungen wurde. In seiner verzierten Form, dem Portepee, war der Faustriemen in der preußischen Armee das Dienstgradabzeichen des Offiziers. Auch die Infanterie hatte in Preußen und dann allgemein in Deutschland an ihren Seitenwaffen Faustriemen (allerdings aus Stoff), die Säbeltroddeln genannt wurden. An den Farben der Troddeln erkannte man die Kompanien.

Fauteuil (von → Faldistorium), der französische Armstuhl des 17. und 18. Jh.s.

Fauteuil de bureau, Fauteuil de cabinet, Schreibtischsessel. Sessel des 18. und 19. Jh.s mit halbrunder Rücklehne, die in die Armstützen übergeht. Ab 1780 wurde er Fauteuil de gondole genannt.

Favrile-Glas → Tiffany, Louis Comfort

Faydherbe, Lucas (1617–97), Bildhauer und Architekt in Mecheln, führender Meister der flämischen Elfenbeinkunst, Freund des Malers Peter Paul Rubens, in dessen Werkstatt in Antwerpen Faydherbe von 1636 bis 39 arbeitete. Sein pathetischer Barockstil war beispielgebend für die flämisch-niederländischen Elfenbeinschnitzer und Bildhauer des 17. Jh.s.

Fayence-Walzenkrug mit Darstellung der Jahreszeiten. Erfurt, um 1750. Zinnmontierung, H 16 cm. Privatbesitz.

Fayencen, gebrannte Tonwaren, die mit einer weißen, undurchsichtigen Zinnoxydglasur bedeckt sind. Vorbereitung der Masse (bei Fayence aus Ton, Kalk und Kieselsäure), Formung und Trocknung entsprechen der Herstellung des → Porzellans. Der erste Brand, bei Fayence Schrühbrand genannt, erfolgt bei 1200 Grad und erzeugt einen harten, porösen → Scherben von brauner oder grauer Farbe.
Die Glasur besteht aus geschmolzenem Zinn und Blei, mit Salz, Sand und Wasser vermischt. Die Formstücke werden hineingetaucht oder mit der Glasur überschüttet, wobei der poröse Scherben das Wasser aufsaugt, während die Glasurmasse auf der Oberfläche liegen bleibt. Unter Muffeln (Schamottekapseln) geschützt, werden die Formen (Rohlinge genannt) dem bei 900 Grad stattfindenden Glasurbrand ausgesetzt, wobei die Glasurmasse schmilzt und den Scherben mit einer glänzenden milchig-weißen Schicht überzieht. Beide haften aneinander, sind aber nicht homogen verbunden wie beim Porzellan; daher kann die Fayenceglasur bei Hitze oder Erschütterung abblättern.
Die Bemalung erfolgt unter oder über der Glasur, durch Scharffeuer- oder Muffelfarben. Die → Scharffeuerfarben werden nach dem Glasurbad aufgetragen und mit der Glasur eingebrannt. Die Zahl der Farben, die diese hohe Hitze ver-

tragen, ist beschränkt: es sind Kobaltblau, Manganviolett, Gelb, Grün, Rot und Schwarz. Sie sinken beim Brand in die Glasur ein und verbinden sich homogen mit ihr (daher auch → Inglasurfarben genannt). Um einen locker getupften Malgrund zu gewinnen, spritzte man Farbe mit dem Pinsel auf (Jaspieren). Die → Muffelfarben, die eine reichere Skala ermöglichen, werden auf die glasierte Fayence aufgetragen und einem dritten Brand ausgesetzt. Dabei backen sie auf der Glasur auf und erhalten den gleichen Glanz, ohne sich jedoch homogen mit ihr zu verbinden; sie bleiben als leichtes Relief stehen und neigen zum Abblättern.

Alpenländischer Männergürtel mit Federkielstickerei. 1. Hälfte 19. Jh.

Daneben gab es kalte Bemalung mit Lack und Gold, ein unkeramisches Verfahren aus der Zeit, als man die Muffelfarben noch nicht kannte.
Fayenceähnliche Tonwaren (Halbfayencen → Engobe) entstanden seit dem 4. vorchristlichen Jahrtausend in Ägypten, die frühesten echten Fayencen um 500 v. Chr. in Persien. Seit dem 9. Jh. n. Chr. kamen sie im islamischen Kunstkreis wieder zu reicher Blüte. Im 13. Jh. wanderte die Kenntnis der Technik in das zum Teil unter islamischer Herrschaft stehende Spanien (→ spanische Fayencen), im 15. Jh. über die Balearen nach Italien, wo man die Tonwaren nach der Hauptstadt der balearischen Inseln (Mallorca) Majolika nannte. Im 15. und 16. Jh. entfaltete sich die Fayencekunst in Mittelitalien; ein Zentrum war → Faenza. Nach ihm wurden dann alle Tonwaren dieser Technik Fayencen genannt, während man mit → Majolika die spanischen und italienischen Fayencen bezeichnet. Im 16. Jh. begann man sie nördlich der Alpen nachzuahmen (→ Habanerfayencen; Winterthur in der Schweiz, das für Schüsseln und Prunköfen bekannt war; → Rouen, die Niederlande mit Antwerpen, vor allem Fliesen). Im 17. Jh. kamen sie in → Delft zu großer Blüte. Um 1660 führten Delfter Werkleute die Fayencetechnik in Deutschland ein (→ Hanauer Fayence), wo sie im 18. Jh. in viele Lebensbereiche eindrang und zu einem optisch gleichwertigen Ersatz für das kostbare Porzellan ausgebildet wurde. In über 80 deutschen Manufakturen (führend → Frankfurt/Main, → Ansbacher Fayence, → Bayreuther Fayence, → Nürnberger Fayence, in der zweiten Jahrhunderthälfte → Straßburger Fayence) erlebte die Fayence einen großartigen künstlerischen Höhepunkt. Ende des 18. Jh.s war ihre künstlerische Kraft erschöpft, und sie erlag der Konkurrenz des englischen → Steinguts.
Fayencemarken wurden, obgleich nicht so regelmäßig wie → Porzellanmarken, von den meisten Manufakturen geführt.
Fayence patriotique, auch „Fayences parlantes" (franz., sprechende Fayencen) → Nevers.
Fayumporträts, ägyptische Totenbilder; die im 2.–3. Jh. ägyptischen Gräbern beigegebenen Porträts der Verstorbenen, nach ihrem Ausgrabungsort Fayum benannt. Die Holztafeln wurden in Wachstechnik (→ Enkaustik) bemalt. Sie zeichnen sich bereits durch ikonenhafte Formenstrenge und Suggestionskraft aus.
F. D. C., *„Fleur de coin",* Stempelglanz. Katalogbezeichnung für den besten Erhaltungsgrad von Münzen.
Federbüchse → Kopfbedeckung, militärische
Federkielstickerei. In Süddeutschland und Österreich vornehmlich in der 2. Hälfte des 19. Jh.s verbreitete Stickerei mit Hilfe von aufgespleißten Pfauen-, Hühner- oder Gänsefederkielen auf Ledergegenständen, wie Pferdegeschirren, Schellenbögen, Taschen, Hosenträgern, Schuhen, zumeist auf Ledergürteln, den „Fatschen" (von lat. *fascia,* Binde).
Feh (Heraldik) → Tinkturen
Feige, Amulett aus Elfenbein oder Metall, dem die Gebärde des durch Mittel- und Zeigefinger gesteckten Daumens und deren abwehrende und obszöne Bedeutung zugrunde liegt. Findet sich als Symbol auch an Gebrauchsgegenständen (Schnupftabakflaschen, Gehstöcken usw.). Der Verbreitungsraum ist alpenländisch-mediterran.
Feilner, Simon → Frankenthaler, → Fürstenberger, → Höchster Porzellan

Schrämer und Markscheider aus der Folge der Bergleute. Modelle von Simon Feilner. 1757/58. H 20,5 u. 19,3 cm. Hamburg, Museum für Kunst und Gewerbe.

Feldflasche → rheinisches Steinzeug, → Plattflaschen (auch in Zinn ausgeführt)
Feldkappe, Feldmütze → Kopfbedeckung
Feldmusik, zunächst, seit dem Mittelalter, Trommeln und Pfeifen bei den Heeren, wobei die Trommel das Instrument zum Übermitteln der Befehle bis tief ins 18. Jh. war. Zu den Pfeifern, die zum Marsch aufbliesen, kamen im 18. Jh. die Hautboisten. Aus dieser einfachen Feldmusik entwickelte

sich durch Einfluß der türkischen Feldmusik die europäische Militärmusik. Zu dieser gehörte der Schellenbaum, auch Mahometsfahne genannt, ein Gerät, das es in der originalen türkischen Musik nicht gibt.

Felletin in Zentralfrankreich, im 16. und 17. Jh. dort Manufakturen für → Bildteppiche, die von künstlerisch bescheidenem Rang ganz in der Art der Manufakturbetriebe der Nachbarstadt → Aubusson arbeiteten.

Fensteremail → Email

Feraghan, festgeknüpfter, in der Schur mittelhoher zentralpersischer Teppich. Mittelmedaillon und → Herati sind typisch. Bei alten Exemplaren ist die steingrüne Wolle oft ausgemodert.

Ferman, Firman, Staatsurkunde (Erlaß, Anordnung) persischer und türkischer Herrscher, angefertigt in einer Kanzlei am Hofe. Persische Fermane sind in Nastalik-, osmanische Fermane in Diwani-Schrift geschrieben. Im Kunsthandel tauchen osmanische Staatsurkunden nicht selten auf, und zwar im allgemeinen unter der Bezeichnung „Ferman". Es kann sich dabei aber auch um ein „Berat" handeln, eine Amtseinsetzung bzw. Privilegienvergabe, die neben dem Diwani auch Siyakat-Schriftzüge aus der Finanzverwaltung aufweist. Beide Urkundenarten tragen am Kopf stets die → Tughra des Sultans und durften nicht kopiert werden.

Ferronière, kleines auf der Stirn getragenes Juwel, benannt nach dem Leonardo da Vinci zugeschriebenen Frauenbildnis „La belle Ferronière". Die im frühen 16. Jh. vor allem in Italien verbreitete Mode lebte durch die Restauration in der 1. Hälfte des 19. Jh.s wieder auf.

Ferrotypie, in der Sammlersprache als „Ferro" bezeichnet, frühe photographische Aufnahmen auf Blech, die von Mitte der fünfziger Jahre des 19. Jh.s bis Anfang des 20. Jh.s hergestellt wurden. Ferrotypien lag der Naßkollodiumprozeß zugrunde, der seit den siebziger Jahren des 19. Jh.s von der Trockenplatte abgelöst wurde. Wie → Ambrotypien und → Pannotypien sind auch Ferrotypien Unikate, da sie ebenfalls Negative sind, die erst durch die schwarze bzw. braune Lakkierung des Hintergrundes positiv wirken (Scheinpositive). Ferrotypien boten den Vorteil, daß sie billiger, leichter und unzerbrechlich waren. Sie wurden teilweise in Etuis gerahmt, oft waren sie rund in der Form eines Knopfes oder in Tellergröße oder auch rechteckig in der Größe von ca. 7 × 10 cm. Auch als Bestandteil von Schmuck, z. B. bei Broschen, Ringen oder Anhängern, findet man Ferrotypien (→ Photoschmuck).

Feston, französischer Begriff für ein Ornamentmotiv, das häuptsächlich in Renaissance und Klassizismus an Gebäuden, aber auch an Möbeln, bei Innendekorationen und im Kunstgewerbe vorkommt. Ein Bogengehänge, aus Blättern, Blumen, Früchten usw. geflochtenes Girlandengebinde, das mit Bändern beidseitig an einer Wand befestigt wird. Als Bauornament in Stein oder Stuck, sonst auch reliefiert, gemalt usw.

Lorbeerfeston von Darvant, Paris. Aus: Franz Sales Meyer, Handbuch der Ornamentik. Leipzig 1889.

Fettmännchen, volkstümliche Bezeichnung für eine vom 16. bis 18 Jh. am Niederrhein gültige geringwertige Silbermünze.

Feuergabel, ein zum Verschieben brennender Holzscheite dienendes Gerät aus Schmiedeeisen, mit zwei Zinken und langem Griff. Im 18. Jh. von Schürhaken und Zange abgelöst.

Feuervergoldung, ein bereits im Altertum angewandtes Verfahren zur Veredelung von Metallgegenständen (aus Silber, Kupfer, Kupferlegierungen, verkupfertem Eisen, Stahl), das sich durch Haltbarkeit und die goldene Farbwirkung auszeichnet. Im Verhältnis 7:60 wird Feingold mit Quecksilber zu Amalgam legiert, so auf die zuvor verquickte Metalloberfläche aufgetragen und erwärmt, dann sorgfältig verrieben und schließlich großer Hitze ausgesetzt, wobei das Quecksilber verdampft, während das Gold als dünner, mit dem Grund festverbundener Überzug zurückbleibt. Nachdem der vergoldete Gegenstand in Schwefelsäurebeize gereinigt ist, wird der gesamte Vorgang der → Vergoldung mehrmals wiederholt.

Feuerwaffen, seit dem 14. Jh. in Gebrauch, waren im 15. Jh. bereits häufig anzutreffen, ohne allerdings schon wirksame Kampfmittel zu sein; dazu waren sie zu unförmig, zudem zu umständlich zu bedienen (sog. Hakenbüchsen oder Arkebusen). Gewicht und Zündung zu erleichtern war Hauptanliegen der Büchsenmacher, die noch zur Zunft der Schlosser und Uhrmacher gehörten. Im späten 15. Jh. wurde das Luntenschloß erfunden, kurz danach, wahrscheinlich von einem Uhrmacher, das Radschloß, das eine wesentliche Verbesserung bedeutete. Das Auslösen einer Spannfeder bewirkt die schnelle Drehung eines Rades, das sich an Schwefelkies reibt und das Pulver der Zündpfanne entzündet, welches die Pulverladung im Lauf zur Explosion bringt. Gegen das leichter zu handhabende und billigere Luntenschloß setzte sich das Radschloß, das noch Kaiser Maximilian I. verbot, nur als Reiterwaffe durch. Es fand vor allem an Pistolen und Prunkgewehren Verwendung. Noch um 1800 gebrauchte man Radschloßgewehre als Scheibenbüchsen. Im späten 16. Jh. kam das Schnapphahn- oder Miqueletschloß auf. In das späte 17. Jh. fällt die bedeutsame Erfindung des Steinschlosses, bei dem die Zündung durch Feuerstein hervorgerufen wird; es blieb bis ins frühe 19. Jh. in Gebrauch. Einige spätere Verbesserungen, die sich weniger auf die Konstruktion als auf die Präzision im einzelnen bezogen, stammen von Mitgliedern der Familie Klett aus Suhl, die sich 1636 in Salzburg-Ebenau ansiedelte.

Die Büchsenschäfte wurden durch Malerei, Schnitzerei und Einlegearbeiten in Horn und Elfenbein reich verziert. Auch silberne Büchsenschäfte mit Email kommen vor. Eine besondere Technik erfand man in Brescia, wo Eisenschnitt (→ Plattnerkunst) mit ausgesägten Eiseneinlagen kombiniert wurde. Die Büchsenschäfter, die zur Zunft der Büchsenmacher gehörten, haben ihre Arbeiten häufig signiert. Diese wie andere Meistermarken auf Waffen sind bisher nur zu einem geringen Teil gedeutet. Die meist scheibenförmigen Pulverflaschen hat man ebenfalls mit Reliefs, Einlagen, Silberauflagen und Emailmalerei (→ Emailkunst) verziert. Auch kunstvoll geschmiedete Spannschlüssel für Radschlösser sind erhalten und kommen im Kunsthandel vor.

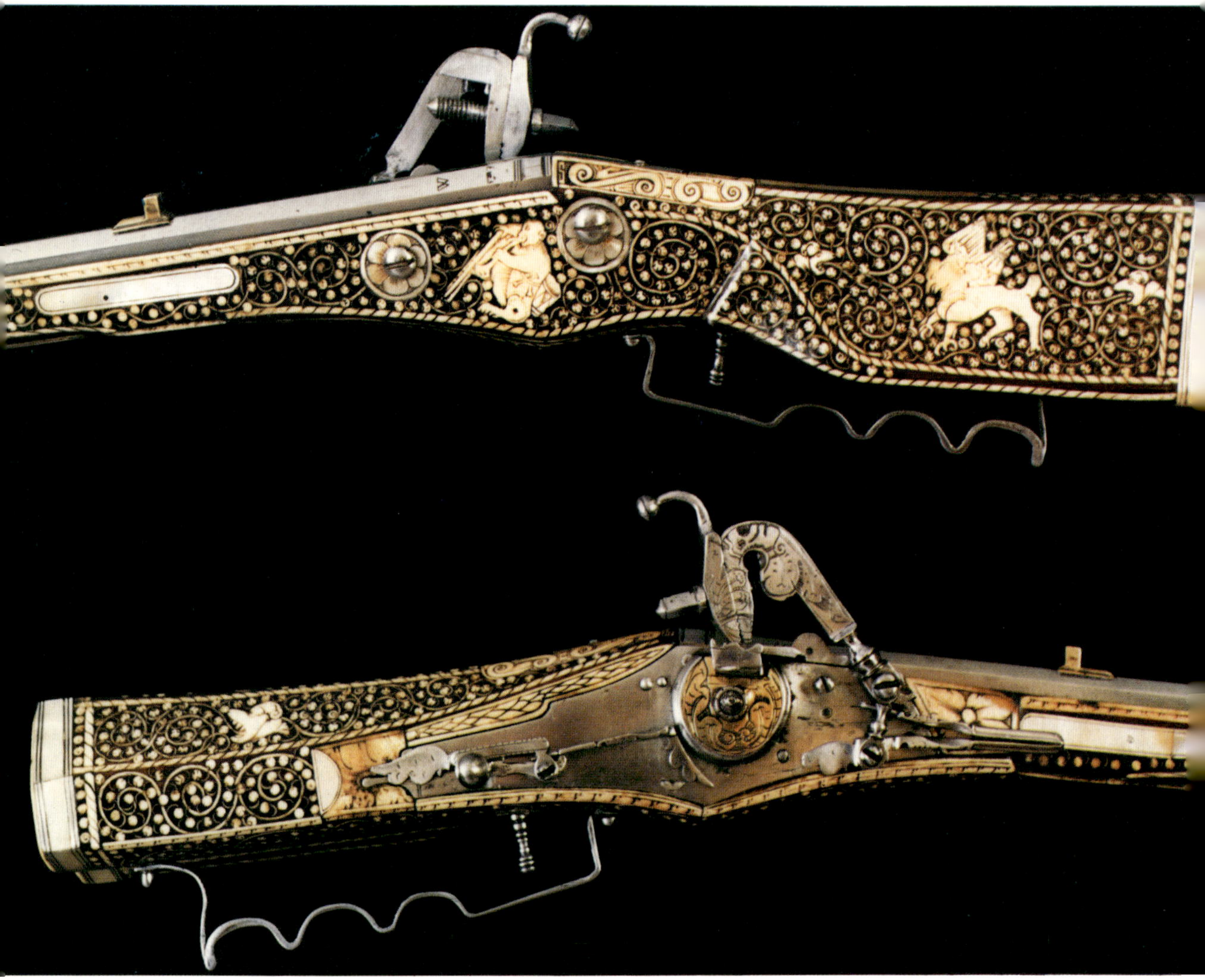

Radschloß-Büchse. Nürnberg, datiert 1571. L 117 cm.

Das im 17. Jh. gebräuchliche schwere Luntenschloßgewehr hieß Muskete. Der Name kommt vom italienischen *moscetta,* kleine Fliege. Die mittels eines Flint-(Feuer-)Steins abgefeuerte Waffe hieß Flinte. Der Name ging dann auf die mit Schrotkugeln schießende Jagdwaffe über. Mit Büchse wurde bei den Soldaten und heute noch bei den Jägern die gezogene Feuerwaffe bezeichnet. Die Feuerwaffe der Reiterei hieß Karabiner.

Feure, Georges de (1868–1928), Kunsthandwerker, Maler und Lithograph. Er trat als Entwerfer für Möbel des französischen → Art Nouveau besonders auf der Pariser Weltausstellung 1900 hervor. Seine Einrichtungsgegenstände zeichnen sich durch elegante Linienführung unter Verzicht auf die überquellenden Formen seiner Zeitgenossen und durch die Verwendung kostbarer Materialien und Techniken aus.

Fiale, häufige Zierform der gotischen Baukunst, ein schlankes, pyramidenförmiges, mit Krabben besetztes Türmchen mit vier- oder achtseitigem Schaft, der schmale Helm (Riesen) mit einer Kreuzblume abgeschlossen; meist als Bekrönung der Strebepfeiler, als aufstrebende Elemente von Altären usw., kommt daneben auch im Kunsthandwerk, besonders in der Möbelkunst, vor, häufig bei neugotischen Arbeiten.

Fibel (von lat. *fibula,* Gewandspange), mit einem Bügel versehene Gewandnadel zum Zusammenhalten zweier Gewandteile, die ein- u. zweiteilig gebildet war, in verschiedene Formtypen zerfällt (Adlerfibel, Bügelfibel, Scheibenfibel usw.) und vom Mittelmeer bis in den nordischen Raum verbreitet. Materialien waren Bronze, Eisen, Gold und Silber, teils mit Edelsteinen (Almandin) und Glasflüssen besetzt. Eines der wichtigsten Schmuckstücke der Vor- und Frühgeschichte, das als große runde Mantel- oder → Pluvialschließe bis ins 13. Jh. fortlebte. Paarweise getragene Mantelfibeln nannte man Tasseln (→ Tasselmantel). Künstlerisch hochbe-

Rundscheibenfibel. Langobardisch. Gold mit Cloisonné-Einlagen, Dm 6,7 cm. Rom, Museo dell Alto Medioevo.

deutende, mit Zellenschmelz (→ Emailkunst) verzierte Fibeln aus der Zeit um 1020 befanden sich im Ornat der Kaiserin Gisela (1880 in Mainz gefunden, mit Ausnahme einer Adlerfibel im letzten Krieg zerstört). Aus der Fibel entstand im 14. Jh. die kleinere → Agraffe. Fibel im modernen Sprachgebrauch bezeichnet einen sicherheitsnadelähnlichen Ansteckschmuck, wie er seit den dreißiger Jahren des 20. Jh.s als kunsthandwerkliches Erzeugnis geschaffen wird.

Fichtelgebirgsgläser, mit bunten Emailfarben bemalte Becher, Humpen und Flaschen des 17./18. Jh.s aus dem Fichtelgebirge mit der Darstellung des Ochsenkopfes und der Flüsse Saale, Eger, Main und Naab (→ emaillierte Gläser).

Fichu (franz.), dreizipfeliges Brusttuch, das im späten 18. und frühen 19. Jh. den Halsausschnitt der Frauen verhüllte.

Fiedel, auch Fidel, alter Name der Violine; im 8.–14. Jh. auch eine besondere Form mit birnenförmig gewölbtem Schallkasten, daher in Frankreich angeblich als Schinken (*gigue,* Geige) bezeichnet.

Figura serpentinata. Besonders im Manierismus des 16. Jh.s werden Gestalten – sowohl in der Malerei als in der Bildnerei – gern in einer in sich selbst gedrehten Haltung dargestellt (lat. *serpentinatus,* geschlängelt). Die Körper und Glieder sind dabei oft etwas überlängt dargestellt und geben durch die Drehung – zuweilen in schräggestellter Achse – häufig tänzerisch anmutende, oft delikate Ansichten. Diese Darstellungsart ist am deutlichsten in der Schule von Fontainebleau und bei den Bronzestatuen Giovanni da Bolognas zu bemerken.

Filet, ein durch Knüpfen aus Fäden mittels eines runden Holzstabes und der sog. Filetnadel hergestelltes Netz. → Netzarbeiten sind aus koptischen Gräbern bereits bekannt. Beliebte Technik zur Herstellung gemusterter Decken und Borten im 17. Jh. Wird die Musterung durch einen Durchzug von Fäden durch die Maschen eines geknüpften oder auch gewebten Netzes bewirkt, so spricht man von Filetstickerei.

Filigran (von lat. *filum,* Faden, und *granum,* Korn), Verzierung von → Edelmetall durch Auflöten feiner Gold- und Silberdrähte, die glatt, gekörnt (granuliert, → Granulation) oder gewunden (Cannetille) sein können. Filigran wird häufig mit Granulation kombiniert. In neuerer Zeit kennt man auch wie Flechtwerk wirkendes Filigran ohne Unterlage, bei dem die Drähte an den Kreuzungspunkten aneinandergelötet sind. Die Lötmasse ist eine Gold- bzw. Silber-Quecksilber-Legierung. Filigran spielte in der → Goldschmiedekunst der karolingischen bis romanischen Epoche eine bedeutende Rolle zum Fassen von Edelsteinen (zur Schmuckherstellung). Meisterhaft wird die Technik bis heute in China und Indien geübt. In Deutschland erlebte sie im 17. Jh. nochmals eine Blüte in Nürnberg, wo man Schüsseln, Kästchen und

Goldfiligran. Zwei Ohrgehänge aus einem Trachtenschmuck. Holland, um 1830. Mit echten Perlen und farbigen Glassteinen. Rotterdam, Stodel und Goudsmir.

Figura serpentinata: „Venus nach dem Bade“, aus der Werkstatt von Giovanni da Bologna. Bronze, hell- und dunkelbraune Patina, H 33,9 cm.

Bucheinbände aus Silberfiligran arbeitete. In der Volkskunst (Trachtenschmuck) hat sie sich bis heute erhalten. Im 16./17. Jh. wird Filigran als Kostüm- und Waffenschmuck in Verbindung mit → Email verwendet. Heute findet man die Filigrantechnik noch als Dekorform bei Andenkenschmuck in Holland, Portugal, Spanien, Norwegen, Italien und in den bayerischen und österreichischen Alpengebieten.

Filigranglas → Fadengläser

Filofloß-Seide, aus locker verdrehten Seidenfäden hergestelltes weiches Seidengarn, das besonders für Seidenstickereien verwendet wird.

Fingerring, aus geschlossenem Reifen oder einer Schiene mit Aufbau bestehendes Schmuckstück, das, nach Ort und Zeit verschieden, an allen Fingern und Fingergliedern seit sechs Jahrtausenden getragen wird. Hauptsächliche Gebrauchsarten: Schmuckring, Siegelring, kirchlicher und weltlicher Abzeichen- bzw. Zeremonienring, Amulettring, Freundschafts-, → Liebesring, Verlobungs-, Trau- und Ehering. Babylonier, Assyrer, Ägypter bevorzugten Ringe mit beweglichem Siegelstein (Gemmen). Mykenische Ringe zeigen flach gravierte Szenen auf goldenem Ringschild. Griechen hatten Schmuck- und Siegelringe. Bei den Römern war der eiserne Ring Standesabzeichen, der goldene Ring Auszeichnung für Verdienste, der *anulus pronubus* Verlobungsring. Spätantik-östliche Vorbilder beeinflußten die Ringgestaltung der Germanen. Ringe des frühen Mittelalters waren Zeremonienringe kirchlicher und weltlicher Würdenträger; meist war ein großer gemugelter Edelstein → reich mit → Filigran und → Granulation geschmückt. Daneben hielt sich die glatte „Steigbügelform" des antiken Siegelringes. Im 14. und 15. Jh. wurde der Ring, ähnlich der → Agraffe, zum Zeichen persönlicher Beziehungen und diente als Liebes-, Verlobungs- oder Ehering. Renaissanceringe zeichnen sich durch Farbigkeit (Email, foliierte Steine) und Rollwerkornamentik aus, die Hände waren damals mit Ringen förmlich überladen. Im Barock zierten mehrere kleine Steine statt eines großen den Aufbau, facettierte Steine (→ Edelsteinschliff) setzten sich durch, Amulett- und religiöse Schutzringe waren beliebt. Das Rokoko brachte die Typen des → Marquis- und des → Giardinettoringes, das ausgehende 18. Jh. die sentimentalen Freundschafts- und → Trauerringe, die 1. Hälfte des 19. Jh.s eine Unzahl von Kapselringen, Ringe mit Kameen und kunstvoll scharnierte Ringe, die sich zum Armband oder Ohrring auseinanderziehen lassen (→ Vexierringe), die zweite Hälfte des 19. Jh.s schließlich die in Platin gefaßten Juwelenringe. Im Jugendstil teilte sich die Entwicklung in Künstlerschmuck und Konvention, Ringe wurden zum ausgreifenden Handschmuck für mehrere Finger und den Handrücken, während die Juwelenringe von der Verfeinerung des Schliffs und der Fassung profitierten.

Ringe waren schon im Altertum ein begehrtes Sammlerobjekt (→ Daktyliothek). Bekannte Ringsammlungen in London (British Museum) und Pforzheim (Schmuckmuseum, Ringsammlung Battke).

Fiorentino, Niccolò → Medaillen

Fiorino d'Oro → Goldgulden

Firman → Ferman

Firnis, Lösung von Weichharzen (Mastix, Dammer, Terpentinöl), mit der (Öl-) Bilder nach Vollendung überzogen werden; in der Regel ist der Firnis luftabschließend durchsichtig. Durch diesen Überzug wurden das allzuschnelle Austrocknen und die Rissebildung (→ Craqueluren) der Farbe vermieden, zusätzlich dem Bild ein gleichmäßiger, mehr oder weniger erwünschter Glanz gegeben. Da sich die Firnisschicht im Laufe der Zeit selbst etwas verändert (Nachdunkelung, Oxydation usw.), wird sie von Zeit zu Zeit entfernt und durch Neuauftrag ersetzt. Bei der → Gemälderestaurierung älterer Bilder ist zu beachten, daß die vom Künstler oft noch mit dem Firnis aufgetragenen beabsichtigten Lasuren nicht verlorengehen.

Fischblasen, auch Schneuß, ein Ornamentmotiv, das im spätgotischen Maßwerk häufig vorkommt (nach der Umrißform der Schwimmblase eines Fisches so benannt). Mehrere Fischblasen sind oft in einem Kreis zusammengefaßt: zum Beispiel Dreischneuß.

Fischhautbecher → Schwitzbecher

Fischheber, im 18. Jh. beliebtes silbernes Tischgerät zum Servieren von Pasteten und Fisch. Ein kräftiger, meist hölzerner Griff trägt ein großes durchbrochenes Schaufelblatt.

Fischmesser, Silbermesser mit stumpfer Klinge, das seit dem frühen 19. Jh. in Gebrauch ist. Die Klinge, die in der Form einem → Fischheber gleicht, ist an einem Griff befestigt, der gelegentlich aus Elfenbein oder Perlmutt besteht.

Flabellum → Rhipidion

Flachdruck, die druckgraphischen Techniken, bei denen die druckenden und die nicht druckenden Teile der Platte in einer Ebene liegen. Die Platte wird chemisch so behandelt, daß bestimmte Partien Druckfarbe annehmen, andere sie abstoßen. Flachdruckverfahren sind → Lithographie, → Algraphie, → Zinkographie.

Flachschnitt, Reliefverzierung spätgotischer Nadelholzmöbel, die in Süd- und Mitteldeutschland und den Alpenländern vorkam. Die Umrisse des aus Bändern, Ranken oder Pflanzen bestehenden Ornaments wurden mit dem → Geißfuß ausgeschnitten, der Grund dann mit dem Meißel ausgesprengt und manchmal bemalt. Die Technik des Flachschnittes hat sich im bäuerlichen Bereich bis in das 19. Jh. hinein erhalten; bei Möbeln des → Historismus, die spätgotische Formen imitieren, taucht er wieder auf, doch hier maschinell angefertigt.

Flachstich → Gobelinstich

Flakon, gut verschließbares Zierfläschchen für Parfüm. In den verschiedensten Formen und Materialien hergestellt, z. B. aus geschliffenem Glas, Porzellan, Email, Silber. In fast allen europäischen Ländern hergestellt; im 19. Jh. wurden in Böhmen besonders viele Flakons produziert.

Flakon. Um 1755. Porzellan, vergoldete Silberfassung. H 9,7 cm. Hamburg, Museum für Kunst und Gewerbe.

Flamberg → Schwert

Flamboyantstil → Spätgotik

Flammleiste, die meist aus → Ebenholz, später auch aus schwarz gebeiztem Obstholz hergestellten wellenartig geflammten Einfassungsleisten von Möbelfüllungen. Sie treten hauptsächlich im 16. und 17. Jh. auf, erleben aber im → Historismus eine Renaissance. Als ihr Erfinder gilt zumeist der Nürnberger Kistler Hans Schwanhard († 1612).

Flandrische Spitze, niederländische → Klöppelspitze der Barockzeit. Mitte des 16. Jh.s war das Klöppeln in den Niederlanden aufgekommen. Zunächst wurden → Flechtspitzen gearbeitet, die die Ränder der gestärkten Kragen und Manschetten schmückten (auf Porträts bis 1630 vorkommend). Danach kam der ungestärkte italienische Kragen in Mode, der mit der großzackigen flandrischen Leinenspitze gesäumt war, die den Ruhm der belgischen Klöppelkunst begründete. Auf Porträts ist zu beobachten, wie die Zacken um 1650 zu einem glatten Rand zusammenwuchsen. Um 1700 bildeten sich aus der flandrischen die → Brüsseler Spitzen, die → Mechelner Spitzen und die → Valenciennesspitze heraus.

Flandrisches Steingut, nannte man im späten 19. Jh. das → rheinische Steinzeug, weil es in großen Mengen nach Holland und Belgien exportiert worden war. Dort ist es auch heute noch ein begehrter Sammlerartikel.

Flasche, durch einen deutlich abgesetzten, verhältnismäßig dünnen Hals mit enger Öffnung gekennzeichnetes Gefäß von stark unterschiedlicher Form. Die Öffnung ist durch Einsteck- oder Schraubverschlüsse oder durch Korken verschließbar. Flaschen können aus den verschiedensten Materialien wie Holz, Metall und Keramik hergestellt sein. Die Stücke aus Holz sind in der Regel in Drechslerarbeit rund und scheibenförmig gestaltet und werden auch Plattflaschen genannt. Feldflaschen in Beutelform bestehen oft aus Leder und weisen Tragvorrichtungen auf. Unter diesen stellen die sogenannten Pilgerflaschen einen besonderen Typus dar. Unter den Stücken aus Metall existieren neben Plattflaschen häufig zylindrische, sechs- und achteckige Formen. Eine Nürnberger Spezialität sind die großen, aus verzinntem Kupfer gearbeiteten Speiseflaschen, die in der Form stark den aus Holz gedrechselten ähneln. Seit dem 18. Jh. sind mit Wasser gefüllte zylindrische oder gewölbte, runde bzw. ovale Schraubflaschen aus Zinn, Kupfer oder Messing als Wärmflaschen für das Bett verbreitet.

Verhältnismäßig gering ist der Anteil der Keramikflaschen. Die heute am meisten gebräuchlichen Glasflaschen entstanden vermutlich in der Zeit um 50 v. Chr. zusammen mit der Kunst des Glasblasens. Eine Sonderform der kugeligen Glasflasche stellt der → Angster oder Kuttrolf dar. Dickbauchige, seitlich abgeflachte Flaschen heißen Bocksbeutel. Zylindrische Stücke kommen zwar gelegentlich schon seit der Römerzeit vor, allgemein verbreitet aber sind sie erst seit dem 15. Jh. In der Frühzeit der Flaschenherstellung bestehen in Deutschland diese Gefäße oft aus grünem Waldglas, die Weinflaschen des 17. und 18. Jh.s weisen häufig siegelartige, in die Glasmasse eingestempelte Fabrikationsmarken auf. In der volkstümlichen Glaskunst bevorzugt man auf Flaschen polychrome Emailmalereien, auf Zinn- und Kupferflaschen gravierten Dekor. Glasflaschen wurden wegen der großen Beständigkeit ihres Materials gegenüber den meisten chemischen Substanzen bis in die frühe Neuzeit vor allem in der Apotheke und verwandten Bereichen benutzt, für Wein in Deutschland erst seit Ende des 17. Jh.s (→ Bouteille).

Flaschenkürbisvase, auch Doppelkürbisvase, Balustervase, Fayence- oder Porzellanvase in Form eines Flaschenkürbisses; eine aus Ostasien stammende Gefäßform, die seit dem späteren 17. Jh. in Fayence, im 18. Jh. in Porzellan gefertigt wurde.

Flaschenschildchen (engl. *wine labels*), etwa ab 1725 in England hergestellte Schildchen, die an Flaschen gehängt wurden, um deren Inhalt zu kennzeichnen. Zunächst wurden sie ausschließlich aus Silber hergestellt, später dann auch aus anderen Materialien. Bis etwa 1800 sind sie handgearbeitet, nach diesem Zeitpunkt gestanzt. Seit 1810 wurden sie auch gegossen. Ihre Herstellung hörte ab 1860 auf, da nun Papieretiketten gesetzlich vorgeschrieben waren. In verschiedenen Gegenden Englands existierten seit ca. 1750 auch Flaschenschildchen aus Email.

Flaschenuntersatz, runder Untersatz für Karaffen und Flaschen für den Gebrauch bei Tisch. Er besteht aus einem gedrechselten Holzboden und einer getriebenen, oft ornamental durchbrochenen Wandung aus Silber oder Silberplate. Er kommt paarweise, in einem Satz von vieren oder mehreren, seltener, mit Rädern und Deichsel versehen, als Weinwagen vor. Seit der Mitte des 19. Jh.s gebräuchlich.

Flaviol, kleine → Flöte, spanisches Volksinstrument, das beim Tanz mit einer Hand gehalten und gespielt wird.

Flecheln oder Wackeln, die verbreitetste Art des → Gravierens von Zinn, wo der Grabstichel anstelle gerader Linien zickzackartige Striche ausführt. Durch verschieden breite Eisen kann man verschiedene Wirkungen erzielen. Geflechelte Umrisse wirken breit und weich. Diese Technik wurde vom 16.–19. Jh. viel gepflegt. Sie erfordert eine weniger geübte Hand als die gerade Gravur.

Flechtband, vorgeschichtliches Ornamentmotiv, das von symbolhaltigen Schlangendarstellungen abzuleiten ist und häufig als bannendes, dämonenabwehrendes Zeichen verstanden wurde. Es taucht in der griechischen, römischen und provinzialrömischen Kunst auf und stellt eine der wichtigsten Ornamentformen der Kelten und Germanen dar. Von hier fand es Eingang in die früh- und hochmittelalterliche Kunst, um dann immer wieder zu verschiedenen Zeiten modifiziert aufzutauchen. Seine letzte wichtige Entfaltung besteht in der Variante des → Bandelwerks zu Beginn des 18. Jh.s.

Flechtspitze, die früheste Form der → Klöppelspitze. Sie wurde im frühen 17. Jh. in den Niederlanden gearbeitet (→ flandrische Spitze) und bestimmte die Mode der gestärkten Kragen und Manschetten.

Fleischauer, Daniel Christian → Dorotheenthaler Fayence, → Rudolstadter Fayence.

Fleischton → Inkarnat

Fletschkanne, ein niedriger, breiter Zinnkrug des 17. Jh.s, der im Erzgebirge verbreitet war.

Fliesen, viereckige Platten aus Naturstein oder gebranntem Ton, die als Wand- oder Fußbodenbelag dienen. Sie können eine in sich geschlossene Darstellung tragen oder sich mit anderen Fliesen in einen übergeordneten Bildzusammenhang einfügen. Marmorfliesen waren in der römischen Antike, im Mittelalter und in der Renaissance in Italien gebräuchlich. Keramische Fliesen (Halbfayencen, → Engobe) bildeten wichtige Ausstattungsmittel der assyrisch-babylonischen Architektur des 2. Jahrtausends v. Chr. In der islamischen Kunst des Mittelalters erlebten sie, nun als → Fayencen, eine hohe Blüte, die nach Spanien ausstrahlte und dort die noch heute verbreitete Sitte farbiger Wandfliesen (→

Polychrome Fayence-Fliese mit Granatapfel. 17. Jh.

Azulejos) begründete. In der italienischen → Majolika nahm die Fliesenherstellung einen breiten Raum ein, in noch größerem Maß in der Delfter Fayence (→ Delft), die auch nach der Gründung der deutschen Fayencemanufakturen für Wandfliesen führend blieb.

Fliete, Beinnadel des Wirkers; → Wirktechnik.

Flindt, Paul (um 1592–1618 tätig), Ornamentstecher in Nürnberg und Wien, der die Ornamentstile des → Schweif-, → Schoten- und → Knorpelwerks durchlief. Er veröffentlichte auch Entwürfe für Silbergefäße.

Flinte → Feuerwaffen

Flintporzellan, um 1780 in Mode kommendes gelblichweißes, sehr leichtes Steingut in der Art von → Wedgwood.

Flocke → Kukulle

Flörsheim bei Mainz, 1765 gegründete Fayencemanufaktur, die 1773 an den Kartäuserorden in Mainz verkauft wurde, der sie verpachtete und weiterverkaufte; sie besteht bis heute. Im 18. Jh. wurden Gebrauchsgeschirre mit Scharffeuer- (→ Scharffeuerfarben) und Muffelmalerei (→ Muffelfarben) erzeugt. Auf einfachen Geschirren kommen häufig blaue Streublumen vor. Die Marke war ein ligiertes HF.

Flöte, Champagnerkelch, Glas mit schlanker, trichterförmiger Kuppa und kurzem Balusterschaft, neben dem → Römer eine Lieblingsform des niederländischen 17. Jh.s. Im Schaft der Flöte war häufig eine Fadenspirale eingeschlossen. Deutsche Flöten des 18. Jh.s kommen meist mit geschliffenem Schaft vor.

Flöten, Holzblasinstrumente in verschiedenen Formen: 1. die Querflöte, seit dem 9. Jh. bekannt, 2. die Piccoloflöte, auch Kleine Flöte, ital. Ottavino, die eine Oktave höher klingt als notiert, 3. die Altflöte, ital. Flautone (auch Baßflöte genannt), mit den Stimmungen Es, F oder G, 4. die eigentliche Baßflöte (seit dem 18. Jh.); sie wird wenig gebraucht, steht meist in C und reicht eine Oktave tiefer als die Flöte; eine neue Sonderform ist das Albisiphon, 5. zu den Flöten gehörte auch die in der Militärmusik heute noch übliche Quer- oder Zwerchpfeife, auch Feldpfeife.

Flötenuhren, → mechanische Musikinstrumente, Tisch-, Wand- oder Standuhren mit einem kleinen Orgelwerk, eventuell auch mit beweglichen Figuren ausgestattet.

Flötenvase, hohe zylindrische, oben und unten leicht ausschwingende Porzellan- oder Fayencevase, die ähnlich einer Flöte in der Mitte eine Ausbuchtung zeigt. Eine aus Ostasien stammende Gefäßform, die im 17. Jh. (Fayence) und im 18. Jh. (Porzellan) in Europa übernommen wurde.

Flötner, Peter (um 1485–1546), einer der bedeutendsten Ornamentstecher und Möbelentwerfer der deutschen → Renaissance. Nach Lehr- und Wanderjahren in Italien und vermutlich in Augsburg ließ er sich 1522 in Nürnberg nieder. Seine ornamentalen Motive, die er in Kupferstichen veröffentlichte, zeigen ein Repertoire an italienischen Grotesken, verbunden mit Elementen der klassischen Architektur, die jedoch in ihrem Zusammenspiel unverwechselbar eine deutsche Prägung besitzen. Unmittelbar mit Flötner lassen sich die Täfelungen des sog. Hirsvogelsaals (jetzt Nürnberg, Altstadtmuseum im Fembohaus) von 1534 und ein zweigeschossiger Schrank (Nürnberg, Germanisches Nationalmuseum) von 1541 in Verbindung bringen.

Flor, Fadenteile, die von einem Grundstoff abstehen, wie z. B. bei Samt, Noppengeweben, Knüpfgeweben.

Flora-Danica-Service → Kopenhagener Porzellan

Floren → Goldgulden

Florentiner Goldborten → Bortenweberei

Florentiner Rasch → Rasch

Florentiner Samt, im 15. und 16. Jh. in Florenz gewebter → Samt. Als Motive waren das → Granatapfelmuster und Wappen beliebt.

Floris, Cornelis → Rollwerk

Florisstil → Rollwerk

Flügelaltar → Altarretabel

Flügelgläser, besitzen einen Schaft mit phantasievoll geformten Ansätzen in gekniffener Arbeit aus farblosem und farbigem Glas. Frühe Flügelgläser entstanden in Venedig (→ ve-

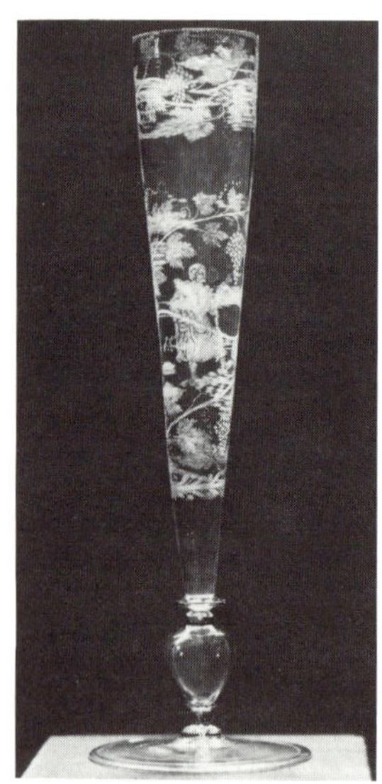

Flöte. Farbloses diamantgraviertes Glas. Niederlande, 2. Hälfte 17. Jh. H 35,5 cm. Amsterdam, Rijksmuseum.

Schrank von Peter Flötner. Nürnberg, 1541. 235 × 175 × 58 cm. Nürnberg, Germanisches Nationalmuseum.

nezianisches Glas) im 16. Jh. Bei den Flügelgläsern nach venezianischer Art *(à la façon de venise)* aus Hütten nördlich der Alpen wurden die Flügelansätze zusätzlich mit teils grotesken Vogel- oder Drachenköpfen verziert.
Flügelmütze → Kopfbedeckung, militärische

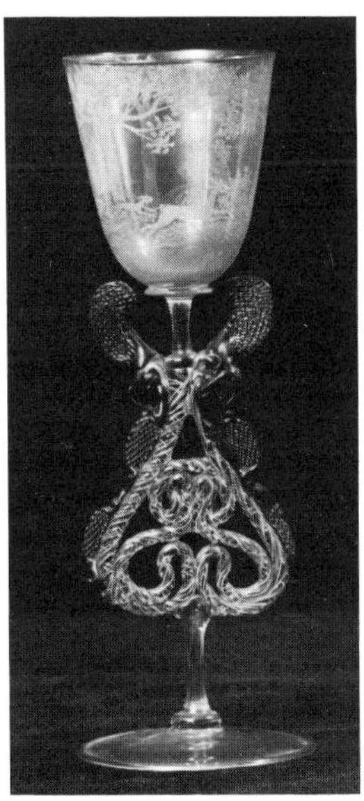

Flügelglas à la façon de Venise. Wohl Niederlande, Mitte 17. Jh. Köln, Kunsthaus Lempertz.

Flugblätter, Einblattdrucke, die man seit der Erfindung Johannes Gutenbergs in der Mitte des 15. Jh.s kennt. Sie dienten als Ablaßbriefe, Mitteilungen, Aufrufe, Beschwerden und für allerlei Geschehnisse. Zum Text findet sich auch das Bild; so kennt man ab 1480 das *Illustrierte Flugblatt,* dessen Darstellungen zunächst zwar unbeholfen, aber um so wirksamer waren. Flugblätter sind nicht zu verwechseln mit Flugschriften mit einem Umfang von mindestens vier Seiten. Obwohl Flugblätter in großer Auflage erschienen, sind sie heute selten und gesucht. Ihre Autoren sind „Briefmaler und Winkeldruckereien", und ihre besondere Bedeutung fand sich im Dreißigjährigen Krieg und in der Französischen Revolution. Flugblätter entstanden in der Technik des Holzschnittes, später im 17. Jh. in Kupferstich und Radierung, im 19. und 20. Jh. in Holzstich und Lithographie.
Flug, Offener, Geschlossener, Halber (Heraldik) → Gemeine Figuren, → Wappen, Flüge (Waffen), → Harnisch.
Flußgolddukaten, → Ausbeutemünzen des 17.–19. Jh.s. aus Flußgold (z. B. Gold aus Donau, Eder, Inn, Isar, Rhein und Schwarza).

Flußgolddukaten (Abb. verkleinert)

Fo-Hunde → chinesisches Porzellan
Folgen → Geschübe
Foliot, Nicolas-Quinibert (1706–1776), Mitglied einer berühmten Familie Pariser → Menuisiers, gehört zu den Schöpfern des typischen Louis-seize-Stuhls. Die strengen Formen seiner → Sitzmöbel begeisterten v. a. Marie-Antoinette, für die er zahlreiche Stühle, Betten und Polstermöbel lieferte.
Follis, römische Kupfermünzen der späten Kaiserzeit. Die Einzahl lautet *folles.* Die Bezeichnung, die übersetzt Beutelgeld bedeutet, wurde auf verschiedene antike Münzen angewendet.
Follot, Paul (1877–1941), Pariser Innenraumgestalter, Möbelentwerfer und Designer für Möbelbezüge, Textilien und Dekorationsgegenstände, einer der wichtigsten Vertreter des französischen → Art Déco. Auf der berühmten Exposition internationale von 1925, auf der der Stilbegriff des Art Déco geprägt wurde, stellte er Inneneinrichtungen vor, deren teilweise an das → Louis-seize gemahnende Details den Bedürfnissen des gehobenen Bürgertums entsprachen. Für diese Gesellschaftsschicht, die gute handwerkliche Verarbeitung und modernen Design erwartete, aber nicht ungewöhnliche Formen, Materialien und Verarbeitungen abnehmen wollte, stellte Follot bereits seit 1923 Möbel her, die vom Pariser Kaufhaus „Bon Marché" vertrieben wurden.
Fomena-Stil → Ashanti
Fon, afrikanischer Stamm der Elfenbeinküste (Dahomey) und Bezeichnung für dessen Kunststil. Von den künstlerischen Arbeiten der Fon sind die frühen Metallarbeiten besonders berühmt geworden; im Handel ist allerdings kaum mehr ein Stück erhältlich. Kultgerät für den Hof (die Fon

bildeten zwischen dem 17. und dem Ende des 19. Jh.s das Königreich Abomey), außerdem große Figuren, in Messingplatten gearbeitet oder gegossen. Seit Aufhebung eines Gußmonopols für den Herrscherclan werden nun auch in größerem Umfang Gußfigürchen hergestellt, verwandt mit jenen Figurenformen, wie sie sich in originalem Zusammenhang z. T. auf tragbaren Eisenaltären (→ Asen) finden. Von den holzplastischen Arbeiten der Fon sind die „Bochio"-Figuren hervorzuheben, im Pfahlstil geschaffene Schutzgeister, die dem Figurenstil der → Lobi nicht unähnlich sind. Von den zoomorphen Gestalten fällt der Typus eines sitzenden Affen (Affengott?) auf. Künstlerische Verwandtschaft zu den benachbarten Yoruba zeigen auffallend die Ritualstäbe, mit denen der Gott Legba (bei den → Yoruba „Eshu") angerufen wird. Die Sitzhaltung der auf der Ritualkeule sitzenden Figur erinnert wiederum an den oben erwähnten Affentypus.

Darstellung eines Affengottes bei den Fon. Dahomey, wohl Anfang 20. Jh. Der Figurentyp ist dem „Gbekre"-Affen des Baules-Stammes verwandt. Holz, farbig gefaßt, H 27 cm. München, Sammlung Eli Ashan.

Fondi d'oro → römisches Glas

Fondporzellan, → chinesisches Porzellan. Im europäischen Porzellan einfarbig glasierte Geschirre mit ausgesparten Bildfeldern (→ Reserven), die um 1725 in Meißen eingeführt und in verschiedenen Farben verwirklicht wurden (s. Abb. zu Meißen).

Fontaine, Pierre François Léonard (1762–1853), in Paris tätiger Entwerfer für das Kunsthandwerk. Zusammen mit Charles Percier (1764–1838) Schöpfer des Empirestils. Beide gaben 1801 die Vorbildersammlung *Recueil de décorations intérieurs* heraus, in deren Vorrede sie für die aus der antiken Kunst abgeleiteten Grundsätze Wahrheit, Einfachheit und Schönheit eintraten. Sie übten großen Einfluß auf das Kunstgewerbe ihrer Zeit aus.

Fontainebleau, Schule von, Bezeichnung für eine Reihe meist italienischer Künstler (→ Rosso Fiorentino, → Primaticcio), die in den dreißiger und vierziger Jahren des 16. Jh.s. hauptsächlich mit der prunkvollen Innenausstattung des Schlosses von Fontainebleau beschäftigt waren. Durch diese Künstler wurden Dekorationssysteme der italienischen Spätrenaissance und des → Manierismus nach Frankreich verpflanzt, an denen sich dann einheimische französische Künstlerschulen orientieren sollten. In der Schule von Fontainebleau wurde auch das → Rollwerk entwickelt. Außerordentliche Bedeutung erlangte die von Franz I. 1553 in Fontainebleau gegründete Manufaktur für Wandteppiche.

Fontana, Orazio → Urbino

Fontange, fächerförmig aufsteigender weiblicher Kopfputz aus Spitze, der um 1700 Mode war (nach Madame de Fontange, einer Mätresse Ludwigs XIV., benannt).

Formgeschirr, Porzellan- und Fayencegeschirr in Form von Tieren, Früchten oder leblosen Gegenständen.

Formgläser, im Altertum in Formen geblasene Gläser in Gestalt von Trauben, Muscheln, Fischen oder Köpfen. In nachmittelalterlicher Zeit wurden → Scherzgläser in Gestalt von Trompeten, Dudelsäcken, Stiefeln, Vögeln, Mäusen, Hunden, Schweinen, Landsknechten und vielen anderen Motiven in der Holzform geblasen.

Fortuna-Platte → Horchaimer, Nicolaus

Frack, französischer Männerrock der zweiten Hälfte des 18. Jh.s mit Schößen. Die noch heute gebräuchliche Form des Fracks hat sich im späten 18. Jh. in England herausgebildet.

Franc, bekannte französische Münze, die zuerst als Goldstück 1360 eingeführt wurde. In großen Mengen wurde sie als Lösegeld für den gefangenen Johann den Guten geprägt, der damit aus englischer Gefangenschaft befreit werden konnte (franz. *franc,* frei). Unter Heinrich III. wurde 1577 erstmals auch ein silberner Franc ausgegeben.

François-Premier-Stil, auch François I, französischer Dekorationsstil des 16. Jh.s, benannt nach König Franz I. (1515–1547). Bestimmend sind in dieser Zeit in Frankreich aber italienische Künstler wie Rosso Fiorentio und Primaticcio (→ Fontainebleau, Schule von).

Frankenthaler Porzellan. Die Porzellanmanufaktur in Frankenthal bei Mannheim wurde 1755 durch Paul Hannong gegründet (→ Straßburger Fayence), der seine Porzellanproduktion in dem unter französischer Oberhoheit stehenden Straßburg wegen des Monopols von → Vincennes-Sèvres (1745) hatte aufgeben müssen. Er übertrug die Leitung der Frankenthaler Manufaktur seinem Sohn, Joseph Adam Hannong; dieser verkaufte die Manufaktur 1762 wegen Schulden an Kurfürst Carl Theodor. Nach Berufung Simon Feilners aus Fürstenberg (1770) besserte sich die finanzielle Lage. 1799 wurde die Manufaktur aufgelöst; ihre Formen wurden später von der Nymphenburger Manufaktur erworben. – Die Geschirre zeichnen sich durch vorzügliche Malerei aus. Berühmt waren auch die zahlreichen Figurenmodelle (über 800: Tiere, Damen, Kavaliere, große Gruppen, vielfigurige Allegorien auf historische Ereignisse u. a.). Sie zeigen den für Frankenthal charakteristischen, mit der Hand gekneteten „Lebkuchensockel". Die bedeutendsten Modelleure waren Johann Wilhelm Lanz (bis 1761), Konrad Linck (ab 1762) und 1779–1793 Johann Peter Melchior. Marken waren bis 1762 ein steigender Löwe und Hannongs Monogramm JAH, danach das Monogramm Carl Theodors, CT, mit Kurhut, sämtlich in Unterglasurblau.

Frankfurt an der Oder, um 1763–1788 Sitz einer Fayencemanufaktur, die in den siebziger Jahren des 18. Jh.s im Stil der → Berliner Fayencen arbeitete. Die Marke war ein F und ein H übereinander.

Frankfurter Fayence. Johann Simonet, aus Hanau (→ Hanauer Fayence) und → Heusenstamm kommend, gründete 1666 mit anderen Teilhabern in Frankfurt am Main eine Fayencemanufaktur, die bald von Johann Christian Fehr übernommen wurde und bis 1772 arbeitete. Sie hat Bedeutendes geleistet, unterhielt einen lebhaften Export und stellte zeitweise eine ernsthafte Konkurrenz für → Delft dar. Neben den üblichen Wein- und Trinkkrügen, unter denen → Enghalskrüge mit großformigen Blumen in Purpur hervorragen, wurden große Vasen und andere Schaugefäße geschaffen. Die Anlehnung an Delft war besonders eng; in keiner anderen deutschen Manufaktur war die Glasur so weiß und glänzend, das Blau so leuchtend wie in Frankfurt. Eine Zeitlang stellte man auch in Blau und Ocker bemalte Schalen im Stil von → Urbino (Patanazzidekor) her. Als Marke ist ein F in Druckschrift zu vermuten.

F

Frankfurter Möbel, die in der freien Reichsstadt Frankfurt am Main entstandenen Möbel. Frankfurt gehörte zu den ersten deutschen Städten, die über eine unabhängige Schreinerzunft verfügten (1377). Seine eigentliche, auch heute noch für den Sammler bedeutsame, Blütezeit erreichte das Frankfurter Tischlerhandwerk mit der Einführung eines speziellen Möbeltyps, des Frankfurter Wellen- bzw. Nasenschrankes. Beide sind Zeugnisse der Einrichtung des wohlhabenden reichsstädtischen Bürgertums.

Frankfurter Wellenschrank. Um 1720. In Nußbaumwurzelholz furniert, 218 × 170 × 58/78 cm.

Frantz, Philipp → Dorotheenthaler Fayence, → Rudolstädter Fayence.

Französische Möbel. Im Gegensatz zu den Stilepochen der meisten anderen europäischen Länder gliedern sich in Frankreich die Möbelstile – wie auch in England – nach den jeweiligen Regenten. Deren persönliche Vorlieben prägen die gestalterischen Tendenzen des Kunsthandwerks. Die Kriege des hohen und späten Mittelalters und die unsichere Stellung der französischen Krone ließen eine eigenspezifische Ausbildung eines regionalen Stiles kaum zu; man orientierte sich im wesentlichen an den vordergründigen Bedürfnissen des Lebens. Erst mit der Renaissance unter Karl VIII. (1483–98) trat eine gewisse Konsolidierung der politischen Verhältnisse ein, die ein Aufblühen des Kunsthandwerks mit sich brachte. Bezeichnend ist dabei, daß es italienische Kunsthandwerker waren, die der König mit der Ausstattung seines Schlosses Amboise beauftragte. Die in ganz Europa verbindlichen Dekorationsmotive der Spätgotik vermischen sich hier mit Elementen der italienischen, besonders der florentinischen, → Renaissance.

Eine gewisse Eigenständigkeit erreichte die französische Möbelkunst erst unter Franz I. (1515–47) und unter Heinrich II. (1547–59), die ebenfalls mit Hilfe italienischer Künstler und Handwerker den → Manierismus in Frankreich einführten, der unter dem Namen École de Fontainebleau (→ Fontainebleau, Schule von) internationale Bedeutung errang. So entwickelte sich aus italienischen Anregungen der erste der französischen Sonderstile, der im wesentlichen für die Möbelkunst vom Bildhauer Jean → Goujon und vom Entwerfer Jacques Androuet → Ducerceau geprägt wurde. Kennzeichnende Möbel dieser Zeit sind → Caquetoire, → Dressoir und → Armoire. Wiederum waren es innenpolitische Auseinandersetzungen, der große Religionskrieg, die die Fortsetzung dieses gerade aufblühenden Kunsthandwerks abrupt unterbrachen. Erst unter Heinrich IV. (1589–1610) erholte sich Frankreich von den Folgen und brachte einen neuen, eigenschöpferischen Stil hervor. Begünstigt von der Errichtung eigener Werkstätten im Louvre, die unmittelbar dem König unterstanden, und der 1608 dekretierten Befreiung vom Zunftzwang nimmt die Möbelkunst einen erneuten Aufschwung, der bis zum Ausbruch der Französischen Revolu-

„Die gute Mutter“. Frankenthaler Gruppe. Um 1775. H 21,5 cm. Bern, Auktionshaus Stuker.

Bonheur du Jour von Jean-François Leleu. Paris, um 1770. Die Bücherrücken im Aufsatz sind Attrappen. H 80,6 cm. London, Wallace Collection.

tion nicht unterbrochen wird. Das kennzeichnende, in Stil und Form von den zahlreichen nach Frankreich eingewanderten flandrischen Kunsthandwerkern geprägte Möbel des Stils Heinrichs IV. ist der oft überreich geschnitzte → Armoire à deux corps. Ludwig XIII., Sohn und Nachfolger Heinrichs IV., wurde in seinem persönlichen Geschmack entscheidend von den Kardinälen Richelieu und Mazarin beeinflußt, der erstere ein Förderer des mittlerweile eigenständigen französischen Kunsthandwerks, der zweite, selbst aus Italien gebürtig, Förderer der erneuten italienischen Zuwanderung von Kunsthandwerkern. Aus diesem Dualismus entwickelte sich der Stil → Louis-treize, der erste der sog. „Louis"-Stile. Maria von Medici, des minderjährigen Königs Mutter und Regentin, führte durch Jean Macé die Kunst des Furnierens ein, die anfänglich nur mit → Ebenholz geübt wurde (→ Ébéniste). Ein neues Adels- und Hofzeremoniell entwickelte sich, dessen Mittelpunkt nun nicht mehr der Repräsentationsraum des Empfangssaales war, sondern das Schlafzimmer. Damit gewannen das Bett und die darum gruppierten niedrigen → Sitzmöbel, wie der → Tabouret, eine besondere Bedeutung. Gestellmacher, → Menuisiers, erhielten eine immer wichtiger werdende Stellung innerhalb der Zunft.

Unter Ludwig XIV. (1661–1715) entstand das klassische französische → Barock des → Louis-quatorze, was wesentlich auch ein Verdienst der Kulturpolitik des Finanzministers Jean Baptiste Colbert war. 1662 wurde die Manufaktur der dekorativen Künste, 1667 zur *„Manufacture royale des meubles de la couronne"* erhoben, ins Leben gerufen, eine staatlich geleitete Institution, die sich unter der Oberaufsicht des Kunstintendanten Charles Le Brun um die Ausstattung der königlichen Schlösser kümmern sollte. Das Kunsthandwerk, v. a. die Möbelschreinerei, steht nun fast ausschließlich im Auftrag der Krone. Die neu entwickelten Möbeltypen, die Vorbild für die übrigen europäischen Länder werden, stehen im Dienste des Hofzeremoniells. Besonders sind hier die Schreibtische zu nennen, an denen der König Petitionen entgegennahm und dem Kronrat Anweisungen erteilte. Neue Materialien, exotische Hölzer, Metalleinlegearbeiten, Techniken, von André Charles → Boulle entwickelt, und kostbare → Marketerien kennzeichnen diese Epoche, die nicht nur in der Möbelkunst ein Maßstab für die Kultur der europäischen Höfe wurde.

Nach dem Tode Ludwigs XIV. übernahm Philipp von Orléans die Regentschaft; eine Epoche, die im Kunsthandwerk als → Régence bezeichnet wird. Die Ornamentik des von → Bérain und → Audran entwickelten → Laubwerks und des → Bandelwerks prägt die meist geschnitzten Möbel dieser Epoche, als deren bedeutendster Vertreter das → Bureau plat gilt. Vergoldete, oft figurale Bronzebeschläge, geometrische Marketerien aus Rosenholz und → Ebenholz kennzeichnen die Möbel des Régence, als dessen bedeutendster Kunstschreiner Charles → Cressent hervortrat.

Unter Ludwig XV. (1723–1774), dem Urenkel Ludwigs XIV., begann das französische → Rokoko, das aber unter seiner Bezeichnung → Louis-quinze eine eigene, ganz Europa befruchtende Funktion übernahm. Es ist die „klassische" Zeit des französischen Möbels, das in dieser spezifischen Ausprägung Vorbild und Richtlinie aller europäischen Höfe war. Die → Rocaille dominiert die Linienführung, das massive oder furnierte Möbel des Régence wird häufig durch weiß oder farbig gefaßte Möbel oder durch Möbel mit aufwendiger figürlicher oder floraler Marketerie abgelöst, neue Möbeltypen entstehen, bedingt durch den Geschmackswandel der Inneneinrichtungen. Das Mobiliar steht meist an den

Damensekretär von Louis Majorelle. Nancy, nach 1900. B 115 cm. Hamburg, Galerie XX.

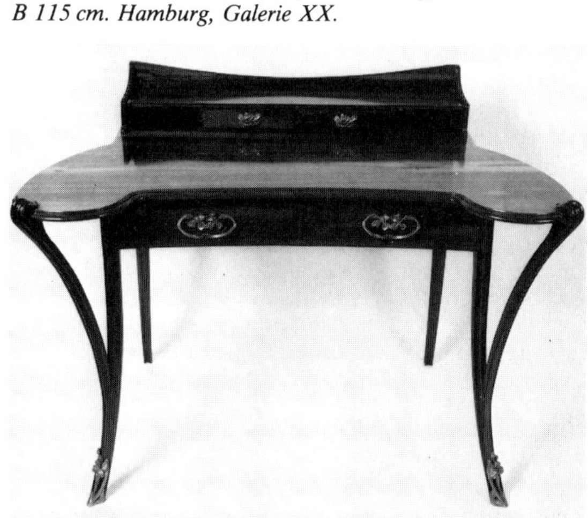

Wänden der kostbar mit Spiegeln und Stuckdekorationen geschmückten Salons, Konsoltische und → Etagèren tragen wertvolle ostasiatische und einheimische Porzellane, → Fauteuils und → Sofas laden zur höfischen Konversation ein.
Die Epoche Ludwigs XVI., mehr jedoch geprägt durch seine Gemahlin Marie-Antoinette, ändert an dieser Art der Inneneinrichtung nichts; jedoch wie in fast allen europäischen Ländern findet in dieser Zeit auch in Frankreich der Stilwandel zum → Klassizismus (in Frankreich → Louis-seize) statt, bedingt durch die archäologischen Entdeckungen der Zeit und die damit wiederauflebende Liebe zur antiken klassischen Kunst. Die Bedeutung der Pariser Möbelschreiner reicht, wie schon im Louis-quinze, weit über die Grenzen des Landes hinaus, die russischen, skandinavischen, spanischen und portugiesischen Königshöfe gehören zu ihren festen Abnehmern. Lack oder → Vernis Martin, Mahagoni- und Satinholzfurniere sowie Einlagen aus Sèvres Porzellan (→ Vincennes-Sèvres) gehören zu den Spezialitäten der Pariser Ebenisten.
Mit dem Anbruch der Französischen Revolution wurde diese Entwicklung kurzzeitig unterbrochen. Zahlreiche gutverdienende Möbelschreiner im Dienste der Krone wurden ihres Einkommens beraubt und waren gezwungen, auf andere Weise ihren Lebensunterhalt zu verdienen, teilweise landeten sie sogar auf dem Schafott. Doch schon bald, unter dem → Empire, ergab sich für die Kunstschreiner eine neue, wiederum höfisch geprägte Ausdrucksmöglichkeit ihres Handwerks. Georges → Jacob und sein Sohn → Jacob-Desmalter gehören zu den bedeutendsten Vertretern des napoleonischen Klassizismus, der bezeichnenderweise die Formen des höfischen Rituals der Epochen des Louis-quinze und des Louis-seize wiederaufleben ließ. → Restauration, die Wiedereinführung des Königtums und das Louis-Philippe brachten in der Struktur der Möbelschreiner-Zunft wenig Änderungen, jedoch in der Technik. Die zunehmende Maschinisierung der Möbelherstellung erlaubt mehr und mehr die Herstellung von Einrichtungsgegenständen für ein breiteres Publikum, das sich aber zumeist aus der wohlhabenden Bürgerschicht zusammensetzt. Errungenschaften, wie sie das deutsche → Biedermeier zur bürgerlichen Kultur beitrug, kennt jedoch das französische Möbelhandwerk dieser Zeit nicht. Auch der Stil des Napoléon III, eine Parallele zur deutschen → Gründerzeit, ist im wesentlichen imperial geprägt. Bemerkenswerterweise zeigt sich, daß auch der französische Jugendstil, das → Art Nouveau, wie auch später das → Art Déco, im Gegensatz zu den Tendenzen in Deutschland und England wiederum eine Domäne einer kleinen, privilegierten Gesellschaftsschicht war.
Frechener Steinzeug, Keramikerzeugnisse aus Frechen (15 km westlich von Köln). Der Anfang der Steinzeugproduktion ist hier nicht sicher bestimmt. Aus dem 15. Jh. gefundene Krüge und Trichterhalsbecher ähneln der Siegburger Töpferware dieser Zeit. Vom 16. Jh. an brannte man in Frechen wie in Köln braunes, salzglasiertes Steinzeug, das kaum von der Kölner Ware zu unterscheiden ist. Als die „Kannenbäcker" Kölns in der Mitte des 16. Jh.s aus ihrer Stadt vertrieben wurden, siedelten sich viele von ihnen in Frechen an. Nun wurden → Bartmannkrüge und Krüge mit Wappenauflagen beliebt. Exportiert wurde vor allem in die Niederlande und nach England. In England liebte man besonders die schmucklosen gesprenkelten Krüge, die man *tiger-ware* nannte (→ rheinisches Steinzeug).

Krug. Frechen, um 1560. Steinzeug mit grau-braun gesprenkelter Glasur, vergoldete Silbermontierung ohne Marken, H 15,5 cm. London, Victoria and Albert Museum.

Freiberger Steinzeug, Keramikerzeugnisse aus Freiberg in Sachsen, einem der Zentren der sächsischen Steinzeugfabrikation im 17. und 18. Jh. Neben der dunkelbraunen, bunt emailbemalten Ware wurden hier vielfach salzglasierte Krüge mit grauem Scherben hergestellt. Da im Dekor die Farben Weiß, Schwarz und Grau dominieren, wurden sie fälschlicherweise früher als „Creußener Trauerkrüge" angesehen. Das Besondere der Freiberger Krüge (oft Birnbauchkrüge) ist ihr unverwechselbarer geometrisch wirkender Dekor. Zirkelschlagornamente und Rosetten sitzen auf den Schnittpunkten der waagrechten und senkrechten Feldeinteilungen. Stempel am Boden von Freiberger Krügen sind als Werkstattmarken anzusehen (→ sächsisches Steinzeug).
Freilichtmalerei, auch Pleinairmalerei, im Gegensatz zur Ateliermalerei das Malen in der freien Natur. Während es im 18. Jh. üblich war, nur die Skizzen und Vorstudien im Freien anzufertigen und das Werk selbst im Atelier (→ Ateliermalerei), begann in England mit Constable, Bonington und Crome und in der Mitte des 19. Jh.s in Frankreich mit der Schule von Barbizon (besonders Théodore Rousseau) die Gegenbewegung (Pleinairismus), die mit ihrer neuen Landschaftsauffassung u. a. auch den Impressionismus vorbereitete.
Freimaurermünzen und **-medaillen,** Stücke mit freimaurerischen Symbolen wie Zirkel, Winkelmaß, sechseckiger Stern, Hammer oder Baustein. Auch Logenmedaillen genannt.
Friderizianisches Rokoko, Sonderform des deutschen → Rokoko, die sich unter Friedrich II. in Preußen herausbildete und ihren Höhepunkt zwischen 1740 und 1760 erlebte. Hauptmeister waren Georg Wenzeslaus von → Knobelsdorff, Johann August → Nahl und die Brüder → Hoppenhaupt. Die Möbel und Ausstattungsobjekte zeichnen sich durch grazile, nicht von Schmuck überladene Formen und durch reichliche Verwendung von Gold aus. Die Ornamentik bevorzugt naturnahe Motive.

Friedberger Fayence, Fayencemanufaktur nahe Augsburg. Sie wurde auf Anregung des Grafen von Haimhausen, der auch die Nymphenburger Porzellanmanufaktur ins Leben gerufen hatte, 1754 von Josef Hackl gegründet und existierte bis in die späten sechziger Jahre des 18. Jh.s. Hackl hatte zuvor in Göggingen gearbeitet und brachte von dorther Formen und Dekore mit nach Friedberg. Häufig finden sich Geschirre oder Einzelstücke mit Blaumalerei und indianischen Blumen, zum Teil das Meißener Zwiebelmuster (→ Meißener Porzellan) nachahmend. Aber auch ostasiatischer Blumendekor in bunten → Scharffeuerfarben war in Friedberg beliebt. Als Fabrikmarke wurde das CB für Chur-Baiern unter der Kurfürstenkrone, gelegentlich zusammen mit Künstlerinitialen, verwendet.

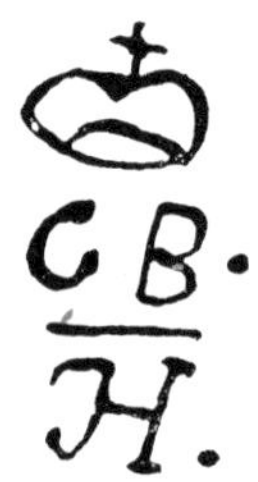

Friedensmünzen und **-medaillen,** als Ausdruck des Wunsches nach Frieden oder aus Anlaß eines geschlossenen Friedens geprägte Stücke, vor allem während und nach dem Dreißigjährigen Krieg (1618–1648) geprägt.

Friedensmünze (Abb. verkleinert)

Friedhofsteppich → Kula

Fries, ursprünglich in der Baukunst ausgebildetes, dann vom Kunsthandwerk übernommenes ornamentales oder figürliches Dekor in Bandform, dient als Abschluß oder Unterteilung, auch zur Umgrenzung von Außen- und Innenwänden in der Architektur sowie an den verschiedensten Gegenständen vom Möbel bis zum Gebrauchsgerät. In der Antike bevorzugte man zunächst ornamentale Bänder (→ Laufender Hund, → Mäanderband u. a.), die dann in der → Renaissance und im → Klassizismus wiederaufgenommen wurden. Auch die Romanik hielt weitgehend am Ornamentband fest, während in der Gotik vegetabile Formen, so Blatt- und Laubfriese, hinzutreten. Auch Dreischlitze, quadratische Reliefbänder und eine große Zahl weiterer ornamentaler Formen wurde von der Antike bis hin zum → Historismus des 20. Jh.s immer wieder belebt.
Daneben hatte die klassische griechische Kunst den Figurenfries entwickelt; zu den immer wiederkehrenden Motiven zählen prozessionsartige Festzüge und fortlaufende Kampfszenen, wobei das Bewegungsmotiv eine große Rolle spielt. In der römischen Kunst erhielt der nach griechischem Vorbild gestaltete Bukranionfries besondere Bedeutung, der von Ochsenschädeln (sie erinnern an Tieropfer) gebildet wird, die durch Früchtefestons verbunden werden. Auch diese Dekorformen wurden von Renaissance und Klassizismus wieder-aufgenommen. Vegetabile Friesformen dominierten im Barock, so Akanthusranken (→ Akanthus), Früchte-, Blumen- und Blättergehänge, ebenso Lorbeer-, Girlanden-, aber auch Muschelmotive.
Alle diese Formen finden sich in den nachbarocken klassizistischen Stilen bis weit in das 19. Jh. hinein wieder.

Friesische Fayence → Delft

Frijtom, Frederich van → Delft

Frisé → Metallfaden

Frisiertisch, Tisch mit Schubladen, der auf der Platte einen Drehspiegel trägt. Er trat im Empire an die Stelle der komplizierten Toilettentische des Rokoko und des Louis-seize. Im → Jugendstil erfreute er sich erneuter Beliebtheit.

Frittenporzellan (franz. *pâte tendre*), ein milchglasartiges durchscheinendes Erzeugnis, das nicht sehr hart und wenig widerstandsfähig ist. Hauptbestandteil bildet eine aus Sand, Salpeter, Kochsalz, gebranntem Alaun, Soda und Gips zusammengeschmolzene Masse, die nach dem Schmelzen pulverisiert und mit Kreide und Kalkmergel vermischt wird. Vor dem Glasieren wird der Garbrand vorgenommen. In einem zweiten Brennvorgang wird die → Bleiglasur aufgebrannt, dessen niedrige Brenntemperatur von allen Farben vertragen wird und so die breite Farbpalette des Frittenporzellans ermöglicht.

Frivolitäten, spitzenartige Arbeiten, die mittels Schiffchen durch Fadenverknotung und Verschlingung hergestellt werden. Beliebte Technik bei häuslichen Handarbeiten vor allem des 19. Jh.s.

Fromageau, Jean-Baptiste (um 1726 – nach 1781), in Paris tätiger → Ébéniste und → Menuisier; selbst auch als Möbelhändler aktiv; gehörte zu den wenigen französischen Kunstschreinern, deren Schaffensperiode im → Régence beginnt und im → Louis-seize endet. Seine Kommoden, Tische, Sekretäre, aber auch seine → Sitzmöbel gehören zu den handwerklich besten Beispielen dieser Zeit.

Fromery, Pierre → Schnupftabakdosen

Frontale, Frontier → Antependium

Froschkrug, Bierkrug, in dem sich, auf dem Boden hockend oder an der Wandung emporkletternd, ein Frosch befindet, der beim Trinken aus der Flüssigkeit auftaucht. Ein für England charakteristisches Steingutgefäß.

Frowa → Ashanti

Frühsteinzeug, Hilfsname für Keramik des 13. bis 15. Jh.s, die so hart gebrannt ist, daß sie nicht mehr zur → Irdenware zu rechnen ist, aber auch noch nicht alle Merkmale (wie etwa das → Sintern) des richtigen → Steinzeugs aufweist. Ist bereits wasserundurchlässig. Der Ton ist noch nicht einheitlich durchgebacken, denn der Scherben zeigt mehrere Farbtöne. Frühsteinzeug, das besonders im rheinischen Raum vorkommt, hat gelegentlich durch Reduktionsbrand eine schwarze Oberfläche.

▷

Frisiertisch. Italien, Ende 17. Jh. Schildpatt, furniert, mit floralen und figürlichen Perlmuttereinlagen, 79 × 86 × 55 cm.

Fuchsschwanzkette, ein Ösengeflecht von quadratischem Querschnitt mit allseitig zopfartigem Profil. Das heute maschinell hergestellte Standardmodell hat seine frühen Vorläufer in den Geflechtketten der alten Ägypter, Phönizier und Griechen. „Gestrickte" Ketten aus Golddraht, wie sie auch heute noch von Hand gefertigt werden, verbreiteten sich vom hellenistischen Südrußland und der unteren Donau aus in den germanischen Raum (→ Kette).
Fünffarbendekor → chinesisches Porzellan
Fünffingervase → Tüllenvase
Fünte, norddeutsche Bezeichnung für den → Taufstein.
Fürbug → Stechzeug
Fürloh, Christopher (tätig 1759–87). Der aus Stockholm gebürtige Abkömmling einer bekannten Kunstschreinerfamilie bereiste zusammen mit Georg → Haupt die Niederlande und Frankreich, um die Kunst der → Marketerie zu vervollkommnen. Um 1767 ist er in London, wo er sich mit der englischen Ausprägung des → Rokoko vertraut macht. In dieser Zeit arbeitete er teilweise auch mit Angelica Kauffmann zusammen. Fürloh kehrte nicht mehr nach Schweden zurück; seine englischen Verbindungen erwiesen sich als so fruchtbar, daß er um 1772 zum Hofschreiner des Prince of Wales ernannt wurde.
Fürspan, ein auf der Brust getragener Ansteckschmuck, goldgetrieben, mit Edelsteinen und Perlen besetzt, seit dem 12. Jh. belegt. Außer der Rundform gab es auch eckige und passig geschwungene Fürspane. Sie sind Nachfolger der Scheibenfibel und leben z. T. bis ins 19. Jh. weiter als Rundscheibe im Bauernschmuck, als Königinscheibe der niederländischen Bauerngilden, als „Eschart" bei den Ostfriesen und als „Heftel" in Siebenbürgen. Im 16. Jh. entwickelte sich aus dem Fürspan die kleinere Abart der → Brosche.
Fürstenberger Porzellan. Nach mißglückten Versuchen (ab 1747) gründete der Oberjägermeister von Langen im Auftrag des Herzogs von Braunschweig in Fürstenberg an der Weser eine Manufaktur, die heute noch besteht (ab 1876 privat). Er konnte 1753 für den Ofenbau → Benckgraff, als Maler Benckgraffs Schwiegersohn Johann Zeschinger, als Modelleur Simon Feilner aus → Höchst gewinnen. – Die Geschirre zeichnen sich durch originelle Formen und gute Bemalung aus. Eine Spezialität von Fürstenberg waren → Potpourrivasen. Unter der Leitung des französischen → Arkanisten Louis Victor Gerverot (1795–1814) schloß man sich eng an Sèvres (→ Vincennes-Sèvres) und → Wedgwood an. Als Plastiken kommen Porträtbüsten antiker und zeitgenössischer Personen vor (meist → Biskuit). – Als Marke diente ein unterglasurblaues F in Schreibschrift.

Fuldaer Fayence, angeregt von Adam Friedrich von → Löwenfinck, gründete Amandus von Buseck, Fürstabt von Fulda, 1741 eine Fayencemanufaktur, an der Löwenfinck als Hofemailmaler angestellt wurde. Trotz kurzen Bestehens (bis 1758) gehört sie zu den besten in Deutschland. Der harte Scherben eignete sich für Stand- und Wandleuchter, große Vasen und andere schwer herzustellende Formen. Sie zeigen gute Malerei in bunten → Scharffeuerfarben; charakteristisch sind großformige Blumen. Einen Höhepunkt der deutschen Fayencekunst stellen die von Löwenfinck in → Muffelfarben bemalten Vasen dar. Die Marke der Manufaktur war FD.

Fürstenberg-Tasse mit Hafenszene in Camaïeu-Grün. F-Marke. Um 1765/70. H 6,1 cm. Hamburg, Museum für Kunst und Gewerbe.

Fürstenberg-Dessertteller. 1756 oder wenig später. Malerzeichen G (= Georg Friedrich Geisler), F-Marke. Dm 23,1. Hamburg, Museum für Kunst und Gewerbe.

Fuldaer Porzellan. Unter dem Patronat von Fürstbischof Heinrich VIII. von Bibra wurde in Fulda eine Porzellanmanufaktur (1764–1789) gegründet, die sich durch vorzügliche Malerei der Geschirre und feine Bemalung der Figuren auszeichnete. Sie stand der → Frankenthaler Manufaktur nahe. Als Marke wurde anfangs ein Kreuz, um 1770/88 ein doppeltes F mit Krone und 1788/89 schließlich ein A mit Krone in Unterglasurblau verwendet.

Fulham → Savonnerie-Teppiche

Fulham-Pottery, eine Töpferei in Fulham, heute ein Stadtteil von London. Die Geschichte der Fulham-Pottery wurde in den letzten Jahren durch Ausgrabungen erforscht. Seit dem 17. Jh. wird dort in einem stehenden Ofen braunes, salzglasiertes Steinzeug gebrannt, das alle stilistischen und technischen Merkmale des → Frechener Steinzeugs (→ rheinisches Steinzeug) besitzt. Die Töpferei wurde 1671 von John Dwight gegründet, sie produzierte Steinzeug bis in das ausgehende 19. Jh.

Funcke, Cornelius → Berliner Fayencen

Funk, Matthäus (1697–1783), führender Schweizer Kunstschreiner, in Bern tätig. Mit seinen Brüdern, die als Bildhauer bzw. Uhrmacher arbeiteten, begründete er eine Werkstatt, deren Erzeugnisse an furnierten Möbeln sich mit den Werken von David → Roentgen und der Brüder → Spindler durchaus vergleichen lassen. Unter den Gesellen, die seine Werkstatt durchliefen, waren zahlreiche Deutsche und Schweden.

Furnier, Verkleidung unedlen Weichholzes (Blindholz genannt), wie Tanne oder rissige, schwer zu behandelnde Eiche, mit dünnen Platten von Edelholz, die aufgeleimt und poliert werden. Schon in süddeutschen Möbeln der Spätgotik kommen diese Auflagen vereinzelt vor. Aber erst nachdem der Augsburger Intarsiator Georg Renner im 16. Jh. die „Furniermühle“, eine Maschine zum Schneiden dünner Holzfolien, erfunden hatte, war die technische Voraussetzung gegeben. Furnierung in ausgedehntem Maße setzte nach der Mitte des 17. Jh.s ein; damals kam das → Nußbaumfurnier in Deutschland auf, das ein Jahrhundert in Mode blieb. Zur gleichen Zeit bildete sich, unterstützt durch den beginnenden Import exotischer Hölzer, die → Marketerie heraus.

Furnierschneidemaschine, 1817 in Wien von den Brüdern Martin und Aloys Munding erfunden, erlaubt das Schneiden besonders dünner Furniere in gleichmäßiger Plattenstärke. Möbel, die solche gleichmäßigen, dünnen Furniere tragen, müssen daher Erzeugnisse des 19. Jh.s sein.

Fußwärmer, Messing- oder Kupferbehälter, der mit glühender Holzkohlenasche gefüllt wurde, vom 17. bis zum 19. Jh. in Europa gebräuchlich.

Grüßender Harlekin. Fulda, um 1778. Modell wahrscheinlich von Wenzel Neu. Kreuz-Marke. H 15 cm. Hamburg, Museum für Kunst und Gewerbe.

Fußwaschungsbecher, einfache Wiener Zinnbecher mit dem gravierten Wappen und den Initialen des Kaisers. Sie fanden bei einem bestimmten Zeremoniell Verwendung, bei welchem der Kaiser am Gründonnerstag zwölf alten Männern die Füße wusch und ihnen einen mit Silbergulden gefüllten Zinnbecher überreichte. Fußwaschungsbecher haben sich vom 18. Jh. an erhalten.

G

Gabel, Teil des Eßbestecks (→ Besteck). Als Erfindung des Mittelalters diente sie bis zur 2. Hälfte des 17. Jh.s nur zum Aufspießen von Speisebrocken. Die Vorlegegabel, wie der Spieß mit kurzen Zinken und langem Stiel, hat eine völlig gerade Form. Die eigentliche Eßgabel, die in den Mund eingeführt wird, ist gebogen und hat zwei bis vier Zinken.

Gabelranke, altes Floralmotiv, das bei Teppichen vom Typ des → Täbris, des → Isfahan und des → Kaschan elegant dargestellt wird und bei bäuerlich-dörflichen Erzeugnissen stilisiert erscheint.

Gänsebauch, Gansbauch, der vor dem Bauch in einer scharfen Spitze endende → Harnisch der zweiten Hälfte des 16. Jh.s, dem in der französischen und spanischen Männermode ein gepolstertes Wams der gleichen Form entsprach.

Gagat (frz. *jet,* span. *azabache*), vermuschelte Braunkohle, die seit prähistorischen Zeiten zu Knöpfen und Schmuck verarbeitet wurde. Wegen der glänzend schwarzen Farbe auch Bedeutung als Amulett. Eine besondere Rolle spielt Gagat in Santiago de Compostela (Spanien), wo die alte Zunft der *azabacheros* Wallfahrtsandenken schnitzt. Bekannteste Vorkommen: Whitby/Yorkshire (England) und Villaviciosa/Asturien (Spanien). Jetschmuck gab es schon zur Bronze- und zur Römerzeit, Blütezeit in der viktorianischen Aera (lange schwarze Ketten). Imitationen aus Hartgummi, Galalith und Glas.

Gaillard, Eugène (1862–1933), bedeutender französischer Möbelentwerfer des → Art Nouveau. Er gehörte zum Stamm der Galérie Art Nouveau Samuel Bings, dessen eigene Auffassung vom Jugendstil sich von der École de Nancy und dessen Hauptvertreter Émile → Gallé stark unterschied: Die Bevorzugung einer strukturbedingten Formgebung an Stelle des überwuchernden, vegetabilen Dekors kennzeichnet so auch die Möbel Gaillards, deren – im Verhältnis einfachere – organisch geschweifte – Konturen auch heute noch ansprechen.

Galanterien, kleine Ziergegenstände wie Dosen, Pfeifenköpfe, Knöpfe, Etuis, Flakons, z. B. aus Porzellan, aber auch aus anderen Materialien wie etwa Fächer oder Spiegel.

Galerie, 1. im Handel gebräuchliche Bezeichnung für schmale, längliche Teppiche von ca. 0,7 bis 1,4 × 6 m. 2. Geländer um Tische, Regale, Tabletts. Im 19. Jh. findet man besonders oft an Tabletts aus Sheffield Plate oder Silber durchbrochene Galerien.

Galerieton, die Nachdunkelung alter Ölgemälde durch Oxydationsprozesse der Farb- oder Firnisoberfläche (→ Firnis). Im 19. Jh. wurde der Galerieton als ästhetisch besonders reizvoll empfunden und wurde durch bräunlich lasierende Firnisse, aber auch durch Verwendung brauntoniger → Asphaltfarben vielfach künstlich erzeugt (etwa bei Franz von Lenbach, Hans von Marées).

Galionsfiguren, Bezeichnung für die einst im Zeitalter der hölzernen Segelschiffe übliche figürliche Bugschnitzerei. Von ursprünglich kultischer Bedeutung, gab es sie bereits an prähistorischen Schiffen, in der Antike und bei den Wikingern. Sie war entweder auf den Steven montiert oder aus diesem herausgeschnitzt. Nach dem sich gegen Ende des 16. Jh.s in Europa durchsetzenden dreimastigen Großschiffstyp der Galeone – Vorläuferin aller späteren voll rahgetakelten Segelschiffe – wurde ein zuerst bei diesen vor dem Steven angebrachtes korbartiges Balkengerüst Galion genannt. Die Bugfigur prangte seitdem an der Spitze des Galions, von dem aus die Vorsegel gehandhabt wurden, und erhielt nach ihm die seither gebräuchliche Bezeichnung, die auch beibehalten wurde, als Anfang des 19. Jh.s das Galion verschwand und die Figuren wieder ihren Platz unmittelbar am Steven fanden.

Galionsfiguren für Kriegsschiffe der Seemächte sowie für große Handelsschiffe sind einst von bedeutenden Künstlern entworfen und geschaffen worden, u. a. vom Hofmaler Anthonis van Dyck in England, dem Hofbildhauer Henri Puget in Frankreich und von Bertel Thorvaldsen in Kopenhagen. Die Sujets waren Tiere, die auch in der Heraldik vorkommen, wie Drachen, Löwen, Adler, Windhunde, Delphine, Seepferde und Einhörner, in der Barockzeit auch oft ganze Figurengruppen, biblische, mythologische und allegorische Gestalten, Herrscherporträts und, vorzüglich an den vielen kleineren Frachtseglern, seit etwa 1800 fast jede erdenkliche figürliche Variante, von Negern, Indianern, Politikern und Poeten bis zu Hexen, Opernstars, Reedersgattinnen und nicht zuletzt Seejungfern mit üppigen Brüsten. Die meisten der heute noch auf der Welt erhaltenen, höchstens zwei bis dreitausend Galionsfiguren stammen aus dem 19. und 20. Jh., die letzten auf ihre Herstellung spezialisierten Schnitzwerkstätten arbeiteten bis zum Ersten Weltkrieg. Fast alle bedeutenden Stücke, ausnahmslos die nur etwa achtzig noch existierenden der vor 1800 entstandenen, befinden sich heute in öffentlichem Besitz zumeist von Schiffahrtsmuseen. Was noch im Handel begegnet, ist jünger, überwiegend nur von durchschnittlicher Qualität und nicht selten gefälscht.

Galionsfigur. Die Jagdgöttin Diana von einem englischen Segler des 19. Jhs. Apenrade, Aabenraas Antikvitetshandel.

Schreibtisch von Emile Gallé. Exponat auf der Pariser Weltausstellung 1900. London, Philippe Garner.

Gallé, Émile (1846–1904), in Nancy tätiger Entwerfer und Hersteller von Möbeln, Schmuck und Kunstgläsern (→ Jugendstilglas) und einer der maßgeblichen Vertreter des → Art Nouveau. Seit 1874 stellte er, zusammen mit seinem Vater, in Nancy Kunstgläser her, daneben Vasen, Lampen und Gebrauchsglas. Von japanischem Kunsthandwerk beeinflußt, schuf er einen eigenen, den naturalistischen Dekor bevorzugenden Glasstil. Eine Spezialität waren mehrfach überfangene Gläser mit geschliffenem Dekor, seit 1900 mit geätzten Verzierungen. Daneben entstanden eine große Zahl von Standardgläsern mit farbigen Reliefdekors auf opakweißem Grund. Die von ihm und seinen Mitarbeitern gefertigten Gläser, besonders die nach 1889 entstandenen Stücke, tragen seine Signatur in Goldschrift, nach seinem Tod bis 1914 ist dem Namenszug ein Stern vorangestellt. Als Möbelentwerfer wirkte Gallé seit 1885. Die „Meubles Parlants", Stücke, in denen sich zwischen ornamentalem Rankenwerk Inschriften oder einzelne Gedichtzeilen finden, sind charakteristisch für seine sehr eigenwillige Formensprache. Interessante Einzelstücke sind Gallés Phantasiemöbel in Form von Libellentischen und Schmetterlingsbetten.

Gallé-Möbel. Die Möbel des berühmten französischen Jugendstilentwerfers gehören heute zu den mit am höchsten bezahlten Einrichtungsgegenständen der Zeit. Sie orientieren sich in ihrem Formenschatz an der Natur, d. h. an den Formen von Blüten, Ranken, Libellen u. a. Schnitzwerk und Furnier gehen ineinander über, → Marketerien wiederholen häufig die geschnitzten Themen der Gestelle. Auch fernöstliche Pflanzenmotive wie Lotosblumen, inspiriert vom → Japonismus, sind häufiger in seinen Entwürfen vertreten. Bereits zu seinen Lebzeiten errang Gallé mit seinen „exotischen" Möbeln einen so großen Erfolg, daß zahlreiche seiner Entwürfe in Serie hergestellt wurden. Bis in die dreißiger Jahre hinein, also noch ein Vierteljahrhundert nach seinem Tode, entstanden in seiner Werkstatt Gallé-Möbel. Die Unterscheidung von den eigenhändigen Arbeiten ist jedoch

Vier Jugendstil-Vasen, die beiden äußeren von Emile Gallé, Nancy. Die zweite Vase von links ist von Koloman Moser signiert und stammt aus Karlsbad, die dritte trägt die Signatur von Daum. H 29,5 bis 35,5 cm. München, Auktionshaus Weinmüller.

nicht schwierig; die Materialien der Serienmöbel sind deutlich einfacher, die Verarbeitung ist gröber, das Design nicht so ausgeklügelt.

Galvanische Vergoldung → Feuervergoldung

Galvanoplastik, Kopien eines Gegenstandes, die durch elektrolytische Abscheidung dünner Kupfer-, Bronze- oder anderer Metallschichten auf dem Original hergestellt werden. Das Verfahren, das auch beim Kopieren antiker Metallobjekte verwendet wird, wurde 1843 durch die Firma Elington & Co. verbessert.

Galvanoplastischer Überzug, ein Niederschlag aus Metall (besonders Zink, Kupfer, Nickel, Chrom, Silber oder Gold), mit dem Gegenstände auf elektrochemischem Wege überzogen werden. Diese Technik, einen (0,3–0,6 mm) dünnen, unlösbaren Überzug zur Verschönerung und als Korrosionsschutz zu applizieren, heißt Galvanostegie im Gegensatz zur Galvanoplastik. Neuerdings werden auch mehrere Millimeter dicke festhaftende Überzüge gemacht, die auch auf nichtmetallischem Grund, z. B. Kunststoffen, möglich sind.

Gambe, auch Viola da gamba, Kniegeige, altes celloähnliches Instrument mit sechs Saiten, anderer Bauart und zarterem Ton; man baute Diskant-, Alt-, Tenor- und Baßgamben; neuerdings ist die Gambe wieder stärker in Gebrauch gekommen, vorwiegend für die Wiedergabe älterer Musik.

Gammadium, Gammadion, seit frühchristlicher Zeit auf liturgischen Gewändern und Behängen aufgenähter ornamentaler Winkel in Form des griechischen Großbuchstabens Gamma; seit dem frühen Mittelalter auch die kreuzförmige Kombination von vier solchen Winkeln.

Garde-meuble, eigentlich Möbellager, eine nur in Paris verbreitete Besonderheit des französischen Möbelbetriebes; das Garde-meuble kennzeichnet die Sammelstelle oder das Magazin der Einrichtungsgegenstände, die für die Krone (*Garde-meuble de la Couronne*) oder die königliche Familie (*Garde-meuble royale*) angelegt wurden. Möbelstücke dieser Magazine mußten gestempelt werden (→ Möbelsignaturen), eine Tatsache, die uns heute die Verfolgung der Herkunft eines Möbelstückes erheblich erleichtert.

Gardner-Porzellanmanufaktur, 1754 von dem Engländer Francis Gardner gegründet, 1780 nach Twer verlegt. 1891 ging die Manufaktur in den Besitz von M. S. Kusnetzow über. Sie arbeitete hauptsächlich für den russischen Hof. Im Auftrag Katharinas d. Gr. wurden mehrere Service für die kaiserlichen Orden hergestellt, z. B. das St.-Georg-Service, St. Andreas-Service und das Alexander-Service. Alle Stücke sind mit Band und Orden als plastische oder gemalte Dekoration geschmückt. Seit 1770 wurden auch Figuren hergestellt, berühmt die Darstellungen des russischen Alltagslebens. Neben Porzellan wurde auch Fayence hergestellt. Mar-

Gambenspieler. Holzschnitt aus: Chr. Simpson, The Division Violist. London 1659

ken: Gardner in lateinischer oder kyrillischer Schrift, auch nur G, seit 1829 kam der Hl. Georg mit dem Drachen hinzu.
Garfeuerbrand → Porzellan
Gartenteppiche, nordwestpersische Teppiche des 17. und 18. Jh.s, die Gärten mit Beeten, Wasserläufe, Becken, Fische und Wasservögel in Vogelperspektive wiedergeben (→ persische Teppiche).
Gate-leg-table, runder oder viereckiger Klapptisch mit verstellbaren Beinen. Eines der zahlreichen praktischen Gebrauchsmöbel, die im späten 17. Jh. in England entwickelt wurden und bis heute hergestellt werden.
Gaudí y Cornet, Antonio (1852–1926), der bedeutendste spanische Architekt des → Jugendstils, in Barcelona tätig; auch als Möbelentwerfer hervorgetreten. Wie auch in seinen Architekturen (Kirche der Sagrada Familia, Palacio Güell, Casa Battló und Casa Milá), für die seine Möbel bestimmt waren, zeigt sich Gaudí auch in diesen Entwürfen als der Phantasievollste, aber auch „Unwirklichste" aller Jugendstilkünstler. Konturen werden völlig aufgelöst, die Struktur eines Möbels verfremdet, alles in ein einziges geschwungenes, ornamentales Liniengefüge eingespannt. Möbel Gaudís sind sehr rar, fast alle von ihm entworfenen Einrichtungsgegenstände werden heute in der Sociedad Amigos de Gaudí in Barcelona aufbewahrt.
Gaudreau, Antoine Robert (um 1680–1751), guter Pariser → Ébéniste des Rokoko, der für den Hof und die Marquise von Pompadour arbeitete (Münzschrank für Versailles).
Gebälk → Säule
Gebende, im 13. Jh. die Kopfbedeckung der verheirateten Frau (z. B. Uta von Naumburg). Sie bestand aus einem durch einen Kopfputz ergänzten Kinnband.
Gebetsmantel → Tallit
Gebetsmühle, Kultgegenstand des tibetischen Lamaismus, der von allen Gläubigen gebraucht wird. Aus einem hölzernen Griffstiel ragt ein langer Metalldorn heraus, auf dem in Form einer länglichen runden Dose die Mühle aufgesetzt wird, die losen Deckel werden von der Achse durchlaufen. Den Abschluß des Dornes bildet ein kunstvoll gearbeiteter Knopf. An der Zylinderaußenwand ist eine kurze Kette befestigt, die in einer Bleikugel endet. Sie verstärkt den Drehschwung. Im Zylinder Papierstreifen mit Gebeten, vor allem → *om mani padme hum* („oh Kleinod im Lotos"). Die Mühle wird aus Metallegierungen gefertigt, seltener aus Gold, Silber, Elfenbein, Halbedelsteinen oder Jade. Oft Dekore in → Ziselierungen und → Tauschierungen.
Gebetsriemen → Tefillin
Gebetsteppich, kleiner Orientteppich mit – örtlich verschieden gebildeter – Darstellung der Gebetsnische (→ Mihrab).
Gebrannte Siena → Terra di Siena

Tibetische Gebetsmühle. 18. Jh. Silber mit Holzgriff. München, Museum für Völkerkunde.

Gebetsteppich. Hereke, Ende 19. Jh. oder frühes 20. Jh. Seide. 125 × 167 cm. Berlin, Auktionshaus Spik.

Gedenkmünzen → Geschichtsmünzen
Gefütterte Münzen, antike Münzen aus Krisenzeiten, bei denen ein Silbermantel einen Kupfer- oder Bronzekern umschließt. In ihrer Zeit hießen sie Subaerati.
Gefußte Kanne, zinnerne Schenkkannen, deren Herstellung in den Zeitraum von etwa 1450 bis 1540 und in das 17. Jh. fiel. Auf rundem, relativ hohem Fuß sitzt ein ballenförmiger Körper, der in einen schlanken Hals übergeht; die erweiterte Mündung schließt ein gewölbter Scharnierdeckel, der bandartige Henkel ist abgewinkelt (sog. Kniehenkel). Der Schmuck besteht aus wenigen Horizontalprofilen. Die Kannen wurden vielfach als Meisterstück verlangt. Man bediente sich ihrer in den Rathäusern (→ Ratskannen) und bei festlichen Anlässen in den Bürgerhäusern; gelegentlich fanden sie als → Abendmahlskannen Verwendung.
Gegenhermelin → Tinkturen
Gegensiegel, auf der Rückseite eines Hängesiegels aufgedrücktes kleineres Siegel.
Gegenstempel, 1. nachträglich auf Münzen eingeschlagene

Gegenstempel (Abb. verkleinert)

Zeichen, die den Wert verändern oder alten Münzen wieder Gültigkeit verleihen, auch Kontermarke genannt. 2. In der Sphragistik: Gegensiegel, Sekretsiegel (→ Siegel).

Gehilze → Schwert

Geige, deutsche Bezeichnung für → Violine, angeblich von *gigue* (altfranz. *gigot,* Schinken) abgeleitet; → Fiedel, → Amati, → Stradivari; → Guarneri.

Geißfuß, 1. franz. *pied de biche,* Rehbein; Möbelfuß des Rokoko mit Gelenk und Fuß, auch als Huf endend. Im frühen 18. Jh. ersetzte er an Tischen und Stühlen den steifen Balusterfuß des Louis-quatorze. Der Geißfuß wurde im Louis-seize durch einen geraden und nach unten verjüngten (häufig → kannelierten) Fuß abgelöst; 2. in der Schreinerei ein Stechwerkzeug mit winkeliger Schneide zum Ausheben von Fugen.

Geison → Säule

Gelbbeize, Verbindung eines Silberpräparats mit einer Trägersubstanz, die als Mischung mit Wasser oder einem öligen Medium mit dem Pinsel auf farblose Gläser aufgetragen wird und nach dem Brennen im Muffelofen dem Glas eine hellgelbe bis braungelbe Oberflächenfärbung verleiht. Die Gelbbeize wurde in der Biedermeierzeit neben der Glasfärbung bei der → Transparentmalerei verwendet und ergab in Verbindung mit opak-roten marmorierten Gläsern (→ Achatglas, → Hyalith) das berühmte → Lithyalinglas.

Gelbe Bayreuther Ware → Bayreuth

Gelbe Familie, franz. *famille jaune,* → chinesisches Porzellan, → Crailsheimer Fayence

Gelbguß → Messing

Gelbgußgefäße, zumeist reichhaltig verzierte Dosen, Büchsen und Schalen aus Kupfer-Zink-Legierungen (Messing) in Hinterindien und Indonesien.

Geledemasken → Yoruba

Gelegenheitsgraphik, meist farbig gedruckte graphische Kärtchen des 19. Jh.s, die man zu bestimmten Gelegenheiten überreichte, vor allem um mitfühlende Gedanken bildlich auszudrücken. So u. a. Zieh- und Klappbilder (z. B. Darstellung des Alterns: Säugling, junges Paar und Greisenpaar mit der Aufschrift *So waren wir – So sind wir – So alt wollen wir werden,* Überschrift *Die drei Zeiträume*), Glückwunschkarten (Hund als eilender Glückwunschüberbringer: *Es eilt mein Both' mit frohem Blick, Bringt was ich wünsche ...*), Briefverschlußetiketten, Hebelzugkarte (die Sonne, umgeben von Blumengirlande: Bei Betätigung des Zughebels verschwindet eine Hälfte der Sonne, um die letzten Worte eines Vierzeilers freizugeben), Einsteckkarte (junge Dame beim Blumengießen: Die fünf Blumentöpfe sind mit Ausschnitten versehen, in denen Glückwünsche erscheinen, die sich beim Betätigen des Zughebels ergänzen), Transparentkarte (junge Dame mit Stickarbeit, einsam auf ihrem Stuhl sitzend, Bildunterschrift: *Im Traume komt sehr oft und unverhofft das Glück.* Bei Durchsicht erscheint eine Kinderschar, einen Blumenkranz haltend, mit den Worten *So überschütte Dich mit Segen das Geschick*), Wiener Kunstbillett (Collage mit Blumenstrauß und Bücherstilleben, Unterschrift: *Was ich wünsche, steht im Buche hier, Oh blieb es doch ein werthes Denckmahl Dir*).

Gelieger → Stechzeug

Gemäldedurchleuchtung, Untersuchung von Gemälden auf strahlentechnischem Wege. 1. Die Durchleuchtung mit Hilfe von Röntgenstrahlen läßt tieferliegende Strukturen erkennen: frühere Malschichten, die verschiedenen Stadien des Malprozesses, → Pentimenti und Vorzeichnungen sowie Struktur und Beschaffenheit des Bildträgers. 2. Ultraviolette Strahlen (Quarzlampe) zeigen durch ihre unterschiedliche Reflexwirkung von altbelassenen gegenüber neubehandelten Stellen der Bildoberfläche spätere Eingriffe und Restaurierungsspuren. 3. Infrarotstrahlen hellen die Farbstrukturen unterhalb des Firnis auf und lassen versteckte Signaturen oder Bleivorzeichnungen unter späteren Übermalungen erkennen.

Gemälderestaurierung, Wiederherstellung des ursprünglichen Zustandes eines Gemäldes durch Sicherung und Konservierung des Materials, nach Möglichkeit Entfernung nicht originaler, dem Bild zugehöriger Elemente, Farbschichten usw. Wesentliche Hilfe zur Erkennung des Originalbestandes ist die → Gemäldedurchleuchtung. Holztafelgemälde, die sich geworfen haben, können durch das Verfahren der → Parkettierung wieder eben gemacht werden. Brüchige Leinwand wird entweder durch → Doublieren mit einer neuen hinterklebt oder durch völliges Ablösen von der Farbschicht durch eine neue ersetzt (→ rentoillieren). Durch Blasen vom Grund gehobene Farbe kann durch Festbügeln mit Leim oder Wachs wieder gefestigt werden. Das Auffrischen der Farbe geschieht in der Regel durch Abnahme des alten, vergilbten Firnis (Regenerierung).

Gemeine Figuren, alle Wappenbilder außer → Heroldsbildern, d. h. frei im Feld stehende natürliche Darstellungen (Menschen, Tiere, Pflanzen und Teile von ihnen), erdichtete (Ungeheuer, Phantasietiere) und künstliche Gegenstände aus Kunst und Handwerk (am häufigsten das Kreuz). Gemeine Figuren können Heroldsbildern aufgelegt und selbst in verschiedene → Tinkturen geteilt sein. Sie werden nicht naturgetreu dargestellt, sondern als Typus oder im heraldischen Stil, der durch Vereinfachung und Übertreibung besonderer Kennzeichen bei guter Einpassung in die Schildform entsteht und der leichten Erkennbarkeit auf weite Entfernung dient. Der heraldische Stil folgt den allgemeinen Stilwandlungen. Die schönsten Wappenbilder sind im 14. und 15. Jh. geschaffen worden. Am häufigsten kommen Löwe und Adler vor. Der Löwe, gewöhnlich im Profil, ist meist „grimmend" dargestellt, d. h. auf einem Hinterbein, die anderen Beine und den Schwanz erhoben; seltener schreitend oder liegend. Ein Löwe mit herausschauendem Gesicht heißt heraldisch Leopard. Der Adler wird meist symmetrisch mit gespreizten Flügeln und Fängen dargestellt, mit Vorliebe als zweiköpfiger Doppeladler. Häufige Wappenzeichen sind auch Adlerflügel: Gepaart bilden sie einen Flug (offener Flug von vorn gesehen; geschlossener Flug im Profil); ein einzelner Flügel heißt ein halber Flug. Bäume werden heraldisch meist ausgerissen dargestellt, d. h. mit Wurzeln. Die Zahl der gemeinen Figuren ist ebenso wie die der Heroldsbilder fast unbegrenzt.

Gémellion, Schale mit einem Löwenkopfausguß am Außenrand. Im Mittelalter diente sie in adeligen Haushalten als Handwaschschüssel.

Gemma Augustea, berühmte antike (→ Gemmen) aus zweischichtigem → Sardonyx, ca. 12 v. Chr., jetzt im Kunsthistorischen Museum in Wien. Der Bildfries des 23 cm breiten und 19 cm hohen Steins zeigt in der oberen Hälfte Tiberius vor Augustus und Roma, umgeben von allegorischen Figuren, unten die Aufrichtung eines Tropaions und gefangene Barbaren. Goldfassung und Öse Zutat des 17. Jh.s.

Gemmen (lat. *gemma,* Edelstein), Edel- oder Schmucksteine mit eingeschnittenen Darstellungen. Sie bilden einen Teilbe-

Goldene Gemmenbroschen. 2. Hälfte 19. Jh. Emailliert.

reich der → Glyptik. Ursprünglich erfolgte die Bearbeitung der vorwiegend durchscheinenden oder undurchsichtigen Steine mit von Hand geführten Werkzeugen, später mit Hilfe rotierender Werkzeuge (Radtechnik). Nach der Gravier- bzw. Schneidetechnik lassen sich zwei Arten der Bearbeitung unterscheiden: Einmal erscheint die Zeichnung vertieft, in den Stein eingegraben, das andere Mal werden die Umrisse abgeschliffen, das Bild entsteht als Relief. Die Arbeiten des Tiefschnitts werden Intaglien genannt (ital. *intagliare,* tiefgraben), die des Hochschnitts Kameen.
Bei der Auswahl der Steine wurden Stücke bevorzugt, die eine besonders schöne Maserung, Farbigkeit und Durchsichtigkeit haben, wie der → Sardonyx, der → Chalcedon, aber auch der Achat, Aquamarin, Hyazinth, Jaspis, Smaragd u. a. Die bekanntesten Tiefschnittarbeiten sind in Chalcedon (auch Karneol) ausgeführt, eine rötliche, leicht opake Varietät des Quarz. Die schönsten und wichtigsten Werke des Hochschnitts sind in Onyx und Sardonyx (bräunlich und gelblich) gestaltet, Steine, die durch ihre verschiedenfarbigen Schichten dieser Technik am meisten entgegenkommen. Schon in frühester Zeit wurden die Steine mit geheimnisvollen Kräften belegt und so als Amulette und Glücksbringer aller Art getragen und aufgestellt. Intaglien dienten hauptsächlich als Siegelringe, Kameen als Schmuck, aber auch zur Verzierung von Prunkwaffen, Kästchen, edelmetallenen Trinkgefäßen, im Mittelalter dann von kirchlichen Gerätschaften und Reliquienschreinen.
Die Blütezeiten der Gemmenschneidekunst hängen ursächlich mit den Möglichkeiten der Steinbeschaffung zusammen. Es handelte sich immer um ein Luxusbedürfnis, das edle Material zu beschneiden. Zwar tritt die Gemmentechnik schon seit dem 5. Jahrtausend an babylonischen Siegelringen auf, im 4. Jahrtausend an den für heilig gehaltenen → Skarabäen (Skarabäus) Ägyptens, doch erfährt dieser Kunstzweig seine besondere Ausprägung in der klassischen Antike mit den Möglichkeiten des Orienthandels. Ihren absoluten Höhepunkt erlebte die Entwicklung der Steinschneidekunst in der frühen römischen Kaiserzeit (→ Gemma Augustea). Es werden Sagen-, Kult- und Genreszenen, Götter, Heroen in Porträtform dargestellt, Objekte der monumentalen Kunst kopiert. Im Mittelalter schmückten antike Gemmen Kreuze, Kelche und Buchdeckel, in der Renaissance kam die Technik mit den neuerschlossenen Handelswegen und der Antikenverehrung erneut in Aufschwung. Mit dem Einsetzen des Klassizismus, Ende des 18. Jh.s, ist ein neuer Schritt des Wiederauflebens der Gemmenschneidekunst zu verzeichnen, als erneut der Anschluß an die Antike in den Vordergrund trat. Jedoch verblaßt nun die eigenschöpferische Virtuosität der Gemmenschneider, was letztlich auch zu Fälschungen führte. Diese sind nicht immer leicht nachzuweisen. Ein halbwegs sicheres Indiz ist die Untersuchung des Materials, die allerdings geübte Kenntnis in der Edelsteinkunde voraussetzt. Leicht zu erkennen sind Gipsnachahmungen oder Bildnisse aus edelsteinunähnlichen Substanzen. Einzige Sicherheit hinsichtlich der Echtheit erhält man durch die Einschätzung der Qualität des Dargestellten, die ausschließlich für die Beurteilung des Handelswerts ausschlaggebend ist.
Folgende Kriterien bestimmen die Datierung: Da es sich bei Gemmen, auch bei den Porträts, immer um antikisierende Darstellungen handelt, ist eine Datierung in die Antike oder

George III-Kredenz, Adam-Stil. Um 1770. Paar George III-Messerkästen. Mahagoni.

Epochen der Antikenrezeption vorrangig, so in die Renaissance oder den Klassizismus. Maßgebend für die Zuordnung sind stilistische Merkmale; kommt zu der hochrangigen Qualität des Bildes ein wertvoller Edel- oder Halbedelstein, so ist eine Datierung in die Antike oder Renaissance zu erwägen. Ist das Material untypisch – Gips, Muschel usw. –, so wird die Zuweisung in das frühe oder mittlere 19. Jh. wahrscheinlich. Dabei ist zu beachten, daß in bestimmten Jahrzehnten bestimmte Materialien Vorrang hatten und mit zunehmender Vermarktung des Kunsthandwerks die Qualität des Schnitts, vor allem im Laufe des 19. Jh.s bis in unsere Zeit, abnahm. Im 18. Jh. begann die kunstwissenschaftliche Erforschung des Gesamtbereichs der → Glyptik; man sammelte Gemmen und Kameen sowie deren Abdrücke und Nachgüsse. Die Wiederbelebung des Gemmenschnittes im 20. Jh. gelang als einzigem Martin Seitz aus Passau (* 1895), dessen Arbeiten im Besitz von Museen und Privatsammlungen sind.

Genähte Spitze → Nadelspitze

Gendje, Nomadenteppich aus dem mittleren Kaukasus (→ kaukasische Teppiche), dem → Kasak-Teppich verwandt. Das Muster besteht aus großen, symmetrisch oder reihenweise angeordneten Quadraten, Kreuzen oder Achtecken, die mit Haken besetzt und mit Sternen oder Rauten gefüllt sind. Die Farben sind bunt.

Genfer Kanne → Walliser Weinkanne

Genremalerei, eine in der abendländischen Kunst erst mit dem 15. Jh. auftretende Gattung der Malerei, die das Alltagsleben innerhalb der verschiedenen Stände in typischen Ausschnitten zeigt. Im sog. Genrebild oder Sittenbild lassen sich daher leicht bürgerliches, höfisches und bäuerliches Genre unterscheiden. Früheste Genredarstellungen schuf der sog. Hausbuchmeister in seinen Kupferstichfolgen um 1480/90. Größte Bedeutung gewann das Genrebild erst in den Niederlanden des 17. Jh.s, wo sich denn auch zahlreiche Maler für das eine oder andere Genre vorzugsweise interessierten; um nur andeutungsweise zu nennen: die bäuerlichen Szenen des Adriaen van Ostade oder David Teniers, etwas karikierend bei Adrian Brouwer; bürgerliche und höfische Welt bei Nicolaes Maes und Gabriel Metsu oder schließlich Gerard ter Borch. Im 18. Jh. Frankreichs sind Watteau, Fragonard und Chardin zu nennen, in England Hogarth mit seinen satirischen Milieuschilderungen. Deutschlands Genremalerei erfährt erst am Ende des 18. Jh.s (mit Daniel Chodowiecki) eine aufsteigende Entwicklung, besonders ausgeprägt im Biedermeier (Spitzweg, Kersting, Waldmüller). In der zweiten Hälfte des 19. Jh.s erhält die Genremalerei novellistische, literarisch-inhaltsreiche Züge. Bildtitel verweisen oft auf den Augenblick einer Geschichte, der im Bild wiedergegeben ist. Knaus und Menzel, die Maler der Münchener Schule wie Grützner, Defregger, Leibl oder Munkácsy – um nur einige zu nennen – arbeiten nach solchen Bildthemen; allerdings ist jene Tendenz in dieser Zeit überall in Europa zu finden; so geben die → Orientalisten ihre Eindrücke vom arabisch-südlichen Alltag wieder – wie die Genremalerei europäischen Inhalts auch nicht immer ohne verklärende, beschönigende oder dramatisierende Tendenz. Erst der Impressionismus leitete eine Kehrtwendung ein vom Bildthema literarischen Inhalts zur rein malerischen Auffassung.

Genueser Spitzen, in Genua, dem Zentrum der italienischen Spitzenherstellung, gearbeitete frühe Klöppelspitzen (oft auch aus Goldfaden) aus der Zeit des 16. und 17. Jh.s.

Georg, Hl., gehört zu den Vierzehn → Nothelfern und ist wohl der populärste Heilige vom 10. bis zum 19. Jh. in allen westeuropäischen Ländern, in Byzanz, auf dem Balkan und in Rußland. Nach der Legende soll er einen Drachen getötet haben, um die Königstochter Aja (Cleodolinde) zu befreien. In dieser Szene wurde er am häufigsten dargestellt, zu Pferd, mit der (abgebrochenen) Lanze oder dem Schwert gegen den Drachen kämpfend.

Georgian style, ein Sammelbegriff für die divergenten Stilformen während den Regierungszeiten der englischen Könige Georg I., II. und III.; der Georgian style reicht bis in das → Regency (1714–1811) hinein. Spätbarock (→ Barock), → Rokoko, → Klassizismus und → Gothic Revival sind die Stilepochen, die innerhalb des Georgian hervortreten.

Georgstaler, Taler mit dem Bild des heiligen Georg im Drachenkampf, die an verschiedenen Münzstätten geprägt wurden und als → Amulettmünze beliebt waren.

Georgstaler (Abb. verkleinert)

Gepräge → Münze

Gera, Filiale der Porzellanmanufaktur von → Volkstedt, ab 1782 selbständig. Es wurden klassizistische Einzeltassen mit Thüringer Ansichten hergestellt. Die Marke war ein G unter der Glasur. Seit 1750 bestand in Gera auch eine Fayencemanufaktur (→ Geraer Fayence).

Geraer Fayence, Produkte der thüringischen Fayencemanufaktur in Gera, 1750 bis 1780. Neben den üblichen → Thüringer Fayencen sind in Gera als Schmuckmotive gestreute Schnittblumen und blaue → Lambrequins hervorzuheben. Fabrikmarke ist der ausgeschriebene Ortsname oder ein G.

Gerait → Stechzeug

Gerautet → Heroldsbilder

Gereit → Stechzeug

Germain, Thomas (1673–1748) und sein Sohn François-Thomas (1726–1791), berühmte Pariser Goldschmiede des 18. Jh.s, von deren Werken sich nur wenige erhalten haben.

Gerverot, Louis Victor → Fürstenberger Porzellan

Geschacht → Heroldsbilder

Geschichtsmünzen, auch Gedenkmünzen, Münzen, die über den Geldwert hinaus die Erinnerung an bedeutsame Ereignisse wachhalten sollen. Sie wurden von der Antike bis zur Gegenwart geprägt. Zu ihnen gehören Huldigungsmünzen absolutistischer Zeit (nach Siegen oder Herrscherkrönungen), Krönungsmünzen (aus Anlaß von Krönungen), Siegesmünzen (nach siegreichen Schlachten, z. B. des Großen Kurfürsten nach dem Sieg von Fehrbellin 1675), → Sterbemünzen.

Geschirrschrank, bürgerliches Möbel des 18. Jh.s, dessen Oberteil verglast ist, als Schauschrank für Porzellan und Glas benutzt. Der Geschirrschrank wurde Anfang des 18. Jh.s in den Niederlanden entwickelt, sicher im Zusammenhang mit dem ständig steigenden Import wertvoller chinesischer Porzellane, deren Besitz zur Schau gestellt werden sollte. In Deutschland, Frankreich, England und Amerika wurde diese Schrankform schon bald übernommen.

Geschlitzte Stoffe, in der Mode des 16. Jh.s vorkommende Seidenstoffe (meist Atlas), in die mit Messern und Eisen runde oder längliche tupfenartige Schlitze eingerissen wurden.

Geschübe, Geschoben, bewegliche Teile des → Harnischs. Sie sind aus einzelnen Horizontalstreifen, die einander etwas übergreifen und Schienen oder Folgen genannt werden, zusammengesetzt und vernietet oder innen durch Lederstreifen verbunden.

Gesellenbriefe, gezeichnete, geschriebene und gedruckte Attestate für Gesellen, meist mit Stadtansichten geschmückt. Darunter sind neben Arbeitsattestaten besonders die Befähigungsnachweise zu verstehen, also Lehr- und Meisterbriefe. Zunächst handschriftlich ausgefertigt, wurden sie von der 2. Hälfte des 18. Jh.s an gedruckt und mit einer Ansicht der Stadt versehen, in der der Geselle oder Meister geprüft wurde. Besonders die Zünfte statteten diese Briefe sehr ornamental aus. Die Blütezeit der Gesellenbriefe liegt in der 1. Hälfte des 19. Jh.s, als man sich der Möglichkeiten der Lithographie bediente. Lehrbriefe von unzünftigen Berufen, z. B. Gärtner oder Jäger, finden wir meist als kalligraphisch gezeichnete Urkunden auf Pergament.

Gesichtskrug, bauchiger Tonkrug des späten 15. und 16. Jh.s mit einem oder mehreren Henkeln, in die Wandung eingeritzten Gesichtszügen und plastisch aufgesetzter Nase. Er wurde vorwiegend in den Rheinlanden (→ Raerener Steinzeug) hergestellt.

Gesims, vortretender waagerechter Streifen in der Architektur und der Möbelkunst, der den Aufbau horizontal gliedert und die senkrechten Gliederungen zusammenfaßt. Das Gesims kann ein- oder mehrstreifig sein. Wird es über den senkrechten Gliederungen vorgezogen, nennt man es gekröpft oder verkröpft. Über Kranzgesims → Säule.

Gespalten (Heraldik) → Heroldsbilder

Gesprenge → Altarretabel

Gestech → Stechzeug

Gestückt, bedeutet in der Heraldik: aus Teilen verschiedener → Tinkturen zusammengesetzt.

Gestümmelt, bezeichnet in der Heraldik eine Figur, die eines oder mehrerer wesentlicher Teile beraubt ist.

Geteilt (Heraldik) → Heroldsbilder

Geweihkronleuchter, an Ketten hängender → Kronleuchter

Geweihleuchter, sog. Lüsterweibchen. München, um 1880. Geschnitztes und gefaßtes Holz, L 65 cm. München, Auktionshaus Weinmüller.

des 15. und 16. Jh.s mit einem Hirsch- oder Elchgeweih in der Mitte. Es trägt am Stirnbein eine holzgeschnitzte, buntgefaßte Figur oder Büste, anfangs meist Maria mit dem Kind (daher auch Muttergottesleuchter genannt). Im 16. Jh. wurden weltliche Halbfiguren darauf angebracht, die sog. Lüster- oder Leuchterweibchen, die zum Teil von bedeutenden Künstlern entworfen wurden. (Abb. s. a. S. 193)

Giardinettoring (von ital. *giardinetto,* Gärtchen), meist goldener Reif mit durchbrochener, mit farbigen Edelsteinen besetzter Silberplatte in Form eines Blumenarrangements. Der Typus war besonders im 2. Drittel des 18. Jh.s in Europa weit verbreitet.

Gibbons, Grinling (1648–1721), der bedeutendste englische Entwerfer für Schnitzwerk, dessen Paneele, Spiegelrahmen und Kaminverkleidungen zu den schönsten Beispielen des englischen Barock gehören. Doch nicht nur Holz, auch Marmor, Stein und Bronze gehören zu seinen bevorzugten Materialien.

Giebelschrank, auf antike Vorbilder zurückgehender mittelalterlicher Schrank, mit spitzem Giebel und einer schmalen Tür oder zwei übereinander angeordneten Türen. Der Giebel war häufig an der Rückseite abgetreppt und trug vorn Schnitzereien. Eisenbänder dienten der Festigung des Möbels. Es war im 13. und 14. Jh. in Süddeutschland und Tirol, in Niedersachsen, Skandinavien und England verbreitet.

Gießfaß → Handfaß

Gipsabguß → Abguß

Girandole, kleiner, zwei- oder mehrarmiger → Kandelaber, dessen Armstücke vom Schaft abgenommen und durch Kerzentüllen ersetzt werden können.

Girandoles, Ende des 17. Jh.s in Frankreich aufkommende Ohrgehänge, bei denen am Hauptmotiv – Schleife, Stern oder Blüte – noch drei kleinere Steine oder Perltropfen hängen.

Girenalbe → Albe

Girlande → Feston

Gitarre, zur Lautenfamilie gehöriges Zupfinstrument mit flachem Boden und sechs Saiten in der Stimmung E, A, D, g, h, e; sie klingen eine Oktave tiefer als notiert; vielfach wird die Gitarre irrtümlich als Laute bezeichnet.

Gjordes, auch Ghiordes, bedeutende Teppicherzeugnisse aus der westanatolischen Stadt gleichen Namens; meist Gebetsteppiche, selten in Seide. Alte Teppiche enthalten fast immer baumwollene weiße Musterpartien. Der von Mädchen für die Aussteuer geknüpfte Kleinteppich wird Kiss-Gjordes (→ Kiss) genannt.

Gjordesknoten, türkischer Knoten; der den Flor bildende Knoten der türkischen und kaukasischen Teppiche (→ türkische Teppiche, → kaukasische Teppiche). Zwei Kettfäden werden von oben umschlungen; die beiden Enden des Knüpffadens ragen zwischen ihnen auf. Die Technik bewirkt eine festere Bindung zwischen Flor und Kette als die Knüpfung mit dem persischen Knoten (→ Sennehknoten).

Giebelschrank. Sachsen, um 1300. Eiche, 247 × 90 cm. Halberstadt, Dommuseum.

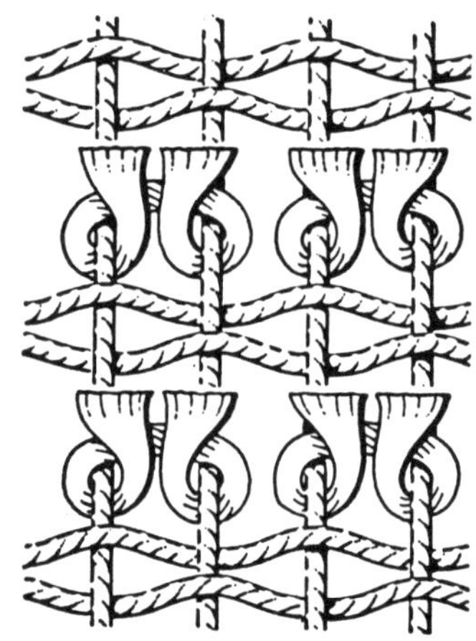

Gjordesknoten

Gießkalter, der im süddeutschen Raum in der → Gotik verbreitete Waschschrank, der mit Waschschüssel und Gießgefäß versehen war.

Gießpfanne, großes flaches Eisengefäß mit zwei Stielen, das beim → Guß zum Einfüllen des flüssigen Metalls in die Gußform dient.

Gilet, schoßlose, hochgeschlossene Männerweste der Zeit um 1800.

Gillot, Claude (1673–1722), französischer Maler und Kupferstecher, schuf für das französische Rokoko typische Möbelentwürfe, Dekorationen, Buchillustrationen und Ornamente. Er war der Lehrer Jean-Antoine Watteaus.

Giovanelliservice → Ludwigsburger Fayence und Porzellan

Giphogo-Maske → Pende

Gläserkübel, auch *Seau à verres,* flache Silberwanne des 18. und frühen 19. Jh.s mit gelapptem Rand, in den Weingläser mit den Füßen eingehängt wurden, während die Kelche zur Kühlung im Eiswasser lagen.

Glanzgold, um 1830 in Meißen erfundene Technik einer stark glänzenden Vergoldung. Der Überzug enthält nur wenig Gold, das mit Ölen vermischt vor dem Brand aufgetragen wird. Dieses Verfahren ist zwar billig, aber wenig haltbar.

Glas ist eine Verbindung von Kieselsäure (Sand) mit einem Alkali (Natron, Kali), die bei hoher Temperatur schmilzt, eine zähflüssige Masse ergibt und beim Erkalten erstarrt. Als Alkali wurde im Mittelalter sogenannte Pottasche aus Buchenholz verwendet (Kaliglas, → Waldglas genannt). Die Färbungen entstanden durch Spuren von Eisenverbindungen im Sand, und um ein möglichst farbloses, rein weißes Glas zu erhalten, setzte man dem Gemenge Entfärbungsmittel wie Braunstein oder Arsenik zu. Zum Färben des Glases benutzte man Metalloxyde. In der zweiten Hälfte des 17. Jh.s bemühte man sich vor allem in Böhmen, ein dem echten → Bergkristall ähnliches Glas zu erzeugen, indem man die Reinheit der Masse durch Zusatz von Kalk in Form von Kreide (→ Kristallglas) verbesserte. In England hatte George Ravenscroft 1675 den gleichen Erfolg, indem er als Zusatz Blei verwendete (→ Bleikristall, → englische Gläser). – Die Glasmasse, in Ägypten seit dem 4. Jahrtausend bekannt, wurde zunächst als undurchsichtige Paste zu Amuletten und Schmuckstücken geformt; die ersten Glasgefäße aus der Mitte des 2. vorchristlichen Jahrtausends entstanden um einen Kern aus Lehm oder Ton (→ Sandkerngläser). In der römischen Kaiserzeit (→ römisches Glas) wurde die Glasmacherpfeife erfunden und das Blasen von Hohlgläsern eingeführt. Die römische Glasmacherkunst verbreitete sich über ganz Nordeuropa. Etwa zur gleichen Zeit erblühte die islamische Glaskunst (→ islamisches Glas). Das im Mittelalter in Nordeuropa erzeugte Waldglas beschränkte sich auf einfache Gebrauchsgegenstände. Im späten Mittelalter kamen originelle Gefäßformen aus deutschen Hütten (→ Angster, → Krautstrunk, → Maigelein, → Spechter), die im 16. und 17. Jh. weiterlebten. Auf technischem und künstlerischem Gebiet waren die venezianischen Hütten (→ venezianisches Glas) führend, deren Erzeugnisse in viele Länder exportiert und bald im eigenen Land und nördlich der Alpen nachgeahmt wurden. Von den venezianischen Verzierungstechniken wurden vor allem die Bemalung mit bunten Schmelzfarben (→ emaillierte Gläser) und die Vergoldung weiterentwickelt, bis die Erfindung des dickwandigen, für → Glasschliff und → Glasschnitt geeigneten Kristallglases einen Stilwandel und die Abkehr vom venezianischen Glas brachte. Vom Prager Hof Rudolfs II. ausgehend, griff die Glasgravur erst auf Nürnberg (→ Nürnberger Glasschnitt), gegen Ende des 17. Jh.s vor allem auf Böhmen, Schlesien und Brandenburg über (→ Barockglas, → böhmische Gläser, → brandenburgische Gläser). Im ausgehenden 18. Jh. wurde das englisch-irische geschliffene Glas (→ englisches Glas) richtungweisend für die Hütten des Kontinents. Vor allem in Böhmen bildete sich ein neuer Glasstil heraus, der um technische Neuerungen auf dem Gebiet des farbigen Glases bereichert wurde (→ Biedermeierglas, → Empireglas). Neben dem Glasschliff pflegte man die künstlerische Gravur und die Bemalung mit bunten Schmelzfarben (→ Transparentmalerei). In der zweiten Hälfte des 19. Jh.s stand die Glaserzeugung unter dem Einfluß der historisierenden Stile, die sich schon im Biedermeier bemerkbar gemacht hatten. Zur Ratlosigkeit in Stilfragen gesellten sich die Nachteile der Massenproduktion und der maschinellen Fertigung; der Geschmack verwilderte. Nur allmählich zeigten die von England ausgehenden und auf dem Kontinent unterstützten Reformbestrebungen sichtbare Erfolge und führten zu einer Rückbesinnung auf traditionelle, materialgerechte Formen und Dekortechniken (→ Historismus-Glas). Um 1900 löste dann das → Jugendstilglas die retrospektiven Richtungen in der Glaskunst ab.

Girandole. Frankreich, um 1770. Feuervergoldung in Matt und Glanz. H 60 cm.

Die Verarbeitung des Glases am Werkofen. Aus Kunckel, Ars Vitraria Experimentalis (1689).

Glasgow School of Art, Name einer Gruppe von Architekten und Designern, die zwischen 1893 und 1904 aktiv war und sich, geführt von Charles Rennie → Mackintosh, an der Glasgower Kunstschule zusammengefunden hatte. Die Schwestern Macdonald, George → Walton und Herbert McNair sind die Hauptvertreter der Glasgower Schule. Sie entwarfen Möbel, Metallarbeiten, Stoffe und vieles mehr in einem sehr eigenen, strengen, von keltischen Buchmalereien angeregten → Jugendstil, der seit 1895 mehrfach auf dem Kontinent (Wien, Turin, Venedig) in Ausstellungen gezeigt wurde. Der Einfluß der Glasgower Schule auf den deutschen und österreichischen Jugendstil war weitaus stärker als in Großbritannien selbst.

Glasgravur → Glasschnitt

Glasharmonika, auch Glasharfe, ein Instrument des 18. Jh.s aus verschieden großen Glasschalen, die gedreht und an den befeuchteten Rändern durch Fingerdruck zum Schwingen gebracht werden, wodurch ein ätherischer Klang entsteht.

Glashütte, sächsisches Uhrenzentrum in der Nähe von Dresden. Begründer der Glashütter Uhrenindustrie war 1845 F. Adolf Lange (*1815). Dieses Projekt fand in dem berühmten Uhrmacher Moritz Großmann (1826–1885) einen eifrigen Förderer. Großmann war vor allem durch eine theoretische Abhandlung über den freien Ankergang international bekannt geworden. Bereits 1854 betrieben in Glashütte vier Firmen die Uhrenproduktion in achtzehn Werkstätten und verhalfen den Glashütter Fabrikaten zur Weltgeltung. Auch Ludwig Strasser (*1853), der später zusammen mit dem Mechaniker Rhode die weltbekannte und bei Sternwarten, wissenschaftlichen Instituten und Uhrmachern geschätzte Firma Strasser Rhode begründete, lernte bei Großmann in Glashütte.

Glaskrankheit, Auflösungsprozeß alter Gläser, der in einem Alkaliüberschuß in der Glasmasse beruht und nicht zu beheben ist. Die Glaskrankheit kommt besonders häufig bei Gläsern aus dem späten 17. Jh. vor und äußert sich zunächst in Sprödigkeit der Oberfläche, die schließlich in kleinen Schuppen abblättert, so daß stumpfe Stellen bleiben.

Glaskurzwaren, Knöpfe und → Glasperlen aus farbigen Glasflüssen, Faßsteine für Bijouteriearbeiten und Glassteine für den Behang von → Glaslüstern. Berühmt sind die Glaskurzwaren aus Gablonz und Umgebung.

Glaslüster, wurden zum erstenmal um die Mitte des 17. Jh.s in Venedig aus geblasenem Glas hergestellt. In Frankreich behängte man Leuchtergestelle aus Metall mit prismatisch geschliffenen Stücken aus → Bergkristall, meistens jedoch mit Glassteinen. In Nordböhmen entwickelte sich im 18. Jh. eine blühende Lüsterindustrie, deren Erzeugnisse berühmt wurden.

Glasperlen, bereits im alten Ägypten bekannte Form des Glases. Seit dem 13. Jh. war Venedig Zentrum der Glasperlenproduktion. Das Herstellungsverfahren wurde streng gehütet. Glasperlen wurden nur selten zu selbständigen Kunstwerken wie kleinen Bildnissen verarbeitet und hauptsächlich zu reinen Dekorations- und Schmuckzwecken benutzt. Mit seinen mit Glasperlen belegten Bildertischen setzte Braunschweig im 18. Jh. einen besonderen Akzent in der Glasper-

Glaslüster. Frankreich, 1. Hälfte 18. Jh. Achse aus geschliffenen Kristallen, Gehänge aus Blättern, Rosetten, Perlschnüren. Versailles, Schloß.

Spieltisch mit Perlmosaikplatte. Braunschweig, um 1760. Werkstatt J. M. van Selow. H 74,5 × B 85 cm.

lenverarbeitung. In der Biedermeierzeit kannte man → Andenkengläser mit einer aus farbigen Perlen gestrickten aufgeschobenen Manschette, meist mit Blümchenmuster und Inschrift. Eine seltene Spezialität waren farbige Gläser mit aufgeklebtem Dekor aus kleinen Perlen.

Glasschliff, Veredelungstechnik von Rohglaskörpern mit Hilfe rotierender Scheiben oder Räder und eines körnigen Schleifmittels. Das Verfahren war bereits in der Antike bekannt, verlor aber in der Folge seine Bedeutung. Erst als es gelungen war, eine dem → Bergkristall ähnliche Glasmasse zu schmelzen (→ Kristallglas), aus der für die Schliffveredelung benötigte dickwandige Hohlgläser geblasen werden konnten, kam das Schleifen von Gläsern in der zweiten Hälfte des 17. Jh.s in Böhmen wieder in Übung und erreichte in der Barockzeit (→ Barockglas) einen ersten Höhepunkt künstlerischer Ausprägung. Vom → englischen Glas beeinflußt, entwickelten böhmische Glasschleifer zwischen 1815 und 1835 (→ Biedermeierglas) eine Fülle neuer, phantasievoller Musterschliffe. Der Konkurrenz des üppig dekorierten billigen → Preßglases und des modischen Farbenglases (→ Farbengläser), das etwa ab 1840 immer mehr in den Vordergrund rückte, war das aufwendig geschliffene farblose Glas nicht mehr gewachsen, und die Schleifereien beschränkten sich auf einfachere, aber auch eintönige Schliffmuster.

Glasschnitt, von der Bearbeitung des → Bergkristalls und anderer natürlicher Edelsteine auf Glas übertragene Verzierungstechnik mit Kupferrad und Schmirgel. Man unterscheidet zwischen Tiefschnitt und Hochschnitt. Beide Veredelungsarten waren schon in der Antike bekannt (→ römisches Glas). Italienische Steinschneider führten die Kunst in München und Prag ein. Am Hofe Rudolfs II. wendete Caspar → Lehmann den Tiefschnitt zum erstenmal auf Glasgefäßen und -tafeln an. Mit Georg Schwandhardt d. Ä. gelangte die Kunst des Glasschnitts nach Nürnberg (→ Nürnberger Glasschnitt) und erreichte zur Barockzeit ihre höchste Vollendung (→ Barockglas). Vor allem in Böhmen und Schlesien, in Sachsen, Thüringen und Potsdam (→ Brandenburgische Gläser) entwickelte sich der künstlerische Glasschnitt unter der Protektion der Landesfürsten und Grundherren. Während beim Tiefschnitt die gravierten Darstellungen in die Gefäßwandung hineingearbeitet werden, entstehen sie beim Hochschnitt durch Abarbeiten der sie umgebenden Fläche; sie stehen erhaben auf der Glaswandung. Etwa ab 1680 kam in Schlesien, im Hirschberger Tal, der Hochschnitt in Übung, dessen stark plastische Ornamentik an Bergkristallarbeiten des 17. Jh.s erinnert. Mit Martin Winter gelangte die Kunst des Hochschnitts nach Potsdam. Im letzten Drittel des 19. Jh.s. lebte der Hochschnitt in England unter der Bezeichnung → Rock-Crystal-Gravur wieder auf. Kunstvolle Hochschnittarbeiten, meist Porträts, schuf Wilhelm von Eiff (1890–1943), der maßgeblich die Entwicklung des Glasschnitts in unserem Jahrhundert beeinflußte.

Glass-Paperweights, Briefbeschwerer aus Glas. Die frühesten dekorativen Briefbeschwerer aus Glas, die wir kennen, stammen aus den vierziger Jahren des 18. Jh.s. Die schönsten und begehrtesten aller Glasbriefbeschwerer entstanden dabei in den Glasfabriken von Baccarat, St. Louis und Clichy –

Deckelpokal mit farblosem geschnittenem und geschliffenem Glas. Stuttgart, Württembergisches Landesmuseum.

Glass-Paperweight. Vermutlich Frankreich, 1. Hälfte 19. Jh. Farbloses und buntes Glas mit eingeschlossener Luftblase und Blüten, H 15,8 cm. Stuttgart, Württembergisches Landesmuseum.

Gegenstände, die heute zu den Raritäten des Kunsthandels zählen. Deutsche Glasbriefbeschwerer stammen meist aus Böhmen oder anderen Glaszentren der Mittelgebirge, lassen sich in ihrer Qualität jedoch nicht mit den französischen Produkten vergleichen. Sie sind nicht so klar in der Glasmasse und nicht so prächtig in ihren Farbvariationen – dafür freilich für den Sammler leichter erschwinglich. Die Entstehungsgeschichte der Glass-Paperweights ist mit der im alten Ägypten entdeckten → Millefiori-Glastechnik verknüpft. Verschiedenfarbige Glasfäden wurden dabei zu einem Bündel zusammengeschmolzen, dann quer durchgeschnitten, so daß man gemusterte Glasblättchen gewann, die dann der Glasmasse von Vasen, Flaschen usw. eingeschmolzen wurden. Diese Technik wurde im Venedig der Renaissance wiederaufgegriffen, und um 1815 stellte schließlich der Venezianer Pietro Bigaglia die ersten Millefiori-Briefbeschwerer her, die in einer durchscheinenden Glasmasse Blumensträuße aus farbigen Glasröhrchen bergen.

Die ersten böhmischen Glasbriefbeschwerer aus der Werkstatt Friedrich Egermanns stammen aus dem Jahre 1845. Die Millefiori-Zusammensetzung ist sehr einfach und besteht aus sechs Elementen, die um ein siebtes gruppiert sind. In der Mitte erscheint oft anstelle eines Blumenmotivs ein deutscher oder österreichischer Adler, eine Biene, ein kleiner Hase usw. Die Glasmasse weist oft einen gelblichen Ton auf. Von der böhmischen ist wahrscheinlich die französische Paperweights-Industrie beeinflußt. Baccarat stellt das erste wichtige Zentrum dar. Der früheste datierte Briefbeschwerer aus Baccarat stammt aus dem Jahre 1846. Die Millefiori-Elemente sind hier wesentlich reicher ausgebildet als in Böhmen, in die Glasmasse ist deutlich sichtbar ein B eingeschmolzen.

Das erste datierte Exemplar aus dem französischen St. Louis stammt aus dem Jahr 1845. Das Glas dieser Werkstattprodukte ist schwer, klar und weiß, in die Glasmasse sind die Buchstaben S. L. eingeschmolzen. Neben den weniger vielfältigen Millefiori-Typen finden sich hier häufig Blumengirlanden, Pilze, Anemonen, Kamelien, Dahlien, Fuchsien, Chrysanthemen, ganze Blumensträuße, Birnen, Trauben, Kirschen, Schmetterlinge, Schlangen, Fische, Vögel, Hunde und andere Tiere. In Clichy entstanden die frühesten Glasbriefbeschwerer 1849. Die Objekte sind meist nicht datiert und tragen auch nicht immer das eingeschmolzene C. In England stellte die Firma Bacchus 1848 in Birmingham Glass-Paperweights her. Die Millefiori bilden teppichartige Muster, auch Überfang-Objekte sind häufig vertreten. Die englischen Whitefriars-Objekte wurden ab 1848 verfertigt.

Auch in den USA wurden qualitätvolle Paperweights hergestellt. Louis Comfort → Tiffany beteiligte sich an der Fabrikation von Glass-Paperweights, allerdings stellten diese Erzeugnisse nicht die höchste Qualität dar.

Gegenwärtig kommen schöne Glasbriefbeschwerer aus Murano, die jedoch an den fehlenden Gebrauchsspuren und dem besonders klaren, durchscheinenden Glas als Neuschöpfungen zu erkennen sind.

Neben den Millefiori-Briefbeschwerern existiert noch eine andere, zahlenmäßig geringere Variante der Glass-Paperweights. Es handelt sich um Porträtkameen (→ Gemmen), die aus einer Glaspaste oder anderem opaken Material gearbeitet sind. Die ersten bekannten Stücke dieser Art datieren in das Jahr 1816, erfunden wurden sie jedoch bereits im 18. Jh. Neben Porträts tauchen vereinzelt auch anderweitige figurale Darstellungen auf. Derartige Objekte wurden in allen den Glaszentren hergestellt, die auch auf Millefiori-Briefbeschwerer spezialisiert waren.

Glasur, die glasartige Masse, die auf keramischen Erzeugnissen eingebrannt wird, um den → Scherben abzudichten oder ihm eine glatte, glänzende Oberfläche zu verleihen. Die deutsche → Hafnerkeramik des 15. Jh.s trägt → Bleiglasuren, das → rheinische Steinzeug farblose → Salzglasur. Charakteristisch für → Fayence ist eine stark deckende, leuchtend weiße Zinnoxydglasur. Abendländisches Hartporzellan wird mit einem Glasurbrei aus Porzellanmasse bedeckt. Am vielfältigsten sind die Glasuren → chinesischer Porzellane, die sich besonders eng mit dem Scherben verbinden, da sie im Gegensatz zum europäischen → Porzellan bereits dem Garbrand ausgesetzt werden.

Glefe → Stangenwaffen

Glinitzer Fayence, Fayence- und Steingutmanufaktur in Schlesien. 1767 verlegte Anna Barbara Gräfin von Gaschin die in Zborowski gegründete Fayencemanufaktur nach Glinitz. Um 1800 wurde die Fayenceproduktion eingestellt, dafür jedoch bis in die 2. Hälfte des 19. Jh.s Steingut hergestellt. In der Blütezeit sind die aus Glinitz stammenden Fayencen in Form und Dekor von bester Qualität und durch Blumendekore in Blau, Gelb, Karmin und Grün, gemalte Schuppenbordüren und plastischen Schmuck gekennzeichnet. Immer ist die Nähe zu → Proskau deutlich. Die Fabrikmarke war ein G oder GG.

Globus, künstliche Nachbildung der Erdkugel oder der Himmelskugel mit den Sternpositionen. Die Himmelsgloben stellen die Sternbilder so dar, wie der Beobachter im Mittelpunkt der Kugel sie sehen würde. Der Erdglobus wird in vollkommener Kugelgestalt gebildet, da die Abplattung der Erde selbst bei einem halben Meter Durchmesser der Kugel nur eine Verkürzung der kleinen Achse um 1,5 Millimeter verlangen würde. Die im Verhältnis zum Durchmesser der Erde verschwindend kleinen Höhenunterschiede der Erdoberfläche vergrößert man auf den sogenannten Reliefgloben in ihren Hauptzügen. Als Ersatz der früher schwer zu konstruierenden echten Globen wurden die sogenannten Konigloben geschaffen, bei denen jede Halbkugel durch einen gleichseitigen Kegel dargestellt wird und deren Einteilungsnetze sich leichter als bei den wirklichen Globen aufkleben lassen. Besonders wichtig sind in dieser Art die 1777 von Funk in Leipzig gearbeiteten Sternenkegel.
Den Erdglobus soll Anaximander um 580 v. Chr. in Griechenland erfunden haben. Die in der Antike erwähnten Modelle der Himmelskugel stellen wahrscheinlich keine Globen, sondern → Armillarsphären dar. Die ersten echten Himmelsgloben, die wir kennen, sind arabischen Ursprungs und stammen aus dem 13. Jh. n. Chr. Die frühesten erhaltenen europäischen Himmelsgloben (15. Jh.) sind aus Holz, mit Leinwand bezogen und bemalt, oder aus Messing in hölzernem, bemaltem Gestell. Den frühesten Erdglobus, noch ohne Amerika, ließ 1490–92 Martin Behaim in Nürnberg bauen; er ist mit mehr als 1200 Bildern von Städten, Fürsten, Wappen, Flaggen und Schiffen bemalt. Im 16. und 17. Jh. entstanden Erd- und Himmelsgloben in großer Zahl, mit Holzschnitten oder Kupferstichen beklebt oder in Metall mit gravierten Darstellungen. Berühmt waren die Himmelsgloben des frühen 17. Jh.s von Georg Wilhelm Blaeu, noch bekannter die um 1690 entstandenen repräsentativen Globen von Vincenzo Coronelli. Vom 16. Jh. an kannte man Himmelsgloben mit Triebwerk, die sich in 24 Stunden einmal um sich selbst drehten. Ein Zentrum ihrer Herstellung war Kassel unter Landgraf Wilhelm IV. Im 18. Jh. machte man Globen auch aus Fayence und Porzellan.
Globusbecher, Becherglobus, im 16. und 17. Jh. hergestellte Becher in Form eines → Globus. Als Material verwendete man Messing oder feuervergoldetes Silber. Die Globusbecher werden von einer Figur getragen und bekrönt und sind am waagerechten Äquatorkreis geteilt, so daß beide Hälften als Becher dienen können. Auf Erdgloben sind die Erdteile, auf Himmelsgloben die Sternbilder graviert.
Globustisch, eine Sonderform des → Nähtisches im → Biedermeier, der seinen Namen von der Globusform seines

Globusförmiger Nähtisch. ∧ Vermutlich Österreich, 1. Viertel 19. Jh. Nußwurzelholz, B 64 cm. London, Auktionshaus Christie's.

Glockenkanne von J. B. Ernst. Lindau, Mitte 18. Jh. H 32 cm. Freiburg, Simmermacher.

Deckels bezieht. Diese Kalotte, meist von drei Beinen getragen, war aufklappbar und enthüllte ein perfekt eingerichtetes Innenleben mit zahlreichen kleinen Schubladen und Fächern.
Glockendegen → Degen
Glockenkanne, Schweizer Zinnkanne des 17. und 18. Jh.s von plumper Glockenform mit kantigem, gedeckeltem Röhrenausguß und flachem Einsteckdeckel, an dem ein großer senkrecht stehender Tragring befestigt ist. Sie ist häufig

durch Horizontalprofile gegliedert; seitlich am Kannenkörper befindet sich fast immer ein Wappenschild. Fehlt der Ausguß, spricht man von einer Glockenflasche. Glockenkannen sind schon auf mittelalterlichen Gemälden dargestellt; die erhaltenen Stücke stammen aus dem 17. bis 19. Jh.

Glockenkasel → Kasel

Glockenleuchter → Altarleuchter

Glockentaler, sieben verschiedene Taler, die Herzog August d. J. von Braunschweig-Lüneburg zur Erinnerung an den geglückten Entsatz seiner Festung Wolfenbüttel (1643) prägte. Sie zeigen sieben verschiedene Stadien des Aufhängens einer Glocke und sind bei Sammlern sehr gesucht.

Glockentaler (Abb. verkleinert)

Glockenzug, ein Griff, meist aus Bronze, manchmal auch vergoldet, an einer Schnur oder einem bestickten Band. Durch Ziehen des an der Wand eines Wohnraumes angebrachten Glockenzuges wurde durch ein System von Drähten eine Glocke in den Wirtschafts- oder Dienstbotenräumen betätigt. Besonders im 19. Jh. beliebt.

Glomy, Jean Baptiste → Églomisé

Glyptik, die Steinschneidekunst. Edel- oder Halbedelsteine werden mit verschiedenen Werkzeugen graviert, so daß das Bild vertieft im Stein erscheint, die → Gemme, oder der Umriß wird abgeschliffen, so daß das Bild erhaben stehen bleibt, die Kamee. Gemmen und Kameen sind die wichtigsten Erzeugnisse der Glyptik, daneben zählen auch Gefäße aus Stein und Glas dazu, die ebenfalls in Tiefschnitt oder Hochschnitt verziert wurden.

Gnadenbild, Bezeichnung für die an Wallfahrtsorten und Wunderstätten verehrten Bilder (Gemälde oder Heiligenfiguren, z. B. die Schwarze Madonna von Altötting). Vor dem Gnadenbild verrichtete Gebete sollen durch dessen Heilswirkung dem Gläubigen Erhörung verschaffen. Dementsprechend finden sich an solchen Stätten die Votivbilder (→ Votivgabe).

Gnadenpfennige, Medaillen mit Bildnissen von Fürsten oder Fürstinnen in kostbarer Fassung, die vom 16.–18. Jh. als Gnadenbeweise verliehen wurden. Sie gelten als Vorläufer der Orden. Das Metall war meist Silber oder Gold.

Gnadenpfennige

Gnadenstuhl, Darstellung der Heiligen Dreifaltigkeit; sie kommt erstmals im 12. Jh. in Frankreich auf und zeigt den thronenden Gottvater mit der über dem Haupte schwebenden Taube des Hl. Geistes und dem Gekreuzigten – oft zwischen dessen Knien – oder Gottvater mit dem Leichnam auf dem Schoß *(imago pietatis).*

Gnathiaware, Gruppe von griechisch-italischen Vasen des späteren 4. Jh.s und besonders des 3. Jh.s v. Chr., die nach einem ihrer Produktionszentren, der unteritalischen Stadt Gnathia, wo sie zuerst gefunden wurden, so benannt ist. Diese Vasengattung, unter sich ganz homogen, ist leicht erkennbar: der Gefäßkörper überwiegend schwarzgrundig, die Dekoration fast monochrom und äußerst sparsam, kleine, zierliche Kompositionen, fast immer ornamental, wie Girlanden, Efeublattkränze, am Band aufgereihte Trauben, gelegentlich Theatermasken oder Musikinstrumente. Die beliebtesten Gefäßkörper sind → Skyphos, → Kantharos, → Oinochoe.

Gobelinbilder, → Gobelins feinster Webart, die gemalte Porträts imitieren und in vergoldete Bilderrahmen gespannt wurden; im 18. Jh. in Frankreich erfunden und hergestellt. Sie wurden in anderen Ländern nachgeahmt (München, St. Petersburg).

Gobelinmarke, das auf →Bildteppichen angebrachte Stadtzeichen des Herkunftsortes, ein wichtiges Hilfsmittel zur Lokalisierung von Tapisserien. Der Markenzwang wurde 1538 vom habsburgischen Statthalter der Niederlande eingeführt, um → Brüsseler Bildteppiche vor den billigen Erzeugnissen von → Oudenaarde zu schützen. Ab 1600 etwa führten große Firmen und einzelne Wirker auch Wirkermarken (Name oder Monogramm). Die Gobelinmarke und die Wirkermarke stehen meist unten in der schmalen, dunklen Wirkerborte, die den Bildteppich als äußerste Umrahmung umzieht.

Gobelins, in Deutschland übliche Bezeichnung für alle mit der Hand gewirkten → Bildteppiche. Sie ist von der staatlichen → Manufacture des Gobelins in Paris abgeleitet. In Frankreich führen nur Erzeugnisse dieser Manufaktur den Namen Gobelins. Alle anderen Wirkteppiche heißen *tapisseries.* (Abb. s. a. S. 202)

Gobelinstich, halber Kreuzstich, oft noch, der Plastizität wegen, unterlegt mit gespannten Fäden. Gobelinarbeiten dieser Art sind nicht zu verwechseln mit den gewebten Gobelins. Gobelinstickereien finden sich auf Polstermöbeln, Taschen mit Blumenmustern und dekorativen Szenen seit der Rokokozeit bis heute (→ Stickerei). In Gobelinstich wurden in gestickten Bildteppichen des 14. und 15. Jh.s (→ Wienhausener Bildteppiche) die Gesichter gestickt.

Godenschüsseln → Wöchnerinnenschüsseln

Godron, Godronierung → Repoussieren

Gögginger Fayence. 1748–1752 bestand in Göggingen bei Augsburg eine Fayencemanufaktur unter der Schutzherrschaft des Bischofs von Augsburg, die ab 1749 von Joseph Hackl geleitet wurde und trotz kurzen Bestehens eine fruchtbare Tätigkeit entfaltete. Gögginger → Enghalskrüge sind an

flachen, weit ausladenden Schultern kenntlich. Als Marke diente der Ortsname. Zwei Jahre nach der Schließung des Gögginger Betriebs gründete Hackl eine Manufaktur in Friedberg, die bis um 1768 im Gögginger Stil arbeitete.

Göl, Hauptornament (Primärmotiv) bei turkmenischen Teppichen (es handelt sich um Stammeszeichen oder Totems), das durch Einbuße der Selbständigkeit und Freiheit dann von anderen Stämmen als → Gül übernommen wurde.

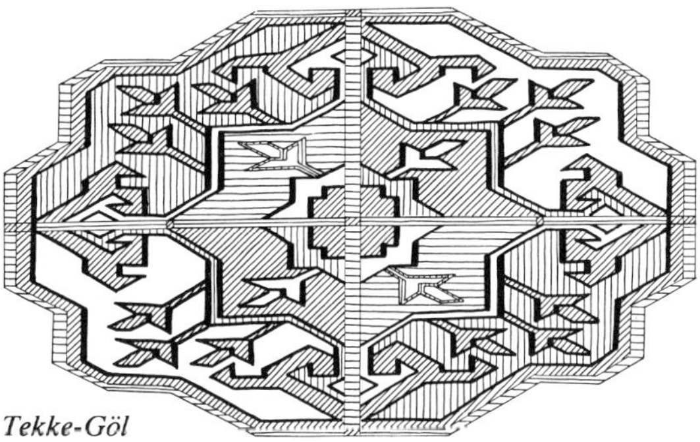
Tekke-Göl

Kepse-Göl der Yomuten

Ertmen-Göl der Tschoudoren

Göppinger Fayence, Erzeugnisse der von Andreas Pliederhäuser und Michael Stiefvater 1741 gegründete und später von Joh. Mathias Pliederhäuser weitergeführte Fayencemanufaktur. Sie bestand bis etwa 1780. Die in Göppingen hergestellten Fayencen sind erkennbar an ihrer gräulichen, häufig dicken Glasur. Die Fabrikmarke ist eine Geweihstange,

dem Landeswappen entnommen, gelegentlich in Zusammenstellung mit den Initialen der Familie Pliederhäuser.

Görlitzer Schekel, schon im 16. Jh. vorhandene Nachahmungen der jüdischen Silberschekel aus meist minderwertiger Legierung. Sie wurden als „Silberlinge" des Judas ausgegeben und als religiöse Andenken am Heiligen Grab in Görlitz verkauft (→ Schekel).

Görtzsche Notdaler, auf Veranlassung des Barons Görtz im Nordischen Krieg 1715 bis 1719 ausgegebene schwedische Notmünzen, die später nur zu einem geringen Prozentsatz eingelöst werden konnten. Das Metall war Kupfer.

Görtzsche Notdaler

Gold → Edelmetalle
Goldbronze → Ormoulu
Golddosen → Schnupftabakdosen
Goldelfenbein → Chryselephantin

Goldenes Vlies (franz. *Toison d'or*), von Herzog Philipp dem Guten von Burgund 1430 gestifteter Orden. Sein Zeichen ist das Fell des goldenen Widders der griechischen Argonautensage, das unter einem Feuerstein hängt und an einer aus Feuersteinen und Feuerstählen bestehenden Kette getragen wird. In der Heraldik als Würdezeichen verwendet.

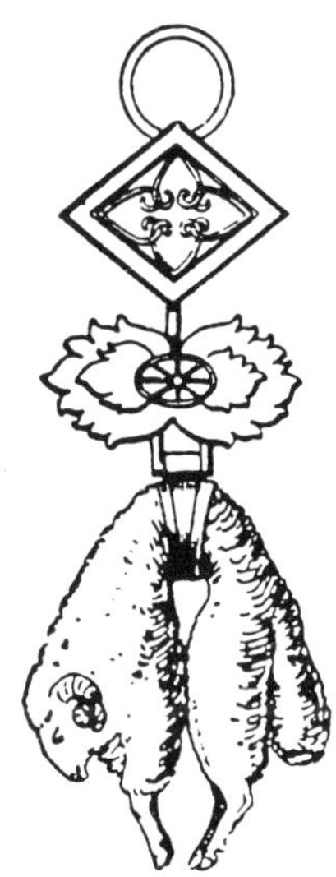
Spanischer Orden vom Goldenen Vlies

Gobelin „La Marche", Kurfürst Max Emanuel vor seinem Heer. Brüsseler Manufaktur von Jerome Le Clerc und Gaspar van der Borcht, 1696. Entwurf Lambert de Hondt. Wolle, Seide, Metallfäden, 415 × 595 cm. München, Bayerisches Nationalmuseum.

Goldgulden, auch Floren oder Fiorino d'Oro, 1252 in Florenz geschaffene Münze, die den Wert des Zählpfundes Silber (→ Silberpfennige) in Gold darstellt. Ihr folgte 1284 Venedig mit dem Dukaten oder Zecchino. Der Fiorino trägt das Stadtwappen von Florenz, die Lilie, auf der Rückseite Johannes den Täufer; der Dukaten zeigt den heiligen Markus mit dem Dogen, auf der Rückseite Christus. Die Erfindung dieser Goldmünzen war eines der wichtigsten Ereignisse der europäischen Münzgeschichte. Sie wurden bald im ganzen Abendland und im Orient nachgeahmt. Die wichtigste deutsche Nachprägung war der 1386 geschaffene Rheinische Goldgulden.

Goldgulden

Goldrubin, mit gelöstem Gold gefärbtes rotes Glas von satter, gleichmäßiger Tönung. Im 17. Jh. zunächst Spezialität der Potsdamer Glashütte unter Johann → Kunckel, bald auch von süddeutschen und böhmischen Hütten nachgeahmt. In der Folge geriet das Rezept zur Herstellung des Goldrubins in Vergessenheit. Kurz nach 1800 scheint es von Compositionsbrennern (→ Compositionsglas) im Isergebirge wie-

Goldrubinglas mit Schliff. Deckelpokal. Köln-Ehrenfeld 1888. Fuß und Schaft mit Facetten, die sich auf dem Deckel wiederholen, H 31,5 cm. Köln, Kunstgewerbemuseum.

derentdeckt und für die Herstellung des Goldrubinflusses, aus dem unechte böhmische Granaten geschliffen wurden, herangezogen worden zu sein. Ende der dreißiger Jahre erzeugte die → Harrachsche Hütte in Neuwelt ein ausgezeichnetes Goldrubinglas für geschliffene Hohlglaswaren. Weiteste Verbreitung zur Biedermeierzeit fand der Goldrubin als dünne rosa Überfangschicht geschliffener, geschnittener und bemalter Gläser. Ende der achtziger Jahre nahm die → Rheinische Glashütten-AG in Köln-Ehrenfeld für kurze Zeit die Erzeugung von repräsentativen Glasgegenständen aus Goldrubin auf.

Goldschmiedekunst, die künstlerische Bearbeitung von → Edelmetallen für Geräte, Schmuckgegenstände und Gefäße. Die ausschließliche Verfertigung von Silbergeräten bezeichnet man gesondert als Silberschmiedekunst. Durch Quellen aus dem 12. Jh. (des Presbyters Theophilus *Schedula diversarum artium*) und durch das 1568 herausgegebene *Trattato dell'Oreficeria* von Benvenuto → Cellini wissen wir, daß sich das Handwerkszeug und die Arbeitsmethoden von der Antike bis zur Renaissance, bzw. bis heute, kaum verändert haben. Wegen der Kostbarkeit, des seltenen Vorkommens und um des hohen Wertes willen wurde zu allen Zeiten Gold sparsam verwendet und wegen seiner Weichheit meist mit anderen Metallen, mit Silber und Kupfer, legiert. Als Goldblech und → Blattgold dient es zum Belegen oder Verkleiden anderer Werkstoffe. Da Silber härter ist, vor allem mit Kupferzusätzen, verwendet man es bevorzugt zur Anfertigung von Geräten (→ Tafelgeräte). Für den Anteil des Reinmetalls, den Feingehalt, bestehen seit dem ausgehenden Mittelalter bestimmte Vorschriften, meist von den Zünften selbst bestimmt. Garantie geben dabei die aufgestempelten → Silbermarken, Meisterzeichen, Jahresmarken, Stadtzeichen, die vom Beschaumeister kontrolliert werden. Der Goldschmied des 20. Jh.s verwendet neben Gold und Silber auch Platin. Die grundlegenden Goldschmiedetechniken sind Guß- und Treibarbeit, eine Sonderform die Münzprägung. Daneben unterscheidet man „formgebende Techniken" wie Schmieden, Treibarbeit, Gießen, Prägen, Montieren (dabei die Verbindung einzelner Teilstücke durch Löten, Schweißen, Nieten oder Verschrauben) und die „Ziertechniken" wie Ziselieren, Schroten, Punzieren, → Tauschierung, Gravieren, Niellieren (→ Niello), Granulieren (→ Granulation), → Filigranarbeit, Emaillieren (→ Email), → Ätzen und Fassen (→ Fassung). Seit dem späten 18. Jh. werden die früher gestanzten ornamentalen Rapportmuster auch maschinell gepreßt. Die → Vergoldung von Silber und geringeren Metallen wird entweder auf kaltem Wege durch Befestigung von Goldblech oder Blattgold erreicht oder durch → Feuervergoldung; ab Anfang des 19. Jh.s wendet man den von L. V. Brugnatelli erfundenen → galvanoplastischen Überzug an.

Goldsolidus → Solidus

Goldstaubgewichte → Ashanti

Goldstickerei, Stickart, bei der metallene Fäden aus Silber, Gold oder ähnlich wirkendem Material in den Stoffgrund eingebracht werden. Dabei findet sich zur Flächenfüllung vor allem die sog. Anlegetechnik, eine Stichart, die die lose aufliegenden Metallfäden mit einem Seidenfaden auf dem Stoffgrund befestigt. Der Metallfaden besteht aus einer „Seele" aus Seide, um die das schmal in Streifen geschnittene, dünngewalzte Metall geschlungen wird. Die Technik ist besonders verbreitet im Mittelalter, im „opus anglicanum" (→ Stickerei), sowie in der byzantinischen und sizilianischen Kunst.

Goldschmuck. Rechts oben: Anhänger „Liegendes Reh", Barockperle in Gold, Rubinaugen, Smaragdkristall. Deutsch, 2. Hälfte 16. Jh. Links u. unten: Liebesringe aus 4 Jahrhunderten. Gold mit Edelsteinen und Inschriften. 13./14. bis 16. Jh. Köln, Kunstgewerbemuseum.

Zur Herstellung von Goldgrund wurden ziselierte, punktierte Muster mit goldschmiedeähnlicher Wirkung erzielt. Auch im 17. und 18. Jh. entstanden Goldstickereien, deren plastische Struktur durch Variierung von Gold- und Silberfäden erreicht wurde. Stickereien mit ausschließlicher Metallfadenverarbeitung sind selten im Handel, nicht zuletzt wegen ihres materiellen Wertes.

Goli-Maske, Büffelgottmaske der → Baule.

Goller, großer Schulterkragen oder kurzes Jäckchen der Frauentracht um 1500. Das männliche Gegenstück, ein ärmelloses Lederwams, das bis ins 17. Jh. fortlebte, wird meist Koller genannt.

Gomrun-Ware, nach einem Hafen an der iranischen Südküste (das heutige Bandar-Abbas), von wo aus sie exportiert wurde, benannte persische Keramikgruppe des 16.–18./19. Jh.s. Die Stücke sind aus weißem, dünnem, durchscheinendem, fast vollständig versintertem (→ Sintern) → Scherben mit glasartigem Bruch und farbloser, glasartig glänzender Glasur. Es scheint sich bei dieser Ware um ein mit weißem Ton bzw. Kaolin getrübtes Glas zu handeln, das mit keramischen Methoden hergestellt wurde. Somit wäre die (wahrscheinlich auf chinesische Porzellanvorbilder der Sung-Zeit zurückgehende) Gomrun-Ware eine persisch-islamische Parallele zum italienischen → Medici-Porzellan des späten 16. Jh.s und zu französischem und englischem Frittenporzellan des 17. Jh.s. Die Verzierung der Gomrun-Ware besteht aus in den durchscheinenden Scherben hineingearbeiteten Ornamenten; z. T. ist die Ware außerdem blau bemalt. Ihr Herstellungsort ist möglicherweise Nayin bei Isfahan.

Gondelach, Franz, seit 1708 Hofglasschneider in Kassel, der bedeutendste hessische Glasschneider des 18. Jh.s.

Gonzaga-Service → Castel Durante

Goradis, Knüpfteppiche aus dem Dorf gleichen Namens im Karabagh-Gebiet, die fast immer große Skorpione als Feldmuster aufweisen.

Gotha, → thüringische Porzellanmanufaktur (1757– nach 1900), die kleine Service (→ Solitaires, → Tête-à-têtes) von hervorragender Masse und Glasur herstellte. Auch die Malerei (Streublumen, Ruinenlandschaften, antike Köpfe) ist ausgezeichnet. Die Plastik, meist in → Biskuit, folgte → Fürstenberg. Als Marken wurden R (Rotberg, Name des Gründers) und G in Unterglasurblau verwendet.

Gothic Revival, die Wiedererweckung des gotischen Stils in England. Bereits für die erste Hälfte des 17. Jh.s lassen sich in der englischen sakralen Goldschmiedekunst Tendenzen der Übernahme gotischer Formelemente beobachten – durchaus politisch intendiert, um den Anspruch der anglikanischen Hochkirche auf die rechtmäßige apostolische Nachfolge zu untermauern. Die Übernahme gotischen Formengutes war der englischen Kunst generell nicht fremd. Ein gewisser Romantizismus, der bis in die Moderne hinein zu beobachten ist, verursacht in der 1. Hälfte des 18. Jh.s das Aufkommen von ad hoc errichteten gotischen Ruinen im romantischen Geschmack, die als Vorläufer des neugotischen → Historismus gelten. Bereits 1742 brachte der Architekt Batty Langley eine Serie von neugotischen Entwürfen heraus, die er bezeichnenderweise *Gothic Architecture Improved* betitelte. Der entscheidende Durchbruch jedoch ist dem universalen Schriftsteller, Theoretiker und Kunstsammler Horace Walpole zu verdanken, der durch die Errichtung und die Ausstattung seines Sitzes Strawberry Hill (1750–1770) die Grundlage für eine wissenschaftliche Erfassung der Gotik und der Anwendung ihres Kanons schuf. Von ihm beeinflußt, entstanden neugotische Möbelentwürfe, wie die Vorlagen Robert → Adams und Thomas → Chippendales, aber auch die berühmten Fresken Tiepolos in der Villa Valmarana bei Vicenza (um 1757). Gegen Ende des 18. Jh.s erreichte die neugotische Bewegung auch Deutschland, zuerst repräsentiert durch Gartenanlagen und Ruinenarchitekturen, wie Wörlitz bei Dessau und die Pfaueninsel in Berlin. Der europäische → Historismus verdankt in seinen Reminiszenzen an die → Gotik Entscheidendes den englischen Vorkämpfern. Der französische Troubadour-Stil des frühen → Louis-Philippe, die wissenschaftlichen Untersuchungen Viollet-le-Ducs und die neugotischen Bauten Deutschlands hängen unmittelbar von der englischen Entwicklung ab. Auch die englische → Arts-and-Crafts-Bewegung ist unmittelbar dem Gothic Revival verpflichtet.

Gotik, um 1140 in der Île de France in Nordfrankreich entstandener Stil (Königsportal von Chartres, St. Denis). Diese erste Phase wird Frühgotik genannt. Um 1190 setzte mit dem Bau der drei klassischen gotischen Kathedralen Chartres, Reims und Amiens die Hochgotik ein. In Deutschland begann die Frühgotik um 1235, in abgelegenen Gegenden um 1260. Frankreich und Deutschland waren die führenden Länder der gotischen Kunst. Italien nahm erst am Ende des 13. Jh.s gotische Elemente auf, die zu lokalen Sonderformen umgebildet wurden. Um 1360 etwa rechnet man den Beginn der europäischen → Spätgotik. Die beherrschende Kunstgattung der Gotik war die Architektur, die durch die Steilheit des Raumes und die Entschwerung der in Glieder aufgelösten Wand – deren Last nach außen auf das Strebesystem abgeleitet ist – gekennzeichnet wird. Die Vertikale herrscht vor, die charakteristische Einzelform ist der Spitzbogen. Plastik und Malerei treten als Architekturplastik und Glasmalerei völlig in den Dienst der Architektur. Auch die Werke des Kunstgewerbes sind von architektonischen Formen durchsetzt. Neben kirchlichem Gerät entstanden nun auch zur Kunstform erhobene Gegenstände für profanen Gebrauch in der Goldschmiedekunst, wo Gold hinter dem Silber zurücktritt, und in der Möbelkunst, die von der → Truhe beherrscht wird.

Gotischer Harnisch → Harnisch

Gotischer Schwung. In der Bildnerei der Gotik des 13. und 14. Jh.s zeigen Statuen zuweilen deutlich eine Schwingung, die in etwa einer S-Linie entspricht. Die Ursache liegt darin, daß die Schulter über dem Spielbein höher liegt als die über dem Standbein, ganz im Gegensatz zum → Kontrapost der antiken Figur. Die daraus resultierende nach einer Seite steigende Aufwärtsbewegung entspricht auch ganz dem Formgefühl des gotischen Raumes.

Gotischer Kastendoppelsitz. Frankreich, Ende 15. Jh. Eiche. Paris, Musée des Arts décoratifs.

Gotzkowsky, Johann Ernst → Berliner Porzellan

Gouachemalerei, im Gegensatz zur → Aquarellmalerei das Malen mit wasserlöslichen, aber deckenden Farben, die mit Weiß vermischt pastelltönig wirken. Bindemittel ist meist Naturgummi. Die Farbe kann dicht aufgetragen werden, wird beim Trocknen spröde, erscheint im Naßzustand dunkler und hellt auf. Korrekturen können – anders als beim Aquarell – durch Übermalen vorgenommen werden. Dazu verwandt: die → Temperamalerei und – wenigstens in der matten Oberflächenwirkung – das → Pastell.

Goudenrijder → Rijder

Goujon, Jean (um 1510 – zwischen 1564 und 1569), französischer Bildhauer, Hauptmeister der französischen Renaissancebildnerei. Er war maßgeblich an der dekorativen Ausgestaltung des Louvre beteiligt und beeinflußte maßgeblich den Stil des Kunsthandwerks seiner Zeit.

Gouthière, Pierre (1732–1813/14), in Paris tätiger berühmter Bronzeziseleur (→ Treibarbeit), der für die besten → Ebenisten arbeitete. 1764–1777 im Dienst Ludwigs XVI. und Marie-Antoinettes.

Gozbertus → Rauchfaß

Grabstichel, Werkzeug des Kupferstechers (→ Kupferstich), Stahlstift mit meist rautenförmig abgeschrägter Spitze und einem Holzgriff.

Graduale, liturgisches Buch, das die Meßgesänge enthält und im Mittelalter durch → Initialen und → Miniaturen ausgeschmückt wurde.

Grain (von lat. *granum,* Korn), Gewichtseinheit für Perlen. 1 grain = 0,05 g = $^1/_4$ kt. Perlen, die weniger als 4 grains wiegen, heißen Lotperlen, auch Saatperlen.

Granat, durchsichtiger, meist roter Edelstein, der in Böhmen, Madagaskar, Südafrika und Arizona gefunden wird. Er tritt in verschiedenen Varietäten auf. Die feuerrote böhmische heißt *Pyrop* (von griech. *pyropos,* Feuerauge). Der südafrikanische Pyrop wird fälschlicherweise „Kaprubin" genannt. Weinroter bis violetter Granat wird → *Almandin* genannt: Er war der „Karfunkelstein" des Mittelalters, den die Kreuzritter als Schutz gegen Verwundung bei sich trugen. Eine zimtfarbene Varietät aus Ceylon heißt *Hessonit;* sie war in der hellenistischen → Glyptik beliebt. Eine schöne, aber wenig bekannte Abart ist der im Ural und am Kongo gefundene grüne *Demantoid.*

Mitte des 19. Jh.s war der böhmische Granat der Modestein. Facettiert, gelegentlich auch als Brillant geschliffen, vereinigte man viele kleine Steine zum Ensemble oder reihte sie zu mehrsträngigen Schnüren. Nach den alten Modellen von Sternen, Schleifen, Rosetten wird heute wieder Granatschmuck angefertigt. Aus den Zentren der böhmischen Granatschleifindustrie (Turnow, Gablonz) ging die Glasindustrie hervor. In Trebnitz gibt es ein Museum des böhmischen Granats.

Granatapfelmuster, verbreitetes Muster der Webkunst. Im frühen 15. Jh. übernahm es die venezianische Samtweberei (→ venezianischer Samt) von sarazenischen Seidenstoffen. In vielfältiger Abwandlung wurde es auf italienischen und spanischen → Damasten und → Brokaten bis zum 17. Jh. verwendet. Es zeigt in gitterartig durchlaufender, spitzovaler Rankengliederung einen stilisierten Granatapfel.

Grandelschmuck, Jagdschmuck, bei dem die Eckzähne des Edelwildes (Grandeln) in Edelmetall gefaßt zu Nadeln, Broschen, Ringen und Colliers verarbeitet werden. Grandelschmuck war vor dem Ersten Weltkrieg verbreitet (Grandelhalsschmuck der letzten deutschen Kaiserin in München im Jagdmuseum) und spielt noch heute im bayerischen Volksschmuck eine Rolle.

Granierstahl, auch Wiegemesser, ein Instrument mit bogenförmiger, gezahnter Schneide, das zum gleichmäßigen Aufrauhen von Kupferplatten benutzt wird (→ Schabkunst).

Granulation (von lat. *granulum,* Körnchen), Ziertechnik der Goldschmiedekunst, bei der Metallkörnchen aufgelötet werden, ohne daß eine metallische Bindung erkennbar wird. Die Kugelform der Granalien bleibt erhalten. Feinste Granulation läßt sich nur in Gold ausführen, Granulationen in Silber und Kupfer wirken gröber. Meister der teils flächendeckenden Staubgranulation (aus unter der Sehgrenze liegenden Granalien) waren die Etrusker. In den zwanziger Jahren des

Granatschmuck im Stil des 18. Jh.s, Deutschland oder Österreich, Mitte 19. Jh. Emailminiaturen mit Schäferszenen, Silberfassung mit Granaten. Brosche 6 cm breit. Maria Zell, Schatzkammer.

Granulation. Granulierte Schmuckscheiben. Etruskisch. Berlin, Staatliche Museen, Antikensammlung.

20. Jh.s gelang die Wiederentdeckung des Verfahrens den deutschen Goldschmieden Elisabeth Treskow (* 1898) und Johann Michael Wilm (1885–1963). Ein 1936 publiziertes Verfahren von H. A. P. Littledale ermöglichte erstklassige Kopien antiker Granulationsarbeiten.

Grapen, dreibeiniger bauchiger Kochtopf aus → Irdenware (ab 13. Jh. nachweisbar) oder Bronze (ab 14. Jh. erhalten). Bronzegrapen, die wie → Lavabokannen und → Mörser häufig von den Glockengießern aus „Glockenspeise" (Material für Glocken) gegossen wurden, lebten bis ins 18. Jh. fort. Die anfangs kugelige Gestalt wurde im 15. und 16. Jh. flacher und breiter. In Holland und Norddeutschland überwog vom 15. bis 18. Jh. eine gedrückte Tropfenform. Im 18. Jh. bürgerte sich wieder der kugelige Bronzegrapen ein.

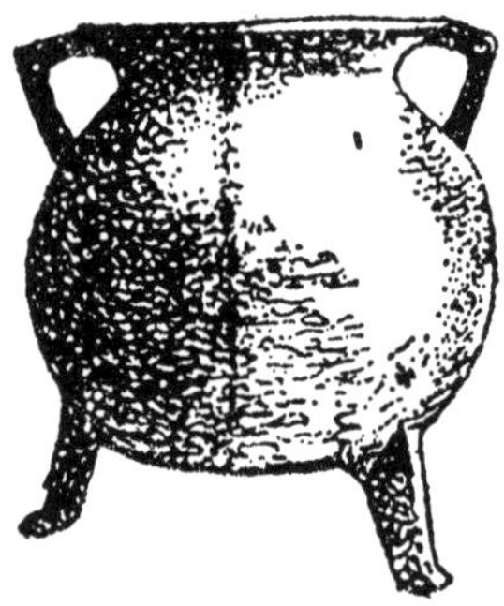

Graphik, 1. im weitesten Sinn Sammelbegriff für alle Arten zeichnerischen Gestaltens, künstlerische, technische, industrielle Zeichnung und deren drucktechnische Vervielfältigung; 2. im engeren Sinn die künstlerische → Druckgraphik.

Graslandkunst, -stil → Kameruner Grasland

Grassi, Anton → Wiener Porzellan

Graviatadekor, Verzierung → chinesischer Porzellane des 18. Jh.s mit Ranken, die in den Emailgrund eingeritzt sind.

Gravieren, Verzierung von Metallgerät. In Bronze, Zinn, Gold und Silber wird – wie auf der Platte eines Kupferstichs – mit scharfkantigem Stahlstichel eine Zeichnung oder Schrift eingegraben. Die Technik florierte auf Silberbechern des 17. und beginnenden 18. Jh.s. Die Hauptform des Gravierens auf Zinn ist das → Flecheln.

Gravierung (von franz. *graver,* graben, eingraben), eine auf Spanabhebung beruhende Schmucktechnik in Stein, Knochen, Elfenbein, besonders aber in Metall (Silber, Bronze). Mit einem scharfkantigen Stahlstichel wird das Muster linear-zeichnerisch in den Metallgrund eingegraben. Diese Technik gilt als Vorstufe zum Kupferstich. Beim Einschmelzen von Farbe in die Gravur entsteht → Niello.

Gray, Eileen (1878–1976), Architektin, Möbelentwerferin und Spezialistin für Lacke, aus Irland gebürtig und in Paris tätig (ursprünglich als Mitarbeiterin eines japanischen Lackkünstlers). 1922 eröffnete sie in Paris ein eigenes Geschäft für Möbel, die teilweise stilistisch dem französischen → Art Déco verpflichtet sind, teilweise aber bereits erstaunliche Vorgriffe auf das moderne Design der vierziger und fünfziger Jahre zeigen. So ist es nicht verwunderlich, daß ihre Erzeugnisse einen gewissen Einfluß auf die Arbeiten → Le Corbusiers nahmen.

Grazien (griech. Chariten), Töchter des Zeus und meist in der Dreizahl dargestellte Göttinnen der Anmut. Im Hellenismus wird das Motiv der drei unbekleideten Grazien geschaffen. In der Renaissance und im Barock werden dann die Grazien erneut mit Vorliebe bildlich gestaltet.

Greif, Fabelwesen, das meist in der Verbindung von Löwenkörper und Adlerformen dargestellt wird. Kam aus dem ägyptischen und mesopotamischen Kulturkreis in die griechisch-römische Kunst. Im Mittelalter gehört der Greif zu den am häufigsten abgebildeten antiken Fabelwesen. Später findet er in einer streng klassizistischen, an römischen Vorbildern geschulten Ornamentik Platz, also teilweise in der Renaissance und dann im Empire.

Greifenklauen, exotische Hörner, die man im Mittelalter für Klauen des sagenhaften Vogels Greif hielt und mit einer Montierung (→ Fassung) aus Edelmetall versah. Ihre Darstellungen nahmen oft inhaltlich auf den Vogel Greif Bezug. Die Hörner dienten zuweilen als Reliquienbehälter (→ Reliquiar), häufiger als Trinkhörner.

Grek-Kante → Mäander

Grenadiermütze → Kopfbedeckung, militärische

Grenzhausener Krüge → rheinisches Steinzeug (unter Westerwälder Steinzeug)

Gretsch, Hermann (1895–1950), deutscher Architekt, Innenarchitekt, Designer und Keramiker. Nach einem Studium an der Technischen Hochschule und der Kunstgewerbeschule in Stuttgart wurde er 1925 Mitglied des Deutschen → Werkbundes und 1931 künstlerischer Berater der Porzellanfabrik Arzberg. Gretsch schuf vor allem in den dreißiger Jahren eine Reihe von Möbel-, Glas- und Besteckentwürfen in sachgerechter, funktionaler Form.

Griechische Becher, neben den Trinkgefäßen → Kylix, → Kantharos und → Skyphos der einfache Trinkbecher. Er kann henkellos sein, wobei er dann kugelig oder kelchartig geformt ist; andere Formen mit einem oder zwei Henkeln.

Griechische Stickereien, wurden auf dem Festland und auf den Inseln besonders im 17., 18. und 19. Jh. hergestellt. Auf meist dünner Baumwolle stickten die Frauen in delikaten Farbstufungen, z. B. hellblau, gelb und rosa, die Töne oft pastell, die Motive ähnlich den → türkischen Stickereien. Auch monochrome Beispiele kommen vor, dunkelblau oder dunkelrot. Nur die kretischen Arbeiten leuchten in brillanten Farben, meist auf Leinen. Die Motivik zeigt türkische wie europäische Einflüsse: Die feine, delikate Zeichnung weist zierliche Blumenranken und Blattornamentik, geometrische Formen, aber auch Menschen- und Tierdarstellungen auf, diese oft wappenartig, der italienischen Art verwandt.

„Le Destin", Wandschirm in Lackarbeit von Eileen Gray, 1914. London, Philippe Garner.

Hauptsächlich werden Kreuz-, Ketten- und Fischgrätstich auf Vorhängen, Kissen und Trachtenkleidungsstücken, wie Schürzen, verwendet. Gute griechische Stickereien finden sich auf Auktionen und in Textilgalerien.

Grisaillemalerei, Malerei grau in grau oder auch in Abstufungen eines einzigen Farbtones. Oft zur Nachahmung plastischer Werke auf Holz, Ton, Porzellan, Leinwand, auch auf Wandputz, etwa zur Erreichung des Eindruckes von Stuckierung. Da die Farbwirkung der von Kameen vergleichbar ist, wird die Grisaillemalerei auch Camaïeu genannt. Beispiele sind die gemalten Figuren des Genter Altars der Brüder van Eyck. In Grisailletechnik gemalte Vorlagen erleichterten den Kupferstechern der Renaissance das Nachstechen der Grautöne in die Stichschraffur. Grisaillebilder werden gern als architektonische Ausstattungsstücke wie → Sopraporten gemalt.

Grof, Guillelmus de, eigtl. Wilhelm de Groff (um 1680–1742), in Antwerpen geborener, in Paris ausgebildeter Bildhauer und Möbelentwerfer, trat (noch in Frankreich) 1714 in die Dienste Kurfürst Max Emanuels von Bayern und siedelte 1716 zusammen mit seinem Mäzen nach München über. Der Schwerpunkt seiner Arbeiten liegt ohne Zweifel in seinen bedeutenden Skulpturen, besonders für die Gärten und die Inneneinrichtungen der kurfürstlichen Schlösser, doch entwarf er auch eine Reihe von Möbeln, die in ihrer Form, den Details ihrer Verarbeitung wie der Anwendung der → Boulle-Technik, deutlicher als in seinem skulpturalen Schaffen, die französischen Einflüsse zeigen.

Grohé, Guillaume (1808–1885), aus Deutschland stammender Kunstschreiner, tätig in Paris. 1827 gründete er zusammen mit seinem Bruder in Paris einen Kunsthandel, verlegte sich aber schon bald auf die Herstellung von Möbeln im Stil des 18. Jh.s, deren handwerkliche Perfektion von Zeitgenossen mit André Charles → Boulle und Jean Henri → Riesener verglichen wurde. Zu seinen Kunden gehörten Louis Philippe, Kaiser Napoleon III. und seine Gemahlin Eugénie und die englische Queen Victoria.

Gropius, Walter (1883–1969), Architekt, Möbeldesigner und Entwerfer von Gebrauchsgegenständen. Die Bedeutung von Gropius, einem der prominentesten Repräsentanten des → Bauhauses, das er von 1919 bis 1926 leitete, liegt ohne Zweifel in seinen zukunftweisenden Architekturen. Dennoch gehören auch seine Möbelentwürfe zu den „Klassikern" des 20. Jh.s, wie seine Typenmöbeleinrichtung von 1927. Verschieden kombinierbare Einheiten können zu unterschiedlichen Gruppierungen zusammengefügt werden, wodurch Gropius die große Gefahr der Massenproduktion, nämlich Eintönigkeit und Gleichförmigkeit, vermied. 1934 wurde Gropius gezwungen, nach London zu emigrieren, von dort gelangte er 1937 in die USA, wo er seine ehemaligen Bauhaus-Kollegen Lászlò Moholy-Nagy und Josef Albers wiedertraf. Alle drei haben durch ihre langjährige Lehrtätigkeit die Entwicklung des modernen Designs in Amerika entscheidend beeinflußt.

Groschen, Großsilbermünze des Mittelalters, ursprünglich zwölffacher Wert des → Silberpfennigs. Der Groschen wurde nach dem Vorbild des französischen → Turnosgroschen vom späten 13. Jh. an in Deutschland geprägt. Den weitesten Geltungsbereich hatten der Prager Groschen, mit Krone und dem böhmischen Löwen als Münzbildern, und der ab 1360 verbreitete Rheinische Groschen, der Weißpfennig, Albus, genannt wurde. In den fränkischen Gebieten lief der Groschen in der Form des Schillings um. Die Tiroler Groschenmünze war der Kreuzer.

Groschen

Gros point (franz., großer Stich), einfacher Kreuzstich, der seit dem 16. Jh. in der Stickerei üblich war. Im 17. und 18. Jh. wurde er für Möbelbezüge, Decken und Wandbehänge verwendet. Wird der zweite, kreuzende, Stich weggelassen, spricht man von → *Petit point* (franz., kleiner Stich).

Groteske, antikes Ornamentmotiv, das von der Renaissance, die es in den „Grotten" (unterirdischen Gräbern von Rom) kennenlernte, wiederaufgenommen wurde. Es ist entwickelt aus der → Arabeske unter stärkerer Einfügung von Menschen, Tieren und Fabelwesen. Das Rankenwerk wird dabei dünner und zarter und bildet schließlich nur noch das Gerüst zur Anbringung grotesker Motive. Ihre vollkommenste Durchformung erfuhr die Groteske in Raffaels Loggien im Vatikan (1518). Um 1700 kam sie wieder in Mode in der Form des → Bandelwerks, vor allem durch die Vorlagenblätter von Jean → Bérain.

Groteske. Partie aus einer Pilasterfüllung. Renaissance. Aus: Franz Sales Meyer, Handbuch der Ornamentik (Leipzig 1889).

Grottenmöbel, meist skurril gestaltete, mit Muscheln eingelegte, oft asymmetrisch konturierte geschnitzte Möbel, die im 18. Jh. in den Grottenhäusern fürstlicher Schlösser standen. Da sie meist hoher Luftfeuchtigkeit ausgesetzt waren, sind nur wenige ihre Art erhalten geblieben.

Groult, André (1884–1967), französischer Kunsthandwerker und Möbelentwerfer des → Art Déco. Im Gegensatz zu den meisten anderen Entwerfern seiner Zeit bemühte sich Groult um relativ schlichte Möbel, aus hellen Hölzern, mit oft üppiger Polsterung, deren allgemein gerundete Formen an Arbeiten der Restauration und des frühen → Louis-Philippe erinnern.

Grubenlampen, in Bergwerken zur Arbeit unter Tage verwendete Lampen (Geleucht). Eiserne Öllampen mit Docht und offener Flamme, Frosch genannt, machten ab 1815 der von Humphrey Davy erfundenen Sicherheitslampe mit Drahtsieb Platz, die mit Öl gespeist wurde. Mit Beginn des 20. Jh.s erhielt diese Lampe nach vielen Verbesserungen eine wesentlich hellere Benzinflamme. Die Freiberger Blende war ein nach einer Seite offener Holzkasten, innen mit Blech ausgeschlagen, und mit Öldocht.

Grubenschmelz → Email

Gründerzeit, Bezeichnung für eine Stilepoche in Deutschland, unmittelbar nach der Gründung des Deutschen Reiches 1871. Die Gründerzeit, bis heute ein im Grunde abwertender Stilbegriff, zeigt sich in Deutschland im wesentlichen an prunkvollen Miets- und Stadthäusern, die den Wohlstand eines neureichen Bürgertums dokumentieren. Erst den konservatorischen Bemühungen der Denkmalspflege und einigen wenigen Ausstellungen, die sich dieser Zeit annahmen, ist es zu verdanken, daß diese bislang verpönte Stilepoche breiteren Kreisen der Bevölkerung verständlich gemacht wurde und im Zusammenhang mit der gesamten Phase des deutschen → Historismus gesehen wurde.

Grünes Gewölbe → Dinglinger, Johann Melchior

Grundierung, das Verfahren, den Farbträger von Bildern durch eine Schicht aus Kreide oder Gips mit Leim zu überziehen, um den Farben einen Untergrund zu geben, der die Leuchtkraft erhöht, Unebenheiten des Trägers ausgleicht und eine farblich einheitliche Fläche bietet. Bis zu einem gewissen Maße gleicht die Grundierung auch die Spannungsunterschiede zwischen Farbe und Farbträger aus und verhindert damit weitgehend die Rißbildung.

Guarneri, Cremoneser Geigenbauerfamilie, deren berühmtestes Mitglied Guarneri del Gesù genannt wurde, weil er die von ihm hergestellten Instrumente mit den Buchstaben JHS zeichnete. Er lebte von 1698 bis 1744 und war neben Antonio → Stradivari Schüler Nicola → Amatis.

Gubbio, Ort im Herzogtum Urbino, Sitz der → Majolikawerkstatt des Meisters Andreoli, der den Lüsterdekor (→ spanische Fayencen) zur höchsten Vollendung führte und darin selbst die persischen und spanischen Fayencen übertraf. Ihm als erstem gelang die Herstellung von Purpurlüster. Häufig ließ man auswärtige Geschirre in Gubbio lüstrieren.

Guckkasten, eine Einrichtung aus der 2. Hälfte des 18. Jh.s, um → Guckkastenblätter dem Auge in der perspektivisch richtigen Entfernung vorzuführen. Im Guckkasten wirkten sie – durch eine vergrößernde Linse betrachtet – plastisch. Außerdem wurde ihre Wirkung durch geneigte Spiegel im Guckkasten erhöht.

Guckkastenblätter, meist seitenverkehrt gedruckte kolorierte Kupferstiche, die in großer Anzahl in der 2. Hälfte des 18. Jh.s in Augsburg und in Frankreich hergestellt wurden. Sie stellten meist Veduten, biblische Szenen oder Operndekors dar. Die Größe der Guckkastenblätter beträgt ca. 32 × 43 cm. Wir finden sie heute fast stets auf Karton aufgezogen und mit oft erheblichen Gebrauchsspuren. Sie werden gern gesammelt und gehandelt, aber nur wenn sie altes Kolorit (einfache Farben, patzig aufgetragen) aufweisen. Ihre

Guckkastenvorführung, zeitgenössischer Kupferstich.

Verwendung fand sich ursprünglich im → Guckkasten. Oft sind Details (wie z. B. Fenster von Gebäuden) ausgeschnitten oder perforiert und mit farbigen Transparentpapieren hinterklebt. So suggerieren sie z. B. Laternengirlanden oder einen Sternenhimmel und verstärken damit den Reiz dieser Jahrmarktsattraktion.

Gudok, altrussisches Saiteninstrument, celloartig im Aussehen, aber mit flacher Decke ohne Schallöcher, mit drei Saiten (zwei im Einklang, die dritte in der Oberquarte).

Gül, allgemeine Bezeichnung für ein turkmenisches Teppichornament.

Guere-Wobe → Dan

Guéridon, hohes, rundes Tischchen zum Abstellen von Nippessachen oder einer Kerze, das seit dem 17. Jh. zur luxuriösen Zimmereinrichtung gehörte. Es ist nach dem schwarzen Galeerensklaven Guéridon benannt und wurde anfangs häufig als tabletttragender Neger durchgebildet.

Gugel, mittelalterliche Kopfbedeckung, Kapuze mit breitem Schulterkragen, die zunächst von beiden Geschlechtern getragen wurde. Vom 14. Jh. ab männliche Kopfbedeckung der höheren und niederen Stände.

Gugelot, Hans (1920–1965), deutscher Designer und Architekt. Neben der Mitgestaltung an den industriellen Produkten der Firma → Braun AG schuf er Entwürfe für Bofinger-Elementmöbel, Kodak und Bayer. Sein Name ist eng verbunden mit der Idee des funktionalistischen Designs. Er zählt zu den international bedeutendsten Anregern des industriellen → Designs seit den fünfziger Jahren. Von ihm entworfene Geräte finden sich heute in vielen Designsammlungen.

Guillochieren, das Verfahren, bei dem auf einer Metallfläche, z. B. auf einem Taschenuhrengehäuse, sehr feine gerade oder krumme Linien mit großer Regelmäßigkeit dicht nebeneinander eingeritzt werden.

Guillochierte Gläser, auf maschinellem Wege gravierte Gläser. In einen Deckgrund werden geometrische Muster eingraviert und die auf diese Weise vorbereiteten Gläser im Säurebad geätzt. Die Säure greift nur die freigelegten Ornamentzeichnungen an und gräbt sie in die Glaswandung ein. Dieses Verfahren wurde gegen Ende des 19. Jh.s bei dünnwandigen Tischgläsern angewandt und ersetzte die aufwendigere Ornamentgravur mit dem Kupferrad.

Guimard, Hector (1867–1942), eine der führenden Persönlichkeiten des französischen → Art Nouveau, den seine Freunde bisweilen „style Guimard“ oder „style bouche de Métro“, nach den von Guimard 1900 entworfenen Pariser Métro-Schildern, nannten. Seine frühen, vor 1900 entstandenen, meist aus → Mahagoni geschnitzten Möbel erinnern

Guéridon. Paris 2. Hälfte 18. Jh. Vermutlich von Jean Henri Riesener. London, Wallace Collection.

oft an die asymmetrische, bisweilen skurrile Formensprache Antonio → Gaudís oder August → Endells. In seinen späteren Werken verfestigen sich die Formen, sie sind nicht mehr so extravagant, sondern eher den Wohnbedürfnissen angepaßt. Die Vorliebe für den pflanzlichen Dekor und dünngliedrige, geschnitzte Streben jedoch bleibt. Auf Grund der Beliebtheit seiner Entwürfe und der großen Nachfrage nach seinen Möbeln entwickelten sich schon bald industrielle Imitationen, die auch heute noch unter dem Markenzeichen Guimard angeboten werden, sich jedoch durch ihre starken Vergröberungen deutlich von den originalen Werken unterscheiden.

Guinea, englische Goldmünze, benannt nach der ehemaligen afrikanischen Kolonie, geprägt ab 1663 für den Afrika-Handel; bis 1717 mit einem Nominalwert von 20 Schillingen, ab 1717 mit einem Wert von 21 Schillingen; letztmals geprägt 1813; heute in England: Rechnungseinheit ohne reale Münzwährung (1 £ und 1 s), zur Preisangabe im Grundstück-, Antiquitäten-, Pferdehandel usw.

Guldengroschen → Taler

Gupta-Stil, klassische Zeit der indischen Kunst, vor allem Bildhauerkunst (Zentren Mathurâ und Sârnâth) am Anfang des 4. Jh.s bis zum 6. Jh. Benannt nach der Gupta-Dynastie in Bihâr, Nordindien.

Guro → Baule

Guß, Haupttechnik zur Herstellung von Metallgeräten, -reliefs und -figuren. Bei Bronze, Zinn und Eisen wird sie ausschließlich, bei Gold und Silber neben der → Treibarbeit angewandt. Der Guß in erhaltener Form (auch „in guter Form" genannt) wurde stets bei → Medaillen und → Plaketten angewandt, bei Zinn und Edelmetall nur dann, wenn es sich um ständig wiederkehrende Ornamente oder häufig gebrauchte Einzelteile wie Deckel, Henkel, Füße und Schnauzen handelte. Man stellte hierfür Ton-, Kupfer- oder Bleimodelle her, die immer wieder neu in Formsand gedrückt und meist als Vollguß (massiv) ausgeformt wurden (sog. Kastenguß). Für Schmuckfriese arbeitete man bisweilen Kupfermodelle in Treibtechnik aus, die im Kastenguß abgegossen wurden und dann wie echte Treibarbeiten wirken. Hohlformen mit tiefen Unterschneidungen goß man in verlorener Form (*à cire perdue,* Hohlguß): Über einem Tonkern wurde ein Wachsmodell geformt, das man mit Formsand einhüllte und erhitzte, wobei das Wachs abfloß und die gewünschte Hohlform zurückließ, in die man das Metall eingießen konnte. Nach Erkalten wurden Kern und Mantel zerschlagen. Komplizierte Formen mußten in Teilen gegossen und in langwieriger Arbeit zusammengelötet werden. Auch ornamentierte Ränder von Tellern und Platten goß man für sich. Am Schluß wurden Gießzapfen und -nähte entfernt, und der Metallgegenstand wurde, wie bei der Treibtechnik, ziseliert (→ Treibarbeit). Auch bei getriebenem Gold- und Silbergerät hat man stets Schäfte, Knäufe, Henkel, Füße und Ausgußröhren, die eine bestimmte Festigkeit haben mußten, gegossen; sie wurden im 17. Jh. oft serienweise hergestellt und fertig bezogen. Im 18. Jh. wurden auch Porzellanfiguren und -geschirre, vor allem Formgeschirre, nach dem genannten Verfahren gegossen.

Gußeisen, in flüssigen Zustand gebrachtes und dann gegossenes Eisen; der Eisenguß war erst nach Erfindung des Hochofens im 14. Jh. im Siegerland möglich. Kanonen und Kanonenkugeln gehören zu den in dieser Zeit am häufigsten hergestellten Dingen. Weit weniger sind in der Frühzeit dekorative Objekte entstanden. Es handelt sich dann zumeist um Ofenpaneele oder Kaminplatten. Durch geschnitzte hölzerne Modeln, die in Sand eingedrückt dort eine Negativform hinterließen und mit dem flüssigen Eisen ausgegossen wurden, erhielten diese sonst glatten Stücke dekorative Verzierungen. In der 2. Hälfte des 17. Jh.s tauchen die ersten gußeisernen Grabmäler auf. Immer häufiger wurde Gußeisen dazu verwendet, architektonische Versatzstücke wie Gitter, Kandelaber, Beschläge und vieles mehr zu bilden. Paris, Berlin und München wurden gegen Ende des 18. Jh.s zu Zentren der Gußeisenverarbeitung. Hier entwickelte sich nach den Napoleonischen Kriegen eine Gußeisentechnik von solcher Präzision, daß sie vielfach wegen ihrer geradezu filigranen Feinheit an die Stelle der meist unbezahlbaren Gold- und Silberschmiedearbeiten trat (→ Berliner Eisenschmuck). Auch Plaketten mit Bildnissen oder Figuren und sogar kleine, dreidimensionale Statuetten wurden seit dem 18. Jh. in Eisengußtechnik hergestellt. Schinkel war ein besonderer Förderer dieser Technik. Er plante architektonisches Beiwerk aus Eisenguß in viele seiner Entwürfe ein, da es das billigste und technisch am einfachsten herstellbare Material war.

Gusla, südslawisches Volksinstrument, birnenförmige Geige mit Felldecke (statt Holz) und einer (Darm-)Saite.

Gustav-Adolf-Teller → Krönungsteller

Gute Form → Guß

Gutenbrunn → Pfalz-Zweibrücken

Guter Hirte, Elfenbeinfiguren aus Goa, die Jesus als Guten Hirten darstellen. Er sitzt, mit übergeschlagenen Beinen ausruhend, auf einem bergförmigen Sockel. Diese Goa-Figuren kamen im 17. und 18. Jh. in großer Zahl über Portugal nach Europa. Heute begehrte Sammlerstücke. Der Typ des Guten Hirten dürfte von den indischen Schnitzern der üblichen Darstellung des indischen Gottes Yima nachgebildet sein.

Gutfeuerbrand → Porzellan

Wildmann, Gelbguß. Entstanden in Dinant, 1. Hälfte 16. Jh. H 19,2 cm. Hamburg, Museum für Kunst und Gewerbe.

H

Haarbeutelfrisur, Männerfrisur der zweiten Hälfte des 18. Jh.s, bei der das Nackenhaar in einem schwarzen, gummierten Beutel eingebunden wurde. Von ihr erhielt der Zopfstil seinen Namen (→ Klassizismus).

Haarnetz, seit vorgeschichtlicher Zeit bekannter, aus Garn geknüpfter oder gehäkelter Kopfputz der Frau, der im Mittelalter häufig aus Gold- oder Silberfäden bestand.

Haarschmuck, 1. Im Zeitalter der Empfindsamkeit, dem 19. Jh., aus Haaren geflochtene Armbänder, Ohrgehänge und Ketten mit Goldteilen und Edelsteinen. Haare als ornamentale Einlagen in Anhängermedaillons und Ringen.
2. Im Haar getragener Schmuck: → Aigrette, → Agraffe, → Clip, Nadeln und Kamm. Im späten 15. und im 16. Jh. Perlenschnüre und kostbare Haarnetze. Zur spanischen Kegelfrisur der 1. Hälfte des 17. Jh.s gehörten ebenfalls Perlenschnüre sowie verzierte Nadeln und Ketten. Der italienische Goldschmied Augusto → Castellani (1829–1914) fertigte silberne Haarnadeln in Form von Dolchen, Pfeilen, Ankern und Speeren, die ganz Europa beeinflußten. Im 19. Jh. gehörte auch der Kamm zur Schmuckgarnitur.

Habaner-Fayencen, Fayencegeschirre der Habaner, deutscher Wiedertäufer, die im 16. Jh. nach der Slowakei, Ungarn und Siebenbürgen auswanderten und in Genossenschaften lebten. Sie stellten die ersten Nachahmungen italienischer → Majolika nördlich der Alpen her. Die Habaner-Geschirre umfassen Schalen, Krüge und Flaschen mit glänzend weißer oder gefärbter Glasur. Ihre Blüte lag im 16. und 17. Jh. Im 18. Jh. lebten sie in der Volkskunst fort.

Habaner Fayence. Kugelbauchkrug. Um 1670. Zinnmontierung, H 16,5 cm. Hamburg, Museum für Kunst und Gewerbe.

Habermann, Franz Xaver (1721–96), Augsburger Ornamentstecher des 18. Jh.s, dessen in hohen Auflagen erschienene Möbel-Vorlagenstiche mit zur Ausbildung eines eigenständigen süddeutschen, bürgerlichen → Rokoko führten.

Habit → Kutte

Hachure (franz., Schraffierung), 1. im → Kupferstich Strichelung zur Erzielung flächiger Schatten.
2. In der Webkunst bezeichnet man mit *hachures à deux* (oder *trois*) *tons* eine Technik, bei der ein Farbton durch das Nebeneinandersetzen kleiner Fäden von zwei oder drei verschiedenen Farben entsteht.
3. Hachuren in der → Wirktechnik sind die Verzahnungen verschiedenfarbiger Schußfäden, die Übergänge zwischen Formen und Farben erzeugen. Die Verzahnung geschah durch dreieckige, sich durchdringende Lagen. Diese sichtbare, dem Charakter der Wirkerei entsprechende Hachurenverzahnung wurde im 18. Jh. durch so feine Übergänge der Farben ersetzt, daß man nurmehr von textilen Imitationen gemalter Bilder sprechen kann (→ Gobelinbilder).

Hacilar, Fundort in der südwestlichen Türkei. Besonders bekannt durch eine frühe handgemachte Keramik mit geometrischer Verzierung (rot-braun) auf gelblichem Grund. Oberfläche vor dem Brand poliert. Beziehungen zum neolithischen Thessalien im 6. Jahrtausend v. Chr. In Hacilar und Çatal Hüyük bei Konya auch dickleibige Frauenfiguren in älteren Schichten.

Hackbrett, altes deutsches Zitherinstrument, dessen Saiten mit zwei Hämmerchen angeschlagen werden, entstanden aus dem → Psalterium; in der Zigeunermusik als Zimbal (Cymbal) noch gebräuchlich; gilt als Vorläufer des Klaviers.

Hälbling, Halbstück des mittelalterlichen Denars (→ Silberpfennig). Nur selten geprägt.

Häller, Händleinsheller → Heller

Hängerollbild (chin. *chou* oder *heng-fu*, jap. *kakemono),* wohl von den buddhistischen Bannerbildern aus Zentralasien abzuleiten und seit der T'ang-Zeit in China weiterentwickelt; Bild im Hochformat, das auf einer durchgehenden Unterlage aus Papier und evtl. dünner Seide nach einem festgelegten System mit Rechtecken und Streifen von Papier und/oder gemustertem Seidenstoff wie mit einem geklebten Rahmen umgeben ist. An diesen Rahmen schließen sich oben und unten ungemusterte oder hellere, einfarbige Rechtecke über die ganze Breite an, wobei das obere Rechteck, der Himmelsstreifen *(t'ien),* höher zu sein hat als der untere, der Erdstreifen *(ti),* gewöhnlich im Verhältnis 3:2. Unmittelbar über dem Bildfeld ist oft noch ein freies Rechteck in gleicher Breite eingefügt, die *shih t'ang,* Gedichthalle, für nachträgliche Aufschriften. Nach alter Art umfängt ein besonderer Rahmen aus sehr schmalen, in Farbe und Musterung abweichenden Stoffstreifen *(ssu hsiang)* das Bildfeld; wenigstens sollte es oben und unten mit solchen Schutzstreifen abschließen. Um das montierte Bild ohne Schaden aufhängen zu können, ist der obere Rand des *t'ien* mit einem Stab von etwa halbkreisförmigem Querschnitt verstärkt, der auch die Hängeschnüre hält. Der untere Rand des *ti* ist um einen hölzernen Rollstab gelegt, der die Hängerolle beschwert und so fixiert. Seine Enden stehen entweder vor und sind dann schön poliert, oder sie sind mit Köpfen aus Elfenbein, Jade, Horn, Porzellan, seltener auch aus Metall, versehen und gelten als wichtige Elemente, die den Charakter des Bildes mitbestimmen. Über das *t'ien*-Rechteck sind in traditionellen Montierungen zwei schmale Vertikalstreifen aus dem Material des Rahmens aufgeklebt, die „Windbänder“ *(feng tai),* die bei japanischen Bildmontierungen – in der ursprünglichen, im Namen angedeuteten Art – frei hängen und beim Schließen des zusammengerollten Bildes horizontal über dem Hängeholz umgelegt werden müssen. Moderne Montierungen sind gewöhnlich sehr vereinfacht und verzichten auf diesen Zusatz. (Abb. s. a. S. 212)

Hängesiegel → Siegel

Hängetabernakel → Tabernakel

Häufebecher, vornehmlich im 16. Jh. hergestellte Silberbecher verschiedener Formen, die, ineinandergeschoben, in

Häufebecher. Nürnberg, um 1600. Meister Hans Beutmüller. H 9,1 cm. Göteborg, Röhsska Konstslöjdmuseet.

Sätzen von vier, sechs oder zwölf Stück gearbeitet wurden. Der oberste Becher war mit einem Deckel versehen. Es gab sie steilwandig, mit niedrigem, eingezogenem Fuß, später auch fußlos mit konischer Wandung.

Häutchengold → Metallfaden, → Blattgold

Hafnerkeramik, Hafnerware, süddeutsche Bezeichnung für → Irdenware, abgeleitet vom volkstümlichen Begriff „Hafen" für Schüssel, Gefäß.

Hagenauer Fayence → Straßburger Fayence

Haggada (hebr., Erzählung, pl. *Haggadot*), im jüdischen Brauchtum beim Pessachfest verwendetes, in der Regel mit Bildszenen aus Exodus, Initialen und Marginalien reich verziertes und illustriertes Buch *(Haggada schel Pessach),* das die Geschichte des Auszugs der Kinder Israels aus Ägypten beschreibt und damit den Sinn des Festes erklärt.

Hakenbüchse → Feuerwaffen

Hakenkreuz, im Sanskrit Swastika, Kreuz mit gleichlangen Armen, deren Enden in einer Richtung rechtwinklig umgebogen sind, so daß der Eindruck kreisender Bewegung entsteht. Das Hakenkreuz besaß von Anfang an religiös-symbolischen Charakter, der am deutlichsten im indischen Buddhismus aufzuzeigen ist. Das linksgerichtete Hakenkreuz bedeutete dort Aufstieg, Entstehung, Geburt, Glück, das rechtsgerichtete dagegen Niedergang, Vergehen, Tod. Dieses seit der Jungsteinzeit bekannte Schmuckmotiv, das auch als Sonnensymbol fungieren kann, ist mit Ausnahme des syrisch-palästinensischen Gebiets, Australiens und der Südsee in allen Erdteilen verbreitet. Sehr beliebt war es in der chine-

Hängerollbild. Sumiye-Malerei auf Seide, hohes Bambusrohr darstellend. Sign. Zeshin. 186,5 × 47,5 cm.

sischen, griechischen und germanischen Kunst und stellt heute noch ein häufig auftauchendes Motiv der südosteuropäischen Volkskunst dar.

Halbbrakteaten, früher gebräuchliche, wenig treffende Bezeichnung für Dünnpfennige, zweiseitig beprägte, groß und dünn geschlagene Münzen des 12. Jh.s, bei denen das Bild einer Seite auf der anderen meist durchgeschlagen wurde, so daß nur eines von beiden Münzbildern kenntlich ist. Verbreitet vor allem in Bayern und Niedersachsen. Sie leiten historisch über zu den → Brakteaten.

Halbbrakteaten

Halbedelsteine, gebräuchliche, doch von der international anerkannten Edelstein-Nomenklatur überholte Bezeichnung für Schmucksteine von geringerem Wert. Ursprünglich verstand man darunter die undurchsichtigen Edelsteine, dann alle Arten außer Diamant, Rubin, Saphir oder Smaragd. Umfang und Grenzen der Bezeichnung waren je nach Konjunktur und Mode erheblichen Schwankungen unterworfen und trugen zur Diffamierung vieler schöner und wertvoller Edelsteine bei.

Halbfayencen → Engobe, → Fayencen

Halbredende Wappen → redende Wappen

Halbsäule, Dreiviertelsäule, nur halb (bzw. dreiviertel) aus der Wand vortretende Säule.

Halbseide, Mischgewebe aus Seide und Leinen.

Haller Gläser, Erzeugnisse der Glashütte von Hall in Tirol, gegründet 1534, im Stil der → venezianischen Gläser. Charakteristisch ist der Dekor, der sich aus abwechselnd kalt bemalten und diamantgeritzten Feldern zusammensetzt. Die Hütte scheint um 1640 aufgelassen worden zu sein.

Hallorengläser, hohe, keulenförmige Humpen mit Emailmalerei (→ emaillierte Gläser), die von 1681 bis 1732 in sächsischen Hütten für die „Brüder im Thal", Mitglieder der Salzgewerke von Halle an der Saale, hergestellt wurden. Sie zeigen in den frühesten und besten Exemplaren über dem Wappen der Salzpfännerschaft den Festzug der Halloren zum Thalamtshaus, darüber das Bild der Stadt Halle.

Halsberge → Harnisch

Halskrause → Kröse

Halsschmuck, Schmuck in Form von → Choker, → Collier, → Kette, Halskragen, -spange, -reifen, -ring. Das Halsband bezeichnet eigentlich textiles Material: Im Barock und Rokoko trugen die Damen das eng den Hals umschließende Samt- oder Seidenband mit einem Schmuckstück in der Mitte, eine um 1900 und der Neuzeit wiederauflebende Mode. Älteste Beispiele kragenähnlichen Halsschmucks aus den Königsgräbern von Ur. Von bestechender Farbigkeit sind die Halskragen der Pharaonen: Gold mit Perlen und Einlagen von Lapislazuli, Karneol und Fayence. Irische Halskragen aus getriebenem Goldblech entstammen dem 1. Jahrtausend v. Chr. Meisterleistungen der Nordgermanen seit dem 6. Jh. n. Chr. Kragen glichen auch die breiten, reich mit Steinen und Ornamenten verzierten Halsschmuckstücke des 15. Jh.s und die großen „Umlegen" der Zeit um 1600. Halsringe und Spangen aus Gold oder Silber waren bei Kelten und Germanen verbreitet (→ Torques). Späte Nachfahren sind die schlichten Halsreifen, die sich als Übernahme skandinavischer Vorbilder ab Mitte des 20. Jh.s in Europa und Amerika durchsetzten.

Halsuhren, um den Hals getragene Kleinuhren, die in der ersten Hälfte des 16. Jh.s aufkamen und manchmal auch ein Schlagwerk besaßen. Die frühen Halsuhren wiesen oft eine flache Dosenform auf oder waren in → Bisamäpfel eingebaut. Neben runden gab es längliche Halsuhren, von denen einige auf dem Deckel mit Kompaß und Sonnenuhr versehen waren. Um 1600 kamen Halsuhren in Buch-, Kreuz- oder Schädelform auf sowie schlagende Uhren in Dolchknäufen, Jagdhörnern und Fingerringen.

Hamadan, Teppiche aus dem bedeutenden Knüpfzentrum im westlichen Iran mit großem Einzugsgebiet (u. a. → Lilian, → Malayer), die gleichfalls unter dem Sammelnamen Hamadan laufen. Alte Hamadan-Teppiche, meist schmale, lange → Kelley, besitzen ein kamelfarbenes, verhältnismäßig dunkles → Drapp (auch Kamelwolle), große Polygone und als Streuornamente kleine Männchen, Zwei- und Vierbeiner. (Abb. s. a. S. 215)

Hamburger Schapp, großer zweitüriger Dielenschrank, meist in Nußbaum furniert, mit gedrückten Kugelfüßen, Sockel mit Schubladen, durch Pilaster gegliedertem Hauptgeschoß und reich profiliertem, geradem Gesims mit geschnitztem Mittelzierat am Gebälk. Die Türen zeigen oft ovale Füllungen. Sie sind von Schnitzwerk umgeben. Das Hamburger Schapp hielt sich als Möbeltypus, nur wenig im Stil der Zeit variiert, bis in das 19. Jh. Im → Historismus wurde es gern imitiert.

Hameran → Medaillen → Plaketten

Hamburger Schapp. 1682. Nußbaum. H 250 cm. Hamburg, Museum für Kunst und Gewerbe.

Hanauer Fayence. 1661 gründeten holländische Werkleute in Hanau die erste deutsche Fayencemanufaktur, die 1740 in den Besitz von Simon van Alphen überging und bis 1800 bestand. Sie stellte → Enghalskrüge für Wein, Trinkkannen

Hanauer Enghalskrug mit Vögeles-Dekor. 1. Viertel 18. Jh. H 24 cm. München, Bayerisches Nationalmuseum.

und anderes Gebrauchsgut für den bürgerlichen Bedarf her, das in enger Anlehnung an → Delft mit blauen Chinesendarstellungen verziert wurde. Auch deutsche Motive und andere → Scharffeuerfarben, häufig jaspiert (→ Fayence), kommen vor. Um die Mitte des 18. Jh.s setzte porzellanähnliche → Muffelmalerei ein. Eine Anzahl Hanauer Krüge sind von → Hausmalern bemalt worden. Marken (verschmolzenes HN oder VA = van Alphen) wurden ab 1740, aber nicht regelmäßig, geführt.

Handdruck, mit der Hand, ohne Zuhilfenahme einer Presse, von einer graphischen Platte abgezogener Druck.

Handelsmarke → Warenzeichen

Handfaß, Gießfaß, Wandbrunnen, seit dem Mittelalter üblicher, an der Wand aufgehängter Wasserbehälter mit Zapfhahn und zugehörigem Becken aus Zinn. Später auch in Keramik gefertigt.

Handfeuerwaffen → Faustfeuerwaffen, → Feuerwaffen

Handschar → Yatagan

Handschuhe, wurden von alters her zum Schutz der Hände getragen. Der älteste Fund eines Armhandschuhs stammt aus einem ägyptischen Grab von 1300 v. Chr. Auch die Antike kannte Faust- und Fingerhandschuhe; nördlich der Alpen war der Fausthandschuh üblich. Im frühen Mittelalter gehörte der Fingerhandschuh zur geistlichen Tracht (→ Meßornat) und zum Herrscherornat. Vom 13. Jh. an war ein perlen- und edelsteingeschmückter Leder- oder Seidenhandschuh, mit dem großer Luxus getrieben wurde, Standesabzeichen des Vornehmen. Um 1500 kamen fingerlose Handschuhe auf, die nur den Handrücken bedeckten. Die meisten Handschuhmacher lebten in Frankreich. Zur Zeit der Hugenottenkriege (zweite Hälfte des 16. Jh.s) führten sie das Handwerk auch in Deutschland ein. Der Handschuh paßte sich von nun an der jeweils herrschenden Mode an.

Handzeichnung. Zu unterscheiden sind zweckgebundene und autonome Handzeichnungen. Die zweckgebundenen (z. B. Vorzeichnungen, Skizzen, Detailstudien, Bildhauerzeichnungen) sind Hilfsmittel eines Künstlers und nicht als eigenständige Kunstwerke entstanden. Aus ihnen entwickelte sich im 15. Jh. die autonome Handzeichnung als selbständige Kunstgattung. Seither bestehen beide nebeneinander, oft mit fließenden Übergängen. Zeichenfläche ist seit seiner Einführung im 15. Jh. hauptsächlich das Papier, daneben auch Pergament und Holztäfelchen. Als Zeichenmittel dienen z. B. → Silberstift, → Bleistift, → Kohle, → Kreide. Die Vielzahl der Kombinationsmöglichkeiten der einzelnen Techniken läßt eine Systematisierung nach Techniken nicht zu.

Hangelpott, für Norddeutschland charakteristisches kugeliges Zinngefäß mit eingezogenem Fuß, flachgewölbtem Dekkel und an zwei seitlichen, meist ornamentierten Ösen befestigtem Bügelhenkel. Es wurde seit der Mitte des 18. Jh.s hergestellt.

Hannong → Frankenthaler Porzellan, → Straßburger Fayence

Hannoversche Hofgoldschmiede → Silbermarken

Hannoversch-Münden, seit 1752 Sitz einer Fayencemanufaktur, die im 19. Jh. (bis 1854) als Steingutfabrik arbeitete. Sie stellte gute Geschirre her, darunter → Potpourrivasen und jaspierte (→ Fayence) Walzenkrüge mit dem springenden Pferd des hannoverschen Landeswappens. Daneben wurden → Formgeschirre geschaffen (Weinfässer mit reitendem Bacchus, Krüge in Gestalt einer Gänsemagd). Als Marke führte man drei abnehmende Monde.

Hansaschüsseln, runde, flache Bronzeschüsseln (→ Bronzekunst) des 12. und 13. Jh.s ohne Fuß, die mit Ritzzeichnungen geschmückt sind. Das dünnwandige Material läßt an eine

Fayenceplatte mit Blumenmalerei. Hannoversch-Münden, um 1780. Dm 41 cm.

Hamadan. 2. Hälfte 19. Jh. 174 × 212 cm. München, L. Bernheimer KG.

Entstehung in → Treibarbeit denken. Der Spiegel (→ Fahne) trägt Rundfelder mit biblischen oder allegorischen Darstellungen; der schmale, waagerecht abgeknickte Rand zeigt erläuternde oder moralisierende Inschriften. Die Schüsseln dienten wahrscheinlich als Handwaschbecken. Da sie vor allem in Hansestädten gefunden wurden, ist anzunehmen, daß sie durch die Hanse verbreitet wurden. Ihr Herstellungsort ist in einem der Zentren der Bronzeverarbeitung (Aachen, Hildesheim, Köln oder England) zu vermuten.

Hansekannen, norddeutscher in Zinn oder Silber gefertigter Kannentyp. In Zinn vom 14. bis 16. Jh. übliche gedrungenbirnförmige, sich zur Mündung erweiternde Deckelkanne mit abgesetzter Fußzone, die zum Gefäßkörper gehört, der bis unten Flüssigkeit aufnimmt. In den flachgewölbten Scharnierdeckel und den Boden sind häufig Plaketten eingelötet. Der Rücken des geschweiften Henkels zeigt vielfach reliefierte Ranken oder Jagdmotive. Sie dienten als Schenk- und Vorratsgefäße. Der Name rührt daher, daß sie vorwiegend im Gebiet der Hanse verbreitet waren. In Silber bezeichnet man als Hansekanne eine schmale, hohe Trinkkanne mit Scharnierdeckel, die ebenfalls im Gebiet der Hanse zu Hause und in Silber eine Neuformung der Renaissance war. Ihr Charakteristikum sind in nußartigen Früchten auslaufende Drahtspiralen am Henkelende.

Hansel im Keller, silbernes → Trinkspiel des 17. Jh.s. Ein Becher mit einer Röhre, in der eine Kinderfigur versteckt war, die beim Austrinken, wenn der Druck der Flüssigkeit nachließ, überraschend in die Höhe stieg.

Hardanger-Fiedel, norwegisches Violininstrument, eine Terz höher gestimmt als die Geige; hat vier Resonanz-Untersaiten aus Stahl.

Harfe, bereits im alten Ägypten bekanntes Saiteninstrument; seit 1720 Pedalharfe in der heutigen Gestalt, 1811 zur Doppelharfe verbessert; jede Saite kann um zwei Halbtöne verändert werden.

Harmonium, Tasteninstrument mit freischwingenden, durchschlagenden Zungen (statt der aufschlagenden Zungen des älteren Regals), seit etwa 1800 gebaut; in Anlehnung an die

Orgel hat das Harmonium eine Anzahl Register (Stimmen), die durch Windstrom zum Klingen gebracht werden.

Harnasch → Harnisch

Harnisch, das den ganzen Körper deckende Eisenkleid, die vornehmste Schutzwaffe. Die Teile des Harnischs sind folgende: → Helm, Harnischkragen, Harnischbrust und -rükken, Arm- und Beinzeug. Der Harnischkragen (Achselkragen) besteht aus verschiedenen → Geschüben und ist im

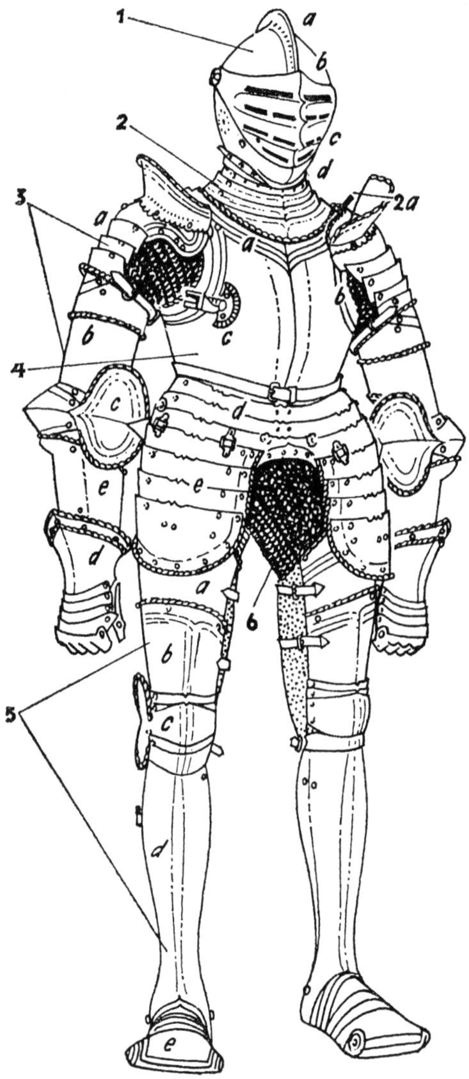

Harnisch
1. Visierhelm: a) Kamm, b) Helmglocke, c) Visier, d) Kinntreff. 2. Halsberge: a) Federzapfen oder Schnallen zur Befestigung des Armzeuges. 3. Armzeuge: a) Schulter, b) Oberarmröhre, c) Armkachel, d) Handschuhe, e) Unterarmröhre. 4. Harnischbrust: a) Brustrand, b) Armausschnitt, c) Rüsthaken, d) Bauchreifen, e) Beintaschen. 5. Beinzeug: a) Oberdiechling, b) Unterdiechling, c) Kniekachel, d) Beinröhre, e) Schuhe. 6. Panzerhemd.

Scharnier zu öffnen. Er dient dem Schutz von Hals und Nakken sowie dem Halten der Achseln und der daran befestigten Armzeuge. – Die Harnischbrust, der wichtigste Teil der Rüstung, die ursprünglich aus einem Stück bestand, wurde im Lauf des 15. Jh.s in Geschübe aufgelöst, mit umlaufenden Bauchstreifen und vorn angesetzten Beintaschen versehen. Aus der glatten entwickelte sich im 16. Jh. eine anfangs sparsam, später ganz mit Riffelungen bedeckte (Maximiliansharnisch). Glatte Harnischbrüste erhielten einen Mittelgrat oder Tapul, im späteren 16. Jh. eine in der Mitte überhängende Spitze, den Gänsebauch (Gansbauch). Zur Brust des Reiterharnischs gehörte ein aufklappbarer Rüsthaken (Rasthaken) zum Auflegen der Lanze. Zur Harnischbrust paßt der Harnischrücken, der durch Schulter- und Leibriemen mit der Brust verbunden wird. – Das Armzeug besteht aus Ober- und Unterarmzeug. Zum Oberarmzeug gehören die Achseln mit nach vorn und hinten ausladenden Flügen, oft mit aufgesetztem Brechrand. Sie tragen die rundum geschlossene Oberarmröhre, die auch aus Geschüben bestehen kann. Das Unterarmzeug besteht aus der den Ellbogen schützenden Armkachel mit Muschel zur Deckung der Armbeuge, aus Unterarmröhre und Handschuh, der als Fausthandschuh (Hentze), aus wenigen großen Geschüben oder als Fingerhandschuh mit vielen kleinen Geschüben gebildet sein kann. – Das Beinzeug besteht aus Ober- und Unterdiechling (geschobener Oberschenkelschutz, der an den Schenkel geschnallt wurde). Er war vernietet mit der Kniekachel, an der Beinröhre und Schuh befestigt waren. Die Schuhe des Harnischs entwickelten sich aus den Schnabelschuhen und Kuhmäulern und paßten sich erst im späteren 16. Jh. der natürlichen Fußform an. – Die Herstellung des Harnischs oblag dem Harnischschmied oder Plattner. (Über Verzierungsarten → Plattnerkunst.) Vorformen des Harnischs waren der Haubert (Halsberge), ein mit aufgenähten Eisenplättchen verstärkter Lederrock, der auch den Kopf bedeckte, und der enganliegende → Lendner (ohne Kopfschutz). In der zweiten Hälfte des 14. Jh.s bildete sich, von Italien ausgehend, der zusammenhängende Plattenharnisch aus. Seinen künstlerischen Höhepunkt erlebte er in den glatten Stücken mit Schallern (→ Helm) um 1470, die wenig treffend gotische Harnische genannt werden. Das Zentrum ihrer Herstellung war Mailand mit der berühmten Missaglia-Werkstatt. Deutsche Plattnerzentren waren Augsburg, Innsbruck, Landshut, Nürnberg. Als im 16. Jh. die Söldnerheere entstanden, bildete sich der leichtere „knechtische Harnisch“ oder Harnasch (ohne Armzeuge) aus. Der Ritterharnisch wurde prunkvoller, der glatte zum geriffelten Renaissanceharnisch umgebildet, wahrscheinlich von Kaiser Maximilian I. erfunden, daher Maximiliansharnisch genannt; vor allem in Nürnberg hergestellt. Zur Ausrüstung des Ritters gehörten jetzt der leichte Feldharnisch, verschiedene Turnierharnische (→ Stechzeug) und der reichverzierte Prunkharnisch (der als einziger bis ins 18. Jh. fortlebte; Produktionszentren der Spätzeit waren Dresden und Greenwich bei London). Für den Feldgebrauch wurde um 1550 der nur den Oberkörper deckende Pikenierharnisch eingeführt, der im 17. Jh. verschwand. Japanischer Harnisch → Do.

Harrachsche Hütte, Glashütte in Neuwelt im böhmischen Riesengebirge, entstand 1712 auf der gräflich Harrachschen Herrschaft Starkenbach anstelle der aufgelassenen Hütten Rochlitz, Witkowitz, Sahlenbach und Seifenbach. Wurde an verschiedene Hüttenmeister verpachtet und 1796 in die Verwaltung der Herrschaft übernommen. Unter dem energischen Fabrikdirektor Johann Pohl entwickelte sich die Hütte zum führenden Luxusglaserzeuger der Biedermeierzeit. In der zweiten Jahrhunderthälfte ging die Bedeutung der Hütte allmählich zurück. Auch die Erzeugung von Gläsern in der Art Louis Comfort → Tiffanys um 1900 brachte nur einen kurzen Aufschwung.

Harrison, John → Schiffschronometer

Harschhorn, ein Blasinstrument (aus Messing) vorwiegend der Schweizer Landsknechte (seit dem 15. Jh.).

Harzgulden → Andreastaler, → Lichttaler

Harzkappe → Schaube

Haseler, von William Hair Haseler 1870 in Birmingham gegründete Silberschmiedefirma, die bis 1927 bestand. Haseler war einer der Hauptzulieferer für → Liberty in Silber- und Zinnwaren, die unter der Bezeichnung „Cymric" für Silber und „Tudric" für Zinn liefen.

Hatschlu (von *hadsch,* Kreuz), Bezeichnung für turkmenische Teppiche mit kreuzförmiger Aufteilung, die zum Verschließen des Zelteinganges (→ Jurte) dienten (→ Engssi).

Haube, weibliche Kopfbedeckung, die im 14. Jh. aufkam (→ Krüseler) und die verheiratete Frau kennzeichnete (vgl. die einzelnen Haubenformen → Hennin, → Atour u. a.).

Haubenschachtel → Spanschachtel

Haubert → Harnisch

Haupt, Georg (1741–84), in Stockholm geborener Sohn eines Nürnberger Schreiners, gehörte zu den bedeutendsten schwedischen, aber auch überregional wichtigen Kunstschreinern des 18. Jh.s. Nach einer Lehre in Deutschland begab er sich nach Holland und Frankreich, wo er in der Werkstatt des Jean François → Leleu und vielleicht auch bei Jean François → Oeben arbeitete. 1767 bis 1769 ist sein Aufenthalt in England belegt, den er mit der ehrenvollen Auszeichnung eines Hofebenisten abschloß. Seit 1769 bis zu seinem Tode stand er in den Diensten des schwedischen Königs Gustav III. Seine handwerklich hervorragend verarbeiteten Möbel mit kostbaren Marketerien zeigen eindeutig französischen Einfluß, doch nie im Sinne einer Nachahmung.

Hausleuchter → Leuchter

Hausmaler, Winkelmaler, Chambrelans, ursprünglich Glas- und Emailmaler, die (heimlich oder mit Erlaubnis) außerhalb der Manufakturen Fayencen und Porzellane verzierten. Sie kauften weiße Geschirre auf und bemalten und brannten sie in ihren eigenen Werkstätten. Die frühesten und bedeutendsten Hausmaler lebten in Nürnberg; sie bemalten ab 1660 → Hanauer Fayencen mit → Schwarzlot (→ Schapergläser), ab 1680 mit bunten → Muffelfarben und Purpurmalereien → *camaieu* (Johann Heel, Abraham Helmback u. a.). Im frühen 18. Jh. verlagerte sich das Schwergewicht der Kunstübung nach Augsburg, wo → Aufenwerth und Seuter frühe Meißner Porzellane bemalten. In → Meißen sah man anfangs die Tätigkeit der Hausmaler gern, später suchte man sie durch Ausfuhrverbote für unbemaltes Porzellan und Durchschleifen der Marke auf Ausschußstücken zu unterbinden. Andere Zentren der Hausmalerei waren Breslau (→ Bottengruber, → Preißler) und Bayreuth (→ Metzsch). Um die Mitte des 18. Jh.s, als überall leistungsfähige Manufakturen entstanden waren, starb das Gewerbe aus und wurde nur noch von Dilettanten (→ Busch) geübt.

Hausmarke, Hofmarke, ein geometrisches Zeichen, das schon in vorheraldischer Zeit, besonders aber seit dem 13. Jh. Bauern und Bürger, besonders in Norddeutschland, auf ihre feste und bewegliche Habe ritzten oder malten. Im 14. und 15. Jh. wurde sie erbliches Familienzeichen, das in das Wappen aufgenommen werden konnte und Silberschmieden, Steinmetzen, Handelshäusern, Zinngießern und später Druckern häufig als Meistermarke diente (→ Silbermarken, → Zinnmarken, → Steinmetzzeichen, → Druckermarken, Warenzeichen).

Haut-Lis, hoher Stuhl. (→ Wirktechnik).

Hawdala-Leuchter, im jüdischen Ritus gebräuchliches Kultgerät zum Aufstecken der aus dünnen Wachsstreifen geflochtenen sog. Hawdalakerze, die am Schabat-Ausgang angezündet und gesegnet wird. Die Hawdala-Zeremonie (hebr. *Hawdala,* Trennung) bezeichnet die Trennung des Schabats von den gewöhnlichen Wochentagen. Der Leuchter ist meist aus Silber, getrieben, gegossen oder in Filigran gearbeitet, weniger wertvolle Stücke in Messingarbeit versilbert. Oft als Pendant zur → Besominbüchse gearbeitet, mit der der Leuchter zusammen aufgestellt wird.

Hedlinger, Johann Karl → Medaillen

Hedwigsgläser, dickwandige Becher aus gelblichem oder grünlichem Glas. Die aus dem 11. und 12. Jh. stammenden Gläser sind nach der Hl. Hedwig benannt, die überlieferungsgemäß mit ihnen in Verbindung gebracht wird. Kiew könnte nach neuer Forschung der Entstehungsort der Hedwigsgläser sein.

Heel, Johann → Hausmaler

Heerpauke, die stark gepolsterte kurze Oberschenkelhose der spanischen Tracht in der zweiten Hälfte des 16. Jh.s.

Hefekännchen, kleine Deckelkanne aus Zinn, zwischen 12 und 25 cm hoch, von umgekehrter Birnform, mit eingezogenem Hals und gelegentlich zu einem Ausguß erweiterter Mündung, gestuftem, zur Mitte flachem Scharnierdeckel und geschweiftem Bandhenkel. Im 17. und 18. Jh. in Württemberg als Vorrats- und Gießgefäß benutzt.

Heftlein oder Gewandhafte, gotischer Ansteckschmuck (→ Fürspan). Mit einer Reihe gleichartiger, oft figürlicher Hafte wurde der Brustschlitz der Kleider geschlossen. Diese Hafte, z. T. aus Silber, sind serienmäßig hergestellt worden, während die Fürspane als Einzelstück zu den schönsten Schmuckschöpfungen der burgundischen Epoche gehören. Die Bezeichnungen sind nicht klar abzugrenzen; noch im ersten Viertel des 16. Jh.s ist in Wiener Inventarverzeichnissen die Rede von „häftln".

Heidnischwerktücher → Rücklaken

Heiglen, Johann Erhard → Heuglin

Heftlein. Burgund, Anfang 15. Jh. Gold, Email, Perlen. Essen, Münsterschatz.

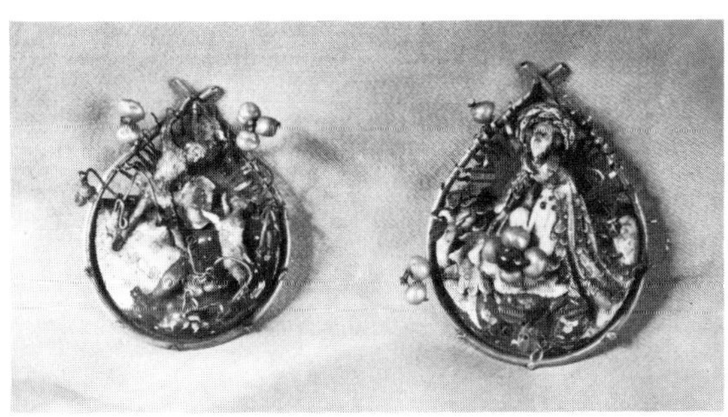

Heilige Lanze, auch eucharistische Lanze, zweischneidiges, lanzenförmiges Messer mit in einem Kreuz endenden Griff aus Silber oder anderem Edelmetall; es ist seit dem 8. Jh. nachweisbar und dient in der Liturgie der Ostkirche zur Zerteilung des eucharistischen Brotes vor dessen Konsekration. Die Form und Bezeichnung erhielt es von der Lanze, mit der nach Johannes 19,34 die Seite des toten Christus am Kreuz geöffnet wurde.

Heiltümer, Reliquienschätze der Kirchen, von denen Verzeichnisse mit Abbildungen aufgestellt wurden, die Heiltumsbücher, die heute eine wichtige Quelle bilden.

Heiltum, Heiltumsbuch → Reliquiar

Heiratswappen → Allianzwappen

Hei-Tiki, ein kleiner, reliefartig aus Nephrit (Jade) gefertigter Brustschmuck der Maori auf Neuseeland (→ polynesische Kunst), der eine große embryonale Figur wiedergibt mit schräggestelltem Kopf und großen Augen aus eingelegten Perlmuttstücken.

Heizpfanne → Kohlenschapen

Helchis, Jacobus → Wiener Porzellan

Hellebarde → Stangenwaffen

Hellenistischer Stil → Antike

Heller, auch Häller oder Händleinsheller, um 1200 erstmalig in der Reichsmünzstätte Schwäbisch-Hall geprägter → Silberpfennig, der vorn einen Handschuh (als Zeichen der Verleihung des Münzregals), auf dem Revers ein Kreuz trägt. Er war vom 13. bis 15. Jh. weithin beliebt.

Heller

Helm, seit der Antike Kopfschutz des Kriegers, vom 14. Jh. an Teil des → Harnischs. Der frühmittelalterliche Helm (wenig treffend normannischer Helm genannt) ist eine sphärisch spitz nach oben zulaufende Kopfhaube mit zwei breiten angenieteten Fortsätzen; der vordere heißt Naseneisen. Zur Abwehr der scharfen sarazenischen Waffen in den Kreuzzügen entwickelte sich im 12. Jh. der auf der Schulter aufsitzende Topf- oder Kübelhelm (zylindrisch oder halbkugelig) mit beweglichem → Visier, der auch Wappenhelm wurde (→ Wappen). Gleichzeitig bildeten sich → Helmzier und → Helmdecke aus. Am Ende des 14. Jh.s ging man zu leichteren Formen zurück: der Beckenhaube mit offenem Gesicht oder spitzem Visier (einer Hundeschnauze ähnelnd, daher Hundsgugel genannt). Im 15. Jh. entstanden die tief in den Nacken reichende, mit Mittelgrat versehene Schallern, der mit Kinnreff (an Seitenscharnieren befestigtes Backenstück) besetzte Visierhelm und der mit dem Harnischkragen fest verbundene (»im Kragen umgehende«) burgundische Helm. Helmformen des 16. Jh.s waren Sturmhaube (mit aufwärts gebogenem Sonnenschirm, geschweiftem Nackenschirm und Scheitelkamm) und Pickelhaube (mit vorstehendem Kinnstück, dem Helmbart). Im 17. Jh. bürgerte sich in den europäischen Heeren eine türkische Helmform ein, Zischägge genannt (vorn und hinten mit einem angehefteten Stück Panzerzeug), die vielfältig abgewandelt wurde. Daneben war anfangs der spanische Morion in Gebrauch (Sturmhaube mit Mittelgrat und stark aufgebogener vorderer und hinterer Krempe).
Zur Verzierung der Helme wurden alle Veredelungsformen der → Plattnerkunst angewandt (japanischer Helm → Kabuto).
Im 18. Jh. verschwand der Helm fast vollständig aus der Bewaffnung, nur ein eisernes Hutkreuz – über den Hut gestülpt – schützte den Kopf. In den Heeren der Französischen Revolution tauchte der Helm dann in antikisierender Form wieder auf. Er nahm verschiedene Formen an. Mit Roßschweif in gräzisierender Form ist er noch heute in Frankreich Paradehelm der Garde républicaine. Als Raupenhelm war er im 19. Jh. der typische Helm bayerischer Truppen. 1843 wurde in Preußen der volkstümlich Pickelhaube genannte Helm eingeführt. Er war aus Leder. Eine metallene Spitze, heraldische Adler verschiedener Form und Schienen dienten als Verstärkung und Zier. Der Helm der Kürassiere war aus Stahl oder gelbem Metall. Bei den Garden wurde zur Parade statt der Spitze ein zum Fluge ansetzender Adler aufgeschraubt. Bereits 1846 erschien die Pickelhaube in der russischen Armee. Später war sie in anderer Form (auch aus Filz) in den Heeren vieler Staaten der Erde verbreitet. Im Ersten Weltkrieg taucht der Stahlhelm auf. Seine drei Hauptformen sind der flache anglo-amerikanische, der tiefherabgehende deutsche und der antikisierende französische. Während und nach dem Zweiten Weltkrieg erschienen verschiedene neue Stahlhelmformen.

Helm (Heraldik), wichtiger Teil eines Vollwappens (→ Wappen). Gemäß der Entwicklung der Waffen unterscheidet man auch in der Heraldik den Topf- und den größeren Kübelhelm (13.–14. Jh.), den spitzen Stechhelm (15.–16. Jh.), den Bügel- oder Spangenhelm (15.–17. Jh.) und den Visierhelm (15.–17. Jh.). Ist der Topf- oder Bügelhelm in der Wappenkunst dem Uradel, der Bügel- oder Spangenhelm, der auch für Kolbenturniere verwendet wurde, dem Adel vorbehalten, so wird der Stechhelm seit dem 15. Jh. vorwiegend für bürgerliche Wappen verwendet, während der Visierhelm seit dem 16. Jh. als Ranghelm für Fürsten und Könige dient. Andere Helmformen (Hundsgugel, Schallern, Eisenhut, moderne Stahlhelme usw.) sind keine echten heraldischen Helme und in Wappen zu meiden.

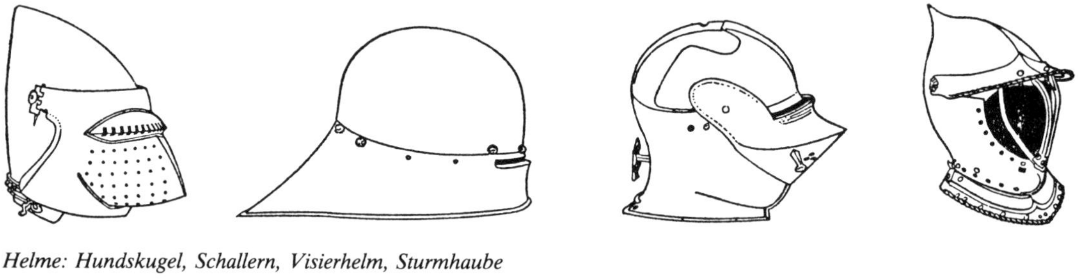

Helme: Hundskugel, Schallern, Visierhelm, Sturmhaube

Helmband → Wappen
Helmbart → Helm
Helmbarte → Stangenwaffe
Helmbrünne → Panzerhemd
Helmdecke, ursprünglich ein Leinenstoff, der in den Kreuzzügen gegen die Sonnenhitze über den schweren Topfhelmen (→ Helm) getragen wurde und bald an den Rändern einriß. Die zerrissene Helmdecke galt als Zeichen der Tapferkeit. Eine künstlich gezottelte oder gezaddelte Helmdecke wurde im 14. Jh. Abzeichen der Mannhaftigkeit und des adeligen Ritters und ging als solches in die Heraldik (→ Wappen) ein.
Helmfutter, gepolstertes Leinen-, Leder- (→ Dileolus) oder Eisengitterfutter des → Helmes.
Helmhack, Abraham → Hausmaler
Helmkannen, in Edelmetall, Zinn und Keramik gefertigte Kannen des späteren 17. und 18. Jh.s in Form eines umgekehrten Helms mit Ausguß, geschweiftem, oft harfenförmigem Henkel und auf eingezogenem Fuß.
Helmkleinod → Helm, → Wappen
Helmlör → Wappen
Helmschmuck → Helm, → Wappen
Helmzier, Zimier, ein auf dem Wappenhelm sitzender Aufbau, der ursprünglich das Persönlichkeitszeichen innerhalb eines wappenführenden Geschlechts darstellt. Er ist somit neben dem Helm der wichtigste Teil des Oberwappens (→ Wappen) und wiederholt häufig den Schildinhalt.

Helmzier: Löwenkopf zwischen Flug. Wiederholung eines Teilstücks der Schildfigur. Aus: Leonhard, Das große Buch der Wappenkunst (München 1978).

Schlangenarmreif mit Herakesknoten. Griechisch, 3. Jh. v. Chr. Gold mit Granat. Pforzheim, Schmuckmuseum. ▷

Hemba → Luba
Henkelkelch → Kelch
Henlein, Peter → Uhrentechnik
Hennin, hohe, zuckerhutförmige Frauenhaube der französischen und niederländischen Tracht des 15. Jh.s.
Henri-II-Fayencen → Saint Porchaire
Hentze → Harnisch
Hepplewhite, George († 1786), gehört zur „Quadriga" des englischen georgianischen Möbels, zusammen mit Thomas → Chippendale, Thomas → Sheraton und Robert → Adam, erlebte aber, im Gegensatz zu diesen, seinen Ruhm nicht mehr. Sein grundlegendes Vorlagenwerk für alle Arten von Möbeln, das entscheidend zur Ausbildung des „Neo-classical" der achtziger Jahre des 18. Jh.s beitrug, *The Cabinet-maker's and Upholsterer's guide,* erschien erst zwei Jahre nach seinem Tod. Ihm folgten in kurzer Zeit Neuauflagen von 1789 und 1794.

Armstuhl im Hepplewhite-Stil. London, um 1775. Paris, Musée des Arts décoratifs.

Herakesknoten, nach Art eines Weberknotens verschlungene Streifen oder Bänder, die sowohl die Unauflösbarkeit der Liebe bedeuten (Liebesknoten) als auch übelabwehrend sein sollten, weil sie das Eindringen in das hinter dem Knoten Verborgene verwehrten. Ein in der Antike beliebtes Motiv für Schmuck, das die Jahrhunderte überdauerte (→ Liebesringe).

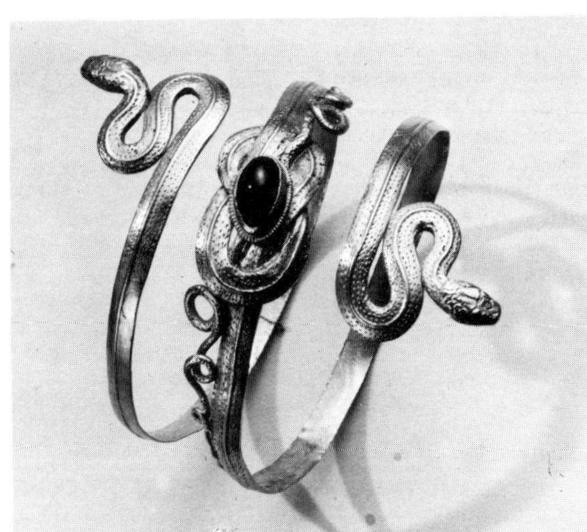

Heraldik, die Kunst der Herolde, der Ausrufer bei Turnieren, die die Wappen beglaubigten und über ihre rechtmäßige Führung wachten. Sie setzten die Regeln der Wappenanfertigung fest, die im 16. und 17. Jh. von den Kanzleien der Fürsten übernommen wurden, dabei aber zur Kanzleiheraldik erstarrten und zur komplizierten Wissenschaft wurden. Die Heraldik teilt sich in Wappenkunde (Kenntnis der Wappen und der heraldischen Regeln), Wappenkunst (ihre praktische Anwendung durch → Blasonieren und graphische Darstellung) und Wappenrecht (die durch Annahme und Führung von Wappen und deren Schutz sowie durch Wappenfälschungen aufgeworfenen Rechtsfragen). Die Heraldik als Wissenschaft wurde vorwiegend in Frankreich, aber auch in England ausgebildet und erfährt seit Mitte des 19. Jh.s wieder einen Aufschwung.

Heraldische Farben → Tinkturen

Herat, Teppicherzeugnisse der nordostpersischen Provinz gleichen Namens im Khorassan-Gebiet (→ Khorassan).

Herati, verbreitetes Standardmuster persischer Manufakturteppiche, auch → Mahi genannt. Das Muster beruht im Prinzip auf der Anordnung einer Raute, die von vier Lanzettblättern (diese auch fischförmig) flankiert wird und im Wechsel mit Rosettblüten erscheint.

Herati-Muster

Hereke, nach dem türkischen Ort benannter Teppich. Hereke war in der zweiten Hälfte des 19. Jh.s von teppichgeschichtlicher Bedeutung und besaß eine berühmte Hofmanufaktur, in der – auch europäische – Teppiche nachgeknüpft wurden. Ein eigener Musterstil hat sich nicht entwickelt.

Heris, Teppiche aus der nordpersischen Stadt gleichen Namens im Baghschaich-Gebiet (→ Baghschaich), in der Größe bis 5 × 8 m. Vorherrschend ist ein geometrisiertes Medaillon mit erstarrter Floralzeichnung und Eckfeldern. Hervorragende Teppiche des frühen 19. Jh.s sind bekannt. Auch kleinformatige Seidenteppiche kommen vor, deren Ornamentierung jedoch floraler und eleganter ist. (Abb. s. a. S. 222)

Herme, abgekürzte griechisch-römische Darstellungsform des Menschenbildes, die sich auf die Wiedergabe des Kopfes und des Genitals beschränkte, wobei unterhalb des Halses ein Schaft ansetzte. Seitlich waren rechteckige Löcher für die Einfügung von kleineren Schaftstücken, den Armen, ausgespart. Ursprünglich nur für die Repräsentation des griechischen Gottes Hermes verwendet, daher der Name Herme. Beliebte Darstellungsform von Dichter-, Philosophen-, Kaiser- und Bürgerporträts, häufig in Doppelform (→ Atlant).

Hermelin → Tinkturen

Heroische Landschaft → Landschaftsmalerei

Heroldsbilder, Heroldsfiguren, Heroldsstücke, Wappenbilder, die (im Gegensatz zu den → gemeinen Figuren) nur durch regelmäßige, bis zum Rand laufende Linien entstehen. Die Benennung der wichtigsten Heroldsbilder: Ein horizontal geteilter Schild heißt (ein- oder mehrfach) geteilt; ein senkrecht geteilter gespalten. Durch zweimalige waagerechte Teilung entsteht der Balken, durch zweimalige vertikale Teilung der Pfahl. Sind beide sehr schmal, spricht man von Leisten, Stäben und Faden. Durch Verbindung horizontaler und vertikaler Teilung entsteht die Vierung oder Quadrierung; ein mehrfach quadrierter Schild heißt geschacht. Sind die Vierecke länglich, nennt man sie Schindeln. Die Schrägteilung geht meist von oben rechts nach unten links; ein solcher Schild heißt schräggeteilt. Läuft die Teilung von oben links nach unten rechts, spricht man von schräglinksgeteilt. Bei Schrägteilung durch doppelte Linien entsteht der Schrägbalken (bzw. Schräglinksbalken). Ein mehrfach schräggeteilter und schräglinksgeteilter Schild ist gerautet. Längliche Rauten heißen Wecken. Laufen in einem Schild Schräglinien zusammen, so entstehen Sparren, Spitzen, Keile, die alle ein- oder mehrfach, gestuft oder glatt, sich gegenüberstehend (z. B. Gegensparren) oder in Kreuzform usw. gestellt sein können. Aus der Kombination von unvollständigen Spaltungen und Teilungen entstehen Gabelungen, Göppelteilungen usw. Sind die Teilungslinien geknickt oder gebogen, ergeben sich wiederum eine Vielzahl von Schildteilungen (z. B. Winkelteilung, -spaltung, Flammenteilung, -spaltung, Wellenteilung, -spaltung usw.). Endet die Schnittlinie nicht am Schildrand, sondern läuft parallel zu ihm, spricht man vom Bord usw. Die Grundfiguren werden noch durch eine Fülle von Kombinationen und Einzelfiguren (Zacken, Treppen, Blätter, Zinnen, Wolken, Schnecken u. a.) ergänzt. Die Möglichkeiten, die noch durch Wechsel der → Tinkturen abgewan-

Heroldsbilder: a) 3mal gespalten, b) 7mal schräglinks geteilt, c) 8fach geständert, d) geviert, darin ein Herzschild, e) gespalten, darin ein Sparren, f) schräggeviert, darin ein Mühlrad. Aus: Leonhard, Das große Buch der Wappenkunst (München 1978).

delt werden können, sind fast unerschöpflich. Zudem können Heroldsbilder auch mit gemeinen Figuren belegt sein.

Herrscherornat → Meßornat

Hertel, Hans Georg (1580–1640), führender Augsburger Kunstschreiner der Epoche Kurfürst Maximilians I. von Bayern vor dem Hintergrund des Dreißigjährigen Krieges. Als sein bedeutendstes Werk gilt der in Zusammenarbeit mit dem Augsburger Stecher Lukas Kilian und einem italienischen Handwerker entstandene Prunktisch Kurfürst Maximilians von 1626 (München, Schatzkammer der Residenz). Die Tischplatte aus → Ebenholz mit Einlagen aus graviertem Silber und vergoldetem Messing zeigt Landschaftsdarstellungen in → Pietra-Dura-Technik (→ Pietra-Dura-Einlagen) mit eingesetzten Halbedelsteinen. Natürlich diente eine solche Kostbarkeit nicht dem Gebrauch, sondern war von Anfang an „Museumsstück", für die kurfürstliche Kunstkammer angefertigt.

Hervorbrechend, auch hervorschauend, nennt man in der Heraldik ein Tier, von dem nur Kopf und Hals aus dem Schildrand oder aus einer Figur hervorragen. Ist die Hälfte des Tieres sichtbar, heißt es hervorgehend oder wachsend.

Heuglin oder **Heiglen, Johann Erhard** (1683–1757), Goldschmied in Augsburg, Hauptvertreter des Régence, von dem auch Entwürfe im Bandelwerkstil (→ Bandelwerk) erhalten sind.

Heuke, ärmelloser Männermantel des 14. Jh.s, an einer Seite aufgeschlitzt, vom Hals bis zur Schulter mit Knöpfen verschlossen. Die Heuke wurde, mit Hermelinkragen versehen, zum Kennzeichen der Kurfürsten.

Heusenstamm, kleine Fayencemanufaktur bei Frankfurt am Main (→ Frankfurter Fayence), die 1662–1666 in Betrieb war und von der nur wenige Erzeugnisse bekannt sind.

Hewelcke, Friedrich → venezianisches Porzellan

Hexamit → Samt

Heyman, Peter → Croyteppich

Hichiriki, japanische Oboe aus Bambus mit sieben Grifflöchern.

Hifthorn, kleines einfaches Jagdhorn aus Rinderhorn, das später durch Metallhörner verdrängt wurde.

Hilfskleinode → Wappen

Hillebrand, Friedrich († 1608), Goldschmied in Nürnberg. Er lieferte 1600 an Herzog Wilhelm V. von Bayern eine Reihe von Prunkbechern aus Gold, die als Hochzeitsgabe nach Wien gingen. Zu ihrem Dekor gehörten Perlmuttblättchen, die mit Smaragden und Rubinen in blau-grün-weißen Netzornamenten aus Email geschmückt waren.

Hilpert, Johann Gottfried → Zinnfiguren

Himation, von Männern und Frauen getragener griechischer Mantel. Er bestand aus einem rechteckigen wollenen Tuch, das den Oberkörper, bei Frauen auch den Kopf, verhüllte, den rechten Arm aber freiließ.

Himmelsglobus → Globus

Hinterglasmalerei, Malerei in deckenden Farben auf der Rückseite von Glasscheiben gemalte Bilder. Der Herstellungsvorgang geschieht umgekehrt zur üblichen Malerei: Zuerst werden die vordergründigen Konturen und Lichter aufgesetzt, Flächenfüllung und Hintergrund entstehen als letztes. Das Hinterglasmalen ist als Technik seit dem 15. Jh. bekannt. Im 18. Jh. wird die künstlerische Hinterglasmalerei so perfektioniert, daß sie sich kaum von vordergründiger Ölmalerei unterscheiden läßt. Die Hinterglasbilder, die allgemein im Handel auftreten, gehören in den volkskünstlerischen Bereich. Seit der 2. Hälfte des 18. Jh.s haben sich bestimmte Zentren herausgebildet, wo sie in hausindustrieller Fertigung entstehen (Oberbayern/Oberammergau und Staffelsee, Bayerischer Wald/Raimundsreut, Böhmerwald/Buchers, Oberösterreich/Sandl und im Schwarzwald). In den einzelnen Familien und Arbeitsgemeinschaften wird das komplette Bild einschließlich einfacher, profilierter Rahmen aus Fichtenholz in Arbeitsteilung gefertigt. Als Vorlage werden die Risse, Zeichnungen bzw. Drucke mit den wichtigsten Umrißlinien unter die zu bemalende Scheibe gelegt. Je nach Können führen die einzelnen Mitglieder der Arbeitsgemeinschaft das schwierige Konturenmalen aus oder übernehmen das weniger Übung erfordernde Ausmalen. Hinterglasbilder sind Massenware, die durch Hausierer auf Kraxen vertrieben wurden, wodurch sich ihre weite Verbreitung erklärt. Religiöse Darstellungen dienen der Ausschmückung des Herrgottswinkels oder als religiöser Wandschmuck. Kleiner ist die Zahl der Bilder mit profanen Motiven wie den vier Jahreszeiten oder allgemeinen Genreszenen. Hinterglasbilder sind in den letzten Jahren sehr teuer geworden, immer mehr kommen Fälschungen auf den Markt, die rissigen Farbauftrag und schlieriges Glas aufweisen, so daß sie kaum von älteren Hinterglasbildern zu unterscheiden sind. (Abb. s. a. S. 223)

Hintze, Erwin (1876–1931), Zinnforscher, Verfasser des wichtigsten Nachschlagewerks über die Zinnmarken der deutschsprachigen Länder (*Die deutschen Zinngießer und ihre Marken,* 7 Bände).

Hippe → Stangenwaffen

Hirnholz, geschnittenes Holz, dessen Fläche den Faserlauf rechtwinklig zerschneidet. Eine Leiste aus Hirnholz heißt Hirnleiste oder Hirnfeder.

Hirschfänger → Jagdwaffen

Hirschgulden, Kippergulden von Württemberg zu 60 Kreuzern aus den Jahren 1622 und 1623. Es gibt auch halbe Hirschgulden zu 30 Kreuzern. Auf der Rückseite zeigen sie einen Hirsch mit einem Schild, in dem sich die Wertzahl befindet. Auch $^{2}/_{3}$ Taler von Stolberg werden als Hirschgulden bezeichnet.

Hirschgulden

Hirschhorn, die hornartigen Knochenauswüchse aus dem Stirnbein aller geweihtragenden Hirschgattungen. Das harte Material kann gesägt, geschnitzt und gedrechselt werden. Früheste künstlerische Bearbeitung in der jüngeren Steinzeit, wie Funde gravierter Tierzeichnungen und von Tierschnitzereien an Geräten aus Rengeweih beweisen. In Japan wurde Hirschhorn im 18. und 19. Jh. neben anderen Werkstoffen für → Netsuke verwendet. In Deutschland wurde das Material im 17. und 18. Jh. in Verbindung mit Elfenbein zur Gestaltung von Geräten und Gefäßen verwendet, die mit Jagdmotiven verziert waren. Im ausgehenden 18. Jh. ging in Erbach im Odenwald aus der Hirschhornverarbeitung die Erbacher Elfenbeinkunst des 19. Jh.s hervor.

Heris. Nordwestpersien, Mitte 19. Jh. 275 × 369 cm. München, L. Bernheimer KG.

▷

Hinterglasbild. Hl. Georg. Seehausen/Oberbayern (Noder), um 1800. 30 × 33 cm.

Hirschvogel, Augustin (1503–1553), Radierer in Nürnberg und Wien, der außer Bildnissen, Wappen und Landschaften Ornamentstiche mit → Grotesken, → Mauresken und → Rollwerk hinterlassen hat. Er versuchte sich auch in anderen Techniken. So unterhielt er in Nürnberg eine Töpferwerkstatt. Keramiken sind ihm nicht sicher zuzuweisen. Die sog. → Hirschvogelkrüge in Hafnerkeramik stammen nicht von ihm.

Hirschvogelkrüge, zu Unrecht nach Augustin → Hirschvogel benannte bunte, reliefverzierte Krüge in Hafnerkeramik mit weitem Hals und oben ansetzendem geflochtenen Henkel. Sie wurden im mittleren 16. Jh. in Nürnberg, zum Teil von der Familie → Preuning, gemacht.

Hirtenstab → Bischofsstab

Historienmalerei, eine Themengattung, die geschichtliche Ereignisse zum Bildgegenstand hat, zum Teil auch in geschichtlicher Entfernung gedachte Sagen und Dichtungen. Bei Darstellung eines zeitgenössischen Ereignisses spricht man von Ereignisbild. Aus der Antike ist uns etwa das sog. Alexandermosaik in Pompeji als Historienbild bekannt, aus dem Mittelalter die Wandgemälde in der karolingischen Pfalz in Ingelheim. Die Darstellung geschichtlich zurückliegender Ereignisse geschieht in Renaissance und Barock ohne historische Wahrheitstreue. Erst mit einem neuen Geschichtsbewußtsein und dem Aufkommen einer wissenschaftlichen Geschichtsschreibung im 19. Jh. gewinnt auch

die Historienmalerei mit dem → Historismus eine völlig neue Bedeutung. Sie wurde zum wichtigen akademischen Ausbildungsfach.
Wandgemälde und oft großformatige Leinwandgemälde wurden zum Teil als geschichtliche Anschauungsbilder für öffentliche Gebäude – Museen, Rathäuser, Justizpaläste usw. – in Auftrag gegeben, in einigen Fällen (Maximilianeum in München) auch zum Zwecke pädagogischer Volkserziehung durch das Bewußtmachen einer heroischen Vergangenheit. Zu den bekanntesten Vertretern der Historienmalerei gehören in Frankreich Jacques-Louis David, Claude Joseph Vernet, Pierre Narcisse Guérin, in Süddeutschland Julius Schnorr von Carolsfeld, Alfred Rethel, Karl Theodor von Piloty, in Berlin Adolf von Menzel und Anton von Werner.
Historismus, Stilbegriff. Abgesehen davon, daß in der gesamten Geschichte der Kunst ältere Stile wieder Vorbild für spätere Epochen waren, werden als Historismus besonders die Stilformen zwischen Ende des 18. und Anfang des 20. Jh.s bezeichnet. Im Verlauf des 19. Jh.s lassen sich unterscheiden: Der sich an griechisch-römischer Architektur orientierende Klassizismus (besonders Anfang des 19. Jh.s), Neugotik und Neuromanik (besonders seit Mitte des 19. Jh.s), Neurenaissance und Neubarock (besonders Ende des 19. Jh.s); um die Jahrhundertwende, am Übergang zur beginnenden Moderne (Jugendstil), entwickelt sich ein „Reduktionsstil", bei dem historische Stil- oder Strukturelemente auf wenige kennzeichnende Merkmale im sonst modernen Bau oder kunsthandwerklichen Gegenstand reduziert werden.
Historismus-Glas, im Zuge der Rückbesinnung auf die Stile vergangener Epochen in der zweiten Hälfte des 19. Jh.s in den verschiedensten Techniken nach alten Originalen dekoriertes Glas, das sich heute nur bei genauer Kenntnis als Nachbildung erkennen läßt. Als besonders problematisch erweist sich die Identifizierung der Kopien von altdeutschen geschnittenen und → emaillierten Gläsern aus dem 18. Jh. (→ Barockglas) sowie von → Zwischengoldgläsern. Von diesen teils originalgetreuen Nachbildungen lassen sich die Gläser leicht unterscheiden, die sich an ihre alten Vorbilder nur anlehnen, ohne sie zu kopieren. Zu den führenden Vertretern dieser Stilrichtung zählten neben der → Rheinischen Glashütten-AG, → Salviati und der → Theresienthaler Hütte die Wiener Glashandelsfirma J. & L. → Lobmeyr, in Zusammenarbeit mit → Meyr's Neffe und den besten nordböhmischen Glasveredlern (→ Steinschönau). Gläser von Lobmeyr und Meyr's Neffe tragen die Firmensignaturen JLLW und MN in Ligatur auf der Unterseite des Bodens, bei gravierten Gläsern eingeschnitten, bei bemalten in Farbe.
Ho, Gefäßtypus der → altchinesischen Bronzen. Es handelt sich um eine runde Kanne zum Weinmischen auf drei oder vier soliden Füßen, mit gerader Tülle und kleinem Deckel, der mittels Kettengliedern am Henkelansatz gehalten wird; typisch für die Chou-Zeit; Urbild des späteren → Teekessels.
Hobelspankette, aus bandartigen, leicht gedrehten Ringen (Hobelspänen) bestehende Kette, die in England und Frankreich besonders von Männern getragen wurde, in Deutschland dagegen zum Frauenschmuck gehörte. Ihre goldenen Glieder dienten auf Reisen häufig als Zahlungsmittel. Der aus dem 16. Jh. stammende Typus ist noch heute ein Standardmodell der Kette.
Hochaltar → Altar
Hochdruck, die druckgraphischen Techniken, bei denen die druckenden Teile der Druckplatte erhaben über den nicht druckenden Teilen stehen (→ Holzschnitt, → Holzstich, → Metallschnitt, → Schrotschnitt, → Weißschnitt, → Teigdruck, → Clair-obscur-Schnitt, → Zinkätzung).
Hochschnitt → Glasschnitt, → Überfangreliefschnitt.
Hochzeitsring, Kultgegenstand des jüdischen Brauchtums, meist mit einem an der Oberseite aufgesetzten Häuschen gearbeitet. Die oft ungewöhnliche Größe solcher Ringe macht verständlich, daß diese nur als Zeremonialringe bei der Trauung selbst und nicht als Eheringe getragen wurden.

Jüdischer Hochzeitsring. 18. Jh. Gold mit blauen Emailblüten auf dem Reif, auf dem Dach die hebräische Inschrift „Mazal tov" (viel Glück). H 5 cm. New York, Auktionshaus Parke-Bernet.

Hochzeitstruhe → Brauttruhe
Hochzeitsvertrag → Ketuba
Hocker → Sitzmöbel
Höchster Porzellan, 1746–1796. Das Privileg zur Errichtung einer Porzellanmanufaktur in Höchst erteilte der Mainzer Kurfürst Johann Friedrich Karl von Ostein (1743–1763) am 1. März 1746 den beiden Frankfurter Kaufleuten Johann Christoph Göltz und Johann Felician Clarus sowie dem technischen Leiter des Unternehmens, Adam Friedrich von → Löwenfinck. Es garantierte ein Monopol zur Porzellanherstellung auf fünfzig Jahre. Allerdings kannte der hervorragende Porzellan- und Fayencemaler Löwenfinck das „Arkanum" keineswegs, wie er vorgab, sondern fertigte lediglich Fayence, die jedoch von unvergleichlicher Vollkommenheit war und die er daher „Fayenceporzellan" nannte. Nach einem Streit verließ Löwenfinck 1749 Höchst, und Göltz gewann 1750 Johann → Benckgraff aus Wien zum Direktor, dem mit Hilfe des Arkanisten und Ofenspezialisten Joseph Jakob → Ringler schon nach fünf Monaten die ersten Porzellanbrände in Höchst gelangen. Auch Benckgraff blieb nur drei Jahre in Höchst und folgte 1753 einem Ruf nach Fürstenberg, wohin er den Modelleur Simon Feilner und den Maler Johann Zeschinger mitnahm. Göltz führte nun den Betrieb allein weiter – sein Schwiegersohn Clarus war bereits 1750 als Teilhaber ausgeschieden –, konnte aber einen Bankrott seines Unternehmens im Frühjahr 1756 nicht abwenden. Da sich kein Käufer oder Pächter für die Manufaktur fand, wurde sie zunächst auf Kosten des Kurfürsten weitergeführt. Einer der Verwalter, Johann Heinrich Maas, leitete sie schließlich von 1759 bis 1764 erfolgreich in eigener Regie. Danach wurde die Manufaktur auf Anordnung des Kurfürsten Emmerich Joseph von Breidbach zu Bürresheim (1763–1774) in eine Aktiengesellschaft umgewandelt. Unter seinem Nachfolger Friedrich Karl Joseph von Erthal ließ sich auch diese Finanzierungsform nicht mehr halten, so daß das

seit 1776 als „Churfürstlich Mainzische Manufaktur" firmierende Unternehmen am 31. August 1778 dem Kurstaat zur Last fiel. Die Höchster Manufaktur existierte noch bis 1796. Zwei Jahre später wurden die Fabrikgebäude veräußert. Höchster Porzellan ist sahnig weiß, seine Glasur seidig und matt. Die in den ersten Jahren gefertigten Geschirre ähneln in Form und Dekor auffallend der noch bis 1758 im selben Betrieb hergestellten Fayence. Pastetenschüsseln in Tierform, Teller und Platten mit Federmuster-Bordüren und Service mit reliefierten Blütenranken wurden sogar aus den vorhandenen Fayenceformen gewonnen. Gegen 1840 erwarb die 1827 gegründete Steingutfabrik in Damm (bei Aschaffenburg) die bis dahin eingelagerten Formen der Höchster Manufaktur und fertigte seitdem zahlreiche Neuausformungen in Steingut vor allem der Kinderfiguren Melchiors, aber auch so vielteiliger Modelle wie dem „Chinesischen Kaiser". Sie sind mit dem Höchster Rad und einem D gemarkt. Nach der Schließung der Dammer Fabrik übernahm die Steingutfabrik F. A. Mehlem in Poppelsdorf bei Bonn die Höchster Formen, die sie 1903 an die Porzellanmanufaktur Dressel, Kister & Co. in Passau weiterveräußerte. In Passau wurden zahlreiche Neuausformungen der Höchster Modelle in Porzellan hergestellt und mit der Höchster Radmarke in Unterglasurblau gekennzeichnet. Das Passauer Werk beendete 1942 seine Fabrikation. Die 1966 neugegründete Höchster Porzellanmanufaktur fertigt ebenfalls wieder Melchior-Figuren, teilweise aus den alten Formen, die sie mit der Radmarke und dem darunter gesetzten „HÖCHST" versieht.

Höhung, Lichtakzente in einer Zeichnung, die durch Verwendung von weißer → Kreide oder Steatit erzielt werden. Beide können trocken verwendet oder auch aufgelöst mit dem Pinsel aufgetragen werden.

Hörnerhaube → Atour

Hörnschapp, nennt sich ein seit dem 16. Jh. in Norddeutschland (in Dithmarschen) gebräuchlicher Eckschrank, der in der als „Hörn" bezeichneten Ecke des Wohnraums aufgestellt wurde.

Höroldt, Johann Georg (1696–1775), deutscher Porzellanmaler; mit seinem Eintritt in die Manufaktur →Meißen begann deren Blütezeit. Er führte zahlreiche neue Schmelzfarben ein.

Hofbefreite Meister → Silbermarken

Hoffmann, Josef (1870–1956), österreichischer Architekt und vielseitiger Kunstgewerbler, Schüler von Otto → Wagner. Er entwarf Gebäude, Möbel, Metallgerät, Glas, Leder und Stoffe. 1903 gründete er zusammen mit Koloman → Moser und Fritz Wärndorfer die → Wiener Werkstätte. Seine für diese entworfenen und hergestellten Stücke waren zum Teil so avantgardistisch in ihrer Form, daß sie in den zwanziger Jahren wieder aufgegriffen wurden. Die Möbel (oft aus Eiche) sind streng gestaltet und fallen dadurch auf, daß das schwarze gebeizte Holz mit weißer Farbe eingerieben wurde. Dieses Schwarzweißschema bestimmte sowohl seine Architektur wie seine Möbel, das Keramik-, Glas- und Schmuckdesign. 1912 gründete Hoffmann den Österreichischen Werkbund.

Hoffmann-Möbel, Möbel des Wiener → Sezessionskünstlers und Wegbereiters des funktionalen → Designs Josef → Hoffmann zeigen in der Frühzeit den Einfluß des englischen Entwerfers Charles Rennie → Mackintosh, dessen geradlinigen, funktionellen, geometrisch und kubisch bestimmten Möbel seinen eigenen Intentionen des „Anti-Jugendstil"-Entwurfs am nächsten kamen. Mitunter in Zusammenarbeit mit der Firma → Thonet entwickelte Hoffmann Möbel von strengem, geradlinigem Kontur, oft mit dem charakteristischen „Quadrat-Durchbruchsmuster", das zumeist an den Rückenlehnen seiner Stühle erscheint, oft auch mit optisch die Strenge unterstreichenden, gegeneinander abgesetzten Schwarzweißfassungen.

Stuhl von Josef Hoffmann. 1906. Buche, schwarz gestrichen, Bezug rotes Kunstleder. Ausführung: Thonet. Karlsruhe, Badisches Landesmuseum.

Hofhandwerker → Silbermarken

Hofkellereigläser, Gläser für die sächsische Hofhaltung, die im 17.–18. Jh. in Mengen hergestellt und in vielen sächsischen Schlössern benutzt wurden. Es sind Humpen aus klarem Glas, die in Emailmalerei (→ emaillierte Gläser) eines der sächsischen Wappen (ab 1697 auch das polnische Wappen), die Initialen, seltener das Bildnis des herrschenden Kurfürsten tragen.

Hohlkehle, konkaves Bauglied, meist in Verbindung mit anderen Zierprofilen.

Hohlpfennig → Brakteat

Holbein-Teppiche, eine Gruppe anatolischer Teppiche des 16. und 17. Jh.s, vermutlich aus dem Gebiet von → Bergama, deren Bezeichnung auf die Darstellung eines solchen Teppichs auf dem Porträt des Kaufmanns Gisze von Hans Holbein d. J. (ca. 1497–1543) zurückzuführen ist. Insgesamt eine nicht befriedigende Benennung, da auch andere Maler den gleichen Teppichtyp auf ihren Bildern darstellten. In der Neuzeit hat sich auch die Bezeichnung Lotto-Teppiche gebildet, da der Maler Lorenzo Lotto (1480–1556) diesen Teppichtyp ebenfalls auf seinen Bildern darstellte.

Holländische Möbel. Die Inneneinrichtung des Patriziats und des gehobenen Bürgertums schlechthin wird mit am signifikantesten durch das holländische Möbel verdeutlicht. Im Gegensatz zu allen anderen europäischen Ländern, vielleicht am ehesten mit Ausnahme Englands, wird in den Niederlanden die Handwerkskunst nicht vom Hof dirigiert, sondern von den reichen Handelsstädten getragen. Die höfische Kunst lehnte sich zumeist an Vorbilder aus benachbarten Staaten, vor allem England und Frankreich, an. Von beson-

derer Bedeutung für die charakteristische Ausbildung des holländischen Möbels ist die Ostindische Kompanie, eine Handelsgesellschaft, deren Handelsrechte sich auf alle Länder und Meere vom Kap der Guten Hoffnung bis hin zum Kap Hoorn erstreckten und die das Auge öffnete für die Kunst und die spezifischen handwerklichen Techniken des Fernen Ostens. Sie wurde nach einigen vorläufigen Unternehmungen 1602 in den Niederlanden gegründet und bildete die Grundlage für den Wohlstand der Bürger der niederländischen Hafenstädte. Diese Entwicklung einer Sonderstellung innerhalb der europäischen Möbelkunst leitete sich bereits im 16. Jh. ein, in dem durch die zahlreichen italienischen Handelsniederlassungen in Städten wie Dordrecht, Leiden, Haarlem, Delft, Rotterdam und Middelburg eigene Zentren der Möbelherstellung entstanden, deren Schreiner und Schnitzer häufig aus Mittelitalien kamen. Dennoch überwogen von Anfang an die landschaftlichen Eigenheiten gegenüber dem italienischen Formelement. Die Entwicklung des sog. → Beeldenkast, einer Art Dielenschrank mit geschnitzten seitlichen Karyatiden, zeigte zwar durchaus italienische und französische Anregungen, war aber als das Repräsentationsmöbel einer hochbürgerlichen Wohnung nur in den Niederlanden denkbar.
Die bereits angesprochenen überseeischen Verbindungen der Ostindischen Kompanie brachten im Verlauf des 17. Jh.s Kenntnisse fernöstlicher Techniken und Möbeltypen in die Niederlande. Die Herstellung von Lackarbeiten, aber auch der Import asiatischer Lacktafeln, die in einheimische Möbel eingesetzt wurden, sowie die Einführung besonderer Furnier- und Marketerietechniken mit importierten exotischen Hölzern, v. a. in der für Holland charakteristischen Blumenmarketerie, kennzeichneten das späte 17. und das 18. Jh. Die Möbeltypen hingegen blieben behäbig und breit gelagert; es dominierten nach wie vor das → Kastenmöbel, Aufsatzschränke mit einem Schubladensockel und reicher Inneneinteilung oder auch verglaste Vitrinenschränke, in denen das auf dem Seeweg importierte kostbare chinesische Porzellan zur Schau gestellt wurde. Die Ecklisenen dieser Aufsatzschränke waren zumeist breit geschweift und ruhten auf Klauenfüßen, eine stilistische Anregung, die aus England kam. Dieser Typus von Aufsatz- und Vitrinenschränken dominierte in Holland bis zum Ende des 19. Jh.s.
Einen eigentlichen → Jugendstil kennt man in Holland kaum. Die Impulse zur Erneuerung des Kunsthandwerks kamen von der englischen → Arts-and-Crafts-Bewegung und initiierten eine Reformbewegung, die v. a. durch Hendrik Petrus → Berlage und nach ihm durch Henry van de → Velde ihre typische Ausprägung erhielt. Eine Sonderstellung nahm die holländische Gruppe → De Stijl ein, deren wichtigster Vertreter für die Möbelkunst, Gerrit → Rietveld, einen abstrakten, an Piet Mondrian orientierten Handwerksstil ins Leben rief.

Holländisches Porzellan → Delft

Holzpuppen. Puppen aus Holz lassen sich in fast allen Kulturkreisen und Epochen nachweisen. So sind beispielsweise hölzerne Gliederpuppen aus Ägypten bekannt, die aus Funden stammen, deren Ursprung auf 2000 v. Chr. datiert wird. Zu den meistgesuchten Holzpuppen gehörten die aus England stammende Queen-Anne-Puppe, in Amerika Mary-Anne-Georgian genannt, wohin sie wahrscheinlich von den ersten Siedlern mitgebracht wurde. Im 15. und 16. Jh. hatten Holzpuppen oft angeschnitzte und bemalte Kleider, etwas später sogar auch Schulter- und Armgelenke. Im 16. Jh. begannen die Anfänge der industriellen Herstellung. Kopf und Rumpf bestanden bei den bekleideten Holzpuppen des 17. Jh.s aus einem Stück. Durch Scharniergelenke und Kordelbefestigungen ließen sich jedoch die Gliedmaßen bewegen. Die Puppen hatten Perücken aus Flachs, Wolle oder Haar. Die erste industrielle Fertigung von Holzpuppenköpfen dürfte 1902 der Firma Schmidt & Co. in Waltershausen gelungen sein. Zu den schönsten Holzpuppen in Heimarbeit gehören die aus dem Grödner Tal, die vom 18. bis ins 20. Jh. in ihrer Art gleich blieben.

Holzräderuhren, Uhren mit hölzernem Werk, die wegen ihrer Billigkeit großen Anklang fanden und vom späten 16. Jh. an meist von Drechslern gearbeitet wurden. Einen ersten Höhepunkt in seiner Entwicklung erreichte dieser Uhrentypus um die Mitte des 17. Jh.s in der Schweiz mit hervorragend gefertigten Exemplaren. Diese waren nach dem Vorbild der eisernen gotischen Hausuhren gebaut. Ihr Antrieb bestand in Gewichten und ihre Regulierung in einer hölzernen Radunruh (→ Uhrentechnik), die durch ein Metallband zusammengehalten war, um ein Reißen des Holzes zu verhindern. Da die Gewichte an Stricken hingen, die nur dann griffen, wenn sie an den kleinen Vorsprüngen der hölzernen Achsen Halt fanden, benötigte man Gegengewichte, die das entgegengesetzte Strickende straff gespannt hielten. Die Uhrrahmen bestanden ebenfalls aus Holz, die Ständer für das Schlagwerk, auch die Achsen und sonstige Einzelteile waren sorgfältig gedrechselt, und die Gehäuse waren bunt bemalt. Zifferblätter wurden meist aus Papier aufgeklebt. Das Hauptzifferblatt dieser Holzräderuhren wies lediglich einen Stundenzeiger auf, unter dem sich ein in Viertel eingeteiltes kleineres Zifferblatt befand, das die Viertelstunden anzeigte. Hauptherstellungsort dieses Uhrentyps war Davos. Das charakteristische Davoser Zifferblatt besteht aus einem schmalen Rechteck mit einer holzgeschnitzten Bekrönung in Form zweier geschwungener Kuhhörner, die eine französische Lilie umgeben. Solche Uhren wurden noch bis ins 19. Jh. hinein fabriziert. Spätere Exemplare wiesen jedoch meist Pendel vor dem Zifferblatt auf. Einige dieser Uhren waren sogar → Repetieruhren, die dann schlugen, wenn man an einer Schnur zog.
Auch die Schwarzwälder Uhren zählen zu den Holzräderuhren. Die frühesten unter ihnen sollen auf ein Vorbild zurückgehen, das ein reisender Glashändler wahrscheinlich in der zweiten Hälfte des 17. Jh.s aus Böhmen mitbrachte. Eine spezielle Gattung Schwarzwälder Uhren stellen die sogenannten Figurenuhren dar, bei denen durch das Werk eine Figur in Bewegung gesetzt wird. Am bekanntesten und beliebtesten sind hierbei die Kuckucksuhren, die zwischen 1730 und 1740 erfunden wurden, sowie die Trompetenuhren. Auch → Automatenuhren entstanden im Schwarzwald. Ältere Schwarzwälder Uhren sind inzwischen zu beliebten Sammlerobjekten geworden.

Holzschnitt, Hochdruckverfahren, d. h. die druckenden Teile der Platte stehen erhaben über den nichtdruckenden Teilen. Auf eine geglättete, mit einer dünnen Kreideschicht versehenen Holzplatte – den Holzstock – wird die Zeichnung seitenverkehrt aufgetragen. Dann trägt der Formschneider mit verschiedenen Messern, Sticheln und Hohleisen die nicht mit Zeichnung bedeckte Holzfläche ab. Große weiße Flächen werden tiefer abgetragen als die Zwischenräume von Schraffuren. Die fertige Holzplatte wird mit der Walze eingefärbt;

Holzschnitt von Albrecht Dürer, „Ritter und Landsknecht“. 1498. 39 × 28,4 cm.

der Druck erfolgt dann meist mit einer Presse. Ein Reiberdruck entsteht, wenn der Druck mit der Hand oder einem Reiber vom Holzstock abgenommen wird. Die erhabenen Stellen des Druckstockes erscheinen auf der Rückseite des Papiers als Relief, das beim Handdruck stärker ausgeprägt ist. Verwandte Techniken sind: → Metallschnitt, → Schrotschnitt, → Weißschnitt, → Teigdruck, → Holzstich, → Clair-obscur-Schnitt.
Holzschnitte zeichnen sich durch kräftige Linien und Kontrastreichtum aus. Von einem Holzschnitt sind sehr viele Abzüge möglich, früher einige hundert, in neuerer Zeit sogar tausend und mehr. Abnutzungserscheinungen, wie z. B. ausgebrochene Stege, Sprünge im Holz, Wurmlöcher, können die Qualität sehr beeinträchtigen.
Der Holzschnitt entwickelte sich aus dem viel älteren Zeugdruck (Holzstock zum Bedrucken von Stoff oder Leder). Er ist die älteste graphische Technik, die im späten 14. Jh. etwa gleichzeitig mit der Einbürgerung des Papiers in Europa entstand. Die frühen Holzschnitte sind fast reine Umrißschnitte, die kaum Binnenzeichnung besitzen und in der Regel handkoloriert sind. Erst allmählich treten Schraffur und Kreuzlagen auf, und die Kolorierung tritt zurück. → Einblattdrucke werden ab 1430 zu → Blockbüchern zusammengestellt. Ab der zweiten Hälfte des 15. Jh.s wird der Holzschnitt auch für Illustrationen von mit beweglichen Lettern gedruckten Büchern benutzt. Mit Albrecht Dürer erreicht der Holzschnitt einen Höhepunkt. Im 17. und 18. Jh. wird er durch den → Kupferstich zurückgedrängt, erst im 19. und 20. Jh. erlebt er eine neue Blüte.
Beim Farbholzschnitt benötigt man für jede Farbe eine Druckplatte. Er erlebte seinen Höhepunkt im 18. und 19. Jh. in Japan. Die Hauptmeister waren Kitagawa Utamaro (1753–1806), der durch technische Brillanz bestechende Katsushika Hokusai (1760–1849) und der durch seine Landschaften berühmte Ando Hiroshige (1797–1858).
Holzschnittmanier, in der zweiten Hälfte des 16. Jh.s in Nürnberg geübte Verzierungsweise von Zinn. In die aus Messing bestehenden Gußformen ätzte man ähnlich wie bei der Radierung eine Zeichnung ein, die im gegossenen Zinnstück als flaches, scharfes Bild vor eingetieftem Grund erschien und an Holzschnitte erinnert. Hauptmeister der Technik waren Nicolaus → Horchaimer und Albrecht → Preißensin, die auf diese Weise → Scheibenteller mit biblischen und mythologischen Darstellungen verzierten.
Holzschnitzerei → Bildnerei
Holzspielzeug, vorwiegend von kleinen bäuerlichen und handwerklichen Betrieben in Heimarbeit geschnitztes und gedrechseltes Spielzeug. Wichtigste Fertigungsgebiete: das Meininger Oberland in Thüringen mit dem Zentrum Sonneberg, das sächsische Erzgebirge mit den Orten Seiffen, Grünhainichen, Olbernhau und der süddeutsche Alpenraum mit Oberammergau, Berchtesgaden und dem Grödner Tal in Südtirol.
Seit dem Ende des Dreißigjährigen Krieges (1648) war das Meininger Oberland mit Sonneberg ein Zentrum des Holzhandwerks und der Heimarbeit. Hatte das Spielzeuggewerbe zunächst neben der sonstigen Hausindustrie (Holzschachteln und -löffel) nur eine untergeordnete Bedeutung, änderte sich diese Situation 1820 durch die Herstellung von Puppenköpfen aus Papiermaché (→ Papiermaché-Puppen). Sonneberg wurde zum Zentrum der deutschen Puppenindustrie, wenn auch weiterhin Holzspielzeug und Kindermusikinstrumente im Meininger Oberland hergestellt wurden.
Im Erzgebirge war seit dem Mittelalter das holzverarbeitende Handwerk neben dem Bergbau die wirtschaftliche Grundlage der Bevölkerung. Wurden zunächst auch hier hölzerne Gebrauchsgegenstände gefertigt, so kann seit der 2. Hälfte des 18. Jh.s von „erzgebirgischem Spielzeug“ gesprochen werden, als mit der Einstellung des Zinnbergbaus viele arbeitslose Bergleute das Drechseln erlernten. Zum Antrieb der Drehbänke wurde die Wasserkraft der stillstehenden Pochwerke genutzt.
Die Entwicklung des „Reifentieres“ durch einen Seiffener Drechsler führte 1814 zu einer wesentlichen Rationalisierung der serienmäßigen Spielzeugherstellung. Dazu wurden gesägte Baumscheiben zu wulstartigen Ringen verarbeitet und dann auf der Drehbank weiter bearbeitet, so daß der Reifen im Querschnitt genau dem Profil eines Tieres entsprach. Anschließend mußten die Tiere einzeln vom Reifen abgespalten, nachgeschnitzt und bemalt werden. Diese Reifentiere sind charakteristisch für die erzgebirgische Spielzeugproduktion. Weitere bekannte Motive sind Räuchermänner, Nußknacker, Hampelmänner, Weihnachtspyramiden und erzgebirgische Miniaturen, die das Leben auf dem Bauernhof, dem Jahrmarkt und anderswo in kleinster Form darstellen.
Der süddeutsche Alpenraum war seit dem 16. Jh. ein Zentrum des geschnitzten Spielzeugs, das auch wegen seines künstlerischen Wertes sehr geschätzt wurde. Traditionelle

Motive waren Heiligenbilder und → Krippen sowie Spielzeugmotive aus dem ländlichen Alpenraum (→ Spielzeug).

Holzstich, Hochdrucktechnik, verwandt mit dem → Holzschnitt. Man verwendet quer zur Faser geschnittenes, sehr hartes Holz (z. B. Buchsbaum), sog. Hirnholz, das mit Grab- oder Fadensticheln bearbeitet wird. Es werden nicht nur Stege freigelegt, sondern auch Linien in den Holzstock gegraben, die beim Abdruck als weiße Linien auf dunklem Grund erscheinen. Mit dem Stichel sind feinste Linien und Schraffuren möglich. Der Holzstich wurde etwa 1788 von dem Engländer Thomas Bewick erfunden. Im 19. Jh. wurde er vor allem für Reproduktionen und Buchillustrationen verwendet.

Holzstock → Holzschnitt

Holzverbindungen. Man unterscheidet bei Holzverbindungen: die Fuge, die Längsverbindung zweier Holzteile, die bei alten Möbeln meist als Nut-und-Feder-Verbindung auftritt, also als elastische Verbindung, die das natürliche „Arbeiten" des Holzes nicht behindert und damit die Bildung von Rissen größtenteils vermeidet; die Schichtholzverleimung, also eine Verbindung im gleichen Maserverlauf, die seit dem späteren 19. Jh. und v. a. im 20. Jh. angewendet wird; die Überplattung, eine Art Ineinanderschieben zweier Bretter; den Keilverschluß, ein hauptsächlich bei Tischbeinverbindungen angewandtes Verfahren, in dem die Verbindung zwischen einem Schlitz und einem Keil hergestellt wird; die Eckverbindung, bei alten Möbeln und bei Bilderrahmen als Gehrung angewandt; die Stemmzapfen, eine Verbindung, bei der ein Zapfen in ein rechteckiges Loch eingeführt wird und die man bevorzugt bei stark strapazierten Möbelteilen wie Stuhlbeinen und Zargen verwendet.

Honiton, englische Klöppelspitzen des 16. bis 18. Jh.s in der Art der → Brüsseler Spitzen.

Hope, Thomas (1769–1831), führender englischer Möbelschreiner des → Regency. Als einer der originellsten Möbelentwerfer seiner Zeit bevorzugte er Vorlagen aus dem altgriechischen und altägyptischen Kunstkreis, deren Kenntnis er sich durch ausgedehnte Mittelmeerreisen angeeignet hatte. Seine Möbelentwürfe veröffentlichte er untertreibend als *Household Furniture and Decoration* (1807), die große Verbreitung fanden und vielen Kunstschreinern als Vorlagen dienten, in ihrer leicht exzentrischen Art jedoch gewiß nie „Haushalt-Möbel" waren.

Hopfer, Daniel (um 1470–1536), in Augsburg tätiger Waffenätzer und Radierer. Besonders folgenreich für die Kunst war die Tatsache, daß Hopfer wahrscheinlich als erster das zur Metallverzierung übliche Ätzverfahren auf die Druckgraphik übertrug und so die → Radierung erfand. In seinem Œuvre sind die rund 50 → Ornamentstiche am wichtigsten, die zur Verbreitung des dekorativen Formengutes der Renaissance, wie → Mauresken und → Grotesken, in Deutschland wesentlich beitrugen und die verschiedensten Gebiete des Kunstgewerbes, vor allem die Möbelkunst und kirchliche Innenraumausstattung, beeinflußten.

Hoppenhaupt, Johann Christian (1719–86), Bildhauer und Dekorateur, Sohn des in Merseburg ansässigen Kunstschreiners Johann Michael I. Hoppenhaupt (1685–1751), der sich als Schöpfer des Merseburger Spiegelkabinetts bereits einen Namen als „fürstlicher Baumeister und Bildhauer" gemacht hatte. Johann Christian Hoppenhaupt gehörte mit seinem Bruder zu den Schöpfern des → friderizianischen Rokoko. 1740/41 traten beide in den Dienst Friedrichs des Großen, Johann Christian wurde als Nachfolger Johann August → Nahls zum „Directeur des ornements" berufen. Von seiner Hand stammt mit großer Sicherheit die Ausstattung des Neuen Palais in Sanssouci.

Hoppenhaupt, Johann Michael II. (1709–1769), Bildhauer und Dekorateur, der ältere der Hoppenhaupt-Brüder, lieferte in erster Linie die Vorlagenstiche für das Mobiliar der friderizianischen Schlösser. Ihm wurde von Friedrich dem Großen der Titel eines „Kabinettbildhauers" verliehen. Im Gegensatz zu seinem Bruder, der bis zu seinem Tode in Berlin blieb, zog sich Johann Michael 1750 wohl wieder in seine Heimatstadt Merseburg zurück. Auf ihn gehen vermutlich die Ausstattung und die geschnitzten Vertäfelungen des berühmten Konzertzimmers in Sanssouci zurück. Seine 1751 in Berlin verlegten Vorlagenstiche, die von Johann Wilhelm Meil gestochen wurden, beeinflußten entscheidend die Raumgestaltungen des preußischen 18. Jh.s.

Horae, Horarium → Stundenbuch

Horchaimer, auch **Horchhaimer, Nicolaus** († 1583), Zinngießer in Nürnberg, der als erster → Reliefzinn aus geätzter Form goß (→ Holzschnittmanier). Als seine Hauptwerke gelten die nach den dargestellten Hauptmotiven benannten Fama-, Fortuna- und Orpheus-Platten, die jeweils 1567 datiert sind.

Horizontaluhr, eine Sonnenuhr, bei der das Zifferblatt waagerecht zur Horizontebene angeordnet ist. Horizontaluhren wurden als Tischsonnenuhren aus Messing vor allem in Deutschland vom 16. bis zum 18. Jh., in Frankreich im 18. Jh. hergestellt.

Horizontal- und Vertikaluhr, eine meist mit einem Kompaß versehene, am häufigsten benutzte Variante der Reisesonnenuhren, wobei zwei Zifferblätter waagerecht und senkrecht zur Horizontebene angeordnet sind. Der Zeiger (Gnomon) bestand aus einem Faden, der, je nach Ortsbreite, in der Winkelstellung veränderbar war. Derartige Sonnenuhren wurden hauptsächlich in Nürnberg vom 16. bis zum 18. Jh. und in Frankreich (Dieppe) im 17. Jh. hergestellt.

Horn, von tierischen Oberhautzellen gebildeter harter Stoff, zäh, fest, dabei elastisch, unter Hitzeeinwirkung erweich- und verformbar. Horn kann im harten Zustand gesägt, geschnitzt und gedrechselt werden. Wichtigste Hornlieferanten sind Rinder und Schildkröten (→ Schildpatt). Im Mittelalter wurden Hörner von Auerochsen, später von Büffeln, in Silber- oder Goldmontierungen als Reliquien- oder Trinkhörner in Kirchenschätzen oder zur weltlichen Repräsentation bestimmt. Im Klassizismus kam es in Europa in Mode, Füllhörner aus Büffelhorn in Verbindung mit Schildpatt und Elfenbein als Tischdekorationen zu gestalten. Eine besondere Stellung zwischen Horn- und Knochenarbeiten nehmen die gedrechselten und geschnitzten Objekte aus Hirschhorn und ähnlichen Geweihmaterialien ein (→ Hirschhorn).

Horngulden, unterwertiger Goldgulden mit geringem Feingehalt. Der Name ist abgeleitet von dem Gulden des Lütticher Bischofs Johann von Horn (1494 bis 1506).

Horta, Victor (1861–1947), belgischer Architekt und Designer. Er war einer der führenden Formgestalter der Jahrhundertwende. Sein zentrales Anliegen war es, Häuser und ihre Innenausstattung einheitlich zu gestalten. Gleiche Formelemente bestimmen diese beiden Betätigungsgebiete. Das vollkommenste Beispiel hierfür ist sein Privathaus in der Brüsseler Rue Américaine 25, dem heutigen Musée Horta. Nicht die im → Art Nouveau beliebten Blüten und Blätter waren in

Architektur und Inneneinrichtung seine bevorzugten Motive, sondern Stiele und Stengel, die er häufig in Eisenmaterial ausführte. 1913 wurde Horta Leiter der Brüsseler Kunstakademie.

Hosenbandorden, der höchste englische Orden, gestiftet 1348 von Eduard III. Er besteht aus einem blauen Knieband, auf das die Devise „Honi soit qui mal y pense" (franz., „verachtet sei, wer Arges dabei denkt") gestickt ist und das ein Ordenskleinod mit dem heiligen Georg trägt. Der zugehörige Bruststern zeigt das rote Georgskreuz. (Abb. s. a. S. 375)

Hostienbüchse → Pyxis, → Altargerät

Hostienschüssel → Patene, → Abendmahlsteller, → Altargerät

Hostientaube → Pyxis

Hostienteller → Patene, → Abendmahlsteller, → Altargerät

Houppelande, langes, weites männliches Obergewand mit Stehkragen, Schleppe und – meist gezaddelten (→ Zaddeln) – Flügelärmeln. In der ersten Hälfte des 15. Jh.s am französischen und burgundischen Hof in Mode. Das entsprechende Frauengewand hieß Robe.

HS, Monogrammist (tätig 1534 bis um 1569), berühmter Schweizer Kunstschreiner und Intarsiator aus dem Thurgau, wahrscheinlich in Augsburg ausgebildet. Außer Chorstühlen in Bayern (Steingaden am Lech, 1534) und der Schweiz schuf er Truhen und Schränke, die sich durch reiche, mit Schnitzereien gerahmte Intarsien und Arabesken auszeichnen. Er hat auch fünf signierte Holzschnitte mit Möbelentwürfen hinterlassen.

Hsien, auch Yen, großes Kompositgefäß aus → *ting-* und →*li*-Typus mit Siebrost zum Dünsten von Opferfleisch; einer der ältesten Gefäßtypen der → altchinesischen Bronzen. Es gibt ein- und zweiteilige Exemplare, als Variante sogar rechteckige mit vier Füßen. Der Typus kam erst zur Han-Zeit aus dem Gebrauch.

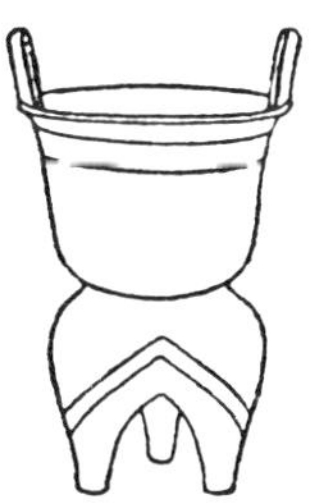

Hsien

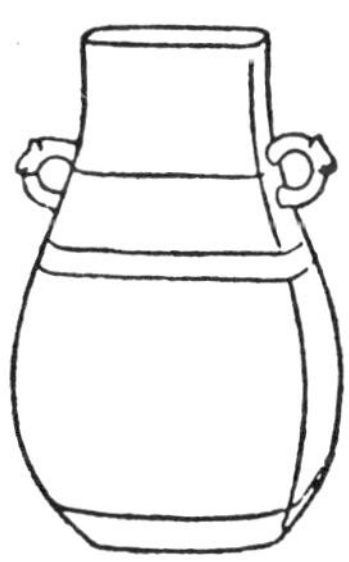

Hu

Hu, wichtiger Gefäßtypus der → altchinesischen Bronzen; vasenähnlicher Weinbehälter mit tiefliegendem Schwerpunkt, leicht gebauchtem, manchmal gekantetem Körper und seitlichen Henkelösen in Schulterhöhe. Typisch für die späte Chou- bis in die frühe Han-Zeit sind die Jagd-Hu, mit kleinfigurigen Jagddarstellungen, sowie Hu mit Einlagen von Gold- und Silberfolie und farbigen Steinen.

Huber, Patriz (1878–1902), Architekt und Möbelentwerfer der → Darmstädter Künstlerkolonie, einer der „Frühvollendeten" des deutschen → Jugendstils (er starb durch Selbstmord), gehört zu denjenigen Entwerfern der Jahrhundertwende, die es vermochten, die überquellenden Dekorationsmotive ihrer Zeit in eine „wohngerechte" Form zu übertragen. Die Elemente des Jugendstils zeigen sich bei seinen Möbeln nicht im Kontur – er ist stets geradlinig, oft spartanisch einfach –, sondern in den sparsam angebrachten, meist eingesetzten Ornamentfeldern mit Flachschnitzereien. Er bevorzugte zumeist helle Hölzer wie Kirschholz, Eiche und Ahorn, seltener Mahagoni und Palisander. Sein Bruder Anton übernahm nach seinem Tod die hinterlassenen Entwürfe und gründete das Atelier Patriz Huber, in dem er mehr oder minder serienmäßig Möbel anfertigte.

Victor Horta, Innenansicht eines Raumes für sein 1898 erbautes Haus. Brüssel, Musée Horta.

Hubertusburger Fayence, sächsische Fayence- und Steingutmanufaktur, von Johann Samuel Tännich 1770 gegründet. Die Nähe zu Meißen und die damit verbundene Situation hemmten in Hubertusburg die Fayenceproduktion. Um sich dem Druck zu entziehen, verlegte sich 1776 der neue Besitzer mehr und mehr auf die Herstellung von → Steingut, wie es in England bei → Wedgwood produziert wurde. 1848 schlief auch die Steingutproduktion ein. Aus der Tännich-Zeit sind wenige Stücke nachweisbar. Sie tragen zumeist Blumendekor und sind gemarkt mit den Buchstaben H und T. Wesentlich größer ist die Menge der Steingutware, die in Hubertusburg entstand. Häufig ist das Steingut aus Hubertusburg mit den Buchstaben K.S.ST.F. oder dem Namen Wedgwood gestempelt. Von der englischen Ware unterscheidet es sich durch die Haarrisse und die Zerbrechlichkeit des Scherbens, der gelblichweiß oder kräftig dunkelgelb ist.

Hühnerstück, ein dem → Jagdstück und dem → Stilleben verwandtes Bildthema in der Malerei. Im Zuge einer Verselbständigung einzelner Bildgattungen in der holländischen Malerei des 17. Jh.s wurde auch die Tiermalerei von einzelnen Meistern behandelt, die sich auch diesem Thema widmeten; so etwa Melchior de Hondecoeter (1636–1695). Im 19. Jh. wird das Thema von einzelnen Kleinmeistern wie Max Hänger noch eingeschränkter behandelt.

Hugenottensilber, Sammelbezeichnung für die außerhalb Frankreichs von hugenottischen Emigranten nach dem Edikt von Nantes 1685 hergestellten Silberarbeiten. Vor allem auf dem Gebiet der Ornamentik wurden von den Hugenotten bedeutsame Neuerungen eingeführt, etwa spezifische Randverzierungen, Kannelierungen, S- und harfenförmige Henkel u. a. Die hugenottischen Silberarbeiten zeichnen sich auch durch besonders hohes technisches Niveau aus.
Huilier (franz., Ölständer), körbchenartiges Silbergestell, das außer Essig- und Ölflasche auch Senftopf und Gewürzdosen enthält. Tischgerät seit dem 18. Jh. (→ Ménage).
Huldigungsmünzen → Geschichtsmünzen
Humerale → Amikt
Humpen, seit dem späten 16. Jh. gefertigter Bierkrug. Ein aus den verschiedensten Materialien (Silber, Zinn, Porzellan, Fayence, Steinzeug, Glas, Elfenbein, Horn, Bernstein, Holz, Leder) bestehendes, fast immer gehenkeltes, gelegentlich zweihenkeliges Trinkgefäß mit Scharnierdeckel und Daumenrast. Anfangs mit schwachkonischer, später zylindrischer, selten gebauchter Wandung, war es entweder mit Fußring oder -wulst, gelegentlich (in nordischen Gebieten) mit drei Füßchen versehen, selten (in England) ohne Fuß gearbeitet. War der Humpen nicht aus Metall gefertigt, erhielt er meist eine Metallfassung. In der Glaskunst bezeichnet man auch ein hohes, zylindrisches ungehenkeltes Trinkgefäß als Humpen.
Hund, auch **Hundt, Ferdinand** (tätig um 1735 – um 1759), bedeutender fränkischer Kunstschreiner und Holzbildhauer, ab 1735 in Würzburg tätig, ab 1750 Hofschreiner in Bruchsal. Er schuf reichgeschnitzte Tische, Spiegelrahmen und Kaminschirme für die Schlösser Würzburg, Pommersfelden und Bruchsal, in denen er das Schmuckmotiv der → Rocaille bis an die Grenze der Auflösung trieb.
Hundsgugel → Helm
Hunger, Christoph Conrad, Emailmaler (→ Emailkunst) und Vergolder der → Meißner Porzellanmanufaktur, der das Geheimnis des Meißner Porzellans 1718 an Du Paquier in Wien (→ Wiener Porzellan) und 1720 an Vezzi in Venedig (→venezianisches Porzellan) verkaufte. 1727 ging er nochmals nach Meißen. 1729 bis 1748 zog er, als Betrüger verachtet, ruhelos in Europa umher.
Hungermünzen, zur Erinnerung an eine Hungersnot geprägte → Geschichtsmünzen.

Hungermünzen

Hungertuch, auch Fastentuch oder Palmtuch, großes Leinentuch, das seit dem Mittelalter zur Fastenzeit vor den Altar oder Chor gehängt wird, um ihn den Blicken der Gemeinde zu entziehen und die Gläubigen an die Pflicht des Fastens und der Buße zu mahnen. Oft ist das Bild des Gekreuzigten zwischen kleineren Passionsszenen aufgemalt oder eingestickt (→ Opus germanicum).

Husse, Mantel des 14. Jh.s, der im Gegensatz zur → Heuke an beiden Seiten aufgeschlitzt war.
Hut. Der Hut, bereits den Griechen und Römern bekannt, war im frühen Mittelalter vor allem Herrschaftssymbol. Im 12. Jh. wurde er, mit Pelzwerk oder Pfauenfedern geschmückt (Pfauenhut), Teil der Frauen- und Männertracht. Die Juden mußten seit dem 13. Jh. den spitzen Judenhut tragen. In der burgundischen Hoftracht des 15. Jh.s stand der kostbare Hut in hoher Gunst. Im 16. Jh. mußte er dem → Barett weichen. Nur in Spanien blieb ein hoher, steifer Hut mit kleiner Krempe in Gebrauch, der sich in der zweiten Jahrhunderthälfte mit der spanischen Mode in Europa verbreitete und im 17. Jh. vom breitkrempigen niederländischen „Rubenshut" und vom schwedischen Schlapphut abgelöst wurde. Das 18. Jh. sah die Mode der Zwei- und Dreispitze. 1797 schuf ein Londoner Hutmacher nach dem Vorbild des nordamerikanischen Quakerhutes den Zylinder, der im 19. Jh. beherrschend blieb. Als revolutionäres Gegenstück zu ihm wurde 1848 die Urform unseres heutigen Herrenhutes geschaffen. Der Damenhut hat seit der Französischen Revolution eine Fülle modischer Wandlungen mitgemacht.
Hutkreuz → Helm
Hutschnur → Kopfbedeckung, militärische
Hyalith, Bezeichnung für ein völlig undurchsichtiges farbiges Glas, meist in den Farben Schwarz und Rot, von besonderer Härte. Der schwarze Hyalith wurde 1816 in der gräflich Buquoyschen Hütte Georgenthal bei Gratzen in Südböhmen entdeckt (→ Buquoy, Georg Franz August de Longueval, Graf von) und imitierte die schwarze Basaltware „Egyptian black" von → Wegdwood. Um 1820 glückte die Herstellung des roten Hyaliths, der fast stets von dunkelbraunen bis schwarzen Adern und Schlieren durchsetzt ist (→ Karneolglas). Hyalithglaswaren wurden vorzugsweise mit in Gold ge-

Hyalithbecher. Böhmen, um 1830. Goldbemalung, H 11 cm. München, Auktionshaus Weinmüller.

Humpen mit der Hl. Margarethe von Antiochia als Dekkelfigur. Aurich, um 1590. Meister Rengnerus. Silber, teilweise vergoldet, H 16 cm. Hamburg, W. Meinz-Arnold.

malten → Chinoiserien dekoriert. Geschliffene Gläser aus rotem Hyalith zeigen ein von der dunklen Äderung hervorgerufenes holzmaserartiges Muster, das nach der Behandlung mit → Gelbbeize einen verschiedenfarbigen Marmorierungseffekt ergab (→ Lithyalinglas). Bald nach ihrer Erfindung in Südböhmen kamen Glasgefäße aus schwarzem und rotem Hyalith aus der gräflich → Harrachschen Hütte in Neuwelt im Riesengebirge.

Hydria, griechischer Wasserkrug mit drei Henkeln: zwei horizontalen am Bauch, einem vertikalen am Hals. Zwei Grundtypen: der bauchige Typ mit gleitendem Hals-Schulter-Übergang und der eiförmig gestreckte Typ mit abgesetztem Hals.

Hypogonation → Epigonation

I

Ibedji-Figuren, Darstellungen verstorbener Zwillinge in der Schnitzkunst der → Yoruba. Die geweihten Zwillingsfiguren (die aus Elfenbein, Nashorn oder Holz bestehen können) sollen glückbringend sein.

Ibibio, afrikanischer Stamm und Bezeichnung für dessen Kunststil. Die Ibibio bewohnen den Osten des Nigerdeltas (Nigeria). Alte kulturelle Beziehungen zu Nachbarstämmen im Gebiet des Cross-Flusses haben Stilverflechtungen entstehen lassen, so daß es oft schwerfällt, die künstlerischen Erzeugnisse der Ibibio stilistisch eindeutig zu ordnen. Sieht man von den seltenen Tanzaufsätzen mit beweglichen Armen ab,

Gesichtsmaske der Ibibio. Nigeria. Holz, mit zoomorphen Motiven beschnitzt, H ca. 55 cm. München, Privatsammlung.

so sind Statuen und Figuren bei den Ibibio wenig anzutreffen. Um so zahlreicher finden sich die verschiedenen Maskentypen, von denen die meisten von der „Ekpo"-Geheimgesellschaft getragen und tradiert werden. Am leichtesten sind die „Klappkiefer"-Masken als Ibibio-Arbeiten zu erkennen: mit beweglichem Unterkiefer, manchmal mit großzügig abstrakt gestalteten Gesichtszügen, zuweilen aber auch extrem feinnervig und naturalistisch gebildet und mit hoheitsvoll wirkenden, halbgeschlossenen Augenlidern. Daneben finden sich abschreckende totenkopfähnliche Maskengesichter oder solche mit der Totenkopf-Darstellung über oder an der Stirn, auch zwischen aufgesetzten Hörnern. Von den Ogoni, einem Nebenstamm der Ibibio, sind Masken von besonders extremer und geglückter Abstraktion bekannt; bei den menschlichen Darstellungen fällt die „Yaka", die leicht nach oben gebogene Nase, auf; wieder andere Arbeiten erinnern zuweilen an ozeanische Stile.

Ibo, westafrikanischer Stamm (Nigeria), mit dessen Name auch eine in ihren Stilformen heterogen entwickelte Schnitzkunst verstanden wird. Bei den Standfiguren (Ahnenfiguren) lassen sich noch leicht die dem Pfahlstil verhafteten kleineren Typen der südlichen Ibos von den größeren rundplastischen Gestalten der nördlichen Stammesgruppen unterscheiden. Gemeinsam sind den Figurentypen die aufrechte Haltung mit leicht angewinkelten Armen, die Handflächen vorzeigend, und die äußerliche Behandlung mit Rotholzpulver- oder Buntbemalung, was den Ibo-Figuren einen charakteristischen Zug gibt. Oft findet sich an den Oberkörpern ein bis zum Nabel laufendes senkrechtes Tätowierungsband. Der hier weitverbreitete Ikenga-Kult läßt bei jedem Hausbau sog. Ikenga-Figuren anfertigen (mit der Bedeutung: dem Ort soll Stärke verliehen werden), die wegen ihrer verschiedenen Ausführungen nicht immer leicht als solche zu erkennen sind. Zu den schönsten Maskentypen der afrikanischen Kunst überhaupt zählen die Tanzmasken des Mmwo-Männerbundes, der sie besonders bei Bestattungsriten, die die Verstorbenen in die Geisterwelt (ebe mmwo) einführen sollen, und bei Festen zu Beginn der Trockenzeit benutzt – eigentlich Totengeistmasken mit der dafür symbolischen weißen Gesichtsfärbung, meist mit halbgeschlossenen Augen und oft mit sehr schönen und phantasiereichen Haaraufbau-

Ibo-Ahnenfigur. Nigeria. Holz gefaßt, Gesicht mit Kaolin bearbeitet, H 37 cm. Meran, Sammlung C. v. Pizzicolli.

ten, die nicht selten auch in durchbrochen geschnitzter Arbeit angefertigt sind. Der Formensprache afrikanischer Ästhetik gemäß ist der Gesichtstyp feminin. Die Maske personifiziert den „Geist eines schönen Mädchens" (aghogho), der bei den Festen vergegenwärtigt wird. Die sog. Mba-Masken wirken weit weniger üppig, die Gesichtsform ist meist länglich-quadratisch, ans Oval angenähert, die Züge subtil geometrisiert, mit oft weich polierter Oberfläche. Völlig abstrakt dagegen die Maji-Masken, erkennbar an einer kühn nach oben geschwungenen nashornähnlichen Bildung, die das Yamsmesser andeutet; sie wird bei den Initiationsriten der Knaben eingesetzt.

Ifa-Schale → Yoruba

Ife → Benin

Igel, oben keulenförmig ausgeweiteter henkelloser Humpen aus Waldglas. Deutsches, vorwiegend in Schlesien gefertigtes, Glasgefäß des 16. und 17. Jh.s.

I-hsing, rotes, sehr hartes chinesisches Steinzeug, aus dem unglasierte, mit Reliefauflagen geschmückte Teekannen hergestellt wurden. Es war Vorbild für → Delfter und → Böttgersteinzeug.

Ikat, Bezeichnung für Stoffe aus Garn, das mit Hilfe von Reservierungen (meist Umwicklungen) stellenweise so gefärbt worden ist, daß sich beim Weben Muster ergeben. In dieser Technik hergestellte Trachtentücher werden volkskundlich als Flammentücher bezeichnet.

Ikenga-Masken → Ibo

Ikone, Kultbild der Ostkirche (von griech. *eikon,* Bild). Der Begriff umfaßt die gesamte religiöse Bilderwelt der orthodo-

xen Kirchen mit den Schwerpunkten Griechenland (Byzanz) und Rußland, bedingt auch der koptischen Kirchen in Ägypten und Äthiopien – einschließlich Fresken und Mosaiken. Im engeren Sinne sind Ikonen bewegliche Tafeln aus Holz, Stein, Metall, Elfenbein, Knochen, Perlmutt usw. Sie sind bemalt, geschnitten, geschnitzt, getrieben oder gegossen, aus gewirktem Stoff, bestickter oder bemalter Leinwand. Abgesehen von Bildern vor der Kirchenspaltung (z. B. den Mosaiken in Ravenna) entstanden Ikonen auch im Bereich der römisch-katholischen Kirche bis ins 18. Jh. (→ Madonnieri). Die frühesten erhaltenen Ikonen stammen aus dem 5./6. Jh. (Katharinen-Kloster, Sinai). Ikonenmalerei dürfte jedoch bereits im 3./4. Jh. im östlichen Mittelmeerraum aus der Verschmelzung hellenistischer, provinzial-römischer und ägyptisch-orientalischer Stilelemente entstanden sein und ihren typischen Charakter ausgeprägt haben. Stil und Technik wurden vor allem den ägyptischen Totenbildern (→ Fayumporträts) entnommen.
Analog den erhaltenen frühchristlichen Mosaiken und Fresken bilden sich bei der Ikonenmalerei antike Inhalte und Symbole in christliche um. Formal setzt sich abstrahierte Strenge gegenüber antikem Formenreichtum durch und bleibt beherrschendes und typisches Stilmittel in der gesamten Ikonenkunst.
Die endgültige theologische Definition erhält die Ikone während des Bilderstreits (726–943, → Ikonoklasmus). Die Darstellung Christi, der Heiligen und heiliger Geschehnisse war nun nicht mehr Gegenstand götzenhafter Anbetung wie im Osten oder Illustration (→ Armenbibel) wie im Westen. Sie sollte die geistige Realität der Heiligen in seiner irdischen Signifikanz ähnlich der Inkarnation des Gottsohnes auf Erden (Urbild) sichtbar machen (Abbild). Man verehrte z. B. Christus durch sein Abbild hindurch, das mit der Ähnlichkeit zum Urbild selbst geheiligt werden sollte. Alles sinnliche Beiwerk wie Perspektive, Licht und Schattenspiel, Materialreize, wurde vermieden. Um die Ähnlichkeit für lange Zeiträume zu gewährleisten, stellte man Malregeln auf, die seit dem 16. Jh. in Malerhandbüchern (→ Podlinniks) festgehalten wurden. Ikonen wurden ihrer Heiligkeit wegen unter Fasten und Gebeten gemalt und geweiht. Sie fanden vorwiegend zu kultischen Zwecken in der Kirche Verwendung, seltener (und erst seit dem 17. Jh. häufiger) auch zur privaten Verehrung.
Zentrum der Ikonenmalerei war bis zum Untergang des oströmischen Reiches (1451) Konstantinopel. Seit dem 11. und 12. Jh. entstanden Malzentren auch in Rußland. Zunächst in Kiew, Nowgorod und Moskau, später Pskow, Twer, Wladimir, Susdal, Jaroslaw u. a.; auch im Mittelmeerraum auf Kreta, Zypern, in Thessaloniki, auf dem Athos, in Georgien und Armenien. Im 16./17. Jh. entwickelten sich Provinzialstile noch auf dem Balkan, in Kleinasien, Palästina, Syrien, den griechischen Inseln, der Ukraine und in Süd-, Mittel- und Nordrußland, vorwiegend in Klöstern. Es gab private Malschulen (→ Stroganow- und Zarenschule) und solche in besonderen Glaubensgemeinschaften (Altgläubigenschule → Palech) sowie dörfliche Malkommunen, z. B. in Serbien.
Vornehmster Standort der Kirchenikonen ist die Bilderwand (→ Ikonostase). Sie vereinigt die wichtigsten Bildthemen der Orthodoxie. In deren Mitte befindet sich die heilige Pforte (→ Königstür), die vom Laienraum zum Altarbezirk führt. Einzelne Kirchenikonen, zur besonderen Verehrung an Nebenaltären, Pfeilern usw. angebracht, zeigen vorwiegend Christus, Maria und die Schutzpatrone oder Namenssujets der Kirche. Es gibt ca. 4000 verschieden dargestellte Heilige in der Orthodoxie, mehrere hundert Gottesmutter-Darstellungen, die als Gnadenbilder bekannt und z. T. berühmt wurden, z. B. → Wladimirskaja, Kasanskaja, Tichvinskaja etc. Zahlreich ist auch die Darstellung der → Deesis und orthodoxen Festtage als wichtigste Ereignisse der Christus- und Marienlegende. Häufigst dargestellte Heilige sind Johannes der Täufer, Nikolaus, Georg und die Evangelisten. Gebräuchlich sind Pultikonen – sie werden zur Anbetung eines Heiligen ausgelegt –, Lampenikonen, Staurothekikonen, Votivikonen, Reliquienikonen und zusammenklappbare Ikonenaltäre. Zum privaten Gebrauch finden Haus- und Reiseikonen und neben Holz- bzw. Silberokladikonen auch Bronzeikonen Verwendung, deren Herstellung im 19. Jh. Massenauflagen erreichen. Eine Spätform der Ikone ist auch der maschinell fabrizierte Ikonendruck (→ Riza, → Oklad, → Basma).
Im Mittelalter wurden Ikonen bereits vereinzelt mit Silber- und Goldplatten versehen und mit Farbemaille, Perlen und Edelsteinen geschmückt. Es gab Ikonen ganz in Email auf Holz gearbeitet, Goldreliefikonen und Ikonen aus Halbedelsteinen, Elfenbein etc. Im 16. Jh. wurde ein Großteil der Ikonen mit Silberblech verkleidet. Im 18./19. Jh. entstanden zahlreiche Werkstätten → russischer Silberschmiede, die ihre Erzeugnisse kunstvoll bearbeiteten (Treibarbeiten, Gravuren, Ziselierungen) und teilweise feuervergoldeten und mit farbigem Email, farbigen Glassteinen, seltener mit Perlen und (Halb-)Edelsteinen schmückten.
Als Höhepunkte der Ikonenmalerei gelten die Isaurier- und die mazedonische Dynastie (867–1204) des hieratischen bzw. Linearstils und die paläologische Epoche (1261–1453) in Konstantinopel, die kretische Schule des 15.–16. Jh.s, z. B. Michael Damaskinos (ca. 1520–1591), in Rußland das 12. bis 15. Jh. in Nowgorod und das 14. bis 16. Jh. in Moskau mit Feofan Grec (um 1390) und vor allem Andrej → Rublow (ca. 1360–1430) sowie Dionissij (ca. 1440–1502).
Neben der Wachstechnik (→ Enkaustik), die im Mittelalter aufgegeben wurde, bedienten sich die Ikonenmaler schon früh der Temperamalerei, die bis ins 19. Jh. beherrschend blieb. Das gutausgewählte Brett, an der Rückseite mit Querriegeln versehen, bestrich man nach Aufrauhung der Oberfläche mit Leim. Als Unterlage für den Malgrund wurde häufig Leinwand verwendet. Der Malgrund aus Alabasterkreide und verschiedenen Bindemitteln wurde dann in mehreren Schichten aufgetragen, auf die dann die Vorzeichnung gemalt, gezeichnet oder geritzt wurde. Dann erfolgten der Auftrag und das Polieren des Bolus und des Blattgoldes sowie der mit Eitempera gebundenen Farben und des → Assist. Besondere Sorgfalt wurde auf die Inkarnatlasuren und die Zusammensetzung des → Olifa-Firnisses gelegt, der neben seiner Schutzfunktion die Farbwirkung intensivieren sollte.
Die Beschriftung des ostkirchlichen Kultbildes war Voraussetzung für seine Weihe. Die Bezeichnung des Themas bzw. die Namensgebung der dargestellten Personen bekundeten mystische Identität zwischen Urbild und Abbild. Russische Tafelbilder sind mit kyrillischen Buchstaben in Kirchenslawisch, byzantinische und postbyzantinische in Altgriechisch beschriftet. Weitere verwendete Sprachen sind Russisch, Rumänisch, Armenisch, Georgisch, Syrisch, Koptisch, Arabisch, Lateinisch und Italienisch.
Ikonographie (Bildbeschreibung), die Lehre von den Bildin-

Ikone. Rußland, um 1510. Recklinghausen, Ikonenmuseum.

halten. Beschreibung und Deutung dessen, was im Kunstwerk dargestellt ist.

Ikonoklasmus, Bilderstreit, Bildersturm, Bilderzerstörung. Seit sich im 4. Jh. n. Chr. das Bild zur Gestaltung des Kircheninnern durchsetzte, wird es zunehmend zum Streitobjekt der Frage, ob Göttliches darstellbar sei und im Bild verehrt werden dürfe. Im Osten steigerte sich die Ablehnung und führte im Jahre 726 zur Vorherrschaft der Ikonoklasten, der Bilderfeinde, die mit Hilfe der Staatsgewalt die Bilderherstellung verboten, fast alle Bilder vernichteten und die Besitzer bzw. Hersteller verfolgten. Im Konzil zu Nicäa (787) wurde die Darstellbarkeit des Menschen und Heiligen neu definiert und kirchenamtlich, später (843) endgültig durch kaiserliches Dekret zugelassen.

Ikonologie, Untersuchung und Deutung von Bildinhalten und Sinnzusammenhängen in der Kunst. Deutung eines künstlerischen Gesamtkomplexes, zum Beispiel einer Kirche, einer Folge von Deckengemälden, eines figürlichen Fassadenprogramms usw.

Ikonostase, Bilderwand. Trennwand zwischen Altarraum und Kirchenschiff, in Byzanz seit dem 12. Jh. mit Ikonen versehen. Die endgültige Form erhält die Ikonostase im 15. Jh. Sie besteht aus 3–5 Reihen und ist meistens aus Einzelikonen zusammengesetzt. Sie beginnt oben mit der Reihe der Vorväter, darunter der Propheten. In der 3. Reihe schließen sich die orthodoxen Festtage an, darunter die Deesis mit den Aposteln. In der Mitte der letzten Reihe befindet sich

Zwei Biskuitmedaillons. Ilmenau um 1800. Ohne Marke. 3,5 × 2,9 cm. Hamburg, Museum für Kunst und Gewerbe.

die → Königstür. Daneben Gottesmutter und Christus sowie die örtlichen Heiligen.

Iliton → Altartuch

Ilmenau, → thüringische Porzellanmanufaktur (1777 bis heute), die Geschirre im Empire- und Biedermeierstil mit Landschaften in Sepia und Eisenrot herstellte. Anstelle von Figurenplastik wurden Reliefplaketten im Stil von → Wedgwood gemacht. Die Marken sind I, ein Kleeblatt oder zwei gekreuzte durchstrichene I, eine Nachahmung der → Meißner Schwertermarke.

Imariporzellan → japanisches Porzellan

Impasto, Malweise, bei der die Farbe in dickem Auftrag – durch Spachtel, borstigen Pinsel oder direkt aus der Tube – auf den Malgrund kommt. Die erzielte Oberflächenwirkung ist dementsprechend kompakt oder reliefartig strukturiert.

Imperialstoffe, byzantinische Seidenstoffe (meist purpurfarben) aus der kaiserlichen Manufaktur in Konstantinopel, die als Muster ein- oder zweiköpfige Adler zeigen, das Sinnbild kaiserlicher Macht. Sie wurden vom 10. bis zum 12. Jh. hergestellt und im Abendland zu liturgischen Gewändern verarbeitet. Sie gehören nicht nur zu den Meisterwerken der byzantinischen Seidenweberei, sondern der Webkunst überhaupt.

Impresa → Prachtstücke

Impressionismus, um 1860 in Frankreich beginnender, 1870 bis 1890 in Europa herrschender Stil der Malerei, der die Dinge nicht in ihrer Struktur, sondern in ihrer momentanen optischen Erscheinung wiedergibt.

Inc., incidit (lat., hat es geschnitten), bezieht sich auf den Stecher eines graphischen Blattes (→ Adresse).

Augustus-Rex-Vase mit Indianischen Blumen. Meißen, um 1730. H 21,8 cm. Nürnberg, Germanisches Nationalmuseum.

Indianische Blumen, im zweiten Viertel des 18. Jh.s besonders beliebter gemalter Porzellandekor mit stark stilisierten, von ostasiatischen Vorbildern abgeleiteten Blumen (→ Meißen). Sie wurden um die Mitte des Jahrhunderts von naturalistischen Blumen (am qualitätvollsten in → Berlin, Manufaktur Friedrichs des Großen) abgelöst, die man deutsche Blumen nannte.

Indianische Lackwaren → Exportlacke

Indische Bronzeplastiken, gehören zu den bedeutendsten Schöpfungen indischer Kunst. Bronzeguß war bereits um 2000 v. Chr. bekannt (Harappâ-Kultur), erste künstlerische Vollendung zeigen die Gupta-Bronzen (4.–6. Jh.), von ihnen gibt es nur wenige. Stilbildende Werkstätten entstanden am Ende des 6. Jh.s in Akota und Nâlandâ (östliche Schule von Bihâr), bald danach in Kâschmîr und Chambâ. Die Werkstätten der Nordprovinzen brachten nach dem 12. Jh. keine bedeutenden Leistungen mehr hervor. Führend im Bronzeguß wurde bis in die Neuzeit Südindien. Beachtliche Plasti-

Indische Bronzeplastik: Kinderspielzeug, Nachbildung eines Prozessionswagens. 17. Jh. München, Museum für Völkerkunde.

ken entstanden im Madras-Gebiet in der Cola-Zeit (10.–13. Jh.). Indische Bronzen wurden in der verlorenen Form (→ Guß) gegossen, jede alte Bronze ist ein Unikat. Die Legierungen und dadurch die Bronzefarben sind unterschiedlich, der Tradition folgend sollen im Norden acht, im Süden fünf Metalle verwendet worden sein, daneben gibt es auch Plastiken aus reinem Kupfer, oft mit Resten von Vergoldung. Stücke aus dem Mittelalter und der Neuzeit sind ganz oder teilweise feuervergoldet (→ Feuervergoldung), wobei die Vergoldung meist samtig erscheint. Die Mehrzahl der nicht vergoldeten Bronzen zeigt eine Patinierung (→ Patina), deren Farbe sehr unterschiedlich sein kann. Seit der Eroberung Indiens sind seine Bronzen (die selten höher als 100 cm sind, die meisten haben eine Höhe von 30–60 cm) begehrte Sammelobjekte. Sie wurden schon im 19. Jh. in Massen gefälscht, insbesondere für den britischen Markt, weshalb man sich beim Kauf des Rates eines Fachmannes (Museum) versichern sollte. Ausfuhr aus Indien nur mit behördlicher Erlaubnis, die kaum zu erhalten ist.

Indische Elfenbeinarbeiten, wurden mit Sicherheit bereits in frühester Zeit gefertigt, aber es gibt kaum Gegenstände aus → Elfenbein, die vor dem 16. Jh. zu datieren sind. Je nach lokaler Herkunft weisen Elfenbeinarbeiten islamische Stilmerkmale (Delhi, Agra, Haiderâbâd) oder rein indische (Südindien) auf, daneben gibt es Stücke, die beide Stile vereinen. Aus Elfenbein wurden Figurinen, Schmuckstücke, vor allem Arm- und Fußringe und Einsteckkämme, Dosen und Schmucktruhen, darunter Kästen von beachtlichen Ausmaßen, gefertigt. Bei größeren Stücken wurden Elfenbeinplatten auf einen Holzkorpus aufgesetzt, oft mit einer Zwischenlage aus Samt oder Brokat. Fein gearbeitete alte Elfenbeinarbeiten sind selten und nur in Europa zu finden; Indien verbietet die Ausfuhr.

Indische Elfenbeinarbeit, Schmuckkamm. 18. Jh. München, Museum für Völkerkunde.

Indische Götterattribute, häufige Embleme an Bronzeplastiken, so das *trishûla* (Dreizack, shivaistisch), das *cakra,* Rad oder Wurfscheibe (im Buddhismus *dharma-cakra,* Rad der Lehre), der *shankha,* das Schneckengehäuse (Kriegstrompete), ein Zeichen Visnus; die *gada,* Keule, eine Waffe Visnus; der *kala,* der (hölzerne) Pflug des Babarâma (Teilinkarnation Visnus); der *padma,* der → Lotos; die *vinâ,* ein Saiteninstrument (eine Art von Stabzither).

Indische Holzschnitzereien, ein Teil der indischen Baukunst. Häuser und Tempel trugen geschnitzte Balken, Fenster, Holzveranden und plastisch ausgearbeitete Reliefs. Die Kunst des Holzschnitzens und Drechselns war im ganzen Kontinent bekannt, beachtlich sind die Arbeiten aus dem Gujarât im Norden, wo fast ausschließlich das harte Teakholz verarbeitet wurde. Im Handel vorkommende Schnitzereien stammen meist aus dem urbanisierten Süden, sie zeigen Pflanzen- und Tiermotive neben Göttergestalten. Ein weiteres Gebiet der Schnitzer war die Fertigung der oft gewaltigen Prozessionswagen und der Gegenstände des häuslichen Gebrauchs wie Möbel, Truhen und kleinere Behältnisse. Abgesehen von Einrichtungsgegenständen, z. B. Truhen, die meist eine gewisse Uniformität aufweisen, täuschen indische Schnitzereien, bedingt durch Witterungseinflüsse, oft ein höheres Alter vor, wobei die Bestimmung noch dadurch erschwert wird, daß die Stiltradition vom 15. bis zum 19. Jh. ungebrochen fortlebte.

Indische Kunststile 1) Frühindische Kunst: Archaische Periode (3.–1. Jh. v. Chr.), vorklassische Periode (1.–3. Jh.) 2) klassische Kunst: Gupta-Periode (4.–6. Jh.) nachklassische Periode (7.–8. Jh.) 3) mittelalterliche Kunst: Frühmittelalterliche Periode (8.–9. Jh.), mittelalterliche Periode (9.–13. Jh.) 4) indo-islamische Kunst (12.–18. Jh.) 5) späthinduistische Kunst (14.–19. Jh.). Daneben werden bestimmte Epochen lokal benannt: → Gupta-Stil, → Pâla-Stil, → Pallava-Stil.

Indische Miniaturmalerei, 1) Die Vor-Moghulmalerei (11./16. Jh.): Erste erhaltene Palmblatthandschriften mit Illustrationen (Buddha, Bodhisattvas) entstanden im letzten Viertel des 11. Jh.s im naturalistischen → Pâla-Stil. Nach der Eroberung Indiens durch die Moslems (13. Jh.) flohen Mönche und Künstler nach Nepal, wo der → Pâla-Stil bis zum 16. Jh. erhalten blieb. Neben der Pâla-Schule bestand eine weitere in Kâschmîr, die nur noch in ihrer Wirkung auf die Malerei West-Tibets erkennbar ist. Die dritte Miniaturschule bildete sich in Westindien (Gujarât, Râjasthân, Mâlwa); sie überlebte die Mosleminvasion und beeinflußte die spätere indische Malerei. Aus dem 12. und 13. Jh. blieben zahlreiche illustrierte Manuskripte erhalten, die sog. Jaina-Handschriften. Illustrationen auf Papier gibt es erst seit Ende des 14. Jh.s (Kalpasûtra, 1370). Seit Ende des 13. Jh.s bildete sich ein stilistischer Kanon heraus, der in der westindischen Schule 250 Jahre Gültigkeit hatte: Feine Linien in strenger Führung gestalteten die Aussage, der Versuch einer Modellierung entfällt, die Personen erscheinen in Vorder- oder voller Seitenansicht, wobei das hintere Auge weit über die Wange hervorsteht. Die Papierseite, ca. 30 × 10 cm, bot mehr malerische Möglichkeiten als das Palmblatt, insbesondere in der Randverzierung (Elefanten- und Schwanenfriese, Blumenkartuschen). Es entwickelte sich eine breite Farbpalette mit starkem Ultramarin und Gold, das, neben Silber, auf schwarzem oder rotem Grund auch für die Schrift benutzt wurde. Texte aus dem 13. Jh. wurden bis in das 16. Jh. immer wieder kopiert, was ihre genaue zeitliche Einordnung erschwert. Zu den berühmtesten Werken der Mâlwa-Schule gehört das *Nimat-Nama* (Kochbuch des Ghyas al-din) aus dem Anfang des 16. Jh.s. Eine weitere den rein indischen Traditionen folgende Gruppe von Miniaturmalereien findet sich in einer Reihe von Handschriften, die unter dem Begriff Kulahdar-Gruppe zusammengefaßt werden (auf ihnen tragen die Männer ihren Turban um eine kleine konische Kappe, *kulah,* gewunden). – Eine Sonderstellung nimmt die Malerei von Orissa ein. Hier wurden Palmblätter bis zum 19. Jh. benutzt, die Umrißlinien wurden mit einem Stichel vorpunktiert, dann mit Holzkohle oder Tinte nachgezogen, vorherrschende Farben waren Weiß, Gelb, ein helles Grün und Rot.

2. *Die Moghulmalerei:* Im Jahre 1556 bestieg Akbar den Thron des Sultanates Delhi; es gelang ihm in wenigen Jahren, ganz Nordindien zu erobern. Durch ihn wurde die moslemische Kunst zur führenden Stilrichtung Indiens. Er ließ eine umfangreiche Bibliothek entstehen, in der persische und indische Maler unter seiner Aufsicht zahllose Handschriften mit Illustrationen versahen, die vor allem die Geschichte der Moghuln verherrlichten. 1579 entstand das Werk über das Leben des Helden Hamza. Es enthielt 1400 großformatige Illustrationen, von denen nur wenige erhalten blieben.

Neben historischen wurden auch andere Themen behandelt, wie das Tuti-Nama, die ‚Romanze eines Papageien' (um 1580), beweist. 103 Illustrationen mit Tieren, vor allem Vögeln, umrahmen den Text. Zu den bedeutendsten Moghulhandschriften gehört das *Razm-Nama,* ‚Buch der Kriege' (Übersetzung des Mahâbharata ins Persische), beendet um 1589. Unter den späteren Moghulmalereien finden sich viele, die europäische Einflüsse erkennen lassen. Die bekannteste Moghulhandschrift ist das *Akbar-Nama* mit 117 meist ganzseitigen Illustrationen. Die Malereien zeigen in betont realistischer Manier die Heldentaten Akbars. Zu diesem Text gibt es noch 62 ergänzende Illustrationen. Im Jahre 1605 wurde Jahangir Großmoghul von Indien und seine neue Residenz Allahâbâd zum künstlerischen Zentrum. Die Malerei bleibt weiter an persischen Vorbildern orientiert, eine stilistische Neuerung sind die ab 1595 in die bisher rein dekorativen Randverzierungen eingegliederten Figuren von Menschen. Die Zahl bedeutender Maler ist groß, genannt seien Abu'l Hasan, Mukhlis, Khim, Balchand, Manohar Bishn Das und Govardhan. Bevorzugtes Motiv waren Gruppenbildnisse, die vor allem für die ‚Memoiren' des Kaisers gemalt wurden (‚Öffentliche Versammlung', *durbar,* von Abu'l Hasan, 1619).

Ab 1600 wurde ein zunehmender Einfluß des höfischen Moghulstiles auf die bisher rein indischen Provinzschulen erkennbar.

Die unter Dorah Shikoh (1638–58) entstandenen Miniaturen sind durch einen verfeinerten Zeichenstil gekennzeichnet, bestes Beispiel dafür bieten die Manuskripte des *Gulistan* und *Buston* von Sa'adi, die der Kaiser von dem Perser Zarin Qalam kopieren ließ.

Unter Kaiser Aurangzeb (1658–1707) wurde die Kunst vernachlässigt, sein Nachfolger Bahadur Shah (1707–1712) belebte noch einmal den höfischen Stil. Unter seiner Obhut entstand das *Shah-Jahan-Nama,* das auf vielen Blättern nochmals die ganze Schönheit der Moghulmalerei aufzeigt.

3. *Die Dekhanmalerei in den Staaten Ahmadnagar, Bîjâpur und Golkonda:* Die Malerei der Moghulzeit wäre unvollständig, ließe man die Schulen der indischen Kleinstaaten unbeachtet. Die dortige Entwicklung läßt auf schon früher vorhandene Schulen schließen. Bestes Beispiel der Dekhanmalerei im 16. Jh. bieten die Miniaturen einer *Ragmala*-Serie, in der sich der indische und persische Stil in Vollendung vereinigt. Beachtung verdient das Nujum-al-'Ulum-Manuskript mit seinen astronomischen Blättern, die auf Kontakte zur Türkei verweisen. In Golkonda entstanden zahlreiche Alben mit erstklassigen Herrscherbildnissen.

4. *Die Schulen von Râjasthân* (17./19. Jh.): Die führende Malschule befand sich im Staat Mewar, einer der besten Maler war Nisaradi, von dem eine Ragmala-Serie erhalten blieb. Ihm folgte Sahibdin, der mit seinen Schülern ein mehrbändiges Werk des Râmayâna illustrierte. Von der Bundi-Schule gibt es bis jetzt nur wenige gesicherte Blätter von guter Qualität. Die dritte Schule ist die von Mâlwa, über die eine umfassende Ragmala-Serie mit einigen Blättern von Virji Aufschluß gibt.

Die Bîkâner-Schule zeichnet sich durch Werke von Shahadin (um 1700) aus, die Schule von Kishanga durch Nihal Chand (um 1750). Ergänzend wäre noch die Schule von Kotah zu nennen, in der noch im 19. Jh. Werke von beachtlicher Qualität entstanden.

5. *Die Schulen der Panjâb-Hügel* (17./19. Jh.): Im Kleinstaat Basohli entstand um 1700 ein umfangreiches, heute verstreutes Rasamanjari-Manuskript, als dessen Illustrator Davidasa genannt wird. Der Basohli-Stil entwickelte sich bis in die Mitte des 18. Jh.s zur führenden Kunstrichtung der Panjâb-Hügel-Staaten. Es gibt zahlreiche Werke der Râmavâna-Gruppe, neben einer Vielzahl von Einzelbildnissen. Eine andere Richtung der lokalen Miniaturmalerei zeigt der Guler-Stil, der von ca. 1740–1770 führend war, eines seiner Zentren war Jammu, wo die Künstlerfamilie Nainsukh tätig war. Nach 1770 bis um 1825 entwickelte sich eine dritte Richtung, die Kangra-Schule, aus ihr stammen vor allem religiöse Bilder und Porträts von Fürsten, daneben die feingliedrigen Frauenbildnisse des Bhagavata-Typs. Weitere lokale Malstile sind aus Bilaspur und seiner Umgebung bekannt, doch erschweren die wenigen Blätter eine genaue Zuordnung.

Indische Miniaturmalerei wird seit dem 18. Jh. gesammelt. Frühe Blätter und Gesamtmanuskripte werden selten und zu entsprechend hohen Preisen auf Auktionen angeboten. Dank unzähliger, teilweise sehr qualitätvoller Kopien, die oft gleichzeitig mit dem Original entstanden, bietet der Markt noch heute viele Möglichkeiten, Gutes zu entdecken. Der Anfänger sollte sich auf eine Motivgruppe (Porträts, Tiere, Randmalereien) beschränken, um zu einer gewissen Vollständigkeit zu gelangen. Gewarnt werden muß vor den vor allem in Indien angebotenen alten Textblättern mit nachträglicher Randbemalung, die an zu vielen Motiven und durch grelle Farben erkennbar sind. (Abb. s. a. S. 238)

Indische Öllampen, wurden aus → Bronze gefertigt. Sie bestehen aus einer runden Schale mit sternförmig auslaufenden Spitzen, aus denen die Öldochte herausragen, die aus dem in der Schale befindlichen Brennöl gespeist werden. Es gibt

Indische Miniaturmalerei: Geburtsszene. Moghulmalerei, 19. Jh. München, Museum für Völkerkunde.

Hänge- und Standleuchten mit mehreren sich nach oben verkleinernden Schalen. Die Leuchterfüße sind plastisch ausgearbeitet, entweder mit einem Schlangen- oder Drachenmotiv oder einer Göttergestalt. Der indische Markt bietet meist Kopien an, gute alte Stücke sind selten und eher in Europa zu finden.

Indischer Schmuck. Als Material dienten Gold, Silber und Bronze. Der Schmuck der weniger bemittelten Bevölkerung bestand ausschließlich aus Silber und Bronze. Er war keine Nachahmung des Goldschmucks, seine stilistischen Merkmale sind nur für ihn typisch. Für die Masse der Bevölkerung waren Schmuckstücke oft das einzige Kapital, bei dem oft weniger die Schönheit als das Gewicht von Bedeutung war. Die Frauen trugen Arm- und Fußringe, diese von erstaunlichem Gewicht und, um einen Diebstahl zu vermeiden, oft so eng um den Knöchel geschmiedet, daß eine Abnahme nur unter Schwierigkeiten möglich wurde. Die Armringe wurden zu mehreren getragen, Ohr- und Fingerringe sind seltener. Den Reiz dieses Schmuckes bilden die schlichten, meist von dörflichen Silberschmieden stammenden Formen mit einem

sparsamen Dekor, der an Kerbmuster erinnert. Ganz anders stellt sich der indische Goldschmuck dar, er offenbart in seiner Vielfalt den ganzen Formenreichtum der indischen Kunst. Das Gold und die reiche Palette an Edelsteinen, beides entstammte dem indischen Boden, ließ bereits im indischen Mittelalter ein blühendes Handwerk entstehen, das den nie versiegenden Bedürfnissen nach Schmuckstücken Rechnung trug. Die Grundformen der mit vielen verschiedenfarbigen Edelsteinen und Diamanten besetzten Colliers erinnern an Architekturformen der Moghulzeit, ebenso sind die Fingerringe in Form winziger Tempel aufgebaut, während die Ohrringe pagodenförmigen Kaskaden von glitzernden Steinen und Perlen gleichen. Eine besondere Stellung und einen noch heute gültigen Hinweis auf den Reichtum der Familie nimmt ein Diamantsolitär ein, der von den Frauen, ähnlich einem Ohrring, in einem durchstochenen Nasenflügel getragen wird.
Während einfache, aber schöne silberne Schmuckstücke oft günstig zu erwerben sind, ist das Sammeln indischen Goldschmucks wegen seiner Seltenheit und der hohen Preise nicht einfach.

Indische Stickereien, sowohl höfische wie volkskundliche Arbeiten. Aus der Hofmanufaktur der Moghulherrscher entstammen äußerst delikate Stoffe, die in der Art der Streublumendekoration Blumenmotive in farblich höchst verfeinerter Manier mit sparsamer Gold- und Silbergarnverwendung auf Baumwollgrund aufweisen. Die Stoffe dienten zur Bekleidung, aber auch, als fortlaufender Rapport, der Wandbespannung. Dem mohammedanischen Ritus folgend, übernahmen diese Arbeiten auch das → Mihrab der Teppiche für Decken zum Gebet. Die Moghulstickereien sind vom 17. bis Anfang des 19. Jh.s entstanden. Die berühmtesten Arbeiten, die außerhalb des Hofes gearbeitet wurden, entstammen dem Nordwesten Indiens. Bereits von Vasco da Gama erwähnt, zählen auch heute noch die Arbeiten aus Kutch zu den häufigsten Indiens. Sie zeichnen sich durch besonderen Farbreichtum aus. Kleidung und Decken sind mit bunten Seidenfäden und eingearbeiteten kleinen Rundspiegeln, meist auf dunkelrotem Grund, dekoriert. Blütenmotive in Reihung, Pfauen und Elefanten, Figuren in der Art der Miniaturmalerei Radjastans zieren die Arbeiten. Die Stickereien aus Gujarat sind für die Klöster der Jainas, einer hinduistischen Sekte, bestimmt. Die religiösen Motive zeigen Heiligendarstellungen, Hakenkreuz, Fische und Sonne; derartige Stoffe sind als Symboltücher für die heiligen Bücher bestimmt. Aus der Region Kathiawar sind den Kutch verwandte Stickereien bekannt. Sie stammen durchwegs aus der Zeit vom Ende des 19. bis Anfang des 20. Jh.s. Die Darstellungen (Türbehänge, Friese mit Schabracken, Vorhänge) zeichnen sich durch naive Figuralmotive aus. Größere zu bestickende Flächen werden einfach mit Fadenreihen überspannt.
In Sindh, im südlichen Pakistan, wird in der Hauptsache der Kettenstich angewandt. Die Arbeiten auf Baumwollgrund zeigen eine den Häkelarbeiten ähnliche Struktur und geometrische Musterung, verwandt den Teppichen der nomadisierenden Belutschen.
Phulkari-Stickereien aus dem Punjab stammen aus dem 19. Jh. Gleichmäßige, einfache geometrische Muster werden mit vielfarbiger Seide auf Baumwollgrund gestickt.
„Rumals", aus dem westlichen Himalaya, übersetzen mythologische Szenen aus der Miniaturmalerei in die Technik der Nadelmalerei. Die meist sehr einfach, fröhlich bunt gestickten Arbeiten aus dem 18. und 19. Jh. dienten als Zeremonialtücher und finden sich – oft unerkannt – im Handel. Indische Stickereien kann man im Handel erstehen. Dem Kenner bieten sich dort auch qualitätvolle Arbeiten zu günstigen Preisen.

Phulkari-Stickerei. Indien, Punjab, 19. Jh. Mit Naturfarben gefärbtes Baumwollgewebe, Stickmaterial: buntfarbene Seide, 267 × 130 cm.

Indische Stoffmalerei, eine in größeren Formaten, aber mit gleichen Motiven vorkommende Abart der → indischen Miniaturmalerei. Gut erhaltene Stücke sind erst aus dem 18. Jh. bekannt, die im Handel angebotenen entstammen meist dem Ende des 19. Jh.s oder dem Anfang des 20. Jh.s. Auf einem mit Leim grundierten Stoff werden Leimfarben aufgetragen in einer reichen Palette, die bis zu Gold und Silber reicht. Bemalte Wandbehänge zeigen religiöse und profane Motive, sie sind in Indien weit verbreitet, wobei ihre künstlerische Qualität sehr unterschiedlich ist, wie das starke Angebot auf dem europäischen Markt beweist, das eher im Dekorations- als im Kunsthandel zu finden ist. Ältere Stücke sind meist restauriert, da die Farben zum Abblättern neigen.

Indische Stoffmodeln, dienten zum Bedrucken des in Indien seit früher Zeit gewebten → Kattunstoffes. Im Gegensatz zu europäischen → Modeln tragen sie ein erhabenes Muster, das aus Metallbändern oder einzelnen ein Muster ergebenden Metallstiften besteht, die in einen Holzblock eingelassen sind. In neuerer Zeit werden Modeln dieser Art zahlreich und preiswert im Handel angeboten.

Indische Teppiche. Geknüpfte Teppiche entstanden im 16. Jh. unter den Moghulherrschern in Indien. Vom 17. Jh. ab entstand in den Hofmanufakturen ein lokaler Stil, der persische Motive mit stark naturalistischen Bildern von Pflanzen, Tieren und Menschen vereinte. Im 18. Jh. verlor die Teppichknüpferei an Bedeutung, wurde aber im 19. Jh. erneut durch anglo-indische Manufakturen belebt, die im Auftrag, meist europäischer Fürstenhäuser, Teppiche in Übergrößen (20 × 10 m) fertigten. Als Material der alten indischen Teppiche diente Kaschmirwolle, für Übergrößen wurde, der Festigkeit wegen, als Kettfaden Seide benutzt. Neuere Teppiche sind hochflorig, locker geknüpft und mit floralen Mustern dem europäischen Geschmack angeglichen, alte Stücke sind selten und für den Sammler meist zu großformatig.

Indische Terrakottafiguren, stellen bis in die Neuzeit eine von Forschern und Sammlern wenig beachtete Aussage der indischen Kunst dar. Kleinplastiken aus → Terrakotta fanden und finden sich noch heute bei Grabungen in allen Teilen des Landes aus den verschiedensten Epochen. Wie ein Fund in den Gräbern von Nilgiris (westl. Südindien), datierbar 500–250 v. Chr., beweist, waren die Menschen- und Tierfiguren Schmuck von Urnendeckeln. Da diese Plastiken nicht auf Anhieb dekorativ wirken, kann man sie öfter im indischen Handel entdecken.

Indiscret, ein typisches → Sitzmöbel des → Napoléon III, das aus drei geschweift miteinander verbundenen, gepolsterten Sesseln besteht. Es ermöglichte die gesellschaftliche Konversation in „Clubatmosphäre".

Inful → Mitra

Infulae, von der → Mitra herabhängende Bänder.

Inglasurfarben → Fayencen

Initiale, durch Größe oder Farbe hervorgehobener Anfangsbuchstabe in handgeschriebenen (→ Codex) und gedruckten Büchern.

Inkarnat, Fleischton der menschlichen Haut. In der Geschichte der Malerei und den einzelnen Stilen sehr unterschiedlich behandelt: in der byzantinischen Kunst grünlich, im Manierismus eher weiß, im Barock ins Rötliche gehend gehalten. Gewöhnlich wird das Inkarnat männlicher Personen wesentlich dunkler als das der weiblichen gegeben.

Initialen von Henry van de Velde für „Van Nu en Straks", 1896.

Inkrustation, Einlegearbeit aus Stein, die in der italienischen Kunst vom 11. bis 18. Jh. an Wänden und Böden Anwendung fand. Einlegearbeit in Holz nennt man → Intarsie, das Einlegen von Metall → Tauschierung.

Inkunabel (lat., Wiege), auch Wiegendruck, Bezeichnung für frühe, vor 1500 entstandene gedruckte Bücher. Inkunabeln nennt man auch vor 1817 entstandene Lithographien.

Inkuse Münzen (von lat. *incusum,* „Einschlag" des Prägstocks), großgriechische (d. h. in Sizilien und Unteritalien entstandene) Münzen des 6. Jh.s v. Chr., bei denen das Reliefbild der Vorderseite in eingetiefter Form auf der Rückseite wiederholt ist. Typisch für die sog. „archaische Epoche".

Inkuse Münzen

Inrô (jap., Stempelfarbenkästchen, im westlichen Sprachgebrauch Medizindose), besteht aus mehreren ineinandergestülpten Fächern mit seitlichen Durchbohrungen, durch die eine Schnur geführt ist, mittels derer die Fächer zusammengehalten werden. Am Ende der Schnur befindet sich ein Knebel (→ Netsuke), mit dem die Inrô am Gewandgürtel aufgehängt werden. Sie wurden in Japan ab 1602 von den Männern getragen. Die Inrô sind fast ausschließlich mit Lack gestaltet (→ Lackkunst).

Inrô. Japan, Edo-Zeit, um 1800. Goldlack mit Reliefdekor und Elfenbeinauflage. Sign. Shibayama Shôkasai. H 8,5 cm. Köln, Museum für Ostasiatische Kunst.

Institut d'Esthétique Industrielle → Werkbund, Deutscher

Intaglie, Intaglio → Gemme

Intarsiaglas, Glasgegenstände mit Glas-, Edelstein- oder Metallauflagen, Glasart des Jugendstils (→ Jugendstilglas, → Loetz, Joh. Loetz' Witwe).

Intarsie, gehört neben → Marketerie und Schnitzarbeit zu den wichtigsten Verzierungstechniken der Möbelschreinerei. Sie wird, von der Technik her, in einzelnen, meist gesägten Furnierstücken unmittelbar auf das Grundholz aufgebracht. Nicht ganz korrekt nennt man auch Einlagen aus andersartigen Materialien, wie → Pietra-Dura-Einlagen oder → Boulle-Technik, also aus Steinen bzw. Metallen, Intarsien. Man unterscheidet zwischen einfachen Intarsierungen, wie Fadenintarsien, Bandintarsien, Würfelintarsien, also Einlagen, die keine besondere künstlerische Technik erforderten, und figürlichen und floralen Intarsien, die sich ihrerseits

Spieltisch mit Intarsien. Deutsch, ca. 1755. Abraham Roentgen zugeschrieben. Nußbaumholz massiv, teilweise furniert mit Wurzelhölzern auf Eiche und Weichholz, Messing und Zinnintarsien, 75 × 91,4 × 76,7 cm.

nur durch die eigene handwerkliche Verarbeitung (Anbringung der Einzelstücke anstatt des Bildfeldes) von der → Marketerie unterscheiden.
Die Intarsie ist vermutlich eine italienische Erfindung; sie tauchte im späteren 15. Jh. zuerst an Chorgestühlen und Vertäfelungen im mittelitalienischen Raum auf, wurde aber schon bald in der reinen Möbelschreinerei bei der Verzierung von → Kastenmöbeln übernommen. Durch die wandernden Handwerksgesellen verbreitete sich die Kenntnis des Intarsierens nach und nach auch im deutschsprachigen Raum, wobei sich, den Wanderrouten entsprechend, ein deutliches Süd-Nord-Gefälle abzeichnet: Die Alpenländer Tirol und Schweiz gehörten zu den ersten, die diese neue Kunstform anwandten. Erst gegen Ende des 16. Jh.s übernahm der norddeutsche Raum diese Technik.

Internationale Gotik, umstrittener, da eigentlich soziologischer Begriff zur Kennzeichnung einer Stilströmung innerhalb der europäischen Kunst um 1400, die als Teilphase der → Spätgotik anzusprechen ist. Bei der Darstellung von Figuren überwiegen eine zarte, „liebliche" Feingliedrigkeit und eine Eigengewichtigkeit weich gerundeter, gehäufter Gewandpartien. Muldenfalten umgreifen die ganze Figur und laufen dann zum Sockel hin in geschwungenen Konturen aus. Der Umriß der Figuren wird bestimmt durch beidseitige Faltenkaskaden. In der Malerei entwickeln sich eine neue Intensität leuchtender Farbigkeit und Lichthaltigkeit sowie eine Freude am schmückenden, kostbaren Detail. Gerade zu einem Leitmotiv dieser Zeit wurden die sog. Schönen Madonnen (→ Weicher Stil). Die Zierlichkeit und elegante Rhythmisierung solcher Figuren ist Ausdruck für die allgemein vorherrschende Dekorativität der Form, die sich auch in Buchmalereien, Gobelins, Schmuck und kunstgewerblichen Erzeugnissen äußert. An technischen Neuerungen wird in der Plastik der Steinguß vervollkommnet, Alabaster, Elfenbein und ähnliche Materalien werden wichtig, die frühe Graphik entwickelt sich und tritt zunächst in den Dienst des damals immer mehr sich verbreitenden → Andachtsbildes.

Inventare, nach topographischer Ordnung angelegte Verzeichnisse von Bau- und Kunstdenkmälern und deren Ausstattung. Neben der Erfassung der historisch oder kunsthistorisch bedeutenden Objekte wird in den Inventaren auch eine weitgehende wissenschaftliche Bearbeitung geleistet: Beschreibung, stilistische Einordnung, Würdigung. Obwohl in Deutschland nicht einheitlich betrieben, ist den in den einzelnen Bundesländern bearbeiteten Inventaren an Ausführlichkeit und Umfang im Ausland nichts Vergleichbares gegenüberzustellen, etwa in Bayern: „Die Kunstdenkmäler von Bayern", und nach Landkreisen geordnet: „Bayerische Kunstdenkmale". Daneben entstanden im Zuge einer gesamtdeutsch geplanten Inventarisierung des Denkmälerbestandes einzelne Schriftreihen: „Baudenkmäler in Bayern" oder „Denkmäler-Atlas von Schleswig-Holstein". Die in den Inventaren beschriebenen und in Bild und Schemazeichnung oft wiedergegebenen Objekte bieten mithin wichtigstes und wissenschaftlich fundiert behandeltes Anschauungs- und Vergleichsmaterial für das Antiquitätenwesen.

Inv., invenit (lat., hat es erfunden), bezieht sich auf den entwerfenden Künstler der Vorlage zu einem graphischen Blatt (→ Adresse).

Ionische Säule → Säule

Ionisches Kymation → Eierstab

Irdenware, in Süddeutschland → Hafnerware genannt, bei niedrigen Temperaturen gebrannte, nicht gesinterte (→ Sintern) und deshalb wasserdurchlässige, d. h. im → Scherben poröse Tonware. Erst durch die Glasur wird Irdenware wasserundurchlässig. Die verbreitetste Glasur auf Irdenware ist die → Bleiglasur. Aus bleiglasierter Irdenware besteht in der Regel das Bauerngeschirr. Dieses ist vom 15. Jh. an belegt. Auch Ofenkacheln sind bleiglasierte Irdenware. Besonders kunstvolle Gefäße aus Irdenware sind die Krüge der Familie → Preuning. Irdenware wird in allen Landschaften Deutschlands hergestellt, da der Ton dafür überall vorkommt.

Iribe, Paul (1883–1935), ursprünglich Karikaturenzeichner, wandte sich der Franzose Iribe schon bald dem Entwerfen von Inneneinrichtungen und deren Accessoires zu. Besondere Bedeutung erlangte er im → Art Déco mit seinen bequemen, gerundeten Polstermöbeln, die er vornehmlich für Coco Chanel anfertigte. Daneben betätigte sich der „all-round-designer" auch als Ausstatter für Hollywood-Filme im Auftrag von Cecil B. de Mille.

Irisgläser, ahmen die Verwitterungserscheinungen antiker Gläser mit in allen Regenbogenfarben schillernder Oberfläche nach (→ römisches Glas, → Glaskrankheit). Der Effekt wird künstlich erzielt, indem man den rotglühenden Glasgegenstand in einer Trommel Metalldämpfen aussetzt oder das fertige Glas mit Lüsterfarben bemalt und diese in der Muffel einbrennt (→ Lüstergläser).

Isabey, Jean-Baptiste (1767–1855), französischer Maler und Lithograph, Hofmaler Marie Antoinettes, Napoleons I. und Louis Philippes. Besonders gefragt waren seine Bildnisminiaturen auf Papier oder Elfenbein. Isabey war auch für die Porzellanmanufaktur in Sèvres (→ Vincennes-Sèvres) tätig.

Isargolddukaten → Flußgolddukaten

Iserlohner Dosen, vor allem als Schnupftabakdosen benutzte, flache, längliche Dosen mit Scharnierdeckeln, verfertigt aus Messing oder aus Kupfer, zumeist aber aus beiden Materialien kombiniert und in der Regel auf Deckel und Boden mit bildlichen Darstellungen versehen, die graviert, überwiegend aber in einer speziellen Prägetechnik ausgeführt sind. Als deren Erfinder gilt Johann Heinrich Giese (1716–1761) in Iserlohn. Die Dosen sind nach ihrem Fabrikationsort benannt und hier nur während einer kurzen Zeitspanne in der 2. Hälfte des 18. Jh.s serienmäßig als Massenware produziert worden. Vorbilder für die Iserlohner sind niederländische gravierte Dosen aus Kupfer und Messing, Nachahmungen die Elberfelder und schwedische Fabrikate. Auf den Dosen sind mannigfache Bildmotive aus der Bibel, der Heraldik, aber auch aus den Gebieten von Jagd und Fischfang, daneben Stadtansichten sowie militärische Darstellungen, vor allem aus dem Siebenjährigen Krieg und von berühmten Feldherren der Zeit, zu sehen. Die Darstellungen werden in der Regel ergänzt durch erläuternde Beischriften sowie durch üppige kartuschenartige Rahmungen.

Isfahan, Bezeichnung für die Teppicherzeugnisse der persischen Stadt gleichen Namens; eine der berühmten Hofmanufakturen für Teppiche der Safawidenzeit, unter Schah Abbas dem Großen (1587–1629). Die Isfahan-Teppiche des 19. und 20. Jh.s schließen an diese Tradition an und zeichnen sich durch feinste Knüpfung, kurze Schur und ein entsprechend klares Muster aus. Die Dessins dieser beigegrundigen Medaillonteppiche zehren von den Teppichen der Blütezeit. Auch durchlaufende Rankenmuster kommen vor (→ persische Teppiche).

Islamische Elfenbeinschnitzerei, war im mittelalterlichen

Iserlohner Dose. 2. Hälfte 18. Jh. Unter dem Medaillon Signatur von J. H. Giese. Braunschweig, Städtisches Museum.

Abendland sehr begehrt. Berühmt waren die spanisch-omaijadischen Kästen (rechteckige Kassetten mit flachem oder dachförmigem Deckel) und zylindrischen Dosen (mit gewölbtem Deckel) des 10. Jh.s aus Córdoba. Sie sind in reichem, oft tief geschnittenem Relief gearbeitet und ganz mit flächenfüllendem Blatt- und Rankenwerk (gefiederte → Arabesken, Palmettblätter) überzogen, in welches Tiere und Medaillons mit höfischen Szenen (thronende Herrscher, berittene Falkner, Musikanten, Zecher) gesetzt sein können. Auftraggeber und Herstellungsdatum gehen häufig aus der Randbordüre in Kufi hervor. Eine kleinere Gruppe späterer Stücke des 11. Jh.s mit schematisierterem Dekor wurde nicht mehr in Córdoba, sondern in Cuenca angefertigt. Im christlichen Abendland waren diese Arbeiten als Schmuckkästen beliebt und fanden häufig als Brautgeschenke bei fürstlichen Hochzeiten Verwendung. Eine weitere, im Abendland ebenfalls sehr begehrte Gruppe islamischer Elfenbeinarbeiten ist im Stil ägyptisch-fatimidischer Schnitzkunst gearbeitet, dürfte aber aus den fatimidisch beeinflußten Werkstätten Unteritaliens stammen und dort von muslimischen Handwerkern im 11. und 12. Jh. fast ausschließlich für christliche Länder angefertigt worden sein. Es handelt sich um Blashörner (→ Olifant) und Kästen mit dachförmigem Deckel, die reich mit Tieren in Rankenkreisen, Jagdmotiven, gegenständigen Vögeln, Flechtwerk, Wellenranken und Pflanzenornament beschnitzt sind. Aus Sizilien stammen auch mit ausgesägten Elfenbeinplättchen eingelegte Holzmöbel, unter ihnen kleine Koffer mit figürlichem, ornamentalem und epigraphischem Dekor. Sie sind ins 13. Jh. zu datieren. Ebenfalls in muslimischen Werkstätten Siziliens im 12./13. Jh. hergestellt sind Elfenbeinplatten, Kästen und zylindrische Dosen mit Bemalung (in Braun, Rot, Blau, Grün) und Vergoldung, die allem Anschein nach für das Abendland bestimmt waren. Sie sind in großer Anzahl in Kirchenschätzen erhalten und dienten u. a. als Behälter für Hostien. Sie zeigen Darstellungen von berittenen Falknern, Harfenspielern, gegenständigen Pfauen, Hunden sowie Pflanzenornamentik und Arabeskenmedaillons, nicht selten aber auch christliche Heiligenfiguren. Zu den schönsten Erzeugnissen des fatimidischen Stils gehören Zierleisten mit Durchbruchschnitzerei aus Ägypten, die ins 11./12. Jh. datiert werden. Vermutlich waren sie auf Holzflächen (Kästen, Türen usw.) angebracht. Vor einem Weinrankendekor mit Trauben sind Szenen aus dem höfischen Leben mit Zechern, Musikanten, Jägern und Tieren dargestellt. Reichen figürlichen Dekor tragen aus Elfenbein geschnitzte Zündkrautflaschen des 17./18. Jh.s mit teilweise plastischen Darstellungen von Gazellen, Geparden, Hasen, Elefanten u. a. Jagdtieren. Da in mehreren Fällen nicht klar ist, ob sie dem Iran oder Indien zuzuordnen sind, werden sie vielfach als „indopersisch" bezeichnet.

Islamische Kunst. Zwar gehört der Islam zu den am weitesten verbreiteten Religionen, doch wird in der kunstgeschichtlichen Terminologie längst nicht alles Kunstschaffen, das von Gruppen mit islamischem Glauben hervorgebracht wird, auch als islamische Kunst bezeichnet. Im allgemeinen beschränkt sich der Begriff auf die Architektur und die Kleinkunst in den islamischen Kerngebieten, d. h. im Nahen und Mittleren Osten bis nach Indien hinein, in Nordafrika, Spanien und Sizilien sowie in Teilen des europäischen Festlandes (Osmanisches Reich). Die in diesem großen Gebiet teilweise schon bald nach der Hidschra (der Auswanderung des Propheten Mohammed von Mekka nach Medina i. J. 622, zugleich das Jahr 1 der muslimischen Zeitrechnung) zu verfolgenden Kunstwerke sind von Traditionen unterschiedlichster vor- bzw. außerislamischer Kulturen beeinflußt, so daß es z. B. in frühislamischer Zeit in vielen Fällen fast unmöglich ist, ein Kunstwerk eindeutig als islamisch zu bestimmen, wenn nicht die Fundumstände eine exakte Zuordnung erlauben. Es sind gerade bestimmte nicht-islamische Elemente so prägend für die islamische Kunst geworden, daß sie bei der Definition des Begriffs ein wichtiges Kriterium bilden: Zu ihnen gehören die kulturellen Traditionen des Alten Orients und Altirans, die Überlieferung der hellenistisch-römischen Antike und Spätantike und des byzantinischen Christentums sowie der Einfluß der persischen Reiche der Parther und Sassaniden.

So ist z. B. die früheste geschlossene Epoche islamischer Kunst, die des omaijadischen Kalifats von Damaskus (661–750), das sich im Osten bis nach Indien und im Westen bis nach Nordafrika und Spanien ausdehnte, der hellenistischen und der sassanidischen Spätantike noch stark verhaftet; dies wird nicht nur in der Architektur der Schlösser, Paläste und Moscheen sichtbar, sondern z. B. auch in den (teilweise figürlichen) Wandmalereien und Mosaiken.

Unter den abbasidischen Kalifen von Bagdad, die den Omaijaden i. J. 750 die Macht entrissen, wurden neben der hellenistischen und der sassanidischen auch mittel- und innerasiatische türkische Elemente bedeutsam, wie die in ihrer vorübergehenden Hauptstadt Samarra am Euphrat (836–

Islamische Malerei: Kampf des Toktamisch Khan. Persische Miniatur aus dem Zafarnameh des Scharef ad-Dîn Ali Jesdi. Schiras, dat. 1547. 31 × 19,5 cm. München, Staatliches Museum für Völkerkunde.

883) ausgegrabenen Kunstwerke zeigen. Daneben fand man dort aber auch Beispiele chinesischer T'ang-Keramik zusammen mit islamischen Nachbildungen.
Unter den türkischen Seldschuken, die im 11. und 12. Jh. weite Teile des Vorderen Orients eroberten und in Kleinasien bis um 1300 herrschten, entfaltete sich von Afghanistan bis in den Nahen Osten ein mehr oder weniger einheitlicher Stil, in dem die mittel- und innerasiatischen Elemente noch verstärkt wurden, der aber bewußt auch alte iranische und vorderasiatische Traditionen sowie christliche syrische und byzantinische Elemente aufnahm; selbst buddhistische und manichäische Einflüsse lassen sich feststellen.
Der Einbruch der Mongolen in der ersten Hälfte des 13. Jh.s bewirkte eine Verbreitung ostasiatischer Formen und Motive in Iran und Vorderasien. Türkisch beeinflußte, nationale Entwicklungen lassen sich unter den Mamelucken in Ägypten und Syrien (1250–1517), den Safawiden in Iran (1502–1736) und den Osmanen in Kleinasien (1300–1923) verfolgen. Seit dem 17. Jh. machen sich europäische Stileinflüsse stärker bemerkbar, die sich im safawidischen und kadscharischen Iran z. B. in der Tendenz zu naturalistischer Darstellungsweise von Menschen, Tieren und Pflanzen, im Osmanischen Reich z. B. in der Übernahme des europäischen Barockstils in der Pflanzenornamentik zeigt.
Neben diesen Einflüssen haben sich im Lauf der Zeit noch viele lokale Traditionen innerhalb des großen in Frage kommenden Gebietes geltend gemacht und ebenfalls zu dem keineswegs einheitlichen Bild einer islamischen Kunst beigetragen, deren Abgrenzung sowohl nach außen hin als auch innerhalb der verschiedenen islamischen Kunststile und -epochen oft nicht leicht ist. Der vereinheitlichende Einfluß des Islam dürfte dabei in der gemeinsamen → arabischen Schrift und deren kalligraphischer Gestaltung auf Kunstwerken und im Schrifttum, in der Errichtung religiöser Bauten (Moschee) und Gebäudeteilen (→ Mihrab, → Minbar, Minarett), in einem reichhaltigen Moscheemobiliar (→ Rahles, Leuchtertische, Korankästen, → Ampeln, Räuchergerät), in einer generellen Farbenfreudigkeit sowie in der überaus vielfältigen Ornamentik zu suchen sein. Die Bevorzugung ornamentaler und kalligraphischer Verzierung an Gebäuden, Geräten und in Handschriften steht sicherlich in Zusammenhang mit einer existierenden, jedoch nicht überall und in jeder Epoche in Erscheinung tretenden Scheu vor figürlichen Darstellungen.
Ein ausdrückliches Bildverbot ist nicht im Koran, wohl aber im Hadith (den Mitteilungen über Aussprüche und Handlungen des Propheten Mohammed) enthalten; doch haben es Künstler und auftraggebende Herrscher nicht immer befolgt.
In manchen Epochen ist die Darstellung von Menschen und Tieren geradezu ein typisches Stilmerkmal, wie z. B. im sogenannten abbasidischen Reichsstil, in der seldschukischen, der fatimidischen, der safawidischen und der kadscharischen Kunst. Man findet sie als Relief, Wandmalerei oder Fliesenverkleidung an Gebäuden, auf Gebrauchsgerät wie Keramik, Holz-, Elfenbein-, Metall- und Lackarbeiten und in der Miniaturmalerei (→ islamische Malerei). Während mittelalterliche Darstellungen mit Vorliebe das höfische Leben repräsentieren mit Thron-, Jagd-, Polo- und Kampfszenen, verstärkt sich später die Tradition epischer Darstellungen neben einer Bevorzugung von Genreszenen.
Typisch islamisch sind einige Techniken wie Malerei in → Lüsterfarben auf Keramik und Glas, Emailmalerei auf Glas (→ islamisches Glas), das → Tauschieren (→ islamische Metallarbeiten) sowie als Ornamentmotiv die → Arabeske.
Die Einteilung der islamischen Kunst nach den großen Dynastien ist insofern berechtigt, als die Herrscherhäuser einen entscheidenden Einfluß auf die künstlerische Aktivität hatten: Sie förderten die Künstler, die in der Regel Kunstwerke im Geschmack des Herrscherhofes schufen, und trugen durch ihre expansiven Bestrebungen auch zur Verbreitung von Kunststilen bei. Andererseits haben emigrierende Künstler ebenfalls Stile und Techniken weitergetragen, auch über politische Grenzen hinaus, so daß sich der Einfluß von Dynastien nicht immer auch mit der tatsächlichen Ausbreitung von Kunststilen in Einklang bringen läßt. Deshalb ist die Einteilung der islamischen Kunst in die großen dynastischen Epochen im weitesten Sinne zu verstehen, unter dem Aspekt höfischer Kunst, die zu bestimmten Zeiten auch von mehreren Herrscherhäusern gepflegt werden konnte, wobei die namengebende Dynastie den Anstoß zu der jeweiligen Kunstentwicklung gegeben hat.
Islamische Malerei. Die ältesten erhaltenen islamischen

Buchmalereien stammen aus dem frühen 11. Jh.; es sind Illustrationen zu wissenschaftlichen arabischen Texten nach griechischen und syrischen Vorbildern. Seit dem Ende des 12./Anfang des 13. Jh.s tauchen neben den wissenschaftlichen, oft mit höfischen Szenen bereicherten Bilderhandschriften auch schöngeistige bebilderte Werke auf, unter denen das aus dem Indischen stammende Tierfabelbuch *Kalila und Dimna,* besonders aber die Anekdoten (*Makamen,* d. i. Vagantenlyrik) des al-Harîrî (geb. 1050) in einer Reihe von Exemplaren erhalten sind. Über die Klassifizierung der recht heterogenen frühen islamischen Buchmalerei herrscht keine Einstimmigkeit; einige bezeichnen sie im weitesten Sinne als „arabische Malerei", andere sprechen von einer „mesopotamischen" oder „abbasidischen" oder, enger eingrenzend, von einer „Bagdad-Schule", die manchmal von einer „Mossul-Schule" abgegrenzt wird. Dabei sind die Darstellungen stilistisch keineswegs einheitlich, und ihre lokale Zuordnung in nur wenigen Fällen gesichert. Eine Reihe von wissenschaftlichen und literarischen Werken aus dem 12. und 13. Jh. (wie z. B. die Illustrationen zum *Buch des Theriak* nach Galenos oder zu dem persischen Heldenroman *Varqe und Golschah* von Ayyûqi) zeigt Motive und Stilmerkmale der seldschukischen Kunst, wie sie auch für die → Minai- und die → Lüster-Ware kennzeichnend sind; einige Fachleute sprechen daher auch von „seldschukischen Miniaturen".
Eine Gruppe syrischer und mesopotamischer Buchmalereien des beginnenden 13. Jh.s dagegen ist von hellenistisch-spätantiker und christlich-byzantinischer Maltradition beeinflußt, zeigt aber auch arabische Komponenten. Unter ihnen existieren einige in Bagdad signierte Werke, die den Begriff einer Bagdader Malschule zu rechtfertigen scheinen. Als weitere wird eine als „mameluckisch" bezeichnete Gruppe des späten 13. und frühen 14. Jh.s unterschieden. Viele Werke repräsentieren jedoch einen Mischstil, was für diese Zeit enger politischer und kultureller Verflechtungen nicht außergewöhnlich ist.
Seit der zweiten Hälfte des 13. Jh.s dringen – hervorgerufen durch die mongolische Invasion im Nahen Osten – ostasiatische Elemente in die islamische Malerei ein und führen zum ilchanidischen Stil mit chinesisch beeinflußter Darstellung vor allem der Landschafts- und Wolkenformen. Mit Vorliebe werden nun Epen, z. B. das *Schahname (Buch der Könige)* oder die *Chamsa (Fünfer)* des Nizâmî, sowie historische Werke wie die Weltchronik des Raschid ad-Dîn illustriert. Seit der Mitte des 14. Jh.s macht sich der Einfluß der in Westiran und Irak herrschenden Dschalairiden stilistisch bemerkbar, führende Malschulen bestanden in Täbris und Samarkand. In dieser Zeit kommt die Nastalik-Schrift in persischen Manuskripten in Gebrauch und wird dort seit dem 15. Jh. ausschließlich verwendet. In der timuridischen Zeit entstanden u. a. in Alben zusammengefaßte Tuschzeichnungen im chinesischen Stil. Das Querformat der streifenartig zwischen den Text gesetzten Bilder wich dem hochformatigen, schließlich ganzseitigen Bild, in der Regel mit eingestreutem Text, der vom Kalligraphen geschrieben und dann vom Maler in die Komposition einbezogen wurde. Weitere Malzentren entstanden in Schiras und Herat. Der Schule von Herat stand die Schule von → Bihzâd nahe, die die Konventionen der mongolischen Stilrichtung durchbrach und die persische Malerei bis ins 17. Jh. hinein beeinflußte.
Die Safawiden förderten eine Reihe namhafter Künstler in ihrer Residenzstadt Täbris, darunter den Bihzâd-Schüler

Glaskanne. Iran (Schiras?), 18./19. Jh. H 28,6 cm. München, Staatliches Museum für Völkerkunde.

Sultân-Muhammad. Unter Schah Abbâs (1587–1628) wurde die neue Hauptstadt Isfahan zum Zentrum der Miniaturmalerei. Hier wirkte auch → Rizâ-i Abbâsî, der die persische Malerei des 17. Jh.s stark beeinflußt hat. Neben Prunkausgaben der persischen Epen entstanden in dieser Periode Idealporträts als Einzelminiaturen sowie → Genremalerei, beides sowohl als Deckfarbenmalerei wie auch als Pinselzeichnung. Mehrfarbige Miniaturen waren oft von einem einfarbig gemusterten oder grisailleverzierten Rand umgeben. Beliebt war auch die Technik der Randmalerei in verschiedenen Goldtönen auf gefärbtem Papier rings um einen kalligraphischen Text.
Vollständig erhaltene persische Handschriften des 16. und 17. Jh.s sind keine Seltenheit; bei Einzelblättern aus Manuskripten soll die Gefahr von Fälschungen allerdings recht groß sein. Nicht selten sind Miniaturen auch neu zwischen alte Texte gemalt. Im späten 17. Jh. begann sich europäischer Einfluß in der persischen Malerei bemerkbar zu machen und die – erst in jüngerer Zeit mehr gewürdigten – Werke des 18. und 19. Jh.s nachhaltig zu beeinflussen. Unter dem Kadscharenherrscher Fath Alî Schah (1797–1834) wurde besonders die Porträtmalerei gefördert, auch als Öl- und Wandmalerei. Von diesem Herrscher existieren zahlreiche Porträts in iranischen und europäischen Sammlungen. Auch Tiere und Pflanzen hat man in naturalistischer Weise sorgfäl-

tig wiedergegeben. Die Blumendarstellungen des Malers Lutf Alî Chan z. B. dienten den Lackmalern als Vorbild (→ kadscharische Lackmalerei). Die osmanisch-türkischen Miniaturen, die aus dem 15. Jh. in geringerer, aus dem 16. Jh. in größerer Anzahl erhalten sind, stehen den gleichzeitigen persischen zwar nahe, unterscheiden sich von ihnen aber durch ihren sachlicheren, trockeneren, informativen und gelegentlich auch komischen Stil. Zu beliebten Themen zählen Kriegszüge und Belagerungen, herrscherliche Aufzüge, Feste, Landschafts- und Stadtansichten, aber auch (Herrscher-) Porträts. (Islamische Malerei in Indien → indische Miniaturmalerei.)

Islamische Metallarbeiten. Zu den frühesten Gruppen islamischer Metallarbeiten gehören gegossene Bronzen mit graviertem oder reliefiertem Dekor, wie sie aus der Zeit vom 10. bis zum 12. Jh. aus Westturkestan, Iran, Mesopotamien, Ägypten, Kleinasien und Spanien überliefert sind. Es sind Teller und flache Becken, Töpfe, Mörser, Räuchergeräte, Spiegel, Kerzenhalter, Kästchen, chirurgische Instrumente etc. Eine Reihe von Gegenständen wie Räuchergefäße, → Aquamanilen, Ausgüsse, Zapfhähne, Türklopfer und Brunnenfiguren sind in Tierform gestaltet. Unter den reliefierten Bronzespiegeln sind die seldschukischen Exemplare des 12. Jh.s mit zwei gegenständigen Sphinxen besonders häufig, dabei allerdings nicht selten gefälscht. Eine weitere wichtige Gruppe bilden die geprägten Bronze- oder Messingwaren mit Kupfer-, Silber- und seltener auch Goldtauschierung, deren typische Vertreter Kannen, Wasserkessel, Becken, Schalen, Platten, Tintenfässer, Flaschen, Leuchter, Korankästen etc. sind. In der Regel sind diese Produkte zusätzlich noch graviert und ziseliert.

Ostiran, speziell die Provinz Chorasan, scheint der Ausgangspunkt für die Tauschiertechnik in der islamischen Kunst gewesen zu sein, die ihre ersten Höhepunkte im seldschukischen Persien des 12. Jh.s erlebte und sich von dort aus über ganz Vorderasien und Ägypten verbreitete. Figürliche Motive aus dem höfischen Leben mit Thron- und Trinkszenen, Jagd- und Reiterspielen sowie astrologische Darstellungen sind für diese Gruppe charakteristisch; syrische Gefäße zeigen auch christliche Heilige und biblische Szenen.

Bei den ägyptischen sogenannten „Mameluckenbronzen" steht die Schriftverzierung im Vordergrund, insbesondere Segenswünsche und Koran-Zitate in Tumar-Schrift. Im Iran scheint die Metallkunst nach der mongolischen Eroberung im ersten Drittel des 13. Jh.s vorübergehend zu stagnieren, wird aber Ende desselben Jh.s von den ilchanidischen Herrschern wiederaufgenommen; dabei lassen sich die tauschierten Arbeiten der frühen ilchanidischen Epoche nicht immer leicht von späten seldschukischen Arbeiten unterscheiden. Die späten ilchanidischen Stücke zeichnen sich durch flächenfüllende Ornamente, Ranken und Blumen aus, die die oft in Rundmedaillons eingeschlossenen figürlichen Darstellungen umgeben.

In der Timuridenzeit gehen die Tauschierarbeiten zurück, um unter den Safawiden noch einmal eine kurze Renaissance zu erleben. In Mesopotamien, Syrien und Ägypten konzentrieren sich die tauschierten Metallobjekte auf das 13. und die erste Hälfte des 14. Jh.s, während es aus dem 12. Jh. dort keine datierten Stücke zu geben scheint. Während des 13. Jh.s ist die Grenze zwischen persischen und mesopotamischen Arbeiten (sogenannten → Mossulbronzen) kaum festlegbar. Die Kombination von Einlagen aus rotem Kupfer und aus Silber an einem Stück war nur in Persien und Mesopotamien üblich und kam im ersten Viertel des 13. Jh.s aus der Mode.

Von der Mitte des 13.Jh.s an tauchen neben den silbertauschierten Kunstobjekten auch solche mit Goldtauschierung auf. Späte Arbeiten aus dem kadscharischen Iran zeigen Gold- und Silbereinlagen in Stahl, vornehmlich an Tierplastiken. Ausschließlich gravierte und ziselierte Metallobjekte (Bronze, Messing, Kupfer, später auch Stahl) lassen sich im großen und ganzen entweder vor oder nach der klassischen Tauschierepoche des 13. und 14. Jh.s einordnen, wobei für die davor zu datierenden Stücke im allgemeinen nur Persien und Ägypten als Herkunftsgebiete in Frage kommen. Typisch für die mameluckischen Gefäße vom 14. Jh. an ist die Einfügung von Wappen, die sich auf iranischen Stücken nicht finden.

Zu den gravierten Objekten zählen auch die im ganzen Orient verbreiteten astronomisch-astrologischen Instrumente wie → Globus, → Astrolabium, → Quadrant, Zauberschale u. a., die jahrhundertelang in den gleichen Formen hergestellt wurden. Schon damals berühmt waren die persischen Globen des 15. bis 17. Jh.s, die teilweise auch tauschiert waren. Geräte und Gefäße aus Gold und Silber (letztere vornehmlich im frühislamischen und seldschukischen Persien und im omaijadischen Spanien) sind in der islamischen Kunst relativ selten. Zellenschmelz und transluzides Email sind innerhalb der Metallkunst mehr an Waffen als an Geräten verwendet worden.

Islamisches Glas, in der frühislamischen Zeit von den traditionellen antiken Glasarbeiten oft kaum absetzbar, da Form, Technik und Dekor (wie → Millefiori, Reliefschliff, → Appliken, eingekämmter Dekor, Stempel- und Preßdekor etc.) weiter fortgesetzt werden, insbesondere in den bereits im Altertum führenden Werkstätten Ägyptens und Syriens. Fälschungen mit künstlich erzeugter Irisation (→ Irisgläser) werden im Orient mit großer Sorgfalt hergestellt. In der fatimidischen Epoche sollten die aus dickem Glas geschnittenen und mit ornamentalem und figuralem Dekor in → Glasschnitt verzierten Gefäße die gleichzeitigen, aus einem Stück geschnittenen kostbaren Gefäße aus → Bergkristall nachahmen (→ Hedwigsgläser). Daneben wurden blaue und grüne Gläser mit einfachem Facettschliff sowie kleinere Gebrauchsgegenstände (z. B. Schreibkästen) aus geschliffenem Glas hergestellt, aber auch geblasene papierdünne und federleichte, unverzierte Gefäße. Aus der tulunidischen und der fatimidischen Epoche Ägyptens stammen die in großer Zahl erhaltenen geblasenen farbigen Gefäße mit Preßdekor. Mehrere Gruppen von Glasarbeiten mit Auflagen von Noppen, Fäden oder Streifen aus gleicher oder anders eingefärbter Glasmasse um den Körper (bisweilen auch mit plastisch gestaltetem Henkel oder Ausguß) dürfen Syrien zugeordnet werden und reichen bis in die Omaijadenzeit zurück. Glas mit Lüsterbemalung (→ Lüsterfarben) ist in Syrien (Samarra) aufgrund von Scherbenfunden für das 9. Jh. belegt und diente offensichtlich als Vorbild für die fatimidischen Lüstergläser Ägyptens. Zu den prunkvollsten islamischen Glasarbeiten zählen die seldschuken-, aijubiden- und mameluckenzeitlichen Gefäße mit Vergoldung und Emailmalerei, die vom 12. bis zum 14., teilweise auch bis ins 15. Jh. hinein hergestellt wurden, vor allem in Aleppo und Damaskus. Zahlreich sind zylindrische, am Rand leicht ausgestellte Becher ohne Fuß sowie vasenförmige Moscheeampeln mit kugeligem Bauch, ausgestelltem Hals und Ösen zum Durchziehen der Aufhängekette, die von mameluckischen Herrschern in großer Anzahl für Kairoer Moscheen gestiftet wurden und Inschriften in Kufi und Naskhi tragen. Daneben gibt es Pokale auf hohem Fuß, Henkelvasen, Pilgerflaschen u. a. Gefäße. Neben Schriftverzierung, → Arabesken u. a. Ornamenten waren figürliche Motive, vor allem Reiterdarstellungen, beliebt, die sämtlich vor dem Auftragen der Emailfarbe und der Goldhöhung in roten Konturlinien vorgezeichnet wurden. Diese rote Konturzeichnung ist bei Fälschungen nicht eingebrannt, sondern läßt sich mit dem Messer fortkratzen. Im Iran blühte unter den Safawidenherrschern die Produktion einer einfarbigen Ware (blau, grün, gelb, manganrot) von eleganter Form, oft ziemlich dünn geblasen. Häufig sind darunter Henkelkannen, Vasen, doppelhalsige Kannen und Flaschen zum Versprengen von Rosenwasser. Eine Besonderheit war Lackmalerei im Miniaturstil auf opakem, weißem Glas.

Isparta → Sparta

Italienische Möbel. Bis zur staatlichen Einigung durch Garibaldi bestanden in Italien eine Unzahl einzelner, teilweise sehr kleiner Fürstentümer, viele sehr wohlhabende Stadtstaaten, zahlreiche einflußreiche Patrizier- und Finanzierfamilien und der allmächtige Kirchenstaat mit seinen Päpsten, die, größtenteils aus vornehmen Familien stammend, mit zu den bedeutendsten Mäzenen von Kunst und Kunsthandwerk zählen. Die Kunstlandschaften Italiens waren die entscheidenden Träger künstlerischer Förderung. Nicht nur in der Architektur, auch in der Inneneinrichtung des Wohnbereiches unterschieden sich die einzelnen Landschaften ganz entschieden.

Piemont, Ursprungsland der späteren savoyardischen Krone, war stark an Frankreich orientiert, was aus der Grenzlage resultierte. Die Lombardei, gekennzeichnet durch ihre Architekturen aus roten Ziegeln, ist im wesentlichen ein Bauernland, das trotz der estensischen Höfe in Mantua und Ferrara und der Universitätsstadt Bologna auch in der Inneneinrichtung einen bäuerlichen Charakter beibehält. Lombardische Möbel sind meist aus Nußholz geschnitzt, das bolognesische Patriziat bevorzugte in der Renaissance schwere, geschnitzte Cassoni (→ Cassone) auf Klauenfüßen, denen aus Florenz und Rom nicht unähnlich.

Anders war die Situation in Venedig. Die reiche Handelsstadt mit ihren vielfältigen kommerziellen und politischen Verflechtungen mit dem Orient nahm von Anfang an eine Sonderstellung innerhalb der italienischen Kunst ein. Während im hohen und späten Mittelalter byzantinische Einflüsse dominierten, kamen in → Renaissance und → Barock mehr und mehr orientalische Techniken, wie die → Certosina im Kunsthandwerk, zur Geltung. Dazu kam, daß in Venedig von Anfang an das figurative Schnitzwerk in der Möbelkunst eine große Rolle spielte. Ein Künstler wie Andrea → Brustulon, Bildhauer und Kunstschreiner zugleich, dessen Möbel einen fast überladenen Formenschatz barocken Ideengutes zeigten, war ein kennzeichnender Vertreter venezianischen Kunsthandwerkertums. Das „galante Venedig" des 18. Jh.s, nicht zu verwechseln mit dem höfischen → Rokoko mitteleuropäischer Fürstentümer, zeigte gerade in der Möbelkunst den Zwiespalt zwischen einem bestimmten „Kunstwollen" und den dieses ermöglichenden Voraussetzungen. Die Republik Venedig hatte im 18. Jh. den Zenit ihrer politischen Bedeutung und ihres durch den Orienthandel bedingten Reichtums schon lange hinter sich; dennoch wollten die venezianischen Patrizier nicht hinter den europäischen Landsleuten zurückstehen. Überall in Europa blühten die Lackmanufakturen, teilweise durch die Verarbeitung fernöstlicher Importe, teilweise durch die Erfindung eigener, imitierender Techniken. Die Venezianer besaßen nicht mehr die finanziellen Möglichkeiten, solche Manufakturen zu begründen, sie erfanden die *lacca contrafatta*, eine billige Imitationstechnik, bei der

Kommode mit farbigen Chinoiserien auf blauem Grund. Venedig, 18. Jh. B 140 cm. London, Auktionshaus Christie's.

ausgeschnittene Kupferstiche auf ein Möbel geklebt und anschließend zusammen mit der üblichen Farbfassung (meist in Grün-Weiß-Tönen) so gefirnißt wurden, daß der Eindruck eines Lackmöbels entstand.
Mittelitalien, geprägt durch reiche Stadtstaaten wie Lucca – durch seine Seidenwerkstätten berühmt –, Florenz, Siena, um nur einige zu nennen, war gegründet auf ein relativ wohlhabendes Bürgertum und das Patronat wichtiger Finanziersfamilien, an erster Stelle der Medici, aber auch der Sieneser Piccolomini und anderer aus dem Bürgertum avancierter Familien. Bezeichnenderweise war die mittelitalienische, toskanisch-umbrische Wohnkultur im wesentlichen auf → Renaissance und → Manierismus beschränkt, auf die Blütezeit dieser Familien. Wiederum waren es Cassoni, im Grunde die mediterrane Variation der nördlichen Dielenschränke, aber auch die auf einem Podest ruhenden Betten, vielfältige Arten von Stühlen und Sesseln sowie langgezogene Tische, die der mittelmeerischen Geselligkeit entsprechen. Repräsentationsräume im transalpinen Sinne gab es in Italien erst im späten 18. und im 19. Jh.
Rom, Sitz der Päpste und eines teilweise sehr eigenwilligen Adels, trat in der Möbelkunst erst im → Barock hervor. Im Gegensatz zu den anderen Kunstlandschaften, die im Grunde vom Bürgerlichen geprägt wurden, dominierten hier die schweren, oft aus Stein gefertigten Prunktische, vergoldete Schnitzereien, kurzum eine prunkvolle, höfische Repräsentation, die der eleganten Architektur der römischen Palazzi der Colonna, Doria-Pamphili, Barberini und des Heiligen Stuhles angemessen erschien.
Hinter Rom begann die Terra incognita des Kunsthandwerks – kein Wertmaßstab, sondern ein bisher relativ unerforschter Bereich der Möbelkunst, der graduell nach Süden zu mehr und mehr volkskundlichen Charakter annahm.
Eine gewisse Ausnahme ist Neapel, das von der 2. Hälfte des 18. Jh.s bis weit in das 19. Jh. hinein eine gewisse Sonderstellung innerhalb der italienischen Möbelkunst einnahm. Eine besondere Spezialität dieser Stadt waren hellfarbig, aber kontrastreich gefaßte Möbel, verziert mit buntfarbigen Rocaillen, Girlanden und anderen Elementen des Rokoko, die aber in ihrer volkstümlichen Variation sich grundlegend von gefaßten Möbeln Zentraleuropas unterscheiden.
Die napoleonische Besatzung Italiens mit der Errichtung des Königreiches Neapel für Joseph, des Fürstentums Canino für Lucien und der Herrschaften der Elisa Baciocchi in Lucca, der Paolina Borghese in Rom und der Caroline Murat in Neapel brachte die Einführung des französischen → Empire. Im 20. Jh., mit der sog. Mailänder Schule, entwickelte Italien einen entscheidenden Beitrag zum europäischen → Design. Ein Name wie → Bugatti ist fast ein Markenzeichen geworden für die neue italienische Innenraumausstattung, die heute als eines der Vorbilder der Wohnkultur gilt.

Iznik-Ware, zusammenfassende Bezeichnung für verschiedene Gruppen osmanisch-türkischer Keramik, als deren Produktionsort die Stadt Iznik in Anatolien (das antike Nicaea) nachgewiesen ist. Frühere, vor allem im Handel eingeführte Bezeichnungen wie → „Damaskus-Ware", „Goldene Horn-Ware", → „Rhodos-Ware" etc. werden weiterhin auf bestimmte Stiltypen innerhalb der Iznik-Ware angewandt, besagen jedoch nichts über deren Herkunft. Ihren Höhepunkt erreichte die Iznik-Keramik im 16. Jh., im 18. Jh. kam sie zum Erliegen. In ihrer Blütezeit bestand sie aus reinweißem, festem, feinkörnigem, steingutartigem Scherben, der mit einem reinweißen Aufguß überzogen war; auf diesen wurde mit Unterglasurfarben gemalt, darüber eine klare, haarrißfreie Glasur gelegt. Neben verschiedenen Blauweißkeramiken sind vor allem die polychrom bemalten Stücke für Iznik berühmt geworden. Vorwiegend verwendete Farben sind Kobalt- und Hellblau, Türkis, Grün, Manganviolett und → Bolusrot, welches aber im 17. Jh. einem Rostrot weicht und schließlich zu Braun degeneriert. Der Dekor der Gefäße (Schüsseln, Teller, Krüge, Vasen, Moscheelampen, Humpen) und Fliesen zeigt neben stilisierten Pflanzenornamenten wie → Palmetten, → Lanzettblättern, → Rosetten und → Arabesken vor allem naturnahe florale Motive wie Tulpen, Nelken, Rosen, Hyazinthen, Lilien u. a. Blumen, Weintrauben, Artischocken, Zypressen und Strauchwerk. Auch Tierfiguren kommen vor. Seit dem 17. Jh. macht sich der Einfluß christlicher (armenischer, griechischer) Auftraggeber bemerkbar, auch europäische Stilelemente gelangen in den Dekor; man findet nun auch Segelschiffe, Gebäude und menschliche Darstellungen.
Iznik-Gefäßkeramik ist (auch außerhalb Anatoliens) nachgeahmt worden, nicht nur in Europa (Padua!), sondern sogar in Ostasien. Diese Nachahmungen sind vor allem am Malstil zu erkennen, sei es durch besondere Steifheit, durch Unausgeglichenheit oder durch betonte Zierlichkeit.

Kombinierter Tisch mit Schüben von Carlo Bugatti. Um 1900. London, Sotheby's Belgravia.

J

Jacoba-Kannen, holländisch Jakobas-Kannetjes, Steinzeugkrüge des 15. Jh.s, die in Holland gefunden wurden und von denen man annahm, sie seien im Auftrag einer holländischen Gräfin Jacoba (1401–1436) gemacht worden. Es handelt sich jedoch um Erzeugnisse aus → Siegburger Steinzeug, das in großen Mengen nach Holland exportiert worden war. Sie haben eine glänzende, rötlich geflammte Lehmglasur oder einen Aschenanflug. Der Gefäßkörper ist schlank und keulenähnlich, oft mit zwei Dellen versehen, der lange Hals ist deutlich abgesetzt und trägt den Bandhenkel. Das Gefäß steht auf einem breiten Wellenfuß.

Jacoba-Kanne. Siegburg, 15. Jh. Weißgraues Steinzeug mit glänzend rötlich geflammter Lehmglasur, H 26,5 cm. Köln, Kunstgewerbemuseum.

Jacob, Georges (1739–1814), berühmter Pariser → Menuisier, der zahlreiche Stuhl- und Sesseltypen schuf. Seine Sitzmöbel wurden vorbildlich für das → Louis-seize. Er nahm englische Anregungen auf, besonders von Thomas → Chippendale, und arbeitete als erster in Paris in → Mahagoni. Nach Entwürfen des Malers Jacques Louis David schuf er 1789/90 für diesen eine Ateliereinrichtung in antikisierendem Stil, die befruchtend auf das Kunstgewerbe des Empire wirkte. Sein Sohn war François Honoré Georges → Jacob-Desmalter.

Jacob-Desmalter, François-Honoré Georges (1770–1841), bedeutendster Pariser → Ebenist des Empire. Sohn von Georges → Jacob, mit dem er 1803 die Firma Jacob-Desmalter gründete. Sie bestand aus fünfzehn Werkstätten und hatte zeitweise 300 Angestellte. Hier wurde das Mobiliar für die von Napoleon neu eingerichteten Schlösser geschaffen, meist nach Entwürfen von Pierre François Léonard → Fontaine und Charles Percier. Auch zahlreiche Aufträge anderer europäischer Höfe wurden ausgeführt. Den Schmuck der geradlinigen Möbel bilden Bronzebeschläge in griechisch-römischem und ägyptischem Stil. Häufig verwendete Porzellan- und Wedgwoodplatten (→ Wedgwood, Josiah) vervollständigen den prunkvollen Gesamteindruck.

Jacobsen, Arne (1902–1971), Kunsthandwerker, Möbelentwerfer und Designer der fünfziger Jahre. Der Däne wurde berühmt mit den Entwürfen für den sog. Aegget-(Ei-)Stuhl und den sog. Schwan-Stuhl (→ Sitzmöbel), aus gepolstertem Fiberglas auf verchromten Stahlstützen gefertigt, deren weicher Kontur und zeitlose Eleganz sich an Entwürfen Ludwig → Mies van der Rohes und → Le Corbusiers orientieren.

Jade, Jadeit, undurchsichtiges bis durchscheinendes, weiches Mineral von braunroter bis dunkelgrüner Farbe. Fundorte sind Ostturkestan und die chinesische Provinz Jünnan. Er war der heilige Stein der Chinesen und wurde ab dem 13. Jh. für Götterbilder, Kultgegenstände und → Amulette verwendet, in nachmittelalterlicher Zeit zu profanen Geräten und Schmuckstücken verarbeitet.

Jagdkrüge → Creußener Steinzeug

Jagdschmuck, seit der 2. Hälfte des 17. Jh.s zur höfischen Jagdgarnitur in Form eines Dutzend Rock- und Westenknöpfe, Schuh-, Knie-, Hut- und Gürtelschnallen, Hirschfänger mit Gehenkbeschlägen und Peitsche gehörend. Da sich vor allem im 17. Jh. die Jagden als glänzende Schauspiele auf geschlossenen Plätzen abspielten, wurden die Jagdgarnituren verschwenderisch mit Juwelen ausgestattet (→ Grandelschmuck).

Jagdstück, Bildthema, das teilweise dem → Stilleben, teilweise der → Genremalerei zugeordnet werden kann. Unter Jagdstück wird sowohl die Darstellung einer Jagd selbst als auch ein Stilleben verstanden, das die Jagdbeute oft mit Hund und Waffen zeigt. Als Hintergrund ist zuweilen ein Ausschnitt aus der Natur oder aber ein (Jagdstuben-, Küchen-)Interieur gegeben (→ Küchenstück). Von Jacopo de' Barbari stammt wohl das erste nachweisbare Jagdstück (Rebhuhnstilleben, 1504). In der niederländischen Malerei

Wildschweinjagd. Porzellanplatte. Sächsisch-thüringischer Hausmaler, um 1775. Dm 33,3 cm.

des 17. Jh.s hat sich dieses Thema als eigene Bildgattung verselbständigt; die bedeutendsten Vertreter sind Jan Fyt, Willem van Aelst und Jan Weenix. Im 18. Jh. schuf der Augsburger Elias Ridinger neben zahlreichen Gemälden dieses Motivs die bekannte Stichfolge *Der Fürsten Jagdlust.*

Jagdwaffen, speziell zur Jagd benutzte Waffen, im 16. bis 19. Jh. das Schweins- oder Auflaufschwert für die Wildschweinjagd (an der stabförmigen Klinge sitzt eine zweischneidige Spitze, über der ein Knebel eingeschraubt werden kann, um ein zu tiefes Eindringen in den Körper des Wildes zu verhindern); weiterhin der Sauspieß mit ebenso gebildeter Spitze an einem starken Schaft, der Jagdsäbel, zuweilen mit Rückensäge oder Pistole gekoppelt; der Hirschfänger mit beidseitig geschliffener Spitze, das Weidbesteck mit breitem Zerwirkmesser, der Weidpraxe. Die meisten Jagdwaffen tragen reichverzierte Griffe mit Einlagen aus Bein oder Horn, bei denen jagdliche Motive bevorzugt wurden.

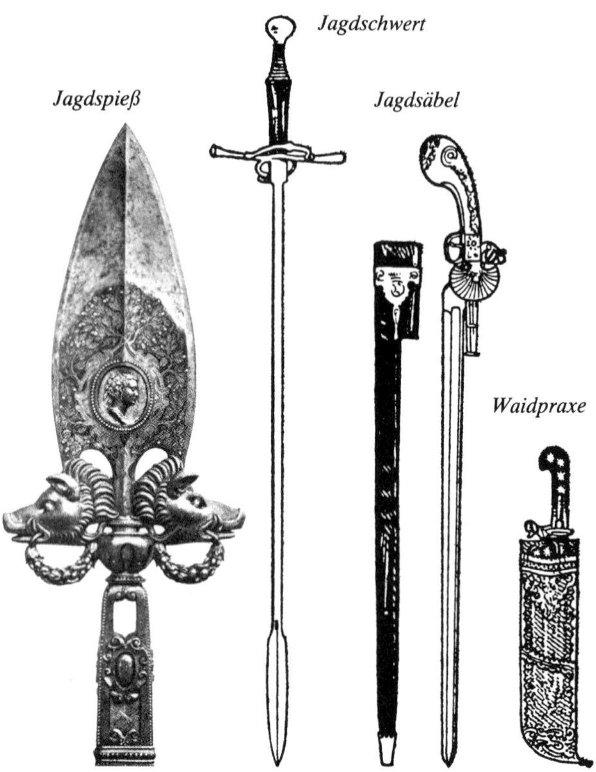

Jahrmarktsfiguren, auf Jahrmärkten feilgebotene, in Deutschland um 1850–1890 nach englischen Vorbildern hergestellte, etwa 10 cm hohe Figuren oder Figurengruppen aus minderwertiger Keramik; als Massenware produziert, stellten sie häufig Anspielungen auf politische Ereignisse oder allgemeine Polaritäten zwischen Mann und Frau dar.

Jakarandaholz → Rosenholz

Jakobäischer Stil, englischer Möbelstil der Regierungszeit Jakobs I. 1603–1625. Die Möbel sind meist aus Eichenholz und unterscheiden sich in Form und Dekor wenig vom → Elizabethan style.

Jallot, Léon (1874–1967), französischer Möbelentwerfer und Bildhauer vornehmlich des → Art Déco. Seine Ursprünge liegen im Kreis um Samuel Bings Galerie Art Nouveau; doch schon bald sah Jallot die Notwendigkeit, die Exklusivität des französischen → Art Nouveau zu durchbrechen und – ähnlich wie später seine Kollegen am → Bauhaus – seine Intentionen auf den Entwurf von Möbeln zu verwenden, die für nicht so wohlhabende Bevölkerungsschichten erwerbbar wurden. So entstand der von ihm 1905 ins Leben gerufene Wettbewerb für die Herstellung billiger Festpreismöbel. Jallots eigentlicher Durchbruch und damit auch die Verwirklichung dieser Idee erfolgte jedoch erst im → Art Déco, als dessen Mitbegründer er gilt.

Jalousieverschluß, rolladenähnlicher Rollverschluß an → Zylinderbureaus und Aktenschränken.

Jamnitzer, Wenzel (1508–1584), in Nürnberg tätig. Berühmter Goldschmied, einer der virtuosesten Meister seines Faches, der, vergleichbar dem Zinngießer → Briot, den Übergang von der deutschen Spätgotik und Reformationszeit zur internationalen Hofkunst des Manierismus vollzog. Er betrieb eine große Werkstatt, in der auch andere Meister für ihn arbeiteten. Seine Tafelaufsätze, Prunkkannen und -pokale, Schreib- und Schmuckkästen (zum Teil im Auftrag der deutschen Kaiser entstanden) sind Schaugeräte von höchster Pracht und Kostbarkeit. Sie sind mit Naturabgüssen nach Eidechsen, Fröschen und anderen kleinen Tieren besetzt und zeigen die Vorliebe des Künstlers für exotische Materialien aller Art (Muscheln, Kokosschalen usw.). Die wertvollsten unter ihnen weisen das Meisterzeichen eines Löwenkopfes im Herzschild auf. Jamnitzer gab auch ein Lehrbuch für Mathematik und Physik heraus und verkörperte den von Italien geprägten Typ des gebildeten, selbstbewußten Renaissancekünstlers.

Jan-Steen-Kannen, aus dem 17. Jh. stammende holländische Zinnkannen mit langer Ausgußröhre, balusterförmigem Körper, kuppeligem Scharnierdeckel und schräg auswärts gerichteter, kantiger und gedeckelter Ausgußröhre, die (im Gegensatz zu den → Stegkannen) keine horizontale Querverbindung zum Kannenkörper aufweist. Kannen dieses Typs erscheinen auf mehreren Gemälden von Jan Steen. Die Ausgußröhre ist wie bei den → Stegkannen gestaltet, ohne wie bei diesen mit dem Gefäßkörper verbunden zu sein.

Japanische Lackkunst → Lackkunst

Japanischer Holzschnitt, Kunstgattung der japanischen Graphik, die sich vom frühen 17. Jh. an, zunächst als Teil des Buchdrucks, von 1742 an aber rasch als eigenständige Bürgerkunst entwickelte, was durch die Erfindung von Paßmarken *(kentô)* zur Justierung der Druckstöcke (Kirschbaum-Langholzplatten, *hangi*) um die Mitte des 18. Jh.s begünstigt wurde. Die bis dahin üblichen Zweifarbendrucke, genauer Tuschedrucke *(sumi-zuri-e),* von Hand koloriert, in Orange- *(tan-e)* oder Karminrot *(beni-e),* z. B. Blätter von Okumura Masanobu (1686–1768), wichen schnell dem Mehrfarbendruck. Suzuki Harunobu (ca. 1725–1770), der erste klassische Meister des Farbenholzschnitts, ließ nach Versuchen mit drei Farben schon 1766 Drucke mit acht Platten und zusätzlicher Blindprägung *(kara-zuri)* ausführen und gab damit den Auftakt zur Entwicklung der berühmten „Brokatbilder" *(nishiki-e).* Kitagawa Utamaro (1753–1806), ein genialer Künstler, vor allem des schönen Frauenbildes *(bijin-ga),* erhöhte die Wirkung noch mit Sanddruck *(kabe-zuri)* und Glimmerdruck *(kira-zuri),* den auch Tôshûsai Sharaku in den sieben Monaten seines Schaffens (1794–1795) für die Hintergründe seiner großartigen Kabukischauspieler-Porträts einsetzte. Die Malersippe der Utagawa, mit Toyokuni (1769–1825), Kunisada (1786–1864) und Kuniyoshi (1798–1861), von der vor allem die beiden ersten für ihre Schauspieler- und Theaterbilder bekannt wurden, und Katsushika Hokusai (1760–1849), der unbeständige, experimentierfreudige Meister verschiedenster Techniken und Themen, gehören schon zur späteren Phase des klassischen Farbenholzschnitts, dessen letzter großer Künstler der Landschaftsmeister Andô Hiroshige (1797–1858) war. – Gedruckt wurde bis zur Mitte des 18. Jh.s nur mit rein pflanzlichen und mineralischen Farben, seit 1830 mit importiertem Preußischblau *(bero-ai,* Berliner Indigo*)*, besonders bei Hokusai. Gute Drucke sind trotz starker Kontraste harmonisch im Kolorit, was freilich auch auf Ausbleiben zurückzuführen ist. Grellfarbig ist kein Blatt aus der Zeit vor 1840. Das wurde mit der Einführung von Anilinfarben 1860 leider anders. Ein besonderer Vorzug guter Blätter ist die sanft vertriebene Farbabschattung *(bokashi),* die bei gutem, dickem Maulbeerbaumpapier am besten gelingen konnte. – Datieren lassen sich die Blätter nach Künstlersignatur (die manchmal wechselt im Laufe der Zeit) und nach Künstler-, Verleger- und Zensurenstempel sowie inhaltlich sehr oft nach dem Gegenstand, besonders bei Schauspielerbildern, in denen auch das Wappen *(mon)* des dargestellten Schauspielers erscheint. Eine Auflage bestand gewöhnlich aus 200 Blättern, von denen die besten Exemplare im Mittel liegen. Gelegentlich wurden auch Nachschnitte angefertigt. (Abb. s. a. S. 252)

Japanisches Porzellan, folgte im wesentlichen chinesischen Vorbildern und wurde seit Beginn des 17. Jh.s in großem Umfang hergestellt. Die japanischen Blauweiß-Porzellane weisen allerdings gegenüber dem chinesischen Porzellan eine geringere Qualität auf. Ihr Dekor, meist im Stil des 17. und 18. Jh.s, wirkt härter und dichter. Besonders häufig im Abendland vertreten war das Imariporzellan, das auch von vielen europäischen Manufakturen nachgeahmt wurde. Es wurde mit Unterglasurblau sowie mit Rot und Gold über der Glasur dekoriert.

Japonismus, eine japanisierende Stilströmung in Kunst und Kunsthandwerk der 2. Hälfte des 19. Jh.s. Als Reaktion auf die erstarrenden Formen des Historismus nahm das Interesse an Fernöstlichem wie schon einmal im Jahrhundert zuvor (→ Chinoiserie) wieder zu. Die Aktivierung allgemeiner Handelsbeziehungen mit Japan ermöglichte den Import von Kulturgütern in großer Zahl. Ihr stilprägender Einfluß läßt sich nicht nur in den Werken der impressionistischen Maler (Edgar Degas, Edouard Manet) entnehmen, sondern er findet auch Resonanz im Möbeldesign (→ Bambusmöbel), in Glas- und Keramikarbeiten. Der Japonismus mit seiner Vorliebe für florale Motivik und geschwungene Linien gilt als Anreger für den Jugendstil.

Jaquemart → Automaten

Jardinière, silberner Blumenkorb des 18. Jh.s, häufig in durchbrochener Arbeit.

Jasperware → Wedgwood

Jaspieren → Fayencen

Jaspis → Chalcedon

Jaspisglas → venezianische Gläser

Jehovataler, nach dem Westfälischen Frieden von 1648 geprägte Schaumünze, die in einem Strahlenkranz das Wort Jehova trägt.

Jensen, Georg (1866–1935), dänischer Goldschmied, Keramiker, Bildhauer und Entwerfer. Nach Lehrzeit und Studien in Dänemark, Frankreich und Italien unterhielt er nach seiner Rückkehr kurzzeitig eine kleine Porzellanmanufaktur, bevor er sich ganz der Silberschmiedekunst verschrieb. Während seine frühen Arbeiten noch dem → Jugendstil verpflichtet sind, fand er, unterstützt durch die fruchtbare Zusammenarbeit mit dem Maler und Entwerfer Johann Rohde, eine ganz eigene Formensprache. Sie zeigt sich besonders deutlich in seinen Bestecken, die klar im Kontur, ausgeglichen in der Linienführung und solide in ihrer Erscheinung sind. Die Messer haben kurze Klingen, die Zinken der Gabeln sind ebenfalls kürzer und stehen weiter als gewohnt auseinander. Der von ihm geschaffene sogenannte Jensen-Stil wurde maßgeblich für das skandinavische Design überhaupt. 1904 Werkstatteröffnung in Kopenhagen: Schmuck und Silbergerät. Nach den alten Modellen wird noch heute produziert, zugleich aber in Fortführung der von Georg Jensen begründeten Tradition die Zusammenarbeit mit führenden Bildhauern und Architekten der Gegenwart gepflegt. Die Firma hat Niederlassungen in Europa und England.

Jesuitenporzellan, chinesisches Porzellan des 18. Jh.s mit christlichen Darstellungen, das die in China missionierenden Jesuiten in Auftrag gaben.

Jet → Gagat

Jetons, münzähnliche Metallstücke, die auf beiden Seiten zum Teil künstlerisch interessante Reliefdarstellungen zeigen. Im 13. Jh. wurden sie als → Rechenpfennige benutzt. Später verwendete man sie als Anwesenheitsmarken für Domherren oder bei Zusammenkünften der Zünfte und Gilden. Andere wurden als Preise bei Wettschießen verteilt oder dienten als Spielmarken. Häufig trifft man auf Nürnberger Jetons des 16. Jh.s, die verschiedene Münzen täuschend nachahmen. Am qualitätvollsten sind französische Jetons des 18. Jh.s mit Porträtdarstellungen, die u. a. von so bedeutenden Stempelschneidern wie den Duviviers (→ Medaillen) stammen. Jetons bilden ein eigenes Sammelgebiet. Der Name rührt von franz. *jeter* = werfen her, da sie ursprünglich zu besonderen Anlässen hergestellt und unter das Volk verteilt wurden.

Jever bei Oldenburg, kleine von Tännich (→ Mosbach, → Kieler Fayence) gegründete, 1760 bis 1776 tätige Fayencemanufaktur, die gute Formgeschirre (Terrinen in Gestalt eines Schwanes) herstellte. Als Marke wurde der Ortsname geführt.

JME (Jurés – Menuisiers – Ébénistes), Kontrollstempel der Pariser Ebenistenzunft, der auf Pariser Möbeln des 18. Jh.s häufig neben dem Meisterstempel anzutreffen ist (→ Möbelsignaturen).

Joachimstaler, von den Grafen Schlick im Joachimstal in Böhmen von 1520 bis 1528 geprägte Guldengroschen. Von

Joachimstaler (Abb. verkleinert)

Japanischer Holzschnitt von Koniyoshi. Köln, Museum für Ostasiatische Kunst.

ihnen leitet sich das Wort Taler für Großsilbermünzen ab. Auch der amerikanische Dollar, der niederländische Dalder und der schwedische Daler haben hier ihren Ursprung.

Johanneumsmarken, eingeschliffene Buchstaben und Ziffern auf frühem → Meißner Porzellan: Nummern eines seit 1721 aufgestellten Inventars der Porzellansammlung Augusts des Starken.

N= 274
W

Jomut, bedeutende Teppicherzeugnisse des gleichnamigen Stammes Turkmeniens, die als Hauptornament ein → Göl in der Form des → Dyrnak und des → Kepse tragen.

Josefinischer Stil → österreichisches Rokoko

Joseph → Baumhauer, Joseph

Joubert, Gilles (1689–1775), Pariser → Ebenist, seit 1748 für die Krone tätig. 1763 bis 1774 Erster Ebenist des Königs als Nachfolger Jean François → Oebens und Vorgänger Jean Henri → Rieseners. Dieser hohen Stellung entspricht die hervorragende Qualität seiner nur selten signierten Möbel.

Jucht, Johann Christoph → Metzsch

Judaea capta, eine unter diesem lateinischen Namen bekannte römische Thriumphmünze (Silberdenar, As, Sesterz) der Zeit vom Jahre 69 bis zum Ende des 1. Jh.s n. Chr. Die Münzen berichten durch ihre Aufschrift „Judaea capta" (Judaea ist besiegt) vom Sieg des römischen Heeres im „Bellum judaicum". Die Münzen wurden in Palästina als der römischen Provinz geprägt; die Vorderseite zeigt den Imperator (Titus, Vespasian), die Rückseite eine an einer Palme oder Trophäe sitzende trauernde Jüdin neben abgelegten Waffen.

Judaika, Begriff für ein Sach- und Sammelgebiet, das sich auf Zeugnisse der Geschichte und Kultur des Judentums bezieht. Zu Geschichtszeugnissen zählen in erster Linie Archivalien, Handschriften, historische Dokumente sowie Materialien zur Volkskunde, Religions- und Geistesgeschichte. Der Antiquitätenbereich aber umfaßt in engerem Sinne archäologische, rituelle, kunsthistorische oder kunsthandwerkliche Objekte, die die Geschichte des jüdischen Volkes und seiner Religion dokumentieren. Der wissenschaftliche Nutzen solcher Judaika-Sammlungen liegt nicht zuletzt in der gewonnenen Kenntnis des Brauchtums und seines Wandels im Laufe der Jahrhunderte sowie seiner lokalen Färbungen.

Unter archäologischen Objekten sind vor allem Münzen (z. B. → Schekel, → Judaea capta), Siegel, Keramik und antike Fundgegenstände wie Tonlämpchen oder Gläser mit jüdischen Emblemen von Interesse.

Den zentralen und größten Bereich der Judaika nehmen die Ritualien ein, Gegenstände, die im synagogalen Kult sowie im religiösen häuslichen Brauchtum stehen. Dabei lassen sich unterscheiden:

Synagogale Einrichtungs- und Ausstattungsgegenstände wie etwa der an der Ostseite des Raumes befindliche → Toraschrein mit dem zugehörigen Vorhang (→ Parochet), der Toraschmuck oder die Leuchter (→ Menora), meist aus kostbaren Materialien hergestellt und nicht selten auch von hohem künstlerischen Wert; daneben die je nach den verschiedenen Festen oder aus verschiedenem Anlaß eingesetzten Kultgeräte, wie → Beschneidungsgerät, → Hochzeitsringe, etwas seltener der → Chaliza-Schuh, → Schofarhorn, → Etrogdosen oder → Megillarollen, ferner Gegenstände des gottesdienstlichen Bereiches, wie Gebetsriemen (→ Tefillin) und -mantel (→ Tallit) oder traditionelle Kleidungsstücke.

Zu den Judaika-Objekten aus dem häuslichen Bereich zählen wieder in erster Linie diejenigen Kultgeräte, die mit den religiösen Festen in Beziehung stehen: → Schabatlampen, → Chanukkaleuchter oder die Kidduschbecher, → Besomimbüchsen und → Hawdalaleuchter. Besonders die mit Bildmotiven verzierten Gegenstände im jüdischen Haus, die mehr dem volkstümlichen Brauchtum zuzuordnen sind, zeigen sich in ihrer künstlerischen Aussage eher ursprünglich, naiv und originell. Da sind vor allem die → Sederschüsseln und → Purimteller zu nennen, Silber-, Zinn- oder Porzellanplatten mit oft reichem Schriftdekor und Szenerie im Fond.

Aus dem Bereich der Buchmalerei die nur noch in bedeutenden Museen zu findenden illustrierten Pessach-Haggadot (→ Haggada), deren früheste Exemplare ins 13. Jh. zurückreichen; aber auch Haggada-Druckausgaben jüngerer Zeit sind beliebtes Sammelobjekt geworden. Zu den festen Einrichtungen des jüdischen Hauses gehören die Schriftröllchenkapseln an Türpfosten (→ Mesuse) und die Misrach-Tafeln (→Misrach), die die Ostrichtung an der Wand für das Gebet anzeigen. Etwas seltener finden sich Wanduhren mit hebräischen Ziffern. Oft sind Judaika-Gegenstände in ihren Formen von sonst üblichen nicht jüdischen Gebrauchsgeräten nicht zu unterscheiden; nur durch die meist hebräischen In-

Chanukka-Leuchter, Westpreußen oder Polen, um 1800. Bronze, gegossen und ziseliert, siebenarmig, als Bekrönung ein Adler. H 133 cm.

schriften ist der Bezug zur jüdisch-kultischen oder brauchtümlichen Nutzung gesichert. Das hat in jüngster Zeit geschickte Fälschertätigkeit auf den Plan gerufen, solche Inschriften in alte Stücke nachträglich einzuarbeiten und nachzupatinieren. Schon leichter sind reine Nachgüsse – etwa von Messinglampen oder Silberleuchten – am Fehlen echter Abnutzungsspuren oder der künstlichen Patina zu erkennen. Als Meister der Gold- und Silberschmiedarbeiten, aber auch der Stickereien sind hauptsächlich jüdische Künstler zu sehen, die sich im Mittelalter und in den folgenden Jahrhunderten wegen der christlichen Zunftordnungen auf die Herstellung jüdischer Ritualien beschränken mußten; abgesehen von nur wenigen – dann getauften – jüdischen Künstlern, denen es gelungen war – wie etwa der Goldschmied Ercole de Fideli (um 1500) am Hofe von Ferrara –, auch für den nichtjüdischen Bereich zu wirken.

Ein weiteres Teilgebiet der Judaika-Sammlungen ist natürlich die jüdische Kunst: Kunstwerke, Gemälde, Zeichnungen etc., die im engeren Zusammenhang mit dem Judentum stehen; ausgenommen biblische Darstellungen, die dem christlichen Bereich zugehören oder christliche Interpretationen des Alten Testaments sind. Dagegen stammen von zahlreichen nichtjüdischen Künstlern hervorragende Darstellungen jüdischen Lebens. Hervorzuheben sind Rembrandts zahlreiche jüdische Motive. Im Kupferstich hat Bernard Picart (1675–1733) in 261 Tafeln *Cérémonies et Coutumes réligieuses* Brauchtum und Kult der Amsterdamer Gemeinde gegeben. Werken jüdischer Künstler begegnen wir vor allem erst seit der Emanzipation des Judentums während der Aufklärung zu Beginn des 19. Jh.s. Arbeiten jüdischer Maler, wie etwa Anton Raphael Mengs (1728–1779) oder des Nazareners Philipp Veit (1793–1877), die sich am jüdischen Themenkreis kaum interessiert gezeigt haben, sind nur bedingt unter Judaika einzureihen. Dagegen haben Maler wie Moritz Oppenheim (1799–1882), Eduard Bendemann (1811–1889), Isidor Kaufmann (1833–1921) und Moritz Gottlieb (1856–1879) bewußt das jüdische Genre aufgegriffen, gelegentlich in einigen ihrer Werke auch der Holländer Josef Israels (1824–1911) und Max Liebermann (1847–1935). In den graphischen Künsten stehen im Jugendstil Moses E. Lilien (1874–1925) und Emil Orlik (1870–1932), später Jakob Steinhardt, Josef Budko und Hermann Struck an erster Stelle; von ihnen stammen auch zahlreiche Illustrationen zu religiös-jüdischen Texten. Um auch in der Moderne nur die wichtigsten Vertreter jener Künstler zu nennen, die das jüdische Thema inhaltsreich im Werk verarbeitet haben, sei an Jankel Adler (1895–1949), Mané Katz und vor allem Marc Chagall erinnert. Auch Randgebiete der Judaika, wie Drukke, Autographen oder Medaillen, sind, wenngleich nicht immer „alt" im Sinne der Antiquitäten oder künstlerisch wertvoll, so doch oft von geschichtlich dokumentarischer Bedeutung. Die Museen in Jerusalem (Israel-Museum), Tel Aviv, London (Victoria & Albert Museum), Paris (Musée Cluny) und zahlreiche Museen und Sammlungen in den USA enthalten bedeutende Judaika-Bestände, wie etwa in den als Museen geführten Synagogen in Prag oder dem aus dem 18. Jh. stammenden und damit ältesten jüdischen Museum der Welt in Braunschweig.

Judenhut → Hut

Jüdische Ampel → Schabatlampe

Jürgensen, Jules und **Urban** → Schiffschronometer

Jugendstil, Bezeichnung für eine internationale Stilrichtung, die ihren Höhepunkt zwischen 1895 und 1905 erreichte und die größten Leistungen auf den verschiedenen Gebieten des Kunstgewerbes vollbrachte. Der Name Jugendstil leitet sich her von der erstmals 1896 in München erschienenen Zeitschrift *Die Jugend.* Er kennzeichnet im engeren Sinn die deutsche Eigenart der Kunst dieser Jahre, während die französische als → Art Nouveau, die österreichische als Sezessionsstil (→ Sezession), die englische als Modern Style und die italienische als Stile Liberty bezeichnet wird. Die Erneuerung von Kunst- und Lebensstil aus der Überwindung des → Historismus hin zu einer Ästhetisierung und Belebung von Kunst- und Kunsthandwerk war das Ziel des Jugendstils. Handwerkliche Verfeinerung und Funktionsgerechtigkeit, Vereinfachung und Symbolgehalt, Linie und Fläche kennzeichnen seine Wesens- und Grundzüge. Die geschwungenen Umrisse von Blumen und Pflanzen von der losen Stilisierung bis zum völlig abstrakten Ornament, orientiert an der ostasiatischen, im besonderen der japanischen Kunst, waren das zentrale Gestaltungsprinzip. Diese Motive fanden nicht nur als Dekorationsornamente, z. B. in der Architektur, ihren Niederschlag, sondern auch in der Formgebung von Möbeln, Lampen und vielem anderen Gerät. Kunstgewerbeschulen und Kunstwerkstätten und in deren Folge viele hochrangige Handwerksbetriebe entstanden.

Auch in der Malerei und Plastik (vorwiegend Kleinplastik) dieser Zeit spiegeln sich Züge des Jugendstils wider. Besonders wirksam wurde er jedoch allein in den graphischen Künsten, wo er Linie, Fläche und Farbe als die für ihn geeigneten Ausdrucksmittel vorfand.

Jugendstilglas, Glasformen, die als Reaktion auf die Schmucklosigkeit der industriellen Ära und das jahrzehntelange Kopieren historischer Stilformen (→ Historismus-

Jugendstil. Charles Ricketts, Einbandentwurf für einen Gedichtband von Oscar Wilde. 1892.

Glas) um 1900 entstanden. Eine neue Generation von Glaskünstlern sah ihre Aufgabe darin, einen neuen, zeitgemäßen Stil zu schaffen und Schönheit mit Zweckmäßigkeit zu verbinden. Es entstanden kleinodienhafte Gegenstände aus Glas wie die edelsteinartigen, pflanzenumrankten Gläser von Émile → Gallé, farbig irisirende Kelche von Louis Comfort → Tiffany und phantasievolle Vasen der Firma → Loetz, Joh. Loetz Witwe. Hervorstechendste Eigenschaften des Jugendstilglases sind die von der Natur angeregten Formen und Dekors. Indem man sich die schon in der ersten Hälfte des 19. Jh.s entwickelten technischen Verfahren zunutze machte und weiterentwickelte (→ Überfanggläser), schuf man eine Vielzahl neuer Glasarten von großem optischen Reiz, und ebenso wie in der zweiten Jahrhunderthälfte stammten die Zeichnungen für viele Glasgegenstände von namhaften Kunsthandwerkern und Entwerfern wie Josef → Hoffmann, Koloman → Moser und Karl Köpping. Die Glaskunst des Jugendstils, die ihre höchste Blüte zwischen 1895 und 1902 erlebte, war nie unumstritten. Traditionsbewußte Unternehmen wie J. & L. → Lobmeyr in Wien schlossen sich der neuen Entwicklung nur zögernd oder gar nicht an. Nach der Turiner Weltausstellung 1902 war von nennenswerten Neuschöpfungen nicht mehr viel zu spüren. Eine neue Sachlichkeit, wie sie von dem 1907 gegründeten Deutschen → Werkbund angestrebt wurde, setzte sich immer mehr durch. (Abb. s. a. S. 256)

Jugendstilschmuck, nicht einheitlicher Schmuckstil, bezog unabhängig vom materiellen Wert um der ästhetischen Wirkung willen verschiedenste Werkstoffe ein. Der Ornamentik lagen pflanzliche und tierische Motive zugrunde, die teils durch Stilisierung in abstrakte Linien übergehen. Plastisches mit Funktionellem verband der Belgier Henry van de → Velde. Den bis in die zwanziger Jahre wirksamen Wiener Sezessionsstil mit eleganter, farbenfroher Geometrie trugen Josef Hoffmann, Koloman Moser, Carl Otto Czeschka. In Frankreich trat René J. → Lalique hervor, in Brüssel Philippe → Wolfers, in Rußland Peter Carl → Fabergé, in Dänemark Georg → Jensen, in Deutschland Hermann Robert Hirzel, Joseph Maria Olbrich, Patriz Huber. Einen guten Überblick bietet die umfangreiche Jugendstil-Sammlung des Holländers K. A. Citroen (jetzt Darmstadt, Landesmuseum). Die Sammlung Gulbenkian ist noch Privatbesitz.

Juhl, Finn (* 1912), dänischer Architekt und Möbelentwerfer, tätig seit den vierziger Jahren, dessen Design, im Gegensatz zu seinem Zeitgenossen Arne → Jacobsen, nicht in erster Linie funktionalistisch ist, sondern eher – in übertragener Form – Figuratives bevorzugt. Seine Entwürfe zeichnen sich durch ein freies Zusammenspiel der Formen mit abstrakt-linearen Elementen aus; als Materialien bevorzugt er wertvolle Hölzer.

Jungfrauenbecher, Brautbecher, silberne → Sturzbecher vorwiegend des 16. und 17. Jh.s in Gestalt einer Frauenfigur im Zeitkostüm, deren Rock als Becher dient und die mit erhobenen Armen einen kleinen drehbaren Becher hält, der beim „Stürzen" in aufrechter Lage bleibt. Waren beide Becher gefüllt, hatte der Herr ohne etwas zu verschütten den großen Becher zu leeren und der Dame den kleinen zu reichen. Sie wurden in Deutschland (besonders in Nürnberg), aber auch in den Niederlanden gefertigt. Es gibt zahlreiche Nachahmungen des 19. Jh.s.

Jurte, Filzzelt der turkmenischen Nomaden

Justeaucorps (franz., eng am Körper), Bezeichnung für den knielangen, enganliegenden, mit großen Ärmelstulpen versehenen Männerrock des ausgehenden 17. Jh.s, der bis über die Mitte des 18. Jh.s hinaus getragen wurde.

Juvarra, Filippo (1678–1736), einer der bedeutendsten Architekten des frühen 18. Jh.s in Italien, dessen Einfluß bis nach Böhmen und Süddeutschland ausstrahlte; übernahm, nach einer Studienzeit in Rom, 1714 das Amt des Hofarchitekten in Turin. Zu seinen berühmtesten Bauten zählen Kirche und Kloster der Superga (1716–1731), der Palazzo Reale (1720), der Palazzo Belgrano (ab 1716) und das Jagdschloß Stupinigi (1729–1733). Doch trat Juvarra nicht nur als Architekt hervor; er leitete gleichzeitig die Innenausstattung der von ihm erbauten Schlösser und Paläste, und man nimmt an, daß ein großer Teil der Möbel des berühmten Turiner Kunstschreiners Pietro → Piffetti auf seine Entwürfe zurückgeht.

Jugendstilbrosche „Modestie". Paris, um 1900. Gold, Email, Perle, Brillanten. Pforzheim, Schmuckmuseum.

Juwelenporzellan → Vincennes-Sèvres

Tiara von René Lalique. Um 1900. Die Blätter bestehen aus hellem Horn, die Stengel sind mit kleinen Diamanten besetzt. London, Auktionshaus Sotheby's.

K

Kabarett, Satz von Schalen oder schalenartigen Gefäßen, die sich nach chinesischer Art zu einer Figur zusammensetzen lassen.

Kabinettschrank, Prunkmöbel zur Aufbewahrung von Kostbarkeiten und Schreibgerät, das sich im 16. Jh. aus einem rechteckigen Kasten, der vorn durch zwei Türen oder einen Klappdeckel verschlossen war und innen Schubladen um ein mittleres Schließfach enthielt, entwickelte. Man setzte den Kasten auf einen Tisch oder ein eigenes Gestell. Aus Süddeutschland, Tirol, Italien, Spanien (der spanische Typ wird → Vargueño genannt) haben sich mit → Intarsien geschmückte Kabinette des 16. Jh.s erhalten. Im 17. Jh. arbeitete man diese Prunkmöbel (nun auf tischartigem Unterbau mit acht Beinen und mit reichverziertem Aufsatz) aus Ebenholz und verkleidete sie mit Elfenbein, Schildpatt, Silber und Schmucksteinen. Zentrum der Herstellung in Deutschland war Augsburg (→ Augsburger Möbel). Eine besonders reiche Sonderform mit farbigen Reliefintarsien stellt das → Egerer Kabinett dar. In der zweiten Hälfte des 17. Jh.s griffen die neuen Arten der Möbelverzierung wie → Furnier und → Marketerie auch auf das Kabinett über, während man seinen Unterbau kommoden- oder schrankartig umbildete. Im 18. Jh. gingen die Funktionen des Kabinetts auf den → Schreibschrank über.

Kabuto, japanischer Helm, kann die verschiedensten Formen annehmen. Die Glocke *(hashi)* ist meist aus einem Stück. Es gibt aber auch zusammenlegbare Helme aus Lamellen. Ein Stirnschutz, angenietet, hat eine Halterung *(haridate)* für den Helmschmuck *(kuwagata)*. Der Helmknauf, innen offen, trug früher eine Art Busch, hatte später magische Bedeutung. Der Nackenschutz *(shikoro)* besteht aus drei bis sieben Lamellen aus Metall oder steifem Leder, durch Seidenschnüre verbunden. An den Seiten des Helmes befinden sich gewöhnlich gebogene flügelartige Teile *(fuki-guyeshi)*. Der Gesichtsschutz *(menpo)* ist kein Teil des Helmes.

Kacheln, Tonplatten, die das Äußere des Kachelofens bilden. Auch Tisch-, Wand- und Bodenplatten (→ Fliesen) werden zuweilen Kacheln genannt. Seit 1400 waren die Ofenkacheln glasiert, zunächst einfarbig grün oder braun. Im 16. Jh. wurden sie mit bunten Bleiglasuren und reichem Reliefschmuck geziert (→ Irdenware), im 17. Jh. ging die Polychromie zurück, im 18. und 19. Jh. herrschte der weiße Kachelofen vor. Im allgemeinen bevorzugte man eingetiefte Napf-, Schüssel- oder Nischenkacheln, weil sie die Hitze am besten speichern.

Kadscharische Lackmalerei, von den Kunsthistorikern bisher kaum beachtet und teilweise sogar als Kitsch abgetan, erfreute sich in der letzten Zeit im Kunsthandel großer Beliebtheit, wobei die Sammler in erster Linie Perser aus Teheran waren, allen voran die Kaiserfamilie. Seit dem Sturz Schah Riza Pahlavis im Jahre 1979 hat sich die Zahl der Käufer rapide verringert, und die Preise sind zurückgegangen. Es handelt sich bei dieser Kunstgattung um europäisch beeinflußte, naturalistische persische Lackmalereien auf → Papiermaché aus der Zeit der Kadscharendynastie (1794–1925). Bucheinbände, Schmuckkästen, Spiegel, Deckeldosen, Federkästen und andere kleinere Gegenstände sind mit Blumen- und Vogelmotiven, Landschaftsszenen, Mädchenbildnissen, Personengruppen u. a., teilweise biedermeierlich anmutenden, Motiven geschmückt.

Kändler, Johann Joachim → Meißen

Käppi (franz. *képi*) → Kopfbedeckung, militärische

Käsch (von engl. *cash*), die gelochten chinesischen Bronze- und Messingmünzen, die von etwa 200 v. Chr. bis in unsere Zeit in wenig veränderter Form das wichtigste Zahlungsmittel Chinas bilden. Sammler bezeichnen als Käsch auch ähnliche Gepräge aus Korea, Japan und Annam.

Käsch (Abb. verkleinert)

Kabinettschrank. Augsburg, Mitte 17. Jh. Ebenholz mit Einlagen aus Ruinenmarmor, 117 × 83 × 51 cm.

◁
Jugendstilglas, sog. Favrile-Glas von Tiffany. New York, Metropolitan Museum of Art.

Kaffeekannen. Von links: um 1720, 1760, 1780.

Kaffeekannen. Als sich in der 2. Hälfte des 17. Jh.s der Tee-, Kaffee- und Schokoladengenuß in Europa einbürgerte, wurde anfangs für alle drei Getränke dieselbe Kannenform benutzt. Bald bildeten sich jedoch für jedes Getränk spezielle Gefäßtypen in Silber, dann in Fayence, Zinn und zuletzt in Porzellan heraus. Die stärksten Anregungen gingen von der Silberschmiedekunst aus. Der früheste Typ der Kaffeekanne hatte einen steilen konischen Körper mit gerader, später geschweifter Ausgußröhre, die auch rechtwinklig zum Henkel angebracht sein konnte. Der Grundriß war anfangs rund, später auch polygonal. Im 18. Jh. herrschte die von ostasiatischen Vorbildern abgeleitete Birnform mit hoch angesetztem Schnabel- oder geschweiftem Röhrenausguß vor. Im späteren 18. Jh. wurde sie anfangs durch eine urnenförmige und dann von einer zylindrischen Kanne mit konischem, oft rechtwinklig zum Henkel angebrachtem Ausguß abgelöst, die dann im frühen 19. Jh. eine gebauchte Wandung erhielt. Im 19. Jh. lebte die Birnform wieder auf. Ähnlich im Aufbau sind die Schokoladenkannen, die als Besonderheit im Deckel ein durch eine Klappe verschließbares Loch aufweisen, durch das ein Quirl eingeführt werden konnte, sowie die kleineren Milchkannen und die noch kleineren (deckellosen) Sahnekännchen.

Kaffeetisch, auch Frühstückstisch, franz. *table à café,* zierliches rechteckiges Tischchen, das leicht transportiert werden kann, häufig mit kleiner Schublade. Die Platte war mit Vorliebe aus Lack, Marmor oder Porzellan. Im Louis-quinze wurden solche Tischchen (→ Table en chiffonnière) sehr beliebt.

Kaffeetisch (Table en chiffonnière) von Bernard van Risenburgh. Paris, 1766. 66 × 37 × 27 cm. Paris, Musée National du Louvre.

Kaisergelb → chinesisches Porzellan

Kaiserteller, Nürnberger Reliefzinnteller mit dem Reiterbildnis Ferdinands II. im Spiegel und auf dem Rand elf Medaillons mit den Vorfahren des Kaisers. Das für Georg → Schmauss gearbeitete Exemplar trägt das Stechermonogramm C. und die Datierung 1630 (in diesem Jahr wurde Ferdinand in Nürnberg zum Kaiser gekrönt). Der Teller, dessen Form später noch von anderen Nürnberger Zinngießern benutzt wurde, gilt als Vorbild für den → Krönungsteller mit dem Bildnis Ferdinands III.

Kakemono (jap.), → Hängerollbild auf Papier oder Seide, nach chinesischer Art montiert, nur im Gegensatz zu jenem mit freihängendem „Windbänder"-Paar am oberen Rand.

Kakiemon Sakaida (1596–1666), japanischer Töpfer, der das Geheimnis der chinesischen Emailmalerei (→ chinesisches Porzellan) entdeckte und damit zum eigentlichen Begründer der japanischen Porzellankunst wurde. Kakiemon-Porzellane tragen sparsamen Dekor in bunten Emailfarben, wobei auch die freie Fläche künstlerisch mitspricht. Sie wurden in der → Meißner Manufaktur um 1730 häufig kopiert.

Kakilembe → Baga

Kaki-Temmoku → Temmoku

Kalenderuhren, seit dem 16. Jh. hergestellte Uhren, die Tag, Monat und Jahr anzeigen, teilweise auch noch die Mondphasen und den Beginn der Jahreszeiten.

Kalian, persische Wasserpfeife, oft reich verziert; mit Wassergefäß aus Keramik oder Glas, Verbindungsrohr zwischen Pfeifenkopf und Wassergefäß aus Holz sowie hölzernem Saugrohr (kein Schlauch wie beim → Nargileh).

Kaliko, aus Indien eingeführter, im Abendland bedruckter Baumwollstoff des 18. Jh.s.

Kalimavchion, krempenlose schwarze Kopfbedeckung von Klerikern der Ostkirche in Form eines umgedrehten Kegelstumpfes; seitlich und rückwärts fällt ein langer, schwarzer Schleier, das Epanokalimavchion, herab.

Kalligraphie, hauptsächlich in Schreibbüchern (bis ins 19. Jh.

in lithographischer Technik), auf Urkunden und → Gesellenbriefen. Es besteht eine enge Verbindung von Schrift und Ornament. Der Ursprung der Kalligraphie ist im Orient, vor allem in Japan und China seit dem 12. Jh., Mitte des 16. Jh.s in der Türkei.

Kalotte, stark gepolsterte Haube aus Leder, die unter dem mittelalterlichen Topfhelm (→ Helm) getragen wurde. Im 16. Jh. Bezeichnung für die netzartig geflochtene Haarhaube, die man unter dem Barett (→ Kopfbedeckung) trug. Unter der Kopfbedeckung getragene Eisenkappen wurden ebenfalls Kalotten genannt. Über die Kalotte in der Amtstracht der katholischen Kirche → Pileolus.

Kalotypie → Talbotypie

Kalpak → Kopfbedeckung, militärische

Kaltmalerei, Malerei mit Lackfarben auf Glas oder Keramik, die nicht gebrannt wird. Oft schützt man sie durch einen Überzug, da sie sich sonst leicht abnutzt.

Kaltnadelradierung, Tiefdruckverfahren, bei dem mit einer kräftigen Radiernadel die Zeichnung in die blanke Kupferplatte eingerissen wird. Das Metall platzt zu beiden Seiten der Kaltnadel auseinander, es bilden sich Grate, die beim Druck die typische unscharfe Kontur neben der eigentlichen Linie ergeben. Es wird im Gegensatz zum → Kupferstich kein Metallspan aus der Platte herausgehoben, im Unterschied zur → Radierung wird nicht geätzt; die Bezeichnung Kaltnadelradierung drückt dies aus, es entsteht keine Wärme wie bei einem Ätzvorgang. Die Grate der Kaltnadelradierung sind sehr empfindlich, nur die ersten Abzüge zeigen den vollen Effekt, da sich die Grate durch den Pressendruck bald zusammendrücken. Die Kaltnadelradierung ist seit dem 15. Jh. gebräuchlich. Oft wird sie in Kombination mit der Radierung verwendet. Besondere Bedeutung hat sie im Werk Rembrandts (1606–1669).

Kalendertaschenuhr mit Minutenrepetition und ewigem Kalender sowie einer Anzeige der Schaltjahre. England, um 1890. Aachener Kunst- und Antiquitätenauktionshaus.

Kaltverformung, Bezeichnung für eine Bearbeitungstechnik bei Metallgegenständen, wobei diese ohne Erwärmung gehämmert werden.

Kalymmaton, über den → Asteriskos gebreitetes → Velum, das die konsekrierten Brotpartikel auf dem → Diskos verhüllt.

Kamangah, im Orient in mehreren Formen gebräuchliches Streichinstrument mit langem Hals und kleinem Schallkörper, zwei- bis viersaitig, gilt als Vorläufer von → Rehab und → Violine.

Kambli oder **Kambly, Johann Melchior** (1718–1783), Kunstschreiner und Bildhauer aus Zürich, der, vermutlich nach einer Lehrzeit in Frankreich, 1746 nach Potsdam ging, wo er 1752 ein königliches Privileg zur Herstellung vergoldeter Bronzen erhielt. 1754/55 schuf er das „Bronzezimmer" im Stadtschloß von Potsdam, das seinen Ruhm begründete. Seine Prunkmöbel sind meist mit dunklem Schildpatt und hellem Zedernholz furniert und tragen reichen Bronzebeschlag. Trotz ihrer retrospektiven stilistischen Tendenz gehören sie zu den Meisterwerken des → Friderizianischen Rokoko.

Kameen → Gemmen

Kameenglas, in England unter der Bezeichnung *cameo glass* bekannt, besteht aus einem mehrfarbigen → Überfangglas mit erhabenem, aus der Überfangschicht herausgearbeitetem Dekor. Die Technik war bereits im Römischen Reich bekannt (→ römisches Glas) und im 18. Jh. in China (→ chinesisches Glas) verbreitet. Im ausgehenden 19. Jh. pflegten vor allem englische Hütten den Kameenschnitt auf Glas (→ Rock-Crystal-Gravur), bevor er gegen Ende des Jahrhunderts in Frankreich von Glasherstellern wie Émile → Gallé und → Daum Frères in großem Umfang angewendet wurde.

Kameruner Grasland-Stil, Bezeichnung für den Stil der künstlerischen Erzeugnisse einer Vielzahl afrikanischer Stämme und Unterstämme Kameruns. Die Wanderungen der Künstler einerseits, der rege Austausch von Kult- und Kunstgegenständen zwischen den Stammeshäuptlingen andererseits führten zu einer derart intensiven Stilvermischung, daß gesicherte Zuschreibungen schwerfallen. Dennoch läßt sich ein über mehrere Stammestraditionen einheitliches Stilprinzip ablesen: Bei den Masken kommen die Vorhaltemasken relativ selten vor, und die hier üblichen Helm- und Stülpmasken in Menschenkopfform sind in ihrer „Pausbakkigkeit" recht eigentypisch. Die Formen und Gesichtszüge sind in großzügigen, rundlichen, aber markanten Bewegungen aufgefaßt, Frisuraufbauten zeigen nicht selten das „Spinnenmotiv", eine sternförmig wiederkehrende, durchbrochen geschnitzte Ornamentik, die sich auch an kunstgewerblichen Objekten wie Hockern, Pfeifen u. ä. findet. Den häufig vorkommenden Typus der Elefantenmasken schreibt man gerne den Bali, die Büffel- und Antilopenmasken den Bamenda zu. Besonders furchterregend wirken die „Nachtmasken", die die Kräfte der Geisterwelt personifizieren und von einem Geheimbund getragen werden, der sich nächtlich trifft und soziale, ordnungschaffende Funktionen innehat. Die Totenvogel-Tanzaufsätze, künstlerisch sehr ausgewogen abstrahierte Schöpfungen, stammen vielleicht von den Babessi. Eine um die Jahrhundertwende vom Stammessultan der Ba-

Pfeifenkopf aus Ton. Bali, Kameruner Grasland. Holzmaske. Bamum, Kameruner Grasland. Frankfurt, Museum für Völkerkunde.

mum eingeführte Sitte der Vergabe von Pfeifen als Gastgeschenke ließ eine Fülle meist phantasiereich gestalteter Pfeifenköpfe in Ton und Messingguß entstehen, deren Ausführung auf den sozialen Stand der ehemaligen Besitzer weist. Von den Bamum kennen wir auch die im Handel vorkommenden feinbeschnitzten Büffelhörner mit oft bronzegegossenen Köpfchen an der Spitze. Von der Bamileke-Stammesgruppe sind mehrere hervorragende bildschöpferische Stile bekannt. Die Könige ließen von sich und der Mutter ihrer Erstgeborenen vor dem Palast Bildnisse erstellen. Die Statuen und Figuren wirken bewegt und expressiv, zuweilen in kühner Körperdrehung und eher asymmetrisch im Aufbau, dadurch weniger statuarisch im Vergleich zu anderen afrikanischen Stilen (→ afrikanische Kunst). Gerne werden die Figuren gänzlich mit bunter Glasperlenstickerei überzogen, dabei fällt ein äußerst lebhaftes, aber geschicktes Farbempfinden auf. Bei den im Handel öfter vorkommenden Elfenbein-Querhörnern (meist mit einem Köpfchen an der Zahnspitze) ist wegen eines reichen Angebotes an Fälschungen Vorsicht geboten.

Kaminbesteck, Schaufel, Zange und Schürhaken, das im 18. Jh. aus Stahl oder Eisen hergestellt wurde. Bei kostbareren Ausführungen sind die Griffe mit Kupfer oder Messing ornamentiert oder bronzevergoldet. Kaminbestecke aus Messing entstanden seit der Mitte des 19. Jh.s.

Kamingitter, schmiedeeiserner Rahmen mit eingespanntem Drahtgeflecht, seit dem 17. Jh. bekannt.

Kaminplatte, seit dem 15. Jh. hergestellte gußeiserne Platte, die hinter dem offenen Kamin die Hitze abstrahlen und die Wand schützen sollte. Seit dem 17. Jh. häufig prächtig dekoriert mit Figuren, mythologischen oder biblischen Szenen, Haustieren, Wappen, Monogrammen u. a.

Kaminschmuck, seit der ersten Hälfte des 19. Jh. beliebte Ziergegenstände für den Kamin, die vor allem in England (→ Birmingham) hergestellt wurden. Am bekanntesten sind Bronze- oder Britanniametallnachahmungen (→ Britanniametall) der Marly-Pferde von Guillaume Coustou d. Ä. (1677–1746).

Kamision, Sonderform des → Sticharion.

Kamisol → Uniform

Kamm, als Gebrauchsgegenstand aus Holz, Metall, Elfenbein, Schildpatt und anderen Materialien, aber auch als kostbarer Luxusgegenstand mit Gold, Edelsteinen oder Perlen besetzt. Steilaufragende Zierkämme gehörten im 19. Jahrhundert besonders zur Haartracht des Biedermeier; auch die Chignonfrisuren der zweiten Hälfte des 19. Jh.s schmückte man mit Kämmen.

Kanapee → Canapé

Kandelaber, großer Standleuchter mit Fuß und Schaft; im 18. Jh. mit radial zum Schaft ausschwingenden Leuchterarmen.

Kannelierung, Schmuck von → Säulen und Pfeilern durch senkrechte Rillen, die durch schmale Stege oder scharfe Grate getrennt sind.

Kannon (jap.), chin. *Kuan-yin,* eine in der ostasiatischen buddhistischen Kunst sehr beliebte Erscheinungsform des Buddha Amitâbha als → Bodhisattva (jap. *Bosatsu*), erkennbar an einem Figürchen dieses Buddha in der Krone (jap. *kebutsu*). Nicht zu verwechseln mit den Göttinnen (Deva) oder Himmelsfrauen (jap. *Tennyô*) (→ Kinderbringer).

Kanontafeln, drei oft reich umrahmte, bis zum 2. Vatikanischen Konzil auf der Mensa (→ Altar) aufgestellte Tafeln, auf denen die im Verlauf des Kirchenjahres gleichbleibenden Meßtexte verzeichnet sind.

Kantengießer, in Süddeutschland gebräuchliche alte Bezeichnung für Zinngießer.

Kantharos, tiefes griechisches Trinkgefäß mit zwei geschweiften hochgezogenen Henkeln. Allgemein mit hohem Fuß.

Aufsteckkamm. Erstes Viertel 20. Jh. Georg Jensen Silberschmiede, Kopenhagen. Entwurf von Georg Jensen, 1905. Horn, Silber und Farbsteine.

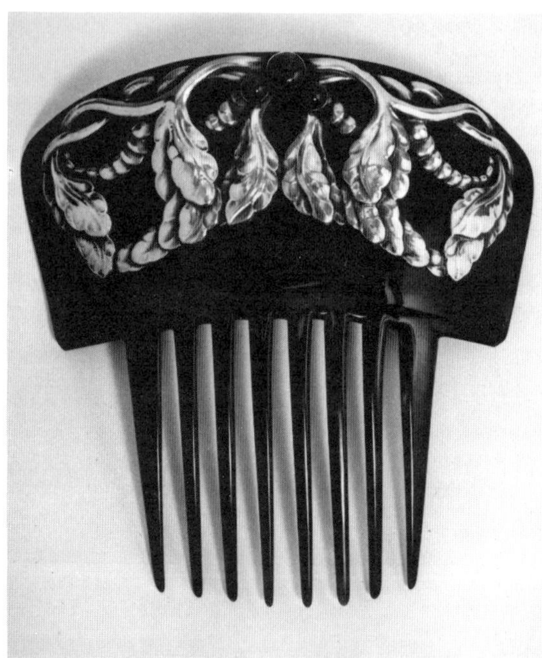

Kapitänsbild von John Huggins, die Fregatte Asia vor Hongkong darstellend. 1836. Öl. London, National Maritime Museum (Greenwich).

Kantig, in der Heraldik eine Figur, die nicht in ebener Fläche, sondern als Körper (dreidimensional) dargestellt ist.
Kantille → Metallfaden
Kanz → Stechzeug
Kaolin (von chin. *Koa Lino,* Porzellanerde), ein Mineral (Aluminiumhydrosilikat), das den Hauptbestandteil der Porzellanmasse ausmacht. Pulverisiert und mit Wasser angerührt, ist es gut formbar. Sein Schmelzpunkt liegt bei etwa 1170 °C, bei 1440 °C brennt es sich weiß. Bei 1400 °C versintert die Masse mit den anderen Bestandteilen zu einem völlig homogenen, wasserundurchlässigen Scherben.
Kapellenlitzen → Uniform
Kapitänsbilder, Bezeichnung für Gemälde von Schiffen, die – ähnlich wie Schiffsmodelle – auch beliebte Votivgaben der Kapitäne an die Kirchen und Kapellen der Küstenorte waren. Derartige Darstellungen, in der üblichen Manier anderer → Votivbilder gemalt, sind am Mittelmeer seit spätestens dem 16. Jh. erhalten. In viel besuchten Hafenorten wie Neapel oder Venedig, aber auch in Wallfahrtsorten, die den Heiligen der Schiffer und Fischer geweiht waren, wurden sie vermutlich von handwerksmäßigen Künstlern hergestellt. Einige von diesen sind dann in der zweiten Hälfte des 18. Jh.s (nachweislich zum Beispiel in Livorno und Marseille) dazu übergegangen, in der hergebrachten Technik auch Bilder bestimmter Schiffe ohne Votivzweck und die aus den Wolken schauenden Heiligen zu malen. Statt dessen erschienen auf einer Schriftleiste der Name des Schiffes und der des Kapitäns, der das Bild während des Aufenthaltes im Hafen in Auftrag gegeben hatte. Binnen weniger Jahre war das Herstellen dieser bald so genannten „Kapitänsbilder" ein in allen bedeutenden Hafenstädten der Welt praktiziertes Gewerbe, das in der Folge über ein Jahrhundert lang blühte. Charakteristisch für die auch als „Schiffsporträts" zu bezeichnenden Bilder ist, daß das porträtierte Schiff fast stets von der Seite gesehen ist und weitgehend die Bildfläche füllt, nicht selten erscheint es daneben noch etwas entfernt in Rückansicht. Segelschiffe tragen volles Tuch, Dampfer haben meist eine weit waagrecht achteraus wehende Rauchfahne, die hohe Geschwindigkeit andeuten soll. Schiffstechnische Einzelheiten, insbesondere Segel und Takelage, sind sehr exakt und zuweilen recht stereotyp wiedergegeben. Der Hintergrund zeigt vielfach einen für den Ort der Entstehung markanten Hintergrund: in Venedig den Dogenpalast, in Neapel den Vesuv, in Dänemark Schloß Kronborg an der Sundeinfahrt, in Hamburg und Bremerhaven die Insel Helgoland, in England den Eddystone-Leuchtturm im Kanal oder die Kreidefelsen von Dover. Die meisten der bis etwa 1840 entstandenen Kapitänsbilder waren, außer in England, wo immer die Ausführung in Öl dominierte, aquarellierte oder mit Deckfarben angelegte Federzeichnungen, die späteren überwiegend Ölbilder. Als produktivste Künstler, deren Schiffsporträts dank der Internationalität der Seefahrt von Anfang an ihren Weg in alle Welt fanden, wirkten gegen Ende des 18. Jh.s in Ancona und Livorno Giuseppe Fedi, in den ersten zwei Dritteln des 19. Jh.s in Marseille die Mitglieder der Familie Roux, etwas später in Hamburg die gemeinsam arbeitenden Stiefbrüder Holm und Petersen sowie des letzteren Sohn, in Bremerhaven Vater und Sohn Fedeler, in Amsterdam zwischen 1830 und 1850 D. A. Seupken und J. Spin, in London in der ersten Jahrhunderthälfte

W. J. Huggins, John Lynn und F. Tudgay, in Bristol Joseph Walter und, noch bis etwa 1880, in Liverpool Samuel Walters. In New York waren als bedeutendste Schiffsporträtisten zwischen 1830 und 1890 die Brüder Bard tätig sowie als letzter zwischen 1875 bis 1919 der Däne Antonio Jacobsen. Der letzte, sehr erfolgreiche Vertreter des Gewerbes in Belgien war der Deutschamerikaner John Henry Mohrmann, der zwischen 1890 und 1913 in Antwerpen lebte. Hier war auch von 1840 bis 1890 die Werkstatt der Malerfamilie Weyts, deren hauptsächlich in Hinterglastechnik gemalte Kapitänsbilder besonders reizvoll sind und ungewöhnlich hoch bewertet werden.

Kapitell, Bekrönung, also das obere, plastisch ausladende Bauglied einer Stütze (→ Säule, Pfeiler oder Wandpfeiler). Als charakteristische Veranschaulichung des Verhältnisses von Stütze und Last wurde es schon früh gestalterisch behandelt, zunächst im Sinne material- oder konstruktionsbedingter Formen, dann auch häufig pflanzlich oder figürlich. Schnelleren Formwandlungen unterworfen als die Stützen, vermag es wichtige Anhaltspunkte für Datierungsfragen zu liefern.

Kappe, auch Cappa, Capa, rundgeschnittener Kapuzenmantel des Mittelalters, das Reisekleid der Vornehmen, von Männern und Frauen getragen (→ Capella). Die Kappe entspricht dem → Pluviale des → Meßornats (→ Kopfbedekkung, militärische).

Kapseltasche, Behältnis für Zündkapseln für Perkussionsgewehre. Sie war meist vorn am Bendelier befestigt.

Kapunuk, geknüpfter Zelteingangsschmuck der Turkmenen.

Kar → Rem

Karabagh, Teppich aus dem südlichen Kaukasus, in der Struktur mit dem Kasak-Teppich verwandt. Koschenillerote Töne herrschen vielfach vor. U. a. der → Tschelaberd, der → Wolkenbandkasak, der → Goradis und der Schuscha sind Erzeugnisse der Karabagh-Region. (Abb. s. a. S. 264)

Karabela → Säbel

Karabiner → Feuerwaffe

Karadagh, im Handel Karadscha genannte Teppiche aus dem Gebiet des nördlichen Kaukasus, in denen sich persische und kaukasische Elemente mischen. Sie sind mit dem türkischen Knoten (→ Gjordesknoten) geknüpft. Persische Muster wie das → Herati, das → Mina Khani und Arabeskenmuster mit großen Blüten kommen ebenso vor wie Sterne, hakenbesetzte Quadrate und andere kaukasische Motive.

Karagashli, ostkaukasischer Knüpfteppich aus der Kuba-Region. Typisch sind hier die Karagashli-Rhomben, mit Gabelranken wechselnd, oder schräggestellte Rosetten, von denen Arabeskenblätter ausgehen. (Abb. s. a. S. 264)

Karagöz, ‚Schwarzauge', das türkische Schattentheater, so benannt nach seiner Hauptfigur, die als Mann aus dem Volke den Wortführer der Unzufriedenen verkörpert. Die Karagöz-Figuren sind aus durchscheinend präpariertem, gefärbtem, durchbrochen gearbeitetem Leder und werden mit Hilfe eines waagrechten Stabes bewegt, der durch ein kreisrundes Loch am Hals führt. Das Schattentheater ist für die Türkei seit dem 16. Jh. belegt und wurde wahrscheinlich aus Ägypten übernommen, wo man ebenfalls durchbrochene und dabei wesentlich feiner gearbeitete Lederfiguren verwendete. Ursprünglich ist es wohl durch arabische Kaufleute aus Java in den Nahen Osten vermittelt worden. Das Karagöz-Theater war früher am osmanischen Hofe sehr beliebt, diente jahrhundertelang der Volksbelustigung und wurde erst in jüngerer Zeit durch die Einführung des westlichen Theaters und vor allem des Kinos allmählich in den Hintergrund gedrängt.

Karat (von griech. *keration,* Johannesbrot), Gewichtseinheit nach dem Samen des Johannesbrotbaumes für Gold in Afrika und für Diamanten in Ostindien. Zunächst hatten die verschiedenen Länder ihre eigenen Karatwerte, bis sich international das metrische Karat = 0,2 g durchsetzte.
Karat bezeichnet auch den Feingehalt des Goldes:
24 Karat = 100% Feingold,
18 Karat = 75% Feingold und 25% Zusatzmetalle,
14 Karat = 58,5% Feingold und 41,5% Zusatzmetalle,
9 Karat = 37,5% Feingold und 62,5% Zusatzteile.

Karatchop, kaukasischer Knüpfteppich aus der Kasak-Region. Charakteristisch ist ein großes Mitteloktogon mit vier hakenbesetzten Rechtecken auf meist blauem, selten auf grünem oder rotem Grund.

Karbidlampe, Acetylengaslampen, entwickelt im letzten Viertel des vorigen Jahrhunderts. Im Antiquitätenhandel werden Schiffslaternen, Schiffsscheinwerfer und Eisenbahnerlaternen als Sammelobjekte angeboten.

Kardinalshut, Kardinalsschüssel → Breitrandteller

Kardinaltugenden, die als die vier menschlichen Haupttugenden angesehenen, Temperantia (Mäßigkeit), als Frau mit Fackel und Krug dargestellt, Prudentia (Klugheit), als weibliche Figur mit Buch wiedergegeben, Fortitudo (Tapferkeit) als waffentragende Frau und Justitia (Gerechtigkeit) mit Waagschalen und/oder Palmenzweig und Schwert in den Händen.

Karikaturen, humoristische oder satirische Darstellungen, erstmalig auf Zeichnungen des Bolognesers Annibale Carracci (1560–1609), sogenannten Inkunabeln der Bildniskarikatur. Im 18. Jh. gilt Daniel Chodowiecki als der bedeutendste Karikaturist, wie auch die Karikaturen auf Napoleon während der Französischen Revolution. Im 19. Jh. gibt es Karikaturen u. a. von so bedeutenden Künstlern wie Gottfried Schadow, F. B. Dörbeck (Berliner Redensarten), Theodor Hosemann, Moritz von Schwind, Adolf Oberländer, Wilhelm Busch, Thomas Theodor Heine und schließlich Lyonel Feininger im frühen 20. Jh.

Karlinischer Stil, englischer Möbelstil während der Regierungszeit Karls I. 1625–1649. Es wurden hauptsächlich Eichenmöbel hergestellt, die sich wenig von den Möbeln des → Elizabethan style und des → Jakobäischen Stils unterscheiden.

Karneol → Chalcedon

Karneolglas, opak-rotes, mit dunklen Adern und Schlieren durchzogenes Marmorglas, entsteht bei der Schmelze des Kupferrubins. Es wurde schon in den venezianischen Hütten (→ venezianisches Glas) geschmolzen und im 17. und 18. Jh. in Deutschland hergestellt (Tschirnhausen-Glas). In den dreißiger Jahren des 19. Jh.s war es als sog. rothwelsches Glas und unter der Bezeichnung roter → Hyalith bekannt und lieferte das Grundmaterial für die Herstellung von → Lithyalingläsern.

Karnies, ein aus einem konkaven und einem konvexen Element bestehenden Zierglied, das demnach ein S-förmiges Profil aufweist. Befindet sich der konkave Teil oben, spricht man von einem stehenden oder steigenden Karnies, im umgekehrten Falle von einem fallenden Karnies.

Karolingische Kunst, die Kunst des Karolinger-Reiches. Der erste Stil der abendländischen Kunst nach der Spätantike, der von etwa 780 bis 950 herrschte. Er ist gekennzeichnet durch Aufnahme des antiken Kulturgutes in allen Lebensbereichen (Karolingische Renaissance) und durch seine Verschmelzung mit dem germanischen Erbe.

Karton, originalgroße, farbig angelegte Vorzeichnung auf festem Papier für Fresken oder Bildteppiche.

Kartuschbandelier → Kartusche

Kartusche, 1. Von der Renaissance bis zum Rokoko bestehende Zierform, die sich aus einem schildartigen, meist mit Wappen, Inschriften, seltener auch mit bildlichen Gestaltungen versehenen Mittelfeld und einem reichen Rahmendekor zusammensetzt. Sie entstand um die Mitte des 16. Jh.s aus dem → Rollwerk. Besonders im Barock und Rokoko diente sie mit den entsprechenden Ornamentformen auch als

Renaissance-Kartusche

Schmuck in der Möbel- und Buchkunst, im Kupferstich und im sonstigen Kunsthandwerk.

2. Ursprünglich die aus Papier (ital. *carta)* hergestellte Papierpatrone. Die Bezeichnung ging dann über auf den Behälter dieser Patronen, den die Reiter am Kartuschbandelier trugen. Die Kartuschen der Offiziere waren z. B. in Bayern und Österreich am Deckel zur Gänze mit verziertem Metall beschlagen. Ebenfalls verziert war das dazugehörige Kartuschbandelier.

Karussellorgel, ein → mechanisches Musikinstrument, zum Gebrauch auf dem Jahrmarkt hergestellt. Es gibt zwei verschiedene Systeme: 1. Die Musik wird mittels einer Walze programmiert (wie eine → Drehorgel); der Antrieb erfolgt aber nicht mehr per Hand, sondern über ein durch einen Elektromotor angetriebenes Schwungrad. 2. Die Musik wird über Lochkartenbänder programmiert, die per Druckluft abgelesen werden. Die Ventile im Innern der Windlade werden über Membranen gesteuert. Der Vorteil dieses Systems besteht in der Unbegrenztheit des Repertoires im Gegensatz zur Walzenorgel, die ein begrenztes Repertoire von 8 bis 10 Melodien pro Walze aufweist. Die wichtigsten Hersteller befanden sich in Waldkirch im Breisgau.

Karyatide → Atlant

Kasak-Teppiche, von Kasaken, Kurden und Armeniern im südwestlichen Kaukasus hergestellte Teppiche. Dazu zählen die Arbeiten aus den Dörfern → Karatchop, → Fachralo, der → Lambalo und der →Adlerkasak. Auch der → Lori-Pambak und der → Bordjalou sind Teppiche aus dem Kasak-Gebiet. Klare Farben, großzügige geometrische Musterung und hohe Schur sind markante Merkmale dieser immer im → Gjordesknoten geknüpften Teppiche, deren Maße 1,5 × 2,5 m selten überschreiten. (Abb. s. a. S. 265)

Kaschan, auch Keshan, Teppiche aus der Region am Westrande der großen Salzwüste Dascht-i-kawir, die während der Safawidendynastie (1499–1722) eines der bedeutendsten Teppichzentren war. Nach der Jahrhundertwende – bis dahin ruhte die Teppichproduktion – entstanden meist feine Arbeiten in Wolle und Seide. Mittelmedaillon und Eckfelder in floraler Darstellung, aber auch → Gebetsteppiche waren häufig. (Abb. s. a. S. 265)

Kaschkai → Schiras

Kaschkul, Almosenschale der persischen Derwische zur Aufnahme von fester oder flüssiger Nahrung, meist aus Metall, Holz oder einer Seychellennuß-Schalenhälfte gefertigt und reich verziert, von ovaler Form; bis auf eine ovale, runde oder auch unregelmäßige Öffnung auf der Oberseite geschlossen, meist mit kleinem Ausguß versehen, mit Tragkette oder -schnur.

Kaschmirschals, in Kaschmir hergestellte, aus Ziegenhaar gewebte feine Wolltücher, die in der europäischen Mode des ausgehenden 18. Jh.s und des beginnenden 19. Jh.s wegen aparter Musterung und delikater Farbgebung sehr beliebt wurden. Europäische Manufakturen widmeten sich der Nachahmung solcher Schals (→ Terneauxschals).

Kaseinmalerei, Malerei mit Farben, denen als Bindemittel Kasein beigegeben ist (daher auch „Käsekalkmalerei"). Sie wurde in Italien schon im frühen Mittelalter nachweislich angewandt, in Deutschland erst seit dem 14. Jh. Das Malmittel findet hauptsächlich in der Wandmalerei auf getrocknetem Putz Verwendung, aber auch auf anderen Materialien wie Holz, Ton, Gips usw.

Kasel, auch Casula (lat.), das in den → Kirchenfarben gehaltene Meßgewand des katholischen Priesters, das aus der römischen → Paenula entwickelt wurde und zunächst wie diese ein rundgeschnittener Mantel mit Kopfloch war (Glockenkasel; heute wieder gebräuchlich). Im Mittelalter wurden Armschlitze eingeschnitten, die sich immer mehr vergrößerten; seit dem 17. Jh. besteht die Kasel nur noch aus Vorder- und Rückenschild, die an den Schultern zusammengehalten werden (Skapulierkasel). Material: in vorkarolingischer Zeit

Kasel. Süddeutsch, um 1710–1720. Roter Seidensamt, Stickerei aus Goldlahn, 107 × 69 cm. München, Bayerisches Nationalmuseum (Leihgabe des Max-Joseph-Stiftes, München).

Karabagh. Kaukasus, Provinz Aserbeidschan, 19. Jh. Nomadenarbeit. 177 × 56 cm.
Karagashli. Wollener Knüpfteppich aus dem Nordkaukasus, Kuba-Gebiet. Um 1850. 105 × 165 cm.

meist Wolle und Leinen, dann Seide und andere kostbare Stoffe, im 18. Jh. vereinzelt Leder. Stets war sie wie ihr antikes Vorbild mit Borten (→ Bortenweberei) besetzt, die ursprünglich vorn und hinten ein Gabelkreuz, die Stäbe, bildeten. Als Besatz der Rückseite war seit dem 15. Jh. ein lateinisches Kreuz üblich. Teilweise ist die Kasel reich mit biblischen Szenen (Bildkasel) oder auch – besonders im 17. und 18. Jh. – doppelseitig bestickt (Doppelkasel). In der Ostkirche heißt sie → Phelonion.

Kasim-Ushag, Knüpfteppich aus der Karabagh-Region im Kaukasus. Die dort lebenden Kurden stellen auch feine Seidenstickereien her.

Kaskett, Kasket → Kopfbedeckung, militärische

Kasseler Fayence und **Porzellan.** In Kassel wurden, mit Unterbrechungen, von 1680 bis etwa 1780 Fayencen hergestellt. Die hochwertigen frühen Erzeugnisse, die selten sind, bestehen aus Vasensätzen mit Blaumalerei, die dem Vorbild von → Delft sehr nahe kommen. Marken waren der hessische Löwe, ligiertes HL, H und C. – 1766 entstand aus der Fayencefabrik eine Porzellanmanufaktur, in der Gebrauchs-

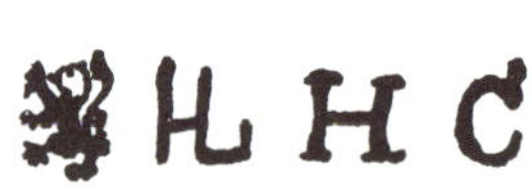

geschirre mit Blaumalerei und einfache Figuren hergestellt wurden. Als Marken dienten ein unterglasurblauer Löwe und das Monogramm H. C.

Kasserolle, niedriger, runder Silbernapf des 18. und 19. Jh.s mit hölzernem Griff, der zum Servieren von Soßen diente und häufig eine Ausgußschnauze trägt.
Kassette, ein kastenförmiger Behälter zur Aufbewahrung von Wertgegenständen, oft mit komplizierten Verschlußmechanismen. Kassetten gibt es aus den verschiedensten Materialien, z. B. Holz, Edelhölzer, Perlmutter, Bergkristall, Email. Oft sind sie mit Beschlägen aus Gold, Silber oder vergoldetem Silber geschmückt. Seit dem 15. Jh. stellte man Holzkassetten mit verstärkenden Eisenbändern her. Im 17. und 18. Jh. gab es die ersten Eisen- und Stahlkassetten.
Kastanienbehälter, in Holland entwickelter urnenförmiger Behälter des 18. und 19. Jh.s zum Servieren von Röstkastanien. Zunächst aus Silber oder lackiertem Metall verfertigt, wurde er gegen 1820 auch aus → Britanniametall, später aus Kupferlegierung gearbeitet.
Kastanienröster, im 19. Jh. in England aufkommende kleine, durchbrochene Metalldose mit langen Griffen und Klappdeckel zum Kastanienrösten.
Kastenaltar → Altar
Kastenfassung, Fassung von Edelsteinen, die den Stein in seiner ganzen unteren Hälfte kastenartig umschließt und ein Unterlegen mit Edelmetall ermöglicht, wodurch die Farbe des Steins vertieft wird. Sie war im frühen Mittelalter gebräuchlich; oft wurden die hohen Seitenwände der Fassung durch Arkaden und andere Architekturmotive geschmückt (→ Edelsteinfassung)
Kastenguß → Guß
Kastenmöbel, ein Überbegriff für alle Behältnismöbel, die aus einer Stollenkonstruktion bestehen, in die, je nach Bedarf, Schubladen, Türen oder offene Fächer eingefügt werden. Zu den Kastenmöbeln zählen in erster Linie → Truhen und → Schränke, → Kommoden, → Kredenzen und Sondermöbel wie Waschschränke u. ä.
Kastensitz, aus einem Kasten auf Füßen gebildetes Sitzmöbel, meist mit aufgesetzten Arm- und Rückenlehnen. Es entstand im 13. Jh., wo es durch Schnitzereien in flachem Relief geschmückt wurde, und blieb bis zur Renaissance in Gebrauch (→ Chaire). In Skandinavien hat sich der Typ bis heute gehalten.
Kastentisch, gebräuchliche Tischform des 15. bis 17. Jh.s, bei der die Tischplatte auf einem rechteckigen Kasten liegt, der sich von vorn durch Türen oder von oben durch Aufklappen oder Verschieben der Deckplatte öffnen läßt. Im 16. und 17. Jh. wurde der Kasten zuweilen auf eine die Platte tragende Bogenstellung reduziert. Bei einer anderen Ausprägung des Typs, die als Schreib- und Arbeitstisch diente, liegt unter der Platte ein flacher, mit einem Kranz kleiner Schubfächer

▷
Bordjalou-Kasak. Kaukasus, 1865. 108 × 142 cm. München, L. Bernheimer.
Kaschan. Geknüpfter Wollteppich aus Zentral-Persien. Mitte 19. Jh. 196 × 132 cm.

Kastentisch. Rhön, um 1700. Eiche, Fruchtholz, Ahorn. 91 × 110 × 75 cm.

versehener Kasten, der auf seitlichen Stützbrettern oder Wangen sitzt und daher Wangentisch genannt wird. Kastentische waren in den Alpenländern und in Süddeutschland verbreitet, kamen aber auch im Rheinland, in Mittel- und Norddeutschland vor. Sie lebten im bäuerlichen Bereich als sog. Rhöntisch bis ins 18. Jh. fort.

Kastorhut, von Männern und Frauen getragener Filzhut des späten 18. Jh.s aus Biberhaaren mit geradem Kopf und breiter Krempe.

Katana, das japanische Schwert; der Griff ist mit Haifischhaut überzogen. Diese ist mit Seidenschnur umwunden. Die Enden des Griffs sind mit schön verziertem Metallschutz versehen. Zwei metallene Verzierungen dienten ursprünglich dazu, den Pflock *(mekuki)* abzudecken, der Griff und Klinge zusammenhielt. Das verzierte Stichblatt *(tsuba)* war und ist auch einzeln ein begehrtes Sammelobjekt. Die Klinge ist einschneidig. Die gehärtete, oft schön damaszierte Schneide heißt *yakiba,* die Spitze der Waffe liegt am Rücken der Klinge. Die Angel ist durchbohrt, um den Pflock *(mekuki)* aufzunehmen. Auf ihr sind bei guten Waffen der Name und die Zeit des Schwertschmieds durch Eingravierung genannt. Bei den allerbesten Klingen verschmähte der Meister dies. Der stolze Inhaber ließ dann später diese Signatur in Gold nachvollziehen. Das Schwertschmieden war höchste Kunst, und die Klinge wurde in einer besonderen Scheide aus weichem Holz, auf der der Name des Meisters stand, aufbewahrt. Wie stets im Orient wurde gerade dieser Teil der Waffe mit besonderer Sorgfalt im Hause aufbewahrt. Wir kennen ganze Kataloge mit Namen von Schwertschmieden, deren ältester Amakuni, der im 7. Jh. n. Chr. lebte, ist. Die Scheide ist aus dem Holz der *Magnolia hypoleuca (honoki)* lackiert und poliert und oft mit dem Wappen des Inhabers geschmückt.

Katapetasma, Vorhang hinter der heiligen Tür der → Ikonostase.

Katasarkion → Altartuch

Katechismustaler, Schaumünzen mit biblischen Szenen und Darstellungen frommen Lebens, die Herzog Ernst der Fromme von Sachsen-Gotha (1640–1675) prägte.

Katharina, Heilige aus Alexandrien, die zu den Vierzehn → Nothelfern zählt. Ihre → Attribute sind Krone, Palme, Buch und seit dem 14. Jh. das Rad und/oder Schwert. Seit dem 15. Jh. häufen sich die Katharinen-Darstellungen in der mittelalterlichen Kunst.

Kattun → Leinen

Kauffmann, Angelika (1741–1807), Schweizer Malerin und Radiererin, 1766–1781 in London, ging dann nach Venedig und lebte ab 1782 in Rom. Sie war eine berühmte Bildnismalerin. Ihre Farbpalette ist noch die des Rokoko, Themenwahl und Komposition sind bereits klassizistisch. Nach ihren Werken hergestellte Stiche dienten als Vorlagen für Porzellandekor.

Kaukasische Teppiche, Teppiche aus dem Gebiet zwischen dem Schwarzen Meer und dem Kaspischen Meer, die eine der Hauptgruppen des Orientteppichs bilden. Dort entstanden im 16. Jh. die berühmten Drachenteppiche mit Tierkampfgruppen, später unter persischem Einfluß mit Vasen- und Baummotiven. Die Teppiche des Kaukasus lassen sich in vier Gruppen einteilen: Drachen- und Tierkampfmusterteppiche, durchgemusterte Teppiche mit aufsteigendem Muster, flächig aufgeteilte und ornamental gefüllte Teppiche.

Kaunitz → Zylinderbureau

Kavaliersperspektive, eine Bilddarstellung von einem erhöhten Blickpunkt aus, etwa von dem eines Reiters („Kavalier").

Kayseri, Bezeichnung für die aus der im nordwestlichen Kleinasien gelegenen Stadt gleichen Namens stammenden Teppiche. Gelegentlich findet sich für die Erzeugnisse auch der Name → Panderma.

Kayser-Zinn, Erzeugnisse der 1885 gegründeten Firma J. P. Kayser Sohn, Krefeld, dem wichtigsten Hersteller von Zinnarbeiten im Jugendstil.

Keaka → Ekoi

Kehrer, Ernst (1817–1867), führender Elfenbeingraveur in Erbach im Odenwald während der Biedermeierzeit. Mit seinen zierlich gearbeiteten Hirschbroschen begründete er den Ruf Erbachs im 19. Jh. als Elfenbeinschmuckstadt mit.

Kelch, auch Meßkelch (lat. *calix,* Becher), das wichtigste der heiligen Gefäße (→ Altargerät), zunächst aus Glas, Kristall, Holz oder Halbedelstein, seit dem frühen Mittelalter meist aus Edelmetall. Der Kelch besteht aus Fuß, Schaft und Schale (Kuppa, Cuppa). Der Schaft ist an der Stelle, wo ihn die Hand umfaßt, zum Knauf verdickt, dem Nodus, der in der Gotik zuweilen in mehrere rautenförmige Griffknoten aufgelöst wurde, die Rotuli („Nägel"). In altchristlicher Zeit war der Henkelkelch (mit zwei Henkeln an der Kuppa) die häufigste Kelchform. Der romanische Kelch zeigt eine meist mit Rankenwerk überzogene, halbkugelige Kuppa, einen kugel-

Kelch, romanisch

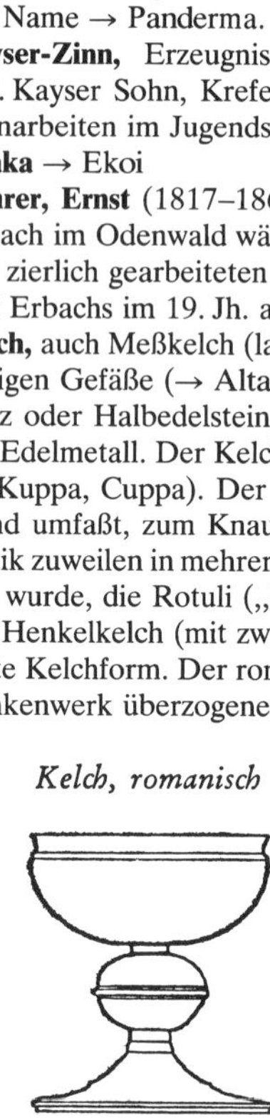

Kelch, gotisch

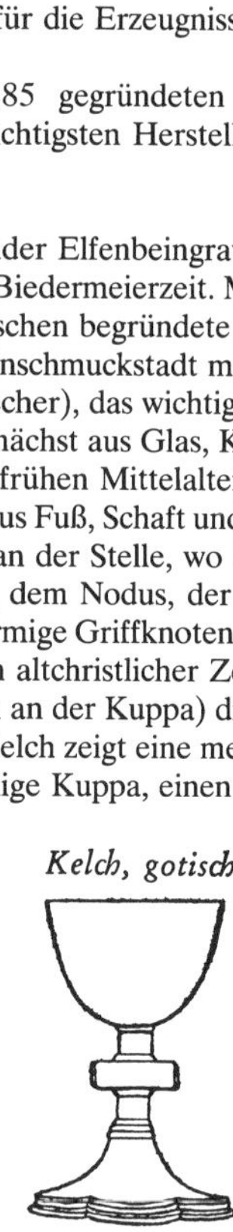

Kaukasischer Teppich in Soumak-Technik gearbeitet, Fransen abgeknüpft, Kette und Schußwolle. H. McCoy Jones Collection. Aus: Landreau/Pickering, From the Bosporus to Samarkand. The Textile Museum (Washington 1969).

förmigen Nodus und einen breiten, flachen Fuß. Im gotischen Kelch sind die Proportionen von Schaft und Kuppa gestreckt, der Fuß erhält eine architektonische Gliederung (→ Dreipaß, Vierpaß, Sechspaß), der Nodus wird reich verziert. Die italienische Renaissance kehrte zu ruhigen, geschlossenen Formen zurück, wobei die Kuppa geschweift blieb. Nördlich der Alpen hielt sich die gotische Grundform bis ins 17. Jh. und wurde dann vom prunkvollen Barockkelch, der mit Edelsteinen oder vielfach mit → Email und → Filigran verziert war, abgelöst. Aus ihm entwickelte sich der Rokokokelch, bei dem die einzelnen Teile ineinander übergehen. Der sparsam geschmückte Kelch des Klassizismus zeigt dagegen wieder einen klaren Aufbau und strenge Scheidung der Teile.

Der Abendmahlskelch der reformierten Kirchen ist größer als der Kelch der katholischen Kirche. Er blieb vom 16. bis zum 19. Jh. in seiner äußeren Form fast unverändert. Lediglich die Ausschmückung von Kuppa und Fuß folgte dem Wandel der Stile. Überwiegend wurde der Abendmahlskelch aus Silber gefertigt und oft vergoldet. Daneben gibt es Exemplare aus Messing und aus Glas. Die Bezeichnung für den Kelch der Ostkirche lautet Potirion (griech., Trinkbecher). Zur Kelchausstattung gehören → Patene, Kelchlöffel (→ Altargerät), → Purifikatorium, → Palla, → Kelchvelum und → Bursa mit → Corporale.

Einer der ältesten vollständig erhaltenen Kelche ist der sog. Tassilokelch (2. Hälfte des 8. Jh.s), der im Benediktinerkloster Kremsmünster (Oberösterreich) aufbewahrt wird.

Kelchlöffel → Altargerät

Kelchvelum, Seidentuch in der jeweiligen → Kirchenfarbe zur Verhüllung des → Kelchs.

Kelim, Bezeichnung für die am meisten verbreitete Art des gewebten oder gewirkten Teppichs im Orient. Zu den feinsten Kelimarbeiten zählen die von den Kurden erzeugten Senneh-Kelims (→ Senneh) in Schlitztechnik auf Seidenkette. (Abb. s. a. S. 268)

Kelley, Größenbezeichnung für persische Knüpfteppiche: ca. 2 × 4 m.

Kellinghusen in Holstein, zwischen 1763 und 1860 Sitz von fünf verschiedenen Fayencemanufakturen, die gutes ländliches Gebrauchsgeschirr mit stilisierten Blumen in Scharffeuerbemalung (→ Scharffeuerfarben) herstellten. Typisch ist der gelbe Grund auf den Fahnen der Schüsseln und Teller.

Kels, Hans d. J. (Mitte des 16. Jh.s), bedeutender Augsburger Kunstschreiner und Bildhauer, dessen wichtigste Werke im Auftrag der Kaufherrenfamilie Fugger entstand. In seinen Entwürfen orientierte er sich an den Dekorationen von Frans Floris, die seinen Täfelungen, geschnitzten Schränken und Türstöcken (München, Bayerisches Nationalmuseum) einen frühmanieristischen Charakter verleihen.

Kelim. Turkmenien, 19. Jh. Flachgewebe in Mischtechnik, 234 × 142 cm. München, Eberhart Herrmann Teppich-Antiquitäten.

Kelsterbach in Hessen, Porzellanmanufaktur 1761 bis 1768, 1789 bis 1792, 1799 bis 1802. 1761 erwarb Ludwig VIII. Landgraf von Hessen-Darmstadt die durch finanzielle Schwierigkeiten belastete Fayencefabrik von Caspar Mayntz in Kelsterbach, um hier eine eigene Porzellanmanufaktur zu betreiben. Mit Hilfe des als Direktor eingesetzten Arkanisten und Malers Christian Daniel Busch lief die Produktion noch im selben Jahr an. Als Busch 1764 nach Meißen ging, wurde der Kabinettskassierer Eberhard Dietrich Pfaff Direktor. Neben dem Porzellanbetrieb errichtete er 1765 eine neue Fayencefabrik, die er Philipp Friedrich Lay aus Offenbach unterstellte. In dem Porzellanwerk arbeiteten im Februar 1768 nur noch ein Modelleur und ein Former. Nach dem Tod des Landgrafen am 17. Okt. 1768 wurde der unrentable Betrieb ganz eingestellt.
Mit Unterstützung des Erbprinzen von Hessen-Darmstadt gründete der Fayencefabrikdirektor Johann Jacob Lay, der Sohn Philipp Friedrich Lays, 1789 eine eigene Porzellanmanufaktur in der Wolfenburg, die jedoch 1792 wieder schließen mußte. Ein weiterer Versuch, 1799 die Porzellanmanufaktur im alten Schloß noch einmal in Gang zu setzen, endete bereits 1802. Die Fayencefabrik in Kelsterbach, die auch Steingut herstellte, arbeitete noch bis 1840.
Auf die Geschirrherstellung verzichtete die landgräfliche Manufaktur (1761/68) weitgehend. Sie spezialisierte sich auf Dosen, Galanteriewaren und Figuren. Daneben entstanden amüsante Stockgriffe, Pfeifenköpfe und -stopfer (Männerbein), Stricknadelhülsen, Zahnstocheretuis (Frauenarm), Petschafte, Hundepfeifchen und vor allem die figürlichen Flakons von Carl Vogelmann, die einen Knaben auf einem Ziegenbock oder einem Schaf zeigen. Vogelmann sind auch mehr als die Hälfte aller Kelsterbacher Figuren und Gruppen zu verdanken, 75 von 131 Modellen. Marken: „HD“ = Hessen-Darmstadt. Das landgräfliche Kelsterbacher Porzellan ist häufig ungemarkt.

Kent, William (1684–1748), gehört zu den wichtigsten englischen Architekten, Innenraum- und Möbelentwerfern der Nachfolge von Inigo Jones. Kent studierte von 1709 bis 1719 in Rom Malerei, ein Metier, das er jedoch später kaum ausübte. Von seinem Förderer Lord Burlington zur Architektur gebracht, begann er in den dreißiger Jahren des 18. Jh.s die palladianischen Landsitze der vorigen Generation auszustatten, mit reichen, spätbarocken Stuckdekorationen, mit geschnitzten und vergoldeten Paneelen und mit aus Marmor gemeißelten Kaminen. Die Möbelentwürfe, die er für diese Ausstattungen lieferte, tragen ebenfalls einen entschieden spätbarocken, von seinen italienischen Eindrücken beeinflußten Charakter, bei dem sich reicher figürlicher Dekor mit floralen Schnitzereien die Waage hält. 1744 veröffentlichte er ein Vorlagenwerk für alle Arten der Innenraumdekoration, *Some Designs of Mr Inigo Jones and Mr William Kent.*

Kentaur, der griechischen Sage nach ein Mischwesen aus Pferd und Mensch. Die häufigste Verbreitung findet das Motiv in der antiken Kunst. Im Mittelalter tritt der Kentaur oft als Dämon oder als Tierkreisbild des Schützen auf. Auch in der Renaissance und im Barock, vereinzelt im 19. und 20. Jh. (etwa bei Pablo Picasso) werden Kentauren gestaltet.

Kepse, stammesspezifisches → Göl; Hauptornament auf Knüpfteppichen der jomutischen Stämme Turkmeniens (→ Jomut).

Keramik, das aus gebranntem Ton bestehende Produkt der Töpfer. Je nach der Aufbereitung des Tones oder des Tongemischs sowie der erreichten Brenntemperatur unterscheiden wir → Fayence, → Irdenware bzw. → Hafnerkeramik, → Majolika, → Porzellan, → Steingut, → Steinzeug, → Terrakotta und andere Gruppen, die Sondergruppen der genannten sind.

Kerbschnitt, ein kennzeichnendes Dekorationsmotiv spätgotischer Möbel. Flach geschnitzte geometrische, pflanzliche oder figürliche Ornamente, deren Grundflächen oft farbig gefaßt sind, verleihen einen holzschnittähnlichen Eindruck.

Dose. Kelsterbach, um 1766. Im Deckel Darstellung der Diana in Purpurmalerei. 3,7 × 5,8 cm. Darmstadt, Großherzogliche Porzellansammlung.

„Diana mit Windspiel" von Leonhard Kern. Elfenbein, H 22 cm. Braunschweig, Herzog-Anton-Ulrich-Museum.

Der Kerbschnitt wird meist an den Zargen von Tischen, an den Rücklehnen einfacher → Sitzmöbel und an Truhen und Schränken verwendet.

Kern, Leonhard (1585 oder 1588–1662), Elfenbeinschnitzer, Wegbereiter der Aktdarstellung in der europäischen Elfenbeinkunst des Barock. Zwischen 1609 und 1614 in Italien (Rom, Neapel), 1617 in kurpfälzischen Diensten in Heidelberg. Seit 1620 in seiner Geburtsstadt Schwäbisch-Hall tätig, 1640 dort Ratsherr. Schnitzte für viele Adelige. Seine Aktfiguren sind bevorzugte Sammlerstücke.

Kerzenleuchter, seit der Antike gebräuchlich, in den verschiedensten Formen und Materialien, z. B. Holz, Silber, Gold, Bronze, Messing, Porzellan. Das Grundprinzip Standfuß, Schaft (daher auch Schaftleuchter), Tülle oder Kerzendorn wird in immer neuen Ausgestaltungen parallel zu der allgemeinen Stilentwicklung variiert. (→ Altarleuchter, → Armleuchter, → Leuchter).

Kerzentülle → Tülle

Kerzenuhr, mittelalterliche Uhr, bei der die Nachtstunden an der Verkürzung der abbrennenden Kerze abgelesen werden konnten.

Keshan → Kaschan

Keter-Tora (Torakrone) → Toraschmuck

Kette, 1. Wahrscheinlich ältestes Schmuckstück, das seinen Ursprung in magischen Vorstellungen hatte und amulettartige Gegenstände reihte. Reihung und gelenkige Verbindung von Gliedern sind die Grundprinzipien der Kettengestaltung, ausgenommen die aus fortlaufenden Drahtschlingen „gestrickte" Kette frühchristlicher Jahrhunderte. Besonders deutlich machte die Gotik Gliederung und Zusammensetzung der Kette. Die italienische Frührenaissance brachte dünne Goldketten in Schnurform, um Kleinodien daran zu hängen, das 16. Jh. ließ die Goldketten großgliedrig und schwerhängend werden. Besonders in Deutschland trug man mehrere Goldketten gleichzeitig, dazu auch Gürtelketten. Den heutigen Standardformen wie → Ankerkette, → Panzerkette und Hobelspankette begegnen wir auf zeitgenössischen Porträts (Lucas Cranach, Tizian, Bartholomäus Bruyn, Christoph Amberger). Auf venezianische Vorbilder gehen die zum patrizischen Nürnberger Brautschmuck gehörenden

Stückleinketten (mit verschiedenen Edelsteinen, in Gold gefaßt und durch Ösen mit durchstifteten Perlen verbunden) zurück. Solche Ketten wurden auch als Armbänder paarweise getragen (→ Halsschmuck).

2. Die Gesamtzahl der in der Längsrichtung laufenden Fäden eines Gewebes. Auf dem Webstuhl wird durch Heben eines Teiles der Kettfäden eine Öffnung, ein Webfach, gebildet, durch welches man mit Hilfe des durch Tretvorrichtung bedienten Weberschiffchens den Schuß, d. h. die Querfäden, einschießt. Hauptkette nennt man die führende Kette in gemusterten Geweben, die eine zusätzliche Kette haben. Die Bindekette ist eine zusätzliche Kette, die neben den Abbindungen des Schusses mit der Hauptkette weitere Bindungen erlaubt. In der → Wirktechnik wird der Schuß mit der Hand und nur so weit eingeführt, wie es das Muster verlangt. Beim Orientteppich werden um die auf dem Webstuhl gespannten Kettfäden die Knüpffäden einer Reihe geknotet (→ Gjordesknoten, → Senneh), mit einem Kamm niedergeschlagen und durch einen oder mehrere Schußfäden befestigt. Das aus Kette und Schuß gebildete Grundgewebe des Teppichs entsteht also während des Knüpfens.

Kettenhemd, Kettenpanzer → Panzerhemd

Kettenkanne, eine gebauchte Deckelkanne aus Zinn mit einer am Gefäßhals angebrachten Tragkette. Vom 16.–19. Jh. in der Schweiz gebräuchlich. Die Ketten der alten Kannen sind vielfach eine Erneuerung aus späterer Zeit.

Ketuba (hebr., Schriftstück), jüdischer Hochzeits- oder Ehevertrag, der die Mitgift und die Regelung für den Todes- oder Scheidungsfall festhält. Der Text ist stets in aramäischer Sprache auf Pergament geschrieben und in der Regel reich mit Randillustrationen versehen. Ältere Stücke sind gesuchte → Judaika-Sammelobjekte. Die schönsten bekannten Exemplare stammen aus Oberitalien des 16.–18. Jh.s. Die Illustrationen sind zum Teil von hoher künstlerischer Qualität; oft auch nur originell und volkstümlich gestaltet, selten mit den Bildnissen der Brautleute.

Kettenkanne. Wallis, 18. Jh. H 32 cm. Bern, Auktionshaus Stuker.

Khiwa, nach der Ortschaft in der Oase Choresm am Nordrand der Karakumwüste benannte Knüpfteppiche der nomadisierenden Turkmenen dieses weiten Gebietes. Khiwa war Sammelstelle für die Teppiche vor allem der Jomuten (→ Jomut), der Afghanen (→ Afghan) und Beschiren (→ Beschir).

Khorassan, auch Chorassan, aus der gleichnamigen nordostiranischen Provinz stammende Teppiche. Khorassan war vermutlich Entstehungsgebiet der frühen Herat-Teppiche (→ Herat) und produzierte überwiegend große Formate bis 5 × 7 m. Auffallend ist eine breite Bordüre, die bei alten Stücken bis zu 20 Streifen aufweist. Es kommen Exemplare bis zu 70 m^2 vor.

Khotan, auch Chotan, ostturkestanischer Knüpfteppich mit Vasen- und Granatapfelmuster, scheibenförmigen Medaillons oder Kassettengülmuster. In den Bordüren Swastika (→ Hakenkreuz) oder → Mäander.

Kidduschbecher, im jüdischen Ritus verwendetes Kultgerät. Der Kidduschbecher wird im jüdischen Haus als Weinbecher für den Segensspruch am Schabat und an Feiertagen benutzt, wobei der Beginn des Festtages am Abend gefeiert wird, eingeleitet durch den sog. Kiddusch, den Segen über Wein und zwei Brote. Wegen der Seltenheit der meist silbernen Becher werden neuerdings alte Becher von Fälschern nachträglich mit hebräischen Inschriften versehen.

Kieler Fayence. 1763 gründete der Herzog von Holstein eine Fayencemanufaktur in Kiel, die Johann Samuel Friedrich Tännich aus Mosbach, ab 1769 Johann Buchwald unterstellt wurde und bis 1788 bestand. Sie wurde unter Buchwalds Leitung zur bedeutendsten Manufaktur Norddeutschlands. Die Produktion war vielgestaltig (Tischplatten, Rokokoterrinen, → Potpourrivasen); auch die im Küstengebiet beliebten Bischofsmützen als Punschbowlen fehlen nicht. Die Glasur ist strahlend weiß, häufig sind Blumen und Früchte plastisch aufgelegt. Es wurde eine nuancierte Muffelmalerei im Stile Straßburgs (→ Straßburger Fayence) gepflegt; neben Blumen kommen Landschaften, Schlachtenbilder und Szenen nach Watteau vor. Die Marke bestand – wie in den skandinavischen Ländern – jeweils aus drei verschiedenen übereinander angeordneten Buchstaben.

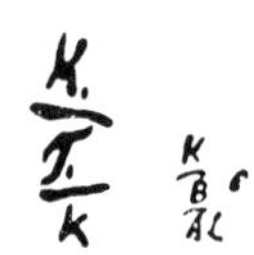

Kienspan, auch Kienspanhalter, eiserne Geräte zur Aufnahme der brennenden Kienspäne mit Gewichts- oder Zangenklemmung.

Kienspanhobel, Gerät zur Herstellung von Kienspänen, meist für Zweimannbedienung.

Kifwebe-Masken → Luba

Kilidsch → Säbel

Kilin, chin. *Ch'l-Lin,* Fabeltier (ursprünglich Einhorn) der chinesischen Kunst, das von der persischen Teppichknüpfkunst der Blütezeit (16. Jh.) übernommen wurde. Man unterscheidet Löwen-, Hirsch- und Pferdekilins.

Khotan-Teppich mit Drei-Medaillons und Gül-Eckfüllung. 2. Hälfte 19. Jh. 261 × 120 cm. Aus: Hans Bidder, Teppiche aus Ost-Turkestan, 1964.

Kimbel, Wilhelm (1786–1875), einer der größten Möbelfabrikanten des späten → Biedermeier und des → Historismus in Mainz, dessen 1815 gegründete Möbelfirma nach mehrmaligem Ortswechsel (Berlin, Breslau) bis 1945 bestand. Seine Möbelentwürfe, anfänglich geprägt von einer Mischung zwischen spätem Biedermeier und Anklängen an das Empire (geschnitzte Schwäne, Adler), dann mehr einem → Neorokoko zuneigend, veröffentlichte er in dem von ihm herausgegebenen *Journal für Möbelschreiner und Tapezierer,* das bis 1853 erschien. Möbel aus der Kimbelschen Fabrik zeichnen sich durch gediegene Verarbeitung aus und tauchen noch heute relativ häufig im Kunsthandel auf.

Kin, altes chinesisches zitherartiges Instrument mit Seidenfäden als Saiten.

Kinderbringer. Verschiedene Frauengestalten in der Kunst Ostasiens werden als Helferinnen zum Kindersegen und Beschützerinnen der Kinder verehrt. → Kuan-yin bzw. → Kannon als solche zu betrachten, bedeutet in jedem Falle eine Fehlinterpretation. Selbst wenn ein → Bodhisattva madonnenähnlich gestaltet und mit einem Kind auf dem Arm dargestellt ist, wie in spätbuddhistischen Werken (etwa seit dem 15. Jh. n. Chr.), so handelt es sich nur um die bildnerische Offenbarung einer der vielen – nämlich auf die Kinder bezogenen – Äußerungsweisen der grenzenlosen Barmherzigkeit des Bodhisattva Avalokiteshvara, nicht um die Darstellung einer, wenn auch göttlichen Mutter-Kind-Beziehung; vergleichbar der Darstellung des als Beistand verstorbener Kinder in der Unterwelt verehrten Kshitigarbha (chin. Ti-tsang, jap. Jizô). – Anders dagegen verhält es sich mit der Gestaltgebung der Göttin Hârîtî (tib. Yid-'prog-ma, jap. Kariteimo), die sich mit Buddhas Hilfe von einer kinderfressenden Dämonin zu einer wirklichen Kinderbringerin und Beschützerin der Kinder wandelte und in den gleichen Rang wie die Glücksgöttin Lakshmî oder Shrî-Devî (jap. Kichijô-ten) erhoben wurde. In den vornehmlich japanischen Bildwerken begegnen wir ihr, gleich Jizô Bosatsu, mit einem oder mehreren Kindern. Ihr kennzeichnendes Attribut ist der wegen seiner unzähligen Kerne im roten Fruchtfleisch in ganz Asien als Fruchtbarkeitssymbol dienende Granatapfel (wohl zu unterscheiden vom → Wunschjuwel der Kichijôten). In der tibetischen Kunst wird sie mit einem Kind und einer Reichtum symbolisierenden Ratte wiedergegeben.

Kinderklappern, gehören zum ältesten erhaltenen Spielzeug. Ihre qualitätvollste Ausprägung erfuhren sie in den silbernen Kinderrasseln des 16.–18. Jh.s mit schellenbehangenem Klangkörper, die oft in einem zum Beißen bestimmten Ring oder Griff aus Elfenbein enden.

King, altes chinesisches Schlaginstrument mit zwölf chromatisch gestimmten Steinplatten.

Kinnreff → Helm

Kinovorläufer, Gerätschaften, die Vorläufer der Kinematographie darstellen, so z. B. das Kinora, ein mechanisches Daumenkino, das Phenakistoskop, auch mit Lebensrad bezeichnet, das Zoetrop, als Wundertrommel bekannt, das Praxinoscop-Theater mit Bühnenkulissen und einer Spiegelvorrichtung, die einen nahezu perfekten Kinoeffekt zaubert. Grundlage für das Funktionieren dieser optischen Spielereien ist die Trägheit des menschlichen Auges. Kinovorläufer stellen eine amüsante Bereicherung einer Kino- bzw. Photographicasammlung dar. (Abb. s. a. S. 272)

Kipper, unterwertige Münzen, die 1618–1622 in Deutschland geprägt wurden und zum völligen Verfall der Währungen führten. Die Münzverschlechterer wurden als „Kipper und Wipper" bezeichnet, die Prägestätten als Heckenmünzen.

Kirchenfarben, auch liturgische Farben, die Farbgebung der Meßgewänder und Behänge in der römisch-katholischen Kirche entsprechend dem Farbenkanon (Vorschriften für die Verwendung liturgischer Farben). Die Farben richten sich nach bestimmten Zeiten und Festen des Kirchenjahres: Grün (gewöhnliche Sonn- und Werktage), Rosa (3. Advents- und

Zwei Kinovorläufer. Links: Kinora, um 1890. Rechts: Zoetrop, ab 1860. Vorne: Polyrama Panoptique, ein Miniatur-Nachbau von Daguerres Diorama, das Tag- und Nachteffekte zaubert.

4. Fastensonntag), Rot (Pfingsten, Apostel- und Märtyrerfeste, im Mittelalter auch bei Totenmessen; heute zusätzlich am Palmsonntag und Karfreitag), Schwarz (früher bei Totenmessen), Violett (Advent, Fastenzeit, Bittgottesdienste, heute bei Totenmessen), Weiß (Feste des Herrn, Mariens und der Bekenner, Osterzeit sowie Kirch-, Altar- und Priesterweihe).

Kirchenschatz, Bestand einer Kirche an → Paramenten, Meßgeräten, → Reliquiaren und sonstigen Kultgegenständen.

Kirchliche Heraldik, die Verwendung von Wappen innerhalb der kirchlichen Amtsbereiche (Abtei, Bistum usw.), das ursprünglich mit dem Geschlechtswappen des Inhabers als zwei getrennte Wappen Verwendung fand. Seit dem 15. Jh. wurden beide in einem gemeinsamen Schild vereinigt, und seit dem 18. Jh. bildete sich die Verwendung gleichbleibender kirchlicher Rang- und Würdezeichen in der Wappendarstellung als feststehendes Ordnungsprinzip heraus. Neben der päpstlichen Tiara und der Mitra ist es vor allem der geistliche Hut, der mit einer symmetrischen Schnuranordnung, die in einer unterschiedlichen Anzahl von Quasten *(fiocchi)* bestimmter Farbe endet, den Rang in der Hierarchie der Kirche deutlich macht. Dazu kommen Schlüssel (Papst), Vortragskreuz, Hirtenstab, das Schwert als Symbol weltlicher Macht (Fürstbischof) usw. als Würdezeichen.

Wappen eines Papstes. Tiara, goldener Bindeschlüssel schrägrechts, silberner Löseschlüssel schräglinks.
Mitra, Pedum und ein blankes Schwert.
Beide aus: Leonhard, Das große Buch der Wappenkunst, München 1978.

Kirchner, Johann Gottlieb → Meißen
Kirman, sehr fein geknüpfter südpersischer Teppich, der die persische Tradition der Blütezeit fortsetzt. Im Mittelfeld oft Portrats oder Tierdarstellungen. Naturalistische Blumenmuster herrschen vor.
Kirman Laver, Qualitätsbezeichnung für besonders feine Bildteppiche und Satteltaschen.
Kirmanschah, Bezeichnung für die verschiedenartigen Teppiche, die in der Umgebung von Kirmanschah in Nordwestpersien geknüpft und im dortigen Basar gehandelt werden. Sie sind dem des → Feraghan in Zeichnung und Farbe ähnlich.
Kirschbaumholz, hartes, rötlichgelbes Holz, das in der Kunstschreinerei verwendet wird. Es war das beliebteste Furnierholz des → Biedermeier.
Kirschehir, zentralanatolische Gebetsteppiche, die den Erzeugnissen des benachbarten Mudjur verwandt sind. Sie sind meist starkfarbig, wobei Grüntöne dominieren. Viele der im 19. Jh. entstandenen Teppiche zeigen französischen Einfluß.
Kisil-Ayak, Bezeichnung für die Türteppiche (→ Engssi) der Saryk-Turkmenen.
Kiss, Mädchen- oder Brautteppich (*Kiss,* Mädchen, Braut), Bezeichnung für kleine quadratische Teppiche aus Westanatolien, die von Mädchen für ihre Aussteuer geknüpft werden.
Kistophoren, auch **Cistophoren,** Haupthandelsmünzen Kleinasiens im 2. und 1. Jh. v. Chr. Sie sind mit Symbolen des Bacchuskultes beprägt, z. B. mit der *Cista mystica,* einem Korb, aus dem eine Schlange kriecht.
Kjaerholm, Poul (* 1929), führender dänischer Möbeldesigner vor allem der fünfziger und sechziger Jahre des

Kistophoren

20. Jh.s. Kennzeichnend sind seine → Sitzmöbel, immer auf Stahlrohrrahmen und mit natürlichen Materialien bespannt. Man findet bei ihm häufig Sitze aus Rohrgeflecht, Leder, geflochtenen Seilen und Holz.
Klappmützentaler, nach der Kopfbedeckung der darauf dargestellten Kurfürsten benannte sächsische Taler des 16. Jh.s.
Klappsonnenuhren, Reisesonnenuhren des 15. bis frühen 19. Jh.s, mit waagerechtem Zifferblatt aus zwei zusammenklappbaren viereckigen Platten, die wie die → Büchsensonnenuhren einen Kompaß mit Mißweisung haben. Sie sind aus

Klappsonnenuhr von Paul Reimann. Nürnberg, 2. Hälfte 16. Jh. Elfenbein, L 9 cm. München, Bayerisches Nationalmuseum.

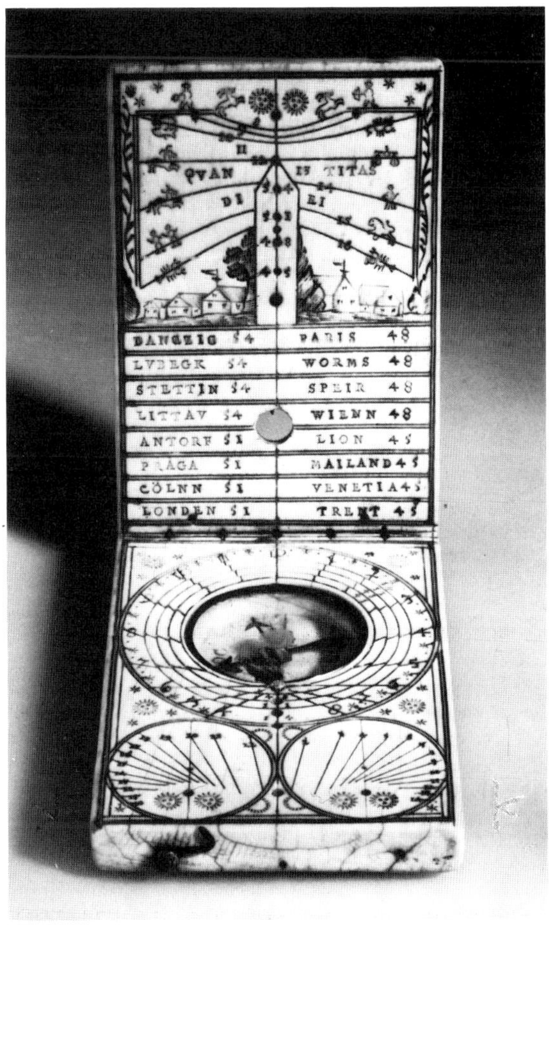

vergoldetem oder versilbertem Messing, Holz oder Elfenbein, die Außenseiten sind mit Malereien oder Schnitzereien verziert; ein Zentrum der Herstellung war Nürnberg. Um 1600 wurden Klappsonnenuhren in Buchform oder als Mandoline gearbeitet. Im 18. Jh. druckte man die Zifferblätter und klebte sie auf.

Klappvisier → Visier

Klassizismus, allgemein jede Haltung in der Kunst, die der als klassisch, d. h. vorbildlich, empfundenen Kunst der Antike nachstrebt. Im besonderen bezeichnet man damit antikisierende Strömungen der Architektur, die in Italien um 1560 mit Andrea Palladio einsetzten und im 17. und 18. Jh. besonders in Frankreich und England anzutreffen sind. – Der Klassizismus als Kunststil umfaßt die Zeit von etwa 1790 bis 1820 und greift zum erstenmal in der Geschichte der abendländischen Kunst neben der römischen auch auf die griechische Antike zurück. Die Frühphase vor 1800, in der noch Elemente des → Louis-seize weiterleben, wird in Frankreich nach dem Direktorium der Revolution → Directoire genannt, die beiden folgenden Jahrzehnte werden auf dem Kontinent allgemein nach dem napoleonischen Kaiserreich als → Empire bezeichnet. In England heißt die entsprechende Stilperiode (1800–1830) nach der Regentschaft Georgs IV. für seinen kranken Vater → Regency. Der qualitative und quantitative Niedergang des Kunstgewerbes, der sich bereits im Louis-seize-Stil angekündigt hatte, wurde durch die Französische Revolution und die Revolutionskriege wesentlich beschleunigt. Diese Entwicklung konnte auch Napoleon, der zahlreiche Kunstzweige zu erhalten und neu zu beleben suchte, nur für kurze Zeit aufhalten. Als stärkste Gattung erwies sich die Möbelkunst, die als einzige noch einen neuen Stil hervorzubringen vermochte (→ Biedermeier). Die Werke des Empirestils zeichnen sich durch Geradlinigkeit, Strenge und Klarheit aus. Als Schmuckformen treten römische, griechische und ägyptische Motive auf.

Klavichord, Kleinklavier des 16.–18. Jh.s mit intimem Klang und der Möglichkeit der Bebung *(blancement)* des Tones nach dem Anschlagen; ist für mehrere Töne nur eine gemeinsame Saite vorhanden, spricht man von gebundenem Klavichord.

Klavier, heute nur noch der Name für das Pianoforte (Hammerklavier), früher für alle Tasteninstrumente überhaupt; im Gegensatz zum Flügel (bei dem die Saiten horizontal laufen) bedeutet Klavier im engeren Sinne die kleinere Form mit vertikal laufenden Saiten (früher gerad-, jetzt kreuzsaitig).

Kleiderkasten oder **-schrank**, wurde im ländlichen Bereich erst im 18. Jh., mit wenigen früheren Ausnahmen, gefertigt und ins Mobiliar aufgenommen. Kleiderkästen haben gewöhnlich eine oder zwei Türen, die fast immer in Felder aufgeteilt sind. Die Gliederung der Türen ergibt sich entweder durch aufgesetzte Leisten oder Schnitzereien bei Vollholztüren, auch durch bloßes Bemalen oder durch Arbeiten von Rahmen und Füllung. Die Entwicklung des Kleiderkastens aus der → Truhe zeigt sich daran, daß Kleiderkästen fast immer auf Sockeln, auch mit Schubladen, oder, seit der Mitte des 18. Jh.s, auf Kugelfüßen stehen. Schränke mit geschwungenen Gesimsen, aufgesetzt oder aus der Front gearbeitet, gibt es ab Ende des 18. Jh.s; im Alpenraum, wo die gewölbten Gesimse oft die Form aufgesetzter Durchbruchschnitzerei in Rokokogestaltung haben, wiederholen die oberen oder alle vier Türfelder den Gesimseschwung. Die bis dahin oft sehr breite Front wurde im 19. Jh. schmäler; die

Kleiderkasten. Aibling, datiert 1784. Farbige Bemalung mit vier Erdteilen. München Antiquitäten Linsmaier.

bayerischen Kleiderkästen übersteigen selten die übliche Innentiefe von 40 cm, da der Kleiderbügel lange ungebräuchlich und die Kleider an Haken im Innern gehängt wurden.

Kleinmeister, Bezeichnung für eine Reihe deutscher Kupferstecher des 16. Jh.s, die untereinander nicht in Zusammenhang standen, aber alle in kleinem Format arbeiteten. Gemeinsam ist ihnen höchstens eine mehr oder weniger enge Beziehung zu Dürer. Man rechnet zu ihnen die Brüder Hans Sebald und Barthel Beham sowie Georg Pencz aus Nürnberg, in Augsburg die Familie Hopfer, in Soest Heinrich → Aldegrever. Die meisten von ihnen waren bedeutende Ornamentstecher (→ Ornamentstiche), die wesentlich dazu beitrugen, das Renaissanceornament nördlich der Alpen zu verbreiten.

Klenze, Leo von (1784–1864), aus der Gegend von Hildesheim stammender Architekt, Innenraum- und Möbelentwerfer, erhielt seine ersten prägenden Eindrücke bei einem Studienaufenthalt in Paris, 1803, bei dem er sich eingehend mit dem französischen → Klassizismus auseinandersetzte. Diese Ausrichtung auf das → Empire und auf Frankreich blieb für sein ganzes Schaffen, das zeitlich weit in den → Historismus hineinreichte, entscheidend. Seine erste Anstellung erhielt er als Hofbaumeister in Kassel, doch schon 1816 trat er in den Dienst des bayerischen Königshauses. München verdankt ihm und seinem Mäzen König Ludwig I. seine klassizistische Gestalt. Auch die Möbel, die nach seinen Entwürfen für die Münchner Residenz entstanden, weisen Stilelemente auf, die eindeutig auf das französische → Empire verweisen, kombiniert mit Dekorationselementen, die noch aus dem → Louis-seize stammen. Er bevorzugte Weiß-Gold-Fassungen, geschnitzte Adler, Kränze und Palmetten.

Canapé nach einem Entwurf von Leo von Klenze. München, 1. Hälfte 19. Jh. 95 × 215 × 87 cm, München, Bayerisches Nationalmuseum.

Klett → Feuerwaffen

Klewang, malaiisches Schwert mit einschneidiger gerader Klinge, deren Spitze am Rücken sitzt. Auf jeder der Sundainseln variieren die Waffen und ihre Scheiden.

Klint, Kaare (1888–1954), der bedeutendste dänische Möbelentwerfer der zwanziger und dreißiger Jahre, dem die Moderne entscheidende Impulse verdankt. Als Sohn eines renommierten Architekten trat Klint zuerst in die Fußstapfen seines Vaters; doch schon 1916 wandte er sich endgültig dem Möbeldesign zu. Als einer der ersten propagierte er die Verwendung natürlicher Materialien, wie ungebeiztes Holz, unbehandeltes Leder oder Leinen und Baumwollstoffe in natürlichen Farben – Tendenzen, die bis heute kennzeichnend für die skandinavische Möbelproduktion sind. Klint gehörte nie zu den Designern, die um jeden Preis avantgardistisch sein wollten. Seine Entwürfe inspirieren sich in starkem Maße an den Möbeln der amerikanischen Shaker (→ Shaker-Möbel) aus dem 19. Jh., an einfacheren Vorlagen Thomas → Chippendales, aber auch an Vorbildern aus der Antike. Doch verschloß er sich keineswegs den zeitgenössischen Strömungen; v. a. → Le Corbusier hinterließ einen prägenden Eindruck bei ihm. Seine Möbel, von bester handwerklicher Verarbeitung, kombiniert mit der größtmöglichen Schlichtheit und Funktionsgerechtigkeit der Form, wurden von der Kopenhagener Firma Rudolf Rasmussens Snedkerier hergestellt.

Klippe, rechteckige, quadratische, rautenförmige und mehreckige Münze von regelmäßiger und unregelmäßiger Gestalt. Sie wurde meist in Notzeiten geprägt. Ihr Name stammt aus dem Schwedischen und bedeutet soviel wie mit der Schere geschnitten. Klippen gibt es u. a. aus Landau, Sachsen und Salzburg. Schieß- und Schulprämien wurden häufig in Klippenform hergestellt.

Klischee (von franz. *clicher,* abklatschen), Bezeichnung der Druckstöcke, die im Hochdruckverfahren zur Wiedergabe von Bildern dienen (→ Autotypie).

Klöppeln, das auf dem Prinzip des Flechtens aufgebaute Verkreuzen, Verzwirnen und Verweben von Fäden (meist Leinengarn). Es geschieht durch Klöppel, kegelförmige Holzspulen, auf denen das Garn aufgewickelt ist. Auf dem Klöppelkissen stecken – dem Muster entsprechend – Nadeln, um die die Fäden geschlungen werden. Die Zahl der Klöppel eines Werkstücks ist von der Größe des Stücks und von der Art der Musterung abhängig. Beim Klöppeln werden die Spulen mit einer genau berechneten Bewegung geschüttelt, so daß sich die Fäden in der vom Muster vorgeschriebenen Weise umeinanderschlingen.

Klosterarbeiten, in Material und Herstellungstechnik unterschiedlichste kunstgewerbliche Erzeugnisse, die aus dem Umkreis der Klöster, oft von Nonnen selbst, stammen und in mühevoller, geduldiger Arbeit angefertigt wurden. Immer sind die Schöpfer dieser kleinen Kunstwerke unbekannt. Zu den schönsten Klosterarbeiten sind Stickereien in einem Kastenrahmen zu zählen, die im 18. und 19. Jh. aus Metallfäden und Farbsteinen gearbeitet wurden und ein Heiligenbildchen umschließen. Ferner → Walburgiskästchen und → Wachsarbeiten, → Spitzenbilder und → Andachtsgraphik.

Kloster Veilsdorf, → Thüringer Porzellanmanufaktur (1760–1822), in der Rokokogeschirre mit feiner Bemalung und in kräftigen Farben staffierte Götter-, Kinder-, Nymphen- und andere Figuren (meist ohne Marke) gearbeitet wurden. Die Marke, verschlungenes C und V, imitiert die Schwertermarke (→ Meißen).

Knechtischer Harnisch → Harnisch

Knibisornament, Dekoration von salzglasiertem → Steinzeug. Es sind dicht eingekerbte Zickzackbänder, die mit breiten Hölzern durch schaukelnde Bewegungen in den lederharten Ton eingedrückt werden. Knibishölzer von unterschiedlicher Breite wurden teils gerade, teils rund zugeschnitten. Diese Dekorationstechnik war besonders im 18. Jh. an → Westerwälder Steinzeug beliebt. Man verzierte damit unbemalte graue Keramiken. Im 20. Jh. lebt das Kni-

Klippe

bisornament, durch Elfriede Balzar-Kopp und Wim Mühlendyck neu entdeckt, im Westerwald wieder auf.

Knobelsdorff, Georg Wenzeslaus von (1699–1753), Architekt und Maler, ab 1740 Oberintendant der königlichen Schlösser und Gärten in Berlin, der bestimmende Künstler des → Friderizianischen Rokoko. Er vertrat eine klassizistische Spielart des Stils und beeinflußte damit auch die unter ihm tätigen Dekorateure Johann August → Nahl und die Brüder → Hoppenhaupt.

Knochenporzellan → Porzellan

Knochenschnitzerei, ein seit frühester Zeit rund um die Erde geübter Kunstzweig. Berühmt sind die verblüffend naturalistischen Tiergravuren in Knochen aus dem Magdalénien. In der Südsee und in Tibet (→ tibetischer Tanzschurz) dienten auch Menschenknochen zum Schnitzen. Kamelknochen werden in islamischen Ländern verwendet. In Europa stellen die Arbeiten aus der Embriachi-Werkstatt in Venedig im 15. Jh. einen Höhepunkt in der Kunst der Knochen- oder Beinschnitzerei dar. Vor allem Pferdeknochen wurden als Werkstoff bearbeitet.

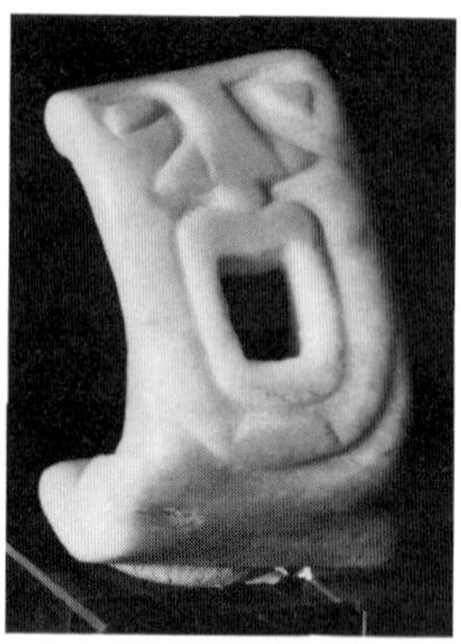

Knochenschnitzerei von Karl Schmidt-Rottluff. Erbach, Deutsches Elfenbeinmuseum.

Knoll Associates, amerikanische Firma für Möbel und Innenraum-Design, begründet 1938 von Hans Knoll; heute besitzt Knoll International Niederlassungen in der ganzen Welt. Die ursprüngliche Idee von Hans Knoll, einen überregionalen klassisch-modernen Möbelstil mit Hilfe der bekanntesten Architekten und Designer zu kreieren, wurde hauptsächlich durch seine Frau Florence, eine Schweizerin, verwirklicht, die selbst von Eero → Saarinen ausgebildet war und am Illinois Institute of Technology unter Ludwig → Mies van der Rohe gearbeitet hatte. Ihr gelang es, ihre beiden Lehrer und Harry → Bertoia zur Mitarbeit an diesem Projekt zu bewegen. Die deutsche Niederlassung der Firma Knoll in Stuttgart wurde 1951 begründet.

Knopf, ab dem 14. Jh. wichtiges Element in der Kostüm- und Schmuckgeschichte. Vor allem die männliche Tracht prunkte mit kostbaren Knöpfen: Franz I. von Frankreich bestellte sich 13600 Stück aus Gold, Kaiser Rudolf II. und Maximilian II. bezogen Goldknöpfe aus Spanien. Zur *boutonnerie* Ludwigs XIV. gehörten allein 104 Knöpfe aus je einem großen Diamanten mit juwelengezierten Knopflocheinfassungen bzw. Knopfschlingen. Zur höfischen Garnitur waren noch im 18. Jh. Dutzende von Rock- und Westenknöpfen sowie Hemdenknöpfe erforderlich. Mit den Edelsteinen wetteiferte oft farbiges Email. Manschettenknöpfe kamen auf, als zu Beginn des 19. Jh.s die weichen Handkrausen von steifen Ärmelstulpen abgelöst wurden. Als doppelte Durchsteckknöpfe aus Edelmetall und Edelsteinen gehören sie seit den Gründerjahren zum eleganten Herrenkostüm. Eine besondere Rolle spielen Gold- und Silberknöpfe, zumeist aus Gold- oder Silberfiligran, noch heute im → Trachtenschmuck. Liebesknöpfe → Liebesschmuck.

Knorpelstil, spätmanieristische Stilausprägung des 17. Jh.s, die besonders in Kupferstichen und in Silberarbeiten verbreitet wurde. Hauptvertreter des Knorpelstils sind der niederländische Maler, Kupferstecher und Architekt Cornelis Floris und der niederländische Gold- und Silberschmied Paulus van → Vianen. Der Knorpelstil zeichnet sich – wie der Name besagt – durch knorpelige Formen aus, die teils an „Ohrmuscheln", teils an das Innere von Meeresmuscheln erinnern (→ Knorpelwerk). Die Anwendung solcher organischer Formen und Motive, die oft bis ins Groteske übersteigert werden – so trifft man häufig knorpelige Delphine und grinsende Ungeheuer an –, findet sich auch in der Möbelkunst dieser Zeit, in erster Linie bei den Vorlagenstichen des Frankfurters Friedrich Unteutsch (*Neues Zieratenbuch den Schreinern ...*, Frankfurt, um 1650).

Knorpelwerk, aus knorpelartig verdickten Einzelformen zusammengesetztes Ornament, das häufig Masken und andere phantastische Formen bildet und sich aus dem sog. Schweifwerk (→ Beschlagwerk) herausentwickelte. Es war in der ersten Hälfte des 17. Jh.s in Frankreich, den Niederlanden und Deutschland verbreitet. Im zweiten Jahrhundertviertel wurden die Ornamente häufig zu weichen, teigigen Formen, die Ohrmuscheln gleichen, verschliffen; diese Spätform des Knorpelwerks, die vor allem in Holland von 1620 bis 1630 blühte, wird Ohrmuschelstil genannt. Um die Mitte des 17. Jh.s lief die Entwicklung im sog. „Gedärmdewerk" aus. Das in Deutschland, den Niederlanden und Frankreich, kaum aber in Italien gebräuchliche Knorpelwerk fand, ausgehend vom → Ornamentstich, als Dekoration an Bauwerken, Inneneinrichtungen, Grabmälern und Epitaphien, Altären, Gebrauchsgegenständen, Schmuck, Möbeln usw. Verwendung.

Knorrecht → Buckelpokal

Knütgen, Anno, Christian, Peter → Siegburger Steinzeug

Kobako → Kôgô

Köhler, Johann, Würzburger Bildhauer, der 1764/66 für die Würzburger Residenz und für Schloß Seehof bei Bamberg Sitzgarnituren schuf, die sich durch kühne Auflösung des Ornaments auszeichnen und zu den originellsten fränkischen Rokokomöbeln gehören.

Köhlerteppich → Yaçebedir

Kölner Borten. Zwischen 1200 und 1500 blühte in Köln die

Kölner Intarsienschrank. Ende 16. Jh. 208 × 180 cm. Köln, Kunstgewerbemuseum.

→ Bortenweberei. Kölner Borten waren in Deutschland und den Niederlanden gesucht und ein wichtiger Ausfuhrartikel. Es waren Seidenborten auf Leinen→kette, häufig mit Häutchengold (→ Blattgold) broschiert. Auf ihnen waren in kräftigen Farben neben rein ornamentalen Motiven (→ Rauten, → Rosetten) Wappen, Schriftbänder, stilisierte Blütenbäume, kirchliche Symbole und Heiligenfiguren dargestellt. Zuweilen waren die Borten auch bestickt.

Kölner Intarsienmöbel, zwischen 1580 und 1620 entstandene Kölner Eichenmöbel (Truhen, Schränke und Betten) mit reichem Intarsienschmuck (→ Intarsien) nach süddeutschem Vorbild. Aus verschiedenfarbigen Hölzern wurden perspektivische Architekturbilder, Wappen, Vasen mit Blütenranken zusammengesetzt, die auch die Kanten (wenn sie nicht Schnitzereien trugen) füllten. Hauptmeister der Technik war der zwischen 1590 und 1624 in Köln tätige Schnitzer und Schreiner Melchior von Rheydt.

Kölner Kannen, Zinnkannen des 17. und 18. Jh.s auf niedrigem walzenförmigen Sockel, der zum Gefäßkörper gehört (→ Hansekannen), mit kugeligem Bauch, langem Hals, erweitertem Lippenrand mit Ausguß, flachem Scharnierdeckel und geschweiftem Bandhenkel. Man kennt sie in Sätzen bis zu 18 Stück in Höhen von 7 bis 30 cm.

Kölner Pfennig → Silberpfennig

Kölner Steinzeug, Köln war ein wichtiges Zentrum der rheinischen Töpferkunst im 16. Jh. Hier wurde vermutlich schon im 15. Jh. das erste → Steinzeug hergestellt. Das Charakteristische des Kölner Steinzeugs ist die kräftige braune Farbe, die durch den starken Eisengehalt einer Tonengobe sowie durch einen Oxydationsbrand hervorgerufen wurde. Kölner Steinzeug war bereits in der ersten Hälfte des 16. Jh.s auf der gesamten Gefäßwandung mit ornamentalen Reliefauflagen aus Rankenwerk oder aus Bildszenen geschmückt. Mit Hilfe von Matrizen konnten große Auflagen gefertigt werden, wie sie z. B. für die Verzierung der → Bartmannkrüge gebraucht wurden (→ Rheinisches Steinzeug).

Königsberger Fayence; 1772 gründete Johann E. L. Ehrenreich, der zuvor in Marieberg und Stralsund (→ Stralsunder Fayence) tätig gewesen war, in Königsberg eine Fayence-Manufaktur. Von 1780 an stellte er dort auch Steingut und feuerfeste Tonwaren her. Trotz der Kenntnisse, die Ehrenreich mitbrachte, blieben die Königsberger Fayencen hinter denen von Marieberg und Stralsund zurück. Dekore in Blaumalerei, oft sehr fein gemacht, dominieren. Immer ist die Glasur leicht gräulich. Rokokoformen sind sowohl bei den Fayencen als auch beim Steingut üblich. Als Deckelknäufe sind in Königsberg Früchte, Gemüse und Pilze beliebt. Das Steingut ist oft strohgelb oder taubenblau. In den Jahren zwischen 1772 und 1788 verwendete man in Königsberg die Marke HE in Ligatur für Hofrat Ehrenreich, teils gepreßt, teils gemalt, oft in Verbindung mit Jahreszahlen. 1812 wurde der Betrieb, nachdem Ehrenreich bereits 1788 aufgegeben hatte, gänzlich eingestellt.

Königstüre, auch hl. Pforte, der zentrale Durchlaß durch die → Ikonostase, auf deren Türflügeln die Verkündigung Mariae sowie die vier Apostel dargestellt sind. Durch sie zu schreiten war ursprünglich nur dem Zar und den Priestern vorbehalten.

Köper, Gewebe in Köperbindung, eine der drei Grundformen der → Bindung. Die Kreuzungen der senkrechten Kett-

Kölner Steinzeug. Pinte mit Darstellung der Austreibung aus dem Paradies. 2. Viertel 16. Jh. Braunes salzglasiertes Steinzeug, H 17 cm. Köln, Kunstgewerbemuseum.

und waagerechten Schußfäden verlaufen in einer der beiden Diagonalrichtungen. Man spricht von Kettköper, wenn auf der Schauseite die Kettfäden, von Schußköper, wenn auf der Vorderseite die Schußfäden überwiegen. Die Köperbindung war seit der Antike bekannt. Sie ist nicht so dicht wie die Leinenbindung.

Köperbindung

Kogai → Wakizashi

Kôgô (jap.), kleine japanische Räucherwerkdose aus Keramik oder Lack. Kobako ist eine größere Dose oder kleiner Kasten.

Kohle, gebranntes Holz. Die Holzsorte und die Dauer des Verkohlungsprozesses bestimmen den Härtegrad. Kohle war schon in der Antike ein gebräuchliches Zeichenmittel. Sie eignet sich besonders für Vorzeichnungen und Kompositionsskizzen, da sie sich leicht verwischen und korrigieren läßt. Für autonome Zeichnungen und Blätter, die länger aufbewahrt werden sollten, konnte sich Kohle erst durchsetzen, als geeignete Fixierungsmittel gefunden waren. Viele ältere erhaltene Kohlezeichnungen wurden erst nachträglich fixiert. Spätestens seit Beginn des 16. Jh.s haben Künstler ihre Werke selbst fixiert.

Kohlenbehälter, im frühen 18. Jh. aufkommende Behälter für Kohle, die seit etwa 1850 in Form von Eimern oder Helmen mit Messing-, Kupfer- oder Zinkhenkeln verfertigt wurden. Es existieren auch kleinere reichverzierte Kohlenvasen aus gelacktem Metall in historisierenden Formen. Das sogenannte Purdonium ist ein kastenförmiger Behälter, der meist aus gelacktem Metall besteht und oft ein auf der Unterseite bemaltes Glasfeld im Deckel und eine Aussparung für die Schaufel aufweist.

Kokarde (franz. Hahnenkamm), die an der Kopfbedeckung befestigte Hutschleife, später Form eines Nationalabzeichens. Aus Leder oder Metall hergestellt zeigt sie die Nationalfarben des betreffenden Staates.

Kokosnußpokale, seit dem Spätmittelalter gefertigte Prunkgefäße aus teils unverzierten, teils durch Schnitzereien dekorierten Kokosnüssen, die durch eine Silber-, selten Zinnfassung zu hochgestielten Deckelpokalen oder zu gefußten Humpen verarbeitet wurden. Vorwiegend in Deutschland und England hergestellt.

Kolbenturnierhelm → Helm

Koller → Uniform

Koller → Goller

Kolleschal → Branntweinschalen

Kolorierung, die Ausmalung gedruckter Blätter mit der Hand.

Kometentaler, Straßburger Schaumünzen von 1681, dem Jahr der Besetzung der Stadt durch Ludwig XIV., mit dem Bild eines 1680 erschienenen Kometen.

Kommode, halbhohes Kastenmöbel mit Schubladen, das am Ende des 17. Jh.s entstand. Es verdrängte endgültig die → Truhe und wurde das Lieblingsmöbel des 18. Jh.s, das im Rokoko neben dem → Konsoltisch am stärksten von der Schweifung aller Umrisse erfaßt wurde. Die Stützen wurden dabei leichter und höher; der Körper löste sich immer mehr vom Boden. Oft war die Kommode Teil von Garnituren und wurde eng in die Gliederung der Architektur einbezogen. Eine Reihe anderer Möbeltypen wie → Schreibschrank, → Schreibkommode, → Vitrinenschrank, → Zylinderbureau entwickelte sich aus ihr. Am Ende des 18. Jh.s erhielt die Kommode ihre einfache Kastenform auf niedrigen Füßen zurück, in der sie bis heute fortlebt.

Kommunionlöffel, auch Cochlearium, langstieliger vergoldeter Silberlöffel, mit dem in der Liturgie der Osterkirche den Laien das in den Abendmahlswein getauchte, konsekrierte Brot gereicht wird. Er dürfte seit dem Mittelalter in Gebrauch sein.

Kommunionspatene → Patene, → Altargerät

Kompaß, wissenschaftliches Instrument für Winkelmessungen, d. h. zur Bestimmung der Richtungslinie von Gegenständen in bezug auf die Nord-Süd-Richtung der Magnetnadel, die beim Kompaß auf einem Stift frei schwingend angebracht ist. Schiffskompasse sind in einem Gehäuse angebracht, das in sogenannten Cardanischen Ringen hängt und sich auch bei starken Schwankungen stets in horizontaler Lage hält. Die Chinesen sollen den Kompaß bereits 121 n. Chr. benutzt haben. Die frühesten mittelalterlichen Nachrichten über den Kompaß stammen aus dem 12. Jh. Der Italiener Flavio Gioja hat zu Beginn des 14. Jh.s wahrscheinlich als erster einen nadelförmigen Magnet in eine Büchse eingeschlossen.

Kompositkapitell → Säule

Konagend, Knüpfteppich aus dem Ostkaukasus, der zur Gruppe der → Kuba-Teppiche zählt.

Konchylienbecher → römisches Glas

Kongo-Kunst, Sammelbegriff für eine Vielfalt von Kunststilen im Kongogebiet, die sich den einzelnen Regionen nur schwer zuordnen lassen. Dennoch sind Arbeiten einiger Unterstämme stilistisch in größere Gruppen zu gliedern. So sind vor allem die Zauber- oder Fetischfiguren vom unteren Kongo, des Küstengebietes und Nord-Angolas berühmt gewor-

Kokosnußpokal. Süddeutsch, Anfang 17. Jh. Silber mit vergoldeter Montierung, getrieben, ziseliert und punziert, H 34 cm.

Kommode. Deutsch, um 1765. Verschiedene Edelhölzer, auf Eiche bzw. Fichte furniert. 78 × 149 × 79 cm.

den. Hervorzuheben sind hier die Nagel- und Spiegelfetische, Schnitzfiguren, die sich dadurch auszeichnen, daß sie neben dem Holz noch andere Materialien tragen (Hörner, Haar, Muscheln, Knochen, Zähne usw.), die der Medizinmann für zauberkräftig hält und nach bestimmten Riten anfügt. Die Standfiguren sind nur am Kopf und an den Füßen bildhauerisch gestaltet, mit der Bestimmung, daß der übrige Körper mit solchen Zauberingredienzien und Amuletten überzogen wird. Oft enthalten eingearbeitete Vertiefungen oder Kästchen im Körper die Medizin, abgedeckt von einem Spiegel der den „bösen Geist vor sich selbst erschrecken läßt". Häufig sind auch in die Augenhöhlen Spiegelstückchen eingearbeitet. Die so mit magischen Kräften ausgestattete Figur steht mit den Ahnengeistern in Beziehung. Bei den sog. Nagelfetischen wird die Kraft der Geister durch Eintreiben eines Nagels „geweckt", in der Absicht, durch deren Kraft sich etwa vor Krankheit zu schützen, auch schädliche Fremdgeister oder Feinde abzuwehren – bei den Konde-Zauberfiguren gar um dem Gegner den Tod zu bringen. Die Gestaltung dieser Figuren kann thematisch sehr variieren: Es finden sich tierische und menschliche Gestalten beiderlei Geschlechts, oft mit sehr lebensnahen, realistischen Gesichtern, an Kopf und Füßen fein bearbeitet, während der Körper oft nur andeutungsweise gestaltet ist. Besonders schöne Arbeiten haben die Yombe (Mayombe) hervorgebracht. Eine andere stilistische Gruppe bilden die Ahnen-, Häuptlings- oder Mutter-und-Kind-Darstellungen, Figuren, die am gesamten Körper subtil gearbeitet sind, mit den üblichen Stammestätowierungen. Im Handel etwas seltener zu finden sind die sog. Ntadi-Figuren, in Stein oder Holz gearbeitete Sitzfiguren mit gefalteten Händen, die seitlich an den geneigten Kopf gehalten sind; angeblich kamen vier solche Steinfiguren bereits 1695 nach Rom.

Der etwas kleinere Figurentypus der Bembe (Babembe) ist oft an dem flach und bretthaft gearbeiteten Bart und langen zylinderförmigen Oberkörper mit Tätowierungen zu erkennen. Solche Sibiti (Ahnenfiguren, die auch mit magischen Kräften begabt sein können) haben die Zauber-Medizin

Kongo-Kunst (von links nach rechts): Spiegelfetisch. Das Kästchen vor dem Bauch ist mit einem Spiegel versehen. Yombe, Kongo-Mündung. – Bembe-Figur. Kongo. Holz. ca. 12 cm. München, Privatsammlung. – Khimba-Tanzrassel. Kongo. Typisch sind die beiden mit dem Rücken gegeneinander sitzenden Ahnenfigürchen mit dem Häuptlings-Barett als Kopfbedeckung. Holz, Reste weißer Fassung, mit anhängenden Glöckchen, Antilopenhörnern und Muscheln. H 44 cm. München, Sammlung Eli Ashan.

manchmal in der Afterhöhlung eingearbeitet, die Augen sind oft mit Muscheln oder Porzellanscherben ausgelegt. Eine originelle Spielart der Zauberfiguren stellen die Bantustämme der Teke her: kleine Schutzfiguren – Kopf und Füße geschnitzt, während der Leib sackähnlich aus formbarer, geglätteter Lehmmasse gebildet ist, der die zauberkräftigen Ingredienzien beigegeben wurden.

Konia-Teppiche, auch Konya-Teppiche, nach der gleichnamigen Hauptstadt des Seldschukenreiches des 13. Jh.s benannte teppichgeschichtlich bedeutende Knüpfarbeiten, von denen sich eine Reihe im Mewlana-Museum in Konya befinden.

Konsekrationskamm, auch Bischofskamm, bei der Bischofsweihe verwendeter Elfenbeinkamm mit Schnitzereien.

Konsekrationsmünzen, aus Anlaß einer Konsekration, der Erhebung eines römischen Kaisers zum Gott, geprägte Münzen.

Konsole, aus einer Mauer vortretender Tragstein oder ein an einer Wand befestigtes Tragegied.

Konsoltisch, Wandtisch, der weitgehend auf Architektur und Vertäfelung eines Raumes abgestimmt war. Seit dem Louisquatorze ersetzte er die → Kredenz. Er wurde meist von Schnitzern oder Bildhauern geschaffen und reich mit vergoldeten Schnitzereien geschmückt. Zunächst war er rechteckig mit vier Stützen. Im 18. Jh., als er noch stärker in die Wanddekoration einbezogen wurde, reduzierte man diese auf zwei, in Ausnahmefällen auf eine stark gekurvte, ganz in Ornamente aufgelöste Stütze. (Abb. s. a. S. 283)

Konstruktivismus, Bezeichnung für eine nach 1900 aufkommende Kunstrichtung, die nicht nur für die Malerei und Architektur, sondern auch für das industrielle Design äußerst wichtig wurde. In dem Bestreben, Kunst und Leben in sachlicher Objektgestaltung aufeinander zu beziehen, bevorzugte man technoide und mathematisierte Formen und elementare Farben (siehe auch → De Stijl, → Bauhaus, → Werkbund, Deutscher).

Kontorniaten, große münzähnliche Bronzestücke der späten römischen Kaiserzeit, die einen auffälligen, meist vertieft eingedrehten Rand mit einer Rille (ital. *contorno*) tragen. Sie zeigen vorn das Bild des Kaisers, hinten Darstellungen, die sich auf Zirkusspiele beziehen. Die Bestimmung der Kontor-

niaten ist ungewiß. Vermutlich waren sie Erinnerungsstücke, Siegespreise oder auch Ausweismarken.

Kontrapost. Die Ausgeglichenheit der körperlichen Haltung einer Statue wird durch das harmonische Gegenspiel von Hebung und Senkung der beiden Körperhälften erreicht (Ponderation). Während die archaische Standplastik Griechenlands das Stehen mit gleichmäßiger Belastung auf beiden Füßen zeigt, wird in der Klassik durch Unterscheidung von Standbein und dem sich vom Boden lösenden Spielbein eine einseitige Aufwärtsbewegung erzeugt, die (seit Polyklet) durch die Gegenbewegung des Oberkörpers – auch der Kopfwendung usw. – beruhigend wieder aufgehoben wird. Dieses klassische Haltungsschema (Chiasmus, genannt nach der Form des griechischen Buchstaben *Chi*) wurde für die gesamte spätere Kunst verbindlich, nur im 13./14. Jh. zuweilen verlassen (→ gotischer Schwung).

Kontributionsmünzen, Münzen, die aus gesammelten Schmuckstücken für die Landesverteidigung geprägt wurden. Sie bilden ein beliebtes Sammelobjekt.

Kop → Buckelpokal

Kopeke (von russ. *kopeke,* Speer), seit 1534 geprägte russische Münze. Bis zu den Münzreformen von Zar Peter dem Großen wichtigstes russisches Zahlungsmittel. Der Name rührt von der Vorderseite her, die den reitenden Zaren mit einem Speer zeigt.

Kopenhagener Porzellan, von 1759 bis heute hergestellt. Die Blüte der Manufaktur war um 1780. Sie arbeitete nach deutschen, vor allem → Berliner Vorbildern. Ihr berühmtestes Werk ist das Flora-Danica-Service (1790–1802), das für Katharina II. von Rußland begonnen wurde und mehr als 1800 Stücke zählt. Es konnte nicht geliefert werden, da die Kaiserin vor der Fertigstellung starb (jetzt in Schloß Rosenborg bei Kopenhagen). Die Geschirre tragen goldverzierten Perlrand und sind jeweils mit einer Pflanze nach dem Linnéschen System bemalt, deren Name, dem lehrhaften Charakter der Zeit entsprechend, auf der Unterseite des Gefäßes aufgeschrieben ist. Hervorragend war in Kopenhagen auch die Figurenplastik. Die Marke besteht aus drei Wellenlinien in Unterglasurblau.

Kopfbedeckung, militärische. Neben dem Helm trug der Soldat des 17. Jh.s einen mit einer Feder geschmückten Schlapphut. Den Hutkopf hielt eine oft farbige Hutschnur in Fasson. Den oft störenden Rand schlug man erst an einer, dann auf drei Seiten auf. Der Dreispitz entstand. Die Hutaufschläge wurden durch besondere Schnüre, in Süddeutschland Zügel genannt, festgehalten. Den linken Aufschlag schmückte ein Knopf. Dort saß auch die → Kokarde. Die Hutfeder, nur noch von Offizieren getragen, umgab kreisförmig den Hutkopf. Später war sie im 18. Jh. in Preußen nur noch den Generalen vorbehalten. Der Dreispitz, mal klein, mal groß, verwandelte sich gegen Ende des 18. Jh.s in den Zweispitz. Neben dem Hut trug der Soldat zum kleinen Dienst die Feldmütze, auch Holz- oder Lagermütze genannt. Der Grenadier trug die Feldmütze, die entweder mit Pelz verbrämt oder vorn mit einem Messingschild versehen war. Pelzverbrämung und Messingschild wurden immer höher. Die Bärenmütze, heute noch in England und Dänemark in Gebrauch, bzw. die Grenadiermütze, die in Preußen und

Kopenhagener Porzellan. Kühlgefäß aus dem Flora-Danica-Service. Um 1795. H 27 cm. Hamburg, Museum für Kunst und Gewerbe.

Rußland bis 1914 von Gardetruppen getragen wurde, entstand. So wie der Zylinder den Dreispitz im Zuge der Französischen Revolution ablöste, kam der Tschako (auch Czako, Shako) in Gebrauch. In England wurde er – immer niedriger werdend – von 1800 bis 1878 getragen, in Preußen von 1807 bis 1843, in Österreich von 1808 bis 1914, zuletzt nur noch zur Parade. Daneben setzte sich die weiche Lagermütze mit Augenschirm, die Feldkappe, durch, deren versteifte Form von Offizieren und Beamten getragen wurde. Aus der österreichischen Feldkappe entwickelte sich die Bergmütze der deutschen Wehrmacht. Am Tschako, der aus Filz und Leder bestand, wurden Fangschnüre, die ein Verlieren der Kopfbedeckung verhindern sollten, getragen. Aus ihnen entwickelten sich die Kordons. Zur Parade wurden Roßhaarbüsche, bei den Offizieren Federbüsche, aufgesteckt. Die Österreicher schmückten den Tschako am oberen vorderen Rand mit einer großen runden Kokarde, die Quaste genannt wurde, darunter saß, von einer Schlinge und einem Knopf gehalten, eine runde schwarz-gelbe Schleife, die Rose. Bei anderen Armeen saßen oben auf dem vorderen Tschakorand Pompons aus Wolle. Das Kaskett, eine Bezeichnung für die in Bayern 1789 und in Württemberg 1799 eingeführte lederne Kopfbedeckung, die einem antiken Helm ähnelte. In Preußen bezeichnete man mit Kaskett einen 1790 eingeführten zweiklappigen Hut, der später wieder verschwand. Die Truppenteile, die ursprünglich national bestimmt waren, wie Husaren und Ulanen, trugen aus der Volkstracht stammende Kopfbedeckungen. Die Husaren trugen eine Flügelmütze aus Filz oder später bei allen Heeren eine Pelzmütze mit einem farbigen Mützenbeutel. Die ungarischen Husaren blieben merkwürdigerweise beim Ende des 18. Jh.s eingeführten

Tschako. Die Ulanen trugen eine von den Tataren herkommende Kopfbedeckung, die Tschapka mit vierkantigem Dekkel und verschiedenfarbigem Überteil. In der österreichisch-ungarischen Armee wurde 1867 eine weiche vierkantige Mütze, die Tatarka, eingeführt, die aber später wieder der Tschapka Platz machte. Die Kosaken trugen eine Lammfellmütze mit farbigem Deckel und weißem Behang, den Kalpak, der auch in der türkischen Armee ab 1890 bei der Kavallerie eingeführt war. Die Infanterie trug die nationale Kopfbedeckung, den Fez, der auch in anderen Heeren, in denen Mohammedaner dienten, vorkam. Die weiche Form des Fez, die Chéchia, wurde von den nordafrikanisch uniformierten Truppenteilen in vielen Ländern getragen. Die Kopfbedeckung der Mannschaften der französischen Kolonial-Infanterie hieß Chèches. Das → Barett setzt sich neben dem Helm immer mehr durch. Die Schirmmütze ist die in allen Heeren der Welt getragene Kopfbedeckung für den kleinen Dienst oder auch den Ausgang. Sie ist bei Offizieren statt des Kinnriemens mit einer Mützenkordel und mit Stikkereien auf dem Mützenschirm geschmückt. Die Schirmmütze hat das im vorigen Jahrhundert beliebte Käppi (franz. *kepi*) verdrängt.

Koppchen, holl. *Kopje,* kleine henkellose Teeschale des 18. Jh.s aus Silber oder Porzellan.

Koppchen (eines Puppengeschirrs?). Meißen, um 1730/35. Blaumalerei, Schwertermarke. H 3,8 cm. Hamburg, Museum für Kunst und Gewerbe.

Koptische Kunst, die Kunst der Kopten, der in den ersten nachchristlichen Jahrhunderten zum Christentum übergetretenen Ägypter, die sich als Nachkommen der Ägypter des Alten Reiches betrachteten. Vom 5. Jh. ab bildete die koptische Kunst eine eigene Formensprache aus, die ihre Blüte im 6. Jh. erlebte und im 9. Jh. verfiel. Von besonderer Bedeutung sind die in zahlreichen Fragmenten erhaltenen koptischen Seidenstoffe und Wirkereien.

Koralle, das in erster Linie aus Kalziumkarbonat bestehende Skelett der Korallentiere war seit der Antike für Schmuck und kleine Kunstwerke beliebt. In sogenannten Korallenmanufakturen, wie sie etwa in Marseille, Livorno und Trapani auf Sizilien im 18. Jh. bestanden, wurden vorrangig Edelkorallen verarbeitet. Ihr Wert richtete sich nach ihrer Farbe bzw. dem Farbton. Sie wurden geschnitzt oder in ihrem natürlichen Wuchs – z. B. als Korallenbäume – verwendet. Stets nahmen → Amulette einen besonderen Raum in der Korallenverarbeitung ein. Außerdem wurden Korallen in großer Zahl für → Rosenkränze gebraucht. Aber auch ganze Skulpturen und Skulpturengruppen wurden aus den Ästen eines Korallenzweiges herausgearbeitet und gehören zu den bedeutendsten Schöpfungen aus diesem Material.

Korallenarbeit → Perlmosaiken

Koran. Der Koran ist die Heilige Schrift des Islam und enthält die Offenbarung des Propheten Muhammad. In Arabisch verfaßt, hat er die Verbreitung der arabischen Sprache und der → arabischen Schrift wesentlich gefördert. Der Text besteht aus 114 „Suren" (arab. *sûra*), das sind unterschiedlich lange Abschnitte, die sich aus Versen in Reimprosa zusammensetzen. Den einzelnen Suren sind (nicht ursprünglich zu ihnen gehörende) Überschriften vorangestellt. Nach der einleitenden kurzen Eröffnungssure folgt die längste mit 286 Versen; die weiteren sind im großen und ganzen entsprechend ihrer Länge im abnehmenden Sinne geordnet, die letzten, kurzen, haben nicht mehr als drei Verse. Infolgedessen werden die dekorativ gestalteten Überschriften gegen Ende des Korans immer häufiger, was dem Laien als Erkennungsmerkmal dienen kann, um ein Schriftstück als Koran zu identifizieren. Weitere Erkennungskriterien sind die Randmedaillons, die die verschieden großen Lehrabschnitte markieren, in die der Text eingeteilt ist, die Pausenzeichen am Ende der Verse sowie das Wort *sûra* zu Beginn der Kapitel.

Korane aus den ersten Jahrhunderten der Hidschra sind in Kufi auf Pergament geschrieben und in Breitformat gehalten, verziert mit geometrischer Ornamentik. Fälschungen lassen sich u. a. an dem frischen, schwarzen (statt bräunlichen) Tintenton erkennen.

Seit dem 10. Jh. wird mit der Einführung des Papiers das Hochformat üblich, die kufische Schrift verziert und vor einen Arabeskenhintergrund gesetzt. Spanische und nordafrikanische Korane sind im Maghribi-Duktus gehalten und reich von → Arabesken in Gold und Blau umrahmt. Sie sind seit dem 12. Jh. festzustellen, doch sind alte, reich verzierte Exemplare selten. Maghribi-Korane mit baum- bzw. strauchähnlicher Verzierung stammen möglicherweise aus dem islamischen Sizilien. Aus dem mamelukischen Ägypten und dem ilchanidischen Irak sind prunkvolle Korane in Naskhi-, Thuluth- und Tumar-Schrift überliefert. Die Titelblätter der in Blau, Braun und Gold ausgemalten ägyptischen Exemplare sind gewöhnlich ohne Schrift, mit Arabesken und Palmettblüten in sternförmig-geometrischer Gliederung gehalten, während die Surenköpfe aus kufisierenden Buchstaben auf einen Grund von Blattranken gesetzt und von einer Flechtborte umsäumt sind.

Persische Korane erlebten ihre Blüte in der Safawidenzeit. Seit dem Ende des 15. Jh.s nimmt Täbris (neben Herat und Schiras, später auch Kaswin und Isfahan) eine bedeutende Stellung in der Koranausstattung ein: Die Titelbilder sind in Felder mit Stern- und Medaillongliederung aufgeteilt, der Schriftgrund ist mit dünnen Blütenranken ausgefüllt. Das zunächst vorherrschende Blau tritt gegen Ende des 16. Jh.s gegenüber dem Rot zurück, das von vielen anderen Farbtönen und verschiedenen Goldnuancen begleitet ist. Typisch sind einzelne Textstellen in weißem Thuluth-Duktus auf Goldgrund in Zacken-Medaillons.

Im 16. und 17. Jh. wird Istanbul zum Zentrum der Korankunst. Von osmanischen Sultanen dorthin berufen, wirkten dort viele persische Meister und schufen Korane, die von persischen oft nicht zu unterscheiden sind. Im 17. Jh. entstanden in der Türkei kleinformatige Taschenkorane, die zunächst noch eine Besonderheit waren, sich aber alsbald allgemein verbreiteten. Sowohl türkische als auch persische Korane hat man zur Erleichterung der Verständlichkeit auch mit Interlinearübersetzung hergestellt.

Koranständer → Rahle

Korbmöbel, die noch heute beliebten aus Rohr geflochtenen leichten Gartenmöbel stammen ursprünglich aus den äquatorialen Kolonien Englands und der Niederlande; im 19. Jh. finden sie sich auch in Spanien.

Konsoltisch. Venedig, Mitte 18. Jh. 87,5 × 123 × 61 cm.

Kordenbusch, Georg Friedrich → Nürnberger Fayence
Kordons → Kopfbedeckung, militärische
Korinthischer Silberstater, Doppeldrachme. Seit der Mitte des 6. Jh.s v. Chr. wurden in der dorischen Handels- und Industriestadt Korinth (Zentrum der Waffenherstellung)

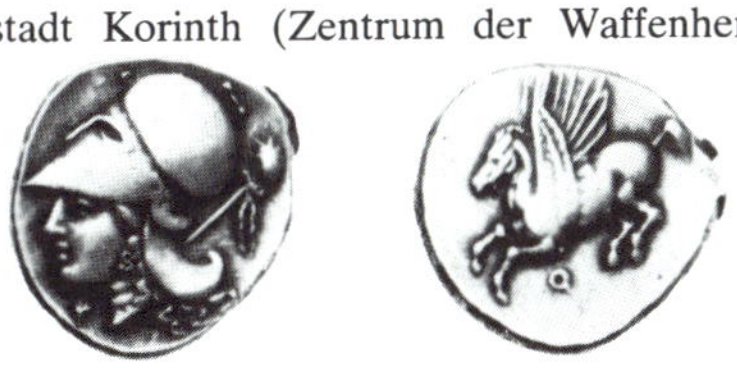

Statere geprägt, deren Vorderseite das Flügelpferd (Pegasus) zeigt, während auf dem Revers der Kopf der Athena im korinthischen Helm (Korys) steht. Der korinthische Silberstater war im 5. und 4. Jh. v. Chr. die wichtigste Münze für den griechischen Handel mit dem westlichen Mittelmeer.
Korinthische Säule → Säule
Koromandelholz, mit hellen Streifen durchsetztes → Ebenholz von der Koromandelküste (südliche Ostküste Vorderindiens).
Koromandellacke, Sonderform der chinesischen Lacktechnik (Schnitzlack), die im 17. Jh. – vorwiegend zur Ausgestaltung

großer Flächen (z. B. Paravents) – entwickelt wurde. Bei ihr besteht der Schnittgrund nicht mehr aus einem vielschichtigen Lackaufbau, sondern aus einer ca. 5 mm dicken kreide- oder schiefermehlhaltigen Spachtelschicht, die dann abschließend mit einigen dunkelfarbenen Lackschichten überfangen wird. Nach der Trocknung des Lacküberzuges wird dann in einer Art Sgraffito-Technik der Spachtelgrund in zügiger Schnittführung und danach mit farbigen Lasuren ausgemalt. Die Bezeichnung für diese Technik leitet sich von dem Namen der südostbengalischen Küste (Koromandelküste) ab, wo im 18. Jh. die europäischen Kaufleute ihre Handelsniederlassungen und Exporthäfen errichtet hatten, von wo aus sie die zahlreichen für Europa bestimmten Güter Ostasiens verschifften.

Aufsatz eines Schädelreliquiars. Kota, Gabun. Frankfurt, Museum für Völkerkunde.

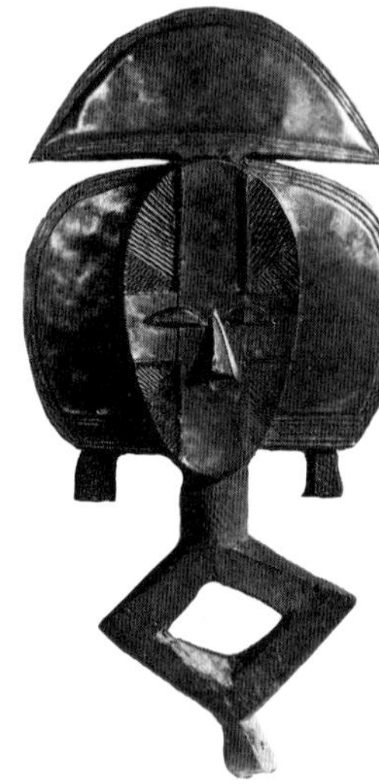

Koroplastik, kleine griechisch-römische Figuren aus gebranntem Ton (Terrakotta), die im Altertum als Weihgabe, als Grabbeigabe, Nippes und Spielzeug dienten. Sie gehörten aufgrund des Materials und der mechanisierten Herstellungsweise – Herausformung aus Hohlform (Matrize) – zu den Billigprodukten, was jedoch nicht die Qualität berührte. Dies zeigen u. a. die herrlichen Stücke aus den beiden hellenistischen Werkstätten Tanagra und Myrina (4.–2. Jh. v. Chr.). Das Repertoir der bildnerischen Themen (grazile Mädchen- und Jünglingsfiguren, nackte Aphroditen, schwebende Eroten, Psychen, Nymphen, Musen, aber auch Karikaturen, dann Genreszenen und Szenen des täglichen Lebens) wie die völlige (vielfach erhaltene) Buntheit der Gestalten erinnert in vielem an Porzellanfiguren des vorigen Jh.s. Mit am beliebtesten war der Typ der Schleiertänzerin: eine mit wehendem Mantel sich drehende Frauengestalt, die – wenn auch nicht immer – verschleiert oder maskiert ist.

Koroplastik. Myrina. Eros mit Herme. 1. Jh. v. Chr. Bochum, Kunstsammlungen der Ruhr-Universität.

Kota (Bakota), eine afrikanische Stammesgruppe an der Grenze zwischen Gabun und Kongo, deren Kunststil zusammen mit einigen benachbarten Stämmen einen eigenen, markanten Figurentypus hervorgebracht hat. Ähnlich wie bei den → Fang spielt der Ahnenkult eine wesentliche, das Stammesleben bestimmende Rolle, und so werden auch hier die Gebeine der Vorfahren dem Schutz der sog. Schädelwächterfiguren („bieri“) anvertraut. Solche Reliquiarfiguren werden je nach Region verschieden benannt; die gebräuchlichste Bezeichnung ist „Mbulu-ngulu“. Die Gestalt ist extrem abstrakt aufgefaßt: Der Holzkern ist mit ornamental beschlagenem Messingblech überzogen, das Gesicht in Form einer ovalen Scheibe mit seitlich anstehenden Flächen ausgebildet, über dem Kopf befindet sich ein halbkreisförmiger Aufbau, unterhalb des Halses ein auf die Spitze gestelltes durchbrochenes Rechteck, das die Schultern bedeutet (und nicht die Beine, wie der irrtümliche Begriff „Kopffüßler“ meint). Der Korb, in den die Figur eingesteckt ist und der die Ahnengebeine enthält, wird als der eigentliche Körper aufgefaßt. So ist dieser Unterteil auch meist von Ungezieferfraß beschädigt. Eine Variante dieses Types, janusköpfig, mit einer konvexen und einer konkaven Stirnseite, wird als „Mbulu viti“ bezeichnet. Die damit ebenso verwandte „Ossyeba“ oder „Naja“-Reliquiarfigur ist weit seltener, dem Kopf einer Kobraschlange vergleichbar gestaltet, die seitlichen Flügel mit horizontalen Lamellen ornamentiert (Hungwe- und Chamai-Stämme).

Kothgasser, Anton (1769–1851), Dessin- und Goldmaler an der Wiener Porzellanmanufaktur, der sich unter dem Einfluß Gottlob Samuel → Mohns der Tafelglas- und Hohlglasmale-

Drei Becher von Anton Kothgasser. Wien, um 1820. Farbloses Glas mit Keilschliff, Email- und Goldmalerei. Stuttgart, Württembergisches Landesmuseum.

rei zuwandte (→ Kothgassergläser, → Transparentmalerei).

Kothgassergläser, in der Regel farblose Gläser von der Form des → Ranftbechers mit Bemalung in lichtdurchlässigen Farben, unter Verwendung von Silbergelb (→ Gelbbeize) und Gold. Die Motive – Ansichten, allegorische Darstellungen, Blumen und Porträts – entstammen dem Vorlagenschatz der Wiener Porzellanmanufaktur, teils wurden auch zeitgenössische Stiche und Wunschkarten herangezogen. Die Ausführung lag in den Händen einiger der besten Porzellanmaler der Wiener Manufaktur, darunter Anton → Kothgasser, dessen Signatur auf einer Anzahl von bemalten Gläsern erhalten ist. Von ihm stammen auch die Randdekorationen von Bechern, deren Motive er nicht selbst gemalt hat. Die Bezeichnung Kothgassergläser ist als Sammelbegriff für die zwischen 1820 und 1850 in Wien entstandenen transparent bemalten Geschenkgläser zu verstehen (→ Transparentmalerei).

Kowsch, russisches Trinkgefäß, vornehmlich für Branntwein, in Form einer Schöpfkelle mit bootförmiger Schale, das seit dem Mittelalter aus edlen und unedlen Metallen oder Holz, vielfach in Sätzen hergestellt wurde. Größere Gefäße waren zum Umtrunk bestimmt.

Kpelie-Masken → Senufo

Krabben, blattartig geschmückte Knollen, die in der Gotik die Schrägen von → Wimpergen, Giebeln, → Fialen in regelmäßiger Reihung besetzen.

Kran → Dan

Kranenkanne, dem Samowar ähnliche, im Gebiet des Niederrheins gefertigte Sonderform der metallenen Kaffekanne mit anfangs birn-, später ei- oder urnenförmigem, selten konischem Gefäßkörper über einer Beheizungsvorrichtung. Ihren Namen verdankt sie dem Zapfhahn, dem sog. Kran; größere Kannen haben zwei bis drei Kräne. Die Kannen, die meist weder Stadt- noch Meistermarke aufweisen, kamen im 18. Jh. auf.

Kranzkannen → Prismenkannen

Krappenfassung, von einer reifenförmigen Basis ausgehend halten spitze Zacken den Edelstein. Die häufigste Anwendung ist die Chatonfassung (→ Chaton). Bei Antikschmuck findet man abgedeckte Krappenfassungen, d. h. zwischen den Zacken wurde das Metall nicht entfernt (→ Edelsteinfassung).

Krater, großes griechisches Gefäß zum Mischen von Wasser und Wein. Zweihenkelig, mit weiter Öffnung. Nach der Form des Gefäßkörpers oder der Henkel unterscheidet man Kelch und Glockenkrater, den Kolonetten- und Volutenkrater. Zu den Volutenkrateren gehört die berühmte *Françoisvase* von Klitias und Ergotimos (um 570 v. Chr.; Florenz, Archäologisches Museum). (Abb. s. a. S. 33)

Krautstrunk, auch Warzenbecher, deutsches Glasgefäß des 15. bis 17. Jh.s. (Abb. s. a. S. 286)

Kravatte, spitzenbesetztes Halstuch, das um 1660 in der französischen Mode aufkam.

Kredenz, auch Anrichte, ital. *credenzone,* halbhoher kubischer Schrank zur Aufbewahrung des Tischgerätes, der *cre-*

Kolonettenkrater

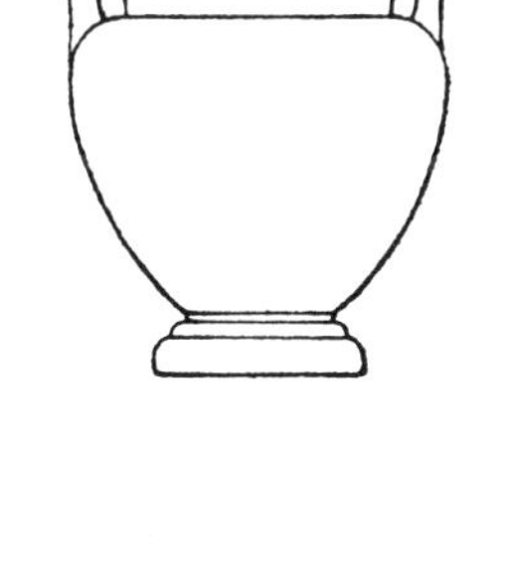

Volutenkrater

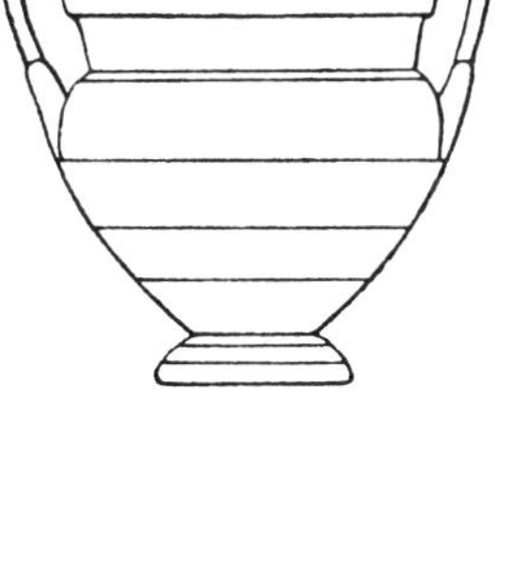

Glockenkrater

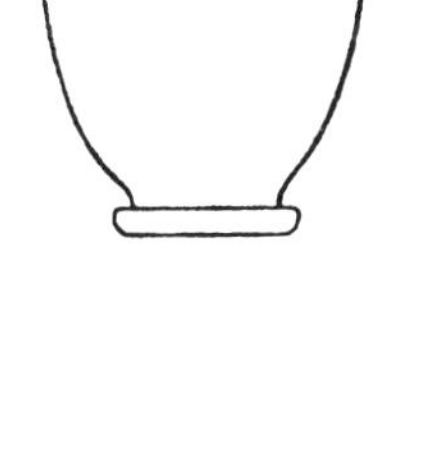

Kelchkrater

Krautstrunk. Süddeutschland, um 1500. Helles, blaugrünes Glas, H 7,5 cm. Mülheim (Ruhr), Sammlung Krug.

denza, die auf der Platte des Schrankes angerichtet wird. Eines der wichtigsten Möbel der italienischen Renaissance. Mit einer oder zwei Türen, meist mit geschnitzten Architekturmotiven verziert. In der zweiten Hälfte des 16. Jh.s wurden Schubladen unter der Platte eingefügt. Daraus entwickelte sich um 1600 die reine Schubladenkredenz *(cassettone),* eine Vorstufe der → Kommode. Nördlich der Alpen war die Kredenz im frühen 17. Jh. vor allem in England als *court cupboard* (Hofschrank) beliebt. In Deutschland und Frankreich lebte sie in der → Régencezeit nochmals auf, vor allem im Aachener Eichenmöbel (→ Aachener Möbel).

Kredenzteller, silberne Anbietplatte auf hohem Fuß.

Kreide, seit dem späten 15. Jh. gebräuchliches Zeichenmittel. Zu unterscheiden sind: 1. Naturkreide, eine kohlenstoffhaltige Tonerde mit unterschiedlichen Beimengungen von grauschwarzer bis braungrauer Tönung; 2. Kunstkreide, die aus Lampenruß hergestellt wird. Ihre gleichmäßige Dichte ermöglicht einen regelmäßigen, tiefschwarzen, samtigen Strich. Sie verdrängt seit dem 17. Jh. zunehmend die Naturkreide. Weiße Natur- oder Kunstkreide wird zur → Höhung verwendet. Es gibt auch farbige Kreiden (→ Pastell, → Rötel). Die Kombination nennt man je nach Anzahl *à deux crayon* (meist schwarze Kreide und Rötel auf weißem Grund) oder *à trois crayon,* wenn zusätzlich mit weißer Kreide → Höhungen erzielt werden oder farbiges Papier verwendet wird.

Kreidemanier → Crayonmanier

Kremnitzer Medaillen, seit der 2. Hälfte des 16. Jh.s in der Münzstätte Kremnitz von den dort tätigen Medailleuren geschaffene Gedenkstücke mit meist religiösen Darstellungen. Bekannt sind vor allem die münzähnlichen St. Georgsmedaillen.

Kremware → Wedgwood

Kreußener Steinzeug → Creußener Steinzeug

Kreuz, eine aus zwei oder mehreren sich schneidenden Geraden gebildete Figur, die seit vorgeschichtlichen Zeiten in vielen Kulturbereichen als Symbol verbreitet war. In Altägypten gibt es ein T-förmiges Kreuz, im Zusammenhang mit einem Kreis über der Mitte des Querbalkens als Hieroglyphe „anch" als Lebenssymbol gebräuchlich. Als Kruzifix wurde das Kreuz im Christentum immer mehr vergegenständlicht zu jenem Kreuzesholz, an dem Christus starb. An Kreuzformen kommen vor das ungleichschenklige lateinische Kreuz aus einem längeren Stand- und einem Querbalken, das gleichschenklige griechische Kreuz mit vier gleichlangen Armen, das russische Kreuz mit ein bis drei ungleichen Querbalken, das Gabelkreuz, das sich besonders im mittelalterlichen Rheinland findet, die Astkreuze, das sog. Johanniter- oder Malteserkreuz mit abgeschrägten oder stumpfwinklig endenden Armen, das schräggestellte Andreaskreuz u. a.

Kreuzblume, kreuzförmige Blume oder entsprechend geformte Blätter zur Bekrönung gotischer → Wimperge, → Fialen, Giebel usw.

Kreuzer → Groschen

Kreuztaler → Albertustaler

Kriegsfächer, japanische, aus Metall, Eisen oder Bronze hergestellter schildartiger Schutz, Würdezeichen und Waffe zugleich. Man kann mit ihm eine Waffe parieren, aber auch zuschlagen. Die zeremonielle Form heißt uchiwa, die gebräuchlichere tetsu sen.

Krinoline, Reifrock der vierziger bis sechziger Jahre des 19. Jh.s. Benannt nach franz. *crin* „Roßhaar", aus dem das Untergestell dafür hergestellt wurde.

Krippe, Weihnachtskrippe, die Darstellung der Geburt Christi und mit ihr zusammenhängender Szenen durch Holz-, Wachs- oder Tonfiguren, die, mit echten Stoffen bekleidet,

Kredenz. Holland, um 1650. Eiche mit Ebenholz. 198 × 130 × 64 cm.

Kris-Griff, den Helden Bima darstellend. Bali, 1879. Leiden, Reichsmuseum für Völkerkunde.

in Architekturen oder weiträumige Landschaften gesetzt wurden. Man stellte sie in Kirchen und Privathäusern zur Andachtsausübung auf. Sie bildeten sich Mitte des 16. Jh.s in Süddeutschland aus und wurden besonders von den Jesuiten gefördert. Ihren künstlerischen Höhepunkt erlebten sie im 18. Jh. in den Alpenländern und in Neapel, wo auch bedeutende Künstler Krippen schufen. Die reichste Sammlung von Weihnachtskrippen besitzt das Bayerische Nationalmuseum in München.

Kris, der typische malayische Dolch mit gerader oder gewellter Klinge. Als eine aus dem Mittelalter stammende Waffe hat er auf jeder der Sundainseln seine eigene Form entwikkelt. Leider traten in neuerer Zeit Mischtypen auf, z. B. eine Klinge aus Bali mit Griff aus Java und Scheide aus Sumatra. Die Kunst, mit einem oder zwei Kris' zu fechten, war hoch entwickelt, und die Trageweise unterlag festen Vorschriften. Ein Mann besaß zumindest drei dieser Waffen. Einer war die Waffe der Ahnen, ein zweiter wurde ihm zur Hochzeit von seinem Schwiegervater geschenkt und ein dritter war seine eigene Lieblingswaffe. Im Frieden allerdings trug man nur einen Kris. Die Eleganz der Waffe verriet den Rang ihres Trägers und es war untersagt, eine noblere Waffe zu tragen, als dem Rang des Trägers zukam. Dies galt besonders auf der malayischen Halbinsel. Die Klinge besteht aus zwei Teilen, deren oberer sich verbreitert und auf Java Gandja genannt wird. Sie sind miteinander fest verbunden. Die ganze Klinge wird damasziert und geätzt mit ornamentalem, sehr selten auch mit figürlichen Schmuck. Ein je nach Rang des Trägers reich verzierter Ring (javanisch Mendak oder Uwar) verbindet Klinge und Griff.

Kristallglas, eine im Gegensatz zum venezianischen *cristallo* (→ venezianisches Glas) für die Schliff- und Schnittveredelung (→ Glasschliff, → Glasschnitt) geeignete Glassorte, die zu dickwandigen Gefäßen geblasen werden konnte, ohne an Reinheit und Transparenz zu verlieren. Im 17. Jh. bemühte man sich in den böhmischen Hütten um eine dem reinsten → Bergkristall nahekommende Glasmasse, die wie dieser geschliffen und graviert werden konnte, und setzte dem Gemenge Kalk in Form von Kreide zu. Das jeweils beste Glas dieser Art wurde als Kristall bezeichnet. In England wurden die Glasöfen schon früh mit Kohle befeuert, was gedeckte Häfen erforderlich machte, um Verunreinigungen der Schmelze durch Kohlegase zu vermeiden. Der im Vergleich zum böhmischen Kreideglas niedrigere Schmelzpunkt konnte durch einen Überschuß an Pottasche nicht erreicht werden, sondern führte zu Zersetzungserscheinungen der Glasmasse (→ Glaskrankheit). 1675 gelang es George Ravenscroft (→ englische Gläser), diesen Nachteil zu beheben, indem er dem Gemenge Blei in Form von Mennige zusetzte (→ Bleikristall). Die Glasmasse wurde dadurch zwar schwerer als der böhmische Kristall, erhielt jedoch bessere lichtbrechende Eigenschaften, die den geschliffenen Gläsern Ähnlichkeit mit dem Brillanten verleihen. Auch für die Erzeugung von → Preßglas zu Beginn des 19. Jh.s eignete sich das weichere Bleiglas besser als das schneller erstarrende, härtere Kreideglas.

Krönig → Stechzeug

Kröninger Hafnerei, kommt aus dem größten bayerischen Hafnerproduktionszentrum. In Kröning (Nähe Landshut) lassen sich seit dem 15. Jh. Hafner nachweisen, die glasiertes und Schwarzgeschirr fertigten. Das Schwarzgeschirr wird bis ca. 1880 hergestellt, charakteristisch ist der unglasierte, schwarze Scherben, der nicht durch Färbung mit Graphit, sondern durch einfaches Reduktionsverfahren beim Brand entsteht. Schmuck des Schwarzgeschirrs sind Fingerdruckleisten und Bandverzierungen (oft netzartig); doppelhenkelige Essigkrüge und Wasserbehälter (Wassergrand) wurden in diesem Material gefertigt. Am bekanntesten ist die Kröninger Hafnerei mit kobaltblauer Glasur, aber auch braune, grüne und farblose Glasur (die den gelben Scherben durchschimmern läßt) werden verwendet. Der auf wenigen Stükken zu findende Dekor entsteht ausschließlich durch Spritzglasur (Aufspritzen einer zweiten Farbe mittels Besen vor dem Brand). An Formen sind Dreifuß, Henkeltöpfe, Doppelhenkeltöpfe, Schüsseln, Henkelkrüge (meist stark bauchige Bludser) und Reinen bekannt, Ofenkacheln werden selten hergestellt.

Krönken → Rörken

Krönungsmünzen, anläßlich der Krönung eines Fürsten geprägte Gedenkmünzen. Bekannt sind die preußischen Krönungstaler von 1861 und die russischen Krönungsrubel von 1883 und 1896. Sie zählen zu den → Geschichtsmünzen.

Krönungsmünze (Abb. verkleinert)

Krönungsteller, auch Kurfürstenteller, Nürnberger Reliefzinn-Teller. → Scheibenteller, der als Mittelrelief das Reiterbildnis Kaiser Ferdinands III. im Krönungsornat, auf dem

Rand sechs reitende Kurfürsten in Ovalmedaillons zeigt. Anlaß der Darstellung war (wie bei den → Kurfürstengläsern) die Krönung Kaiser Ferdinands III. im Jahre 1637. Der Teller, dessen Vorbild der → Kaiserteller von Georg → Schmauss ist, existiert in verschiedenen Modellen der Zeit um 1637 bis 1660, die bis ins 18. Jh. nachgegossen wurden. Zur gleichen Zeit entstanden in Nürnberg Scheibenteller mit König Gustav Adolf von Schweden (Randmedaillons mit verbündeten Fürsten) und mit dem türkischen Kaiser (Sultansteller; Randmedaillons mit Bildnissen europäischer Könige).

Kröse, auch Krause, gefältelte Rüsche am Hemdkragen des 16. Jh.s, die dann zur selbständigen Halskrause und im ersten Viertel des 17. Jh.s zum Mühlsteinkragen wurde.

Kronentaler, ab 1755 in den österreichischen Niederlanden geprägter Taler, der auf der Rückseite außer einem Kreuz drei Kronen trägt. Eine der wichtigsten westdeutschen Handelsmünzen, die später auch in anderen kaiserlichen Münzstätten geprägt wurde. Die süddeutschen Länder gaben Kronentaler anderen Typs heraus, bis durch den Münzvertrag von 1857 der Taler beseitigt wurde.

Kronleuchter, von der Decke herabhängender Leuchter mit mehreren Lichtquellen. Er kann aus einem verzierten Reifen bestehen, der an der Decke aufgehängt ist. Diese Form zeigen die romanischen Kronleuchter, die das himmlische Jerusalem darstellen sollten; Beispiele dafür befinden sich im Aachener Münster und im Dom zu Hildesheim. Oder die Leuchterarme gehen von einem herabhängenden Schaft oder einer Kugel aus. Diese Form wurde in der Gotik ausgebildet; sie hielt sich bis in unsere Zeit. Ihre Blüte erlebte sie im flämischen Kronleuchter (meist aus Messing) des 17. Jh.s. Ein Kronleuchter mit Bergkristall- oder Glasbehang wird → Lüster genannt (→ Geweihkronleuchter).

Kru → Dan

Krümme → Bischofsstab

Krüseler, Frauenhaube des späten 14. Jh.s, die vorn mit mehreren Reihen von Rüschen besetzt war.

Krug, der Kanne ähnliches Gefäß – jedoch ohne Tülle – von zylindrischer, meist ausgebauchter Form, das oft Henkel und auch einen Deckel besitzt und zur Aufnahme von Flüssigkeiten dient. Krüge wurden aus Stein, Ton, Glas, Porzellan und Metallen hergestellt. Reich verzierte Krüge werden seit dem 16. Jh. hergestellt, z. B. → Apostelkrüge, → Hirschvogelkrüge.

Kruke, Sonderform von Tonflaschen, → Creußener, → Rheinisches und →Sächsisches Steinzeug.

Krummhorn, schalmeienartiges altes, den → Bomharten verwandtes Holzblasinstrument, im 17. Jh. in sechs Größen vorhanden, war bis ins 18. Jh. im Gebrauch.

Krummstab → Bischofsstab

Kruzifix, (von lat. *cruzifixus,* der Gekreuzigte), Bezeichnung für die Darstellung von Christus am Kreuz ohne Beiwerk und ohne Nebenfiguren in Plastik und Malerei. Die ersten Kreuzigungsbilder entstanden im 6. Jh. Das früheste erhaltene Beispiel eines großformatigen Holzkreuzes ist das um 970 entstandene Gerokreuz des Kölner Doms. Bis zur Gotik wurde Christus lebend dargestellt, die Füße stehen parallel nebeneinander und sind mit zwei Nägeln durchbohrt. Um 1220 entstehen die ersten Darstellungen mit übereinander geschlagenen Füßen und nur einem Nagel. Von jetzt an wurde Christus sterbend oder tot dargestellt, die Betonung des Leidens wurde in der gotischen Kunst immer mehr gesteigert. In der Renaissance wurde der Körper anatomisch durchmodelliert und schön dargestellt. Im Barock wurde der Ausdruck des Leidens wieder mehr betont.

Kruzifixuhren, Standuhren in Form eines Kruzifixes, die im 17. Jh. aufkamen.

Ku, wichtiger Gefäßtypus der → altchinesischen Bronzen; hohes schlankes Weingießgefäß mit trichterförmigem Kelchteil und etwas kürzerem gleichartigen Fuß. Typisch ist ein kleines Loch in Kreuzform unterhalb des zylindrischen, abgesetzten Mittelteils. Der Dekor besteht aus → *t'ao-t'ieh*-Masken mit glattgewölbten „Augen“, Bogensehnen und oft lanzettförmigen Zungen (→ Zikaden-Motiv) auf der geschweiften Wandung des oberen Trichterteils. Kommt nur aus der Shang-Zeit vor.

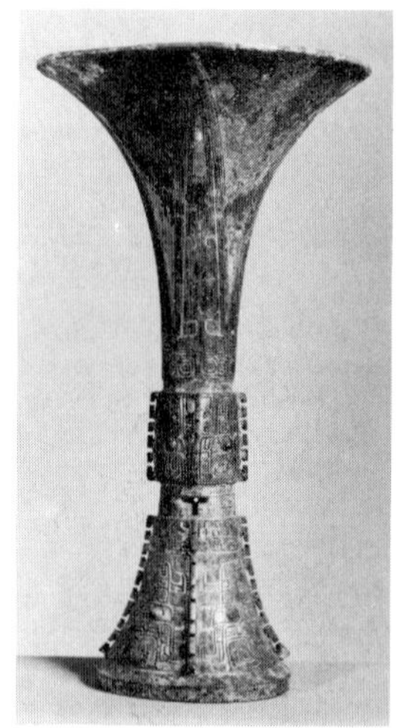

Ku. Chinesische Bronze mit Gravierung und flachem Reliefdekor, türkisgrün patiniert. Shang-Zeit, 12. Jh. v. Chr. H 28 cm.

Kuan-Yin (chin.; jap. → *Kannon*), Aspekt des Buddha Amitâbha als → Bodhisattva (chin. P'u-sa, vollst. P'u-t'i-sa-t'o). Außer dem Merkmal eines Amitâbha-Figürchens an seiner Krone trägt er oft als weiteres kennzeichnendes Attribut einen Lotos und wird dann Avalokiteshvara Padmapâni (chin. Lien-hua shou) genannt; nicht zu verwechseln mit der → Prajñâpâramitâ. Sitzend in „königlicher Gelassenheit“ *(mahârâjalîlâsana),* wobei die rechte Hand auf dem angewinkelten Knie ruht, wurde der Bodhisattva Avalokiteshvara seit der späten Sung-Zeit besonders gern als „Kuan-yin des südlichen Meeres“ dargestellt. Keine Göttin (→ Kinderbringer).

Kuba, (auch Bakuba), ein kunstschaffender afrikanischer Stamm in Zaïre, dessen bedeutendste Schöpfungen ähnlich wie diejenigen der Kunst → Benins eine hochentwickelte höfische Tradition belegen. Auch die Schnitzkunst des Kuba-Stils ist vom Auftrag des Königshofes bestimmt, der einst unter der Herrscherschicht der „Buschongo“ ein über zahlreiche Unterstämme herrschendes sakrales Königtum entwickelt hatte. Bis ins 16. Jh. läßt sich die Herrscherfolge der angeblich insgesamt 122 Könige zurückverfolgen. Von etwa einem Drittel existieren auch noch die sog. Königsportraits, jene berühmten Bildwerke, von denen sich einige auch benennen lassen. Es sind Sitzfiguren mit im Schneidersitz gekreuzten Beinen, aufrechtem Oberkörper, in einer Hand meist ein Zepter o. ä. und auf dem Kopf das flache Königsbarett, das meist wie auch Gürtel und Sockel mit der Kauri-

Kronleuchter. Nürnberg, 2. Hälfte 17. Jh. Messingbronze, H 101,5 cm.

Palmweinbecher in Form eines Kopfes. Kuba, Kongo (Kassai-Gebiet). Holz, H 21 cm. Stuttgart, Linden-Museum.

muschel-Ornamentik beschnitzt ist. Die Figuren wurden jeweils nach dem Tode des Herrschers am Kultort aufgestellt und verehrt. Im Schatten dieser höfischen Kunst treten die übrigen Schöpfungen zurück. Von einiger Bedeutung sind allerdings auch die Effigienbecher, holzgeschnitzte Zeremonialtrinkgefäße für Palmwein in Form menschlicher Gestalten oder Kopfform (Kopfbecher), die mehr oder weniger den Unterstämmen Bawongo und Bakele zuzuordnen sind. Die Masken der Kuba und ihrer Nachbarstämme sind völlig anderer Prägung: meist mit Muscheln, Blech, Glasperlen oder Buntfedern versehen, der breitausladende Schädel oft mit Zickzackornamentik gerahmt, in der Gesamtwirkung äußerst prägnant, wie etwa die bekanntere Mboom-Maske, deren Schädel meist mit Tierfell bezogen ist.

Kuba-Teppiche, Knüpfteppiche aus dem Ostkaukasus, meist in blauer Grundfarbe. Zur Gruppe der Kuba-Teppiche zählen der → Konagend, → Perepedil, und der → Tschitschi.

Kubatscha-Ware, persische Keramikgruppe des 15. und 16. Jh.s von etwas gröberem Typus, so benannt nach einem Fundort im Kaukasus, der jedoch nicht Produktionszentrum ist (dieses ist möglicherweise Täbris). Die Gefäße und Fliesen haben einen weißen, weichen, porösen → Scherben und eine dünne, unebene Glasur mit meist bräunlichem → Craquelé. Neben einer Blau-Weiß-Ware und Stücken mit schwarzer Bemalung unter türkiser oder auch gelblich-grüner Glasur gibt es auch eine polychrom bemalte Gruppe mit einem charakteristischen, dick aufgetragenem bräunlichem Rot, das vielleicht als Vorbild für das → Bolusrot der türkischen → Iznik-Ware gedient haben könnte. Die ornamentalen, floralen und figürlichen Darstellungen – bei der zweifarbigen Ware von chinesischen Motiven beeinflußt, bei der polychromen Ware mehr im Stil safawidischer Miniaturmalerei – sind meist im Stil von Pinselzeichnungen aufgetragen und von einer gewissen Spontaneität.

Kuchenheber, seit der Mitte des 18. Jh.s verwendetes silbernes Haushaltsgerät mit flachem, graviertem oder durchbrochenem Blatt.

Kuchenplatten aus Zinn → Tischschoner

Kuchenzange, ein der → Zuckerzange ähnelndes, aber größeres, seit dem 18. Jh. gebräuchliches Haushaltsgerät aus Silber.

Kuduo-Gefäße → Ashanti

Kübelhelm → Helm

Küchenstück, eine dem → Interieur, dem → Stilleben und dem → Genrebild gleichermaßen verwandte Bildgattung. Meist sind in einem Küchenraum stillebenartig Gemüse, Küchengerät, Schüsseln, Fleisch usw. zusammengestellt; oft ist die Darstellung durch Personen belebt. Als eigener Bildtyp erstmals in der niederländischen Malerei des 16. Jh.s bei Pieter Aertsen, etwas später bei Frans Snyders; im 18. Jh. wird Jean-Baptiste Siméon Chardin in Frankreich der Hauptmeister dieses Sujets.

Kuei, 1. weiter Kessel auf niedrigem, leicht geschweiftem Standring und mit ausladenden Henkeln, oft in Form von Tierprotomen; häufiger Gefäßtypus der → altchinesischen Bronzen. Zur Chou-Zeit waren auch *kuei* mit quadratischem Sockel, eventuell aus einem Guß, in Gebrauch; nachweisbar bis zur späten Chou-Zeit. 2) Ritualjade in Form eines länglichen, flachen Täfelchens.

Künersberger Fayence; 1745 gründete der Bankier Jakob Küner (der später als „von Künersberg" geadelt wurde), nahe seiner Heimatstadt Memmingen eine Fayencemanufaktur, die bis 1767 arbeitete. Ihre Erzeugnisse gehören zu den besten deutschen Fayencen. Küner organisierte den Betrieb in kaufmännischem Weitblick mit dem Ziel, die → Straßburger Fayence aus dem schwäbischen Raum zu verdrängen und seiner Manufaktur einen Export bis in die Schweiz aufzubauen. Daraus erklärt sich die Vielgestalt der Formen und die gute Qualität der Malerei. Häufig wurden Bildplättchen hergestellt. Die → Enghalskrüge Künersbergs sind an ihrem eiförmigen Bauch erkennbar. Die frühen Malereien ahmen noch das Vorbild von → Rouen und Straßburg nach, dann entwickelte sich ein typisch schwäbischer Stil der Bemalung in → Muffelfarben mit porzellanähnlicher Wirkung. Als Marke wurde KB oder der Ortsname geführt.

Künstlermonogramm, die anstelle der vollausgeschriebenen → Signatur vom Künstler nur durch die Anfangsbuchstaben des Namens am Bildwerk gegebene → Bezeichnung. Künstler, die ihre Werke nur mit dem Monogramm zeichnen (monogrammieren), werden Monogrammisten genannt. Das Monogrammieren wurde im Kupferstich des 15. Jh.s allgemein üblich (z. B. bei Albrecht Dürer, Albrecht Altdorfer, Lucas van Leyden usw.).

Kürass, der Brustharnisch der schweren Kavallerie. Er bestand aus Eisen oder Stahl, teilweise mit Messingüberzug und wurde meist als Doppelkürass getragen. Brust- und Rückenschild werden durch über die Schulter laufende Lederbänder zusammengehalten. Der Kürass war bis kurz vor dem Ersten Weltkrieg in Gebrauch.

Kürbisflasche, wie ein Flaschenkürbis gebauchtes Zinngefäß. Als Doppelkürbisflasche wurde sie z. B. in Dresden als Meisterstück verlangt. Eine aus dem Orient stammende Gefäßform.

Kürbiskanne, für Bern typische Form von Zinnkannen mit kugeligem (an einen Flaschenkürbis erinnernden) Gefäßkörper mit schlankem Hals, niedrigem Rundfuß und Kniehenkel. Von den Berner → Stegkannen unterscheidet sie sich nur durch einen gedrückten Ausguß anstelle der Ausgußröhre und einen flachen statt eines gewölbten Deckels. Hergestellt wurde dieser Kannentyp vom 17. bis in das 19. Jh.

Kürbiskanne von Samuel Bodmer. Bern, 1. Hälfte 18. Jh. H 32 cm.

Kütahya-Ware, spätosmanische Keramiken aus der Stadt Kütahya in Anatolien. In ihrer Blütezeit im 18. Jh. sind sie aus reinweißem, feinkörnigem, manchmal schwach durchschimmerndem, steingutartigem → Scherben geringerer Härte, auf dem unmittelbar die Malerei in gelben, grünen, blauen, roten und blaß-violetten Unterglasurfarben aufgetragen ist. Die Glasur ist transparent, glänzend und haarrißfrei, meist farblos, manchmal schwach gelblich. Kütahya-Keramiken wurden bis ins 19. Jh. produziert. Seitdem stellt man dort qualitativ geringere Nachahmungen älterer Vorbilder her, darunter auch von persischen Halbfayencen und von sogenannter → Damaskusware. Der Dekor der typischen Kütahya-Ware zeigt einerseits kleine Blumenmusterung, andererseits nicht selten Darstellungen christlicher Heiliger und armenische Inschriften (Arbeiten armenischer Töpfermeister). Kütahya lieferte vor allem kleineres Haushaltsgeschirr (Teller, Tassen, Tintenfässer etc.); daneben vermutet man die Herstellung wenigstens eines Teils der kleinformatigen Fliesen mit Darstellungen der Heiligtümer Mekka und Medina, wie sie gern in der Moscheevorhalle und am → Mihrab angebracht wurden, ebenfalls in Kütahya.

Kufi, eckiger, steifer Duktus der → arabischen Schrift, der in der islamischen Epigraphik und in Koranhandschriften eine wichtige Rolle spielt.

Kugelballäster → Armbrust

Kugelbecher, Becher, bei denen die Füße meist mit drei Kugeln gebildet werden; repräsentative Gefäße, die im 17. und 18. Jh. hauptsächlich in Nürnberg und Augsburg hergestellt wurden.

Kugellaufuhr, Ende des 16. Jh.s erfundener Uhrentypus. Auf einer geneigten Glasplatte sind Drähte zickzackartig gespannt, zwischen denen eine Kugel läuft. Die Laufzeit der Kugel bildet das Zeitintervall, um das das Zeigerwerk weitergeschaltet wird. Hat die Kugel das Ende ihres Laufes erreicht, wird durch ein Hebelwerk eine zweite Kugel auf die Bahn gesandt, während die erste zum Bahnanfang zurücktransportiert wird.

Kugelschnepper → Armbrust

Kugeluhr (Gehängeuhr), eine ab Anfang des 17. Jh.s hergestellte Variante der Schwerkraftuhren, bei der eine kugelförmige Uhr so an einer Kette befestigt ist, daß beim Hochheben der Uhr die Kette durch eine Feder in die Uhr eingewikkelt wird. Aufgrund ihrer eigenen Schwerkraft läuft die Uhr dann in einem bestimmten Zeitraum wieder an der Kette herunter.

Kuhmaulschuhe, Bärentatzen, tief ausgeschnittene, flache Schuhe mit breiter, abgerundeter Kuppe, die Ende des 15. und in der ersten Hälfte des 16. Jh.s gebräuchlich waren.

Kukri, Hauptwaffe der Gurkhas von Nepal. Einschneidig nach vorn gekrümmt und gegen die Spitze verbreitert, stellt er eine verkürzte Form des → Yatagan dar. Mit einem einzigen Hieb schlägt der Gurkhakrieger einem Stier mit dem Kukri den Kopf ab.

Kukulle, Schulterkragen mit tütenförmiger Kapuze oder (gleichbedeutend mit Flocke) weites, mantelartiges Gewand mit Kapuze; Bestandteil einiger Ordenstrachten.

Kula, Gebetsteppich aus der Gegend von Kula im westlichen Kleinasien, dem → Gjiordes ähnlich, doch gröber in Knüpfung und Muster. Blau und Gelb treten stärker hervor als das oft ins Bräunliche verblaßende Rot; der Giebel des → Mihrab ist flacher. Die Zwickel darüber und der Querstreifen sind mit Streublumen gefüllt. Beliebt ist die → Schoboklibordüre. Eine Sonderform des Kula ist der Friedhofsteppich, ein Gebetsteppich, der auf Friedhöfen und bei Begräbniszeremonien verwendet wird. Hier erscheint in der Nische, mehrfach

Walzenkrug mit Genreszene, Fayence, Künersberg, dat. 1757. Zinnmontierung, H 18 cm. München, Bayerisches Nationalmuseum.

Kunststoffmöbel von Joe Colombo. Glasfieber-Sitzschale mit Lederpolsterung.

wiederholt, das Motiv eines Grabmals unter Bäumen. Gelegentlich kommen auch Friedhofsteppiche anderer Provenienz vor. Die türkische Bezeichnung für Friedhofsteppich ist Mazarlek.

Kullberg, Victor → Schiffschronometer

Kumme → Spülkumme

Kunckel, Johannes (1638–1703), Chemiker und Glasmacher, ab 1679 Pächter der Drewitzer Glashütte bei Potsdam. Im selben Jahr erschien seine *Ars vitraria experimentalis,* eine Übersetzung und Bearbeitung von Antonio Neris *L'Arte Vetraria,* in der er sich eingehend mit der Erzeugung von farbigen Gläsern auseinandersetzt. Noch vor Erscheinen des Buches war Kunckel die Herstellung des → Goldrubins gelungen.

Kunstblumen, ursprünglich in Klöstern angefertigt (→ Klosterarbeiten), dienten der Ausschmückung von Kirchen. Im 18. Jh. brachten Zuwanderer aus Frankreich die gewerbliche Blumenindustrie nach Deutschland, wo Herstellungszentren in Dresden, Hamburg, Berlin, München und vor allem in Sebnitz (Sachsen) entstehen. Kunstblumen für den Altarschmuck können aus Metallfolien, Glassteinen und -perlen und Flitter gefertigt sein; derartige Kunstblumen finden auch am Brautschmuck (Brautkrone) Verwendung. Papierblumen, gewachst und ungewachst, werden meist für Dekorationszwecke und als Schießbudenblumen hergestellt. Die Stoffblume (Seide, Organza, Samt usw.) war immer der Modebranche zugeordnet, entsprechend nahm sie um die Jahrhundertwende, wo die Kunstblume als Hut- und Kleiderschmuck beliebt ist, besonderen Aufschwung.

Kunstschrank → Kabinett, → Pommerscher Kunstschrank

Kunststoffmöbel, eine Erfindung der sechziger Jahre des 20. Jh.s. Die Idee, aus Kunststoff gegossene Möbel herzustellen, stammt im wesentlichen von dem italienischen Designer Joe → Colombo, der 1966 auf der Mailänder Triennale die Silbermedaille für seine Kücheneinrichtung aus Plastik erhielt.

Kunst- und Wunderkammern, Bezeichnung für die vor allem in der → Renaissance und im → Manierismus entstandenen, sich aber bis ins 18. Jh. erhaltenden und teilweise den Museumsgedanken vorwegnehmenden fürstlichen oder privaten Sammlungen von Kunstwerken, Büchern und seltsamen und exotischen Objekten. In diesen Sammlungen fanden sich beispielsweise prähistorische Knochen, Meteorsteine, überhaupt seltene Steine oder Edelsteine, Muscheln, gefaßte oder ungefaßte Straußeneier, Trophäen, Reliquien, Uhren, mathematisch-physikalische Instrumente, Kleinkunstwerke, Automaten und exotische Naturalien aller Art. Die berühmtesten dieser Sammlungen waren die des Herzogs von Berry, des Erzherzogs Ferdinand auf Schloß Ambras und die Kaiser Rudolfs II. in Prag. Vieles von den Beständen solcher ehemaliger Kunst- und Wunderkammern kam später in die Museen oder in den Kunst- und Antiquitätenhandel.

Kupelle → Silbermarken

Kupferrubin → Farbengläser

Kupferstich, Tiefdruckverfahren. Eine polierte Kupferplatte wird mit Firnis überzogen und mit Ruß eingeschwärzt, damit sich die Zeichnung besser abhebt. Man legt die Platte auf eine feste Unterlage, meist einen mit Sand gefüllten Ledersack, um sie frei drehen zu können und damit die relative Unbeweglichkeit des Grabstichels auszugleichen. Mit Grabsticheln von verschiedenen Feinheitsstufen wird die Zeichnung seitenverkehrt in die Platte eingraviert. Der Grabstichel (frz. *burin*), ein abgeschrägter, vierkantiger Stahl (danach auch die Bezeichnung Grabstichelmanier, *en burin*) hebt das Metall aus den Linien heraus, dabei entstehen zu beiden Seiten Grate. Die Linien beginnen spitz, verdicken sich dann und laufen spitz aus. Die Grate werden mit einem dreikantigen Stahl, dem Schaber, geglättet. Man kann sie auch stehenlassen (Stich mit Grat), um beim Druck besonders tiefe, samtige Töne zu erzielen. Zum Drucken wird die Platte erwärmt und mit einer zähen Druckfarbe eintamponiert, anschließend wird die Platte wieder blank gerieben. Die nicht gravierten Stellen der Platte reibt man mit Kreide ein. Wird die Platte nicht völlig sauber gewischt, entsteht der sog. Plattenton, der bei jedem Abdruck anders ausfällt. Der Druck erfolgt in einer Walzenpresse. Das angefeuchtete Papier wird auf die Druckplatte gelegt, darüber kommen zu seinem Schutz und zur Aufnahme der Feuchtigkeit Wollfilztücher. Durch den hohen Pressendruck prägen sich die Plattenränder in das Papier ein. Bei dünnem Papier sind die Linien der Zeichnung auch auf der Rückseite erkennbar. Die Farbe liegt mit leichtem Relief auf dem Papier auf. Von einem Kupferstich sind in der Regel 300 bis 400 gute Abzüge möglich. Teilweise werden bis zu maximal 1000 Abzüge hergestellt. Von einer zarten, flachgestochenen Platte sind weniger Abzüge möglich als von einer tiefgestochenen. Die Technik und den Abdruck nennt man Kupferstich, letzteren auch nur Stich. Fehlt die Binnenzeichnung, so spricht man von Umrißstich oder Kartonstich. Der Kupferstich ist etwas jünger als der → Holzschnitt, etwa 1420 entstanden. Das früheste datierte Blatt stammt vom Meister der Berliner Passion, 1446. In der zweiten Hälfte des 15. Jh.s wurde der Kupferstich von Martin Schongauer (um 1430–1491) hervorragend beherrscht, um 1500 von Albrecht Dürer zur Vollendung geführt und in den folgenden Jahrhunderten als eine der wichtigsten graphischen Techniken gepflegt und weiterentwickelt. Seit dem 17. Jh. experimentierte man auch mit Farbstichen; da das Verfahren aber sehr kompliziert ist, blieb es ohne größere Bedeutung, eine Ausnahme bilden englische → Schabkunstblätter des 18. Jh.s.

Kuppa → Kelch

Kurdenteppiche, Erzeugnisse der in Nordwestpersien lebenden Kurdenstämme, oft mit feinkörniger, glänzender Schafwolle, mit dem →Mina Khani- oder → Do Guleh-Muster gezeichnet. Überwiegend kleinformatig.

Kurfürstengläser, deutsche Humpen des 16. und 17. Jh.s, mit Darstellung des Kaisers, umgeben von den sieben Kurfürsten, in bunten Emailfarben (→ emaillierte Gläser) gemalt. Man unterscheidet zwei Typen: mit Kaiser und Kurfürsten zu Pferd in zwei Zonen übereinander und mit dem thronenden Kaiser und den ihn flankierenden Kurfürsten.

Kurfürstenkrüge → Creußen, → Raerener Steinzeug

Kurfürstenteller → Krönungsteller

Kurtka → Uniform

Kurzschwert, japanisches → Wakizashi

Kußtafel, auch Pax oder Pacificale, Täfelchen aus Edelmetall, Holz, Elfenbein oder Glas, das im frühen Mittelalter dem Priester, seit dem 13. Jh. auch den Gläubigen, vor der Kommunion zum Kuß dargereicht wurde. Ursprünglich umschloß es eine Reliquie, ein Brauch, der später aufgegeben wurde. Vorn ist es durch Reliefs, Email- oder → Hinterglasmalerei verziert. Auf der Rückseite befindet sich eine Halteöse.

Kußtaler, Spottmedaille von Herzog Johann Casimir von Sachsen-Coburg-Gotha 1599 auf die Verstoßung seiner ersten Frau Anna und die Vermählung mit Margaretha von Braunschweig-Lüneburg hergestellt.

Kuse → Stangenwaffen

Kutte, auch Habit, knöchellanges, durch Gürtel oder Strick zusammengehaltenes, langärmeliges Ordensgewand, meist mit einer Kapuze, in einer der jeweiligen Ordensregel entsprechenden Farbe.

Kuttrolf → Angster

Kwaarten, zweite Glasurschicht auf Fayencen, wurde nach der Bemalung mit Inglasurfarben mit einer zweiten Glasurschicht, dem „Kwaart", bestrichen, um den Glanz von Farben und Glasur zu erhöhen (→ Delft, → Fayencen).

Kylix, flache, zweihenkelige griechische Trinkschale, allgemein mit hohem Fuß.

Kymation → Eierstab

Kurdischer Gebetskelim. Ostanatolien (Türkei), um 1900. 90 × 205 cm. München, L. Bernheimer KG.

L

Lackarbeiten → Lackkunst

Lackbaum, lat. *rhus vernicifera,* aus der Familie der Sumach-Gewächse. Heimisch in China und von dort nach Japan über Korea im 4. Jh. n. Chr. eingeführt. Der durch Anzapfen des Stammes gewonnene Saft (chin. *ch'i*; jap. *urushi*) wird in ganz Ostasien als *Lack* verwendet (→ Lackkunst). Im westlichen Sprachbereich wird dieser Lack häufig als Rhuslack, Japanlack und echter Lack bezeichnet. Der Lackbaum gedeiht auch in Europa, doch gibt er hier – bedingt durch andersartiges Klima – keinen als Lack geeigneten Saft ab.

Lackkunst, bewußte Nutzung der ästhetischen, lackeigenen Wirkungen wie Glanz, Transparenz und der in sie eingeschlossenen Farbe zur Veredelung und luxuriösen Ausgestaltung von Gegenständen mittels speziell entwickelter Lacktechniken. Die aus anderen Materialien vorgefertigten Gegenstände sind derart vom Lack umschlossen, daß sie wie nur aus Lack gefertigt zu sein scheinen; deshalb bezeichnet man sie auch als Lackarbeiten, Lackware oder als Lacke.

Die chinesische Lackkunst ist die älteste; vereinzelte Funde sprechen dafür, ihren Anfang in die Zeit um 1000 v. Chr. zu datieren, und seit der 2. Hälfte des 1. vorchristlichen Jahrtausends ist sie bis heute kontinuierlich nachweisbar. Als Lack wurde (und wird) in China – später auch in ganz Ostasien – der vom Stamm des → Lackbaumes abgezapfte Saft verwendet, der nach Reinigung (Filterung) entweder als Klarlack oder nach Einfärbung mit mineralischen und pflanzlichen Farbstoffen (Zinnober, Ocker, Malachit, Holzkohle) als Lackfarbe sofort gebrauchsfähig ist. Er muß in hauchdünnen Schichten aufgetragen werden, um eine gute Durchtrocknung zu erreichen. Die Trocknung benötigt für eine einzelne Schicht ca. 6 Tage und erfolgt durch Oxydation und unter Einwirkung hoher Luftfeuchtigkeit (ca. 70%) und bei einer Temperatur von 18° bis 20°. Für eine stabile Lackbeschichtung benötigt man mindestens 20 Schichten. Da der Rhus-Lack (→ Lackbaum) nach seiner Härtung säurefest

Lackschränkchen. China, Ch'ien Lung (1736–1795). Dunkelbrauner Lack, eingelegt mit Perlmutt, Beschläge aus Weißmessing, 91 × 81 × 40 cm.

und weitgehend hitzebeständig ist, können mit ihm außer Möbel, Dosen, Kästen, usw. auch Trinkschalen, Heißwasserkannen, Speiseschüsseln usw. beschichtet werden, wobei die Art des Trägermaterials keine Rolle spielt.
Zur Ausschmückung der Lackbeschichtung entwickelten die Chinesen viele Lacktechniken, so neben der dem Lack angemessenen Lackmalerei u. a. Lackintarsien (z. B. Perlmutteinlagen) und die nur im Rhus-Lack zu verwirklichende Lackschnitzerei.
Die chinesischen Lackwaren wurden – mit wenigen Ausnahmen – seit vorchristlicher Zeit in staatlichen Manufakturen unter weitgehender Arbeitsteilung hergestellt. Großen Ruhm erlangten die Lackwaren der kaiserlichen Werkstätten in Peking während der Regierungszeit der Kaiser Yung-lo (1403–1424 n. Chr.) und Hsüan-te (1426–1435) sowie die aus der Zeit des Kaisers Ch'ien-lung (1736–1796). Dabei handelt es sich vorwiegend um Schnitzlacke, die deshalb auch Peking-Lacke genannt werden, und um Perlmuttlacke.
Von China aus gelangte im 4. Jh. n. Chr. die Lackkunst und vermutlich auch der Lackbaum über Korea nach Japan. Doch erst im 9. Jh. entstand eine eigenständige japanische Lackkunst mit neuen, in China nicht geübten Techniken wie z. B. die vielen Spielarten des makie (Streubild) über einem schwarzen oder roten Lackgrund, der häufig ganz mit hochkarätigem Goldpulver oder Goldkörnchen (*nashiji,* Birnenhautgrund) gefüllt ist. Daneben wurden aber auch immer die chinesischen Lacktechniken beibehalten, wobei der Dekorationsstil meistens auch dem chinesischen Vorbild folgt.
Auch in Japan ist der Einsatzbereich der Lackkunst unbegrenzt; besondere künstlerische Höhepunkte erreichte sie jedoch bei der Ausgestaltung von Medizindosen (→ Inrô) und Schreibkästen (→ Suzuribako).
In Japan wurde die Lackkunst von individuellen Künstlern ausgeübt.
Die koreanische Lackkunst ist eng mit der chinesischen verwandt. Ihre Blütezeit (Perlmuttlacke) währte vom 13. bis ins 16. Jh. Seit dem 17. Jh. zeigt sie starke japanische Einflüsse.
In Europa gibt es Lackkunst erst seit dem Ende des 17. Jh.s, nachdem die Schiffe der holländischen und englischen sog. Ostindienkompagnien (gegründet 1600 bzw. 1602) vor allem seit der 2. Hälfte des 17. Jh.s aus Ostasien neben Seide und → Porzellan auch zahlreiche Lackwaren nach Europa brachten. Diese wurden sehr bald – vornehmlich in Japan – in weniger aufwendigen Techniken eigens für den europäischen Markt produziert (→ Exportlacke) wie auch auf individuelle Bestellung angefertigt (z. B. Möbel).
Exotischer Reiz, Schönheit und Qualität der Lacke, auch merkantile Überlegungen regten zur Nachahmung an und führten zur Entwicklung geeigneter Lackrezepturen auf der Basis von Kopalharz, Sandarac, Bernstein und → Schellack. Der Rhuslack konnte nicht verwendet werden, da er auf der langen Seereise eintrocknete und dann nicht mehr löslich war.
Bei den frühen Lackwaren (bis ca. 1725) handelt es sich vorwiegend um schwarz, rot, auch weiß lackierte Möbel (→ Kabinettschränke und -kästen, Tische, Stühle usw.), deren meistens mit Goldlack und Goldfolie flach oder als → Relief aufgetragener Dekor aus ostasiatischen Bildelementen und Motiven bestand (→ Chinoiserie). Bevorzugt wurden dafür die sich von England über Holland bis nach Deutschland ausbreitenden Bildvorlagen, die John Stalker zusammen mit George Parker nach Motiven auf ostasiatischer Exportware entworfen und aus illustrierten Reiseberichten (z. B. John Nieuhoff: Het Gezantschap der Neerlandtsche Oost-Indische Compagnie, Leyden 1665) kopiert hatten und in ihrer Lackieranweisung A Treatise on Japanning 1688 in London veröffentlichten.
Die englischen und holländischen Lackmöbel dieser frühen Phase sind schwer voneinander zu unterscheiden, dagegen heben sich die Arbeiten der Berliner und Dresdner Werkstätten von ihnen ab. Ihr Stil wurde geprägt von Gérard → Dagly, der 1687 an den Berliner Hof kam, und von Martin → Schnell, der nach seinem Berliner Aufenthalt (1703–1709) ab 1710 die Werkstatt am Hof August d. Starken leitete. Während die Bildflächen auf den holländischen und englischen Lackmöbeln relativ dicht gefüllt und die Dekorelemente im Bildvordergrund meistens überproportional groß sind, sind die sich in die Bildtiefe öffnenden Landschaften Dagly's und Schnell's (häufig in abgestuftem, goldfarbenem Relieflack) unmittelbar den japanischen Vorbildern nachempfunden; allerdings findet man auch bei ihnen Stalker'sche Elemente.
Die französischen Lackmöbel sind erkennbar an ihren schwungvollen Barockformen und ihren aufwendigen Bronzebeschlägen. Nicht selten tragen sie Signaturen bekannter französischer → Ebenisten. Die Lackkünstler dagegen bleiben unbekannt. Oft sind bei der Ausgestaltung der französi-

Französisches Lackmöbel von L. Foureau. 2. Hälfte 18. Jh. 143 × 97 × 39 cm.

Chinesische Lackdose in Form einer Pflaumenblüte. Um 1600. Schwarzlack mit Perlmutt-Einlagen. H 10, Dm 32 cm. Köln, Herbig-Haarhaus Lackmuseum.

Koreanischer Lackdeckelkasten. Frühe Y-Dynastie, 1. Hälfte 15. Jh. Holz, Lack, Perlmutt-, Schildpatt- und Drahteinlagen, H 15,2 cm. Köln, Museum für Ostasiatische Kunst.

Japanische Lackdeckeldose in Form einer kleinen Melone. Edo-Zeit, 1807–1891. Holz mit gemaltem Lackdekor, H 5,5 cm. Köln, Museum für Ostasiatische Kunst.

schen Lackmöbel originale japanische Lackpaneele mitverwendet worden.

Ab ca. 1730 werden in der europäischen Lackkunst die ostasiatischen Motive weitgehend von reinen Rokoko-Stilformen verdrängt (→ Rocaillen, Blumengebinde, Schäferszenen, mythologische Darstellungen etc.). Ausgeführt in hellen, mehrfarbigen Lackmalereien zieren sie die jetzt in Mode gekommenen, aus Papiermaché vorgefertigten Galanteriewaren (Schnupftabakdosen, Etuis, Schatullen usw.). Eine führende Sonderstellung nehmen die Arbeiten der Gebrüder Martin ein (→ Vernis Martin), die für den Hof Ludwigs XV. arbeiteten. Sie zeichnen sich durch die Qualität des von den Martins selbst entwickelten Lacks aus, vor allem aber durch raffinierte farbige Lackglasuren, die oft mit geprägten Goldfolien unterlegt, mit Einlagen aus Gold und Perlmutt bereichert sind und dazu noch farbige Lackmalereien tragen.

Ab Ende des 18. Jh.s werden Lackwaren in Folge der einsetzenden Industrialisierung fast ausschließlich in Lackierwarenfabriken – vornehmlich für bürgerliche Schichten – hergestellt. Die Gegenstände (Schnupftabakdosen, Tischgerät aller Art u. a.) sind serienmäßig aus Walzblech und Papiermaché maschinell vorgefertigt. Ihre jetzt sehr widerstandsfähige Lackbeschichtung ist schwarz (seltener dunkelbraun und dunkelgrün) und nur die Schauseiten sind mit farbigen Lackmalereien geschmückt (Porträts, romantische Landschaften und → Historienbilder, sowie Blumenbouquets und Chinoiserien im Stil des Neorokoko). Führend waren Unternehmen in Birmingham und Pontypool (England), vor allem aber die Fabrik → Stobwasser in Braunschweig. Die meisten dieser Waren sind mit Fabrikstempeln versehen.

In der Mitte des 19. Jh.s erlischt die Lackkunst, und der Lack wird neuen, vielseitigen industriellen Aufgaben zugeführt (z. B. Schutzüberzüge für Maschinen).

Lackporzellan, japanisches Porzellan, das anstelle von Gla-

Süddeutsche Lack-Kommode. Um 1740. 72 × 103 × 62 cm.

sur mit rotem oder schwarzem Lack überzogen ist. Es gibt auch Stücke, die zu einem Teil glasiert, zum anderen lackiert sind. In Holland ahmte man Lackporzellan nach.

Lacroix (eigtl. Roger Vandercruse) (1728–1799), einer der bedeutendsten französischen Kunstschreiner des → Louis-quinze und des → Louis-seize. Zahlreiche Möbel für die Mätresse Ludwigs XV., Madame du Barry, stammen aus seiner Werkstatt. 1755 wurde er Meister, übernahm den väterlichen Betrieb und arbeitete in der Folgezeit eng mit Jean François → Oeben und Jean Henri → Riesener zusammen. Seine Möbel zeichnen sich durch ungeheuren Prunk und – für unsere heutigen Begriffe – oft überladen wirkende Dekorationen aus. Seine handwerklich hervorragend gearbeiteten Marketerien mit Zitronenholz- und Elfenbeineinlagen sind oft noch zusätzlich mit eingelegten Bildplatten aus Sèvres-Porzellan (→ Vincennes-Sèvres) ausgestattet. Originale Lacroix-Möbel (sofern es sich nicht um französische Nachbildungen des → Napoléon III handelt) tauchen im Kunsthandel selten auf und erzielen Höchstpreise.

Ladik, feingeknüpfter Gebetsteppich aus Ladik im mittleren Kleinasien, der an die Tradition des 17. und 18. Jh.s anschließt. (Abb. s. a. S. 298)

Ladschwardina-Ware, Typ persischer Keramiken des 13. Jh.s mit dunkelblauer, meist opaker Glasur (pers., *lâğward,* kobaltblau) und Malerei mit weißen und rostroten Aufglasurfarben sowie aufgesetztem und mitaufgebranntem Blattgold. Die fein geformten Gefäße (darunter Deckeldosen und Fußschalen) und Fliesen tragen in erster Linie geometrischen und floralen Dekor; es treten aber auch chinesische Drachen und Phönixe auf. Die Glasurhaut ist besonders anfällig, so daß das tiefe Blau selten sichtbar bleibt. Die Ladschwardina-Ware ist der → Minai-Ware verwandt.

Ländliche Sitzmöbel, der Pfostenstuhl und der Brettstuhl. Der Pfostenstuhl ist die ursprüngliche Stuhlform, bei der die beiden hinteren Pfosten (Beine) so verlängert sind, daß sie, mit Querhölzern oder Geflecht verbunden, die Rücklehne bilden. Ebenso besteht die Sitzfläche aus Brettern oder einem bespannten Rahmen, die jeweils mit den Pfosten ver-

Teppich aus dem Gebiet von Ladik, Ende 18. Jh. Aus Spuhler/König/Volkmann, Alte Orientteppiche (München 1978).

zapft sind. Durch entsprechende Überlängung der vorderen Beine und deren Verbindung zur Lehne entsteht der Armlehnenstuhl. Eine Besonderheit dieses Konstruktionstypus stellt der Dreipfostenstuhl vom Niederrhein und aus Westfalen dar, bei dem das einzige hintere Bein überlängt und zur Lehne ausgearbeitet ist. Die Pfosten können vierkantig geschnitten oder rund gedreht sein; in Norddeutschland, wo der Pfostenstuhl vorherrscht, ist er oft ausschließliche Drechslerarbeit. Bei Kombination von Drechsler- und Schreinerarbeit finden sich Pfostenstühle mit hohen leiterähnlichen Lehnen aus mehreren Querleisten, die auf niederländische Vorlagen zurückgehen. Massive Lehnen beim Pfostenstuhl können durch Aussägen, Schnitzerei, Ritzdekor und Bemalung geziert sein.

Der Brettstuhl ist eine Konstruktion, die im 16. Jh. aus Italien nach Deutschland kam und hier den älteren Pfostenstuhl in den Nordwesten verdrängte. Beim Brettstuhl sind Lehne und Beine in die Sitzfläche eingezapft. Die immer nach außen schrägstehenden Beine können gedreht, glatt und beschnitzt, oder durch zwei Standbretter ersetzt sein. Die Stühle sind, soweit ungefaßt, aus Hartholz gefertigt, Beine, Lehne und Sitz oft aus verschiedenen Hölzern. Glatte Lehnen weisen fast immer ein Griffloch auf, als Auszieher ist in allen Stuhllandschaften der Doppeladler bekannt. Weitverbreitet ist das Doppelschlangenmotiv in Südwestdeutschland, Tirol, Franken und dem Elsaß; die einzelne, in sich verschlungene Schlange mit Krone tritt in der Braunschweiger Gegend auf. In Hessen und in Südwestdeutschland sind zwei gegeneinanderstehende Herzen bei Brautstühlen bekannt; bemalte Stühle kommen vorwiegend aus dem bayerisch-österreichischen Raum. Bei beiden Konstruktionsformen, Pfostenstühlen und Brettstühlen, gibt es Bänke, auch mit umklappbarer Lehne. Die „Sidel" oder Truhenbank hingegen hat sich aus der → Truhe, schon in der Gotik, entwickelt.

Längenuhren → Schiffschronometer

Laeuger, Max (1864–1952), deutscher Keramiker, Kunstgewerbler und Architekt. Er studierte an der Kunstgewerbeschule in Karlsruhe, wo er später auch als Lehrer tätig war. 1895 bis 1913 hatte er die künstlerische Leitung der Tonwerke in Kandern inne, von 1921 bis 1929 Zusammenarbeit mit der Karlsruher Majolika-Manufaktur. Berühmt wurde Laeuger durch seine Keramiken aus der Zeit um 1900, Vasen, Einzelfliesen und ganze Fliesenbilder. Die Vasen dieser Zeit haben nach dem Vorbild der Schwarzwälder Bauerntöpferei als Dekor eine → Schlickermalerei. Die Motive sind realistische Pflanzen. In den zwanziger Jahren greift Laeuger mit seiner Glasurmalerei orientalische Vorbilder auf. An seinen Gefäßen pflegte er damals seidenmatte, reduzierend (→ Reduktionsbrand) gebrannte → Craqueléeglasuren. In den zwanziger und dreißiger Jahren arbeitete er viele Plastiken und Reliefs aus Ton.

Laffe, Schöpfteil des Löffels (→ Bestecke)

Lahn → Metallfaden

Lakabi-Ware, ist ein nur in wenigen Exemplaren erhaltener, kostbarer Typ islamischer Keramiken mit weißlichem, porösem, relativ hartem → Scherben und einer transparenten Glasur. Der Dekor wurde vor dem Rohbrand in die lederharte Keramik eingeritzt oder geschnitten und die so geschaffenen Felder später blau, türkis, grün, braun, aubergine oder purpurfarben, manchmal auch gelb, koloriert, wobei die Farbkonturen etwas verschwommen sind und an senkrechten Wandungen Schlieren herablaufen. Zwar hat man den Farbauftrag bisher meist als Unterglasurmalerei beschrieben; doch ist eher zu vermuten, daß es sich dabei um Inglasurfarben handelt, d. h. die Farben wurden auf den angetrockneten Glasurschlicker einer Transparentglasur gemalt. Dies würde auch die verschwimmenden und sogar ablaufenden Farbkonturen erklären. Lakabi-Ware, so benannt nach pers., *laqabî* ‚bemalt', wurde in der zweiten Hälfte des 12. Jh.s im Iran (Rayy, Kaschan) und Nordsyrien (Rakka) hergestellt. Ihr Dekor im seldschukischen Stil zeigt sowohl Ornamentik (besonders → Arabesken und Kalligraphie) als auch figürliche Darstellungen, vor allem große Einzelfiguren (Menschen, Tiere, bekrönte Sphinxen u. a.).

Lalique, René Jules (1860–1945), französischer Juwelier und Glaskünstler, studierte in Paris und London. 1885 eröffnete er in Paris eine Werkstatt für Schmuck, Glas und Ziergerät. Er gilt als der Erneuerer der Schmuckkunst in Frankreich. Seine ausgefallenen Schmuckstücke in Form von Insekten und Vögeln, von elegischen Frauengestalten und Blumen sind aus verschiedenfarbigen Edelmetallen mit Einlagen von Schildpatt über Email und aus Edelsteinen zusammenge-

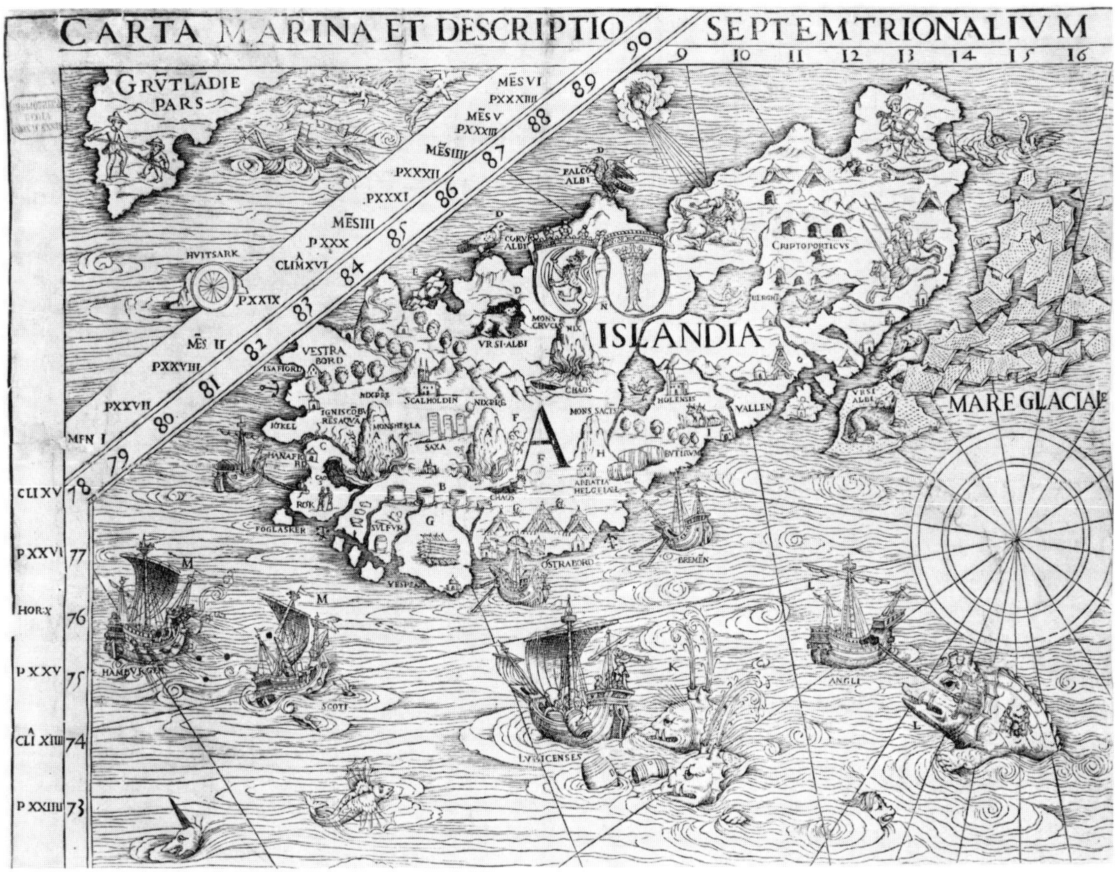

Landkarte. Oluus Magnus „Carta Marina", Blatt A, Venedig 1539.

stellt. Seit den neunziger Jahren experimentierte er mit Glas und Glasflüssen. Das charakteristische Lalique-Glas ist farblos mit mattblauer opalisierender Oberfläche und in Formen geblasen. Die erhabenen Dekors zeigen Pflanzen- oder Tiermotive. (Abb. s. a. S. 255)

Lambalo, im Kasak-Gebiet (→ Kasak-Teppiche) geknüpfter Teppich mit dickflauschigem Flor und glanzreicher Wolle. Als Dekor herrschen Rosettblüten auf blauem oder rotem Grund des schmalen Mittelfeldes vor.

Lambeth, heute Vorort von London, war seit der zweiten Hälfte des 16. Jh.s Sitz einer Fayencewerkstätte, die im 17. Jh. durch Arbeiter aus → Delft Aufschwung erhielt. Im 18. Jh. wurde die Steinguterzeugung aufgenommen, wobei vor allem Claretware hergestellt wurde, ein in der Masse gefärbtes Steingut, das nach einem dunklen Rosa der Manufaktur → Chelsea, die es nachahmte, benannt war.

Lambrequin, ein zungen-, zackenförmig oder geschweift ausgeschnittener Querbehang mit Quasten, aus Stoff, Metall, Holz oder Stein. Besonders häufig im Barock sowohl in der Architektur wie auch in der Plastik und im Kunstgewerbe vorkommend. Lambrequinmotive finden sich auch oft bei Fayencen und Porzellan. Im 17. Jh. wird auch der unter dem → Küraß herabhängende schurzartige Zeugstreifen als Lambrequin bezeichnet.

Lamé, Gewebe, dessen Grund ganz oder teilweise mit Silber- und Goldschüssen bedeckt ist.

Lamellenharnisch → Panzer

Lamerie, Paul de (1688 bis nach 1751), der berühmteste englische Goldschmied, Hauptvertreter des Mid Georgian Style (→ Barockstil). Er pflegte einen üppigen Rokokodekor und stand in fruchtbarem Austausch mit den Pariser Goldschmieden.

Lampas, Bezeichnung für jene gemusterten Gewebe meist aus Seide, in denen neben dem aus Hauptkette und Grundschuß (→ Kette) gebildeten Grund eine zusätzliche Bindekette die musterbildenden Schüsse abbindet. Heute als Terminus meist für → Diasper gebraucht.

Lampassen → Uniform

Lancierschuß, ist ein zusätzlicher Muster→Schuß (→ Kette), dessen Fäden über die gesamte Webbreite des Gewebes laufen und nicht wie bei der Broschierung → (Broschieren) nach jedem Motiv abbrechen.

Landkarten. Alte Landkarten stammen fast stets aus Atlanten, ausgenommen wenige Einblattdrucke. Die alte Landkarte ist eine lineare Zeichnung mit bildlichen oder geographischen Symbolen, Namen und Legenden. Mit fortschreitender künstlerischer Ausdrucksfähigkeit wurden alte Landkarten mit mehr oder weniger ornamentalen Kartuschen und figürlichen Darstellungen geschmückt. Unter dem Begriff Landkarten werden auch Weltkarten, Erd- und Himmelskarten und astronomische Karten gesammelt. Der Sinn der Landkarten ist von früh an auch Schmuck. Alte Landkarten gibt es in Form von Manuskriptkarten seit dem Mittelalter. Im 15. Jh. entsteht eine geographische Renaissance mit der Neuentdeckung und Verbreitung der Werke des Claudius Ptolemäus. Im 16. Jh. folgen Holzschnittkarten (z. B. die *Cosmographie* des Sebastian Münster und die Weltchronik des Hartmann Schedel). In der italienischen Kartographie des 16. und 17. Jh.s wird der Holzschnitt von Kupferstich und Radierung abgelöst. Die Blütezeit der Kartographie ist jedoch in den Niederlanden im 16. Jh. (Gerard Mercator, Abraham Ortelius, Gerard de Jode u. a.) und im 17. und 18. Jh. (Jodocus Hondius, Johannes und Willem Janszonius Blaeuw, Johannes Jansson u. a.). Im 18. Jh. ist auch die englische und französische Kartographie von Bedeutung (John Speed, John Ogilby, Nicolas Sanson, Nicolas de Fer, Pierre Mortier) wie auch die deutsche (Johann Baptist Homann, Matthaeus Seutter u. a.).

Landmünzen, geringwertige Scheidemünzen, die nicht nach dem Reichsmünzfuß und nur zum Umlauf im Gebiet des jeweiligen Münzherrn geprägt wurden.

Landschaftsmalerei. Von frühen Ansätzen in der Antike und fernöstlichen Beispielen abgesehen, ist die reine Landschaftsdarstellung, die also nicht nur begleitender Hintergrund für ein hauptthematisches Geschehen sein soll, eine der jüngsten Gattungen der Malerei. Während die Malerei des abendländischen Mittelalters noch fast ausschließlich mit Figuren und Szenen der Heilsgeschichte befaßt war, wurde alles Nichtfigürliche – auch die Landschaft – nur schematisch und formelhaft wiedergegeben. Erst mit der burgundisch-niederländischen Miniaturmalerei des beginnenden 15. Jh.s (Stundenbuch der Brüder von Limburg) entsteht eine Auffassung von Landschaft, die als ein in sich geschlossener Kosmos betrachtet werden kann und in die hinein auch menschliche Figuren in einigermaßen richtigem Verhältnis gestellt erscheinen. Das erste lokal nachprüfbare Landschaftsbild (vom Genfer See) schuf Konrad Witz in seinem „Wunderbaren Fischzug" von 1444. Erst 1473 entstand durch Leonardo da Vinci die erste Federzeichnung einer Landschaft ohne Szenerie. Damit war die reine Landschaft geboren. In der Folgezeit entstanden Albrecht Dürers Landschaftsaquarelle und die Landschaftsmotive Albrecht Altdorfers, des Hauptmeisters der Donauschule, deren Vertreter sich mit der Landschaft eng auseinandersetzten.

Die sog. ideale Landschaft wurde im Rom von 1600 angeregt, deren Hauptvertreter Adam Elsheimer neben Paul Bril, Annibale Carracci und Domenichino sind. Das Merkmal der idealen Landschaft ist, daß sie zwar die Natur in ihren Einzelformen übernimmt, aber die Zufälligkeit des Natürlichen durch klassische Kompositionen ausschaltet. Auch dem Licht wird eine Idealität abgewonnen in Bildern, die etwa sprichwörtliche Sommersonnenatmosphäre oder Nachtkühle ausstrahlen. Gleichzeitig wird auch schon der Bildtyp der heroischen Landschaft geprägt, in dem die antike Staffage im Bildraum bestimmend wird (Claude Lorrain und Nicolas Poussin). Diese Bezeichnung tritt im 19. Jh. – allerdings für einen anderen Landschaftstyp – nochmals auf.

Im Zuge der für alle Bildgattungen feststellbaren Spezialisierung in der niederländischen Kunst des 17. Jh.s verselbständigte sich die Landschaftsmalerei wie nie zuvor. Auch in differenzierenden Untergattungen zeigen sich bedeutende Meister: etwa Nacht- und Winterlandschaften bei Aert van der Meer, Flußlandschaften von Philips de Koninck oder Salomon van Ruisdael, mehr mystisch angelegte Stimmungen in den Bildern Jacob van Ruisdaels, dramatische Naturwiedergabe bei Rembrandt – der Reichtum dieser holländischen Landschaftskunst ist kaum je wieder ausgebreitet worden.

Während sich das 18. Jh. mehr zum Auftragsporträt hinwandte, bekam die Landschaftsmalerei erst in der Romantik des beginnenden 19. Jh.s – besonders mit Caspar David Friedrich, Joseph Anton Koch und den Deutschrömern neue schöpferische Impulse. Die stille Zwiesprache zwischen Mensch und Natur wurde jetzt oft zum Inhalt der stimmungsreichen Bilder. In den dreißiger Jahren des 19. Jh.s forderte in Frankreich die Schule von Barbizon das Malen in der freien Natur (→ Freilichtmalerei). In Deutschland entstand gleichzeitig die phantasievolle heroische Landschaft (Carl Rottmann, Friedrich Preller) die nunmehr – anders als bei Poussin und Lorrain – in sich selbst dramatisch bewegt wird. Von lokaler Bedeutung werden in der 2. Hälfte des 19. Jh.s die Landschaften der einzelnen Schulen (Düsseldorfer, → Münchener, → Dachauer Schule), überwunden erst durch den überregional schöpferisch wirkenden Impressionismus. Hier beginnt (deutlicher noch im Expressionismus) sich scheinbar ein Kreis zu schließen: Die Landschaft wird nicht mehr um ihrer selbst willen gemalt, sondern ist Ausgangspunkt von anderen Inhalten, die die innere Stimmung des Künstlers oder des Betrachters evozieren.

Landsknechtsschwert → Schwert

Langerwehe, Töpferzentrum zwischen Köln und Aachen, wo seit dem 13. Jh. Gebrauchsgeschirr aus → Frühsteinzeug hergestellt wurde. Hier pflegte man die Steinzeugherstellung bis ins 19. Jh. hinein (→ Rheinisches Steinzeug).

Langlois, Pierre, auch Peter (tätig um 1760), aus Frankreich stammender Kunstschreiner, gehört zu den besten Vertretern des → Louis-quinze und → Louis-seize außerhalb der

Laterna-magica-Dias

◁
Bunt lackierte Laterna magica, mit Kerze als Lichtquelle. Anfang 19. Jh.

Heimat. Er ließ sich um 1759/60 in London nieder und trug wesentlich zur Verbreitung der Pariser Möbelkunst in England bei.

Langschwert, japanisches → Katana

Lanz, Johann Wilhelm → Frankenthaler Porzellan

Lanze → Stangenwaffen

Lanzettblatt, häufig verwendetes Schmuckmotiv des Orientteppichs (→ Herati); ein schmales, gezahntes, häufig geschwungenes Blatt.

Lappenteller, um 1700 entstandene Reliefzinnteller aus St. Gallen, die auf dem Rand die Wappen der 13 alten Schweizer Orte tragen, deren Umrisse bogig gelappt sind.

Lasur, Überzug mit durchsichtiger Farbe, im Unterschied zur Malweise mit → Deckfarben.

Laterna magica, Projektionsgerät, das auf eine Erfindung des 16. Jh.s zurückgeht und bis Anfang des 20. Jh.s sehr beliebt war. Die Zauberlaterne, wie sie auch bezeichnet wurde, kann als Vorläuferin unseres heutigen Diaprojektors gelten. J. B. Porta zählt neben Pater Athanasius Kircher zu den Vätern der Projektion. Beleuchtet wurde anfangs mit Kerzen, später mit Petroleumlampen und elektrischem Licht. Selten sind Lamposkope, Laterna magicas also, die auf Petroleumtischlampen aufgesetzt werden. Im allgemeinen besteht das Gehäuse aus Blech, oft bunt lackiert, seltener aus Messing oder Nickel. Rar sind Laterna magicas, die Figuren darstellen, z. B. in der Form eines Chinesen. Für besondere Effekte bei der Projektion wurden die Fortentwicklungen, das Phantoskop und der Nebelbilderapparat, eingesetzt. Projiziert werden Glasdiapositive, meist Glasstreifen, die handbemalt oder bedruckt Szenen darstellen (→ Laterna magica-Dias).

Laterna magica-Dias, transparente Glasbilder für die Projektion mit der → Laterna magica. Die Dias waren anfangs handbemalt, später verwandte man Abziehbilder, oder man bedruckte sie. Die Glasbilder waren meist mit Buntpapier verklebt. Im allgemeinen findet man Glasstreifen, die panoramenhaft einen Handlungsablauf zeigen. Seltener sind runde Diascheiben. Rar sind auch Effektdias, z. B. Laterna magica-Dias mit einer kleinen Kurbel seitlich. Dreht man an dieser, entstehen Bewegungseindrücke; so geht beispielsweise der Mond auf und wieder unter. Oder aber man kann Kaleidoskopeffekte erzielen. Seit etwa 1850 sind auch photographisch hergestellte Diapositive möglich. Die Abmessungen der Laterna magica-Dias sind nicht genormt.

Laub-und-Bandelwerkstil, Bezeichnung für jene deutsche Stilrichtung in den ersten Jahrzehnten des 18. Jh.s, die vom Hochbarock zum Rokoko vermittelt und u. a. durch die Ornamentformen des → Bandelwerks (richtiger eigentlich: Laub- und Bandelwerk) charakterisiert ist. Ihren Ausgang nahm diese Richtung vom französischen → Régence.

Laufender Hund, Abart des → Mäanders. Rhythmisch bewegte oder eckig gebrochene Ornamentform, die an eine Reihe regelmäßig hintereinander angeordneter und nach einer Seite überschlagender Wellen erinnert (Spiralmäander, Wellenspirale). In der griechischen und römischen Antike beliebt, auch als Bordürenmuster bei kaukasischen Teppichen. Ähnliche Formen auch bei nordwestpersischen und turkmenischen Teppichen.

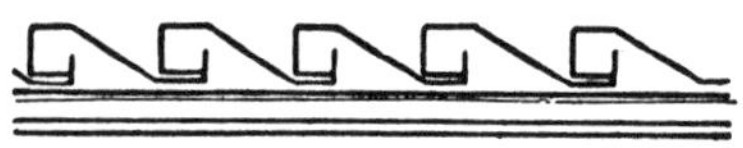

Laute, sehr altes gezupftes Saiteninstrument in verschiedenen Formen, war in Europa namentlich im 15.–17. Jh. von besonderer Bedeutung; wird heute vielfach sprachlich mit der → Gitarre verwechselt, da nur die zargenlose Form mit birnenförmigem Korpus eine Laute ist.

Lavabo, ein kesselartiges Messing- oder Bronzegefäß zum Händewaschen, das an einem Bügel über einer Schüssel aufgehängt wurde. Oft sind die zwei Ausgüsse als Tierköpfe gestaltet. Lavabos waren seit dem frühen 15. Jh. in Sakristeien und Privathäusern in Gebrauch.

Lavabobecken → Altargerät

Lavabokannen, Kippkessel des 15. und 16. Jh.s aus Gelbguß, die in Sakristeien und Privathäusern in einer Nische zum Händewaschen aufgehängt waren. Sie sind von kugeliger Gestalt, tragen einen Bügel zum Aufhängen und zeigen meist zwei Ausgüsse, die häufig in Tierköpfen enden.

Laver-Kirman → Kirman Laver

Lavieren, das Übergehen einer Zeichnung mit verlaufenden, meist naß auftragbaren Farben; zur Hervorhebung der Schattenwirkung und leichter Andeutung von Farbigkeit (z. B. die lavierte Federzeichnung).

Lavoir, Wasserkanne und Becken zum Überspülen der Hände bei Tisch, vorwiegend benutzt in Zeiten, als man sich – vor Einführung der Gabel – beim Essen noch der Finger bediente (→ Aiguière).

Lebas, Jean Baptiste (1729 – nach 1795), Pariser → Ebenist, der 1756 Meister wurde. Seine Möbel zeichnen sich durch Kühnheit des Entwurfs und elegante Details aus. Er arbeitete u. a. für Madame du Barry, die Mätresse Ludwigs XV.

Lebes, Kessel. Bauchiges griechisches Gefäß mit weiter Öffnung, das auf einen (evtl. dreibeinigen) Ständer zu setzen ist.

Lebrun (Le Brun), Charles (1619–1690), französischer Maler, Ornamentzeichner und Entwerfer für Kunsthandwerk. Als Direktor der königlichen Gobelin- und Möbelmanufaktur in Paris trug er mit seinen Arbeiten und Entwürfen maßgeblich zur Herausbildung des → Louis-quatorze bei.

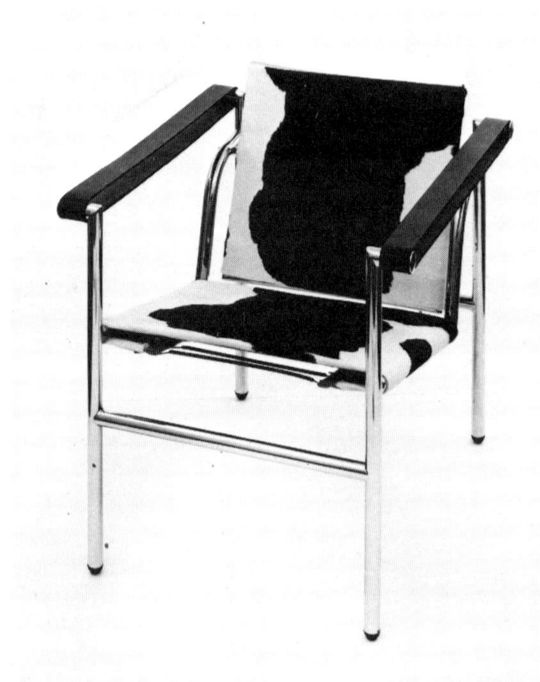

Fauteuil, entworfen von Le Corbusier. Erstmals ausgestellt 1929 in Paris. München, Die Neue Sammlung.

Le Corbusier, eigtl. Charles-Édouard Jeanneret (1887–1965), der aus La Chaux-de-Fonds in der Schweiz stammender Architekt und Designer, auf seinem Gebiet vielleicht die brillanteste und schöpferischste Persönlichkeit unseres Jahrhunderts. Die *machine à habiter,* seine Metapher für Umraum und Innenraum, kurz für das Wohnen, ist aus unserem Leben nicht mehr wegzudenken. Die Innenausstattung des Wohnraumes teilt Le Corbusier in drei Kategorien ein: zum ersten Möbel zur Aufbewahrung, zum zweiten Tische für Arbeit und Muße, zum dritten Sitz- und Liegemöbel; alles andere ist überflüssig und „verstellt“ den Blick und den Raum. Behältnismöbel rückt er wieder an die Wand oder, besser, er baut sie in die Wand ein (wie im Mittelalter üblich) oder gebraucht sie als Raumteiler. Die Vorstellung von der Ökonomie des Wohnens, ein Begriff, der immer mehr – bedingt durch die Kleinwohnungen der Neubauten – an Bedeutung gewonnen hat, geht im wesentlichen auf Le Corbusier zurück. Hand in Hand mit dieser Vorstellung von der Ökonomie des Wohnens entwickelte sich das industriell herstellbare Möbel, das einerseits vielseitig verwendbar ist, andererseits auch breiteren Schichten die Möglichkeit einer funktionellen, modernen Einrichtung gibt.

Le Corbusier beschäftigte sich vorrangig mit Wohnhausbau und Städteplanung; seine eigentlichen Möbelentwürfe entstanden nur in den zwanziger Jahren, in Zusammenarbeit mit Charlotte Perriand, doch sind sie so exemplarisch, daß sie teilweise noch heute als Vorlagen dienen. *Siège grand comfort,* ein Polstermöbel, das sich an englische Clubmöbel anlehnt, und die berühmte Chaiselongue *the cowboy chair* von 1926 und 1927, beides → Sitzmöbel, deren Form und Funktion sichtbar der Bequemlichkeit des Sitzens dienen, stehen in krassem Gegensatz zu den teilweise recht unbequemen, aber hocheleganten Sitzmöbeln des → Art Déco, die Le Corbusier stets ablehnte. Das → Bauhaus, Marcel → Breuer und Mart → Stam waren seine Orientierungspunkte.

Lederarbeiten, Bucheinbände, mit Leder bezogene Kästchen, Kabinette, Möbel, lederne Taschen, Schilde, Sättel, Wandbespannungen (→ Ledertapeten), Kultgegenstände und Objekte der Volks- und Völkerkunde. Sie lassen erkennen, daß Leder ein überaus vielseitiges Material ist.

Die Lederarten (Rind-, Ziegen-, Schaf-, Schweins-, Reptil-, Fischleder usw.) und der Gerbvorgang mit den verschiedenen Gerbstoffen (Lohe, Alaun oder Fett) bestimmen die Stärke, die Geschmeidigkeit und das äußere Bild des Leders (Narben) und seine Farbe (zusätzliche Färbung ist möglich). Die Dehn- und Formbarkeit des Leders im feuchten Zustand ermöglicht seit vorchristlicher Zeit die Herstellung von Futteralen. Das nasse Leder wurde über einem Kern aus Holz oder anderen Materialien gespannt, vernäht oder verleimt und der Kern nach dem Trocknen entfernt. Neben der Gestaltung der Form erfolgte die Dekoration durch verschiedene Schmucktechniken. Ritzen, Punzen, Flechten, Schälen, Besticken und Ausschneiden gehören mit zu den ältesten.

Im abendländischen Bereich können seit dem 12. Jh. drei wichtige Techniken der Lederbearbeitung unterschieden werden: Blindpressung, Lederschnitt und die Handvergoldung, während der Kerbschnitt nur in der Völkerwanderungszeit auf wenigen erhaltenen Objekten (Messerscheiden und Futteralen) nachzuweisen ist. An zahlreichen erhaltenen kostbaren Objekten für Herrscher, Adel, Klerus, später auch für die Bürger, läßt sich seit 1300 der stilistische und technische Wandel verfolgen. Die erste bedeutsame Schmucktechnik war die Blindpressung. Mit Hilfe von Stempeln und Platten wurde das Leder mit einem flachen Dekor überzogen. Die Metallstempel ließen die Motive erhaben im vertieften Grunde sichtbar werden, der Grund wurde mit einer Punze gekörnt und zusätzliche Blindlinien dienten zur Gliederung der Flächen (Schmuck- und Buchkästchen, Urkunden, Besteckfutterale). Die klassische Lederdekoration vom 13. bis zum 16. Jh. war der Lederschnitt. Nach der Übertragung des Entwurfes auf das Leder (meist Rind) wurde das Ornament mit einem Dreikantmesser eingeschnitten und mit einem heißen Eisen nachgezogen, so daß der Schnittrand verhornte. Durch Punzen und Treiben wurde ein flaches Relief gestaltet. Minnekästchen, Reliquienschreine, Futterale für Bestekke, Kronen, Urkunden und Hostienbüchsen, Prunkschilde und Pulverhörner wurden mit Lederschnitt überzogen. Die Motive entsprachen dem allgemeinen Zeitstil: Arabesken, Pflanzen, Bäume, Minneszenen, Drachen, Fabelwesen, Heilige und Wildmänner. Eine Imitation des Lederschnittes mit großen Pressplatten war schon seit 1540 üblich. Im 19. Jh. sind auch Fälschungen in Lederschnittarbeiten nachzuweisen. Am Ende des 19. Jh.s wurde im Zuge des Historismus auch der Lederschnitt neu belebt (Hamburg, München, Wien). Motive und Dekorationsstile lehnen sich aber weitgehend an die mittelalterlichen Formen an. Über Spanien wurde der Lederschnitt im 16. Jh. nach Mexico übertragen (Möbel) und dort bis heute besonders im Bereich der Volkskunst und des Pferdezeuges gepflegt.

Um 1500 hatte sich in Frankreich und Flandern eine neue

Minnekästchen aus Leder. Österreich, um 1400. Lederschnitt und Treibarbeit. Offenbach am Main, Deutsches Ledermuseum.

Urkundenfutteral aus Leder. Mailand, um 1540. Lederschnitt und Treibarbeit. Offenbach am Main, Deutsches Ledermuseum.

Variante des Lederschnittes, der Goldlederschnitt entwikkelt. Das Leder war zunächst mit Folien vergoldet oder versilbert worden (→ Ledertapeten). Ein besonders zarter und feiner Schnitt ohne Reliefierung und Punzung in Anlehnung an den Kupferstich gab diesen Arbeiten (Geschenk- und Hochzeitskästchen) einen fast metallischen Charakter.

Seit dem 16. Jh. wurde die Handvergoldung zur entscheidensten und variabelsten Lederdekoration. Mit Hilfe von Metallstempeln wurde bei dieser Technik das Leder mit einem Golddekor überzogen. Sie war am Ende des 15. Jh.s aus dem Orient über Ungarn, Venedig und Süditalien in das Abendland übertragen worden. Da dabei Einzelstempel benutzt wurden, setzt sich jeder Dekor aus zahlreichen verschiedenen, immer rechts- und linksläufig geschnittenen Stempeln zusammen. Dazu kamen später Fileten, Rollen und Platten. Seit dem 16. Jh. wurde der Dekor der Bucheinbände und ihre Ornamentik auf die Futterale, Schreine, Kabinette, Dokumentenmappen, Hochzeitskästchen usw. übertragen. Grundsätzlich war mit der Einführung der Handvergoldung auch ein Wechsel der Lederart verbunden. Das Rind- und Kalbsleder des Mittelalters wurde durch das rote Maroquin-

In Leder geprägte „Güldenkammer-Tapete". Mechelen (Belgien), um 1710. Kassel, Deutsches Tapetenmuseum.

leder – das typische Ziegenleder des islamischen Kulturbereiches – verdrängt. Der Arbeitsaufwand bei der Handvergoldung war groß, denn der Entwurf wurde nach der Übertragung auf das Leder zunächst mit den Stempeln blind vorgedruckt, dann erst, nach einer Grundierung mit Essig und Eiweiß, die Blattgoldfolie mit dem erwärmten Stempel auf das Leder gepreßt.

Im 19. Jh. wurde zur Arbeitsvereinfachung die Preßvergoldung eingeführt. Mit einer großen, den ganzen Dekor erfassenden Metallplatte wurde in einem Arbeitsgang das Leder vergoldet. Damit wurde der Weg für eine kunsthandwerkliche Massenproduktion und die Wiederaufnahme vergangener Stilmotive eröffnet. Im 18. Jh. wurden – wenn auch noch sehr vereinzelt – zusätzlich farbige Leder aufgelegt, ohne daß dabei ein echtes Ledermosaik entstand. Dies wurde erst am Ende des 19. Jh.s – besonders bei den Bucheinbänden – stärker eingesetzt.

Um 1900 bemühten sich mehrere Werkstätten (Wien, Berlin, London, Hamburg, München) nicht nur um die Wiederbelebung der alten Techniken, sondern auch mit der Entwicklung neuer Dekorationsmethoden, die aber letztlich nicht von dauerhaftem Erfolg waren. Das undekorierte natürliche echte Leder wird im 20. Jh. nur gestaltet und geformt, nicht aber mehr dekoriert.

In den außereuropäischen Hochkulturen wurde Leder in China und Japan durch Pressung (Schabracken in Japan) und Bedruckung bearbeitet, um vor allem als Bezugsmaterial von Rüstungen (Japan), Koffern (China) oder der Herstellung von Taschen zu dienen. Ausgeschnittene Ornamente auf Futteralen und Kästen lehnen sich in China an Lackarbeiten an.

Im Bereich der Stammeskunst nehmen die Tuareg eine beispielhafte Stellung ein, denn hier wurde und wird das Leder für Taschen, Kissen, Reitausrüstungen für Kamele und Pferde, Waffen, Amulette, Gefäße und Schilde durch viele Ziertechniken veredelt. Bemalen, Ritzen, Abschälen, Aufnähen und Aufkleben, Einpunzen und Besticken sind weitverbreitete Techniken, die zum Teil reich kombiniert wurden.

Lederkabinett, Italien, um 1600. Offenbach am Main, Deutsches Ledermuseum.

Ledertapeten, bevorzugte Wandbespannung des Barock für Schlösser, Paläste und vornehme Bürgerhäuser, um 1800 durch die Papiertapete verdrängt. Die alten Bezeichnungen Peaux d'Espagne, Korduanleder und in Spanien Guadamiciles, nach der nordafrikanischen Stadt Ghadamés, lassen den maurischen Ursprung der Ledertapete erkennen. 1485 erfolgte der Zusammenschluß der Handwerker in Cordoba, dort Schwerpunkt der Herstellung bis zur Vertreibung der Mauren aus Spanien. Nach 1500 auch Werkstätten in Italien. Schwerpunkt der Produktion im 17. und 18. Jh. in Frankreich: Paris, Rouen, Marseille und Avignon. In Flandern: Mecheln, Brüssel und Antwerpen und in Italien besonders Venedig. Große leistungsfähige Werkstätten konnten z. B. für die Ausschmückung des Palastes in Valladolid 1604 10940 Stück Ledertapete liefern. Korduanleder war in den Hansestädten die Bezeichnung für weiche Ziegenleder zur Handschuhherstellung.
Hergestellt wurden die Ledertapeten aus Kalb-, Ziegen- und Hammelfellen. Die Gerbung der Felle erfolgte durch die Rot- oder Weißgerber, weitere Bearbeitung durch die Korduanmacher. Zuschnitt der Felle nach einheitlichem Maß von ca. 75 × 65 cm, um den „Rapport" waagrecht und senkrecht aneinanderzupassen. Fehlstellen wurden unterlegt und ergänzt. Die „Carrets" wurden dann einheitlich durch Auftragen von Blattsilber grundiert, danach unterschiedliche Weiterverarbeitung. Vergoldung durch Firnisauftrag (im wesentlichen aus Leinöl, Harz, Kolophonium, Aloe und Sandarah). Danach Bemalung, Pressung und Punzung. Das Pressen erfolgte mit Holzmodeln ohne Gegenmodel. Herstellung der Model nach künstlerischen Entwürfen. Im 18. Jh. wurde roter Wollstaub zusätzlich aufgeleimt.
Hauptmotive aus der Natur (neben reinen Ornamenten): Blumen, Früchte, Vögel oder figürliche Motive: Bacchus, Engel, Frauen und Harpyien. Bei Bildszenen wurden Jagddarstellungen bevorzugt. Historische und allegorische Themen: im 18. Jh. besonders „Chinoiserien".
Nach Verdrängung der Ledertapete durch die Papiertapete wurde eine vergebliche Wiederbelebung im Historismus versucht, die dann im Jugendstil erfolgreicher war (Worpsweder Arbeiten für „Güldenkammer" in Bremen).
Beispiele im Deutschen Ledermuseum in Offenbach und im Tapetenmuseum in Kassel.

Ledige Schilde, in der Heraldik Bezeichnung für nur in einer Farbe tingierte (gefärbte) Schilde.

Légaré, Gilles, französischer Hofjuwelier und Emailleur Ludwigs XIV., (* um 1610), gab 1663 das *Livre des ouvrages d'orfèvrerie* heraus, das zu den schönsten Ornamentstichwerken des 17. Jh.s gehört und erlesene Schmuckvorlagen enthält. Erhaltene Schmuckstücke lassen sich mit seinem Namen verbinden.

Legende, Umschrift eines Siegels, einer Münze u. ä., die im allgemeinen oben in der Mitte mit einem Kreuz, Stern usw. und dem Wort *sigillum* (Siegel), S., beginnt und danach meist den Namen und die Stellung mit Titel des Siegelführers im

Genitiv nennt. Die Formen der Buchstaben der Legende bilden zusammen mit den Stilformen des Siegelbildes einen wichtigen zeitlichen Anhalt bei unbekannten Siegelinhabern.

Legionsmünzen, von verschiedenen römischen Kaisern (z. B. Marc Aurel) für den Sold- und Geldverkehr der römischen Soldaten geprägte Münzen.

Lehmann, Caspar (†1622), aus Uelzen stammender, ab 1588 am Hof Kaiser Rudolfs II. in Prag tätiger Edelsteinschneider. Er übertrug den Schnitt des damals hoch geschätzten, von Rudolf II. leidenschaftlich gesammelten → Bergkristalls auf Glas. 1609 erhielt er ein kaiserliches Privileg füt den → Glasschnitt. Er vererbte die Kenntnis der Technik seinem Schüler Georg → Schwanhardt d. Ä., der den → Nürnberger Glasschnitt begründete.

Lei, Gefäßtypus der →altchinesischen Bronzen; großes Aufbewahrungsgefäß für Wasser oder Wein in Deckelurnenform, mit hochgezogener Schulter, oft gekantet, und mit reichem zoomorphen Dekor. Seine Form erscheint verwandt mit der des *fang-i,* eines geradwandigen Deckelgefäßes von quadratischem Querschnitt und mit dachförmigem Deckel, das allerdings nur aus der Shang-Zeit bekannt wurde.

Opfergefäß vom Typ Lei. China, Shang-Zeit, 13.–12. Jh. v. Chr. Bronze mit Reliefdekor auf Spiralgrund, H 51 cm. München, Staatliches Museum für Völkerkunde.

▷ *Sekretär von Jean François Leleu. Paris, um 1765–1770. Paris, Musée des Arts décoratifs.*

Leidenswerkzeuge (lat. *arma Christi*), Waffen, Wappen, Werkzeuge, die als Zeichen der Passion Christi dargestellt werden. Es handelt sich dabei in erster Linie um Kreuz, Dornenkrone, Lanze, Nägel, Essigschwamm, Brett mit dreißig Silberlingen, Geißel, Geißelsäule, Kreuztitulus, Hammer, Bohrer, Strick, Grab und Grabtuch, häufig auch noch um das Schweißtuch der Veronika. In der religiösen Volkskunst existiert die Darstellung der Leidenswerkzeuge bis ins späte 19. Jh. hinein.

Leimvergoldung, Leimversilberung, Verzierungstechnik von Holzgegenständen, bei der Gold- oder Silberplättchen auf einen Auftrag von Leim oder Kreideschlamm gelegt werden.

Leinen, 1. Faser des Flachses, die, gesponnen, als Material der Weberei dient.

2. Eine der drei Grundformen der → Bindung. Sie heißt bei Geweben aus Flachs Leinen, aus Baumwolle Kattun, aus Wolle Tuch, aus Seide Taft. Die Leinenbindung entsteht durch reihenweise versetzte Überkreuzung von → Kette und Schuß. Die ältesten Gewebe in Leinenbindung wurden in ägyptischen Gräbern aus der Zeit um 4000 v. Chr. gefunden.

Leinenschlag, einer der Schläge beim → Klöppeln, dessen Ergebnis der (→ Leinen) Leinenbindung gleicht.

Lekythos, einhenkeliges Gefäß mit schlotartigem Hals und schalenartiger Mündung zur Aufbewahrung von Öl und Parfüm. Neben dem Typus mit dem langgestreckten Körper gibt es den gedrungenen, flach aufsitzenden. Die Blütezeit der Lekythos war das 5. Jh. v. Chr., wo sie vor allem im Totenkult Verwendung fand. Ausschließlichen Grabbezug haben die weißgrundigen Lekythen am Ende des 5. Jh.s v. Chr.

Leleu, Jean François (1729–1807), einer der besten Pariser → Ebenisten des → Louis-seize, der für Madame du Barry, die Mätresse Ludwigs XV., und für den König selbst arbeitete. Er lernte bei Jean François → Oeben. Leleus Luxusmöbel zeichnen sich durch klaren Aufbau, leicht geschwungenen Umriß, hervorragende Blumenmarketerie (→ Furnierung) und schlanke Bronzen aus. Die früheren sind mit Lack (→ Lackkunst) verziert, die späteren häufig in Mahagoni ausgeführt.

Lemarchand, Louis-Édouard (1795–1872), einer der wichtigsten Kunstschreiner der französischen → Restauration. 1817 übernahm er die Werkstatt seines Vaters und arbeitete hauptsächlich für Karl X. und Louis-Philippe. Neben Entwürfen im Stil des späten Empire lieferte er auch Imitationsmöbel nach André Charles → Boulle oder nach Lackmöbeln des 18. Jh.s. Am bekanntesten ist der Ebenholzschrein, in dem 1840 die sterblichen Überreste Napoleons von St. Helena in den Invalidendom gebracht wurden.

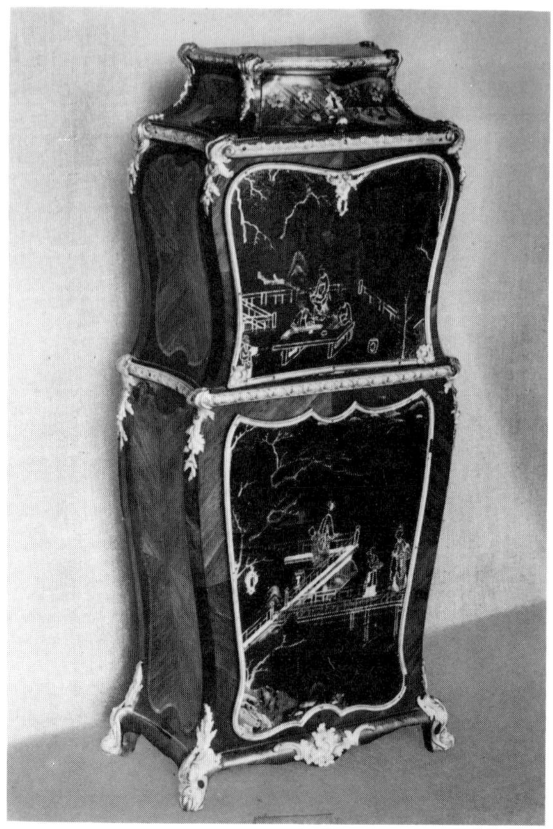

Bonheur du jour von Charles Joseph Lemarchand. Paris, um 1800–1810. Paris, Musée des Arts décoratifs.

Lemon-Strainer, (engl. Zitronensieb), typisch englisches Silbergerät des 18. Jh.s. Eine in reichem Muster durchbrochene, mit einem oder zwei Henkeln versehene flache Silberschale, durch die man Zitronensaft laufen ließ.

Lendner, Lentner, enganliegender, innen durch Stahlplatten verstärkter Waffenrock der zweiten Hälfte des 14. Jh.s, der im Schnitt der gleichzeitig gebräuchlichen → Schecke entsprach. Er war eine Vorstufe des → Harnischs.

Lenkoran, kaukasischer Knüpfteppich aus dem Talisch-Gebiet (→ Talisch) mit großen dominierenden Arabesk-Ranken und Rautengliederung.

Le Nove bei Bassano (nahe Vicenza), italienische Porzellanmanufaktur, die aus einer Majolika- und Steinzeugfabrik hervorging und in der zwischen 1762 und 1835 Geschirre und Figurengruppen geschaffen wurden. Die Marke war ein Stern in Rot oder Gold.

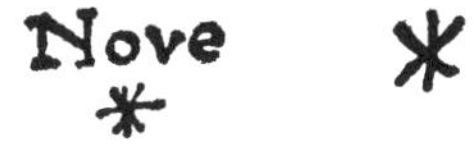

Leopard (Heraldik) → Gemeine Figuren

Lepautre, Jean (1618–1682), Pariser Radierer. Einer der bedeutendsten und einfallsreichsten → Ornamentstecher, der nicht weniger als 15000 Vorlageblätter für fast alle Kunstgattungen veröffentlichte. Als Ornament pflegte er einen üppigen, stark mit Figuren durchsetzten Akanthusdekor (→ Akanthus), zu dessen allgemeiner Verbreitung er wesentlich beitrug. Stilistisch schwanken seine Vorlagen zwischen den schweren, kurvigen Barockformen und einer mehr die Fläche und Geradlinigkeit betonenden klassischen Richtung.

Lesghi, nordkaukasischer Teppich mit überwiegend strenger geometrischer Musterung von sog. Lesghisternen. Sie zeigen eine enge Verwandtschaft mit dem → Dagestan und → Derbend.

Lesum bei Bremen, 1755 bis um 1800 Sitz einer Fayencemanufaktur, die Rokokoterrinen, → Formgeschirre und Öfen machte und mit → Scharffeuerfarben bemalte. Auf Krügen war, ähnlich wie in → Hannoversch-Münden, das springende Pferd des hannoverschen Landeswappens beliebt. Die Marke war VI.

Leuchterbank, auch Leuchterstaffel, auf der Mensa (→ Altar) stehender stufenartiger Untersatz aus Holz oder (Stuck-) Marmor für die → Altarleuchter.

Leuchter, Hausleuchter; die frühesten im Haus verwendeten Leuchter waren wahrscheinlich bronzene Figurenleuchter (→ Altarleuchter). Auch die Hausleuchter des 14. bis 17. Jh.s aus Messing folgen den Formen des Altarleuchters. Im späten 17. und 18. Jh. erlebte der silberne Standleuchter große Verbreitung. Zunächst folgte er noch dem Typ des Scheibenleuchters (→ Altarleuchter). Ende des 17. Jh.s entstand die typische Form des silbernen Standleuchters mit flachem, zunächst polygonalem Fuß und → balusterförmigem Schaft, der sich oben zum Nodus (→ Kelch) erweitert und über einer Einziehung die → Tülle trägt. Dieser Typ wurde um 1750 durch einen hohen glockenförmigen Fuß abgewandelt, während sich die charakteristische Schweifung des Rokoko aller Teile des Leuchters bemächtigte. In dieser Form wurde der Standleuchter auch in → Fayence und → Porzellan gearbeitet. Ende des 18. Jh.s kehrte man zu antikisierenden kubischen Formen zurück. (Abb. s. a. S. 409)

Leuchter (jüdischer) → Menora

Levantetaler, von verschiedenen Staaten für den Handel mit Afrika und dem Vorderen Orient geprägte Münzen. Weitaus am verbreitetsten war der immer wieder nachgeprägte → Mariatheresientaler.

Levasseur, Étienne (1721–1798), noch in der Werkstatt André Charles → Boulles geschulter Pariser Kunstschreiner, der sich hauptsächlich auf die Restaurierung und Imitation von Boulle-Möbeln spezialisierte. Levasseur gehörte auch zu den ersten französischen Ebenisten, die → Mahagoni in der Kunstschreinerei verwendeten.

Li, neolithischer Gefäßtypus der → altchinesischen Bronzen; dreibeiniger Kessel mit aufsitzenden Henkelohren, ähnlich dem → *ting,* mit dem Unterschied, daß sich der Gefäßkörper ohne Unterbrechung der Kontur in die Hohlfüße fortsetzt; Kochgefäß zur Speiseopferzubereitung. Die ältesten Exemplare sind schlank und hoch, gleich den neolithischen Prototypen aus Ton. Bei den Chou-zeitlichen ist der Gefäßkörper gedrungen, und in der Spätform kommt das *li* mit einem als Servierschale verwendbaren Deckel vor.

Liberty, Sir Arthur Lazenby (1843–1917), englischer Kunsthändler, gilt als einer der wichtigsten Wegbereiter des Jugendstils. In seinem Geschäft in London und seinen Handelsniederlassungen verkaufte er vor allem Kunsthandwerk des Jugendstils und bot eigens für seine Firma hergestellte Silberwaren (mit dem Stempel Ly&Co.) an. Nach Liberty wird die italienische Variante des Jugendstils Stile Liberty benannt.

Lichtenhainer Krüge, aus verpichten Holzdauben gefertigte zinnmontierte Humpen, deren Holzwandung durch intarsienartig eingelassene Schmuckmotive aus Zinn ornamentiert ist. Seit dem späten 17. Jh. vorwiegend im unterfränkischen Raum verbreitet, werden sie fälschlicherweise Lichtenhainer Krüge – wohl nach dem im gleichnamigen Ort gebrauten Bier – benannt.

Lichtputzschere, Erfindung des 16. Jh.s zum „Schneuzen" (Abschneiden des zu langen Dochtes) der brennenden Kerzen. Ab dem Ende des 17. Jh.s gab es silberne Lichtputzscheren, die auf ein zugehöriges Tablett gelegt oder – vor allem in England – in einen Ständer mit Leuchterfuß gesteckt wurden.

Kerzenleuchter mit Lichtputzschere. England, um 1689. H 15 cm. London, Auktionshaus Sotheby's.

Lichttaler, Braunschweiger Taler des ausgehenden 16. Jh.s, auf denen ein → Wilder Mann ein brennendes Licht trägt. Sie werden auch Harzgulden genannt.

Liebesring, mit Symbolen wie dem → Heraklesknoten, verschlungenem Händepaar, Herz, Taube, aber auch mit Inschriften („deyn alleyn", „ne veult autre", „omnia amor vincit") versehene Ringe. Die Grenze zwischen Liebes-, Verlobungs- und Trauring ist nicht klar zu ziehen. Das Motiv der Hände ist seit dem 13. Jh. besonders häufig, der Liebesspruchring war vom 16.–18. Jh. am volkstümlichsten. In diesen Bereich einzubeziehen sind auch → Zwillingsringe.

Liebesschmuck, Schmuck mit auf die Liebe bezogenen Symbolen und Inschriften, seit der Antike bekannt. Die Kreisform von Broschen galt als Zeichen für die Unlösbarkeit der Liebe. Ineinandergelegte Händepaare kamen außer auf → Liebesringen auch auf → Brazen vor. Frau Minne ist auf Broschen des 14. Jh.s zu sehen, im 15. Jh. ein modisch gekleidetes Liebespaar zu Seiten des Lebensbaumes. Herz- und Kranzbroschen des 19. und 20. Jh.s sind aus der Tradition des Liebesschmucks abzuleiten. In der 2. Hälfte des 20. Jh.s gab es Liebesknöpfe, den *chambellan du court* (Kammerherr des Herzens) und den *bouton d'amour* aus Perlmutt.

Lilian, Knüpfteppich aus dem Hamadan-Gebiet (→ Hamadan), dessen Bewohner und Knüpfer durch Schah Abbas deportierte armenische Nachkommen sind.

Limbach (Thüringen), von Gotthelf Greiner 1772 gegründete Porzellanmanufaktur, die bis um 1850 bestand. Unter Greiner wurden Geschirre für Massenabsatz hergestellt. Qualitätsvoller war die Plastik (Putten als Jahreszeiten, Bauern, Kleinbürger), die sich durch naive Frische auszeichnete. Die Marken – Kleeblatt, LB oder zwei gekreuzte L – imitieren die → Meißner Marke.

Limoges (Haute-Vienne)/Frankreich. Porzellan-Manufaktur, 1771 bis 1796. Mit dem erfahrenen Limousiner Fayencier André Massié als Partner gründeten die Brüder Grellet am 1. März 1771 eine Porzellan-Manufaktur in Limoges. Als Arkanist verpflichteten sie den jungen Chemiker Fournérat aus Paris. Seit 1773 protegierte der Graf von Artois, Bruder des Königs und späterer Charles X., das Unternehmen, das seitdem seine Initialen „CD" (= Comte d'Artois) als Marke führte. Wegen finanzieller Schwierigkeiten wurde die Fabrik am 15. März 1784 an den König verkauft, der sie als Filiale von Sèvres für die Herstellung von Hartporzellan benutzte und ihr den Titel einer „Manufacture royale des Porcelaines de France" verlieh. Von 1788 bis 1793 war Jean François Alluaud Direktor. Doch setzten die Wirren der Revolution dem Unternehmen 1796 ein Ende.

In Limoges wurde Kaolin aus Saint-Yrieix verarbeitet und Hartporzellan im Stil von Sèvres und Paris hergestellt.

Limosiner Email, bedeutende Emailmalereien aus dem französischen Limoges. Das Limosiner Email erlebte zwei Blütezeiten, einmal im Mittelalter, im 12. und 13. Jh. mit dem Verfahren des → Grubenschmelzes, dann im 15. und 16. Jh. mit der Technik des Maleremails (→ Email). Spricht man von Limosiner Email, so sind hauptsächlich die Arbeiten der Künstlerfamilien Pénicaud und → Limousin gemeint, die das Maleremail um 1500 pflegten. Quantitativ ist das Limoger Maleremail die am häufigsten vorkommende Erscheinungsform des Emails.

Die Erfindung des Maleremails wird Limoges zugesprochen und in die 2. Hälfte des 15. Jh.s datiert, verbunden mit so bedeutenden Meistern der monumentalen Kunst wie Jean Fouquet (um 1415–1480). Bis gegen Ende des 15. Jh.s wurden die Farben direkt auf den Metallgrund aufgetragen. Ein wesentlich verfeinertes Verfahren ermöglichte ab 1500 auch eine perfektioniertere Zeichnung: Mit der Radiernadel grub der Emailleur die Umrisse in die nicht polierte Kupferplatte und überzog sie anschließend mit transluzidem Glasfluß. Nun wurden die Linien mit einer dunklen Schmelzfarbe nachgezogen. Diese Umrisse fixierten nicht allein die Zeichnung auf der emaillierten Oberfläche, sondern bildeten auch die Grenzen für die verschiedenen Farben, die dann aufgetragen wurden. Schwärzlich-blaue Gesichter und erhaben aufliegende Emailtröpfchen – Edelsteine darstellend – kennzeichnen die Arbeiten dieser frühen Epoche.

Im 16. Jh. änderte sich die Technik wieder: Auf die kupfer-

Kaffeekanne mit Chrysanthemenumdekor. Limbach, um 1790/1800. Purpurviolett und Gold, H 26,5 cm. Hamburg, Museum für Kunst und Gewerbe.

ne, mit dunklem Glasfluß überzogene Platte wurde mit weißer Emailfarbe aufgemalt, und zwar so, daß Abtönungen in Form von Schraffierungen oder schwächer aufgetragenem Weiß Licht- und Schatteneffekte erzielten. Es entstanden Grau-in-Grau Bilder, sog. → Grisaillen. Oft setzte man in dieser Zeit den Fleischteilen eine rötliche Farbe auf, höhte mit Gold und überzog die Malerei mit durchsichtigen Schmelzfarben.
Unter dem Einfluß der deutschen Malerschule schufen die Schmelzmaler von Limoges fast ausschließlich Darstellungen aus der biblischen – oder der Heilsgeschichte. Triptychen, Altäre oder Reliquienschreine spiegeln die Wünsche der Stifter wider, die für ihre Privatandachten kleine Tragaltärchen verfertigen ließen. Gegen Mitte des 16. Jh.s schlossen sich Inhalt und Stil der Richtung der italienischen Renaissance an. Der frühen Epoche des Limosiner Emails gehören Arbeiten an wie die Kreuzigung mit Stiftern (1503) von Nardon Pénicaud (Paris, Musée Cluny) und einige andere berühmte Täfelchen, in Aufbau und Zeichnung den großen Altargemälden vergleichbar.
Später beschränkte man sich nicht mehr auf Platten, die als selbständige Kunstwerke fungierten, sondern bemalte Gefäße, Gerätschaften, Teller, Schalen, Kelche, Schmuckkästchen und dergleichen. Eine Anzahl von Künstlerdynastien aus Limoges sind bekannt, wie die Familien Limousin, Pénicaud, Noylier, Reymond. Ihre Werke sind wie die des Frühmeisters → Monvaerni mit dem Anfangsbuchstaben signiert. Viele dieser Monogramme sind jedoch noch nicht gedeutet. Die fast gleichzeitige Entfaltung mehrerer Werkstätten in Limoges von 1470 bis etwa 1530 erschwert die Zuordnung zu den einzelnen Künstlernamen, jedoch läßt sich eine einheitliche Stilistik dieser Blütezeit des Email nachweisen.

Limousin, Leonhard (ca. 1505–1575/77) bedeutendster Vertreter der Künstlerfamilie Limousin, deren Mitglieder zu den bekanntesten Emailmalern in Limoges (→ Limosiner Email) gehören. Er signiert mit LL. Die ältesten Bildchen zeigen kurze, gedrungene Figuren in Kostümen der Zeit. Besonders berühmt sind die Porträts Leonhards; er kopierte sie nach Vorlagen berühmter Meister.

Linck, Konrad → Frankenthaler Porzellan

Lingam, im hinduistischen Kulturkreis weitverbreitetes phallisches Symbol des Gottes Shiva, dargestellt in Form einer kurzen Säule mit abgerundeter Spitze. Der Sockel ist als Sinnbild des weiblichen Schoßes *(yoni)* gedacht. In Indien als Groß- und Kleinplastik (Stein, Bronze, Holz) zahlreich zu finden.

Lipsanothek, allgemein Bezeichnung für einen Reliquienbehälter, im besonderen verwendet für einen berühmten Elfenbeinkasten in Brescia, der im 4.Jh. n. Chr. in Antiochia entstanden ist. Eines der bedeutendsten Werke der altchristlichen Elfenbeinkunst. Ikonographisch interessant wegen der Darstellungen aus dem Alten und Neuen Testament.

Lira da braccio (ital., Armleier), ein Zwischenglied zwischen der alten Fiedel und der Viola da braccio, in Italien vom 15. bis Anfang des 17. Jh.s mit fünf Griff- und zwei Bordunsaiten, wurde zu Unrecht auch Viola genannt.

Lira Tron, venezianische Silbermünze im Werte eines Fünfteldukaten (→ Dukaten), die Venedig Ende des 15. Jh.s unter dem Dogen Nicolo Trono mit seinem Bildnis herausbrachte. Sie leitete zusammen mit dem Mailänder → Testone das europäische Großsilber ein.

Lirlkrüge, umgekehrt birnförmige Zinnkannen des späten 18. und frühen 19. Jh.s mit geradem, verschließbaren Röhrenausguß, mit einem Tragring versehenen Schraubdeckel und geschweiftem Henkel, die, wie die → Pitschen, eine Spezialität von Eger waren. Lirlkrüge wurden im 19. Jh. oft gefälscht.

Lisene, in zartem Relief vortretender senkrechter Wandstreifen zur Gliederung von Architektur und Möbeln.

Lit à la polonaise, eine Sonderform des Rokoko-Bettes mit hohen Seitenwänden, kleinem Betthimmel und an den Vorderpfosten gerafften Vorhängen. Das Lit à la polonaise steht stets mit einer Längsseite an der Wand.

Litewka → Uniform

Lithographie (auch Steindruck), ein Flachdruckverfahren, d. h. die druckenden und nichtdruckenden Teile der Platte liegen in einer Ebene. Als Zeichenträger dient eine ca. 10–15 cm dicke Steinplatte (daher auch Steindruck), meist Solnhofer Schiefer. Auf die geschliffene und entsäuerte Platte wird mit fetthaltiger Tusche oder Kreide gezeichnet. Dann wird sie mittels Salpetersäure und Gummiarabikum so präpariert, daß beim Einwalzen die Druckfarbe nur an den mit Zeichnung versehenen Stellen haften bleibt und abgedruckt werden kann. Die Lithographie ermöglicht eine unmittelbarere Wiedergabe der Zeichnung als → Holzschnitt und → Kupferstich. Sie wurde 1798/99 von Alois Senefelder in München zu reproduktiven Zwecken erfunden, bald jedoch auch künstlerisch ausgewertet, vor allem in Frankreich, wo sie u. a. in Honoré Daumier einen ihrer bedeutendsten Vertreter fand. Vor 1817 gedruckte Lithographien bezeichnet man als Inkunabeln.

Lithophanie, Porzellanbild, das durch Einpressen eines Reliefs in eine dünne Platte unglasierten Porzellans entsteht. Bei Durchsicht erscheinen die dünnsten Stellen der Platte als die hellsten im Bild, die dicken Stellen als Schatten der Darstellung. Im frühen 19. Jh. waren Lithophanien als Fensterschmuck und Lichtschirme beliebt.

Lithyalinglas, von Friedrich → Egermann erfundenes und durch die Behandlung von geschliffenem roten → Hyalith mit → Gelbbeize entstehendes Glas. Die im Glas bereits vorhandene und durch den Schliff noch ausgeprägter zum Vorschein gekommene Marmorierung nimmt unter Einwirkung der Silbersalze und dank der Inhomogenität des Glases eine andere Färbung in verschiedenen Nuancen an, die von der Zusammensetzung des Glases und dem Silbergehalt der Beizmasse abhängig ist und sehr unterschiedlich ausfallen kann. Das völlig opake und bunt marmorierte Lithyalinglas gehört zur ersten, frühen Gruppe der Egermannschen Lithyaline und wurde auch in der → Harrachschen Hütte hergestellt. Grau bis blauschwarz gefärbte opake Gläser kamen in den dreißiger Jahren aus den Hütten von W. J. Zich in Schwarzau und Joachimsthal bei Zwettl im niederösterreichischen Waldviertel. Für die zweite, spätere Gruppe verwendete Egermann neben der Gelbbeize auch die um 1840 von ihm erfundene → Rubinätze. Die Gläser waren nicht mehr marmoriert, sondern in der Masse meist dunkelgrün oder türkisfarben gefärbt. Die Oberflächenfärbung bewirkt, daß diese Gläser von außen betrachtet in einer anderen Farbe erscheinen als bei durchfallendem Licht, hervorgerufen durch die unterschiedliche Brechung der Lichtstrahlen in der mit Beizen gefärbten Oberflächenschicht und in der Glaswandung selbst. Von den Lithyalinen zu unterscheiden sind die in der Masse gefärbten einfarbigen → Opalgläser von → Buquoy, die bei variierender Wandungsstärke in verschiedenen Nuancen spielen, und die marmorierten Farbengläser anderer Hütten, deren Färbung hüttenmäßig erzeugt wurde.

Liturgische Farben → Kirchenfarben

Liturgische Gewänder → Meßornat

Livery-Kanne, seit dem Mittelalter in England gebräuchliches Silbergefäß zum Servieren von Getränken. Die ältesten erhaltenen Exemplare stammen aus dem 16. Jh.

Livre d'heures → Stundenbuch

Lobi, ein afrikanischer Stamm im Südwesten Obervoltas, der kunstgeschichtlich besonders durch seine Figurenschnitzerei bekannt geworden ist. Die Lobifiguren sind in der Regel aus sehr beständigem (Eisen-) Holz gefertigt; gerade die Einfachheit ihrer Formen beweist oft hohen künstlerischen Ausdruck und erstaunliche Feinheit der Körperbewegung trotz nahezu symmetrischen Aufbaus der pfahlstiligen Figuren. Sensible Gesichtszüge kennzeichnen oft die Köpfchen der Zeremonialpfähle oder der Griffe an den dreibeinigen Hokkern, die für den Stamm typisch sind.

Lobmeyr, J. & L., Glashandelsfirma für anspruchsvolles Gebrauchs- und Luxusglas sowie → Glaslüster in Wien. Begründer des noch heute bestehenden Familienunternehmens war Josef Lobmeyr (1792–1855), der 1823 einen bescheidenen Glaserladen eröffnete. Nach Josef Lobmeyrs Tod führte sein ältester Sohn Josef das inzwischen ausgebaute Geschäft weiter und nahm 1860 seinen Bruder Ludwig als Teilhaber auf. Von diesem Jahr an firmierte das Handelshaus unter der Bezeichnung J. & L. Lobmeyr „k. k. Hofglaser und Hofglaswarenhändler". 1864 starb Josef Lobmeyr, und Ludwig wurde Alleininhaber. Er gilt als der führende Reformer des künstlerisch veredelten Glases in der zweiten Hälfte des 19. Jh.s (→ Historismus-Glas). Unter seiner Leitung entstand eine große Zahl von eleganten Trink- und Dessertservicen, teils nach eigenen Zeichnungen, teils in Anlehnung an als vorbildlich angesehene Formen aus dem 17. und 18. Jh. Seit den sechziger Jahren wurden Lobmeyr-Erzeugnisse mit dem Markenzeichen JLLW in Ligatur signiert. Dieses Zeichen wird auch heute verwendet. In den Geschäftsräumen in der Kärtnerstraße in Wien befindet sich die umfangreichste Sammlung von Lobmeyr-Gläsern aus dem 19. und 20. Jh.

Löffel, das älteste Eßgerät, besteht aus Laffe (von laffen, schlürfen) und Stiel. Im frühen Mittelalter aus Holz gemacht, später im Gußverfahren aus Metall hergestellt, wird er

▷ *Achtzehnteiliges Tafelservice von J. & J. Lobmeyr, 1892. Werkzeichnungen ausgeführt von L. Lobmeyr. Wien, Österreichisches Museum für angewandte Kunst.*

Schale und Becher. Lithyalinglas. London 1866. Stuttgart, Württembergisches Landesmuseum.

schließlich als Teil des → Bestecks aus Blech geschmiedet. Bis zum 17. Jh. hat er einen massiven Stiel, der in vielfältigen Schmuckformen endet. Die anfangs kreisrunde Laffe wurde seit Ende des 15. Jh.s spitzer und mündete breit in den Stiel ein. Im 17. Jh. war sie als Oval in geschlossener Form dem Stiel angesetzt, manchmal bilden sogenannte Krallen an der Unterseite zwischen Laffe und Stiel eine Verstärkung. Erst um 1660 kam der mit drei Fingern gehaltene Flachstiel-Löffel mit unterschiedlichen Laffen auf, der Stiel anfänglich spitz zulaufend, später gezackt oder gelappt. Die uns geläufige, abgerundete Flachstielform entsteht im 18. Jh.

Löffelbrett, im Herdraum des ländlichen Hauses aufgehängtes Gestell, bestehend aus einem reich geschnitzten, direkt an der Wand angebrachten Brett, vor dem horizontal ein Brett mit Löchern zum Einhängen der Löffel angebracht ist.

Löffeltablett, im 18. Jh. benutzter kleiner ovaler Silberteller, der beim Teetrinken zum Ablegen des Löffels diente.

Lösertaler, Silbermünzen der Braunschweig-Lüneburger Herzöge von verschiedenem Wert. Die Untertanen mußten sie je nach Vermögensverhältnissen kaufen und aufbewahren und konnten sie in Notzeiten einlösen. Sie bildeten eine Silberreserve der Herzöge im Land.

Löten, benennt den technischen Vorgang der Verbindung verschiedener Teile eines Werkstückes aus Metall mit Hilfe von Lot im Feuer. Als metallurgisch bezeichnet man den Vorgang zur Bildung einer Legierung zwischen Lot und Werkstück an ihren Berührungsflächen. Eine Legierung des Trägermetalles mit anderen Metallen bildet das verwendete Lot, so kann die Zusammensetzung dem erforderlichen Schmelzpunkt genau angepaßt werden. Die Lote unterscheiden sich in ihrer Konsistenz von streng flüssig, übermittel und zu leichtflüssig. Das Lötmittel, z. B. Borax, verhindert durch chemische Einwirkung beim Schmelzen des Lotes die Oxydation und bildet einen glasartig luftdichten Überzug. Das benötigte Werkzeug hierzu ist die Lötpistole, mit regulierbarer Flamme aus Leuchtgas und mit Anschluß an einen Blasebalg.

Krüge. Ausführung Loetz' Witwe, Klostermühle, um 1900. Blaßgrünes irisiertes Glas mit Fadenauflage. H 12–15 cm. Prag, Kunstgewerbemuseum.

Loetz, Joh. Loetz' Witwe, Glashütte in Klostermühle bei Unterreichenstein Westböhmen. 1840 übernahm Johann Loetz die 1836 von J. B. Eisner gegründete Hütte. Spezialität waren farbige geschliffene Gläser im Biedermeierstil. Unter Max Ritter von Spauns Leitung (1879–1908) entwickelte die

Enghalskrug von Adam Friedrich von Löwenfinck. Ansbach oder Fulda, 1734–1744. Fayence, vielfarbig bemalt (Muffelfarben), H ohne Deckel 22 cm.

Hütte eine Anzahl moderner Glassorten: mit Lüstermalerei (1887), Onyx-, Intarsia-, Octopusglas (1888), Carneolglas, Jaspisimitationen (1890), Gläser mit aufgelegten und gesponnenen farbigen Fäden (1894) und viele Spezialentwicklungen im Jugendstilgeschmack. Auf der Pariser Weltausstellung 1900 teilte sich die Firma Loetz den Grand Prix mit Louis Comfort → Tiffany, → Daum Frères und → Émile Gallé. 1902/03 kam Loetz mit → Papillongläsern auf den Markt. Das Kriegsende 1945 brachte die Auflösung der Hütte.

Löwe, 1. seit dem Altertum Sinnbild und Zeichen herrscherlicher Macht und Würde. Daraus ist auch die weite Verbreitung des Löwen als Wappentier (→ Gemeine Figuren) zu verstehen. 2. in der christlichen Ikonographie Symbol für das Gute und das Böse, für Gott und Teufel. Daneben kann er als Todessymbol oder als Auferstehungssymbol Christi fungieren und überhaupt die vielschichtigsten Sinngehalte bekommen. 3. Symbol des Evangelisten Markus (→ Evangelistensymbole).

Löwenaquamanile → Aquamanile

Löwenfinck, Adam Friedrich von (1714 bis 1754), Porzellan- und Fayencemaler. Ab 1727 in Meißen, 1736 Flucht nach Bayreuth, 1737 in Ansbach, 1741–44 Fulda, 1746 → Höchst, 1750 bis zu seinem Tode Leiter der Hannongschen Fayencemanufaktur Hagenau (→ Straßburger Fayence). Löwenfinck bemalte seine Geschirre mit bunten ostasiatischen Blumen, Chinesen und Fabeltieren. Sie gehören zu den besten Porzellan- und Fayencemalereien.

Lokalfarbe, die einem gemalten Bildobjekte eigene kräftige Farbe, die nicht durch Angleichung an daneben wiedergegebene farbige Objekte verändert wird, wie dies bei der Luftperspektive der Fall wäre (→ Farbenperspektive).

Loos, Adolf (1870–1933), österreichischer Architekt, Formgestalter und Verfasser kunsttheoretischer Schriften, studierte bei Otto → Wagner in Wien, in Dresden und den USA (1893/96). Er entwarf sehr einfaches, funktionelles Gebrauchsgerät, in erster Linie Möbel und Glas. Seine Architektur ist ebenso schlicht und streng aufgebaut wie Möbel und Gebrauchsgerät. In Widerstreit stand Loos zu den Zielen der → Wiener Werkstätten.

Loos-Möbel, Möbel des Wiener Kunsttheoretikers, Architekten und Designers Adolf Loos, zeichnen sich durch eine strenge, funktionelle Form aus, deren Detail lediglich durch die Eigenstruktur der von ihm verwendeten natürlichen Materialien sowie durch die gelegentliche Verwendung von Messingschuhen an Tischen und → Sitzmöbeln aufgelockert wird.

Lorentzen, Jasper → Rendsburger Fayence- und Steingutmanufaktur

Lorgnette, auch Lorgnon, Stielglas, eine bügellose Brille, die an einem Stiel vor die Augen gehalten wird.

Lori Pambak, Knüpfteppich aus dem Kaukasus, der zur Gruppe der → Kasak-Teppiche zählt. Ein großes Oktogon mit einer Kreuzblüte dominiert auf Rottönen. Die Abschlußborten sind meist sparsam gemustert.

Lot 1. → Löten. 2. Bezeichnung für den Feingehalt von Silber. Sechzehn Lot entsprechen etwa reinem Silber (Feinsilber). 3. Lötmetall, schmelzbare Legierung, für Silber beispielsweise eine Silber-Zinn-Legierung.

Lotos (sanskr. *padma,* chin. *lien-hua,* jap. *renge),* das zentrale Symbol der gesamten buddhistischen Kunst, kosmisches Symbol des Absoluten. Schon nach altindischer Vorstellung symbolisiert der Lotosstengel die aus den Urwassern aufgerichtete Weltachse. Auf dieser *axis mundi* entfaltet sich nach buddhistischem Denken die Welt mit ihren Zeitaltern und ihren Myriaden → Buddhas und → Bodhisattvas und deren Gefolge. Dies erklärt, warum Buddhas und Bodhisattvas sowie buddhistische Gottheiten hohen Ranges, außer im Falle der Verbildlichung einer irdischen Inkarnation, auf Lotossockeln (chin. *lien-hua tso,* jap. *renge-za)* thronend oder stehend dargestellt sind. Selbst geheiligte Symbole, wie der → *vajra*-Donnerkeil oder das *cintâmani* → Wunschjuwel, sind oft mit Lotossockeln wiedergegeben (→ Mandala). So ist der Lotossockel für eine hochrangige Kultfigur oder ein wichti-

Lotosblume, Naturform und Ornament.

ges Kultgerät funktionell unentbehrlich, was beim Erwerb eines solchen Objektes beachtet werden sollte (→ *vajra*). Aus der zentralen, kosmologischen Bedeutung des Lotossymbols erklärt sich auch, warum im Amitâbha-Kult (→ Buddha) die bildlich umgesetzte Idee vorherrscht, nach der die Gläubigen auf Lotossockeln ins Paradies gebracht und dort – wie vor allem alte Wandbilder zeigen – in den Palastteichen auf Lotosblüten wiedergeboren werden. Jedes Lotosblüten-Ornament mit Kindergestalten ist in diesem Sinne zu verstehen. Ebenso erklärt sich auch, warum bestimmte → Mandalas (z. B. der „Mutterschoßwelt“, Garbha-dhâtu-mandala) wie Lotosblüten in ihrer Mitte gestaltet sind. Mit dem Symbol des Lotos allein schon ist auf Buddha wie auf seine von allen irdischen Mängeln unberührte, reine Lehre hingewiesen; und da im Mahâyana-Buddhismus (Großer Wagen) Ostasiens jeder in seinem tiefsten Innern an der Buddha-Natur teilhat und so die Buddhaschaft erreichen kann, ist der Lotos ganz allgemein das Symbol der Verheißung Buddhas und der Hoffnung auf Erlösung aus dem leidvollen Kreislauf der Wiedergeburten.

Lottoteppiche → Holbeinteppiche

Louis d'Argent, ab 1641 geprägte, talerförmige französische Silbermünze mit dem Bild des Königs im Wert von 60 Sols. Bis zur Revolution von 1789 Frankreichs Talermünze. Zahlreiche Typen und Varianten, hergestellt an über 30 verschiedenen Münzstätten.

Louis d'Or, ab 1640 geprägte, bald weltberühmte französische Goldmünze mit dem Bild des Königs, ergänzt durch Wappen oder Initialen. Im Wert entsprach sie 10 Livres. Geprägt bis zur Französischen Revolution.

Louis-Philippe, die Stilperiode unter dem französischen Bürgerkönig Louis Philippe (1830–1848), in der Nachfolge der → Restauration. In gewisser Hinsicht eine Stilform des europäischen → Historismus, zeigt sich das Louis-Philippe als betont bürgerlicher Stil und ist dadurch, von den Intentionen – nicht von der Ausprägung – her dem deutschen → Biedermeier vergleichbar. Neugotische Stilformen bestimmen den Beginn des Louis-Philippe, v. a. der Troubadour-Stil, eine ironische Bezeichnung für die sentimentale Wiedererwekkung der Ritterromantik des späten Mittelalters. Doch auch Imitationen von Kunstwerken der → Renaissance und des → Louis-quinze (durchaus eine politische Reminiszenz) prägen das Bild dieser Zeit. Die zunehmende Mechanisierung des Handwerks durch das Aufkommen spezialisierterer Fertigungsmaschinen ermöglichte die Verbreitung des Louis-Philippe bis weit in die französische Provinz hinein.

Louis-quatorze(-Stil), Louis XIV, Bezeichnung für den unter Ludwig XIV. (1643–1715) in Frankreich herrschenden hochbarocken Stil, der auch als Barockklassik bezeichnet wird (→ Barock). Die Kunstproduktion wurde damals zentralistisch zusammengefaßt. So wurden beispielsweise in der 1664 gegründeten *Manufacture Royale des Meubles de la Couronne* neben der Gobelinherstellung auch alle anderen Bereiche angewandter Kunst vereinigt. Dabei arbeitete man nach vorgegebenen einheitlichen Entwürfen. Maßgebliche Impulse kamen dabei auch von dem führenden französischen Hofkünstler und künstlerischem Leiter der Manufaktur Charles → Lebrun. Wichtige Künstler der Zeit waren Jean → Lepautre, Jean → Bérain und André Charles → Boulle. Typisch für diese Zeit sind schwere, plastisch und symmetrisch gegliederte Möbel mit Einlegearbeit, prunkvolles Tafelgeschirr usw.

Louis-quinze(-Stil), Louis XV, ein dem deutschen Rokoko zeitlich etwas vorangehender französischer Spätbarockstil, in dem die Ebenistenkunst (→ Ébéniste), das Goldschmiedehandwerk und die Chinoiseriemode (→ Chinoiserie) blühten. Die Möbel werden im Gegensatz zum Hochbarock bequemer und zugleich eleganter, man bevorzugt naturfarbene Hölzer, → Intarsien und statt der Vergoldung, wie im → Louis-quatorze, die Anwendung feiner vergoldeter Bronzebeschläge. Grundformen der Dekoration werden die Wellenlinie und die → Arabeske. In dieser Zeit entstanden in Italien auch die hervorragenden Porzellane von → Capodimonte.

Louis-seize(-Stil), Louis XVI, der nach Ludwig XVI. von Frankreich (1774–1792) benannte europäische Übergangsstil zwischen Spätbarock (Rokoko, → Barockstil) und →

Lottoteppich. 17. Jh., 152 × 110 cm. Aus: Spuhler/König/Volkmann, Alte Orientteppiche (München 1978).

Kommode im Louis-quinze-Stil. Paris. Sign. Bircklé. 80 × 85 × 50 cm.

Kleiner Sekretär im Louis-seize-Stil von J. H. Riesener. Mahagoni auf Eiche furniert, mit feuervergoldeten Bronzen, H 112 cm.

Louis-quinze-Cartel-Uhr. Paris, um 1740. Bronze vergoldet und Golddekor auf Rotlack. 58,5 × 32 cm.

Klassizismus, der als Kunststil von 1760 bis 1790 gerechnet wird. Er setzt am frühesten in Frankreich ein (erste Anzeichen um 1755, die Übergangsphase bis 1760 wird dort *transition*, franz. „Übergang", genannt). In Deutschland, wo das Rokoko bis 1770 nachwirkte, wird er nach der herrschenden Mode Zopfstil genannt, in England nach den einflußreichsten Künstlern, den Brüdern → Adam, → Adam-Stil (1770–1800). Die stärksten schöpferischen Kräfte der Epoche beherbergte England, das den französischen Einfluß auf dem Kontinent allmählich verdrängte. Während auf einigen Gebieten des Kunstgewerbes – wie auch in der Architektur, Plastik und Malerei – Anzeichen künstlerischer Erschöpfung unverkennbar sind, wurden andere Kunstgattungen (Möbel, → Dosen, Porzellan mit → Vincennes-Sèvres) gerade in dieser Zeit zu hoher künstlerischer und technischer Vollendung geführt. Möbel und Gefäßtypen wurden wieder glatt und geradlinig, die abstrakte Ornamentik der → Rocaille wurde durch naturalistische Blumen und Früchte, Girlanden (→ Festons), Schleifen, → Embleme und Bildnismedaillons ersetzt, in die sich – durch die Ausgrabungen in Pompeji und Herculaneum angeregt – antikisierende Elemente mischten (→ Mäander, → Perlstab, → Eierstab, → Bukranion u. a.).

Louis-treize(-Stil), Louis XIII, Bezeichnung für die in Frankreich vorherrschende Stilrichtung während der Regierungszeit Ludwigs XIII. (1624–1642). Die Möbel dieser Zeit werden noch von Renaissanceformen bestimmt, nehmen aber auch spanisch-flämische Einflüsse auf.

Love-seat → Settee

Luba, einer der klassischen afrikanischen Kunststile. Traditionen und Kunstschaffen des Luba- (auch Balube-) Stammes (Zaïre) weisen auf ein bis ins 19. Jh. mächtig gewesenes sakrales Königtum, wie wir es auch von der → Kuba- und → Benin-Kultur her kennen hin. Von den Schnitzwerken dieses ausgesprochen matriarchalischen Bantustammes überwiegen die Frauengestalten (Urmutter), naturalistisch idealisierte Figuren mit entsprechend weichen Linien und Konturen sowie feiner, glattpolierter Bearbeitung, die Gesichter nicht selten von würdevoller Ausdruckskraft – besonders auch wegen den halb- oder ganz geschlossenen Augen. Die Frisuren sind meist horizontal mit Schwergewicht nach hinten angeordnet; bei den Shankadi, einem Luba-Unterstamm ist die Frisur in kunstvollen Fächerreihen am Hinterkopf ausgerichtet (Kaskaden-Stil). Besonders reizvoll erscheinen uns die mannigfachen Verbindungen zwischen Figur und Gebrauchsgerät, eine stammestypische Erscheinung. Berühmt sind die Hocker, deren Sitzflächen von Frauengestalten karyatidenartig getragen werden oder die in ähnlicher Weise gestalteten Nackenstützen, Gefäße usw. Typisch die zahlreiche Verwendung von Figürchen als Werkzeuggriffe oder Stabbekrönungen wie etwa bei den bekannten dreizackigen „Bogenhaltern", die als Würdezeichen dienten. Im Nordteil des Luba-Gebietes fanden sich figürliche Schöpfungen der sog. Meister von Buli, eine stilistische Variante, mit besonders langgezogenen Gesichtern. Bei den Luba kommen verhältnismäßig wenig Maskentypen vor. Hervorzuheben sind die vom Kifwebe-Bund benutzten halbkugelig geformten Gesichtsmasken von sehr abstrakter Prägung, das Gesicht meist von Parallellinien beschnitzt, eine Ornamentierungsart wie sie bei den noch weit expressiveren Kifwebe-Masken der nördlich lebenden Songe zu finden ist; gerade dieser Maskentyp gehört zu den prägnantesten abstrakt-geometrisch gestalteten Werken afrikanischer Kunst überhaupt. Obwohl in vielem in kultureller Beziehung mit den Luba verwandt, weisen die Songe-Arbeiten etliche Unterschiede zum Luba Stil auf, stehen teilweise in schroffem Gegensatz zur Luba-Kunst. Die Standfiguren sind kantiger gearbeitet, meist von männlichem Typus und mit Medizin-Hörnern versehen, die auf dem Kopf angebracht sind. Typisches Kennzeichen des Songe-Stils ist die Mundbildung der Figuren in Form einer liegenden Acht. Die übrigen Masken zeichnen sich durch stark geometrische Prägung aus.

Lucca, Toskana, war vom 13. bis 15. Jh. Zentrum der europäischen Seidenweberei mit zeitweise 3000 Webstühlen und einem jährlichen Export bis zu 360000 Pfund → Brokat. Kolonien lucchesischer Seidenhändler befanden sich in Paris, Brügge und Antwerpen. In Lucca wurden Seidenbrokate (Diasperstoffe, → Diasper) mit Löwen, Greifen, Wappen, Weinlaub und anderen Motiven in leuchtenden Farben gewebt, im 13. Jh. meist zweifarbig (Rot-Grün war beliebt), im 14. und 15. Jh. vielfarbig. Aber auch einfarbige rote, grüne, blaue und weiße Brokate kamen vor.

Lud → 'Ud

Ludwigsburger Fayence und Porzellan; 1758 grundete Herzog Carl Eugen von Württemberg in Ludwigsburg eine Porzellanmanufaktur, die auch Fayencen herstellte. Die Leitung der Fayencefabrik übertrug er 1763 der Witwe Adam Friedrich von → Löwenfincks, Seraphia de Becke, die sie bis 1795 innehatte. Sie führte die → Muffelmalerei mit „feinen Blumen" im Stil von → Straßburg ein. – Bei der Porzellanherstellung waren anfangs große Schwierigkeiten zu überwinden; schließlich gelang sie mit Hilfe Joseph Jakob → Ringlers. Es wurden Rokokogeschirre gearbeitet, die meist Füßchen haben. Sie sind, unter häufiger Verwendung von Schuppendekor, mit Blumen und Vögeln bemalt. Das umfangreichste Werk der Manufaktur war das Giovanelliservice (1763) für die Mätresse des Herzogs, ein Toiletten- und Speiseservice mit plastischen Blumen und → Rocaillen in Gold und Blau. Bedeutender als die Geschirre war die Figu-

Hockerfigur aus Luba. Südost-Kongo. Holz, H 53 cm. Stuttgart, Linden-Museum.

Kifwebe-Maske. Basonge, Kongo. Frankfurt, Museum für Völkerkunde.

Kaffeetrinkerin. Ludwigsburg, um 1765/66. Modell von Johann Christian Wilhelm Beyer. H 20 cm. Hamburg, Museum für Kunst und Gewerbe.

renplastik, unter der sich Götter- und Komödienfiguren, Musikanten, Liebesgruppen, Volkstypen und Bacchanten finden. 1824 wurde die Manufaktur aufgelöst. Als Marke für Fayence und Porzellan dienten verschlungenes CC, FR, WR, sämtliche mit Krone, oder ein Geweih.

Lübecker Schrank → Hamburger Schapp

Lücke, Johann Christoph Ludwig von (um 1700–1780), Bildhauer, Elfenbeinschnitzer und Porzellanmodellmeister, ging aus einer Dresdener Elfenbeinschnitzerfamilie hervor. 1728 bis 1729 in der Meißner Porzellanmanufaktur tätig, daneben weiter Elfenbeinschnitzer und Bildhauer. 1750 Modellmeister in der Wiener Porzellanmanufaktur (→ Wiener Porzellan). 1752 bis 1757 in Kopenhagen in königlichen Diensten als Elfenbeinschnitzer und Porzellanmodelleur zugleich engagiert; von ihm stammen Reliefporträts in Biskuitporzellan, Herren- und Damenporträtbüsten in Elfenbein.

Lüdicke, Carl Friedrich → Berliner Fayencen

Lügentaler, Spottmünze des Herzogs Heinrich Julius von Braunschweig-Wölfenbüttel auf seine Gegner, die ihn beim Reichshofrat verklagt hatten. Geprägt 1596 und 1597 in Goslar. In den beiden Jahren sind 13 verschiedene Stempel verwendet worden.

Lüneburger Schrank, aus Rahmen und Füllungen gearbeiteter spätgotischer Schrank, der um 1500 in Lüneburg entstand und bis ins 17. Jh., vor allem in Schleswig-Holstein, beliebt blieb (häufig als Wandschrank in Mauernischen). Er ist meist dreigeschossig, mit zweitürigem Ober- und Untergeschoß, während der Mittelteil eine Klapptür trägt, die von Eisenstäben gehalten wird. Sie hieß Schenkscheibe oder Schenkschieve. Nach ihr wurde schließlich der ganze Schrank benannt. Er diente wie der gleichzeitige rheinische → Stollenschrank zum Aufbewahren und Anrichten des Geschirrs. Die großartigsten schleswig-holsteinischen Schenkschieven des frühen 17. Jh.s stammen von den Bildschnitzern Heinrich Ringelink († 1629) und dem noch bedeutenderen Hans Gudewerdt I. († 1642). Beide schmückten ihre Möbel mit geschnitzten biblischen Szenen in → Rollwerkrahmen.

Lüneburger Truhe, Eichentruhe von romanischer Konstruktion auf vier Eckstollen, mit eingenuteten Wandbrettern. Die Schmalseiten sind durch waagerechte und senkrechte Latten verstärkt. Die Stirnseite war vom 13. Jh. an mit Schnitzereien in zartem Relief verziert (Architekturornamente, Tiere, biblische Szenen). Die Lüneburger Truhe war bei gleichbleibender Konstruktion bis ins 16. Jh. in Niedersachsen verbreitet. Sie wurde häufig in Schweden nachgeahmt.

Lüsterdekor, ein metallisch schimmernder, farbiger Überzug auf Porzellan, Fayence oder Glas. Seit dem Mittelalter auf islamischer Keramik und → spanisch-maurischer Ware verwendet. Findet sich in Meißen Anfang des 18. Jh.s (Böttgerlüster) und in England bei Josiah Wedgwood.

Lüneburger Schrank (Schenkschive), um 1500. H 268 cm. Hamburg, Museum für Kunst und Gewerbe.

Lüsterfarben → Spanische Fayencen

Lüsterfarben, hauchdünne, schimmernde Metallschichten, mit denen die Oberfläche von glasierten Keramiken und von Gläsern dekoriert wird und die gelb, golden, rot, braun, kupfern oder grün getönt sein können. Zur Herstellung des Lüsters werden ölige Lösungen organischer Metallverbindungen (vorwiegend Nicht-Edelmetalle) auf die bereits glattgebrannte Glasur aufgetragen und in einem Muffelbrand, d. h. bei mäßiger Ofenhitze, zu hauchdünnen, irisierenden Metallschichten reduziert. Unter den frühesten islamischen Lüsterkeramiken des 9. Jh.s gibt es auch solche mit einem flächenhaften Lüster-Überzug, der dadurch erzeugt wird, daß die Metalloxide dem Glasurschlicker beigemischt werden (wie bei modernen Lüsterglasuren). Bei dem reduzierend geführten Glattbrand wurden die nahe der Oberfläche befindlichen Anteile der Metalloxide zu einem hauchdünnen, glänzenden Metallfilm reduziert. Die Mischung der malfähigen Lüsterfarbe konnte nach verschiedenen Verfahren erfolgen. Aus dem i. J. 1301 n. Chr. erschienenen „Buch der Edelsteine und Parfüme" von Abû 'l-Qâsim, Mitglied einer berühmten Töpferfamilie aus dem persischen Töpferei-Zentrum Kaschan, erfahren wir einiges über die Methoden der mittelalterlichen islamischen Töpfer, die z. B. feingemahlene Mischungen aus Kupfer, Silber, Pyrit, Arsen, Schwefel etc. mit Traubensirup oder Essig anrührten und damit die glasierten Keramiken bemalten. (→ Lüster-Ware, → spanische Fayencen).

Lüstergläser, werden auf der Oberfläche mit harzsauren Salzen (Resinaten) behandelt und nehmen nach dem Einbrennen eine metallisch glanzende Oberfläche an.

Lüstermarken, in bräunlichem Rot über die Porzellanglasur geschriebene Initialen. Sie lassen sich u. a. auf Meißner Porzellan nachweisen.

Lüster-Ware, umfangreiche Gruppe islamischer Keramiken mit Lüsterbemalung auf überwiegend elfenbeinfarbener, aber auch kobaltblauer und türkisgrüner Glasur (→ Lüsterfarben). In größerer Anzahl tauchen sie im 9. Jh. n. Chr. in der abbassidischen Residenzstadt Samarra in Syrien auf, ebenso im Iran, wohin sie aber wahrscheinlich aus Samarra exportiert wurden. In der Fatimidenzeit (969–1171) stellte man Lüsterware in Ägypten her, im 12.–13. und im 17.–19. Jh. wiederum im Iran, im 12.–13. Jh. in Rakka an der syrisch-mesopotamischen Grenze, im 14. Jh. in Syrien (Damaskus?) sowie im 15.–17. Jh. in Spanien (→ spanische Fayencen). Während der Lüster am Anfang noch schwach schimmernd ist, dabei allerdings in mehrfarbiger Bemalung auftritt, erreicht er im 13. Jh. einen stärkeren Glanz. Seit dem 10. Jh. verwendet man nurmehr einfarbigen Lüster. Nach dem 13. Jh. wird er immer mehr kupferfarben und entwickelt sich bei den späteren persischen Stücken – ähnlich wie in Spanien – zu weniger gekonntem, stark brandig wirkendem, manchmal fast dunkelbraunem Kupferlüster. Eindrucksvolle Lüsterfayencen wurden im Iran des 12./13. Jh.s im seldschukischen Stil hergestellt und standen in ihrem feingezeichneten Dekor der gleichzeitigen → Minai-Ware nahe. Unter ihnen treten besonders die Stücke mit figürlichen Einzelmotiven (Reiter, hockende Personen, Pfauen usw.) und mit großen Kompositionen (Thron-, Jagd- und Kampfszenen usw.) hervor, wobei die Darstellungen oft vor einen dicht mit → Arabesken, Blumen und Vögeln ausgefüllten Hintergrund gesetzt sind. Neben Gefäßen spielen in dieser Zeit auch kreuz- und sternförmige Fliesen eine große Rolle, und figürliche lüsterbemalte Plastiken sind keine Seltenheit. Der Lüsterton ist meist gold- bis grüngelb mit oft rötlich auslaufenden Umrissen, kann aber auch bisweilen schon ins Kupferfarbene oder Bräunliche spielen. Wie bei der → Minai-Ware waren auch bei dieser Gruppe Rayy und vor allem Kaschan die Haupt-Produktionsorte.

Lüstergläser, Stengelgläser. Zugeschr. Friedrich Zitzmann, Wiesbaden 1899. Düsseldorf, Kunstmuseum, Sammlung Hentrich.

Lüstriert, mit Lüsterfarben bemalt (→ Lüsterware, → Spanische Fayencen).

Lütticher Möbel → Aachener Möbel

Luftperspektive → Farbenperspektive

Lunaelabium → Planetarien

Luntenschloss → Feuerwaffen

Lunula → Monstranz

Luristan, nordwestpersischer Teppich, ähnlich den Erzeugnissen der Kurden (→ Kurdenteppiche). Rauten, Polygone, Bäume herrschen vor, aber auch große, flächefüllende Tierfiguren fanden Verwendung.

Luristan-Bronzen, seit 1929 wurden unter diesem Begriff zahlreiche, unterschiedlich aussehende Schmucksachen (Nadeln), Geräte (Standarten, Trensenknebel) und Waffen (Äxte, Dolche, Schwerter) bekannt, die in der Provinz Luristan, West-Iran, wohl hauptsächlich in Gräbern gefunden wurden. Datiert werden die eigentlichen Luristan-Bronzen in das frühe 1. Jahrtausend v. Chr. mit Vorläufern aus älterer Zeit. Die figürlichen Darstellungen an den Gegenständen zeichnen sich besonders bei den Nadeln und Standarten durch bizarre Mischformen (zusammengefügte Menschen- und Tierfiguren) aus.

Lutma, Jan (1624–1685), der berühmteste holländische Goldschmied, in Amsterdam tätig. Er schuf Prunkkannen und -schalen im → Ohrmuschelstil, von denen nur wenige erhalten sind, da sie zum Teil aus massivem Gold waren und eingeschmolzen wurden.

Lutrophoros

Lutrophoros, schlankes griechisches Gefäß mit langem Hals und zwei Henkeln, welches das Wasser für das Brautbad aufnahm. Im Totenkult (als Grabaufsatz) findet die Form in Marmor symbolische Verwendung für unverheiratet verstorbene Mädchen.

Luzerner Hammer → Stangenwaffen

Lykurgosbecher → römisches Glas

Lyoner Seide. Schon im 14. Jh. lebten in Lyon Weber und Wirker. 1540 wurde die Stadt zum einzigen französischen Stapelplatz für Seide erklärt. Ludwig XIII. (1610–1643) führte in Frankreich die Seidenraupenzucht ein. Im 17. Jh. nahm die Lyoner Seidenweberei, die zunächst durch eingewanderte Italiener betrieben wurde, großen Aufschwung: Ab 1667 erfuhr sie staatliche Förderung. Sie zeichnete sich durch technische Verbesserungen aus, die das Weben breiter und hoher → Rapporte ermöglichten. Die Blüte der Lyoner Seidenweberei begann im späten 17. Jh. mit → Groteskenmustern nach Jean → Lepautre, Daniel → Marot und Jean → Bérain und währte das ganze 18. Jh. Berühmt waren die Stoffe mit naturalistischen Blumen (Rosen, Tulpen, Nelken), mit Früchten, Schmetterlingen, Vögeln, alle von plastischer Wirkung, da Licht und Schatten berücksichtigt waren. Anregungen kamen auch durch → Chinoiserien. In der Mitte des 18. Jh.s ging die Leitung an Philippe de Lassalle (1723–1803), den „Maler des Webstuhls“, über. In den zahlreichen von ihm entworfenen (zum Teil signierten) Mustern herrschen Louis-Seize-Motive wie Schleifen, Embleme, ovale Bildnismedaillons vor. Mit Stoffen dieser Art wurden die Schlösser von Marie-Antoinette ausgestattet (auch Tapeten und Möbelbezüge). Nach Erliegen der Textilkunst in der Revolution erholte sich die Lyoner Seidenweberei nochmals unter Napoleon und vollzog im 19. Jh. nach den Erfindungen des Lyoners Joseph-Marie Jacquard den Übergang in die Automation (Jacquardmaschine).

Lyra, Leier, beliebtes Motiv der Möbelkunst vom → Louisseize bis zum → Biedermeier. Es wurde an Stuhllehnen, Untersätzen von Nähtischen u. ä. verwendet. Es gibt auch Sekretäre in Lyraform.

Lyragitarre, eine in Lyraform gebaute Gitarre (vorwiegend im 18. Jh.).

Nähtischchen mit Lyra-Motiv. Norddeutschland, um 1825/30. Schleswig, Schleswig-Holsteinisches Landesmuseum.

M

Mackintosh, Charles Rennie (1868–1928), aus Schottland stammender Architekt und Designer, Leiter der → Glasgow School of Art und einer der prominentesten Vertreter des internationalen → Jugendstils. Mackintosh begann seine Karriere als Architekt in Glasgow, verlegte sich aber gleichzeitig bereits auf Innenraumentwurf und Möbeldesign, daneben aber auch auf Vorlagen für Gegenstände des täglichen Gebrauchs. Im Gegensatz zur von William → Morris begründeten Tradition der → Arts and Crafts-Bewegung, mit der er anfänglich wohl sympathisierte, wandte sich Mackintosh von der Bevorzugung des Handwerklichen, Rustikalen sehr bald ab und schuf Möbel, v. a. → Sitzmöbel, aus gestrichenem Holz mit den für ihn so charakteristischen steilen, hochgezogenen Rücklehnen, ornamentiert mit zarten Jugendstilmustern.

Mackmurdo, Arthur Heygate (1851–1942), schottischer Architekt und Zeichner. In seiner Jugendzeit stark von William

Stuhl von Charles Rennie Mackintosh. 1903/04 entworfen. London, Philippe Garner.

Schreibtisch von Arthur H. Mackmurdo. 1886. Zürich, Kunstgewerbemuseum. ◁

→ Morris beeinflußt, trat er 1875 in ein Londoner Architekturbüro ein und gründete 1882 zusammen mit befreundeten Künstlern und Kunsthandwerkern die Century Guild, eine Werkstätte für Inneneinrichtungen aller Art. Seit 1884 gab er auch die Zeitschrift *The Century Guild Hobby Horse* heraus, in der er seine künstlerischen Ziele publizierte. Mackmurdo nahm u. a. auch Anregungen der japanischen Kunst auf und trug wesentlich zur frühen Entwicklung des englischen → Jugendstils bei. Er beeinflußte mit seinen Ideen nicht nur Architektur und Malerei, sondern auch die Buchkunst und die Innendekoration (Tapeten, Wandschirme u. a.), wobei eine üppige florale Ornamentik der Verzierung dient. Bei seinen Möbelentwürfen dagegen herrscht der annähernd rechte Winkel vor, gekurvte Formen tauchen nur spärlich in Details auf, das Ornament hält sich in der Fläche. In Schriften wie *Nature in Ornament* vertrat Mackmurdo die Tendenz, künstlerische Formen mit organischen Strukturen zur Deckung zu bringen.

Macramé, eine Form der Knüpfarbeit, die bei Spitzen und Fransenborten Anwendung findet.

Madjid-Teppiche, nach dem Sultan Abd-el-Madjid (1839–1861) benannte, weißgrundige → Gebetsteppiche, die in ihrer Ornamentik Einflüsse des europäischen Zweiten Rokoko zeigen (→ Louis-Philippe).

Madonnentaler, volkstümliche Bezeichnung für alle talerförmigen Münzen mit dem Bild der Mutter Gottes. Madonnentaler gab es u. a. in Bayern (hier vor allem im 18. Jh. von den Kurfürsten Max IV. Joseph und Carl Theodor), Bamberg, Essen, Goslar, Würzburg, Österreich und Italien.

Madonnieri, Ikonenmaler, meist griechischen oder kretischen Ursprungs in oberitalienischen Städten, vor allem in Venedig, dort seit dem 14. Jh. in einer „Malerkolonie" zusammengefaßt.

Mäander, rechtwinklig gebrochenes Schmuckband, das nach

den Windungen des kleinasiatischen Flusses Maiandros benannt ist; ein uraltes Bandornament. Es war ein beliebtes Schmuckmotiv der griechischen Kunst, das in der abendländischen Miniatur- und Wandmalerei bis ins 12. Jh. fortlebte. Im Klassizismus wurde es wiederaufgenommen und als das griechische Ornament schlechthin betrachtet (daher die französische Bezeichnung *à la greque* und der deutsche Terminus Grek-Kante). In der Teppichknüpfkunst ist der Mäander ein charakteristisches Motiv des → Chinateppichs.

Maestà, 1. die in großformatigen Tafelbildern des italienischen → Dugento und → Trecento dargestellte thronende Madonna; 2. die zusammen mit Engeln und Lokalheiligen wiedergegebene Madonna als jeweilige Stadtpatronin. Vereinzelt wanderte dieses Sujet auch in die mittelalterliche Kunst anderer europäischer Länder.

Magdeburger Fayencen, wurden 1756 bis um 1785 von Philipp Guichard hergestellt und mit deutschen Blumen (→ Indianische Blumen) und Figuren nach Watteau in → Scharffeuerfarben bemalt. Die Geschirrformen folgen Silbervorbildern. Die Ränder von Platten und Tellern und die äußere Wandung von → Potpourrivasen sind häufig gitterartig durchbrochen, wobei auf den Kreuzungspunkten Vergißmeinnicht sitzen. Die Fabrikmarke war M.

Maggiolini, Giuseppe (1738–1814), einer der bedeutenden Kunstschreiner Italiens im späten 18. und frühen 19. Jh., in Mailand tätig. Zu seinen Auftraggebern gehörten unter anderen der österreichische Statthalter Erzherzog Ferdinand und der Vizekönig von Italien, Eugène Beauharnais. Diese beiden Namen kennzeichnen auch die Stilspanne, die sein Werk umfaßt: Es reicht vom späten → Louis-seize bis zum napoleonischen → Empire, doch wirkt es stets gemäßigt, kompromißbereit, zwischen beiden Stilstufen zu vermitteln. Maggiolini war eher ein hochqualifizierter Handwerker als ein genialer Künstler; seine mit kostbaren Hölzern marketierten Möbel schließen sich eher an piemontesische als an französische Vorbilder an. Leider werden im Kunsthandel heute sehr viele Möbel aus dem späten italienischen 18. Jh. mit dem „Etikett" Maggiolini versehen, obwohl nur wenige signierte Stücke von seiner Hand erhalten geblieben sind. Einen Überblick über das Schaffen Maggiolinis ist am umfassendsten im Palazzo Reale und im Museo Civico in Mailand zu gewinnen.

Maghribi, in Nordafrika und Spanien gepflegter, nur als Buchschrift verwendeter Duktus der → arabischen Schrift.

Mahagoni (franz. → Acajou), sehr dichtes, hartes Holz von goldroter oder purpurroter Farbe, das aus Asien, Afrika und von den Westindischen Inseln stammt; im Barock bevorzugte man das schön gemaserte Mahagoni aus Kuba. Als Möbelholz wurde es vom frühen 18. Jh. an in England verwendet; auf dem Kontinent bürgerte es sich im Louis-seize ein und blieb bis zum Biedermeier das beliebteste Furnierholz. Quergesägtes Mahagoni (Maserholz) heißt Pyramidenmahagoni.

Mahal → Sultanabad

Mahi, auch Mahi-to-hos (pers., Fische im Teich), Herati-Muster (→ Herati), das auch als Mahi bezeichnet wird, da die Blätter fischförmig ausgebildet sind.

Maigelein, deutsches Glasgefäß des 15. bis 17. Jh.s; ein niedriger zylindrischer oder leicht gewölbter Napf, meist mit Rillen oder Buckeln verziert.

Mailänder Spitze, barocke italienische → Klöppelspitze mit Netzgrund, die im → Leinenschlag ausgeführt wurde.

Mainzer Möbel, Tradition der in Mainz hergestellten Möbel, die einen eigenen Platz innerhalb der Geschichte des Kunsthandwerks einnimmt. Sie wurde von zwei Komponenten geprägt, von der höfischen unter den Kurfürsten Lothar Franz von Schönborn und Philipp Karl von Eltz und von der bürgerlichen, die die Sonderform des Mainzer Schreibmöbels, den Cantourgen, hervorbrachte. Beide kennzeichnen das Mainzer → Rokoko. Die Innenausstattung des Schlosses Favorite orientiert sich teils am französischen → Régence, teils am spezifisch Schönbornschen Stil, wie er uns in den Schlössern Pommersfelden und Gaibach entgegentritt; das bürger-

Schreibschrank. Mainz, um 1750–1760. 173 × 141 × 64 cm. Frankfurt, Museum für Kunsthandwerk.

Flacher Majolika-Teller. Faenza 1520–30. Dm 39 cm.

Der Bodhisattva Maitreya auf dem Löwenthron. China, aus den Grottentempeln von Lung-men, Provinz Honan. Nord-Wei-Zeit, Anfang 6. Jh. Kalkstein, H 54 cm. Zürich, Museum Rietberg.

liche Mainzer Möbel hingegen geht seine eigenen Wege. Der glückliche Zufall, daß der größte Teil der Mainzer Meisterrisse dieser Zeit erhalten blieb, zeigt uns, daß hier vorwiegend → Kastenmöbel gefragt waren, mit meist würfelartigen → Marketerien aus verschieden gefärbten Nuß- und Obsthölzern, verschlungenen Bandintarsien und frei herausgeschnitzten seitlichen Voluten.

Maiorina, spätrömische Bronzemünze. Zuerst unter Kaiser Magnentius (350–353 n. Chr.) geprägt. Der antike Name ist nicht bekannt. Der Durchmesser beträgt 26 bis 28 mm.

Maitreya (sanskr., Der Liebreiche, tib. *Byams-pa,* chin., *Milo,* jap., *Miroku*); fünfter Menschen Buddha (Mânushi Buddha), als Manifestation des Dhyâni-Weisheits-Buddhas Amoghasiddhi, der Tausende von Jahren nach → Shâkyamunis Eintreten ins Nirvâna kommende Buddha der Zukunft unseres Weltzeitalters. Da er noch im Tushita-Himmel auf seine Buddhawerdung wartet, wird er in der Kunst durchweg als → Bodhisattva wiedergegeben. Nur in der Darstellung seiner künftigen drei Predigten im Blütenhaingarten – nach seiner Inkarnation zum Buddha – wird ihm auch die Gestalt eines wirklichen Buddha verliehen; seine Hände zeigen den Gestus (→ *mudrâ*) der Predigt *(dharmacara-mudrâ)* und halten dabei oft eine einzelne Lotosblüte, manchmal auch zwei Blüten. Tibetanische Maitreya-Darstellungen lassen sich leicht an dem Attribut eines Wasserkännchens und gelegentlich an einem kleinen *stûpa* (Reliquienturm) in seinem Haar erkennen (→ Buddha).

Majestätssiegel → Siegel.

Majolika, Bezeichnung für italienische und spanische → Fayencen. Die Technik wurde im 15. Jh. über die Balearen aus Spanien nach Italien verpflanzt und erlebte ihre erste Blüte zu Beginn des 16. Jh.s in → Faenza und in seiner Art arbeitenden Werkstätten in → Caffagiolo, → Siena, → Castel Durante und → Deruta. Um 1525 ging die Führung bis zum Ende des 16. Jh.s auf → Urbino und von ihm abhängige Töpferstädte wie → Gubbio über. Im 17. Jh. entstand in Genua und dem benachbarten Savona eine Fayencekunst im Stil von → Delft. In der ersten Hälfte des 18. Jh.s erlebte die Majolika in → Castelli bei Neapel eine Nachblüte. – Die Majoliken der Blütezeit des 16. Jh.s waren nicht Gebrauchsgeschirre, sondern Schaugerät, das als Wandschmuck bestimmt war (wie Aufhängevorrichtungen der Schalen und die bildmäßige Anordnung der Malerei zeigen) oder bei festlichen Gelegenheiten auf Schaukredenzen aufgebaut wurde. Eine Ausnahme bilden die → Apothekengefäße (→ Albarello). Häufig waren Majoliken für Brautgeschenke oder → Wöchnerinnenschüsseln bestimmt, worauf die Malereien Bezug nehmen. (Abb. s. a. S. 321)

Majorelle, Louis (1859–1926), neben Émile → Gallé einer der bedeutenden Möbelentwerfer der → École de Nancy und der französischen → Art Nouveau. Kennzeichnenderweise studierte Majorelle ursprünglich Malerei unter Jean-François Millet in Paris, bevor er 1879 die väterliche Möbelfabrik in Nancy übernahm; das malerische Element in seinen Möbelentwürfen kennzeichnete sein Schaffen. Sicher war Gallé der phantasievollere und vielleicht auch genialere der beiden Initiatoren der Schule von Nancy (→ Nancy, Schule von), doch spürt man bei den Möbelentwürfen Majorelles eine maßvolle Adaption des Formenschatzes der Art Nouveau, die gewiß auf die strenge Schulung bei Millet zurückgeht. Majorelle war kein Experimentator, ihm ging es darum, den neuen Stil in gemäßigter Form breiteren Schichten nahezubringen. Seine Möbel besitzen nicht jene überfließenden exotischen Konturen und Details wie die Gallés, sind sparsamer im Dekor, mehr den täglichen Bedürfnissen angepaßt. Im Ersten Weltkrieg, 1916, brannte Majorelles Fabrik in Nancy nieder, und er mußte noch einmal von vorn anfangen. Bezeichnenderweise verließ er an diesem Wendepunkt den Formenschatz des hochgezüchteten französischen Art Nouveau, um sich mehr kubischen, strengeren Linien zuzuwenden, ein Vorläufer des → Art Déco.

Majuskel (lat. *maiusculus,* etwas größer), Großbuchstaben der Schrift im Gegensatz zu → Minuskel.

Makartstil, nach dem österreichischen Maler Hans Makart (1840–1884) und der prunkhaften Ausstattung sowohl seines Ateliers wie der Interieurs seiner Bilder benannter Begriff. Dieser üppige Dekorationsstil war am Ende des 19. Jh.s generell üblich. Allein Makarts frühe Bedeutung beeinflußte den Stil der Gründerjahre entscheidend: Schweres, reich ornamentiertes Mobiliar, Palmen, Draperien und das sog. Makartbukett aus Strohblumen, Schilfgras usw. wurden Stilmittel der Einrichtung der gehobenen Bürgergesellschaft.

Makonde, ein Stilbegriff innerhalb der → Afrikanischen Kunst, der das Kunstschaffen des gleichnamigen ostafrikanischen Stammes im Gebiet von Tansania und Mozambique bezeichnet. Die Makonde-Künstler schaffen in neuerer Zeit in einem ausgesprochen surrealistisch anmutenden Figurenstil, der besonders durch den Tourismus und Souvenirhandel als moderne afrikanische Kunst bekannt wurde. Als Sammelobjekte sind allerdings nur die aus den alten Stammestraditionen heraus geschaffenen Werke zu sehen, die jedoch äußerst selten im Kunsthandel auftauchen. Bekannt sind die im Rundstil geschaffenen Frauenfiguren, die wegen ihrer Haltung mit in Brusthöhe angewinkelten Armen gerne Tänzerinnen genannt werden und den in Ostafrika verbreiteten Lippenpflock tragen. Im Stil erinnern die Arbeiten an Plastik

Schreibtisch und Sessel von Louis Majorelle. Um 1905. London, Philippe Garner.

Makonde-Maske. Tansania, Mocambique. Holz, H 20 cm. München, Privatsammlung.

aus dem Süd-Kongo, allerdings weniger fein ausgearbeitet. Zwei Maskentypen sind zu nennen: Die sehr sensiblen und fein gearbeiteten, meist nur handflächengroßen Vorhaltemasken; typisch der schmale gratige Nasenrücken, der in eleganten Bögen in die Brauen übergeht; charakteristisch sind kleine Augen- und Mundöffnungen sowie rundliche Öhrchen. Daneben ist die aus leichtem Holz gearbeitete Stülpmaske in naturalistischer Auffassung, meist mit Echthaar und Tätowierungen, zu erwähnen.

Makri, Mekri, Megri, Teppiche aus Megri im südwestlichen Kleinasien, langflorig, mit hellem Fond, Im Handel auch Rhodosteppiche genannt. Das Innenfeld besteht zuweilen aus zwei unabhängig voneinander gemusterten Längsstreifen mit Blüten und Polygonen, die ihrerseits kleinteilig gefüllt sind.

Malanggane, Plastiken und ornamentierte, durchbrochen gearbeitete Friesbretter auf der Südseeinsel Neuirland. Die Augen der Tier- oder Menschenfiguren bestehen aus den Gehäusen bestimmter Schneckenarten, die Schnitzwerke sind mit roten und weißen Farben bemalt.

Malayer, meist in → Dosar oder → Sedschahdeh geknüpfter nordwestpersischer Teppich (→ Hamadan).

Maleremail → Email

Malgrund → Grundierung

Mameluckenteppiche, im Handel auch Damaskusteppiche genannt. Von persischen Handwerkern um 1500 in Kairo geknüpfte Teppiche mit mosaikartig dichter Füllung aller Musterteile. Die Mitte bildet ein Oktogon mit Sternzacken, das durch geometrische Ergänzungen bis zum Rand des Innenfeldes erweitert ist. Die charakteristischen Farben sind Rot, Hellblau und Gelbgrün.

Manchette, die seit dem späten 17. Jh. bei gepolsterten Sitzmöbeln übliche Polsterauflage auf Armlehnen.

Mandala, tibetischer, in der Form des → Thanka gefaßtes Rollbild, das als Meditationshilfe dient. Es ist chinesischen Ursprungs und war in Tibet wahrscheinlich bereits in der vorbuddhistischen Epoche bekannt. Es ist ein abstrakt gestaltetes Diagramm, das in Aufsicht gelesen wird. Allgemein in Form eines Götterberges zwei- oder dreidimensional aufgebaut, die kosmischen Symbole gruppieren sich um den Mittelpunkt. Die Umrißlinie ist meist ein Viereck mit vier Toren, in einer Mittelrosette aus einem stilisierten → Lotos thront die zentrale Gottheit, oder ein ihr entsprechendes Symbol. Die Randfläche zeigt meist einzelne Götter in einer Landschaftskulisse. (Abb. s. a. S. 325)

Mandarinenporzellan, Handelsbezeichnung für chinesisches Porzellan des 18. Jh.s mit Kostümfiguren, die für Mandarine (chin. Hofbeamte) gehalten oder ausgegeben wurden. Der Dekor lehnt sich an europäische Zierformen an; die Stücke scheinen für den Export nach Europa gearbeitet zu sein.

Mandau, Kopfjägerschwert der Dajak, Kalimantan (Borneo). Schwertgriff (Bein) und Scheide (Holz) sind beschnitzt und mit Glasperlen und Ziegenhaar reich verziert.

Mandoline, kleine Laute mit kürbisartigem Schallkörper; seit dem 18. Jh. auch in der Kunstmusik verwendet, jetzt Volksmusikinstrument.

Mameluckenteppich. Kairo, um 1500. Wolle, 188 × 131 cm. Berlin, Staatliche Museen.

Mandyas, langer, glockenförmig geschnittener, blauer oder violetter Umhang, meist aus Wolle, mit roten und weißen Querstreifen (Potami), der ähnlich dem → Pluviale vorne offen ist, jedoch außer unter dem Kinn auch über den Füßen zusammengehalten wird. Er wird von den Bischöfen der Ostkirche zu feierlichen Anlässen getragen.

Manierismus, ein zwischen Renaissance und Barock liegender Stil, dessen eigenständige künstlerische Leistungen erst im zweiten und dritten Jahrzehnt unseres Jahrhunderts erkannt wurden, wird häufig noch als Spätrenaissance (→ Renaissance) bezeichnet. Der Manierismus reicht von etwa 1520/30 bis 1600, in Deutschland teilweise sogar noch weit ins 17. Jh. hinein. Entstanden in Italien, breitete sich der Manierismus in ganz Europa aus, wobei er als ausgesprochene Hofkunst anzusehen ist. Zentren waren um 1530 neben Florenz die sog. Schule von Fontainebleau (→ Fontainebleau, Schule von) und gegen 1600 der Prager Hof Rudolfs II. sowie München. In der Zeit des Manierismus entstanden die → Kunst- und Wunderkammern, die als Vorformen der modernen Museen anzusprechen sind. Die den Manierismus kennzeichnende Verbindung von Renaissanceform mit wiederbelebten spätgotischen Komponenten, die Freude am Ausgefallenen, „Manierierten" und überquellender Schmuckreichtum kennzeichnen auch das Kunsthandwerk des 16. Jh.s. Tierformen für Gefäße aus den verschiedensten Materialien und überhaupt die ausgefallensten Kompositionen (Dreieck und Oval für Pokale) tauchen auf, exotische Objekte wie gefaßte Muscheln, Straußeneier u. a. erfreuen sich höchster Beliebtheit.

Manipel, Stoffstreifen (meist aus Seide) in den → Kirchenfarben, der bei der Messe über dem linken Unterarm des Priesters hing. Er ist aus dem antiken Sudarium (Schweißtuch, Handtuch) entstanden, das die Priester in frühchristlicher Zeit benutzten, wenn sie heilige Geräte in die Hand nahmen, die nicht mit bloßen Händen berührt werden durften.

Mannheimer Gold, im frühen 18. Jh. entwickelte silberähnliche Legierung aus Kupfer, Zink und Zinn.

Mannlich, Johann Heinrich (1660–1718), bedeutender Augsburger Goldschmied, der Deckelkannen, Pokale und Prunkschüsseln mit reichem getriebenem Figurenschmuck schuf.

Der Winter. Gobelin aus einem Jahreszeitenzyklus. Flandern, erstes Viertel, 18. Jh. Wolle mit Seide. 260 × 310 cm. Auktionshaus Ruef, München.

Mandala der tibetischen Gelbmützensekte. 19. Jh. Farben auf Leinwand, 68 × 44 cm. München, Museum für Völkerkunde.

Manufacture des Gobelins, eine 1601 in Paris von Marc de Comans aus → Brüssel und Frans van den Planken aus → Oudenaarde gegründete → Bildteppichmanufaktur siedelte 1667 in die ehemalige Werkstatt der Färberfamilie Gobelin über und führte seitdem den Namen „Manufacture des Gobelins". Sie wurde zur führenden Manufaktur in Paris und begründete die Vormachtstellung des französischen Gobelins im 18. Jh. Pariser Gobelins unterscheiden sich von Brüsseler Teppichen durch kühlere Farben und eine schmälere Bordüre mit → Kartuschen, dekorativen Aktfiguren und → Trophäen. Daraus entstand im 18. Jh. die Rahmenbordüre, eine schmale gelbbraune Umrahmung des Gobelins, die einen geschnitzten, vergoldeten Bilderrahmen vortäuscht. – In der für den französischen Hof tätigen Manufacture des Gobelins wurden repräsentative Wandteppiche historischen und allegorischen Inhalts für Prunksäle und Staatsgeschenke gewirkt.

Manufakturen, handwerkliche Großbetriebe, in denen der Arbeitsvorgang durch Arbeitsteilung rationalisiert war. Die frühesten Manufakturen bildeten sich im 15. und 16. Jh. zur Herstellung von → Bildwirkereien (→ Arraser, → Tournaier, → Brüsseler Bildteppiche) und Orientteppichen (→ Persische Teppiche) . Am weitesten verbreitet waren sie unter dem merkantilistischen Wirtschaftssystem des Absolutismus (1648–1789); außer Textilien wurden → Fayencen und → Porzellane in Manufakturen gearbeitet.

Maori-Kunst → polynesische Kunst

Marasali, kaukasischer Knüpfteppich aus dem Schirwan-Gebiet (→ Schirwan). → Gebetsteppich mit → Mihrab und Rautenzeichnung oder geometrisierten → Botehs auf meist hellelfenbeinfarbenem oder blauem Grund.

Marchand, Nicolas Jean (* um 1697, Meister vor 1738), bekannter Pariser → Ebenist, der seine Möbel mit hervorragender Marketerie (→ Furnierung) oder Lack (→ Lackarbeiten) verzierte.

Marchand-mercier, nach den französischen Zunftregeln die Bezeichnung für einen Beruf, der zwischen Kunsthändler und Innenraumausstatter angesiedelt war. Der Marchand-mercier durfte keine eigenen Werkstätten unterhalten, war also kein Handwerker und auch kein Möbelschreiner, sondern hatte einen Stamm von ihm zuarbeitenden Kunsthandwerkern, die er bezahlte und deren Werke er vertrieb. Da es den französischen Kunstschreinern nicht erlaubt war, materialfremde Einlagen, zum Beispiel Porzellanplaketten, an ihren Möbeln anzubringen, oblag diese Tätigkeit ebenfalls dem Marchand-mercier. Die meisten von ihnen besaßen ihre Geschäfte im Viertel der Rue St. Honoré, das noch heute traditionsgemäß zahlreiche Kunsthandlungen beherbergt.

Marcks, Gerhard (* 1889), deutscher Kunstgewerbler und Bildhauer. 1919 übernahm er die Töpferklasse am Weimarer → Bauhaus, 1930 wurde er zum Direktor der Kunstgewerbeschule Halle berufen. Marcks zählt zu den wichtigsten Gestaltern des industriellen → Designs in den dreißiger Jahren.

Marcolini → Meißen

Mariatheresientaler, ab 1753 geprägte österreichische Taler mit dem Bild Maria Theresias. Im engeren Sinn bezeichnet man damit die Gepräge aus ihrem Todesjahr 1780 (Sterbetaler), die heute noch als → Levantetaler nachgeprägt werden.

Mariatheresientaler (Abb. verkleinert)

Marieberg, schwedische Porzellanmanufaktur, die 1766 bis 1769 Frittenporzellan (→ Porzellan) herstellte. Die Geschirre standen → Mennecy nahe. Erst 1777/78 glückte die Erzeugung von Hartporzellan. Die Marke war zunächst MB, später waren es drei rote Kronen.

Marienbild. Die Geschichte des Marienbildes umgreift u. a. die Entwicklung der → Ikone, des Andachts- und Altarbildes (→ Andachtsbild), der sog. Hausmadonna usw. Unter den vielen Darstellungstypen (ganz abgesehen von den szenischen Bildern mit dem Marienleben, der Anbetung der Heiligen Drei Könige u. ä.) lassen sich das Bild der thronenden Gottesmutter, der Himmelskönigin, der Maria lactans (der stillenden Maria), der Maria orans (der fürbittenden Muttergottes, vgl. auch → Deesis) und der stehenden Maria mit dem Christuskind auf dem Arm unterscheiden. Viele Bezeichnungen für Mariendarstellungen stammen aus der byzantinischen Kunst. Nikopoia meint etwa die frontal stehende oder halbfigurige Madonna, die das segnende und eine Schriftrolle haltende Kind nur leicht an Beinen und Schulter zu halten scheint. Am häufigsten ist das Hodegetria-Bild anzutreffen: Maria in Halbfigur, leicht nach links gewendet, trägt das Christuskind auf dem linken Arm und ist von zwei halbfigurigen Engeln flankiert. Die Darstellung der barmherzigen Maria, der Eleusa (auch Glykophilousa genannt), zeigt Mutter und Kind mit aneinandergeschmiegten Wangen. Zu den ausgesprochen westlichen Bilderfindungen gehören die → Pietà und die Maria der Sacra Conversazione, d. h. die von Heiligen im Gespräch oder in Verehrung umstandene Muttergottes. In Siena entstand die sog. Umiltà, eine in höfischer Haltung am Boden sitzende Maria. Um 1400 wird die Muttergottes im sog. Paradiesgärtlein oder im Rosenhag,

Marienbild. Aus Raimundsreut.

d. h. in einem den Himmelsgarten meinenden Ambiente, in intim-genrehaften Szenen mit Engeln und Heiligen wiedergegeben. Dies ist auch die Zeit der → Schönen Madonnen. Die Madonna kann des weiteren auf einer Halbmondsichel, im Strahlenkranz, als Schmerzensmutter, als Madonna im Ährenkleid, im Blütenkranz usw. dargestellt werden. Die Bildtypen und die dargestellten szenischen Zusammenhänge sowie die Attribute und Mariensymbole sind freilich so umfangreich und vielfältig, daß sie hier nicht im einzelnen aufgeführt werden können. Die Benutzung eines ikonographischen Lexikons ist für den an Spezialfragen Interessierten unumgänglich.

Mariengroschen, norddeutsche → Groschen des 16. Jh.s mit dem Bild der stehenden Muttergottes.

Marientaler, Bezeichnung für alle Taler mit Darstellungen der Gottesmutter, die in verschiedenen Ländern geprägt und gern als → Amulettmünzen getragen wurden. Marientaler im engeren Sinn sind die Münzen der bayerischen Kurfürsten Max IV. Joseph und Carl Theodor in der zweiten Hälfte des 18. Jh.s

Marinemalerei, eine im 17. Jh. in den Niederlanden ausgebildete Bildgattung: Ansichten der stürmischen oder ruhigen See, Küstenlandschaften, Seeschlachten usw. Bilder dieser Thematik werden auch Marinen genannt. Hauptvertreter sind vor allem Simon de Vlieger, Jan Porcellis, Adriaen und Willem van de Velde und Jan van de Capelle. (Abb. s. a. S. 328)

Markasit, zu den Pyriten gehörender, undurchsichtiger Schmuckstein von gelber oder brauner Farbe. Er wird in

Zylinderbureau (oben) mit Marketerie (Ausschnitt unten). Paris, um 1750. Verschiedene Hölzer, Bronzebeschläge. London, Autkionshaus Sotheby's.

Böhmen, Italien und Spanien gebrochen. In Form kleiner Rosetten geschliffen, Mitte des 18. Jh.s in Frankreich Mode geworden, im 19. und 20. Jh. vornehmlich zu billigem Schmuck gefaßt und als Rahmung von Medaillons verwendet.

Marketerie, im Gegensatz zur → Intarsie ornamentales oder figürliches Bildfeld, das außerhalb des Möbels zu einem Tableau zusammengesetzt und erst dann als Ganzes in das Furnier eingesetzt wird. (Abb. s. a. S. 327)

Marklöffel, Löffel des ausgehenden 17. und des 18. Jh.s, mit tief ausgehöhlter langer → Laffe, der zum Auskratzen von Markknochen diente. Er war vor allem in England beliebt, fand aber auch auf dem Kontinent Verbreitung.

Marmorglas → Achatglas → Karneolglas, → Lithyalinglas, → venezianisches Glas

Marmorieren, die Technik, Gegenständen ein marmorartiges Aussehen zu geben. Durch den Auftrag von verschiedenen Farben, die dann mit einem kammartigen Instrument ineinandergezogen werden, kann dieser Effekt erzielt werden. Man wandte diese Technik z. B. auf Keramik, Möbeln und Papier an. Der gleiche Effekt kann aber auch durch Eintauchen in eine speziell präparierte Flüssigkeit oder durch das Beimischen von Farben in eine breiartige Masse erzielt werden. Marmorglas wird durch in zähflüssigem Zustand ineinandergerührte verschiedenfarbige Glasflüsse hergestellt.

Marot, Daniel (um 1663–1752), bedeutender Architekt und Ornamentstecher (→ Ornamentstiche), der Entwürfe für Möbel, Vasen, Bildteppiche und Stickereien lieferte. Er war

△ *Marinemalerei. Das britische Linienschiff „Edinburgh vor Dover", im Vordergrund ein Lotsenboot. Aquarell von Kapitän Bay. Um 1817.*

Marquisring. 18. Jh. London, Auktionshaus Sotheby's.

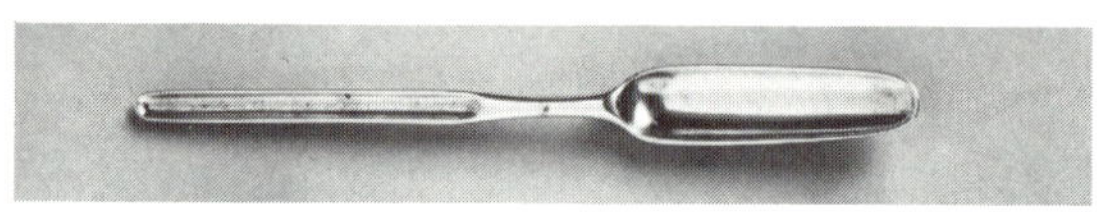

Marklöffel. London 1767. Silber, L 21,8 cm. Hamburg, W. Meinz-Arnold.

in Paris, Amsterdam und Den Haag (für Wilhelm von Oranien) tätig und trug wesentlich zur Verbreitung des Louisquatorze-Stils in Holland und England (Stil William and Mary) bei.

Marot, Jean (1619?–1679), französischer Architekt und Kupferstecher, dessen Stiche einen guten Einblick in das französische Kunsthandwerk seiner Zeit geben.

Marquise → Causeuse

Marsschale von François Briot. Montbéliard, um 1600. Zinn mit Reliefdekor, Dm 49,1 cm.

Marquise, spitzelliptische Facettenschlifform (→ Edelsteinschliff) für Diamanten, die in der Richtung einer Oktaederkante verzerrt sind.

Marquisring, Typus des → Fingerringes mit spitzovaler Schmuckplatte, auf der ein größerer Mittelstein von kleineren Steinen umgeben ist. Marquisringe gibt es auch mit schildförmiger oder rechteckiger, an den Ecken abgeschrägter Platte als Porträtring mit Bildniskameen. Gesamteuropäische Mode im letzten Drittel des 18. Jh.s.

Marseiller Fayencen; die Fayenceherstellung setzte in Marseille Ende des 17. Jh.s ein und erlebte ihren Höhepunkt im 18. Jh. mit reichem Rocaillendekor (→ Rocaille), naturalistischen Blumen, meisterhaften Fisch- und Vogelmalereien in → Muffelfarben.

Marskanne, wohl von François → Briot um 1600 geschaffene reliefierte Zinnkanne mit eingezogenem Fuß, eiförmigem Körper, schlankem Hals, schnabelförmigem Ausguß und hochgezogenem Hermenhenkel, auf dessen in Zonen geteilten Gefäßbauch Allegorien von Krieg, Frieden und Überfluß dargestellt sind. Nürnberger Meister (C. Enderlein, J. Koch II) schufen Kannen gleicher Form und Ornamentik.

Marsschale, wohl von François → Briot um 1600 geschaffene reliefierte Zinnschale mit auf Vorlagen des Stechers Etienne Delaune zurückgehenden Darstellungen des Kriegsgottes Mars, der Allegorien von Krieg, Frieden, Überfluß und Neid sowie der Erdteile mit Feldherren- bzw. Herrscherporträts.

Martelé, spätgotische und moderne Treibarbeiten in Kupfer und Silber, bei denen die einzelnen Hammerschläge als Musterung der Fläche sichtbar geblieben sind.

Martin, Gebrüder, Lackkünstler. Guillaume (†1749), Etienne Simon († 1770), Julien († 1782), Robert († 1765), arbeiteten für den Hof Ludwigs XV. Ihre Lackwaren zeichneten sich durch farbige Lacklasuren aus und wurden → Vernis Martin genannt.

Martin, Hl., seit dem 13. Jh. in plastischen und bildlichen Gestaltungen entweder als Bischof mit Stab, Buch und Pokal oder als jugendlicher Reiter meist in Verbindung mit der Bettlerszene dargestellt. Besonders im bayerischen und österreichischen Barock erfreuten sich Bildwerke des Reiterheiligen auf sich aufbäumendem Pferd großer Beliebtheit.

Maßkrug → Walzenkrug

Maßwerk, der „gemessene", d. h. mit dem Zirkel gezeichnete Bauschmuck der Gotik (→ Vierpaß). Um 1300 wurden die Maßwerkformen eckig und spitz. An Stelle der Kreise treten sphärische Drei- und Vierecke sowie strahlenartige Gebilde. Voraussetzung dazu war das Aufkommen der → Nasen seit der Mitte des 13. Jh.s. England schuf in dieser Zeit das *flowing tracery,* weich züngelnde, blasenartige Formen, die sich auf die deutsche spätgotische → Fischblasenornamentik sowie auf das französische → Flamboyant stark befruchtend auswirkten. Das späteste Maßwerk zu Beginn des 16. Jh.s greift unter dem Einfluß der Renaissance wieder zu einfachen Rundbogenformen zurück. Als englische Sonderform wurde ein ganz aus Stabwerk bestehendes Maßwerk (im sog. Lanceloted Style) geschaffen, das in betonter Vertikalisierung im → Perpendicular Style und darüber hinaus in Gebrauch war. Das Maßwerk findet sich seit der Spätgotik auch an Altarretabeln und Gerät jeglicher Art.

Maserfurnier → Nußbaum

Maserholzschalen → Doppelscheuer

Maskaron, dekorativ verwendete phantastische oder groteske Maske an Architekturelementen, Möbeln, Gefäßen, Waffen usw. Im Mittelalter, in der Renaissance und vor allem im Manierismus und im Barock finden sich Maskarons häufig in Verbindung mit Masken, wobei die begriffliche Abgrenzung zuweilen schwierig ist.

Matinée, pelzverbrämte holländische Frauenjacke, die man im 17. Jh. als Hauskleidung trug.

Matte (franz. Matt oder Sablé Or, „gesandet"), durch feine Punzierung gerauhter, matter Goldgrund. Besonders auf franz. Golddosen des 18. Jh. angewandt zur Hervorhebung der auf dieser Fläche poliert oder in Relief ausgeführten Darstellungen.

Mattern, Carl Maximilian († nach 1770), Möbelschreiner in Würzburg, der Prunkmöbel für die Residenz schuf, die sich durch virtuose Einlegetechnik auszeichnen. Er beeinflußte das bürgerliche fränkische Möbel und scheint den für Würzburg charakteristischen Typ des → Schreibschranks geprägt zu haben.

Mattieren, Bearbeitungstechnik, die einem Metall eine matte Oberfläche verleiht. Die Technik kam im 16. Jh. auf und wurde hauptsächlich an Silbergefäßen angewandt, die mit Punzen bearbeitet wurden. Ihren Höhepunkt erreichte die Technik im 17. und 18. Jh. Im frühen 19. Jh. bildeten mattierte Oberflächen häufig den Hintergrund für gegossene oder getriebene Dekorationen.

Schreibschrank von Carl Maximilian Mattern. Würzburg, um 1750. 195 × 142 × 65 cm. Würzburg, Residenz.

Matusch, Johann, aus Böhmen stammender Hofebenist in Ansbach, der in Paris die → Boulletechnik gelernt hatte. Etwa 1702 bis 1730 wirkte er in Ansbach und wurde der Lehrer von Ferdinand → Plitzner und Martin Schuhmacher.

Maureske, 1. in der islamischen Kunst aus hellenistischen Anregungen entwickeltes Rankenornament, das nicht vegetabilisch-plastisch wie die → Arabeske ist, sondern ein reines Flächenornament aus Linien und streng stilisierten Blättern und Blüten. Es wurde durch die italienische Renaissance aufgegriffen und verbreitet. 2. in der ersten Hälfte des 16. Jh.s entstandene Ornamentmode der Renaissance, die sich an die von Spanien und Italien übermittelte klassische islamische → Arabeske anlehnt. Wie dieser liegt auch der Maureske das Gabelblattranken-Ornament zugrunde, doch ist sie weniger gebunden, eher lose zusammenhängend und vielfach mit anderen Dekorelementen durchsetzt. Es wurden als Mustervorlagen gedachte „Maureskenbücher" herausgegeben, z. B. 1530 von Francesco Pellegrino und 1549 von → Peter Flötner. Ein Meister der Maureskenzeichnung, der dabei der Auffassung der klassischen islamischen Arabeske relativ nahekam, war Hans Holbein d. J. (1497–1543).

Mauritius-Humpen, auch Magdeburger Humpen, mit den Wappen der Mitglieder des Magdeburger Domkapitels in bunten Emailfarben (→ emaillierte Gläser) bemalt und mit deren Namen beschriftet. Dominierende Zentralfigur ist der heilige Mauritius. Obwohl einige dieser Gläser alte Jahreszahlen aus dem ausgehenden 16. Jh. tragen, handelt es sich ausschließlich um Erzeugnisse des späten 19. Jh.s (→ Historismus-Glas). Ein altes Original ist bis heute nicht bekannt.

Maximiliansharnisch → Harnisch

Mayer-Pressnitz, Franz Ferdinand, → Hausmaler in Preßnitz in Böhmen, der → Meißner Porzellan mit Szenen nach Augsburger Stichen in lichten Farben bemalte, tätig von etwa 1745 bis nach 1776.

Mechanische Möbel, Einrichtungsgegenstände, deren Form oder Funktion durch technische Einbauten verändert werden kann. Die Tradition dieser Möbelart reicht bis in das 18. Jh. zurück, insofern man Möbel mit Geheimfächern früherer Zeiten nicht dieser Kategorie zuzählt. Tische, die sich durch Knopfdruck zu Sekretären umwandeln, an denen sich seitlich Schubladen ausschwenken, Untersätze oder Aufbauten ausschieben lassen, kannte schon das → Louis-quinze. Den eigentlichen Boom mechanischer Möbel aber verdanken wir der Werkstatt David → Roentgens in Neuwied gegen Ende des 18. Jh.s, die in Zusammenarbeit mit dem genialen Mechaniker Peter Kinzing Trickmöbel herstellte, die noch heute den Betrachter in Erstaunen versetzen. Spielwerke lassen Musik ertönen, während sich versenkte Schreibplatten erheben und Tintenzeuge mit Kerzenleuchtern aus ihrer Versenkung emporschnellen. Schubladen und Türen springen auf, Intarsien wenden sich, um andere Bildfelder zu zeigen.

Eine besondere Variation des mechanischen Möbels brachten die USA auf: Teilweise skurrile Variationen, wie das „Pianobett", ein Klavier, das sich durch Knopfdruck in ein Bett umwandeln läßt, und ähnliche mechanische Möbel sind noch heute beliebt, wie es die zahlreich angebotenen Betten mit Schütteleffekt und eingebauten technischen Varianten zeigen.

Mechanische Musikinstrumente, Klangkörper (z. B. Glokken, Stahlstäbe, Saiten, Trommeln, Flöten), die nicht durch

Hupfeld Tanzorchestrion. Fuldatal, Mechanisches Musikmuseum.

unmittelbares Einwirken eines Menschen, sondern durch mechanische Mittel (z. B. Drehkurbel, Uhrwerke, Druckluft, elektrischer Strom) zum Tönen gebracht werden. Die gespeicherte Musik wird durch mit Stiften versehene Walzen, gelochte Papplatten, Zinkringe, Stahlscheiben, Karton oder perforierte Papierrollen gesteuert und damit jederzeit reproduzierbar.
Schon im 13. Jh. wurden Glockenspiele aus China nach Europa eingeführt. In den Kirchen wurden sie später durch mechanische Hornwerke und Orgeln ergänzt. Um 1500 konstruierte Leonardo da Vinci ein Clavicembalo mit Trommeln. In der Renaissance ließen Könige und Fürsten kunstvolle mechanische Musikinstrumente anfertigen. Puppen- oder Tiergruppen musizierten auf den verschiedensten Instrumenten, auf edelsteinbesetzten Tabatieren hüpften singende Vögel. Im Rokoko erlebten Spieldosen, kleine Orgelwerke und Flötenuhren ihre Blütezeit. Berühmte Komponisten schrieben speziell für „musikalische Automaten" Stücke.
Kurz bevor die mechanischen Musikinstrumente durch Edisons Erfindung des Phonographen und dessen Weiterentwicklung verdrängt wurden, erlebten sie den Höhepunkt ihrer Entwicklung in den Jahren von 1880 bis 1930.

In diesen Jahren war Deutschland wohl der bedeutendste Hersteller und Lieferant für diese Instrumente. Zahlreiche Orgel- und Orchestrion-Fabriken entstanden in Berlin, Frankfurt a. M., Freiburg, Waldkirch/Breisgau und Leipzig. In Leipzig waren drei der größten Spieluhrenhersteller (Polyphon, Symphonion, Kalliope) ansässig, ebenso die größten Orchestrion-Fabriken (Lösche, Popper, Hupfeld). Diese Entwicklung war durch die Musikinstrumente möglich geworden, Musikinstrumente pneumatisch mittels Saug- und Druckluft in Bewegung zu setzen. Hörte man früher noch schroffe und laute Töne, so konnte man nun Instrumente konstruieren, die zu einer relativ feinen Abstimmung bzw. Modulation der Tonfolgen in der Lage waren. Angefangen beim „Phonola"-Vorsetzer, der mittels pneumatisch angetriebener Holzfinger (gesteuert von der gelochten Papierrolle) Klaviermusik spielte, bis hin zum großen Orchestrion, das, mit mehreren Instrumenten versehen, eine ganze Kapelle ersetzte. Es gelang allerdings nur den Firmen Hupfeld und Popper, eine in klanglicher Hinsicht befriedigende selbstspielende Geige zu bauen.
Die wohl bedeutendsten Erfindungen auf dem Gebiet der mechanisch-pneumatischen Musikwiedergabe waren das „Welte-Mignon-System" der Firma Welte in Freiburg und das „DEA-System" der Firma Hupfeld. Beide Systeme er-

Pianola-Vorsetzer der Aeolian Comp., New York. Um 1905. Fuldatal, Mechanisches Musikmuseum.

Violinovo von Popper. Orchestrion mit echter Geige. Leipzig, 1929. Fuldatal, Mechanisches Musikmuseum.

möglichten es, von Menschenhand gespielte Klaviermusik mittels Lochstreifen aufzuzeichnen und mit einem Reproduktionsklavier bzw. einem Flügel wiederzugeben. Ab 1930 verdrängten die Schallplatte und der Rundfunk zunehmend die mechanischen Musikinstrumente vom Markt, so daß auch die bekanntesten Firmen ihre Produktion einstellten.

Mechelner Spitze, Spitze aus Mecheln in der belgischen Provinz Antwerpen, „Reine de Dentelles" (franz. „Königin der Klöppelspitzen"). Die beliebteste Spitze des Rokoko, die in noch größerem Ausmaß als die →Brüsseler Spitze exportiert wurde. Sie ist eine Ziernetzspitze auf sechseckigem Grund (dem Mechelner „Eisgrond") mit zartem Relief, die im Gegensatz zur Brüsseler Spitze in einem Stück geklöppelt wurde.

Meckenem, Israhel van (vor 1450–1503), deutscher Goldschmied und Kupferstecher. Mit seinem graphischen Werk stellt er einen der bedeutendsten Vertreter des spätgotischen → Ornamentstichs dar.

Medaille, Schaumünze, Denkmünze (von lat. *metallum*), münzähnliche Metallscheibe mit Reliefbildnis im → Avers und einer anderen Komposition auf der Rückseite, die das Andenken des Dargestellten oder eines Ereignisses wachhalten soll. Sie ist jedoch nicht Zahlungsmittel. Medaillen wurden anfänglich nicht wie → Münzen geprägt, sondern in Bronze, Gold, Silber oder Blei in erhaltener Form gegossen. (→ Guß). Aus einer Gußform konnten mehrere Exemplare gewonnen werden, die identisch sind und alle als Originale angesprochen werden können. Nach ihnen hat man vom 16. Jh. ab wieder Nachgüsse hergestellt, die durch feinste vergleichende Messungen als solche erkannt werden können, da das Metall beim Guß schwindet. Im mittleren 17. Jh. ging man auch in der Medaillenkunst zur Prägung über. Die erste Medaille schuf 1439 → Antonio Pisanello (vor 1395–1455) für den byzantinischen Kaiser Johannes Palaeologus, als dieser Florenz besuchte. Sie zeigt den Kaiser in Profilansicht, die in der Medaille stets bevorzugt wurde, auf der Rückseite eine auf ihn bezogene Darstellung. Damit begann die Geschichte der großartigen italienischen Renaissancemedaille, deren berühmteste Meister Niccolò Fiorentino (1430–1514) in Florenz, Caradosso (1452–1527) in Mailand und der Universalkünstler Benvenuto Cellini (1500–1571) waren. In Deutschland blühte die Medaillenkunst der Reformationszeit mit eindrucksvollen Bildnissen in Nürnberg, Augsburg und Sachsen. Hervorragende französische Vertreter der Medaillenkunst waren im 16. Jh. der Bildhauer Germain Pilon und der Gießer Guillaume Dupré, im 18. Jh. Angehörige der niederländischen Familien Roëttier und Duvivier. Internationalen Ruf hatten auch die päpstlichen Stempelschneider der Familie Hamerani (17. Jh.) und der Schweizer Johann Karl Hedlinger (1691–1771), den Goethe bewunderte. Der berühmteste Medailleur des 19. Jh.s war der französische Bildhauer David d'Angers (1788–1856). Medaillen ohne Revers und von anderer als runder Form nennt man → Plaketten.

Medaillon, 1. in der Numismatik Geschenk- und Festprägungen römischer Kaiser bei besonderen Gelegenheiten aus Bronze, Silber oder Gold, oft als Multipeln, d. h. mit dem vielfachen Gewicht der gewöhnlichen Umlaufmünzen.
2.In der Architektur und im Kunstgewerbe ein rund oder oval gerahmtes Schmuckmotiv.
3. Beim Orientteppich das große Mittelmotiv verschiedener Form, das im 16. Jh. in Persien aufkam und von anderen Teppichlandschaften übernommen wurde. Man hat es als Projizierung einer Kuppel auf den Boden erklärt.
4. Im Bereich des Schmucks ein ovaler oder kreisrunder Anhänger, der Miniaturen, Photos und Andenken enthält. Besonders schöne Medaillons stammen aus dem Biedermeier.

Medicikragen, französische Bezeichnung für den fächerförmig hochstehenden Spitzenkragen des ausgehenden 16. Jh.s, der in England Stuartkragen genannt wurde.

Mediciporzellan, ein dem Porzellan ähnelndes frittenartiges (→ Porzellan) Produkt, das am Hof des Herzogs Francesco Maria de' Medici (1547–1587) in Florenz hergestellt wurde (59 Stück – Teller, Schalen, Flaschen – erhalten). Der Scherben ist weiß und mit Stahl nicht ritzbar. Die Gefäße sind mit → Arabesken in Kobaltblau und Manganrot unter einer trüben Bleiglasur bemalt. Als Marke tragen sie in Blau ein F unter der Florentiner Domkuppel.

Meerschaum → Tabakspfeifen

Megilla (hebr., Rolle, Buchrolle, pl. *Megillot*), ein auf Pergament geschriebenes zusammenrollbares Buch aus dem jüdischen Kultbereich (→ Judaika). Die einzelnen Blätter sind aneinandergenäht, die Buchfahne selbst auf einem hölzernen Stab aufgerollt. Im Unterschied zur Torarolle (→ Toraschmuck), die als Doppelrolle gehandhabt wird, ist die Me-

Medaillen. Vor- und Rückseiten in Originalgrößen.

gilla nur einfach aufgespult und meint in der Regel die Buchrolle mit dem Text *Esther* des Alten Testaments, die im jüdischen Jahr Purimfest vorgelesen wird. Die Rolle ist häufig künstlerisch ausgestattet. So sind die Griffe der Rolle (Holz oder Elfenbein) oft verziert, der geschriebene, (selten gedruckte) Text zuweilen mit Miniaturmalerei illustriert, die Hülse manchmal in Silberarbeit, Filigran oder getriebenem Metall ausgeführt. Im Gegensatz zu → Haggada-Handschriften finden sich kaum Exemplare vor dem 15. Jh. Reich illustrierte Megillot sind aus Norditalien, Deutschland und Holland des 17.–19. Jh. bekannt. Die Megilla-Rollen für den synagogalen Gebrauch bleiben stets unverziert.

Megri → Makri

Meißen, erste europäische Porzellanmanufaktur, gegründet 1710 in Dresden; wurde aus Gründen der Geheimhaltung in die Albrechtsburg in Meißen verlegt. Unter Leitung von Johann Friedrich → Böttger (bis 1719), dem Erfinder des europäischen Hartporzellans (→ Porzellan), wurden unter großen Anfangsschwierigkeiten → Böttgersteinzeug und die ersten Porzellane, deren Formen sich teilweise an Silbervorbilder anlehnten, hergestellt. Der Aufschwung erfolgte unter dem aus Wien gekommenen Maler Johann Gregor Höroldt (seit 1720), der die Farben verbesserte und Porzellan mit Chinesendarstellungen, später mit farbigen Hafen- und Parklandschaften in Kartuschenrahmen bemalte. Damals arbeitete auch → Löwenfinck in Meißen. Am schönsten entfaltete sich die Malerei in den → Reserven der → Fondporzellane. Um 1737 machte man sich von den chinesischen Vorbildern frei. Die ostasiatisch beeinflußten → indianischen Blumen wurden durch naturalistische deutsche Blumen ersetzt (nach Kupferstichvorlagen, mit Schatten dargestellt, daher die zeitgenössische Bezeichnung Saxe ombré, franz. „Sächsisch mit Schatten"). Die indianischen Blumen lebten fort in dem von 1739 bis heute hergestellten Zwiebelmuster (Pfirsiche, Astern, Granatäpfel) in Unterglasurblau. Ihre Blüte erlebte die Meißner Manufaktur unter der Leitung des Grafen Brühl (1733–1763). Der Künstler, der ihren Weltruhm begründete, war Johann Joachim Kändler (1706–1775, seit 1731 in Meißen, 1733–1775 Modellmeister). Er hat die zahlreichen Geschirrformen der Manufaktur entworfen (Sulkowskiservice, 1735–1737, ebenso das Schwanenservice, 1737–1741, für Graf Brühl, mit einem stets wiederkehrenden Relief von Schwänen und Reihern) und einen materialgerechten Porzellanstil geschaffen. Noch bahnbrechender waren seine Leistungen auf dem Gebiet der Figurenplastik, er war einer der bedeutendsten Bildhauer des 18. Jh.s (am bekanntesten Krinolinengruppen, d. h. Damen im Reifrock mit Kavalier; Tierfiguren). Als Bildhauer wirkten ferner in Meißen: Johann Gottlieb Kirchner (1727–1733, große Tiere, Heiligenfiguren, Statuetten), Johann Friedrich Eberlein (1735–1749, Mitarbeit am Schwanenservice) und Friedrich Elias Meyer (ab 1746), der 1761 nach → Berlin ging. Kändlers Nachfolger war der Pariser Akademieschüler Michel Victor Acier (in Meißen 1764–1781), ein früher Vertreter des Klassizismus, der mit Details überladene Figurengruppen schuf. Er konnte den durch die Konkurrenz von → Wien und → Vincennes-Sèvres hervorgerufenen Niedergang ebensowenig aufhalten wie der Leiter der Manufaktur Graf Marcolini (1774–1814). Marken: (→ Porzellanmarken). Bis 1725 vor allem Buchstabenmarken (K. P. M., K. P. F., M. P. M.; A. R. = „Augustus Rex" auf für den Hof bestimmten Stücken) und Nachahmungen chinesischer Porzellanmarken. Ab 1723 Schwertermarke

unterglasurblau Merkurstab-, Aeskulapstab- oder Peitschenmarke/ Drachenmarke 1721/22–1731

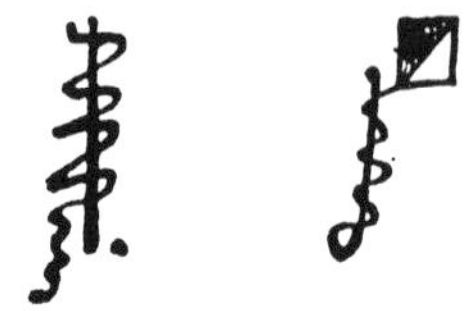

eingeschliffen und geschwärzt Inventar-Nummer für Meißener Porzellan aus dem Japanischen Palais bzw. Johanneum in Dresden 1721 bis gegen 1740

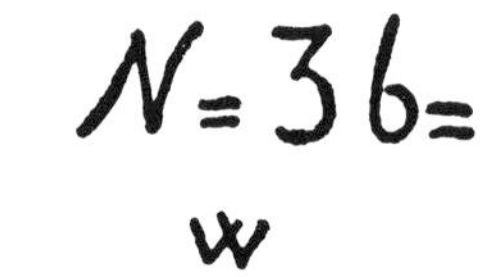

1722

1722

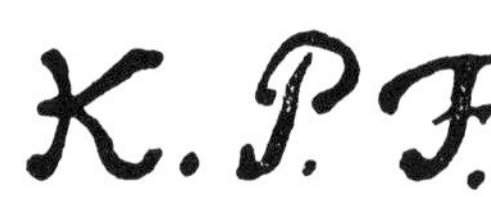

1723/1724 unterglasurblau auf Teekannen und Zuckerdosen

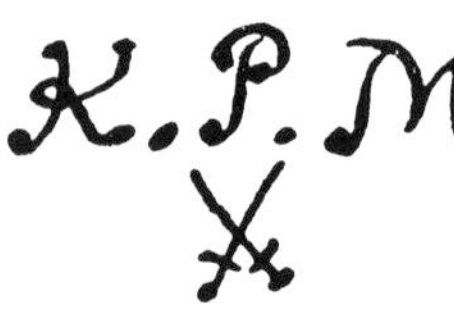

in verschiedenen Farben 1721–1806

unterglasurblau um 1723 bis 1736

1733

eingepreßt auf Böttgersteinzeug seit 1723/24

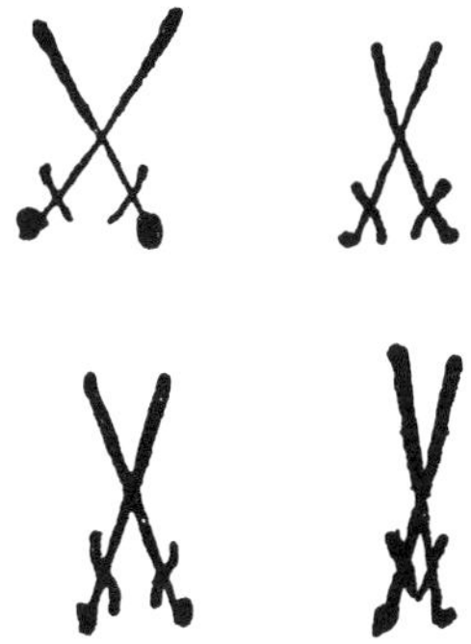

unterglasurblau (selten in Blau über der Glasur) 1723/24–1763

unterglasurblau 1763–1774 (links) 1774–1814 (rechts)

eingepreßt, eingeritzt (auch mit Stern über der Spitze) auf Biskuit 1774–1814

unterglasurblau 1860–1924

1924–1934

seit 1934

Ausschuß

in Unterglasurblau, 1763–1774 mit Punkt, 1774–1814 mit Stern (Marcolinizeit).

Meissonnier, Juste Aurèle (1693–1750), aus Turin gebürtiger Architekt, Bildhauer, Maler, Goldschmied und Ornamentstecher (→ Ornamentstiche), der jung nach Paris kam und 1724 zum „Goldschmied des Königs" ernannt wurde. Er hat Vorlagen für alle Teile der Inneneinrichtung geschaffen; am bedeutendsten sind seine Möbel- und Silberentwürfe, in

Runde Platte mit Zwiebelmuster in Unterglasurblau. Meißen, um 1740/50. Blaumalersignatur K (wahrscheinlich Johann David Kretzschmar), Schwertermarke, Dm 38,9 cm. Hamburg, Museum für Kunst und Gewerbe.
Terrine aus dem „Schwanenservice". Meißen, um 1738. Modell von Johann Joachim Kaendler. 47,5 cm. Stockholm, Nationalmuseum.

Rendezvous während der Jagd. Krinolinengruppe. Meißen, vor 1744. Modell von Johann Joachim Kaendler. Schwertermarke, H 28, B 32 cm. Basel, Stiftung Pauls-Eisenbeiss.

denen er einen aufgelösten, von abstrakten Kurven getragenen → Rocaillenstil pflegte.

Melainotypie → Ambrotypie

Melanesische Kunst, die Kunst Neuguineas mit seinen Nebeninseln, des Bismarckarchipel, die Salomonen, der Neuen Hebriden, Neukaledoniens u. a. Die älteste Kultur Melanesiens wird durch die Papua (→ Papua-Kunst) vertreten. Innerhalb der → ozeanischen Kunst zeichnet sich die melanesische durch besondere Vielfalt und Qualität aus. Besonders die plastischen Ahnen-, Geister- und Dämonenfiguren, sowie die Totemtiere sind wichtige und auffallende Erzeugnisse. Phantastisch verzierte Masken und prächtig hergerichtete Schädel gehören zum Repertoire dieser Kunst. Besonders die Geheimbundmasken, die teils aus Holz geschnitzt sind, teils aus einem mit bemalten Rindenstoff bespannten, zusammengebundenen Stangengerüst bestehen, sind auch durch ihre oft beträchtlichen Ausmaße auffallend: So erreichen die vogelkopfähnlichen Hareichamasken bei den Bai-

Konsoltisch im Stile Meissonniers. Frankreich, Mitte. 18. Jh. Paris, Musée National du Louvre.

Bugsteven eines Bootes. Maori, Neuseeland. Frankfurt am Main, Museum für Völkerkunde.

Kännchen mit Kauffahrteiszenen. Meißen, um 1730/35. Schwertermarke, H 14 cm. Hamburg, Museum für Kunst und Gewerbe.

ning Neubritanniens Höhen bis zu zwölf Metern. Besonders bekannt sind die sog. → Malanggan-Plastiken im Norden Neuirlands und die → Uli-Figuren, ebenfalls in Neuirland hergestellt. In der Ornamentik Melanesiens erscheinen häufig das stilisierte menschliche Antlitz und das Auge.

Melas, Teppiche aus Melas im südwestlichen Kleinasien. Als → Gebetsteppich zeigt der Melas ein schmales Innenfeld mit vielstreifiger Bordüre. Die rotgrundige Nische ist oben eingeschnürt, so daß der Giebel einen Rhombus bildet. Das Querfeld ist durch ein Streumuster aus stilisierten Nelken gefüllt.

Melchior, Johann Peter → Frankenthaler, → Höchster, → Nymphenburger Porzellan

Melonenrippen → Repoussieren

Ménage → Plat-de-Ménage

Menaskrüglein → Ampulle

Papiertheater, Form des im 19. Jh. üblichen Heim- und Kindertheaters, bei dem die Bühne, Figuren und Kulissen aus meist kolorierten Bilderbögen geschnitten werden. Die Stükke sind meist dem großen Theater entlehnt. Die berühmtesten deutschen Hersteller waren Schreiber in Eßlingen und Scholz in Mainz. Österreich: Trentsensky, Wien. Frankreich: Pellerin, Epinal. England: Pollock, London.

Mende, afrikanischer Stamm und Bezeichnung für dessen Kunststil. Die Mende leben seit dem 16. Jh. in Sierra-Leone. Zu den bekanntesten holzplastischen Werken des Stammes gehören die Masken der sog. Bundu-Gesellschaft; ein Bund, der die jungen Mädchen auf ihre zukünftige Rolle als Frau und Mutter in Buschlagern vorbereitet. Die hier auftretende Sowei-Maske ist eine Stülpmaske, aus einem Stück gefertigt, schwarz gefärbt, mit hohem feingeschnitztem Frisurenaufbau. Das Gesicht ist meist in etwas gedrückter Form wiedergegeben, von weiblichem Ausdruck, mit geschlitzten Augen; Halswülste setzen sich um den Hinterkopf fort. Oft finden sich die Sehschlitze unmerklich zwischen diesen Wülsten. Der Maskenträger stellt den sog. Bundu-Teufel dar, der auch bei den Beschneidungszeremonien der Mädchen anwesend ist. Verwandte Maskenformen finden sich bei den Vai (Sande-Maske; mit einem weiteren Köpfchen auf langem Wulsthals über dem Stülphelm) und den Gola (mit herabhängend geschnitzten Haarzotteln). Auch bei diesen Figuren, die allerdings sehr selten sind, kennen die Mende nur einen weiblichen Typus; die sog. Minsereh-Figuren, die eine ähnliche Kopfgestaltung zeigen wie die Bundu-Masken, als Orakelfiguren dienen und zur Geisterwelt vermitteln.

Bundu-Maske des Frauengeheimbundes der Mende. Sierra-Leone, Anfang 20. Jh. Holz, schwarz gebeizt, H 39 cm. München, Sammlung Eli Ashan.

Menicus, Johann Gottlieb → Berliner Fayencen

Mennecy, französische Porzellanmanufaktur (1748–1773), zeitweise vereinigt mit Sceaux, später verlegt nach Bourg la Reine. Sie stellte Frittenporzellan (→ Porzellan) mit hochglänzender Glasur her. Die qualitätvollsten Erzeugnisse sind um 1760 geschaffene Kinderfiguren nach Boucher. Als Marke kommen die Monogramme DV, SX, BR und ein Anker vor.

Menora (hebräisch), nach der Wortbedeutung eigentlich nur „Leuchter", im speziellen Sinne aber ist gemeint: 1) Der siebenarmige Leuchter im Heiligtum des jüdischen Tempels, von dessen ursprünglicher Form vielleicht das Relief am Titusbogen in Rom Auskunft gibt. 2) Dieser Form verwandte Nachbildungen mit sieben Armen, die in jüdischen Häusern aufgestellt – aber nicht angezündet werden, weil dies allein dem Dienst im Tempel vorbehalten war. 3) Die sog. Chanukkia (→ Chanukkaleuchter). 4) Leuchter oder Hängelampen die am Schabat angezündet werden aber allgemein unter den Bezeichnungen „Jüdische Ampel" oder → „Schabatleuchter" bekannt sind.

Mensa → Altar

Menuisier, französische Bezeichnung für Tischler, d. h. den einfachen Möbelschreiner, im Gegensatz zum Kunstschreiner, dem → Ebenisten. Die Unterscheidung ging aus der alten Teilung der Schreinerzunft in Stuhlmacher *(menuisiers d'assemblage)* und Kastenmacher *(menuisiers de placage et de marqueterie)* hervor. Nachdem sich Mitte des 17. Jh.s der Begriff Ébéniste eingebürgert hatte, verstand man unter Menuisier nur noch den Hersteller massiver, d. h. unfurnierter Möbel wie → Sitzmöbel und einfacher Tische. Mitunter lie-

Schnupftabakdose mit Weinlaub. Mennecy, um 1750/60. Silberfassung, H 4 cm. Hamburg, Museum für Kunst und Gewerbe (Leihgabe Ernesto und Emily Blohm).

Menora. Nachbildung des Heiligen Leuchters aus dem Tempel in Jerusalem. Neheim-Hüsten, Leuchtenmuseum.

ferte ein Menuisier Kastenmöbel an einen Ebenisten, der sie furnierte; dann brachten beide ihren Stempel an dem Möbelstück an.

Menzel, Johann Sigismund, → Empireglas

Merian, 1. Matthäus d. Ä. (1593–1650), Kupferstecher, gab in seiner Frankfurter Verlagsanstalt ab 1642 die „Topographie" heraus. Nach seinem Tode führten seine Söhne das Werk fort. Insgesamt erschienen 1642 bis 1688 30 Bände mit über 2000 Stadtansichten, Karten und Plänen. Die „Topographie" ist durch ihre große Genauigkeit eine der wichtigsten Quellen für die Stadtbaugeschichte.
2. Maria Sibylla (1647–1717), Malerin, Tochter von 1. Sie malte Blumen und Insekten und gab nach ihren Vorlagen mit kolorierten Kupferstichen illustrierte Bücher zur Insekten- und Pflanzenkunde heraus. Ihre berühmtesten Werke sind das 1679/83 entstandene *Erucarum ortus, alimentum et paradoxa metamorphoris* und das nach ihrer Reise nach Surinam (1699–1701) herausgegebene *Metamorphosis insectorum surinamensium,* 1705.

Merkzeichen, Meistermarken, mit denen die Gold- und Silberschmiede seit dem Mittelalter ihre Erzeugnisse zu kennzeichnen hatten. Sie bestanden aus einem figürlichen Zeichen, einem Monogramm oder einer Verbindung dieser beiden Elemente, und traten ergänzend zu den → Beschauzeichen hinzu.

Meßgerät → Altargerät

Meßkännchen → Ampulle, → Altargerät

Meßkelch → Kelch

Mesched, in Mesched, der Hauptstadt → Khorassans gearbeitete ost → persische Teppiche, von glanzreicher, weicher Wolle, nicht sehr fest geknüpft, auch in quadratischem Format auftretend. Sie zeigen meist ein Mittelmedaillon auf rotem oder beigefarbenem Grund. Fond und Medaillons sind mit → Botehs oder dem Heratimotiv (→ Herati) durchgemustert.

Messer, Teil des Eßbestecks (→ Besteck), das zu den ältesten menschlichen Werkzeugen zählt. Als Schneidegerät, bestehend aus der einzeln angefertigten Klinge und dem Griff, trug bis ins 17. Jh. ein jeder Mann ein Messer bei sich, nicht nur zur Verteidigung, sondern auch zur Zubereitung und zum Aufspießen der Speisen. Im 15. Jh. wird das Vorlegemesser gebräuchlich (Schneide und Klingenrücken in einer Linie verlaufend, die Spitze abgerundet und ungeschärft). Das eigentliche Speisemesser findet nur langsam Verbreitung; seine Klingen sind zumeist kurz, die eigentliche Schnittfläche ist der Messerführung, dem sich verbreiternden Griff, angepaßt. Als Schmuckfläche ergibt sich der die Stahlklinge mit zwei Schalen (aus verschiedenen Materialien: Holz, Horn, Elfenbein, Edelmetall) umfassende Griff, je nach Gebrauchszweck geformt. Die Verzierung richtet sich zumeist nach dem Ensemble des Tafelbestecks.

Messing, Kupfer-Zink-Legierung, die je nach Zusammensetzung als Gelbguß oder Weißmessing angesprochen wird. Es wurde im 14. und 15. Jh. vor allem im Rhein-Maas-Gebiet zu kirchlichem Gebrauchsgerät → Adlerpult, (→ Dinanderien) verarbeitet. Vom 16. bis 18. Jh. waren Nürnberger Messingerzeugnisse ihrer hohen Qualität wegen gesucht.

Meßornat, feierliche Amtstracht der Geistlichen der römisch-katholischen Kirche (heute durch das 2. Vatikanische Konzil teilweise reduziert). Sie war im 13. Jh. voll ausgebildet. Damals kam auch die Sitte der liturgischen Farben (→ Kirchenfarben) auf. Der Meßornat ist aus der spätrömischen Tracht hervorgegangen und spiegelt, entsprechend ihren Rangabstufungen, den Aufbau der priesterlichen Hierarchie wider. In ihm lebt ein Stück antiker Überlieferung bis heute fort.

Meßornat: Kasel. Böhmen, frühes 15. Jh. Samt und Stickerei, 110 × 72 cm. München, Auktionshaus Weinmüller.

Allen Weihegraden gemeinsam sind → Amikt, → Albe mit → Cingulum und → Manipel. Das Obergewand der Subdiakone ist die Tunika (→ Tunicella). Der Diakon trägt als Obergewand die → Dalmatik und als Rangabzeichen die → Stola über der linken Schulter. Priester und Bischöfe tragen als Meßgewand die → Kasel, darunter die Stola, für liturgische Verrichtungen außerhalb der Messe und bei Prozessionen das → Pluviale. Rangabzeichen des Bischofs ist das → Pallium, in besonderen Fällen auch das → Rationale. Weitere Teile des Bischofsornates, die Pontifikalien, sind: Pontifikalhandschuhe, -strümpfe und -schuhe, Brustkreuz (→ Pectorale), Ring, → Mitra und → Bischofsstab (Pedum). Dazu kommen beim Papstornat noch der → Fano und das → Subcinctorium.

In allen Epochen suchte man den Meßornat so kostbar wie möglich zu gestalten: Im frühen Mittelalter wurde er aus orientalischen Seidenstoffen hergestellt (→ Imperialstoffe) oder mit Seiden- und Goldborten besetzt (→ Kölner Borten, → Bortenweberei). In der Gotik und Spätgotik war er aus → Samt oder → Brokat und wurde durch Stickereien verziert (→ Opus anglicanum). Diese Arten der Ausschmückung sind auch in den folgenden Jahrhunderten mit gewandelter Ornamentik in Gebrauch geblieben.

Reliefstickerei auf Leinengrund mit Goldfäden, Goldschnüren und Seide. Abzeichen des Drachenordens, Süddt., um 1430. 28 × 38 cm. München, Bayerisches Nationalmuseum.

Applikationen und Stickerei aus Seiden- und Metallfaden. Süddeutsch, um 1730–40. Gold- und Silberfaden, Lahn und Kantille auf hellrotem Seidenrips, Silberspitze, H 43 cm. München, Bayerisches Nationalmuseum. ▽

Als Zeichen dafür, daß die deutschen Kaiser als Beschützer der römischen Kirche zugleich ein Priesteramt innehatten, gehörten Tunika, Dalmatik, Albe mit Cingulum und Stola seit Karl dem Großen neben Krone, Reichsapfel, Zepter und Schwert auch zum Herrscherornat, der bis 1806 bei Kaiserkrönungen getragen wurde.
Im Ritus der Ostkirche besteht der Meßornat des Priesters aus → Sticharien, → Epimanikion, → Zonarion, → Epitrachilion, → Epigonation, → Phelonion und → Stawros. Außer Sticharion, Epigonation und Stawros trägt der Bischof bei der Messe: → Sakkos, → Omophorion, → Stephanos, → Paterissa, → Enkolpion, → Dikerion und → Trikerion.

Mesusa (hebr. Türpfosten), Bezeichnung für ein Pergament-Schriftröllchen, das in einem kleinen Behältnis am rechten Türpfosten bei religiösen jüdischen Häusern angebracht wird. Die Behältniskapsel, meist verziert, in Holz oder Metall, enthält eine kleine Öffnung, durch die ein Wort des inneren Textes sichtbar bleibt: „Schaddai" (= Gottesname). Wie alle → Judaika-Sammelobjekte, sind vor dem 19. Jh. entstandene Mesusot nur noch selten zu finden.

Metallfaden, fand in Textilien kostbarer Art und Bestimmung in Form von Gold-, Silber- und vergoldeten Silberfäden Anwendung. Bei den gesponnenen Metallfäden handelt es sich um dünne Metall-Lamellen, dem sog. Lahn, der um eine Seele aus Seide, Leinen oder auch Wolle und Baumwolle gewickelt wurde. Wurden auf Leder aufgebrachte Metallfolien um eine Fadenseele versponnen, so spricht man von Häutchen- oder Riemchengold. Der glatte oder gewellte Lahn konnte auch unversponnen ohne Fadenseele verwendet werden, ebenso wie die runden oder kantigen Kantillen aus spiralig gewickelten Drähten. Verwendet wurden auch Streifen aus vergoldetem und versilbertem Papier. Frisé ist ein Goldfaden mit → Ondégarnseele. Metallfäden wurden vor allem in den wertvollen, meist in der → Anlegetechnik ausgeführten Goldstickereien des Mittelalters verwendet.

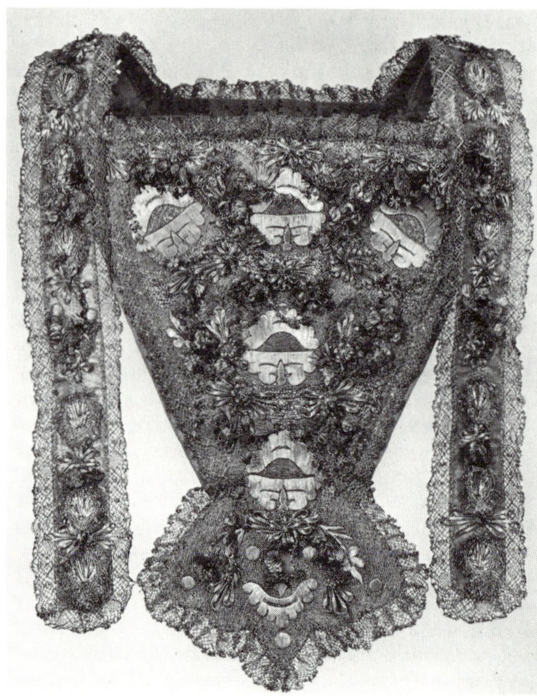

Metallschnitt, Hochdrucktechnik, bei der das als Druckstock dienende weiche Metall genau wie der Holzstock beim → Holzschnitt bearbeitet und dann gedruckt wird. Als Werkzeug verwendet man verschiedene Stichel. Eine Sonderform des Metallschnitts ist der → Schrotschnitt.

Met-Haneh, → Talisch-Teppich mit einfarbigem Feld.

Metopen → Säule
Metzsch, Johann Friedrich († 1766), hervorragender Bayreuther → Hausmaler, der Figurenszenen und Landschaften, von Sinnsprüchen und → Emblemen umgeben, auf → Meißner Porzellan malte. In seiner Art arbeitete, ebenfalls in Bayreuth, Johann Christoph Jucht.

Meuble d'appui, kommodenartiges Schränkchen mit zwei Türen.
Meuble d'entre deux, halbhoher Schrank oder Kommode, gerahmt von Seitenteilen, die meist offene Fächer zeigen, manchmal aber auch zugleich mit dem Mittelteil durch gekurvte Türen verschlossen sind.
Meyer, Friedrich Elias → Berliner Porzellan, → Meißen
Meyr'sche Hütten, Gründungen der berühmten böhmischen Glasmacherfamilie Meyr, die zur Biedermeierzeit zu den führenden und fortschrittlichsten Glashütten Böhmens zählten. 1771 und 1795 gründete Johann Meyr sen. die Hütten Silberberg und Bonaventura, die später vom Grafen Buquoy (→ Buquoy, Georg Franz August de Longueval, Graf von) übernommen wurden. Johann Meyrs Sohn Josef bemühte sich erfolgreich um die Verbesserung des böhmischen Kristallglases nach englischem Vorbild und legte 1815 auf der westböhmischen Herrschaft Winterberg die moderne Hütte Adolf an. Auf seinen Sohn Johann Meyr jun. geht die Hüttengründung Eleonorenhain (1833) zurück, in der vor allem farbig überfangene Hohlgläser erzeugt wurden. Nach dem Tod Johann Meyrs jun. (1841) übernahmen seine Neffen Wilhelm Kralik und Josef Taschek die Hütten Adolf und Eleonorenhain unter der Firmenbezeichnung Meyr's Neffen, nach Tascheks Tod (1862) unter dem Namen → Meyr's Neffe.
Meyr's Neffe, westböhmische Glashütte, seit 1862 im Alleinbesitz von Wilhelm Kralik, bestehend aus den → Meyr'schen Hütten Adolf und Eleonorenhain und den Zukäufen Ernstbrunn und Franzensthal (1854). Dank der engen Zusammenarbeit mit J. & L. → Lobmeyr in Wien entwickelte sich Meyr's zu einem der bedeutendsten Erzeuger von Kunst- und Luxusglas in der zweiten Hälfte des 19. Jh.s Eine Spezialität der Firma waren in den neunziger Jahren originalgetreue Nachbildungen böhmischer und schlesischer Barockgläser mit Schliff und Gravur, die auf der Bodenunterseite mit dem Firmenzeichen MN in Ligatur gekennzeichnet sind (→ Historismus-Glas).
Mezzotinto → Schabkunst
Michel, Johann (1837–1867), namhafter Elfenbeingraveur in Erbach im Odenwald. Er führte dort ab 1858 die Blumenbroschen ein (deshalb wurde er auch Blumenmichel genannt), die internationale Verbreitung fanden. Aus ihnen gingen die Erbacher Rosenbroschen aus Elfenbein hervor, die seit der Wiener Weltausstellung von 1873 im Handel sind.
Mid Georgian Style → Barockstil
Miesbacher Bauernmöbel. Am bekanntesten wurden in der Gegend von Miesbach in Oberbayern die sog. Türkenmöbel, eine Gruppe von Truhen, deren Füllungen aus Arkadenstellungen bestehen, die Darstellungen von Kuppelarchitekturen zeigen. Dieser Typus wirkt sich noch bis in die dreißiger Jahre des 19. Jh.s bei Schränken des Miesbacher Umlandes aus, deren Farbigkeit sich stark an jene ‚Exotismen' anlehnt. Die Miesbacher Schränke, auch sie wie die → Tölzer Bauernmöbel stets starkfarbig bemalt, zeigen meist eine Proportionierung im Verhältnis 3:2 und zeichnen sich durch die vierfelderige, von Profilleisten gerahmte Unterteilung der Türen aus (→ Bauernmöbel).
Mies van der Rohe, Ludwig (1886–1969), einer der maßgeblichen Designer der Moderne, stammte aus Aachen, gehörte zum Direktorium des → Bauhauses und war von 1936 bis 1938 als Nachfolger von Walter → Gropius dessen Leiter. Schon vor seiner Tätigkeit am Bauhaus hatte sich Mies van der Rohe als avantgardistischer Möbelentwerfer profiliert; sein → Barcelona-Stuhl von 1929 zeugt, wie auch sein Brno-Stuhl von 1930, von einer Ökonomie von Form und Funktion, die den gleichzeitigen Entwürfen → Le Corbusiers durchaus vergleichbar ist. Seinen entscheidenden Beitrag für unser modernes Wohnen lieferte Mies van der Rohe u. a. mit Unterstützung der Firma → Knoll Associates in den USA, in die er 1938 emigrierte.
Migeon, in drei Generationen tätige Pariser → Ebenisten (Pierre I–III); am bedeutendsten war Pierre II (1701–1758),

Vase. Meyr's Neffe, Adolf bei Winterberg, Böhmen vor 1890. Farbloses Glas mit Facettenschliff und Mattschnitt, Kopie eines Bergkristallgefäßes des 17. Jh. Prag, Kunstgewerbemuseum.

Schützling der Marquise von Pompadour und Lieferant des Garde-Meuble (→ Möbelsignaturen). Er war für raffiniert konstruierte Kombinationsmöbel berühmt, die bei ruhigem Umriß des Möbels Blumenmarketerie (→ Marketerie) in → Bandelwerkrahmen und elegante Bronzen zeigen. Daneben war er, wie später sein Sohn Pierre III, als Händler tätig und ließ auch andere Meister für sich arbeiten, so daß sich sein Stempel oft neben dem anderer Ebenisten findet.

Mignot, Daniel, Goldschmied und Kupferstecher, vermutlich hugenottischer Flüchtling, ließ sich Ende des 16. Jh.s in Augsburg nieder und verlegte ca. 100 Vorlagen für Schmuck in 6 verschiedenen Folgen: Anhänger, Agraffen, Ohrgehänge, Besatzstücke (Schweifwerk, Grottesken, Blumenranken). (→ Schmuckentwürfe)

Mihrab, leere Nische in der Wand der Moschee, die den Gläubigen die Gebetsrichtung (Kibla) nach Mekka angibt. Geläufige Formen: halbrund (vor allem Syrien und angrenzende westliche Gebiete), polygonal (Andalusien, Nordafrika, Anatolien, Iran), rechteckig (Iran, Irak), torförmig (Spanien, Maghreb), portalartig (Anatolien). Reicher Dekor in Mosaik, Marmor, Stuck, Fayence oder Holz (→ Mukarnas). Der Mihrab kann auch bildlich als Bogen auf Marmorplatten oder → Fayencen dargestellt sein.

Mikronesische Kunst, die Kunst der schon um 2000 v. Chr. besiedelten Inselwelt Mikronesiens. Besonders charakteristisch für diesen Kulturbereich ist die Mäanderornamentik auf der geflochtenen Kleidung, sowie die Verzierung von Waffen und Geräten mit Haifischzähnen. Überhaupt steht in der künstlerischen Produktion eine geradlinig-geometrische Ornamentik im Vordergrund, Plastiken, figürliche Malereien und Maskenschnitzereien sind selten und wahrscheinlich von melanesischen und westpolynesischen Einflüssen herzuleiten. Stilisierte, flache, weiß bemalte Tanzmasken stammen ausnahmslos von der Insel Mortlock (Karolinen). Götterfiguren aus Stein oder Holz kennt man ebenfalls von den Zentralkarolinen und den Palau-Inseln. Wichtig sind Schnitzereien in Hoch- und Flachreliefs. Die dekorative Kunst Palaus ist charakterisiert durch Muschelintarsien in hölzernen Deckelschalen (Vorliebe für Fischornamente).

Kommode von Pierre II Migeon. Paris, um 1740–1750. Paris, Musée de Arts décoratifs.

Milchglas, wurde schon in Traktaten aus der ersten Hälfte des 15. Jh.s erwähnt und gehörte im 15./16. Jh. zu den wichtigsten Farbengläsern venezianischer Hütten (→ venezianisches Glas). Besonders im 17./18. Jh. war Milchglas überaus beliebt und wurde von unzähligen Glashütten des Abendlandes hergestellt, in der Folge vorwiegend als Ersatz für das teure Porzellan. Zur Darstellung des Milchglases wird dem Glassatz gebrannte Knochenasche (daher der ebenfalls gebräuchliche Begriff Beinglas) oder Zinnoxid als Trübungsmittel zugesetzt. Je nach Dosierung erzielte man eine dichtere oder mehr transparente weiße Färbung (→ Opalglas). Vom Milchglas zu unterscheiden ist das porzellanartige weiße Zinnemailweiß, das auch in dünner Schicht völlig lichtundurchlässig ist und etwa ab 1845 für farblose und farbige → Überfanggläser verwendet wurde (→ Biedermeierglas).

Milchglas mit Emailmalerei, Becher. Frankreich, 1723. H 13 cm. London, British Museum

Milchkannen → Kaffeekannen

Milchkrug → Nürnberger Fayence

Milde, Ary de, → Delft, → Delfter Steinzeug

Mildner, Johann Josef (1764–1808), Glasschleifer und Maler von feinen → Miniaturen im niederösterreichischen Gutenbrunn. Die von ihm geschaffenen, fast immer signierten und häufig datierten Geschenkgläser mit auf Glasplättchen gemalten farbigen Miniaturporträts, goldradierten religiösen Motiven, Wappen und Monogrammen, die in genau passende Vertiefungen in der Gefäßwandung eingesetzt wurden, sind die kostbarsten und vornehmsten Erzeugnisse des → Empireglases. Zahlreiche Mildner-Gläser haben eingesetzte Böden und aufgesteckte Lippenrand- und Bodenreifen mit Zwischendekors oder tragen Verzierungen im Stil des späten → Louis-seize, die mit dem Diamanten in die Außenwandung gerissen wurden (→ diamantgravierte Gläser). Nachahmungen von Mildner-Gläsern entstanden im ersten Viertel unseres Jahrhunderts, oft in fälscherischer Absicht und mit fingierter Signatur und Datierung.

Miliarense, spätrömische Silbermünze, die sich in Byzanz bis um 1000 hielt.

Millefioriglas (ital., Tausendblumenglas), auch Mosaikglas, schon im Altertum angewendete Dekorationstechnik (→ römisches Glas), die in der Renaissance in Venedig wiederentdeckt und im 19. Jh. für die Herstellung von → Glaskurzwaren und → Glass Paperweights herangezogen wurde. Millefioridekors bestehen aus einer originellen Anordnung bunt gemusterter runder Glasscheibchen von einer Glasstange, die selbst aus vielen mehr oder weniger starken, zu einem geometrischen Muster angeordneten verschiedenfarbigen Glasfäden zusammengesetzt ist und deren Kreisschnitte ein Blütenmuster zeigen.

Millefleurs (franz., tausend Blumen), von der burgundischen Hofkunst angeregte, spätgotische → Bildteppiche mit Streublumen in gleichmäßiger Anordnung. In der Darstellung verbirgt sich die spätmittelalterliche Idee des Paradiesgärtleins wie des Burg- oder Liebesgartens. Millefleurs-Teppiche wurden in den Manufakturen von Frankreich, Flandern und Brabant hergestellt.

Minai-Ware, Typ islamischer Keramiken aus dünnwandigem, hellem, porösem, aber hartem → Scherben mit meist weißer, aber auch türkisfarbener oder grauer Zinnglasur, auf der sowohl mit Aufglasurfarben (i. a. rot, schwarzbraun, schwarz, taubengrau) als auch mit Inglasurfarben (i. a. blau, grün) gemalt und stellenweise Vergoldung angebracht sein kann. Minai-Keramiken (Schalen, Becher, Krüge und Flaschen, unter diesen Prunkstücke mit durchbrochenen Buckeln und anderen plastisch aufgesetzten Ornamenten) wurden ausschließlich im Iran des 12. und 13. Jh.s hergestellt und enthalten in ihrem ornamentalen und figuralen Dekor typische seldschukische Stilelemente. Die figürlichen Darstellungen (berittene Falkner und Jäger, tanzende und sitzende Figuren, höfische und epische Szenen) ähneln denen auf der seldschukenzeitlichen → Lüster-Ware sowie auf zeitgenössischen Miniaturen. Die meisten Stücke werden dem Fundort Rayy zugeschrieben – oft weniger aufgrund von Fundumständen, sondern anhand von Stilvergleichen. Ihren Namen hat die Minai-Ware von pers. *mînâ,* Schmelzfarbe, Email. Wegen ihrer Vielfarbigkeit, die sieben Töne erreichen kann, wird sie auch pers. *haft rang,* sieben Töne, genannt. Schon um 1300 soll sie nicht mehr produziert worden sein. Intakt erscheinende Stücke sind mit Vorsicht zu betrachten: Häufig sind sie nur geschickt restauriert. (Abb. s. a. S. 344)

Doppelwand-Becher von Johann Josef Mildner. Böhmen, um 1795. Außen blaugrün mit Goldsternen, Medaillon mit Monogramm, innen eine goldradierte Familienszene. H 10,5 cm. Wien, Dorotheum.

Mina Khani, Standardmuster des persischen Teppichs, das aus Reihen großer, verschiedenfarbiger Rosetten zwischen streng stilisierten Ranken besteht.

Minbar, Mimbar, Predigtkanzel in der Moschee, steht im allgemeinen neben der Gebetsnische (→ Mihrab). Mehrstufige, zu einer Plattform führende Treppenanlage, meist aus Holz mit geschnitzter Vertäfelung an den Seitenwänden (in Indien allerdings in der Regel aus Stein gebaut). Seit der fatimidischen Zeit erweitert um ein Rahmentor am Treppenaufgang sowie ein Kuppelgehäuse über der Predigerplattform.

Miniaturen, 1. Illustrationen einer Buchseite. 2. Malerei in kleinem Format, seit dem 16. Jh. in erster Linie Bildnisminiaturen, die, meist als → Anhänger getragen wurden. Im 18. Jh. häufig in Dosen eingesetzt (→ Porträtdose). Die Formate sind mannigfaltig: rund, rechteckig, quadratisch, vom 17. Jh. ab meist oval. Als Bildträger dienten Pergament, Seide, Papier, Holz, Kupfer und andere Metalle; im 17. Jh. entdeckte man die Vorzüge des Elfenbeins als zart durchschimmernden Untergrund. Als Farben bevorzugte man Deck- und Wasserfarben. Seit dem mittleren 16. Jh. trat das Maleremail (→ Limoges, → Emailkunst) in den Dienst der Bildnisminiatur, um vom 17. Jh. an ihre bevorzugte Technik zu werden (vor allem durch Jean Petitot aus Genf, 1607–1691, Hofmaler Karls I. von England und Ludwigs XIV. von Frankreich, einen der bedeutendsten Miniaturmaler). – Im 16. Jh. bemühte man sich um wirklichkeitsgetreue Wiedergabe des Dargestellten (Hans Holbein d. J. als Hofmaler Heinrichs VIII. von England), im späteren 17. Jh. setzte das Bestreben nach Idealisierung ein, das in den Miniaturen des 18. Jh.s, die die Damen als Schäferinnen und Nymphen verkleidet zeigen, seinen Höhepunkt erreichte. Die Miniaturmalerei erlebte in der zweiten Hälfte des 18. und zu Beginn des 19. Jh.s größte Verbreitung und ihren künstlerischen Höhepunkt; die führenden Länder waren England und Frankreich (Jean-Baptiste → Isabey), in Deutschland blühte sie vor allem in Wien. In den vierziger Jahren des 19. Jh.s wurde sie von der Photographie verdrängt. (Abb. s. a. S. 345)

Minnekästchen, spätmittelalterliche Deckelkästchen aus Holz, Elfenbein oder gepreßtem Leder mit gemalten oder geschnitzten Liebesallegorien. Wahrscheinlich sind es Liebesgeschenke des Stadtadels an Frauen, denen sie dann als Schmuckkästchen dienten. Auch Urkunden und Arzneien wurden darin aufbewahrt. Minnekästchen entstanden vorwiegend vom 13. bis zum frühen 15. Jh. am Rhein, insbesondere am Oberrhein.

Minuskel (lat. *minusculus,* etwas kleiner), 1. Kleinbuchstaben der Schrift im Gegensatz zu → Majuskel.

2. Schriftart, bei der einzelne Buchstaben Ober- und Unterlänge aufweisen (Vierzeilenschema) im Gegensatz zu den gleichhohen Majuskeln (Zweizeilenschema). Bereits in der Antike gibt es beide Schrifttypen. Die karolingische Minuskel entsteht um 780 als Hofschrift. Sie wurde zur Ausgangsform für alle abendländischen Schriftarten.

Minai-Ware. Schale. Iran, Rayy, 13. Jh. Dm 19 cm, New York, Sammlung Mortimer Schiff.

Minuteriearbeit (von ital. *minutaglia,* allerhand kleine Sachen), Bezeichnung für in Treib- und Ziselierverfahren angefertigte Schmuckstücke billigerer Art wie goldene Ringe, Anhänger, Spangen, Medaillons und Ohrgehänge, mit Bergkristall und anderen Schmucksteinen besetzt. Die aus dem 16. Jh. stammende Bezeichnung wurde später durch → Bijouterie im Zusammenhang mit der industriellen Schmuckproduktion ersetzt.

Mi-Parti (franz., halb geteilt), mittelalterliche Mode, die Kleidung senkrecht in zwei oder drei Farben zu teilen. Sie begann im 10. Jh. bei den Hosenbeinen, deren jedes eine andere Farbe erhielt, und erlebte ihre Blüte im 15. und 16. Jh. in der Tracht der Landsknechte.

Miqueletschloss → Feuerwaffen

Mir, → Bezeichnung für in Mirabad hergestellte, besonders feine und hochflorige → Seraband-Teppiche.

Minnekästchen der schlafenden Ritterlichkeit. Flandern oder Nordfrankreich, 2. Hälfte 14. Jh. Lederschnitt und Treibarbeit. Offenbach am Main, Deutsches Ledermuseum.

▷

Bildnis-Miniaturen von Jean-Etienne Loitard. Maria Theresia und Franz von Lothringen, sowie sieben Miniaturen der Kinder des Kaiserpaares.

Miscellanea-Medaillen, Medaillen mit allgemein interessierenden Themen wie Geburt, Taufe, Liebe, Hochzeit, Tod, Schulprämien, religiösen Darstellungen usw. Daneben stehen die Porträt- und Personenmedaillen sowie die Medaillen auf bestimmte politische Ereignisse wie Kriege und Friedensschlüsse.

Miscellanea-Medaillen (Abb. verkleinert)

Misrach (hebr., Sonnenaufgang = Ostseite), im jüdischen Kult ein Pergamentblatt oder eine Tafel mit Psalmen und bildlichen Darstellungen des Tempels oder Jerusalems, meist jedoch mit dem hebr. Wort *Misrach* selbst, die Schrift in der Regel kalligraphisch-ornamental verschlungen. Kunstvoll gearbeitete Exemplare, bemalt, oder im Scherenschnitt gearbeitet, sind gesuchte Objekte der Judaika-Sammlungen.
Missaglia-Werkstatt → Harnisch
Mit Grat → Kupferstich
Mitra, auch Inful, Bischofsmütze. Zunächst halbkugel- oder kegelförmige Haube mit zwei hinten herabhängenden Bändern (Infulae); im Laufe des 12. Jhs. entstehen durch Einbuchtung seitlich zwei höckerähnliche Gebilde, die sich bald zu den sog. Hörnern ausbilden. Im 13. Jh. wird diese Mitra quer aufgesetzt, so daß nun über Stirn und Hinterkopf des Trägers (Bischöfe, Äbte) zwei schildförmige Teile aufragen, die mit Pretiosen reich verziert sein können.
Mittagskanone, Vorrichtung zum Anzeigen der Mittagszeit. Man baute im 18. Jh. marmorne Tischsonnenuhren mit waa-

Mitra. Englische Stickerei. München, Bayerisches Nationalmuseum.

Mittagskanone

gerechtem Zifferblatt und einer kleinen Kanone. Ein Sonnenstrahl, der bei 12 Uhr wahrer Ortszeit durch eine Linse auf das Zündloch der Kanone fällt, löst einen lauten Knall aus.
Mmwo-Maske → Ibo
Mode à la Grecque (franz., griechische Mode), die antikisierende Mode der französischen Revolutionszeit, die durch die hohe, dicht unter die Brust gerückte Gürtung der Frauengewänder gekennzeichnet ist. Diese Kleider hießen ihres hemdartigen Schnittes wegen (von franz. *chemise,* „Hemd") Chemisenkleider.
Model, 1. vertiefte Form zum Abdrücken von Steinzeugauflagen und Tonreliefs. 2. erhabene Form zum Bedrucken von Stoffen (→ Zeugdruck) und → Tapeten. – Auch Gußformen werden Model genannt.
Modelbücher sind Vorlagenwerke für Spitzen, Stickereien und Stoffe.

Backmodel aus Holz

Modelbücher → Model
Modellautos, Ende des 19. Jh.s mit den ersten „selbstfahrenden Kutschen" entstanden; schon 1901 erhielt der Engländer Frank Hornby das erste Patent für den Bausatz eines Spielzeugautos. Zu den ersten deutschen Unternehmen, die in ihr Spielzeugprogramm Modellautos und andere mechanisch betriebene Fahrzeuge aus Metall aufnahmen, gehörten die Gebr. Bing, Nürnberg, und Märklin in Göppingen. Waren die frühen deutschen Modellautos typische Serienprodukte, so versuchten die französischen Spielzeugfabrikanten durch sorgfältige Handarbeit und aufwendige Verarbeitung dem Konkurrenzdruck zu begegnen. Gußeiserne Automodelle wurden vorwiegend von den frühen amerikanischen Herstellern wie Structo, Willing und Kingsbury angeboten.

Genauso wie beim → Blechspielzeug griffen die Modellautoproduzenten Neuentwicklungen der großen Vorbilder und zeitgeschichtliche Entwicklungen sofort auf, z. B. das Unfallauto von 1902. In den zwanziger Jahren produzierte der französische Automobilfabrikant Citroën originalgetreue Modelle seiner Sportwagen unter dem Namen „Les Jouets d'André Citroën". Bereits in den dreißiger Jahren wurden die Blechautos weitgehend von den gegossenen (Zinnguß) und später den im Spritzgußverfahren hergestellten Modellen verdrängt, bevor auch hier nach dem Zweiten Weltkrieg der Siegeszug der Plastikmodelle begann. Neben Blechautos gelten ebenfalls schon als Sammlerstücke die in den fünfziger Jahren hergestellten „Wiking"-Autos aus Kunststoff, Maßstab 1:87, sowie die Produktion der Firma Schreyer & Co., Nürnberg, die unter der Marke Schuco verkauft wurden.
In einem 1967 erschienenen „Katalog der Modellautos aus aller Welt" wurden 7000 verschiedene Modelle von 174 Herstellern aufgelistet. Gesammelt werden Modelle aller Größen, ob im Maßstab 1:8, 1:24, 1:43 oder 1:87 (H0-Größe), entweder systematisch nach Herstellern der Vorbilder, Typen wie z. B. Lastwagen oder nach Modellfabrikanten z. B. die englische Serie „Dinky Toys". Als Kostbarkeiten gelten Einzelmodelle, die von Modellbauern in monatelanger Handarbeit detailgetreu nachgebildet werden, so z. B. von dem legendären englischen Modellbauer Gerald Wingrove, der ursprünglich für die Firma Meccana „Dinky Toys", Mustermodelle für die industrielle Fertigung, entwarf.

Modelleisenbahn, Spielzeugeisenbahnen, die als erste Reaktion auf die seit 1835 zwischen Nürnberg und Fürth verkehrende Eisenbahn entstanden. Nach farbigen Ausschneidebogen und 1835 von Nürnberger Zinngießern gefertigten flachen handbemalten Eisenbahnmodellen entstanden hölzerne Nachzieheisenbahnen. Auch die Blechspielzeugindustrie (→ Blechspielzeug) reagierte auf dieses neue, faszinierende Verkehrsmittel. Der Nürnberger Spielwarenfabrikant Math. Hess fertigte, vermutlich zwischen 1835 und 1845, als einer der ersten eine Spielzeugeisenbahn aus Blech. Angetrieben wurden diese Lokomotiven meist mit einem Schwungrad, später (um 1860) mit Dampf und Uhrwerk. Erst um 1870 wurden Eisenbahnen angeboten, die auf Weißblechgleisen fuhren und langsam die bisherigen Bodenläufer ersetzten. Auf der Leipziger Frühjahrsmesse 1891 gab Märklin, Göppingen, mit den auf Gleisen unterschiedlicher Spurweite (0–4) fahrenden Zügen den Anstoß zur Reform des bisherigen Spurweitenchaos. Nach heftigen Auseinandersetzungen wurden diese neuen Normen von allen deutschen und vielen ausländischen Herstellern übernommen. Üblich war zu dieser Zeit die Spurweite I (45 oder 48 mm je nach Meßprinzip). Daneben wurden die Spuren II und III angeboten. Für kleinere Dampf- und Uhrwerkslokomotiven setzt sich die Spur 0 (35 mm) durch, heute ist die Spur H0 (Halb-Null) gebräuchlich.
Um 1900 wurden erste Dampflokomotiven mit Starkstrom- und Schwachstrom-Antrieb angeboten, die sich sehr langsam gegen die spiritusgefeuerte Dampflokomotive oder den Uhrwerksantrieb durchsetzten. Nach der Jahrhundertwende führte der starke Konkurrenzkampf, besonders zwischen Bing, Nürnberg, und Märklin, Göppingen, zu unterschiedlichen Fertigungsprinzipien. Bing entwickelte den sog. „Nürnberger Stil", Massenproduktion, die auf rationeller Fertigung aufbaute. Die Fahrzeuge wurden aus chromolithographisch bedruckten Blechen gebogen und durch Verlappen zusammengefügt. Märklin blieb dagegen noch lange Jahre beim Manufakturbetrieb, mit qualitätvollen aber hochpreisigen Produkten. Vor dem Ersten Weltkrieg war England das Land der möglichst naturgetreuen Modelle, während man in Deutschland auf diese Forderung keinen großen Wert legte. Das änderte sich Ende der Zwanziger Jahre. 1928 wurden von Märklin erste Versuche mit modellgetreuen Lokomotiven gemacht, Antrieb wahlweise Uhrwerk oder Elektrizität. Doch erst im Jahre 1933 gelang der Durchbruch zum maßstäblich nachgebildeten Fahrzeug. Diese neue Entwicklung wurde dann durch den Zweiten Weltkrieg unterbrochen.
Sammler haben zur Identifizierung und zeitlichen Einordnung ihrer Sammelstücke eine Reihe von Kriterien entwikkelt. Das sicherste Hilfmittel ist das Firmenzeichen, das immer wieder dem Zeitgeist angepaßt wurde. Weitere Hilfen bei der Feststellung der Produktionszeiträume sind, neben dem Studium der alten Kataloge, die unterschiedlichen Formen der Kupplungen, verschiedene Puffer- und Radmaße sowie die unterschiedlichen Achsabstände der Fahrzeug-Drehgestelle.

Moderateurlampe, Weiterentwicklung der → Argandlampe durch Verlegung des Ölreservoirs in den Fuß und Zufluß des Öls zum Docht durch Ledermanschette und Spiralfeder, der durch zweiten Drehgriff reguliert werden kann.

Moderateurlampe. Neheim-Hüsten, Leuchten-Museum.

Modern Style, Bezeichnung für den englischen → Jugendstil. Am charakteristischsten sind die Entwürfe des → Glasgow School of Art.

Möbelbeschläge, seit dem späten Mittelalter gebräuchlich, ursprünglich eine Domäne der Plattner, also der Waffen-Ziseleure, traten zumeist als eiserne Schließen an Truhen, Schlössern und Türbeschlägen auf. Sie waren oft mit farbigen Stoffen hinterlegt, um die Ziselierung des stumpfen Metalls besonders hervorzuheben. In → Barock und → Rokoko wandelte sich das Bild: Beschläge wurden nunmehr von eigens dafür angestellten Bronzegießern angefertigt, die ihrerseits in einer Zunft zusammengeschlossen waren. Auch die Aufgaben stellten sich anders: Die Möbel des Rokoko

Vergoldeter Zierbeschlag aus Bronze, deutscher Klassizismus.

Möbelentwurf. Im Gegensatz zum → Ornamentstich ist der Möbelentwurf ausschließlich für Kunstschreiner und Schnitzer angefertigt. Als früheste Vorformen des Möbelentwurfes gelten Vorlagenstiche des frühen 16. Jh.s, die den Schreinern Anhaltspunkte für die Komposition von Intarsienbildern liefern sollten. Sehr bald folgen ihnen Stichwerke, die sich, erst zaghaft, wie die Vorlagenwerke Peter → Flötners, dann aber ganz entschieden, wie die Holzschnitte des Meisters HS, an die Kunstschreiner wendeten und von ihnen ausgeführt wurden. Diese Stich- oder Holzschnitt-Sammelbände ließen jedoch dem Kunstschreiner kaum Freiraum für die eigene, individuelle Entfaltung der Phantasie. Die Überwindung der formalen Nomenklatur brachte erst das → Barock, eine Zeit, in der Künstler verschiedenster Fachrichtungen, hauptsächlich Maler, Bildhauer und Architekten, sich an ideenreichen zeichnerischen Entwürfen für Möbel versuchten und damit den Kunstschreinern eine Fülle von neuen Anregungen boten. Charles André → Boulle gehört zu den ersten, die selbst Entwürfe für ihre eigenen Möbel fertigten, Zeichnungssammlungen, die seit dem Ende des 17. Jh.s das Grundkapital des Möbelschreiners bildeten. Gerade bei Boulle wird uns die Bedeutung einer solchen Vorlagensammlung, zu der auch Holzproben und kleine Modelle gehörten, besonders vor Augen geführt: 1720 vernichtete ein Brand sämtliche dieser Unterlagen in seinem Atelier, und nur mit großen Anstrengungen gelang es Boulle, seine Werkstatt wieder neu aufzubauen. Berühmt wurden die in hoher Auflage verbreiteten Möbelentwürfe Thomas → Chippendales, Robert → Adams, George → Hepplewhites und Thomas → Sheratons, die bis weit in das 19. Jh. hinein die Möbelschreinerei beeinflußten. Seit dem frühen → Biedermeier wurden Entwürfe von Kunstschreinern immer seltener; Firmenkataloge und Vorlagenzeitschriften übernahmen deren Funktion und boten darüber hinaus auch dem potentiellen Käufer einen mehr oder minder umfangreichen Überblick über die Produktion. Im 20. Jh., parallel zur zunehmenden Standardisierung und zur Verbindlichkeit eines abwandelbaren Designs, verlegten sich Möbelentwerfer, wie auch Architekten, auf die Herstellung von Blaupausen, die sich zur Vervielfältigung eigneten.

Möbelfälschungen. Alle Kategorien der durch den Kunsthandel vermittelten Objekte werden nach den Kriterien von

brauchten Bronzeschuhe, Schlüsselschilder, Ziehgriffe und Profilleisten, teilweise figürlich, teilweise ornamental modelliert. Die Arbeit des Beschlagmachers reichte mehr und mehr in die Kompetenzen des Bildhauers hinein.

Oft wird die Qualität der Beschläge als Maßstab für die Originalität eines Möbels herangezogen. In der Tat läßt sich an Beschlägen sehr viel über das Alter eines Möbelstückes ablesen. Beschläge des 18. Jh.s besitzen immer eine von Hand „aufgeschossene", aufgetragene Vergoldung von ursprünglich warmem rötlichem Ton, der im Laufe der Zeit immer gelblicher und metallischer wird. Beschläge des 19. Jh.s – auch sie können teilweise handwerklich perfekt ziseliert sein – zeichnen sich meist dadurch aus, daß sie nicht von Hand vergoldet sind, sondern ihren Goldton durch ein Tauchbad erworben haben, dessen Überlaufspuren stets an der Rückseite der Beschläge zu erkennen sind.

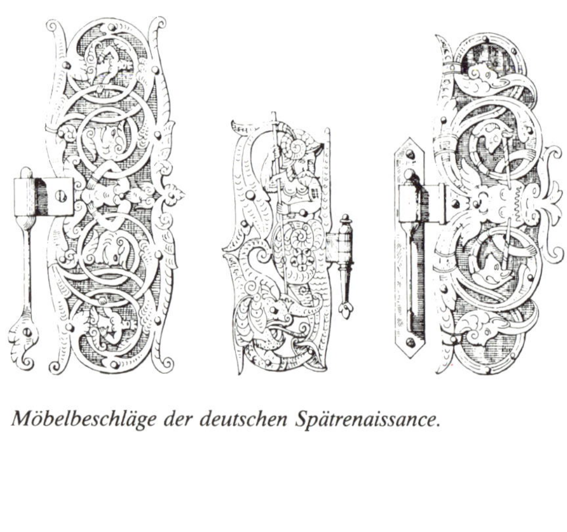

Möbelbeschläge der deutschen Spätrenaissance.

Echtheit und Fälschung beurteilt – ein schwieriger Prozeß, dem jeder ernsthafte Kunsthändler mit Akribie nachgeht. Der Ausgangspunkt der Kritik resultiert zumeist aus mehreren Komponenten: Autopsie, d. h. der Augenschein des Objektes: Erscheint die angegebene Epoche mit den handwerklichen Einzelheiten des Objektes vereinbar?; Provenienz: Erscheint die Herkunft des Objektes plausibel?; Zuschreibung an einen Künstler: Ist das Objekt innerhalb des Œuvres des Künstlers einzuordnen? In dem Spezialbereich der Möbelfälschung muß man zusätzlich noch folgendes unterscheiden: 1. Ist es ein originales Möbel, das wegen seiner Schlichtheit oder Beschädigung überarbeitet wurde? 2. Ist es ein Möbel, das aus alten, originalen Teilen neu zusammengebaut ist? 3. Ist es ein Möbel des Historismus, das nicht in fälschlicher Absicht eine Vorlage früherer Zeit imitiert? 4. Ist es ein neu hergestelltes Möbel im Stilcharakter früherer Zeiten? 5. Ist es eine neuzeitliche Fälschung?

All diese Fragen sind im Grunde nur vom Fachmann zu beantworten, vom versierten Kunsthändler, vom Kunsthistoriker und vom Restaurator. Möglichkeiten zur Information bietet in jedem Fall die Industrie- und Handelskammer, doch gibt es auch Kriterien, die der Laie selbst anwenden kann. Alte, überarbeitete oder zusammengesetzte Möbel (Kategorien 1, 2) zeichnen sich meist dadurch aus, daß ihre gesamten Proportionen in ihrem Verhältnis zueinander gestört sind. Historistische Möbelimitate lassen sich meist daran erkennen, daß – neben der maschinellen Verarbeitung der Details – die einzelnen Stilcharakteristika der diversen Epochen in übertriebenem Maße vorgestellt werden. Stilmöbel (Kategorie 4) sollten stets als solche gekennzeichnet sein und zeigen durch ihre (meist) lieblose, schematische Verarbeitung deutlich die Serienproduktion an (als Ausnahmen gelten als solche gekennzeichnete Reproduktionen älterer Vorlagen, die fast immer handwerklich sehr gut verarbeitet sind). Effektive Fälschungen treten leider sehr häufig auf, also Möbel, die bewußt, teilweise in Imitation alter handwerklicher Traditionen, als „alt" angeboten werden. In solchen Fällen empfiehlt es sich, den Fachmann heranzuziehen.

Möbelfüße → Cabriole leg, → Claw and ball foot, → Club foot, → Geißfuß

Möbelmodelle. Diese kleinformatigen, heute als Sammelgebiet äußerst beliebten Möbelmodelle sind im Kunsthandel noch zahlreich und zu relativ geringem Preis zu erwerben. Es handelt sich hierbei um Probestücke, vor allem des 19. Jh.s, die von wandernden Schreinergesellen den potentiellen Käufern als Schaustücke angeboten wurden.

Möbelsignaturen, -stempel, Markenzeichen, besser „Markierungszeichen" für Möbel, die den Namen des Künstlers verraten, erscheinen sehr spärlich erst im 17. Jh. in der Form von Klebezetteln, die, an den Rückwänden oder an der Unterseite von Schubladen angebracht, über den Hersteller informieren. Der Grund dafür ist wahrscheinlich in den sehr lose formulierten Zunftbestimmungen zu suchen, die keine Signatur an Möbeln verlangten und es den Kunstschreinern überließen, ob sie ihre Arbeiten kennzeichneten oder nicht. Anders war die Situation in Frankreich: Hier traten um die Mitte des 18. Jh.s scharfe Zunftbestimmungen in Kraft, die einerseits eine klare Trennung zwischen den → ébénistes, also den Kunstschreinern, und den → Menuisiers, den Gestellmachern, festlegten, andererseits zur Erhaltung eines Qualitätsniveaus den Signierzwang einführten. Signiert wurde mit Schlag- oder Brandstempeln, die den Meisternamen und das Zunftzeichen JME (Juré Menuisiers ébénistes) enthielten. Die Stempel finden sich stets an versteckter Stelle im Blindholz, an der Unterseite, an der Rückseite, in Schubladen u. ä. Diese französische Tradition hielt sich, abgesehen von einer Unterbrechung während der Revolution und der napoleonischen Ära, bis zum Ende des 19. Jh.s. Der französische → Jugendstil führte sie in gewisser Hinsicht weiter; Louis → Majorelle, Emile → Gallé u. a. beziehen ihren intarsierten Namenszug sichtbar in die Komposition einer Marketerie ein.

Mörser, in Küche und Apotheke (→ Apothekengefäße) zum Zerreiben gebrauchte Bronzekübel mit Stößel. Sie sind seit dem 14. Jh. nachweisbar und wurden wie → Grapen und → Lavabokannen von Glockengießern aus „Glockenspeise" gegossen. Zuweilen sind sie durch Reliefauflagen nach den gleichen → Modeln wie Glocken geschmückt. Neben reichverzierten Schaugefäßen für Apotheken und Hofhaltungen sind zahlreiche schlichte Bronzemörser erhalten. Der steile, durch senkrechte Rippen gegliederte gotische Mörser wurde in der von einer breiten, durch Horizontalfriese unterteilten Form abgelöst, die auch die folgenden Jahrhunderte beherrschte. Von → Fayencegefäßen abgeleitet sind die elegan-

Mörser. Links und rechts außen: Gotisch, 15. Jh. Bronze, 21,5 und 22,5 cm. Mitte: Tirol. Anfang 16. Jh. H 20,5 cm. München, Auktionshaus Weinmüller.

ten italienischen Renaissancemörser in Vasenform. Die zugehörigen Stößel sind meist verlorengegangen.

Mohngläser → Emailglas

Mohn, Gottlob Samuel (1789–1825), lernte die Porzellan- und Glasmalerei bei seinem Vater Samuel Mohn, ging 1811 nach Wien, wo er die Tafelglasmalerei ausübte und Geschenkgläser bemalte. Er führte Anton → Kothgasser in die Technik der Transparentmalerei ein und gilt als der eigentliche Begründer der Wiener Schule der mit transparenten Emailfarben bemalten Geschenkgläser (→ Kothgassergläser), die zu den beliebtesten und geschätzten Erzeugnissen des Biedermeierglases zählten.

Mohn, Samuel (1762–1815), Dresdener Porzellan-Hausmaler, der auch Hohlgläser, anfangs mit Porträtsilhouetten, dann zunehmend mit farbigen Transparentemails (→ Transparentmalerei) dekorierte.

Moiré, Bezeichnung für Textilien mit einem durch Pressung erzeugten Ton-in-Ton-Effekt: Gepreßte und ungepreßte Partien reflektieren das Licht verschieden.

Molas, → Applikationen der Cuna-Indianer, die auf den Inseln vor Panama beheimatet sind. Es handelt sich um meist kleinformatige Arbeiten (ca. 50 × 40 cm), die auf den Blusen der Indianerinnen aufgenäht waren. Die Stoffe zeigen expressiv ornamentalisierte Köpfe, Gesichter, Tiere, in kräftig einfarbigen Stoffen appliziert. Der Grund, belegt mit einem zweiten Stoff, scheint durch eingebrachte Schlitze in regelmäßiger Reihung durch. Molas entstammen dem 20. Jh.

Pokal, bemalt von Samuel Mohn. Sign. und dat. 1816. Mit einer Darstellung des Schlosses Steyersberg in farbiger Transparentmalerei, H 19,7 cm. München, Auktionshaus Weinmüller.

Molitor, Bernard (um 1730 – nach 1811), aus Deutschland stammender Kunstschreiner, ließ sich 1773 in Paris als Meister nieder, begründete zusammen mit seinem Bruder eine Werkstatt und entwickelte sich zu einem der führenden Exponenten des → Directoire und → Empire. Nach der Revolution verpflichtete sich Molitor dem napoleonischen Regime.

Monochrommalerei, Malweise in einer einzigen abgestuften Farbe (→ Grisaillemalerei), im Gegensatz zur Polychromie.

Monogramm → Künstlermonogramm

Monokel, eine gefaßte Linse, die durch den Schließmuskel des Auges gehalten wird (→ Einglas).

Monstranz, Schaugefäß aus Edelmetall zum Zeigen der geweihten Hostie bei Prozessionen und zur Segenserteilung. Sie besteht aus Fuß, Schaft (mit Nodus, vgl. Kelch) und Aufsatz, in dem die Hostie hinter Glas in einem halbmondförmigen Träger, der Lunula, befestigt wird. Die Monstranz kam im Zusammenhang mit dem Fronleichnamsfest (seit 1264) auf und ist seit dem 14. Jh. nachweisbar. Die Form ist vom Reliquienschaugefäß (Ostensorium) abgeleitet. In der Gotik herrschte die Turmmonstranz mit zylindrischem Behälter und architektonischem, dem Gesprenge eines Altars (→ Altarretabel) ähnelndem Aufsatz vor. Im 16. Jh. bürgerte sich die juwelengeschmückte Scheibenmonstranz ein, die im 17. und 18. Jh. häufig die Form einer Sonne mit Strahlen erhielt (Sonnenmonstranz). Diese Form ist noch heute gebräuchlich.

Montierung → Fassung

Montpellier-Fayencen, Bezeichnung für die Fayencen-Erzeugnisse einer Reihe von Manufakturen, die in Montpellier vom Ende des 16. bis zum 19. Jh. tätig waren. Vorbild war zunächst die weißglänzende Majolikaware aus dem Faenza des 16. Jh.s., dem die von der ersten, 1590 von Pierre Estevé gegründeten Manufaktur hergestellten Arzneigefäße folgten. Sie waren reich mit Blumen und Früchten dekoriert. Später kamen andere Manufakturen hinzu, die bis ins 19. Jh. Fayencen herstellten, bei deren Dekor Pupurrot dominierte.

Mordaxt → Stangenwaffen

Morellische Methode, Gemäldevergleichung zum Zwecke einer → Zuschreibung nach der Methode des italienischen Kunstgelehrten Giovanni Morelli (1816–1891). Dabei wird davon ausgegangen, daß jeder Maler bei der Behandlung weniger wichtiger Details in seiner Malweise deswegen am sichersten zu erkennen ist, weil er diese kleinen Einzelheiten flott und mit geübter Hand ausführt. Morelli gelang es, auf diese Weise zahlreiche Werke neu zuzuschreiben.

Mores, Jacob d. Ä. (1579–1609 nachweisbar), Hamburger Goldschmied, zeitweilig in Diensten des dänischen Hofes, von dem zahlreiche von den Niederlanden beeinflußte Entwürfe für Goldschmiedearbeiten erhalten sind. Er verfaßte das sog. *Kleinodienbuch des Jakob Mores* (Hamburg, Staatsbibliothek), das wichtigste Schmuckkompendium der Zeit um 1600. Von seinen Arbeiten sind Silbergerät und eine Golddose sowie 39 Rosetten für Hutbänder in Gold mit Email erhalten.

Morgenstern → Stangenwaffen

Morion → Helm

Moriskenkanne, hohe konische, zinnerne Deckelkanne der 2. Hälfte des 16. Jh.s, deren Wandung durch Rautenfelder mit gravierten Männerköpfen im Profil facettiert ist. Die grimmig ausschauenden Köpfe brachte man mit Figuren des Moriskentanzes in Verbindung. Nicht zu verwechseln mit den spätgotischen Facetten- oder → Schleifkannen.

Morison, Friedrich Jakob, berühmter Wiener Juwelier, ließ ab 1693 vier Folgen von Schmuckvorlagen, Entwürfe für Petschaften, Zierat und Kleingerät stechen, die die Übernahme von Rokokoformen durch die europäische Schmuckkunst einleiteten und bis nach London wirkten (→ Schmuckentwürfe).

Morris, William (1834–1896), der bedeutendste Initiator der englischen → Arts-and-Crafts-Bewegung, selbst ein universeller Entwerfer, dazu Schriftsteller und frühsozialistischer Politiker, Gegner der zunehmenden Mechanisierung und Industrialisierung des Lebensraumes im viktorianischen England. Morris entstammte einer gutbürgerlichen Familie, erhielt seine Ausbildung an den Colleges in Marlborough und Oxford und begann seine Karriere als Architekt. Schon früh beeinflußten ihn die Ideen John Ruskins, der der zunehmenden maschinellen Produktion von Gegenständen des täglichen Lebens die Forderung nach Handarbeit, einfacher Gestaltung und Verwendung natürlicher Grundstoffe entgegensetzte. Kontakte zu dem Architekten und Entwerfer Philipp Webb und dem präraffaelitischen Maler Edward → Burne-Jones brachten Morris dazu, selbst eine eigene Firma zur Erzeugung kunsthandwerklicher Gegenstände, Morris, Marshall, Faulkner & Co. (1861), zu gründen. Dank der Einsicht von William Morris, nach der von Hand gefertigte Gegenstände keinesfalls so teuer sein müssen, daß sie nur einen Abnehmerkreis in gehobeneren Schichten finden können, erwies sich die neue Firma als großer finanzieller Erfolg. Bereits 1875 mußten in London große Verkaufsräume eingerichtet werden, 1881 wurde die inzwischen sehr erweiterte Firma nach Merton Abbey verlegt. Sie bestand als Morris & Co. bis 1941.

Morris trat selbst als Entwerfer für Stickereien – eine englische Tradition, die bis zum Elisabethanischen Zeitalter zurückreicht – sowie für Tapeten, farbige Gläser und Glasfenster, Textilien (Teppiche, Gobelins, Behänge) und Möbel hervor. Dominant sind bei ihm, neben präraffaelitischen, religiösen Motiven, vor allem seine floralen Entwürfe, die sich durch die Bevorzugung von teilweise fernöstlichen (Päonien), teilweise Motiven der englischen Spätgotik (Disteln, Sommerblumen) auszeichnen. Stoffdrucke und Tapetenmuster von seiner Hand gehören heute wieder zu gesuchten Dekorationsobjekten und werden teilweise in England nachgedruckt.

Mortlake, zu Beginn des 17. Jh.s von König Jakob I. in England gegründete Manufaktur für Bildteppiche, für die auch niederländische Wirker angeworben wurden. Im 17. Jh. Zentrum der barocken Tapisserienkunst Englands. 1703 jedoch wird die Manufaktur bereits für immer geschlossen. Die Führung übernimmt in England im 18. Jh. die Manufaktur von → Soho.

Mosaique, flächenfüllender gemalter Schuppendekor auf Porzellan.

Mosbach am Odenwald; 1770–1830 bestand hier eine zunächst pfälzische, dann badische Fayencemanufaktur, die Straßburger (→ Straßburger Fayence), später → Durlacher

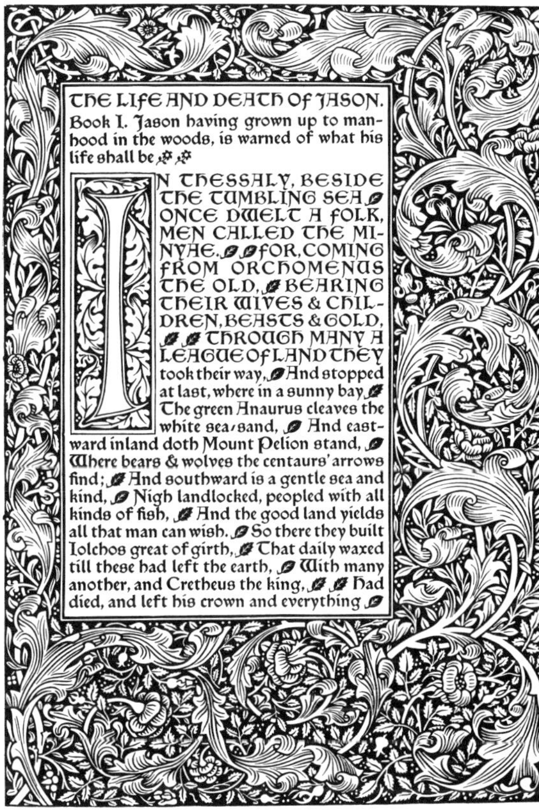
THE LIFE AND DEATH OF JASON.
Book I. Jason having grown up to manhood in the woods, is warned of what his life shall be.

IN THESSALY, BESIDE THE TUMBLING SEA ONCE DWELT A FOLK, MEN CALLED THE MINYAE. FOR, COMING FROM ORCHOMENUS THE OLD, BEARING THEIR WIVES & CHILDREN, BEASTS & GOLD, THROUGH MANY A LEAGUE OF LAND THEY took their way, And stopped at last, where in a sunny bay The green Anaurus cleaves the white sea-sand, And eastward inland doth Mount Pelion stand, Where bears & wolves the centaurs' arrows find; And southward is a gentle sea and kind, Nigh landlocked, peopled with all kinds of fish, And the good land yields all that man can wish. So there they built Iolchos great of girth, That daily waxed till these had left the earth, With many another, and Cretheus the king, Had died, and left his crown and everything

William Morris, Schmuckseite aus The Life and Death of Jason (1895).

Vorbildern folgte. Wie dort wurden zahlreiche Krüge mit Sprüchen hergestellt. Daneben gab es Schreibzeuge mit fein ausgeführten Landschaften in → Muffelfarben. Als Marken kommen MB, T, TM, CF, vielleicht auch CT, vor.

Moser, Koloman, auch **Kolo** (1868–1918), Wiener Maler und Entwerfer für Kunsthandwerk des → Jugendstils. Als Begründer der Wiener → Sezession und der → Wiener Werkstätte gehörte Moser zu den entscheidenden, richtungweisenden Exponenten der beginnenden Moderne. Bereits 1899 wurde er als Professor an das Österreichische Museum für Kunst und Industrie in Wien berufen, eine Institution, die noch heute zu den wichtigsten kunsthandwerklichen Vorbildersammlungen der Welt zählt. Im Gegensatz zum französischen und zum deutschen Jugendstil entwickelte Moser in der Malerei, der Buchgestaltung, im Schmuckentwurf, bei Glas, Textilien und Möbeln funktionelle, meist geometrische oder kubische Formen, die ihn stilistisch in die Nähe seines Kollegen Joseph → Hoffmann rücken. Kostbarkeit im Detail zeigt sich bei ihm an Vergoldungen, eingelegten Halbedelsteinen, bei Möbeln an → Intarsien aus wertvollen Materialien. Seine Arbeiten tragen meist einen Stempel mit seinen Initialen und das Zeichen der Wiener Werkstätte.

Moser & Söhne, Ludwig, Kristallglasfabrik in Karlsbad und Meierhöfen in Nordböhmen, 1857 von dem Glasschneider und -händler Ludwig Moser (1833–1916) gegründet. Die Firma beschäftigte von Anfang an die besten Karlsbader Glasgraveure des 19. Jh.s wie Johann F. Hoffmann, Josef und Julius Urban und Rudolf Hiller und dessen Sohn. Auf der Wiener Weltausstellung 1873 erregten geschnittene Pokale mit Darstellungen nach Wilhelm von Kaulbach und Friedrich Gauermann (graviert von Johann F. Hoffmann) Aufsehen. In der Folge verlegte sich die Firma auf die Herstellung von Gläsern mit verlaufendem violetten und grünem Überfang (→ Überfanggläser), mit grünen und roten Aufschmelzungen, geätzten Reliefgoldbändern und gravierten Insekten. Nach 1900 erzeugte die Hütte nach der Art der französischen → Jugendstilgläser Überfangvasen mit geätztem Dekor.

Mossul-Bronzen, eine sehr unterschiedlich verstandene Bezeichnung für tauschierte islamische Metallgeräte (Bronze oder Messing mit Silber- und Kupfereinlagen) des 12. bis 14. Jh.s, für die auch die Ausdrücke „Mossul-Arbeit", „Mossul-Stil" oder „Mossul-Schule" verwendet werden. Es besteht keine eindeutige Anwendung des Begriffs „Mossul-Bronzen", weder in Bezug auf Herkunft, noch auf Stil oder Technik. Zeitweilig hat man alle vorderasiatischen Tauschierarbeiten dieses Zeitraums so bezeichnet, während man später dazu überging, den Terminus nur noch auf die nachweislich in der irakischen Stadt Mossul hergestellten Arbeiten anzuwenden und allenfalls noch solche Stücke miteinzubeziehen, die stilistisch und technisch wenn nicht Mossul, so doch mesopotamischen Werkstätten zugeordnet werden können. Einige Fachleute möchten nur diejenigen Werke als Mossul-Bronzen definiert wissen, deren Hersteller sich selbst durch die Inschrift *al-mawsilî* („der aus Mossul"), die an den Künstlernamen angehängt wird, als in Mossul beheimatet bekennen, gleichviel ob sie dort geblieben sind oder sich anderswo niedergelassen haben (viele wanderten nach Ägypten oder Syrien aus). Allerdings haben aus Mossul stammende Künstler nicht immer auch im selben „Mossul"-Stil gearbeitet, was bedeutet, daß nachweislich in Mossul hergestellte Stücke technisch und stilistisch nicht immer mit denen identisch sind, die den Zusatz *al-mawsilî* in der Künstlersignatur tragen. Bei nur ganz wenigen Arbeiten kann man davon ausgehen, daß sie tatsächlich auch in Mossul angefertigt wurden. In stilistischer und ikonographischer Hinsicht zeigen die mesopotamischen Tauschierarbeiten Ähnlichkeit mit persischen und syrischen Werken; mit ihren Thron- und Jagdszenen, Polospielern, Musikanten und Planetenbildern repräsentieren sie höfische Kunst in der Tradition des seldschukischen Stils. (→ Islamische Metallarbeiten)

Mouche (franz. Flieger), schwarzes Schönheitspflästerchen des 18. Jh.s.

Moustiers bei Marseille, 1679 von Pierre Clérissy gegründete Fayencemanufaktur, die zunächst Schüsseln mit Jagdszenen und mythologischen Darstellungen in Blaumalerei erzeugte. Besonders schön waren die im frühen 18. Jh. in Moustiers geschaffenen Laub- und → Bandelwerkdekore nach Jean → Bérain. Um 1750 entwickelte die Manufaktur den Girlandendekor, mit an Blumengirlanden hängenden Figurenmedaillons und Schleifen, und wenig später den von Spanien abhängigen → Alcoradekor, in dem die → Groteske wiederauflebte.

Mozarabischer Stil → spanische Seidengewebe

Mozetta, auch Mozzetta, vorne durchgeknöpfter Schulterumhang, zur → Chorkleidung der höheren Geistlichkeit gehörig und in der jeweiligen → Rangfarbe getragen; ursprünglich mit kleiner Zierkapuze (vgl. Almutie).

Mrammuo → Ashanti

Mudéjarstil, der von islamischen Künstlern und Kunsthandwerkern nach der jeweiligen Wiedereroberung spanischer Gebiete durch die Christen ausgeübte Stil, in dem orientalische Traditionen den christlichen Anforderungen angepaßt wurden. Er setzte zu verschiedenen Zeiten ein (Toledo seit 1085, Cordoba seit 1236, Valencia seit 1238, Sevilla seit 1248, Granada seit 1492), zeigte aber trotzdem eine einheitliche Entwicklung. Der Mudejarstil verband sich schließlich mit der gotischen und mit der Renaissancekunst Spaniens und hielt sich so bis in den Anfang des 17. Jh.s. Im Kunstgewerbe blühte vor allem in Sevilla die Keramikproduktion (→ spanische Fayencen), sowie im 15. Jh. die Seidenweberei und -stickerei (→ spanische Seidengewebe).

Mudjur, Gebetsteppiche aus Mudjur im mittleren Kleinasien. Die leere Nische wird durch einen steilen, mehrfarbig getreppten Giebel abgeschlossen. Auffallend ist das meist breite Format. Rot, Gelb und Olivgrün dominieren.

Mudrâ (sanskr. chin. *mu-te-lo* oder *shou-yin,* jap. *inzô,* tib. *p'yag-rgya*), soviel wie „Handsiegel"; mystische und symbolische Handgesten, weitgehend aus der altindischen Tanzkunst in die Gestaltung des buddhistischen Pantheons aufgenommen und kanonisiert; zur Identifizierung vornehmlich von → Buddhas, → Bodhisattvas, aber auch von Gottheiten und besonderen Gefolgsleuten der „Umgebung" *(parivâra),* wie überhaupt für die gesamte Aufschlüsselung ihrer Herkunft und Bedeutung von großer Wichtigkeit. 1. Abhaya-mudrâ, chin. *shi wu-wei yin,* jap. *semui-in,* die „Geste der Furchtlosigkeit" und Schutzgewährung, mit leicht angehoben gestreckter Hand, deren Innenseite dem Betrachter zugewandt ist; bei → Buddhas, besonders aber bei → Bodhisattvas zu finden. Die Kombination der abhaya-mudrâ der rechten Hand mit der von der linken Hand in gleicher Art, nur mit gesenkt-gestreckten Fingern gezeigten „Geste des Gewährens", 2. Varada-mudrâ, chin. *yü-yuan yin,* jap. *yogan-in,* „Geste der Gabengewährung", begegnet besonders oft bei den → Bodhisattvas, vornehmlich bei Avalokiteshvara (chin. → Kuan-yin, jap. Kannon), auch bei der Figur des → Buddha Shâkyamuni. 3. Tarjani-mudrâ, „Geste der Warnung", erhobene Faust mit gestrecktem Zeigefinger; üblich für die „Wächter der Lehre" (Dharmapâla), z. B. Vajrapâni, und die „Könige geheimen Wissens" (Vidyârâjas), z. B. Acala. Die geschlossenen Finger halten dann eine Waffe, → *vajra* oder Schwert, oder das Seil zum Einfangen böser Mächte u. dgl. 4. Vitarka-mudrâ, chin. *hsin-yin,* jap. *chûshô,* „Geste der Darlegung" oder Erläuterung. Als eine allgemein übliche Lehrgeste, mit leicht erhobener Hand, wobei die Spitzen von Daumen und Zeigefinger sich berühren, ist sie bei vielen → Buddha- (z. B. Amitâbha) und Bodhisattva-Figuren zu beobachten. In Amitâbha-Darstellungen ist diese Geste meist gegensinnig verdoppelt ausgeführt, während die rechte Hand aufrechtgehalten, die linke aber gesenkt ist. 5. Bhûmisparsha-mudrâ, chin. *ch'u-ti yin,* jap. *sokuchi-in,* „Geste der Erdanrufung" – in Kombination mit Lotos- oder Diamantsitz

Mudjur. Gebetsteppich. Türkei, um 1900. 79 × 180 cm. München, L. Bernheimer.

(vajrâsana). Sie ist Merkmal für die Darstellung des Dhyâni-Buddhas Aksobha, des „Unerschütterlichen“, und begegnet sonst beim Typus des → Buddha Shâkyamuni, mit Bezug auf die Legende *(jâtaka)* von seiner Versuchung kurz vor seiner Erleuchtung durch Mâra, den Bösen, wobei Buddha unter Berührung des Bodens die Erdgöttin zum Zeugen für seine Verdienste in seinem früheren Leben angerufen und so Mâra besiegt haben soll. 6. Anjali-mudrâ, chin. *ho-chang,* jap. *gasshô,* vor der Brust mit flach aneinandergelegten Händen ausgeführte „Geste der Anbetung und Opferdarbringung“, typisch für Assistenzgestalten der Buddhas, z. B. für Bodhisattva Avalokiteshvara (→ Kuan-yin, Kannon) im Gefolge von → Buddha Amitâbha sowie für die beiden Jünger von → Buddha Shâkyamuni, Ânanda und Mahâ Kâshyapa (im Lamaismus Maudgalyâyana und Shâriputra). 7. Dhyâni-mudrâ, auch *samâdhi-mudrâ,* chin. *chin ting-yin,* jap. *jô-in* oder *jôshô,* „Geste der Meditation“ bei Figuren im Meditationssitz (→ âsana), wobei die Hände, mit den Innenseiten nach oben, ineinandergelegt im Schoß ruhen. Diese *mudrâ* hat mehrere Varianten, mit Berührung der Daumenspitzen und Aufrechtstellung einzelner Finger. Sie kommt, in welcher Form auch immer, in Ostasien am häufigsten bei der Darstellung von Buddha-Amitâbha vor. 8. Dharmacakra-mudrâ, chin. *chuan-fa-lun yin,* jap. *dempôrin-in,* „Geste vom Drehen des Ra-

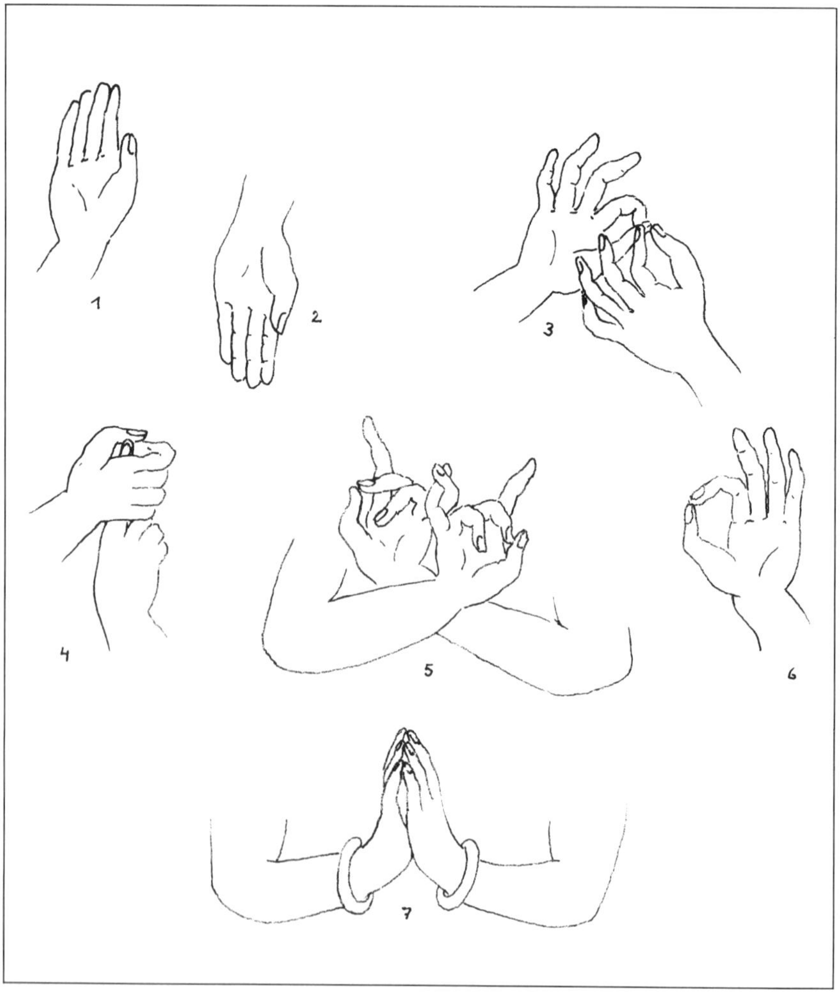

Mudrâ: 1. abhaya-mudrâ, 2. varada-mudrâ, 3. dharmacabra-mudrâ, 4. bodhyagrî-mudrâ, 5. vajrahûmkâra-mudrâ, 6. vitarka-mudrâ, 7. anjali-mudrâ.

des der Lehre“ oder eigentlich vom Ingangsetzen dieses Rades, denn es ist die Handhaltung, die → Buddha Shâkyamunis erste Predigt nach seiner Erleuchtung symbolisiert. Dabei sind die Hände mit gespreizten Fingern vor der Brust zueinandergekehrt, in kleinem Abstand, während die Spitzen von Zeigefingern und Daumen sich miteinander und gegenseitig berühren. Außer bei Shâkyamuni-Figuren begegnet diese *mudrâ* auch beim Typus der → Prajñâpâramitâ. In einer geläufigen Variante berühren sich nur die beiden Zeigefinger, oder beide Hände kommen gar nicht in Berührung, was die Vorstellung von einem gehaltenen Rad leichter macht. 9. Bodhyagrî-mudrâ, chin. *chi-ch'üan yin,* jap. *chiken-in,* „Geste der Weisheitsfaust“, bei der die rechte Hand, zur Faust geschlossen, den hochgestreckten Zeigefinger der linken Hand umfängt. Geste des All- und Ur-Buddha Vairocana.

Mühlsteinkragen → Kröse

Müller, Albin (1871–1941), Architekt, Möbelentwerfer und Kunsthandwerker. Aus dem Erzgebirge stammend und als Tischler ausgebildet, arbeitete Müller zwischen 1893 und 1897 bei einigen größeren Möbelfabriken als Möbelentwerfer und Innenraumdesigner, um sich mit dieser Tätigkeit sein Studium an der Dresdener Akademie und an der Kunstgewerbeschule in Mainz zu verdienen. Nach dem erfolgreich abgeschlossenen Studium wurde er anfänglich als Lehrer für Raumkunst und architektonische Formenlehre nach Magdeburg berufen, um dann 1906 endgültig der Künstlerkolonie der Mathildenhöhe in Darmstadt (→ Darmstädter Künstlerkolonie) beizutreten. 1908, nach dem Tod Joseph Maria → Olbrichs, übernahm er die Stelle des leitenden Architekten. Müllers Möbel zeichnen sich durch kubisch-geradlinige Formen aus sowie durch die Verwendung heller Hölzer, vornehmlich von Nußbaum- und Ahornfurnieren, kombiniert mit vergoldeten Messingbeschlägen.

Münchener Sezession → Sezession

Münchner Möbel, vorwiegend höfische Tradition der Möbelherstellung in München. Unter Herzog Maximilian I., dem späteren Kurfürsten, entwickelt sich im ersten Viertel des 17. Jh.s ein Repräsentationsstil, der teils von niederländischen oder italienischen Vorbildern geprägt wird: Friedrich Sustris, die zahlreichen → Scagliola-Arbeiten des Wilhelm Fistulator, die prunkvollen Pietra-Dura-Tische (→ Pietra-Dura-Einlagen), die teils eigenständige Erzeugnisse süddeutschen Künstler- und Handwerkertums sind (Christoph An-

Kommode von François Cuvilliés d. Ä. (Entwurf) mit Schnitzereien von Adam Pichler. München, 1761. 88 × 167 cm. München, Residenzmuseum.

germaiers → Münzschrank für den Kurfürsten). In jedem Fall waren die Möbel persönlich auf Geschmack und Bedürfnisse des Regenten ausgerichtet. Erst ein Jahrhundert später, nach der Rückkehr des Kurfürsten Max Emanuel aus dem französischen Exil, 1715, öffnete sich die bayerische Residenzstadt einem internationalen Raum- und Ausstattungsstil, der der Münchner Möbelkunst einen europäischen Rang verlieh. Namen wie Wilhelm de → Grof, der aus Antwerpen gebürtige Kunstschreiner und Bildhauer, Joseph → Effner und François de → Cuvilliès – denen der Kurfürst ausgiebige Studien in Paris ermöglichte – sind untrennbar mit dem Münchner → Rokoko verbunden. Bezeichnenderweise besaß der Münchner Hof eine Vorliebe für geschnitzte, weißgold-gefaßte Möbel; furnierte Möbel galten als „einfach“ und wurden stets nur in Wirtschaftstrakten oder Bedienstetenräumen aufgestellt. Möbel in → Boulletechnik erfreuten sich bei Hofe großer Beliebtheit, ob sie aus Frankreich oder Antwerpen importiert oder – wie bisweilen angenommen wird – tatsächlich in München hergestellt worden waren. Einen letzten Aufschwung erreicht die Münchner höfische Raumkunst unter den Königen Ludwig I. und Ludwig II. im 19. Jh., bei Ludwig I. maßgeblich geprägt vom Hofarchitekten Leo von → Klenze, bei Ludwig II. entscheidend durch persönliche Ideen geformt (→ süddeutsches Rokoko).

Münchner Wandteppiche, seit dem Ende des 15. Jh.s in München hergestellte → Bildteppiche. 1604 gründete der Flame H. van der Biest eine Manufaktur im Auftrag Maximilians I., in der nach Entwürfen Peter Candids Teppiche für die Münchner Residenz hergestellt wurden. 1718–1818 gab es eine von protestantischen Emigranten gegründete Manufaktur, die Bildteppiche mit historischen und mythologischen Themen herstellte.

Münzbecher, Münzhumpen, Münzpokale, Silbergefäße mit in Fuß, Wandung und Deckel eingearbeiteten Münzen. Vom 16. bis 18. Jh. vorwiegend in Nord- und Ostdeutschland geschätzt. Sie wurden im 19. Jh. gern nachgeahmt.

Münze, metallische Form des Geldes. Ein Metallstück, dessen Gewicht und Gehalt an Feinmetall der Staat oder ein von ihm anerkannter Münzherr durch Einstempelung von Bild oder Schrift gewährleistet. Die Zahl der Metallstücke, die aus der Gewichtseinheit des Münzmetalls, der Währung, auszubringen sind, bezeichnet man als Münzfuß, den der Münzherr festsetzt. Da das Metall meist aus einer Legierung besteht, bestimmt er die Münze nach Schrot und Korn. Schrot ist das Bruttogewicht der Münze, Korn ihr Gewicht an Feinmetall. Der Münzfuß setzt also den Gehalt der Münze an Feinmetall fest. – Das Metallstück wird zur Münze durch den Prägeakt, der bis zum Anfang des 16. Jh.s mit der Hand verrichtet wurde. Aus gegossenen Metallbarren oder Streifen, im Mittelalter Zaine genannt, schnitt oder stückelte man Metallstücke im vorgeschriebenen Gewicht ab, die Schrötlinge, und brachte sie in glühendem Zustand zwischen zwei Stempel, den im Prägeamboß befestigten Unterstempel und den beweglichen Oberstempel. Durch Schlag auf den Oberstempel wurden zu gleicher Zeit beide Seiten der Münze beprägt. Die Schauseite heißt Avers, die Rückseite Revers. Das Gepräge besteht aus dem Münzbild und der Legende, d. h. der Schrift, die Auf- oder Umschrift sein kann. Die das Münzbild umgebende freie Fläche ist das Feld. Wird das Gepräge durch einen Querstrich unterteilt, so entsteht unter dem Feld der Abschnitt. – Die frühesten Münzen sind wahrscheinlich um 650 v. Chr. in Lydien in Kleinasien entstanden (→ Elektronmünzen). In den Prägungen der griechischen Städte des 6. bis 4. Jh.s v. Chr. erlebte die Münzkunst ihre erste Blüte (→ Eulenmünze, → Korinthischer Silberstater); ihren Höhepunkt erreichte sie in den großgriechischen Münzen des ausgehenden 4. Jh.s v. Chr. (→ Bigati). Die hellenistische Münzkunst ist durch die großartige Durchgestaltung des Münzporträts, das mit dem Bildnis Alexanders des Großen beginnt, gekennzeichnet. Das römische Münzwesen setz-

Großer Münzhumpen. Berlin, um 1690. Silber, teilvergoldet, mit 89 eingelassenen Münzen, von denen die jüngstdatierte die Jahreszahl 1684 trägt.

te mit gegossenem Kupfergeld ein, dem →Aes grave. Vom 2. Jh. v. Chr. ab fußte es auf dem → Denar (→ Dioskurendenare, → Victoriatus, → Quadrigatus) und erlebte einen künstlerischen Höhepunkt in den →Medaillons der römischen Kaiserzeit. Das mittelalterliche Münzwesen beruhte seit Pippin (751–768), dem Vater Karls des Großen, auf dem Pfund Silber, aus dem man 240 → Silberpfennige ausbrachte. Seine bedeutendste künstlerische Durchgestaltung erfuhr der Silberpfennig in den → Brakteaten des 12. und 13. Jh.s Kaiser Friedrich II. (1215–1250) wollte in seinem goldenen → Augustalis die antike Münzkunst wiederaufleben lassen. Der Beginn des Spätmittelalters ist in der Münzgeschichte durch die Schaffung des → Goldguldens (Florenz 1252) im Wert des Silberpfundes und der Großsilbermünze des → Groschens gekennzeichnet, der Beginn der Neuzeit durch die Entstehung des →Teston und in seinem Gefolge des → Talers. Im 15. Jh. begann man Münzen als Geschichtsdenkmäler oder als Kunstwerke zu sammeln. Damals entstand auch die Wissenschaft der Münzkunde, die → Numismatik.

Münzfuß → Münze

Münzschrank, franz. *médaillier,* Schrank zur übersichtlichen Aufbewahrung einer Münzsammlung. Im 17. Jh. bediente man sich dafür eines → Kabinetts mit zahlreichen Schubladen. Im 18. Jh. kam ein dreiviertelhoher, ganz mit flachen Schüben gefüllter Schrank mit zwei Türen in Gebrauch.

Münzsiegel → Siegel

Mützenbeutel → Kopfbedeckung

Mützenkordel → Kopfbedeckung

Muffelfarben, über der Glasur aufgetragene Farben auf → Fayence und → Porzellan, die ihren Namen von den Muffeln genannten Schamottekapseln erhielten, durch welche die Formstücke beim Brand vor Feuergasen und zu hoher Temperatur geschützt werden.

Mug, englischer deckelloser, gehenkelter Bierkrug mit zylinder-, fäßchen- oder balusterförmigem Körper, der, in verschiedenen Materialien (Silber, Zinn, Steingut, Porzellan) gefertigt, im Laufe des 18. Jh.s den → Humpen verdrängte.

Mugeln, einfachste Art des → Edelsteinschliffs, sog. Glattschliff, bei dem der Stein durch Schleifen eine gewölbte Form bei meist flacher Unterseite erhält. Stark gewölbte Steine bezeichnet man als → *Cabochons.* Das Mittelalter kannte bis zur Gotik nur diese Form der Steinveredlung.

Mukarnas, aus vielen einzelnen Nischen zusammengesetztes Dekormotiv der islamischen Kunst, das der Verbindung bzw. Verkleidung gerader und gekrümmter Architekturteile dient, besonders an Kuppeln, Portal- und Fensterbekrönungen, Friesen → Kapitellen, Gesimsen und am → Mihrab. Als Material dient Stein, Ziegel, Stuck, Keramik oder Holz. Seit dem frühen 11. Jh. in der islamischen Welt verbreitet. Sonderform: Mukarnas aus Stalaktitnischen.

Multipeln → Medaillon

Mundkeller, viereckiger Silberkasten des 18. Jh.s mit Scharnierdeckel, der, mit Weinflaschen gefüllt, zur Kühlung der Getränke in Eiswasser gestellt wurde.

Mundzeug, das im 18. Jh. auf Reisen mitgeführte, daher mit flachem Lederetui versehene Silberbesteck, häufig ergänzt durch Salzschale, → Eierbecher und Trinkglas. Es gibt auch Mundzeuge für zwei Personen. Die Bestecke sind oft vergoldet und zeigen besonders reichen Dekor.

Murano → venezianisches Glas

Muschelkameen, wurden zur Zeit der Renaissance oft aus der Schale der Helmschnecke geschnitten. Man unterscheidet Sardonica-Kameen mit weißem Relief auf dunkelbraunem Grund und Corniola-Kameen mit bleichgelbem Relief auf rotbraunem Grund. Die besten Muschelkameen des 20. Jh.s schnitt Karl B. Berthold (1889–1975) aus der rosafarbenen Schale der Kameenkonchylle (→ Gemmen).

Muschelpokale, Nautiluspokale, Prunkgefäße vor allem aus silbergefaßten Schalen der großen perlmuttrig schimmernden Nautilusmuschel, die seit dem frühen 16. bis in das 18. Jh. gearbeitet wurden. Die Motive der üppigen Silber-

Farbtafel (von oben nach unten und von links nach rechts):
1. Römisch-Deutsches-Reich, Kaiser Karl VI. (1711–1740), Preßburger Taler 1717. Metall: Silber.
2. Erzbistum Salzburg, Johann Jacob Kuen von Belasi (1560–1586), Vier-Dukaten o. J. Metall: Gold.
3. Erzbistum Salzburg, Guidobald von Thun (1654–1668), Vier-Dukaten 1655. Metall: Gold.
4. Erzbistum Salzburg, Franz Anton von Harrach (1709–1727), Taler 1716. Metall: Silber.
5. Erzbistum Salzburg, Georg von Kuenburg (1586–1587), 1/4-Talerklippe o. J. Metall: Silber.
6. Erzbistum Köln, Clemens August von Bayern (1723–1761), Carolin 1735. Metall: Gold.
7. Bistum Passau, Johann Philipp Graf von Lamberg (1689–1712), Goldene Porträtmedaille 1705 (von P. H. Müller). Metall: Gold.
8. Erzbistum Salzburg, Johann Ernst Graf von Thun (1687–1709), Doppeldukat 1688. Metall: Gold.
9. Erzbistum Salzburg, Georg von Kuenburg (1586–1587), 10 Kreuzer 1587. Metall: Silber.
10. Erzbistum Salzburg, Johann Ernst Graf von Thun (1687–1709), Zwölf-Dukaten 1687 auf seine Wahl zum Erzbischof. Metall: Gold.
11. Erzbistum Würzburg, Adam Friedrich von Seinsheim (1755–1779), Goldene Porträtmedaille 1755 (von Andreas Schega) auf seine Consecration.
12. Baden, Großherzog Friedrich (1856–1907), Verdienstmedaille o. J. (von Schnitzspahn). Metall: Gold.
13. Bayern, Herzog Albert d. Weise als Vormund Wilhelms IV., Straubinger Goldgulden 1508.
14. Erzbistum Salzburg, Paris Graf von Lodron (1619–1653), Dreifache Talerklippe 1629. Metall: Silber.
15. Bayern, Kurfürst Karl Albert (Kaiser Karl VII.), 1726–1745 Karolin 1734. Metall: Gold.
16. Bayern, Kurfürst Maximilian I. (1598–1651) Goldener Gnadenpfennig o. J.
17. Bayern, Herzog Albert V. der Großmütige (1550–1579), Reichstaler 1557 zu 72 Kreuzer. Metall: Silber.
18. Bayern, Herzog Albert V. der Großmütige (1550–1579), Guldentaler 1569 zu 60 Kreuzer. Metall: Silber.
19. Bayern, Kurfürst Maximilian I. (1598–1651), Heidelberger Doppeltaler 1627. Die einzige Talerprägung mit dem Brustbild des Kurfürsten. Metall: Silber.
20. Bayern, König Ludwig II. (1864–1886), Doppeltaler 1869. Metall: Silber.
21. Bayern, König Maximilian Joseph I. (1806–1825), Dukat 1818. Metall: Gold.
22. Bayern, König Ludwig I. (1825–1848), Dukat 1848. Metall: Gold.
23. Bayern, König Ludwig I. (1825–1848), Inngolddukat 1830. Metall: Gold.

Muschelpokal. Nürnberg, um 1640/50. Meister Joh. Clauss. Silber, H 41,5 cm. Göteborg, Röhsska Konstslöjdmuseet.

montierung hatten meist zum Meer Bezug; vielfach wurde auch die Muschel durch geschnittene oder geätzte Ornamente dekoriert. Diese Gefäße stammen vorwiegend aus den Niederlanden und Deutschland. Ähnlich waren die aus dem Gehäuse der großen tropischen Turboschnecke gearbeiteten Schneckenpokale.

Muschelschale → Fächerschale

Muschelschmuck, im alten Ägypten (Mittleres Reich, 2134–1778 v. Chr.) Hals- und Gürtelketten, deren hohle Goldglieder die Form von Kaurimuscheln hatten. Man vermutete in ihnen die Verkörperung des weiblichen Prinzips, zumal auch Schmuck aus solchen Naturmuscheln gefunden wurde sowie weibliche Idole mit aufgemalten Kaurimuscheln (→ Antillenperlen, Muschelkameen, Perlmutt).

Muschelseide, Seide aus den Sekreten bestimmter Muscheln. Ihre Herstellung war bereits im Altertum bekannt.

Muscheltrompete, ein für Tibet typisches Musikinstrument, das bei religiösen Feiern benutzt wurde. Die Muschel wurde an ihrer Spitze angebohrt und mit einem Blasrohr versehen, das mit einem Resonanzkasten, der von der Muschelöffnung ausgeht, verbunden war. Die Fassungen sind meist in Silber, seltener in versilbertem Kupfer gearbeitet und tragen gehämmerte Muster.

Musikautomaten → mechanische Musikinstrumente

Muskau und Triebel, → sächsisches Steinzeugzentrum, 16. bis 19. Jh. Das Steinzeug ist oft mit Rheinischem Steinzeug, Steinzeug aus dem Westerwald und mit Creußener Steinzeug verwechselt worden. Es kann, wie die einfache Ware aus Frechen oder Langewehe, einen braunen → Scherben haben oder eine Bemalung in Kobaltblau wie im Westerwald. Wie dort kennt man in Muskau auch die → Redtechnik. Andere Werkstätten arbeiteten Krüge und → Kruken mit bemalten Reliefauflagen, die mit der Ware aus Creußen übereinstimmen. Typisch ist hier, wie überall in Sachsen, der glatte, breite Bandhenkel. Viele Krüge haben einen kannelierten Sokkel. Zum Schmuck wurden mitunter kleine Quarzsteine in den Ton gedrückt.

Muskete → Feuerwaffen

Musterbuch, Sammlung von Zeichnungen, die einem Künstler des Mittelalters oder einer Werkstatt als Vorlage dienten. Das bekannteste Musterbuch ist das Bauhüttenbuch des Villard de Honnecourt (um 1230–1240 tätig). Auch Maler und Bildhauer benutzten Musterbücher.

Musterrapport, Bezeichnung für die kleinste, im Gewebe sich ständig wiederholende Einheit von Ornament- oder Bildmotiven.

Muthesius, Hermann (1861–1927) deutscher Architekt, Propagandist gegen den → Historismus, orientierte sich stark am englischen Wohnhausbau und der Entwicklung des englischen Designs, die er während eines siebenjährigen Studienaufenthaltes an der deutschen Botschaft in London kennenlernen konnte. Nach seiner Rückkehr nach Deutschland wurde er von der preußischen Handelskammer als Superintendent der deutschen Kunstgewerbeschulen eingesetzt, eine Tätigkeit, die Muthesius die Möglichkeit gab, ganz entschieden gegen → Historismus, aber auch gegen die Einzelgänger im Kunsthandwerk anzugehen, die sich der notwendigen Typisierung von Möbeln und Gegenständen des täglichen Gebrauchs versperrten. Diese kämpferische Einstellung zur Wiedergewinnung von guter Form in Verbindung mit Zweckmäßigkeit und Rentabilität wurde schließlich in dem von Muthesius 1907 gegründeten Deutschen Werkbund (→ Werkbund, Deutscher) verwirklicht.

Muttergottesleuchter, Hängeleuchter mit einem oft auf ein Hirschgeweih montierten Marienbild im Zentrum (→ Geweihkronleuchter).

Mutz, Richard (1872–1931), deutscher Keramiker. Er übernahm 1896 die von seinem Vater gegründete Töpferei in Hamburg-Altona und fabrizierte dort Steinzeug. Er entwicäkelte neuartige Überlaufglasuren, die von der japanischen Kunst angeregt waren. 1904 verlegte Mutz seinen Betrieb nach Berlin-Charlottenburg. Nach 1906 stellte er Tonfiguren nach Entwürfen Ernst Barlachs her. Auf der Weltausstellung in Paris, 1900, wurde er für seine qualitätvollen Arbeiten ausgezeichnet. Seine Objekte sind durch Stempel gesichert und datierbar.

Mwana-Pwo → Chokwe

Mysterieuse, Bezeichnung für einen um die Mitte des 18. Jh.s entstandenen Uhrtypus, bei dem von außen nicht ersichtlich ist, wie die Verbindung von Gehwerk und Zeigerwerk bewerkstelligt ist.

N

Nach der Schrift → après la lettre
Nachdunkeln (von Gemälden) → Galerieton
Nachtleuchter, Silberleuchter, dessen Kerzentülle auf einem Teller mit flachgewölbtem Rand befestigt ist, der seinerseits auf niedrigen Füßchen ruht. Am Rand ist ein Griff angebracht, an dem, eingehängt in einer Öse, ein Löschhütchen von spitzer Kegelform sitzt.
Nachtstück, ein Gemälde, das einen Bildinhalt bei nächtlicher Beleuchtung, Fackel- oder Mondschein zeigt. Im 15. Jh. waren zunächst die Bildthemen selbst Anlaß zu nächtlicher Darstellung: Christi Geburt (Heilige Nacht) oder die Gefangennahme Christi im Fackellicht. Erst in der Barockzeit wird das Nachtstück eine eigene Bildgattung, die den Reiz der Hell-Dunkel-Wirkung um seiner selbst willen zur Geltung bringen will (Rembrandt, Adam Elsheimer, Aert van der Neer, Callot).
Nachtuhren, für den Gebrauch bei Dunkelheit bestimmte Uhren. Gewöhnlich sind bei ihnen die Ziffern des Zifferblattes durchbrochen gearbeitet, so daß sie durch eine dahinter angebrachte Leuchtquelle sichtbar werden. Eine weitere Variante der Nachtuhr sieht folgendermaßen aus: Sie besteht in einer Vase aus lackiertem Blech. An der einen Seite ist eine Taschenuhr angebracht mit einem doppelten Zifferblatt. Davon besteht das eine aus Email, das zweite aus weißem, fein polierten Blech, besitzt eine gekrümmte Form mit emaillierten schwarzen Ziffern und ist in dem inneren Teil der Vase angebracht. Auf der entgegengesetzten Seite befindet sich eine Röhre mit zwei optischen Gläsern. Die Vase kann von beiden Seiten durch Deckel verschlossen werden. Bei Tag ist das gewöhnliche Zifferblatt nach vorne gedreht. Bei Nacht wendet man die Vase so, daß das innere Zifferblatt nach der entgegengesetzten Wand (die weiß sein muß) gerichtet ist. In die Vase wird nun eine Lampe gestellt. So werden die Stundenmarkierungen der Uhr wie bei einer Laterna magica vergrößert und hell sichtbar an die Zimmerwand projeziert.
Nadelgeige, auch Nagelgeige, ein 1744 konstruiertes Instrument mit Drahtstiften auf einem Resonanzkörper, die mit einem Bogen angestrichen werden.
Nadelmalerei, auch → Point. Bezeichnung für die in verschiedenen Sticharten ausgeführte Seiden- und Metallstickerei, die durch feinste Schattierungen eine lasierende, der Malerei verwandte Farb- und Formwirkung erreicht. Zu solch technischer Vollendung gelangte die Bildstickerei bereits im späten Mittelalter. Nähspitzen werden, meist in Leinengarn, mit der Nadel und in einfachem Schlingstich ausgeführt. Sie sind daher dichter und fester als die der Weberei näherstehenden Klöppelspitzen (Geschichte der Nadelspitze → Spitzen).
Nähspitze → Nadelspitze
Nähtisch, oft in Zierform (z. B. als Leier) gebildetes Tischchen mit einer unterteilten Schublade, häufig mit Stoffbeutel versehen. Ein englischer Möbeltyp des späten 18. Jh.s, der sich schnell auf dem Kontinent einbürgerte und besonders im Biedermeier beliebt war. Der französische Vorläufer im 18. Jh. war die → Table en chiffonnière, die jedoch neben der Näharbeit auch anderen Zwecken diente.

Nachtleuchter. London, 1711–12. Silber. London, Victoria and Albert Museum.

Nagelfetisch → Kongo
Nahl, Johann August (1710–1785), Bildhauer und Dekorateur in Berlin, der zusammen mit dem Architekten Georg Wenzeslau von Knobelsdorff die Eigenart des → Friderizia-

Nähtisch. Wien, um 1825. Nußbumholz, H 75 cm. München, Bayerisches Nationalmuseum.

nischen Rokoko prägte. Er schuf zahlreiche Räume im Stadtschloß von Potsdam, in Sanssouci und im Schloß von Berlin, für die er auch → Konsoltische und Sitzmöbel entwarf. Sein Ornament ist durch die Verbindung naturalistischer und abstrakter Formen gekennzeichnet. 1746 verließ Nahl Potsdam ohne Wissen des Königs, weil dessen immer umfangreicher werdende Aufträge die persönliche Kapazität überstiegen, und war danach in Bern und Kassel tätig.

Namaseh, im Handel übliche Größenbezeichnung orientalischer Teppiche für das Maß von etwa 80–90 cm auf 140–160 cm also kleine Brücken, noch kleiner als die → Sedschahdehs.

Nancy, Schule von, Bezeichnung für die unter der Führung von Émile → Gallé in Nancy entwickelte Spielart des → Art Nouveau. Er basiert auf figurativen und floralen Motiven, wie sie aus der Natur übernommen wurden, und fand so zu einer sehr spezifischen, in seiner Zartheit fast rokokohaften Form. Neben der Glaskunst, deren Hauptvertreter Gallé und die Gebrüder → Daum waren, war auch die Möbelkunst in Nancy von hohem Niveau. Hier waren die führenden Künstler Louis → Majorelle, Victor → Prouvé und Eugène → Vallin.

Napoléon III, auch Second Empire, Bezeichnung für die teilweise divergenten Stilentwicklungen in Frankreich unter der Herrschaft Napoleons III., der seit 1848 Präsident der Republik und von 1852 bis 1870 französischer Kaiser war. Napoleon III. war selbst kein Mann der schönen Künste, seine Gemahlin Eugénie hingegen sah sich als Mäzenin in der Nachfolge Marie Antoinettes und bevorzugte daher das historistische Wiederaufleben des → Louis-seize. Barbedienne, → Beurdeley und → Grohé imitierten in höchster Perfektion Vorlagen des späten 18. Jh.s, der Silberschmied Christofle – die von ihm gegründete Firma besteht noch heute – fertigte Tafelsilber auf elektrolytischem Wege. Daneben aber liefen andere Strömungen, wie die wissenschaftlich fundierte Wiedererweckung der gotischen Architektur, maßgeblich getragen vom Architekten Viollet-le-Duc, eine Rückbesinnung auf die französische Renaissance, wie sie sich v. a. in den Fayencemanufakturen niederschlug, aber auch eine Welle des → Japonismus, der sich besonders in der Malerei nachvollziehen läßt.

Ofenschirm von Emile Gallé. Nancy um 1900. London, Bethnal Green Museum.

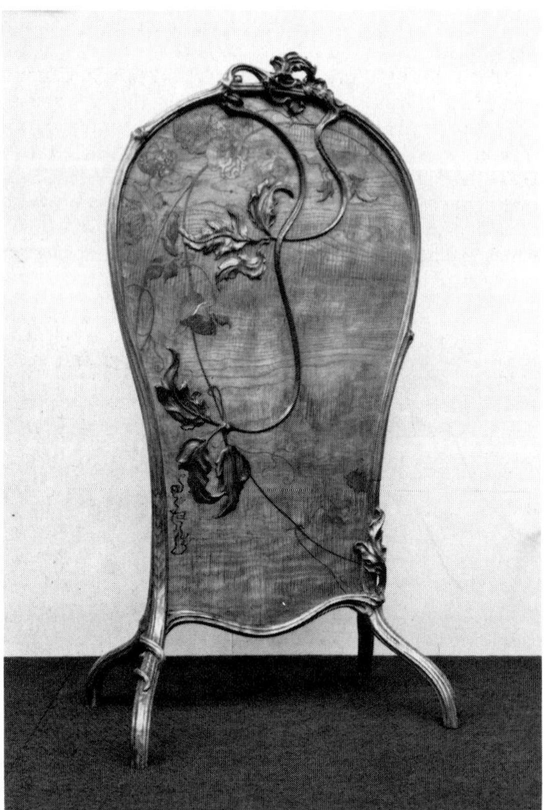

Nargileh, orientalische Wasserpfeife mit Wassergefäß aus Kokosnußschale oder (von der böhmischen Glasindustrie geliefertem) Glas. Als Saugvorrichtung dient ein elastischer Schlauch. Der im Pfeifenkopf erzeugte Rauch wird durch ein abwärts laufendes Rohr in den halbvollen Wasserbehälter geleitet, dort gekühlt und durch den Schlauch zum Mundstück geführt. Verbreitung seit dem 18. Jh. vor allem im Osmanischen Reich (→ Kalian).

Narwalelfenbein, das Material, aus dem die gedrehten Stoßzähne der Narwale bestehen. Einst wurden diese Zähne für die Hörner eines Fabelwesens, des Einhorns, gehalten. In Europa wie in Asien galt Narwalelfenbein als Wunderheilmittel gegen Vergiftungen, Krankheiten, Impotenz. Deshalb begehrter Besitz der Reichen und Sammelobjekt für die fürstlichen Raritäten- und Wunderkammern. Wurde zu sog. Einhornbechern (die Gifte unwirksam machen sollten), Szeptern, Kommandostäben u. a. verarbeitet.

Nasen, Bezeichnung für Vorsprünge an inneren Bogenprofilen des gotischen → Maßwerks. Mit der Ende des 13. Jh.s aufkommenden Ablösung des Kreises durch spitze und kantige Formen des Maßwerks entstanden dessen Paßformen (Vierblattbogen, Dreiblatt, → Dreipaß, Vierpaß, → Fischblase) durch Reihung mehrerer, meist in Blattformen, Köpfchen u. ä. endigender Nasen.

Naseneisen → Helm

Nasenschrank → Frankfurter Wellenschrank

Naskhi, kursive, gerundete Form der → arabischen Schrift.

Nastalik, Gebrauchsschrift des persisch-indischen Raumes, die vor allem in der Buchkunst gepflegt wurde (→ arabische Schrift).

Naturabguß → Abguß

Nautilusbecher, Prunkpokal aus einer gold- oder silbergefaßten Nautilusmuschel. Schaft und Fuß des Pokals sind meist mit Tritonen, Nereiden, Delphinen und anderen auf die Herkunft der Muschel verweisenden Darstellungen geschmückt. Manchmal sind auch in die Muschel selbst Ornamente geätzt. Nautilusbecher wurden hauptsächlich in Deutschland im 16. und 17. Jh. hergestellt.

Nautiluspokal → Muschelpokal

Nautiquitäten, ein in jüngerer Zeit etwas scherzhaft aus den Wörtern „Nautische Antiquitäten" zusammengezogener Begriff, mit dem die verschiedenartigsten Objekte aus dem maritimen Bereich bezeichnet werden. Zu diesen gehören u. a. → Galionsfiguren, → Schiffsmodelle, → Buddelschiffe, → Kapitänsbilder, → Scrimshaw-Artikel, → Rolling Pins sowie

Teile und Ausrüstungsgegenstände von alten Schiffen, wie z. B. Positions- und Hecklaternen, Bullaugen, Steuerräder, Flaggen, Schiffsglocken, Kompasse und nautische Instrumente. Ihre Preise richten sich im wesentlichen nach Alter, Qualität und Erhaltungszustand, aber auch nach der Provenienz. Nachweislich echte Stücke von berühmten Schiffen werden beträchtlich höher bewertet als andere.

Navette (franz., Weberschiffchen), Bezeichnung für eine beidseitig spitz zulaufende Schliffform wie → Marquise (→ Edelsteinschliff).

Navicula → Weihrauchbehälter

Neapeler Porzellan. 1771 bis 1807 bestand eine Porzellanmanufaktur in Neapel, in der umfangreiche antikisierende Service aus Frittenporzellan und Biskuitplastiken (→ Biskuitporzellan) nach antiken Vorbildern hergestellt wurden. Marken waren FRF, später N, beide unter einer Krone.

Neobarock → Historismus

Neogotik → Historismus

Neorenaissance → Historismus

Nepalesische Bronzen → tibetische Bronzen

Nepalesische Buchmalerei, nahm die Tradition der → Indischen Miniaturmalerei auf; es wurden vor allem wissenschaftliche Werke mit erklärenden oder schmückenden Malereien versehen. Die Texte sind in Newari-Sprache abgefaßt. Die Bücher bestehen aus kastenförmigen Faltblättern, das nepalesische Papier ist meist gelb und hat Pappstärke. Die Figuren der Bilder wirken stark indisch, oft gibt nur der Text den Hinweis auf nepalesischen Ursprung. Einzelblätter kann man noch günstig erwerben, komplette Bücher sind selten.

Nepalesische Elfenbeinarbeiten, weisen gegenüber den hölzernen Kleinplastiken und Stelen keine stilistischen Unterschiede auf. Die Tradition basiert auf indischen Einflüssen. Indien war der Lieferant des → Elfenbeins, das vom Material her feinere Schnitzarbeiten ermöglichte. Außer für religiöse Plastiken wurde Elfenbein für Schmuckstücke und außergewöhnliche Gebrauchsgegenstände verwendet, vor allem für

Nepalesische Holzschnitzerei: Bekrönung eines Haustores. 18. Jh. München, Staatliches Museum für Völkerkunde.

Griffe an Silberwaren, wie Spiegel, Dosen, Kannendeckeln und als Dornknopf an → Gebetsmühlen.

Nepalesische Holzschnitzerei, umfaßt neben Kleinplastiken aus Holz die Bauplastik. Sie bestimmt das Bild der Städte, in denen nicht nur die Tempel, sondern ebenso die Wohnhäuser Schnitzwerk tragen. Die Tradition reicht mit Sicherheit weiter zurück, als sich durch früheste bekannte Stücke aus dem 15. Jh. belegen läßt; Verwitterung und Brände haben vieles zerstört. Die Kleinplastik zeigt eher hinduistische als buddhistisch-lamaistische Motive. Einzelne Stücke entsprechen in ihrem Aufbau den → nepalesischen Steinskulpturen, sie unterscheiden sich nur durch das Material Holz und die farbige Bemalung auf Stuck-Untergrund. Die meisten Kleinplastiken sind vollkörperlich geformte Figuren, die sich aus einer grob geschnitzten, oft plumpen Bodenplatte heraus entwickeln; Platte und Plastik sind ein Stück. Neben religiösen Darstellungen gibt es einzelne profanen Inhalts. In guter

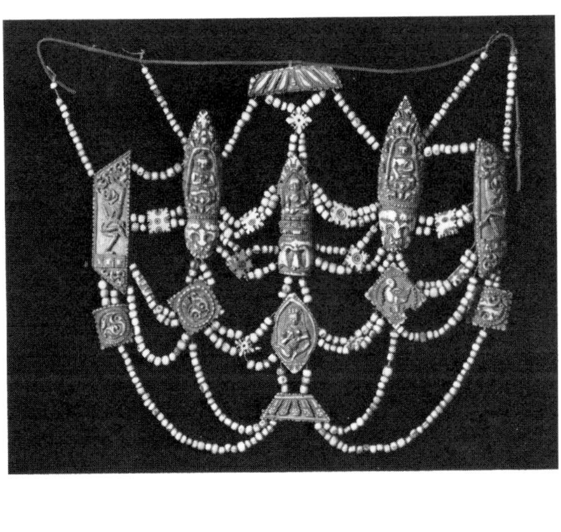

◁ *Nepalesische Elfenbeinarbeit: Lamaistischer Tanzschurz. 18. Jh. München, Staatliches Museum für Völkerkunde.*

Nepalesische Silberarbeit: Teekanne. 18. Jh. Silber mit Halbedelsteinen. München, Staatliches Museum für Völkerkunde.

Qualität ist diese Kleinkunst im Handel eine Seltenheit, meist werden Stücke minderer Güte angeboten.

Nepalesische Kunststile, sie werden nach den sechs Epochen der Dynastien benannt:
I. bis 400 n. Chr. die Vor-Licchavi-Zeit
II. 500–8. Jh. die Licchavi-Zeit
III. 9.–10. Jh. der Übergang zwischen Licchavi und Malla
IV. 11.–14. Jh. die frühe Malla-Zeit
V. 15.–18. Jh. die späte Malla-Zeit
VI. ab Mitte des 18. Jh.s die Sha- oder Gurkha-Zeit.

Nepalesische Silberarbeiten → tibetische Silberarbeiten

Nepalesische Steinskulpturen, gehen in ihrer Entwicklung von indischen Vorbildern aus und zeigen mit Vorrang Gottheiten des Hinduismus. Neben der nicht zahlreich vorhandenen Großplastik gab es seit dem 5. Jh. eine umfangreiche Produktion von Kleinplastiken in der Form von Stelen, meist aus unterschiedlich farbigem oder gefärbtem Kalkstein. Die Höhe der Stelen reicht von ca. 20–100 cm, die Breite entspricht in etwa einem Drittel der Höhe. Die halbplastisch ausgearbeitete Göttergestalt steht oder sitzt in einer Nische auf einem hervorragenden Sockel, der meist ein Lotosblattmuster trägt. Die Nischenumrahmung zeigt Attribute der Gottheit, oft auch nur eine einfache Flammenaureole. Die glatte Rückfront der Stele wurde oft in eine Hauswand als Schutz- und Schmuckobjekt eingemauert, der flächige Sokkel ermöglichte aber auch die Verwendung als freistehende Altarplastik.
In Nepal werden meist neue Arbeiten als alt angeboten, beim Erwerb antiker Stücke ist Vorsicht geboten, man benötigt eine Ausfuhrgenehmigung.

Nephrit, undurchsichtiges Mineral von dunkelgrüner Farbe, Varietät des → Jade. Er wird in Tibet, China, Neuseeland und Schlesien gefunden. Die Menschen der Steinzeit fertigten aus Nephrit auch Werkzeuge und Waffen, daher der Name „Beilstein“.

Neri, Antonio (1576–1614), Chemiker und Priester aus Florenz, dessen Traktat über die Kunst des Glasmachens und die Herstellung farbiger Gläser die Grundlage füt Johannes → Kunckels fundamentales Werk *Ars vitraria experimentalis* lieferte.

Nesteln, aus Edelmetall, Edelsteinen und Perlen gebildete Zierate, oft in Rosettenform, mit denen seit dem 2. Jh. v. Chr. markante Linien der Kleidung beheftet wurden. Die Worte → Heftlein bzw. Hafte bezeichnen oft dieselbe Schmuckart.

Nestfell, Johann Georg (1694–1762), der beste Möbelschreiner Unterfrankens neben Carl Maximilian → Mattern, ab 1761 in Würzburg. An beweglichem Mobiliar schuf er drei prunkvolle Schreibschränke in konservativem Aufbau, die mit virtuos intarsierten (→ Intarsie) Raumdarstellungen geschmückt sind.

Netsuke, knopfartige Gebilde der japanischen Schnitzkunst, aus Holz, Elfenbein oder Horn; sie dienen zum Aufhängen von Medizin- und Tabaksdosen (→ Inrô) am Gürtel. Ursprünglich nur aus Holz, deshalb Netsuke genannt (*Ne* = Holzwurzel, *Tsuke* = aufhängen). Seit Einführung des Tabaks in Japan durch die Portugiesen im 16. Jh. entstand die Kombination von Netsukes und Inrôs. In der Regierungszeit von Genroku (1688–1704) allgemein in Mode. In der ersten Periode der Netsuke-Kunst im 17./18. Jh. noch einfache Schnitzformen, mythologische und legendäre Darstellungen. Um 1800 entstanden die Schnitzerschulen von Osaka und Tokio. Szenen des Alltagslebens und Tiere werden dargestellt. Die Einfachheit des Anfangs weicht kunstvollem Raffinement in der Ausführung. Im Laufe des 19. Jh.s Verfeinerung bis zu artistischen Übersteigerungen in Form und Technik. Netsukes nun nicht mehr nur Knöpfe für das Inrô, sondern auch Ziergegenstände zum Aufstellen im Wohnraum, sog. Okimonos. Netsukes und Okimonos gehören zu den beliebtesten Sammelobjekten innerhalb der ostasiatischen Kleinkunst.

Netzarbeiten, sind alle durch Flechten und Knoten entstandenen Maschenwerke (→ Filet).

Netzgläser, entstehen aus zwei ineinandergeschobenen Glasblasen mit aufgeschmolzenen senkrechten weißen oder farblosen Glasfäden, die in entgegengesetzten Richtungen spiralig gedreht wurden. Weil die Glasfäden erhaben auf der Wandung liegen, bilden sich zwischen der äußeren und der inneren Glasblase Lufteinschlüsse, die als Luftbläschen in den „Maschen“ des aus den gekreuzten Fäden gebildeten

Netsuke. Ziege (links) und Affe mit Schildkröte (rechts). Japan, 19. Jh. Affe H 3,3 cm. Köln, Museum für Ostasiatische Kunst.

Netzes hängenbleiben. Netzgläser wurden in Venedig im 16. Jh. hergestellt (→ venezianisches Glas) und in der zweiten Hälfte des 19. Jh.s nachgeahmt.

Neuber, Johann Christian → Schnupftabakdosen

Neufforge, Jean François de (1714–1791), Architekt und Ornamentstecher (→ Ornamentstiche) in Paris, der mit seiner 1757/80 erschienenen Vorbildersammlung *Recueil élémentaire d'architecture* großen Einfluß auf die Möbelkunst des Louis-seize ausübte.

Neuglatt, klassizistisches Porzellan des 18. Jh.s aus der Berliner Porzellanmanufaktur. Die Dekorierung trennt klar zwischen Fahne und Spiegel der Teller. Gemalte oder durchbrochene Bordüren der Fahne sind typisch.

Neugotik → Gothic Revival

Neusilber (auch Alfénid, Alpaka, Argetan, Christofle, Weißkupfer) Legierungen von in ihrer Zusammensetzung untereinander verwandten Werkstoffen, kamen gegen 1740 in Europa auf; sie leiten sich von einer aus China eingeführten Legierung (Pakfong, Paktong) ab. Die Gebrüder J. Henninger begannen in Berlin 1824 mit der Produktion von Neusilber, das eine Legierung von 8–20% Nickel, 45–70% Kupfer und 12–50% Zink ist und silberweiße Farbe hat. Durch Härte, Korrosions- und Anlaufbeständigkeit sowie gute Verarbeitbarkeit (in Guß, als gewalztes Blech, läßt es sich gut löten, schweißen und einwandfrei veredeln) dient es vorwiegend der Herstellung von Tafelgeräten und Bestecken (mit ungefähr 18% Nickel- und 20–30% Zinkgehalt) und wird auch in der Uhren- und Elektroindustrie benutzt. Eine Übersicht der handelsüblichen Neusilber-Legierungen gibt das Nickelhandbuch (Frankfurt/M. 1939).

Neutra, Richard Joseph (1892–1970), Architekt und Designer, einer der Wegbereiter des sog. Internationalen Stils in den Vereinigten Staaten. Er arbeitete vor dem Ersten Weltkrieg mit Adolf → Loos in Wien zusammen, ging dann nach Berlin, wo die Zusammenarbeit mit dem Architekten Erich Mendelsohn seine eigene Arbeit entscheidend prägte. Bereits 1923 emigrierte er nach Amerika, wo seine entscheidenden Bauten und Innenräume entstanden, Architekturen, gekennzeichnet durch Diaphanisierung des Raumes, bewirkt

Netzglas (Ausschnitt). Abwechselnd diagonale Bänder und Netzfäden.

durch großzügige Glasfronten, die Licht und Umraum in das Gesamtkonzept integrieren.

Nevers, bedeutende französische Fayencemanufaktur, im

Deckeltasse mit Kupferstichen vor holzgemasertem Grund. Niderviller, um 1775. H 11, Dm 14,2 cm. Hamburg, Museum für Kunst und Gewerbe.

16. Jh. mit der Nachahmung italienischer → Majoliken beginnend. In der zweiten Hälfte des 17. Jh.s entwickelte sich in Nevers ein orientalisierender Dekor in kräftigen → Scharffeuerfarben. Im ausgehenden 18. Jh. wurde besonders hier die Form der „Fayences parlantes", der „sprechenden Fayencen", gepflegt, die Darstellungen aus dem täglichen Leben mit Sinnsprüchen verbanden. Daraus entstand in der Französischen Revolution die „Fayence patriotique" mit patriotischen und revolutionären Sinnzeichen.

Ngel-Masken → Fang

Ngontang-Masken → Fang

Nicola da Urbino → Urbino

Niderviller Porzellan (Niederweiler, Lothringen)/Frankreich (1765–1827). Schon 1735 existierte in Niderviller eine Fayencefabrik, die jedoch völlig niederbrannte. Baron Jean Louis de Beyerlé ließ 1754 ein neues Werk errichten, an dessen Spitze er den Maler Franz Anton Anstett aus Straßburg berief. 1765 begann man auch eine zunächst bescheidene Porzellan-Produktion. Nach finanziellen Verlusten des Barons erwarb 1770 Adam Philibert Comte de Custine die Fayence- und Porzellan-Manufaktur, deren Leitung er seinem Gesellschafter, dem Straßburger Chemiker Claude François Lanfrey, übertrug. Lanfrey widmete sich mit besonderem Eifer der Verbesserung des Porzellans und übernahm nach Custine's Tod 1793 den gesamten Betrieb, dem er bis 1827 als Besitzer und Direktor vorstand. In diesem Jahr wurde das Werk an Ludwig Wilhelm Dryander aus Saarbrücken verkauft, der nur noch Steingut herstellte, dessen Produktion in Niderviller bereits 1785 aufgenommen worden war. 1830 zerstörte man die Porzellanöfen. Die Steingutfabrik arbeitet noch heute und fertigt u. a. Neuausformungen der alten Modelle. (Abb. s. a. S. 363)

Dame und Kavalier in spanischer Tracht. Modell von Johann Joseph Niedermayer. Wien, um 1750/60. H 24,9 cm. Frankfurt am Main, Museum für Kunst und Gewerbe.

Kaolin bezog die Manufaktur zunächst aus Passau, später aus Saint-Yrieix. Das Porzellan ist weiß, mitunter leicht crèmefarben, die Glasur meist etwas stumpf. Viele Geschirrtypen wurden sowohl in Porzellan als auch in Fayence ausgeformt.

Niedergesetzter Becher, gedrungener zylindrischer Silberbecher des 16. Jh.s auf niederem Fuß. Oft in Sätzen zu sechs oder mehr Stück gemacht, die man als → Häufebecher ineinanderstellen konnte und die daher nur oben einen schmalen Ornamentstreifen tragen.

Niedermayer, Johann Josef (1710–1784), österreichischer Bildhauer und Porzellanmodelleur, 1747 bis 1784 Modellmeister der Wiener Porzellanmanufaktur. Er schuf die für das Wiener Rokoko typischen Genrefiguren, daneben auch klassizistische Figuren antiker Götter und mythologischer Gruppen. Gelb, Malve und Braun bestimmen den Charakter der weichen Emailbemalung.

Niederweiler im Elsaß, 1754 bis heute Sitz einer Fayencemanufaktur, die in engstem Anschluß an die Straßburger Manufaktur (→ Straßburger Fayence) arbeitete und Bedeutendes leistete. Eigenständiges schuf Niederweiler auf dem Gebiet der Figurenplastik, deren Modelle von Franz Paul Louis Cyfflé stammen; sie sind so sorgfältig geformt und staffiert, daß sie weitgehend Porzellanfiguren gleichen. Marken waren B, doppeltes C mit Krone und FL.

Niello (ital., von mittellat. *nigellus,* schwärzlich), die Technik einer Metallverzierung (die Bezeichnung ist erst seit dem 19. Jh. in Deutschland üblich), wobei sich die schwarze Zeichnung als Schmuck eines metallenen Grundes, besonders bei silbernen Werkstücken, abhebt. Niello kann auch der so geschmückte Gegenstand selbst heißen. Als Schmucktechnik ist sie besonders der → Goldschmiedekunst vorbehalten, bei der die aus Silber, Kupfer, Blei und Schwefel zusammengeschmolzene, später zerkleinerte, mit Borax verbundene Niellomasse in die mit dem Grabstichel eingravierte Zeichnung eingeschmolzen wird. Die Schwarznuancen (je heller, desto mehr Silbergehalt), Farben, Härte und Schmelzbarkeit können durch Metallzusammensetzung und -zusätze reguliert werden. Zum Abschluß wird die ganze Oberfläche, meist mit Bimsstein, poliert, so daß sich die Zeichnung klar vom Grund abhebt und überstehendes Niello abgeschabt wird. Die Niellotechnik setzt als Verfahren großes Können des Goldschmiedes voraus und wurde bereits von Plinius, Heraclius, Theophilius und von Benvenuto → Cellini beschrieben. Schon in den frühen Kulturen als Schmucktechnik bei Waffen, Schmuck und kultischen Geräten bekannt, wird das Verfahren in der Antike und dem Frühchristentum verfeinert (malerische Darstellungsmanier durch Farb- und Schwarzschattierungen; Verbindung mit anderen Techniken z. B. Tauschierung). Seit der Romanik werden auch alltägliche Gegenstände mit Niello geschmückt (Spangen, Besteck, Kästchen etc.). In der Renaissance wird das Niello besonders von italienischen Goldschmieden des 15./16. Jh.s zur Blüte gebracht, bevor es durch das → Email verdrängt wird. Die Anwendungsgebiete bleiben liturgische Geräte, ferner Me-

Nippesporzellan. Thüringen, Ende 19. Jh. Von links nach rechts: Blumenkorb, Waschtisch mit abnehmbarem Deckel, Blumenkorb.

daillen, Schmuck, Platten (später Kupferstich nach Giorgio Vasari). Im 16. Jh. noch Verzierungsmittel in Deutschland, verliert es in Europa insgesamt an Bedeutung, blieb aber in Indien und Persien weiterhin bestehen. Im 19. Jh. fand die Niellotechnik in Rußland (Tulasilber, Tulaware) eine Wiederbelebung. Tula-Niello von der in Rußland 1705 gegründeten Kaiserlichen Metallwarenmanufaktur wurde anläßlich der Weltausstellungen der Jahre 1851, 1867 und 1878 ausgestellt, zeitweilig auch in Wien und in neuester Zeit in München.

Nierenförmige Möbel, Möbel des 18. Jh.s in Nierenform, z. B. Nähtische, Schreibtische und Pulte; findet sich besonders unter den Entwürfen Thomas → Chippendales.

Nilson, Johann Esajas (1721–1788), Ornamentstecher (→ Ornamentstiche des späten Rokoko) in Augsburg, der Ornament und Figurenszenen in anmutiger Weise verband und dessen Stiche für zahlreiche Kunstgattungen als Vorlagen dienten.

Nimba-Masken → Baga

Nippes, industriell gefertigte Ziergegenstände, die im häuslichen Bereich aufgestellt werden. Die dekorativen Elemente überwiegen, Funktionen haben untergeordnete Bedeutung. Nippes wird aus Gußmassen (Porzellan, Ton, Gips, Papiermaché, Terralith u. ä.) in Negativformen gegossen. Es gibt einteilige Nippes und solche, bei denen z. B. Kopf und Arme gesondert gearbeitet werden. Nach dem Brennen werden Nippes dekoriert mit Farbe, Glasur, manchmal finden Glasperlen, Flitter, Textilien, Federn usw. Verwendung. Die Nippeswelle begann im 18. Jh. und erreicht ihren Höhepunkt um die Jahrhundertwende, als die technische Errungenschaft des Hohlgusses serielle, massenweise Fertigung ermöglicht. Zentren der Nippes-Manufaktur liegen in Saargmünd, Thüringen und Böhmen. Die Thematik der Nippes ist unbegrenzt, sie reicht vom Grotesken (oft „Nicker" und „Wackler") über erotische Darstellungen, Kinderszenen und Badebabys (bei denen das Gußloch verschlossen sein muß) bis zur Verwendung als Gebrauchsgegenstand in Form von Teepuppen (mit textilem Rock), Nadelkissen usw.

Noah-Teller, Nürnberger Reliefzinn-Teller mit dem Dankopfer Noahs im Spiegel; auf dem Rand vier Szenen aus der Genesis. Das 1619 datierte Modell wurde zuerst von Paulus Öham d. Ä. († 1634), später auch von Hans → Spatz II verwendet.

Nobel, englische Goldmünze, zuerst 1344 geprägt, mit dem Brustbild des Königs in einem Schiff. Nachdem um 1465 auf der Vorder- und Rückseite eine Rose eingefügt worden war, nannte man sie Rosenobel. Sie wurde das ganze 15. Jh. hindurch geprägt und war auch in den Niederlanden und Dänemark eine beliebte Handelsmünze.

Nocturlabium, (Sternuhr), eine Nachtuhr, die die Drehung des Himmelsgewölbes um den Polarstern auf ein Zifferblatt überträgt und so die Zeit angibt. In der Regel stammen diese

Nippesfigur. Liegende mit Putto. Thüringen, um 1880. Privatbesitz.

Uhren aus dem 16. und 17. Jh. und wurden in Deutschland, Italien, Frankreich und England hergestellt.

Nodus → Kelch, → Bischofsstab

Nogaret, Pierre (1720–1771), aus Paris gebürtiger, in Lyon tätiger → Menuisier. Der bekannteste Stuhlmacher der Provinz, dessen Sitzmöbel auch außerhalb Lyons gefragt waren. Seine Spezialität waren Schnitzereien in Buchenholz.

Nok-Kultur → Benin, → Yoruba

Noppengewebe, Gewebe mit Fadenschlingen an der Oberfläche. Sie entstehen, indem man beim Weben oder Wirken (→ Wirktechnik) einen Stab einlegt. Noppengewebe waren in der Antike gebräuchlich.

Normannischer Helm → Helm

Noten, sind als Sammelgegenstand in zwei Formen geläufig, einmal als Musikmanuskript oder Autograph, zum anderen als Musikalie in gedruckter Form.

Noten in geschriebener Form kennen wir in historischer Sicht als Neumen, eine Frühform der Notation, nur liturgischen Gesängen dienend. Wertvollste Beispiele dafür sind Pergamentaufzeichnungen der Schreiberschulen von St. Gallen und Reichenau, die in kleineren Fragmenten gelegentlich auch noch heute im Fachhandel vorkommen. Zunächst in verschiedenen Typen noch ohne Notenlinien gebraucht, bildete sich allmählich, beginnend mit einer Hilfslinie, unser heute gebräuchliches Notensystem mit fünf Linien.

Wesentliche Sammelobjekte stellen die mehr oder weniger umfangreichen liturgischen Handschriften auf Pergament dar (Gradualien, Antiphonare usw.), denen nicht selten durch hervorragenden Buchschmuck zusätzliche Bedeutung zukommt. Fast immer von erheblichem Wert zeigen sich Handschriften mit speziellen Notierungen für einzelne Musikinstrumente (Tabulaturen, besonders für Orgel und Lauteninstrumente). Seit dem 16. Jh. wurde das Notenmanuskript durch den Notendruck immer mehr verdrängt, wenngleich nicht selten noch im 19. Jh. eine handschriftliche Kopie billiger erstanden werden konnte als die gedruckte Musikalie. Den größten Wert unter den geschriebenen Musikalien weisen freilich die eigenhändigen Notenaufzeichnungen unserer berühmten Komponisten auf, die bis heute zu den wertbeständigsten und gefragtesten Sammelobjekten zählen.

Gedruckte Noten kennen wir in einfachen Formen bereits vom ausgehenden 15. Jh. her. Von großer Bedeutung zeigte sich der aus Holz geschnittene Blockdruck, wobei ganze Noten- und Textpassagen reliefartig gestaltet wurden. Zu Anfang des 16. Jh.s begann Ottaviano Petrucci (1466–1539) in Venedig seine mustergültigen Musikdrucke mit beweglichen Typen herauszubringen. Wegen ihrer typographischen Vollkommenheit zählen noch heute Originaldrucke von Petrucci zu den begehrtesten Objekten auf dem Gebiet gedruckter Noten. Eine weitere Art, die Noten mit zusammensetzbaren Metalltypen zu gestalten, gelang 1755 dem Verleger Breitkopf in Leipzig. Das ausgehende 16. Jh. bescherte uns den Notenstich, auf der Technik der Kupferstecher beruhend. Schließlich kam durch Alois Senefelder 1796 noch die Notenlithographie hinzu, die u. a. von Carl Maria von Weber persönlich ausgeübt wurde. Sammlerisch gehören die meisten Früherzeugnisse der aufgezeigten Drucktechniken zu hochdotierten Musikalien.

Die besondere Bedeutung von Musikalien liegt im musikalischen Originaldruck, der in seinem frühesten Zustand häufig hinsichtlich Quellenwert der Eigenschrift des Komponisten keineswegs nachsteht. Grundsätzlich wird die Wertbemessung vom musikalischen Rang der Komposition ebenso bestimmt wie von bibliographischen Gegebenheiten, die in Typographie oder Seltenheit der Noten gleichermaßen begründet sein können.

Nothelfer, Vierzehn, Gruppe von vierzehn Heiligen: Achatius, Ägidius, Barbara, Blasius, Christophorus, Cyriacus (oder Leonhard), Dionysius (oder Nikolaus oder Papst Sixtus), Erasmus, Eustachius, Georg, Katharina, Margarethe, Pantaleon, Vitus. Kult und Darstellung dieser als besonders wirkkräftig geltenden Heiligen sind hauptsächlich in Deutschland verbreitet, vor allem in der Kunst des 15. und frühen 16. Jh.s.

Notmünzen, in Krisenzeiten geprägte Münzen, die begehrte Sammelobjekte bilden.

Nürnberger Eier, nach einer weit verbreiteten Irrmeinung von Peter Henlein (→ Uhren) um 1500 in Nürnberg erfundene eiförmige Taschenuhren mit Federantrieb. Beides ist falsch. Unter ‚Ei' ist etymologisch nicht eine bestimmte Uhrform zu verstehen. Denn im damaligen Nürnberger Dialekt was das Wort „Ührlein" zu „Eierlein" verschliffen. Nürnberger Eier bedeuten also nichts weiter als kleine Uhren. Ovale Taschenuhren wurden erst rund hundert Jahre nach Henlein hergestellt.

Nürnberger Fayence; in Nürnberg arbeitete von 1712 bis um 1840 eine der bedeutendsten deutschen Fayencemanufakturen. Ihr erster Leiter war der aus Ansbach (→ Ansbacher Fayence) kommende Johann Caspar Ripp; die Blütezeit lag zwischen 1720 und 1740. Im Gegensatz zu anderen Manufakturen war Nürnberg von Anfang an vom Vorbilde → Delfts und Ostasiens unabhängig. Die Gefäßfläche suchte

Nürnberger Fayence. Walzenkrug. Dat. 1773. Kordenbusch-Werkstatt. Bemalung in Blau und Gelb, H 24,5 cm. München, Auktionshaus Weinmüller.

man so weit wie möglich als Malgrund für biblische und Handwerkerszenen, Wappen, Landschaften und Früchtestillleben auszunutzen. Die Ränder sind mit dichtem Laub- und Bandelwerk oder Behangmustern im Stil → Rouens verziert. Der bedeutendste Maler war Georg Friedrich Kordenbusch. Nürnberger → Enghalskrüge erkennt man an ihren tauartig geflochtenen Henkeln, die in zwei Zöpfen enden. Eine Nürnberger Sonderform ist ein bauchiger, nach oben weiter werdender Krug mit schrägen Rillen, den man Wurst- oder Milchkrug nennt. Um die Mitte des 18. Jh.s tauchen Marken in Form von NB und Planetenzeichen auf.

Nürnberger Glasschnitt, begründet durch Georg → Schwanhardt d. Ä. (1601–1677), einem direkten Schüler Caspar → Lehmanns in Prag. Mit dieser neuen Dekorationsart des Glases, die das 17. und 18. Jh. beherrschte, war die Vormachtsstellung Venedigs und seiner Dekorationstechniken gebrochen (→ venezianisches Glas). Von Schwanhardt d. Ä. sind außer Gläsern mit Rankendekor einige Pokale und Humpen mit geschnittenen mythologischen Darstellungen erhalten. Sein Sohn Heinrich (†1693) war für geschnittene Landschaften und Städteansichten berühmt, seine drei Töchter schnitten Gläser mit Blumen- und Laubwerkdekor. Von Schwanhardts Schülern hat Hermann Schwinger (1640–1683) Gläser mit minuziös ausgeführten Landschaften und Stadtveduten hinterlassen. Die Tradition wurde fortgeführt von Georg Friedrich Killinger (†1716) und Anton Wilhelm Mäuerl im (1. Viertel des 18. Jh.s) (→ Barockglas, → Glasschnitt).

Nürnberger Schrank, Nürnberger Schranktyp des 16. Jh.s in der Art der süddeutschen → Fassadenschränke, mit mittlerem Schubladenstreifen, jedoch mit betonterem Kontrast zwischen Füllung und Rahmen. Die Rahmen aus mattem Nußbaumholz sind durch Pilaster oder Schnitzereien im Stile → Flötners hervorgehoben, während die Füllungen aus spiegelnd poliertem Eschenholz sind; oft tragen auch sie ein geschnitztes Innenfeld.

Numismatik (von griech. *nomisma,* Münze) → Münze

Numisnautik, moderner Begriff für Motivsammlungen von Schiffsdarstellungen auf Münzen und Medaillen.

Numisphilathelie, moderner Begriff, bezeichnet die Verbindung der numismatischen und philatelistischen Sammeltätigkeit, z. B. das Sammeln von motivgleichen Münzen und Briefmarken.

Nürnberger Schrank. Um 1600. 254 × 249 × 82 cm. Frankfurt am Main, Museum für Kunst und Gewerbe.

Nymphenburger Porzellan: Solitaire. Um 1770/75. Purpurfarbenes Bandmuster, L des Tabletts 32,5 cm, H der Kanne 15,5 cm. Hamburg, Museum für Kunst und Gewerbe.

Nummium, Bronzeeinheit des byzantinischen Münzwesens. Geprägt erst im Nennwert ab 2 Nummia. Häufig kommen 10, 20 und 40 Nummia vor.

Nuppen, Glastropfen oder -warzen, die auf das fertige Glas aufgeschmolzen werden. Sie können ungeformt (→ Krautstrunk) oder geblasen (→ Konchylienbecher) sein. Auch vorgeformte Nuppen wie Löwenköpfe und Sterne kommen auf antiken Gläsern vor. Während der Renaissance und im Barock waren Nuppengläser in Deutschland besonders beliebt.

Nußbaum, beliebtestes Edelholz der deutschen Kunstschreinerei vom Ausgang des 17. bis zum Ende des 18. Jh.s, meist als → Furnier verwendet. In Längsrichtung gesägt, entsteht das gewöhnliche helle Nußbaumfurnier mit schwärzlichen Strömungen. Quergesägt, ergibt der Stamm das Maserfurnier mit schwarzer, wolkiger Zeichnung. Sägt man den inneren schwarzen Kern des Stammes in Querrichtung, so erhält man das dunkle Wurzelmaserfurnier.

Nuschenmantel, Mantel des 14. Jh.s. Im Gegensatz zum hochgotischen → Tasselmantel nur mit einer Spange (Nusche) geschlossen.

Nut, Nute, längliche Vertiefung zur Befestigung anderer Teile. Bei Möbeln wird sie durch Nuthobel ausgehoben; häufig wird in die Nut eine → Ader gelegt.

Nymphen, antike weibliche Naturdämonen, als schöne junge Mädchen meist im Tanz und im Spiel dargestellt. Die Nymphen werden in verschiedene „Klassen" eingeteilt, etwa in die Najaden, die das Süßwasser, in die Nereiden, die das Meer repräsentieren – Höhlen und Grotten sind ihr bevorzugter Aufenthaltsort –, und in die Dryaden, die Baumnymphen. Nach der Antike werden Nymphen hauptsächlich in der Renaissance, im Barock und im Rokoko abgebildet.

Nymphenburger Porzellan. 1747 gründete Kurfürst Max III. Joseph von Bayern eine Porzellanmanufaktur in der Münchner Vorstadt Neudeck ob der Au; die Herstellung begann jedoch erst 1753, nachdem Joseph Jakob → Ringler aus Wien gewonnen worden war. 1761 wurde sie nach Schloß Nymphenburg verlegt und dem Grafen Haimhausen unterstellt. Die Manufaktur arbeitet bis heute. Unter den Geschirren, die gängige Rokokoformen verwendeten, ragen das Rocailleservice von Bustelli, das Perlservice von Auliczek und das Empireservice von Johann Peter Melchior hervor. Die Malerei – Vögel, Blumen, Figuren – folgt vielfach Augsburger Kupferstichen (J. E. → Nilson). Unter den Nymphenburger Figuren befinden sich die bedeutendsten Leistungen der Porzellanplastik überhaupt: 1754 bis 1763 war Franz Anton Bustelli in Nymphenburg tätig. Er schuf Putten, Volkstypen, Heilige, Chinesen, die Büste des Grafen Haimhausen u. a. Am großartigsten sind die Figuren aus der Italienischen Komödie. Dominikus Auliczek aus Böhmen (1734–1804), der 1763 bis 1797 in Nymphenburg war, modellierte Tiere, etwas schwülstige Götter- und andere mythologische Figuren, Johann Peter Melchior (1747–1825), 1797 bis 1822 in Nymphenburg tätig, vor allem Porträtreliefs. – Heute werden in Nymphenburg Neuausformungen von Bustellifiguren hergestellt, die klar als Kopien gekennzeichnet sind. Die Marke ist ein eingepreßter Rautenschild. Bei Figuren ist die Marke oft oben auf dem Sockel aufgemalt.

Nyon, am Genfer See. Von 1781–1813 bestand hier eine nach Frankreich orientierte Porzellanmanufaktur, in der einfache Geschirre mit Louis-seize- und Empiremustern gearbeitet wurden. Als Marke verwendete man einen unterglasurblauen Fisch.

O

Oban, große japanische Goldmünze in Form einer ovalen Tafel und kalligraphischer Signatur des Münzmeisters mit japanischer Tusche. Zahlungsmittel des Hofadels und der Feudalherren. Aufbewahrt in eigens dafür angefertigten seidenen Etuis. Erstmals in der Ten-Sho-Ära (1572–1592) ausgegeben.

Oberammergauer Schnitzerei, ihre Tradition reicht bis in das 16. Jh. Die Schnitzereien werden von bestimmten Familien in Heimindustrie hergestellt; den Vertrieb der Ware besorgen sog. Verleger, die seit dem 18. Jh. über die ganze Welt ihre Handelsniederlassungen beliefern. Typisch für die Oberammergauer Heimindustrie sind die Reliquienkreuze, ungefaßte Kruzifixe, deren ausgehöhlte Körper mit kleinen Reliquien versehen sind; die Rückseite wird mit einem Schiebedeckel geschlossen. Neben religiösen Figuren für Krippen und Hausaltäre ist vor allem das fein geschnitzte und mit Leimfarben bemalte → Holzspielzeug aus dem 19. Jh. bekannt. In der 2. Hälfte des 19. Jh.s trat die hausindustrielle Spielzeugherstellung zugunsten der religiösen Schnitzerei zurück, was u. a. auf das Bekanntwerden der Passionsspiele zurückzuführen ist.

Oberwappen → Wappen

Oblate, auch Lebkuchenbild; buntes Bild und dekorierte Widmungsgraphiken, die ursprünglich auf Lebkuchen geklebt wurden. Ihre frühen Vorläufer, schablonenkolorierte Drucke, werden bald von Zuckergußdekoration abgelöst. Oblaten wurden schon immer in Alben gesammelt, sie dienen als Liebesgaben oder als Zierat von Briefen. In der Biedermeierzeit verselbständigt sich die Oblate zum Produkt der Luxuspapierfabrikation; 1875 arbeiten 134 deutsche Betrie-

Oblaten. Ende 19. Jh. Mehrfarbiger Steindruck, lackiert, geprägt und gestanzt. Privatbesitz.

be in dieser Branche. Sie produzieren im → Öldruckverfahren Oblaten, die an den Umrißlinien so ausgestanzt sind, daß sie, gitterartig in zusammenhängenden Bogen von 20 oder 30 Oblaten, in den Handel kommen. Oblaten sind meist reliefartig geprägt, sie erhalten dadurch plastische Tiefe. Oblaten können Flitter-, Goldfolien- und Textilauflagen (besonders bei Blumen) tragen. Es gibt bewegliche Exemplare, bei denen sich durch einen Schiebe- oder Zugmechanismus z. B. ein Blumenstrauß entfaltet oder ein Kind mit der Hand winkt. Die Motive sind unbegrenzt, am häufigsten Blumen und Blumengebinde, mit und ohne Widmungsverse, Kinderszenen, Tiere, Postkutschen, aber auch Grotesken wie Zwerge und Clowns. Es gibt Oblaten im Briefmarkenformat bis hin zu großformatigen Oblaten, die allein eine ganze Albumseite füllen. Oblaten werden als Werbeträger (kenntlich an entsprechenden Aufdrucken), oft als Dreingabe, z. B. auf Schokoladetafeln geheftet, ähnlich den → Sammelbildern.

Oblatendose → Pyxis

Obolos, altgriechische silberne Kleinmünze im Wert von 1/6 Drachme. Der Name (griech. *obelos* bedeutet Bratspieß) und wird als Hinweis auf das frühere Gerätegeld gedeutet.

Obrist, Hermann (1863–1927), aus der Schweiz stammender Entwerfer des → Jugendstils. Sowohl in seinen Möbelentwürfen wie auch in seinen noch zahlreicheren textilen Arbeiten spielt die vegetabile, schlingend-wachsende Form eine große Rolle. Tische, Anrichten und Vitrinenschränke zeigen kurvige, geschnitzte Stützen, die an geschmeidige Schlingpflanzen erinnern; ähnliches findet sich auch bei seinen Stikkerei-Entwürfen: das Veilchen mit Blattwerk und ausgreifenden Wurzeln ist hier sein Hauptmotiv. Obrist gründete 1892 eine Stickereiwerkstatt in Florenz, schloß sich 1894 den Münchner Künstlern an und gehört zu den Gründungsmitgliedern der → Vereinigten Werkstätten für Kunst im Handwerk.

Sekretär von Jean François Oeben. Paris, um 1760. 150 × 106. München, Residenzmuseum.

Obsidian, auch Glasachat, Glaslava, vulkanischer Stein von meist tiefschwarzer Farbe und glasartigem Aussehen, der zu Schmuckstücken und Spiegeln verarbeitet wird. Die Indianer Mexikos machten Pfeilspitzen, Messer und andere Geräte aus ihm. Er wird außer in Mexiko in Ecuador und den Vereinigten Staaten, in Europa in Ungarn und auf den Liparischen Inseln gefunden. In Island werden kleine Pferde aus dem grauen und schwarzen Obsidian des Landes gefertigt. Der griech. Bildhauer Phidias (Mitte des 5. Jh.s v. Chr.) benutzte Werkzeuge aus Obsidian für die Herstellung von Goldelfenbein-Kultstatuen.

Ochsenblut → chinesisches Porzellan

Ochsenkopfglas, mit Emailfarben bemalter henkelloser Glashumpen, auf dem der zweithöchste Berg des Fichtelgebirges in schematischer Darstellung mit einem Ochsenkopf an der Spitze gezeigt wird.

Ochsenzunge → Dolch

Odiot, Jean Baptiste Claude (1763–1850), in Paris tätig. Neben Martin-Guillaume → Biennais der bedeutendste Goldschmied des Empire und der Restauration. Seine Hauptwerke waren – unter Mitarbeit von → Thomire – eine silberne Toilettengarnitur von 1810 für die Kaiserin Marie-Luise und die Wiege für den Sohn der Kaiserin, den König von Rom (1811), beides nach Entwürfen von Prudhon.

Oeben, Jean François (um 1720–1763), berühmter Pariser → Ebenist (aus Ebern in Unterfranken gebürtig). Er heiratete 1749 die Tochter des Ebenisten Roger → Vandercruse und war ab 1751 in der nunmehr vom jüngsten Sohne geleiteten Werkstatt André Charles → Boulles tätig. Ab 1754 war er – wohl auf Empfehlung der Marquise de Pompadour – Erster Ebenist des Königs. Er stand mit den bedeutendsten Möbelkünstlern seiner Zeit in Verbindung: Jean Henri → Riesener und Jean François → Leleu lernten bei ihm; zu Martin → Carlin und Jacques → Caffiéri stand er in Beziehung. Sein Hauptwerk ist das berühmte Bureau du Roi (→ Zylinderbureau) für Ludwig XV., das nach Oebens Tod von → Riesener vollendet wurde. Oeben schuf als erster wieder gerade begrenzte Möbel und begründete damit den Übergangsstil, die „Transition". Während er in seiner Frühzeit die Blumenmarketerie (→ Furnierung) gepflegt hatte, verwendete er später geometrische, meist schwarzweiß gerahmte Muster. Von den Zeitgenossen wurden seine komplizierten Möbel vor allem wegen ihrer technischen und funktionellen Vollkommenheit bewundert.

Öham d. J., Paulus († 1671), seit 1634 in Nürnberg tätiger Zinngießer, einer der Meister des → Reliefzinns. Von ihm sind zahlreiche → Auferstehungsteller, → Gustav-Adolf-Teller und → Krönungsteller erhalten.

Öldruckbild, auch „Schlafzimmerbild", hauptsächlich Imitation von Gemälden. Die Produktion von Öldruckbildern begann Ende des 19. Jh.s, um dem Bedürfnis nach Wandschmuck in Form von Ölgemälden in preiswerter Ausführung gerecht zu werden. Lichtdrucke und Reproduktionen verschiedenster Art, meist gängige Motive, werden auf Malholzplatten aufgezogen und übermalt. Der Sammler von Ölgemälden sollte sich vor dem Kauf vergewissern, ob es sich nicht um einen übermalten Druck handelt; Kennzeichen: flacher Farbauftrag, Gesichter meist durchscheinend; oft reproduzierte Künstler sind Carl Spitzweg und Franz von Defregger. Am bekanntesten wurde die Produktion der Firma König in München, um 1900.

Öllampe, schon den alten Ägyptern im 3. Jahrtausend v. Chr. bekannte Ölbeleuchtung. Sie verbreitete sich von dort aus über ganz Europa. Mit fortschreitender Entwicklung der Kultur wurde die reine Zweckform mit Dekor versehen, wie beispielsweise in Griechenland, wo kleine Säulchen mit kelchartigem Kopf und reliefgeschmücktem Rand zur Aufnahme des Brennöls dienten. Bald aber ging man dazu über,

Öluhr. 1. Hälfte 19. Jh. Neheim-Hüsten, Leuchten-Museum.

Pompejanische Öllampe. Bronze, Nachbildung. Das Original befindet sich im Pergamon-Museum in Berlin. Neheim-Hüsten, Leuchten-Museum.

Lampen aus gebranntem Ton zu fertigen, zunächst schmucklos, dann aber mit einfachen Mustern, schließlich mit pflanzlichen Ornamenten und figürlichen Darstellungen. Im alten Rom begann man im 1. Jh. Öllampen fabrikmäßig herzustellen. Für anspruchsvollere Häuser wurden Lampen aus Bronze gefertigt, deren Zierat, besonders z. Zt. des Kaiserreiches, immer üppiger wurde. Kandelaber mit drei stilisierten Tierfüßen wurden in etruskischen Gräbern gefunden. Sie fanden bald Nachahmungen im römischen Kulturkreis.
Ausgrabungen haben eine sehr große Zahl von Tonöllampen ans Licht gebracht. Da heute viele täuschend ähnliche Nachahmungen angeboten werden, sollte der Käufer sich die Echtheit schriftlich bestätigen lassen. Die Öllampe ist in den verschiedensten Formen und aus vielen verschiedenen Materialien wie Glas, Zinn, Zink, Messing, Weißblech, Eisen, Keramik bis in die 2. Hälfte des 19. Jh.s in Gebrauch gewesen. Ihre höchste Vollendung erfuhr sie durch die Erfindung der → Argandlampe und deren Fortentwicklung, die → Moderateurlampe.

Ölmalerei, das Malen mit Farben, die mit Öl abgebunden sind (Leinöl, Nuß- oder auch Mohnöl). Von allen Farbmaterialien läßt sich die Ölfarbe am vielseitigsten anwenden: von der feinsten Lasur bis zum dicken Auftrag, übereinander und nebeneinander, ohne zu verlaufen. Dabei sind alle denkbaren Farbabstufungen erreichbar. Verbindung mit anderen Farben ist zum Teil möglich (→ Temperamalerei). Als Farbträger wurde ursprünglich nur Holz, später auch Kupferblech, schließlich die auf einen Rahmen gespannte Leinwand verwendet. Besonders im 19. Jh. wird bei kleineren Formaten das Malen auf Karton (Malpappe) beliebt. Ölstudien wurden auch auf besonders präparierten Papieren (besonders auf Reisen der Ölmalblock) ausgeführt, das Bild konnte dann später auf Karton oder Leinwand aufgezogen werden. Die Geschichte der Ölmalerei führt in die Antike zurück (Anstrich von Schiffen etc.). Allerdings wurde sie erstmals wohl durch die Brüder van Eyck in einer Wischtechnik, die mit Temperafarb- und Ölschichten arbeitete, in die Tafelmalerei zu Beginn des 15. Jh.s eingeführt (→ alla prima, → Craqueluren, → Asphaltmalerei).

Öluhren, seit dem 17. Jh. häufig begegnendes Zeitnennungsinstrument, meist aus Zinn. In Mitteleuropa waren im 18. und 19. Jh. gelegentlich geeichte Öllampenuhren im Gebrauch, bei denen der Behälter einer Öllampe ganz oder teilweise durchsichtig und an einer Stelle mit einer Skala versehen ist. Das beim Brennen der Lampe allmählich abnehmende Öl zeigt an der Skala dann die Brenndauer und damit die Stunden an.

Österreichische Möbel. Die Geschichte des österreichischen Möbels ist noch weitgehend unklar. Nur wenige Kunsthandwerker sind namentlich bekannt, die Ausstattung des Schlosses Schönbrunn z. B. blieb bislang anonym. Auftraggeber der Kunsthandwerker waren im wesentlichen der Wiener Hof und die reichen Klöster. Der Adel orientierte sich am Hofe, das Bürgertum trat erst gegen Ende des 18. Jh.s als Auftraggeber in Erscheinung. Während die Klöster, ähnlich wie in Böhmen, zumeist über eigene, hochperfektionierte Schreinerwerkstätten verfügten, die das Klostermobiliar, einschließlich dem der Prunkräume, anfertigten, gab es für den „freien“ Kunstschreiner nur die Möglichkeit, für den Habsburger Hof in Wien zu arbeiten; die Statthalter der Provin-

Österreichischer Sekretär. Wien, um 1810. Mahagoni. Würzburg, Residenz.

zen bezogen ihre Mobiliare aus Wien, eigenständige, höherstehende Kunstschreinerbetriebe gab es hier nicht. Greifbar wird uns die Geschichte des österreichischen Möbels erst gegen Ende des 17. Jh.s, als nach der Abwendung der unmittelbaren Türkengefahr, 1683, ein Aufschwung in Architektur und Kunsthandwerk erfolgte, der anfänglich wesentlich von Italienern getragen wurde, bei dem sich aber nach und nach auch die einheimischen Kunsthandwerker durchsetzten. 1714 bis 1724 entstanden das Obere und das Untere Belvedere des Architekten Lucas von Hildebrandt für den Türkensieger Prinz Eugen von Savoyen. Das Mobiliar dieser Palais hat sich zwar nicht erhalten, mit Ausnahme des Prunkbettes des Prinzen, das heute im Stift St. Florian bei Linz aufbewahrt wird und dessen allegorische Schnitzereien und Skulpturen uns einen Begriff davon vermitteln, wie pomphaft-theatralisch wohl die höfische Möbelkunst dieser Zeit gewesen sein mag. Die Orientierung richtete sich nach wie vor nach Italien, aber auch nach Würzburg, bedingt durch die mainfränkische Herkunft der Familien Schönborn und Schwarzenberg, die sich Anfang des 18. Jh.s in Wien niederließen und ihre Kunstschreiner dorthin holten. Die Ausrichtung auf Frankreich erscheint seltener; die Ornamentik des französischen → Régence taucht vergleichsweise nur vereinzelt auf, während Mischtechniken, wie die → Bouletechnik oder die Verwendung gravierter Zinneinlagen, wohl bedingt durch den Zeitgeschmack der europäischen Residenzen, teilweise in eigenen Werkstätten hergestellt wurden. Auch unter Kaiserin Maria Theresia hielt diese Bevorzugung eines pompösen Spätbarock z. T. an. Unter ihrer Regierungszeit bildete sich eine Sonderform des Schreibschrankes aus, der sog. Tabernakelschrank, dessen geschweifter eintüriger Mittelteil mit seitlich flankierenden Schubladen meist aufwendig mit figürlicher oder ornamentaler Marketerie geschmückt ist. Eine gewisse Beruhigung, verbunden mit einer Hinwendung zum Klassizismus des → Zopfstils stellte sich erst unter ihrem Nachfolger Joseph II. (1780–1790) ein, in einer Zeit, deren kunsthandwerkliche Ausprägung wir heute als Josephinischen Stil bezeichnen. Aber auch hier ist den Möbeln wenig Französisches anzumerken; man orientierte sich an Deutschland und, bei → Sitzmöbeln, an England. Mehr und mehr trat das wohlhabende Bürgertum als Auftraggeber in den Vordergrund, in gewisser Weise eine Vorbereitung auf das österreichische „Empire“ und das → Biedermeier. In diesen beiden Stilepochen entstanden Sonderformen des Kunsthandwerks, die charakteristisch für das österreichische Möbel sind. Empiremöbel tragen reiche Intarsien und sind zusätzlich oft noch mit Grisaillemalereien versehen, helle Obst- oder Nußholzfurniere mit dunklen Einlagen dominierten, Betten zeigen häufig eine Schifform. Auch die Möbelentwürfe des nach Österreich eingewanderten Joseph → Danhauser, eines der Hauptvertreter des Biedermeier, zeigen geschwungene und gerundete Konturen – wie z. B. sein ovaler Schreibtisch –, die entscheidend von den Entwürfen seiner deutschen Kollegen abweichen. Die Vermeidung der eckigen Form scheint das österreichische Möbel bis weit in das 19. Jh. hinein bestimmt zu haben; nicht zuletzt zeigt der → Historismus hier, im sog. Wiener Barock, die Bevorzugung des Gefälligen und nicht das konkrete, „historische“ Wiederaufleben älterer Kunststile (→ österreichisches Rokoko).

Österreichisches Rokoko, auch theresianischer Stil. Das österreichische Rokoko umfaßt im wesentlichen die Regierungszeiten der Kaiserin Maria Theresia (1740–1780) und die ihres Sohnes, Kaiser Josephs II. (1765–1780–1790), Stilepochen, die als theresianische und josefinische Zeit in die Kunstgeschichte eingegangen sind. Die Ursprünge beider Epochen liegen im kaiserlichen Wien des späten 17. und frühen 18. Jh.s. Als Sitz des deutsch-römischen Kaisers und Metropole genoß Wien die Vorrangstellung im gesamten deutschsprachigen Raum. Architekten wie Johann Bernhard Fischer von Erlach und Johann Lucas von Hildebrandt hatten Bauten wie das kaiserliche Schloß Schönbrunn (1695 begonnen) und das Palais des Prinzen Eugen, das Obere Belvedere (beendet 1722), errichtet, Schloßanlagen von ensemblehaftem Charakter, die auf den gesamten österreichisch-böhmischen Raum vorbildhaft wirkten. Unter Maria Theresia und ihrem Sohn Joseph II. entstanden Um- und Ausbauten bedeutender Klosteranlagen, wie das Stift St. Florian bei Linz sowie die Stifte Melk, Krems und Göttweig, um nur einige zu nennen. Bedeutende Bildhauer wurden vom Hof gefördert: Georg Raphael Donner, Joseph Thaddäus Stammel und Franz Xaver Messerschmidt; eine eigene Porzellanmanufaktur, die einzige Gründung dieser Art des 18. Jh.s in der Donaumonarchie, wurde 1718 gegründet; sie lebt heute noch als Manufaktur Augarten weiter. Der Charakter des österreichischen Rokokos unterscheidet sich grundlegend von dem seines Nachbarlandes Bayern (→ Süddeutsches Rokoko). Reminiszenzen des römischen und des französischen → Barock verbanden sich mit klassizisierenden Elementen, die durch das ganze 18. Jh. hin durchgängig sind. Die Vorliebe für die „große Form", auch für das „Pomphaft-Theatralische", wurde im Grunde nur durch Geldmangel, wie er während des Siebenjährigen Krieges und auch später akut war, gebremst. Das österreichische Rokoko ist im Grunde eine Fortentwicklung des ‚klassischen' Barock, keine Neuschöpfung im Sinne des süddeutschen Rokoko; so ist es auch nicht verwunderlich, daß unter der Regierungszeit Kaiser Josephs II. der → Klassizismus relativ schnell Einzug hielt, ein Klassizismus jedoch, der ungewollt dem französischen ähnelt, da er vergleichbaren politischen Intentionen entspricht. Nicht ohne Grund gilt Kaiser Joseph II. als einer der frühesten Vertreter eines aufgeklärten Despotismus.

Öttingen-Schrattenhofen, 1735 gegründete Fayencemanufaktur, ab 1737 im Besitz des Fürsten von Öttingen, bis um 1830 in Betrieb. Sie schuf Krüge, kugelige Vasen und Fliesen mit typisch schwäbischer Bemalung (→ Künersberger Fayence). Als Marke wurde der Ortsname geführt, manchmal mit der Beischrift „im Ries".

Œuvrekatalog. Unter Œuvre (franz.) versteht man das Gesamtwerk eines Künstlers. Eine Zusammenstellung dieses Gesamtwerkes, die bei noch lebenden Malern weniger problematisch, bei früheren Meistern oft durch lange wissenschaftliche Arbeit geschieht, nennt man Œuvreverzeichnis oder -katalog. Die den einzelnen Werken zugeschriebene zeitliche Hintereinanderfolge ist dabei ein wichtiges Arbeitsresultat des Katalogs.

Ofenkacheln → Kacheln

Ofenplatten, seit dem 15. Jh. zur Ummantelung von Öfen verwendete gußeiserne, meist reich mit Reliefs verzierte Platten; hauptsächlich in der Eifel, im Siegerland, in Hessen, Schwaben, Böhmen, Sachsen und Tirol hergestellt.

Offenbacher Fayence; die 1739 gegründete, bis zu Beginn des 19. Jh.s bestehende Fayencemanufaktur in Offenbach stellte Tafelgeschirr mit einfacher → Scharffeuerbemalung her. Die Marke war ein verschmolzenes OFF.

Offsetdruck, ein indirektes Flachdruckverfahren; entwickelte sich aus der → Zinkographie. Die Druckplatte wird zunächst auf ein Gummituch gedruckt, dieses dann auf Papier. Benutzen Künstler den Offsetdruck, spricht man auch von Offsetlitho. Entweder stellt der Künstler nur die Vorlage her, die dann mittels Offsetdruck vervielfältigt wird, oder er bemalt einen Diafilm mit einer speziellen Tusche – jede Farbe auf einen eigenen Film –, der sodann auf photomechanischem Weg auf eine Platte kopiert wird, von der dann Abzüge hergestellt werden.

Offsetlitho → Offsetdruck

Ogoni → Ibibio

Ohrenschüsseln → Wöchnerinnenschüsseln

Ohrensessel, Lehnstuhl mit von der Armhöhe bis zum Abschluß der Rückenlehne reichenden Seitenstücken. Seit Ende des 17. Jh.s hergestellt, wurden sie in der ersten Hälfte des 18. Jh.s Mode.

Ohrmuschelstil → Knorpelwerk

Ohrschmuck, am Ohrläppchen durchgesteckt, geschraubt oder angeklemmt. Ältestes Beispiel aus den Königsgräbern von Ur. Die Ägypter hatten schwere Boutons (Doppelknöpfe) aus farbigen Steinen, Fayence und Gold, teils mit Gehänge. Bei den Griechen trugen Frauen und die Marmorstatuen der Göttinnen Ohrschmuck: Goldscheiben mit Anhängern und offene Ringe mit Tierköpfchen. Sonderform bei den Etruskern: Körbchenohrringe mit Granulation, 6. Jh. v. Chr. Die Germanen übernahmen den Ohrschmuck des Mittelmeerraumes und versahen ihn mit → Zelleneinlagen. Über Byzanz gelangten im frühen Mittelalter die Halbmondform und das offene Filigran nach Europa. Im 16. Jh. trugen auch Männer Ohrschmuck. Die üppigsten Ohrgehänge wurden in Spanien gefertigt. Das 17. Jh. bevorzugte Ohrgehänge aus floralen Motiven mit Email, Perlen, Edelsteinen. Das 18. Jh. brachte die → Girandolen und → Pendeloques, das 19. Jh. einheitliche Schmuckgarnituren mit Kameen, später in historisierendem Stil. Die Perle im Ohr wurde zum klassischen Ohrschmuck. Die Erfindung des Clips brachte formale neue Möglichkeiten. (Abb. s. a. S. 173)

Oinochoe, einhenkeliger griechischer Weinkrug; verschiedenste Formen, er kann schlank oder gebaucht sein, eine kleeblattartige oder eine runde Mündung haben.

Oiron-Fayencen → Saint Porchaire

Okarina, gewissermaßen eine Flöte ohne Mundstück, bei der der geschlossene Luftraum angeblasen wird, meist aus gebranntem Ton mit Tonlöchern und sehr sanftem Klang.

Okimono, japanisches Kunstobjekt aus Elfenbein, das zum Betrachten aufgestellt wird. Es entstand aus dem → Netsuke, als dieser mit der Einführung europäischer Kleidung seinen Sinn als Gürtelknopf verlor. Die glatten Formen zum Schutz des Stoffes am Gürtel und die beiden Durchlauflöcher für die Kordel wurden überflüssig, die Formen konnten zu Kleinplastiken vergrößert werden, die zum Aufstellen im Wohnraum geeignet waren.

Walzenkrug. Öttingen-Schrattenhofen, 2. Hälfte 18. Jh. Fayence, Zinnmontierung, H 22,5 cm. Freiburg, R. Simmermacher.

Tisch von Joseph Maria Olbrich. Eiche, grüne Keramikkacheln, Umrandung und Füße Bronzeguß.

Oklad, Metallverkleidung für Ikonen, bedeckt Hintergrund und Rand und läßt die gemalte Darstellung frei.
Olbrich, Joseph Maria (1867–1908), österreichischer Maler, Architekt und Designer. Als Schüler von Otto → Wagner zählte er 1897 zu den Gründern und dann zu den führenden Mitgliedern der Wiener → Sezession, deren Gebäude er 1898 errichtete. 1899 schloß sich Olbrich der → Darmstädter Künstlerkolonie an. Er entwarf neben seinem eigenen Haus fast alle Gebäude auf der Mathildenhöhe. Gemäß den Idealen des → Jugendstils einer gestalteten Wohnumwelt als Gesamtkunstwerk entwarf Olbrich Innenraumdekorationen und fertigte Entwürfe für Gläser, Plakate, Buchschmuck und Haushaltsgegenstände. Den geometrisierenden Tendenzen der Wiener Schule kontrastierte er zuweilen fließende Ornamente. Nach 1902 weichen die pflanzenhaft vegetabilischen Formen wieder mehr historisierenden Tendenzen, die die teilweise Wiederaufnahme von Empireformen (→ Empire) seit 1905 vorwegnehmen. Besondere Qualität besitzen Olbrichs Entwürfe für Metallarbeiten, Schmuck und Möbel. Olbrich, Gründungsmitglied der Wiener → Sezession und des Deutschen → Werkbundes (→ Werkbund, Deutscher) gehört zu den Wegbereitern des modernen Designs.
Olifa, Firnismischung aus Leinöl und Harz sowie anderen Zutaten, z. B. Bernsteinstaub. Sie verbesserte die Farbwirkung der Ikonen und schützte ihre Oberfläche. Olifarezepte waren streng gehütete Geheimnisse der russischen Ikonenwerkstätten.
Olifant, mittelalterliche Bezeichnung für aus Elefantenstoßzahn geschnitzte Blashörner mit reichem pflanzlichem und figürlichem Dekor. Unter diesen Blashörnern, die oft mit historischen Persönlichkeiten in legendären Zusammenhang gebracht werden, existiert neben mehreren byzantinischen und abendländischen Exemplaren eine rein islamische, geschlossene Gruppe, die zwar nicht genau lokalisiert werden kann, stilistisch aber der fatimidischen Epoche Ägyptens und der orientalisch beeinflußten romanischen Kunst Unteritaliens nahesteht. Es sind wahrscheinlich Arbeiten islamischer Handwerker aus sizilianischen Werkstätten des 11./12. Jh.s, und zwar in erster Linie für christliche Auftraggeber. Ihr Dekor besteht auf der Hauptfläche aus Einzeltieren oder Tierkampfgruppen in Rankenkreisen, an Blas- und Schallmündung aus Borten mit Tierprozessionen, Flechtwerk, Wellenranken u. a. Pflanzenornamenten. Islamische Elemente sind auch in den anderen Gruppen von Olifanthörnern festzustellen. Fälschungen sind nicht selten und verraten sich durch weniger sorgfältige Ausführung des Dekors sowie durch verdächtige Patina (→ Islamische Elfenbeinschnitzerei).
Ollientopf, auf drei Füßen stehende Porzellanschüssel mit Deckel für Fleischbrühe. Die in Wien, Meißen und Delft hergestellten Gefäße lehnen sich in ihrer Form an chinesische Zeremonialgefäße an.
Om mani padme hum, „oh Kleinod im Lotos", bekannteste Gebetsformel der Buddhisten, vor allem der tibetischen Lamaisten. Das mystische Zeichen ‚Om' setzt sich aus den Buchstaben A = männlich, U = weiblich und M = Vereinigung der männlichen und weiblichen Kraft zusammen. Es befindet sich fast immer auf tibetischen → Amulettkästchen. → Thankas tragen die Gebetsformel meist auf der Rückseite.
Omophorion, dem → Pallium ähnliches, seit dem 4. Jh. bekanntes Bischofsinsigne der Ostkirche, zunächst aus Wolle, heute meist aus → Brokat, das, über dem → Sakkos ringförmig um die Schultern gelegt, seitlich an Brust und Rücken herabfällt und mit Kreuzen verziert ist.
Ondégarn, welliges Garn, das durch Verzwirnung eines dikkeren und eines dünneren Fadens unter verschiedener Spannung entsteht.
Onyx, der schwarz-weiß gestreifte → Chalcedon
Onyxglas → römisches Glas
Opakweißes Glas → Milchglas
Opalglas, eine Glassorte, die von außen milchig gefärbt erscheint (→ Milchglas), bei durchfallendem Licht rötlich-opalisierend wirkt. Durch Zusatz von färbenden Metalloxiden zum Gemenge können pastellartige Farbtöne erzielt werden. Frühe Gegenstände aus Opalglas erzeugten die venezianischen Glasmacher im 16. und 17. Jh. (→ venezianisches Glas). Zu den reizvollsten Biedermeiergläsern gehören die geschliffenen und überfangenen opalisierenden Farbengläser aus den Buquoyschen Hütten (→ Buquoy, Georg Franz August de Longueval, Graf von), der → Harrachschen Hütte und den → Meyr'schen Hütten im Böhmerwald. Um 1830 erregten vor allem die französischen Glasfabriken von → Baccarat und Saint-Louis (→ Saint-Louis, Christallerie de) Aufsehen mit dünnwandig geblasenen Luxusglaswaren aus Opalin in antikisierenden Formen.
Opalin → Opalglas
Oppenort, Gilles Marie (1672–1742), Architekt, Zeichner und Kupferstecher in Paris; der bedeutendste Ornamenterfinder der Régence im Übergang zum Rokoko. Nach Wanderjahren in Italien ständig im Dienste des Regenten, des Herzogs von Orléans, und ab 1715 Vorsteher der königlichen Manufakturen und Gärten. Er schuf zahlreiche Vorlageblätter für alle Zweige des Kunstgewerbes. Sein Dekorationsstil ist durch die Verbindung rein ornamentaler und naturalistischer Motive gekennzeichnet. Zusammen mit J. A. Meissonier schuf er um 1720 die → Rocaille.

Opus anglicanum (lat.: englische Arbeit), die berühmte englische Gold- und Seidenstickerei des 13. und 14. Jhs., die in Klöstern und weltlichen Werkstätten gepflegt wurde. Sie ist in versenkter → Anlegetechnik ausgeführt. Eine Anzahl großartiger, z. T. von Päpsten gestifteter Chormäntel (→ Pluviale), ganz im Opus anglicanum bestickt, sind erhalten. Sie zeigen in mehreren Rängen Heiligenfiguren oder Szenen der Heilsgeschichte in architektonischer Umrahmung.

Opus germanicum, auch Opus teutonicum (lat.: deutsche Arbeit), mittelalterliche Bezeichnung für die im 13. und 14. Jh. vor allem in Norddeutschland blühende Weißstickerei aus weißem Leinengarn auf Leinengrund. Sie diente der Verzierung von Altar-, Kelch- und → Hungertüchern, außerdem zur Verhüllung von Chor und Altar in der Fastenzeit. Die schönsten Beispiele haben sich im Kloster Lüne bei Lüneburg erhalten. Das Opus teutonicum fand seine Fortsetzung in der im 15. Jh. blühenden, bis ins 17. Jh. fortlebenden schweizerischen Leinenstickerei.

Orarion, ca. 10–15 cm breite und 2 m lange → Stola, zumeist aus → Samt oder Seide, als liturgisches Insigne des Diakons der Ostkirche, das je nach Handlung verschieden getragen wird. Es ist mit Kreuzen und oft an drei Stellen mit dem Wort *hagios* (= heilig) bestickt.

Weißblaues Opalglas. London 1886. H. 17,4 cm. Stuttgart, Württembergisches Landesmuseum.

Orchestrion, ein → mechanisches Musikinstrument mit Klavier, Schlagzeug und Pfeifen.

Orden, Ehrenzeichen für zivile und militärische Verdienste in verschiedenen Formen und Klassen. Nach der Art und Weise des Tragens sind Hals-, Brust- und Schulterbandorden zu unterscheiden. Orden werden von Staatsoberhäuptern verliehen. Früher waren sie häufig mit persönlichem Adel oder Erbadel verbunden.

Hosenbandorden
Oben: Stern, rechts: Medaillon am Bande.

Ältester Orden ist der 1469 gestiftete französische Michael-Orden, der noch einklassig war. Ab 1578 trat der Orden vom heiligen Geist hinzu, der nur dann verliehen wurde, wenn der Michael-Orden bereits verliehen worden war. Diese Regelung bedeutete faktisch den Beginn einer Klasseneinteilung, die in Frankreich dann mit dem Sankt-Ludwigs-Orden (1693 gestiftet) eingeführt wurde. Dieser erste reine Verdienstorden erhielt auch als erster die Klasseneinteilung in Großkreuz, Kommandeur oder Komtur und Ritter. In Deutschland wurde 1740 der Orden de la génerosité von Friedrich dem Großen in einen Verdienstorden umgewandelt, der den Namen Pour le mérite erhielt. Vorher wie auch nachher wurden in vielen europäischen Ländern zahlreiche Orden gestiftet, so 1522 der schwedische Schwert-Orden, 1736 der polnisch-sächsische Sankt-Heinrichs-Orden, 1757 der österreichische Maria-Theresien-Orden, 1759 der württembergische Militär-Verdienst-Orden, 1769 der russische Sankt-Georgs-Orden. Eine Vielzahl weiterer Kriegsauszeichnungen folgte im 19. Jh., so der bayerische Militär-Max-Josef-Orden 1806 und das Eiserne Kreuz, 1813 in Deutschland gestiftet. Zu unterscheiden sind neben den *Kriegsorden* und den *allgemeinen Verdienstorden* im einzelnen *Hausorden,* mit denen Souveräne in erster Linie Verdienste belohnten, die ihnen selbst oder Angehörigen ihres Hauses geleistet worden waren, weiterhin der *Damenorden,* der vor allem später (während der Befreiungskriege) an Frauen verliehen wurde, die sich bei der Verwundetenpflege und tätigen Nächstenliebe verdient gemacht hatten; hinzu traten Orden für Kunst und Wissenschaft, so der von Friedrich Wilhelm IV. 1842 geschaffene Pour le mérite für Wissenschaft und Künste. Ein Sondergebiet sind die englischen Ritterorden.

Orden stellen ein umfangreiches Sammelgebiet dar, das im allgemeinen zu einer gewissen Spezialisierung führt. Ältere Orden sind nur noch selten und stellen begehrte Sammelobjekte dar.

Orientalisten, Maler, die sich vorwiegend mit der → Genremalerei des Orients befaßt haben. Besonders im 19. Jh. – dem Zeitalter des Kolonialismus – unternahmen europäische Künstler oft ausgedehnte Reisen in nah- oder fernöstliche Länder. Basarszenen, Serails, Küsten, Oasen und Motive aus Türkischen Bädern oder den orientalischen Märchen sind ihre vorwiegend verwendeten Themen seit der Mitte des 19. Jh.s; in Paris zusammenfassend ausgestellt im Salon des Peintres Orientalistes, 1893. Frühe Beispiele lieferten Jean Baptiste Dominique Ingres mit der *Großen Odaliske* (1814) und dem *Türkischen Bad* (1862). Die bedeutendsten Vertreter dieser Bildgattung sind in Frankreich besonders Horace Vernet, Léon Gérôme, Eugéne Delacroix und Henry Regnault, in England John Frederick Lewis, R. P. Bonington, Frank Braugwyn und etwa Thomas Seddon; in Deutschland und Österreich Ludwig Deutsch, Rudolf Ernst und Gustav Bauernfeind.

Orientteppiche, im Vorderen und Mittleren Orient hergestellte Knüpfteppiche. Die Entstehung der Technik erklärt man auf zweierlei Weise: als beweglichen Ersatz von Fußbodenmosaik oder aus dem Bedürfnis von Nomaden nach einem wärmenden Bodenbelag. Der älteste erhaltene Knüpfteppich, der Teppich von Pazyryk im Altaigebiet, ist in die Zeit um 500 v. Chr. zu datieren. In Ostturkestan fand man Fragmente aus dem 3. bis 6. Jh. n. Chr. Aus dem 13. Jh. stammen die kleinasiatischen → Seldschukenteppiche. Eine fortlaufende Entwicklung setzte im 15. Jh. mit kleinasiatischen Tierteppichen ein, denen die → Holbeinteppiche, die kaukasischen → Drachenteppiche und die → Mameluckenteppiche Ägyptens folgten. Im 16. und 17. Jh. erlebte der Orientteppich seine Blütezeit in Persien. Um 1800 bildeten sich durch Musterwahl feste Typen des Orientteppichs heraus, die hier unter ihren Herkunftsbezeichnungen besprochen werden. Ist dort das Material des Flors nicht eigens genannt, so handelt es sich um Wolle.

Orientteppiche lassen sich landschaftlich zu folgenden Hauptgruppen zusammenfassen: kleinasiatische (türkische anatolische), → persische, → kaukasische, → turkmenische, → indische und → Chinateppiche. Europäische Nachahmungen sind spanische und → Savonnerieteppiche.

Träger der Knüpfkunst im Orient sind: 1. Nomaden (kaukasische, turkmenische Teppiche), 2. die seßhafte Bevölkerung der Dörfer und kleinen Städte, die, im Auftrag oder aus eigenem Antrieb, Teppiche in Heimarbeit knüpfen, und 3. die Manufakturen der größeren Städte (viele persische Typen). Diese Gruppen berühren und überschneiden sich. Die Formate erklären sich aus der orientalischen Anordnung der Teppiche im Raum. Ein großer Teppich in der Mitte (pers., *Khali, Miane*) wird von zwei gleichlangen, schmäleren, oft ein Paar bildenden Teppichen (pers.; *Kenares*) gerahmt. Zu Häupten (manchmal auch noch zu Füßen) der drei wird der vierte (oder fünfte) Teppich (pers., *Kelleghi*) gelegt, der in seiner Länge den Breiten der drei anderen Teppiche entspricht. Ist diese Anordnung nicht möglich, wird der Boden mit kleineren Stücken belegt, die die Größenbezeichnungen → Sedschahdeh und → Namaseh führen.

Im Handel unterscheidet man nach der Entstehungszeit folgende Gruppen alter Teppiche: Antike Teppiche (oder Fragmente), die bis 1870 entstanden, alte Teppiche aus der Zeit von 1870 bis zum Zweiten Weltkrieg.

Originalgraphik, in einer der graphischen Techniken (→ Druckgraphik) hergestellter Druck im Gegensatz zur Wiedergabe eines solchen Druckes durch Verfahren der maschinellen Reproduktionstechnik. Diese Definition trifft aber nur auf die klassische, ältere Graphik zu. Es gibt eine Vielzahl neuer maschineller Verfahren, bei denen eine klare Trennung zwischen Originalgraphik und Reproduktion nicht getroffen werden kann.

Ormoulu (Goldbronze, Bronze doré), feuerfeste Bronze, die für Möbelbeschläge, Montierungen an Uhrgehäusen u. a. besonders in Frankreich seit dem 16. Jh. Verwendung fand.

Ornament, ein einzelnes Schmuckmotiv, wogegen der Ausdruck Ornamentik die Ganzheit des in einem bestimmten Kulturkreis und in einer bestimmten Epoche verwendeten ornamentalen Motive bezeichnet. Ornament und Ornamentik sind so auch unterschieden von der Dekoration, die begrifflich das Zusammenspiel aller Schmuckelemente eines architektonischen Ensembles, eines Möbelstückes u. a. umfaßt. Das Ornament tritt nicht nur zu allen Zeiten und bei allen Völkern auf, sondern auch innerhalb jeder Kunstgattung. Hierbei fungiert es jedoch nicht als autonomes künstlerisches Element, sondern wird wesensnotwendig anderen Elementen integriert oder untergeordnet. Es bedarf stets eines Trägers, dem es entweder plastisch aufgelegt (beispielsweise → Beschläge, → Maskarons an Möbeln usw.) oder aufgemalt bzw. eingelegt sein kann (→ Intarsie, → Tauschieren). Sein Anwendungsbereich erstreckt sich von der Baukunst über die Malerei, Graphik, Plastik und das Kunstgewerbe (wobei in Sonderfällen plastisches Ornament zum Eigengebilde sich entwickeln kann, beispielsweise die → Rocaille als Sockelgebilde, Buchstütze usw. mehr). Das Ornament kann aus dem Material wie sein Träger bestehen oder aber auch materiale Unterschiedlichkeit aufweisen.

Die Anfänge des Ornaments im frühen Jungpaläolithikum belegen seine Funktion nicht nur als Schmuck und Zierde, sondern auch seine elementar-symbolische Wertigkeit als magisch-rituelle Bezeichnung und Inbesitznahme von Gegenständen oder als Schutz vor numinosen Kräften. Die formalen Hauptunterscheidungsmerkmale des Ornaments sind als das pflanzlich-vegetabilische oder figürlich orientierte Ornament anzusprechen. Beide Varianten, zwischen denen Übergänge häufig sind, begegnen durchlaufend in der Geschichte der Kunst. Wichtig sind jedoch auch jene Ornamentformen, die sich aus architektonischen Elementen oder Schriftzeichen und daraus abgeleiteten Motiven konstituieren. Ornamentgebilde wie das → Flechtband, die Schnurornamente, die → Ohrmuschelornamentik, das → Bandelwerk, →Rollwerk und die → Rocaille stellen weitere Sonderformen dar, die aus den unterschiedlichsten, sich untereinander verbindenden Voraussetzungen herzuleiten sind. Das Ornament kann für einzelne Epochen und für jeweilige Kulturkreise so wichtig werden, daß man diese vor allem vom Ornament her analysierend bestimmt (Schriftornamentik und islamische Kunst, Rocaille als Wesensmerkmal des Rokoko).

Erstmals in Ägypten wurden dann vegetabilische Formen vorherrschend, so in der ornamentalen Verwendung der → Lotosblume, der Lilie und des Papyrus. In der griechischen Kunst, die noch im 9. und 8. Jh. v. Chr. geometrische Ornamentformen (→ Mäander) bevorzugte, setzte in der Archaik eine Naturalisierung des Ornaments ein: Aus dem ägyptischen Lotosornament entstand die → Palmette und schließlich der → Akanthus. Die Römer übernahmen die griechische Ornamentik, die dann aber wieder vor allem in der späten Kaiserzeit und schließlich in der frühchristlichen Kunst Stilisierungen unterworfen wurde und ihren starken Naturalismus verlor. Unabhängig von der mittelmeerischen Tradition entwickelten die Germanen eine ausgeprägte → Tierornamentik. Eine zwar teilweise auf antike und altorientalische Vorbilder zurückgreifende, aber zu völliger Selbständigkeit sich ausdifferenzierende Ornamentik entwickelte die islamische Kunst, wo neben geometrischer und Schriftornamentik die → Arabeske und → Maureske kennzeichnend wurden. Mit der karolingischen Kunst drangen um 800 v. Chr. erneut antike Vorbilder in die Länder nördlich der Alpen ein. In der Romanik entwickelte sich vor allem am → Kapitell ein reicher figürlicher Schmuck. Aber auch geometrische Formen bleiben wichtig. Eine Neuentwicklung des Ornaments setzte wieder mit der Gotik ein, wo das → Maßwerk nicht nur als Bauornament, sondern auch an Chorgestühl, Tabernakeln, Altären, Monstranzen usw. entscheidend wurde. Im Gegensatz zum architektonisch geprägten Maßwerk entwickelte sich im 13. Jh. eine reiche Pflanzenornamentik.

Das → Knorpelwerk leitet später zum barocken Ornament über, das durch körperlich-plastische Form und anthropomorphe Züge gekennzeichnet ist. Die Rocaille schließlich wird zum ornamentalen Hauptmotiv des Rokoko, zu dessen Charakteristika auch die → Chinoiserien zählen. Der seit dem späten 18. Jh. sich entwickelnde Klassizismus orientierte sich an streng und klar gebauten antiken Schmuckformen. Neben dem Akanthus werden u. a. Kranz, Girlande, antike Vasen, aber auch ägyptische Formen (→ Obelisk) ins Dekorationssystem übernommen. Nach einer völlig unschöpferischen Anwendung des Ornaments im 19. Jh. schuf erst der → Jugendstil mit seinen stark an Vegetabilischem orientierten, linearbetonten Formen eine neue Ornamentgrundlage. Die weitere Geschichte des Ornaments seit etwa 1900 ist gekennzeichnet von einer ständigen Diskussion um Sinn und Wert, um die Daseinsberechtigung des Ornaments überhaupt. (Abb. s. a. S. 32/33)

Die Kenntnis der Ornamente, der den künstlerischen „Moden“ und den Stilwandlungen direkt und unmittelbar unterworfenen Schmuckmotive, die sich zudem an fast allen künstlerischen und sakralen Objekten und künstlerisch bearbeiteten Gebrauchsgegenständen vorfinden, ist neben anderen Aspekten auch als elementare Datierungshilfe für den Kunst- und Antiquitätensammler von größter Wichtigkeit.

Ornamentstiche, auch Vorlagenstiche, Bezeichnung für jenen Bereich der Druckgraphik, der hauptsächlich für Architektur und Kunstgewerbe Mustervorlagen lieferte. Ornamentstiche trugen wesentlich zur Entwicklung des Ornaments bei. Zuerst wurden sie in Kupferstichtechnik, später auch als Holzschnitt und seit dem Barock als Radierung ausgeführt. Entstanden sind sie um die Mitte des 15. Jh.s, und zwar etwa gleichzeitig in Deutschland, Italien und den Niederlanden. Das letzte bedeutende Ornamentstichwerk erschien 1801–1812 in Frankreich. Es stammt von den beiden führenden Architekten des → Empire, Charles Percier und Pierre François Léonard Fontaine, und erschien unter dem Titel *Recueil élémentaire de décorations intérieurs.* Im 19. Jh. wurde der Ornamentstich durch photochemische und andere technische Reproduktionsverfahren abgelöst, während in der Folgezeit seine Aufgaben großenteils durch kunstgewerbliche Zeitschriften übernommen wurden.

Orpheus-Platte → Horchaimer, Nicolaus

Osella, venezianischer Medaillentyp, der auch als Kursmünze Verwendung fand. Der Name rührt von der Darstellung her, die in einem Blattornament einen Vogel (ital. *ucello,* weibl. Form *ucella*) zeigt. Ihre jeweilige Gestalt richtete sich nach den Wünschen des Dogen.

Osier, auch Ozier (frz. *osier,* Korbweide), Reliefbordüre in Form von Weidengeflecht, die seit Anfang der dreißiger Jahre des 18. Jh.s bei Meißener Geschirr (→ Meißen) für den Randdekor verwendet wurde. Zick-zack-Geflecht, das J. J. Kändler beim Sulkowski-Service (1735/1737) benutzte, heißt Ordinair-Ozier oder Sulkowski-Muster, die einfache Form mit rechtwinkligem Flechtwerk und geraden Zwischenstegen Alt-Ozier, das gleiche Muster mit S-förmig geschweiften Stegen Neu-Ozier (um 1742). Eine Variation mit gepunktetem Gitterwerk und geraden Stegen wurde als Altbrandenstein-Muster (um 1740), die Rokokoform mit S-förmig geschweiften Stegen als Neubrandenstein-Muster bezeichnet. Osier-Relief benutzten nach Meißener Vorbild nahezu alle europäischen Porzellanmanufakturen.

Osmanische Stickereien → Türkische Stickereien

Ostasiatische Stickereien, Stickereien aus China und Japan

Ornamentstich von Thomas Sheraton: Beinformen für Wand- und Spieltische. Aus: The Cabinet-Marker's and Upholster's Drawing-Book (London, 1794).

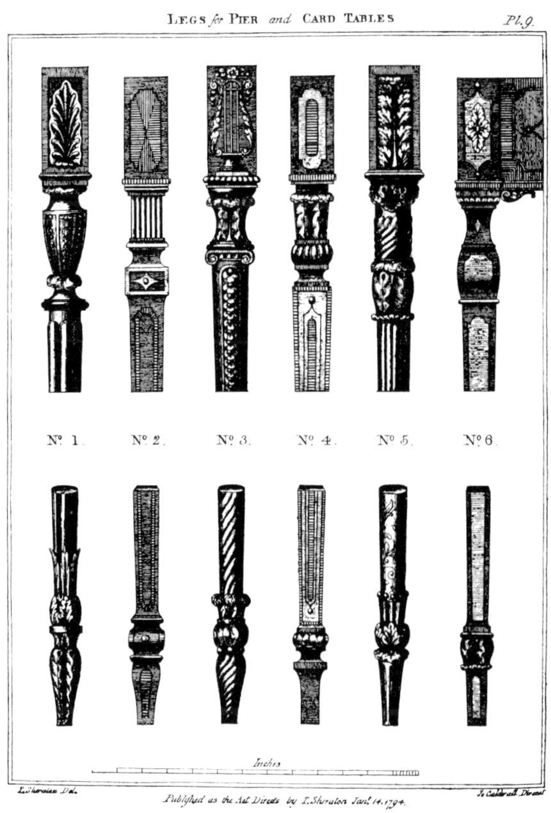

Oszillum mit einer Darstellung des Dionysos. Bochum, Kunstsammlungen der Ruhr-Universität.

zeichnen sich durch preziöses Material (Seide auf Seide, Gold- und Silberfäden) und eine spezifische Ornamentik aus. Sie entstammt der generellen Musterung des ostasiatischen Kunsthandwerks: Drachen, Vögel, Päonien, Wolkenband, Mäander- und Flammenbordüren. Bestickt werden Paneele, Mäntel, besonders Drachenroben und „Rangabzeichen" der Mandarine, etwa 20 cm große, quadratische Tücher, die auf Kleider aufgenäht wurden. Der Grund ist meist komplett bestickt, die Farben changieren in Blau-, Grün-, Gelbtönen. Sparsam werden grelle Farben verwendet. Rollbilder, den gemalten Objekten im Medium der Stickerei nachempfunden, reichen bis in die Sung-Zeit (9.–12. Jh.) zurück, während die ornamentierten Stickereien ab dem 17. Jh. zu datieren sind. Wegen der traditionsgebundenen Konstanz in Zeichnung und Verarbeitung sind ostasiatische Stickereien zeitlich schwer einzuordnen. Selbst die Qualität ist künstlerisch nicht leicht abwägbar, da textile Arbeiten dieser Region von den ästhetisch hochrangigen Keramiken, Lackarbeiten und Porzellanen abhängig sind.

Ostensorium → Monstranz

Osterleuchter, ein Standleuchter, auf den die große Osterkerze gesteckt wird, die von Karsamstag bis Christi Himmelfahrt bei der Messe angezündet wird.

Oszillum, ein bei den Römern beliebter Schmuck zur Raumausstattung, kreisrunde Scheiben mit Relief auf beiden Seiten und Durchbohrungen an den Rändern zum Aufhängen. Das Material ist Marmor.

Otto-Adelheid-Denare →Adelheid-Denare

Ottocento, Bezeichnung für die italienische Kunst des 19. Jh.s.

Ottomane, niedriges breites Sofa mit ein oder zwei halbrunden Seitenlehnen und Rückenlehne; im 18. Jh. weit verbreitet.

Ottonische Kunst, die Kunst im Zeitalter der Sachsenkaiser, die als Stilepoche etwa von 950 bis 1030 reicht. Sie ist durch die völlige Einschmelzung des durch die → karolingische Kunst überlieferten antiken Formengutes und die Entstehung eines spezifisch abendländisch-christlichen Stils gekennzeichnet. Nur Deutschland hat in der ottonischen Kunst Bedeutendes geleistet.

Ottweiler, Porzellanmanufaktur von Nassau-Saarbrücken, 1763 durch Pellevé aus → Rouen gegründet. Die erste Manufaktur, die mit Steinkohlen feuerte. Es wurden Tafel- und Kaffeegeschirre mit guter Bemalung erzeugt. Die Marke ist NS in Blau, Gold, farbig oder geritzt.

Oude-Amstel → Oud-Loosdrecht

Oudenaarde (franz., *Audenarde*) in der belgischen Provinz Ostflandern, im 16. und 17. Jh. Produktionsort künstlerisch und technisch häufig nicht sehr anspruchsvoller → Bildwirkereien, die in zahlreichen Kleinbetrieben in und um Oudenaarde hergestellt wurden. In Brüssel wurde 1538 die Einfuhr Oudenaarder Erzeugnisse verboten.

Oud-Loosdrecht, von Johannes de Mol 1771 bis 1782 betriebene Porzellanmanufaktur, aus der Geschirre, Biskuitfiguren (→ Biskuitporzellan) und Büsten historischer Persönlichkeiten hervorgingen. Die Marke ist MOL. 1784 wurde der Be-

trieb in Oude-Amstel fortgesetzt, zunächst mit den gleichen, später mit klassizistischen Formen. Als Marke wurde „Amstel" geführt.

Oxford-Stuhl, zwei verschiedene englische Stuhlformen des 19. Jh.s: 1. ein Stuhl mit leicht auswärts gebogenen Beinen und einer Sitzfläche aus Korbgeflecht, 2. ein Lehnstuhl mit tiefer Sitzfläche, hoher Lehne und gepolsterten Armlehnen.

Ozeanische Kunst, die Kunst der Inselwelt des Stillen Ozeans, die von Neuguinea im Westen bis zur Osterinsel im Osten, von Hawaii im Norden bis Neuseeland im Süden reicht. Analog der geographischen und ethnologischen Verhältnisse wird dieser Kunstbereich aufgeteilt in die → melanesische Kunst, die → mikronesische Kunst, die → Papua-Kunst und die → Polynesische Kunst.

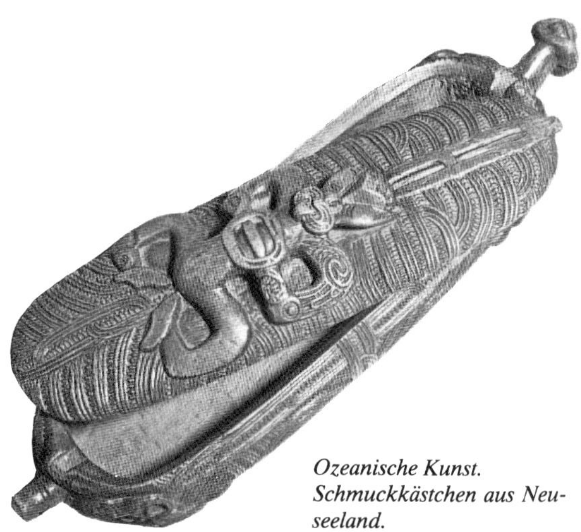

Ozeanische Kunst. Schmuckkästchen aus Neuseeland.

P

Pacificale → Kußtafel

Paduaner, Nachahmungen römischer Münzen, die im 16. Jh. Giovanni dal Cavino in Padua unter Beratung des Gelehrten Alessandro Bassiano anfertigte. Heute als Renaissance-Kunstwerke international geschätzt und bewertet.

Paenula, glockenförmiger Mantel mit Kopfloch und Kapuze der römischen Kaiserzeit, als → Kasel in den → Meßornat eingegangen.

Päonie, Pfingstrose, häufig auftretendes Schmuckmotiv auf chinesischen Porzellanen und Textilien.

Pagode, sitzende Götzenfigur nach chinesischem Vorbild. In Meißen 1715–1720 aus weißem Porzellan oder rotem Steinzeug hergestellt. Chantilly produzierte um 1730/1740 Pagoden.

Paillons, kleine Ornamente aus dünnem → Blattgold, die zwischen zwei Schichten von transluzidem Email (→ Emailkunst) eingeschlossen sind. Eine Verzierungsart Pariser Golddosen (→ Dosen) um 1780.

Palagi, Pelagio (1775–1860), italienischer Bildhauer, Architekt und Möbelschreiner des → Empire und der → Restauration. Als sein frühestes Werk gilt die Wiederausstattung des Quirinalspalastes in Rom für Napoleon. Seit 1818 in Mailand und seit 1832 in Turin tätig, schuf er Möbel von handwerklicher Perfektion im Stile eines späten → Klassizismus, die sich durch, bisweilen überladene, vollplastisch vergoldete figürliche Schnitzereien auszeichnen, ein Phänomen, dem wir im italienischen 19. Jh. in der Möbelkunst häufig begegnen.

Pâla-Stil, indischer Kunststil von der Mitte des 8. Jh.s bis zum 12. Jh. Benannt nach der in Bengalen und Bihâr herrschenden Pâla-Dynastie. Letzte Epoche des indischen Buddhismus.

Palech, Dorf in der Nähe Moskaus, seit dem Ende des 17. Jh.s Zentrum der Altgläubigen-Ikonenmalschule, die im 18. und 19. Jh. die Ikonenmalerei Rußlands, besonders die Feinmalerei, stark beeinflußte.

Palette, Holzplatte, auf der die Farben kurz vor dem Auftrag gemischt werden. Die Form ist meist oval oder nierenförmig, ein Loch, durch das der Daumen gesteckt wird, dient dem Festhalten. Im 19. Jh. wurden auf Paletten gern Bilder (Porträts) gemalt; solche Gelegenheitsgemälde wurden meist verschenkt und sind heute Sammelobjekt geworden.

Paliotto, italienische Bezeichnung für → Antependium.

Palisander → Rosenholz

Palissy, Bernard (um 1510 bis um 1590), französischer Naturforscher, der zuerst in Saintes, dann in Paris ohne fremde Anleitung Keramiken mit durchsichtigen, gefärbten Bleiglasuren herstellte und mit Reliefs verzierte, zum Teil mit Abgüssen von Muscheln und Tieren nach der Natur. Figurenreliefs arbeitete er u. a. nach François → Briot.

Palla, auch Animetta, quadratisches, durch einen Karton versteiftes weißes Leinentuch in der Größe eines zusammengefalteten → Corporale zur Bedeckung des → Kelches, meist mit einem Kreuz bezeichnet.

Pallavâ-Stil, in der indischen Kunst die Epoche der südostindischen Pallava-Dynastie, von der Mitte des 6. Jh.s bis zur Mitte des 8. Jh.s. Bedeutende Skulpturen und Kleinkunst.

Gürtelbrosche „Päonie“ von Philippe Wolfers. Brüssel, um 1901. Gold, Brillant, Opale, Rubine, 8,2 × 7 cm.

Pallium, römischer Männermantel (Palla, der entsprechende Frauenmantel). Der Begriff Pallium ist – wie bei der → Stola – vom Gewand auf die Rangstreifen (→ Clavus) und von diesen in die liturgische Gewandung übergegangen (→ Meßornat). Es ist, ähnlich dem → Rationale, Rangabzeichen der Erzbischöfe und des Papstes. Es wird über der Kasel getragen und besteht heute aus einer ringförmig um die Schultern gelegten weißwollenen Binde mit sechs schwarzen Kreuzen; die beiden schwarzen Enden (aus Seide) hängen über Brust und Rücken herab. Dem Pallium entspricht in der Ostkirche das → Omophorion.

Palmette (von lat. *palma,* „Palmbaum“), streng symmetrisches, flächenförmig angeordnetes Pflanzenornament, dem Blatt der Fächerpalme nachgebildet. Die Spitzen der zu den Seiten hin kleiner werdenden Einzelblätter liegen dabei auf einer regelmäßigen Kurve. Die Palmette entstand aus dem

ägyptischen → Lotosornament und kam über orientalische und minoische Vorbilder im 7. Jh. v. Chr. nach Griechenland, wo sie neben dem → Mäander zur beliebtesten Ornamentform wurde. Nach der Antike kommt die Palmette in

Sessel von Bernhard Pankok. Gezeigt auf der Weltausstellung in Turin 1902.

der Romantik, in der Renaissance und im Klassizismus wieder in Gebrauch. Außerdem häufiges Schmuckmotiv des Orientteppichs.

Palmtuch → Hungertuch

P'an, weites niedriges Wasserbecken, das zusammen mit einem kleinen zoomorphen Gießgefäß auf drei Beinen, dem *i,* zu Zeremonialwaschungen der Hände beim Ahnenopfer verwendet wurde; Gefäßtypus der neolithischen Keramik, unter den → altchinesischen Bronzen von der späten Shang- bis zur West-Chou-Zeit zu finden; mit Drachenschlangendekor oder langen Inschriften.

Panagia → Enkolpion

Panathenäische Preisamphora → Amphora

Panderma, Stadt in Nordwestanatolien, in der im späten 19. Jh. eine nicht unbedeutende Anzahl wollener und seidener Gebetsteppiche persischen und türkischen Ursprungs kopiert wurden. Häufig wurden Pandermas künstlich alt gemacht. Die meisten seidenen Panderma sind in Kayseri entstanden.

Paneel, die vertiefte Füllfläche in einer Holzvertäfelung, auch die gesamte Wandverkleidung, bei Möbeln vertieft liegende Einsatzstücke z. B. in Türen, meist dekoriert.

Pangwe → Fang

Panier (franz., Korb), französische Bezeichnung für den Reifrock des 18. Jh.s. Nach dem knarrenden Geräusch des tragenden Drahtgestells hieß er auch Criarde (franz., „Kreischerin").

Pankok, Bernhard (1872–1943), aus Westfalen gebürtiger, in München (1892–1902) und in Stuttgart (1902–1917) tätiger Architekt und Kunsthandwerker, gehört zu den Gründungsmitgliedern der →Vereinigten Werkstätten für Kunst im Handwerk und des Deutschen Werkbundes (→ Werkbund, Deutscher). Pankoks Möbelentwürfe erinnern in ihren vegetabil gestalteten, schwingenden Formen an Arbeiten Hector → Guimards; kennzeichnend sind bei seinen → Kastenmöbeln, wie z. B. Vitrinenschränken, die flügelartig ausschweifenden Stützen, die diesen Möbeln oft etwas Wuchtiges verleihen.

Pannisellus, fahnenartiges weißes Tuch, das am Knauf des Abtsstabes befestigt ist (vereinzelt auch am → Bischofsstab).

Pannotypie, eine Aufnahme aus den Anfängen der Photographie. Sie kann von anderen Photographien leicht unterschieden werden, da ihre Bildoberfläche meist brüchig und rissig ist: Ein Wachsleintuch stellt den Bildträger dar. Dies ist auch der Grund dafür, daß Pannotypien wegen dieser Brüchigkeit kaum noch erhalten blieben. Ein weiterer Grund für die Seltenheit ist darin zu sehen, daß Pannotypien nur während etwa eines Jahrzehnts hergestellt wurden (ca. 1850–1860). Statt Wachstuch wurde gelegentlich auch Leder als Trägermaterial verwendet. Wie auch → Ambrotypien, so sind Pannotypien Negative, die positiv scheinen; sie haben Unikatscharakter. Pannotypien wurden ebenfalls nach dem

Pannotypie

Naßkollodiumprinzip hergestellt. Gerahmt wurden sie meistens in Etuis oder als Wandbild.

Pantalons → Carmagnole

Panzer, seit den ältesten Zeiten Körperschutz des Menschen, aus Bronze, Eisen, Leder, Textil, Holz usw. hergestellt. Die europäische Panzerung überzog den Körper wie eine zweite Haut. Der orientalische Panzer ist ein verstärktes Kleidungsstück. Deutlichste Form ist der Lamellenharnisch auf altkürkischen Felsritzungen in der Mongolei, von denen wir bereits Darstellungen aus dem 6. Jh. n. Chr. besitzen. Am längsten (bis ins 19. Jh.) lebte er bei den Japanern fort. Er ist dort seit dem 5. Jh. v. Chr. aus Grabfunden nachweisbar.

Panzerhemd, auch Brünne, Helmbrünne, Kettenpanzer, Kettenhemd, Körperschutz aus Ringgeflecht, bereits in der Antike bekannt, im Abendland seit dem 12. Jh. auftretend. Zunächst bedeckte er den ganzen Körper; später nur noch Oberkörper, Hüften und Arme. Es gab auch Panzerkragen und andere Teilgeflechte. Die Eisenringe waren gestanzt oder geschweißt, verflochten oder vernietet. Zu einem Panzerhemd waren 100000 und mehr Ringe nötig. Die Panzermacher hießen „Sarwürcher". Meister dieses Gewerbes waren die Italiener.

Panzerkette, eine aus runden Gliedern gebildete Kette, deren Glieder auf gleicher Ebene liegen, eigentlich eine Wandlung der → Ankerkette durch Geraderichten der Zwischenglieder. Die Panzerkette als selbständige Schmuckform ist schon im 16. Jh. nachweisbar (→ Kette).

Panzerstecher, langer Degen, im Nahen Osten und Balkan gebräuchliche Reiterwaffe, die im 17. Jh. nach Europa gelangte und zusammen mit der Panzerung verschwand.

Paperweights (Briefbeschwerer) aus Glas → Glass-Paperweights

Papier. Das Grundmaterial ist ein aus verschiedenen Bestandteilen zusammengesetzter Faserbrei. Ausgangsstoff waren zunächst Leinenlumpen, vermischt mit Maulbeerrinde, Hanf und Bast. Im 18. Jh. nutzte man auch andere Ersatzstoffe wie Weinreben, Hopfen und sogar Torf. Die Erfindung des Holzschliffs in der Mitte des 19. Jh.s ermöglichte die Verwendung von Holz zur Papierherstellung. Der Brei wird mit einer flachen Schöpfform ausgehoben, abgerollt, gepreßt und dann getrocknet. Handgeschöpfte Papiere (Bütten, → Wasserzeichen) erreichten anfangs nur eine Größe von ca. 35 × 42 cm. Seit Ende des 18. Jh.s können fortlaufende Papierrollen hergestellt werden. Heute wird Papier maschinell produziert, daneben sind auch noch Bütten üblich. Je nach Zusammensetzung der Papiermasse entstehen die verschiedensten Qualitäten vom billigen, holzhaltigen Zeitungspapier bis hin zu holzfreien, schweren Papieren z. B. für künstlerische Zwecke. Für die verschiedenen graphischen Techniken benötigt man unterschiedliche Papiersorten. Tiefdruckverfahren erfordern saugfähige, ungeleimte Papiere, die Lithographie und der Offsetdruck gut geleimte, glatte. Für den Hochdruck können fast alle Papiersorten verwendet werden. Papier ist eine chinesische Erfindung, die für das Jahr 105 n. Chr. überliefert ist. Nach Europa wurde es über den Vorderen Orient und die Araber vermittelt. Die erste Papiermühle in Deutschland war die 1389/90 gegründete Gleismühle bei Nürnberg. Seit 1400 wurde Papier schon bei der Herstellung geleimt, davor mußte es noch grundiert werden (mit einem Gemisch aus z. B. Knochenmehl, Gipskreide, Zink, Titanweiß, Leim oder Gummiarabikum). Gegen Ende des 15. Jh.s wurde erstmals in der Rohmasse gefärbtes Papier hergestellt, nach seiner Herkunft Venezianer Papier genannt. Seit dem 14. Jh. verdrängte Papier alle anderen Materialien (wie Pergament, grundierte Holztäfelchen) als Zeichen- und Schreibfläche.

Papiermaché, teigartige, bildbare Masse aus zerstampftem Papier mit Leimlösung, Gummi bzw. Stärke, Kreide, Ton oder ähnlichen Mineralien. Vornehmlich im 18. Jh. beliebtes Material für kleine Lackgegenstände, wie → Schnupftabakdosen, Nadelbüchsen, Brillenetuis und Stockgriffe. Dazu wird die Masse in entsprechende geölte Gips- oder Holzformen gedrückt und anschließend im Ofen getrocknet, dann mit Lackfarben bemalt und einem zweiten Brennprozeß im Ofen unterworfen. Die Qualität der Erzeugnisse ist stark abhängig von der genauen Materialzusammensetzung und den Einzelheiten der Verarbeitung. Beide Komponenten wurden daher als Produktionsgeheimnis streng gehütet. Die lackierten Papiermachéobjekte sind hart, widerständig gegen kalte und heiße Flüssigkeiten sowie glänzend (→ Lackkunst). Hauptmeister dieses Genres sind die Brüder Martin in Paris (→ Vernis Martin) und Johann Heinrich → Stobwasser in Braunschweig (→ Schnupftabakdosen).

Papiermaché-Möbel, gepreßte Reliefs aus Papiermaché, einer Masse aus aufgeweichtem, zerkleinertem Papier, die meist mit Leim oder Gips verfestigt wird, schon seit dem 15. Jh. bekannt, in dem dieses Verfahren – ursprünglich wohl aus Ostasien stammend – in Italien eingeführt wird. Auch

Papiermaché-Nähtischchen. England, Mitte 19. Jh. Schwarz bemalt, goldene Verzierungen, aufgeklebte Perlmutt-Plättchen, B 56 cm. London, Sotheby's Belgravia.

Puppen mit Papiermachéköpfen. Deutschland, um 1850/60. Spielzeugmuseum der Stadt Nürnberg, Museum Lydia Bayer.

kleinere Gebrauchsgegenstände wie Dosen, Kästchen u. ä. wurden in diesem Verfahren hergestellt. Doch erst im England des 19. Jh.s, im → Viktorianischen Stil, beginnt die fabrikmäßige Anfertigung von Papiermaché-Möbeln, Tischen, Stühlen, Sesseln und Beistellmöbeln, die bemalt, lackiert und oft mit Perlmutteinlagen angeboten wurden. Heute gehören sie, v. a. im englischsprachigen Kunsthandel, zu begehrten Sammlerstücken und erzielen Höchstpreise.

Papiermaché-Puppen, wurden von Puppenmachern von Hand geformt und bearbeitet. Etwa um 1820 entwickelte man Fertigungsmethoden, die die Verarbeitung in größeren Stückzahlen erlaubten.

Große Mengen von Papiermaché-Köpfen wurden Ende des 18. und Anfang des 19. Jh.s hergestellt. Man setzte sie anfangs auf Holz-, später auf Leder- oder Stoffkörper. Papiermaché-Köpfe gab es auch einzeln zu kaufen und die Körper wurden selbst hergestellt. Bei vielen Papiermaché-Puppen ist die Frisur gleich mitmodelliert, gelegentlich sind Babylocken auf einen Wachsüberzug gemalt.

Papillongläser, irisirendes Glas mit Fleckendekor, Erzeugnis der Firma Loetz (→ Loetz, Joh. Loetz Witwe) Anfang des 20. Jh.s.

Papstring, Zeremonienring unbestimmter Verwendung, der vom Papst verliehen wurde. Etwa 100 Exemplare aus vergoldeter Bronze oder Kupfer mit ungraviertem, manchmal folierten Stein oder Glaspaste sind bekannt. Papstringe sind nur in Italien und fast ausschließlich im 15. Jh. entstanden und ungewöhnlich groß. Sie tragen die Insignien eines Papstes (besonders Pius II., Paul II.) meist auch seinen Namen und sein Wappen, einige auch noch die vier Evangelistensymbole. Möglicherweise dienten die Papstringe als Investitursymbole bei Erteilung eines Lehens oder einer Würde oder galten päpstlichen Gesandten als Beglaubigungszeichen.

Papua-Kunst, Kunst der Papua im Südosten Neuguineas, am oberen Sepik in Zentralneuguinea, den vorgelagerten Inseln, dem Louisiadenarchipel und in geringen Spuren in Neubritannien. Das Kunsthandwerk der Papuastämme steht auf hohem Niveau, häufig werden Holz, Flechtwerk und Rindenstoffe verwendet. In den Küstengebieten ist vor allem die Schnitzkunst hoch entwickelt, so bei den Ahnenfiguren im sog. Schnabelstil, teils porträtmäßigen, teils geometrisch stilisierten Masken, die auch aus Schildpattscheiben bestehen können. Verzierte Pfosten und Balken von sog. Männerhäusern sind reich geschnitzt und bemalt, ebenso Beilstiele, Streitkeulen, Zeremonialschilde, Pfeile, Trommeln und fast jegliches Gebrauchsgerät. Schmuck wird aus unterschiedlichsten Materialien gefertigt, aus Eberhauern, Kaurischnecken, Muscheln, Samenkörnern usw. Keramische Gefäße weisen meist kugelige oder bauchige Formen mit oder ohne Hals auf, teilweise auch spitze Böden. Für das Sepikgebiet sind flache, runde oder ovale Schalen mit schwarzer, weißer oder roter Bemalung und ornamentalem oder figürlichem Dekor charakteristisch.

Die Kunst des Papuagolfs wird beherrscht von einem typischen Flächenstil. Die ornamentale Gestaltung mit einer menschlichen Figur oder einem Gesicht als Mittelpunkt wird wichtiger als die plastische Schnitzerei. Weiß, Rot, Schwarz und Gelb sind die hauptsächlichsten Farben innerhalb einer Dekoration, die aus kurvigen, kreis- oder spiralförmigen Formen besteht.

Bei verschiedenen Stämmen der West-Papua, bei denen noch Kopfjagd existiert, finden sich Schädelidole: geschnitzte männliche Figuren im Flachrelief.

Parachute, eine Erfindung Abraham-Louis Breguets (→ Uhrentechnik), aufgrund derer die Lagersteine einer Taschenuhr federnd angeordnet sind, um Erschütterungen einer Uhr für Deckstein, Lochstein und Unruhzapfen unschädlich zu machen. Nur bei qualitätsvollen alten Uhren findet man die sorgfältig ausgeführten stählernen Parachutes.

Paramente, liturgische Gewänder und Behänge (→ Capella, → Meßornat).

Paravent, auch „spanische Wand", Stellwand aus mehreren hochrechteckigen Feldern, die durch Scharniere verbunden sind.

Parement de Narbonne → Antependium

Parierdolch → Dolch

Pariser Porzellan. Das erste französische Privileg zur Her-

Papstring, Italien, 15. Jh. Vergoldetes Kupfer, rot folierter heller Amethyst. Pforzheim, Schmuckmuseum.

Pariser Porzellan: Wasserkanne und Schüssel mit goldenen und pupurfarbenen Streublumen. Paris, Rue du Petit-Carrousel, um 1800. H 19,5 cm. Hamburg, Museum für Kunst und Gewerbe.

stellung von Porzellan wurde 1664 dem Pariser Keramikunternehmer und -händler Claude Réverend erteilt. Vermutlich bezeichnete man damals mit „porcelaine" lediglich die im Stil von chinesischem Porzellan bemalte Delfter Fayence (‚Nederlants porceleyn'), mit der Réverend handelte und die er seit 1664 in seiner Manufaktur in Saint-Cloud offenbar selbst herstellte. Echtes Porzellan, das von Claude Réverend stammen könnte, wurde bisher nicht identifiziert.
Frittenporzellan (pâte tendre) entstand in Paris zuerst in dem um 1711 gegründeten Filial-Betrieb von Saint-Cloud in der Rue de la Ville-l'Evêque, der 1741 wieder geschlossen wurde. Hartporzellan (pâte dure) fertigte als erster Peter Anton Hannong in seinem 1771 aus Vincennes nach Paris transferierten Unternehmen. Seitdem wurden in Paris zahlreiche Manufakturen gegründet, die bis 1800 meistens einfaches klassizistisches Porzellan produzierten. Den größeren Umfang erreichte wahrscheinlich die Produktion einiger privater Manufakturen, unter denen das bereits 1771 gegründete Werk „La Courtille" und die erst gegen Ende des Jh.s entstandenen Unternehmen von Nast, von Honoré (später assoziiert mit Dagoty) sowie der Brüder Darte ihren Einfluß zu Beginn des 19. Jh.s noch erweitern konnten.
Parkettieren, um dem Wölbungsprozeß von Holztafelbildern entgegenzuwirken oder das „Werfen" des Holzes von vornherein zu verhindern, wird rückseitig ein Parkettrost angebracht (→ Gemälderestaurierung). Dabei muß für die natürliche Dehnung des Holzes Spielraum gelassen werden. Daher werden nur die mit der Holzfaserung laufenden Rostlatten fest aufgeleimt, die quer zur Maserung angeordneten Latten ohne Leimauftrag lose in Führungsrillen eingeschoben, die an der Unterseite der Längslatten eingearbeitet worden sind. Im Gegensatz zur rechtwinkligen „Florentiner Parkettierung" werden bei der „Römischen Parkettierung" nur versetzte Teilstücke des Rostes, verbunden mit den losen Querleisten, auf die Holzplatte befestigt.

Parochet, im jüdischen Kult der meist reich bestickte Vorhang vor dem → Toraschrein in der Synagoge. Dem jeweiligen Zeitstil und der Gegend entsprechend ist der ornamentale Schmuck des Parochet verschieden. In Sammlungen jüdischer Kunst finden sich einfache Leinenstücke ärmerer Gemeinden neben reich mit Goldfadenstickerei versehene Exemplare großer Synagogen.
Partisane → Stangenwaffen
Parura, farbiger Zierbesatz an → Paramenten, besonders an → Albe, → Amikt und Altartuch; meist Stickerei oder Aufnäharbeit.
Parure, Schmuckgarnitur, vom 17. bis 19. Jh. üblich. Sie bestand aus Haarschmuck (→ Diadem oder →Aigrette), Halskette, Armbändern, Ohrgehängen, Brustschmuck und zuweilen noch aus dem Stecker an der Corsage. Die Parure lebt noch heute im bäuerlichen Brautschmuck fort. Die ihr zugrundeliegende Idee des einheitlichen Schmuckensembles ist von den Juwelieren des 20. Jh.s wiederaufgenommen und variiert worden, indem beispielsweise aus einem Collier zwei Armbänder und Clips, zu entnehmen sind, und je nach Anlaß im Haar, auf dem Kleid oder als Aufsatz auf dem Collier getragen werden können.
Passepartout, Kartonrahmen mit Rückfläche zum Einlegen graphischer Blätter.
Paßgürtel → Uniform
Paßglas, deutsches Glasgefäß des 15. bis 17. Jhs.; schlankes

Parure, bestehend aus Halskette mit Anhänger, zwei Ohrringen und zwei Broschen. Spanien, Ende 17. Jh. London, Auktionshaus Christie's.

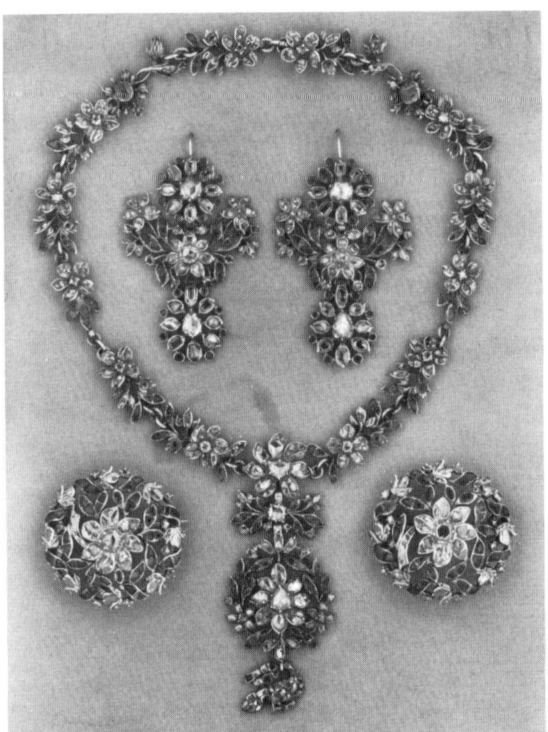

zylindrisches Glas, das durch aufgelegte Glasreifen in Zonen geteilt ist.

Passigdreherei, im 17. Jh. auch passicht = erhaben und vertieft, gerippt gedreht, eine virtuose Art der Formdrechslerei in Elfenbein. Die Drehbank wird über ein besonderes Scheibensystem so gesteuert, daß die gewünschte Form des Pokals usw. in der festgelegten Richtung automatisch ausgearbeitet wird. Auf diese Weise entstehen die verschiedensten Ovalformen von Gegenständen.

Passionsvelum, violettes Tuch, mit dem in katholischen Kirchen Kreuze und Bildwerke während der Passionszeit verhüllt werden.

Pastellmalerei, mit → Pastellstiften auf rauhem Malgrund ausgeführte Trockenmalerei, erste Anwendung in Italien, der Name kommt von „pasta", teigartige Masse, aus der die Farbstifte geformt werden; früher Kreiden, vermischt mit Farbpigment und Haferschleim, heute wird Zellkleister verwendet. Die so entstehenden Pastellstifte verschiedener Härtegrade werden auf Papier, Karton usw. gebracht, deren Oberfläche aufgerauht ist. Im 18. Jh. werden gern getönte Papiere verwendet. Die aufgetragenen Farben lassen sich verreiben und zu übergangslosen Farbnuancen verwischen. Die pudrige Oberfläche läßt farbliche Effekte von ungebrochener Einheit und Leuchtkraft zur Wirkung bringen, muß aber – durch Glas – gegen jede Berührung geschützt werden.

Deckelpokal mit eingelegter Porzellanpaste. Neuwelt, um 1830. H 22,5 cm. Stuttgart, Württembergisches Landesmuseum.

Da der puderhafte Eindruck des Pastells der im 18. Jh. in der höfischen Gesellschaft üblichen Puderschminke artverwandt erschien, eignete sich diese Maltechnik unübertroffen für die Behandlung des → Inkarnats beim Porträt. Die italienische Malerin Rosalba Carriera führte in Paris um 1720 das Pastellporträt ein, das eine zahlreiche Nachfolge fand; darunter Maurice Quentin de La Tour. In Deutschland hat sich vor allem Anton Raphael Mengs der Pastellmalerei bedient. Die Rahmung des Pastellporträts erfolgte vorwiegend in breiten, durchbrochenen (oft in Akanthuslaubformen gearbeiteten), ähnlich den für Spiegeln verwendeten Rahmen. Im Klassizismus wurde die glatte Ölmalerei wieder bevorzugt. Neuaufgenommen wurde die Pastellmalerei erst wieder im → Historismus und im 20. Jh. besonders bei Edgar Degas.

Ein Nachteil der Pastellmalerei besteht in ihrer ungenügenden Fixierbarkeit. Sie sollte vor Berührungen und Erschütterungen geschützt werden.

Pastellstifte, farbige Kunstkreiden aus weißer Tonerde, Bindemittel und Farbstoffen in verschiedenen Härtegraden. Sie wurden bereits im 16. Jh. verwendet, vor allem aber im 18. und im späten 19. Jh. Pastellzeichnungen zeichnen sich durch samtartige, helle, duftige Farben aus. Besonders gern wurde diese Technik für Bildnisse verwendet.

Pastengläser, im zweiten Viertel des 19. Jh.s beliebte Geschenkgläser mit eingeglasten Verzierungen aus gebranntem weißen Ton oder bunt emailliertem Metall nach einer Erfindung des englischen Glashüttenbesitzers Apsley Pellatt. Die meisten Pastengläser zeigen Tonreliefporträts von bekannten Persönlichkeiten, auch religiöse Motive und Embleme. In → Baccarat wurden daneben auch kleine Nachbildungen von Orden aus emailliertem Metall in die Glaswandung eingeschmolzen. Besonders sorgfältig geschliffen, teils farbig überfangen, sind die Pastengläser aus der → Harrachschen Hütte in Neuwelt.

Pasticcio (ital., Mischmasch), Nachahmung durch Verwendung mehrerer Vorbildelemente oft zum Zwecke der Fälschung. Auch das Bild, das die Handschrift eines bestimmten Meisters nachahmt.

Pastos → Impasto

Pastose Bemalung, eine den sächsichen → Reliefgoldgläsern des 18. Jh.s nahestehende Dekorationstechnik der Biedermeierzeit (→ Biedermeierglas). Ornamente und Dekors wurden mit weißer Emailfarbe pastos auf die Oberfläche meist farbiger Gläser aufgetragen, eingebrannt und vor dem zweiten Brand mit bunten Farben, Gold und Silber bemalt.

Patanazzi → Urbino

Patchwork (engl., Fleckenwerk), Arbeiten, die aus verschiedenen Stoffen, einfarbig oder gemustert, zusammengenäht sind (→ Applikation, → Quilts, → Molas).

Pâte-de-verre (franz. Glaspaste), aus fein pulverisiertem Glas und einem Flußmittel bestehende Glasmasse. Die Substanz wird in eine Form geschüttet und schmilzt unter Hitzeeinwirkung zum festen Gegenstand zusammen. Aus Pâte-de-verre wurden mehrfarbige Flachreliefs oder vollplastische Objekte hergestellt. Die Technik war schon den alten Ägyptern bekannt und wurde im ausgehenden 19. Jh. in Frankreich wiederbelebt. Zu den Künstlern zählen der Bildhauer Henri Cros und sein Sohn Jean, Albert Dammouse, François Décorchemont (um 1900–1930), Georges Despret, Émile →

Patena, 1. antike Opferschale. 2. ein von diesem Gefäß abgeleitetes Ornamentmotiv, das im Stil des → Louis-seize und des → Klassizismus verwendet wurde.

Porzellan-Vase mit Pâte-sur-pâte-Medaillon. Sèvres, 1894. H 83 cm.

Patene, aus gleichem Material wie der → Kelch gearbeiteter flacher Hostienteller, der auch als Kelchdeckel dient. Die Patene wurde vorwiegend durch → Gravierung verziert und entspricht dem → Diskos der Ostkirche bzw. dem → Abendmahlsteller der protestantischen Kirche. Eine Sonderform ist die größere, meist ovale Kommunionspatene, ebenfalls aus Edelmetall, die bei der Laienkommunion eventuell herabfallende Hostienpartikel auffangen soll.
Patentsekretär, eine Sonderform des Sekretärs des → Biedermeier, der für den Transport flach zusammengeklappt werden und häufig auch die Funktion eines Ofen- oder Kaminschirms ausüben konnte.
Paterissa, der → Bischofsstab der Ostkirche, jedoch anders als im Westen mit zwei gegenständigen, oft als Schlangen oder Drachen geformten Krümmen zu seiten eines kleines Kreuzes am oberen Ende.
Pâte-sur-pâte (frz., Masse auf Masse), Technik der Porzellandekoration, um die Mitte des 19. Jh.s in Sèvres entwickelt. Auf farbigen Grund wurden meist weiße Reliefs aufgetragen. Eine besondere Wirkung wurde durch unterschiedliche Stärke des Auftrags erzielt, wodurch der Untergrund nuancierend durchschimmerte. Die Pâte-sur-Pâte-Technik wurde später von anderen Manufakturen, z. B. Meißen, übernommen. (Abb. s. a. S. 385)
Pâte Tendre → Porzellan
Patina (ital., Edelrost), dünne Schicht auf Metalloberflächen, entstanden durch Oxydation und andere chemische Vorgänge, vor allem bei Gegenständen aus Kupfer und kupferhaltigen Legierungen (sogenannter Grünspan) aber auch bei → Edelmetallen (auf Gold z. B. Chlorpatina). Die Patina kann auf natürlichem (durch die Feuchtigkeit, Kohlendioxid- und Schwefeldioxidgehalt der Luft) und auf künstlichem Weg (durch Behandlung mit verschiedenen, je nach Farbton zu wählenden chemischen Lösungen) hervorgerufen werden. In der Antike wirkte man der Patinabildung durch Lacküberzüge und andere Oberflächenbehandlung (dünnflüssiges Bitumen, Harz, Öl) entgegen, um die Eigenfarbe des Metalls zu erhalten. Zur Werterhöhung und ästhetischen Modifikation diente so seit dem Hellenismus auch die Vergoldung. Die künstliche Erzeugung von Patina (nachweislich schon seit der römischen Antike, da alte griechische Werke nur mit Patina bekannt waren) begann, als der Kunstgeschmack von alten Funden beeinflußt wurde.

Kamin, entworfen von Bruno Paul. München, um 1900. Ausgeführt in den Vereinigten Werkstätten. Getriebenes Messing. Aus: Die Kunst, Bd. 12, 1904/5.

Patrone → Wirktechnik
Patronentasche, Ledertasche deren Deckel noch im 19. Jh. mit Metallbeschlägen verstärkt und verziert waren.
Paul, Bruno (1874–1968), deutscher Architekt, Innenarchitekt, Graphiker und Kunstgewerbedesigner, studierte an der Dresdener Kunstschule und später an der Münchner Akademie. Als Mitbegründer der → Vereinigten Werkstätten für Kunst im Handwerk (1897) entwarf er Möbel und Kleinkunst. Von 1896 bis 1906 war er einer der Hauptzeichner der satirischen Zeitschrift *Simplicissimus.* 1907 wurde er Direktor der Berliner Staatsschule für Angewandte Kunst, seit 1925 unterrichtete er an der Berliner Kunstakademie. Anfangs stark von den schwungvollen Phantasieformen des → Jugendstils, wie ihn das Werk Bernhard Pankoks zeigt, beeinflußt, zeichnen sich seine späteren Möbel durch eine klare Linienführung, durch Strenge, Rechteckigkeit und Präzision aus.
Pavéfassung von Edelsteinen, auf der Rückseite durchbrochene Fassung, die eine besonders enge Anordnung der Steine erlaubt, weil sie nur durch Körner gehalten werden. Pavéfassungen kamen im 18. Jh. auf, man verwendete dazu fast ausschließlich Silber (→ Edelsteinfassung).
Pavese, großer Setzschild des Fußvolkes, aus Holz und mit Haut überzogen, oft bemalt. Im 14. und 15. Jh. in Gebrauch. Dicht aneinandergereiht, bildeten die Pavesen eine wirksame Schutzmauer gegen Pfeilbeschuß.
Pax → Kußtafel
Pazyryk von Teppich, der älteste erhaltene Knüpfteppich aus dem 5./4. Jh. v. Chr. in der Größe von ca. 183 × 200 cm. Er wurde 1949 im Kurgan (Grabkammern skythischer Fürsten) des Pazyryk-Tales im Altai in Südsibirien entdeckt. Durch Vereisung war er fast vollständig erhalten; er befindet sich heute in der Eremitage in Leningrad.
Pectorale, Brustkreuz des Bischofs (→ Meßornat); in der Ostkirche → Stawros. Auch die meist reich verzierte runde Schließe, die das → Pluviale zusammenhält, wird Pectorale genannt.
Pedum → Bischofsstab
Pelerine, im Mittelalter Pilgermantel. Im 15. Jh. Bezeichnung für einen weiten kurzen Frauenmantel.
Pelike, amphorenähnliches Gefäß (mit zwei Henkeln) von sackartiger Form.
Pende, bedeutender Kunst- und Schnitzstil des afrikanischen Stammes der Pende (auch Bapende) in Zaïre. Der das Gebiet durchlaufende Loango-Fluß teilt auch das Kunstschaffen in zwei unterscheidbare Stilrichtungen: Die westlichen Pendemasken (Katundu-Stil) sind an einigen wesentlichen Merkmalen zu erkennen, wie etwa an den stark ausgeprägten, zusammengewachsenen Augenbrauen, die von der breitgewölbten Stirn zur Nasenwurzel herunter im Dreiecksspitz zusammenlaufen; die Nase selbst ist meist kurz und leicht nach oben gewölbt, ein von den Yaka-Nachbarstämmen herrührender Einfluß. Die Augen sind stets wie die eines Toten oder Traumversunkenen nach unten gerichtet, ein der Kurvatur der gesamten Maske folgender, meist geschnitzter

Vor- und Rückseite einer Pavéfassung. Diamantbrosche. 18. Jh. Rotterdam, Stodel und Goudsmit.

Kinnbart vermittelt oft zusätzlich noch einen hoheitsvoll bis energischen Ausdruck („Maske eines alten Mannes") Die Kopfdecke ist meist mit Haar besetzt.
Die sog. *didoko* oder *buya* sind kleine Elfenbein- oder Holzanhänger in Masken- oder Kopfform desselben Stils, von denen wegen ihrer Beliebtheit häufig Fälschungen auf den Markt kommen. Die West-Pende-Figuren zeigen die gleichen Gesichtszüge, erreichen aber selten die hohe künstlerische Qualität der Masken.
Dagegen gestalten die östlichen Pende ihre Masken weit abstrakter, oft mit Röhren- oder Stielaugen und reichem Bastgeflecht. Am bekanntesten ist wohl die Giphogo-Stülpmaske; sie wird nur vom Häuptling zu bestimmten seltenen Anlässen getragen. Die Grundform ist topfartig mit breitem (Hut-)Rand, der den Schultern aufliegt. Schwungvoll gestaltete Brauen überziehen die Augen und senken sich, ähnlich wie bei den West-Pende-Masken bis tief auf die Nasenwurzel herunter. Die Nase selbst ist als ein zylindrig bis stielförmiger „Rüssel" ausgearbeitet, der phallusartig horizontal aus dem Maskenkörper herausragt. Die wegen ihrer Zauberkraft gefürchtete Maske wird zu Fertilitätsriten und Krankheitsbekämpfung benutzt. Im Kunsthandel seltener anzutreffen sind die Dachfiguren der Häuptlingshäuser bei den Ost-Pende: Frauengestalten, die in der rechten Hand das Häuptlingsbeil, in der linken ein Trinkgefäß (bei jüngeren Exemplaren auch ein Kind) halten.
Pendeh, turkmenischer Teppich aus dem Gebiet südöstlich von Merv, der den Erzeugnissen der Tekke und Yomuthen ähnelt. Die Bezeichnung Pendeh findet häufig auch Verwendung bei den seltenen Arbeiten der Saloren (→ Salor) und bei den Erzeugnissen der → Saryken (→ Saryk) und ist wohl landschaftsbezogen zu sehen.
Pendeloques (franz.), prunkvolle Ohrgehänge des 18. Jh.s, bei denen von einer Schleife ein großer tropfen- oder sternförmiger Anhänger herabhängt (→ Ohrschmuck).
Pendeluhren, (Pendulen), Uhren, bei denen durch ein Pendel das Gangwerk regelmäßig freigegegen und angehalten wird. Der holländische Mathematiker, Physiker und Astronom Christian Huygens (1629–1695) war der erste, der die Anbringung eines Pendels am Räderwerk von Uhren vorschlug und auch ausführte, wobei er die Länge des einfachen Sekundenpendels als Normallängenmaß vorsah. Aber schon vor Huygens existierten wahrscheinlich pendelartige Gebilde an Uhren. Bei diesen kam jedoch die entscheidende Pendeleigenschaft, die Eigenschwingungsfähigkeit, nur sehr rudimentär zur Auswirkung. Es ist das historische Verdienst des holländischen Wissenschaftlers, die Bedeutung eigenschwingungsfähiger Systeme als Zeitnormale für mechanische Uhren erkannt zu haben. Bereits die frühesten, nach Huygens Anweisungen gebauten stationären Pendeluhren wiesen nur mehr Fehlweisungen von Minutenbruchteilen pro Tag auf. Die Weiterentwicklung der Pendeluhren erreichte dann freilich nicht mehr in Holland, sondern in England ihren Höhepunkt. Aber auch Frankreich lieferte in der Person des Uhrmachers Amant einen wichtigen Beitrag. Amant erfand nämlich 1741 die erste Stifthemmung für Pendeluhren. Hierbei ist die Hemmung (→ Uhrentechnik) mit einem Rad verbunden, das keine Zähne, sondern Stifte aufweist. (Abb. s. a. S. 388)
Pendule en Cartel → Carteluhr
Pennytoys (Groschenspielzeug), Spielzeug aus Weißblech, Blei, Holz, Papier und Gips, das vorwiegend zwischen 1895 und 1914 sowie von 1920 und 1930 von Straßenhändlern verkauft wurde. Meist nicht größer als 10 cm, wurden diese Spielzeuge überwiegend in und um Nürnberg produziert und in alle Welt exportiert (→ Blechspielzeug).
Pentimenti, auf Zeichnungen oder Gemälden: die Striche, Linien, Umrisse, auch Darstellungsteile, die der Künstler noch stehenläßt, aber durch Überarbeitung „korrigiert"; auch durchscheinende Vorzeichnungen. Die italienische Bezeichnung („Reuezüge") ist nicht immer sehr zutreffend, zumal die Pentimenti bei manchen Künstlern durchaus auch in

Robin à Paris
CHAUD
TEMPERE
FROID

die Gesamtwirkung des endgültigen Werkes bewußt miteinbezogen werden. Mit Hilfe der → Gemäldedurchleuchtung können auch in tieferen Schichten eines Gemäldes liegende Pentimenti sichtbar gemacht werden.

Peplos, griechisches Männer- und Frauengewand der vorarchaischen und archaischen Zeit, dorischen Ursprungs. Es bestand aus einem einzigen Stück Tuch, das an den Schultern zusammengehalten und in der Taille gegürtet wurde. Das Ende fiel als Überschlag über die Brust und wurde mitgegürtet oder als Bausch über den Gürtel gezogen. Nach den Perserkriegen (480 v. Chr.) trat allgemein an Stelle des Peplos der → Chiton.

Percier, Charles → Fontaine, Pierre François Léonard

Perepedil, ostkaukasischer feiner Knüpfteppich mit hornartigen, geometrisierten Ranken – auch Wurma-Muster genannt – und dazwischengesetzten faunalen Darstellungsformen.

Pergamentschnitte → Scherenschnitt

Perikopenbuch → Evangelistar

Perlen (lat. *perna,* Muschel, und *spherula,* kleine Kugel). Perlen wachsen in der Mantelschicht von Perlmuscheln und bestehen aus Aragonitplättchen, Conchyn und Wasser. Es gibt Meeres- und Süßwasserperlen. Meeresperlen wurden im Altertum im persischen Golf gefischt, die Perlmuschelbänke Mittelamerikas beuteten schon die Ureinwohner aus. Chinesische Flußperlfischerei ist 5000 Jahre alt. Im Mittelalter war die Flußperlenfischerei in Europa fürstliches Privileg. Flußperlenvorkommen noch heute in Irland, Norwegen, Kanada, im Mississippi- und Amazonasgebiet. Echte Perlen werden auch Orientperlen genannt. 1921 tauchte der Japaner Mikimoto in Paris mit den ersten makellosen Zuchtperlen auf. Den Wert von Perlen bestimmen Form, Gewicht, Oberflächenqualität, Lüster und Farbe. Bizarre Barockperlen waren bedeutend im Schmuck des 16. Jhs., Flügelperlen im Jugendstil. Bourgignonperlen sind ursprünglich in Burgund hergestellte Imitationen. Perlen wurden im Mittelalter auch zu Perlstickereien verwendet, im 16. Jh. gab es besondere Perlenhefter.

Perlkrüge → Sächsisches Steinzeug

Perlmosaiken, flächendeckender Dekor aus kleinen, verschiedenfarbigen Glasperlen. Diese werden zu dem Zweck in einen zunächst weichen Kitt gedrückt, der sich beim Härten fest mit den Perlen verbindet. Diese Technik wurde wahrscheinlich von Johann Michael Selow, einem Niederländer, im dritten Viertel des 18. Jh.s erfunden. Mit derartigen Perlmosaiken, zeitgenössisch Korallenarbeit genannt, sind vor allem die Platten kleiner Tische dekoriert, aber auch Dosen, Vasen und Schränkchen. Neben geometrischen Ornamenten kommen Vogel-, Blumen- und Ruinendarstellungen vor und – besonders auf Tischplatten – die perspektivische Wiedergabe barocker Schloßanlagen.

Perlmutt (auch Perlmutter), die stark irisierende Innenschicht von Muschel- und Seeschneckenschalen. Es besteht aus vielen aufeinander geschichteten dünnen Kalkblättchen und läßt sich sägen, schneiden, schnitzen und drechseln. In Ägypten schon im Altertum zu Schmuck verarbeitet. Für Schmuck und Einlegearbeiten wird Perlmutt seit Jahrhunderten auch in Ostasien verwendet. In China seit dem 17. Jh. n. Chr. Holzschalen mit Perlmuttauflagen auf gemaltem Lackgrund beliebt. Auch auf verschiedenen Südseeinseln kommen Perlmutteinlagen und Perlmuttschmuck bis in die Gegenwart vor. Aus dem europäischen Altertum ist die Verwendung von Perlmutt als Wandschmuck in Neros Goldenem Haus, zwischen 54 und 68 n. Chr. bekannt. Seit dem 4. Jh. n. Chr. tritt Perlmutt an byzantinischen Wand- und Kuppelmosaiken auf. Seit dem 15. Jh. gibt es Perlmuttschnitzereien an → Amuletten und → Kußtafeln. Im 16. Jh. verbreiten sich geschnitzte Bildnismedaillons aus Perlmutt (Niederlande, Augsburg, Nürnberg). Im 17. Jh. wird Perlmutt in Verbindung mit Silber, Gold, Email und Edelsteinen an Goldschmiedearbeiten (Pokale, Becher, Schalen, Schüsseln, Ziergeräte und Schmuck) verwendet. Berühmt wurden die Prunkpokale des Nürnberger Goldschmieds Friedrich → Hillebrand um 1600. Im 17. und 18. Jh. spielt Perlmutt in der Intarsienkunst Europas eine Rolle (→ Boullearbeit). Ende des 18. Jhs. wurden Gravier- und Ätzarbeiten sowie im flachen Relief geschnitzte Porträtmedaillons beliebt. Hauptorte

◁ *Skelettierte Präzisionspendeluhr. Frankreich, um 1800.*

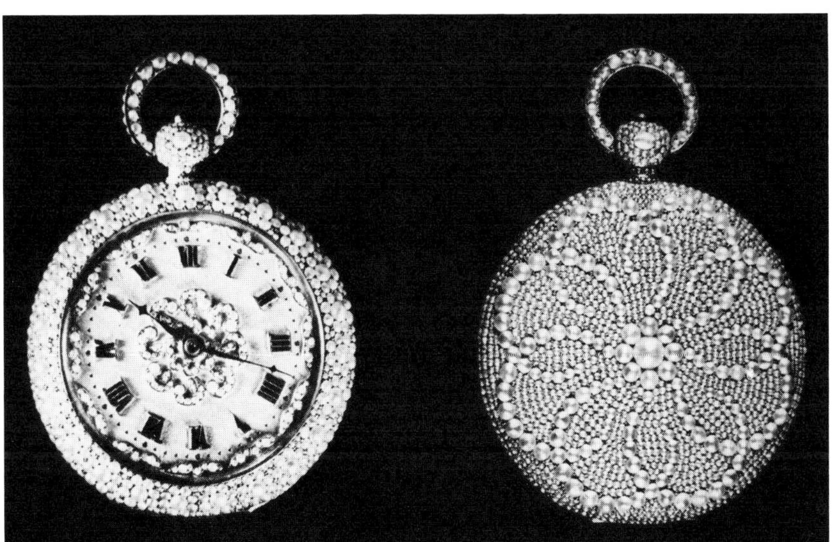

Vor- und Rückseite einer mit Perlen geschmückten Uhr. Genf, um 1800. Genf, Kunstmuseum.

dieser Kunst waren Paris, Dieppe, Berlin und Dresden. Im 19. Jh. ist Perlmutt kunstgewerblich zu Bijouterieartikeln wie Fächern, Dosen, Etuis verarbeitet worden.

Perlstab, Ornamentband aus kleinen aneinandergereihten Kugeln oder ähnlichen Formen.

Perlware → Wedgwood

Perner → Berner

Perpendicular Style → Spätgotik

Perron, Philipp (1840–1907), Bildhauer, Ornament- und Elfenbeinschnitzer, arbeitete für König Ludwig II. von Bayern 1864–1886 an der künstlerischen Ausstattung der Schlösser Linderhof, Neuschwanstein und Herrenchiemsee. Brillant geschnitzte Elfenbeinarbeiten wie Prunkpokale, Lüster, Zierschlitten – z. T. unter Mitarbeit auswärtiger Schnitzer in Erbach und Dresden.

Persische Stickereien, lehnen sich in der Musterung eng an Vorbilder aus der Buchmalerei, der Stoffe, Fliesen und Teppiche sowie der gleichzeitigen Monumental-Kunst an. Die „Surahani" genannte Dekorierung zeigt auf den meist quadratischen, ca. 90 × 90 cm großen Kissenbezügen oder Deckchen fortlaufendes, hochdifferenziertes, geometrisches Fliesenornament, während andere Stickereien des geometrischen Typs meist ein (oder mehrere) asymmetrische Zentralmotive aufweisen, die dem kaukasischen Drachenteppich entlehnt sind. Figuralmotive folgen in der Formauffassung den safawidischen Stoffen der Miniaturmalerei. Sehr selten finden sich Kirmanstickereien, nach Art der überfeinerten Hofteppiche der gleichen Provinienz oder der Gruppe der „Rasht"-Stickereien, großformatige, meist blau-rote Applikationsarbeiten aus feinem Filz mit Blumen und → Boteh-Dekor. Hauptsächlich aus dem 18. Jh. stammen Frauenbeinkleider, gänzlich in Diagonalstreifen bestickt, mit äußerst feinen Blümchen und geometrischen Motiven aus mäßig bunten Garnen gearbeitet. Im Handel befinden sich meist die hochqualifizierten kaukasischen Stickereien aus dem 17. und 18. Jh. Weniger feine Stickereien gehören dem 19. Jh. an.

Persische Teppiche, die wichtigste Gruppe der Orientteppiche. Die frühesten persischen Teppiche (14. und 15. Jh.) sind nur aus Abbildungen zu erschließen. Im 16. Jh. trat eine Musterung auf, die den persischen Teppich bis heute kennzeichnet: Er wurde nach einer Längs- und einer Querachse komponiert und erhielt eine betonte Mitte, das Mittelmedaillon, dem sich Eckmedaillons unterordnen. Das der Webkunst entstammende Prinzip der unendlichen Reihung war damit aufgehoben. Das Innenfeld wurde von einer Bordüre in wohlabgewogener Proportion umrahmt, die ihrerseits aus Haupt- und sich unterordnenden Nebenstreifen besteht (→ Ardebilteppich). Gleichzeitig drang die Wiedergabe der belebten Natur in den Teppich ein (Tiere, Pflanzen, Landschaften, Jagdteppiche, → Gartenteppiche).

Die damit begonnene Blütezeit der Knüpfkunst ist mit dem Herrscherhaus der Safawiden (1499–1722), besonders mit Schah Abbas dem Großen (1587–1629) verbunden. Im Zusammenwirken höfischer Auftraggeber, entwerfender Künstler und in Manufakturen zusammengefaßter Handwerker entstanden Kunstwerke von hohem Rang, die sich heute in den großen internationalen Museen befinden.

Nach dem Aussterben der Dynastie lebte die Teppichknüpfkunst auf Dörfern und bei Nomaden fort. In den verschiedenen Gegenden kam es zu einer Musterwahl (Medaillons oder florale Rapportmuster); es bildeten sich Standardmuster heraus (→ Herati, → Mina Khani-, → Boteh), die nicht auf einzelne Herstellungsorte beschränkt blieben. In den Manufakturen der Städte griff man auf Muster der Blütezeit zurück. So entstanden die persischen Teppichtypen des 19. und 20. Jh.s, die sich durch feine Knüpfung (→ Senneh), reich abgestufte, bis zu zartesten Tönen gehende Farbigkeit und naturalistische Wiedergabe von Pflanzenmotiven auszeichnen.

Persischer Knoten → Senneh

Persisches Glas → islamisches Glas

Peso, von Karl V. (1519–1555) eingeführte große spanische Silbermünze nach Art des Talers. Der Goldpeso oder Piaster wurde die Haupthandelsmünze Südamerikas. Der Name war die Abkürzung für *Peso de a Ocho,* d. h. Gewicht von acht Real, denn eine Peso besaß den achtfachen Wert des Real.

Pessachteller → Sederschüssel

Petermännchen, kurtrierische Münze des 17. und 18. Jh.s mit dem Bild des heiligen Petrus.

Petitot, Jean → Miniaturen

Petit point (franz., kleiner Punkt), eine dem → Gobelinstich identische Stichart. Unterschiedlich ist lediglich die Stichgröße, die bei Petit-Point-Arbeiten besonders klein und oft nur mit dem Vergrößerungsglas zu sticken ist. Petit-Point-Arbeiten entstanden in der Rokokozeit und werden auch heute noch hergestellt. Oft sind es kleine Täschchen, die vollständig mit Blumenmotiven oder auch kleinen Szenen bestickt sind (→ Stickerei).

Petroleumlampe, 1855 von dem Amerikaner Silliman erstmalig konstruierte Lampe mit Docht und Zugzylinder. Vielfach ist der Petroleumbehälter in das vasenförmige Unterteil aus Keramik oder Metall versenkt. Die Formgebung ist weitgehend vom Stil der „Gründerzeit" und vom „Jugendstil" geprägt. Das Großbürgertum bevorzugte handgemalte Vasen und Schirme mit reichem Dekor. Gußfüße wurden nur bei sehr teuren Lampen aus Messing gegossen, meist bestanden sie aus Zinkguß und waren vermessingt oder nur bronziert. Zughängekronen mit reichem Dekor bestehen meist aus Eisenguß.

Petschaft, auch Typar, negativ, seitenverkehrt und im allgemeinen vertieft gearbeitete Form für den Siegelabdruck (→ Siegel).

Petroleumlampe aus der Jugendstilzeit. Um 1895. Neheim-Hüsten, Leuchten-Museum.

Persischer Gebetsteppich. Kette und Schußwolle. Aus: Landreau/Pickering, From the Bosporus to Samarkand, The Textile Museum (Washington 1969).

Persisches Glas. Schiras, 18./19. Jh. Blau, eingestochener Boden, Wandung gerippt, H 35 cm. Düsseldorf, Kunstmuseum.

Petzold, Hans (1551–1633), der bedeutendste Nürnberger Goldschmied der Renaissance neben Wenzel → Jamnitzer. Er schuf hauptsächlich Prunkgefäße, wie z. B. spätgotische gebuckelte Deckelpokale mit reichen Ornamenten.

Pewter, englische Bezeichnung für legiertes Zinn und Zinngerät.

Pfaffenfeindtaler (Abb. verkleinert)

Pfaffenfeindtaler, Taler des Herzogs Christian von Braunschweig, der ursprünglich Bischof von Halberstadt war und dann im Dreißigjährigen Krieg (1618–1648) als protestantischer Heerführer unter dem Namen der „tolle Christian" bekannt wurde. Er ließ diese Taler aus dem Beutesilber, das ihm bei der Plünderung des Paderborner Domschatzes in die Hände fiel, schlagen. Im Hinblick auf das eingeschmolzene Reliquiensilber, insbesondere auch des Liborius-Schreines, wurde diesen Münzen besondere Heil- und Abwehrkraft zugeschrieben. Die Aufschrift sollte die Abneigung des Herzogs gegen den katholischen Klerus festhalten. Die 1622 ausgegebenen Stücke wurden 1627 wieder eingesammelt um den Schrein des Paderborner Heiligen neu anzufertigen. Der Herzog aber verlor bald nach der Ausgabe der Pfaffenfeindtaler in einer Schlacht den rechten Arm.

Pfahl (Heraldik) → Heroldsbilder

Pfalz-Zweibrücken, Gutenbrunn, 1767 in Gutenbrunn in der Pfalz gegründete Prozellanmanufaktur, die 1769 nach Zweibrücken verlegt wurde. → Arkanist war der → Höchster Modellmeister Laurentius Russinger. Es wurde schlichtes Gebrauchsgeschirr mit Blumenmalerei gemacht. Die Marke ist ein verschlungenes, kursives PZ mit B in Blau unter oder über der Glasur.

Pfeifenstopfer, aus Silber, Messing, Zinn, Porzellan, Knochen oder anderen Materialien hergestellte Geräte. Pfeifenstopfer, die aus Messing gegossen sind und die Form einer Hand, eines Beins, eines Tierkopfes o. ä. aufweisen, stammen meist aus dem späten 19. Jh., obwohl auch frühere Beispiele bekannt sind.

Pfeifenton → Bolus

Pfeiler, Stütze der Architektur und Möbelkunst von vier- oder mehreckigem Grundriß im Gegensatz zu der stets runden → Säule.

Pfeilerkommode, auch Pfeilerschrank → Chiffonnière

Pfeilertisch, zwischen zwei Fenstern aufgestellter Wandtisch; seit dem späten 17. Jh. gebräuchlich.

Pfennig, deutsche Bezeichnung des lat. Denar, vom 8. bis zum 13. Jh. die Währungsmünze Deutschlands, während der Schilling und das Pfund nur Rechnungseinheiten waren. Zunächst aus Silber, später entwickelte sich der Pfennig zur geringwertigen Scheidemünze aus Kupfer.

Pferde der Tangzeit → chinesische Grabbeigaben

Pferderüstung → Stechzeug

Pflaumbaumholz, hartes rotbraunes Holz. Es ist so spröde, daß es sich nur für kleine Schnitz- und Drechslerarbeiten eignet.

Pfohl, Karl (1826–1894), Glasgraveur aus Steinschönau, der vor allem im → Überfangreliefschnitt meisterliche Gravuren geschaffen hat. Von den zahlreichen in dieser Technik entstandenen roten und blauen → Überfanggläsern mit Pferdedarstellungen stammen die wenigsten von seiner Hand, obwohl ihm allgemein nahezu alle dieser Arbeiten von sehr unterschiedlicher Qualität zugeschrieben werden. In seinen späten Schaffensjahren schnitt Pfohl vielfigurige Darstellungen nach Gemälden berühmter alter Meister wie Peter Paul Rubens mit unnachahmlicher Sorgfalt und Genauigkeit. Technische Meisterleistungen sind die ein- und zweifarbigen Glasdiapahaniebilder aus roten und blauen Überfangplatten, von denen das Museum für Glas und Luster in Kamenický Šenov (Steinschönau) neben anderen Arbeiten Pfohls die bedeutendste Sammlung besitzt.

Pfostenstuhl → Ländliche Sitzmöbel

Pfundner, Tiroler Silbermünze des ausgehenden 15. Jh.s.

Phantasiewappen, Wappen, die einem Fürsten der vorheraldischen Zeit oder unwirklicher oder exotischer Reiche seit dem 15. Jh. verliehen werden.

Phelonion (griech. Mäntelchen), der → Glockenkasel verwandtes Meßgewand des Priesters in der Ostkirche, jedoch vorn kürzer gehalten.

Phonola, Pianola, mechanisch-pneumatischer Vorsatzapparat, der, gesteuert durch gelochte Papierstreifen, mittels mechanischer Holzfinger auf jeder Klaviatur spielen kann. Die Apparatur kann auch direkt in ein Klavier eingebaut sein. Der Antrieb erfolgt durch Unterdruck über zwei große Fußpedale, die aus dem Instrument herausgeklappt werden können. Phonolas wurden etwa ab 1900 bis 1930 hergestellt. Die wichtigsten Hersteller waren: Hupfeld, Popper, Lösche in Leipzig, und Aeolian Company in New York.

Photoalbum, als Folge der starken Verbreitung der Visitkartenphotographie (→ Carte-de-visite-Photographie) und der damit verbundenen Standardisierung des Bildformates entstandene Einsteckalben (ca. 1860). Man konnte Visitkarten und später auch → Cabinetphotos zur Bewahrung einfach in dafür vorgesehene Schlitze hinter ein Passepartout schieben. Das bis dahin mühsame Aufkleben entfiel damit. Von der Albenindustrie wurden die ausgefallensten Versionen angeboten: von gediegen in Leder mit Blind- oder Goldprägung bis zu Einbanddecken aus Holz mit kunstvollen Schnitzereien oder Einlegearbeiten oder in Plüsch, Chinalack, Perlmutt und Schildpatt usw. Selten findet man Standalben: Eine repräsentative Vorrichtung erlaubte ein besseres Aufblättern des senkrecht stehenden Albums. Musikalben vertrieben die Langeweile beim Blättern: Eine geschickt eingebaute Spieluhr beginnt zu spielen, sobald das Album aufgeschlagen wird. Rar sind Musikalben, die für drei oder mehr Musikstücke eingerichtet sind. Photoalben mit Inhalt, wie Carte-de-visite- und/oder Cabinetphotos, werden leeren Alben im allgemeinen vorgezogen. Nach dem Ersten Weltkrieg verdrängte das Einklebealbum das Einsteckalbum.

Photo-Antiquaria → Photographica

Photographica, Bezeichnung für photographische Sammelobjekte. Darunter werden Dinge verstanden, die mit der Geschichte der Photographie in Zusammenhang stehen, die sie belegen. Gesammelt wird das Handwerkszeug des Lichtbildners: die → photographische Kamera, Zubehör wie Objektive, Verschlüsse sowie Dunkelkammer-Ausrüstung und Projektions- und Betrachtungsgeräte. Das Spektrum ist weit gefaßt: vom Urtyp der Kamera, der → Camera obscura, bis zur Sofortbildkamera der Gegenwart. Weiterhin werden die Arten des → photographischen Bildes gesammelt, von den Vorläufern des Silhouettenschnittes bis zu den Bildcollagen und -sequenzen von heute. Daneben zählt man auch die Präsentationsmöglichkeiten wie → Photoalbum oder -rahmen hinzu.

Photographische Kamera, Teil des Sammelgebietes der → Photographica. Als Klassifizierungsschema hat sich die Ordnung nach Bauarten durchgesetzt. So werden unterschieden: Schiebekasten-, Atelier-, Reise-, Magazin-/Detektiv-, Geheim-, Falt- (Klapp-/Spreizen-), Box-, Spiegelreflex-, Jumelle, Kleinbild-, Miniaturkamera sowie Spezialkameras wie Panorama-, Stereo-, Multiplikator-, Farbenkameras und Kameras mit integrierter Dunkelkammer.

Photographisches Bild, Teilbereich des Sammelgebietes → Photographica. 150 Jahre Photohistorie sind Grund für eine Vielfalt von Bildarten. Die Erfindung und Entwicklung von zahlreichen photographischen Verfahren ließen typische Lichtbildarten entstehen. Die wichtigsten Arten unter dem Gesichtspunkt des Sammelns sind: → Daguerreotypie, → Talbotypie/Kalotypie, → Salzpapierbild, → Ambrotypie, → Ferrotypie, → Pannotypie, → Carte-de-visite-Photographie, → Cabinetphoto, → Stereophotographie, → Photokeramik, → Photoschmuck, → Photoskulptur. Darüber hinaus umfaßt das Sammelgebiet auch die verschiedenen Präsentationsarten wie z. B. → Union Cases.

Photo-historica → Photographica

Photokeramik, Originalphotographien auf Porzellan, Glas und Email, hergestellt nach dem Naßkollodiumverfahren.

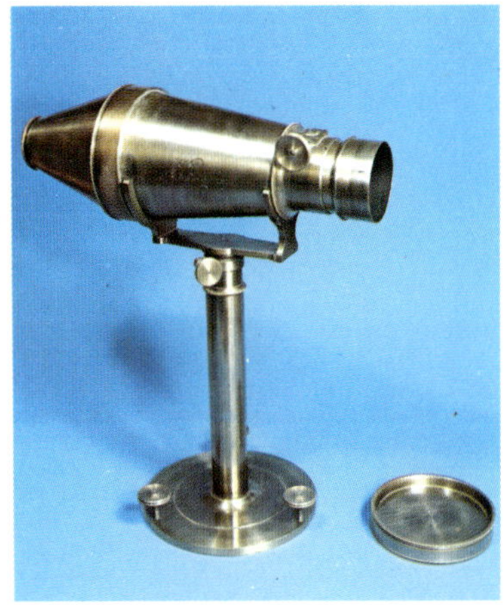

„Pocket"-Camera-Obscura aus der ersten Hälfte 19. Jh. Diese Bauform war Vorbild für die spätere einäugige Spiegelreflexkamera.

Voigtländer Ganzmetallkamera (Messing) für Daguerreotypie-Verfahren. 1841 (Replica).

Lancasters Stereo-Instantograph. Um 1900.

Eine frühe Kodak-Kamera (No. 4). Um 1895. Zusammengeklappt hat sie das Aussehen einer Handtasche.

Französische Ferrotypiekamera. Um 1890.

Bermpohl-Dreifarbenkamera. Um 1930.

Durch Einbrennen erlangten sie eine extreme Haltbarkeit. Vor allem Porzellan-Gebrauchsgegenstände findet man mit einer Photographie, so z. B. Tassen, Teller, Vasen, Pfeifen, Serviettenringe oder Bierkrüge. Daneben waren auch Porzellan-Grabbilder mit den Porträts der Verstorbenen üblich. Aber auch Gefäße aus Glas wie Krüge, Vasen und Trinkgläser weisen Photographien auf – ein sehr buntes und vielseitiges Sammelgebiet. Die Erfindung der Porzellanphotographie wurde 1855 in Frankreich vorgestellt. (Abb. s. a. S. 394)

Photoschmuck, Schmuckstück mit einer oder mehreren Ori-

Photokeramik

ginalphotographien. Die Vielfalt ist sehr groß. So entdeckt man Photos auf Anstecknadeln, Manschettenknöpfen, Ringen, Armbändern, Broschen, Anhängern, Medaillons und Knöpfen. Nicht nur einfache Ausführungen sind zu finden, sondern auch wertvolle Fassungen, z. B. in Gold. Da Photoschmuck bereits in der Pionierzeit der Photographie gefertigt wurde, findet man alle photographischen Techniken vor: angefangen bei → Daguerreotypien und → Ambrotypien über Emaillebilder zu → Ferrotypien und frühen Papierbildern. Meist zeigen die Bilder ein Porträt. Selten zu finden ist Daguerreotypie- und Ambrotypieschmuck, häufiger kann man Broschen und Anstecknadeln mit Ferrotypien erwerben.

Photoskulptur, Plastik, die mit Hilfe von photographischen Verfahren entstanden ist. Als erster nutzte der Franzose François Willème, Bildhauer und Photograph, die Photographie, um Skulpturen herzustellen. 24 Kameras wurden in gleichen Abständen kreisförmig aufgestellt, im Mittelpunkt saß das Modell. Seine 1860 patentierte Methode erlaubte ihm die Übertragung der photographischen Vorlagen auf Ton. Diese Technik setzte sich ebensowenig durch wie eine andere, die auf der Verwendung von Silhouetten basierte. Die Verfahren waren zu unvollkommen und darüber hinaus zu teuer.

Phrygische Mütze, aus Phrygien stammende Zipfelmütze mit nach vorn hängendem Zipfel, die auf griechischen Vasenbildern und Reliefs vorkommt. Sie wurde auch von den französischen Revolutionären von 1789 getragen (→ Carmagnole).

Piaster → Peso

Pichet, kleiner französicher Trink- und Schenkkrug des 15. bis 18. Jh.s von zylindrischem bis bauchigem Gefäßkörper mit in den Gefäßkörper einbezogener Fußzone, verengtem Hals und erweiterter Mündung, mit vielfach leicht angedeutetem Ausguß und dementsprechend rundem oder herzförmigen Flachdeckel.

Pichler, Adam (tätig um 1720–1725), der führende Hofkistler der Epoche Kurfürst Max Emanuels in München. Er fertigte zumeist Möbel nach den Entwürfen Joseph → Effners und François de → Cuvilliès'.

Pickelhaube → Helm

Pied de biche → Geißfuß

Pietà, die Darstellung der schmerzerfüllten Maria, die den vom Kreuz genommenen Leichnam Christi auf dem Schoß hält. Das Thema ist von der „Beweinung Christi" schwer abzutrennen. Der für die Darstellung auch übliche Name „Vesperbild" will bedeuten, daß sich das Geschehen (das biblisch nicht bezeugt ist) in der Vesperstunde, am Abend des Kreuzigungstages, ereignet hat. Das Motiv kommt in der Plastik zum erstenmal in Deutschland zu Anfang des 14. Jh.s auf (Pietà auf der Veste Coburg um 1320), zeigt im Verlauf der kommenden Jahrhunderte verschiedene formale Änderungen: Schräg halbaufgerichtet ist der Oberkörper des Leichnams im 14. Jh., waagrecht gelegen meist im 15. Jh. Um 1520 findet sich die Darstellungsweise mit auf dem Boden liegendem Körper Christi, der Kopf im Schoß der Maria. In Michelangelos Pietà (um 1498–1501, Rom, St. Peter) ist wohl das bedeutendste Werk dieses Motivs zu sehen. In der Malerei erscheint das Motiv wohl erstmals um 1480 bei Ercole de Roberti. Das Thema ist bis ins 20. Jh. unvermindert ein Hauptthema der christlichen Kunst geblieben.

Pietra-Dura-Einlagen, Marmormosaik, aus verschiedenfarbigen Marmorplättchen zusammengesetzte Einlegearbeit. Die Technik blühte in der zweiten Hälfte des 16. Jh.s in Florenz und Turin, wo sie zum Schmuck von Grabplatten, → Antependien und Tischplatten verwendet wurde. Zu Beginn des 17. Jh.s wurde sie an deutschen Fürstenhöfen (München, Kassel, Braunschweig) zur Verzierung von Prunkmöbeln übernommen. (Abb. s. a. S. 396)

Pietsch, Karl (1828–1883), bedeutendster nordböhmischer figuraler Glasgraveur des ausgehenden 19. Jh.s aus → Steinschönau (→ Historismus-Glas), arbeitete hauptsächlich für die Firma J. & L. → Lobmeyr in Wien.

Piffetti, Pietro (um 1700–1777), einer der bedeutendsten Kunstschreiner des piemontesischen → Rokoko. Nach einer Lehrzeit in Rom siedelte Piffetti 1731 als Hofebenist des savoyischen Königshauses nach Turin über. Entscheidende Anregungen vermittelte ihm der Architekt Filippo → Juvarra, dessen Entwürfe für Innenraumausstattungen und Möbel er teilweise ausführte. Ein Studienaufenthalt in Frankreich führte ihm die höfische Kultur des → Louis-quinze vor Augen, den er – in italianisierter Form – in Piemont einführte und damit entscheidend das norditalienische Rokoko prägte.

Pike → Stangenwaffen

Pikenierharnisch → Harnisch

Pilaster, aus einer Wand hervortretender Pfeiler, gegliedert wie eine Säule, dient zur Dekoration einer Wand, aber auch als Gebälkträger und zur Mauerverstärkung.

Pilasterkrüge → Berliner Fayencen

Pileolus, auch Kalotte, rundes, in den jeweiligen → Rangfarben getragenes Scheitelkäppchen katholischer Geistlicher; ursprünglich zur Schonung der → Mitra geschaffen.

Pilgerampulle → Ampulle

Pilgerflasche, bauchige Flasche, meist flachgedrückt, mit Henkeln für Tragschnüre, mit denen sie am Gürtel befestigt wurde, → Plattflaschen.

Pilgerzeichen, seit dem frühen 12. Jh. als mittelalterliche Massenartikel nachzuweisen. Sie wurden an den Orten der Wallfahrten verkauft und waren Beweis und Zeichen dafür, daß das Ziel der Wallfahrt erreicht worden war. Der billigen Herstellung wegen bestanden sie vornehmlich aus einer Blei-Zinn-Legierung, es gab sie aber auch in Silber und sogar

vergoldet. Bis ins 15. Jh. hinein sind Pilgerzeichen durchbrochene Reliefs, sogenannte Gittergüsse mit dem Abbild der oder des auf der jeweiligen Wallfahrt verehrten Heiligen. Sie wurden mit Ösen an ihren Rändern am Gewand oder Hut des Pilgers sichtbar getragen.
Pilon, Germain → Medaillen
Pilos, kegelförmige griechische Filzkappe der niederen Stände.
Pinakothek (griech.), Gemäldesammlung. In der Antike der Aufbewahrungsort für gemalte Weihegeschenktafeln (z. B. auf der Akropolis). Name von Gemäldegalerien (München); im Italienischen Pinacoteca (Brera, Mailand).
Pineau, Nicolas (1684–1754), Bildhauer, Dekorateur und Zeichner in Paris, der durch seine → Ornamentstiche Einfluß auf den frühen Louis-quinze-Stil ausübte. Wahrscheinlich wandte er als erster asymmetrische Dekorationsformen (→ Rocaille) an.
Pinte, kleines, zylindrisches Trinkgefäß, für Köln typisch, → Rheinisches Steinzeug.
Piquétechnik, mühsame Technik der Dosenverzierung, bei der Streifen (Piqué posé) oder Nadelpunkte (Piqué point) aus Gold oder Silber in weiches Material (Elfenbein, Horn, Schildpatt, Leder) eingeschlagen werden. Diese Schmucktechnik ist zuerst Ende des 16. Jh.s in Neapel auf Schildpatt nachweisbar.
Pisanello, Antonio → Medaillen
Pistole → Faustfeuerwaffen
Pistolenstützchen → Sattel
Pithos, antikes Vorratsgefäß von großem Fassungsvermögen. Es endet meistens in einer Spitze und wurde in die Erde eingelassen oder auf ein Gestell gesetzt. Seit minoischer Zeit einfach verziert, in der Früharchaik häufig mit figürlichem Reliefschmuck.
Pitsche, niedriger, walzenförmiger Zinnkrug des ausgehenden 18. und beginnenden 19. Jh.s, dessen verjüngter Gefäßmantel oben einen geschweiften Ausguß trägt, über den der Scharnierdeckel greift. Eine Spezialität von Eger wie die → Lirlkrüge. Wie diese im 19. Jh. oft gefälscht.
Plätteisen → Bügeleisen
Plätze (Heraldik) → Blasonieren
Plakat, großformatige Werbegraphik, entstand anstelle des Textanschlages erst ca. 400 Jahre nach Erfindung der Buchdruckerkunst, nämlich im letzten Drittel des 19. Jh.s. Das Bildplakat ist eine Erfindung der Industriegesellschaft, dazu bestimmt, den Absatz zu fördern. Man unterscheidet zwischen Bildplakat (wirtschaftlicher Aspekt) und politischem Plakat. Beginn in England (Fred Walker, Jules Cheret, der in London tätig war, und Aubrey Beardsley). In Frankreich erlangten vor allem der Plakatkünstler Eugène Grasset Berühmtheit wie auch Henri de Toulouse-Lautrec; in Deutschland Ludwig Hohlwein (München), im frühen 20. Jh. Oskar Kokoschka. Im späteren 20. Jh. wurde die künstlerische Form des Plakates in lithographischer Technik von fast allen Künstlern verwandt: Salvador Dalí, Joan Mirò, Andy Warhol, HAP Grieshaber (meist in der Technik des Farbholzschnittes), Marc Chagall, Herbert Leupin u. a. Als Techniken für das Plakat finden sich neben der Lithographie: Autotypie, Buchdruck, Chalk Plate, Collage, Holzschnitt, Lichtdruck, Linolschnitt, Offsetdruck, Siebdruck.
Als Sammelobjekte werden bereits neuere Galerie- und Museumsplakate gehandelt, sofern es sich um eigenhändige Drucke der auf dem Ausstellungsplakat angezeigten Künstler handelt. Sie erscheinen teilweise in limitierter Auflage. Frühere Plakate sind selten, gesucht und teuer. (Abb. s. a. S. 397)
Plaketten, aus Metall gegossene kleine Reliefs nach Art der → Medaillen, doch ohne → Revers und häufig nicht von runder Form. Aus Gold, Silber oder Blei gegossen, dienten sie als Gewandschließen, Pilgerabzeichen, → Kußtafeln, Anhänger und zum Schmuck von Waffen, Möbeln und anderen Geräten. Vielfältig war auch ihre Verwendung in der Goldschmiedekunst, wo sie als Schalenböden dienten oder in → Humpen und → Pokale eingelassen wurden. Weit gefaßt war der Themenkreis der Plakette, der das Alte und Neue Testament, Historie, Mythologie und Allegorie umfaßte. Die Plakette entstand wie die Medaille in der italienischen Frührenaissance; Zentren in der Herstellung waren Padua, Venedig und Mailand. Als fruchtbarste Meister, deren Plaketten über ganz Europa verbreitet waren, sind Caradosso (→ Medaillen) und Riccio (1470–1532) in Mailand und ein anonymer, unter dem Pseudonym Moderno bekannter Plakettist zu nennen. Die meisten deutschen Renaissanceplaketten stammen von Peter → Flötner. Um 1600 erlebte die Plakette eine Blüte in den Niederlanden, wo sie als Innenbild von Silberschalen (→ Tazza) oder selbständiger Wandschmuck diente und von hervorragenden Goldschmieden (→ Vianen, → Lutma) in Silber getrieben wurde.

Plakette (Abb. verkleinert)

Planetarien, vom 15. Jh. an gemachte → Armillarsphären, die die Bewegung von Sonne, Mond und Planeten darstellten. Zunächst von Hand bewegt, später mit Triebwerk. Die frühesten zeigen noch die Bahnen von Sonne und Mond um die vergoldete Erdkugel in der Mitte, andere die Bewegung der sieben Planeten um die Erde als Mittelpunkt. Mitte des 17. Jh.s setzte sich die Erkenntnis des Umlaufes der Planeten um die Sonne durch. Im 18. Jh. wurden große Planetarien mit Triebwerk, die die tägliche und jährliche Bewegung der Erde sowie die Mond- und Planetenbewegungen wiedergeben, vor allem in England gemacht. Ein Planetarium, das die Drehung der Erde und ihre Bewegung um die Sonne zeigt, heißt *Tellurium;* ein entsprechendes mit dem Umlauf des Mondes um die Erde *Lunaelabium.*
Planetenkrüge → Creußener Steinzeug
Plangi-Technik, Technik zum Einfärben von Stoff, die besonders im afrikanischen Raum gebräuchlich ist. Die Stellen, die zunächst oder gänzlich ungefärbt bleiben sollen, werden mit Stoffäden zu Knoten verschiedener Größe zusammengezogen und anschließend mit einem wasserundurchlässigen Material umwickelt. Durch das Abbinden dringt die Farbe

Plakat von Maurice Greiffenhagen. England, 1894. Hamburg, Museum für Kunst und Gewerbe.

◁ *Kabinett mit Pietra-Dura-Einlagen. Augsburg (?), um 1600. 141,5 × 114 × 52,5 cm. Hamburg, Museum für Kunst und Gewerbe.*

nicht in die Knoten ein und läßt auf dem Stoff reizvolle Muster entstehen.

Plastik → Bildnerei

Plat-de-Ménage, auch Surtout, silberner Gewürzständer des 18. Jh.s. Mit hohem Griff versehene Platte mit Einsätzen für Gewürzdosen und Senftopf, vergleichbar dem → Huilier und der → Trembleuse.

Plated Silver, 1743 erfand der Messerschmied Thomas Boulsover in Sheffield (Mittelengland) ein Verfahren, nach welchem auf Kupferblech eine fest haftende Silberfolie aufgewalzt werden kann. Zunächst überzog man nur die Schauseiten (Rückenseiten verzinnt) und stellte kleine Gegenstände her (Dosen). Als um 1770 die Plattierung auf beiden Seiten und – durch Erhitzung beim Aufwalzen – eine so innige Verbindung der beiden Metalle gelungen war, daß man sie treiben und ziselieren konnte, entwickelte sich eine Herstellung täuschend silberähnlicher und doch billiger Plated-Waren im Großen; zunächst Leuchter, Zuckerschalen, Tee- und Kaffeekannen im Rokoko-, später im → Adamstil, in dem die besten Arbeiten in Plated Silver geschaffen wurden. Zuweilen lötete man silberne Schmuckkanten und -kartuschen auf (in die Besitzerwappen graviert wurden). Im frühen 19. Jh. wurden auch in Berlin Plated-Waren hergestellt. Bald kam analog zur galvanischen Vergoldung (→ Feuervergoldung)

Plated-Silver-Teekanne. Sheffield, um 1790. H 16,5 cm. London, Victoria and Albert, Museum.

die elektrolytische Versilberung auf, die sich als weniger haltbar als Plated Silver erwies.

Platin → Edelmetalle

Platinmünzen, nur in Rußland während der Regierung des Zaren Nikolaus I. (1825–55) als gesetzliche Zahlungsmünzen ausgegeben. Es gab Drei-, Sechs- und Zwölf-Rubelstükke. Die Prägung wurde 1845 beendet und die im Umlauf befindlichen Münzen wieder eingezogen.

Plattenharnisch → Harnisch

Plattflaschen, Zinnflaschen des 15. und 16. Jh.s mit linsenförmigem Körper, niedrigem Fußring und engem Hals. Sie dienten, mit einem Stöpsel verschlossen, als Feld- oder → Pilgerflaschen (mit zwei ohrenförmigen Henkeln zum Durchziehen einer Tragschnur) und kommen in Norddeutschland und den Niederlanden vor. Dort hat man auch (durch Streckung von Fuß und Hals, Einfügen von Deckel und Henkel) Schenkkannen mit linsenförmigem Körper entwickelt.

Plattieren, kalt vergolden. Auf einem Kupfer- oder Silberkern wurde möglichst dünnes Goldblech festgenietet oder angelötet; ein in der römischen Antike bekanntes Verfahren, das im Abendland selten angewandt wurde. Im 18. Jh. entwickelt sich daraus das → Plated Silver.

Plattnerkunst. Die Kunst der Waffenschmiede oder Plattner, die große handwerkliche Fertigkeiten voraussetzte, erlebte ihren Höhepunkt in den → Harnischen des 15. und 16. Jh.s Man schlug das Eisen zunächst durch schwere Fallhämmer zu Platten, die dann mit flachen Handhämmern in glühendem oder heißem Zustand in die gewünschte Form geschlagen werden mußten. Zur Verzierung dienten folgende Techniken: am häufigsten die → Ätzung (vor allem Hochätzung, auch kombiniert mit Tiefätzung), deren Wirkung oft durch Schwärzen oder Vergolden des Grundes erhöht wurde; ferner das durch langes Erhitzen des Eisens erreichte Blaufärben oder Bläuen (den italienischen Waffenschmieden gelangen auch violette, rote, schwarze und braune Farbtöne); die Blauätzung, wobei aus dem gebläuten Stück mit Essig eine Zeichnung ausgewaschen wurde, die sich blank abhob; → Feuervergoldung; → Tauschierung; das mühevolle, nur bei kostbaren Stücken angewandte Goldschmelzverfahren, das aus Einhämmern von → Blattgold bestand; → Gravierung; → Niello; → Treibtechnik, die bei härterem Material schwerere Werkzeuge als beim Edelmetall verlangte und von Mailänder und Antwerpener Plattnern virtuos betrieben wurde; als Ausgangsmaterial diente Eisenblech. Eine ähnliche Technik auf massivem Eisen bezeichnete man als Eisenschnitt, der vollendet auf Münchner Degen und Pulverwaffen zu finden ist. Für Eisenschnitt in Verbindung mit → Intarsie waren die Büchsenmacher von Brescia berühmt (→ Feuerwaffen).

Platzteller → Satzteller

Plauer Steinzeug → Böttgersteinzeug

Pleinairmalerei → Freilichtmalerei

Plinthe (griech., Ziegel), zunächst die quadratische oder rechteckige Fußplatte einer Säule oder eines Pfeilers, aber auch eines Standbildes. In der → Bildnerei und besonders in der → Bronzekunst ist die Plinthe oft in einem Stück mit der Figur gefertigt. Meist sind bei Bronzen Signatur und Gießerstempel auf der Plinthe eingearbeitet. Ende des 19. Jh.s (besonders im Jugendstil) wird die Plinthe oft mit dem Sockel in einer Einheit gestaltet.

Plitzner, Ferdinand (1678–1724), fränkischer → Ebenist, der bei Johann → Matusch in Ansbach die → Boulletechnik kennenlernte und sich in Eyrichshof bei Bamberg niederließ. Er arbeitete für Schloß Gaibach und Pommersfelden und wurde der Schöpfer des fränkischen Régencemöbels, das sich

Schreibschrank von Ferdinand Plitzner, der von Johann Matusch vollendet wurde. Eyrichsdorf und Ansbach, 1724–25. 156,5 × 150 × 66,5 cm. Pommersfelden, Schloß.

durch enge Anlehnung an französische Vorbilder und hervorragende → Marketerie auszeichnet.

Pluviale (lat. Regenmantel), der Chor- oder Vespermantel des → Meßornats, der sich aus dem antiken Wettermantel mit Kapuze (→ Kappe) entwickelte. Er ist ein langer, vorn offener Umhang, der oben durch eine runde Prunkschließe, das → Pectorale, zusammengehalten wird. Die ursprüngliche Kapuze wurde zu einem Zierschild auf dem Rücken umgebildet. Das Pluviale trug man ursprünglich bei Prozessionen und Bittgängen. Seit dem 13. Jh. wird es in vielerlei Funktionen im Chordienst außerhalb der Messe in der entsprechenden → Kirchenfarbe verwendet. Es wurde in allen Epochen reich geschmückt.

Podlinniks, Malerhandbücher (griech., *hermeneia*), dienten zur Vorlage durch Beschreibung (z. B. *Malerbuch vom Athos*) oder Vorzeichnung *(Stroganow-Podlinnik)* für Ikonenmaler.

Poesiealbum, auch Scrapbook (von engl. *scrap,* Stückchen, Brocken, Fetzen, Ausschnitt, Papierschnitzel), entstand in Europa und Nordamerika im 19. Jh. Bis 1840 bildeten Kupferstiche, Holzschnitte und Bilderbogen, später Lithographien und Holzstiche den Inhalt von Poesiealben. Außerdem enthalten Poesiealben meistens farbige Papiere, Reklamezettel, Etiketten, Bonbonhüllen, Heiligenbildchen, Devisen, Visitenkarten, Vorsatzbogen, Programme, Speisekarten, Exlibris, Eisenbahnbillette, Eintrittskarten, Lotterielose, Briefmarken und Briefköpfe, Postkarten, Strickmusterblätter usw. Beispiele für Poesiealben sind die dreizehn selbstgeklebten Bilderbücher von Hans Christian Andersen (um 1854), Carl Spitzwegs Kochbuch für seine Nichte Lina (um 1860, mit 31 lustigen Kochrezepten), Ludwig Emil Grimms Bilderbuch für Friederike (Ideke), die 1833 geborene Tochter des Künstlers, sowie das Album der Frankfurter Familie Kress von Kressenstein.

Pössenbacher, Anton (tätig 1868–1886), Möbelhersteller, seine königlich bayerische Hofmöbelfabrik Pössenbacher, 1784 begründet, erlangte unter ihm eine überregionale Bedeutung, als er von König Ludwig II. mit der Ausstattung der Schlösser Herrenchiemsee, Neuschwanstein und Linderhof beauftragt wurde.

Point (franz., Stich), Bezeichnung für → Nadelspitze im Gegensatz zur → Klöppelspitze (Dentelle). Gelegentliche Vermischungen in der Benennung kommen jedoch vor.

Point de France → Alençonspitzen

Point Gros de Venise, auch **Point Plat de Venise** → venezianische Spitzen

Pokal, aufwendiges Trinkgefäß des 15. bis 19. Jh.s aus verschiedenen Materialien (Edelmetall, Zinn, Glas, Elfenbein, Gestein, Muschel, Straußenei, Kokosnuß und (selten) Steinzeug und Fayence) auf hohem Fuß und mit meist gedeckelter Cuppa. Sie dienten – vor allem in Edelmetall – nur bei besonderen Anlässen als Trinkgefäße (→ Willkomm), sonst als Schau- und Repräsentationsstücke. (Abb. s. a. S. 400)

Polen-Teppiche → Schah Abbas-Teppiche

Poliment → Bolus

Polnische Teppiche, Knüpferzeugnisse des 18. Jh.s, in polnischen Manufakturen entstanden. Sie sind nicht zu verwechseln mit den sog. Polen-Teppichen der Schah-Abbas-Zeit.

Po-Löffel → Dan

Polynesische Kunst, die Kunst des Bereiches Ozeaniens, der die Inselwelt innerhalb des Dreiecks Hawaii, Neuseeland und Osterinsel umfaßt.

Pluviale, süddeutsch, um 1710–20. Roter Seidensamt, Stickerei aus Goldfaden und Goldkantille. Rückenlänge 147 cm. München, Bayerisches Nationalmuseum (Leihgabe des Max-Joseph-Stiftes).

In Mittelpolynesien ist die Ornamentkunst am höchsten entwickelt. Dunkel- oder hellbraun gefärbte, mit geometrischen oder Pflanzen- und Blumenmustern verzierte Rindenstoffe, die auf den Samoa-Inseln auch Tierornamentik tragen können, sind weitverbreitet. Von Tahiti sind Holzplastiken bekannt, dickbäuchige Schnitzfiguren mit leicht gespreizten Beinen, die wahrscheinlich niedere Gottheiten darstellen. Auf den Marquesas-Inseln werden gedrungene Götterfiguren aus Holz, Stein oder Knochen hergestellt. Holz- oder Steinplastiken von den Hawaii-Inseln, die hauptsächlich den Kriegsgott Kukailimoku darstellen, weisen als Hauptcharakteristikum einen verzerrten Mund auf.

Bei den herrlichen Federmänteln und -helmen Hawaiis galt die rote Farbe als heiliges Symbol.

Die Maori-Kunst Neuseelands unterscheidet sich stark von der des übrigen Polynesiens. Typische Objekte sind die aus Nephrit (Jade) geschnitzten Tikifiguren (→ Hei-Tiki). Aus Holz, Jade oder Knochen geschnitzte Keulen sind mit Spiralmotiven oder menschlichen Figuren geschmückt.

Polyptychon, Flügelaltar mit mehr als zwei Flügeln, im Gegensatz zum → Diptychon oder → Triptychon (→ Altarretabel).

Pomander, eine mit Duftstoffen gefüllte Riechkapsel. Benannt nach Pomona, der römischen Göttin der Baumfrüchte.

Pommerscher Kunstschrank, reich geschmückter Augsburger Kabinettschrank, der 1605 bis 1617 von Ulrich → Baumgartner, mit Silberauflagen von Mathäus Wallbaum (→ Trinkspiele) und David Altenstetter, für Herzog Philipp II. von Pommern gearbeitet wurde. Er ging im Zweiten Weltkrieg verloren. Nur die im Schrank aufbewahrten Raritäten blieben erhalten (Berlin, Kunstgewerbemuseum).

Pompon → Kopfbedeckung, militärische

Pontifikalien → Meßornat

Pontypool-Ware, Bezeichnung für in der englischen Stadt Pontypool zwischen 1680 und 1822 hergestellte gelackte Metallware. Thomas Allgood entwickelte 1680 das Verfahren, seine Nachfolger verbesserten es. Die frühen runden Dosen mit einem Durchmesser von ca. 10 cm hatten nur Schwarz als Fondfarbe, 1741 wurde dann auch Karmesinrot eingeführt und ab 1756 Schildpatt. Seit den sechziger Jahren

des 18. Jh.s wurden die Dekors farbenprächtiger und figurenreicher, beliebt waren ländliche Szenen und Jagddarstellungen. Pontypool-Ware war in Europa konkurrenzlos. Handbemalte Stücke waren sehr teuer, Massenprodukte relativ billig.

Portatile, Tragaltar, der von Fürsten und hohen Geistlichen auf Reisen mitgenommen wurde. Aus dem frühen Mittelalter sind juwelenbesetzte Tragaltäre aus Edelmetall (über Holzkern) erhalten.

Portativ, tragbare kleine Orgel ohne Pedale mit Flötenstimmen.

Portepee → Dienstgradabzeichen

Porträtdosen, im 17. Jh. am französischen Hof aufgekommene, besonders im 18. Jh. auch im übrigen Europa übliche kostbare Dosen mit Porträts. Zuerst nur Dosen mit dem Porträt des franz. Königs, die dieser als Ehrengaben oder zur Belohnung an hochgestellte Persönlichkeiten vergab, später auch sonst als kostbare Geschenke benutzt und dann oft mit dem Porträt des Geschenkgebers oder seiner Familie versehen. Mitunter wurden diese Dosen sekundär als Schnupftabakdosen benutzt. Die wertvollsten unter ihnen sind vornehmlich als Golddosen gearbeitet und dann oft mit Edelsteinen, vor allem Diamanten besetzt, häufig auch in Elfenbein, Schildpatt, Stein- und Lackarbeit verfertigt. Die Porträts sind in den für Miniaturen üblichen Techniken ausgeführt, oft als Kopf- oder Brustbilder gestaltet.

Porträtdose aus Moosachat. Deutschland, um 1757. Außen mit einem Bildnis Friedrichs des Großen, auf der Innenseite des Deckels mit einem Porträt seiner Mutter. 3 × 7,5 × 6,5 cm. Wien, Privatbesitz.

Portugaleser, norddeutsche und skandinavische Goldmünze des 16. bis 18. Jh.s., die dem Vorbild einer portugiesischen Prägung folgte.

Portugiesenteppiche, eine Gruppe südwestpersischer Medaillonteppiche des 17. Jh.s, die im Innenfeld Schiffe mit Europäern und Eingeborenen auf Entdeckungsfahrt zeigen.

Porzellan, keramisches Erzeugnis aus unschmelzbarem Kaolin und schmelzbarem Feldspat und Quarz, die durch Brand bei 1300–1460 Grad zum → Sintern gebracht werden. Das Produkt ist weiß, lichtdurchlässig, hellklingend und mit Stahl nicht ritzbar. – Die Herstellung besteht aus folgenden Arbeitsgängen: 1. Reinigung der Grundstoffe, Vermischen mit Wasser, Sumpfungsprozeß, Kneten zu bildsamer Paste. 2. Formung (Aufgabe des Bossierers): Eindrehen (Töpferscheibe) oder Eindrücken in Gipsformen; Figuren werden aus einzeln geformten Teilen zusammengesetzt oder mit ver-

Deckelpokal. Emden, um 1603. Silber vergoldet, gegossen, getrieben und ziseliert, H 37,5.

Porzellanpuppen. Um 1920, um 1910, um 1890. Privatbesitz.

flüssigter Porzellanmasse in Formen gegossen. 3. Trocknung an der Luft, bis die Masse lederhart ist. 4. Erster Brand (Verglüh- oder Vorbrand bei 900 Grad; Formstücke unter Schamottekapseln geschutzt) zum Entzug des chemisch gebundenen Wassers. 5. Glasur. Eintauchen in dünnen Porzellanbrei, der von dem porösen Stück aufgesaugt wird und als dünne Schicht liegen bleibt. 6. Gar- oder Scharffeuerbrand bei 1460 Grad, wodurch die Porzellanmasse versintert und steinhart wird (Schwund des Volumens um ein Sechstel). Die Glasur, die die Poren ausfüllt, verbindet sich völlig mit dem Scherben. – Bringt man unglasierte Formstücke in den Garbrand, entsteht Biskuitporzellan (echtes Porzellan, jedoch ohne glänzende Oberfläche). Biskuitfiguren waren im Klassizismus wegen ihrer Ähnlichkeit mit Marmor beliebt. 7. Bemalung unter der Glasur: Die Unterglasur- oder Scharffeuerfarben (im 18. Jh. nur Kobaltblau, ab 1700 in → Meißen auch Chromgrün) werden nach dem Verglühbrand aufgetragen. Die Farben über der Glasur werden bei 800 bis 900 Grad eingebrannt; da man die Formstücke durch Muffeln (Schamottekapseln) schützen muß, heißen sie Muffelfarben. Die farbige Verzierung von Geschirrändern, Figuren und Reliefs nennt man Staffierung.

Als Hauptgruppen unterscheidet man Kaolin- und Surrogatporzellane. Zum Kaolinporzellan gehören: 1. europäisches Hartporzellan. Unterschiede ergeben sich durch verschiedenen Kaolingehalt bei den einzelnen Manufakturen. Je höher der Kaolingehalt, desto größer ist die Widerstandsfähigkeit gegen mechanische und plötzliche Temperatureinwirkungen (höchster Kaolingehalt in → Meißen und → Berlin). 2. Chinesisches Porzellan enthält weniger Kaolin als das europäische und wird nur einmal gebrannt. 3. Chinesisches Weichporzellan → Blanc de Chine. – Die Surrogatporzellane bestehen aus einer komplizierten glasartigen Masse und bleihaltiger, in schwachem Feuer aufgebrannter Glasur. Sie sind wenig widerstandsfähig gegen Stoß und als Gebrauchsgeschirre nicht geeignet. Es sind jedoch die zartesten und leuchtendsten Farben auf ihnen möglich, die durch die hohen Brenntemperaturen des echten Porzellans zerstört würden. Zum Surrogatporzellan gehören: 1. das französische Frittenporzellan oder pâte tendre (→ Chantilly, → Mennecy, → Saint Cloud, → Vincennes-Sèvres) und 2. das härtere englische Knochenporzellan.

Das früheste echte Porzellan entstand in China unter der T'ang-Dynastie im 9. Jh. Das europäische Porzellan wurde 1708 von Johann Friedrich → Böttger in Meißen erfunden. Seine Blütezeit (vgl. die unter den Ortsnamen genannten Manufakturen) war das 18. Jh., dessen Prunkbedürfnis das glänzende Material entgegenkam. In der ersten Jahrhunderthälfte wurde der europäische Porzellanstil von Meißen, in der zweiten von Vincennes-Sèvres bestimmt. Mit dem beginnenden Klassizismus setzte in allen Manufakturen der Niedergang ein.

Porzellanblumen, aus Porzellan hergestellte Blumen; Anfang des 18. Jh.s zuerst als plastische Dekoration auf Meißener Porzellan verwendet. Ende der vierziger Jahre des 18. Jh.s kamen Blumensträuße mit verschiedenen an Drahtstielen befestigten Blumen in Mode. Im Rokoko findet man sie oft als Bekrönung von Zierware und Tafelgeschirr.

Porzellanmarken (→ chinesisches Porzellan) wurden in Meißen eingeführt, nachdem 1718 die → Wiener Porzellanmanufaktur gegründet worden war (früher Meißner Marken → Meißen). Ab 1723 verwendete man die Schwertermarke (aus dem großen Wappen des Kurfürstentums Sachsen) in Unterglasurblau (d. h. unverlöschbar) auf der Rückseite. Diesem Beispiel folgten fast alle Porzellanmanufakturen (siehe unter den Ortsnamen) (vgl. auch → Johanneumsmarken).

Porzellanpuppen, von Sammlern sehr gesucht – auch wenn es sich nur um Porzellanpuppenköpfe handelt, können grob in drei Sparten eingeteilt werden: in Puppen aus Porzellan, aus Bisquit und aus Parian-Porzellan

Wann die ersten Puppen aus Porzellan gefertigt wurden, ist unbekannt. Aus Frankreich sind Puppen mit glasiertem Por zellan um die Mitte des vorigen Jh.s bekannt. Deutsche Porzellanexperten glauben, daß das Material zur Puppenherstellung etwa in den dreißiger Jahren des vorigen Jh.s erstmals verwendet wurde. Bei den Bisquitporzellanköpfen haben nur wenige Puppenhersteller die Köpfe selbst hergestellt, meist wurden sie aus Porzellanmanufakturen gekauft. Das jeweilige Markenzeichen war an den Köpfen eingeprägt. Die ganz großen Puppenfabriken, die eigene Porzellanköpfe modellierten, haben auch ihre Firmenzeichen als Halsmarken an den Köpfen.

Zu begehrten Sammelobjekten aus Porzellan gehören heute die sogenannten „deutschen Badekinder", kleine unbewegliche Kinderfiguren aus hochglänzendem Porzellan, die etwa um die 30 cm hoch sind. Wahrscheinlich bestand die Beliebtheit dieser ganz aus Porzellan gefertigten Figuren darin, daß die Körper innen hohl waren und die Badekinder deshalb schwimmen konnten.

Posamentierkunst, die Anfertigung textiler Erzeugnisse wie: Borten, Quasten, Fransen, Gimpen, Rosetten usw., zur Verzierung von Polstermöbeln, als Wand- und Fensterdekorationen, für Trachten, Kleider, Meßgewänder, Uniformen u. ä., in Hand- oder Maschinenarbeit.

Poschinger, Familie von Glashüttenbesitzern, seit 1568 im Bayerischen Wald nachweisbar.
Positiv, kleine Hausorgel, nicht tragbar, mit einem Manual, nur Labialstimmen ohne Pedal oder mit „angehängtem“ Pedal.
Possetkrüge, englische zweihenklige, gerad- oder balusterwandige Deckelkrüge aus verschiedenen Materialien (Silber, Zinn, Keramik) für Posset, ein heißes Mischgetränk aus Milch, gewürztem Wein oder Bier. Sie sind in dieser Form seit dem 17. Jh. erhalten.
Potami, Querstreifen am → Mandyas.
Potérat, Edmond → Rouen
Potirion → Kelch
Potpourri, Duftgefäß aus Porzellan oder Fayence, meist in Vasenform, mit stellenweise durchbrochener Wandung und durchbrochenem Deckel. Durch die Öffnungen sollte der Duft der darin enthaltenen Kräuter oder Essenzen ausströmen.

Potpurrivase. Berlin, um 1768. H 15 cm. Hamburg, Museum für Kunst und Gewerbe.

Potsdamer Fayence; vor 1740 gründete Christian Friedrich Rewend eine Fayencemanufaktur in Potsdam, die im Stil der → Berliner Fayencen arbeitete. 1775 wurde sie von dem Stukkateur Sartori übernommen, der sie nochmals hochbrachte. Die besten Erzeugnisse unter Rewend waren → Fächerschalen mit einem großformigen Blumen- oder Vogelmotiv im Spiegel. Unter Sartori kamen Ziervasen (aus stuckähnlicher Masse) mit Vergoldung und Lackbemalung auf. Als Marke wurde – nur unter Rewend – P und R, übereinander angeordnet, geführt.

Pottwalbein, elfenbeinähnliches Material der Pottwalzähne, wird von den Eskimos und von den Völkern der Südsee (Polynesien und Mikronesien) für Schnitzarbeiten verwendet.
Poudreuse → Toilettentisch
Prachtstücke, schmückende Zutaten des → Wappens, die nicht wesentlich hinzugehören. Hierzu rechnet man Schildhalter (Engel, Menschen, Tiere), Wappenmantel (hinter dem Wappen angebrachte Stoffdraperie), Wappenzelt (hinter dem Wappen aufgerichtetes Zelt) und Devisen (1. kleine Erkennungszeichen, sog. Bagdes oder Impresen, z. B. die weiße Rose des englischen Hauses York, 2. Sinnsprüche, meist am unteren Rand des Schildes).

Heraldische Prachtstücke

Vergleichende Zeittabelle – Präkolumbianische Kunst

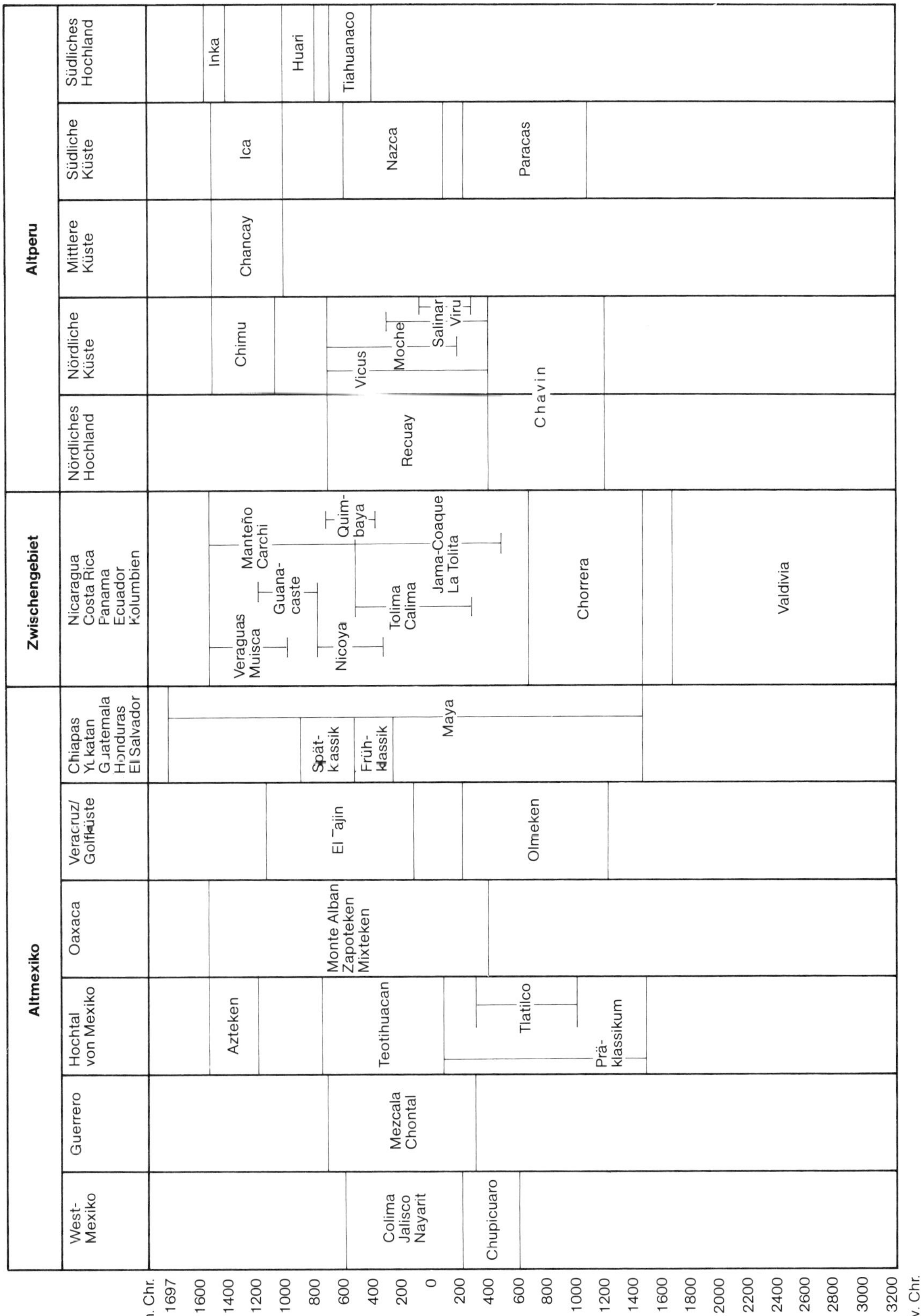

Präkolumbianische Kunst

ALTMEXIKO

Unter präkolumbianischer Kunst versteht man das künstlerische Schaffen der indianischen Völker Mittel- und Südamerikas vor der Entdeckung durch Kolumbus und der nachfolgenden Eroberung durch die Spanier.

Als gemeinsamen Nenner haben fast alle der im folgenden vorgestellten Objekte, gleich ob es sich um Keramik, Stein, Gold oder Textilien handelt, einen kultischen Hintergrund. Sie sollten also nicht „schön" sein, sondern eine bestimmte Idee oder Gottheit wiedergeben.

Häufig sind es Grabbeigaben, die durch Raubgräber in den Kunsthandel kamen, so daß wir vielfach nur über sehr ungenaue Fundangaben verfügen. Bei manchen Kulturen gibt es außerdem noch erhebliche Schwierigkeiten in der Zeitbestimmung.

Die Ausführungen beginnen mit der Zeit des Auftretens der Keramik. Diese wurde in den frühen Perioden stets mit der Hand geformt, da die Töpferscheibe unbekannt war. Erst später tauchen mit Hilfe von Modeln gefertigte Produkte auf. Die einzelnen Kulturen werden in etwa nach ihrer zeitlichen Abfolge behandelt. Eine Einschränkung auf solche Stücke, die auf dem europäischen Kunstmarkt vertreten sind, erschien notwendig.

Präklassik (1500–100 v. Chr.): Die ältesten Objekte aus Mexiko, die hier angeboten werden, sind Frauenfigürchen aus Ton, deren Größe meist unter 10 cm liegt. Gelegentlich zeigen diese „pretty ladies" genannten Damen noch Reste gelber, roter oder weißer Farbspuren; sie haben kunstvolle Frisuren und weitausladende Hüften, weshalb man annimmt, daß sie mit Fruchtbarkeits- oder Mutterkulten in Verbindung standen. Selten sind Figürchen, die Ballspieler und Schamanen wiedergeben, ferner tauchen Statuetten mit zwei Köpfen sowie Darstellungen einer Mutter mit Kind auf. Als Fundort wird in der Regel Tlatilco (1000–300 v. Chr.) im Bereich der heutigen Landeshauptstadt angegeben. Auch brettförmige Figürchen mit schrägstehenden Kaffeebohnenaugen aus Chupicuaro (600–200 v. Chr.) in Westmexiko sind anzutreffen.

Olmeken: Die höchsten Preise erzielen die ebenso ausdrucksstarken wie rätselhaften Gefäße und Figuren dieses Volkes von der Golfküste (1250–200 v. Chr.). Kennzeichnend ist die Verschmelzung einer menschlichen Gestalt mit den Zügen eines Jaguars, des „were-jaguars", wobei eine geistige Vorstellung zugrundeliegt, in welcher der Jaguar als Gottheit oder Totemtier eine entscheidende Rolle gespielt haben muß. Zu dieser Gruppe zählen die „baby-face"-Figuren, geschlechtslose, dickliche Kinder mit den wulstigen Lippen und gelegentlich auch den Reißzähnen des Jaguars. Die Kugelvasen aus schwarzem, poliertem Ton lassen gleichfalls hin und wieder dieses Raubtier erkennen, dabei steht manchmal nur die Tatze für das ganze Tier. Die Olmeken waren Meister in der Steinbearbeitung, was neben den Kolossalköpfen die nicht minder eindrucksvollen kleinen Stein- und Jadefiguren beweisen.

Pfeifgefäß in Gestalt einer reichgeschmückten Frau. Mexiko, olmekisch (Xochipala) 800–600 v. Chr. Rötlicher Ton, H 12 cm, Dm 9 cm. Privatsammlung.

Mezcala- und Chontal-Kultur (300 v.–700 n. Chr.): Sehr gesucht sind Steinplastiken aus dem Mezcala-Gebiet Guerreros, die streng geometrisch aufgebaut und nur auf Vorderansicht gearbeitet wurden. Die Größe der abstrakten, beilförmigen Figuren schwankt zwischen wenigen und in Ausnahmefällen 50 cm. Abgesehen von den überwiegend männlichen Darstellungen gibt es menschliche Köpfe, Masken, Tiere und Miniaturtempel, wobei als Material hauptsächlich Serpentin, Kalzit und Andesit dienten. Eine zweite Stilrichtung der gleichen Gegend, Chontal, fällt weit weniger streng aus, für sie sind rundplastische Figuren typisch. Echte Stücke kann man u. a. an den alten Bearbeitungsspuren in den Einkerbungen erkennen.

Rechts unten: Stehende Figur in Beilform mit an den Leib gelegten Händen. Mexiko (Mezcala), 300 v. bis 300 n. Chr. Grünlicher Stein, H 10 cm, B 6 cm. Privatsammlung.

▷ *Maske. Mexiko (Mezcala) 300 v. bis 300 n. Chr. Grünlich-gräulicher Serpentin mit roten Farbspuren, H 11 cm, B 8 cm. Privatsammlung.*

Sitzende menschliche Figur mit der breiten Nase und den herabgezogenen Mundwinkeln des Jaguars. Mexiko, olmekisch (La Venta) 900–600 v. Chr. Grünlicher Steatit, H 14 cm, B 7,5 cm. Privatsammlung.

Teotihuacan: Von Mezcala beeinflußt war die Kunst der Steinschneider aus Teotihuacan im mittleren Hochland (100 v.–750 n. Chr.). Bei den eindrucksvollen Steinmasken aus geadertem Onyx, Granit oder Serpentin ist allerdings größte Vorsicht geboten, da sie ein Künstler in Taxco meisterhaft „nachzuschöpfen" versteht. Die Kunst dieser riesigen Stadt betonte die Waagerechte, was auch kleinen Gegenständen eine gewisse Monumentalität verleiht. Dies läßt sich selbst für die häufig angebotenen, meist etwa 4 cm hohen Tonköpfchen sagen, die anfangs mit der Hand und später in Massenproduktion mit Hilfe von Modeln gefertigt wurden. Weiterhin taucht am Markt eine Reihe von Gefäßen auf, so etwa runde mit Deckel, die in Freskotechnik bemalt wurden, dann kunstvoll aufgebaute Räuchergefäße mit einem Gesicht, wohl einer Gottheit, im Mittelpunkt, und etwas zahlreicher Gefäße auf drei, in der Regel rechteckigen Füßen, die ausgeschnittene oder mit Modeln aufgelegte Reliefdarstellungen aufweisen. Gerne werden dabei der Regengott oder Gesichter mit Sprechblase als Dekor verwendet. Hartgebrannte Gefäße mit dünner, glatter Wandung und oranger Farbe, die unter der Bezeichnung „thin orange" bekannt sind und in großer Zahl in Teotihuacan gefunden wurden, stammen meist aus der Gegend zwischen Puebla und Veracruz. Dabei handelt es sich oft um in Modeln gefertigte Figurengefäße, mit Vorliebe dienen Hunde und Jaguare als Motive.

Dreifußgerät „Tecomate" mit gepunzter Verzierung. Mexiko (Teotihuacan II) 150–250 n. Chr. Grauschwarzer Ton, H 20 cm, Dm 26 cm. Privatsammlung.

Zapoteken: Aus ihrem Bereich um Oaxaca mit dem Zentrum Monte Alban (400 v.–1500 n. Chr.) kommen viele Urnen- oder genauer Figurengefäße. In den frühen Phasen sind sie groß, nicht selten bunt bemalt und tragen eine plastisch herausmodellierte Figur. In der Blütezeit der Stadt wurden sie mit Hilfe von Modeln in großen Mengen hergestellt und dabei für sich geformte Gesichter in die Gefäßwandung eingelassen. Die Spätzeit ist mit Figurengefäßen in Miniaturformat aus gelbbraunem Ton vertreten. Bei vielen läßt sich am Kopfputz erkennen, welcher Gottheit sie zugeordnet sind.
Mixteken: Diese Keramik stammt zwar aus der gleichen Gegend und Zeit, unterscheidet sich jedoch im Stil völlig. Sie ist polychrom bemalt, meist mit Ornamenten und nur vereinzelt mit Figuren, und besitzt einen leuchtenden Überzug. Dreifußgefäße, Schalen und Henkelkannen herrschen vor. Mit ihr eng verwandt ist die Mixteca-Puebla-Keramik.
Veracruz: Sammler schätzen sehr die bis fast einen Meter hohen Figuren aus hartgebranntem, grauem Ton, die im Bundesstaat Veracruz vor allem in der Gegend von El Tajin (100–1100 n. Chr.) gefunden wurden. Oftmals sind ihre Gesichter mit Erdpech (Bitumen) bemalt. Aus dem gleichen Gebiet stammen die „smiling faces", wobei diese etwas in die Breite gezogenen Gesichter, die stets zu lächeln scheinen, deutlich Schädeldeformation aufweisen, und rätselhafte Steinplastiken in oft sehr hoher künstlerischer Qualität, die man ihrer Form nach als Hachas (Äxte), Jugos (Joche) und Palmas (Handflächen) bezeichnet. Diese standen mit dem kultischen Ballspiel in Verbindung.
Colima, Jalisco und Nayarit: In Westmexiko wurde eine Vielzahl höchst lebendig wirkender Tonfiguren und Figurengefäße gefunden, die meist aus der Zeit zwischen 200 v. und 600 n. Chr. stammen. Am bekanntesten ist wohl die Keramik von Colima. Ihre gemästeten Hunde mit Stummelschwanz oder die Vasen in Kürbisform, deren Füße in Papageien ausmünden, sowie die Menschendarstellungen sind vielfach aus einem dunklen, vom Braunschwarzen ins Rötliche gehenden Ton und besitzen eine glänzend polierte Oberfläche. Weiter sind die unpolierten Figuren von Jalisco zu nennen, dabei heller im Ton und mit langgezogenen Gesichtern, in denen eine dünne, deutlich ausgebildete Nase auffällt. Einzelheiten aus dem täglichen Leben geben die vielfarbigen Figurengruppen und die kleinen, massiven Tonfiguren aus Nayarit wieder, die meist Nasen- und Ohrschmuck in der Form kleiner Ringe tragen.

Gefäß mit Jaguarkopf. Mexiko, zapotekisch (Monte Alban III A), 200–500 n. Chr. Grauer Ton, H 11 cm, DM 15 cm. Privatsammlung.

Schale mit Schmuckglyphen. Guatemala (Maya), 6.–9. Jh. n. Chr. Ton, orange, rot und schwarz bemalt, H 9 cm, Dm 20 cm. Privatsammlung.

Vase mit eingeschnittenen Glyphen. Guatemala (Maya), 6.–9. Jh. n. Chr. Rötlicher Ton, H 13 cm, Dm 14 cm. Privatsammlung.

Maya: Die Kunst dieses Volkes zwischen Mexiko und El Salvador (ca. 1500 v.–1697 n. Chr.) gehört zu den Höhepunkten der präkolumbianischen Epoche. In die Frühklassik (250–500 n. Chr.) ist eine drei- und mehrfarbige Keramik über einem orangen Grund zu rechnen. In die Spätklassik (500–900 n. Chr.) gehören große Schalen und zylindrische Vasen, nicht selten mit Glyphen versehen. Schalen, die in der Mitte ein Loch aufweisen, sind ein Beweis dafür, daß sie zeremoniell „getötet“ worden waren, ehe man sie als Opfergaben einer hochstehenden Persönlichkeit ins Grab legte. Auf orange- bis cremefarbigem Grund sind in verschiedenen Rottönen und in Schwarz tierische und menschliche Figuren gemalt. Das Antlitz der Dargestellten wird immer im Profil wiedergegeben, der Körper dagegen fast nur frontal. Maskentänzer fehlen ebensowenig wie Opferpriester oder Götterprozessionen und Szenen aus dem höfischen Leben, die infolge ihres dokumentarischen Charakters besonders hohe Preise erzielen. Weiterhin sind Vasen mit eingeschnittenen Glyphen sehr begehrt.
Maskenanhänger aus Jade mit dem typischen Mayaprofil im Flachrelief auf einer Seite und Stuckköpfe aus dem Umkreis von Palenque gehören zu den Seltenheiten. Berühmt sind schließlich die Terrakotten der Isla de Jaina. In diesen Figuren, hohl als Okarina oder aus kompaktem Ton, wurden die Vornehmen mit all ihren Machtinsignien und der für die Maya eigenen Schädeldeformation dargestellt. Hier haben wir es offensichtlich mit der Abbildung von Menschen und nicht von Göttern zu tun. Ihre Gesichter, die in der Regel in Modeln hergestellt und dann vom Künstler überarbeitet wurden, sind gelegentlich tatauiert. Als „Leitfarbe“ der Figuren, die meist zwischen 8 und 20 cm messen, taucht ein intensiver Blauton auf. Bei den Objekten von Isla de Jaina ist größte Vorsicht geboten, da sie der großen Nachfrage wegen gerne gefälscht werden.
Azteken (1200–1521 n. Chr.): Aus ihrem Machtbereich im Zentralen Hochland findet man bei uns Plastiken aus Basalt oder Andesit. Der Formenreichtum der Keramik ist gering und beschränkt sich hauptsächlich auf dreifüßige Reibschalen, flache Teller sowie einfache Henkelkannen. Zahlreiche kleine Tonfiguren ohne künstlerische Bedeutung wurden in Modeln hergestellt, meist blieben jedoch nur die Köpfchen erhalten.

Das Gebiet zwischen Altmexiko und Altperu
Neben Keramik aus Ecuador ist dieser weite Raum nur vereinzelt im Kunsthandel vertreten.
Nicoya: So kommen aus dem Nicoya-Gebiet Costa Ricas (300–800 n. Chr.) kostbare Jadeanhänger in schmaler Beilform mit deutlich ausgearbeitetem langem Schnabel.
Guanacaste (Costa Rica): Zu erwähnen sind hier Gefäße in der Form eines aufgerichteten Jaguars mit bunter Bemalung auf hellem Grund, denen man ein Alter zwischen 800 und 1200 n. Chr. zuschreibt.
Veraguas (Panama): Berühmt ist die Goldschmiedekunst, wobei es sich meist um eine rötlich schimmernde Legierung aus Gold und Kupfer, Tumbaga, handelt. Hierher zählen sehr gesuchte Anhänger in der Form des Königsgeiers (1000–1500 n. Chr.).
Tolima, Calima, Quimbaya und Muisca: Aus Kolumbien werden tiermenschliche Mischwesen aus Gold mit ausgebreiteten Armen und Beinen (Tolima), nierenförmige Platten der Calima (beide 300 v.–500 n. Chr.), Hohlfiguren und Flaschen der Quimbaya (400–700 n. Chr.) sowie die flachen Votivgaben der Muisca (1000–1500 n. Chr.) angeboten.
Seit der großen Ausstellung in Köln 1974 ist die Kunst Ecuadors häufig auf dem Markt zu finden. Die Qualität der Stükke ist freilich oft nur mittelmäßig und der Prozentsatz an Fälschungen außergewöhnlich hoch.
Valdivia: Das gilt ganz besonders für die Fragmente von Terrakotta-Figürchen aus der Valdivia-Kultur, die zwischen 3200 und 1800 v. Chr. angesetzt wird. Daß die meist weiblichen Kleinplastiken mit kunstvollen Frisuren fast immer zerbrochen sind, weist sie als rituell getötete Grabbeigaben in Verbindung mit einem Fruchtbarkeitskult aus.
Chorrera: Die Kunst aus dieser Region wird wie Valdivia unter Kennern hoch bewertet. Ihre Keramik (1500–700 v. Chr.) steht formal und stilistisch der olmekischen sehr nahe. Das zeigt sich vor allem in den stehenden, geschlechtslosen Figuren mit helmartiger Kopfbedeckung.
Jama-Coaque und La Tolita: Aus diesen zeitgleichen Kulturen (500 v.–500 n. Chr.) stammen die meisten Keramiken, die heute bei uns angeboten werden. Dabei deuten die „barocken“ Terrakotten von Jama-Coaque und La Tolita in ihrer grotesken Übersteigerung auf Einflüsse der Chontal-Maya hin. Neben Jaguardarstellungen oder Mensch-Jaguar-Mischwesen finden sich Priester oder Häuptlinge mit überreichem Schmuck, wie Nasenzierat, trapezförmigen Lippen-

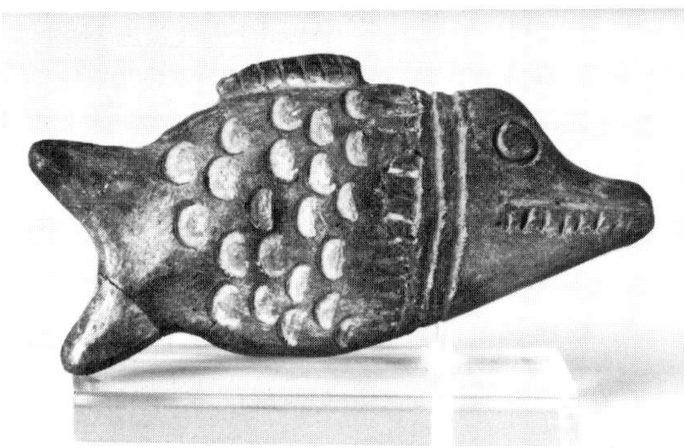

Musikinstrument in Fischform. Ecuador, (Manteño), 500–1500 n. Chr. Schwärzlicher Ton, H 5 cm. L 10 cm. Privatsammlung.

pflöcken und großen Ohrgehängen sowie Stäben in Form eines Hornes.
Manteño: Diese dickwandige Keramik (500–1500 n. Chr.) ist schwarzbraun bis grauschwarz und poliert. Typisch sind hohe Räuchergefäße, die einen Häuptling auf einem Thron darstellen, dessen breiter Hut zur Aufnahme von Räuchermaterial dient.
Carchi: Erwähnung verdienen ferner die rotfarbigen Figuren von Carchi (500–1500 n. Chr.), die durch die deutliche Ausbeulung auf der Wange erkennen lassen, daß es sich um die Wiedergabe des rituell bedingten Kokakauens handelt.
ALTPERU
Chavin: Der Kult einer Raubtiergottheit bestimmt auch die älteste Kultur Perus, die von Chavin (1200–400 v. Chr.), die im Hochland und an der nördlichen Küste beheimatet ist. Besonders beeindruckt die monumentale Kraft der Keramik, wobei Küsten-Chavin durch Einkerbungen und Ritzungen wie aus Stein geschaffen erscheint. Die Scherben sind hartgebrannt, als Hauptfarben kommen Grau, Schwarz, Braunschwarz sowie ein rötliches Braun vor. Die kugelförmigen Gefäße, die zu den großen Kostbarkeiten zählen, zeigen als Hauptmerkmal einen kräftigen Steigbügelhenkel mit senkrechtem Ausguß. An Motiven finden wir Jaguar oder Puma neben Adler, Mensch und tiermenschlichen Mischwesen sowie Gottheiten; auch die Vermischung von Raubtierattributen mit Teilen anderer Tiere taucht auf. Es gibt ferner abstrakte Muster. Wie bei den folgenden Kulturen waren beinahe alle Gefäße kultisch bedingte Grabbeigaben.
Vicus, Salinar, Viru: Vicus (400 v.–700 n. Chr.), anfangs von Chavin beeinflußt und später mit Negativbemalung, bringt Doppel- als Pfeifgefäße, dabei wird eine Flasche durch einen zweiten Gefäßkörper oft in menschlicher Form oben durch einen Henkel und unten durch eine Röhre verbunden. Die Bemalung ist weiß auf rotbraunem Grund wie bei Salinar (400v.–300 n. Chr.), wo jedoch vollplastische Figuren vorherrschen. Viru (300 v.–100 n. Chr.) wirkt ähnlich, zeigt aber Negativmalerei.
Moche: Diese bekannte Kultur der nördlichen Küste (200 v.–700 n. Chr.) kennzeichnen Raubtierdarstellungen in ihrer frühen Phase. Später bringen die Malereien einen Überblick über das gesamte Alltagsleben. Berühmt sind überaus realistische Gefäße in der Form von männlichen Porträtköpfen, von Kriegern und Kampfszenen neben einer Anzahl von erotischen Darstellungen, die ihrer großen Beliebtheit wegen auch entsprechend gerne gefälscht werden. Der Steigbügelausguß ist weniger wuchtig als bei Chavin.
Recuay-Ware (400 v.–700 n. Chr.) aus dem nördlichen Hochland und der Küste erkennt man an ihrem weißen Überzug; neben Positiv- gibt es vor allem Negativbemalung. Typisch sind Gefäße mit plastischen Gruppendarstellungen, die um eine weit größere Zentralfigur angeordnet sind und einen Weihetrankausguß besitzen. Weiterhin finden wir Krieger, Tiere wie Lama und Hund, auch Feliden mit ungeheuren Reißzähnen sowie Keramikmodelle von Bauwerken; alles in einem Stil, der an naive Volkskunst erinnert.
Paracas: Sehr geschätzt wird die Keramik von Paracas (1100–200 v. Chr.), einer Halbinsel an der südlichen Küste, mit ihren leuchtenden Farben, die in der Frühzeit pastenartig mit Harzen vermischt aufgetragen wurden, so daß man von einer Cloissoné-Technik sprechen kann. Hauptmotive bilden Trophäenköpfe neben Feldfrüchten, Fischen und Vögeln, was auf einen Fruchtbarkeitskult hinweist. Später wurde die Keramik bemalt und vor dem Brand mit Ritzungen versehen, wobei erst Hakenmuster und dann stilisierte Raubkatzen, Jaguarmenschen und Falken- sowie Adlergottheiten zu unterscheiden sind. Gleich begehrt werden Gewebefragmente, auch hier dominiert eine katzenartige Gottheit.
Nazca (100 v.–600 n. Chr.) ist ähnlich Paracas nicht so plastisch ausgearbeitet wie etwa Chavin. Auch tritt der Steigbügelausguß bei beiden weit weniger häufig auf, dafür herrschen Gefäße mit Doppelausguß vor, der durch einen Steg miteinander verbunden ist. Oft wurde eine Ausgußöffnung

Kugelförmiges Gefäß mit Doppelausguß („Katzendämon" und Trophäenköpfe). Peru (Nazca III), 200–400 n. Chr. Ton mit polychromer Bemalung, H 21 cm, Dm 19 cm. Privatsammlung.

verschlossen, meist durch eine kleine Figur, die Keramik dient dann auch als Pfeiftopf. Nazca an der Südküste erscheint ganz auf das Übernatürliche ausgerichtet. Geister und Dämonen beherrschen die dünnwandigen, polychromen Kugelgefäße mit gerundetem Boden und polierter Oberfläche, die von Sammlern besonders begehrt werden. Die Hauptfigur bildet der sog. „Katzendämon", als Jaguar, Ozelot oder Fischotter gedeutet, mit einem Trophäenkopf nach Art der Jivaro in der Hand. Gerne werden Nutzpflanzen abgebildet, so Bohnen, Mais oder Pfefferschoten, dazu Seevögel und Kolibris. Für eine spätere Phase sind Vasen in Becherform typisch, noch später Menschendarstellungen sowie schwebende Gottheiten, umgeben von Trophäenköpfen, und der Pott- oder der Mörderwal als Beherrscher des Meeres.

Tiahuanaco: Dieser Kunststil mit Mittelpunkt am Titicaca-See im südlichen Hochland strahlt zwischen 400 und 700 n. Chr. über ganz Peru und Bolivien aus. Im Kunsthandel finden wir vereinzelt Becher und ovale Gefäße in Tiergestalt, dazu Flaschen und innen bemalte Schüsseln. An häufigen Motiven erscheinen Tiere wie Lama, Kondor oder Adler, Puma und Schlange, dazu geometrische Ornamente.

Bügelhenkelgefäß mit doppelköpfigem, vermenschlichtem Raubvogel. Peru (Huari-Einfluß auf die Nördliche Küste), 1000–1300 n. Chr. Ton, überwiegend rot und weiß bemalt, H 25 cm, Dm 17 cm. Privatsammlung.

Pfeifgefäß mit Papageien. Peru (Chimu), 1000–1470 n. Chr. Schwarzer Ton, H 14 cm, Dm 15 cm. Privatsammlung.

Huari oder Wori (800–1000 n. Chr.) im Hochland von Ayacucho hat diese Merkmale übernommen und weiterverarbeitet, typisch sind Kondor- oder Adlerköpfe sowie Figuren ähnlich wie die am Sonnentor von Tiahuanaco und dazu geometrische Verzierungen.

Chimu, Chancay und Ica (1050–1470 n. Chr.): Aus der Zeit nach der Huari-Epoche stammt eine Reihe kleinerer und größerer Küstenkulturen. Dazu gehört die von Chimu, deren Tongefäße, welche an die Moche-Tradition anknüpfen, sehr zahlreich und auch preiswert bei uns erhältlich sind. Es handelt sich dabei um eine schwarze, selten auch rote und graue, in Modeln hergestellte Ware. Steigbügelgefäße, deren Dekor häufig im Flachrelief gezeigte Dämonenköpfe bilden, herrschen vor. Äxte oder Keulenköpfe aus Kupfer treten in großer Zahl auf. Chancay ist durch größere, eiförmige Figurengefäße mit enger Öffnung gekennzeichnet. Sie weisen schwarze Farbe auf weißem Grund auf. Zur Kultur von Ica gehören hartgebrannte, lederfarbene bis rotbraune Krüge in Ei- oder Kugelform, die in Rot, Schwarz und Weiß in der Art von Textilmustern bemalt wurden.

Inka (ca. 1400–1532). Charakteristisch sind große, bauchige Tonamphoren, halbrund mit konisch-spitzem Fuß, hohem Hals und zwei Henkeln, die kleine, geometrische Verzierungen besitzen. Außerdem gibt es Teller und flache Schalen mit hochgezogenem Griff, auf denen bunte Blumen, Insekten und Fische überwiegen. Gesucht werden Alpaka-Figuren aus gebändertem Achat und kleine Menschen- sowie Tierplastiken aus Gold, die aus mehreren Teilen zusammengesetzt sind. Große Vorsicht ist bei den mit harzhaltigen Farben bemalten Holzbechern, den Kerus, geboten.

Der Erwerb präkolumbianischer Kunst: Als Sammler sieht man sich hier vor mehrere Probleme gestellt. Einmal erweisen sich in den Herkunftsländern selbst mindestens 95% der als echt angebotenen Gegenstände teils als Kopien oder als mehr oder weniger plumpe Fälschungen, die gelegentlich künstlich gealtert werden, bzw. nicht selten auch völlig frei erfunden sind. Darüberhinaus erließen mittlerweile fast alle lateinamerikanischen Staaten strenge Ausfuhrverbote für ihre Kunstschätze. Schließlich muß man leider feststellen, daß

auch nicht jeder europäische Händler über die nötigen Kenntnisse verfügt.
Deshalb ist dringend zu raten, nur bei einem anerkannten Fachhändler, einer namhaften Galerie oder in einem auf diese Richtung spezialisierten Auktionshaus einzukaufen. Hier haben sie dann auch die Gewähr, wirklich erstklassige Objekte zu erwerben, und nur auf solche Spitzenstücke ist die stetige starke Preissteigerung präkolumbianischer Kunst in den letzten zwei Jahrzehnten zurückzuführen.

Präsentierteller, runde, ovale oder polygonale Silberteller des 17. und frühen 18. Jh.s, die zum Vorlegen beim Tischzeremoniell oder als reine Schaustücke dienten.

Prager Groschen → Groschen

Prajñâ (sanskr., „Weisheit", „Erkenntnis"), gebräuchlich zu Bezeichnung der „weiblichen Entsprechung" eines Gottes im tantristisch-buddhistischen Pantheon. Die Idee solcher Götterpaarung stammt aus dem hinduistischen Shivaismus, wurde im Tantrismus jedoch hinsichtlich der Charakteristika männlicher und weiblicher Grundzüge und damit kosmischer Wirkkräfte wesentlich gewandelt. → Shiva, → Yab-yum, → Yidam; → Prajñâpâramitâ.

Prajñâpâramitâ (sanskr.), eine im frühen Mahâjâna-Buddhismus konzipierte Personifikation der „Höchsten Vollkommenheit der Erkenntnis", in ihrer eindeutig weiblichen Gestaltgebung an hinduistische Vorstellungen anknüpfend, im japanischen esoterischen Buddhismus jedoch auch als Prajñâpâramitâ-Bodhisattva (Hannya Bosatsu) ausgeführt; mythologisiert als „Mutter aller Buddhas" und als solche im gleichnamigen bedeutenden → Sûtra auch schriftlich fixiert. Dargestellt ist sie als zwei- oder vierarmige Figur (in Japan auch sechsarmig) im Lotos- oder Diamantsitz *(vajraparyanka)* mit verschränkten Beinen auf einem Lotossockel thronend, zwei Hände hält sie im Gestus „Rad der Lehre drehen" *(dharmacakra-mudrâ)* vor der Brust, an der Stirn trägt sie die *ûrna* oder das „dritte Auge der Weisheit" als Zeichen höchster Erleuchtung. Unabdingbare Attribute zu ihrer Linken sind ein erblühter Lotos und ein Buch, das Prajñâpâramitâ-Sûtra. In China war ihre Darstellung weniger üblich, jedoch in der tibetischen Kunst (unter Einfluß aus Kashmir und Nepal) ist sie eine sehr populäre Gestalt (tib. Shes-rab p'a-rol-tu p'yin-pa) geworden, ebenso in Südostasien, wo ihr oft noch porträthafte Züge verliehen wurden.

Predella → Altarretabel

Predigeruhr (auch Kanzeluhr), zur Angabe der Viertelstunden. Man findet sie oft noch in Kirchen neben der Kanzel an der Wand hängende Sanduhr mit vier Gläsern. Sie diente u. a. zur Kontrolle der Redezeit bei Predigten.

Preiss, Johann Philipp Ferdinand (1882–1943), Elfenbeinschnitzer aus Erbach im Odenwald, Hauptmeister der figürlichen Bronze-Elfenbeinkunst des → Art Deco in Berlin (zwischen 1920 und 1940). Preiss lernte in Erbach Schnitzen bei Philipp Willmann, der um 1880 die Erbacher Handbroschen gestaltete, arbeitete zwischen 1905 und 1907 in Mailand als Modelleur und machte sich danach in Berlin selbständig. Seine Werkstatt firmierte unter den Namen Preiss & Kassler.

Preißensin, Albrecht († 1598), Nürnberger Zinngießer, der → Reliefzinn aus geätzter Form goß (→ Holzschnittmanier).

Preissler, Daniel (1636–1733) und **Ignaz** (* 1676), in Breslau und Wien tätige → Hausmaler, die Wiener und chinesische Porzellane mit → Bandelwerk und Figurenszenen in → Schwarzlot, Gold und wenigen Farben bemalten.

Preissler-Gläser → Schwarzlotmalerei

Ferdinand Preiss, Die Tänzerin Ada May. Um 1920. Elfenbein, versilbertes Metall, Sockel Onyx und Marmor, Kugel Bakelit. Erbach, Deutsches Elfenbeinmuseum.

Preßglas, ein in Amerika um 1827 entwickeltes Surrogat für geschliffene Gläser. Die zähflüssige Glasmasse wird in eine mehrteilige Metallform gepreßt oder mit der Luftpumpe geblasen, in der die Verzierungen der Glaswandung bereits vorgegeben sind. Der Druck treibt die Glasmasse in die Vertiefungen der Form und überträgt sie reliefartig auf die Glaswandung. Nach dem Erstarren des Glases kann die Form auseinandergeklappt und der Hohlglasgegenstand herausgenommen werden. Zurück bleiben die Preßnähte, typische Merkmale des gepreßten Glases. Bei anspruchsvolleren Preßglaswaren wurden sie nachträglich abgeschliffen, wodurch besonders bei facettierten Gläsern und Flaschen (→ Glasschliff) der Eindruck entsteht, es handle sich nicht um gepreßte, sondern um geschliffene Gläser. Am leichtesten zu erkennen sind Preßgläser mit üppigem Reliefdekor. Etwa ab 1830 erzeugten englische, belgische und französische Hütten große Mengen gepreßten Glases, die vor allem für die böhmischen Glasschleifereien zu einer ernsten Bedrohung wurden. Nur wenigen böhmischen Hütten gelang es, mit den ausländischen Erzeugern auf dem Markt für Preßglas erfolgreich zu konkurrieren. Das harte böhmische Kreideglas war

Leuchterpaar aus rotem Preßglas. Auf der Wandung Akanthuslaub und Blattzungenfriese vor gekörntem Grund. St. Louis-les-Bitche, 1839/42. H 23 cm.

dafür weniger gut geeignet als der weichere → Bleikristall (→ Kristallglas).

Pressel, → Siegel

Preuning, bekannte Nürnberger Töpferfamilie des 16. Jh.s, in deren Werkstatt Ofenkacheln und große Krüge (→ Hirschvogelkrüge) in → Hafnerkeramik gebrannt wurden.

Prie-Dieu, ein Betstuhl mit niedriger, meist gepolsterter Knieauflage und gepolsterter Armauflage auf der Rücklehne. Der Prie-Dieu ist ein Möbel des 18. und 19. Jh.s und diente der Andacht in privaten Hauskapellen.

Prinzenmetall, in den siebziger Jahren des 17. Jh.s von Prinz Ruprecht von Bayern erfundene, nicht anlaufende Messinglegierung, die gelegentlich für Türbeschläge, Knöpfe, Schnupftabakdosen u. a. verwendet wurde.

Prismenkannen, in der Schweiz Bezeichnung für sechs- bis achtseitige Schraubkannen aus Zinn (→ Schraubflasche). Der Deckel hat Schraubverschluß und einen kräftigen Tragring. Erhalten sind Prismenkannen aus dem 17.–19. Jh., am begehrtesten sind die mit Relief verzierten Arbeiten aus Chur, die sog. Kranzkannen.

Probedruck (frz. épreuve d'état); der zur Kontrolle vor der Auflage hergestellte Abzug von einer Druckplatte.

Probemünzen, auch Abschläge genannt, Münzmodelle aus unedlem Material, die den Münzherren zur Begutachtung vorgelegt wurden und oft die Aufschrift „Probe" tragen. Abschläge aus edlerem Metall sind in der Regel keine Proben, sondern Sonderanfertigungen.

Probierschalen, kleine fußlose Silberschalen des 18. Jh.s mit einem Henkel. Sie waren in Frankreich und England verbreitet.

Probzinn → Zinn

Profil, in der Architektur und in den von ihren Formen abgeleiteten kunstgewerblichen Erzeugnissen der Querschnitt der aus der Mauer- oder Wandflucht vor- und rückspringenden horizontalen Gliederungen.

Proskauer Fayence; 1763 wurde in Proskau (Schlesien) eine Fayencemanufaktur gegründet, die 1783 in den Besitz des preußischen Königs überging und um 1800 in eine Steingutfabrik umgewandelt wurde. Die Blüte der Manufaktur lag zwischen 1763 und 1769. Es wurde nur in → Muffelfarben gemalt, dem Vorbild Straßburgs (→ Straßburger Fayence) folgend, das auch bei der plastischen Verzierung der Geschirre mit Blumen und Früchten Pate stand. Phantasievoll modellierte Terrinen und Kannen in Tiergestalt waren häufig. Die Farben sind bunter und weniger nuanciert als in Straßburg. Schon um 1770 setzte in Proskau die Hinwendung zum Klassizismus ein. Als Marken wurden P, Po und DP geführt. Ähnlich wie Proskau arbeitete die ebenfalls gute, 1767 bis um 1800 betriebene Fayencemanufaktur in Glienitz in Schlesien, die als Marke G oder GG führte.

Protorenaissance → romanischer Stil

Prouvé, Victor (1858–1943), französischer Bildhauer, Maler und Kunstgewerbler. Nach Studien in Paris ging er in seinen Geburtsort Nancy zurück. Er arbeitete für Émile Gallé, entwarf Glas und Möbel in einem diesem sehr ähnlichen Stil. Er gilt als einer der Hauptvertreter der Schule von Nancy (→ Nancy, Schule von). Nach Gallés Tod leitete er ein Jahr die Firma. 1905 ging Prouvé nach Deutschland, um sich mit dem deutschen → Jugendstil auseinanderzusetzen. 1918 wurde er Direktor der Kunstakademie von Nancy. Er spielte eine große Rolle bei der Entwicklung des französischen Kunstgewerbes vom → Art Nouveau zum → Art Déco.

Proskauer Walzenkrüge mit Darstellungen von Musikanten. 1783–93. Fayence, Zinnmontierung. München, Auktionshaus Ruef.

Psalterium, auch Psalter, ein harfenähnliches Saiteninstrument, mit Darmsaiten bespannt, die mit den Fingern oder Spielstäbchen gezupft werden. Es wurde im 11. oder 12. Jh. aus dem Orient nach Europa eingeführt.
Pseudomünzen, von verschiedenen Regierungen als gesetzliche Zahlungsmittel ausgegebene Münzen mit meist hohem Nennwert, die im Geldumlauf der Heimatstaaten aber überhaupt nicht vorkommen, sondern allein das Interesse und die Kaufkraft der Sammler ausnutzen sollen. In Wirklichkeit besitzen die Stücke also Medaillencharakter.
Psyche, in einem Rahmengestell drehbarer Standspiegel. Im Empire und Biedermeier verbreitet.
Psykter, griechischer Weinkühler aus zwei ineinander gestellten Gefäßen. Das eine enthielt Eiswasser, das andere den Wein.
Puff, rundes oder rechteckiges ausgestopftes Kissen, meist aus Leder, das als Sitzkissen oder Fußstütze benutzt wird; seit Mitte des 19. Jh.s weit verbreitet.
Pugin, Augustus Welby Northmore (1812–1852), englischer Architekt und Entwerfer, Propagandist des → Gothic revival, gehört zu den bedeutendsten Vertretern des → Viktorianischen Stils. Seine historistischen, neugotischen Entwürfe entstanden aus dem intensiven wissenschaftlichen Studium gotischer Architektur, deren inneres Gefüge von Raum, Konstruktion und Aussagekraft er zu ergründen versuchte. Ergebnisse dieser Untersuchungen waren zwei maßgebliche Veröffentlichungen, die den englischen Historismus entscheidend beeinflußten: *Gothic Furniture in the style of the 15th century,* 1835, und *The True Principle of Pointed or Christian Architecture,* 1841.
Puiforcat, Jean E. (1897–1945), französischer Goldschmied und Entwerfer kunstgewerblicher Erzeugnisse. Puiforcat schuf Produkte des französischen Luxusgewerbes, Geschirr, Schmuck usw. Vor allem aber gilt er als bedeutendster Goldschmied des → Art Déco.
Pulle, kugeliges Gefäß mit engem Hals und Henkel, typisch für Siegburg und den Westerwald. Der Boden ist nur wenig abgeplattet (→ Rheinisches Steinzeug).
Pultschreibtisch → Damenschreibtisch
Pulverflaschen → Pulverhorn
Pulverhorn, Behältnis für Schießpulver. Nach Einführung der Papierpatronen wurde das Pulver mittels des Pulverhorns auf die Pfanne des Gewehrs geschüttet. Das Pulverhorn verschwindet aus den Heeren im Laufe des 18. Jh.s. Für Jagdwaffen bleibt es noch länger in Gebrauch. Da das Pulver auch Zündkraut hieß, nannte man das Pulverhorn auch Zündkraut- oder Pulverflasche.

Punktieren

Pulvinus → Säule
Punktieren, in der Bildnerei gebräuchliche Technik zur Übertragung der Form des (Wachs-, Gips-)Modells auf den zu bearbeitenden Stein- oder Holzblock an den wichtigen Punkten. Die verschiedenen Abstände (Augen, Nase, Kinn usw.) werden dabei von einem zum anderen Punkt je nach dem Vergrößerungsmaßstab übertragen. Eine sogenannte Punktiermaschine hilft beim Punktieren von Bildwerken, die in gleicher Größe in den endgültigen Werkstoff übertragen werden sollen (hauptsächlich bei Porträtbüsten üblich).
Punto (ital., Stich), italienische Bezeichnung für Spitze.
Punto a reticella → Reticella-Spitze
Punto a Vermicelli → venezianische Spitzen
Punto in aria (ital., Luftspitze), Spitze des 17. Jh.s, deren meist vegetabilische Ornamentmotive ohne hinterfangenden (Netz-) Grund freiliegend verbunden sind.
Punto tagliato, die in doppelter → Durchbrucharbeit hergestellte Spitze der Frühzeit.

Punto tagliato. Durchbrucharbeit im Muster der Retecellaspitze. Italien, Ende 16. Jh. Leinen, 14,7 × 23,8 cm. München, Bayerisches Nationalmuseum.

Punu, ein durch die berühmten „weißen Masken" bekannter afrikanischer Stamm in Gabun. Diese Mukudji genannten weißen Masken repräsentieren jene Totengeister, die im Diesseits die Stammesgeschicke mitbestimmen. Der Maskentyp gehört zu den schönsten der → Afrikanischen Kunst überhaupt. Wie auch bei anderen Stämmen (→ Fang, → Ibo, → Bakwele) bedeutet das Weiß (Kaolinfarbe) die Farbe des Todes. Die Augenlider sind geschlossen dargestellt und der mitunter schräg gestellte Augenschlitz erinnert an fernöstliche Physiognomien (ohne daß sich aber auch nur irgendeine Verbindung mit Asien denken ließe). Die Lippen sind meist zartrot bemalt, Brauenbögen, Tätowierungen und der Gesichtsschnitt insgesamt drücken äußerstes gestalterisches Feingefühl aus. Die Frisuren zeigen kunstvoll geschnitzte und feinbearbeitete Haarraupen, die die Kopfbekrönung oft pyramidenförmig wiedergeben. Der Typ der weißen Maske findet sich natürlich auch bei den Nachbarstämmen. Aber sowohl die Njawi als auch die Tsogho und die Duma schnitzen ihre vergleichbaren Masken einfacher, bei weitem nicht so vollendet wie die Punu oder die Lumbo; die Lumbo stellen auch Reliquiarfiguren her, deren Köpfchen den „Mukudji"-Masken entsprechen. Echte weiße Masken von Fälschungen zu unterscheiden, ist auch für den Kenner nicht immer einfach, zumal die bei Gesichtsmasken sonst üblichen Gebrauchsspuren (Abnutzungspatina durch Schweiß usw.) als Merkmal entfallen, da die „Mukudji"-Masken meist auf Bastgeflecht aufmontiert werden, durch das der Träger blikken kann.

Punze → Beschauzeichen

Punzen, Punzieren, das Einschlagen kleiner Ornamente in Silber und Zinn durch Punzeisen, die das Muster negativ enthalten. Die Punzierungen ergeben nebeneinandergesetzt Friese oder Flächenfüllungen. Als Zinnverzierungen wurden Punzen selten angewendet, häufiger auf Silber, wo man durch Punzen Stoffmuster, Haare u. ä. charakterisierte. Oft heben sich glatte Ornamente, wie → Arabesken der Renaissance oder das → Bandelwerk der Régence, von dicht gepunzten Gründen ab. Augsburger Becher des 17. Jh.s, deren ganze Oberfläche durch Punzierung gekörnt ist, nennt man Fischhautbecher.

Puppen → Spielpuppen

Puppenspielfiguren, Handpuppen, Marionetten und Stabfiguren für das Puppenspiel, sowie die flachen Figuren des Schattenspiels und des Papiertheaters. An zentraler Stelle steht in Deutschland die lustige Figur in ihrer jeweiligen landschaftlichen Ausprägung. Meist wird sehr leichtes Material verwendet: Papiermaché, Holz und Gips. Seit der Mitte des 19. Jh.s gibt es industriell gefertigte Marionettenköpfe (v. a. in der Tschechoslowakei). Hauptverbreitungsgebiete in Asien sind Indonesien (→ Wayangfiguren), China (Szetschuan-Schattenfiguren und Handpuppen aus Fukien) und Indien (Marionetten aus Rajastan).

P'urbu, Zauberdolch, Ritualgerät des tantrisch-buddhistischen Kultes im tibetischen Lamaismus. Zwei Drittel des 15–30 cm langen Dolches bestehen aus einer Dreiblattklinge. Sie wird am oberen Ende von dem dreifach überlagerten Kopf eines Ungeheuers bekrönt. Der abschließende Kopf trägt einen → Vajra oder Pferdekopf. Frühe Dolche aus Khadiraholz mit Yakschweifbüscheln sind selten, vom 18. Jh. an wurden die Dolche im Bronzeguß gefertigt. Ältere qualitätvolle Stücke finden sich eher im europäischen Handel, oft erschweren die Gebrauchsspuren des weichen Materials die Altersbestimmung. Neuere Stücke sind leicht an scharfen Kanten erkennbar.

Purdonium → Kohlenbehälter

Purifikatorium, weißes Leinentuch zum Trocknen des → Kelches.

Purimrassel, ein volkstümliches jüdisches Kultgerät; (hebr. *Rascha*). Die Rassel, gewöhnlich aus Holz, mit beim Drehen um einen Zahnradkerntönenden Lamellen, wird am Purimfest zum Ertönen gebracht, wenn beim Verlesen des Textes des Buches Esther (→ Megilla) das erstemal der Name des biblischen Volksfeindes Haman erscheint. Von den in den Alpenländern bekannten „Ratschen" sind die Purimrasseln meist nur durch entsprechende hebräische Inschrift zu unterscheiden.

Purimteller, im jüdischen Brauchtum zum Purimfest verwendeter Teller zum Darreichen von Geschenken an Kinder und Arme, für den Purimkuchen, Obst usw. Purimteller sind meist aus Zinn hergestellt, aus dem 19. Jh. haben sich auch solche aus Steingut oder Porzellan erhalten. Bibeldarstellungen nehmen in der Regel auf die Festlegende, das Buch Esther (→ Megilla) Bezug. Die Ornamentierungen und Inschriften sind meist volkstümlich und originell, selten von künstlerischem Anspruch; die Szenen oft ursprünglich naiv ähnlich den sog. Sedertellern.

Pu-tai (chin.), „der (buddhistische Priester) mit dem Hanfsack"; wohlgenährte, zufrieden lachende, halbnackte Mönchsgestalt, gleich einem → Buddha mit überlangen Ohren, aber ohne Buddha-Kennzeichen oder -Typisierung; dennoch auch Dickbauchbuddha genannt; vor allem in der Kleinkunst häufig dargestellter Glücksbringer, Harmonie und Reichtum verheißend; in Japan als der Glücksgott Hotei besonders volkstümlich und somit ein beliebtes Thema der → Netsuke-Kunst.

Putten, kleine nackte Knabenfiguren mit oder auch ohne Flügel. Sie entstanden nach dem Vorbild der antiken → Eroten und der gotischen Kinderengel in der italienischen Frührenaissance.

Pynacker, Adriaen → Delft

Pyramidenmahagoni → Mahagoni

Pyxis, 1. in der griechisch-römischen Antike Bezeichnung für ein Kästchen mit Deckel; diente der Aufbewahrung von Kosmetika und Toilettenartikeln. Es ist zylindrisch oder mit konkav geneigten Seiten oder rund-flach. Als Material dienten Ton, Marmor, Metall oder Elfenbein. 2. Büchse (auch Ziborium, ein kelchartiges → Altargerät mit Deckel) zur Aufbewahrung geweihter oder nichtgeweihter Hostien; im Mittelalter häufig aus Elfenbein mit geschnitzter Wandung oder aus emailliertem Kupfer (→ Limoges). Ihr entspricht in der Ostkirche das → Artophorion, in der protestantischen Kirche die Oblatendose. Eine Sonderform ist die Hostientaube aus (Edel-)Metall.

Rokoko-Pyxis. Xanten, um 1770. Meister Conrad Corneli. Silber, innen vergoldet, H 14,2 cm.

Q

Quadrant, Sonnenquadrant, seit dem 14. Jh. bekanntes Instrument aus dem Viertel einer Kreisscheibe, das zur Zeitbestimmung und zur Winkelmessung im Gelände und am Himmel diente. Es trägt an einer Kante zwei → Absehen mit je einem Loch. Ein vom Mittelpunkt des Viertelkreises herabhängendes Lot (das oft verloren ist) gibt dann, wenn der Sonnenstrahl durch beide Absehen geht, die Sonnenhöhe, d. h. die Tagesstunde an (sog. alter Quadrant). Dieses System wurde später durch Kurven der Stunden und verschiedener Sterne ersetzt (neuer Quadrant). Im 16. Jh. entstanden neben hölzernen Quadranten mit aufgeklebten Holzschnitten reich verzierte Exemplare aus Messing oder Eisen mit eingelegten silbernen und goldenen Ornamenten. Im 17. Jh. schuf man Spiegelquadranten – mit einem Gelenk auf ein Stativ zu setzen –, bei denen ein Spiegel im Mittelpunkt und zugleich am Ende einer beweglichen → Alhidade sitzt. Im 18. Jh. wurden noch mit Fernrohren kombinierte Quadranten benutzt.

Quadrigatus, römische Silbermünze des 3. und 2. Jh.s v. Chr. Doppeldenare (→ Denar) mit dem Kopf des Janus oder (seit 150 v. Chr.) der Roma und der Figur des Jupiter in einer Quadriga (Viergespann).

Quarti, Eugenio (1867–1931), einer der bedeutendsten italienischen Möbelentwerfer des → Jugendstils. Nach einer Lehrzeit in Paris ließ er sich 1888 in Mailand nieder, arbeitete dort zuerst unter der Anleitung von Carlo → Bugatti, machte sich aber dann nach kurzer Zeit selbständig. Seine Möbel, oft mit Intarsien aus Perlmutter und Silber verziert, zeigen Elemente eines gemäßigten Jugendstils, der sich an französischen und deutschen Vorbildern orientiert.

Quaste, militärische → Kopfbedeckung

Quatrecouleur (franz., „Vierfarbe"), Bezeichnung für gleichzeitige Verwendung verschiedenfarbiger Goldlegierungen (auch wenn sie nicht in vier Farbtönen auftreten), die zur Verzierung von Gold→dosen beliebt waren. Man erzielte durch Beimischung anderer Metalle rote (mit Kupfer), blaue (Arsen und Stahlspäne), grüne (Kadmium), gelbe („Zitronengold", mit Silber), weiße (Platin) Farbtöne des Goldes.

Quattrocento, Bezeichnung für die italienische Kunst des 15. Jh.s, →Renaissance.

Queen Anne-Stil, nach der Königin Anna Stuart von England benannter englischer Stil, der sich um 1700 bis 1720 datieren läßt und sich im Kunsthandwerk, an der Gestaltung von Silbergerät und Möbeln exemplarisch äußerte. Das zweckentsprechende Nutzmöbel in sachlicher und präzishandwerklicher Verarbeitung dominierte, gekennzeichnet durch ausgewogene Proportionen, wenige flächige Beschläge und Schnitzereien. Das zunächst verwendete Nußbaumholz wurde seit etwa 1720 allmählich von Mahagoniholz verdrängt. An allen Möbeltypen kommt → Lackmalerei nach ostasiatischem Vorbild vor. Ebenfalls unter ostasiatischen Einfluß kamen an Tischen und Stühlen geschweifte Beine (→ cabriole legs) auf, die in sog. Klumpfüßen *(club foot)* oder nach 1710 naturalistisch als *claw and ball foot,* als Klauen- und Ballenfüße, endeten. Ein vasenförmig geschweiftes, teilweise durchbrochenes Mittelbrett beherrschte die Lehnen-

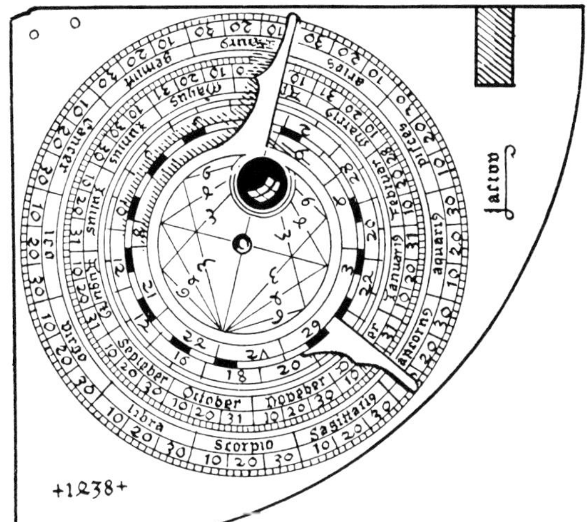

Quadrant

form. Möbeltypen, die kombinierbar oder zusammenfügbar waren, gewannen an Bedeutung: der Schreibschrank, häufig mit verspiegelten Türen, die Schreibkommode, die sechsfüßige Sitzbank, Speise-, Spieltische, Ladenschränke u. a. Das Silbergerät dieser Zeit ist durch glatte, spärlich mit gestochener Wappengravur dekorierte Oberflächen gekennzeichnet (→ Barock).

„Queen's Ware" → Wedgwood

Querholz → Hirnholz

Quilts, Aufnäharbeiten aus Nordamerika, entstanden im 19. und 20. Jh. Geometrische Muster werden mit farblich aufeinander abgestimmten, bunten oder uni Stoffresten perspektivisch angeordnet, so daß sich äußerst interessante, sternförmige, quaderartige oder Dreiecksmusterungen ergeben. Quilts werden als Wandbehang oder Bettüberwürfe verwendet.

Quinar, römische Silbermünze. Halbstück des Denars im Wert von 5 Asses. Geprägt seit etwa 211 v. Chr.

Quinar

Quodlibet, auch Trompe-l'œil (franz., Augentäuschung), seit dem 17. und 18. Jh. Bezeichnung für eine Malerei oder Collage, die mit Vorliebe graphisches Material (z. B. Spielkarten, Kupferstiche, alte Landkarten, Holzimitationen, Zettel, Porträts, Schriftstücke) zu augentäuschenden, stets flächigen Stilleben komponiert. Quodlibets wurden auch in der Technik des Kupferstichs hergestellt (Christian Gottlob Winterschmidt, 1755 – nach 1809), ihre Verwendung fand sich auch in → Poesiealben.

R

Raab, Johann Valentin (1777–1839), Würzburger Kunstschreiner, der an der Möbelausstattung der 1808 bis 1812 für den Großherzog von Toskana eingerichteten Zimmer der Würzburger Residenz beteiligt war.

Rabendukaten, Goldmünzen mit dem Bild eines Raben, die König Matthias Corvinus von Ungarn (1458–1490) prägte. Sie dienten später häufig als → Amulettmünzen.

Radierung, Tiefdruckverfahren mit einer geätzten Platte. Die entfettete Metallplatte wird mit dem Ätzgrund überzogen (meist ein Gemisch aus Wachs, Harz und Asphalt) und dann mit einer Rußfackel eingeschwärzt. Mit der Radiernadel, eine an einem Griff befestigte Stahlnadel, legt man den Metallgrund frei. Nachdem auch die Plattenrückseite einen säurefesten Überzug erhalten hat, wird die Platte im Säurebad (Eisenchlorid oder Salpetersäure) geätzt. Der Ätzprozeß kann beliebig oft unterbrochen werden. Die Säure wird abgespült, und die Stellen, die heller drucken sollen, werden mit Asphaltlack abgedeckt, dann wird der Ätzvorgang wiederholt. Die dunkelsten Stellen des Abdrucks werden dem Ätzwasser am längsten ausgesetzt. Die fertige Platte wird vom Ätzgrund gesäubert und kann jetzt wie ein → Kupferstich gedruckt werden. Die Herstellung einer Radierung ist wesentlich einfacher als die eines Kupferstichs. In dem weichen Ätzgrund kann man mit leichtem Druck frei zeichnen. Die Linien beginnen und enden stumpf. Die Radierung wird oft mit anderen Techniken wie → Aquatinta, → Kaltnadel und auch Kupferstich kombiniert. In der Frühzeit der Radierung wurden Eisenplatten (sog. Eisenradierung) benutzt, später ging man zu dem gleichmäßiger zu ätzenden Kupfer über. Von einer radierten Platte sind nur 100 bis 200 gute Abzüge möglich, da sich die zarten Ätzlinien durch den Druck der Presse allmählich wieder zusammendrücken.
Daniel Hopfer (um 1470–1536), in Augsburg tätig, benutzte Ende des 15. Jh.s erstmals das schon länger bekannte Verfahren der Ätzung von Metallen, bisher nur zur Verzierung von Rüstungen und Waffen verwendet, um Druckplatten herzustellen. Hopfer und auch Albrecht Dürer (1471–1528) benutzten Eisenplatten für ihre Radierungen. Seit dem Ende des 16. Jh.s fand die Radierung immer größere Verbreitung. Ein Höhepunkt wird mit Rembrandt (1606–1669) erreicht. Im 18. Jh. sind die Werke Giovanni Battista Tiepolos (1696–1770) und Giovanni Battista Piranesis (1720–1778) besonders hervorzuheben, im 19. Jh. Francisco José de Goya (1746–1828), Adolph von Menzel (1815–1905), Max Klinger (1857–1920). Im 20. Jh. üben fast alle großen Künstler die Radierung aus, z. B. Pablo Picasso (1881–1973), Marc Chagall (geb. 1887), Max Ernst (1891–1976) oder auch die Künstler der Wiener Schule des Phantastischen Realismus.

Radleuchter, reifenförmiger Hängeleuchter, der das Himmlische Jerusalem abbildet (z. B. der sog. Barbarossaleuchter im Aachener Dom, um 1165–70).

Radschloß → Feuerwaffen

Räderuhren, mechanische Uhren, die sich von den Sonnen-, Sand-, Wasseruhren hauptsächlich dadurch unterscheiden, daß sie nicht nur Räder und Getriebe enthalten, sondern auch mit einer sogenannten Hemmung (→ Uhrentechnik), also mit einem Mechanismus, der den Gang des Räderwerkes mäßigt und sein zu schnelles Ablaufen verhindert, versehen sind. Räderuhren sind entweder Gewicht- oder Federuhren. Ihre Erfindung wird dem im 10. Jh. n. Chr. lebenden Benediktinermönch Gerbert zugeschrieben. Die ältesten Uhren, die keine Hemmung aufwiesen, besaßen statt dessen einen Windflügel oder eine Feder, die durch Reibung auf die Welle des letzten Rades einwirkte und so die immer mehr zunehmende Schnelligkeit der Triebkraft der Gewichte behinderte. Später wurde diese Vorrichtung durch die Spindelhemmung ersetzt. Die neuen Räderuhren werden hauptsächlich durch die verschiedenen Hemmungen charakterisiert.

Räderuhr. Winterthur, 1568. Signiert von Erhard Liechti. Eisen, H 45 cm. München, Bayerisches Nationalmuseum.

Raerener Steinzeug, eine Gruppe → Rheinischen Steinzeugs. Sein Zentrum war das Dorf Raeren in der Nähe von Aachen (heute in Belgien). Seit dem 12. Jh. gab es dort eine bodenständige Töpferkunst, die im 15. und 16. Jh. mit der Produktion von Steinzeug ihre Blüte erreichte. Die charakteristischen Raerener Gesichtskrüge, die → Bartmann- und Wappenkrüge, tragen eine kräftig braune Salzglasur über dem dunkelgrau brennenden Ton. Da der Raerener Ton grobkörniger war als etwa der aus → Siegburg, standen weniger die Reliefauflagen als vielmehr die Gefäßformen im Mittelpunkt des Interesses. Die bedeutendsten Stücke, die in Raeren ge-

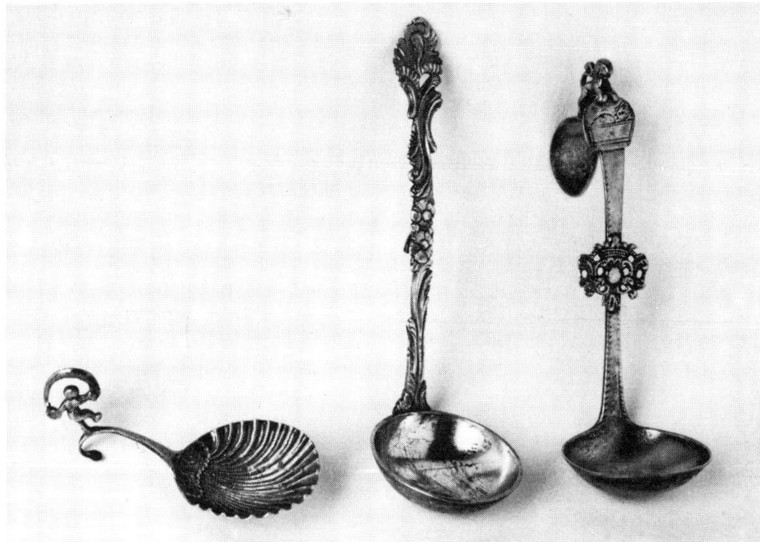

Rahmlöffel. Norddeutschland, um 1800. L 8,6 bis 15,5 cm. Hamburg, Altonaer Museum.

Raerener Susannenkrug. Letztes Viertel 16. Jh. Monogramm von Engel Kran. H 37 cm. München, Bayerisches Nationalmuseum.

schaffen wurden, stammen von Jan Emens (tätig von 1568–1594) aus der Familie der Mennicken oder sind unter deren Einfluß entstanden.

Rätselwappen, ein Wappen, bei dem ein Verstoß gegen die heraldischen Regeln – meist gegen die Farbregeln (→ Tinkturen) – als Rätsel zu lösen ist.

Rahle, auch Koran bzw. Lesepult, niedriges hölzernes Faltpult zum Lesen am Boden sitzend, in der Regel mit reichem Dekor aus Schnitzwerk, → Intarsia oder durchbrochener Arbeit. Aus einem Stück in zwei miteinander verzahnten Platten gefertigt. Rahles mit reichem Schnitzdekor sind vor allem aus dem seldschukischen Kleinasien des 13. Jh.s bekannt; zur selben Zeit hat man sie in Ägypten mit Holzmosaik verziert, eine Technik, die sich bis ins 16. Jh. hielt. Inzwischen hatte sich im osmanischen Bereich ein Intarsienverfahren durchgesetzt, das vor allem Moscheegerät mit Einlagen von Perlmutt, Ebenholz und Elfenbein schmückte; im 16. und 17. Jh. entstanden dabei besonders prunkvolle Rahles. Im 18. Jh. zog man noch vereinfachte Durchbruchschnitzerei hinzu.

Rahmenbordüre → Bordüre, → Manufacture des Gobelins.

Rahmlöffel, in Norddeutschland und Dänemark verbreitete Silberlöffel zum Einfüllen der Sahne in den Tee. Sie gleichen kleinen Soßenkellen.

Raimondi, Marc Antonio (um 1480 bis um 1530), italienischer Kupferstecher. In seinen Blättern, die zu den qualitätvollsten Graphiken der italienischen Hochrenaissance zählen, setzte er sich mit Dürer, Lukas van Leyden, Michelangelo und Raffael auseinander. Er gilt als der eigentliche Begründer des italienischen Reproduktionsstiches und trug wesentlich zur Verbreitung des Formengutes der italienischen Renaissance bei.

Raitpfennige, in Österreich und Süddeutschland volkstümliche Bezeichnung für → Rechenpfennige.

Raku-Yaki, japanische Teekeramiken (Teeschalen und -büchsen, Weihrauchbehälter), die vom 16.–20. Jh. von der Töpferfamilie der Tanaka in Kyoto gemacht und an anderen Orten Japans nachgeahmt wurden. Die Gefäße sind mit der Hand geformt, nicht gedreht (die Teeschalen über kleinem Standring weit ausladend zylindrisch) und tragen dicke ge-

Ranftbecher. Karlsbad, um 1830. Farbloses Glas mit Keilschliff und Mattschnitt, H 12,8 cm. Privatbesitz.

flossene Glasuren: schwarzes Raku schwarze Bleiglasur, rotes Raku transparente Bleiglasur über leicht gebranntem, lachsrotem Scherben.

Râma, indischer Königssohn, in dem sich der Gott Vishnu in seinem siebenten Herabstieg verkörpert haben soll. Das Epos Râmayânâ beschreibt, mythisch ausgeschmückt, die Verbannung und Kämpfe Râmas zur Wiedergewinnung seiner von Ravâna geraubten Frau.

Ranftbecher, ein im Empire und Biedermeier weit verbreitetes Becherglas von konischer Form mit vorkragendem Boden. Der Rand (= Ranft) des Gefäßbodens ist in der Regel mit senkrechten Kerbschliffen geschlägelt, in die Standfläche ist ein mehrteiliger Bodenstern eingeschliffen. Der Ranftbecher mit → Transparentmalerei war das beliebteste Wiener Andenkenglas der Biedermeierzeit (→ Biedermeierglas, → Kothgassergläser).

Rangfarbe, auch Würdefarbe, bestimmte Farbe einzelner Gewandstücke (z. B. → Birett, → Pileolus, → Talar) entsprechend dem kirchlichen Rang des Trägers: Weiß (Papst), Rot (Kardinal), Violett (Bischof, Domherr), Schwarz (niederer Klerus).

Rangkrone, Krone im Oberwappen, die in der Frühzeit der Heraldik nur Königen vorbehalten war, seit dem 14. Jh. aber vom ganzen Adel ohne Rangunterschied als Helmkrone Verwendung fand. Seit dem 16. Jh. aber wird anstelle des Helmes oft eine Krone mit verschiedener Anzahl der Zacken als Rangkrone über dem Schild dargestellt.

Rankenornament, praktisch in allen historischen Stilen nachweisbare vegetabilische Ornamentform. Enger gefaßt bezeichnet Rankenwerk eine mit dem → Ornamentstich auftauchende Zierform der Spätgotik, zusammengesetzt aus breitlappig geschwungenem, spitzgradigem oder stilisiertem Blattwerk. In das Rankenwerk können bildliche Darstellungen von Wilden Männern (→ Wilder Mann) und verschiedensten Vertretern der Tierwelt eingestreut sein, Erscheinungen, die um 1500 in der → Groteske der Renaissance gipfelten. Auch die → Maureske ist stark stilisiertes Rankenornament. Als Flächenornament dient das Rankenornament zur Verzierung von Pilastern u. a. architektonischen Elementen sowie von geätzten Eisenplatten und Beschlägen, als Schmuck in der Buchkunst, als Flachschnitt an Möbeln und Täfelungen, an geschmiedeten Gittern usw.

Rappen, mittelalterliche →Silberpfennige des schweizerisch-alemannischen Gebietes, benannt nach dem Freiburger Pfennig mit Adler- oder „Raben"kopf. Ihr Umriß ist vierzipfelig. Sie werden je nach dem Münzbild auch Angster (mit Bischofskopf) oder Stäbler (mit Bischofsstab) genannt; heute kleinste Schweizer Währungseinheit.

Rasch, nach der Stadt Arras benannter grober Kammgarnstoff des 14. und 15. Jh.s in Köperbindung (→ Köper). Feiner war der Florentiner Rasch. Die Raschmacher bildeten eine eigene, von den übrigen Webern getrennte Zunft.

Rasthaken → Harnisch

Rateau, Armand (1882–1938), Pariser Innenraumentwerfer und Möbeldesigner des Art Déco, Vertreter des exklusiven Geschmacks, wurde berühmt durch seine Mäzenin und Auftraggeberin, die Modeschöpferin Jeanne Lanvin. In den Jahren 1920 bis 1922 gestaltete er ihre Privatwohnung in einem teilweise an die römische Antike, teilweise an ostasiatische Vorbilder angelehnten Stil. Die Ausstattung der Appartements Jeanne Lanvins (heute Paris, Musée des Arts Décoratifs) gehört zu den elegantesten Innenraumensembles unseres Jahrhunderts.

Gallé und Gabriel Argy-Rousseau.

Rathaustaler, 1. Medaillenähnlicher Taler der Stadt Nürnberg, geprägt zwischen 1688 und 1693. 2. Silberne Erinnerungsmedaille von Zürich im Gewicht eines Talers anläßlich der Einweihung des neuen Rathauses 1698.

Rationale, Schulterkragen des Bischofs (→ Meßornat), der über der → Kasel getragen wird. Er besteht in Anlehnung an den Brustschild des alttestamentlichen Hohenpriesters aus Brust- und Rückenlatz, die durch ein Schulterstück zusammengehalten werden, oder hat eine dem → Pallium ähnliche Form. Das Rationale wird als besondere Auszeichnung vom Papst verliehen.

Ratskannen, Bezeichnung für bestimmte Steinzeug- und Zinnkannen. In Steinzeug: seit der 2. Hälfte des 15. Jh.s, in Siegburg gefertigte Krüge mit keulenartigem, durch Drehrillen ornamentierten Körper und hoch angesetztem Henkel, vielfach auf röhrenförmigem Unterteil mit gewelltem Fußrand. Der Name rührt wohl daher, daß sie in großer Zahl vom Rat der Stadt Köln bei den Siegburger Töpfern in Auftrag gegeben sein sollen. In Zinn: repräsentative Gefäße einer Stadtverwaltung von unterschiedlichem Äußeren, teils in Form einer → gefußten Kanne, teils einer → Plattflasche oder einer → Rembrandtkanne gearbeitet.

Rauchfaß, Gefäß zur liturgischen Räucherung in der römischen und griechischen Kirche, aus Kupfer oder Eisen. Es besteht aus einem schalenartigen Räucherbecken für glühende Kohlen, dem durchbrochenen Deckel zum Entweichen des Weihrauchs und drei Ketten, an denen es geschwenkt wird. Im Mittelalter hatte es häufig turm- oder burgartige Gestalt, so z. B. das großartige, um 1100 geschaffene Weihrauchfaß des Meisters Gozbertus im Domschatz von Trier.

Raupenhelm → Helm

Raute, auch Rhombus, gleichseitiges Parallelogramm, gerautet (→ Heroldsbilder).

Real, spanische Silbermünze in der Art des → Turnosgroschens, die vom 14. Jh. ab in Spanien, 1487/88 und 1586/88 auch in den Niederlanden geprägt wurde.

Rebellentaler, geprägt von Herzog Heinrich Julius von Braunschweig-Wolfenbüttel 1595 anläßlich der Auseinandersetzung mit dem Landesadel. Der Herzog prägte als weitere „emblematische Taler": Lügentaler, Wahrheitstaler, Wespentaler und Pelikantaler.

Rebusbilder, Darstellungen, deren zusammenhängender Sinngehalt durch Verbindung von Wortfragmenten und zu deutenden Bildchen von Figuren und Gegenständen hergestellt wird. Sie finden sich in Deutschland vom 17. bis 19. Jh., obwohl sie schon in Einlegebildchen des 15. Jh.s nachweisbar sind; außerdem in politischen Streitgedichten des Dreißigjährigen Krieges, z. B. Spottblättern auf den Winterkönig oder Tilly. Als Beispiele seien zwei Radierungen von Stefano della Bella (1610–1654) genannt: *Der Große Rebus mit dem Sterngucker* (de Vesme 688) und *Der Große Rebus mit der Schiffsdarstellung* (de Vesme 689).

Récamier, aus der → Veilleuse entwickelte Liegebank des Empire. Sie erhielt ihren Namen nach Julie Récamier (1777–1849), in deren Salon sich in der Revolutions- und Restaurationszeit die geistige Elite von Paris traf.

Rechaud, deutsch Stövchen, mit Holzkohle oder Spiritus geheiztes Wärmegerät aus Fayence, Porzellan, Silber oder Messing zum Warmhalten der Speisen bei Tisch.

Rechenpfennige, kleine münzähnliche Metallscheiben, die in

Rechaud. Bologna (?), um 1725. Silber, L 24 cm. Berlin-Charlottenburg, Kunstgewerbemuseum.

Rechenpfennige (Abb. verkleinert)

eigenen Werkstätten geschlagen wurden und im Mittelalter als Rechenhilfe für Kaufleute dienten; sie wurden auf Brettern oder Tüchern mit Linien und Zahlen hin- und hergeschoben. Aus ihnen entstanden die späteren → Jetons.

Redende Wappen, tragen Bilder, die den Namen ihres Besitzers bezeichnen. Sie waren besonders im Mittelalter beliebt. Die Bilder halbredender Wappen bezeichnen einen Teil des Besitzernamens (z. B. eine Linde für Lindenberg).

Redingote, leicht taillierter Männerüberrock mit Kragen und Aufschlägen der ersten Hälfte des 18. und des beginnenden 19. Jh.s.

Redtechnik, auch Radmachen, Technik zur Dekoration von → Steinzeug. Erstmals in der 2. Hälfte des 17. Jh.s im → Westerwald angewandt, später auch in Sachsen, Schlesien und Hessen. Redhölzer aus Bambus dienten dazu, Kontur und Binnenzeichnung auf den lederharten Tonkörper des ungebrannten Gefäßes einzuritzen und verhinderten gleichzeitig das Zerfließen der Bemalung.

Reduktionsbrand, ein Brennverfahren der Töpferei, bei dem der chemische Prozeß im Ofenraum während des Brennens umgekehrt verläuft als beim allgemein üblichen Oxydationsbrand, d. h. dem Ofenraum wird kein Sauerstoff zugeführt, so daß, durch die große Hitze bedingt, den glühenden Tonobjekten Sauerstoff entzogen wird. Durch diesen Vorgang entwickeln sich oft besonders schöne Farben an den Glasuren oder auch das Grau des → Scherbens an → Westerwälder Steinzeug.

Regal, kleine tragbare Orgel mit wenigen Zungenstimmen, vom Spätmittelalter bis ins 18. Jh. im Gebrauch.

Regenbogenschüsselchen, Goldmünzen der Rheingermanen und keltischen Bojer und Vindeliker, die griechische Vorbilder abwandeln. Der Name rührt daher, daß sie oft nach starken Regengüssen auf den Feldern gefunden wurden. Außerdem ähneln sie in der Form einem Regentropfen im Sand.

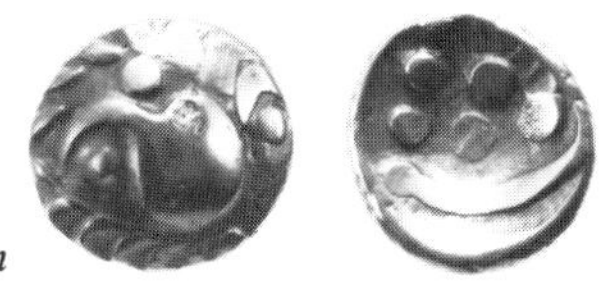

Regenbogenschüsselchen

Régence, von der Regentschaft Ludwigs XV. abgeleitete französische Stilbezeichnung, die vom → Louis-quatorze des französischen Hochbarock zum → Louis-quinze überleitet und mit dem Louis-quinze zusammen das französische → Rokoko bildet. Die strengen und prunkvollen Hochbarockformen werden im Régence mehr und mehr durch leichte, gekurvte, elegantere Gebilde abgelöst, Übergänge durch Ornament und ornamental sich überschneidende Formen hergestellt. In der Ornamentik sind Drachen, Chimären, Fabelwesen, → Maskarons in Form von Frauenköpfen mit palmettenartigen Diademen beliebt. Die →Chinoiserien werden da-

neben zu einem Hauptelement der Dekoration. Das Kunsthandwerk ist bestimmt von den Leistungen des Dekorateurs Nicolas → Pineau sowie der → Ébenisten Charles → Gressent, Claude → Gillot und Gilles Marie → Oppenort (→ Barock).

Regency, Bezeichnung für die klassizistische Komponente der englischen Kunst in den Jahren zwischen 1811 und 1820, der Regentschaftsjahre des Prince of Wales, des späteren Königs Georg IV. Diese kurze Phase zwischen dem Ende des → Georgian style und dem Aufkommen des Viktorianischen Zeitalters ist im wesentlichen geprägt durch die Rückbesinnung auf klassisch-antike Formen als Antwort auf die immer mehr ausufernden Interpretationen der Entwürfe Robert → Adams und George → Hepplewhites. Charakteristischer Vertreter dieser Epoche ist der Möbelentwerfer Thomas → Sheraton. Gewisse Anlehnungen an das französische → Empire sind durchaus spürbar; im Detail jedoch lassen sich die Unterschiede deutlich erkennen. Vergoldete Bronzemontierungen, besonders bei Möbeln, lassen sich kaum finden, dagegen sind Metalleinlagen häufiger anzutreffen.

Regensburger Pfennig → Silberpfennig

Regulator, eine Präzionsuhr in Form einer Pendeluhr mit Kompensation. Am typischsten sind die Bodenregulatoren, seit Mitte des 18. Jh.s mit verglasten Türen und Seiten, damit

◁
Regency-Sofatisch. England, um 1815. 71 × 66 × 158 cm.

Régence-Fauteuil. Frankreich. Vergoldet, originale Aubusson-Bezüge. München, Fischer-Böhler.

man die Gewichte und das Pendel sehen kann. Regulatoren wurden hauptsächlich zu wissenschaftlichen Zwecken gebaut. Im 19. Jh. gab es auch Kaminregulatoren mit Halb-Sekunden-Pendel.

Reichsadlergläser, gehören zur Gruppe der mit bunten Emailfarben bemalten deutschen → Wappengläser (→ emaillierte Gläser). Dargestellt ist der bekrönte kaiserliche Adler mit ausgebreiteten Schwingen, darauf die 56 Wappenschilde der geistlichen und weltlichen Fürsten, der Landgrafen, Markgrafen, Grafen und freien Reichsstädte in Vierergruppen (Quaternionen). Die Brust des Adlers ist mit dem Gekreuzigten bedeckt, auf der Rückseite das Kreuz mit der ehernen Schlange. Etwa ab 1600 bevorzugten die Glasmaler statt des Kruzifixus den Reichsapfel.

Reichsadlerhumpen. Hessen (?), 1627. Grünes Waldglas mit farbiger Emailmalerei, auf der Wandung der doppelköpfige Reichsadler mit einer Beischrift. Stuttgart, Württembergisches Landesmuseum.

Reichsadlerhumpen, emailbemalte hohe henkellose Glashumpen mit Darstellung des Doppeladlers, dem Symbol des Heiligen Römischen Reiches Deutscher Nation, dessen ausgebreitete Schwingen mit den Wappen der verschiedenen Stände, Länder und Städte des Reiches bedeckt sind. Die Brust ziert ein Kruzifix, der Reichsapfel oder – selten – ein Kaiserporträt. Sie wurden anfangs vorwiegend in böhmischen Hütten (seit dem späten 16. Jh.), danach auch andernorts gefertigt.

Reifrock, Criarde, → Panier, → Krinoline

Reisetruhe, tragbare Truhe mit Scharnierdeckel, der oft gewölbt war, damit sich kein Regenwasser darauf sammeln konnte. Seit dem 15. Jh. gibt es auch mit Leder überzogene Exemplare (→ Bahut).

Reiseuhren, mit Federkraft angetriebene, stoßunempfindliche Uhren. Sie besitzen eine Unruhe (→ Uhrentechnik), einen Wecker und meist auch ein Schlag- und Repetierwerk. Das Gehäuse ist entweder auf allen Seiten mit geschliffenem Glas versehen, so daß das Werk sichtbar ist, oder die Uhr sitzt in einem vergoldeten oder vernickelten Metallgehäuse. Auf Reisen wurden diese Uhren durch ein Lederetui gegen Beschädigungen geschützt.

Reisporzellan (franz. *Grain de Riz*), chinesisches Porzellan des 18. Jh.s mit durchbrochenen Verzierungen, die nachträglich mit durchscheinender Glasur ausgefüllt wurden.

Reitersiegel → Siegel

Relief, eine Form der → Bildnerei, bei der die Darstellung auf einer Fläche wiedergegeben ist, aus der die Figuren und Gegenstände plastisch hervortreten. Je nach dem Grad des Sichlösens der Figuren vom Grund spricht man vom Flachrelief (frz., *bas-relief*), Halbrelief, Hochrelief (wenn ganze Teile der Darstellung von der Ebene völlig losgelöst sind) oder „versenkten Relief", wenn, wie in der Ägyptischen Kunst, die Figuren vertieft innerhalb der Oberfläche gearbeitet sind. Die Bezeichnung „strenges Relief" gebraucht man, wenn die Figuren ganz nach der strengen Gesetzlichkeit der Bildhauerkunst unverkürzt vor der meist glatten, nicht weiter behandelten Fläche stehen und nicht mit ihr verschmolzen sind. Dagegen ist im sogenannten malerischen Relief die Grundfläche als räumlicher, oft landschaftlicher Hintergrund verstanden, aus dem heraus nach perspektivischer Gesetzmäßigkeit die Figuren, je mehr sie in den Vordergrund rükken, plastischer werden. Als Material kann für das Relief jeder beliebige, auch sonst in der Bildnerei übliche Stoff verwendet werden.

Reliefbilder, haben zwei Bildflächen, eine, die von links zu sehen ist, und eine zweite, die man nur von rechts aus sehen kann. Der Konstruktion nach handelt es sich beim Reliefbild um ein Brett, dem in Längsrichtung dreieckige Stäbe aufgeleimt sind, so daß zwei Bildflächen entstehen. Reliefbilder waren besonders im 18. Jh. für Doppelporträts beliebt.

Reliefgoldgläser, hauptsächlich sächsische Gläser um 1740 mit vergoldeten erhabenen Emaildekors in der Art der Meißner und Wiener Porzellane. In der Biedermeierzeit lebte die Technik der mit weißem Email pastos bemalten, vergoldeten und versilberten Gläser wieder auf (→ pastose Bemalung).

Reliefspitzen → venezianische Spitzen

Reliefzinn, mit gegossenem Reliefdekor verziertes Zinn. Besonders kunstvolle Arbeiten des sog. Edelzinns (→ Zinn) entstanden im späten 16. und im 17. Jh. Die Gußformen wurden meist von Formstechern graviert, teilweise wurden die Ornamente auch in die Formen geätzt (→ Holzschnittmanier).

Reliquiar, Behälter zur Aufbewahrung und Ausstellung der Überreste (Reliquien) von Heiligen. Im 4. Jh. kam die Sitte auf, Reliquien in Kästen, Lipsanotheken (→ Elfenbein), auf dem Altar auszustellen. Während des ganzen Mittelalters ist eine Fülle von Reliquiaren in kostbarem Material (Edelmetall mit Juwelen, Emails, plastischem Figurenschmuck) von hohem künstlerischem Rang gearbeitet worden. Ihre Formen sind mannigfaltig (Büchsen, Kästen, Bauwerke, Figuren, Büsten, Gliedmaßen, Gegenstände) und meist von der Art der Reliquie selbst bestimmt. Reliquiare für Teile des Kreuzes Jesu heißen Staurotheken. Am häufigsten kamen die den Sarg eines Heiligen umschließenden Reliquienschreine vor. Unter ihnen finden sich die hervorragendsten Werke der mittelalterlichen Goldschmiedekunst (so der Dreikönigs-

Reliefzinnteller. Nürnberg, um 1680. Von Zacharias Spatz. Dm 19,2 cm. Freiburg, Simmermacher.

schrein des Nikolaus von Verdun im Kölner Domschatz und der Elisabethschrein in Marburg).
Den Reliquienschatz einer Kirche nannte man Heiltum (Heiligtum); es wurde oft in Heiltumsbüchern katalogisiert und abgebildet (z. B. Wittenberger Heiltumsbuch von 1509 mit Holzschnitten Lucas Cranachs d. Ä.).

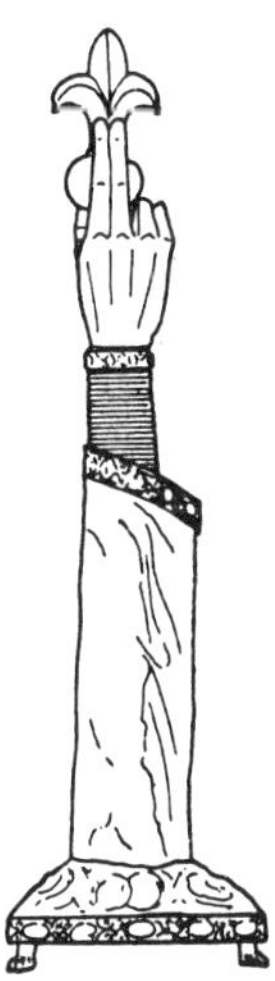

Reliquiar

Reliquienschrein → Reliquiar
Rem, regalförmiges Gestell, gehängt oder mit einem Sockel, zur Aufbewahrung des Geschirrs in ländlichen Haushalten (→ Tassenbord, → Tellerrechen).
Remarquedruck (franz. *remarquer,* anmerken, bemerken), einer der ersten Abdrucke einer → Radierung. Am Rande der Platte befinden sich kleine Randzeichnungen oder Markierungen, an denen die Säurenstärke getestet wird. Vor dem Auflagendruck werden sie entfernt.
Rembrandtkannen, holländische zinnerne Zunftkanne des 17. Jh.s auf zylindrischem Fuß, mit bauchigem Körper, langgezogenem Hals und flachgewölbtem Scharnierdeckel; teils in dickbauchiger, teils in schlankerer Form gefertigt. Die Wandung ist durch horizontale Rillen gegliedert. Die Herkunft des Namens ist nicht geklärt.
Remontoir, der Aufzug bzw. die Vorrichtung zum Aufziehen der Uhr von außen, gewöhnlich am Bügelknopf. Mit der Bezeichnung *Montre á remontoir au pendant* ist eine → Taschenuhr mit Aufzug am Bügelknopf gemeint, der Ausdruck *Remontoir sans clef* bezeichnet einen Aufzug ohne Schlüssel.
Renaissance. Um 1420 wurde in Florenz in bewußtem Rückgriff auf die Antike die Kunst der Frührenaissance (auch Kunst des Quattrocento, ital. „15. Jahrhundert", genannt) geschaffen, die in der Architektur (Brunelleschi) durch Wiederaufnahme der antiken Säulenordnungen, in der Skulptur (Donatello) der antiken, mit Vorliebe nackten Freifigur, in der Malerei (Masaccio, Wand- und Tafelmalerei) durch die Darstellung des Raumes mit Hilfe der Linearperspektive (Ausrichtung nach einem Flucht- oder Augenpunkt) gekennzeichnet ist. Gleichwertig neben die christlichen Bildinhalte traten die der antiken Mythologie und Geschichte. Eine Hauptaufgabe der darstellenden Künste wurde das Porträt als Abbild der leiblichen Erscheinung des Menschen. Um 1500 trat der Stil, mit der Verlagerung des Schwerpunktes von Florenz nach Rom, in die Phase der Hochrenaissance ein, die von Bramante (Zentralbau von St. Peter), Raffael (Stanzen und Loggien des Vatikans) und Michelangelo (Decke der Sixtinischen Kapelle) geprägt war. Zwischen 1520 und 1530 wurde sie in die Spätrenaissance, die jetzt meist Manierismus genannt wird, umgebildet, die zahlreiche Errungenschaften der Renaissancemalerei und -plastik aufgab, um übersinnliche Bedeutungsgehalte veranschaulichen zu können (Tintoretto in Venedig), was sich u. a. in überlangen, spiralig gedrehten Figuren ausspricht. Im Kunstgewerbe ist der Einschnitt weniger deutlich; nur in der Überladenheit und unorganischen Einfügung des Ornaments prägen sich in der zweiten Hälfte des 16. Jh.s manieristische Züge aus. – Die italienische Renaissance als einer der schmuckfreudigsten Stile hat viele antike Ornamentmotive neu belebt (→ Akanthus, → Arabeske, → Baluster, → Bukranion, → Eierstab, → Groteske, → Maureske, → Perlstab, → Volute). Auf allen von ihr gepflegten Gebieten des Kunstgewerbes hat sie Neues hervorgebracht, in der Möbelkunst (→ Cassone, → Cassapanca, → Tisch, → Stuhl, → Kredenz) und im Silber (fast nichts erhalten) neue Typen und einen verfeinerten Gesamtstil (→ Intarsie) geschaffen. Die Fayence (→ Majolika) hat sie für Europa erschlossen, die nachantike Glaskunst (→ venezianisches Glas), die → Medaille und die antike Steinschneidekunst (→ Gemmen) neu belebt. Auch in der → Plattnerkunst und auf anderen Gebieten der Waffenherstellung (→ Dolch, → Degen, → Feuerwaffen) war Italien führend. Nördlich der Alpen begann man um 1500 das Formengut der italienischen Renaissance aufzunehmen. Für Deutschland bedeuteten die Jahre der ausklingenden Spätgotik und der beginnenden Renaissance eine Zeit großer Blüte (Dürer, Grünewald, Altdorfer und viele andere Künstler); man bezeichnet sie als Kunst der deutschen Reformationszeit (1500–30). Die größte Wirkung im Norden hatten das Renaissanceornament (→ Kleinmeister, → Solis, → Hirschvogel), das mit Hilfe des → Ornamentstichs in alle Kunstberei-

Renaissance-Truhe mit Intarsien. 2. Hälfte 16. Jh. 94 × 188 × 83 cm.

Renaissance-Schrank, sog. Kolommenkast. Niederlande, Mitte 17. Jh. Eiche geschnitzt, 200 × 148 × 65 cm.

che eindrang, und figürliche Einzelmotive, die in Gestalt von → Plaketten verbreitet wurden. Ab 1540 begann man Möbel- und Gefäßtypen der Renaissance und schließlich die neuen italienischen Techniken (→ Intarsie, → Fayencen, → Habanerfayencen, Gläser von Hall (→ Haller Gläser), → emailbemalte Gläser) nachzuahmen. Großen Einfluß hatte die von italienischen Manieristen begründete Schule von (→ Fontainbleau, Schule von) Fontainebleau bei Paris, von der vor allem das Edelzinn (→ Briot), die Goldschmiedekunst (→ Jamnitzer, → Limoges), Möbelkunst (→ Ducerceau, → Dressoir, → Caquetoir) und Keramik (→ Saint Porchaire-Fayencen, → Palissy) wesentliche Impulse erfuhren.

Rendsburger Fayence- und Steingutmanufaktur, 1765 von Christian Friedrich Clar und Jasper Lorentzen gegründete Fayence-Manufaktur. Ab 1775 verlegte man sich zunehmend auf die Herstellung von → Steingut. Die in Rendsburg fabrizierte Ware zeichnet sich neben dem normalen Gebrauchsgeschirr durch ihren Formenreichtum aus. So wurden dort zahlreiche Terrinen, Butterdosen und Punschbowlen in Gestalt von Rebhühnern, Hirschen, Möpsen usw. hergestellt. Die aus der Frühzeit erhaltenen Fayencen haben größtenteils Rokokoformen und Dekore, oft → Rocaillen in Blau oder Mangan, aber auch Blumen in → Scharffeuerfarben. Die Fabrikmarke der Rendsburger Fayencen ist ein Quadrat mit angehängtem R, oft in Verbindung mit einem Künstlerinitial. Das Rendsburger Steingut hat eine weiße oder gelbliche Glasur, ist größtenteils unbemalt oder trägt blaue Schattierungen.

Rennen, auch Rennhut, Renntartsche, Rennzeug → Stechzeug

Rentoilieren → Gemälderestaurierung, → Doublierung

Repetieruhr, Bezeichnung für Uhren, die mit einem Schlagwerk versehen sind, das einer akustischen Zeitansage dient. Die Repetiervorrichtung wird teils bei → Pendeluhren mit Schlagwerk angebracht, teils bei → Taschenuhren, die nicht von selbst schlagen und im engeren Sinne Repetieruhren heißen. Die Engländer *Edward Barlow* (1636–1716) und *Daniel Quare* (1632–1724) erfanden in den 1680er Jahren die Repetierpendeluhr und die Repetiertaschenuhr. Als *Alles oder nichts* bezeichnet man beim Repetierwerk den Kadraktur, der die Viertelstundenschläge reguliert und bewirkt, daß das Repetierwerk nicht eher funktioniert, als bis die Auslöservorrichtung vollständig nach unten gedrückt ist. Eine besondere Variation sind alle Wand-, Stand- und Repetieruhren, bei denen das Zählen oder Schlagen der Stunden und Viertelstunden mittels des Schlaghammers nicht an Glocken, sondern an spiralförmig gewundenen Ton-, Klang-, Schlag- oder Resonanzfedern geschieht. Das Material der Federn ist polierter Stahl, die Uhren selbst werden als Tonfederuhren bezeichnet.

Replik, Wiederholung eines originalen Kunstwerkes vom Künstler selbst oder zumindest seiner Werkstatt. Wenn die Replik in wesentlichen Teilen vom Original abweicht, wird von (erster, zweiter usw.) Fassung gesprochen. Im Gegensatz dazu die Kopie, die oft viel später von anderer Hand stammt.

Repoussieren, Sonderform der → Treibtechnik. Verzierung von Silber- und Zinngefäßen durch gerade oder geschweifte Kanneluren (→ Kannelierung). Geschweifte Kanneluren nennt man Melonenrippen, gerade geführte Pfeifen. Repoussierte Randleisten mit kleinen Kugel-, Oliven- oder Zungenformen heißen godroniert (oder mit Godrons, franz. *„Falten“*). Sie waren ein beliebtes Schmuckmotiv auf Louis-quatorze-Silber. Silbergefäße mit repoussierter Wandung kommen selten vor. Das Repoussieren von Zinn wurde im 18. Jh. in Süddeutschland häufig geübt.

Reproduktionsgraphik, Bezeichnung für druckgraphische Werke, die ein Gemälde oder eine Zeichnung druckgraphisch umgesetzt wiedergeben. Bis ins 19. Jh., d. h. bis Kunstwerke durch die Photographie wiedergegeben werden konnten, gab es spezielle Reproduktionsstecher. Einer der berühmtesten war Marcantonio Raimondi (um 1475–um 1534), der Raffaels Zeichnungen in Stiche umsetzte und damit sehr zu ihrer Verbreitung beitrug.

Reproduktionsklavier, ein → mechanisches Musikinstrument, mit dem das auf Lochstreifen gespeicherte Spiel eines Pianisten exakt wiedergegeben werden kann. Auch die jeweilige individuelle Anschlagstärke kann reproduziert werden. 1904 erfand die Firma Welte in Freiburg das „Mignon-System“, es folgten 1908 Hupfeld/Leipzig mit dem „DEA-System“ und 1910 Philipps/Frankfurt mit dem „System DUCA“. Diese Firmen hatten zwischen 1904 und 1930 ca. 100 Musiker unter Vertrag, darunter so bekannte wie der Komponist Hindemith und die Pianistin Elly Ney.

Repunzen → Beschauzeichen

Réseau, Netzgrund der → Nadel- und → Klöppelspitzen des 18. Jh.s.

Reserve, weiß ausgesparte Fläche auf farbigem Porzellan (→ Fondporzellan). Im weiteren Sinn jede glatte Fläche, die sich von einer bearbeiteten abhebt.

Reservistenkrug, aus Porzellan (selten Steingut) gefertigter zinnmontierter Bierkrug des späteren 19. Jh.s, den die Soldaten als Erinnerung an ihre Dienstzeit erwarben. Die Wandung ist durch Malereien mit Darstellungen von Gefechtsszenen, des Lagerlebens oder der Garnisonsstadt belebt. Die heute sehr gesuchten Krüge werden vielfach nachgeahmt.

Restauration, ein politischer Begriff der französischen Geschichte, kennzeichnet den Zeitraum zwischen der Wiedereinsetzung des bourbonischen Königtums nach dem Sturz Napoleons, 1815, bis hin zur Julirevolution von 1830, in der der „Bürgerkönig“ → Louis-Philippe die Geschicke Frankreichs lenkte. Die Restauration ist im Grunde eine Fortsetzung des → Empire, doch unter Vermeidung jeglicher Anspielungen auf die Herrschaft Napoleons, wie der persönlichen napoleonischen Emblematik, die bei Objekten des Kaiserreiches häufig zu finden ist. Die Kunsthandwerker der napoleonischen Ära wurden fast ausnahmslos übernommen, doch begann während dieser Zeit bereits ein Prozeß der Verbürgerlichung, der alle Schichten umfaßte und im Louis-Philippe seinen Höhepunkt erreichte. Noch heute zugängliches und bedeutendstes Dokument der Restauration ist der Auktionskatalog des beweglichen Besitzes der Duchesse de Berry, einer der wichtigsten Mäzeninnen der Restauration und des frühen Louis-Philippe.

Restaurierung, das Wiederherstellen eines beschädigten oder verschmutzten Kunstwerks. Man versucht, soweit wie möglich den ursprünglichen Zustand wieder zu erreichen. Ergänzungen werden nur vorgenommen, wenn dadurch dem Kunstwerk keine stilfremden Elemente hinzugefügt werden. Zerstörte Stellen versucht man durch Vergleich mit vorhandenen Resten, Kopien oder Fotos zu ergänzen. Es ist sehr wichtig, Restaurierungen von gut ausgebildeten Fachleuten ausführen zu lassen, da durch unsachgemäße Behandlung, z. B. zu dicker Firnisauftrag, Ergänzungen mit Materialien, die sich nicht mit dem Material des Kunstwerks vertragen, schwere Schäden an einem Stück auftreten können (→ Gemälderestaurierung).

Retabel → Altarretabel

Reticella-Spitze: (von ital. *punto a reticella*), genähte oder geklöppelte sternförmige Spitze des 16. und 17. Jh.s.

Retrofrontale, auch Superfrontale, meist bestickter Behang anstelle eines → Altarretabels, der im ausgehenden Mittelalter vor allem in England, Frankreich und den Niederlanden vorkommt.

Reuttimann, Johann Conrad (um 1676 bis 1681 tätig), Goldschmied in Augsburg, der zahlreiche → Ornamentstiche mit → Akanthus herausgab.

Revers, die Rückseite einer → Münze oder einer → Medaille.

Revolver → Faustfeuerwaffen

Reymond, Pierre, (* um 1513, † nach 1584) auch Raymo, Rexmond, Rexman, wohl der fruchtbarste Emailmaler von Limoges (→ Limosiner Email). Meist malte er Ton-in-Ton mit Fleischtönen, selten Blau-in-Blau oder mehrfarbig. Auch Gefäße, Leuchter, Salzfässer stammen aus seiner Hand. Kopien nach deutschen und italienischen Meistern aus der Zeit um 1600 sind mit J. R. signiert und können entweder Jean oder Joseph Reymond zugeschrieben werden, die beide um diese Zeit lebten.

Reservistenkrüge mit Zinnmontierung. Um 1900. Privatbesitz.

Rheingolddukaten → Flußgolddukaten
Rheingrafenhosen → Rhingrave
Rheinische Glashütten-AG, gegründet 1865 in Köln-Ehrenfeld, zwischen 1881 und 1895 bedeutendste Kunstglashütte Deutschlands. Unter der Leitung Oskar Rauters erzeugte die Hütte anspruchsvolles Gebrauchs- und Luxusglas in Anlehnung an antike und venezianische Vorbilder und unter Anwendung traditioneller alter Glasmachertechniken.
Rheinischer Goldgulden → Goldgulden
Rheinisches Steinzeug. Im späten 14. Jh. begann man im Rheinland mit dem Brennen von → Steinzeug. Das erste Zentrum war Siegburg, wo in mehreren Werkstätten graue Tonwaren mit gelber bis rotbrauner Salzglasur erzeugt wurden: Ratskannen (mit röhrenartigem Fuß) und nach oben ausspringende Trichterbecher und Trichterkrüge (eiförmige Gefäße mit gewelltem Fußrand und weit offener trichterartiger Mündung). Um 1500 ging die Führung auf Köln, den wichtigsten Umschlaghafen des Gebietes, und das benachbarte Frechen über. Hier entstanden neben kugeligen Gefäßen die → Pinte (kleine, deckellose Krüge mit sich nach oben verjüngender Wandung) und die Schnelle (hoher, zylindrischer, leicht konischer Krug mit wulstigen Reifen an Fuß und Hals); die Gefäße tragen über grauweißem Scherben gold- bis dunkelbraune gesprenkelte Salzglasur und sind mit reliefierten Blattranken und Medaillons verziert. Außerdem wurden die Bartmannskrüge ausgebildet, kugelige oder birnförmige Krüge mit einer bärtigen Maske am Hals. – Seine Blüte erlebte das rheinische Steinzeug in der zweiten Hälfte des 16. Jh.s wiederum in Siegburg, wo als bedeutendste Meister Anno und Christian Knütgen arbeiteten (weißer Ton). Als neue Gefäßtypen kamen Tullenkanne, die den Bartmannskrügen verwandte bauchige Pulle, Feldflasche (→ Pilgerflaschen) sowie Zwillings- und Drillingsbecher hinzu, die reichen, nach Vorlagenstichen gearbeiteten Reliefschmuck (religiöse, mythologische, allegorische Einzelfiguren und Szenen) erhielten. 1632 fand die Töpferkunst mit der Zerstörung Siegburgs durch die Schweden hier ihr Ende. – Ein anderes Zentrum bildeten Aachen und das benachbarte Raeren, wo Ende des 16. Jh.s eine lebhafte Produktion von Steinzeug einsetzte, deren Hauptmeister Jan Emens in Raeren war. Seine Gefäße zeichnen sich durch Ausgewogenheit und Klarheit und gute Auflagen aus, die jetzt auch Genredarstellungen umfassen und ein phantasievolles Ornament entfalten. Von einem seiner Nachkommen stammen die braunen Kurfürstenkrüge (mit Darstellungen der sieben Kurfürsten unter Rundbogen). Im Dreißigjährigen Krieg brach auch hier die Produktion plötzlich ab. – Seine letzte Blüte erlebte das Steinzeug im 17. Jh. im Westerwald („Kannebäckerländchen"). Die bisher übliche Aufteilung der Krüge in Zonen wurde zugunsten einheitlicher Durchgestaltung aufgegeben. Als neues Ornament trat (meist auf blauglasierten Enghalskrügen) der Zirkelschlag auf, aus dem sich um 1650 die großartigen Sternkrüge entwickelten, deren Körper von einem großen Sternornament in Grau, Blau und Manganviolett eingenommen wird. In der zweiten Jahrhunderthälfte bürgerten sich Streublumen und großformige Blumenstauden in Ritztechnik ein. Im 18. Jh. verlor das Steinzeug durch die Konkorrenz des Porzellans und der Fayence seine Bedeutung. In der Volkskunst lebt seine Tradition bis heute fort.

Rheinisches Steinzeug: Siegburger Schnelle. Kurz vor 1572. Weißes Steinzeug, glänzend, H 34 cm. Köln, Kunstgewerbemuseum.

Rheinkiesel, ursprünglich Bezeichnung für verschiedene Quarze und Bergkristallgerölle aus den Schottern des Rheins, die geschliffen und zu Schmuckstücken verarbeitet wurden. Heute wird der Name fälschlich für eine buntschillernde Glasimitation gebraucht.
Rheinsberger Fayence → Berliner Fayencen
Rheydt, Melchior von → Kölner Intarsienmöbel
Rhingrave, auch Rheingrafenhose, nach dem Rheingrafen von Salm benannte Männerhose der zweiten Hälfte des 17. Jh.s, die aus einer kurzen, stark gebauschten Hose und rockartigem Überwurf bestand. Zu Beginn des 18. Jh.s wurde sie durch eine Kniehose normaler Weite, die Culotte, ersetzt.
Rhipidion, auch Flabellum, ca. ein Meter hoher liturgischer Fächer der Ostkirche mit einem Seraph am oberen Ende zum Vertreiben der Insekten von den heiligen Gaben. Es wird heute meist nur noch bei Pontifikalgottesdiensten benutzt.
Rhodosteppiche → Makri
Rhodos-Ware, frühere Bezeichnung der → Iznik-Ware, so benannt nach den ersten Funden dieser osmanischen Keramiken auf der Insel Rhodos.
Rhöner Bauernmöbel, u. a. der sog. Rhöntisch, ein Kastentisch mit massiven, geschweift geschnittenen Wangen, in die ein oder zwei Kästen eingehängt sind. Berühmt ist auch der Rhöner Mehlkasten mit seinem charakteristischen gewölbten Deckel, eine Sonderform der Dachtruhen (→ Bauernmöbel).
Rhyton, griechisches Trinkhorn in Tierkopfgestalt.
Ribband-Back-Chair, englischer Stuhltyp des 18. Jh.s mit stark durchbrochener Rückenlehne, die mit verschlungenen Bändern geschmückt ist. Das Motiv wurde von Stichen Jean → Bérains abgeleitet und von Thomas → Chippendale in seinem „Director" vielfältig abgewandelt.
Riccio → Plaketten

Ridinger, Johann Elias (1698–1767), Maler und Graphiker. Nach der Lehrzeit in seiner Geburtsstadt Ulm vorwiegend in Augsburg tätig. Von Ridinger stammen ca. 1300 radierte und gestochene Einzelblätter und Folgen mit Tierdarstellungen und Jagdszenen, oft mit erklärendem Text, sowie die Kupferstichfolgen „Kleine Reitschule“, 1734, und „Große Reitschule“ von 1744, die aber erst 1774/76 gestochen und herausgegeben wurde.
Riechdöschen, Riechfläschchen → Vinaigrette
Riechkapsel, als Duftstoffbehälter am Gürtel, der Halsschnur und in Verbindung mit dem Rosenkranz getragene Kapsel. Oft kunstvoll aus Gold mit Email- und Gravurverzierung gearbeitet. In der Regel kugelförmig mit durchbrochenen Wandungen, teils durch Scharniere in Segmente aufklappbar. Als Duftstoffe dienten vorwiegend Ambra, Bisam und Moschus (2. Hälfte des 15. Jh.s bis zum 16. Jh.). Späte Nachfahren der Riechkapseln sind die silbernen Riechdosen, die noch im 19. Jh. über einem Spitzentaschentuch auf dem Gebetbuch stehend, zum sonntäglichen Kirchenstatt in Schleswig-Holstein und Jütland gehörten, und die als Brautschmuck dienenden silbernen Riechherzchen-Anhänger des 18. Jh.s (→ Bisamapfel).

Riechkapseln in Eiform. Norwegen, 18. Jh. Hamburg, Sammlung E. Schliemann.

Rhöntisch. Um 1800. Ahorn, Intarsien Mooreiche, Pflaumenholz, Wurzelmaserholz, H 73,5 cm, Platte 111 × 91,5 cm. Nürnberg, Germanisches Nationalmuseum.

Stuhl von Richard Riemerschmid. 1899. Frankfurt am Main, Museum für Kunsthandwerk.

Riedel, Joseph (1816–1894), böhmischer Glasfabrikant. Er entwickelte die zwei fluoreszierenden Glasfarben Annagrün und Annagelb, die er nach seiner Ehefrau benannte.
Riefelung, parallele Einkerbungen, Schmuckdekor auf Silber, Glas und Möbeln.
Riemchengold → Metallfaden
Riemerschmid, Richard (1868–1957), einer der bedeutendsten deutschen Jugendstilentwerfer, Architekt und Maler. Er studierte an der Münchner Kunstakademie und war hauptsächlich in München tätig. Zusammen mit Bruno → Paul und Peter → Behrens war er einer der frühesten Entwerfer von massenproduzierten Möbeln und Gebrauchsgegenständen. Wie Bernhard → Pankok war auch Riemerschmid Gründungsmitglied der → Vereinigten Werkstätten für Kunst im Handwerk. Seine Entwürfe für Möbel, Besteck, Glas und anderes Gebrauchsgerät sind gekennzeichnet durch schlichte, funktionelle Schönlinigkeit und Leichtigkeit. Er entdeckte bei der Konstruktion von Stühlen die diagonale Verstrebung als Stabilisierungsfaktor. Riemerschmid war von 1913 bis 1924 Leiter der Kunstgewerbeschule in München und später Lehrer an den Kölner Werkschulen.
Riesener, Jean Henri (1734–1806), berühmtester Pariser → Ebenist deutscher Herkunft (aus Gladbeck, Westfalen), Schüler Jean François → Oebens, dessen Witwe er 1764 heiratete. 1774 Erster Ebenist des Königs als Nachfolger Gilles → Jouberts, der ihm Geschäft und Kundenkreis abtrat. Zehn Jahre lang arbeitete er fast ausschließlich in königlichem Auftrag, bis ihm ab 1784 Johann Wilhelm Benemann vorgezogen wurde. Aber auch dann noch ließ die Königin Marie-Antoinette bei Riesener arbeiten. Sein Hauptwerk ist die

Kommode von Jean Henri Riesener. Paris 1782. 90 × 124 × 56 cm. Paris, Musée National du Louvre.

Vollendung des von Oeben begonnenen Bureau du Roi (→ Zylinderbüro). Außer Zylinderbüros schuf er alle Arten von Prunkmöbeln, deren Einrichtung er wie Oeben stark mechanisierte und bei denen er durch immer neue Lösungen überraschte. Die Marketerie (→ Furnierung) bestand anfangs aus Blumen und Figuren, später aus geometrischen Mustern, oft einfachen Rauten. Die Bronzeappliken (→ Appliken) sind stets von hervorragender Qualität und aufs feinste eingepaßt. Seine Möbel gehören zu den bedeutendsten des 18. Jh.s und erzielen auf dem internationalen Kunstmarkt Spitzenpreise.

Rietveld, Gerrit Thomas (1888–1964), holländischer Architekt und Möbelentwerfer, gehört zu den Avantgardisten am Anfang des 20. Jh.s, weniger als Schöpfer eines funktionellen Möbels, eher als Objektkünstler, der aus einem Stuhl oder einer Anrichte ein dreidimensionales Kunstwerk schafft. Rietveld scheint erst verhältnismäßig spät, 1916, direkten Kontakt zu Exponenten der Moderne gefunden zu haben, mit dem Architekten Robert van t'Hoff, dessen „Huis ter Heide" er möblierte, mit Entwürfen Frank Lloyd → Wrights und, seit 1917, mit den Mitgliedern der Gruppe De Stijl und deren führendem Vertreter Piet Mondrian. Seine Möbel, vorwiegend Stühle, bestehen aus einem kubischen Rahmengestell, in das farbig gestrichene, kantig gegeneinander abgesetzte Platten gleichsam eingehängt werden: die Abstraktion des funktionellen Möbels auf ein dreidimensionales Wohnobjekt hin. Seine erste wichtige Arbeit im Sinne dieser Bewegung ist sein 1918 konstruierter Lehnstuhl (aus normierten Holzstäben in den Primärfarben Rot, Blau und Gelb sowie in Schwarz gehalten). Sein Interesse galt dem billigen Serienmöbel, das er dennoch in konstruktivistischer Weise ästhetisch ansprechend zu gestalten versuchte.

Rijder, auch Goudenrijder (franz. *chevalier d'or*), Goldmünze mit einem Reiter, die seit dem mittleren 15. Jh. in Holland, später auch in anderen niederländischen Provinzen, geprägt wurde.

Rimon (hebr., Granatapfel, pl. *Rimonim*), → Toraschmuck

Rindenmalerei, die noch heute von den Ureinwohnern Nordaustraliens ausgeübte Maltechnik auf präparierten Rindenstücken. Die Motive variieren von Stamm zu Stamm. Im

Gerrit Rietvelds berühmter „Rot-Blau"-Stuhl. 1917/18. Amsterdam, Stedelijk Museum.

Westen herrschen einfache naturalistische Bilder von Menschen und Tieren vor, in Nordostarnhemland dagegen stark dekorative, stilisierte Darstellungen. Im westlichen Arnhemland sind Menschen und Tiere im sog. Röntgenstil wiedergegeben, wobei die inneren Organe – allerdings ornamental vereinfacht – zu sehen sind. Bis zur Mitte des 20. Jh.s gab es in Museen und Sammlungen bereits weit über 1000 australische Rindenbilder, die gegenwärtig von den Ureinwohnern noch angefertigten Malereien dieser Art verflachen jedoch immer mehr und dienen vorwiegend touristischen Zwecken.

Ringelbecher; deutsches Glasgefäß des 16. und 17. Jhs., das mit Glasringen, die in Ösen hängen, verziert ist.

Ringelbecher. Deutschland, 16. Jh. Hellgrünes Glas mit aufgeschmolzenen Fäden und frei hängenden Klapperringen; H 11,4 cm. München, Bayerisches Nationalmuseum.

Ringkragen → Dienstgradabzeichen

Ringkrug, Ringflasche, Steinzeug- oder Fayencegefäß des 16. bis 18. Jh.s in Form eines – zuweilen auch doppelten – Ringes mit kleinem runden Fuß und engem, meist zinngedeckelten Hals; manchmal trägt das Ringinnere eine Figur. Das Gefäß kann als Flasche oder aber als Krug mit Henkel gearbeitet sein.

Ringler, Joseph Jakob (1730–1804), einflußreicher → Arkanist, der bei der Gründung vieler deutscher Porzellanmanufakturen direkt (→ Ellwangen-Utzmemmingen, → Höchst, → Ludwigsburg, → Nymphenburg) oder durch Mittelsmänner beteiligt war. Er kannte das Arkanum von Du Paquier in → Wien.

Ringsonnenuhr, Sonnenuhr aus drei ineinander beweglichen Ringen, deren mittlerer als Zifferblatt dient. Seit dem 16. Jh. in England beliebt. Eine Vereinfachung stellen die gleichzeitig üblichen *Bauernringe* dar: breite Ringe mit zwei Zifferblättern innen (eines für Sommer, eines für Winter), auf die ein Sonnenstrahl jeweils durch ein Loch des Ringes fällt.

Ripp, Johann Caspar (1681–1726), deutscher Fayencemaler und Arkanist. Nach seiner Ausbildung in Delft arbeitete er 1702–1708 in Frankfurt am Main, 1708–1710 in Hanau, 1710–1712 in Ansbach. Er war an der Gründung der Manufakturen 1712 in Nürnberg und 1719 in Bayreuth beteiligt.

Rippenstuhl → Faltstuhl

Rips, Gewebe mit Rippen. Sie entstehen dadurch, daß sich z. B. dünne Kettfäden (→ Kette) um dicke Schußfäden legen (dabei bilden sich Querrippen, Kettrips, oder umgekehrt Schußrips).

Rise, mittelalterlicher Frauenschleier, der häufig die ganze untere Gesichtshälfte bedeckte.

Risenburgh, Bernard II. van († 1765/66), einer der besten Pariser → Ebenisten des Louis-quinze, aus einer holländischen Ebenistenfamilie stammend. Sein Stempel, B. V. R. B., ist erst seit kurzer Zeit identifiziert. Seine einfach angelegten Möbel erhalten ihren Schmuck durch eine hervorragende Blumenmarketerie (→ Furnierung) und brillant ziselierte Bronzen in Rocaillenform (→ Rocaille), die sorgfältig auf das Holz abgestimmt sind. Bis zum Zweiten Weltkrieg befand sich eine berühmte Garnitur Risenburghs aus sechs Kommoden und zwei Eckschränken im Dresdener Schloß.

Eckschrank von Bernard van Risenburgh. Paris, um 1750. 89 × 75 × 54 cm. München, Residenzmuseum.

Rivière (franz. Strom), Bezeichnung für einen in der Regel aus einer Reihe großer Einzelsteine in Goldfassungen bestehenden Halsschmuck. Diese Art Halsschmuck galt in der 2. Hälfte des 18. Jh.s als außerordentlich modisch. Das berühmte Halsband der französischen Königin Marie Antoinette, um dessentwillen es zum öffentlichen Skandal kam, war eine Rivière.

Riza, getriebene Metallverkleidung für Ikonen. Bedeckt Ränder, Hintergrund und Zwischenräume der dargestellten Personen und läßt oft nur die Gesichter frei.

Rizâ-i Abbâsî, persischer Miniaturmaler des 17. Jh.s, der vor allem durch seine meisterhaften, sensiblen Pinselzeichnungen schon damals berühmt war. Er wirkte unter dem Safawidenherrscher Schah Abbâs (1587–1629) und dessen Nachfolger in Isfahan; seine signierten und datierten Werke dokumentieren eine Tätigkeit von 1618 bis 1639. Seine lebendigen, sich durch genaue Beobachtung der Menschen, der Natur und des Alltags auszeichnenden einzelminiaturen weisen einen von europäischen (holländischen) Pinselskizzen des 17. Jh.s her beeinflußten Realismus auf. Rizâ-i Abbâsî hatte eine große Zahl von Nachfolgern, die in seinem Stil bis ins 18. Jh. hinein weiterarbeiteten. Fälschungen unter seinem

Namen hat man seit dem 17. Jh. hergestellt. Nicht verwechselt werden darf er mit einem Kalligraphen und Maler namens Alî Rizâ Abbâsî (Ende 16./Anfang 17. Jh.) sowie mit seinem Sohn Schafi Abbâsî, einem in Indien wirkenden Miniaturmaler, der auch mit dem Namenszug seines Vaters signierte.

Robbia, della, Bildhauerfamilie in Florenz, die durch ihre → Terrakottareliefs berühmt ist: Bauplastik und Altäre in gebranntem Ton, die mit dicken Blei- oder Emailglasuren überzogen sind, meist mit weißen Figuren vor blauem Grund. Die bedeutendsten Mitglieder waren Luca (1400–1482), der Stammvater der Familie, und sein Schüler und Neffe Andrea (1435–1525).

Robe, auch Manteau, weibliches Obergewand des 17. und 18. Jh.s. Es ist vorn aufgeschnitten; der dadurch sichtbare Unterrock hieß Jupe. Über die Robe des 15. Jh.s → Houppelande.

Rocaille (franz., „Grotten- und Muschelwerk"), Schmuckmotiv aus leicht ausgehöhlten, wie Muscheln geriefelten und ausgefransten Formen, die an vor- und zurückschwingende Kurven angesetzt sind. Das wichtigste Schmuckmotiv des Rokoko.

Rocaille

Rochett → Superpelliceum

Rock Crystal-Gravur, in England zwischen 1880 und 1890 geübte Technik des Hochschnitts (→ Glasschnitt) in Anlehnung an die geschliffenen und geschnittenen Arbeiten aus → Bergkristall des 17. Jh.s. Die Gefäßwandung wurde plastisch durchgebildet und glänzend poliert. Die führenden Erzeuger von Rock Crystal-Gläsern in England waren Thomas Webb and Sons und Stevens and Williams, die ausführenden Künstler Frederick E. Kny und William Fritsche, beide aus Böhmen.

Rockelaure → Uniform

Rockelor, weiter langer Reisemantel des frühen 18. Jh.s, mit zwei Knopfreihen und breitem Schulterkragen. Er ist nach dem französischen Herzog von Roquelaure (1656 bis 1738) benannt.

Römer, Glasgefäß des 16. bis 18. Jh.s., das sich besonderer Beliebtheit in den Niederlanden und am Rhein erfreute. Der Römer ist eine Weiterentwicklung des spätmittelalterlichen → Krautstrunks, ein Becher aus einem zylindrischen Unterteil mit Nuppen und glattem, kugeligem Oberteil.

Römische Antike → Antike

Römisches Glas, Bezeichnung für alle im Römischen Reich, in den Provinzen Gallien und England, am Rhein sowie von syrischen und alexandrinischen Glasmachern in Italien erzeugten Gläser. Seine Blüte setzte mit der Erfindung der Glasmacherpfeife im 1. Jh. v. Chr. ein, die den Übergang vom geformten zum geblasenen, dünnwandigen Hohlglas einleitete. Nahezu alle Veredelungstechniken späterer Epochen gehen auf Ideen ägyptischer und römischer Glasmacher zurück. Zu den frühesten Erzeugnissen der Glaskunst gehören die in Hohlformen geblasenen Gefäße mit Reliefverzierungen, z. B. die gallischen Zirkusbecher. Vorwiegend wurden einfachere Gebrauchsgläser hergestellt, daneben Nachbildungen von Edelsteinen, → Gemmen, Vergrößerungsgläser, Spiegel und Fensterscheiben. Das Ausschmücken von Gläsern mit Vertiefungen, Warzen und Buckeln in freier plastischer Formgebung war vom 2. bis 4. Jh. vor allem in Gallien und am Rhein in Übung. Gläser mit aus der Wandung herausgezogenen Spitzen und Zacken sind Vorläufer des fränkischen Rüsselbechers. Zu den Dekorationstechniken gehören teils sehr kompliziert angeordnete Fadenauflagen als Relief oder in die Wandung eingedrückt, das Umspinnen des Gefäßkörpers mit weißen und gelben Fäden, die auch zu Wellenranken, Netz- oder Zickzackmustern gestaltet wurden, und naturalistische Bildungen wie Blätter, Vögel u. a. aus schlangenförmig gewundenen Fäden. Mit diesen Schlangenfadengläsern verwandt sind die Gefäße mit aufgeschmolzenen, aus Glas geblasenen Meerestieren, sog. Konchylienbecher. Aus vor dem Blasen zusammengeschmolzenen farbigen Glasbrocken entstanden bunte Gläser von unregelmäßiger Musterung oder die mit farbigen Adern durchzogenen Onyxgläser (→ Achatglas). Auf eine ägyptische Erfindung geht das römische Mosaikglas zurück, dessen farbige Musterung im Wechsel mit durchscheinenden Stellen die Gefäßwandung bis auf die Innenseite durchdringt. Als Rohmaterial für die Schnittveredelung wurden überfangene Gläser hergestellt mit einem Kern aus dunklem und einer Außenschicht aus einem helleren, andersfarbigen, meist opak-weißen Material (→ Überfanggläser). Für die Bemalung einfarbiger Gläser benutzte man kalt aufgetragene Erdfarben mit einer Firnißschutzschicht und durch Einbrennen haltbar gemachte Emailfarben. Die kalt aufgetragene Vergoldung mit Blattgold mußte mit einer Schicht aus farblosem Glas gegen Beschädigung geschützt werden. Zusätzlicher Schmuck vergoldeter Gläser sind ausradierte Ornamente, Inschriften und figürliche Darstellungen. Eine Besonderheit dieser fondi d'oro sind die vermutlich in Köln um die Mitte des 4. Jhs. entstandenen rheinischen Goldemailgläser, deren Verzierungen aus Blattgold und Emailfarben bestehen. Etwa zu Beginn des 3. Jh.s kam das Schleifen als Veredelungstechnik auf. Zu den Schliffmustern gehören Kugeln, Linsen und Ovale, Ringe, Rauten und Rosettenmuster. In den Kölner

Römer. 19. Jh. Grünes Glas, H 14 cm.

Römische Gebrauchsgläser des 1. bis 6. Jh. n. Chr. Kassel, Staatliche Kunstsammlungen.

und Trierer Werkstätten scheint das Eckigschleifen des ganzen Gefäßkörpers beliebt gewesen zu sein (→ Glasschliff). Einfachste geschnittene Motive waren Reifen, Bänder und Striche, Sterne und Gitter sowie Weinranken, Blätter und Inschriften. Figürliche Darstellungen in sehr ungelenker Ausführung kamen hauptsächlich aus den rheinischen Werkstätten. Von großem handwerklichen Können zeugen die Hochschnittarbeiten, deren Ornamente aus der Glaswandung plastisch herausgearbeitet wurden und auf der Oberfläche stehen. Dieselbe Technik wurde angewendet, um aus massiven Glasblöcken Gefäße herauszuschleifen und zu verzieren. Subtile Meisterwerke der Schleifkunst sind die Diatreta, deren Außenseite aus einem durchbrochenen Netzwerk besteht, das mit kleinen Stegen an der Glaswandung befestigt ist. Bekannteste Arbeit im figuralen Hochschnitt ist der Lykurgosbecher, dessen olivgrüne Glasmasse bei durchfallendem Licht in tiefem Rubinrot aufleuchtet. Eine Eigenschaft vieler römischer und anderer antiker Gläser ist die in den Farben des Spektrums schillernde Irisierung der Glasoberfläche, hervorgerufen durch die Einwirkung von Wasser und Kohlensäure auf die alkalischen Bestandteile des Glases während der langen Lagerung im Erdboden. Diese natürliche Irisierung ist eine → Glaskrankheit und zu unterscheiden von der künstlichen, mit Hilfe von metallischen Dämpfen erzeugten. Im 5. Jh. setzte der Verfall der römischen Glaskunst ein.

Roentgen, Abraham (1711–1793), berühmter deutscher Kunstschreiner. Nach Lehrjahren in Holland und England ließ er sich in Marienborn/Oberhessen, dann in Herrnhag bei Büdingen, schließlich 1750 in Neuwied bei Koblenz nieder, wo sein Hauptauftraggeber der Kurfürst von Trier wurde. 1772 gab er die Leitung der Werkstatt an seinen Sohn David ab, war jedoch bis 1785 noch darin tätig. Seine Möbel zeigen schweren, kraftvollen Aufbau und verleugnen seine holländisch-englische Schulung nicht. Charakteristisch sind tief herabgezogene → Zarge, stark geschweifte → Cabriole legs, bei Sitzmöbeln → Claw and ball foots. Auch Prunkmöbel seiner späteren Zeit mit Blumen- und figürlicher Marketerie (→ Furnierung) und hervorragenden Bronzen behalten die gedrungene Form.

Roentgen, David (1743–1807), berühmtester deutscher Kunstschreiner, Sohn Abraham Roentgens, in dessen Werkstatt er 1757 eintrat (vgl. Abb. zu Schattenriß). Ab 1772 Werkstattleiter. Um einen internationalen Abnehmerkreis zu gewinnen, unternahm er Reisen nach Paris, Berlin, St. Petersburg, wo Tochterwerkstätten eingerichtet wurden; 1780 Meisterebenist der Pariser Zunft. Bei Fürsten und Künstlern seiner Zeit stand Roentgen in hohem Ansehen. 1795 mußte er wegen der französischen Besatzung die Neuwieder Werkstatt schließen. – Bereits die frühen Möbel Davids sind leichter und eleganter als die seines Vaters. Bei den Marketerien (→ Furnierung) ist klar zwischen Rahmen und Füllung unterschieden. Ab 1770 wird die Bildintarsie (→ Intarsie) eine Spezialität seiner Werkstatt. Viele Entwürfe voll köstlicher Frische lieferte der Maler Januarius Zick. Ab 1778/79 arbeitete Roentgen in → Louis-seize-Formen und führte das Mahagoni in Deutschland ein. Berühmt waren seine Schreibtische, die mit Aufsätzen versehen sind und Monumenten gleichen. An Feinheit der Details und Raffiniertheit des Mechanismus überragen sie alle gleichzeitigen deutschen Möbel. (Abb. s. a. S. 430)

Röntgenaufnahme von Gemälden → Gemäldedurchleuchtung

Rörken, auch Krönken, norddeutsche Zinnkrüge des 17. und 18. Jh.s von schlanker, sich nach unten konisch verjüngender Form mit anfangs flachem, später meist hochgewölbten Fuß, s-förmigem Bandhenkel und teils flachem, teils gewölbten Scharnierdeckel. Sie wurden vorwiegend für die Zünfte gefertigt. Die Glücksrörken enthalten Würfel im Hohlfuß zum Auswürfeln des Trunkes.

Zwei Rörken von J. J. Witter. Wismar, 1746. H 22,5 cm.

Gepolsterter Stuhl von Abraham und David Roentgen. Neuwied, um 1765. Palisanderfurnier, verschiedenfarbige Marketerie, 100 × 56 × 62 cm. Hamburg, Museum für Kunst und Gewerbe.

Rörstrand bei Stockholm, seit 1727 Sitz einer Fayence- und Porzellanmanufaktur, die heute noch besteht. Hier arbeitete 1729 bis 1733 Christoph Conrad → Hunger. Die Manufaktur stellte im 18. Jh. gute Fayence-Geschirre mit auffallend heller Bemalung her. Als Marke diente der volle oder abgekürzte Ortsname.

Rötel, mit Eisenocker vermischter Ton, der auf Papier einen weichen braunroten Strich ergibt. Er wurde seit dem ausgehenden 15. Jh. als Zeichenstift verwendet.

Roëttier → Medaillen

Rohling → Fayence

Rokoko, europäische Stilrichtung, die um 1710 ihre ersten Anfänge erlebte, sich allgemein ab 1730 durchsetzte und gegen 1760, in einzelnen Nachklängen sogar erst im späten 18. Jh., ihr Ende fand. Der Name des Rokoko ist abgeleitet von der Ornamentform der → Rocaille. Das Rokoko ist nicht immer eindeutig vom Spätbarock (→ Barock) zu trennen, in seiner Spätphase auch nicht von den klassizistischen Strömungen des 18. Jh.s, die sich seit ca. 1760 (→Louis-seize-Stil, → Klassizismus) voll durchsetzen sollten. In Frankreich gehören → Régence und → Louis-quinze zum Rokoko, in Deutschland ist das → Friderizianische Rokoko als Sonderbezeichnung eingeführt, in Italien das venezianische Rokoko. Die damals sich immer mehr verbreitende Kenntnis ostasiatischer Kunst förderte die Mode der → Chinoiserie. Das Rokoko ist auch die Blütezeit des soeben erst in Europa selbstgefertigten → Porzellans. In der Möbelkunst kommt es zu phantasievollsten Erfindungen, führend sind hierbei die französischen Kunsthandwerker wie Charles → Cressent, Jean François → Oeben usw., in Deutschland David → Roentgen. Frankreich ist des weiteren führend in der Goldschmiedekunst und in der → Gobelinherstellung. Auch die Buchkunst erlebt einen neuen Höhepunkt in der künstlerischen Vereinheitlichung von Text und technisch und ästhetisch hervorragenden Kupferstichillustrationen. In der Malerei entwickelt sich die Technik des → Pastells zu einer wichtigen und prägnanten Sonderform. Das Rokoko, dessen Hauptleistungen wohl in der Gestaltung profaner und sakraler Innenräume und deren Dekorationssystemen liegt, zeichnet sich insgesamt durch eine verspielte Grazie aus: Eckgebilde werden verschliffen, Rahmenformen und Randfelder von Rocailleornamentik überwuchert, die in C- oder S-Bögen dynamisch geschwungene Wellenlinie – letztlich eine Erfindung des → Ornamentstiches, etwa von Juste Aurèle → Meissonier – wird nicht nur zur Grundlage der Rocaille, sondern überhaupt zur dominierenden, allen Gebilden zugrundeliegenden Form. Dem Heiter-verspielten, das auch in der Beherrschung der Innendekoration durch Glas und Spiegel zum Ausdruck kommt, antwortet freilich schon eine große Fragilität und Elegik innerhalb des Rokoko, Tendenzen, die sich beispielsweise in der Themenwahl, in einer gewissen Flucht in die Exotik (Ostasienmode) und im formal unstabilen Aufbau vieler Kunstwerke äußern (→ Österreichisches Rokoko, → Süddeutsches Rokoko).

Rollbureau → Zylinderbureau

Rolling Pins, hohle, ursprünglich aus dickem, gewöhnlichem Glas geblasene Rollen, deren Enden sich wurstzipfelartig verjüngen, wurden in England zum Ausrollen von Kuchenteig verwendet. Seit Anfang des 19. Jh.s stellte man in Nelsea bei Bristol solche Rollen aus dünnerem blauem Glas oder weißem Milchglas her und bemalte sie farbig mit Schiffen sowie Szenen und Versen aus dem Seemannsleben. Sie waren, an bunten Seidenbändern aufgehängt, nur zum Wandschmuck bestimmt und fanden als preiswerte Mitbringsel von Seefahrern Verbreitung in aller Welt.

Rolling Pins aus blauem Bristol-Glas mit Schiffdarstellungen und Seemannsversen bemalt. England, Anfang 19. Jh. Privatbesitz.

Rollsiegel (→ Gemme → Glyptik → Siegel), typische Denkmälergattung Mesopotamiens vom 4.–1. Jahrtausend v. Chr. Der Körper wurde zylindrisch mit Längsdurchbohrungen von beiden Seiten begonnen. Deshalb auch zwei kegelartige Bohrlöcher bei echten Stücken. Material meist Steine (vorwiegend der Halbedelsteine). Anfang des 2. Jahrtausends war besonders Hämatit beliebt. Auf der Oberfläche befinden sich negativ eingeschnittene Darstellungen, zum Abrollen auf Gefäßverschlüssen oder Tontafeln bestimmt. Da ein Rollsiegel seinen Besitzer auswies wie eine „Kennkarte", waren die Bildmotive niemals zweifach vorhanden.

Rollwerk, Dekorationssystem aus Bändern und Stegen, deren Enden sich einrollen. In Frankreich vereinzelt ab 1530 auftretend, in Deutschland und den Niederlanden ab 1550 allgemein gebräuchlich. Es wird auch Florisstil genannt nach dem Antwerpener Architekten, Bildhauer und Ornamentstecher (→ Ornamentstich) Cornelis Floris (1514–1575), der mit mehreren Stichfolgen wesentlich zu seiner Verbreitung beitrug. Es tritt häufig in Verbindung mit → Beschlagwerk auf.

Romanischer Stil, auch Romanik, der erste Europa umfassende Stil des Mittelalters, der etwa von 1030 bis 1200 datierbar ist. In Deutschland, wo er eine reiche Ausprägung erfuhr, blieb er in den Kunstzentren bis 1235 beherrschend, in abgelegenen Gegenden bis 1260. Die deutsche Frühphase bis 1100 bezeichnet man auch nach dem herrschenden Kaiserhaus als salische Kunst, die Zeit zwischen 1150–1235 bzw. 1260 nach den Hohenstaufenkaisern als staufische Kunst. In Frankreich, das auf dem Gebiet der romanischen Architektur und Bauplastik bedeutende Leistungen hervorgebracht hat, endet der romanische Stil in der Île de France, dem Entstehungsgebiet der → Gotik, bereits um 1140, in den übrigen Kunstlandschaften um 1190. Ein weiteres Zentrum der romanischen Kunst war Italien (führend die Lombardei und die Toskana, dort die sog. Protorenaissance), wo der romanische Stil bis 1260 beherrschend blieb.

Die führende Kunstgattung war die Architektur. Sie ist im Innenraum durch Einführung der Steinwölbung, außen

Oben rechts: Rokoko-Spiegel. Deutsch um 1750. Holz geschnitzt und vergoldet, 107 × 43 cm.

Rokoko-Kommode. Zinneinlagen, geschnitzter Sockel und Lisenen, feuervergoldete Bronzebeschläge, 81 × 136 × 63 cm.

durch einen reichgestuften, vieltürmigen Gliederbau (Kaiserdome Speyer, Mainz und Worms) unter Bevorzugung kubischer und zylindrischer Formen gekennzeichnet. Als Einzelformen sind Rundbogen und Säule charakteristisch, daneben reicher Bauschmuck, der aus rein ornamentalen und vegetabilischen Formen sowie figürlicher, extrem naturferner Bauplastik besteht. Die Malerei tritt als Wandmalerei in den Dienst der Architektur, während sie als Miniatur- und Emailmalerei der Ausschmückung liturgischer Gegenstände dient. Die Romanik hat eine Fülle kirchlichen Kunstgewerbes hervorgebracht, meist Metallgerät in Edelmetall (→ Reliquiare), Bronze (Taufbecken in St. Michael in Hildesheim, Wolframsleuchter in Erfurt, → Aquamanilen), Eisen und Messing. Darunter befinden sich die größten Kunstwerke der Zeit (Dreikönigsschrein). Die Zentren lagen im Rhein-Maas-Gebiet und in Niedersachsen. Aus romanischer Zeit stammen die frühesten erhaltenen Möbel (Bank, → Faltstuhl, → Truhe); auch sie waren noch zum Teil für kirchlichen Gebrauch gemacht.

Roßhaarbüsche militärische → Kopfbedeckung

Rosa Familie, franz. *Famille rose,* → chinesisches Porzellan.

Rosalinenspitze → venezianische Spitzen

Rosalinglas → Farbengläser

Rosenholz, auch Königsholz, Palisander, Jakarandaholz, grobkörniges Holz unterschiedlicher Härte. Es kommt dunkelrot, braun, schwarz, schwarzbraun gestreift (aus Brasilien und Westindien) oder hellbraun (aus Indien) vor. Im 18. Jh. für → Marketerie beliebt.

Rosenkranz, im Mittelalter aufgekommene kreisförmige Gebetsschnur, die beim Rosenkranzgebet durch die Abfolge verschieden großer Kugeln (aus Holz, Elfenbein, Glas, Metall u. ä.) das Zählen ermöglicht. Der Rosenkranz endigt meist in einem kleinen Hängekreuz oder auch in einer → Betnuß.

Rosenobel → Nobel

Rosenschliff → Brillant

Rosenthal Porzellan, von Philip Rosenthal (1855–1937) 1879 in Selb in Bayern gegründete Porzellan-Manufaktur. Sie stellte anfangs Gebrauchs- und Kunstporzellan sowie Tafelglas her. Der Einfluß des → Jugendstils, wie er sich in den von Philip Rosenthal selbst entworfenen Servicen „Darmstadt“ (1904) und „Donatello“ (1907) zeigt, brachte der Firma den ersten großen Erfolg. Besonders hervorzuheben sind ferner die von Rosenthal hergestellten Porzellanfiguren, vornehmlich die Kleintierplastik. Künstler wie Gaul, Kaerner, Wagenfeld und andere machten für Rosenthal Entwürfe. Seit wenigen Jahren bemüht sich die Firma durch Gründungen sogenannter Studios in vielen europäischen Großstädten um ein künstlerisch wertvolles Design und verkauft dort neben Porzellan und Glaswaren Möbel und anderes Kunsthandwerk eigener Herstellung.

Rosette, kreisrundes Ornamentmotiv, das aus einer in Aufsicht gesehenen Blüte entwickelt ist: Von einem Mittelpunkt gehen regelmäßige blütenblattähnliche Strahlen aus. Die Rosette gehört zu den ältesten Schmuckmotiven und kommt in fast allen Kunstgattungen vor.

Roßbach, Elias → brandenburgische Gläser

Rossharnische, Rosstirne → Stechzeug

Rotfiguriger Stil → Vasenmalerei

Rotuli → Kelch

Rouen, Zentrum der französischen Fayenceherstellung des 16. bis 18. Jh.s. Bereits im 16. Jh. arbeitete hier der Töpfer

Drei Zuckerstreuer. Rouen, um 1725. Dekor in Blau und Eisenrot, H 21 bis 23 cm. London, Sotheby's.

Masséot Abasquesne (um 1517–64) im Stil der Majoliken (→ Majolika) aus → Faenza meisterhafte Fliesenböden für Schlösser und Kirchen und begann mit der Produktion von → Albarello. Diese Tradition wurde im 17. Jh. wiederaufgenommen durch Edmond Potérat (1612–87) und seine Söhne, welche Colbert, der Finanzminister Ludwigs XIV., förderte. Die als Vorbild dienenden Delfter (→ Delft) und ostasiatischen Erzeugnisse wurden einer rein französischen Formensprache assimiliert. An erster Stelle stand die Blaumalerei; dazu kam ein charakteristisches Eisenrot als → Scharffeuerfarbe. Zwei Muster von Rouen sind weithin berühmt geworden: das Strahlen- und Behangmuster und das Niellomuster. Beim Strahlendekor (Weiß-Blau-Rot) erscheint in der Mitte von Tellern und Platten ein sternartiges Motiv, dem vom Rand her Behänge (Gitter, Blüten, Blattmotive) antworten. Zuweilen werden auch Wappen oder Füllhörner als Mittelmotive verwandt. Beim Niellodekor, der an eingelegte Metallarbeiten erinnert, ist das Bildfeld dicht mit Ranken und Blütenwerk in bunten Scharffeuerfarben gefüllt, während in der Mitte häufig die meisterhafte Wiedergabe eines Gemäldes nach berühmten Malern erscheint. Ab 1725 traten dichte asymmetrische Muster aus → Rocaillen oder Füllhörnern in reichem Farbklang auf. Um die Mitte des 18. Jh.s wurde Rouen von Marseille (→ Marseiller Fayencen) und → Moustiers überflügelt.

Roussel, Pierre I (1723–82), bekannter Pariser → Ebenist, der beim Übergang vom Louis-quinze zum Louis-seize Bedeutendes leistete und früh geometrische und Ruinenmotive verwendete. Er baute ein großes Unternehmen auf, das auch nach seinem Tode noch weiterarbeitete. Eine Fülle von Möbeltypen in vorzüglicher handwerklicher Ausführung ist daraus hervorgegangen.

Rubel, 1704 von Peter dem Großen nach dem Vorbild des → Talers geprägte russische Silbermünze.

Rubinätze, auch Rotbeize, Verbindung von Kupfersalzen mit einer Trägersubstanz, die nach zwei Bränden (früher drei) im Muffelofen dem farblosen Glas eine satte Rubinfärbung verleiht. Sogenannte rubinierte Gläser dienten in der Biedermeierzeit (→ Biedermeierglas) als Surrogate für die wesentlich teureren und nur in der Hütte herzustellenden Goldrubin und Kupferrubingläser (→ Goldrubin). Als Erfinder der Rubinätze gilt der Glasmaler und Raffineur Friedrich → Egermann aus Blottendorf in Nordböhmen.

Rublow, Andrej, Hauptmeister der russischen Ikonenmalerei (Moskau, ca. 1370–1428).

Rudolstädter Fayence; Thüringer Fayencemanufaktur, die von Johann Ph. Frantz und Daniel Christian Fleischauer 1720 gegründet wurde, nachdem sie zuvor die Manufaktur in → Dorotheenthal geleitet hatten. Immer ist in den Rudolstädter Fayencen die Nähe zu Dorotheenthal (→ Dorotheenthaler Fayence) offenkundig. Die Ähnlichkeit der Produkte wurde nach der Jahrhundertmitte noch größer, als beide Manufakturen der gleichen Familie gehörten. In Rudolstadt wurde bis 1791 Fayence hergestellt. Nur wenige gemarkte Stücke sind bekannt, hier steht ein R über einem C oder einem F.

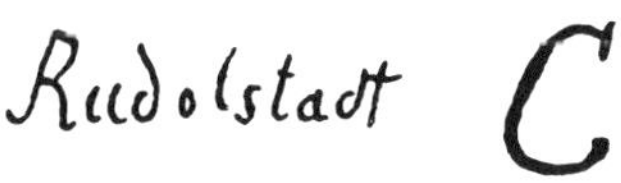

Rücklaken, niedrige, sehr breite, streifenartige → Bildteppiche des 14. und 15. Jh.s, die in Klöstern und kleinen Handwerksbetrieben gewirkt wurden. Zentrum der Herstellung war im 14. Jh. Basel. Im 15. Jh. breitete sich die Produktion in der übrigen Schweiz am Bodensee, Ober- und Mittelrhein und in Franken aus. – Die Rücklaken waren für Kirchenwände oder Wohnräume bestimmt. Dort liefen sie oberhalb der wandfesten Bänke um den ganzen Raum herum und führten ein Thema durch. Die Themen konnten religiös (Heiligenlegenden) oder profan sein: Fabelgeschichten, Ritterroman, Wappen oder die im 15. Jh. beliebten „Wildleute" oder → Wilden Männer. Rücklaken mit „Wildleuten", die vor allem in Basel gearbeitet wurden, hießen Heidnischwerktücher. Es gab auch gestickte Rücklaken.

Rüsthaken → Harnisch, → Stechzeug

Ruhlmann, Jacques-Emile (1879–1933), Pariser Innenraumgestalter und Möbelentwerfer des → Art Déco. In den Möbelentwürfen Ruhlmanns verbinden sich Elemente des frühen französischen → Klassizismus und des → Empire mit antikischen Reminiszenzen, geeint durch einen klaren Kontur. Bei der Verwendung von Furnieren und Einlagen aus verschiedensten Materialien trieb Ruhlmann großen Luxus: Amboina-Holz, → Mahagoni, → Elfenbein, Macassar-→Ebenholz wurden für Furniere und Intarsien benutzt, Stuhlbeine wurden mit Silberschuhen beschlagen; extravagante Farbstellungen wie Grau-Silber und Schwarz-Gold dominieren.

Ruinenmalerei. Die Ruine als Gegenstand malerischer oder graphischer Darstellung kommt – besonders im Zusammenhang mit Themen wie die Geburt Christi im Stall – zwar schon früh vor (auch die pompejanische Wandmalerei kennt dieses Thema), aber erst im 17. Jh., mit der Tendenz zu einer Verselbständigung der → Architekturmalerei und → Landschaftsmalerei, wird das Ruinenbild eine eigene Sondergattung. Im Manierismus (Desiderio Mousu) vorbereitet, erreicht die Ruinenmalerei besonders im 18. Jh. mit den „Carceri"-Visionen Giovanni Battista Piranesis oder dem Werk seines Freundes Giovanni Paolo Pannini und schließlich mit Hubert Robert eine letzte Vollkommenheit. Der Romantik kommt das Thema, besonders das der Kirchenruine, als Stimmungsträger sehr entgegen (z. B. bei Caspar David Friedrich, Karl Blechen).

Rundele, birnförmige Zinnkanne des 18. Jh.s auf niedrigem eingezogenen Fuß, mit Schnabelausguß und über den Ausguß greifenden Klappdeckel. Sparsame Reliefborten umziehen Fuß und Wandung. Das Gefäß wurde vorwiegend in der Region von Basel gefertigt.

Runka → Stangenwaffen

Rupee, seit dem 16. Jh. bestehende indische Silbermünze.

Rupie, nach dem Vorbild der britisch-indischen Rupie gestaltete deutsche Kolonialmünze. Geprägt in Berlin und Hamburg für die Deutsch-Ostafrikanische Gesellschaft.

Russinger, Laurentius → Höchster Porzellan, → Pfalz-Zweibrücken

Russische Silberschmiede. Obwohl seit dem Mittelalter in Zünfte geordnet, begannen die russischen Gold- und Silberschmiede erst im 17. Jh. ihre Erzeugnisse mit Marken zu versehen (Stempelpflicht seit 1631). Neben Stadt-, Feingehalt- und Meistermarken wurde der Stempel des Beschaumeisters als Gütegarantie obligatorisch. Haupterzeugnisse waren neben Teegeschirren und kirchlichen Geräten vor allem Ikonenverkleidungen (→ Riza, Basma, Oklad).

Russisches Porzellan, erstes russisches Porzellan, wurde um 1752 von Dimitri Iwanowitsch Winogradow in Sankt Petersburg hergestellt, nachdem er seit 1744, zunächst mit Christoph Conrad Hunger, daran experimentiert hatte. Ihre Blütezeit erlebte die aus diesen Anfängen entwickelte Kaiserlicher Manufaktur zur Zeit Katharinas II. (1762–1796). Einflüsse aus Meißen, Wien und Sèvres bestimmten den Charakter des Peterburger Porzellans. Lediglich die seit 1779 hergestellten Figuren der „Nationen des russischen Reiches" wirken durch ihre Trachten selbständiger. Eine zweite Manufaktur wurde 1767 von dem Engländer Francis → Gardner in Werbilki gegründet. Gegen 1790 entstand noch eine Porzellanfabrik in Korzec im damals russischen Polen. Eine größere Breitenwirkung erreichte russisches Porzellan erst durch die zahlreichen privaten Fabrikgründungen in der ersten Hälfte des 19. Jh., z. B. durch Popow und Kusnetzow.

Deckeltasse mit weiblichem Bildnis und Monogramm JAE. Marke Katharinas II. Rußland, um 1775/80. H der Tasse 9,9 cm, Dm des Tellers 13,8 cm. Brüssel, Musées royaux d'Art et d'Histoire.

S

Saarinen, Eero (1910–1961), finnisch-amerikanischer Architekt und Designer. 1936 bis 1950 arbeitete er im Architekturbüro seines Vaters in den USA, bevor er 1950 sein eigenes Büro gründete. Als Designer gestaltete Saarinen, der bereits 1941 zusammen mit → Eames einen Preis für Möbelentwürfe des New Yorker Museum of Modern Art bekommen hatte, mehrere Objekte „skulpturalen" Charakters. Besonders seine „Pedestal Furniture" wurde häufig nachgeahmt. Seine aus Plastik geformten → Sitzmöbel orientieren sich primär am menschlichen Körperbau, gewährleisten höchstmögliche Bequemlichkeit. Am berühmtesten wurden seine Tulpenstühle aus weißem Kunststoff mit roten Sitzkissen.

Sablé → Matte

Sabot → Carmagnole

Sachsenpfennig → Silberpfennig

Sackpfeife → Dudelsack

Sackuhren → Taschenuhren

Säbel, orientalische Waffe, die im Abendland im 16. und 17. Jh. zuweilen in Venedig, Genua, Albanien und besonders in Polen (Karabela) auftritt. Der persische Säbel (Schamschir = Löwenschweif) hat eine gleichmäßig gekrümmte, sich zur Spitze verjüngende einseitig geschliffene Klinge. Die oft gefundene Inschrift *Assad-uhllah Isfahani* ist der Name eines Klingenschmiedes, aber eher als ein allgemeines Markenzeichen anzusehen. Der Griff hat eine kreuzförmige Parierstange und endet in einen Knauf. Die in Afghanistan und Indien gebrauchte Form, Tulwar, hat einen Parierbügel und tellerförmigen Knauf. Die türkische Form des Säbels, Kilidsch, hat eine breitere Klinge im unteren Drittel mit Rückenschliff, damasziert und mit meist religiösen Sprüchen aber auch mit Meister- und/oder Besitzernamen und Datum versehen. Der Griff ist ähnlich wie beim persischen Säbel. In älterer Zeit besteht der Knauf in einer einfachen abgeknickten Verjüngung, im 17. Jh. vogelkopfähnlich, später eine sich in der Entwicklung immer vergrößernde Kugel. In der 1. Hälfte des 19. Jh.s wurde der orientalische Säbel besonders in Westeuropa gern von Offizieren getragen. Der kaukasische Säbel, Schaschka, ist schwach gebogen und hat kein Griffkreuz. Der Griff verschwindet fast ganz in der Scheide. Diese Waffe wurde von den Kosaken übernommen. In der militärischen Form wurde die Waffe noch im Zweiten Weltkrieg von den Kosaken geführt. Der russische Kavalleriesäbel ist eine Schaschka mit Griffbügel. Hier endet die Scheide allerdings mit der Klinge gemeinsam.

Säbelbein, ein säbelartig gebogenes Stuhlbein, das bei klassizistischen Möbeln beliebt war.

Säbeltasche, am Säbel getragene und am Deckel verzierte flache Tasche der Husaren, bereits im 16. Jh. von Melchior Lorichs (Lorck) bei türkischen Reitern beobachtet.

Säbeltroddeln → Faustriemen

Sächsische Möbel. Die hohe Zeit des sächsischen Hofmöbels begann unter August dem Starken zu Beginn des 18. Jh.s in dessen Residenzstadt Dresden. Die großen Bauaufträge des Königs, Zwinger, Grünes Gewölbe, Japanisches Palais, erforderten umfangreiche Neuausstattungen, die dem jeweiligen Charakter des Bauwerks angepaßt waren; so erhielt das Japanische Palais ein Mobiliar aus Lackmöbeln, eigens in Dresden nach ostasiatischen Vorbildern angefertigt. Englische Einflüsse, wie die Verwendung des → Club foot, mischen sich mit Anlehnungen an Berliner Hofmöbel; figürliche Schnitzereien orientieren sich am römischen → Barock. Eine Besonderheit der Dresdener Hofmöbel sind die spezifischen vergoldeten Beschläge, meist in Form geflügelter Maskarons.

Sächsisches Rennzeug → Stechzeug

Sächsisches Steinzeug, Keramikerzeugnisse des 15. bis 19. Jh.s aus Sachsen. Die wichtigsten Zentren sind: → Waldenburg (15.–19. Jh.), → Altenburg (17.–18. Jh.), → Freiberg (17. Jh.), → Muskau und Triebel (16.–19. Jh.) und → Bunzlau (17.–19. Jh.).

Sägeuhr, Uhr, deren Eigengewicht das Gangwerk in Bewegung setzt. An einer gezahnten Stange bewegt sich ein Rad herunter, dessen Zähne in die Zähne der Zahnstange greifen. Mit dem Rad ist das Uhrwerk verbunden, das durch seine eigene Schwere die Triebkraft bildet. Sägeuhren gehören somit zu den → Schwerkraftuhren.

Sägeuhr. Deutschland, Mitte 18. Jh. Farbig gefaßtes Holz, H 68 cm. München, Auktionshaus Ruef.

Säulen im dorischen (links) und ionischen (Mitte) Stil, korinthisches Kapitell (rechts).

Säulchensonnenuhr, mittelalterliche Reisesonnenuhr in Säulenform, deren Zifferblatt auf die Wandung der Säule gezeichnet ist. Das Ablesen der Stunden erfolgte durch einen waagerechten Schattenstift im Kopf, der so gedreht werden mußte, daß er seinen Schatten auf die Spalte des betreffenden Monats warf. Vom 11. bis 16. Jh. in Gebrauch.

Säule, ursprünglich Stütze, später auch Zierglied. In der griechischen Baukunst wurden die drei klassischen Säulenordnungen ausgebildet, die von der römischen Kunst übernommen wurden und auch im Mittelalter fortwirkten. Die Renaissance griff auf die antiken Säulenordnungen zurück. Seitdem bestimmen sie die Baukunst und die von ihr abgeleiteten Kunstformen. Die klassischen Säulenordnungen sind: 1. Die gedrungene dorische Säule (ab 625 v. Chr. auftretend), die starke Schwellung (Entasis) zeigt, hat keine Basis (ausladenden Fuß), die Kanneluren (→ Kannelierung) sind durch scharfe Grate getrennt, das → Kapitell besteht aus Wulst (Echinus) und quadratischer Deckplatte (Abakus). Darauf ruht das Gebälk, bestehend aus glattem Architrav, Fries (gebildet aus dreifach geschlitzten Triglyphen und glatten oder skulptierten Metopen) und Gesims (Geison, mit Giebel). Eine von den Etruskern geschaffene Abart ist die toskanische Säule, die aus einer Basis aufwächst. 2. Die schlankere ionische Säule (ab 570 v. Chr. auftretend) hat eine Basis. Die Kanneluren sind durch flache Stege getrennt. Das Kapitell besteht aus einem → Eierstab; die Deckplatte läuft auf Vorder- und Rückseite der Säule seitlich in weit überhängende → Voluten aus, die durch ein Polster (Pulvinus) verbunden sind. Der Architrav besteht aus drei Schichten (Faszien), der Fries ist glatt oder durchlaufend skulptiert. 3. Die reichere korinthische Säule (ab 400 v. Chr.) trägt ein Kapitell aus Reihen von → Akanthusblättern, die an den vier Ecken durch kleine diagonalstehende Voluten bekrönt sind. Sind die Voluten so ausgeprägt und ausladend wie beim ionischen Kapitell, entsteht das von der römischen Architektur bevorzugte Kompositkapitell. Das korinthische Gebälk folgt dem ionischen.

Säulenteppich → Chinateppiche

Sagum, kurzer, viereckiger Schultermantel der Kelten und Germanen.

Sahnekännchen → Kaffeekannen

Saint Cloud bei Paris, französiche Porzellanmanufaktur, in der, angeblich seit 1683, elfenbeinfarbenes Frittenporzellan (→ Porzellan) von mattem Glanz, das dem Blanc-de-Chine (→ chinesisches Porzellan) ähnelt, hergestellt wurde. Die Gefäßformen lehnen sich an Silbervorbilder an; häufig tragen die Gefäße Silberfassung. Die Malerei folgt dem Vorbild der Fayencen von → Rouen. 1766 wurde die Produktion eingestellt. Mehrere Marken kommen vor, am häufigsten Sonne mit Gesicht.

Saint Louis, Cristalleries de, 1767 gegründete Glashütte, führte als erste französische Hütte das englische → Bleiglas auf dem Kontinent ein (um 1772). Seit 1839 erzeugte Saint Louis farbiges und opalisierendes Glas (→ Opalglas) nach böhmischen Mustern, um 1847 stellte man Gefäße in der Art der venezianischen → Fadengläser her.

Saint Porchaire, im Poitou, Herstellungsort der früher nach Heinrich II. von Frankreich oder dem benachbarten Schloß Oiron benannten fayenceähnlichen Keramiken, die zwischen 1525 und 1555 im Auftrag der königlichen Mätresse Diane de Poitiers geschaffen wurden. Es sind dem → Steinzeug verwandte Erzeugnisse mit farbloser Bleiglasur, die durch eingelegte Arabeskenornamente (→ Arabeske) in andersfarbigem Ton und durch plastisch aufgelegte → Kartuschen und → Rosetten verziert sind. Zuweilen tragen sie Initialen und Wappen, darunter das Wappen Heinrichs II. Es handelt sich um etwa 60 Werke, Schalen, Pokale und Leuchter, die Silberformen nachahmen und zu den kunstvollsten Schöpfungen der Keramik zählen.

Sakaida → Kakiemon

Sakkos, halblanges, hemdartiges, seitlich geschlitztes Prachtgewand (oft aus → Brokat) mit weiten, bis zum Ellenbogen reichenden Ärmeln, das die Bischöfe der Ostkirche beim Gottesdienst anstelle des → Phelonion über dem → Sticharion – in Übernahme der alten byzantinischen Kaisertunika – tragen. Einer der kunsthistorisch bedeutendsten Sakkoi befindet sich in den Vatikanischen Sammlungen.

Salamander, seit dem 18. Jh. vorkommende dicke, runde oder rechteckige Eisenplatte mit langem Stiel, die im Feuer erhitzt wurde und dann zum Bräunen oder Erwärmen von Brot und anderen Speisen diente.

Saliani, Knüpfteppich aus dem kaukasischen Baku-Gebiet (→ Baku), meist mit diagonal gereihten und stilisierten → Botehs. Schmale, längliche Maße überwiegen.

Salische Kunst → romanischer Stil

Salonmalerei. Der Begriff „Salon" (franz., Empfangsraum) wird in der Geschichte der Malerei im 17. Jh. von Charles Le Brun unter Ludwig XV. eingeführt, und zwar als Bezeichnung für die jährlich im Mai abgehaltenen Jahresausstellungen der bildenden Kunst (Salon de Mai). 1884 wird in Paris für die von der Institution des Salon de Mai abgelehnten „verkannten" Künstler der sogenannte Salon des Indépendants gegründet, erstmalig mit Ausstellungen ohne Jury und Preisverleihung (Vorbild für alle späteren Sezessionen). Die im 20. Jh. eher abwertend gemeinte Bezeichnung Salonmalerei – mit dem Blick auf ein oft süßliches, liebliches oder pathetisches Sujet – wird auch und nicht immer richtig als Malerei für den bürgerlichen Salon verstanden, hat sich aber seither auch in dieser Bedeutung eingebürgert.

Salor, turkmenischer Teppich aus der südöstlichen Turkmenensteppe. Es sind nur wenige Exemplare erhalten. Auf späteren Erzeugnissen (nach der Mitte des 19. Jh.s) – insbesondere bei → Tschowals und → Torben – werden Salor → Göls auch von anderen turkmenischen Stämmen übernommen.

Salvatortaler, schwedischer Taler mit dem seine Wunden zeigenden Jesus. Geprägt im 16. und 17. Jh. Begehrt als → Amulettmünzen.

Salviati, Antonio, italienischer Rechtsanwalt und Glasfabrikant, bemühte sich etwa seit 1860 erfolgreich um die Wiedereinführung alter venezianischer Glasmachertechniken. Die von seiner Firma auf den Weltausstellungen in Paris (1867) und Wien (1873) vorgestellten Erzeugnisse nach altvenezianischen Vorbildern überzeugten durch die hervorragende Ausführung und die Eleganz der Formen.

Salzfässer, kamen in der → Spätgotik in Form silberner Schiffe auf, die häufig einen Deckel trugen und abgeschlossen werden konnten, damit das kostbare Salz nicht entwendet wurde. Im Speisezeremoniell des 16. und frühen 17. Jh.s spielte das Verteilen des Salzes bei Tisch eine wichtige Rolle, am ausgeprägtesten in England. Zu Beginn der Mahlzeit füllte der Hausherr aus einem großen Salzfaß kleinere Gefäße, die auf der Tafel verteilt wurden. Eine Anzahl silberner englischer Salzfässer aus dieser Zeit haben sich erhalten. Sie zeigen die Form von Stundengläsern oder → Tischglocken. Um 1600 setzte sich ein hohes zylindrisches Salzfaß durch. Am berühmtesten ist das silberne Salzfaß mit den allegorischen Figuren des Meeres und der Erde, das Benvenuto Cellini (1500–74) für Franz I. von Frankreich schuf (heute in Wien, Kunsthistorisches Museum).

Salzglasur, eine nur auf → Steinzeug anzuwendende → Anflugglasur. Nach Erreichen der höchsten Brenntemperatur wird reines Kochsalz in den Ofen geschippt. Dieses zerfällt bei der großen Hitze in Natrium und Chlor, wobei sich das Natrium mit der Kieselsäure an der Oberfläche des → Scherbens zu einer fest mit dem Scherben verbundenen glänzenden Glasur verbindet. Das Chlor steigt als gelbe, stark riechende Wolken aus dem Töpferofen auf.

Salzpapierbild, frühes Papierphoto, von 1839 bis in die sechziger Jahre des 19. Jh.s verbreitet. Das Salzpapier stellte sich der Photograph selbst her: Nach dem Eintauchen in eine Kochsalzlösung wurde das Papier getrocknet und dann in einer Silbernitratlösung sensibilisiert. Es wurde beim Talbotypieverfahren (→ Talbotypie) als Negativ- und Positivpapier verwendet. Selbst als die Naßkollodiumtechnik sich durchgesetzt hatte, kopierte man immer noch Glasnegative auf Salzpapier. Der Vorteil des matten Papieres lag darin, daß es hervorragend für das Kolorieren bzw. Übermalen geeignet war. Die Oberfläche war rauh, das Motiv scheint im Bild versunken zu sein. Diente ein Papiernegativ als Vorlage, wirken Salzpapierphotos unscharf. Das Spektrum der Tönung reicht von schwarzbraun bis rötlichviolett. Da als Grundlage für die Salzpapierherstellung meist Schreibpapier diente, findet man es wegen der geringen Stärke häufig auf Karton aufgezogen.

Samarkand, Stadt im russischen Usbekistan und einst Handelsplatz ostturkestanischer Knüpferzeugnisse, die in Europa unter dem Sammelbegriff Samarkand auf den Markt kamen.

Sambin, Hugues (um 1515/20–1601/02), Dijoner Architekt und Holzbildhauer, der durch sein Buch → „Œuvre de la diversité des termes" (1572) großen Einfluß auf die geschnitzten → Kastenmöbel Frankreichs im ausgehenden 16. Jh. ausübte.

Sammelbilder, kleine bunte Bildchen, die zu Reklamezwekken Warenpackungen beigelegt waren oder die man beim Einkauf als Zugabe geschenkt bekam. Die Bilder erschienen meist in Serien, zu denen man dazugehörende Alben kaufen konnte. Die ersten nachweisbaren Reklamebilder kamen 1840 heraus. Berühmte Serien sind z. B. Stollwerck- und Liebigbilder.

Sammlermarke, Besitzerstempel auf graphischen Blättern, der diese als Teil einer bestimmten Sammlung ausweist und ihre Herkunftsbestimmung ermöglicht. Vom 17. Jh. an wurden Sammlungen mit solchen Besitzervermerken gekennzeichnet. Man kann sie heute an Hand eines Markenbuches identifizieren.

Samowar → Teemaschine

Sampler (engl. Stickmuster), Probetücher, auf denen Buchstaben, Figuren, Sinnsprüche nach Art der Künstlerskizzenbücher Vorlage liefern für die Stickerinnen und Sticker. Die Tücher entstammen meist dem 18. und 19. Jh., sind englisch oder deutsch und heute beliebtes Sammelobjekt.

Samt, Gewebe mit kleinen Fadenschlingen, dem Flor. Sie

entstehen dadurch, daß man → Kett- oder Schußfäden über Drähte wickelt, die später herausgezogen werden. Der Flor kann geschlossen bleiben (ungeschnittener Samt) oder aufgeschnitten werden (geschnittener Samt). Geschnittener und ungeschnittener Samt können in einem Gewebe nebeneinanderstehen (ziselierter Samt). Reliefartige Wirkung wird erzielt, wenn der Samtflor in zwei verschiedenen Höhen geschnitten ist. In manchen Geweben ist ein Muster mit heißen Eisen eingepreßt (gepreßter Samt). Der Seidensamt wurde im 15. Jh. in Venedig (→ venezianischer Samt) aus dem Orient übernommen. – Der Name kommt von Hexamit, einem mittelalterlichen Atlasgewebe (→ Atlas). Es wird in Italien scamito genannt, daraus entstand mittelhochdeutsch samit, später Samt.

Samtbrokat, Samt, der Brokatpartien enthält. Überwiegen die Brokatpartien, spricht man von Brokatsamt, überwiegen die Samtpartien, von Samtbrokat.

Sandelholz, hartes, bräunliches bis rotes Holz des in Südostasien heimischen Sandelholzbaumes, das in Indien und Ostasien für Schnitzarbeiten Verwendung fand.

Sandkerngläser, wurden vorwiegend zwischen 1500 und 1200, dann wieder von 800 bis ins 1. Jh. v. Chr. in Mesopotamien, Ägypten und im östlichen Mittelmeerraum hergestellt. Bei dem durch die Erfindung der Glasmacherpfeife aus der Übung gekommenen Herstellungsprozeß wurde aus Lehm und Stroh, später aus Ton – die Theorie, daß es sich um einen Sandkern gehandelt haben könnte, wurde nach neuesten Forschungen widerlegt – die Form des Gefäßes vorgebildet und mit Fäden aus zähflüssigem Glas umwickelt, die im Feuer verschmolzen und geglättet wurden.

Sandkerngläser. Links: Oinochoe. Grünblau, schwachrot marmoriert, zickzackförmige Fadenauflage. Mitte: Alabastron. Opak grünblau, leicht rotstreifig mit weißen und gelben Zickzackfäden, H 10,8 cm. Rechts: Aryballos. Kobaltblau, durchscheinend, gelbe und türkisfarbene Fäden. Östliches Mittelmeer, 6.–4. Jh. v. Chr. Stuttgart, Württembergisches Landesmuseum.

Sanduhren, Uhren, bei denen Sand durch ein kleines Loch aus einem Gefäß in ein anderes, mit dem ersten verbundenes, läuft. Sanduhren wurden häufig auch als Stundengläser bezeichnet. Ursprungszeit und Ursprungsland sind unbekannt. Zuerst scheinen einfache Holzfassungen, später auch kunstvoll behandelte Metallfassungen für die Sanduhrgläser verwendet worden zu sein. Bei den sogenannten Kanzel-Sanduhren, die die Zeitdauer der Predigt festzulegen hatten, finden sich gelegentlich geistreiche Vorrichtungen zur Erleichterung des Umwendens. Sanduhren waren offensichtlich noch im 17. und 18. Jh. von großer Bedeutung für den täglichen Gebrauch.

Sang, Glasschneiderfamilie des 18. Jh.s., von der drei Mitglieder bekannt sind: Andreas Friedrich Sang (1719–60) arbeitete 1720 bis 1744 in Weimar, ab 1747 in den Niederlanden. Von Jacob Sang († 1783) wird angenommen, daß er ein Bruder oder Sohn des Andreas Friedrich war. Auch er war in Holland tätig. Johann Heinrich Balthasar Sang, Sohn des Andreas Friedrich, wurde 1747 Hofglasschneider in Braunschweig.

Sankt Petersburg (Leningrad)/Rußland. Kaiserliche Porzellan-Manufaktur, 1744 bis zur Gegenwart. Zur Errichtung einer eigenen russischen Porzellan-Manufaktur ließ Kaiserin Elisabeth (1741–62) 1744 den „Arkanisten" Christoph Conrad Hunger nach Petersburg bringen. Vier Jahre lang experimentierte Hunger erfolglos, ehe man ihn wieder entließ und den Bergbauingenieur Dimitri Iwanowitsch Winogradow beauftragte, der bereits mit Hunger zusammengearbeitet hatte. Mit Kaolin aus Gjelsk (bei Moskau) gelangen ihm bald nach 1750 die ersten brauchbaren Proben. Eine geregelte, wenn auch bescheidene Porzellan-Produktion begann nach Winogradows Tod (1758) jedoch erst der sächsische Arkanist Johann Gottfried Müller. 1890 wurde die Porzellan-Manufaktur mit der vom Fürsten Potemkin 1777 begründeten Glasfabrik vereinigt. Die Februar-Revolution von 1917 wandelte die Hofmanufaktur in einen Staatsbetrieb um. (Abb. s. a. S. 433)

San Michele → Savonnerieteppiche

Sansa, auch Zanza, afrikanisches Musikinstrument mit dünnen Metallzungen (auch Bambusspänen), auf einem Resonanzboden montiert, die frei schwingen können.

Sansculotten → Carmagnole

Saph, Bezeichnung für den türkischen und vereinzelt auch ostturkestanischen Reihen- oder Familiengebetsteppich.

Sardonyx, Edelstein, der verschiedenfarbig geschichtet ist. Es handelt sich dabei um eine Abart des Achat, der im Idealfall aus drei Schichten besteht: dem schwarzen bis schwarzbräunlichen Grund, der milchig-weißen Mittelschicht und der zinnober bis purpurroten, durchscheinenden Oberfläche. In der Regel fehlt die rote Schicht, doch bildet der Stein immer regelmäßige Lagen von abwechselnden Farbstufungen. Der geschichtete Sardonyx eignete sich besonders für die Herstellung von Kameen (→ Gemmen) und war in der Antike der neben dem → Chalcedon beliebteste Stein für die Gemmenschneidekunst (→ Gemma augustea).

Sarkophagaltar → Altar

Sarrozium → Superpelliceum

Saruk, feingeknüpfter mittelpersischer Teppich mit kurzem Flor, der an die klassische Teppichtradition anschließt. Durchlaufende Rankenmuster, Medaillon mit Anhänger, aber auch die Heratizeichnung (→ Herati) gehören zu den Standardmustern. (Abb. s. a. S. 438)

Antiker Saruk (geknüpfter Wandteppich). West-Persien, 19. Jh. 196 × 129 cm.

Saryk. Anfang 20 Jh. 220 × 142 cm. Aus: Loges, Turkmenische Teppiche, München, 1978.

Sarwürcher → Panzerhemd

Saryk, turkmenischer Knüpfteppich der nomadisierenden Saryken, deren Erzeugnisse das Saryk → Göl zeigen. Die Saryken fertigten auch → Hatschlus und → Engssis. Engssis sind im Handel unter der Bezeichnung → Kisil-Ayak bekannt. Auch → Kapunuks sind Erzeugnisse der Saryken.

Satin, französische und englische Bezeichnung für → Atlas.

Satinholz, hartes, feinkörniges Holz von seidenartigem Glanz und hellgelber bis hellbrauner Farbe, beliebtes Furnierholz des späten 18. Jh.s. Die feinere Art kommt aus Indien und Ceylon, eine einfachere von den Westindischen Inseln.

Satsuma, weißes Steinzeug, das seit dem 16. Jh. in Satsuma (alter Name der japanischen Provinz Kagoshima) durch koreanische Töpfer gemacht wurde. Es trägt elfenbeinfarbene Glasur mit → Craquelée und Malereien in Schmelzfarben und Gold. Die im Handel mit Alt-Satsuma bezeichnete künstlerisch wertlose Massenware des ausgehenden 19. und 20. Jh.s hat damit nichts zu tun.

Sattel. Der vom 4. Jh. an bekannte gepolsterte Sitz auf dem Rücken des Pferdes erlebte in den hochrandigen, mit Eisen beschlagenen und durch Ätzmalerei verzierten Turniersätteln (vgl. → Stechzeug) der Renaissance und in den stark gepolsterten bestickten Samtsätteln des Barock seine prunkvollste Ausprägung. Aus diesem entwickelte sich der lederne moderne englische Sattel. Der militärische Sattel hat eine Unterlegdecke, den Woilach. Neben den Satteltaschen führte der Reiter vorn am Sattel in Pistolenhalftern Faustfeuerwaffen, die gegen Schmutz durch Schabrunken oder auch Pistolenstützchen genannte kleine, farbige Decken geschützt wurden. Dem gleichen Zweck dienten zum Schutz des Sattels und Gepäcks die später verzierten, bei hohen Offizieren reich geschmückten Schabracken. Beide Worte stammen aus dem Türkischen.

Satyr, naturdämonisches griechisches Mischwesen aus Menschengestalt und Pferdeattributen, häufig im Zusammenhang mit → Dionysos und seinen Kultfesten dargestellt. Seit hellenistischer Zeit werden Satyrn auch oft mit Bocksfüßen und Hörnern gebildet. Seit dem 16. Jh. häufen sich in der abendländischen Kunst wieder die Satyrdarstellungen. In der niederländischen Kunst wurde das Thema *Satyr bei den Bauern* äußerst beliebt.

Satzteller, auch Platzteller, Silberteller, die im 18. Jh. als Untersätze für Porzellanteller bei der Tafel dienten.

Satztische → Beistelltisch

Saucière, ein Soßengefäß in Schiffchenform, seit dem frühen 18. Jh. gebräuchlich, zunächst aus Silber, später dann aus

Sheffield Plate und ähnlichen Materialien. Die Saucière war anfangs ein Gießgefäß mit zwei Ausgüßen, dann mit einem einseitigen Ausguß. Diese Form wurde auch beibehalten, als sie später durch einen passenden Soßenlöffel ergänzt wurde.
Saugkanne, birnförmige zinnerne Deckelkanne mit Saugröhrchen, deren Henkel meist im rechten Winkel zur Röhre sitzt. Sie wurde vermutlich von Kranken und Kindern benutzt.
Saunier, Claude-Charles (1735–1807), Pariser → Ebenist. Er war für elegante → Zylinderbureaus und → Konsoltische im Louis-seize-Stil bekannt, die durch den Kontrast zwischen hellem Holz und dunklen Leisten gekennzeichnet sind.
Sauspieß → Jagdwaffen
Sautschbulagh, Knüpfteppich aus dem nordwestpersischen Kurdengebiet. Sautschbulagh bedeutet soviel wie kalte Quelle.
Savonarola-Stuhl, eine Begriffsbildung des → Historismus, bezeichnet den florentinischen → Faltstuhl der Renaissance.
Savonnerieteppiche, französische Knüpfteppiche. 1604 bot Pierre Dupont Heinrich IV. an, echte Orientteppiche herzustellen, und erhielt eine Werkstatt im Louvre. Sein Schüler, Simon Lourdet, siedelte 1627 nach dem Pariser Vorort Chaillot in Räume im „Hospice de la Savonnerie“ (Waisenhaus in einer ehemaligen Seifenfabrik) über. Jedes Waisenkind mußte zwölf Jahre lang in der Manufaktur arbeiten; so hatte Lourdet gut angelernte Arbeitskräfte. Der Name des Hospizes wurde auf die Manufaktur und ihre Erzeugnisse übertragen. Bis 1750 durfte sie nur für den Hof arbeiten. Ludwig XIII. (1610–43) verbot die Einfuhr von Teppichen aus dem Orient. Ludwig XIV. bestellte 90 Teppiche für die Große Galerie des Louvre (1685). Unter Napoleon erlebte die Manufaktur eine nochmalige Blüte, ehe sie 1825 der Manufacture Nationale des Gobelins einverleibt wurde.
Savonnerie-Teppiche sind hochflorig und mit dem türkischen Knoten (→ Gjordesknoten) lose geknüpft (das Grundgewebe ist meist aus Leinen); sie wurden vorwiegend in großem Format hergestellt. In ihnen ist ein eigener europäischer Teppichstil geschaffen worden, der den Wandlungen des Zeitstils folgte. Die Farbigkeit ist reich abgestuft, die Darstellungen wirken greifbar plastisch. – Nachahmungen wurden ab 1710 in San Michele bei Rom, ab 1742 in → Aubusson, 1748 bis 1755 in Fulham bei London und ab 1786 in → Felletin hergestellt. Sie führen ebenfalls den Namen Savonnerie-Teppiche, können sich aber qualitativ mit den echten Erzeugnissen der Savonnerie nicht messen.
Saxe Ombré → Meißen
Sc., sculps., sculpsit (lat., hat es gestochen), bezieht sich auf den Stecher eines graphischen Blattes (→ Adresse).
Scagliola, eine Marmorimitationstechnik, bei der mit Leimwasser und Pigmentfarben versetzter Gips hoch erhitzt und anschließend glänzend poliert wird. Dieses Verfahren war bereits in der Antike bekannt und wurde bis zum 16. Jh. hauptsächlich als billiger Marmorersatz in Innenarchitekturen verwendet. In der → Renaissance entdeckten die italienischen Kunsthandwerker einen neuen Verwendungszweck für die Scagliola, nämlich für die Herstellung von Tischplatten.
Sceaux → Mennecy
Schabatlampe, im jüdischen Brauchtum verwendete Hängelampe, in der Regel in Messingguß, dessen Grundform aus einem Stern mit fünf bis acht Zacken besteht, in dem sich das Öl befindet. In den Zackenenden werden die Dochte festgehalten. Von der Decke wird die Lampe mittels einer Kette und am Stern of eines Balusterschaftes ampelähnlich gehalten. Die sog. Säge, eine Zackenvorrichtung am Ende der Kette, erlaubt die Hängehöhe zu variieren. Die meisten der bekannten Stücke in Museen und → Judaika-Sammlungen stammen aus dem 17. und 18. Jh. Im 19. Jh. bildete sich eine Typvariante mit Tüllen für Wachskerzen.

Schabatlampe. Deutschland, 1. Hälfte des 19. Jh. Gelbguß, H 58 cm. München, Bayerisches Nationalmuseum.

Schabkunst, auch Mezzotinto, ein aus dem → Kupferstich entwickeltes Tiefdruckverfahren zur Wiedergabe von Halbtönen. Die ganze Kupferplatte wird mit dem → Granierstahl vollkommen gleichmäßig aufgerauht. Würde man die Platte in diesem Zustand drucken, erhielte man einen völlig schwarzen Abdruck. Was heller wirken soll, wird mit dem Schaber ganz oder teilweise wieder geglättet. Es können weich ineinander verlaufende Schattenflächen wiedergegeben werden. Die Schabkunst wurde um 1640 von Ludwig von Siegen (1609–1680) erfunden. Im 18. und 19. Jh. wurde sie besonders in England ausgeübt und zur Vollendung gebracht.
Schablonenmalerei, Sondertechnik der bäuerlichen Möbelmalerei, die hauptsächlich im 17. Jh. weite Verbreitung fand. Mit einer Schablone wurde dabei Schwarzmalerei auf den unbehandelten Grund aufgetragen.
Schabracke → Sattel
Schabrunken → Sattel

Schachfiguren. Ägyptische Brettspielfiguren sind aus dem 3. Jahrtausend v. Chr. erhalten. Das uns bekannte Schachspiel scheint in Indien ausgebildet worden zu sein. Aus dem 8. bis 11. Jh. sind blockhafte, stark stilisierte arabische Spielsteine aus → Elfenbein, Bein oder → Bergkristall erhalten. Die Araber brachten das Spiel nach Europa; zuerst wurden ihre Figuren in Spanien und Italien nachgeahmt. Ab 1250 verbreitete sich das Schachspiel in ganz Europa. Ende des 12. Jh.s kam die freistehende Einzelfigur auf; als Material wurde Holz und Elfenbein bevorzugt. Ihren Höhepunkt erlebte die Schachfigur Ende des 15. Jh.s; damals entstanden die auch noch heute gebräuchlichen Typen. Im 16. Jh. wurden Prunkspiele für fürstliche Kunstkammern gemacht, zum Teil aus seltenem exotischem Material; die Figuren wurden mit Vorliebe gedrechselt (→ Elfenbein). Im 18. Jh. bürgerten sich Schachfiguren aus → Porzellan, → venezianischem Glas und Silber (→ Edelmetalle) ein.
Schachtel, Lehnwort aus dem Italienischen, das bei uns zuerst im 2. Viertel des 15. Jh.s in Oberdeutschland erscheint, zunächst zur Bezeichnung kleiner tragbarer Behälter mit Deckel, später solcher aus Pappe oder verwandten Materialien sowie aus feinen Holzspänen (→ Spanschachtel) zum Transport und zur Aufbewahrung verschiedener Güter. Jene Pappschachteln sind in den vergangenen Jahrhunderten in erster Linie Buchbinderarbeiten, oft ausgeklebt mit dekorativen Bunt- und Kleisterpapieren. Seit dem vorigen Jahrhundert erfolgt auch fabrikmäßige Herstellung und vermehrter Einsatz bei der Verpackung, so bei der von Zündhölzern. Dafür kommen zunächst auch runde Schachteln zur Anwendung. Diese sind häufig mit Werbeaufdrucken versehen.
Schadda, gewirkte Decke aus dem Karabagh- oder Karadagh-Gebiet (→ Karabagh, → Karadagh) mit großen Kamelen oder streng geometrisierten Tieren, gearbeitet in Verneh-Technik.
Schadow, Gottfried (1764–1850), bedeutender Bildhauer, Zeichner und Graphiker des Berliner → Klassizismus. Auch Möbelentwürfe gehen auf ihn zurück, z. B. Vorlagen für die Ausstattung des Stadtschlosses von Potsdam.
Schädelwächter → Kota
Schaftleuchter → Kerzenleuchter
Schah Abbas-Teppiche, so genannt, weil sie während der Regierungszeit des Schahs Abbas I. in der ersten Hälfte des 17. Jh.s entstanden. Sie sind aus Seide mit Goldbroschierung und wurden in Hofmanufakturen hergestellt. Ihr Muster sind Arabesken und Blütenranken.
Schale → Tazza
Schallern → Helm
Schamschir → Säbel
Schapel, männlicher und weiblicher Kopfschmuck des 13. Jh.s. Ein Reif aus Metall, den man mit Edelsteinen und Blumen schmückte.
Schaper, Johann (1658 Meister, gest. 1670), in Nürnberg ansässiger Hausmaler, der Gläser (→ Schapergläser) sowie ab 1660 Hanauer und Frankfurter Fayencekrüge mit vorwiegend → Schwarzlot bemalte. Einer der frühesten und zugleich besten Fayence- → Hausmaler, zu dessen bevorzugten Motiven miniaturhafte (Ruinen-)Landschaften, figürliche und Schlachtenszenen gehörten. Diverse Hausmaler arbeiteten in seinem Stil.
Schapergläser, Nürnberger Gläser mit → Schwarzlotmalerei, benannt nach dem bedeutendsten Vertreter dieser Kunstübung, Johann Schaper.

Schapergläser. Nürnberg, 17. Jh. Farbloses Glas mit Schwarzlotmalerei, H 10 bis 13,1 cm. Stuttgart, Württembergisches Landesmuseum.

Schapp → Hamburger Schapp, → Lüneburger Schrank
Scharffeuerfarben, mit der → Glasur eingebrannte Farben auf → Fayence und → Porzellan. Bei Fayence heißen sie auch Inglasurfarben, bei Porzellan Unterglasurfarben.
Schaschka → Säbel
Schattenbild, Schattenriß, auch → Silhouette, das dem Schatten entsprechende flächige Abbild von Menschen oder Gegenständen. Die Porträtsilhouette wählt die prägnanteste Schattenansicht eines menschlichen Kopfes, das Profil. Um eine genaue Wiedergabe zu erreichen, wird der Profilschatten mittels einer starken Lichtquelle auf ein Papier geworfen und nachgezeichnet. Der Umriß wird schwarz ausgetuscht oder aus schwarzem Papier ausgeschnitten und auf weißes oder farbiges Papier aufgeklebt. Oft wird der Umriß mit Hilfe des → Storchenschnabels verkleinert. Die Kunst des Schattenbildes kam im 18. Jh. aus Ostasien nach Europa und wurde schnell sehr beliebt. Um die Jahrhundertwende wurde sie auch als Ersatz für die Bildnisminiatur vor allem von Dilettanten gepflegt, u. a. im Kreis von Goethe. Seit 1840 verlor sie durch die Erfindung der → Photographie an Bedeutung. Das Schattenbild bezeichnet man teilweise auch als → Scherenschnitt.
Schaube, vorn offener, häufig pelzgefütterter Überrock mit breitem Kragen und weiten Ärmeln, der vom Ende des 15. bis zur Mitte des 16. Jh.s von Männern und Frauen getragen wurde. In der Amtstracht der Geistlichen, Professoren und Richter hat sich die Schaube als Talar bis heute erhalten. In der zweiten Hälfte des 16. Jh.s wurde die Schaube unter dem Einfluß der spanischen Mode verengt und verkürzt; sie hieß dann Harzkappe.
Schauessen → Tafelaufsatz
Schaufelstuhl, eine charakteristische Stuhlform des Biedermeier, mit schaufelförmiger Rückenlehne, die seitlich in Voluten ausläuft.
Schaukelstuhl, Sessel auf geschweiften Kufen, wurde in den dreißiger Jahren des 19. Jh.s in Amerika entwickelt, die reichere Form als „Boston Stuhl", die einfache als „Shaker-Stuhl". Gegen Mitte des Jh.s setzte sich der Typ auch in Europa durch. Populär wurde der Bugholz-Schaukelstuhl der Gebrüder Thonet, der seit 1860 von Wien aus in alle Welt ging.
Schaumlöffel, meist aus Messing bestehender großer Löffel mit durchbrochener Kelle und langem Eisenstiel, der seit dem 18. Jh. zum Abschöpfen von Fett und Rahm diente.

Schaumünze, auch Schautaler → Medaille
Schecke, enganliegender männlicher Leibrock der zweiten Hälfte des 14. Jh.s mit stark betonter Taille.
Scheibenleuchter → Altarleuchter, → Leuchter
Scheibenmonstranz → Monstranz
Scheibenteller, Zinnteller mit breitem flachem, meist ornamentiertem Rand und wenig eingetieftem, aber deutlich abgesetztem Fond. Dieser trägt ein Mittelbild, das von einer glattgelassenen Zone umrahmt wird.
Scheitholz, auch Scheitholzzither, kästchenförmig langgestreckt, mit ein bis zwei Melodiesaiten und bis zu acht Begleitsaiten, daraus die Zither entwickelt.
Schekel, orientalisches Gewicht und später auch Münze. Die silbernen Schekel der Juden wogen etwa 14 g und wurden nur in der Zeit des 1. Aufstandes unter Nero von 66 bis 70 n. Chr. geprägt. Die Münze zeigt auf der Vorderseite einen Kelch, darüber die Jahreszahl und die hebräische Aufschrift „Schekel Israel"; die Rückseite zeigt einen Granatzweig und die Aufschrift „Jerusalem die Heilige" Die sog. Görlitzer-Schekel sind Silbermedaillen, die im Anschluß an den ersten zionistischen Weltkongreß (1897) nach dem Vorbild der antiken Münzen gestaltet wurden. Sie wurden von Spendern als symbolische Gegengabe für den Jahresbeitrag zum Landankauf in Palästina erworben, sind etwas größer als die antiken Stücke, in Silber und Kupfer hergestellt worden. Inzwischen selten gewordene Objekte für → Judaikasammlungen.

Schekel

Schellack, auch Stocklack genannt; wird von den im Südwesten Asiens heimischen Lackschildläusen produziert. Er eignet sich vorzüglich als Politur für Edelhölzer (z. B. Mahagoni, Kirschbaum) und als Überzug für farbige Lack- oder Temperamalereien, die durch seinen Glanz Differenziertheit und optische Tiefe erhalten. Er spielte als solcher in der indischen, islamischen und persischen → Lackkunst eine wesentliche Rolle, ebenso in der venezianischen des 16. Jh.s und als Zugabe bei den europäischen Lackrezepturen des 18. Jh.s. Noch bis ins 20. Jh. diente er als glanzverleihender Schutzüberzug für Parkettböden und wurde industriell bei der Fabrikation der „Schellackplatte" verwendet.
Schemel, eines der ältesten europäischen Sitzmöbel. Ursprünglich ein Bänkchen, auf das man beim Sitzen die Füße setzte oder das zum Besteigen der hohen Betten diente. Später wurde er ein einfacher niedriger Sitz ohne Rücklehne (drei- oder vierbeinig), der sich auf dem Lande bis heute gehalten hat. Im 17. und 18. Jh. ging er als Hocker in das höfische und bürgerliche Möbel ein, wobei er sich der Form des Stuhls anpaßte. Ein dem Stuhl angenäherter Schemel ist auch der italienische Sgabello des 15. und 16. Jh.s, bei dem die einfache Sitzfläche durch eine hohe, reichgeschnitzte Rückenlehne bereichert ist. Diese Form lebte im 17. und 18. Jh. nördlich der Alpen als Brettschemel weiter.
Schenkelhalstrompete, tibetische, in lamaistischen Andachten gebrauchtes Musikinstrument, das aus dem Mittelteil, dem Hals, des menschlichen Oberschenkelknochens besteht. Die abgesägten offenen Enden dienen als Mundventil und Luftauslaß, sie sind beide in Metall gefaßt, meist in getriebenes Silber, das mit Farbsteinen besetzt ist. Neuere Stücke sind fast immer Imitationen aus Tierknochen.
Schenkscheibe, Schenkschieve → Lüneburger Schrank
Scherben, in der keramischen Fachsprache die aus Ton gebrannte keramische Substanz, die verschiedene Eigenschaften haben kann.
Scherenschliff → Edelsteinschliff
Scherenschnitt, verwandt mit der Technik des → Schattenbildes, jedoch schon seit dem 16. Jh. gebräuchlich. Damals wurden Kupferstichmotive ausgeschnitten und auf Pergament oder Seide aufgeklebt. Im 17. Jh. waren Pergamentschnitte weit verbreitet. Mit einem Messer werden Figuren aus Pergament herausgeschnitten. Hauptmeister dieser Technik war R. W. Hus Mitte des 17. Jh.s. Beliebt waren seit dem 17. Jh. → Spitzenbilder mit ornamentalen, pflanzlichen oder figürlichen Motiven, die zur Rahmung kleiner → Andachtsbilder verwendet wurden.
Scherenstuhl, eine seit dem 15. Jh. auftretende Sonderform des → Faltstuhls.
Scherzgläser, entstanden im 17./18. Jh. in deutschen und niederländischen Hütten in Form von menschlichen Figuren,

Scherzgläser. Flaschen in den Formen einer Spitzhacke, einer Radschloßpistole und eines Knüppels. Blaues Kobaltglas. Böhmen (?), 17. Jh. L 45, 35, 30 cm. London, British Museum.

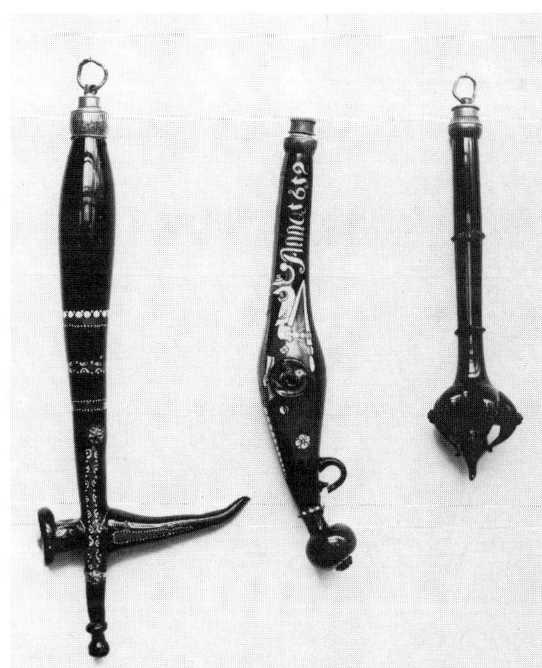

Vögeln, Hunden und Mäusen, Stiefeln, Trompeten, Pistolen und Fäßchen und anderen komplizierten Gebilden, die das Trinken oder Ausgießen des Inhalts absichtlich erschwerten oder mit denen dem ahnungslosen Benutzer ein Streich gespielt werden sollte.

Scheuer, spätmittelalterliches schalenartiges, stark gebauchtes Trinkgefäß auf niedrigem Fuß, mit aufgebogenem Griff oder Ringhenkel; es wurde aus verschiedenen Materialien (Holz, Glas, Keramik, Silber, Gestein) gefertigt. Eine Sonderform ist die → Doppelscheuer.

Schichtholzmöbel, Möbel aus in mehreren Schichten verleimtem Holz. Seit dem 18. Jh. im Gebrauch, erlebt das Schichtholzmöbel erst im Biedermeier durch das Aufkommen des Bugholzmöbels, das ebenfalls aus verleimten Holzschichten gearbeitet ist, seinen großen Aufschwung. Im 20. Jh. waren es vor allem Marcel → Breuer und Alvar → Aalto, die diese Technik perfektionierten.

Schienen → Geschübe

Schiffe, auch Tafelschiffe, Tafelaufsätze in Form von meist aus Edelmetall gearbeiteten, aufgesockelten Schiffsmodellen, die im Mittelalter nicht nur den Ehrenplatz der Tafel markierten, sondern auch als Trinkgeschirr, Gewürz- und Besteckbehälter und später als Trinkspiele (auf Rädern) dienten. Sie waren vom 13. bis in das 19. Jh. (dann als reine Schaustücke) üblich.

Schiffschronometer, in der Schiffahrt Verwendung findender Uhrentypus. Mit der Bezeichnung Chronometer sind die Uhren gemeint, die zu besonders genauer Zeitmessung dienen können, und zwar aufgrund der sogenannten freien Hemmung (→ Uhrentechnik). Derartige Chronometer, die auch den Namen Längenuhren tragen, sind für die Seefahrer besonders wichtig, da sie ein leichtes und einfaches Mittel zur geographischen Längenbestimmung darstellen. Die Längenuhren werden in Schiffs- und in → Taschenchronometer eingeteilt. Taschenchronometer werden zur Bestimmung der geographischen Länge auf dem Lande gebraucht.

See- oder Längenuhren sind in der Regel in Form von Boxchronometern gefertigt, d. h. als dosenförmige Chronometer, bei denen sich eine äußerst genau gearbeitete Uhr mit Federzug in einem kleinen hölzernen Kasten befindet. Sie ist darin wie ein Kompaß in zwei Ringen kardanisch aufgehängt, um auf der Seereise bei Schiffsschwankungen in möglichst gleicher Lage zu bleiben.

Die Entwicklung der eigentlichen Schiffschronometer ist zunächst mit dem Namen des englischen Uhrmachers John Harrison (1693–1776) verbunden. Harrison hatte sich bereits durch eine Reihe technischer Neuerungen wie das Rostpendel, die Hilfsfeder (die das Uhrwerk während des Aufziehens in Gang hält), sowie durch anderweitige Verbesserungen an Stand- und → Taschenuhren einen Namen gemacht, als er 1726 zwei → Pendeluhren verfertigte, die in damals einzigartiger Weise im Laufe eines Monats kaum um eine Sekunde voneinander abwichen. Harrison strebte nun eine ähnliche Vervollkommnung der Seeuhren an, da seine eben aufgeführten Verbesserungen nur die auf Schiffen wegen der Schwankbewegungen nicht verwendbaren, durch Gewichte getriebenen Pendeluhren betrafen. Mit dem Entwurf eines Schiffschronometers reiste er 1728 nach London, um ihn vom Längenbüro (board of longitude) prüfen zu lassen. 1735 baute er seine erste Seeuhr.

Im Laufe der Jahre wurden die Schiffschronometer weiterhin laufend verbessert, so vor allem auch durch die Engländer John Arnold (1744–99) und Thomas Earnshaw (1749–1814), sowie durch den französischen Uhrmacher Pierre le Roy (1717–85). Die nächste Etappe dieses Weges markiert der Name des dänischen Uhrmachers Urban Jürgensen (1776–1830). Die Chronometer, die aus seinem Atelier hervorgingen, waren berühmt und gesucht wegen ihrer hervorragenden Ausführung und Genauigkeit. Nach seinem Tode gründete sein Sohn Jules Jürgensen (1808–77) in Locle in der Schweiz eine Filiale des väterlichen Geschäftes. Er verwertete für die Fabrikation alle Grundlagen, Neuerungen und Erfindungen, die sein Vater geschaffen hatte.

Schiffschronometer. London, 19. Jh. Privatbesitz.

Schiffsgeld, unregelmäßig geformte, schlecht geprägte spanisch-amerikanische Kolonialmünzen. Der Grund für diese rohen Prägungen waren mangelhaft ausgestattete mexikanische Münzstätten und das Besitzverbot von ungeprägtem Silber.

Schiffsmodelle, verkleinerte Wiedergaben von Schiffen, hat man als Grabbeigaben wie als Votivgeschenke aus Ton oder Bronze schon im alten Ägypten und Mesopotamien sowie in der griechisch-römischen Antike am Mittelmeer gekannt. Auch die ältesten nachweisbaren hölzernen Schiffsmodelle sind Votivgaben: Nilboote aus Pharaonengräbern und die Kirchenschiffe des ausgehenden Mittelalters, deren frühestes erhaltenes eine Karacke von etwa 1450 aus Mataró an der Costa Brava darstellt. Derartige Modelle wurden von Reedern und Schiffern zumeist für Errettung aus Seenot oder glückliche Rückkehr von gefahrvoller Reise der heimatlichen

Schiffsmodell einer Viermastbark. 19. Jh. Paris, Musée de la Marine.

Bett von Friedrich Schinkel, für Königin Luise entworfen. Berlin, 1810. Berlin, Schloß Charlottenburg. ▽

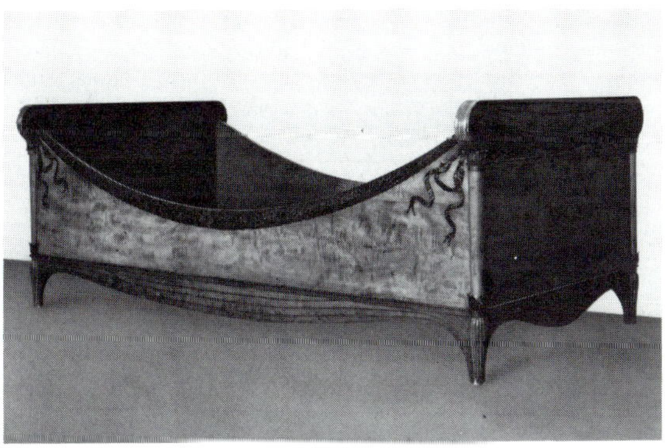

Kirche gespendet, bis in die Gegenwart sind sie gebaut worden und hängen zum Teil bis heute sowohl in katholischen Gotteshäusern der Mittelmeerhäfen wie in protestantischen an den Küsten von Nord- und Ostsee. Aus Holz gearbeitete Schiffsmodelle sind auch, seit dem 17. Jh. zunächst von den staatlichen Flottenbehörden und später von praktisch allen Schiffswerften, als Muster für den Bau großer Originalfahrzeuge hergestellt worden. Im wesentlichen sind, was ältere Objekte betrifft, nur solche „Werftmodelle" maßgetreu. Ferner sind Modelle, und zwar meist des eigenen Schiffes, als Freizeitarbeiten von Seeleuten angefertigt worden, in erster Linie, etwa seit Anfang des 19. Jhs., sogenannte Panoramamodelle, bei denen das gebastelte Fahrzeug meistens vor einer aus Kitt und Farbe modellierten Küstenlandschaft in einem aufhängbaren Glaskasten plaziert ist, sowie → Buddelschiffe. Eine Besonderheit sind die Knochenschiffe, Modelle zumeist von Kriegsschiffen, die in oft erstaunlicher Qualität während der napoleonischen Kriege in England von gefangenen französischen Seeleuten gearbeitet wurden. Als Material verwendeten sie Knochenabfälle von ihren Mahlzeiten (daher der Name), bisweilen aber auch Walbein und Elfenbein, das ihnen die am Erwerb solcher „Prisoner of War Models" interessierten britischen Bewacher beschafften. Echte alte Schiffsmodelle, gleich welcher Art, die vor 1900 entstanden, sind selten und werden gut bewertet, am höchsten größere, detailreiche Knochenschiffe und verbürgte Modelle der Flottenwerften, die sog. „Admiralty Models".

Schiffstaler, Taler von Herzog August dem Jüngeren von Braunschweig-Wolfenbüttel (1635–66) in Zellerfeld geprägt. Sie zeigen ein oder zwei Segelschiffe mit einem Mann am Ufer und entstanden vermutlich anläßlich seiner Reisen nach Italien, Sizilien, Malta, England usw.

Schild → Tartsche, → Pavese, → Wappen

Schildhalter → Prachtstücke

Schildpatt, Horn vom Panzer der Karettschildkröte. Die Farbskala reicht von gelb über braun bis schwarz. Am kostbarsten ist gelb-schwarz geflammtes Schildpatt. Die Hornplatten lassen sich unter Hitzeeinwirkung biegen und formen, in hartem Zustand auch sägen. Schon im Altertum diente Schildpatt zur Herstellung von Luxusartikeln. Im 17. Jh. spielte Schildpatt besonders in Frankreich eine Rolle bei der Fertigung wertvoller Geschenkdosen (→ Porträtdosen). Im 17. und 18. Jh. auch beliebt als Möbelintarsia (→ Boullearbeit), im 18. Jh. auch als Material für Stock-, Schirm- und Besteckgriffe sowie für Accessoires verwendet. In Asien besonders kunstvolle Schildpattarbeiten auf verschiedenen Südseeinseln. Die auf den Admiralitätsinseln *kap kap* genannten, filigranartig durchbrochen geschnitzten ornamental gestalteten Schildpattauflagen auf Scheiben von Riesenmuscheln kommen auch auf den Tabar-Inseln vor. Daneben spielt Schildpatt bei Halsketten, Gürteln und Stirnschmuck in Mikronesien und Polynesien eine wichtige Rolle. Aus Palau kommen formschöne Schalen und Löffel aus Schildpatt.

Schilling → Groschen

Schindeln (Heraldik) → Heroldsbilder

Schinkel, Karl Friedrich (1781–1841), bedeutender deutscher Architekt des frühen 19. Jh.s, der auch zu den besten

Möbelschöpfern seiner Zeit gehörte. Er hat die Inneneinrichtung zahlreicher preußischer Schlösser entworfen. Seine Möbel, in denen antike und gotische Elemente verwertet sind, verbinden edle Form mit Zweckmäßigkeit . Sie wurden von dem Berliner Schreiner Johann Karl Wanschaff ausgeführt.

Schiras, auch Kaschkai, südwestpersische Teppiche, die von den nomadisierenden Kaschkai (Provinz Farsistan) geknüpft und in Schiras gehandelt werden. In den mit Kleinformen gefüllten Grund sind auch Tiere (Hähne, Kamele) eingestreut. (Abb. s. a. S. 447)

Schirwan, Knüpfteppich aus dem Kaukasus. Vielfältig in der Ornamentierung und ohne besondere Charakteristik, entstand er meist in Größen bis 4 qm. Zu den markanten Erzeugnissen dieser Gruppe zählen der → Akstafa, der → Bidjov und der → Marasali.

Schlafzimmerbild, → Öldruckbild

Schlagwerkuhren → Repetieruhr

Schlangenfadengläser → römisches Glas

Schlangenstuhl, bäuerlicher Stuhl, der im südwestdeutschen Raum, vereinzelt aber auch in Niederdeutschland anzutreffen ist. Bei dem einfachen Brettstuhl besteht der Dekor in der eigenwilligen Gestaltung des Rückbrettes, das aus verschlungenen Schlangenkörpern gebildet ist.

Schleifkannen, gewaltige, zuerst und vorwiegend in Schlesien hergestellte Zunftkannen aus Zinn, die, seit dem späten 15. Jh. gefertigt, zu den schönsten Erzeugnissen der Zinngießerkunst gehören. Es sind unter Umständen bis zu 75 cm hohe, sich leicht verjüngende, auf drei figürlichen oder Kugelfüßen ruhende Schankgefäße mit einem vielfach von einer Figur bekrönten Scharnierdeckel. Sie sind des öfteren mit einem Zapfhahn versehen. Gegeneinander versetzte Facetten gliedern die Wandung (daher heißen sie auch Facettenkannen); die Felder sind durch Gravierungen mit Heiligenfiguren in architektonischer Rahmung und mit Maßwerkornamenten gefüllt. Die Wandung der zylindrischen böhmisch-mährischen Kannen ist durch Querreifen in ornamentierte Zonen geteilt, die vielfach auch profane Darstellungen bringen. Der Name Schleifkanne geht wohl auf das „Schleifen", ein Brauchtum bei der Gesellenlossprechung, zurück.

Schleifkanne einer Schützengilde. Flamland, dat. 1617. Zinn, H 54 cm.

Schleiflackmöbel, im frühen 20. Jh. aufgekommene Möbel mit einer mehrfach aufgetragenen und wieder abgeschliffenen Lackschicht, die auf Gipsgrund aufgetragen wird.

Schleswiger Fayence; eine Manufaktur bestand im damals schwedischen Schleswig 1755 bis 1814. Sie stellte Gebrauchsgeschirr mit Streublumen, Tischplatten, Tabletts, → Potpourrivasen und Punschbowlen (in Form einer Bischofsmütze) her (→ Kieler Fayence). Die Bemalung erfolgte in → Scharffeuerfarben; Manganviolett herrscht vor. Die Marke ist S oder Schleswig, bis 1756 mit L, später mit R.

Schlickermalerei, Dekoration, auf Bauernschüsseln aus → Irdenware. Hierfür malt der Töpfer mit Hilfe eines Malhorns Tonschlicker, einen verdünnter Tonbrei, der mit Metalloxyden eingefärbt wird, Tonwülste auf den lederharten Gegenstand. Die Darstellungen heben sich reliefartig vom Grund ab und bekommen durch den Brand leuchtende Farben.

Schlierseer Bauernmöbel, u. a. Schlierseer Schränke, deren Besonderheit in der bevorzugten Darstellung gemalter Schäferszenen liegt, die später auch in der Gegend von Aibling und Tegernsee zu beobachten sind (→ Bauernmöbel).

Schloß, Schließvorrichtung, die aus einem Gehäuse und einem oder mehreren Riegeln oder einer Falle besteht. Bereits in Ägypten waren Schlösser aus Holz bekannt. Vom Mittelalter bis ins 18. Jh. hinein waren in Europa vor allem Truhen- und Kassettenschlösser äußerst wichtig und demgemäß besonders kompliziert gebaut. Die ältesten erhaltenen Vorhängeschlösser stammen aus spätgotischer Zeit. Die Dekorierung dieser meist eisernen Schlösser war sehr einfach gehalten. Wesentlich reicher waren dagegen seit dem 14. Jh. die Tür- und Truhenschlösser und deren oft schwere Schlüssel in den Stilformen der jeweiligen Epoche verziert. Seit dem 16. Jh. waren die Gehäuse der Schlösser häufig aus Messingblech gearbeitet und reich durchbrochen, gepunzt, graviert usw. Um die Mitte des 18. Jh.s entstanden gegossene Gehäuse mit Reliefdekor.

Schlüssel, meist aus Eisen, seltener aus Bronze, mit durchbrochenen Griffen, deren Ornamentik dem Zeitstil folgt, oder mit figürlicher Handhabe (Menschen, Tiere, Drachen), sind vom 12. Jh. ab erhalten. Die reichste Sammlung alter Schlüssel befindet sich im Museum für Schmiedeeisen zu Rouen.

Schlüsselbank, im ländlichen Herdraum aufgestelltes Gestänge auf einem Fußgestell, das zur Aufhängung der diversen Schlüssel eines Hofes dient.

Schmauss, Georg († 1639), Nürnberger Zinngießer, der als erster → Kaiserteller goß.

Schmelzmalerei → Emailmalerei

Schmerzensmann, auch Erbärmdebild, → Andachtsbild mit der seit dem 14. Jh. üblichen Darstellung des leidenden Christus, der das Mitgefühl des Betrachters erwecken soll. Zur Verbreitung des Typus hat die Graphik des 15. Jh.s viel beigetragen. Eine Abwandlung des Erbärmdebildes ist der sog. Christus in der Rast, das Bild des sitzenden, seinen Kopf sorgenvoll in die Hände stützenden Christus, das seine Verlassenheit nach der Flucht der Apostel und nach der Geißelung ausdrücken soll. Häufig wird der Schmerzensmann auch zusammen mit der trauernden Maria und mit Johannes dargestellt. Das Motiv fand im 17. und 18. Jh. auch verstärkt Eingang in die Volkskunst.

Schmiedeeisen, Erzeugnisse der Eisenschmiedekunst sind seit dem 12. und 13. Jh. bekannt. In dieser Technik wurden vor allem Türbeschläge und -klopfer, Schlösser, Leuchter, Laternen, Kaminböcke, Ofenschirme, Kassetten, Schilder, Grabkreuze, prächtige Gitter usw. in den Stilformen der einzelnen Epochen verfertigt. Um die Mitte des 18. Jh.s wurde die Schmiedeeisentechnik vom Eisenguß verdrängt, um dann im Jugendstil, also um 1900, wieder aufgegriffen zu werden.

Schmiege → Abfasen

Schmuckentwürfe, wurden im 16. Jh. als Vorlagenserien gestochen von Künstlern wie Etienne Delaune, Theodor de Bry, Daniel Mignot, im 17. Jh. von Gilles Légaré, Friedrich Jakob Morison, im 18. Jh. von Auguste Duflos, zu Beginn des 19. Jh.s von Vallardi. Ende des 19. Jh.s setzte mit dem Jugendstil die Entwurfstätigkeit von Malern, Architekten und Bildhauern ein, die sich zumeist mit Ateliers und Firmen verbanden. Das Engagement weltbekannter Künstler wie Georges Braque, Jean Cocteau, Max Ernst, Salvador Dali, Pablo Picasso, Alexander Calder, Arnaldo und Gio Pomodoro trug dazu bei, im Schmuck auch einen künstlerischen Ausdruck der Neuzeit zu erkennen und ihn zum Sammelobjekt von Museen und Privatsammlern zu machen.

Schmuckkleinode → Wappen

Schnabelkanne → rheinisches Steinzeug

Schnabelschuh, Schuh des 14. und 15. Jh.s mit dornähnlich verlängerter Spitze. Ende des 15. Jh.s nahm der Fortsatz die Form eines Entenschnabels an (diese Schuhe hießen Entenschnäbel).

Schnabelstitzen → Stitze

Schnalle, dekorativ gestaltete Schließe, die seit dem Altertum bekannt ist, im Mittelalter hauptsächlich am Gürtel Verwendung fand, in der zweiten Hälfte des 17. Jh.s als Schuhschnalle und in den dreißiger Jahren des 18. Jh.s auch als Hosenschnalle unterhalb des Knies begegnet. Schnallen, die aus unterschiedlichsten Materialien hergestellt sein können, dienten weiterhin als Verzierung des Mieders oder zum Befestigen von Samtbändern an Hals und Handgelenk. Die Schuhschnalle erhielt sich bis ins 19. Jh. im → Trachtenschmuck.

Schnappschloß → Feuerwaffen

Schnarre → Treibtechnik

Schneckenpokale → Muschelpokale

Schneeballdekor, plastische Verzierungen in Form von Schneeballblüten an Porzellangefäßen, vorwiegend an Vasen. Ein von Kändler in → Meißen geschaffener und von anderen Manufakturen nachgeahmter Dekor.

Schneider, Christian Gottfried (1710–73), schlesischer Glasgraveur in Warmbrunn und letzter namhafter Glaskünstler des Rokoko.

Schnell, Martin (um 1675 bis um 1740), bedeutender Lackkünstler (→ Lackkunst), anfangs in Berlin tätig, wohl in Verbindung mit Gerard → Dagly. Ab 1710 als Hoflackierer in

Goldene Schnupftabakdose. Deutschland, spätes 18. Jh. Dekkel mit eingesetzter Achatplatte, B 7,5 cm. London, Auktionshaus Christie's.

Dresden, wo er Lackmöbel (→ Kabinette, → Schreibschränke) für August den Starken (Japanisches Palais in Dresden, Schloß Pillnitz) und den sächsischen Adel (Graf Brühl) arbeitete. Von 1731 bis zu seinem Tode wirkte er in Warschau. Er bemalte auch → Böttgersteinzeug mit Lack.

Schnelle → rheinisches Steinzeug

Schnepper → Armbrust

Schnürbrust, Schnürleib → Blankscheit

Schnupftabakdosen, mit der Mode des Tabakschnupfens im 17. Jh. zur Aufbewahrung des Tabaks aufgekommene handliche, runde, längliche oder eckige, aber nur selten hornförmig oder figürlich gestaltete Döschen. Wie der Tabak selbst zunächst eine nur den Reichen vorbehaltene Kostbarkeit darstellte, sind die frühesten derartigen Dosen ausschließlich aus wertvollen Materialien gearbeitet und von besonderer kunsthandwerklicher Qualität. Frühe Stücke bestehen aus Schildpatt, Horn und Elfenbein, aber auch → Porträtdosen wurden für Schnupftabak verwandt, sowie offenbar seit dem ausgehenden 17. Jh. die unter dem Begriff „Golddosen" zusammengefaßten Exemplare. Das Zentrum der Herstellung von Golddosen war Paris. An den ganz in Gold gearbeiteten Döschen werden Schmuckeffekt durch die Kombination matter und polierter Teile (→ matte) erzielt sowie durch gleichzeitige Verwendung verschiedenfarbiger Goldlegierungen (→ Quatrecouleur). Um 1770 wurde das → Guillochieren modern. Als weiterer Typus der Golddosen begegnen diejenigen mit einem Rahmen aus Gold, in dem andere Materialien, vor allem Halbedelsteine, Schildpatt, Porzellan, Email, Lack montiert sind (Tabatières → à cage). Häufig weisen sie auch hervorragende Emailmalereien (→ Emailkunst) auf. Weiterhin werden Golddosen verziert mit → Paillons; Blumenstücke, mythologische, biblische, sowie galante Schäferszenen und genrehafte Darstellungen in Art der Watteauszenen waren in der zweiten Hälfte des 18. Jh. beliebt, dazu im dritten Viertel dieses Jahrhunderts auch Bauernszenen nach Teniers und Miniaturkopien berühmter Gemälde.

Die Golddosenherstellung wurde von Paris aus in andere Länder übernommen, erreichte aber nicht die Qualität der französischen Erzeugnisse. Die Pariser Golddosen tragen in der Regel die Stempel des Herstellers, des Zunftmeisters und zweimal den des Steuereinnehmers, die übrigen sind nur teilweise gemarkt. In Deutschland waren das Berlin Friedrichs des Großen sowie das kunstsinnige Dresden die Zentren der Dosenherstellung. Hier entwickelte Heinrich Taddel († um 1794) eine neue Art von Schnupftabaksdöschen aus Schmucksteinen. Ihr Dekor ist aus den in Sachsen einheimischen Steinen (vor allem verschiedenfarbigen Achatstückchen), die durch goldene Stege gehalten werden, mosaikartig zusammengesetzt. Dieses Steinmosaik ist innen auf einer Goldplatte befestigt. Jene Technik vervollkommnete der Dresdener Hofjuwelier Johann Christian Neuber (1735–65). Während Taddel figürlich arbeitete, setzte Neuber die Schmucksteine zu geometrischen Mustern zusammen. Steindosen gehören zu den bedeutenden englischen Dosenerzeugnissen. Ihre Fassungen sowie die aufgelegten Ornamente, die aus Gold getrieben sind, sind in der Regel durchbrochen gearbeitet, so daß die Schmucksteine durchschimmern. Weiterhin sind typisch für England im Abziehbildverfahren bedruckte Emaildosen (→ Battersea-Emails).

Unter den bemalten Porzellandosen nehmen die sächsischen aus Meißen, die vielfach nachgeahmt wurden, einen besonderen Rang ein. Ihre Hauptproduktion fällt in die Zeit zwischen 1735 und 1765.

Der Tabakgenuß breitete sich schnell von den höfischen Schichten auf das Bürgertum und den Bauernstand aus. Gleichzeitig begann die weniger aufwendige Dosenherstellung aus preiswerteren Materialien. Anstelle von Porzellan und Goldemail kam in der ersten Hälfte des 18. Jh.s das billigere Kupferemail zur Verwendung, das in gleicher Art wie die früheren Materialien bemalt wurde. Pierre Fromery in Berlin verfeinerte diese Technik, indem er diese Emailmalereien durch vergoldeten erhabenen Dekor ergänzte.

Noch preiswerter als diese Kupferemaildosen waren die aus Kupfer und Messing, zunächst in den Niederlanden, dann vor allem in Iserlohn sowie außerdem in England und in Schweden gearbeiteten Stücke (→ Iserlohner Dosen).

Waren die frühesten in Europa hergestellten lackierten und mit Lackmalereien verzierten Schnupftabakdosen (→ Lakkarbeiten), die aus Holz oder Blech verfertigt wurden, große Kostbarkeiten, so wurden ihre Herstellungskosten zunehmend verringert. Bereits in der zweiten Hälfte des 18. Jh.s wurden Schnupftabakdosen vornehmlich aus → Papiermaché gearbeitet und in verhältnismäßig großen Stückzahlen produziert. Die feinen Lackmalereien wurden oft von gelernten Porzellanmalern ausgeführt. Besonders berühmt wegen ihrer ausgezeichneten Qualität sind die Lackdosen der Brüder Martin in Paris (→ Vernis Martin) sowie die von Johann Heinrich → Stobwasser in Braunschweig. Neben länglichen stellte letzterer vor allem sehr flache runde Dosen mit Stülpdeckeln her. Außer mit Porträts, die vermutlich zumeist auf Bestellung angefertigt wurden, sind die Stobwasserdosen mit Landschaften geschmückt, aber auch mit Genreszenen sowie zeitgenössischen Darstellungen aus den napoleonischen Kriegen. Nicht selten auch kommen Miniaturkopien der Gemälde berühmter Italiener, Niederländer und Spanier vor. Zumindest die qualitätsvolleren Erzeugnisse seiner Manufaktur hat Stobwasser mit seinem Namen oder seinen Initialen „St“ gezeichnet. Die Signierung findet sich im Deckelinneren oft zusammen mit der Fabriknummer und der Bezeichnung des Darstellungsmotivs. Stobwassers Fabrikate sind vielfach nachgeahmt worden, so in Braunschweig von Kraegelius, Evers und Stockmann.

Die stärkste Verbreitung hatte das Tabakschnupfen in der 2. Hälfte des 18. Jh.s, in die auch der Höhepunkt der Dosenherstellung fällt. Diese bildeten in der verspielten Zeit des Rokoko zugleich ein beliebtes Sammelobjekt.

Schnupftabakfläschchen, auch Schmalzlergläser, kleine flache Glasfläschchen in der Form eines Bocksbeutels, die in allen Farben und mit den verschiedensten Verzierungen vorkommen. Die Fläschchen haben einen Stöpsel, die aufwendigeren einen aus Messing mit einem Ring. Sie wurden im 18. und 19. Jh. hergestellt.

Schobokli, (von Tschibuk, Pfeife) Bezeichnung für eine aus vielen schmalen Streifen bestehende Bordüre anatolischer Teppiche (→ Kula).

Schöne Madonna → Weicher Stil

Schofarhorn, Kultgerät des jüdischen Ritus; ein seit biblischer Zeit überliefertes Blasinstrument aus Widderhorn, das zu bestimmten jüdischen Festen in der Synagoge geblasen wird. Die Mundstücköffnung ist stets an der Hornspitze, der Trichter oft zackenförmig bearbeitet. Oft finden sich eingeritzte Verzierungen, Inschriften, Tierköpfe, seltener Metalleinlagen oder Ausstattungen mit Hängekette und Metallmundstück.

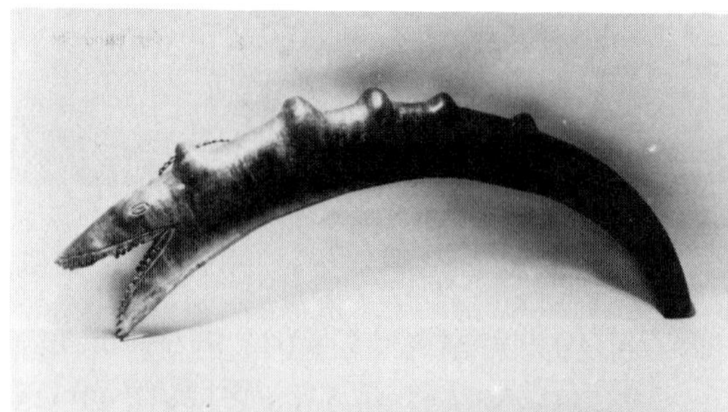

Schofarhorn. Jemenitisch (?), 17./18. Jh. Widderhorn, Schallmündung als Fischkopf beschnitzt, L 38 cm. München, Sammlung Eli Ashan.

Schofield, John, in der zweiten Hälfte des 18. Jh.s tätiger englischer Silberschmied, der schönste Haushaltssilbergegenstände des Klassizismus schuf.

Schojtasch *(suitás)* → Uniform

Schokoladenkannen → Kaffeekannen

Schotenwerk, ein Ornamentsystem, das in Frankreich das Schweif- und → Beschlagwerk ablöste. Es besteht aus einem asymmetrisch aufgebauten zarten Rankenwerk mit zerschlitzten, zu Schoten aufgeblasenen Blättern.

Schrägbalken, Schräglinksbalken (Heraldik) → Beizeichen, → Blasonieren, → Heroldsbilder

Schräggeteilt, auch **Schräglinksgeteilt** (Heraldik) → Heroldsbilder

Schraffuren → Tinkturen

Schrank, ein bereits in der Antike gebräuchliches → Kastenmöbel (lat. *armarium*), von dem der romanische → Giebelschrank abgeleitet wurde. Im 15. Jh. entstand durch Aufein-

Schiras. Südpersien, 2. Hälfte 19. Jh. 163 × 298 cm. München, L. Bernheimer.

andersetzen zweier Truhen der Schrank im modernen Sinne, zunächst mit Stellbrettern und Schubladen im Innern, während eine zweigeschossige Gliederung an der Außenwand (→ Fassadenschrank) noch auf die Herkunft aus der Truhe hinweist. Als Geschirrschrank und Anrichte dienten die Sonderformen → Dressoir, → Stollenschrank, → Überbauschrank, als Schreib- und Preziosenschrank der → Kabinettschrank. Ende des 16. Jh.s, als die spanische Mode das Hängen der Kleider vorschrieb, entstand der durchgehende Schrankraum, dem bald eine eingeschossige Gliederung im Äußeren entsprach. Das 17. Jh. brachte die Blüte dieses Möbeltyps im barocken Fassadenschrank, für den sich zahlreiche landschaftliche Sonderformen herausbildeten (→ Danziger Schrank, → Frankfurter Schrank, →Hamburger Schapp). Im 18. Jh. wurde der Schrank zierlicher und in der Gliederung zarter, während er an Bedeutung hinter der Kommode zurücktrat und kleineren, speziellen Zwecken angepaßten Möbeln Platz machte, die sich leichter in die Gesamtausstattung der Räume einfügten. Um 1800 kam der große Schrank in klaren, geradlinig begrenzten Formen wieder in Gebrauch.

Schraubflasche, Flasche auf polygonalem Grundriß, mit engem Hals und Schraubverschluß. Apotheken- und Vorratsgefäß. Beliebte Form des 17. Jh.s, die in Silber, Zinn und Steinzeug (→ Creußen) hergestellt wurden. Die Zinnmarken wurden meist auf den Deckeln eingeschlagen.

Schraubmedaillen, Schraubmünzen, aus zwei mit einem Schraubgewinde versehenen Medaillen- oder Münzhälften bestehende Kleinkunstwerke mit Einlage. In erster Linie aus Silber, später auch aus Kupfer, Zinn und gelegentlich sogar aus Eisen. Zunächst enthielten sie auf den Innenseiten ein gemaltes Bildnis (Miniatur). Seit der Mitte des 17. Jh.s. wurden auch mehrere lose einliegende, auf Pergament, Papier oder anderes Material gemalte und gestochene Bildchen (sog. Verwandlungsbilder) eingelegt. Das Zentrum der Herstellung dieser Gebilde war im 17. und 18. Jh. Augsburg. Schraubmedaillen und vor allem Originalschraubmünzen sind heute sehr begehrt.

Schreckenberger → Engelgroschen

Schreibkommode, im späten 18. Jh. aufkommende Kommode, deren oberste Schublade, herausgezogen, als Schreibunterlage mit herunterklappbarem Vorderteil diente.

Schreibschrank, mit kommodenartigem Unterteil und zweitürigem, giebelbekröntem Aufsatz (mit Schließfach und Schüben oder mit Regalbrettern). Dazwischen ist ein mit kleinen Schubfächern versehener Mittelteil eingeschoben, dessen Pultdeckel als Schreibplatte heruntergeklappt werden kann. Der Typ wurde im frühen 18. Jh. in England geschaffen und bürgerte sich dann schnell in Holland und Deutschland ein, wo er besonders in Würzburg, Mainz und Dresden (→ Schnell, Martin) zum Prunkmöbelstück ausgebildet wurde. In seiner Zeit wurde er Trisur genannt.

Schreibtisch, ein Tisch mit Schubladen zum Arbeiten (→ Wangentisch). Vorläufer sind das mittelalterliche Schreibpult und der seit der Renaissance hergestellte Schreibschrank. Moderne Schreibtische haben meist ein oder zwei Schranksockel, auf denen eine große Platte aufliegt.

Schreibzeug; in der zweiten Hälfte des 16. Jh.s ließen sich Fürstlichkeiten relief- oder emailverzierte (→ Emailkunst), oft mehrstöckige Kästen aus Edelmetall zur Aufbewahrung von Schreibutensilien arbeiten (→ Jamnitzer). Sie enthielten Tintenfaß, Streusandbüchse, Siegellack, Federkiele und Federmesser. Im späten 17. Jh. wurden einfachere Silberkästen für Schreibgeräte gemacht. Zu Beginn des 18. Jh.s entwickelte sich für das Schreibzeug ein fester Typ, der in Silber, Fayence, später auch in Porzellan ausgeführt wurde: Tintenfaß und Sandbüchse wurden auf einem tablettartigen Untersatz befestigt, der auch eine Kerze, die man zum Siegeln brauchte, samt Löschhütchen (→ Nachtleuchter) und → Lichtputzschere sowie eine → Tischglocke aufnahm. Im Lauf des Jahrhunderts kamen noch weitere Einzelteile hinzu. Um 1800 waren Schreibzeuge mit Glasbüchsen beliebt, die auf ein Tablett aus Silber oder → Plated-Silber mit durchbrochenen Manschetten (→ Trembleuse) gestellt wurden.

Schreibzeug mit Kalendarium. Fulda, um 1775/80. Porzellan, H 12,2 cm. Hamburg, Museum für Kunst und Gewerbe.

Schrein → Altarretabel

Schrezheimer Fayence; in Schrezheim bei Ellwangen gründete Joseph Baptist Bux unter der Schirmherrschaft des Fürstbischofs von Trier 1752 eine Fayencemanufaktur, die bis 1862 bestand. Mit welchem Ehrgeiz sie betrieben wurde, machen sakrale Großplastiken und ein großer Fayencealtar in der Kirche von Schrezheim deutlich. Figurenplastik und → Formgeschirre waren ausgezeichnet; besonders beliebt waren, wie in Künersberg (→ Künersberger Fayencen) Wandplattengemälde. Daneben wurden die üblichen Geschirre mit Scharffeuer- (→ Scharffeuerfarben), später mit Muffelmalerei (→ Muffelfarben) hergestellt. In der Spätzeit des 18. Jh.s ging man zu kalter Bemalung in Rot, Schwarz und Gold über. Als Marke (→ Redende Wappen) wurde ein einfaches dreiblättriges Buchszweiglein geführt.

Schrittzähler (Pedometer), Instrument in Form und Größe einer → Taschenuhr zum Zählen von Schritten. Es besteht aus einem Hammer, der an einer Feder befestigt wird. Durch die Erschütterung beim Gehen federt der Hammer und setzt dadurch ein Zahnradsystem, mit dem er verbunden ist, in Bewegung. An drei Zeigern ist dann die Anzahl der gemachten Schritte abzulesen, wobei der erste Zeiger die einzelnen Schritte, der zweite je 100 Schritte und der dritte je 1000 Schritte anzeigt.

Schrötling → Münze

Schreibschrank. Norddeutsch, Mitte 18. Jh. Nußbaum und Wurzelholz auf Eiche furniert, 233 × 118 × 62 cm.

Schrotschnitt, Hochdrucktechnik, bei der in weiche Metallplatten die Zeichnung mit verschieden geformten Punzen eingehämmert wird. Auf dem Abdruck wird die Zeichnung von weißen Punkten auf schwarzem Grund gebildet. Der Schrotschnitt war in der zweiten Hälfte des 15. Jh.s gebräuchlich.

Schrot und Korn → Münze

Schrühbrand → Fayence

Schützengaben, bei Schützenfesten als Preise ausgesetzte Zinnkannen oder -teller. In der Schweiz wurden auf ihnen Schützengabenstempel eingeschlagen; aus Sachsen sind besonders die gravierten Zittauer Schützenteller aus dem 18. Jh. bekannt.

Schützenschnur, wurde 1894 in 10 Klassen anstelle eines älteren Schützenabzeichens im Deutschen Reich eingeführt. Von 1919 bis 1936 trug man am Ärmel Schützenabzeichen in Form kurzer Tressen. 1936 wurde die Schützenschnur eingeführt.

Schulterstücke → Dienstgradabzeichen

Schultervelum, um die Schultern gelegtes weißes Seidentuch, mit dessen Enden der Priester bei der sakramentalen Segensspendung oder bei Prozessionen seine Hände vor dem Ergreifen der → Monstranz oder eines → Reliquiars verhüllt.

Schumacher, Martin (1695–1781), Kunstschreiner, Schüler von Johann → Matusch in Ansbach, ab 1737 dort Hofschreiner. Schumacher führte englische Einflüsse in das fränkische Möbel ein und verwendete → Mahagoni und Palisander. Auch der Bronzebeschlag seiner mit Blumen- und Figurenmarketerie geschmückten Möbel zeigt englischen Einfluß.

Schuppenmuster, ein übereinanderlappendes Fischschuppen ähnliches Muster. Man findet es im 15. Jh. auf venezianischem Glas, im 16. Jh. auf türkischer Töpferware, später dann auf Worcester Porzellan. In der 1. Hälfte des 18. Jh. dekorierte man auch Möbel, Silberwaren und Uhrengehäuse damit.

Schuß → Kette

Schuscha → Karabagh

Schusterkugel, eine mit Wasser gefüllte Glaskugel, die, vor ein Licht gestellt, wie eine Sammellinse wirkt und den Lichtstrahl bündelt. Der Schuhmacher rückt den Schuh so in den Lichtstrahl, daß die Stelle, die er bearbeiten will, hell beleuchtet ist. Auch im lithographischen Gewerbe und bei den Spitzenklöpplerinnen fand die Kugel Verwendung.

Schutz- und Gnadenwappen, Wappen, die von einem Herrn als Ausdruck des Schutzes und der Anerkennung verliehen wurden.

Schutzwaffen → Harnisch, → Helm, → Pavese, → Tartsche

Schwälmer Bauernmöbel, ländliche Möbel aus dem hessischen Schwalm, das zu den interessantesten volkskundlichen Gebieten Deutschlands gehörte. Trachten, Hausgerät, die Einrichtungen der Bauernhäuser zeugen von einem unverwechselbaren Charakter, der bis in das späte 19. Jh. und frühe 20. Jh. hinein durchgängig ist. Das berühmteste der Schwälmer Möbel ist der Brautstuhl, ein Pfostenstuhl mit trapezförmiger, auskragender Lehne über dem Sitz; die oberen Abschlüsse der Pfosten zeigen häufig ausgesägte Vögel und ornamentierte Scheiben; Flachschnitt- und Ritzdekore schmücken die Flächen. Eine Sonderform Schwälmer Bauernmöbel bilden die etwa 20 bis 40 cm hohen Laden mit vorgesetzten, geschweift gesägten Fußbrettern und aufgenagelten Leisten. Die Milchschränke weisen die Besonderheit fast völlig durchbrochener Türen auf (→ Bauernmöbel).

Schwanenservice → Meißen

Schwanhardt, Glasschneiderfamilie, deren Mitglieder die Hauptvertreter des → Nürnberger Glasschnitts im 17. Jh. waren. Georg Schwanhardt d. Ä. (1601–67) war Schüler von Caspar → Lehmann in Prag und brachte 1622 die Kunst des Gravierens von Glas nach Nürnberg. Seine Söhne Heinrich († 1693) und Georg († 1676) setzten das Werk des Vaters fort, unterstützt von ihren Schwestern Sophia, Maria und Susanna. Von den Schwanhardt-Kindern haben sich keine signierten Arbeiten erhalten, dagegen kennen wir von Georg Schwanhardt d. Ä. an die fünfzig gravierte Gläser, von denen einige seine Signatur tragen.

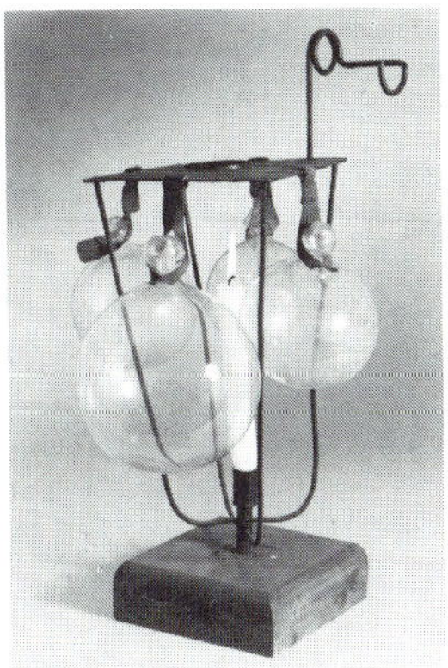

Schusterkugel. Neheim-Hüsten, Leuchten-Museum.

Schwarzafrikanische Elfenbeinschnitzerei, Elfenbeinkunst Afrikas, zu deren wichtigsten Herkunftsgebieten im Zentrum des Kontinents das Kongobecken, in Westafrika die Staatsgebiete zwischen Elfenbeinküste und Angola sowie im Osten Afrikas Äthiopien, Kenia und Tansania gehören. Schnitzmaterial sind Elefanten- und Flußpferdzähne. Motive: Ahnenfiguren in hockender, knieender und stehender Haltung, Anhänger-Masken und Blashörner. Beispiele aus der Elfenbeinschnitzkunst der Luba, Pende, Manjema, Warega im Kongogebiet, der Pangwe, Kossi, Bapindi aus Kamerun und der Joruba in Nigeria. Aus allen Regionen stammen Armreifen, Haarpfeile, Blashörner, Griffe für Waffen und andere Geräte für Kult und Gebrauch. Höchstleistungen der schwarzafrikanischen Schnitzkunst brachten die Joruba im westlichen Nigeria hervor wie die → Ibedji-Figuren, die Rasseln für den Orakelkult und weibliche Statuetten. Aus der benachbarten afrikanischen Hochkultur von Benin stammen die wertvollsten afrikanischen Elfenbeinarbeiten überhaupt, die beschnitzten Aufsteckzähne für den Ahnenkult, Masken und Tiere für den Gürtelschmuck, Figuren von Königen und Königinnen, figürlich beschnitzte Armmanschetten. Eine Sonderform schwarzafrikanischer Schnitzkunst stellen die afroportugiesischen Arbeiten aus dem 16.–17. Jh. n. Chr. dar (→ afroportugiesische Schnitzkunst). Die heutige Elfenbeinschnitzerei in Schwarzafrika stellt sich zunehmend auf Tourismus und Export ein. Beliebte Motive sind die sog. Ahnenfiguren, Elefantenbrücken, beschnitzte Zähne, Blashörner, Armreifen.

Schwarze Familie, franz. *famille noire,* → chinesisches Porzellan

Schwarzes Elfenbein, fossiles Mammutelfenbein aus dem gefrorenen Boden Nordsibiriens, wo während der letzten Eiszeit riesige Mammutherden zugrunde gegangen sind. Die Zähne wurden in der Antike sowohl in China als auch zur Zeit Alexanders d. Gr. in Küstenländern des östlichen Mittelmeeres eingeführt und künstlerisch verarbeitet. Im russischen Europahandel ist seit dem 18. Jh. n. Chr. Mammutelfenbein nachgewiesen.

Schwarzfiguriger Stil → Vasenmalerei

Schwarzlotmalerei, Graumalerei u. a. auf Gläsern, die in der zweiten Hälfte des 17. Jh.s aufkam. Ihr Erfinder war Johann Schaper (1621–70), von Haus aus Tafelglasmaler, der die Technik in Nürnberg einführte. Dort übertrug er sie auf Hohlglas und → Fayence. Bei den Gläsern handelt es sich um kleine Becher auf Kugelfüßen, andere Formen sind sehr selten. Schaper malte am häufigsten Landschaften und Ruinen mit figürlicher Staffage. Neben dem zwischen den dunkelsten und hellsten Sepiatönen variierendem Schwarzlot wurden auch durchsichtige bunte Schmelzfarben verwendet. Schaper fand zahlreiche Nachahmer, darunter Hermann Bencherlt, Johann Keyll und Johann Ludwig Faber. Im 18. Jh. verlagerte sich die Schwarzlotmalerei nach Böhmen und Schlesien. Von Daniel und Ignaz Preissler in Kronstadt kennen wir Gläser mit Laub- und Bandelwerkdekor, mythologische Szenen und → Chinoiserien in Schwarzlot, teils mit Gold erhöht. Schwarzlotgläser in der Art Schapers und Preisslers ließ Ludwig → Lobmeyr um 1880 von nordböhmischen Glasmalern herstellen.

Schwarzwalduhren, seit dem 17. Jh. im Schwarzwald hergestellte Uhren. Typisch ist ein quadratisches mit einem Halbkreis bekröntes Uhrenschild, das an allen vier Ecken mit Blumen bemalt ist. Die berühmte Kuckucksuhr ist eine Variation der Schwarzwälderfigurenuhren, die ältesten Stücke stammen aus der Mitte des 18. Jh.s.

Schweifung, bezeichnet den abwechselnd konkav eingezogenen oder konvex ausschwingenden Kontur eines Möbels. Geschweifte Möbel treten bereits im Barock auf, werden aber erst im 18. Jh. zur verbindlichen Stilform.

Schweifwerk → Beschlagwerk

Schweinsschwert → Jagdwaffen

Schweizer Leinenstickerei, die bürgerliche Stickerei der deutschen Schweiz; gestickt wird auf weißem Leinen mit weißem, selten auch blauem oder braunem Faden. Ihre Entwicklung läuft von der 1. Hälfte des 13. Jh.s bis zum Jahre 1640. Blütezeit war das 15. Jh. und besonders die erste Hälfte des 16. Jh.s. Patrizier-, Bürger- und Klosterfrauen haben diese Stickereien nach Vorzeichnungen von Malern, nach Holzschnitten und Bibelillustrationen gearbeitet.

Schwerdfeger, Johann Ferdinand (um 1760–98 in Paris nachweisbar), berühmter Pariser → Ebenist deutscher Herkunft, Günstling der Königin Marie-Antoinette, für die er einen Schmuckschrank arbeitete, den sie von der Stadt Paris als Geschenk erhielt. Seine handwerklich hervorragenden Möbel sind von prunkhafter Schwere.

Deckelbecher mit Schwarzlotmalerei von Johann Schaper. Nürnberg, 17. Jh. München, Auktionshaus Weinmüller.

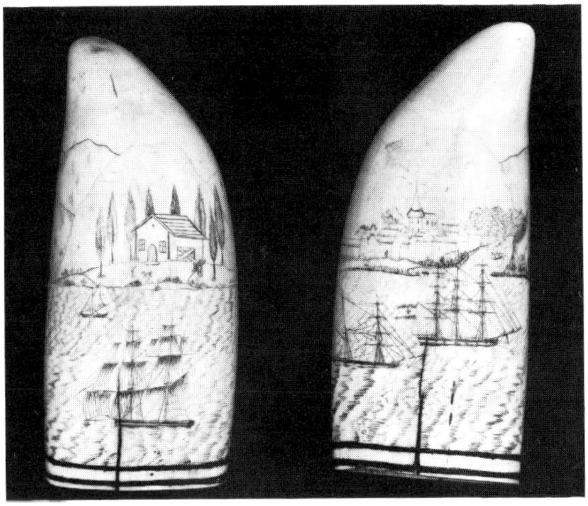

Scrimshaw. Pottwalzahn mit Ritzzeichnung, eine Flußlandschaft mit russischen Schiffen darstellend. Um 1840. H 13,3 cm. Hamburg, Altonaer Museum.

Schwerkraftuhren, Bezeichnung für alle Uhrentypen, die durch ihr eigenes Gewicht angetrieben werden, z. B. → Kugellaufuhr, → Sägeuhr.
Schwert, seit vorgeschichtlicher Zeit die edelste Waffe des Kriegers. Es besteht aus Knauf, Griff, Parierstange und Klinge. Das mittelalterliche Schwert zeigt halbkugeligen oder scheibenförmigen Knauf, kurzen Griff (im Mittelalter Gehilze genannt), gerade Parierstange und eine breite zweischneidige Klinge. Im 15. Jh. werden Griffe und Parierstangen länger. Im 16. Jh. entwickeln sich die Sonderformen des Stechers (mit langer spitzer Klinge und geschwungenem Parierstab) Anderthalbhänder (mit langem, leicht gebauchtem Griff), Landsknechtsschwert (mit fächerförmigem Knauf), der große Bihänder (Zweihänder, mit besonders langem zweigeteiltem Griff) und der Flamberg (Bihänder mit gewellter oder gezackter Klinge). In der zweiten Hälfte des 16. Jh.s wird das Schwert vom → Degen verdrängt und lebt nur noch als Trabantenwaffe von Schutztruppen, als Zeremonienschwert und → Jagdwaffe (Schweinsschwert) fort. Japanisches Schwert → Katana
Schwertermarke → Meißen, → Porzellanmarken
Schwindschalen, chinesische Scherzgefäße. Porzellanschalen mit hohlem Henkel, bei denen innen auf halber Höhe eine kleine plastische Figur winzige Löcher verdeckt. Steigt die Flüssigkeit bis zu dieser Figur, z. B. durch Schräghalten beim Trinken, so beginnt sie in den Henkel abzufließen. Der Vorgang beruht auf einer Hebervorrichtung im Innern des Henkels.
Schwitzbecher, Silberbecher mit rauh gepunzter (Fischhautbecher, Schlangenhautbecher) oder diamantierter Wandung (→ Diamantschnitt), die vorwiegend im 17. Jh. beliebt waren.
Scramasax, das einschneidige fränkische Kurzschwert des 6. bis 9. Jh.s.
Scrimshaw, nur ungenügend erklärbarer, von der Neuenglandküste stammender Name für die verschiedenartigsten Seemannsarbeiten, die von Walfängern aus Fischbein (das sind die Barten von den Kiefern der Bartenwale), den Zähnen des Pottwals oder den Stoßzähnen von Walrossen hergestellt worden sind. Das Material mußte möglichst frisch nach dem Fang in freien Stunden an Bord bearbeitet werden, ehe es zu hart und spröde wurde. Es gibt geschnitzte Figuren und fein verzierte Geräte wie Nadelbehälter, Teigrädchen, Schuhlöffel und Kämme, sowie die mit unterschiedlichsten dekorativen und figürlichen Ritzzeichnungen versehenen Objekte. Die Darstellungen (zum Beispiel Liebesverse und -szenen, auch erotischer Art, auf den Fischbeinkorsettstangen für die Braut oder vollgetakelte Segelschiffe auf den als Briefbeschwerer dienenden Pottwalzähnen) wurden nach dem Gravieren mit Kerzenruß oder chinesischer Tusche eingeschwärzt. Vor 1800 entstandene Stücke sind selten und sehr teuer, auch noch die mit Sicherheit aus dem 19. Jh. stammenden; die meisten im Handel befindlichen sind moderne Nachahmungen.

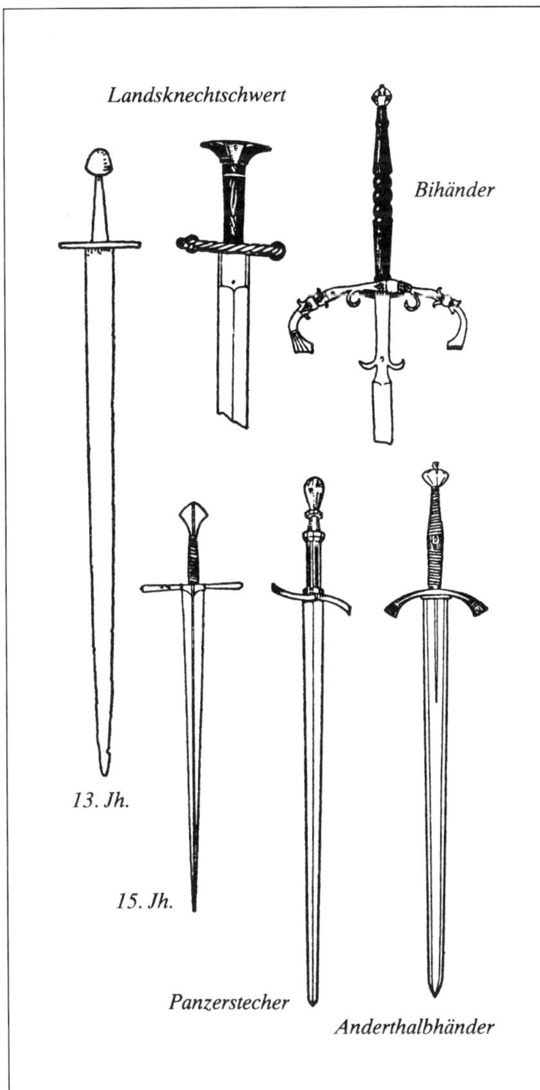

Scyphati, schüsselförmige byzantinische Münzen, die vom 10. bis 12. Jh in Gold, Silber und Bronze geprägt wurden.

Scyphati

Seau a bouteilles → Weinkühler
Seau à verres → Gläserkübel
Sechspaß → Dreipaß
Sederschüssel, auch Sederteller, werden im jüdischen Brauchtum am Pessach (Osterfest) beim Abendmahl benutzt, zum Auflegen der ungesäuerten Brote, der sog. Mazzot, oder aber auch der für das Pessachmahl benötigten symbolischen Speisen die entsprechend der Legende (→ Haggada) an den Auszug aus Ägypten erinnern sollen. Im Mittelalter kannte man dafür irdene Schüsseln, später solche aus Zinn. Besonders wohlhabende Familien besaßen reich gearbeitete Silberteller. Die Sederschüsseln sind durch Inschriften und meist volkstümliche Darstellungen, die sich auf das Pessachfest oder auf den historisch-biblischen Hintergrund beziehen, als solche zu erkennen. Oft ist nur das Wort „Pessach" oder „Mazzot" eingraviert. Seit dem 17. Jh. kennt man mehrgeschossige „Etagen"-Schüsseln. Daneben hat sich ein Typ entwickelt, bei dem sechs abgeteilte Felder für das Auflegen der symbolischen Speisen durch Gravur oder Bemalung angezeigt sind, teils mit Beschriftung, teils mit bildlicher Darstellung dieser Speisen: Ei, Lammknochen, Bitterkraut, Erdfrucht, Salzwasser und „Charosset", ein Apfel-Nuß-Brei, der an den Mörtel des Pyramidenbaus in Ägypten erinnern soll. Oft ist an dieser Stelle ein Trog oder Schubkarren wiedergegeben. Solche Teller gelten als gesuchte Objekte der Judaika-Sammlungen.
Sedisvakanzmünzen, nach dem Tode eines geistlichen Münzherrn bis zur Neubesetzung seines Stuhles geprägte Münzen.

Sedisvakanzmünzen (Abb. verkleinert).

Sedschahdeh, Größenbezeichnung für persische Knüpfteppiche, ca. 1.3 × 2.0 m.
Seestück → Marinemalerei
Segenskreuz, bei der Segensspendung in der Ostkirche verwendetes kleines Kreuz aus Holz, Metall oder Edelmetall mit der Darstellung des Gekreuzigten und auch anderer Szenen aus dem Leben Jesu.
Seicento, Bezeichnung für die italienische Kunst des 17. Jh.s.
Seidl, Gabriel von (1848–1913), Münchener Architekt, begründete 1878 zusammen mit Rudolf von Seitz die Firma Seitz & Seidl, deren breitgefächertes Angebot komplette stilkongruente Einrichtungen mit allem Zubehör einschließlich Gebrauchsgegenständen enthielt. Seitz & Seidl trug wesentlich zur Geschmacksbildung der Jahrhundertwende bei.
Seitengewehr, ursprünglich Bezeichnung jeder an der Seite getragenen Blankwaffe. In Preußen dann nur noch als Bezeichnung für das auf das Gewehr aufpflanzbare Seitengewehr begriffen.
Sejshour, Knüpfteppich aus dem → Kuba-Gebiet (→ Kuba-Teppiche) im Ostkaukasus. Auf rotem und blauem, selten auf gelbem oder weißem Grund versetzte Blütenrosetten mit Balkenzeichnung, durch deren Anordnung Rautenfelder entstehen. Das Muster des → Laufenden Hundes tritt in der meist schmalen Bordüre häufig auf.
Sekretär, hochrechteckiger Schreibschrank, dessen Unterteil Türen oder Schübe zeigt. Der Schübe und Fächer enthaltende Mittelteil wird von einer senkrechten Klappe verschlossen, die, heruntergeschlagen, als Schreibplatte dient. Eine flache Schublade bildet meist den oberen Abschluß. Der Typus wurde um 1760 von Jean François → Oeben und Jean Henri → Riesener ausgebildet und großartig verwirklicht. In dieser Form lebte er bis ins 19. Jh. fort und gehörte zu den Lieblingsmöbeln des Empire und Biedermeier.
Sekretsiegel → Siegel
Seladon (von franz. *céladon,* hellgrün), allgemeine Bezeichnung für ein in mancher Hinsicht dem → Yüeh-yao verwandtes, porzellanartiges Steinzeug von grauem Scherben mit leicht violettem Stich und dünner, gleichmäßiger Glasur von olivgrüner bis -grauer Farbe, dunkler als beim Yüeh-yao, aus

Nördliches Seladon, Schale. China, Sung-Zeit, 11./12. Jh. Helles Steinzeug mit eingeschnittenem Dekor und transparenter dunkel-olivgrüner Glasur, Dm 19,5 cm. Köln, Museum für Ostasiatische Kunst.

Honan. Charakteristisch ist ein tief eingeprägter, dichter Dekor, vorrangig mit Lotos- und Päonien-Motiven, auch Fischen und Enten, der die gesamte Gefäßwandung oder Teller- und Schalenfläche überzieht (vielfach mit einem Kamm gefurcht). Im Gegensatz zu dieser auch Nördliches Seladon genannten Ware ist das aus Chekiang stammende Südliche Seladon lockerer und nicht gänzlich dekoriert, wie auch die koreanischen Seladongefäße aus der frühen Koryŏ-Zeit. Das bekannteste Protoporzellan dieser südlichen Art ist das Lung-ch'üan-yao aus Lung-ch'üan, nahe der Grenze zu Fukien. Die Produktion des Südlichen Seladon hatte ihren Höhepunkt zur Zeit der Süd-Sung-Dynastie (1127–1280), reicht aber bis in die Ch'ing-Zeit. Ihre besten Stücke sind jene mit bläulich schimmernder Glasur; typisch sind walzenförmige Vasen mit abgesetztem Hals (jap. Kinuta-seiji). Aus der Yüan- und frühen Ming-Zeit sind größere und schwerere Gefäße mit gelblich-grüner Glasur bezeichnend. Geringen Wert haben Seladon-Stücke aus der Zeit nach 1500, mit weißem Porzellan-Scherben und glasiger Glasur von wäßriggrüner Farbe. Unter den koreanischen Seladon-Stücken sind solche mit feingliedrigem Einlegedekor aus weißem und rötlichbraunem (nach dem Brand schwärzlichem) Schlickerton unter der Glasur als spezifisch koreanische Ware von höchster Qualität besonders geschätzt.

Selbstspielende Musikinstrumente → mechanische Musikinstrumente

Seldschukenteppiche, auch Koniateppiche, im 13. Jh. von Seldschuken geknüpfte Teppiche, von denen sich Fragmente in Konia (mittleres Kleinasien) erhalten haben.

Selow, Johann Michael von (tätig 1755–um 1767), Braunschweiger Kunsthandwerker und Unternehmer, dessen Spezialität die Herstellung kleinerer Beistelltische mit eingelegtem Glasperlenmosaik war. Die sog. Selow-Tische wurden mehr oder minder fabrikmäßig hergestellt und sind auch heute noch bisweilen im Kunsthandel zu finden.

Semper, Gottfried (1803–79), neben Viollet-le-Duc und Augustus Welby Northmore → Pugin bedeutendster Architekturtheoretiker des → Historismus, dessen Einfluß auf das Kunstgewerbe seiner Zeit und auf die Entwicklung neuer handwerklicher Traditionen sehr groß war. Während Viollet-le-Duc und Pugin sich fast ausschließlich mit der → Gotik auseinandersetzten, wandte sich Semper dem Studium der Antike und später der italienischen Renaissance zu. Als einer der ersten propagierte er die Einheit von Architektur und Innenraum, wobei er Mobiliar und Dekoration miteinbezog.

Sendelbinde, Zendelbinde, Tragband der turbanartigen Männerkopftrachten des 15. Jh.s.

Sené, Jean Baptiste Claude (1748–1803), bekannter Pariser → Menuisier. Der fruchtbarste Entwerfer von Sitzmöbeln des Louis-seize neben Georges → Jacob. Die Rückenlehnen seiner Sitze sind meist mit einem Schmuckmotiv bekrönt.

Senkschmelz → Email

Senneh, 1. Teppicherzeugnisse aus der Stadt gleichen Namens in der westiranischen Provinz, in der sehr feine, kurzflorige Teppiche entstanden, meistens mit Boteh- oder Herati-Zeichnung (→ Boteh, → Herati). Auch sehr feine Kelims sind dort entstanden.

2. der den Flor bildende Knoten des persischen, turkmenischen, indischen, chinesischen und zum Teil auch des türkischen Teppichs. Es wird jeweils ein Kettfaden unterfangen und der nächste umschlungen, so daß nach jedem Kettfaden ein Knüpffadenende aufragt.

Sennehknoten

Senufo, Stammesname und Begriff für einen der großen und bedeutenden Stile der → Afrikanischen Kunst. Das Senufogebiet erstreckt sich zwischen der nördlichen Elfenbeinküste, Teilen von Obervolta und Mali. Die Schnitzkünstler des Stammes sind die „Kule", Angehörige der Schmiedekaste und eines eigenen Geheimbundes, der allein berufen war, den alten Stammesstil zu tradieren, ein System, das im Touristenzeitalter zunehmend in Auflösung begriffen ist. Die Kultgeräte, Masken und Figuren spiegeln die soziale Ordnung wider, in der das Leben durch Bünde geregelt wurde. So begleiten die Masken des Poro-Bundes die männlichen Stammesmitglieder in allen Altersstufen vom Knabenalter bis zum Tode. Die Kpelie-Maske ist eine der berühmtesten Gesichtsmasken, die auch in großer Zahl für den Tourismus nachgeschnitzt und gefälscht wird. Ihre Gestaltung ist recht einprägsam: länglich-ovaler Gesichtsschnitt mit geometrisch ornamentierten, seitlich anstehenden Flächen und den nach unten führenden „Füßen", leicht geknickte zapfenartige Bildungen, die eine „Verbindung zwischen Maskengeist und der Erde" herstellen sollen (Totenkultmasken). Die Wabele-Maske dagegen wird als Helmmaske getragen; oft janusköpfig, zeigt sie erschreckende zoomorphe Züge mit langem offenem Maul. Damit verwandt ist die Kagba-Maske mit langen Antilopenhörnern und krokodilsähnlichem Maul. Die Degele-Stülpmasken dagegen sind meist in Form einfacher

Links: Senufo. Kpelié-Maske. Elfenbeinküste. Holz, H 32 cm. München, Privatsammlung. Rechts: Senufo-Nafara. Reiterin. Elfenbeinküste. Holz, H 36,7 cm. Stuttgart, Linden-Museum.

Zylinderstümpfe mit Blicköffnung gearbeitet und mit einer auf der Kopfmitte stehenden menschlichen Gestalt, deren überlängter Hals mit Wulstringen versehen ist, wie wir das auch bei den Sande-Masken der Vai (→ Mende) finden.
Der Nashornvogel oder Calao spielt in der Mythe der Senufo eine große Rolle in Bezug auf Fruchtbarkeit und Fortbestand des Volkes. Dementsprechend erscheint seine Gestalt immer wieder in figuralem und ornamentalem Zusammenhang. Der lange, stark nach unten gebogene Schnabel ist in vielem Stilmerkmal der Senufo-Kunst geworden: Auch die nach unten überlängten Gesichter der Senufo-Figuren, vornehmlich der Frauenfiguren, die eine Vogelmensch-Physiognomie entstehen lassen, weisen dieselbe Stilistik auf, ebenso die stammestypische Frauenfrisur mit dem Mittelhaarschopf, der von der Stirn vogelschnabelartig ins Gesicht fällt. Die Sieneple -Stäbe sind als Würdezeichen meist mit solch sitzenden Frauenfiguren bekrönt. Auch wird der Calao-Kopf gern als Schmuck an → Webrollenhaltern verwendet. Sowohl bei den Senufo als auch bei ihren Nachbarn, den Jimini, findet sich ein von Büffelhörnern bekrönter Maskentyp, der an Wickingerhelme erinnert.

Serabend, zentraliranische Gebirgslandschaft und Handelsplatz für Teppiche dieses Gebietes. Das Boteh-Muster (→ Boteh) überwiegt bei Knüpferzeugnissen dieser Provenienz. Die feinen, höherflorigen Serabends werden als Mir bezeichnet.

Serigraphie → Siebdruck

Serpentinstein, „Schlangenstein", ein aus dem faserigen Material Serpentin bestehender kristalliner Schiefer von olivgrüner bis schwarzer, brauner oder roter Farbe, der geädert, gefleckt oder geflammt vorkommt. Er läßt sich leicht schneiden und drechseln und kann hochglänzend poliert werden; daher wird er zu Gefäßen, Geräten, Tischplatten und Architekturteilen verarbeitet.

Serrati, von 120 bis 60 v. Chr. geprägte römische Silberdenare (→ Denar), deren Rand (als Schutz gegen Beschneidung und gegen Fütterung mit Kupfer) gezähnt war. Sie waren besonders beliebt bei den Germanen.

Serrati.

Serre-papier → Cartonnier

Servante, auch Desserte, Wandtisch des späten 18. Jh.s., Weiterbildung des → Konsoltisches. Die Servante trägt eine Marmorplatte und häufig ein zusätzliches Stellbrett zwischen den Beinen. Im Empire verstand man unter Servante ein schrankhohes, offenes Gestell, in das mehrere Regale oder Tabletts eingebaut waren.

Service, Tafelgeschirr oder Toilettengarnitur nach einheitlichem Entwurf. Eine Schöpfung des 18. Jh.s.

Sessel → Sitzmöbel

Sesterz → Denar

Settecento, Bezeichnung für die italienische Kunst des 18. Jh.s.

Settee. England, 1. Hälfte 18. Jh. Nußholz. London, Victoria and Albert Museum.

Settee, Doppelsitz. Kleines englisches → Canapé, dessen Entstehung aus zwei zusammengezogenen Stühlen meist noch in der Form der Lehne und einem in der Mitte stehenden Beinpaar kenntlich ist. Eines der typisch englischen Möbel, die in der → Queen Anne-Zeit ausgebildet wurden und das ganze 18. Jh. in Mode blieben. Eine kleine Settee heißt Love-seat. Sie entspricht der französischen → Causeuse.

Seuter, Abraham (1689–1747), Porzellan-Hausmaler in Augsburg. Bemalte seit etwa 1725 Meißner Porzellan mit sog. „Goldchinesen". Signierte Service datieren von 1731 und 1736. Arbeitete vermutlich in Werkstattgemeinschaft mit seinem Bruder Bartholomäus Seuter (1678–1754), der bereits als Fayence-Hausmaler tätig war und 1726 das Privileg zum Dekorieren von Porzellan erhielt.

Sévignébrosche, nach der Marquise de Sévigné benannte, mit Diamanten und Perlen besetzte Brosche in Schleifenform, die sich, der französischen Mode folgend, in der 2. Hälfte des 17. Jh.s und im 18. Jh. in Europa verbreitete. Die frühen

Servante von Johann Ferdinand Schwerdfeger. Paris, 1788. 86 × 140 × 47. Paris, Privatbesitz.

Beispiele z. T. rückseitig emailliert. Nach Anfang des 19. Jh.s waren Dresdner Goldschmiede mit goldenen Sevignés auf Industrieausstellungen vertreten. Das Schleifenmotiv wurde auch für den Granatschmuck übernommen.

Sèvres → Vincennes-Sèvres

Sezession, auch Secession, Bezeichnung für Künstlervereinigungen, die sich von traditionellen Institutionen abspalteten. Eine Bewegung, die sich in verschiedenen europäischen Kunstzentren fast gleichzeitig in den 80/90er Jahren des 19. Jh.s zeigte und häufig auch als Sezessionskunst tituliert wird. Diese deckt sich oft mit dem → Jugendstil, ist aber insgesamt zu heterogen, um als Stilbegriff beibehalten zu werden. Innerhalb der Sezessionen wurde ein Zusammenwirken der verschiedenen Künste und des Kunsthandwerks angestrebt. Die früheste Sezession entstand in Paris mit der Société des Independants, 1892 folgte die Münchener Sezession (Peter → Behrens), 1897 die Wiener Sezession mit ihrem Publikationsorgan → Ver Sacrum, 1898 die Berliner Sezession.

Sfumato (ital., verraucht, dunstig, verschwommen), eine Malweise, die die dargestellten Gegenstände wie durch einen Rauch- oder Dunstschleier gesehen erscheinen läßt. Erstmals bei den Hintergründen auf Bildern Leonardo da Vincis, dann allgemein in der Leonardo-Schule, später auch bei Pierre Paul Prudhon und Correggio üblich.

Sgabello → Schemel

Sgraffito, Graffito, Kratzputz. Vorwiegend in Italien geübte Form der Wandverzierung, bei der man verschiedenfarbige Mörtelschichten übereinanderlegt. In feuchtem Zustand werden Ornamente ausgekratzt, in denen die unteren Farbschichten zur Geltung kommen. – Eine analoge Ritztechnik auf keramischen Erzeugnissen mit → Engobe bezeichnet man auch mit Sgraffiato, Graffiato.

Shaker-Möbel, Möbel der Shakers, eigentlich der „Shaking Quakers", einer amerikanischen Sekte, im Staate New York seit 1774 ansässig. Ihre religiöse Überzeugung gebietet ihnen die Vermeidung jeglichen Prunkes auch bei Gegenständen des täglichen Bedarfs, also auch bei Möbeln. Aus diesem Grunde zeigen ihre Möbel stets äußerst schlichte Formen, oft englischen Bauernmöbeln angelehnt, deren funktionelle Gestaltung bereits als Vorgriff auf die Entwicklung der Moderne anzusehen ist. Shaker-Möbel dienten zahlreichen Designern des 20. Jh.s als ständige Quelle der Inspiration.

Shâkyamuni (sanskr., „Der Weise der Shâkyas"), der einstige Prinz Siddhârta aus dem Geschlecht Gautama im Himalaya-Königreich der Shâkyas, der historische Buddha unserer Zeit, der im Mahâyana-Buddhismus als eine Inkarnation – Amitâbhas gilt, also ein „Menschen Buddha" (Mânushi Buddha). Als Einzelfigur wird er in der Regel stehend wiedergegeben, mit den *mudrâs abhaya* und *varada,* in der Gruppe konfiguriert, mit seinen – Bodhisattvas Manjushrî und Samantabhadra, auch mit seinen Jüngern, den Mönchen Ânanda und Mahâkâshyapa bzw. Maudgalyâyana und Shâriputra; im Lamaismus wird er auch im Meditationssitz *(dhyânâsana)* abgebildet, die rechte Hand in *abhaya-* oder aber *bhûmisparsha-mudrâ.* Außerdem erscheint er in tibetischen Werken sehr oft vom vielköpfigen Schlangenkönig Mucilinda baldachinartig überragt und beschützt. – Ein allgemein beliebtes Thema der buddhistischen Kunst Zentral- und Ostasiens, vornehmlich der Malerei, ist die Darstellung vom Tode Shâkyamunis in Kapilavastu, d. h. von seinem Eintritt ins Vollkommene Nirvâna *(pari-nirvâna).* Die – meistens vergoldete – Gestalt Shâkyamunis ist auf einer prächtigen Lagerstatt ausgestreckt, unter blühenden Sâla-Bäumen, über denen die Mutter Mâyâ aus dem Himmel herbeischwebt, während Bodhisattvas, Gottheiten, Arhats und Repräsentanten aller Lebewesen, von Menschen und Tieren, die durch Buddhas Lehre auf den Pfad des Heils geleitet wurden, Shâkyamunis Lager umringen, wehklagend die einen, die anderen gelassen oder froh, je nach dem Grad ihrer Erkenntnis. – In einer Sonderform wird Shâkyamuni in Ostasien gern auch als prophezeiendes Kind dargestellt, das seine ersten (sieben) Schritte macht (→ Buddha)

Shango → Yoruba

Sheffield Plate → Plated Silver

Sheraton, Thomas (1751–1806), bedeutender Möbelentwerfer, der die Möbelkunst des 18. Jh.s und bis weit in das 19. Jh. hinein entscheidend beeinflußte. Sheraton, der sich selbst als „Lehrer für Perspektive, Architektur und Ornamentik" und als „Vorbilderzeichner für Möbel" bezeichnete, besaß offensichtlich keine eigene Werkstatt; seine Entwürfe hingegen, in denen er sich enger als George → Hepplewhite an französische Vorbilder anlehnt, prägten wesentlich die englischen Möbel der neunziger Jahre des 18. Jh.s. Seine Vorlagen zeichnen sich durch Zierlichkeit des Details, durch Stuhllehnen mit durchbrochenen Vasen oder Lyrae, durch schmale Beine und geradlinige Konturen aus. Sie erschienen im *Cabinet-Maker and Upholsterer's Drawing-Book* (erschienen in Lieferungen von 1791 bis 1794), im *Cabinet Dictionary* (erschienen 1803) und im *Cabinet-Maker, Upholsterer and General Artist's Encyclopaedia* (erschienen 1805).

Shiva (sanskr.), hinduistischer Hauptgott (neben Vishnu), „der große Herr" (Maheshvara) aller Geschöpfe, sowohl im

Stuhl im Sheraton-Stil. England, um 1800. Mahagoni, 92 × 53 × 45 cm. Frankfurt am Main, Museum für Kunsthandwerk.

Aspekt des Gütigen wie auch der vernichtenden Kraft dargestellt, zumeist in der für den Hinduismus kennzeichnenden Vielarmigkeit, mit Waffen und furchteinflößenden Attributen (bes. dem *trishûla*-Dreizack) und unter Zuordnung eines Reittieres (→ *vâhana*), des göttlichen Stieres Nandin, sowie seiner weiblichen Entsprechung (Shakti = Energie), der Gemahlin Umâ bzw. Pârvatî, der alle Lebewesen beschützenden Allmutter, die gleichfalls in Manifestationen ihrer schrecklichen Aspekte, als Durga „die Schwerzugängliche", Kalî, „die Schwarze", und Candî, „die Wilde", in indischen Bildwerken häufig begegnet und, mit leichten Abwandlungen, teils unter anderem Namen, auch von tragender Bedeutung in der nepalesischen und tibetischen Kunst wurde; Nepal entwickelte sogar einen ausgeprägten Durga-Kult mit mehrtägigem Fest. Überdies hat die Idee und Ikonographie von Shiva und seiner Gemahlin überaus großen Einfluß auf die buddhistische Kunst ganz Ostasiens gehabt. In Tibet trat in der hinduistisch-tantristischen Phase (etwa vom 12. Jh. n. Chr. an) Shiva sogar an die Stelle des mit Lha-mo (als Prajñâ) gepaarten Todesgottes → Yama. Auch die Vorstellung vom tanzenden Shiva (natarâja, König der Tänzer) ist aus dem Hinduismus in die Göttergestaltung der tantristischen bzw. esoterischen Schulen eingegangen und dient wie das Phänomen der Vielarmigkeit und Mehrköpfigkeit zur Erhellung von indischen Einflußtendenzen in Ostasien nach Verlauf und Intensität.

Shobokli → Schobokli

Siamesische Lacke, Trinkschalen, Deckelgefäße usw. aus feinem, mit einem Gemisch aus Erde und Lack zugeschlemmten Bambus- oder Rotanggeflecht, das beidseitig mit glänzendem Schwarzlack überfangen ist. Der Dekor – meist florale Ranken – ist zügig in goldfarbenem Lack aufgemalt. Häufig sind die dekorierten Flächen mehrfach mit Klarlack überfangen.

Side-Board, niedriger englischer → Kredenztisch.

Siebdruck, auch Serigraphie, ein aus der Textilkunst stammendes Durchdruckverfahren. Die Farbe wird durch ein engmaschiges Sieb (Seide, Perlon, Organdy) auf den Bildträger gespritzt oder durchgerieben. Entweder wird eine Schablone direkt auf das zu bedruckende Papier gelegt, also unter das als Sieb dienende Gewebe, oder die Schablone wird auf das Gewebe geklebt. Man kann aber auch das Sieb selbst präparieren, so daß es farbundurchlässig wird und die Funktion der Schablone übernimmt. Der Siebdruck wird in den USA seit den zwanziger Jahren, in Europa seit den fünfziger Jahren angewandt.

Siebenarmiger Leuchter → Menora

Siebenbürger Teppich, Typus des anatolischen Teppichs, der seinen Namen deshalb erhielt, weil in Siebenbürgen (1526–1699 türkisch) zahlreiche Teppiche dieser Art, Schenkungen reicher Bürger an die Kirchen von Hermannstadt, Kronstadt und Schäßburg waren und zum Teil heute noch dort hängen. Es sind anatolische Gebetsteppiche des 16./18. Jh.s.

Siegburg, eines der bedeutendsten rheinischen Töpferzentren, das bereits im 14. Jh. bestand und im 16. Jh. zu internationaler Bedeutung aufstieg. Für diesen Aufschwung waren in besonderer Weise F. Trac und die Werkstatt der Familie Knütgen verantwortlich. Charakteristisch für die Siegburger Keramik ist der weißgrau brennende Scherben des → Steinzeugs, das im 14. und 15. Jh. mit rot geflammten Ascheanflugglasuren vorkommt. Im 16. Jh. sind die Gefäße fast weiß,

Jacoba-Kanne. Siegburg, 15. Jh. Weißgraues Steinzeug, glänzend rötlich geflammte Lehmglasur, H 26,5 cm. Köln, Kunstgewerbemuseum.

manchmal speckig glänzend. Reliefauflagen verschiedenster Thematik, oft mit Motiven aus Kupferstichen von Heinrich → Aldegrever in Rundbildern, profanen und sakralen Inhalts, sind typisch für das Siegburger Steinzeug. Die → Trichterhalskrüge, Schnellen und Tüllenkannen des 16. Jh.s zeigen die hohe Qualität der in Siegburg hergestellten Keramik (→ Rheinisches Steinzeug).

Siegel, der Abdruck eines Stempels (Petschaft, Typar, → Gemme) in ein gegenüber dem Stempel weiches Material wie Wachs, Ton, Siegellack, → Oblaten oder Metall (sog. Münzsiegel oder → Bullen aus Gold, Silber oder Blei), welcher der Bekräftigung und Beglaubigung einer Urkunde (Untersiegelung) oder dem Verschluß von Briefen oder geheimgehaltenen Gegenständen (Versiegelung) diente. Das Siegel kann der Urkunde (Pergament, Papier) oder dem Gegenstand aufgedrückt, mit Hanf- bzw. Seidenschnur oder Pergamentstreifen angehängt (Hängesiegel) oder mithilfe eines durch das gefaltete Schriftstück durchgezogenen Streifens (Papier, Pergament) eingehängt sein. Vor allem Hängesiegel wurden seit dem 13. Jh. zuweilen durch → Siegelkapseln oder -schüsseln geschützt. Die gebräuchlichsten Siegelformen waren Kreis, Spitzoval (von Geistlichen bevorzugt), Oval, Raute, Quadrat, Dreieck oder Sechseck. Mit Sekretsiegel bezeichnet man ein zur nochmaligen Sicherung auf der Rückseite aufgedrücktes Gegensiegel. – Die Geschichte des Siegels beginnt mit den sumerischen Rollsiegeln (→ Gemmen) des 3. Jahrtausends v. Chr. Die Siegelinhaber des Mittelalters waren Kaiser, Könige und Adlige, der Papst und die hohe Geistlichkeit, vom 12. Jh. an auch Städte und Körperschaften; vom 15. Jh. an durfte jeder Unbescholtene ein Siegel führen. Die Stempel wurden von Goldschmieden geschnitten, in nachmittelalterlicher Zeit von eigenen Siegel- und Stempelgraveuren. Das Siegel teilt man in das Siegelfeld mit dem Siegelbild und in die Umschrift (→ Legende), welche meist vom Siegelbild durch eine durchgezogene oder durchbrochene Erhöhung (Perlenschnur) getrennt ist. Dem Inhalt des Siegelbildes nach unterscheidet man nach der Darstellung in Architektur- (Mauern, Brücken usw.), Sach- (z. B. Schiffe usw.), Personen- und Wappensiegel. Die wichtigsten Personensiegel waren Porträtsiegel (im Mittelalter allerdings ohne Porträtähnlichkeit) oder Reitersiegel (besonders vom Hochadel verwendet). Heilige wurden meist als stehende Figuren

dargestellt. Für Herrschersiegel bildete sich die Sonderform der Thron- oder Majestätssiegel heraus. Wappendarstellungen bilden die gebräuchlichste Form der Siegelbilder der neueren Zeit.
Die Siegelkunde nennt man Sphragistik.
Siegelkapsel, Holz- oder Lederkapsel oder Stoffbeutel zum Schutz vornehmlich eines Hängesiegels, seit dem 13. Jh. vereinzelt, seit dem 16. Jh. häufig gebraucht.
Siegelring, mit einem Siegelstein versehener Ring. Im Altertum wurden zunächst die Enden eines kurzen Drahtes in entgegengesetzter Richtung durch den Siegelstein geführt und am Reifen festgewickelt. Die drehbare Halterung behauptete sich während der Antike, mit Ausnahme der Siegelringe mit gravierten Metallplatten. Vom späten 5. bis zum 16. Jh. siegelte man häufig mit antiken → Gemmen. Im 13. Jh. setzte sich der ganzmetallene Siegelring mit Initialen allmählich wieder durch, seit dem 14./15. Jh. auch mit Wappen. Vom 17. bis zum 18. Jh. schränkte die Mode der kleinen Hängepetschafte den Gebrauch der Siegelringe ein. Inzwischen wieder beliebt, Ausführungen teils in Ganzmetall, teils mit graviertem Lagenstein (→ Fingerring, → Gemmen, → Siegel).
Siegelschüssel, seit dem 15. Jh. verwendete, meist gegossene aber auch geknetete, hochwulstige und dickwandige Wachsschüssel, in deren durch den Rand geschützten Innerem das dünne, eigentliche, meist gefärbte Siegelwachs angebracht wurde.
Siegelwachs, der bis ins 16. Jh. in Europa fast ausschließlich und später häufig verwendete Siegelstoff. Er wird aus reinem Bienenwachs gewonnen, in das man zur besseren Haltbarkeit und größeren Geschmeidigkeit Zuschläge (Harze, Erden, Terpentin usw.) mischte. Seit der ersten Hälfte des 12. Jh.s wurde das Siegelwachs oft gefärbt: meist rot (Mennige) oder grün (Grünspann), selten andere Farben (etwa schwarz).
Siegesmünzen → Geschichtsmünzen
Sieneser Majolika; in Siena wurden im 16. Jh. Majoliken im Stil von → Faenza und → Caffagiolo hergestellt, meist Fliesen. Schalen zeichnen sich durch sorgfältig gearbeitete, stark mit Figuren durchsetzte Groteskenränder (→ Groteske) aus; zuweilen stehen sie auf schwarzem Grund.
Siglaton, kostbares Seidengewebe des Mittelalters aus Persien und Spanien.
Siglos → Dareikos
Signatur, Zeichen des Künstlers, das seine Urheberschaft an einem Werk dokumentiert. In der Regel und vor allem in der neueren Zeit der vollausgeschriebene Name. Ist die Signatur in Abkürzung gegeben, etwa durch die Anfangsbuchstaben, so spricht man von Monogramm (→ Künstlermonogramm). Zuweilen verwendeten die Künstler ein Zeichen oder Emblem als Signatur (etwa der Drache bei Lucas Cranach, Stern, Würfel usw.). Der Zusatz „pinxit" (lat.) bedeutet „er hat es gemalt" oder „fecit" – „er hat es gemacht". Im Kunsthandel wird die Signatur oft überbewertet; nicht selten werden qualitativ minderwertigere Bilder mit Signatur höher eingeschätzt als bessere, aber unsignierte Werke.
Sikkativ, chemische Lösung mit Terpentin und Metallsalzen, die bei geringer Beimischung die (Öl-)Farbe schneller trocknen läßt.
Siklat → Zeugdrucke
Silber → Edelmetalle
Silber, Jonas (um 1572–1590 tätig), Nürnberger Goldschmied, der außer Bechern und Pokalen auch zahlreiche Entwürfe für Silbergerät geschaffen hat, in deren Ornamentik Fruchtbündel vorherrschen.
Silberglas, wird aufgrund des vermeintlichen Abnehmerkreises und des vergleichsweise billigen Preises irrtümlich als „Bauernsilber" bezeichnet. Es handelt sich um innenverspiegelte Glasfiguren und -gefäße. Die Erfindung des Silberglases ist auf die Mitte des 19. Jh.s zu datieren, als die Hohlraumverspiegelung mittels Naßverfahren patentiert wurde; die bis zu diesem Zeitpunkt gängige Methode, geschliffenes Glas mit Zinn- und Bleifolien zu hinterlegen, konnte aus technischen Gründen für die Herstellung von Silberglas nicht verwendet werden. Die meist farblosen, selten roten oder violetten Gläser werden durch Aufschmelzen von Glasstaub und -perlen oder Kaltbemalung geschmückt; goldgelbe Färbung wird durch chemische Oberflächenbehandlung des farblosen Glases erzielt. An Formen finden sich Leuchter und Gefäße (Konfektschalen, Becher, Pokale, Dosen) und figürliche Darstellungen (Christus, Maria, Kruzefix, Leuchterfiguren), wobei die „Versehgarnituren" besonders zu erwähnen sind (2 Leuchter, 1 Kelch, 1 Christus- oder Marienfigur), die bei der letzten Ölung gebraucht werden.
Silberguldiner → Taler
Silbermarken → Beschauzeichen
Silbermöbel, Tische und Stühle aus massivem Silber, die sich verschiedene europäische Höfe um 1700 in Augsburg arbeiten ließen. Von Anfang an zog man dabei die Möglichkeit in Betracht, sie in Notzeiten wieder einschmelzen zu können, ein Schicksal, dem nur wenige dieser Möbel entgangen sind.
Silberpfennig, auch Denar, die einzige Münzsorte bis zum 12. Jh. Das Zählpfund Silber, auf dem seit Pippin (751–768) das abendländische Münzwesen aufgebaut war, entsprach 240 Silberpfennigen. Die Pfennige waren mit dem Namen des Münzherrn und der Münzstätte, ergänzt durch einfache Sinnzeichen, beprägt. Am meisten verbreitet waren Kölner-, Regensburger- und Sachsenpfennig (zwischen Elbe und Weichsel). In Österreich waren der Wiener- und der Friesacher Pfennig verbreitet. Auch die →Brakteaten und → Halbbrakteaten sind Pfennige.

Silberpfennig

Silberreliefschmelz → Email
Silberstater → Korinthischer Silberstater
Silberstift, Zeichengriffel mit angelöteter Silberspitze, der auf besonders präpariertem Papier oder Pergament eine zarte Linie von gleichbleibender Stärke ergibt. Der Strich ist ursprünglich zartgrau, oxydiert aber schnell ins Bläuliche. Schatten können nur durch Schraffuren gegeben werden. Von besonderer Bedeutung im 15. und 16. Jh. als Vorläufer des → Bleistifts.
Silbertanne, Edelfichte mit gelblichem, langfaserigem Holz, das leicht zu schneiden ist.
Sileh, kaukasischer Wirkteppich, meist aus zwei Bahnen zusammengenäht, mit expressiver Zeichnung großer S- oder Z-Motive, deren Ursprung möglicherweise in erstarrten Drachenformen zu suchen ist.

Silhouette einer dänischen Prinzessin, um 1785.

Silhouette, → Schattenbild, genannt nach Étienne de Silhouette (1709–1767), dem durch seine Sparmaßnahmen berühmten Finanzminister Ludwigs XV. Er forderte seine Landsleute auf, sich mit den billigen Schattenbildern zu begnügen statt der teuren Miniaturbildnisse. Die Silhouette weist im Gegensatz zum Weißschnitt nur Fläche und Umriß, kein Ornament oder Filigran auf. Als Ursprung für die Silhouette diente zunächst der Schatten. Die wichtigste Unterscheidung für den Sammler von Silhouetten ist die zwischen geschnittener und gemalter Silhouette. Aber auch in Kupferstich, Holzschnitt und Lithographie finden wir die Silhouette. Ab 1790 kennen wir farbige Zutaten für die Silhouette, z. B. für Uniformen, Studentica, Damentoiletten. Bekannte Namen in der Geschichte der Silhouette sind Georg Friedrich Ayrer (1744–1804), Jean Huber (1721–1786, Genf), Hieronymus Löschenkohl (1753–1807), später, auf dem Weg vom Porträt zum Genrescherenschnitt, Christiane Luise Duttenhofer (1776–1829), Wilhelm Müller (1804–1865, Düsseldorf), Karl Fröhlich (1821–1898, Stralsund), Paul Konewka (1841–1871, Berlin), Philipp Otto Runge, Moritz von Schwind, Franz von Pocci, Ernst Moritz Engert (* 1892, tätig in Hadamar/Hessen). Seit 1860 wird die Silhouette dann durch die Photographie abgelöst.

Siliqua, spätrömische Silbermünze.

Similisteine, künstliche Edelsteine aus Glas, → Edelsteinimitationen häufig mit aufgeschmolzenen Farb- oder Metallfolien auf der Rückseite. Sie wurden bereits im 13. Jh. in Paris gefertigt. Künstliche Diamanten → Straß.

Singeries, im 18. Jh. in Frankreich aufgekommene Darstellung von Affen, die sich in Gesten und Handlungen wie Menschen benehmen. Kommen als Porzellanfiguren, in Stein geschnitten und auch als → Marketerie-Motive vor (→ Affenkapelle).

Singvogelkäfig, ein → mechanisches Musikinstrument, das das Zwitschern und Pfeifen von Vögeln imitiert. Die Töne werden durch einen Kolben in einer Pfeife erzeugt, der durch Zahnräder und Nocken angetrieben wird.

Sintern, Zusammenbacken keramischer Erzeugnisse bei hohen Brenntemperaturen, wobei die einzelnen Körnchen des Materials, ähnlich wie beim Verschweißen von Eisen, an der Oberfläche teigig werden und miteinander verschmelzen, so daß die ursprünglich vorhandenen Lufträume des → Scherbens beseitigt werden. Gesinterte Scherben (→ Porzellan, → Steinzeug) sind vollkommen wasserdicht und bedürfen im Gegensatz zur → Irdenware keine → Glasur zur Abdichtung, sondern nur zur Glättung und Verschönerung der Oberfläche.

Sinus → Toga

Sitzmöbel, spiegeln aufschlußreich die Kultur- und Sittengeschichte. In vielen alten Kulturen war der Stuhl bzw. Hocker Privilegierten vorbehalten, z. B. der Thron dem Herrscher, während die Untergebenen knieten oder auf Fellen, Matten und Kissen kauerten. Bis ins 18. Jh. blieb bei offiziellen Veranstaltungen der Stuhl ein Statussymbol und wurde entsprechend der gesellschaftlichen Rolle seines Benutzers ausgestattet. Die Ursprünge des Stuhls, des Hockers und der Bank lassen sich kaum mehr feststellen. Wandelnde Sitzbedürfnisse, -gewohnheiten, -wünsche (→ Schaukelstuhl) und -sitten sowie die verschiedenen Materialien und Fertigungstechniken (→ Bugholzmöbel) bestimmten neben den Zeitstilen die Form und Ausstattung. Als Sitz für eine Person unterscheidet man zwischen Stuhl (→ Faltstuhl), Armlehnenstuhl (→ Bergère), gepolstertem Sessel (→ Indiscret) und Hocker (→ Tabouret); für mehrere Personen zwischen der einfachen Holzbank und dem gepolsterten → Sofa mit all seinen Sonderformen (→ Canapé, → Diwan, → Ottomane, → Settee). Seitdem der Stuhl, etwa seit dem 18. Jh., immer mehr die Funktion als Statussymbol verliert, stand die Bemühung um mehr Bequemlichkeit und dem Körper angepaßte Formen im Vordergrund. Besonders im 20. Jh. entwarfen berühmte Designer für neue Materialien wie Stahl und Kunststoff neue Formen, z. B. Ludwig → Mies van der Rohe den → Barcelona-Stuhl, Charles → Eames den Lounge Chair und Eero → Saarinen die Tulpenstühle.

Skandinavische Möbel. Das skandinavische Möbel, vorwiegend das Möbel des dänischen, schwedischen und norwegischen Raumes, wurde im wesentlichen von vier Bereichen beeinflußt, von der eigenen, nordischen handwerklichen Tradition, vom holländischen, vom norddeutschen und vom englischen Möbel. Die deutschen und holländischen Einflüsse dominierten im wesentlichen in der 1. Hälfte des 17. Jh.s, wurden aber im letzten Drittel des 17. Jh.s von einer verstärkten Hinwendung nach England abgelöst. Die Handelsbeziehungen zwischen England und Dänemark-Norwegen im Holzhandel und zwischen England und Schweden, hauptsächlich im Erzhandel, verstärkten sich nach dem Brand

Sitzmöbel
1. *Mittelalterlicher Faltstuhl*
13. Jahrhundert

2. *Italienischer Brettschemel*
(Scabello)
15. Jahrhundert

3. *Italienischer Scheren-Armlehnstuhl*
16. Jahrhundert

4. *Barocker Brettschemel*
Mitte 17. Jahrhundert

5. *Barockstuhl*
2. Hälfte 17. Jahrhundert

6. *Armlehnstuhl. 1664*

7. *Régencestuhl*
Fränkisch um 1715

8. *Rokokostuhl*
Rheinisch 1750/60

1. *Chippendalestuhl*
London um 1755

2. *Louis-XVI-Stuhl*
Paris, Jacob um 1780

3. *Hepplewhite-Stuhl*
London um 1770

4. *Sheraton-Stuhl*
London um 1790

5. *Directoirestuhl aus Malmaison, Paris, Jacob-Desmalter um 1800*

6. *Empire-Fauteuil*
Paris, Werner um 1820

7. *Biedermeierstuhl*
Süddeutsch um 1830

8. *Biedermeierstuhl*
(Schaufelstuhl)
München um 1840

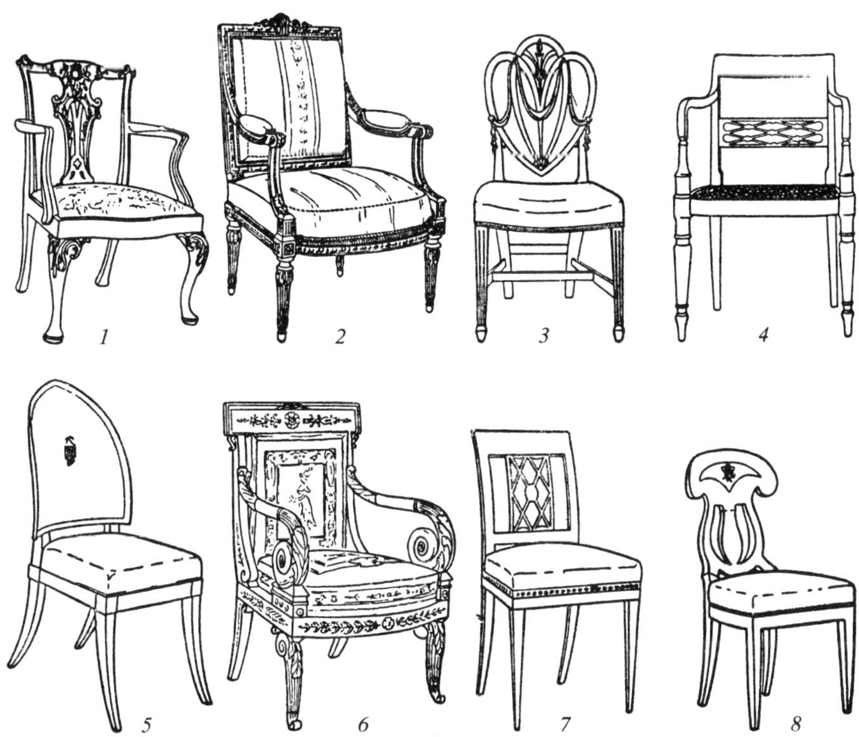

Londons 1666 erheblich: England exportierte in großem Umfang Möbel, um dafür im Austausch die dringend benötigten Baumaterialien zum Wiederaufbau zu erhalten. Der englische Einfluß zeigt sich hauptsächlich an Stühlen, die die Importe kopieren. Bereits 1746 war jedoch die Konkurrenz importierter englischer Möbel für die einheimische Handwerkstradition so groß, daß sich Dänemark gezwungen sah, einen Einfuhrstopp zu erlassen. Einerseits brachte dies den bodenständigen Möbelschreinern eine Flut von Aufträgen, andererseits fehlte aber die ständige Anregung von außerhalb, die eine Verstärkung der ohnehin konservativen Tendenzen im Lande bewirkten. An Hölzern fanden hauptsächlich Nußbaum, Buche und Eiche Verwendung, doch auch gebeizte oder farbig gefaßte Möbel sind häufig anzutreffen. Französische Einflüsse des → Louis-quinze lassen sich nur im Bereich des höfischen Möbels nachweisen, und auch dann erst etwa ab Mitte des 18. Jh.s. Große Bau- und Ausstattungsobjekte dieser Zeit waren der Neubau des Stockholmer Schlosses und die Errichtung des Schlosses Christiansborg (1794 zerstört); eine Sonderform entwickelt sich mit der dreiseitig konkav ausgebauchten → Kommode. Der Klassizismus des → Louis-seize, durch die Strenge seines Formenschatzes der skandinavischen Mentalität entgegenkommend, hält verhältnismäßig früh seinen Einzug, bereits kurz nach Mitte des 18. Jh.s. Als sein wichtigster Vertreter in Schweden gilt der Kunstschreiner Georg → Haupt. Das 19. Jh. wird im wesentlichen durch Spätformen dieses Klassizismus geprägt, wiederum ein Zeichen für konservativbewahrende Einstellung der skandinavischen Handwerker; historistische Möbel finden sich kaum. Um die Jahrhundertwende setzt der schwedische Innenraumentwerfer und Graphiker Carl Larsson neue Akzente in der Raumgestaltung. In seinem Bildband *Ett Hem (Das Heim)* stellt er helle, lichte, funktionell möblierte Räume vor, deren Konzeption entscheidend die Entwicklung des modernen schwedischen Designs beeinflußte. Der Rückgriff auf die bodenständigen handwerklichen Traditionen, verbunden mit der Verwendung der einheimischen hellen Hölzer, prägt bis heute die skandinavische Wohnkultur, die einen wesentlichen Beitrag zur Gestaltung zeitgenössischer Innenräume leistet.

Skaphen → Uhren(geschichte)

Skapulier, an Brust und Rücken in schmalen Bahnen herabfallender Überwurf mit Kopfschlitz; wird bei einigen Ordenstrachten über der → Kutte getragen.

Skapulierkasel → Kasel

Skarabäen (ägypt. *cheper,* entstehen, neu geboren werden), seit etwa 2000 v. Chr. belegte (meist etwa 1,5 cm lange), käferförmig gestaltete Amulettform aus Fayence, Halbedelstein, Edelstein, Steatit, Hartgestein, die auf der flachen Unterseite Eingravierungen wie Inschriften, Sinnbilder, Namen etc. tragen. Ursprünglich wurden sie als Siegelstempel gebraucht, doch hatten sie seit ihrer Entstehungszeit im Mittleren Reich (Ägypten) großen Symbolwert, nicht zuletzt als Grabbeigabe. Als Amulettschmuck um Finger oder Hals sind sie meist der Länge nach durchbohrt. Der Skarabäus ist Sinnbild des ägyptischen Gottes Chepre, des Gottes, der aus sich selbst wurde, er ist auch das Symbol der aufgehenden Sonne und der Auferstehung. Seit dem Neuen Reich, dem Ende der ägyptischen Hochkultur, entstand der Skarabäus als Massenware, mit Nachbildungen in Griechenland, Italien, Asien, Afrika schon im 1. Jahrtausend v. Chr., außerdem sind zahllose Fälschungen im Handel.

Skarabäus. Ägypten, 26. Dynastie. Dunkelgrüner Stein, L 4,8 cm. München, Staatliche Sammlung Ägyptischer Kunst.

Skelettuhren, beliebter Uhrentypus vom Ende des 18. und Anfang des 19. Jh.s. Hierbei ist das Gestell der Uhrwerke so stark durchbrochen, daß nur die notwendigsten Verbindungsteile zwischen den einzelnen Zapfenlagern stehenbleiben und das ganze Uhrwerk offen daliegt. Auch die Räder sind so zart wie möglich ausgeschenkelt. Dieses Verfahren wurde besonders bei → Taschenuhren angewandt.

Skizze, ein spontan und rasch gearbeiteter erster Entwurf eines Werkes, der dem Künstler entweder Erinnerungshilfe für eine spätere aufwendigere Ausführung sein kann oder Modifikation einer künstlerischen Idee. Anfangs verstand man unter Skizze nur die Vorzeichnung, einen graphischen, gezeichneten Entwurf; schließlich wird die Bezeichnung auch auf die Malerei (Ölskizze) und die Plastik (→ Bozzetto, Tonskizze) übertragen. Nicht selten ist für den Kenner die Skizze wegen ihrer Spontaneität, und weil sie die Handschrift des Künstlers unverfälscht zeigt, reizvoller als das hiernach minuziös ausgeführte (und oft von der Werkstatt mitbearbeitete) Werk.

Skulptur → Bildnerei

Skyphos, tiefer griechischer Trinkbecher mit niedrigem Fuß und zwei Horizontalhenkeln, die schräg oder waagerecht angesetzt sein können.

Smalte, als Glasurfarbstoff verwendeter Brei aus geriebenem Glas mit starkem Flußmittel- und Farbstoffgehalt auf Tonwaren.

Smyrna, Teppiche aus Smyrna im westlichen Kleinasien. Es sind typische Manufakturteppiche (→ Orientteppich), die auch in großen Formaten vorkommen. Sie sind locker geknüpft und hochflorig. Smyrnas waren im 19. Jh. in Europa sehr beliebt und der Inbegriff des Orientteppichs schlechthin. Farben und Muster sind dem europäischen Geschmack so weitgehend angepaßt, daß der orientalische Charakter fast verlorenging. Bevorzugt wird ein Muster mit Mittelmedaillon. Vor dem Ersten Weltkrieg wurden Smyrnas auch in europäischen Ländern geknüpft, z. B. in Schmiedeberg in Schlesien. Eine mittlere Qualität von Smyrna-Teppichen wird im Handel – nach der Stadt Isparta im westlichen Kleinasien – Sparta genannt.

Société des Independants → Sezession

Sofa, gepolstertes, zwei- oder drei- bis viersitziges Möbel mit Arm- und Rückenlehnen. Das Sofa ist ursprünglich ein Sitzmöbel aus dem türkisch-islamischen Bereich, das mit dem Aufkommen der Türkenmode gegen Ende des 17. Jh.s in Europa eingeführt wird (→ Canapé).

Sofre, gewebte Decken, zum Teil sparsam bestickt und selten mit geknüpften Bordüren, der kurdischen Stämme Nordwestpersiens und der Beloutschen.

Soho, die bedeutendste englische Gobelinmanufaktur (→ Bildteppiche) des 18. Jh.s, die in ihren künstlerisch eigenständigen Erzeugnissen das Schmuckmotiv der → Groteske bevorzugte.

Solidus, auch Goldsolidus oder Byzantiner, von Konstantin dem Großen (323–337) eingeführte römische Goldmünze, die jahrhundertelang in Byzanz weitergeprägt wurde und das Vorbild abendländischer Goldmünzen wurde. Der dritte Teil des Solidus war der Tremissis.

Solidus

Solis, Virgil (1514–1562), Nürnberger Kupferstecher, Radierer und Holzschneider, der etwa 150 → Ornamentstiche und Entwürfe für Silbergerät schuf, in denen er als Schmuckmotive → Mauresken und → Rollwerk verwandte. Sein qualitätvolles Gesamtwerk zeichnet sich auch durch Leistungen in der Buchillustration, Exlibris, Tier- und Jagddarstellungen, Entwürfen für Goldschmiedearbeiten u. a. aus. Neben kleineren Arbeiten, wie Spielkartenentwürfen, steht das Hauptwerk, die 1565 veröffentlichte Wolffsche Bibelillustration.

Solitär, Bezeichnung für einen Fingerring, der nur mit einem Edelstein (vornehmlich Diamant) besetzt ist. In vielen Gegenden dient der Solitär traditionell auch als Verlobungsring.

Solitaire, Kaffee- oder Tee-Service (Frühstückservice für eine Person).

Soma, bäuerlich-dörflicher Knüpfteppich in Kleinformat aus der Bergama-Region (→ Bergama).

Songe → Luba

Sonnenmonstranz → Monstranz

Sonnenquadrant → Quadrant

Sonnenuhren → Äquatoriale Reisesonnenuhren, → Becher-, Büchsen-, Horizontal-, Horizontal- und Vertikaluhren, Mittagskanone, → Klappsonnen-, → Ring-, → Säulchenuhren.

Sopraporte, auch Supraporte (ital.), ein „über der Tür" angebrachtes Feld, das bemalt oder reliefiert, stuckiert oder auch nur durch eine Rahmung hervorgehoben sein kann; oft mit der Türrahmung in einer Einheit verbunden. Besonders in der höfischen Architektur seit dem Barock verwendet. Auch das in einem solchen Feld eingebrachte Gemälde oder Relief wird als Supraporte bezeichnet. Allegorien, Blumenstilleben, Landschaften, im Klassizismus häufig Embleme – zuweilen in → Grisaillemalerei ausgeführt – sind die häufigsten Motive. Dabei wurde meist der tieferliegende Betrachterstandpunkt vom Künstler mitberechnet.

Sorgenthal, Sörgel von → Wiener Porzellan

Soumak, ostkaukasischer Wirkteppich aus Schemakha (Hauptstadt der Provinz Schirwan). Der musterbildende Faden wird auf der Vorderseite vier Kettfäden vorgeführt, auf der Rückseite zwei zurück; in der ersten Reihe nach unten, in der nächsten Reihe nach oben; dadurch entsteht ein fischgratähnlicher Fadenlauf. Gewirkt werden Soumak-Teppiche im Kuba- und → Schirwan-Gebiet (→ Kuba-Teppiche, Schirwan) sowie in → Dagestan. In der Regel kommen die feinen Arbeiten aus dem Kuba-Gebiet, die gröberen und

Sofre der Beloutschen. 19. Jh. 86 × 180 cm. München, L. Bernheimer.

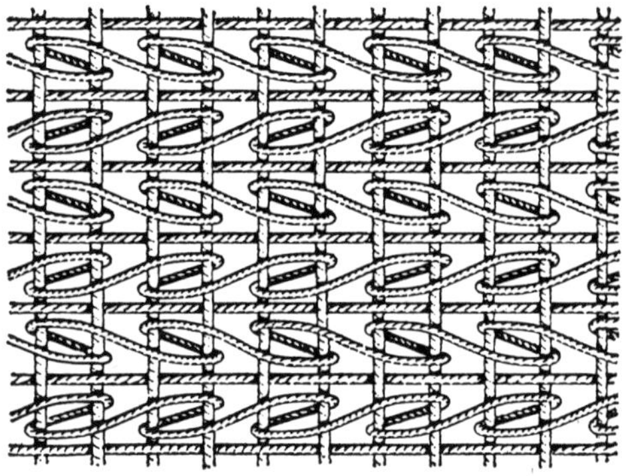

Soumak

weichen Teppiche aus dem Raum von → Derbend im Dagesthan-Gebiet.

Soutane, oben eng anliegendes, unten weiter werdendes, knöchellanges Gewand mit Stehkragen und langen Ärmeln mit Manschetten, das der katholische Geistliche im Alltag oder anstelle des → Talars unter dem → Superpelliceum (bzw. Rochett) in seinen → Rangfarben trägt. Die Soutane wird vorne in ganzer Länge durchgeknöpft und von einer Seidenschärpe zusammengehalten. Eine Sonderform ist die Zimara mit gefüttertem Schulterkragen (Camail) und kurzen Überärmeln.

Souvenirpuppen, sie werden hauptsächlich für den Tourismus produziert. Im Gegensatz zu den reinen → Trachtenpuppen, mit denen sie oft verwechselt werden, zeigen die Souvenirpuppen Trachtenmerkmale vereinfacht in Schnitt und Farbe; sie bleiben meist auf die Oberkleidung beschränkt. Sie werden heute häufig in Massenproduktion hergestellt. Man kann zwischen kunsthandwerklichen und rein maschinell gefertigten Souvenirpuppen unterscheiden. Kunsthandwerkliche Souvenirpuppen fanden in der Mitte des 19. Jh.s während internationaler Messen erstmals einen größeren Interessentenkreis. So z. B. die „indischen Wachspuppen" von Montanari im Jahre 1878 in Paris.
Souvenirpuppen zeigen häufig eine Hochzeits- oder Festtagstracht.

Sovereign, englische Goldmünze. Erstmals 1489 unter Heinrich VII. im Wert von 20 Schillingen geprägt. Wird auch heute noch als Handelsmünze hergestellt.

Spa, Badeort in Belgien, vom Ende des 17. bis zur Mitte des 19. Jh.s internationaler Treffpunkt höfischer und bürgerlicher Gesellschaft, demzufolge mit einem reiche Angebot an Galanteriewaren. Begehrt waren die aus (speziellem Holz) gefertigten Dosen und Schatullen mit feinen Lackmalereien auf vorwiegend hellblauem Grund. Sie wurden unter dem Begriff *Bois de Spa* (franz., Holz aus Spa) bekannt. Aus Spa stammte der am Berliner Hof als Lackkünstler tätige Gérard → Dagly; ob er auch in Spa wirkte, ist nicht nachweisbar.

Spätantike → Antike

Spätbarock → Barockstil

Spätgotik, die letzte Phase der → Gotik, die nördlich der Alpen von etwa 1360 bis 1500 dauerte. In Italien wurde sie schon um 1420 von der Frührenaissance (→ Renaissance) abgelöst. In Frankreich wird der Stil nach der vorherrschenden → Maßwerkform der → Fischblase, die man dort als Flamme ansieht, als Flamboyantstil bezeichnet, in England nach den im englischen Maßwerk häufigen senkrechten Stäben Perpendicular Style. Die durch weichschwingende Gewandfalten charakterisierte europäische Stilphase von 1400 bis 1430, die sich in der französisch-burgundischen Hofkunst bereits ab 1370 vorbereitete, wird außerhalb Deutschlands Internationaler Stil, in Deutschland Weicher Stil genannt.
In der Architektur hat nur Deutschland, das führende Land der Spätgotik, noch eine bedeutende Schöpfung in der spätgotischen Hallenkirche hervorgebracht (Kirchenraum mit drei gleichhohen Schiffen). Die großen Leistungen der Zeit lagen auf anderen Gebieten. Im späten 14. Jh. entstand der Flügelaltar (→ Altarretabel), an dem sich Bildschnitzerei und Tafelmalerei, getragen von einer Fülle bedeutender Meisterpersönlichkeiten, zu großer Blüte entfalteten. Gleichwertig neben diese Kunstgattungen trat das Kunstgewerbe, dem in dieser Zeit beginnender Diesseitsfreude und verfeinerter Lebensführung eine Fülle neuer, vorwiegend profaner Aufgaben erwuchs. Träger des neuen Lebensstils war das Bürgertum der Reichsstädte, die ihrerseits von den Berufsorganisationen der Handwerkerzünfte verwaltet und beherrscht wurden. Im 15. Jh. setzten profane Silberschmiedekunst (→ Buckelpokal), Zinngießerei (→ gefußte Kannen, → Schleifkannen) und verfeinerte Möbelkunst (→ Truhe, → Schrank, → Stollenschrank, → Bett, → Faltwerk) ein, die → Plattnerkunst erlebte – allerdings in höfischem und adligem Auftrag – ihren ersten Höhepunkt (→ Harnisch), → Stickerei und Bildwirkerei (→ Arras, → Tournai) entwickelten sich zu großartiger Blüte, die Glaskunst prägte neue Gefäßformen (→ Krautstrunk, → Angster, → Spechter, → Maigelein, → Igel). Im Zusammenwirken mit dem Kunstgewerbe entstanden → Holzschnitt und → Kupferstich, bald darauf die ersten dem Kunstgewerbe als Vorlagen dienenden → Ornamentstiche.
Als Zentren bildeten sich Köln und die Niederlande, in Süddeutschland die Reichsstädte Ulm, Augsburg und besonders Nürnberg heraus.

Spangenhelm → Helm

Spanische Fayencen; Spanien übernahm im 13. Jh. als erstes europäisches Land die Fayencetechnik von der Arabern. Sie erlebte hier ihre Blüte im 14. Jh., als sie noch ganz in islamischen Händen lag (→ Mudejarstil, → Spanische Seidenweberei). Zentrum der Produktion war Valencia. Hergestellt wurden große Schaugefäße, die nach dem Hauptstück in der Alhambra in Granada Alhambravasen genannt werden. Es sind Fayencen mit gelblicher Zinnglasur, bei denen sich Rankenornamente in orientalischer Weise über den ganzen Gefäßkörper spinnen; am Hals erscheinen Kufiinschriften (→ Kufi). Sie sind in Blau und Goldlüster bemalt. Die von persischen Fayencen übernommenen Lüsterfarben, d. h. metallisch schimmernde Farben, gehören in das Gebiet der Muffelmalerei (→Muffelfarben). Sie entstehen durch Schwefelmetallverbindungen, die beim Aufbrennen in äußerst dünner Schicht auf der Glasur haften bleiben und zu reinem Metallglanz aufpoliert werden können. – Gleichzeitig nahm Spanien aus dem Orient die Herstellung von Fliesen, genannt Azulejos, (von azul, span., „blau", nach der beherrschenden Farbe) auf, die hier größere Bedeutung als in jedem anderen europäischen Land erlangte. Die Azulejowerkstätten standen in Sevilla und seiner Töpfervorstadt Triana bis um 1600 in hoher Blüte. – Eine Fayencemanufaktur des 18. Jh.s von überlokaler Bedeutung entstand 1726 in Alcora (Provinz Valencia), die über → Moustiers Einfluß auf französische

Fayencen gewann. Sie wurde 1764 in eine Porzellan- und Steingutfabrik umgewandelt.

Spanische Möbel. Im 14. und 15. Jh. dominiert in Spanien der islamische Einfluß, der den sog. → Mudéjar-Stil hervorbrachte. Erst im 16. Jh. bildete sich ein Eigenstil, der innerhalb kurzer Zeit zur Hochblüte gelangte. Der endgültige Sieg über die Mauren 1492 und die Entdeckung Amerikas, verbunden mit der Inbesitznahme Mexikos und Perus, sowie die zunehmende Verflechtung Spaniens mit Mitteleuropa unter der Regierung des Hauses Habsburg waren die politischen Voraussetzungen für den Aufschwung von Kunst und Kultur im „goldenen Zeitalter Spaniens". Die wichtigsten Möbel dieses Jahrhunderts sind die meist reichgeschnitzten Truhen, mit einer Tür versehen, hinter der sich Schubladen zur Aufbewahrung kleiner Gegenstände befinden, Stühle und Bänke, die Stühle oft mit geprägten Ledersitzen, und die für die Zeit charakteristischen → Vargueños, kleine → Kabinettschränke. Tische auf reich gedrechselten Beinen besitzen oft schmiedeeiserne Verstrebungen. Umfangreiche Silberfunde in Peru ermöglichten die Herstellung von → Silbermöbeln. Im 17. Jh. wurde in Spanien der → Schrank eingeführt, mit geschnitztem geometrischem oder vegetabilem Dekor. Das Erlöschen der Habsburger Monarchie in Spanien gegen Ende des Jh.s und die Übernahme der Herrschaft durch die Bourbonen brachten auch eine Neuorientierung im Kunsthandwerk mit sich: Die bodenständige spanische Kultur wurde weitgehend von französischen und italienischen Einflüssen überlagert. Die spanische Umformung dieser Vorbilder zeigte zumeist einen sehr prunkvollen, bisweilen überladenen Charakter; vergoldete Bronzebeschläge wurden zahlreich verwendet. Das 19. Jh. führte dieses Formengut weiter, nicht als historistischen Rückgriff, sondern als durchgängige Tradition, nur zunehmend „verbürgerlicht". Der Jugendstil brachte in Spanien eine bizarre Sonderform hervor, hauptsächlich getragen von den Architekturen und Ausstattungsentwürfen Antonio → Gaudís.

Spanische Seidenweberei. Die Seidenweberei stand in Spanien vom 12. bis 15. Jh. in hoher Blüte. Sie wurde wesentlich bestimmt (z. B. Kufiinschriften, → Kufi) durch den mozarabischen und den Mudéjarstil, die beide eine Durchdringung christlicher und islamischer Elemente darstellten. Die Träger des mozarabischen Stils waren Christen, die islamische Einflüsse aufnahmen; der Mudéjarstil wurde von Arabern getragen, die unter christlicher Herrschaft lebten.

Spanische Teppiche. Spanien, bis 1492 zum Teil unter maurischer Herrschaft, nahm im 15. Jh. als einziges europäisches Land die orientalische Teppichknüpfkunst an. Die ersten spanischen Teppiche sind kleinasiatischen Werken (→ Seldschuken-, → Holbeinteppiche) nahe verwandt. Sie sind mit dem spanischen Knoten geknüpft, einer Abwandlung des türkischen → Gjordesknotens. Im 16. und 17. Jh. traten Renaissancemotive (Tierpaare, Adler, Löwen, Greifen, → Granatapfelmuster) auf, die der Brokat- und Samtweberei entstammten. Produktionsstätten waren Cuenca, im 17. Jh. Alcaraz. Im 18. Jh. sank der spanische Teppich, nunmehr gestickt oder ein → Noppengewebe, auf das Niveau der Volkskunst hinab.

Spanische Wand → Paravent

Spanischer Knoten, ein in der frühen spanischen Teppichknüpfkunst (→ Alcaraz) gebräuchlicher Knoten. Anders als bei den orientalischen Knüpfverfahren wird hier nur jeder zweite Kettfaden umzogen, gefolgt von meist 4 oder 5 Reihen Schußfäden. Da die dann jeweils folgende Knotenreihe um einen Kettfaden versetzt ist, ergibt sich auf das Gesamtbild hin gesehen eine Zickzackwirkung. Der spanische Kno-

Spanischer Wollteppich. 15. Jh. Blau, Rot, Schwarz. London, Victoria and Albert Museum.

Spanischer Knoten

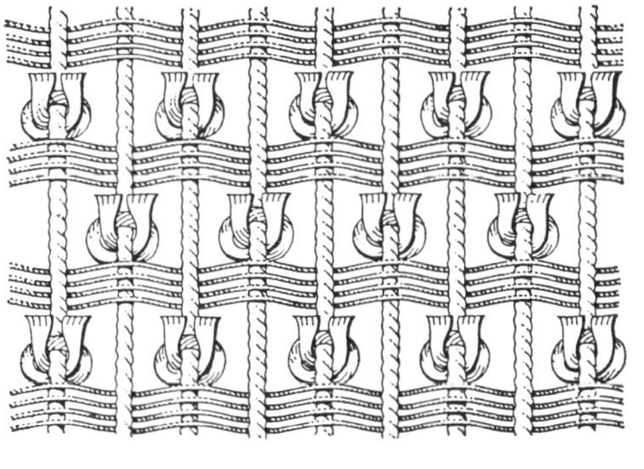

ten kam später mehr und mehr in Verbindung mit persischer und türkischer Knüpfung vor.

Spannschlüssel → Feuerwaffen

Spanschachtel, runde, häufiger aber ovale Schachtel mit hohem Stülpdeckel, aus sehr dünnen Weichholzbrettern, vornehmlich denen von Tanne und Fichte, seltener denen von Esche und Saalweide, zumeist mit farbiger Bemalung oder mit Abziehbildern versehen. Für die Wandungen, die Zargen, werden lange dünne Bretter, nachdem sie einige Stunden in heißem Wasser aufgeweicht sind, um eine entsprechende Holzform gebogen und anschließend durch dünne Späne, Weidenruten oder Lederriemen zusammengefügt. Danach werden die Deckplatten eingedrückt, eingeleimt oder mit kleinen Stiften an der Zarge befestigt. Ein Teil der Schachteln diente unbemalt als einfaches Verpackungsmaterial, der andere Teil wurde verziert. In älterer Zeit geschah das durch Wismutfarben, im 18. und im 19. Jh. aber malte man mit Tempera- und Ölfarben, die durch einen Lacküberzug geschützt wurden. Im 19. Jh. begnügte man sich oft zur Dekoration mit Abziehbildern. Die Zentren für die Herstellung und wohl auch die Bemalung der Spanschachteln, die durch wandernde Hausierer sowie auf Märkten vertrieben wurden, lagen in den waldreichen Gebirgszügen Mitteleuropas. So konnte die Produktion für den Thüringerwald, den Spessart, das Erzgebirge und den Berchtesgadener Raum nachgewiesen werden.

Die älteste bisher bekannt gewordene Spanschachtel wird in das 14. Jh. datiert und stammt aus dem Nonnenkloster (Salzgitter-) Steterburg (jetzt im Herzog Anton Ulrich-Museum, Braunschweig). Sie zeigt auf dem Deckel eine Darstellung des Abendmahls in polychromer Malerei. Die meisten erhaltenen Stücke gehören dem 18. und dem 19. Jh. an. Als Motive trifft man auf ihren Deckeln häufig Liebespaare in Zeittracht und Soldaten, oft in einer angedeuteten Landschaft, sowie Tiere und Blumenstücke. Jahreszahlen und Sprüche ergänzen die Darstellungen, unter denen gelegentlich auch religiöse, etwa Engelfiguren, vorkommen. Die Zarge der bemalten Stücke wird in der Regel durch umlaufende Friese aus Blüten oder Blütenzweigen geschmückt. Manche Exemplare tragen Brandstempel mit Initialen. Das sind vermutlich Herstellermarken. Große Spanschachteln waren beliebte Brautgeschenke und wurden gern zur Aufbewahrung der Bänder und Hauben der Tracht benutzt, daher bekannt als Haubenschachteln. Kleine Versionen derartiger Schachteln dienten u. a. zur Aufbewahrung von Spielzeug und Süßigkeiten.

Spanschachtel für Hauben. Berchtesgaden, um 1800. Privatbesitz.

Sparbüchse, Spardose, vermutlich entstanden aus Sammelgefäßen für Geld in Tempeln, die bereits im alten Ägypten nachweisbar sind. In Europa entsprechen diesen die Opferstöcke in den Kirchen. Schon im Mittelalter existiert die bis heute charakteristische Form mit Schlitz für den Geldeinwurf sowie zumeist einer verschlossenen Klappe, durch die das Geld vom Schlüsselbesitzer wieder entnommen werden kann. Daneben waren lange Zeit einfache Exemplare ohne Klappe verbreitet, deren Inhalt nur durch Zerschlagen der Dose erreichbar ist. Außerordentlicher Formenreichtum kennzeichnet die Sparbüchsen, darunter sind neben Kassettenformen die Nachahmungen der verschiedensten Gegenstände, etwa von Gebäuden, Tieren („Sparschwein"), Früchten und Gebrauchsgut. So ist aus der Zeit um 300 v. Chr. aus Griechenland ein Stück überliefert in Form eines Miniaturtempels mit Einwurfsschlitz im Giebelfeld, aus dem römerzeitlichen Ägypten existiert eine derartige Dose in Gestalt eines Papyrusbootes, und aus dem Rheinland kennen wir römerzeitliche Stücke in Birnenform, die offenbar bis in die frühe Neuzeit sehr verbreitet waren. Diese Dosen sind aus Ton hergestellt, der bis heute, zumeist mit Bemalung und Glasur, ein verbreitetes Material geblieben ist. Daneben werden für kostbare Stücke die verschiedensten Metalle verwendet, besonders gern Bronze und Eisen. Unter solchen Exemplaren findet man Truhenformen, aber auch zylindrische Stücke sowie solche in Humpenform besonders oft. Der Spaß an technischen Spielereien zeigt sich besonders an den seit dem 19. Jh. in den Vereinigten Staaten entwickelten Dosen mit Mechanismen zur Geldaufnahme bzw. Anzeige der Sparsumme. In die außereuropäischen Länder ist offenbar die Sparbüchse von hier erst eingeführt worden. Freilich sind hier aus dem Geist der verschiedenen Länder eigenartige und eigenwertige Schöpfungen entstanden, so in Südostasien die Bambusrohr-Sparbüchse.

Sparta, (jetzt Isparta), bedeutender teppicherzeugender Ort in der Türkei. Diese Teppiche kamen auch unter der Bezeichnung → Smyrna in den Handel.

Spatelalbe → Albe

Spatz II, Hans († 1670), seit 1630 in Nürnberg tätiger Zinngießer, einer der wichtigsten Meister des → Reliefzinns. → Auferstehungsteller, → Blumenteller.

Spazierstöcke, haben sich aus den Stäben und Stöcken der Hirten, Bauern und Pilger entwickelt. Auch die Würdezeichen für Herrscher und Kirchenfürsten spielten bei dieser Entwicklung eine Rolle. Diese Stäbe und Stöcke waren zum Teil beschnitzt oder auf das Kostbarste verziert.

Der Begriff Spazierstock kann aber erst angewendet werden, als der Stock Ende des 16. Jh.s zum Accessoir der Mode wurde. Spazierstöcke dieser Zeit sind recht selten, meist aus einheimischem Holz, mit einem Knauf aus Gold, Silber oder Elfenbein. Die Metalle können ornamental verziert sein. Die Stöcke sind oft so durchbohrt, daß ein Riemen oder Band durchgezogen werden konnte. Der Träger konnte es sich ums Handgelenk schlingen oder es diente zum Schmuck. Ab 1700 wurden edle Hölzer wie Malaccarohr, das bei deutschen Stöcken auch Spanisch-Rohr heißt, verwendet. Botanisch sind es die langschüssigen Stäbe der Rotangpalme, deren Wert nach Stärke, Länge und Farbe beurteilt wird. Malacca-

Spardosen:
Rechts: Fayence-Spartopf. Frankfurt, um 1680. Privatbesitz. Links: Bettlerfigur als Spardose. Süddeutsch, um 1800. Privatbesitz.

rohr erkennt man an seinem „Rückgrat“: es hat keinen runden, sondern an einer Stelle leicht gratigen Querschnitt. Ist der Schuß so lang wie der ganze Stock, spricht man von „echtem“ Malaccarohr. Mußte man Verdickungen im Schuß durch Hobeln egalisieren, nennt man die Qualität „halbecht“ oder „dreiviertelecht“. Der Schuß ist der gerade Stockteil, der unten in die Zwinge und oben in den Griff übergeht. Die Griffe bleiben zunächst Knäufe, die, aus Elfenbein oder Horn, mit silbernen Nägelchen zu feinen Mustern benagelt waren (Piqué-Technik). In der Mitte des 18. Jh.s kam die Fritzkrücke auf, der gebogene Stockgriff, wie Friedrich der Große ihn bevorzugte. Er wurde aus Gold, Silber, edlen Stei-

Spazierstöcke von links nach rechts: Stock um 1700. Malaccarohr, Knauf aus Rhinozeroshorn mit Silberbeschlägen (Piqué), Silbermontierung und Band. London, Sotheby's. – Eselskopf aus Sterlingsilber. London 1902. Stock halb aus Elfenbein, auf Knopfdruck sprüht er Parfüm. Gut Weisham, Sammlung Klever. – Achtkantiger Ebenholzstock mit einer Büste aus Gagat oder Jett. 1. Drittel 19. Jh. Vielleicht ein Damenstock. Büste 8 cm. Gut Weisham, Sammlung Klever. – Bäuerlicher Stock aus dem Alpengebiet. 19. Jh. (?). In seiner ganzen Länge mit plastischen Tiergestalten, -köpfen und Blättern beschnitzt. Gut Weisham, Sammlung Klever.

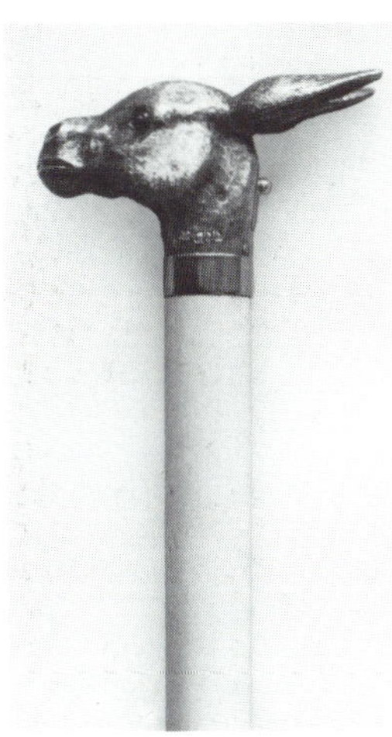

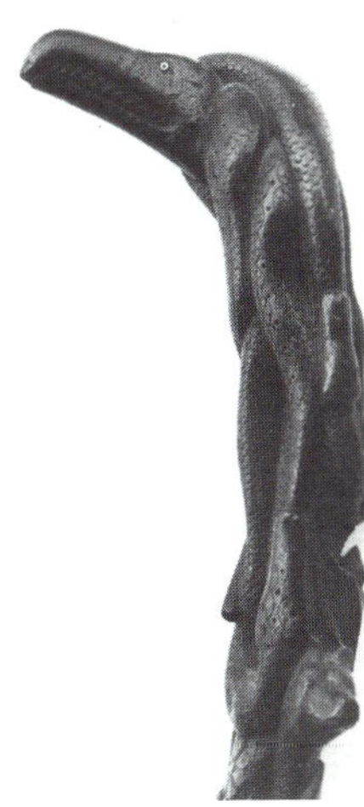

nen oder Porzellan hergestellt. Hier finden wir Figürliches: Krücken mit Mopsköpfen (Meißen) oder Frauenbüsten. Je weniger der Stock Stütze war, um so schöner und wichtiger wurde der Griff. Das späte 18. und das ganze 19. Jh. ist die Zeit der Flanierstöcke: sie sind zum Zeigen da. Diese Erzeugnisse handwerklicher Kunst aus allen nur möglichen Materialien mit Griffen in Form von Menschenköpfen, Tierköpfen, ganzen Tieren, Genreszenen, erotischen Szenen werden heute vor allem gesammelt. Um die Mitte des 19. Jh.s wuchs die Produktion von Spazierstöcken ins Unübersehbare. Neben fast sämtlichen Holzarten der Welt wurden Stöcke aus Horn, Elfenbein, Walknochen, Narwalzahn, Rückgratknochen von Haifischen und Rochen, aus auf einen Eisenkern gereihten Horn-, Leder- oder Pappescheiben, aus Aluminium, Schildpatt, Glas oder aus allen Kunststoffen gefertigt. Die Vielfalt des Materials multipliziert sich mit der Vielfalt der Griffe.
Aus den Waffenstöcken mit verborgenen Degen, Dolchen, Gewehren und Pistolen entstanden eine Unzahl von Systemstöcken, die Meßlatten, Fotostative, Berufswerkzeug; Parfumflakons, Messer und Gabeln, kurz Nützliches bis Kurioses.

Spechter, deutsches Glasgefäß des 16. und 17. Jh.s., eine Weiterentwicklung des → Krautstrunks. Hoher zylindrischer Humpen mit Deckel und Fuß, dessen Gefäßwand mit Reihen regelmäßiger Nuppen oder kleiner Quader dicht besetzt ist.

Speckstein → Steatit

Spenzer → Caraco

Sperrholz, Überbegriff für Spanplatten und Holz- bzw. Hartfaserplatten sowie für Sperrplatten. Spanplatten bestehen aus zahllosen, nebeneinander verleimten Stäbchen, die oben und unten von einer durchgehenden Furnierplatte zusammengehalten werden. Holz- bzw. Hartfaserplatten werden aus einem kunstharzverleimten Faserbrei hergestellt, Sperrplatten bestehen aus mehreren dicken, verleimten Furnierplatten.

Sphragistik → Siegel

Spickelbild (Spickel: Gegenstand in Keilform), Stoffklebebild, entstanden im 17. Jh. Dabei werden Hintergrund und Umrahmung der Miniatur weder gemalt noch geschnitten, sondern mit stilisiertem Ranken und Blumenwerk aus bunten Seidenläppchen dekorativ beklebt (→ Applikation).

Spiegel (von Tellern) → Fahne

Spiegel, Spiegelrahmen, polierte Metallplatten oder von einer Metallschicht (Zinn, Silber) hinterlegte gewölbte oder flache Glasspiegel mit ihrer umrahmenden Einfassung. Nach Größe und Verwendungszweck sind unterscheidbar: Wand-, Stand-, Klapp-, Doppel-, Hand- und Taschenspiegel. Seit der Bronze- und Latènezeit sind polierte Metallplatten als Spiegel verwendet worden. Aus ägyptischen Gräbern sind Spiegel aus Kupfer, Bronze, Silber mit reichverzierten Griffen aus Holz, Elfenbein und Fayence erhalten. Aus dem kretisch-mykenischen Bereich sind runde Metallspiegel mit Elfenbeingriffen erhalten. Seit dem 7. Jh. v. Chr. sind in Griechenland Griff- und Standspiegel mit vollplastischen Frauenfiguren nachweisbar, seit dem 4. Jh. v. Chr. auch Klappspiegel. Besonders zahlreich erhalten sind die etruskischen Griff-(Hand-)Spiegel. In der römischen Kaiserzeit gab es bereits kleine Glasspiegel mit Zinnunterlage. Neben den Metallspiegeln kamen im Mittelalter seit dem 13. Jh. Wand- und Handspiegel aus konkav oder konvex gewölbtem Glas auf. Bekannt waren die Nürnberger Spiegel. Die Rahmen aus Holz oder Metall waren mit Ornamentierungen und figürlichen Darstellungen (religiöser und moralisierender Thematik) geschmückt.
Seit Anfang des 16. Jh.s wurden vorrangig in Venedig (→ Venezianisches Glas) flache Glasspiegel in großer Zahl hergestellt. Seit dem frühen 17. Jh. wurde die venezianische Art der Glasherstellung in verschiedenen anderen europäischen

Spechter. 17. Jh.

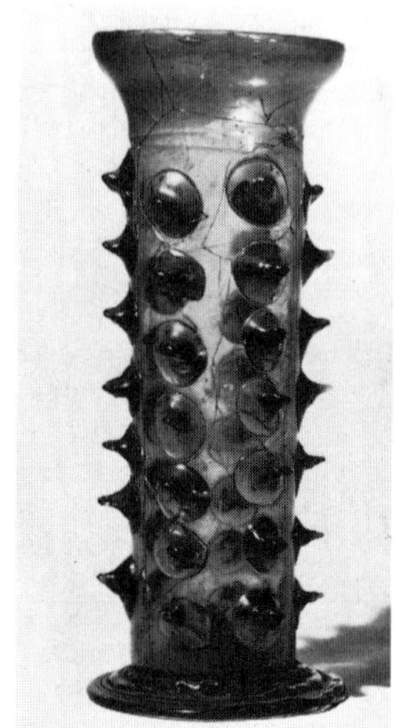

Manufakturen erfolgreich imitiert. 1688 erfand Abraham Thevart in Frankreich das Gießen des Spiegelglases, wodurch die Herstellung von beliebigen Größen möglich wurde. Rahmung und Einfassung des Hand- und Taschenspiegels entsprechen in der Abfolge der Dekormaterialien und -Formen den Stilfolgen, die für anderes Hausgerät (Toilettengarnituren, Besteck) gelten. Herausragende Einzelstücke haben sich aus der Zeit zwischen Spätmittelalter und Barock erhalten. Die Rahmung der größeren Formen von Wand- und Standspiegeln ist nächstverwandt der der Bilderrahmen, beginnend mit Plattenrahmenformen im 16. und 17. Jh. bis zu den reich geschnitzten und ornamentierten Formen des 18. Jh.s. Stärker als bei Bilderrahmen macht sich bei Spiegelrahmen die Vereinheitlichung des Einrichtungsdekors im 17. und 18. Jh. bemerkbar. Sondergattungen, die in dieser Zeit entstanden, waren die Spiegelaufsätze auf Kaminen *(overmantel mirror)*, die Verbindungen von Spiegeln und Leuchtern und die Verspiegelung ganzer Räume. In den Schlössern Ludwigs XIV. kamen die Spiegelkabinette zuerst vor, um in ganz Europa als Mode übernommen zu werden. Die Blütezeit der Spiegelrahmung fällt in das 17. und 18. Jh. Als einer der gestalterisch am wenigsten gebundenen Einrichtungsgegenstände wurde der Spiegel besonders beliebter Gegenstand phantasievollen Formenreichtums. Höhepunkte der Spiegelrahmenausführung finden sich in Italien, England, Frankreich und an den deutschen Residenzen.

Spiegelfetisch → Kongo

Spiegelmöbel, einer der prunkvollsten fürstlichen Möbeltypen des → Rokoko, vermutlich eine venezianische Erfindung des frühen 18. Jh.s. Bei diesem Möbel werden an Stelle von Holzfurnieren → Furniere aus Spiegelglas verwendet. Spiegelmöbel gehörten zur Ausstattung der höfischen Spiegelkabinette, sind aber auf Grund ihrer Fragilität kaum erhalten geblieben.

Spiegelquadrant → Quadrant

Spieldose, ein → mechanisches Musikinstrument, das aus einer Walze mit Stiften besteht, die beim Drehen die Zungen eines Stahlkamms anreißen, so daß sie in Schwingungen versetzt werden und Töne erzeugen.

Spielkarten. Die frühesten, gestochenen und handgemalten Spielkarten waren schon im 15. und 16. Jh. Wertgegenstände, die sich nur die höchsten Persönlichkeiten leisten konnten. Aber sie wurden noch nicht systematisch gesammelt. Im 18. Jh. fingen die Kupferstichkabinette an, Karten von hohem künstlerischen Wert zu sammeln. Nach 1860 gliederten sich das Germanische Nationalmuseum in Nürnberg und das Bayerische Nationalmuseum in München eigene Spielkartensammlungen an. Auch in London (British Museum), Paris (Bibliothèque Nationale) und den USA (Cincinnati, Carry Foundation, William Penn Collection) entstanden Sammlungen. Die erste Spielkartensammlung in Deutschland wurde 1923 in Altenburg („Skatheimat“) gegründet. Daraus erwuchs 1932 ein Spielkartenmuseum, das nicht mehr besteht. Die Sammlung Martin von Hase ging 1950 in den Besitz der Vereinigten Altenburger und Stralsunder Spielkartenfabriken Leinfelden über und bildete deren Grundstock. Aus der

◁

Spiegelrahmen. Süddeutschland oder Österreich, um 1750. Holz, geschnitzt.

Rechts: Dänischer Rokoko-Spiegel. Mitte 18. Jh. Nußbaum, H 85 cm.

Rechts außen: Spiegelrahmen, England, um 1760. London, Victoria and Albert Museum.

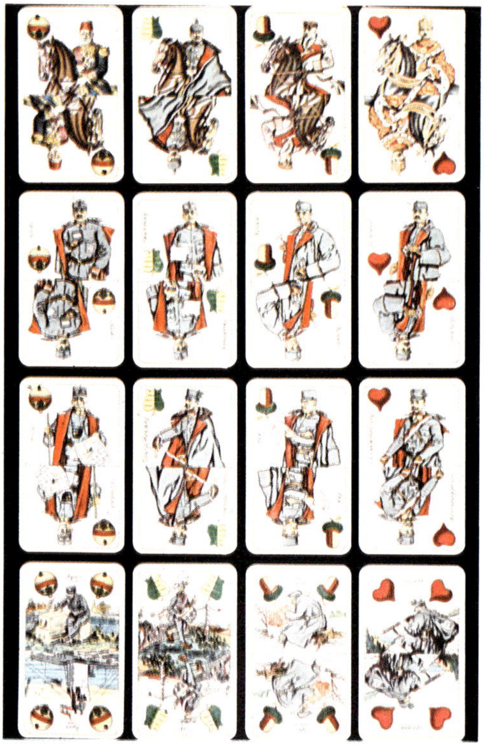

Spielkarten. Habsburg-Tarockkarten von Piatnik. Budapest, Privatbesitz.

Zeit zwischen 1440 und 1470 sind elf gestochene Kartenspiele bekannt, deren Spielfarben durch Pflanzen, Tiere, Wappen, Figuren oder ganze Szenen dargestellt sind. Es fehlt noch jede Schematisierung.

Wertvollstes und wohl bekanntestes Sammlerstück auf dem Gebiet der Spielkarten sind die sog. Tarocchi des Mantegna, Ferrara vor 1467 (Kupferstiche, Folge von 50 Blatt), die auch in späten Drucken heute hoch bezahlt werden. Die berühmtesten Meister, die Spielkarten dargestellt haben, sind der Meister der Spielkarten (um 1440), der Meister PW von Köln (um 1500), der Meister ES vom Oberrhein (1440–1467) und der unbekannte Oberdeutsche Meister vom Ende des 15. Jh.s.

Spielkartengläser, altdeutsche Stangengläser (→ Paßglas) mit einer bunten, gemalten Spielkarte im oberen Teil der Gefäßwandung (→ emaillierte Gläser).

Spielpuppen, in fast allen Kulturkreisen bekanntes Spielzeug, zum Teil aus Holz, Steinen, Leder, Lumpen usw. gefertigt. Ihre Geschichte beginnt mit den Holz- oder Tonpüppchen, die erstmals um das 15. und 16. Jh. nachzuweisen sind. Aus dem Jahre 1770 sind uns aus Holz gefertigte Puppen, die sogenannten Ziehdocken, Krondocken, Wickeldocken oder Tanzdocken bekannt. Die bekleideten Spielpuppen kamen Ende des 17. Jh.s auf. Bis zur 2. Hälfte des 18. Jh.s waren sie Unikate aus Wachs oder Holz. Neben den → Wachs- und → Holzpuppen gab es dann auch noch die → Papiermaché- und → Porzellanpuppen. Im Zuge der industriellen Fertigung von Puppen wurden auch Gummi, Zelloloid und Metall verwendet, heute weitverbreitet Kunststoffe. Seit 1823 gibt es Puppen, die „Mama“ und „Papa“ sagen und bewegliche Gliedmaßen haben, gefolgt von den ersten Laufpuppen aus Paris und Puppen mit Schlafaugen. Bis zum Jahre 1850 trugen fast alle Puppen entweder Baby- oder Erwachsenenkleidung, erst nach 1850 Kindermode. Um diese Zeit kamen dann auch erstmals Puppen mit Kindergesichtern in den Handel.

Für Puppensammler zu beachten: Nur einwandfrei erhaltene Puppen haben heute größeren Wert, außerdem sollten sie nicht aus vorhandenen Körperteilen verschiedener Hersteller unterschiedlicher Epochen zusammengesetzt sein. Bei sehr alten Puppen findet man selbstverständlich keine Hersteller- oder Fabrikmarken. Puppen größerer Hersteller von der Mitte des 19. Jh.s an haben oft Halsmarken, die auf den

Verschiedene Puppen aus Privatbesitz

Hersteller und damit auch auf einen gewissen Wert der Puppe hinweisen. Zu bekannten deutschen Herstellern gehören die Firmen Bruno Schmidt, Waltershausen, Cuno & Otto Dressel, Sonneberg, Ernst Heubach, Köppelsdorf, Kämmer & Reinhardt, Waltershausen, Armand, Marseille, Köppelsdorf, Simon & Halbig, Gräfenhain; Käthe Kruse, Bad Kösen; Margarete Steiff, Gingen und die Rheinische Gummi- und Celloloidfaserfabrik, Mannheim/Neckarau. An wichtigen ausländischen Puppenherstellern seien die Firmen Bru, Gaultier und Jumeau aus Frankreich sowie Montanari und Pierotti aus England genannt.

Spieltische, in der Mitte des 18. Jh.s in England aufkommende Klapptische, oft mit abgerundeten Ecken, die in zwei Wandlungen aufgeklappt werden können: Eine zeigt auf der furnierten Platte ein Spielbrett; die andere ist für Kartenspiel bestimmt und trägt flache, kreisrunde Vertiefungen, in die man Kerzenhalter stellte, und ovale Aushöhlungen für Spielgeld.

Spieluhren, → mechanische Musikinstrumente, Zungenspielwerke mit auswechselbaren Stahlmusiknoten, d. h. gelochten Metallplatten.

Spieluhren: links Spieluhr aus Leipzig, um 1900. Firma Kalliope. Rechts Spieluhr mit auswechselbaren Platten. Leipzig, um 1900. Firma Kalliope.

Spielzeug, Gegenstände, die dem Spieltrieb der Kinder, ihrem Gestaltungs-, Nachahmungs- und Betätigungsdrang dienen. In den verschiedenen Formen ist Spielzeug bei allen Natur- und Kulturvölkern bezeugt. Zweck und Form sind dabei seit Jahrtausenden gleich geblieben: Klappern, Puppen und Marionetten, Ziehtiere und Spielzeugsoldaten.

Zu den ältesten Spielsachen gehören der Ball, die → Puppe (→ Spielpuppen) und Spieltiere. Durch archäologische Funde sind folgende Spielzeuge belegt: Murmeln (3000 v. Chr.), Keramikrasseln (ca. 2000 v. Chr.), Puppen aus bemaltem Holz mit Lehmperlen-„Haaren" (1900 v. Chr.), Kreisel (1250 v. Chr.), Nachziehtiere auf Rädern aus Kalkstein (1100 v. Chr.) und ein Holzkrokodil mit beweglichem Unterkiefer (ca. 1100 v. Chr.).

Während aus dem Mittelalter nur wenig über Spielzeug bekannt ist – Steckenpferd, Windrad, Puppe, Ball und bewegliche Ritterfiguren → Spielzeugsoldaten –, spielen im 18. Jh. Mädchen mit Puppen, Puppenküchen und dem Kaufmannsladen; Knaben mit dem Kreisel, dem Schaukelpferd, Bleisoldaten und mit Holzwaffen.

Die serienmäßige Herstellung des Spielzeugs kann bereits für das Mittelalter vermutet werden, auch wenn sich keine Hinweise auf Zunftordnungen finden. Belegt sind berufsmäßige Docken-(Puppen)macher in Nürnberg erstmals im Jahr 1400. Seit dem 16. Jh. kann vom Spielzeug als Handelsware gesprochen werden. Über Jahrhunderte hinweg blieb Nürnberg wegen seiner zentralen, verkehrsgünstigen Lage das Zentrum des Spielwarenhandels. Mit der Ausweitung der Handelsbeziehungen im 16. Jh. entwickelte sich in waldreichen Gebieten – Thüringen, Sachsen und Süddeutschland – eine Spielzeug-Hausindustrie. Die überwiegend kleinen bäuerlichen und handwerklichen Familienbetriebe stellten in Heimarbeit geschnitztes und gedrechseltes Spielzeug her (→ Holzspielzeug). Vertriebsschwierigkeiten führten zur Trennung von Produktion und Vertrieb. Die Entwicklung dieses Verlegerwesens – die Heimarbeiter lieferten an Händler, die auf Jahrmärkten und Messen in Leipzig, Frankfurt und vor allem in Nürnberg verkauften – führte zur raschen Ausbreitung der Hausindustrie. Trotz mancher Monopolisierungsversuche der Nürnberger Händler gab es in allen deutschen Produktionszentren einheimische Verleger, die ein weitläufi-

Puppenhaus aus Holz. Vom Keller bis zum Speicher eine detaillierte Darstellung eines Bürgerhauses, selbst die Messingbettpfanne und der Nachtleuchter sind nicht vergessen. Nürnberg, Germanisches Nationalmuseum.

ges Netz von Handelsbeziehungen im In- und Ausland aufbauten. Auf den Verkaufsreisen führten die Verleger Musterkoffer oder Spielzeugmusterbücher mit.
Die Industrialisierung in der ersten Hälfte des 19. Jh.s führte zu tiefgreifenden Veränderungen in der Spielzeugproduktion. Neben der Einführung der Maschinenarbeit löste das Blech die bis dahin gebräuchlichen Werkstoffe für billiges Spielzeug, Holz, Pappmaché und Tragant, rasch ab. Mit der Erfindung neuer Verarbeitungstechniken – Stanzen, Pressen, Hohldruck – wurde die Grundlage für die Entwicklung der industriellen Serienfertigung und den Siegeszug des → Blechspielzeugs gelegt.
Die 1849 eingeführte Gewerbefreiheit hob die Beschränkungen der Zunftordnungen auf und ermöglichte vielen Verlegern auch die gewerbliche Herstellung der Spielzeuge. Die Konzentration der Blechspielwaren- und Stofftierindustrie in Nürnberg machte diese Stadt zum unbestrittenen Ort der Spielwaren-Herstellung und Verbreitung.
Anfang des 20. Jh.s gab es in Deutschland folgende Spielwarenzentren: Bayern mit den Zentren Nürnberg (Metallspielzeug), Lichtenfels (Flecht- und Kinderwaren), Bayerischer und Böhmer Wald (Holzspielzeug); Sachsen – Erzgebirge – Sudetenland mit den Zentren Klingenthal (Musikspielzeug), Zeitz (Kinderwagen und -Fahrzeuge), Annaberg (Spielmaterialien aus Pappe), Marienberg (Metallspielzeug), Olbernhau, Grünhainichen, Seiffen (Holzspielzeug), Döbeln (verschiedenes Spielzeug), Gablonz (Holzspielzeug); Thüringen mit den Hauptzentren Coburg (Flechtwaren, Kleinmöbel), Sonneberg (Puppen, Holz- und Stoffspielzeug), Steinach (Holzspielzeug), Schmalkalden (Metallspielzeug), Waltershausen (Puppen), Königsee (Porzellanspielzeug); Baden-Württemberg und Hessen, Metall-, Stoff- und Holzspielzeug, Gesellschaftsspiele, Gummi- und Zelluloidspielzeug.
Seit den zwanziger Jahren dieses Jahrhunderts entwickelte sich in den anderen europäischen und außereuropäischen Ländern eine nennenswerte Spielwarenindustrie, die die Vorherrschaft Deutschlands als dem wichtigsten Spielwarenlieferanten schwächte.
Sammeln: Gekauftes Spielzeug hatte immer neben dem Spielwert auch eine Repräsentationsfunktion. So spiegeln sich im Spielzeug die jeweils herrschenden Vorlieben, der technische Fortschritt und die gesellschaftlichen Verhältnisse. Bis ins 20. Jh. hat sich überwiegend Spielzeug der Kinder des wohlhabenden Bürgertums und des Adels erhalten, während die Landbevölkerung und die Arbeiter kaum in der Lage waren, Spielzeug zu kaufen und deren Kinder auf ihre Erfindungsgabe bei der Selbstherstellung angewiesen waren. Die ersten Spielzeugsammler haben gleichzeitig die grundlegenden Veröffentlichungen über die Geschichte des Spielzeugs herausgebracht. Vorwiegend unter kunst- und kulturhistorischem Gesichtspunkt geschrieben, enthalten die Bücher von Henry d'Allemagne (erschienen 1902), Léo Claretie (erschienen 1894) und Karl Gröber (erschienen 1928) immer noch wichtiges Quellenmaterial. Seit etwa 1965 hat das Sammeln von Spielzeug, ausgehend von den USA und England, sprunghaft zugenommen. In den letzten Jahren sind besonders die Preise für altes Spielzeug stark gestiegen. Deshalb weichen jüngere Sammler heute auf Blechspielzeug der fünfziger Jahre und auf Celluloidpuppen bis 1940 aus.
Spielzeugmuseen: Spielzeugmuseum, Nürnberg; Germanisches Nationalmuseum, Nürnberg; Deutsches Spielzeugmuseum, Sonneberg (DDR); Spielzeugmuseum, Seiffen (DDR); Museum Carolinum-Augusteum, Salzburg; Spielzeug- und Dorfmuseum, Riehen (Schweiz); Bethnal Green

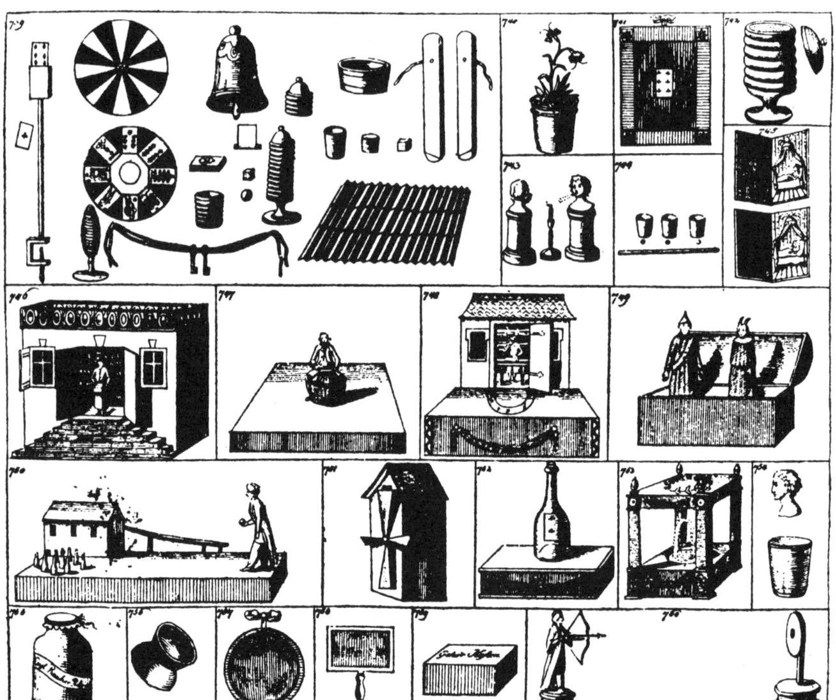

Seite aus dem Bestelmeierschen Spielzeugkatalog. Nürnberg, 1807. Nürnberg, Stadtbibliothek.

Museum, London; Pollocks Toy Museum, London; The Museum of Childhood, Edinburgh.
Spielzeugmusterbuch, entstanden aus den Vorlageblättern, die Verleger den Spielwarenherstellern lieferten, um nach einheitlichen Vorlagen gefertigte Waren zu erhalten. Gleichzeitig von den Verlegern als Übersicht über ihr Warenlager auf Verkaufsreisen verwendet. Neben gezeichneten und kolorierten Katalogen wurden im Kupferstich vervielfältigte Musterblätter angeboten, aus denen sich Händler ein individuelles Angebot zusammenstellen konnten. Das älteste illustrierte Musterbuch (1793) ist das „Magazin von verschiedenen Kunst- und anderen nützlichen Sachen zur lehrreichen und angenehmen Unterhaltung der Jugend" des Nürnberger Spielwarenhändlers G. H. Bestelmeier. Mitte des 19. Jh.s verdrängen die Musterbücher immer mehr die bisher verwendeten Musterkoffer, in denen mehrere hundert Miniaturspielzeuge mitgeführt wurden.
Anhand der wenigen erhaltenen Musterbücher lassen sich Entwicklungslinien, zeitliches Auftauchen bestimmter Formen und Produktionszentren ermitteln. Gerade die vollständige Angebotsübersicht eines bestimmten Jahres ergänzt die mehr „zufällig" erhaltenen Spielzeuge in den heutigen Sammlungen.
Spielzeugsoldaten, flache → Zinnfiguren und halb- oder vollplastische Soldaten aus Holz, Blei, Zinn, Gips und Mischmasse. Vollplastische Soldatenfiguren wurden bereits in Troja gefunden. Lange Jahrhunderte waren dann flache Zinnfiguren verbreitet, bevor Ende des 19. Jh.s der Durchbruch der plastischen Figur begann. In England entwickelte William Britain, London 1893, ein Verfahren zum Guß von Hohlfiguren. Daneben waren, besonders in Deutschland, die Bleisoldaten weitverbreitet. Um 1898 wurde von der Wiener Firma Pfeiffer ein neues Material zur Produktion gepreßter Soldaten entwickelt. Um 1904 begann mit diesem Mischmaterial (Sägemehl, Leim und Kaolin) die Firma Hausser, Neustadt/Coburg, unter dem Markennamen „Elastolin" die Produktion von Soldatenfiguren. 1925 übernahm Hausser die Firma Pfeiffer, Wien, Marke Tipple Topple.
Mit der Machtergreifung der NSDAP 1933 und der zunehmenden Militarisierung begann für Hausser-Elastolin und für Lineol, Dresden, ein stetiges Wachstum. Produziert wurden jetzt Figuren, 7 und 4 cm groß, aller Waffengattungen der Wehrmacht und der verschiedenen Parteiformationen von SA bis zur HJ. Besonders amerikanische und englische Sammler, aber in neuerer Zeit auch deutsche Sammler, zahlen recht hohe Preise für diese Figuren aus der Zeit des Dritten Reiches.
Spieß → Stangenwaffen
Spiller, Gottfried → brandenburgische Gläser
Spindler-Möbel, Möbel der Kunstschreinerfamilie Spindler, deren Mitglieder zu den wichtigsten Ebenisten des deutschen → Rokoko gehörten. Der Schloßzimmermeister Johann Spindler (tätig Ende des 17. Jh.s), der Stammvater der Familie, hatte bereits handwerklich hochstehende Zimmerarbeiten, Vertäfelungen u. ä. auf der Plassenburg bei Kulmbach ausgeführt und seinen Sohn gleichen Namens (1691–1770) in diesem Handwerk angelernt. Johann d. J. wanderte nach Bayreuth aus, anfänglich wohl als Zimmermeister, doch scheint er auch Möbel angefertigt zu haben, die ihm den Titel eines „Hofbauschreiners" einbrachten. Drei seiner Söhne, im väterlichen Betrieb ausgebildet, übernahmen die Werkstatt und bauten sie zu einem der führenden Unternehmen

Schreibschrank von Johann Friedrich Spindler. Bayreuth, um 1750–1760. 190 × 87 × 49 cm. Bayreuth, Neues Schloß.

dieser Art aus. Dies waren Jakob Spindler (1724–1792), Johann Friedrich Spindler (1726 –nach 1799) und Heinrich Wilhelm Spindler (1738 –nach 1799). Jakob Spindler blieb in Bayreuth ansässig, wurde Hofebenist, Dekorationsinspektor am Markgrafentheater in der Nachfolge Carlo Galli Bibienas und schließlich Bauinspektor des Herzogs von Württemberg auf Schloß Fantaisie bei Donndorf. Johann Friedrich und Heinrich Wilhelm arbeiteten anfänglich in der gemeinsamen Werkstatt, bis sie 1764 von Friedrich dem Großen an den Potsdamer Hof berufen wurden, wo sie in Zusammenarbeit mit dem Bildhauer und Möbelschreiner Melchior → Kambli, ähnlich wie die Brüder → Hoppenhaupt, das → Friderizianische Rokoko entscheidend prägten (→ Berliner Möbel).
Spitzen, Fadengeflechte von kunstvollem Muster, meist aus Leinengarn, vereinzelt aus Seidenfäden (→ Blonden, → Chantillyspitzen). Sie entstanden aus dem Bedürfnis, den gewebten Stoffrand zu sichern und zu verzieren. Dies konnte duch Vernähen des Saumes geschehen, daraus entwickelte sich die Näh- oder Nadelspitze; oder durch Verknüpfen der Kettfäden, daraus entstand die zweite Haupttechnik der Spitzenherstellung, das → Klöppeln.

Die Geschichte der Spitze beginnt in der ersten Hälfte des 16. Jh.s in Italien, als sich aus den Vorformen Netzstickerei, Knüpfarbeit (→ Macramé) und Doppeldurchbruch (→ Reticella) die früheste Nadelspitze, bestehend aus Streifen und freischwebenden Zacken, entwickelte. Sie zeigt durchsichtige, auf dem Quadrat aufgebaute geometrische Muster. Etwas später trat die früheste Form der Klöppelspitze (→ Flechtspitze) auf. Die Entstehung beider Techniken scheint in Venedig erfolgt zu sein, wo die ersten Modelbücher für Spitzen erschienen (für Nadelspitze 1542, für Klöppelspitze 1557). – Die zarten Renaissanceformen des 16. Jh.s wurden im 17. Jh. durch großformige Ranken- und Blumenmuster abgelöst. Aus der Flachspitze entwickelt sich die körperhafte Reliefspitze, die ihren Höhepunkt im venezianischen → Point gros de Venise erlebte. Das Zentrum der Klöppelei wurde Belgien, wo im 17. (→ Flandrische Spitze) und besonders im 18. Jh. (→ Brüsseler, → Mechelner, → Valenciennesspitzen) die künstlerischen und technischen Möglichkeiten der Klöppelspitze voll ausgeschöpft wurden. Auf dem Gebiet der Nadelspitze ging die Führung am Ende des 17. Jh.s auf Frankreich über, wo sich, besonders in → Alençon, der Spitzentyp des 18. Jh.s, mit zarten Mustern auf Netzgrund bei geradem Rand, ausbildetete. Ihr entsprach in der Mode ein ungeheurer Luxus an Spitzen, die Privileg des Adels und der hohen Geistlichkeit waren. Zur Zeit des Louis-seize-Stils degenerierten Technik und Muster; Ersatztechniken (→ Applikations- und Bändchenstickerei) kamen in Mode. Von Ausnahmen wie → Valenciennes- und → Chantillyspitzen abgesehen, verfiel die Kunst der Spitze, als im frühen 19. Jh. in England die maschinelle Herstellung des Netzgrundes erfunden wurde (→ Bobinet).

Spitzenbilder, Ausschneidearbeiten in Pergament, in deren Mitte sich eine Miniatur mit Heiligendarstellung befindet. Spitzenbilder sind die vollendetste Form des Andachtsbildes. Sie wurden bis 1840 meist von Nonnen mit Federmesser und Schere hergestellt. Als berühmteste Spitzenbilderkünstlerin gilt Anna Maria van Schurmann (1607–1678). Die Verwendung von Spitzenbildern war für Gebetbücher gedacht. In der Mitte des 19. Jh.s erlebten die Spitzenbilder einen Niedergang und wurden durch Schablonierung ersetzt. Dabei wurden aufgedruckte Spitzenmuster in Kupferstich hergestellt. Nadelstich und Stanzspitze ersetzen das geschnittene Bild.

Spode, Josiah → Stoke-on-Trent

Sponton → Dienstgradabzeichen, → Stangenwaffen

Spottmünzen, Schaumünzen und →Jetons, die in Kriegs- und Revolutionszeiten zur Verspottung der Gegenpartei geprägt wurden.

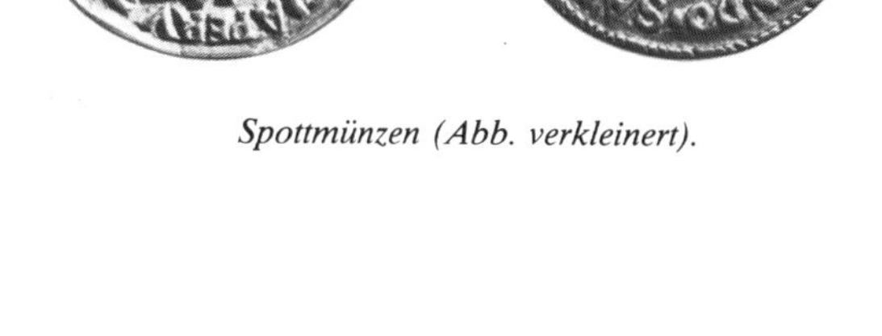

Spottmünzen (Abb. verkleinert).

Sprengarbeit, die vor allem in der Gold- und Silberstickerei geübte Technik des Unterlegens einzelner Motive mit ausgeschnittenem Karton, um gesteigerte Reliefwirkung zu erzielen.

Spruchband → Banderole

Spruchmünzen, tragen auf einer Seite statt eines Münzbildes einen – meist religiösen – Spruch.

Sprudelstein, Aragonit, ohne Luftzufuhr entstehender Niederschlag der heißen Quellen von Karlsbad mit im Querschnitt verschiedenfarbigen parallelen Streifen von Weiß, Blaßgelb, Blaßrosa bis Braunrot. Um die Mitte des 18. Jh.s begann der Steinschleifer Joseph Müller den Sprudelstein zu Kästchen und anderen Schmuckgegenständen zu verarbeiten und begründete damit einen neuen Handwerkszweig.

Spülkumme oder -Kumpe, henkellose Silber- oder Porzellanschale, die zum Ausspülen der Teetassen bei Tisch diente, da Teesiebe im 18. Jh. nicht üblich waren.

Stadtzeichen, auch Stadtmarken → Beschauzeichen

Stäbler → Rappen

Staffage, Figuren (Menschen, Tiere, Gruppen), die in der → Landschaftsmalerei oder Architekturmalerei mit in das Bild einkomponiert werden, um es zu beleben und die Tiefe im Bildraum deutlich zu machen. Seit dem Barock, mit der eintretenden Spezialisierung der Maler auf die einzelnen Bildgattungen, wird die Staffage auch gern von anderer Hand ins Bild gemalt.

Staffiermalerei → Faßmalerei

Staffierung, die farbige Verzierung von Rändern, Reliefs und Figuren in der → Fayence- und → Porzellanherstellung.

Stahlhelm → Helm

Stahlschmuck, facettiert und poliert, wurde zuerst in der Fabrik von Boulton and Watt in Birmingham, 1775–1800, hergestellt, andere Firmen in Sheffield und Wolverhamptom folgten. Um 1780 etablierte sich der Engländer Sykes im Palais Royal in Paris und verkaufte Stahlschmuck. Die Kaiserin Marie Antoinette trug u. a. auch Stahlschmuck und noch um 1820 war er gesellschaftsfähig. Teils waren in den Stahlschmuck Wedgwood-Kameen und Emailplättchen eingefaßt. Schmuck aus rostfreiem Stahl gibt es wieder seit Mitte des 20. Jh.s als Einzelanfertigung deutscher, holländischer und österreichischer Designer.

Stahlstich, Tiefdruckverfahren von einer Stahlplatte. Eine dünne Stahlplatte wird enthärtet und kann dann wie Kupfer bearbeitet werden, anschließend härtet man die Platte wieder. Der Vorteil besteht in der fast unbegrenzten Anzahl der möglichen Abzüge und in der Möglichkeit, besonders zarte Linien in die Stahlplatte eingravieren zu können. Der Stahlstich wurde 1820 in England erfunden und vor allem für Buchillustrationen und als Reproduktionstechnik verwendet. Nach der Erfindung der galvanoplastischen Verstählung von Kupferplatten waren auch von diesen zahllose Abzüge möglich, und der Stahlstich erübrigte sich. Die Reproduktionsaufgaben des Stahlstichs wurden durch die Erfindung des Lichtdruckverfahrens und der → Autotypie abgelöst.

Stam, Mart (* 1899), holländischer Architekt und Möbelentwerfer, einer der Pioniere des modernen → Designs. Stam ist der Erfinder des aus einem Stück gebogenen Stahlrohrstuhles (1924).

Stammbuch, Gäste- und Besuchsbücher seit dem 17. Jh., in die – im Gegensatz zum Poesiealbum – Eintragungen (teilweise in Gedichtform) von oft prominenten Besuchern des Hauses vorgenommen wurden. Zusätzlich enthielten diese

Stammbücher auch Illustrationen und Bildchen, „Stammbuchbilder". Später wurden sie dann von den Postkarten-Alben abgelöst.

Stamnos, gedrungener griechischer Weinkrug mit kurzem Hals und zwei horizontalen Bauchhenkeln.

Stampfertaler, Schweizer → Taler, deren Münzbilder der hervorragende Züricher Goldschmied, Medailleur und Stempelschneider Jakob Stampfer (1505–79) schnitt.

Standbein → Kontrapost

Standleuchter → Leuchter

Standuhren, wurden wie die Tischuhren (→ Räderuhr) zuerst im 15. Jh. gebaut und erlebten ihre Blüte im 16. Jh. Die frühesten sind viereckig oder sechseckig und zeigen das Zifferblatt vorn. Bald wurden viereckige Standuhren aus vergoldetem Messing mit durchbrochener Kuppel, unter der die Glocke saß, und bekrönendem Obelisken beliebt, die vor allem in Augsburg gemacht wurden. Die schönsten zeigen Zifferblätter (für Monats- und Wochentage, Sonnen- und Mondlauf u. a.) auf allen vier Seiten. Ende des 16. Jh.s traten turmförmige Standuhren auf. – Eine Sonderform sind die ab 1550 gearbeiteten Spiegel- oder Monstranzuhren in Form eines runden Spiegels, oft als astronomische Uhren mit → Astrolabium. Sie wurden vorwiegend in Augsburg gemacht, das auch für Automatenuhren, mit vielen beweglichen Figuren, berühmt war.

Stangenglas, schlankes, hohes, zylindrisches Trinkgefäß, vielfach mit Hohlfuß; des öfteren mit Emailfarben verziert.

Stangenwaffen. Aus der uralten Stangenwaffe, dem Spieß (Speer, Lanze), entwickelten sich, besonders in der Schweiz, vom späten 13. Jh. an Sonderformen, die im Gegensatz zum → Schwert sogar einen Plattenharnisch (→ Harnisch) zertrümmern konnten. Später wurden sie vorwiegend Stoßwaf-

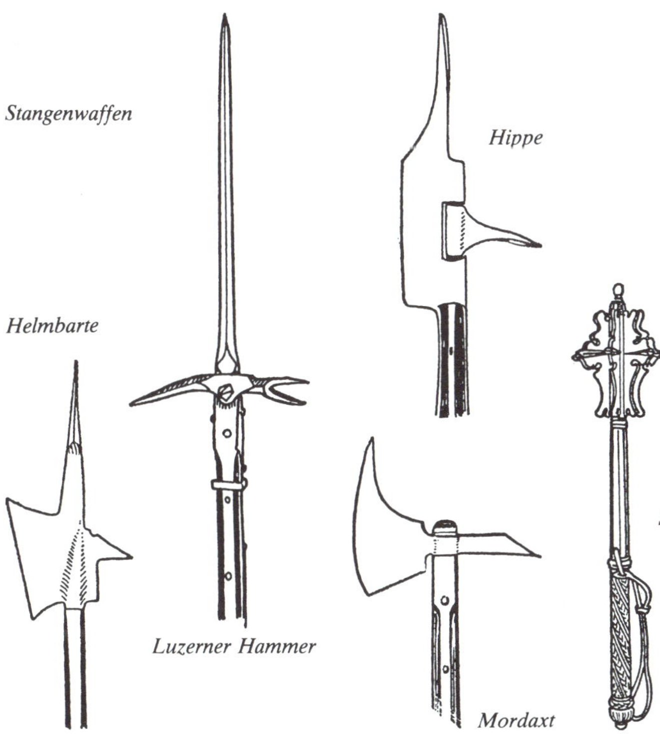

Stangenwaffen

Standuhr. England, um 1700. 8-Tage-Werk mit Datumsangabe, Wurzelnußgehäuse mit Blumenintarsien, 225 × 45 cm.

fen. Ihren Höhepunkt erlebten diese verheerend wirkenden Stangenwaffen in der Ausrüstung der Landsknechtsheere des 15. und 16. Jh.s. Die wichtigsten Formen sind folgende: Hellebarde (Hellebarte), aus dem Beil entwickelt; in der zweiten Hälfte des 16. Jh.s wurde sie wie alle Stangenwaffen, zur reich verzierten Trabantenwaffe (Symbolwaffe von Schutztruppen), im 17. und 18. Jh. auch Dienstgradabzeichen für Unterführer; eine Abart ist die mit drehbarer Spitze versehene Hippe. Glefe, mit messerförmiger Klinge, die am unteren Ende spitze Ansätze trägt. Kuse, mit messerförmiger Klinge ohne angesetzte Spitzen. Runka, Spieß mit seitlich abstehenden, halbmondförmig nach oben gerichteten Ohren. Partisane, Runka mit kurzen Ohren. Streitkolben oder Morgenstern auf kurzem Schaft, mit metallener, stachelbesetzter Keule, in Ungarn und Polen bis zum 18. Jh. in Gebrauch, Urform des Feldherrnstabes. Streithammer, der, auf langem Spieß getragen, Luzerner Hammer hieß, wobei aus dem Hammerkolben ein zweizinkiger Schnabel wurde. Streitaxt, vor allem in der Form der Mordaxt, mit Hammerschlagfläche und Stoßklinge. Im 16. Jh. lebte sich auf den Stangenwaffen die Schmuckfreude der Zeit aus. Die Stangenwaffen lebten im 17. Jh. in der Pike, im 18. im Sponton als Dienstgradabzeichen für Offiziere wie die Partisane im 17. Jh. weiter.

Stanzen, der übergeordnete Begriff für spanlos geformte Werkstücke wie Hohlformen für Becher, Dosen etc., die aus planen Blechen, Platten, Folien, Stäben und ähnlichem, mit speziellen Pressen erzeugt werden. Das Biegen, das Formstanzen und Rollen sind dabei die bekanntesten Verfahren. Die seit dem 19. Jh. üblichen gestanzten Ornamentbänder entstehen durch das Pressen von Edelmetallstreifen oder -platten zwischen erhabener und ausgetiefter Motivform. Daneben versteht man unter Stanzen auch eine mit dem Messer unter der Presse auszuschneidende Form von Blechen, Furnier, Leder usw. → Treibarbeit.

Stater → Drachme, → Korinthischer Silberstater

Stauche → Epimanikion

Stauf, im süddeutschen und schweizerischen Raum Bezeichnung für einen glatten konischen Silberbecher mit leicht ausschwingender Wandung, der im späten 15. und frühen 16. Jh. gefertigt wurde. In Norddeutschland wird er Stop genannt.

Staurothek → Reliquiar

Stawros, auch Stawrion, Brustkreuz, das in der Ostkirche im Gegensatz zum lateinischen → Pectorale zum → Meßornat von Bischof und Priester gehört.

Steatit, auch **Speckstein,** Talk, undurchsichtiger, weicher, fettiger Stein von grauer bis grüner Farbe, der mit dem Messer geschnitzt werden kann und in kretisch-mykenischer Zeit als Siegelstein beliebt war.

Stechküriss, → Harnisch für das Gestech. → Stechzeug

Stechzeug, Turnierharnisch des 15. und 16. Jh.s für das deutsche und welsche Gestech, Turnierarten, bei denen man die Turnierstange am Helm des Gegners brechen oder den Gegner selbst vom Pferd stechen mußte. Charakteristisch waren eine Verstärkung der linken Schulter, auf die noch die Stechtartsche aufgeschraubt wurde, und die mit einer Krone, dem Krönig, versehene Brechstange mit Brechscheibe zum Schutz der Hand. Der Stechhelm folgte im Typ noch dem alten Topfhelm (→ Helm).

Beim Rennen mußte man den Gegner vom Pferd rennen oder die Stange an seinem Schulterschild brechen. Das Rennzeug unterscheidet sich vom Stechzeug durch den Rennhut genannten Helm, eine Abart der Schallern (→ Helm) und die mit Leder bezogene Renntartsche, die ebenfalls auf der linken Schulter befestigt wurde. Als Sonderform wurde in Dresden das sächsische Rennzeug ausgebildet, das sich durch einen Harnischbart vom gewöhnlichen Rennzeug unterschied. – Zum Turnier benötigte man auch Pferderüstungen, deren Zahl allerdings nie groß gewesen sein dürfte. Der Roßharnisch besteht aus Roßstirne (Kopfschutz), Kanz (Halsschutz), Fürbug (Brustschutz), Gelieger oder Gerait (Gereit; Schutz des Hinterteils) und Flankenschutz. Zum Gestech waren ein → Sattel mit hohen Stegen üblich, um den Sturz vom Pferd zu verhindern.

Stecker → Blankscheit

Stegkanne, Berner Stegkanne, balusterförmige gedeckelte Zinnkanne, meist Schweizer und hier vorwiegend Berner Herkunft (Berner Stegkannen), mit tief ansetzendem, schräg ansteigenden, mit der Wandung durch einen Steg verbundenen kantigen Röhrenausguß; verschiedenartig gestaltet, konnte der Steg auch die Form eines Armes im modischen Ärmel mit zupackender Hand aufweisen. Die Kannen wurden vom 17. bis in das 19. Jh. gearbeitet, zuletzt als historisierende Nachahmung. Formschöne Stegkannen entstanden im 17. Jh. aber auch in Köln, Nürnberg, Ulm und in Oberösterreich.

Steigerwald, Franz (1789–1864?), in Prag geborener Glashändler und -graveur. Etablierte sich 1810 in Würzburg und belieferte deutsche Bäder wie Wiesbaden und Ems mit böhmischen Gläsern. Franz und Wilhelm Steigerwald gründeten 1836 die → Theresienthaler Hütte bei Zwiesel im Bayerischen Wald und 1845 die Regenhütte. 1847 erwarben sie die Hütte Schachtenbach. Spätestens seit 1842 unterhielt Franz

Stegkanne. Ulm, 1. Hälfte 17. Jh. H 26 cm. Freiburg, Simmermacher.

Pokal. F. P. Zach für Steigerwald's Neffe. München 1855. Weißes und farbloses Glas mit blauem Überfang, Facettschliff und Schnitt, H 30,5 cm. London, Bethnal Green Museum.

Steigerwald eine Verkaufsniederlassung in München. Für ihn arbeiteten so berühmte böhmische Graveure wie Dominik → Biemann, Karl → Pfohl und Franz Paul → Zach. Ab 1864 firmierte das Münchner Unternehmen unter der Bezeichnung Franz Steigerwald's Neffe; die Theresienthaler Hütte war bereits 1861 in den Besitz der Familie → Poschinger übergegangen.

Steindruck → Lithographie

Steinelschliff → Empireglas, → Glasschliff

Steingut, keramisches Erzeugnis aus fettem, weiß brennendem Ton, dem pulverisierter Quarz und Feldspat zugesetzt werden. Der Brand kann bei mäßiger und bei hoher Temperatur, bis zu 1300–1450 Grad erfolgen, bei der ein weißer, undurchsichtiger Scherben entsteht. Bei 1000 Grad wird eine durchsichtige, bleihaltige Glasur aufgeschmolzen. Die häufigste Verzierungsart war der Überdruck nach Kupferstichvorlagen, der auf den unglasierten Scherben vorgenommen wurde. – Die Technik des Steinguts wurde um 1740 in der Grafschaft Staffordshire in Mittelengland ausgebildet und von Josiah → Wedgwood im großen Stil angewandt. Wedgwood verschaffte am Ende des 18. Jh.s dem Steingut internationale Geltung, so daß es die → Fayence ganz, und für eine Zeitlang selbst das → Porzellan, verdrängen konnte.

Steinmetzzeichen, Sonderform der Handwerkermarken, geometrische, meist strichförmige Zeichen, welche die Steinmetzen von den Bauhütten als Ehrenzeichen übernahmen und als Urheberzeichen verwendeten und die später auch als Wappenfiguren Verwendung fanden.

Steinschloß → Feuerwaffen

Steinschneidekunst → Gemmen, → Glyptik

Steinschnitt → Gemmen, → Glyptik

Steinschönau (heute Kamenický Šenov) in Nordböhmen, zusammen mit Haida (heute Nový Bor) und umliegenden Ortschaften Zentrum der nordböhmischen Glasveredelung und des Glashandels seit dem 17. Jh. 1856 erhielt Steinschönau die erste Glasfachschule der österreichischen Monarchie. Das Museum für Glas und Lüster in Steinschönau besitzt die umfangreichste Sammlung alter Gläser in Nordböhmen.

Steinzeug, keramisches Erzeugnis aus einer Tonerde, die durch hohen Gehalt an Tonsubstanz und Quarz gekennzeichnet ist. Die Masse wird eingesumpft, einem langen Verwitterungsprozeß ausgesetzt, um organische Bestandteile auszuscheiden, und schließlich geschlämmt. Wie bei → Porzellan und → Fayence müssen die mit der Hand geformten oder auf der Töpferscheibe aufgedrehten Formen vor dem Brand trocknen, bis sie lederhart sind. Zum Brennen von „salzglasiertem Steinzeug", wie es beim → Rheinischen Steinzeug üblich ist, hat der gewölbte Ofen oben eine Anzahl Löcher mit verschließbaren Klappen. Der Brand, der 24–36 Stunden dauert, besteht aus zwei Stufen: Langsame Erhitzung bis 900 Grad zum Entzug des Wassers; dann beginnt der Scharffeuerbrand, der bei 1250 Grad zur Sinterung führt. Zu diesem Zeitpunkt wird durch die aufklappbaren Löcher Kochsalz (Natriumchlorid) in den Ofen geworfen: Während das Chlor verdampft, legt sich das Natriumoxyd als hauchdünner Niederschlag auf die Gefäße und verbindet sich mit der Kieselsäure des Tons zur Salzglasur. Sehr langsam muß dann die Abkühlung erfolgen. Die Verzierung geschah durch Einritzen von Ornamenten oder durch Aufdrücken von Reliefs vor dem Trocknen. Die Auflagen wurden, wie Backformen, in Modeln oder Matrizen geformt. Oft stellte man aus Steinzeug Maßkrüge her, die den Eichmaßen entsprechen mußten. Da die Form beim Brand um ein Sechstel ihres Volumens schwindet, mußten für Formen und Matrizen genaue Maßberechnungen vorgenommen werden. – Vom 15. bis zum mittleren 17. Jh. war Steinzeug die bevorzugte Töpferware in Deutschland, die nach den Niederlanden, England und Nordeuropa exportiert wurde. Die Hauptgruppen waren → rheinisches, → Creußener und → sächsisches Steinzeug. In Nachahmung chinesischen Steinzeugs entstanden → Delfter und → Böttgersteinzeug mit ihren Nachahmungen.

Stenkerke, die nach der Schlacht von Stenkerke (1692) be-

Schenkkrug aus grauem Steinzeug. Westerwald, um 1717. Blaue Bemalung, H 36 cm. München, Bayerisches Nationalmuseum.

nannte, lose zusammengeschlungene männliche Halsbinde des ausgehenden 17. Jh.s.

Stephanos, kugelförmige Bischofskrone der Ostkirche aus Edelmetall, mit vier Zierstreifen, kostbaren Steinen und einem kleinen, abschraubbaren Kreuz oben. Gegenstück zur lateinischen → Mitra.

Sterbemünzen, → Geschichtsmünzen auf den Tod eines Fürsten, z. B. die Levantetaler von 1780 auf den Tod Maria Theresias. Bekannt sind auch die Sterbetaler Friedrichs des Großen, der am 17. August 1786 starb. Da in die Mitte der Jahreszahl das Münzzeichen Berlins gesetzt wurde, ein A, ergab sich zugleich der Todestag: 17 A 86.

Sterbemünzen (Abb. verkleinert).

Stereophotographie, photographische Aufnahmetechnik, deren Ergebnis aus zwei einander sehr entsprechenden Bildhälften besteht, die erst durch Projektion oder bei Betrachtung durch ein → Stereoskop dreidimensional wirken. Durch eine spezielle Aufnahmetechnik, beispielsweise durch Verwendung einer Stereokamera, werden zwei Bilder im Abstand des menschlichen Auges (ca. 6,5 cm) aufgenommen. Infolge dessen erhält man ein Bildpaar mit minimal differierenden Aussagen. Überwiegend in den Formaten 4,5 × 10,7 cm und 6 × 13 cm findet man Raumbilder, wie Stereoaufnahmen auch genannt wurden. Die Stereophotographie wurde acht Jahrzehnte lang, von ca. 1850 an, ausgeübt, so daß alle photographischen Verfahren vertreten sind: von der Stereodaguerreotypie über die -ambrotypie bis zur Stereokarte nach dem Naßkollodium- oder Trockenplattenverfahren oder Stereo-Autochromplatte (frühe Farbenphotographie). Stereokarten wurden von Bildverlegern millionenfach produziert. Besonders begehrt sind kolorierte Stereophotos.

Stereoskop, ein Betrachtungsgerät für → Stereophotographien. Die ersten Geräte von Wheatstone waren mit Spiegeln ausgestattet. Erst David Brewster (1781–1868) machte den Stereobetrachter durch Verwendung von Prismen handlicher (1844). Die Stereobilder wurden seitlich eingeschoben. Durch ein Linsenpaar konnte man sowohl Aufsichts- als auch Durchsichtsbilder plastisch erleben. Später erfuhr das Stereoskop eine Verbesserung dadurch, daß man mittels eines Drehknopfes das Okular einstellen konnte.

Stereobetrachter waren bis Anfang des 20. Jh.s beliebt, sie waren millionenfach verbreitet. Meistens wurden sie aus Holz, daneben auch aus Metall oder gar aus Pappe gefertigt. Reizvoll sind Ausführungen aus poliertem Mahagoni mit Linsen in Messingfassung, in Chinalack oder aus Wurzelholz. Selten sind Standstereoskope: Stereobetrachter auf einem Standfuß. Daneben gab es Stereo-Tischbetrachtungsgeräte, die ein automatisiertes und damit bequemeres Betrachten von 50 bis 100 Stereobildern erlaubten.

Sternkrüge → Westerwälder Steinzeug

Sternuhr → Nocturlabium

Steuben Glass Works → amerikanisches Glas

Stich (Graphik) → Kupferstich

Sticharion, mit der → Albe vergleichbares, knöchellanges, weißes oder auch farbiges Untergewand (Ärmeltunika) aus Leinen oder Seide mit besticktem Saum als Teil des Meßornats der Ostkirche. Es wird durch einen auf dem Rücken verschließbaren Gürtel (Zonarion) zusammengehalten und hat an den engen oder halbweiten, unten zum Teil aufgeschlitzten Ärmeln je eine reich verzierte, farbige Manschette (Epimanikion oder Stauche). Eine Sonderform des Sticharion ist das mit Tressen und einem Kreuz auf dem Rückenteil geschmückte Kamision, das Obergewand der Diakone.

Stickerei, das Einbringen eines Fadens in ein textiles Grundmaterial, selten auch Leder, und zwar nach Maßgabe eines ornamentalen oder malerischen Motivs. Dabei lassen sich verschiedene Techniken unterscheiden, nach deren Namen die Stickereien unterschieden werden. Entsprechend des verwendeten Grundstoffs spricht man von Leinen-, Woll-, Seidenstickerei. Nach Stichart unterscheidet man Flach-, Relief-, Kreuz-, Applikationsstickerei (→ Applikation). Geographisch teilt man ein in europäische Stickereien, → persische-, → türkische-, → ostasiatische-, → Buchara-, → indische Stickereien. Die Applikationsstickerei bildet einen Sonderfall, da hier nicht mittels Nadel und Faden das Muster in den Stoffgrund eingestickt, sondern Stoffreste aufgenäht werden. Die Stickerei als Flächenkunst bildet geometrische Formen, wie Mäander und Kreuz, aber auch bewegte Motive und ganze Szenen. Bei den Werken aus der Frühzeit lassen sich starke Anlehnungen an die Muster der Weberei beobachten, später nimmt die Malerei Einfluß und es entsteht die sog. Nadelmalerei, die den Gesetzen der Tafel-, und der Buchmalerei folgt. Damit hält die Stickerei eine Stellung zwischen Handwerk und Malerei und erschließt in besonderem Maße soziale wie kunsthistorische Phänomene einer Zeit.

Stickereien dienten profanen, aber auch liturgischen Zwekken. Besonders das Mittelalter erlebte eine reiche Ausstattung seiner Kirchen mit Zeremonialtüchern.

Die ersten Funde – Applikationsstickereien auf Leder – gehören dem 4. vorchristlichen Jahrhundert an und wurden im Altai (Sibirien) ausgegraben. In Griechenland fanden sich Reste von Leinenstickereien während Nadelarbeiten der Nomaden in den zeitgenössischen Kurganengräbern in Asien bereits in höchster Vollendung figürliche Dekors zeigen. Im Mittelmeerraum bezeugen die Stickereien aus frühmittelalterlicher Zeit die besonders reiche Ausbildung dieses Kunstzweigs. Alle Arten von Stichen und komplizierte Dekors führten zu der Blütezeit im Mittelalter, wovon Glanzstücke, wie die Kaisermäntel Heinrichs II. und seiner Frau Kunigunde (um 1020) und der Teppich von → Bayeux Zeugnis geben. Eine besondere Stellung erreichte die Stickerei in England im 13. und 14. Jh., (das „opus anglicanum", die besonders feine Seidenstickerei des Angelsächsischen). Durch Kriege und Pest versiegte die Zahl der Stickereien in der Folgezeit. Erst im 16. und 17. Jh. blühte wieder besonders das englische Handwerk mit Arbeiten aus → Petit Point auf Häubchen und Handschuhen, Kissen und Vorhängen. Bevorzugte Motive wurden Blumen, Ranken, eingestreute Tiere und Schmetterlinge. Im 17. und 18. Jh. wechseln die Muster ins leicht Exotische. Bis gegen 1760 hält die Mode an, gepolsterte Stühle mit in → Petit Point oder Gros Point (→

Gobelinstich) bestickten Stoffen zu beziehen. Die feinen, dünnen → Weißstickereien, die im 18. und 19. Jh. entstanden, sind aus Baumwollbatist. Seit dieser Zeit bis heute stickt man in Anlehnung an vergangene Muster und Stickarten. Schon im 18. Jh. ersetzte die sog. „Tambournadel" die langwierige Nadelarbeit. Durch den Mechanismus dieser Nadel vereinfachte sich die Technik des Kettenstichs, die Zeit der Herstellung reduzierte sich um die Hälfte. Heute werden die Stiche durch die Nähmaschine in den Stoffgrund eingebracht. Zur Unterscheidung von Hand- oder Maschinenarbeit – ein wichtiges Kriterium nicht nur für die Kostbarkeit des Stickereiguts, sondern auch ein wesentliches Indiz zur Zeitbestimmung – betrachte man die Rückseite des Stoffes. Vollkommen regelmäßige Stichfolgen lassen die Maschinenarbeit erkennen. Kleine Unregelmäßigkeiten deuten mit Sicherheit auf Handarbeit. Zur regionalen Einordnung einer Stickerei beachte man vorrangig die Ornamentierung. Musterbücher geben Aufschluß über die jeweilige Vorliebe in den einzelnen Ländern → persische, → türkische, → indische, → griechische, → ostasiatische, → Bucharastickerei. Farbstellung und Stichwahl ermöglichen weiterhin die sichere Zuweisung in eine bestimmte Region. Die Datierung einer Stickerei ist bei einem handgearbeiteten Stück schwierig. Selten finden sich große bestickte Stoffe, die mehr als 200 Jahre alt sind, es sei denn, wertvolles Material und Bestickung genossen besondere Beachtung und wurden entsprechend verwahrt.

Stickmustertuch, auch Sampler, vom 16. bis Anfang des 19. Jh.s beliebte motivreiche Sammeltücher aus Leinen, später aus Seide, auf denen Muster gesammelt wurden. Ab 1830 zeigen sie mit ihren Buchstabenreihen, daß auf ihnen besonders das Sticken als notwendige hausfrauliche Kunst zum Wäschezeichnen geübt wurde.

Nur die sehr alten Tücher des 16. Jh.s zeigen große Stichvielfalt, von da an ist auf Leinen der Kreuzstich durchgehend vorherrschend, auf Seide der flächendeckende Plattstich. Auf den Leinentüchern wird mit Seide und Leinen, auf Seide mit Seide, Goldfäden und Flitterwerk gearbeitet. Später werden die übrigen Garne zugunsten der Baumwoll- und Wollfäden verdrängt. Überall wurden die Mustertücher bunt bestickt, die Vierlande (bei Hamburg) bilden hier eine Ausnahme, dort wird schwarze Seide auf weißem Leinen verwendet, ab Ende des 19. Jh.s werden die Tücher einheitlich mit türkisch-roten Fäden bearbeitet. Stickmustertücher wurden wie die Modelbücher auch als Vorlagen zum Nacharbeiten verwendet.

Stiefvater, Michael → Göppinger Fayence

Stifthemmung → Uhrentechnik

Stile. Nach dem Untergang der spätantiken und altchristlichen Kunst in den Stürmen der Völkerwanderungszeit entsteht erst mit dem Beginn der Regierungszeit Karls des Großen (760 n. Chr.) ein abendländischer Kunststil. Diese Epoche der karolingischen Kunst, die ins 10. Jh. n. Chr. hineinreicht, wird häufig auch als Vorromantik bezeichnet, um sie begrifflich auf jene Länder ausdehnen zu können, die nicht unmittelbar unter dem Herrschaftseinfluß der Karolinger standen, also etwa die englischen und skandinavischen Gebiete.

Zu den bedeutendsten Zweigen der damaligen Kunst zählen die → Buchmalerei, die → Elfenbeinschnitzereien und die verschiedenen Arten der Metall-, vor allem der Bronzeverarbeitung.

Die sich seit etwa Mitte des 10. Jh.s entwickelnde → ottonische Kunst in Deutschland zählt man ebenso zur Vorromantik wie die gleichzeitige Phase der französischen Kunst, die in der Benediktinerkirche von Cluny, in Burgund, ihr faktisches und ideelles Zentrum besitzt. Im Bereich des Kunsthandwerks setzte diese Phase der Vorromantik in erster Linie die Tradition der kostbar geschmückten Einbände liturgischer Bücher, sowie der Kreuzreliquiare fort.

Romanischer Stil: Der etwa mit dem ersten Drittel des 11. Jh.s einsetzende romanische Stil, der in Deutschland nach den regierenden Herrscherhäusern in die salische und staufische Kunst unterteilt wird, bringt auf dem Gebiet der Architektur wuchtige, massige, monumental wirkende, einheitlich gegliederte Bauwerke hervor.

Im Kunsthandwerk verblieb das künstlerische Schwergewicht im 12. und 13. Jh. weiterhin im Raum zwischen West- und Mitteleuropa, hauptsächlich in der Maasgegend. Goldschmiede- und Emailarbeiten stellen hierbei einen absoluten Höhepunkt dar. In der Emailbehandlung wurde immer häufiger anstelle des Goldzellenschmelzes der Kupferschmelz verwendet. Die hervorragendsten Werkstätten des Bronzegusses liegen in Norddeutschland: → Leuchter, → Aquamanile, Reliquiare usw. werden hier bevorzugt hergestellt. Ein Schwerpunkt des französischen Kunsthandwerks ist an der Wende vom 12. zum 13. Jh. in Limoges zu suchen. Die verschiedenartigsten sakralen und profanen Gegenstände werden hier hergestellt: Kannen, Flaschen, Leuchter, Truhen, Krummstäbe, Reliquienkästchen, Buchdeckel, Kreuze, Heiligenschreine usw. Berühmt sind vor allem auch die → Emailarbeiten aus Limoges.

Auch die Möbelkunst entwickelt sich nun in der Romanik zu

Stickmustertuch. England, um 1773.

beachtlicher Höhe. Typisch sind die verschiedenen Formen der → Faltstühle, Sitzbänke, Kastenmöbel u. ä. Der ornamentale Aufwand beschränkt sich hier auf einige horizontale Eisenbänder, die ihre stärksten Akzente von den kantigen Nagelköpfen beziehen. Die meisten romanischen Möbel waren ursprünglich zusätzlich bemalt. Vor allem der Stil romanischer Stühle hat sich in der Gestaltung von Bauernmöbeln späterer Jahrhunderte annähernd erhalten.

Gotik: In Frankreich um 1140, in anderen Ländern teilweise erst hundert Jahre später entstehender Stil. Die Gotik stellt in der Baugeschichte des Abendlandes von Karl dem Großen bis zum Klassizismus die einzige echte Alternative zum Formengut der Antike dar. Der romanische Massenbau wurde vom gotischen Skelettbau abgelöst, wie er sich am qualitätvollsten in den französischen Kathedralen von Chartres, Paris, Reims, Amiens usw., in Deutschland etwa im Chor des Kölner Doms zeigt. Die gotische Plastik zeichnet sich vor der romanischen durch eine größere Wirklichkeitsnähe im Formalen und im Detail aus sowie durch eine erhöhte Beweglichkeit. Die Gestalt wird einer bestimmenden und gliedernden Achse untergeordnet, und das betont lineare Element unterstützt solchen axialen Aufbau. In der Gotik entwickelt sich auch die Tafelmalerei mehr und mehr zu einem eigenständigen künstlerischen Bereich, obwohl sie hauptsächlich noch an die Altargestaltung gebunden war. In Italien überwindet Giotto (1266–1337) die bis dahin herrschenden byzantinisch-mittelalterlichen *(maniera greca)* Tendenzen in der Malerei und entwickelt jene Bildform, die hundert Jahre später in der Renaissance wieder aufgegriffen und zum „modernen" Bildtypus weiterentwickelt wird.

Die Einführung der Papierfabrikation in Europa in der zweiten Hälfte des 14. Jh.s lieferte die Voraussetzung für die sich wenig später entwickelnde Druckgraphik. Von den → Einblattdrucken und den → Blockbüchern geht man zum → Holzschnitt und zum → Kupferstich über.

Im gotischen Kunsthandwerk tritt die Herrschaft architektonisierender Elemente stärker als in der Romanik in den Vordergrund. Seit der Gotik decken sich auch die Höhepunkte und Blütezeiten der einzelnen Disziplinen des Kunsthandwerks nicht mehr. Eine Vorliebe für naturalistisches Pflanzenwerk macht sich durchgehend geltend, wobei einheimische Pflanzenformen den → Akanthus verdrängen. Gegen Ende des 14. und zu Beginn des 15. Jh.s macht sich zusätzlich eine profane Ausrichtung des Kunsthandwerks verstärkt bemerkbar. Die Steigerung in der Herstellung des Profangerätes erklärt sich durch das Auftreten von Auftraggebern aus begüterten Bürgerkreisen, und das wohlhabende Bürgerheim bemächtigte sich rasch der Erzeugnisse der Goldschmiedekunst ebenso wie jener der Kunsttischlerei und der Glasmalerei. Zugleich ist ein Anwachsen der Bedeutung des weltlichen Silbergeschirrs auf Kosten des kirchlichen Silbers zu beobachten. Im weltlichen Silbergeschirr machte sich das Trinkgefäß von der kirchlichen Form unabhängig. Als neues Material trat das → Zinn in den Bereich des kunsthandwerklichen Schaffens ein. Man verwendete es für Trinkgefäße, Feldflaschen, Kannen, Hostienbüchsen und dekorative Kästchen sowie für Tischgeschirr aller Art.

In der Möbelkunst setzt sich die spezifisch gotische Ornamentik erst im 14. Jh. durch. Als Konkurrent der Truhe tritt jetzt der → Stollenschrank auf, dessen Hauptverbreitungsgebiet neben Flandern das Rheinland und Frankreich waren. Daneben gewinnen die geschlossenen Schränke im Verlauf des 15. Jh.s immer breiter werdenden Raum. Gegen Ende der Gotik erobern sich typische Architekturornamente (wie Flamboyantmaßwerk, → Fischblasen usw.) die Truhenfassungen. Der obere Abschluß des gotischen Möbels erfolgt durch ein System von Maßwerk, Drei- und Vierpaßformen, häufig auch durch einen bekrönenden Zinnenkranz. Zu den weiteren Möbeltypen der Zeit gehören die Truhenbank, der Sakristeischrank mit großen Schubladen, der schmale und hohe Waschkasten und ausladende Betten mit Vierkantpfosten und eingefügten Seitenladen. Unter den Tischen spielt der Bocktisch eine bedeutende Rolle.

Renaissance: Die Renaissance begann in Italien kurz nach 1400, in den übrigen Ländern Europas meist erst rund hundert Jahre später. Stilbegriffliche Schwierigkeiten zeigen sich beispielsweise in der Feingliederung der Kunstepochen, die von nun an national unterschiedlich gehandhabt werden: In Italien spricht man von → Quattrocento, → Cinquecento, in Frankreich und England dagegen benennt man die Stile nach regierenden Herrschern (→ François Premier,→ Elisabethanischer Stil usw.). Schwierigkeiten bereitet auch die genauere Abgrenzung der Renaissance vom Manierismus, der etwa ab 1520/30 in Italien und Frankreich (→ Fontainebleau, Schule von) entsteht und neben Renaissance- und protobarocken Formen sich gleichzeitig weiterentwickelt. Schwer ist auch zu entscheiden, ob der spanische → Plateresкenstil oder der englische → Tudorstil noch der Gotik oder bereits der Renaissance zuzuordnen ist.

Zu der Kunst emanzipierte sich in der Malerei das Tafelgemälde von der gebundenen Malerei. Neben der weiteren Entwicklung und Differenzierung der graphischen Techniken stellen sich nun die Handzeichnung und der → Ornamentstich als eigenständige Gattungen dar.

Während die deutschen Kunstgewerbemeister des 16. Jh.s in Fortsetzung spätgotischer Tradition die Bearbeitung von Edelmetallen pflegten, steht im Kunsthandwerk der italienischen Renaissance die Bronze im Vordergrund, und zwar hauptsächlich für Gitter, Reliquienkästchen und Leuchter. Das Schmuckbedürfnis bemächtigte sich der Gebrauchsgegenstände (Schreibzeuge, Tintenfässer u. a.), die man mit allegorischen Figuren, → Satyrn oder Tieren kunstvoll verzierte. Ätz- und Tauschierungsarbeiten, die vornehmlich für fürstliche Prunkrüstungen in Frage kamen, fanden bald Eingang in die Eisenreliefs des vornehmen Mobiliars und in das Metallgerüst, wobei die venezianischen Messing- oder Bronzegefäße mit Dekorationen im sarazenischen Muster – einst auch noch mit Silbereinlagen gefüllt – von besonderem Rang sind (Benvenuto → Cellini). Eine besondere Vorliebe der Italiener lag in der kunstvollen Anwendung des → Email. Zentrum solcher Emailarbeiten war Venedig. → Niello-Arbeiten fanden in Florenz und Bologna eine besondere Blüte. Auch die → Glyptik zählte zu den wichtigsten kunstgewerblichen Gebieten der italienischen Renaissance. Die → Fayencekunst (→ Majolika) wurde in Italien in dieser Zeit wesentlich durch den Import aus dem spanisch-maurischen Bereich beeinflußt. Seit der Mitte des 15. Jh.s wurden in der Majolikaproduktion Profilporträts, Tiere und Blattornamente in Sgraffitotechnik hergestellt. Die Majolikakrüge, -teller und -schüsseln der Hochrenaissance waren als Prunkstücke weit eher zur Aufstellung und Betrachtung bestimmt als etwa zum Tafelgebrauch.

Das italienische Möbel des 15. Jh.s zeichnet sich weniger durch plastische Gliederung als durch Stuckverzierungen und

Bemalung aus. Pilaster, Gesimse, Festons, Voluten und Gebälk werden zu wichtigen gliedernd-dekorativen Elementen. In der Spätrenaissance treten das → Rollwerk und die Ornamentkartusche hinzu. In Frankreich machte sich die Renaissanceauffassung in der Möbeldekoration früher als in den übrigen Ländern nördlich der Alpen geltend, während die Grundform häufig noch der Gotik verpflichtet war. Erst die Ornamentvorlagen des Jacques Androuet → Ducerceau regten die Möbeltischler wieder zu weiteren Neuerungen an. Von Jean → Goujon stammen die Vorbilder für den figuralen Möbeldekor der Zeit.

In Deutschland fanden die Goldschmiedearbeiten des 16. Jh.s rasch Anschluß an das internationale Niveau. In der Gestaltung der Renaissancepokale wird das Schwergewicht des Aufbaus in die Horizontale verlagert. Nach dem Verschwinden der Pokale um 1600 spielen die → Humpen eine bedeutende Rolle für den privaten Gebrauch. Eine Kannengestalt, die um die Wende zum 17. Jh. aufkam, ist die Kanne mit eiförmigem Körper und einem Fuß mit eingezogenem Schaft. Der Hals ist ebenfalls eingezogen, der Ausguß ist schnabelförmig, der Griff meist rankenförmig geschweift. In dieser Zeit faßte man mit Vorliebe auch kostbare Naturalien (Kokosnußschalen, Straußeneier, Nautilusgehäuse, Seemuscheln u. a.) in Edelmetall und gestaltete sie zu Bechern um. Hauptort der Zinnverarbeitung war Italien. Die Möbelornamentik des 16. Jh.s bewahrte in Deutschland eine auffallende Eigenständigkeit. Die Ornamentschnitzereien beruhen auf Stichvorlagen, zu deren namhaftesten Schöpfern Heinrich → Aldegrever zählt. Schränke, → Stollenschränke und Truhen – häufig mit → Groteskenwerk verziert – gehören zum Möbelrepertoire. Im Gegensatz zum Norden Deutschlands verlangte der Süden nach einer stärkeren Durchdringung der architektonischen Form mit den neuen Stilgesetzen der Renaissance. Die gesamte Möbeloberfläche wird mit Furnieren, → Intarsien und Auflagen bedeckt, die Türfüllungen sind mit Nischenornamenten aus → Pilastern oder → Säulen, Architraven und Giebeln dekoriert. Zu Anfang des 17. Jh.s wurde in Süddeutschland der breitgelagerte Horizontalismus durch einen neuen Vertikalismus am Fassadenschrank abgelöst: Häufig werden an den Ecken freistehende Säulen vorgesetzt, die die beiden Schrankgeschosse optisch zusammenziehen.

Barock und Rokoko: Der Barockbegriff wird häufig auf jene Zeitspanne angewandt, die von 1600 bis etwa 1770 reicht. Im einzelnen kann man aber das 18. Jh. wiederum unterteilen in verschiedene Stile wie → Régence, → Laub- und Bandelwerkstil, → Rokoko, → Zopfstil, → Louis-quinze, → Louis-seize usw. Der Einfachheit halber spricht man meist nur von Barock, Spätbarock usw.

In der Architektur des Barock dominieren geschwungene, kurvige Grundriß- und Umrißlinien, die Elemente der Fassade geraten in Bewegung, sämtliche architektonischen Glieder werden dynamisiert.

Im Kunstgewerbe werden flämische Elfenbeinarbeiten seit rund 1600 wichtig, die auch an Humpen, Pokalen usw. auftreten können. Dies ist auch die Zeit des → Knorpelstils, der sich jedoch stärker in Deutschland als in den Niederlanden geltend machte. Wie in der Renaissance war das Hauptkapitel des deutschen Kunstgewerbes die Goldschmiedekunst. Dabei bewahrten die großen Becher häufig in ihrer Gesamtform bis ins 18. Jh. hinein die Renaissancegestalt.

Beim barocken Möbel kann man eine Vereinheitlichung in der großen Form feststellen, die sich nun nicht mehr wie in der Renaissance auf eine Vielzahl kleiner Motive stützt. In der Gestaltung des Schrankes setzte sich die Vertikalgliederung durch: Zwei durchgehende Türen beherrschen die Fassade. Die Holzoberfläche ist nun glattpoliertes Furnier, die Farbigkeit wird durch Schildpatt, Metall und farbige Steine häufig erhöht. Die Fassade ist oft geschwungen, in Süddeutschland liebt man die gewundene Säule am Schrank. Im 17. Jh. kam es zur Bildung der → Kommode, die in Frankreich sogar den Schrank ersetzte. Hier wurde besonders die → Marketerie gepflegt (→ Boulle). Im französischen Régence werden die Möbelkonturen geschwungen und bauchig. Bronzebeschläge, Akanthusblätter und Frauenhermen (→ Hermen) sind häufige Dekorationselemente (→ Cressent). Die beliebtesten Möbel des Rokoko bleiben der Schreibtisch und die Kommode, der Eckschrank und der kleine Boudoirtisch traten hinzu. Ebenso das → Sofa und die → Chaiselongue. Erstmals stellt man jetzt eine Garnitur aus mehreren Möbeln zusammen, die einheitlich nach Dekor und Stoffmuster behandelt sind und eine Ensemblewirkung ergeben. Das Rokoko ist auch die Blütezeit des → Porzellans.

Klassizismus: Die Stilelemente der klassizistischen Architektur, die am Ende des 18. Jh.s (in England schon wesentlich früher) ihren Anfang nahm, sind der Antike entlehnt. Man benutzte die klassische Säulenordnung (→ Säule). All dies gilt auch für das Kunstgewerbe der Zeit. Antikisierende Formen fanden überall Verwendung, auch in der Gold- und Silberschmiedekunst, wo bei den Kannen Grundformen klassizistischer Vasen variiert werden.

Eine seit etwa 1790 zu konstatierende englische Eigenart ist die Ornamentierung glatter Gefäßwandungen mit abwechselnd matten und polierten Vertikalstreifen. Die bedeutendste Keramik der Zeit stellen die → Wedgwoodarbeiten dar. Zu den Hauptobjekten des → Empirestils gehören der Glaslüster, Hängelampen aus bronzegefaßten farbigen Glasschalen u. a. Säulen und Akanthusranken verzieren → Kandelaber, → Standuhren und → Tafelaufsätze. Bei den Schreibtischgarnituren bevorzugt man ägyptisierende Motive. Das Tafelsilber des Empire wurde möglichst einfach unter weitgehendem Verzicht auf Ornamente gestaltet. Die früheste Hinwendung zum klassizistischen Möbel mit geradlinigen Formen ging in Frankreich vor sich (Jean François → Oeben). Das seit 1750 am meisten gebrauchte Holz ist das Mahagoni. Im späten Louis-Seize (um 1780) sind sämtliche Flächen und Konturen rechtwinklig und glatt zueinander gestellt. Die Ornamentik beruht auf einfachen Bändern und Perlstäben. Die Beine sind wie Säulen kanneliert. Aus der Kommode wurde nun das → Buffet, äußerst beliebt ist auch der → Sekretär, dessen Version als Damensekretär zu den meistbenutzten Kleinmöbeln zählte. Bronzeapplikationen dienen in der Regel als Verzierung. Ebenso wie das → Zylinderbureau nehmen Sessel, Stühle und Sofas eine Entwicklung zu geradlinigen Formen, wobei die früher geschwungenen Füße durch konisch verjüngte Säulchen abgelöst werden. Häufig sind die Möbel weiß bemalt und teilweise vergoldet. Das deutsche Möbel (→ Zopfstil) wirkt in der Regel steifer und bürgerlicher als das französische. Der wichtigste Möbelschöpfer Englands zu dieser Zeit war Thomas → Chippendale, der gotische, chinesische und französische Einflüsse verarbeitete. Ihm folgten Robert → Adam, George → Hepplewhite und Thomas → Sheraton. Im Empire erklärte man, nach dem → Directoire, erneut in der Möbelkunst die römische Antike zum Vorbild. Alle Möbel erhalten nun einen breiten

Sockel, als Dekor dient vergoldete Bronze. Hauptmotiv der Ornamentik sind → Amoretten, Siegesgöttinnen, Kerzen, Vasen, Lorbeerkränze und vor allem Sphinxen.

Das 19. Jahrhundert: Dem aristokratischen Empire folgte das bürgerliche → Biedermeier, das sich um 1830 international durchsetzte, mit Schwerpunkten in Deutschland und Österreich. Es stellt eine Synthese aus Zopfstil, englischer Sheraton-Mode und Teilelementen des Empire dar. Ausgangsmaterial der Möbelkunst ist meist poliertes Mahagoniholz, gelegentlich auch Kirschbaum, Birke und Ulme. Hauptmöbel waren der Sekretär mit herabklappbarer Schreibfläche sowie die → Vitrine.

Wie bereits der Klassizismus, so zeigte sich überhaupt das 19. Jh. zunächst weitgehend eklektisch. Neogotik, Neorenaissance und Neobarock lösten einander ab, etwas Bedeutendes entstand dabei kaum mehr. Erst ab Mitte dieses Jahrhunderts entwickelten sich in der Architektur durch die Glas-Eisen-Konstruktionen, in der Malerei des Impressionismus und im Kunstgewerbe durch Tendenzen wie etwa die → Arts and Crafts-Bewegung Versuche zu relevanten künstlerischen Neuansätzen, Versuche, die in die → Sezessionsbewegungen (→ Sezession) und in den → Jugendstil am Ende des 19. Jh.s einmünden sollten.

Zur Rolle des Kunstgewerbes im 20. Jh. vgl. → Art Déco, → Bauhaus, → Design, → Konstruktivismus, → Werkbund.

Stilleben, eine Bildgattung, die im wesentlichen reglose – stille – Gegenstände lebensecht abbildet. Dabei ist die Zusammenstellung der gezeigten Objekte meist vom Künstler willkürlich und nach ästhetischen und kompositionellen Gesichtspunkten getroffen. Der Begriff Stilleben wurde erstmals im Holländischen von dem Kunsthistoriker Arnold Houbraken um 1720 als „Stilleven“ gebraucht, engl.: *still-life-painting,* franz.: *nature-morte,* ital.: *natura morta.* Das Stilleben gibt es schon in der Antike, dann erst wieder in Ansätzen im 15. Jh. (Meister von Flémalle, Konrad Witz, Hans Multscher usw.), aber keineswegs als selbständige Bildgattung, sondern nur als untergeordnetes Thema. Das überhaupt früheste erhaltene thematisch reine Stilleben ist Jacopo de' Barbaris *Jagdstilleben* von 1504 (München, Alte Pinakothek). Mit der allgemein sich entwickelnden Spezialisierung der Bildgattungen im 16./17. Jh. wird das Stilleben ein eigenes bildwürdiges Thema, vorbereitet bei Pieter Aertsen Ende des 16. Jh.s in den Niederlanden und voll mit allen Untergattungen entfaltet im 17. Jh. (Prunkstilleben von Kalf und van Beyeren, Blumenstilleben von de Heem usw.). Im 18. Jh. wird Chardin unübertroffener Meister der Bildgattung (Attribute der Künste, 1727). Bereits Anfang des 19. Jh.s (Eugène Delacroix, Fasan und Hummern, 1826) ist in der Entwicklung des Stillebens eine Wende von der Absicht der naturgetreuen Wiedergabe zur koloristischen Wirkung hin zu spüren. Der malerische Reiz bleibt auch in der Folgezeit (besonders im Impressionismus) wichtiger als die Gegenstände des Bildinhaltes, und oft wird das Arrangement nicht mehr absichtlich zusammengestellt, sondern dem Zufall überlassen.

Stimulus → Bischofsstab

Stipes → Altar

Stippen, mühsame, kunstvolle Verzierung des Glases mit einer Diamant- oder Stahlspitze. Im Gegensatz zu → diamantgravierten Gläsern werden die zarten figürlichen Darstellungen, Porträts und Stilleben nicht gerissen, sondern punktiert. Die Technik des Stippens wurde 1621 von Anna Roemers Visscher in Holland eingeführt und erlebte ihre eigentliche Blüte unter Frans Greenwood um 1720. Berühmte Glasstipper des 18. Jh.s sind David Wolff (→ Wolff-Gläser), G. H. Hoolaart, Aert Schouman und Jacob van den Blijk. Im 19. Jh. pflegten Andries Melort, Daniel Henriquez de Castro und E. Voet die Kunst des Stippens. Moderne gestippte Kunstgläser erzeugen seit 1935 Laurence Whistler und dessen Nachkommen in England.

Stippen. Ausschnitt eines Kelchglases. Den Haag, 1751. Amsterdam, Rijksmuseum.

Stirrup-Cup (engl.), henkel- und fußloser silberner → Sturzbecher des späteren 18. und 19. Jh.s in Form eines Fuchs- (seltener Hunde- oder Hasen-) kopfes, aus dem den Jägern vor der Jagd ein Trunk gereicht wurde.

Stitze, fußloser Trink- oder Schenkkrug aus Zinn mit nach unten ausschwingendem Gefäßmantel und erweitertem Lippenrand, gelegentlich mit Ausgußschnauze, und meist flachem Scharnierdeckel. Im 17. bis 19. Jh. im süddeutschen Raum und in der Schweiz üblich. Ist sie mit einem schnabelartigen Ausguß versehen, spricht man von einer Schnabelstitze.

Stobwasser, Johann Heinrich (1740–1829), Lackwarenfabrikant. Die von seinem Vater Sigmund 1763 in Braunschweig gegründete Lackwaren-Fabrik entwickelte sich unter seiner Leitung (ab 1776) zu einem in Europa führenden Unternehmen, dessen aus Papiermaché gefertigten Lackwaren (Dosen, Galanteriewaren, Tischgerät und selbst Möbel) in England, Frankreich, Rußland und sogar in der Türkei Absatz fanden. Die fein abgestufte farbige Lackmalerei seiner Produkte war, speziell bei Schnupftabakdosen, von hoher künstlerischer Qualität. Die Motive entsprechen dem Zeitstil (Landschaften, Genreszenen, Porträts, Historienbilder usw.).

Stockelsdorf bei Lübeck; 1771 entwickelte sich hier aus einer Ofenwerkstätte eine Fayencemanufaktur (bis um 1786), die ihren hohen künstlerischen Rang wie Kiel (→ Kieler Fayence) und → Criseby-Eckernförde, Johann Buchwald und seinem Schwiegersohn Leihamer verdankte. In ihr wurden Fayenceöfen mit Muffelmalerei (→ Muffelfarben) hergestellt, die zu den schönsten deutschen Öfen des 18. Jh.s gehören, Wasserkannen mit Becken, Handwaschbecken, Tischplatten, Vasen u. a. Die Muffelmalerei stand Kiel nahe. Die Marke war Stff, manchmal mit B und Malersignaturen.

Stockuhr → Stutzuhr
Stövchen → Rechaud
Stofftiere, aus Filz, Mohair, Plüsch und anderen Stoffen genähte und ausgestopfte Tiermodelle, seit Ende des 19. Jh.s kommerziell, teilweise von Heimarbeitern, hergestellt. Das bekannteste und beliebteste Tier ist der 1903 von Margarete Steiff (1847–1909) auf den Markt gebrachte → Teddybär. Die Firma Margarete Steiff, Giengen/Brenz, ist der bekannteste Hersteller von Stofftieren. Sie stellte 1886 bereits 5000 Filzelefanten her. Die Produktionspalette wurde um Esel, Pferd, Schwein und Kamel erweitert. Gleichzeitig wurden Puppen (→ Spielpuppen) mit weichgestopftem Körper produziert.
Die Tiere wurden größer, erhielten ein tragfähiges Gestell und wurden, auf Räder gestellt, zu Reit- und Fahrtieren. Neue Tiergenerationen folgten bis zu den Nachziehtieren mit Exzenterrädern aus den dreißiger Jahren. Neben diesem marktbeherrschenden Unternehmen boten noch einige andere Hersteller Stofftiere an, z. B. die Gebr. Bing, Nürnbergs, in den zwanziger Jahren.
Stoke-on-Trent, in der Grafschaft Staffordshire, englische Porzellanmanufaktur, die einen Aufschwung erlebte, als es Josiah Spode um 1770 gelang, Kupferstichvorlagen getreu auf Porzellan umzudrucken. Seit 1795 stellte er durchscheinendes Knochen→porzellan her (engl. bone china). Seinem

Stitze von J. G. Hutten. Kirchheim/Teck, dat. 1788. H 31 cm. Freiburg, Simmermacher.

Lackdose der Stobwasserschen Fabrik. Braunschweig. Dm 9,5 cm. Braunschweig, Städtisches Museum.

Sohn gelang die Produktion von Hartporzellan (engl. stone china). Ab 1829 wurde die Manufaktur von Spodes Erben weitergeführt. Sie besteht noch heute.
Stola, zum → Meßornat gehörig; etwa 2,5 m langer Seiden- oder Leinenschal mit einem Kreuzzeichen in der Mitte und an beiden Enden. Die Stola wird als liturgisches Insigne von Diakon, Priester und Bischof jeweils verschiedenartig über → Albe oder Chorrock (→ Superpelliceum) getragen und unterliegt dem Farbenkanon (→ Kirchenfarben). Ihr entspricht in der Ostkirche das → Epitrachilion bzw. das → Orarion (→ Tunika).
Stollenschrank, rheinisches und flandrisches Eichenmöbel des 15. und 16. Jh.s zum Aufbewahren und Anrichten des Tafelgeschirrs. Ein kastenförmiger Aufsatz (mit ein oder zwei Türen) wird von zwei hohen Stollen (Eckhölzern, → Dachtruhe) getragen, die auf einem profilierten Sockel stehen. Türe und → Zarge des Kastens sind mit Reliefschnitzereien geschmückt. Eine Sonderform des niederrheinischen Stollenschrankes ist der Erkerschrank, mit polygonalem, meist fünfeckigem Grundriß. Um den unteren Schauraum nicht zu beeinträchtigen, sind die vorderen Stützen manchmal weggelassen worden.
Stop, zweihenkeliger dickwandiger, seit dem Spätmittelalter in Norddeutschland, insbesondere in Mecklenburg üblicher Zinnbecher des 16. und 17. Jh.s, dessen gedrungene Form sich vom Bronze- → Mörser ableitet; zuweilen steht er auf Löwenfüßen. Als Schmuck der frühen Exemplare dienten umlaufende Schriftbänder mit Stifter- und Besitzernamen in gotischen Minuskeln. Er diente als Umtrunkgefäß. Über Stop als Silberbecher → Stauf.
Storchenschnabel, auch Pantograph, ein Zeichenhilfsmittel, mit dem Zeichnungen vergrößert oder verkleinert wiedergegeben werden können. Mit den verschieden langen Schenkeln des Instruments werden die Konturen in den gewählten Maßstab übertragen.

Stradivari, Antonio, einer der berühmtesten Geigenbauer, lebte von 1644 bis 1737 in Cremona, Schüler Nicola → Amatis. Seine Instrumente stehen anfangs noch in Abhängigkeit von Amati, entwickeln aber um 1700 einen ganz eigenen Typus. Zur Erreichung eines volleren Klanges sind seine Geigen größer und breiter. Zahlreiche Stradivari-Geigen in Museumsbesitz tragen den Namen ihrer berühmten Besitzer. Über 1100 Instrumente, Geigen, Violen und Violoncelli, hat Stradivari geschaffen.
Stralsunder Fayence, eine bedeutende Fayence-Manufaktur (1756–92) in dem damals schwedischen Stralsund. Ihr Leiter war Johann E. L. Ehrenreich, dem es in kurzer Zeit gelang, die Stralsunder Erzeugnisse mit denen der anderen großen schwedischen Manufakturen Marieberg und Rorrand konkurrieren zu lassen. Durch eine Explosion 1770 schwer beschädigt, begann der Niedergang der Firma, die 1792 ihre Produktion ganz einstellte. Terrinen und Vasen mit üppigem figürlichen Schmuck, aufliegenden Blüten- und Früchtezweigen sind für Stralsund typisch. Als Fabrikmarke wurde ein aus dem Stadtwappen von Stralsund genommenes Zeichen geführt. Drei Kreuznägel sind zu einem pfeilartigen Ganzen zusammengenommen und werden oft ergänzt durch das Datum und ein E für Ehrenreich.

Straß, eine weiche und deswegen stark bleihaltige Glasmasse (→ Bleikristall) von besonderer Reinheit und natürlichen Diamanten gleichkommenden lichtbrechenden Eigenschaften. Diente als Imitation von Brillanten (→ Edelsteinimitationen). Die Bezeichnung Straß ist abgeleitet von Georges-Frédéric Strass (1701–73) aus Wolfisheim bei Straßburg, der als Juwelier und Verfertiger künstlicher Edelsteine ab 1724 in Paris tätig war. Der vielfach zitierte Joseph Stras(s)(er) aus Wien, dem die Erfindung des Straß' zugeschrieben wird, läßt sich nirgendwo nachweisen.
Straßburger Fayence; um 1720 gründeten Johann Heinrich Wachenfeld (der bald ausschied) und der Pfeifenmacher Carl Franz Hannong in Straßburg eine Fayencemanufaktur, von der aus Hannong 1724 einen Zweigbetrieb in Hagenau einrichtete; ab 1737 wurden beide Unternehmen von seinem Sohn Paul Anton Hannong geführt, der auch die Porzellanherstellung (→ Frankenthaler Porzellan) aufnahm. Den Hagenauer Betrieb leitete ab 1750 Adam Friedrich von Löwenfinck, nach seinem Tode seine Witwe, Seraphia de Becke. Der letzte Vertreter der Familie Hannong, Joseph Adam, der die Frankenthaler Porzellanmanufaktur verkaufte, mußte auch in Straßburg 1782 den Konkurs anmelden.
Zwischen 1720 und 1740 erlebten in Straßburg die blauen Behangmuster im Stil → Rouens eine besondere Blüte. Um 1740 wurde die Blaumalerei von bunten → Scharffeuerfarben verdrängt, mit denen man Streumuster aus Blumen und Früchten malte. Um 1745 setzten → indianische Blumen, figürliche Chinesendarstellungen und Jagdszenen ein. Um 1750 ging man zur Muffelmalerei (→ Muffelfarben) über, in der die Manufaktur ihre größten Leistungen vollbrachte. Adam Friedrich von Löwenfinck und sein Bruder hatten daran wesentlichen Anteil. Sie malten, unter reichlicher Verwendung von Purpur, nach der Natur beobachtete Blumen. Straßburger → Formgeschirre in Gestalt von Früchten, Gemüsen und Tieren, besonders Vögeln, waren ebenfalls berühmt. Auch die Figurenplastik, zum Teil von Lanz (→ Frankenthaler Porzellan), war von hoher Qualität. Selbst in der letzten Phase der Manufaktur ab 1762 unter Joseph Adam Hannong wurde noch eine Fülle von Toiletten- und Tafelgerät mit feinster Muffelmalerei (die sog. feinen Blumen) geschaffen. Ab 1740 war die Marke PH, 1762/81 JH, meist kombiniert mit der Nummer des Formverzeichnisses. – Unabhängig von der Manufaktur Hannongs wurden in Straßburg die schönsten Öfen des Rokoko- und Louis-seize-Stils geschaffen (von Johann Adam Acker und J. B. Pertois).

Straßburger Öfen → Straßburger Fayence
Strasser, Ludwig → Glashütte
Straußeneipokale, in der Hochgotik aufkommende Prunkgefäße, deren aus einem Straußenei bestehende Cuppa durch eine Edelmetallfassung mit meist hohem Fuß gehalten wird. Sie sind vielfach als Doppelpokale, im 17. Jh. gelegentlich auch in Gestalt eines Straußes oder mit einem Strauß als Schaftfigur gearbeitet. Das edelmetallgefaßte Straußenei ist bereits im Mittelalter als kirchliches Gerät nachweisbar.
Strawberry-Dish (engl., Erdbeerschüssel), Silberschale des 18. Jh.s, eine englische Sonderform. Rund oder oval, mit glattem Boden und leicht aufgebogenem Rand, der von scharfen radialen Falten gegliedert wird. Der Umriß wird dabei ausgezackt oder geschweift.
Streitkolben, und Streithammer, Streitaxt → Stangenwaffen
Streublumen, Muster aus kleinen, gleichmäßig über die Fläche verteilten Blumen oder Blättern auf Fayence, Porzellan, Teppichen, Stoffen, Spitzen und Tapeten. Sie waren besonders in der zweiten Hälfte des 18. Jh.s beliebt.

Streudosen. Riga, 1. Hälfte 18. Jh. Silber, H 19 cm.

Zwei Violinen von Antonio Stradivari. Links: die „Antonius“, dat 1721, rechts: die „Francesca“, dat. 1694.

Streudosen (engl. Caster, Castor), hohe, zylindrische, birnen- oder balusterförmige Dosen auf niedrigem Standfuß und mit zumeist hoher, durchbrochener Haube zum Ausstreuen von Zucker oder Gewürzen. Über der Haube befindet sich mitunter ein Schutzdeckel. Streudosen sind typisch für das ausgehende 17. und das 18. Jh. und besonders verbreitet in England. Häufig sind sie aus Silber gearbeitet, daneben begegnen nicht selten Nachahmungen in Zinn und Messing.

Streulöffel, typisch englische Löffel des 18. und frühen 19. Jh.s, deren steilrandige Laffe durchbrochen ist. Sie dienten zum Bestreuen mit Zucker.

Strichprobe → Beschauzeichen

Stroganow-Schule, private Ikonenmalschule des Kaufmannsgeschlechts der Grafen Stroganow in Solwytschegódok, Hauptzeit 1580–1650. Führender Meister Prokopij Tschirin (– 1625). Die Stroganow-Schule beeinflußte den Ikonenstil der Folgezeit nachhaltig, vor allem den der Miniaturmalerei.

Stuartkragen → Medicikragen

Stucco lustro, häufig mit der → Scagliola verwechselte Technik, bei der Freskoputz, mit feinem Marmorsand versetzt und mit Kalkseife gebunden, mit Freskofarben bemalt, anschließend gebügelt, getrocknet und hochpoliert wird. Stucco lustro findet seit dem 18. Jh. bei der Herstellung von Tischplatten Verwendung.

Studio, The, englische Kunstzeitschrift, gegründet 1893. Wichtige Informationsquelle für die Strömungen der Kunst und des Kunsthandwerks Englands zur Zeit des → Jugendstils. Bedeutendster Mitarbeiter war Aubrey → Beardsley.

Stückfärbung, Bezeichnung für die Färbung des Gewebes nach dem Weben.

Stuhl bzw. Sessel (mit Armlehnen), das wichtigste Sitzmöbel. Im Mittelalter war er Hoch- und Ehrensitz (→ Faltstuhl, → Kastensitz). Den Stuhl mit vier gedrechselten Stützen unter dem Sitz, deren hintere als Lehne hochgezogen sind, hat die italienische Frührenaissance ausgebildet (15. Jh.). Im 16. Jh. begann man die Zweckform durch verzierte Füllbretter zu bereichern. Italien bildete Sonderformen aus, die für andere Länder vorbildlich wurden. Ende des Jahrhunderts begann man die Sitzmöbel leichter zu gestalten (→ Caquetoir). Im 17. Jh. kam die Polsterung von Sitz und Armlehnen auf (Abb.). Am Jahrhundertende entwickelte man neue Sesseltypen, die der Repräsentation und Bequemlichkeit dienten. Farbige Bezüge (→ Beauvais) spielten eine immer größere Rolle neben dem Schnitzwerk des Rahmens. Im → Rokoko löste man das Pfostenwerk in ornamentale Schwünge auf. Vorbildlich für einfache, praktische Sitzmöbel wurde im 18. Jh. England, das durch die Stichwerke seiner Möbelkünstler Thomas → Chippendale, Georges → Hepplewhite, Robert → Adam und Thomas → Sheraton starken Einfluß auf den Kontinent ausübte. Im letzten Drittel des 18. Jh.s setzten sich auch im deutschen und französischen Sitzmöbel klare, geschlossene Formen (Georges → Jacob, Jean Baptiste Claude → Sené) durch. Um 1800 (François-Honoré Georges → Jacob-Desmalter) ahmte man die steifen antiken Sitze nach, während das → Biedermeier wieder bequeme Stuhlformen entwickelte.

Stundenbuch, Horarium, Horae, Livre d'heures, Gebetbuch für Laien mit Laiengebeten für einzelne Tagesstunden, im Gegensatz zum Brevier, Breviarium, das die von der Kirche vorgeschriebenen liturgischen Stundengebete enthält. Das Stundenbuch entstand im 12. Jh. in Anlehnung an den Psalter. Künstlerisch am bedeutendsten sind die von Niederländern im französisch-burgundischen Kunstkreis geschaffenen, reich bebilderten Stundenbücher des frühen 15. Jh.s: Les très riches heures du Duc de Berry in Chantilly der Gebrüder von

Limburg und das – z. T. verbrannte – Turin-Mailänder Stundenbuch der Brüder van Eyck. Ihre Miniaturen gehören zu den Meisterwerken der abendländischen Malerei.

Stundenglas → Sanduhr

Stûpa (Tschorten), Reliquienschrein oder religiöses Monument, das über ganz Asien verbreitet ist. Es versinnbildlicht einen → Mandala. Auf einer fünfstufigen Plattform ruht eine Kuppel, die von dreizehn Ringen (ursprünglich Schirmen) bekrönt wird; die Spitze bilden die Sonnenscheibe und die Mondsichel. Von Indien aus verbreitete sich der Stûpa über Nepal und Tibet nach China und Japan, wo er zur Pagode umgeformt wurde. Ursprünglich nur ein Reliquienhügel, wurde der Stûpa im Lamaismus zu einem weit verbreiteten Kultgerät, das zum Inhalt von → Thankas wurde und ebenso als Kleinbronze zur Ausstattung der Altäre diente.

Sturmhaube → Helm

Sturzbecher, Becher ohne Fuß oder Standfläche, die nur auf dem Gefäßrand stehen können und daher in einem Zug geleert werden müssen. Sie sind in Glas bereits aus der spätrömischen und fränkischen Zeit bekannt; seit dem 16. Jh. wurden sie auch in Keramik und vorwiegend in Silber gefertigt. Sonderformen waren u. a. der → Jungfrauenbecher oder der → Windmühlenbecher.

Stutzuhr, Bezeichnung für die Tischuhren, die statt Gewicht und Pendel eine Feder und Unruhe (→ Uhrentechnik) aufwiesen und dadurch einen möglichst kleinen Raum einnahmen. Stutzuhr bedeutet also eine „abgestutzte" Uhr in kurzem Gehäuse zum Aufstellen. Die Stutzuhren, die bald nach der Erfindung der → Taschenuhren aufkamen, waren gewöhnlich so in ein vergoldetes Messinggehäuse eingelassen, daß ihr Zifferblatt der Tischfläche, auf die die Uhr gestellt wurde, horizontal parallel lag. Meistens hatten sie Schlagwerk. Heute wird der Ausdruck „Stutzuhr" häufig auch auf Pendel-Tischuhren (Pendulen) angewandt.

Sturzbecher. London, 1807/08. Trinkgefäß bei Jagden in Form eines getriebenen und ziselierten Fuchskopfes. H 14,6. London, Victoria and Albert Museum.

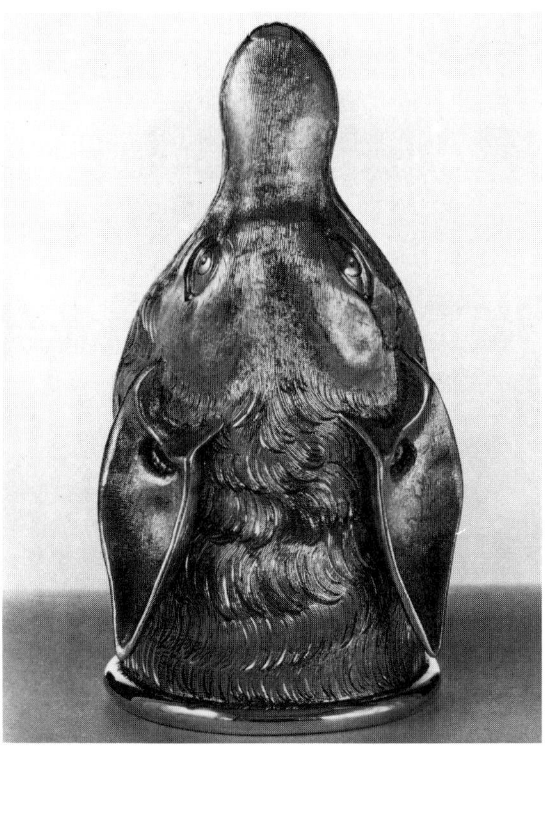

Subaeratus → Gefütterte Münzen

Subcinctorium, vom päpstlichen, bis zum 17. Jh. auch vom bischöflichen → Cingulum auf der linken Körperseite herabhängendes kurzes Band in Art eines → Manipels; zum Papstornat gehörig.

Suckenie, ärmelloses Obergewand des 13. Jh.s mit weiten Armausschnitten, das von Männern und Frauen getragen wurde. Im 14. Jh. lebte es mit noch weitergewordenen Armausschnitten fort und wurde dann Surcot genannt.

Süddeutsches Rokoko, im wesentlichen durch die Residenzen geprägter Stil (durch Schleißheim und Nymphenburg, Gaibach und Pommersfelden und die fürstbischöfliche Residenz Würzburg). Auch die kirchlichen Auftraggeber – man denke an die Wies, an Ottobeuren, an Vierzehnheiligen und Banz, an Dießen und an die Münchner Asamkirche (allerdings eine private Stiftung der Brüder Asam), um nur einige zu nennen – waren mitbestimmend. Das Süddeutsche Rokoko gehört zu den Höhepunkten europäischer Kultur überhaupt. Die einheitliche Ensemblewirkung, die das süddeutsche Rokoko bis heute bietet, wurde geschaffen von Architekten wie François de → Cuvilliès, Balthasar Neumann, die Brüder Gunezrhainer, Johann Michael Fischer, von Bildhauern und ‚Bossierern' wie Franz Anton Bustelli (→ Nymphenburger Porzellan), Ignaz Günther, Johann Baptist Straub, Roman Anton Boos, von Malern und Freskanten wie die universal begabten Brüdern Egid Quirin und Cosmas Damian Asam, durch Möbel- und Bildhauerentwerfer wie Johann Wolfgang von der → Auvera und Ferdinand → Tietz und durch Kunstschreiner wie die Brüder → Hoppenhaupt und durch den Architekten und Möbelentwerfer Joseph → Effner. Das süddeutsche Rokoko verdankt Entscheidendes der persönlichen Initiative einiger weniger Regenten weltlichen und geistlichen Standes, allen voran dem bayerischen Kurfürsten Max Emanuel. 1715 kehrte er aus dem französischen Exil in seine Münchner Residenz zurück und brachte Kunde von den großartigen Neuerungen des französischen → Régence. Französische Künstler kamen in seinem Gefolge nach Bayern, Einheimische ließ er in Paris ausbilden. Versailles wurde zum großen Leitbild, doch wurde das Vorbild dieser bedeutendsten Schloßanlage des → Barock und → Rokoko in das Liebenswerte, Irdische und Heitere transponiert – drei Kriterien, die durchgängig das süddeutsche Rokoko bestimmen. Es sind weiter die Würzburger Fürstbischöfe aus der Familie der Schönborn, die Balthasar Neumann ihre Aufträge erteilen, die Hohenzollern in Ansbach, Markgräfin Wilhelmine von Bayreuth, eine Schwester Friedrichs des Großen (→ Friderizianisches Rokoko), und Fürstbischof Lothar Franz von Schönborn in Bamberg, der Schöpfer der bischöflichen Residenzen Pommersfelden und Gaibach. Es etablierte sich die bereits 1747 gegründete Nymphenburger Porzellanmanufaktur (→ Nymphenburger Porzellan); die Augsburger Gold- und Silberschmiede, allen voran die Familie → Drentwett, schufen prunkvolles Silbergeschirr für die europäischen Höfe. Das süddeutsche Rokoko zeigt uns, wie nur wenige Stilausprägungen überhaupt, ein

Ensemble innerhalb der europäischen Kunst, in dem eine nahezu vollkommene Übereinstimmung aller Künste vorgestellt wird.

Sugerli, Schweizer Bezeichnung für eine Sonderform der zinnernen →Saugkanne mit Klappdeckel und Saugröhrchen, die als Schwenkkessel mit Bügel gearbeitet ist; die Bauchung liegt in der oberen Hälfte des Gefäßes. Es wurde vermutlich als Trinkkanne für Kinder verwandt.

Sugerli. Winterthur, Ende 18. Jh. H (ohne Bügel) 18 cm.

Suibokuga (jap.), Wasser-Tusche-Malerei; die Anregung Sung-chinesischer Landschaftsmalerei (chin. *shan shui,* jap. *sansui,* Berge und Wasser) aufgreifende und zur Muromachi-Zeit zu höchster Blüte gebrachte japanische Tuschemalerei, vorrangig auf kleinformatigen *kakemono* (→ Hängerollbild) für die *tokonoma*-Nische, aber auch für kleine Türen. Ihre berühmtesten Meister sind Sesshû (1420–1506), Schüler von Shûbun (1. H. 15. Jh.) und gelehrter Priester, der die → chinesische Malerei aus eigener Anschauung von einem Aufenthalt in China kannte, dort die Technik der „explodierenden Tusche" (jap. *hatsu-boku* oder *haboku*) erlernte und die Verhaltenheit der Pinselführung seines japanischen Lehrers mit kraftvoller Eigenart zu vereinen vermochte, und Sesson (1504–89), sein kongenialer Nachfolger, sowie Nôami (1397–1471), sein Sohn Geiami (1431–1495) und sein Enkel Sôami (1472–1525), die künstlerischen Berater der Ashikaga-Shôgune, die jedoch wieder mehr den weichen, atmosphärischen chinesischen Süd-Schul-Stil bevorzugten.

Sulkowskiservice → Meißen

Sultanabad, heute Arak (Mittelpersien), im 19. Jh. Sammel- und Handelsplatz der im → Feraghan- und Mahallat-Gebiet erzeugten Orientteppiche.

Sultanteller → Krönungsteller

Sultan-Teppich, seltene Bezeichnung (Handelsname) für Yürük-Arbeiten (→ Yürük) aus Anatolien.

Sulzbach-Philipsburger Fayence, 1752 in dem verlassenen Hammerwerk bei Philipsburg gegründete Fayencemanufaktur, die in erster Linie Gebrauchsgeschirr herstellte. Der Betrieb bestand bis 1774. Die Fabrikmarke war von 1752 bis 1757 ein CP für Churpfalz, dann ein verschlungenes CT, wohl für den Churfürsten Carl-Theodor.

Sumak → Soumak

Superfrontale → Retrofrontale

Superpelliceum, auch Chorrock, -hemd, etwa knielanges weißes Gewand aus Leinen oder Baumwolle mit Spitzen- oder Bordürenschmuck, das ursprünglich als Ersatz für die → Albe über Pelzkleidern, dann von Klerikern und Laien über dem → Talar als → Chorkleidung getragen wurde; es kann Ärmel haben oder auch nur Armschlitze. Die höhere Geistlichkeit benutzt dafür das ähnliche, aber wesentlich reicher mit Spitzen besetzte Rochett mit engen Ärmeln, das sich bei den regulierten Chorherren im 17. Jh. zum Sarrozium, einem latzschürzenartigen Hemd, reduziert hat.

Superweste, ärmelloses an einen antiken Panzer erinnerndes Uniformstück das zum Galawachtdienst z. B. bei den bayerischen Hartschieren seit 1852 und bei der preußischen Garde du Corps im 18. Jh. und wieder seit 1843 getragen wurde. Auch Garden anderer Länder trugen die Superweste.

Supraporte → Sopraporte

Surahani, Knüpfteppich aus dem kaukasischen → Baku-Gebiet mit meist dunkler Grundfarbe, Rauten oder Medaillonzeichnung. Farben meist stark verblichen.

Surcot → Suckenie

Surimono, japanisches Glückwunschblatt zu Neujahr. Meist ein sorgfältig ausgeführter Farbholzschnitt (→ Holzschnitt).

Surtout → Ménage

Susani → Bucharastickereien

Sûtra (sanskr., „Leitfaden"), ursprünglich knappgefaßte Merksätze altindischer Art; im Buddhismus soviel wie Heilige Schrift, die in Ostasien die Form von Hand- oder Querrollen annahm (chin. *fo-ching,* jap. *bukkyô*). Streng genommen sind Sûtren nur die Texte der Buddha-Predigten – oder was als solche tradiert wurde –, wobei ein Sûtra aus einigen hundert Textrollen bestand. Im weiteren Sinne rechnet man jedoch auch die Schriftrollen mit den Kommentaren oder Traktaten *(abidharma)* und den Ordensregeln *(vinaya),* also alle „Drei Körbe" *(tripitaka),* zur Gruppe dieser heiligen Textrollen, von denen einst die vollständige Ausstattung einer Tempel- oder Kloster-Bibliothek mindestens 5000 Stück

Walzenkrug. Sulzbach, um 1770. Fayence, blau/manganbemalt, Zinnmontierung, H 23 cm. Freiburg, Simmermacher.

erforderte; sie wurden in Sûtra-Werkstätten unter strenger Kontrolle wieder und wieder kopiert. Von den Originalen und den zahllosen Kopien (jap. *shakyô*), die überwiegend in der Blütezeit des Buddhismus in Ostasien entstanden, sind fast nur noch japanische Exemplare erhalten, die freilich in enger Anlehnung an chinesische Vorlagen geschaffen wurden. Solche Sûtra-Rollen, aus etwa gleichgroßen, 47–56 cm breiten Hanf- oder Palmblattpapierbögen zusammengesetzt, haben eine Länge von mehreren Metern (bis annähernd 10 m) und in der Regel eine Höhe von 25–28 cm. Sie beginnen mit einem Vorsatz, auf dem außen und innen mit Tusche Sûtrentitel, genaue Bandbezeichnung und Eigentumsvermerk eines Tempels oder Klosters, zuweilen auch eine Stiftungsinschrift, und ein oder mehrere Siegelabdrücke in Zinnober eingetragen sind. Daran schließt sich von rechts nach links in senkrechten Kolumnen von rund 2 cm Breite mit normalerweise 17 Schriftzeichen der sorgsam geschriebene Text an; vorangestellt sind dem nochmals Sûtrentitel, Rollennummer, Kapitelüberschrift und Nummer des Abschnitts sowie Autoren- bzw. Übersetzer-Name. Meistens ist das Papier einer solchen Querrolle (jap. *makimono)* nicht gefärbt, sondern nur mit Bienenwachs geglättet und haltbarer gemacht und deshalb von gelblichem bis bräunlichem Ton, beschrieben mit glänzend schwarzer Tusche und zuweilen mit zinnoberroten Interpunktionen für die Rezitation versehen (jap. *sumi-kyô,* Tuscherolle). Bei kostbarer Ausführung nach T'ang-chinesischem Vorbild jedoch wurde das Papier indigo oder blauviolett eingefärbt und dann mit Gold und/oder Silber beschrieben. Diese Blaugold-Rollen (jap. *konshi-kindei-kyô),* schmaler und kleiner (nicht kürzer), aus dünnerem Papier als die Tuscherollen, erhielten auch einen entsprechend gestalteten Vorsatz, ein äußeres Vorsatzblatt (jap. *kyôshi)* mit Titelkartusche und schmuckvollem Ornament und ein inneres mit einem Andachtsbild (jap. *mikaeshi-e,* Rückblicksbild), und anstelle einfacher Holzstäbe zum Aufrollen Roller mit Köpfen aus Edelmetall und feinziseliertem Dekor sowie gemustert gewebte Bändchen zum Verschließen. Verwahrt wurden die Sûtrarollen, heute begehrte Objekte der Kalligraphie und Buchmalerei, in passenden Kästen aus Sandel- oder Kampferholz (jap. *kyôsô* oder *kyôkan)* oder aber, wie in großen Tempelbibliotheken üblich, zu mehreren eingewickelt in eine gewebte Hülle (jap. *kyôchitsu),* in einem großen Lackkasten (jap. *kyôbitsu).*

Suzuribako (jap., Tuschreibsteinkasten, im westlichen Sprachgebrauch als Schreibkasten bezeichnet), flacher Kasten mit Einsätzen zur Ablage von Schreibutensilien wie Pinsel, Tuscheblock, Tuschblockhalter, Papiermesser usw., sowie speziellen Einsätzen, in die der Szuri-Tuschreibstein zum Anreiben der Tusche und das Mizuire (Wasserbehälter zum Anrühren der Tusche) eingelassen sind. Sie sind in Japan mindestens seit dem 13. Jh. in Gebrauch. In der Regel sind sie allseitig in aufwendigen Lacktechniken gestaltet.

Swansea, Wales, 1765 gegründete Manufaktur für Steinzeug und Frittenporzellan. Die Geschirre zeigen naturalistisch wiedergegebene Blumen und Vögel in → Muffel- und Lüsterfarben (→ spanische Fayencen) auf weißem, schwarzem und marmoriertem Scherben. 1814 bis 1822 wurde auch Porzellan hergestellt.

Swastika → Hakenkreuz

Synthetische Steine → Edelsteinimitationen

T

Tabakdosen → Schnupftabakdosen

Tabakspfeifen wurden im 16. Jh. durch Forschungsreisende aus Amerika am englischen Hof eingeführt. Ihre qualitätsvollste Ausprägung erfuhren sie in den reichverzierten Wiener Pfeifen des 18. Jh.s, mit Köpfen aus Meerschaum, einem feinkörnigen, leichten, weiß oder gelblich vorkommenden Verwitterungsprodukt des Serpentins.

Tabaktopf, vom frühen 17. bis zum späten 19. Jh. gebräuchliches Bleigefäß mit Deckel zur Aufbewahrung von Tabak. In den meist gewölbten Deckel mit verziertem Knauf wurden oft Bleigewichte eingelassen, die den Tabak zusammenpreßten. Tabaktöpfe wurden im 19. Jh. auch aus Messing, Gußeisen oder Zinn hergestellt und häufig bemalt.

Tabatièren → Dosen, → Schnupftabakdosen

Tabatières à cage, auch En Cage, Schnupftabakdosen, die aus einem Goldrahmen bestehen, in den andere Materialien (→ Dosen) eingesetzt sind. Höhepunkte dieser Tabatières stellen die franz. Golddosen aus der Mitte 18. Jh.s dar. Besonders schöne Stücke stammen von Lazare Duvaux (um 1703–1758).

Tabernakel, 1. (→ Baldachin). 2. kunstvoller Schrein aus Holz oder Edelmetall zur Aufbewahrung von → Pyxis bzw. Ziborium; im Mittelalter tragbar oder neben dem Altar an einer Kette hängend (Hängetabernakel), seit der Neuzeit bis zum 2. Vatikanischen Konzil fest in die Predella eingefügt auf der Mensa des → Altars stehend. Eine Sonderform ist das vor allem im Barock gebräuchliche Drehtabernakel mit einem vertikalen drehbaren Holzzylinder mit je einer Nische für → Altarkreuz, Pyxis und → Monstranz. Flankiert wird das Tabernakel oft von anbetenden Engelsfiguren, bekrönt von einem Pelikan, der mit seinem Blut seine Jungen nährt (Symbol für Christi Opfertod). Auf den Tabernakeltüren können auch figürliche Szenen dargestellt sein: meist das letzte Abendmahl oder die Emmausszene.

Tabernakelschrank, im Kunsthandel übliche Bezeichnung für einen Aufsatzschreibschrank oder eine Aufsatzschreibkommode, die in ihrem oberen Teil eine Mitteltür besitzt.

Table en chiffonnière von David Roentgen. Neuwied, um 1770. 70 × 36 × 29,5 cm. Frankfurt am Main, Museum für Kunsthandwerk.

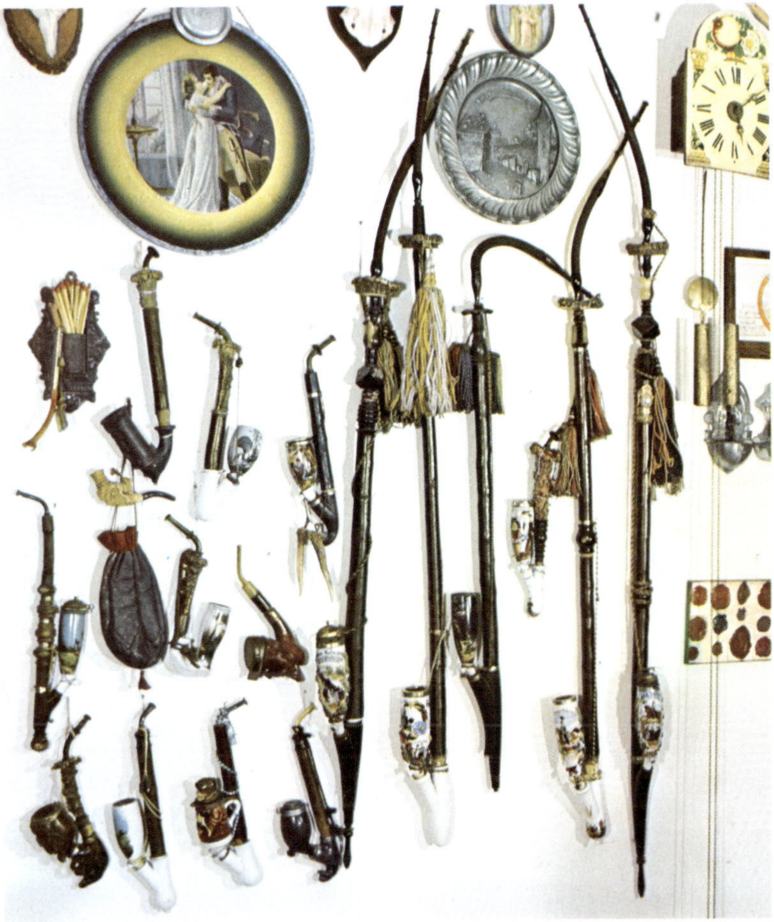

Verschiedene Tabakspfeifen mit bemalten Pfeifenköpfen. Deutsch, 19. Jh. Privatbesitz.

Table à déjeuner, leicht transportabler runder, ovaler oder nierenförmiger Tisch, der seit dem Louis-quinze bekannt ist. Er diente meist zum Servieren von Mahlzeiten für eine Person.

Table en chiffonnière, zierliches, leicht transportables Tischchen mit einer oder mehreren Schubladen und mit Tablett zwischen den Stützen. Diese seit dem mittleren 18. Jh. sehr verbreiteten Tischchen (→ Kaffeetisch, → Tricoteuse) dienten als Arbeits- und Nähtische für Damen und erhielten im → Louis-seize häufig einen Gitterrand, um das Herunterfallen der Arbeitsgeräte zu verhindern.

Tablier, schurzförmig herabhängende, oft durch ein Schmuckmotiv betonte Mitte der → Zarge.

Tabouret, niedriger gepolsterter Schemel auf vier kurzen Beinen, zunächst rund, später auch rechteckig; seit ca. 1700 gebräuchlich.

Taddel, Heinrich → Schnupftabakdosen

Täbris, in Nordpersien, eine der persischen Hofmanufakturen für Teppiche (→ persische Teppiche) im 16. Jh. Hier entstand der → Ardebilteppich. An die Tradition schließen die Exemplare des 19. und 20. Jh.s an. Medaillonteppiche, Felder-, (Kartuschen-) Garten- und Jagdteppiche sowie das Herati-Motiv (→ Herati) fanden mit Vorliebe Verwendung. Maße bis zu 200 qm; Seidenteppiche und Gebetsteppiche kommen vor. Sie zeigen eine verhältnismäßig stumpfe Wolle, feine Knüpfung, sowie niedrige Schur.

Tännich, Samuel → Hubertusburger Fayence

Tafelaufsatz, Schauessen, Tafeldekoration. Sie wurde, aus Wachs oder Zuckerwerk, seit dem Mittelalter bei festlichen Gelegenheiten in der Mitte der Tafel aufgebaut. Seit dem 16. Jh. entstanden silberne Tafelaufsätze (→ Jamnitzer, → Dinglinger). Im 18. Jh. waren Fayence- und Porzellanaufbauten mit vielfigurigen Gruppen allegorischen oder galanten Inhalts beliebt.

Tafelbild. Seit dem 12. Jh. kennt man das Malen auf Tafeln aus Holz oder Metall (Kupfer). Die gewählte Holzart hängt vom landschaftlichen Vorkommen ab. Großformatige Tafeln werden durch Aneinanderleimen einzelner Bretter hergestellt. Die Stoßnähte werden rückseitig durch eingezogene Verbindungsleisten abgesichert, was das Reißen durch Holzschwund verhindern hilft (→ Parkettieren).

Tafeldamast → Damast

Tafelschliff → Edelsteinschliff

Tafelgerät, aus → Edelmetall oder → Zinn, dient sowohl dem Gebrauchszweck wie dem Schmuck der Tafel als Tischgedeck und für die festliche Mahlzeit an der Speisetafel. Der Begriff Tafelgerät unterscheidet die Geräte des Mahles gegenüber dem Toilettensilber und den silbernen Schreibgarnituren. Mit der Entwicklung der menschlichen Kultur haben sich auch die Formen der Tafelgeräte in ihrer Vielfältigkeit entwickelt. Zum Tafelsilber wie zum Tafelgerät werden gezählt Bestecke, Becher und seine Varianten wie Kannen, Weinkannen, Kaffee-, Schokoladen- und Teekannen, Teekessel, Teemaschinen (Samowar), Lavoirs, Teeservices (Déjeuners), Teebüchsen (Caddies), Kasserolen, Wärm- und Kühlgefäße, Saucieren, Gewürzgefäße, Zuckergefäße, Korbgefäße, Teller, Anbieteplatten (Kredenzen), Auftrageplatten, Tabletts, Platten und Ständer, Tischleuchter, Tafelservices, Tafelaufsätze. Silbernes Tafelgerät gab es schon seit der Antike, ebenso im frühen Mittelalter, doch mit der Entwicklung der Städte und des reichen Bürgertums kam es seit dem Mittelalter zur Blüte. Der Höhepunkt wurde jedoch mit den üppigen Tafelfreuden des Barock erreicht. Hier entstanden Formen, die besonders Ende des 19. Jh.s und Anfang des 20. Jh.s, zum Teil in reiner Nachahmung, dem Stil nur äußerlich verpflichtet blieben.

Tafelsilber → Tafelgerät

Taft → Leinen

Talar (lat.: *tunica talaris*), knöchellanges, sackartig geschnittenes Gewand mit langen Ärmeln, ohne Gürtel. Im lateinischen Ritus bildet er das Untergewand der → Chorkleidung; in den protestantischen Kirchen gehört er zur Amtstracht der Geistlichen und ist immer schwarz.

Talavera, Fayencen aus Talavera de la Reyna in Spanien, wo im 16. und 17. Jh. Azulejos und Gefäße mit schöner Glasur gemacht wurden. Auch spanische Geschirre anderer Herkunft bezeichnet man als Talavera, so Trinkgefäße aus rotem porösem Ton in Form von Tieren oder die sog. *Brinquiños,* eßbare Trinkschalen, die verzehrt wurden, nachdem man sie geleert hatte.

Talbot, William Henry Fox (1800–1877), einer der Pioniere der Photographie. Der englische Wissenschaftler beschäftigte sich seit 1834 mit Versuchen, das Bild der → Camera obscura mit Hilfe der Chemie zu fixieren. Doch erst 1841 gelang es ihm, sein Verfahren durch die Verwendung von Gallussäure zu verbessern. Die von Talbot so genannten Kalotypien konnten beliebig kopiert werden. Seine Negativ-Positiv-Technik ist Grundlage unserer heutigen Photographie (→ Talbotypie).

Talbotypie, auch Kalotypie, eine frühe Papierphotographie auf der Basis von Papiernegativen, die transparent gemacht und kopiert wurden. Das Verfahren ist nach dem Erfinder William Henry Fox → Talbot, einem englischen Wissenschaftler, benannt. Talbot selbst gab, nachdem er seine Methode verbessert hatte, dem Papierbild den Namen Kalotypie (von griech. *kalos,* schön). Der Talbotypie-Prozeß wurde nur während zweier Jahrzehnte, von 1839 bis 1860, ausgeübt.
Im Gegensatz zur heutigen Photographie ist die Oberfläche rauh und matt, das Papier ist nicht satiniert. Infolge des Sichtbarwerdens der Papierstruktur durch das Kopieren des Negativs wirken Talbotypien unscharf und weich, sie präsentieren sich von braunschwarz bis braunviolett. Im allgemeinen nahm man dünnes Papier, so daß wegen der Gefahr des Knickens Kalotypien oftmals auf Karton aufgezogen wurden. Da der Photograph das Papier selbst herstellte, war es nicht standardisiert. Besonders in England und Schottland, daneben auch in Frankreich, war das Talbotypieverfahren verbreitet.

Talent → Drachme

Taler, Guldengroschen, Silberguldener, Gegenstück in Silber

Talbotypie

zum → Goldgulden. Er wurde Ende des 15. Jh.s von Erzherzog Sigismund von Tirol in Hall geprägt. Die silberreichen Länder Sachsen und Böhmen folgten bald, unter ihnen auch Graf Schlick von Joachimsthal; er prägte ab 1519 den Joachimsthaler, dessen Abkürzung Taler auf die Münze überhaupt überging. – Der Taler, ab dem 16. Jh. mit Hilfe von Maschinen hergestellt, ist ein typisches Renaissancegepräge, groß, mit breitem Schriftrand, in dem die Antiqua vorherrscht. Jahreszahl und Wertbezeichnung werden meist eingefügt. Als Münzbild bürgert sich immer mehr das Porträt, ergänzt vom Wappen, ein. Der Taler blieb, mit mehrmals verändertem Münzfuß, bis 1857 die wichtigste deutsche Silbermünze.

Talisch, kaukasischer Teppich vom Südwestufer des Kaspischen Meeres. Meistens dunkelblaues Mittelfeld, seltener gelb oder rot. Gleichförmig mit Sternen oder Blüten durchgemustert. Talisch-Teppiche mit einfarbigem Feld werden als → Met-Haneh bezeichnet. Das Maß von 1 × 3 m wird selten überschritten.
Zur Gruppe der Talisch-Teppiche zählen auch der →Lenkoran sowie der → Saliani.

Talisman → Amulett.

Talk → Steatit

Tall-boy, englisches Aufsatzmöbel in Form zweier aufeinandergestellter Kommoden; es kam gegen Ende des 17. Jh.s auf und wurde bis weit ins 19. Jh. hinein produziert. Tallboys konnten zusätzlich mit herausziehbaren Platten versehen sein, die als Schreibunterlage bzw. Arbeitsfläche verwendet wurden.

Tallit, im jüdischen Ritus gebräuchlicher Gebetsmantel, bestehend aus einem weißen bis cremefarbigen Woll- oder Seidentuch etwa in der Größe 1 mal 2 m, mit an den Schmalseiten eingewebten blauen bis schwarzen Streifen und an den vier Ecken angeknüpften sog. Schaufäden (hebr., *Zizit*). Die Halsstelle ist oft mit reicher Brokatborte bestickt, der sog. Atara, mit Goldwirkerei oder Samt verbrämt.

Tambour → Zylinderbureau

Tambourierarbeiten, besondere Form der Stickerei, bei der mit Hilfe der Tambouriernadel eine Folge von ineinandergreifenden Kettenstichen auf der Oberfläche des Gewebes erzeugt wird; beliebt vor allem in der Stickerei des Orients.
Tambourstock, der den Trommlern und Pfeifern vorgesetzte Soldat, der Tambourmajor, trug im 18. Jh. den Stock als Zeichen seiner Würde. Er übermittelte aber damit auch die Signale.
Tamburi, indisches Instrument mit vier Saiten, von denen zwei auf den gleichen Ton, eine in der Oberquarte, die andere in der Unterquarte gestimmt sind.
Tanagrafiguren → Terrakotta
T'ao-t'ieh, „Vielfraß"-Tiermaske mit auffallenden Augen, Fangzähnen, Pilzhörnern, angedeuteten Krallenfüßen und Schwanzprotomen; Leitmotiv der altchinesischen Ornamentik, vermutlich chthonisches Symbol mit apotropäischer Funktion; besonders wichtig im Reliefdekor der → altchinesischen Bronzen.
Taperstick (engl.), kleiner englischer Silberleuchter des 18. Jh.s, der im Ganzen mit dem Fuß gegossen wurde.
Tapete, gemusterte Bekleidung der Wand. Im Mittelalter gewirkt (→ Rücklaken, → Bildteppiche) oder gewebt. Vom 16. bis zur Mitte des 18. Jh.s waren → Ledertapeten verbreitet. Im späten 16. Jh. gelangten zum erstenmal handgemalte chinesische Stoff- und Papiertapeten nach Europa, die man mit dem Aufkommen der Chinamode im späten 17. Jh. nachzuahmen begann. Um 1750 wurde in Frankreich und England das Verfahren des Stoffdrucks mit → Modeln oder Schablonen auf die Herstellung von Papiertapeten übertragen; zunächst druckte man sie mit der Hand. Die erste deutsche Tapetenfabrik dieser Art wurde 1789 in Kassel gegründet. Die Papiertapete verbreitete sich schnell; im Biedermeier war sie allgemein üblich. Die Muster folgten jeweils dem Zeitstil. In der ersten Hälfte des 19. Jh.s waren große Figurenszenen beliebt. Als sich um 1840 der – bereits im späten 18. Jh. in England erfundene – Maschinendruck durchsetzte, verfiel die künstlerische Qualität. Die größte Tapetensammlung der Welt besitzt das Deutsche Tapetenmuseum in Kassel.

Tall-boy. England, um 1710. Nußbaumholz, 172 × 102 × 57 cm.

Tapisserien → Gobelins
Tappert, an den Seiten offener Männerrock der ersten Hälfte des 15. Jh.s, Amtstracht der Herolde (→ Heraldik).
Tapul → Harnisch
Tar, kaukasisches Musikinstrument in Gitarrenform mit einer Schweinsblase als Decke des Resonanzkörpers und fünf Saiten, die mit einem Plektrum gerissen werden.
Tartsche, leichter Reiterschild des späten Mittelalters, der die linke Brust deckte, häufig in Dreiecksform (Spitze nach unten). – Über die Tartsche zum Turnier → Stechzeug; über Tartsche als Wappenschild → Wappen.
Taschenchronometer (engl. Pocketchronometer), Name für diejenigen Chronometer (→ Schiffschronometer), die zur Bestimmung der geographischen Länge auf dem Lande gebraucht werden. Im 18. Jh. wurden erstmals Uhren unter der Bezeichnung Taschenchronometer gebaut, und zwar von dem Londoner Uhrmacher Joseph Emmery. Bei diesen Chronometern wurde die sogenannte freie Hemmung (→ Uhrentechnik) angewandt.
Taschenuhr, (Sackuhr, tragbare Uhr, franz. Montre), eine kleine, in der Tasche tragbare Uhr mit Unruhe (→ Uhrentechnik). Die Taschenuhren werden nach der jeweils bei ihnen vorhandenen Hemmung (→ Uhrentechnik) in Spindel-, Zylinder-, Anker- oder Duplexuhren unterteilt. Diejenigen Taschenuhren, die ein Schlagwerk besitzen und durch Schläge auf Glocken oder Tonfedern die Viertel- und Vollstunden angeben, werden als Repetieruhren bezeichnet. Peter Henlein (→ Uhren) hat eine der ersten Taschenuhren um 1500 in Nürnberg geschaffen. (Abb. s. a. S. 490)
Tasselmantel, Mantel des 13. und frühen 14. Jh.s, von Männern und Frauen über beiden Schultern getragen (z. B. Bamberger Reiter). Er wurde vorn durch eine Kette oder ein Band zusammengehalten, das Tasselband, das durch die beiden Tasseln, zwei runde oder rosettenförmige, gleichgeformte Schmuckstücke, am Mantel befestigt war (z. B. Uta von Naumburg). Die ältesten Tasseln waren die aus dem Goldschmuck der Kaiserin Gisela. Auch die beiden mit Zellenschmelz, Edelsteinen und Filigran verzierten Goldscheiben des Kaisermantels in Wien (1113) gehen auf Tasseln zurück. Seltener war die Mantelschließe als Einzelstück. Ohne Band oder Schnur direkt ineinandergehakte Tasseln lebten im Trachtenschmuck weiter als Schließen für Miederjacken (Siebenbürgen, Dithmarschen).
Tassenbord, im Herdraum des ländlichen Hauses aufgehängtes dreieckiges Regal mit mehreren Etagenbrettern zur Aufnahme von Tassen und Hafen.
Tassilokelch → Kelch
Tatarka → militärische Kopfbedeckung
Taufbecher, getriebener oder gravierter kleiner Silberbe-

Taschenuhren
Oben: Genf, um 1870. Gold mit Emailmalerei, ein Geheimfach für Porträt, Dm 4,4 cm
Mitte links: um 1790. Gold, weißer Emailzifferring, Dm 5,9 cm.
Mitte rechts: um 1800. Zweiseitig Gold mit Zentralsekunde und Kalendarium, Dm 5 cm.
Unten: um 1900. Vergoldetes 2-Deckelsilbergehäuse mit Damenporträts auf beiden Schalen, Dm 5,5 cm.
Alle Schloß Dätzingen, Kunst- und Auktionshaus Peter Klöter.

cher. In dieses Taufgeschenk werden Namen, Initialien oder Geburtsdatum des Täuflings eingraviert.

Tauflöffel → Apostellöffel

Taufpatenbriefe, Zettel oder Briefchen, mit denen der Pate sein Geschenk überreichte. Im 17. Jh. sind es meist einseitig bedruckte Darstellungen der Taufe, Kupferstiche mit schmalem Fußleistentext. Im 18. Jh. differenzieren sich diese graphisch sehr reizvollen Erzeugnisse der Volkskunst. In der Schweiz (vor allem Berner Oberland) und der Lausitz handelte es sich um einseitig bedruckte Zettel in quadratischer oder rechteckiger Form, die neben bildlichen Darstellungen (Taufe, Gottvater, Heilige Familie; aber auch Vögel, Blumengirlanden usw.) Wünsche in Versform, Ort, Datum und Namen des Taufpaten enthielten. Sie wurden mit dem Druck nach innen gefaltet und – wenn ein Taufdukate beigefügt wurde – versiegelt. Im Elsaß ließ man diese Patenbriefe (Göttelbriefe) bei kommerziellen Briefmalern zeichnen. Hier begegnet man einer besonders großen Vielfalt. In Mitteldeutschland herrschten beidseitig bedruckte quadratische Zettel vor, die auf der Außenseite bildliche Darstellungen, auf der Innenseite hingegen den Text zeigen. Sie wurden so gefaltet, daß das quadratische Hauptbild nach außen weist. Im 19. Jh. kommt der Patenbrief in Briefchenform mit Einlegezettel auf, der in den letzten Jahrzehnten dieses Jh.s mit Oblaten, Gazeappliquen und sonstigem Beiwerk verziert wird. Die Verwendung des Taufpatenbriefes war im wesentlichen auf evangelische Länder beschränkt.

Taufpokal, silberner Pokal mit ziselierten oder getriebenen Ornamenten, ein beliebtes Taufgeschenk.

Taufstein, Taufbecken, als Ersatz der altchristlichen Taufkapelle mit Taufbrunnen seit dem 11. Jh. zur Aufbewahrung des geweihten Taufwassers und zur Spendung der Taufe gebräuchliches Gefäß. Sein Standort ist meist am Kircheneingang oder bei protestantischen Kirchen im Chor. Der mit einem Deckel abgeschlossene Taufstein kann Kessel- oder Kelchform haben und aus Stein, Metall oder (besonders im 18. Jh.) aus Holz (mit Metalleinsatz) bestehen; manchmal ist er reich mit Ornamenten (z. B. Wellen), figürlichen (Taufe Jesu) oder symbolischen (Paradiesesflüsse) Darstellungen verziert. Ein bedeutendes Beispiel eines Bronzebeckens (um 1230/40) befindet sich im Dom zu Hildesheim.

Tauk-Nuska-Göl, (Totem), (→ Göl), gelegentlich als Hauptornament bei großen turkmenischen Knüpfteppichen der → Tschaudoren vorkommend.

Tauschierung (ital. *tausia* von arab. *taušija,* Verzierung, Färbung), Auflegen und Einhämmern eines weicheren Metalls in eine aufgerauhte oder vertiefte Oberfläche (nach einer eingegrabenen Zeichnung) eines härteren Metalls. Beim Tauschieren wird das kontrastreiche Nebeneinander einzelner Metalle, wie z. B. Gold und Silber auf Bronze, Eisen, Kupfer, Zinn, als schmückendes Element genutzt. Beim Flachtauschieren wird der Metallgrund mit Meißel, Stichel oder Feile aufgerauht, dünne Drähte und Bleche (meist aus Gold oder Silber) werden entsprechend der Vorzeichnung auf das Metall (ornamental oder figürlich) aufgehämmert und haften auf der rauhen Oberfläche. Ein solideres Verfahren ist die Aufbereitung des Grundes mit einer schwalbenschwanzförmigen, sich nach unten verbreiternde Nut, in die das weichere Metall eingeschlagen wird. Danach kann das tauschierte Motiv mit dem Grund ebengefeilt oder poliert werden. Beim Relieftauschieren wird der Metallgrund analog aufbereitet, doch das einzuschlagende Metall ist so reichlich bemessen, daß es reliefartig übersteht, wobei es durch Unterschneidungen in seiner Plastizität noch verstärkt wird. Besonders in Asien und Europa war diese Technik des Tauschierens verbreitet. Da die Tauschierung im Mittelalter besonders virtuos bei den berühmten Waffen aus Damaskus verwendet wurde, bezeichnet man diese Technik auch als Damaszierung. Sie erlebte im 16. Jh. eine erneute Blüte.

Tazza. Zürich, um 1605. Frankfurt am Main, Museum für Kunsthandwerk.

Taustab → Bischofsstab

Tazza, flache Silberschale auf balusterförmigem (→ Baluster) Schaft und flachem Fuß, die als Trinkschale und Anbietplatte für Konfekt und Süßigkeiten verwendet wurde. Als Innenbild dienten → Plaketten, die häufig von anderen, auf sie spezialisierten Meistern bezogen wurden. Ein Lieblingsgefäß der Holländer des späten 16. und frühen 17. Jh.s.

Teakholzmöbel, Möbel mit einem Furnier aus dem sehr harten und dauerhaften Holz des Teakholzbaumes, der in Westindien und Afrika heimisch ist, wurden im 19. Jh. in kleinerem Umfang in Holland und England hergestellt. Erst seit der Mitte des 20. Jh.s erfreut sich das Teakholzmöbel großer Beliebtheit. Es sind vor allem skandinavische Designer, die mit besonderer Vorliebe Teakholz verarbeiten.

Tea-urn → Teemaschine

Teddybär, Stofftier in Form eines Braunbären aus zotteligem Mohair. 1903 von Margarete Steiff zusammen mit ihrem Neffen Richard entwickelt und nach dem amerikanischen Präsidenten Theodore (Teddy) Roosevelt (1858–1919), einem begeisterten Bärenjäger, benannt (→ Stofftiere).

Teedose. Meißen, 18. Jh. Bemalt mit Chinoiserien, H 12,5 cm. London, Auktionshaus Christie's.

Teedosen, Teekanister, seit Verbreitung des Tees in Europa charakteristische Aufbewahrungsdosen in viereckiger, hoher Form mit gerade ansteigenden Wandungen, deutlich abgesetzten, zumeist geschweiften oder runden Schultern und kurzem, rundem Hals von geringem Durchmesser. Einsteck- und Schraubdeckel wurden vorzugsweise benutzt. Im ausgehenden 18. Jh. sind vasenförmige, während des Empire zylindrische Teedosen beliebt. Manche Stücke bestehen aus Metall und weisen Schiebedeckel im Boden auf, zum leichteren Einfüllen des Tees. Zunächst existieren hauptsächlich aus Zinn gearbeitete Dosen, in der 2. Hälfte des 18. Jh.s sind Stücke aus Silber und Porzellan häufiger. In Material und Dekor werden diese in der Regel passend zum übrigen Teegeschirr angefertigt. Besonders bemerkenswert sind die bemalten Dosen aus Porzellan, von denen die frühen Exemplare aus der Zeit um 1730/40 im Dekor stark an ostasiatischen Vorbildern orientiert sind. Eine Sonderform stellen die →Caddy genannten Teebehälter dar.

Teekannen, im späten 17. Jh. mit der Sitte des Teetrinkens aufkommende Kannen, anfangs aus gegen Hitze unempfindlichem roten Steinzeug (→ Delfter Steinzeug) sowie in Silber hergestellt, alsbald auch in Fayence und, nach der Erfindung des → Böttgersteinzeugs und des Porzellans im früheren

Teekanne. Deutschland, frühes 18. Jh. Rotbraunes Böttger-Steinzeug, teilweise poliert, H 12 cm. London, Auktionshaus Sotheby's.

18. Jh., auch in diesen Materialien sowie in Zinn und Steingut. Die Formen orientierten sich vorwiegend an ostasiatischen Vorbildern. Anfangs verwandte man für die silbernen Teekannen noch die für Kaffeekannen übliche konische Form mit gerader Ausgußröhre, später ging man zur gedrückten Birnform, oft auf polygonalem Grundriß über mit hochgewölbtem Deckel und tief ansetzendem, geschweiften Ausguß. In Keramik herrschte die Kugelform mit konischer Ausgußröhre, die sich im 18. Jh. in allen Materialien durchsetzte und später in Silber auch die umgekehrte Birnform (England). Sie wurden um 1780 von zylindrischen Kannen mit ovalem – gelegentlich geschweiften – Grundriß und im 19. Jh. wiederum von gebauchten Formen abgelöst. Frühe Teekannen waren meist sehr klein, da der Tee damals noch außerordentlich teuer war.

Teekeramik, Teeschalen (→ chawan) und -dosen (→ *chaire*), Wassergefäße *(mizusashi),* Räucherwerkdosen (→ *kôgô)* und Blumenvasen *(hana-ike),* die in der seit der Ashikaga-Zeit (am Ende des 14. Jh.s n. Chr.) in Japan entwickelten Teezeremonie *(chanoyu)* Verwendung finden. Geschätzt werden kraftvolle, naturhafte Formen bei zurückhaltendem Dekor, Kontrastwirkungen zwischen Scherben und Glasur, keine dekorative Ausführung, sondern Vermeidung von Eleganz und Perfektion, unter Einbeziehung von scheinbaren Zufälligkeiten und Fehlern wie Rissen, die mit Gold ausgebessert sind. Typisch ist die grobkörnige Seto-Ware (Setomono) mit erdhaften, gelbbraunen bis schwarzen Glasuren, oft über skizzenhaftem Ritzdekor (aus Seto, Tokoname, Shigaraki, Tamba, Bizen und Echizen); Shino-Ware mit dicker, milchigweißer Glasur; Oribe-Ware, benannt nach einem Teemeister aus dem späten 16. Jh. n. Chr., von ausgeprägt individueller Gestaltung, außer mit opaker gelber oder brauner, auch mit tiefgrüner Glasur und einem Dekor mit geometrisch stilisierten Formen; und die Iga-Ware, von gesteinsartigem Charakter. Am bekanntesten ist die Raku-Ware, mit dem Namen des Siegels *raku* (Vergnügen), das einem Teekeramik-Meister des 16. Jh.s (Chôjirô) vom Shôgun Hideyoshi verliehen worden sein soll und mit dem diese Ware signiert ist. Es handelt sich dabei um eine schwach gebrannte Keramik, aus der vornehmlich zylindrische Teeschalen mit konischem Boden und kleinem Fuß ganz und gar von Hand geformt sind, mit schwarzer oder rötlicher, gelegentlich weißer Glasur, auf dunklem Scherben, überzogen, kaum geglättet, sondern grobporig und mit den Druckspuren der formenden Hände, worin ihr großer Reiz für den Kenner begründet ist.

Teekessel, in der Form weitgehend der Teekanne folgendes, meist kugeliges oder birnförmiges Gießgefäß, das jedoch keinen Henkel, sondern einen umklappbaren, das Gefäß übergreifenden Bügel besitzt, dessen Mittelteil aus Holz oder anderen Materialien mit geringem Wärmeleitvermögen besteht. Auf ein → Rechaud gesetzt, diente er dazu, das Wasser siedeheiß zu halten, um stets wieder Tee aufgießen zu können. Er wurde vorwiegend aus Edelmetall und Metall, selten aus Keramik gefertigt. Die Teemaschine verdrängte ihn im späteren 18. Jh.

Teemaschine, Samowar, engl. Tea-urn, Teekessel verschiedener Form, der über einer Beheizungsvorrichtung befestigt ist und einen Ausguß mit Zapfhahn trägt, aus dem Tee oder kochendes Wasser zum Aufbrühen von Tee abgelassen wurde. Beliebtes Gerät des 18. Jh.s, mit Vorliebe aus Silber. – Analog dazu gab es auch Kaffeemaschinen, meist in der für Kaffeekannen üblichen Birnform, aus denen fertiger Kaffee entnommen werden konnte.

Teetablett, seit dem frühen 18. Jh. in ganz Europa verbreite-

Teemaschine, Samowar. Augsburg, 1767–69. Silber getrieben, Griffe mit geschnitzten Holzeinsätzen, H 41 cm.

tes Teeserviertablett aus Silber, Sheffield Plate oder elektroplattiertem Metall. Es wurde hauptsächlich in ovaler oder länglich-rechteckiger Form hergestellt und wies in der Regel vier Füße auf. Der zunächst einfach gestaltete Rand nahm im Rokoko einen immer geschwungeren Umriß an. Im späten 18. Jh. entstanden hauptsächlich ovale Teetabletts mit durchbrochener Galerie, also einem Ziergeländer, welches an jeder Seite mit einer Trageöffnung versehen ist. Von etwa 1800 bis 1840 stellten Sheffield-Plate-Produkte den Hauptanteil der Teetabletts dar.

Teetisch, in England entstandener, kleiner runder Tisch, für den sich in der zweiten Hälfte des 18. Jh.s die Dreifußstütze einbürgerte. Er ist meist mit Mahagoni furniert. Die Platte kann zuweilen hochgeklappt werden. Auf dem Kontinent wurde er häufig nachgeahmt, in Frankreich gern mit Porzellanplatte.

Tefillin (Gebetsriemen), werden im jüdischen Ritus zum Gebet (hebr., *Tefilla*) an Werktagen angelegt. Zwei Lederriemen mit je einer Kapsel, die kleine Pergamentröllchen mit vier Textstellen des Pentateuchs enthalten – werden am linken Arm und an die Stirne gebunden. Da die Form der Gebetsriemen seit der Antike unverändert blieb, lassen sich auch sehr alte Stücke nicht leicht datieren. Oft ist den Lederkästchen der Buchstabe „Schin" des hebräischen Alphabetes (Anfangsbuchstabe des Gottesnamens) eingeprägt oder graviert.

Tefillin-Beutel. Marokko, 19/20 Jh. München, Sammlung Eli Ashan.

Teigdruck, sehr selten erhaltenes, Ende des 15. Jh.s und Anfang des 16. Jh.s gebräuchliches Hochdruckverfahren. Das zu bedruckende Papier wird mit einer klebrigen Teigschicht überzogen; sodann wird die Druckplatte hineingedrückt. Die eingedruckte Zeichnung tritt nach dem Bestäuben mit Samtstaub noch deutlicher hervor.

Teke → Kongokunst

Tekke-Turkmenen-Teppich, feingeknüpfter Teppich mit Tekke- → Göl-Zeichnung, meist stangenartig horizontal und vertikal aufgereiht. Breite Farbskala von Hellrot, Braunrot bis Violettrot. Es wurden auch kleine Formate erzeugt wie → Engssi, → Tschowal, → Torba und → Kapunuk.

Tellerrechen, im Herdraum des ländlichen Hauses, oft auf

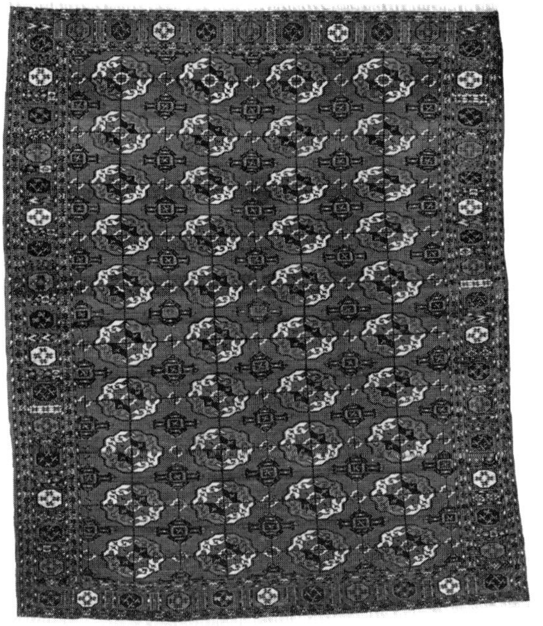

Tekke. Anfang 19. Jh. Aus: Loges, Turkmenische Teppiche (München 1978).

der Anrichte (→ Kredenz), aufgestelltes Rahmengestell mit zahlreichen senkrechten Leisten, zwischen die die Teller eingestellt werden.

Telleruhren, eine spezifische deutsche, wahrscheinlich in Augsburg oder Nürnberg am Ende des 16. Jh.s entwickelte Sonderform der Wanduhren. Das Zifferblatt ist wie ein Prunkteller mit breitem Rand versehen. Die frühen Stücke des späten 16. und 17. Jh.s sind sehr selten. In der zweiten Hälfte des 17. Jh.s stellte man in Wien besonders schöne Telleruhren aus Silber her. Zu Beginn des 18. Jh.s waren einfachere Stücke mit getriebenen, versilberten Blechtellern in barocken Formen sehr beliebt. Telleruhren sind fast immer Federzugsuhren. Anfangs besitzen die Telleruhren einen innenliegenden Uhrrast, später fast immer ein kurzes Pendel vor dem Blatt.

Tellurium → Planetarien

Temmoku-ware, chinesisches Steinzeug der Sungzeit (960–1279), das in Japan geschätzt wurde und die japanische Keramik beeinflußte. Aus ihm waren die Schalen für die damals aufkommende japanische Teezeremonie. Die Glasur ist tiefschwarz oder schwärzlich und verdünnt sich zu goldbraunen oder silbrigen Streifen an den Umbruchkanten.

Temper, Bezeichnung für eine Zinn-Kupfer-Legierung, auch für den Kupfer- oder Antimongehalt einer Zinnlegierung.

Temperamalerei, das Malen mit Farben, die mit Wasser und Bindemitteln aus Samenölen, Eiweiß, Kasein oder Gummi in sehr verschiedenen Abmessungen und Mischungsverhältnissen (ital. *temperare,* mengen, zurichten, mischen) angerieben werden. Die Temperamalerei erlaubt ein zügiges Malen, da die Farben schnell trocknen. Allerdings können die Farbtöne nicht so leicht wie bei der Ölmalerei ineinanderübergehend behandelt werden, hier muß strich- oder pünktchenweise die etwas sprödere Temperafarbe aufgetragen werden. Mit → Firnis überzogene Temperabilder werden vom ungeübten Auge gern mit → Ölmalerei verwechselt. Die Temperamalerei war im Mittelalter vor der Verwendung der Ölfarbe im 15. Jh. üblich. Sie wurde erst wieder seit Ende des 19. Jh.s häufiger betrieben.

Temperantiaschale → Briot, François → Enderlein, Caspar

Teneberleuchter, auch Tenebraeleuchter, ein im 14. bis 16. Jh. während der Karfreitagsliturgie (Tenebrae-Andacht) verwendeter Standleuchter aus Schmiedeeisen oder Gelbguß, der in der Regel 13 Kerzen aufweist (Christus und die 12 Apostel symbolisierend). Während der Andacht wurden die Kerzen bis zur Verlesung der Textstelle des Todes Christi und der dadurch heraufbeschworenen Finsternis (lat. *tenebrae*) in bestimmter Reihenfolge gelöscht.

Teppich von Bayeux, nach bisheriger Kenntnis der früheste Bildteppich des Mittelalters, entstanden in der Normandie oder in England zwischen 1066 und 1077. Stickerei aus farbiger Wolle auf weißem Leinen. (Länge: 70,3 cm, Höhe: 55 cm). Dargestellt ist die Eroberung Englands durch Wilhelm, Herzog der Normandie, und sein Sieg in der Schlacht bei Hastings. Auftraggeber war möglicherweise Wilhelms Bruder, Bischof Odo von Bayeux, für dessen Kathedrale der Teppich auch bestimmt war. Aufbewahrung heute im Museum von Bayeux (Normandie).

Terneauxschals, nach dem Franzosen Guillaume Louis Terneaux benannte Schals aus Kaschmir (Gewebe in Köperbindung (→ Köper) aus Kaschmirziegenhaar), die im 18. Jh. in Frankreich hergestellt wurden. Man importierte eigens Ziegen aus Tibet und anderen Ländern zur Gewinnung der Fasern.

Terra di Siena, eine gelbe Erdfarbe, die früher bei Siena gefunden wurde, heute vorwiegend aus Sardinien und Korsika kommt. Wird sie erhitzt, entsteht rotbraune „gebrannte Siena".

Terrakotta, gebrannter Ton, der sehr hart und wetterfest wird, so daß er sich besonders für Bauplastik und im Freien aufgestellte Figuren eignet. Je nach Zusammensetzung ist er weiß, gelb, rot oder braun. Er gehört zu den am frühesten verwendeten menschlichen Werkstoffen. Seine künstlerische Blüte erlebte er in der griechischen Kleinplastik, die Grabbeigaben, Weihgeschenke für Tempel und Schmuckfiguren zum häuslichen Gebrauch schuf. Die meisten griechischen Tonplastiken wurden im 4. und 3. Jh. v. Chr. in Tanagra in Böotien hergestellt.

Terrakottaplastik, Bildnerei in gebranntem Ton (Tonerde). Der Werkstoff ist sehr geschmeidig, leicht formbar und wird beim Brennen sehr hart und witterungsbeständig. Je nach Fundstätte der Tonerde neigt die Farbe der Terrakotten nach dem Brand zu Gelb, Weiß, Rot oder Braun. Aus der Antike sind neben Giebelfiguren und Bauplastik besonders die sog. Tanagra-Figuren aus Böotien, 4. Jh. v. Chr., zu nennen. Die italienische Bezeichnung Terrakotta (gebrannte Erde) wird vorwiegend für Werke italienischer Herkunft angewandt, nachdem besonders in Florenz die Terrakottakunst des Quattrocento durch Meister wie Della Robbia, Donatello, Benedetto da Majano oder Rossellino eine Entwicklung von Weltbedeutung erlangt hat. Bei Werken deutscher Herkunft wird meist von Tonplastik, Tonbildwerken gesprochen. Ab der zweiten Hälfte des 15. Jh.s fand auch hier der Werkstoff seine hauptsächliche Verbreitung. Hervorzuheben sind etwa die sogenannten Tonapostel in Nürnberg (Germanisches Museum). In der Renaissance wird die Terrakotta – wie zuvor schon in der Antike – wieder für die Bauplastik verwendet (wie z. B. an der Fassade des Wismarer Fürstenhofes 1553/54). Im 18. Jh. verliert die Terrakotta an Bedeutung. In der Kleinplastik tritt das Porzellan vielfach an ihre Stelle, der Ton wird vorwiegend noch für den → Bozzetto verwendet. Erst im 19. Jh. nimmt sich der → Historismus wieder in größerem Umfang der Terrakottaplastik an; in Paris hauptsächlich durch Clodion (1738–1814) vorbereitet, wenden sich zahlreiche Künstler wieder der Terrakottaplastik zu (Albert Carrier-Belleuse, Gracien, Leveque usw.). Gleichzeitig kommt die bemalte Terrakotta in Mode, ganz besonders auch im orientalischen Sujet, weil sich der Ton wie kaum ein anderer Werkstoff für die Wiedergabe des hellen wie auch dunklen Inkarnats eignet. Büsten und Standfiguren werden häufig in Abgußserien (→ Abguß) hergestellt (in Wien besonders durch Goldscheider). Im 20. Jh. hat die Terrakottaplastik ihre Bedeutung ganz verloren.

Terrakotta-Büste. Wien, um 1890. Sign. Leveque, Guß Fr. Goldscheider, polychrom bearbeitet, H 46,5 cm. München, Sammlung Kay Tangermann.

Terra Nigra, schwarze, dünnwandige Tonwaren, deren Ton so feinkörnig ist, daß er, obwohl noch nicht gesintert, wasserundurchlässig ist. Terra-Nigra-Gefäße kannte vor allem die römische Töpferei. Im Kölner Raum gefundende Terra-Nigra-Ware des späten Mittelalters wurde vermutlich in einer Kölner Werkstatt um die Wende des 15. zum 16. Jh. hergestellt.

Terra sigillata, 1. modernes Wort für eine bestimmte Gruppe

Terracotta-Ädikula. Toskana, 16. Jh. Della-Robbia-Werkstatt. Mit Buntglasur, H 72 cm. München, Sammlung Eli Ashan.

römerzeitlicher Gefäße der Zeit von ca. 30 v. Chr. bis Ende des 4. Jh.s n. Chr., die aus tiefrotem Ton bestehen, sehr hart gebrannt sind und eine hochglänzende Oberfläche haben. Die Ware ist monochrom, die Verzierung (Ornamente und Figuren) entweder eingeschnitten, eingepunzt oder aufgelegt. Die besten Produkte stammen aus Arretium (heute Arezzo). Terra sigillata ist vor allem Tischgeschirr, die Formen entsprechend klein (→ Kratere, Tassen, Teller, → Becher, Schalen, Näpfe).

2. Bezeichnung für neuzeitliche Gefäße mit hart gebranntem weißen oder auch farbigen Ton, der noch nicht gesintert, aber wegen seiner dichten, feinen Struktur nahezu wasserundurchlässig ist. Der Scherben der Terra sigillata-Gefäße wird als Vorläufer des Porzellans angesehen. Auch diese Stücke haben ihren Namen durch kleine Rundstempel auf dem Boden, die sie als „Terra sigillata" bezeichnen. Sie stammen aus Schlesien und Böhmen, wo man seit dem 16. Jh. die zur Herstellung dieses Materials notwendige Boluserde in geringen Mengen fand. Gefäßen aus Terra sigillata wurde noch bis ins 19. Jh., zurückgehend auf einen frühchristlichen Wunderglauben, eine besondere Heilwirkung zugesprochen.

Terrine, große bauchige Deckelschüssel mit Henkeln, rund oder oval, in Porzellan, Fayence, Silber oder Zinn.

Teston, nach dem Vorbild des Mailänder → Testone geprägte französische Münze des ausgehenden 15. und des 16. Jh.s, Gegenstück des →Talers. Meist mit dem Bild des Königs und

Teston

dem französischen Lilienwappen. 1575 wurde der Teston durch den → Franc ersetzt.

Testone, von Galeazzo Maria Sforza (1466–1476) in Mailand geprägte dicke Silbermünze mit dem Brustbild des Herzogs. Sie leitete, wie die → Lira Tron, das europäische Großsilber ein und führte zur Entstehung des französischen → Teston, des Haller Silberguldeners und damit des → Talers.

Tête-à-tête, 1. Kaffee- und Teefrühstückservice für zwei Personen. 2. Form des gepolsterten Fauteuils für zwei Personen.

Tetramorph → Evangelistensymbole

Teuber, Johann Martin, zwischen 1727 und 1744 in Regensburg als Kunstdrechsler, der in Elfenbein arbeitete, nachweisbar. Er gehörte der dritten Generation dieser Regensburger Drechslerfamilie an und stellte anatomische Modelle in Elfenbein her (z. B. zerlegbare Kunstaugen) und war ein Meister in der Reliefdreherei. Er war Lehrmeister von Lorenz Spengler (1720–1807) aus Schaffhausen und verfaßte ein in Europa viel benutztes Lehrbuch mit dem Titel: „Vollständiger Unterricht von der gemeinen und höheren Drehkunst", (Regensburg 1744), das wiederholt aufgelegt wurde.

Thankâ, Rollbild mit religiösem Inhalt, zentrales Kultobjekt des tibetischen und nepalesischen Lamaismus. Auf einem grundierten Leinengrund wird die Malerei mit Leimfarben aufgetragen; diese ermöglichen das Einrollen des Bildes ohne Beschädigung. Die Umrißzeichnungen werden in ein Netz vorgezeichneter Linien gesetzt, wobei die Längeneinheit die Tâla ist, die Spannweite zwischen der Spitze des Daumens und des abgespreizten Zeigefingers. Diese Spanne unterteilt sich in zwölf Anguli (Finger). Für einen stehenden Körper gilt das Navatâla (Neunspannensystem). Seit frühester Zeit, bis in die Gegenwart, werden Thankâs nach genau festgelegten ikonographischen Regeln gemalt, die Darstellung jeder Gottheit ist in ihren Proportionen, ihrer Haltung und in den Attributen genau bestimmt, ebenso wie die einzelnen Farbpartien. Abgesehen von der Qualität der Malerei unterscheiden sich Thankâs mit gleichen Gottheiten vor allem durch die umrahmende Figuren- und Landschaftsstaffage, die Rückschlüsse auf eine lokale Schule ermöglicht. Die westtibetische Malschule wurde von den Einflüssen Indiens und Kaschmirs geprägt, sie wirkte bis in die Neuzeit weiter, ihr Höhepunkt lag im 16.–17. Jh., das Kunstzentrum war das Kloster Tsaparang. Thankâs, die dieser Schule entstammen, zeigen meist beigeordnete Figuren in indischer Tracht. Der südtibetische Stil ist dem nepalesischen verwandt, er dehnte sich bis nach Zentraltibet aus; seine Zentren waren Gyantse mit dem Kloster Saskya, weiter Salu, Iwang und Samada. In dieser Region entstanden mit Vorrang Thankâs mit vielfigurigen Darstellungen, die meist die ganze Bildfläche füllen. Ein dritter Stil in der Malerei bildete sich in Ost-Tibet heraus; es ist der sino-tibetische Stil (Nag-lugs), der chinesisch inspiriert ist. Seine Zentren waren die Klöster der Karma-pa-

und der Saskya-Sekten. Eine berühmte Malschule gab es in Derge, sie pflegte diesen Stil, der unter den Bezeichnungen Men-dri und Ga-dri bekannt wurde. Im 14. Jh. bildete sich daneben eine zentral-tibetische Schule heraus (dBus-bris), sie vereinte die Stilmerkmale der Schulen von Gu-ge und Gyatse.

Der malerisch freieste und für den Europäer wohl reizvollste Stil ist der sino-tibetische. Thankâs dieser Schule zeigen die Zentralfigur in der unteren Bildhälfte, umgeben von Adoranten, oft in geschickter Staffelung, die obere Bildhälfte wird von einem Landschaftshintergrund ausgefüllt, der unverkennbar chinesische Stilmerkmale aufweist.

Es gibt drei unterschiedliche Sinngehalte in der tibetischen religiösen Malerei: 1. *Die instruktiven Darstellungen.* Sie stellen eine Zentralfigur in den Mittelpunkt; in Landschaften oder Szenen, rund um die Figur, oft mit Text, wird die Zentralfigur erläutert; sie sind lesbar von rechts oben im Sinne des Uhrzeigers. Hauptmotive sind das Leben des Buddha, Vorgeburtsgeschichten (Jâtakas), die Heiligen (Padmasambhava, Tsong-kha-pa, Milaraspa), Kirchenfürsten und König Srong-bcan-sgam-po, weiter der Nationalheilige Gesar. 2. *Die kontemplativen Darstellungen.* Der Bildinhalt wird vom Symbol bestimmt, das nur für den Eingeweihten deutbar ist, es ist eine Form der visionären Malerei mystischer Prägung. Oft wurden Malereien dieser Art nach der Meditation vernichtet, weswegen sie selten sind; in ihrem abweichenden Stil werden sie als Thankâ nicht immer klar erkannt. 3. *Die visionären Darstellungen.* Meist schwarzgrundige Malereien mit goldenen Umrißlinien. Sie waren ursprünglich nur einem Kreis Eingeweihter vorbehalten, denen die meist in ihrer Schreckensvison dargestellten Gottheiten als Meditationshilfe dienten. Sie sind seltener als die instruktiven Malereien.

Eine Sonderform des Thankâ ist der → Mandala.

Thankâs sind das bevorzugte Sammelgebiet der tibetischen Kunst. Ihre Altersbestimmung ist durch die ikonographisch bedingte Ähnlichkeit erschwert, wobei die sino-tibetischen, im Vergleich mit der chinesischen Landschaftsmalerei, in ihrem Alter leichter bestimmbar sind. Starke Benutzungsspuren und Schwärzung des Bildes, hervorgerufen durch den Rauch von → Butterlampen, täuschen oft ein höheres Alter vor. Nepal fertigt antikisierende Kopien oft bester Qualität, auch auf älterem Leinengrund. Der Sammler sollte vor allem auf qualitätvolle Malerei und ikonographische Richtigkeit achten, weniger auf das Alter. Die meisten der im Handel befindlichen Stücke stammen aus dem 19. Jh.

Thelot, Johann Andreas (1654/55–1734), bedeutender Augsburger Goldschmied, der Altäre, Meßgeräte und Prunkplatten mit getriebenen biblischen und mythologischen Szenen schuf.

Theresianischer Stil → österreichisches Rokoko

Theresienthaler Glashütte, von Franz und Wilhelm → Steigerwald aus Prag 1836 gegründet, seit 1861 im Besitz der Familie → Poschinger, entwickelte sich in der zweiten Hälfte des 19. Jh.s zum bedeutendsten Glashersteller im Bayerischen Wald. Besonders geschätzt waren die geschliffenen → Überfanggläser, gravierte Trinkservice und Pokale im altdeutschen und venezianischen Stil (→ Historismus-Glas).

Thomire, Pierre Philippe (1751–1843), berühmter Pariser Goldschmied und Bronzebildhauer, der für das Garde-Meuble de la Couronne (→ Möbelsignaturen) tätig war und vor allem für → Benemann und → Schwerdfeger → Appliquen arbeitete. Ab 1800 verlegte er sich auf Geräte, wie → Tafelaufsätze, Leuchter, Uhrengehäuse, die ihn berühmt machten. Zusammen mit → Odiot schuf er 1810 die „Toilette de l'Impératrice", das Hochzeitsgeschenk der Stadt Paris an die Kaiserin Marie Louise und 1811 die Wiege des Königs von Rom; beide nach Entwürfen von Prud'hon. Thomire selbst war seit 1823 nicht mehr tätig, seine Fabrik, die bis zu 800 Arbeiter beschäftigte, arbeitete bis 1850.

Thonet, Michael (1796–1871), Möbelentwerfer, dessen Name bis heute als „Markenzeichen" ein internationaler Begriff ist. Er stammt aus Boppard am Rhein, nicht weit entfernt von Neuwied, wo die Werkstatt David Roentgens noch arbeitete. 1819 gründete er eine Kunsttischlerei, in der er anfänglich furnierte und marketierte Möbel herstellte. 1830 begann Thonet mit → Bugholz zu experimentieren und entwickelte bald ein neues Verfahren, Buchenholz mit Wasser und Leim zu erhitzen und in die erforderliche Form zu biegen. Auf diese Weise lassen sich v. a. Stühle mit in Form gebogenen Rahmen herstellen, die aus nicht mehr als sechs Einzelteilen bestehen und mit Hilfe weniger Schrauben schnell und einfach zusammenzusetzen sind. Mit dieser Erfindung legte Thonet, lange vor dem Aufkommen der funktionellen Möbel, die Grundlage für eine standardisierte Serienproduktion. Schon 1841 besaß Thonet Patente für dieses Verfahren in Frankreich, England und Belgien und stellte Typen seiner Bugholzmöbel in Koblenz aus, wo sie das große Interesse des Prinzen Metternich hervorriefen, der Thonet nach Wien holte. 1842 gründete er zusammen mit Carl Leistler eine Möbelfabrik, die anfänglich nur wenige Bugholzmöbel herstellte und hauptsächlich die Inneneinrichtung des Palais Liechtenstein im historistischen Geschmack anfertigte. Erst 1849

Thüringer-Fayence-Walzenkrug. Dorotheenthal, um 1740. Mit Chinoiserien, Zinnmontierung, H 19,5 cm. Düsseldorf, Hetjens-Museum.

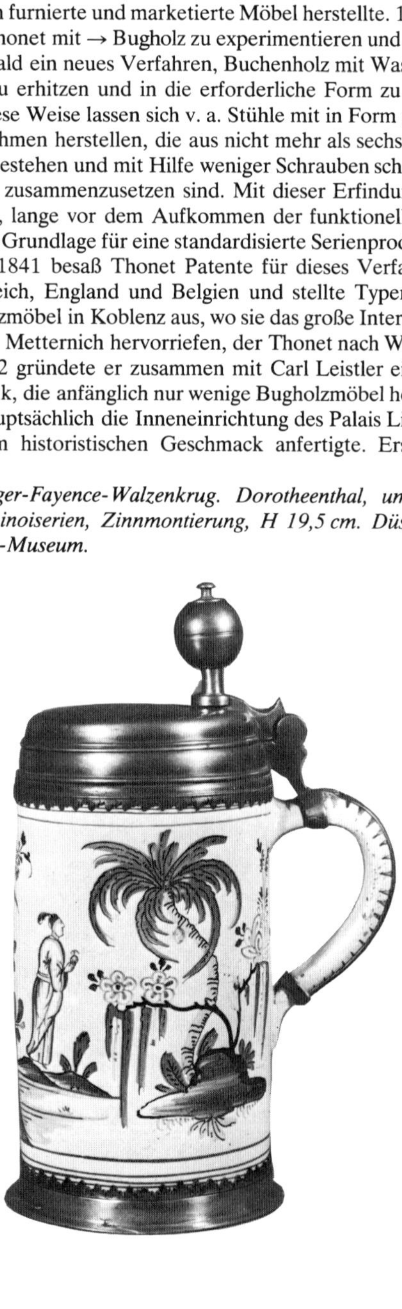

Tibetischer Thankâ mit dem Tantriker Padmasambhava und seinen Schülerinnen Yeshes-mtsho-rgyal und Mandarava. 19. Jh. Farben auf Leinwand. München, Staatliches Museum für Völkerkunde.

wurde die erste Bugholzfabrik ins Leben gerufen, die Thonet mit seinen vier Söhnen leitete. Es entstehen unzählige → Bugholzmöbel, unter ihnen auch der berühmte Wiener Kaffeehausstuhl, Schaukelstühle und vieles andere.

Thronsiegel → Siegel

Thüringer Fayencen, bedeutende Fayenceprodukte des 18. Jh.s mit einheitlichem Charakter. Bei den → Walzenkrügen ist der Rand für die Montierung des Zinndeckels zurückgesetzt. Die Bemalung besteht aus → Chinoiserien in Scharffeuerfarben mit kräftigem Rot, später aus deutschen (→ indianischen) Blumen. Die wichtigsten Manufakturen waren Erfurt, Dorotheenthal bei Schwarzburg, Coburg, Gera und – als bedeutendste – die höfische Manufaktur von Abtsbessingen bei Sondershausen (um 1739 bis um 1800), deren bekannteste Arbeiten Dosen in Form von Möpsen sind. Auch Gefäße mit gelbem und grünem Fond in → Scharffeuer- und Muffelmalerei (→ Muffelfarben) in Rot und Gold liegen über dem Durchschnitt der Thüringer Manufakturen. Die Malereien von Abtsbessingen zeigen Verwandtschaft zum → Wiener Porzellan Du Paquiers; Vermittler war der in Abtsbessingen tätige Wiener Porzellanmaler Joseph Philipp Dannhofer (→ Bayreuther Fayence). Als Marke führte Abtsbessingen eine zweizinkige Gabel.

Thüringer Porzellan. Unabhängig von Meißen und den westdeutschen Porzellan-Manufakturen entdeckten Thüringer Töpfer, Glasmacher und Laboranten bald nach der Mitte des 18. Jh.s das „Arkanum". Als Gründungen privater Unternehmer entstanden leistungsfähige Manufakturen, die vor allem bürgerliche Käufer in Ost- und Norddeutschland mit einfachem, preiswerten Porzellangeschirr versorgten. Thüringer Porzellan ist durchweg etwas grau in der Masse, doch kraftvoll in der Form; die Figuren besitzen durch ihre Unvollkommenheit und Naivität und dank ihrer reizvollen Bemalung viel Charme. Nacheinander wurden Porzellan-Manufakturen in Gotha (1757), Kloster Veilsdorf (1760, das einzige fürstliche Unternehmen in Thüringen), Volkstedt (1760), Wallendorf (1764), Limbach (1772), Großbreitenbach (1777), Ilmenau (1777), Gera (1779) und in Rauenstein (1783) gegründet. Durch seine Feinheit und den hervorragenden Dekor ist das Porzellan von Gotha und Kloster Veilsdorf den Erzeugnissen der übrigen Manufakturen überlegen. Die einfachere Ware jener anderen Porzellan-Werke fand jedoch schon früh weiteste Verbreitung bei Bürgern und Bauern. Aktivste Porzellan-Unternehmer Thüringens waren die verschiedenen Mitglieder der Familie Greiner. Unter ihnen rangiert Gotthelf Greiner (1732–1797) als Gründer oder Besitzer der Manufakturen in Wallendorf, Limbach, Großbreitenbach und Ilmenau an erster Stelle. Er gilt als der „Vater der Porzellanindustrie auf dem Thüringer Wald".

Thuyaholz, gelbe Zeder, feinkörniges, aber weiches und etwas schwammiges Holz aus Nordamerika mit gefleckter Maserung, anfangs hell braunrot, später nachdunkelnd.

Tibetischer Amulettkasten. 18. Jh. Silber mit Halbedelsteinen. 12 × 9 cm. München, Staatliches Museum für Völkerkunde.

Tibetische Bronze. Der schwarze Manjushri (tib.: Jam-dpal rag-po), Verkörperung der Weisheit. 17. Jh. Feuervergoldete Bronze. München, Staatliches Museum für Völkerkunde.

Tiara, außerliturgischer, hoher, helmähnlicher Kopfschmuck des Papstes, seit dem 14. Jh. mit drei Kronreifen übereinander und seit dem 16. Jh. mit einem Kreuz oben verziert. Rückwärts hängen wie bei der → Mitra die → Infulae herab. Heute nicht mehr gebräuchlich.

Tibetische Amulettkästen (Kau), Behälter für die von jedem Tibeter getragenen Amulette (in kleine Tontafeln gepreßte Bilder von Gottheiten, oder metallene bzw. aus Edelsteinen geschnitzte Kleinplastiken neben mit heiligen Versen bedruckten Papierstreifen). Kleine Kästen werden an einer Halskette, größere über der Schulter in Höhe des Gürtels getragen. Als Materialien dienen Kupfer, Silber und Gold, oft mit Halbedelsteinen besetzt. Selbst gute ältere Stücke finden sich noch zahlreich.

Tibetische Applikationsstickerei, eine Technik, die seit dem 17. Jh. in den Klöstern zur Anfertigung religiöser Bilder und speziell von → Paramenten gepflegt wurde. Als Material dienten indische und chinesische Seiden, aus denen die Bildmotive ausgeschnitten und auf eine Unterlage, ebenfalls aus Stoff, appliziert wurden. Wandbilder erhielten zur Versteifung eine Einfassung aus vergoldetem Karton.

Tibetische Bronzen, die Kunst des Bronzegusses kam mit der Pala-Kunst (→ Pala-Stil) von Bengalen nach Tibet und wurde hauptsächlich von nepalesischen Gießern ausgeübt. Der einzige namentlich bekannte Gießer ist der Nepalese Balbahu (1245–1306), der erst in Tibet tätig war, dann unter dem Namen Anigo nach China ging.

Kleinbronzen werden bis in die Neuzeit nach der Methode der Verlorenen Form gegossen (→ Guß); teilweise wird diese Technik noch heute in Nepal angewandt. In der Verlorenen Form gegossene Bronzen sind innen immer hohl, sie zeigen die Form des äußeren Körpers, die Innenwandungen sind rauh und weisen bei kleinen, nicht zusammengesetzten Stücken keine Gußränder auf. Sie sind mit einer Bodenplatte aus Kupfer mit einem Abbild des → Vishrava verschlossen.

Im Innern befinden sich heilige Texte, sie sollen der Plastik Leben verleihen. Vielarmige Gottheiten wurden in Teilen gegossen und mit Zapfen zusammengefügt; oft ist auch der Sockel ein Einzelguß. Es wurden unterschiedliche Legierungen verwandt. Die Farben reichen von hellem Braun bis zu fast schwarzen Tönen; alte Stücke zeigen oft eine Patina, die blaugrün oder dunkelbraun erscheint. Die Tönung einer Bronze liefert keinen Hinweis auf ihr Alter; gewarnt sei vor Stücken mit gleichtoniger Patina, es sind meist Fälschungen. Gute Bronzen wurden vergoldet, wobei die früheren eine sehr dünne Schicht Blattgold auf rotem Lackgrund tragen, der meist an einzelnen Stellen sichtbar ist. Spätere Stücke wurden durch → Amalgamierung vergoldet, ihre Farbe ist ein stumpfes Gold. Ursprünglich waren alle Bronzen nach ikonographischen Regeln bemalt. Das Haar des Buddha war blau, der Löwenschweif grün, die Gesichter meist rot. Ebenso wurde der Schmuck der Gottheiten mehrfarbig gestaltet, bei kostbaren Plastiken traten Halbedelsteine, oft auch Diamanten, Rubine und Smaragde an den Platz der Farbe. Der meist verbreitete Typus im Bronzeguß ist der des „Buddhas des langen Lebens", (→ Amitâyus). Die Vielzahl der lamaistischen Gottheiten, die alle in Bronze dargestellt wurden, neben den → Stûpa-Kleinplastiken, bietet dem Sammler ein weites Feld, nur ist Vorsicht beim Erwerb geboten, denn der Markt ist voller Fälschungen, die zu Tausenden in Gußformen gefertigt werden.

Die nepalesischen Bronzen unterscheiden sich nicht von den tibetischen in der Technik, nur treten in Nepal noch eigenständige, dem Hinduismus angehörende Gottheiten auf. Nepal ist in der Gegenwart das Zentrum für lamaistische Bronzen.

Tibetische Buchdeckel, geschnitzte Holzplatten, die als Dekkel und Rückplatte der aus ungebundenen Seiten bestehenden Bücher dienen. Frühe Arbeiten stammen vermutlich von indischen und kaukasischen Schnitzern mit Einflüssen des → Pala-Stiles. Diesem ornamentalen Stil folgte im 16. Jh. ein rein tibetischer mit figürlichen ornamentalen Darstellungen und magischen Schriftzeichen. Stücke des 19. Jh.s enthalten meist Texthinweise. Ergänzend zu den Buchdeckeln treten die ebenfalls geschnitzten Druckplatten, von denen die für die Deckblätter gefertigten mit figürlichen Darstellungen von besonderem Interesse sind.

Tibetische Gebetsschnüre, in ähnlicher Form und zu gleichem Zweck wie der → Rosenkranz gefertigte Ketten. Als Material dienen Holzperlen, oft mit schöner Schnitzerei, farbige Glasperlen und Halbedelsteine, mit Vorrang Türkis, Koralle und Bernstein. Gebetsschnüre aus Jade sind meist chinesischen Ursprungs. Bedeutende Stücke tragen Anhänger in Form sitzender Buddhas aus bemaltem Ton oder Halbedelsteinen, oft aus Bergkristall.

Tibetischer Buchdeckel mit der Darstellung des Buddha und tibetischen Heiligen. 18. Jh. Holz. München, Staatliches Museum für Völkerkunde.

Tibetische Kupferarbeit. Ritualkanne. 18. Jh. Kupfer mit Silbertauschierungen. München, Staatliches Museum für Völkerkunde.

Tibetische Kupferarbeiten, gehören zu der traditionellsten Handwerkskunst des Landes mit einheimischem Ursprung. Frühestes Zentrum war West-Tibet, daher stilistische Einflüsse aus Baltistan, Iran und dem arabisch-persischen Kulturkreis. Später erfolgte eine Ausdehnung auf Zentral- und Ost-Tibet und damit die Übernahme chinesischer Formen und Motive. West-Tibet bevorzugte figürliche Motive und Pflanzenranken, Ost-Tibet den chinesischen Arabeskenstil. Zentren der Herstellung waren Leh (Westen), Lhasa (Zentrum), Derge (Osten). Aus Kupfer wurden vor allem Gebrauchsgüter gearbeitet, von großen Kesseln, Vorratsbehältern und Kannen, innen meist verzinnt, bis zu Dosen, Schnupftabakdosen und den kleinen Gewürzlöffeln, die an eine kleine Kelle mit langem Stil erinnern und von jedem Tibeter am Gürtel getragen wurden. Prunkgefäße aus Kupfer wurden in Verbindung mit Silber und Messing gearbeitet und feuervergoldet.

Tibetische Masken, Tanzmasken, die im lamaistischen Kult eine bedeutende Stellung einnehmen, bis in die Gegenwart hinein. Sie werden, in Verbindung mit prunkvollen Kostümen, bei den „Cham-Tänzen", die in den Klöstern stattfinden, getragen. Die sich über mehrere Tage erstreckenden Tänze versinnbildlichen den Kampf gegen die Dämonen des Bösen und den Sieg des Guten. Sehr frühe Masken, sie finden sich fast nur noch in Museen, bestehen aus → Papiermaché, das mit einem groben Gewebe belegt wurde, um dann mit einer farbig bemalten Lehmschicht abgedeckt zu werden. Später wurden diese empfindlichen Masken durch hölzerne ersetzt, wobei der Stil der Bemalung beibehalten wurde.

Tibetische Maske: Tänzer mit lamaistischer Kultmaske und Ritualtrommel.

Über Jahrhunderte hinweg bis in die Gegenwart sind sich die Masken in ihrer Form und äußeren Gestaltung gleichgeblieben, wodurch eine genaue Altersbestimmung schwierig wird, oft täuscht starke Abnutzung ein höheres Alter vor. Die stärkste Aussage besitzen die mit vielen Attributen ausgestatteten Dämonenmasken (Totenköpfe, Schlangen). Alte tibetische Masken gibt es eher in Europa als in Asien.
Die nepalesischen Masken, sie dienen für die gleichen buddhistischen Kulttänze, gehen auf tibetische Vorbilder zurück. Ihre Aussagekraft ist allgemein weniger dämonisch; sie sind lebhafter gestaltet, oft mit einer Vielzahl von Symbolen überladen, die den theatralischen Effekt steigern. Ältere Stücke sind auch in Nepal Seltenheiten, dafür werden häufig grobe Kopien, oft aus altem Holz, zu überhöhten Preisen angeboten.
Tibetische Schädelschalen, *kapâla,* aus menschlichen Hirnschalen gefertigte Gefäße, die im tantrisch-lamaistischen Ritual als Behälter für Opferblut dienten. Der Schnittrand trägt eine Metalleinfassung aus Silber oder versilbertem Kupferblech mit eingepaßtem hochgerundetem Deckel aus dem gleichen Material in → Treibarbeit, der in einem → Vajraknauf endet. Die Schale ruht in einem dem Deckel stilistisch angepaßten Untergestell.
Aus zwei Schädelschalen werden Doppeltrommeln (damarn) gefertigt, die mit nach außen weisenden Öffnungen durch eine Metallhalterung verbunden sind. Als Membrane dient über den Hohlkörper gespannte Menschen- oder Tierhaut.
Tibetische Siegel, aus Bronze, Kupfer oder Eisen gegossene Stempel, meist in Form eines → Stûpa. Die Druckplatte enthält ein Netzwerk von Drähten, ähnlich dem der Handlinien, ihr Zeichen war so auch für Schriftunkundige erkennbar. Vier von der runden oder rautenförmigen Platte ausgehende Bügel vereinigen sich in einem durchbohrten Knopf, der als Aufhänger dient. Siegel aus Jade oder Halbedelsteinen sind, auch wenn sie tibetische Schriftzeichen tragen, meist chinesischen Ursprungs. Ältere Stücke finden sich noch zahlreich im Handel, es gibt bisher kaum Fälschungen.
Tibetische Silberarbeiten, zeigen im Stil und in der Fertigung weitgehende Ähnlichkeit mit den Silbererzeugnissen Nepals, denn die Mehrzahl der in Tibet tätigen Silberschmiede waren eingewanderte Nepalesen. Silber wurde nicht nur für Kultgegenstände verarbeitet, sondern ebenso für Dinge des täglichen Gebrauchs. Vor allem trugen die Behälter der Eßbestecke und diese selbst Silberbeschläge; weiter waren die Untersetzer, Deckel und Randeinfassungen der hölzernen Eß- und Teeschalen aus punziertem Silber, sogar Teile von Pferdegeschirren. Besondere Kostbarkeiten stellten die bis zu mehreren Litern fassenden Teekannen dar, deren punzierte Tüllen, Henkel und Deckel mit eingelegten Korallen, Türkisen und Elfenbein geschmückt wurden. Alte Kannen sind gesuchte und teure Sammlerstücke.
In der Gegenwart setzt Nepal die Tradition dieses Handwerks fort.

Tibetische Schädelschale. 18. Jh. München, Staatliches Museum für Völkerkunde.

Tibetische Silberarbeit. Muscheltrompete. 18. Jh. Silber. München, Staatliches Museum für Völkerkunde.

Tiffany-Gläser mit lüstrierender Oberfläche. New York, um 1900. Mittlere Vase H 30 cm. New York, Auktionshaus Parke-Bernet.

Tibetische Teppiche, wurden seit frühester Zeit aus einheimischer Schafwolle geknüpft, die Farben waren pflanzlichen Ursprungs oder wurden aus Indien importiert. Die Knüpfung zeigt den auch in China angewandten → Senneh-Knoten, sie ist locker, mit 500–700 Knoten auf den qm. Die Mehrzahl der tibetischen Teppiche ist kleinformatig; sie dienten nicht als Bodenbelag, sondern als Deckplatte von Polstern auf niedrigen Sitzhockern, oder ungepolstert als Sitz. Diese ca. 50 × 50 cm großen Teppiche wurden in Reihen geknüpft und ungeteilt von den in den Klöstern nebeneinander sitzenden Lamas gebraucht. Satteldecken wurden ebenfalls geknüpft, sie bestehen aus zwei gleichgemusterten Teilen, die mit Filzstoff, der auch als Futter diente, verbunden wurden. Jedes der Teile hat eine ausgesparte Öffnung für die beiden herausragenden Sattelknöpfe. Die in ihrem Format orientalischen Brücken ähnlichen Teppiche dienten zur Umkleidung der dicken hölzernen Säulen im Innern der Tempel. Da das Muster als rund umlaufend zu denken ist, haben diese Teppiche nur an den Schmalseiten, d. h. oben und unten, eine abschließende Bordüre. In der Ming-Zeit (1386–1644) wurden die Klöster und Adelspaläste mit chinesischen Bodenteppichen ausgestattet, ihre Muster wurden, in abgewandelter Form, von den Teppichknüpfern übernommen. Der tibetische Teppich zeigt ein großflächiges, farbenfreudiges Muster auf einfarbigem Grund. Alte Stücke weisen stilisierte Formen auf, oft nur in einer vom Grund abweichenden Farbe. Später wurden die Blumenmuster stark naturalistisch und Drache und Pfau zu den Hauptmotiven neben den → Acht Glückszeichen. Teppiche mit umlaufender Bordüre, mit Mäander-, oder Perlenkante, werden erst in der Gegenwart von tibetischen Knüpfern in Nepal für den Export gefertigt. Alte tibetische Teppische sind noch ein lohnendes Sammelgebiet, man findet sie meist bei Händlern, die chinesische Teppiche führen. Als strapazierbarer Bodenbelag sind sie nicht geeignet.

Tibetischer Schmuck, allgemein aus Silber, Goldschmuck war dem Adel vorbehalten; einfache, aber oft typische Stükke gibt es in Kupfer. Der bevorzugte Halbedelstein war der aus dem Vorderen Orient importierte Türkis, der als Schutzsymbol gilt, daneben die rote Koralle und der Bernstein, die beide schon sehr früh auf dem Tauschweg nach Tibet kamen. Jade brachten die chinesischen Handwerker in das Land, er blieb den gehobenen Schichten vorbehalten und zeigt in der Verarbeitung chinesische Einflüsse. Aufwendigste Stücke bieten sich im Haarschmuck der Frauen; er besteht aus Bändern von Silber- oder Kupferplatten, die mit den genannten Halbedelsteinen besetzt sind, zusätzlich oft noch mit vielen kleinen echten Perlen. Frauen und Männer tragen Ohrringe, die Männer nur einen mit einem Türkis. Die Ohrringe der Frauen sind aufwendig und werden, ihres Gewichtes wegen, an einer Spange über dem Ohr getragen. Schwere Halsketten werden oft zu mehreren getragen; sie bestehen aus Türkisen, Korallen und Bernsteinkugeln. An einer daran hängt meist der → Amulettkasten. Ergänzt wird der Schmuck durch Arm- und Fingerringe, meist in Gold mit Edelsteinen. Wie bei allen Nomadenvölkern war der Schmuck für den Tibeter sein mitführbares Kapital. In Nepal und Europa kann man noch typische alte Stücke finden, doch sind die Preise relativ hoch, da dieser Schmuck, wie Nomadenschmuck allgemein, zum Modeartikel wurde.

Dem Schmuck zuzuordnen sind die Schnupftabakdosen, die allgemein größer als die europäischen sind. Einfache gibt es aus Kupferblech, oft mit schöner → Ziselierung; die meisten sind aus Yak- oder Antilopenhorn geschnitzt, oder aus dünnen Platten zusammengesetzt. Kostbare Stücke bestehen aus Nephrit, Speckstein oder Jade. Im Handel werden diese Dosen meist als chinesische Arbeiten angeboten.

Tibetischer Tanzschurz, Ritualgegenstand, besteht aus mehreren bogenförmig angeordneten Schnüren mit aneinandergereihten geschnitzten Plättchen, die lamaistische Symbole, Beschwörungsformeln und Gottheiten zeigen. Ursprünglich waren es geschnitzte Menschenknochen, später wendete man Tierknochen und → Elfenbein. Die Schürzen wurden von lamaistischen Priestern für geheime tantrische Zauberrituale benutzt.

Tibetisches Hackmesser, *(kartikâ, gri-gug)* ein kleines, ca. 10 cm breites Messer mit bogenförmiger Schneide und einem Mittelgriff, der in einem einseitigen → Vajra endet. Die Messer wurden aus Eisen geschmiedet, das → Ziselierungen und manchmal Einlagen in Golddraht trug. Im lamaistischen Ritual dient das Messer zum Zerkleinern der Opfergaben.

Tiefätzung → Ätzung

Tiefdruck, die druckgraphischen Techniken, bei denen die druckenden Teile vertieft in der Platte liegen. Die Vertiefungen werden mit dem Stichel, der Radiernadel, dem Wiegeeisen oder mit Hilfe von Säure erzeugt. Nur sie nehmen Druckfarbe auf, die blanken Stellen der Platte ergeben die Weißpartien des Drucks. Tiefdrucktechniken sind → Kupferstich, → Kaltnadelradierung, → Radierung, → Aquatinta, → Schabkunst, → Crayonmanier, → Vernis mou, → Stahlstich.

Tiefschnitt → Glasschnitt

Tierornamentik, ornamental gebrauchte Tiermotive, die im 7. Jh. v. Chr. bei den Reiternomaden Eurasiens auftauchten. In dieser frühen Zeit ist die Tierornamentik von den Skythen über die Sarmaten bis ins Altaigebiet und an die Grenzen Chinas anzutreffen, wo sie besonders auf Waffen und Zaumzeug vorkommt. Besonders prachtvolle Beispiele der Tierornamentik stellen die in den Steppengegenden nördlich der Chinesischen Mauer gefundenen Osdosbronzen dar. Die eurasische Tierornamentik trug auch u. a. zu entsprechenden Ornamentformen in der germanischen Kunst bei. Für letztere sind aber auch Einflüsse der keltischen Kunst, der koptischen Flechtornamentik sowie Umwandlungen provinzialrömischer Tiermotive wichtig. Die durch lineare Verschlingungen geometrischer und organischer Formen gekennzeichnete germanische Tierornamentik findet sich auf Waffen, Schmuck, Keramik und Werken der Kleinkunst. Tierornamentik drang von den Germanen her auch in die früh- und hochmittelalterliche Kunst ein.

Tietz (auch **Dietz), Ferdinand** (1708–1777), bedeutender Bildhauer und Möbelentwerfer des fränkischen → Rokoko. In Böhmen ausgebildet, dann in Würzburg tätig, wurde Tietz 1749 als Hofbildhauer nach Bamberg berufen. Neben den berühmten Gartenfiguren der Schlösser Veitshöchheim und Seehof stammen von seiner Hand auch die Entwürfe für zahlreiche Möbel, hauptsächlich in Schloß Seehof. Nach seinen Entwürfen gefertigte → Konsoltische und Gartenmöbel mit vollplastischen Schnitzereien, durchbrochenen Rocaillen und die Umrisse nachformenden Blütenranken, befinden sich heute in zahlreichen europäischen Sammlungen und sind begehrte und hochbezahlte Objekte im Kunsthandel.

Tiffany, Louis Comfort (1848–1933), von den Arbeiten Émile → Gallés beeinflußter amerikanischer Glasentwerfer und führender Vertreter des → Jugendstilglases in Amerika. Entwickelte eine Vielfalt von neuen Formen und Dekors, hauptsächlich in der Technik des Überfangglases und des irisierenden Glases nach geheimen Spezialverfahren, das unter der Bezeichnung Tiffany Favrile Glass auf der Pariser Ausstellung 1896 Aufsehen erregte und Nachahmer fand (→ Loetz, Joh. Loetz' Witwe). Tiffany-Gläser wurden bis in die zwanziger Jahre erzeugt, allerdings ist seit 1900 keine entscheidende stilistische Weiterentwicklung festzustellen. Einer der einflußreichsten technischen Mitarbeiter Tiffanys war der Glasfachmann A. Douglas Nash (bis 1919), der später eine eigene Firma gründete und Kunstgläser im Tiffany-Stil und nach eigenen Mustern erzeugte. Tiffanys Erzeugnisse tragen die Signaturen TGC (Tiffany Glass Company), Louis C. Tiffany mit Nummer oder Louis C. Tiffany – Favrile. Die den Seriennummern vorangestellten Buchstaben bezeichnen die Entstehungszeit: A bis N 1896–1900, P bis Z 1901–1905. Hinter den Seriennummern: A bis N 1906–1912, P bis Z 1913–1920. Z ohne Nummer = unverkäufliche Ware, O ohne Nummer = Spezialanfertigungen für Freunde des Hauses. (Abb. s. a. S. 501)

Tiffany & Company, N. Y., (gegr. 1853), Juweliergeschäft des Schmuckkünstlers Charles Lewis Tiffany (1812–1902), nach dem Tode des Gründers von seinem Sohn Louis Comfort Tiffany übernommen. Die Firma existiert noch heute.

Tilliard, Jean Baptiste I (1685–1766), bekannter Pariser → Ménuisier des frühen Louis-quinze, der 1737 bis 1739 zahlreiche Stühle für die königlichen Gemächer lieferte.

Tinaja, großes spanisches Tongefäß in der Form antiker → Amphoren, das seit dem Mittelalter zur Aufnahme von Öl und Wein diente und besonders in Andalusien und Toledo verbreitet war. Es wurde durch eingegrabene oder eingepreßte Ornamente verziert.

Ting, Dreifuß, einer der geläufigsten Gefäßtypen der → altchinesischen Bronzen; Fleischkessel mit drei soliden Füßen und aufsitzenden Henkelohren; meist mit reichem Dekor, in dem → *t'ao-t'ieh* und → Zikade Leitmotive sind. Bei großer Variationsbreite der Formen kommen in der Früh- und der Spätphase auch rechteckige Exemplare vor *(fang-ting)*. Die ältesten Shang-zeitlichen Beispiele entsprechen weitgehend dem Typus des → *li,* haben aber gerade Füße. Die Chou-zeitlichen sind gleich dem *li* flacher; außerdem erscheinen die Henkelohren seitlich am Gefäßkörper und weisen meist nach unten, und die Füße sind schlanker und geschwungen. Spätformen (vom 6. Jh. v. Chr. an) haben fast immer einen Schalendeckel wie beim *li,* oft mit ring- oder tierförmigen Aufsätzen als Griffen, die bei der Verwendung des Deckels als Schale zu Füßen wurden.

Ting-yao (chin.), helles Steinzeug oder auch Porzellan aus dem einstigen Ort Ting-chou in Hopei. Es gibt zwei Arten, eine zumeist undekorierte Ware mit grauem oder sandfarbenen, lichtundurchlässigem Steinzeugscherben, weißlicher Engobe und transparenter, leicht verfärbter Glasur, und eine feinere Ware mit lichtdurchlässigem, weißen Porzellanscherben, ohne Engobe, mit ebenfalls transparenter Glasur von Elfenbein- oder Rahmfarbe, die bei echten Sung-zeitlichen Stücken oft in Laufspuren gestockt ist. Dieses Porzellan ist dünnwandig und feingeformt und weist sich außerdem durch einen geschnittenen oder auch geprägten eleganten Dekor mit Pflanzenmotiven, Fischen oder Drachen aus. Um die Schalen vor dem Zusammenfallen beim Brand zu bewahren, sind sie häufig auf dem unglasierten Lippenrand liegend gebrannt worden und haben nachträglich eine Randfassung aus Edelmetall erhalten.

Tinkturen, auch heraldische Farben. In der Heraldik werden nur die vier Farben Rot, Blau, Schwarz und Grün und die zwei Metalle Gold (Gelb) und Silber (Weiß) verwendet. Hierzu kommt zuweilen als Zutat, nicht als wesentlicher Bestandteil des Wappens, Purpur. Die natürlichen Farben werden erst in neuerer Zeit im Wappen, besonders für Gesichter, angewandt. Eine wichtige Art heraldisch differenzierter Zeichnung von Wappenbildern ist die Darstellung in verwechselten Tinkturen. Sie vermag mit nur einer Farbe und einem Metall etwa eine im geteilten Schild vorkommende ebenso geteilte gemeine Figur durch wechselnde Farbfolge voneinander abzuheben. Die Tinkturen werden durch zwei Sorten Pelzwerk ergänzt: Hermelin (weiß mit schwarzen Schwänzen; schwarzes Fell mit weißen Schwänzen heißt Gegenhermelin) und Feh (Grauwerk, stets weiß-blau, in runder oder eckiger Zeichnung). Die heraldische Grundregel lautet, daß Farbe nur auf Metall, Metall nur auf Farbe stehen darf. Pelzwerk ist amphibisch und darf sowohl auf Farbe wie auch auf Metall gesetzt werden. Die Wiedergabe der Farben wurde im Buchdruck kompliziert und teuer. Deshalb machte man seit dem 17. Jh. die Tinkturen durch einfarbige Schraffuren kenntlich, welche seit dem 18. Jh. vereinheitlicht wurden.

Tirazstreifen, um den Oberarm laufende Schmuckborte an frühmittelalterlichen Gewändern, die über Byzanz aus dem Islam übernommen wurde. Tiraz sind islamische, vom Staat oder Herrscherhaus betriebene Webemanufakturen.

Dreifuß, Typ Ting. China, Shang-Zeit, 12.–11. Jh. v. Chr. Bronze mit kräftigem Relief auf feinem Spiralgrund, grünliche Patina mit Verkrustungen, H 24,2 cm. Hongkong, Privatsammlung.

Tisch. Im Mittelalter waren provisorische Tische üblich, bestehend aus einfachen Holzplatten, die auf Böcke oder Schragen gelegt und bis unten hin mit Tüchern verhüllt wurden. Diese Form stellte man im 15. Jh. auch in fester Konstruktion her. Am beliebtesten waren im 16. Jh. der von zwei seitlichen Stützbrettern getragene → Wangentisch und der durch Erweiterung der → Zarge zum Kasten entstandene → Kastentisch. Allmählich bürgerte sich, von Italien und Frankreich ausgehend, der Pfostentisch auf vier Beinen, die oben durch die Zarge, unten durch Querbretter verstrebt waren, ein. Holland war im 17. Jh. berühmt für große eichene Eßtische mit ausziehbarer Platte und → Balusterbeinen, die in Norddeutschland reiche Nachfolge fanden. Das 18. Jh. entwickelte mit gesteigerten Bedürfnissen und differenzierterer Verwendung eine Anzahl Sonderformen (→ Bureau plat, → Toilettentisch, → Schreibtisch), während Beine, Zarge und Stege von der Schweifung aller Formen erfaßt wurden. Der Tisch entwickelte sich zur ornamentalen Plastik (→ Konsoltisch), schließlich zum plastischen Ornament. Um 1800 kam, von antiken Vorbildern abgeleitet, die runde Tischform in Gebrauch, die bis weit ins 19. Jh. fortlebte.

Tischglocke; ab dem 16. Jh. wurden bronzene oder silberne Tischglocken, in Glockenform und mit → balusterförmigem Griff, bei der Tafel verwendet. Im 18. Jh. gehörte eine Tischglocke auch zum → Schreibzeug. Im 17. Jh. erhielten die Glocken zuweilen die Gestalt einer Frau mit weitem Rock ähnlich den → Jungfrauenbechern. Im Rokoko wurden sie geschweift und mit → Rocaillen verziert, während der balusterförmige Griff in einem Blütenknauf endigte.

Tischschoner, scheibenförmige, meist runde Zinnplatten, die als Untersetzer für heiße Gefäße dienten. Je nach ihrer Verwendung gelten Platten dieser Form auch als Kuchenplatten (sie weisen meist Schnittspuren auf) oder als Zierplatten, die oft reich graviert sind und von denen schöne Beispiele aus dem 16. Jh. erhalten sind. In der Schweiz tragen solche Arbeiten zum Teil Widmungsinschriften und werden Dedikationsplatten genannt.

Tischsonnenuhr → Horizontaluhr

Tischuhren → Räderuhr

Tjiwara-Tanzaufsatz → Bambara

Toastständer, Gestell aus Silber oder Sheffield Plate zur Aufnahme von Toastscheiben. Seit dem 18. Jh. gebräuchlich.

Toby Jug (engl.), Figurenkrug aus Steingut in Form eines sitzenden, Bierkrug und Pfeife haltenden Männchens mit Dreispitz, dessen Ecke als Ausguß dient. Er wurde in der 2. Hälfte des 18. und im 19. Jh. in der englischen Töpferlandschaft Staffordshire gefertigt. Es ist ungewiß, wen der alte Mann darstellt. Heute werden sie vielfach „auf alt gemacht" produziert. Toby jugs des 18. Jh.s werden hoch bezahlt.

Tölzer Bauernmöbel, ländliche Möbel aus dem Tölzer Raum, wurden seit 1591 regelmäßig auf den Dulten (Jahrmärkten) in München, aber auch in der Gegend von Freising, Landshut und Regensburg angeboten. Dies zeigt, welche Nachfrage schon in früher Zeit nach ländlichen Möbeln des Tölzer und Jachenauer Gebietes bestand. Die Bestimmungen der Tölzer Kistler und Bauernmaler galten als sehr streng. 1660 erließ z. B. die Tölzer Kistlerordnung ein Gebot, daß Truhen, Kästen – also Schränke, Bettstätten u. ä. – nicht mit einem Grund aus Bleiweiß versehen werden dürfen, da diese dichte Grundierung die betrügerische Verwendung minderwertiger oder wurmstichiger Hölzer ermöglichen würde. Am bekanntesten unter den Tölzer Bauernmöbeln sind die Tölzer Schränke. Sie zeichnen sich durch schlanke Proportionen aus, besitzen stets abgeschrägte Ecken und ruhen meist auf untergesetzten Beinen. Ihre Bemalung orientiert sich noch bis gegen 1800 an der Bandelwerkornamentik der 1. Hälfte des 18. Jh.s. Im letzten Drittel des 18. Jh.s bildet sich der Tölzer Serienschrank aus, dessen Türen in einer Ebene mit den festen Teilen der Vorderwand eingehängt sind, der wenig ausgeprägte Profile, dafür abgeschrägte Ekken und an den Seitenwänden teilweise Tragegriffe besitzt. Diese Serienschränke sind zumeist grün oder blau grundiert und zeigen eine Ornamentik aus Kammstrichmalerei. In oben und unten geschweiften Füllungen erscheinen Blumen und heilige Herzen mit den entsprechenden Christus- oder Maria-Monogrammen. Heiligenmalerei, wie sie in anderen Gegenden Süddeutschlands ausgiebig geübt wurde, findet sich an Tölzer Schränken seltener. Die Blütezeit der Tölzer Möbelmalerei sind die zwanziger und dreißiger Jahre des 19. Jh.s (→ Bauernmöbel).

Links: Tischglocke. Amsterdam, 1766. Silber, H 14,5 cm. Hamburg, Sammlung Schliemann.
Rechts: Toby Jug. Staffordshire, 2. Hälfte 18. Jh. Dunkelblau, mangan, braun, schwarz, grün, H 22,5 cm. London, Auktionshaus Sotheby's.

Toftschüsseln, braune, mit Bleiglasur versehene englische Tonschüsseln des 17. Jh.s, mit gegittertem Rand und reliefierten Wappen oder Figuren im Spiegel. Einige tragen Namen der Familie Toft, die wahrscheinlich die Auftraggeber waren.

Toga, römisches Obergewand, das ursprünglich nur der römische Bürger tragen durfte. Sie bestand aus einem großen ovalen Stück weißen Wolltuchs, das, vorn einen Überfall bildend (den Sinus), um den halben Körper gewickelt wurde und ihn bis auf den rechten Arm völlig verhüllte.

Toilettentisch, auch Poudreuse. Im 18. Jh. war er in den verschiedensten Formen gebräuchlich. Neben dem einfachen, rings mit Vorhängen oder Spitzen verkleideten Tisch, auf dem man Spiegel und Toilettengegenstände verteilte, entstand in der Jahrhundertmitte die feinere *toilette de campag-*

ne (für das Landhaus), bei der der Spiegel auf der Innenseite der Deckplatte war; die Deckplatte schlug man nach hinten, während die Randteile zur Seite geklappt wurden. Es gab auch kombinierte Toiletten- und Schreibtische *(bureau-toilette)* und Toiletten- und Lesetische. Bei der am Ausgang des 18. Jh.s entwickelten *toilette d'hommes* stand ein Spiegel so hoch auf einer Marmorplatte, daß ein Mann sich davor stehend rasieren konnte.

Toison d'or → Goldenes Vlies

Tombak (von malaiisch *tambaga,* Kupfer, Messing), Messingsorten mit sehr hohem Kupfergehalt. Die korrosionsbeständigen Legierungen bestehen aus Zink und 67–90%igen Kupferanteil. Je nach Zinkgehalt hat der Tombak eine rote, goldene oder gelbliche Farbe (Rot-Tombak, Gold-Tombak, Gelb-Tombak). Beim amerikanischen Tombak sind nur bis zu 4% Zink enthalten. Dem Tombak sehr ähnlich ist das Mannheimer Gold. Weißer Tombak wird als Weißkupfer bezeichnet, eine Legierung aus Kupfer, Zink und Nickel. Aus Tombak werden v. a. Schmuckwaren, Musikinstrumente und Beschläge hergestellt.

Tondo, kreisrundes Relief oder Gemälde, tritt besonders häufig in der Renaissance (Madonna von Michelangelo) in Florenz auf.

Tonfederuhr → Repetieruhr

Tonkopfurne, Sonderform der Urne, die in Südostbayern als Votivgabe für Ehesegen und gegen Kopfleiden von der 1. Hälfte des 15. Jh.s bis ins 18. Jh. gebräuchlich war.

Tonskizze → Bozzetto

Topfhelm → Helm

Topino, Charles (1773 Meister), Pariser → Ebenist, der Formelemente des Louis-quinze und des Louis-seize verband und sich auf kleine Tische spezialisierte. Sie zeigen meist geschmackvolle Marketerie (→ Furnierung) aus Blumenarrangements oder Geräten auf hellem Grund.

Toques, krempenloses → Barett des 16. Jh.s mit faltigem Kopf. Sowohl Männer- wie Frauentracht.

Toraschmuck, Ritualien des jüdischen Religionskultes. Die Tora, die Pergamentrolle mit dem geschriebenen Text der fünf Bücher Moses, wird auf zwei Stäbe mit Handgriffen aufgerollt (→ Megilla) durch ein meist besticktes Band (Wimpel oder Mappa) zusammengebunden und mit einem reich bestickten Mäntelchen umhüllt. Die oberen Griffe werden mit sog. *Rimonim* (hebr., Granatapfel) – getriebene, ziselierte oder in Filigran gearbeitete fruchtähnliche Helme oder einer Krone *(Keter-Tora)* bestückt. Zwar kannte auch schon das Mittelalter den Kronenschmuck der Tora, die ältesten bekannten Stücke sind aber nur bis ins 17. Jh. zurückzudatieren. Rimonim und Krone sind in der Regel mit Glöckchen versehen, die beim Herumtragen in der Synagoge und beim Ausheben aus der Lade erklingen. Auf die Vorderseite der ummantelten Torarolle wird in askenasischen Gemeinden seit dem 17. Jh. ein silbernes Toraschild *(Tass)* gehängt, das durch meist auswechselbare Schriftplatten die jeweiligen Feste anzeigt. An diesem Schild wiederum hängen weitere kleinere Schildchen, meist Weihegeschenke. Ebenfalls durch ein Kettchen angehängt der Torazeiger (*Yad,* hebr., Hand), ein Silber- oder Goldstab mit an der Spitze angearbeiteter Hand mit ausgebreitetem Zeigefinger. Damit wird beim Vortrag aus der Tora auf die Lesestelle gedeutet, um das Pergament nicht mit bloßem Finger zu berühren.

Die einzelnen Schmuckgegenstände sind je nach Vermögen der Gemeinde in Silber, vergoldet oder Gold ausgeführt worden, Kronen und Schilder darüberhinaus oft noch mit Halbedelsteinbesatz, die Mäntelchen nicht selten in reichster Goldfadenstickerei gearbeitet.

Toraschrein (Toralade, hebr. *Aron ha kodesch*), im jüdisch-synagogalen Kult wichtiger Teil der Ausstattung des Betraumes; manchmal eine besonders verzierte Wandnische oder ein schrankähnlicher Aufbau zur Aufbewahrung der Torarollen (→ Toraschmuck). In kleineren Gemeinden, in Haussynagogen, aber auch zu Reisezwecken kennt man dementsprechend kleine, tragbare, – oft in Silber gearbeitete Toraschreine.

Torazeiger → Toraschmuck

Torba, Bezeichnung für kleine geknüpfte Taschen der Turkmenen zur Aufbewahrung von Salz, Tee usw.

Toreutik, griechisch-römische Technik bei Metallarbeiten. Eine Metallfolie wird über einer vorgegebenen Form mit einem Hammer zurechtgeklopft. Der figürliche Schmuck auf einem getriebenen Hauptkörper ist entweder auch getrieben oder ziseliert. Als Material dienten Gold, Silber, seltener Bronze, Erz und Eisen. Toreutische Arbeiten sind u. a. große → Kratere (Krater von Vix, Krater von Derveni), Waffen (wie Helme, Panzer, Bein- und Armschienen), Möbelverkleidungen, Spiegel, Schmuck und Tafelgeschirr. Gerade unter dem griechisch-römischen Tafelgeschirr gibt es toreutische Meisterleistungen. Die Wände der Trinkgefäße, Innenflächen der Teller usw. zeigen oft Szenen mit Wagenrennen, idyllische Darstellungen aus Tier- und Pflanzenwelt, historische Szenen (wie etwa besiegter Barbar im Kniefall vor dem römischen Kaiser) und erotische Darstellungen. Das Silbergeschirr von Boscoreale und Casa del Menandro (in Pompeji) sind Zeugnisse dieser hohen Kunstgattung des Altertums (→ Treibarbeit).

Torques, Wendelringe aus Goldblech, um stabförmige Unterlagen gedreht, kommen als Halsringe und Armschmuck schon um 1500 v. Chr. in Irland vor. In der La-Tène-Zeit wurden sie kennzeichnend für die kontinentalen Kelten. Das Grundmotiv hat sich in der Tordierung von Streifen bis heute im Schmuck gehalten.

Goldener Torques. Irisch, um 1500 v. Chr. Dublin, Nationalmuseum.

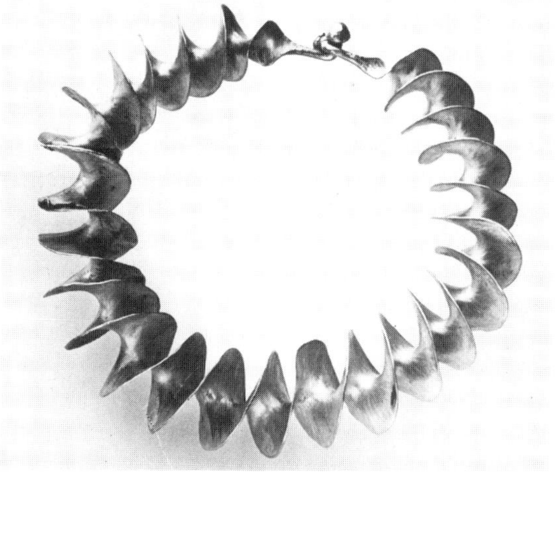

Torso, Bezeichnung für ein Bildwerk, das entweder unvollständig erhalten ist (fehlende Gliedmaßen bei antiken Statuen) oder bei dem die Erscheinung des Unvollendeten vom Künstler von vornherein konzipiert worden ist. Als bildnerischen Entwurf (→ Bozzetto) gibt es den Torso seit dem 16. Jh. Seit Ende des 19. Jh.s wird auch im Torso ein in sich vollendetes Kunstwerk gesehen (Auguste Rodin).

Toskanische Säule →Säule.

Totenschädeluhren, haben ihren Namen von der Gestalt ihres Gehäuses, das einen Totenschädel imitiert. Sie kamen im 16. Jh. auf und wurden damals besonders von Ordensgeistlichen benutzt. Die zu gleicher Zeit in Mode kommenden Uhren in Sargform fanden allerdings weniger Anklang.

Totentanz → Vanitasdarstellungen

Tou, Gefäßtypus der → altchinesischen Bronzen; Speisebehälter, bestehend aus einem schüsselförmigen Gefäßkörper mit seitlichen Henkelösen, hoch gewölbtem Deckel und ausschwingendem hohen Fuß, mit dessen Form ein zentraler Deckelaufsatz, Griff und zugleich Fuß für den Deckel als Schale, korrespondiert. Obwohl die Form schon in der neolithischen Keramik nachweisbar ist, scheint sie als Bronzegefäß erst vom 9. Jh. v. Chr. an gebräuchlich geworden zu sein; nachweisbar bis zum Ende der Chou-Zeit.

Ein sehr ähnlicher Typus ist das *tui,* nur besteht dieses Gefäß aus einer halbkugeligen Schale auf drei kleinen geschwungenen Füßen und ist mit einem spiegelbildlich gearbeiteten Deckel versehen, so daß sich ein geschlossener sphärischer Gefäßkörper ergibt. Das *tui* kam erst zur späten Chou-Zeit auf und überdauerte diese Epoche auch nicht. Sein Dekor ist meistens mit Einlagen von Gold- und Silberfolie sowie farbigen Steinen gestaltet.

Tournai, (fläm., Doornik) 1. belgische Porzellan-Manufaktur, 1750–1850. Ende 1750 erwarb François Joseph Peterinck aus Lille die Fayencefabrik des François Carpentier und gründete hier eine Manufaktur für „porcelaine tendre" (Frittenporzellan), in der er neben Porzellan auch Fayence und Steingut herstellte. Kaiserin Maria Theresia erteilte ihm am 3. April 1751 ein Privileg für 30 Jahre und gab am 7. August 1752 sogar die Erlaubnis zur Führung des Titels „Manufacture impériale et royale". Die technischen Voraussetzungen zur Porzellanherstellung stammten von den Brüdern Robert und Gilles Dubois, die bereits in Chantilly und Vincennes gearbeitet hatten und in Tournai als Direktoren eingesetzt wurden. In Tournai wurde ein feines gelbliches Frittenporzellan hergestellt, das nur bis gegen 1755 unrein und graustichig war. Die Geschirrformen ähneln den frühen Erzeugnissen von Chantilly und Vincennes, doch wurden auch eigene Typen von Terrinen, Konfektkörben, Senftöpfchen usw. hergestellt. Unbemaltes oder lediglich blau dekoriertes Tournai-Porzellan wurde von etwa 1770 bis 1790 in dem Unternehmen des Anton Lijncker in Den Haag polychrom bemalt und meistens durch die Storchenmarke über der Glasur gekennzeichnet. Offenbar in Hausmalerei dekorierte Georg Christoph Lindemann ein umfangreiches Tournai-Service für den Prinzen von Starhemberg. Nach Honey fertigte die Manufaktur unter Bettignies (1799–1850) zahlreiche „Fälschungen" von Sèvres-, Chelsea-, Worcester- und sogar altem Tournai-Porzellan. Der Figurenstil wurde vor allem von Nicolas Gauron (1758–1764) geprägt, der bereits in Mennecy und Vincennes als Modelleur tätig war. Die dem Boucher-Genre nachempfundenen galanten Szenen werden Nicolas Lecreux zugeschrieben. Eine Büste Franz I. stammt wahrscheinlich von Antoine Gillis. Figürliches Porzellan von Tournai ist meistens unbemalt, oft nicht glasiert (Biskuit) und nur selten gemarkt.

Marken: Der Turm ist dem Stadtwappen von Tournai entnommen. Die Schwerter mit drei oder vier Kreuzchen stammen aus dem Familienwappen der Peterinck. 2. im 13. Jh. neben → Arras Zentrum der frühen → Teppichwirkerei, das seine Blüte im 15. Jh. erlebte, vor allem durch die Herzöge von Burgund, die in Tournai arbeiten ließen. Zahlreiche Teppichfolgen mit Themen aus dem Alten und Neuen Testament und weltlichen Inhalts sind hier gewirkt worden.

Trabantenwaffen → Schwert, → Stangenwaffen

Trachtenpuppen, sind von → Souvenir- und → Spielpuppen abzugrenzen. Sie dienen meist Erinnerungs- und Dekora-

Tournai-Figurengruppen: Links „Die bekränzte Schäferin". Rechts „Die liebkosende Schäferin". Um 1760.

tionszwecken. Bei reinen Trachtenpuppen müssen Ober- und Unterkleidung in Design, Farbe und Schnitt mit der Originaltracht übereinstimmen, und sie werden im allgemeinen von Trachtenschneiderinnen eingekleidet.
Die ältesten bekannten Trachtenpuppen stammen aus der Zeit um 1780, da es erst die Aufhebung der Kleiderordnung und die Überwindung der größten Armut der Landbevölkerung erlaubten, aus der aktuellen Mode, überlieferten Bekleidungsschnitten und bekannten Strick-, Häkel- und Strickmustern, sowie überlieferter Ornamenttechnik eigene Trachten zu kreieren. Für den Wert der Puppe ist nicht das Material der Kleidung und der Zeitpunkt der Fertigung ausschlaggebend, sondern die Originalität der Tracht.

Trachtenschmuck, wesentlicher Bestandteil der Volkstracht, von jeweils begrenztem Verbreitungsgebiet. Bauernschmuck gibt es erst nach dem Mittelalter, als sich die Kleidung in eine höfische, städtische und bäurisch-ländliche aufspaltete. Die Masse des Erhaltenen gehört der Zeit von 1750–1850 an, nach der Mitte des 19. Jh.s erfolgte eine zunehmende Angleichung an den bürgerlichen Schmuck. Das Material: Silber, Silber vergoldet, seltener Gold. Volkstümlichste Technik ist das → Filigran. Getriebene, im 19. Jh. auch gepreßte Stücke mit Granaten, Glassteinen und Emaileinlagen kommen hinzu. Die Gegenstände des Trachtenschmucks: Diadem, Haar- und Schleiernadeln, Hutschnallen, Ohrringe und Ohrgehänge, Halsgeschirre, Kropfhalter, Florschnallen, Kettengehänge mit großen Schließen, Hemdschließen, Brustscheiben und -gehänge mit Geschnür, Schürzenschließen und -haken, Knöpfe, Schuhschnallen und Fingerringe. Für die Stücke gibt es mundartliche Sonderbezeichnungen.

Trafalgarvasen, große zweihenkelige Silbervasen antikisierender Form und Ornamentik (entworfen von dem Engländer John Flaxman), die den an der Seeschlacht von Trafalgar (1805) beteiligten hohen englischen Offizieren als Geschenk überreicht wurden.

Tragaltar → Portatile

Transparentmalerei, Maltechnik auf Hohlglas mit lichtdurchlässigen Farbenemails, wurde zu Beginn des 19. Jh.s von Samuel → Mohn eingeführt. Sein Sohn Gottlob Samuel verhalf der Transparentmalerei in Wien zur Verbreitung (→ Kothgassergläser). Etwa ab 1830 dekorierten auch nordböhmische Glasveredler Geschenkgläser mit Transparentemails. Im Zuge der historisierenden Stilrichtungen (→ Historismus-Glas) lebte die Transparentmalerei vor allem in Nordböhmen im ausgehenden 19. Jh. wieder auf. Neben eigenen Schöpfungen entstanden Nachahmungen der Wiener Andenkengläser, die heute häufig mit Arbeiten Anton → Kothgassers verwechselt oder als solche ausgegeben werden.

Traubenpokal, Ananaspokal, eine im späten 16. Jh. aufkommende Abart des silbernen Buckelpokals. Der Gefäßkörper mit Deckel hat die Gestalt einer Traube oder Ananas und wird getragen von einem Schaft in Form einer Vase, eines Astes oder einer Figur.

Trauerkrüge → Creußener Steinzeug

Trauerschmuck, überwiegend aus → Gagat (Jet) angefertigter Schmuck, der vor allem in England nach dem Tod von Prinzgemahl Albert (1861) die Mode beherrschte. Gagat wurde daraufhin zum vielverwendeten Material, auch in historisierendem Stil. Der Trauerring (Ende des 18. bis in die 1. Hälfte des 19. Jh.s) entwickelte sich aus dem seit dem Mittelalter verbreiteten Memento-Mori-Ring (mit Skelett oder Totenkopf). Er wurde zur Erinnerung an einen bestimmten

Traubenpokal von Hans Petzold. Nürnberg, um 1600. Silber, H 20,1 cm. München, Bayerisches Nationalmuseum.

Todesfall geschaffen, verzeichnete Namen, Alter und Todesdatum des Verstorbenen und hat meist die Form eines schlichten Reifens, auf schwarzem Emailgrund die goldenen Buchstaben, zuweilen auch ein weiß emaillierter Streifen.

Trecento, Bezeichnung für die italienische Kunst des 14. Jh.s.

Treibarbeit, auch Treiben, die Technik der Metallbearbeitung in kaltem Zustand für Metallskulpturen und besonders für die Formgebung der → Goldschmiedekunst, wie zur Herstellung und Verzierung von Metallgefäßen, -schmuck und -beschlägen, Rundfiguren und Reliefs, sowie Geräten aller Art (→ Tafelgeräte, → Bestecke usw.). Da die Treibarbeit auf der Dehnbarkeit von Metallplatten beruht, werden vor allem die → Edelmetalle, also Gold und Silber, auch Platin verwendet, ebenso Kupfer, Messing, Bronze und Eisen. Das plattgewalzte oder gehämmerte Metallblech wird entweder auf einem bereits gestalteten Holzkern überformt, angetrieben (d. h. einzelne zugeschnittene Metallbleche werden auf dem Holzkern getrieben und mit Nägeln bzw. Nieten befestigt; später tritt an Stelle des Nietens das Hartlöten) oder auf einer entsprechenden Unterlage (wie Eisen- oder Hartholzblock mit leichter Aushöhlung, Amboß oder ein Block aus Treibpech), die durch ihre Elastizität den Spannungen im Blech nachgibt, weiterbearbeitet. Durch nebeneinandergesetzte Schläge mit dem Treibhammer wird die Metallplatte von innen nach außen zu einer Hohlform vorgetrieben. Je nach gewünschter Gestalt und Struktur des Werkstückes werden verschiedene Formeisen und Treibhämmer eingesetzt. Meist wurden Geräte aus bearbeiteten einzelnen Metallblechstücken durch Löten zusammengesetzt (Hohlgefäße z. B. aus zwei Teilformen, eventuell mit angesetzten Henkeln), wobei die Lötstellen besonders an Henkeln von Krügen durch geschickt eingearbeitete Ornamente verdeckt wurden. Gebauchte Gefäße aus einem Flachblechstück getrieben, wurden von den großen Goldschmieden Anfang des 16. Jh.s (→ Jamnitzer → Akeleibecher Meisterstück) mit einem Gelenkhämmerchen, der Schnarre, ausgeklopft. Dabei bediente man sich eines Metallstabes mit umgebogener Spitze, der an seinem Ende fest eingespannt durch Hammerschläge in schwingende Bewegung versetzt wird. Ab 1500 werden aus Edelmetallbändern durch Pressen oder maschinelles → Stanzen fortlaufende Ornamente hergestellt. Das

Humpen mit Treibarbeit. Schweden, 1703. Silber, H 16,5 cm. Kölnisches Stadtmuseum, Köln.

Treiben kann weiterhin kombiniert werden mit Punzen, → Ziselieren, → Granulieren, → Gravieren, Niellieren (→ Niello), → Filigran und Einlegearbeiten wie → Tauschieren, vor allem in der → Goldschmiedekunst. Treibarbeiten sind seit dem Altertum bekannt, oft als Vorstufe zur hochentwikkelten antiken → Toreutik. Für kostbares Gerät zum liturgischen Gebrauch (liturgische Geräte) wie für Tafelsilber als Technik verwendet, dient das Treiben auch für Beschläge und Prunkharnische aus Eisen. Zwischen dem 12. und 17. Jh. nahmen die Treibarbeiten aus Messing, besonders aus dem Maastal (Dinant), beträchtlichen Aufschwung. Seit dem Barock wurde für größere Gefäße Kupfer getrieben (z. B. Kessel). Im 19. Jh. kommt das → Stanzen verstärkt auf, doch die Treibkunst bleibt bis ins 20. Jh. lebendig, auch für die strengen Formen der zwanziger Jahre (z. B. Metallwerkstatt am → Bauhaus). Die älteste Technik der Goldschmiedekunst ist neben der Treibarbeit der Guß. Um diese Techniken unterscheiden zu können, d. h. die getriebenen von den gegossenen Werken, muß man auf die erhabenen Stellen des Reliefs achten. Bei aus dem Metallblech herausgetriebenen Stellen weist das Material nur noch einen Bruchteil der Stärke des unbearbeiteten Werkstoffes auf. Gegossene Gegenstände sind in der Materialstärke kaum unterschiedlich. Täuschende Ähnlichkeit zu Treibarbeiten können durch das Verfahren der → Galvanoplastik hergestellt werden, die nach dem Guß durch Nachziselieren als echt erscheinen.

Trembleuse, Wermut- oder Schokoladenkredenz, kleines silbernes Tablett des 18. Jh.s, oft in Blattform, mit ringförmigen, durchbrochenen Manschetten, in die man eine Porzellantasse und ein Wasserglas stellen konnte. Die Form entwickelte sich aus dem Bedürfnis, bei dem damals üblichen Frühstück im Bett, das Rutschen des Geschirrs zu verhindern. Seltener war der Untersatz für eine Tasse allein bestimmt; zuweilen war auch er aus Porzellan.

Tremissis → Solidus

Tremulierstrich → Beschauzeichen

Trenckbecher, einfache zinnerne Deckelbecher, die der von Friedrich dem Großen 1754 bis 63 in Magdeburg gefangengehaltene Freiherr Friedrich von der Trenck während seiner Haft anfangs mit Hilfe eines Nagels, später mit Gravierwerkzeugen mit einem engen Gespinst von Darstellungen überzog. Die Becher sollen schon zu seinen Lebzeiten teuer gehandelt worden sein und sind heute gesuchte Sammelobjekte. Aus dem 19. und 20. Jh. existieren zahlreiche Fälschungen.

Trendel, ein vierseitiger Kreisel, mit dem die Kinder in jüdischen Familien beim Chanukkafest spielen. Die einzelnen Seiten haben die Buchstabenaufschrift N, G, H, S, Zeichen, die „Nehmen", „Ganz", „Halb" und „Setzen" bedeuten; oder auch: „Nichts", „Ganz", „Halb", „Zahl". Die Buchstaben sind meist in hebräischem Alphabet gegeben. Eine andere Version interpretiert die Buchstaben als Anfangsbuchstaben des Satzes *Ness Gadol Haja Scham* (hebr., „Ein großes Wunder geschah dort"), was einen Bezug zur Festlegende herstellt. Der Spieler gewinnt oder verliert jeweils mit dem obenaufliegenden Buchstaben beim Spiel. Die Kreisel sind manchmal einfach gearbeitet, aus Holz, Horn, Bein oder Elfenbein, aber auch reich verziert und in Edelmetall getrieben.

Treppenschliff → Edelsteinschliff

Tresse, in den preussisch-deutschen Heeren das typische Dienstgradabzeichen der Unteroffiziere. In Bayern waren Tressen Dienstgradabzeichen der Offiziere.

Trichterbecher, Trichterkrüge → rheinisches Steinzeug

Trichterhalskrug, wie der Trichterhalsbecher eine Sonderform des → Rheinischen Steinzeugs, vorwiegend des 14. bis 16. Jh.s. Der Gefäßkörper ist kugelig bis eiförmig und endet oben in einem weit geöffneten Hals, er steht auf einem Wellenfuß bzw. einem reich profilierten, gedrehten Fuß.

Tricoteuse, Stricktisch des späten 18. Jh.s, viereckig, zuwei-

Trembleuse. Augsburg 1755–57. Meister Joh. Jacob Adam. Vermeil, B 24 cm. München, Herbert M. Ritter.

len aus mehreren Tabletts zusammengesetzt. Die Platten sind kastenförmig gerahmt, damit die Strickutensilien nicht herunterfallen konnten.

Triglyphen → Säule

Trikerion → Dikirotrikira

Trinkhorn, uraltes zeremonielles Trinkgefäß aus meist metallgefaßtem Horn, später gelegentlich aus Elfenbein oder Silber, vielfach mit Deckel und Fuß versehen. In der Frühzeit ohne Fußstützen gearbeitet, konnte es nur in geleertem Zustand niedergesetzt werden. Es galt als die Klaue des Riesenvogels Greif, der man giftanzeigende Fähigkeiten zuschrieb. Bis in das 16. Jh. war es in nordischen Ländern üblich.

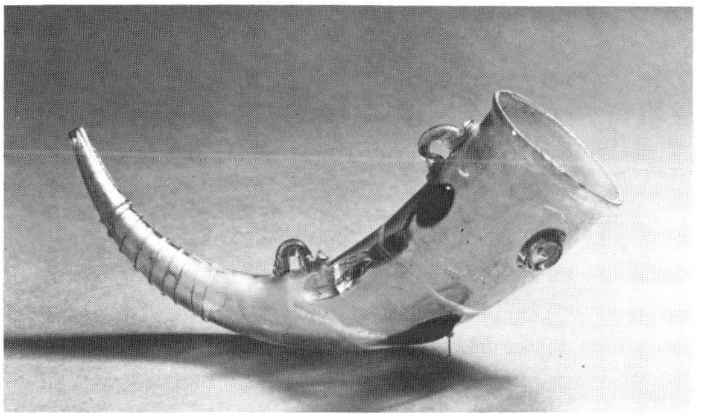

Trinkhorn. Köln, 4. Jh. Grünstichiges Glas, farblose Nuppen, am Fußende umsponnener Faden. Köln, Römisch-Germanisches Museum.

Trinkspiele, silberne Trinkgefäße von ungewöhnlicher Form in Gestalt von Menschen oder Tieren mit abnehmbarem Kopf (z. B. laufender Hirsch, die Göttin Diana tragend). Durch ein im Sockel eingebautes Laufwerk wurde die Figur in Bewegung gesetzt; der Gast, vor dessen Platz sie anhielt, mußte austrinken. Gelegentlich waren Spieluhren eingebaut oder Mechanismen, die Pfeile abschossen und Flüssigkeit verspritzten.

Tripod-Table, englisches Gegenstück zu den Ziertischen des französischen Rokoko. Die runde oder viereckige Platte kann häufig umgeklappt werden. Sie ruht auf einem von drei oder vier geschweiften Füßen getragenen Schaft.

Trippen, zweihackige Holzsohlen mit Lederriemen, die im 15. und frühen 16. Jh. als Unterschuhe auf der Straße getragen wurden.

Triptychon, ein Bild, das aus drei Teilen besteht (im Gegensatz zum zweiteiligen → Diptychon oder mehrteiligem → Polyptychon). In dieser Form häufig der mittelalterliche Flügelalter mit Mittelbild und zwei Seitenflügeln.

Tröstelbierschalen → Branntweinschalen.

Troger, Simon (1693 oder 1694–1768), Schnitzer aus Tirol, Werkstatt in Haidhausen bei München, bekannter Elfenbeinschnitzer des 18. Jh.s Neben Kleinplastiken wie Bettlern (beliebte Sammelobjekte) schuf er großformatige Gruppen mit dramatischem Geschehen wie Kains Brudermord, das Urteil Salomonis, Raub der Proserpina, Folterszenen u. ä. Seine Spezialität war die Verbindung von Elfenbein (Köpfe, Arme und Beine sowie entblösste Körperteile) mit Holz (Kleider). Unter den Hölzern bevorzugte er Buchsbaum und das dunkelbraune Holz der afrikanischen Zuckertanne. Neben ihm schufen auch andere österreichische und süddeutsche Meister Holz-Elfenbeinfiguren.

Trompe l'œil (franz., Augentäuschung), Gemälde oder auch nur ein Gemäldeausschnitt, dessen gemalter Inhalt durch Schattenwirkung und äußerst naturalistische Genauigkeit die Illusion erzeugt, als seien die einzelnen Gegenstände (oft wie auf einem Brett befestigt wiedergegeben) in natura auf der Bildoberfläche vorhanden. Eine besonders seit dem 15. Jh. bekannte Malweise, die hohe maltechnische und perspektivische Perfektion beweisen will. Ein beliebtes Thema des Trompe l'œil ist das Briefbrett (Briefhalter, in England *letter-rag*), ein gemasert gemaltes Holzbrett mit aufgenagelten Halteschnüren für daran befestigte Schriftstücke, Federn, Spielkarten usw. Oft scheint eine Fliege oder ähnliches auf dem Bild zu sitzen.

Tropfkopeke → Denga

Trophäe, antiken Siegeszeichen nachgebildetes Schmuckmotiv aus Feldzeichen und verschiedenen Waffen, das im späten 17. und im 18. Jh. beliebt war. Es wurde in der Architektur und im Kunstgewerbe verwendet.

Truhe, das älteste → Kastenmöbel, schon in der Antike bekannt. Bereits damals wurde die tragende Funktion der Eckpfosten und der oberen Abschlußleiste, auf der der Deckel aufliegt, unterstrichen; die Flächen dazwischen wurden durch Füllbretter geschlossen. Diese Konstruktion wurde im frühen Mittelalter beibehalten und in romanischer Zeit noch betont durch architektonische Durchbildung der Eckstützen im Gegensatz zu dem vorderen Füllbrett, das durch Blendarkaden gegliedert wurde. Seiten- und Rückwand vernachlässigte man dabei ganz. Ein anderer der Antike entlehnter Truhentyp war die von der Form des Hauses abgeleitete → Dachstollentruhe.

Die Gotik bereicherte wohl das äußere Bild der Truhe, indem sie sie mit geschnitztem → Maßwerk überzog und die anfangs nur der Verstrebung dienenden Eisenbandbeschläge künstlerisch durchgestaltete; an der Konstruktion änderte sie jedoch nichts. Die alte Truhenform mit flachem Deckel erhielt sich in der Rhöner Mehltruhe (→ Rhöner Bauernmöbel) und in skandinavischen Truhen bis ins 18. Jh. Die italienische Renaissance bildete einen neuen Truhentyp mit dem → Cassone aus, der dann auch auf den Norden einwirkte. Aus dem Cassone entwickelte sich die → Cassapanca, die gleichzeitig auch im Norden gebräuchliche Truhenbank. Aus der Truhe entstand im 15. Jh. der → Schrank.

Truhe. Toskana, 2. Hälfte 16. Jh. Nußholz, 76 × 163 × 56 cm. München, Bayerisches Nationalmuseum.

Die Stollentruhe, oft Vorratsbehälter für Korn und Mehl, steht auf den verlängerten Brettern, die die Vorder- und Rückwand oder die Seitenwand bilden. Diese Truhenform, mit flachem oder gewölbtem Deckel, war im Alpenraum, am Oberrhein und in Franken, Hessen, Hannover und Westfalen verbreitet. Bei der Sockel- oder Kastentruhe sind Unterbau und Kasten für sich gearbeitet. In Niederdeutschland steht der Kasten auf Kufen, im Alpenraum auf einem Sockel; die Kufen werden im 18. Jh. von Kugel- und Balusterfüßen verdrängt. Die jüngste Form der Kastentruhe ist die Lade oder Koffertruhe (seit dem 18. Jh.), mit geraden, nach unten konischen Wänden und gewölbtem Deckel. Koffertruhen stehen entweder direkt auf dem Boden oder auf rechteckigen und kugeligen Füßen, auf Sockeln, und für den Gefahrenfall (Brand) auch auf Rädern. Diese Koffertruhen, die sich durch reiche Beschläge auszeichnen, sind vor allem in Norddeutschland und Franken verbreitet.

Truhenbank → Cassapanca

Trumeau, Pfeilerspiegel.

Trumscheit, auch Trumbscheit, Trompetengeige, Troma marina, Nonnengeige, Marientrompete, ein Holzscheit mit einer bis zu zwei Meter langen Saite, die über einen Steg verläuft, vom Mittelalter bis ins 19. Jh. bekannt, schnarrender, trompetenartiger Ton, nur mit Flageolett-Tönen; früher in Nonnenklöstern anstelle der dort verbotenen Trompeten verwendet.

Tschako → militärische Kopfbedeckung

Tschapka → militärische Kopfbedeckung

Tschaudor, Teppicherzeugnisse des turkmenischen Stammes gleichen Namens, die bis etwa 2,3 × 3,3 m groß sind.

Tschelaberd, Bezeichnung für den aus dem südlichen Kaukasus stammenden → Adlerkasak, der jedoch nicht aus den Kasak-Gebiet sondern aus dem Karabagh-Distrikt (→ Karabagh) stammt.

Tschibuk, türkische Tabakspfeife mit kleinem Kopf und langem Rohr (türk. *çubuk,* Rohr).

Tschintamani, auch Cintamani; unendliche Wiederholung im Dreieck angeordneter dreier Kugeln über zwei Wellen, vermutlich aus dem chinesischen Symbol Cintamani.

Tschintamani

Tschirnhaus, Ehrenfried Walter von → Böttger

Tschitschi, kaukasischer Knüpfteppich aus einem Dorf südöstlich von Kuba (→ Kubateppiche). Die Hauptbordüre dieser kleinformatigen Teppiche ist häufig mit Schrägbalken im Wechsel mit Rosetten versehen.

Tschowal, geknüpfte Aufbewahrungstaschen der → Turkmenen. Größe ca. 80 × 160 cm. (Abb. s. a. S. 512)

Tsuba, japanisches Schwertstichblatt, das der Parierstange des abendländischen → Schwertes entspricht. Japanische Tsuba waren von vorgeschichtlicher Zeit an reich verziert und bilden ein beliebtes Sammelgebiet. Fast alle Verzierungsarten der abendländischen → Plattnerkunst wurden darauf angewandt. Die Tsuba des 12. und 13. Jh.s zeigen nur wenige, einfache Durchbrechungen. Im 15. und 16. Jh. treten spitzenartig durchbrochene Stichblätter auf, später Rankenornamente und naturalistische Motive.

Tsun, Shang-zeitlicher Gefäßtypus der → altchinesischen Bronzen, großer weiter Weinbecher mit gebauchtem Mittelteil und gestülpter Lippe; wurde in der archaisierenden Phase der Sung-Zeit nachgestaltet und so zum Vorläufer des Typus der → Flötenvase.

Tuch → Leinen

Tudor Style, englische Stil-Epoche in der ersten Phase der Tudor-Dynastie (1485–1547), v. a. im Profan-Bereich, die sich teilweise auch noch in der zweiten Hälfte des 16. Jh.s auswirkte. Der Tudorstil umfaßt somit die letzte Phase der englischen Spätgotik (Perpendicular Style), Gotik und die der sich entwickelnden Renaissance.

Tülle, 1. Ausguß an Kannen. 2. Zylindrischer Kerzenhalter (Kerzentülle).

Tüllenvase, auch Fünffingervase oder Tulpenvase mit drei, fünf oder mehr vom Gefäßkörper aufrecht stehenden Röhren versehene Fayence- oder (selten) Steinzeugvase. Wurde in Fayence vornehmlich in Delft seit dem späteren 17. Jh. hergestellt, in Deutschland in den Manufakturen von Ansbach, Fulda, Crailsheim.

Türkische Stickereien, auch „osmanische Stickereien" genannt, bestanden in ihrer Frühzeit aus meist hauchdünnen, rituellen Tüchern, die zum Verhängen des Gesichts und bei der Waschung der Mohammedaner Verwendung fanden. Symbolische Zeichen, wie der sechseckige Stern und zarte Pflanzenranken füllten gereiht die Tücher. In der Musterung der türkischen Stickerei lassen sich verschiedene Stilperioden unterscheiden. Die feinen Tücher aus dem 16. Jh. sind an den Rändern mit geometrischen Mustern geschmückt und zeigen die oben beschriebene Reihung. In der 2. Hälfte des 16. Jh.s. durchbrechen Blütenmotive die klare Linienführung; Zypressen trennen das ursprünglich fortlaufende Muster in sich wiederholende Einzelmotive. Das Medaillon aus der islamischen Kunst wird mit Blumen ausgefüllt. Chinesische Einflüsse, wie das Wolkenbandmotiv, das „Tschin"-Ornament (dreieckig angeordnete Kügelchen mit „Augen") finden sich auf Stickereien des 16. bis 17. Jh.s. Die klassisch-türkischen Arbeiten des 17. Jh.s enthalten stark stilisierte Blumen, sechsblättrige Rosen, Hyazinthen, Nelken, Narzissen und Tulpen. Im 18. Jh. verbreitete sich europäischer Einfluß. Die Blumen sind naturalistischer aufgefaßt, die Zahl der Farben vermehrt sich, gegen Ende des Jh.s finden Pastelltöne Verwendung. Im 19. Jh. mischen sich die Ornamente der vergangenen Jahrhunderte, Perlen und Goldfäden werden mit verarbeitet, zehn und mehr Farben finden sich auf einer Stickerei. Die türkischen Nadelarbeiten sind häufig von hoher Qualität und finden sich zu entsprechenden Preisen in Textilgalerien und Auktionskatalogen.

Türkische Teppiche, (auch kleinasiatische oder anatolische Teppiche) bilden eine der fünf Hauptgruppen des Orient-Teppichs. Die frühesten Teppiche sind aus dem 13. Jh. bekannt (Seldschukenteppiche). Das Musterprinzip beruhte auf der Reihung von Rechtecken oder gülartiger Medaillons und hat sich teilweise bis in das 19. Jh. erhalten. Im 16. Jh. zeigt sich eine stark persische Beeinflussung mit großen Blüten und Lanzettblättern. Im 17. und 18. Jh. entstanden in Westanatolien Teppiche mit sternförmigen Medaillons, die unter der Benennung Stern-Uschak und Medaillon-Uschak zu einem teppichgeschichtlichen Begriff geworden sind.

Türkische Stickerei. Zentralanatolien, antik, spätes 18. Jh. Naturfarben, Seide, 188 × 94 cm.

Türkischer Helm → Helm

Türkischer Knoten → Gjordesknoten

Türklopfer, Türzieher, aus Bronze oder Eisen sind häufig von mittelalterlichen Holztüren abgelöst worden und treten heute als isolierte Sammlungsgegenstände auf. Am beliebtesten waren bis zum 13. Jh. Löwenköpfe mit einem Ring im Maul nach antikem Vorbild (Türen des Aachener Münsters). Vom 14. Jh. ab sind auch Menschen – oder Greifenköpfe (→ Greifenklauen) häufig.

Tughra (türk.), Namenszug des regierenden osmanischen Sultans, aber auch von anatolischen Kleindynastien, Krimchanen und Afghanen übernommen. Von Orhan (1326–1362) bis Murad I. (1362–1389) besteht sie aus der kalligraphischen Zusammenziehung der Buchstaben des Eigen- und Vaternamens, ab Bayezid I. (1389–1402) tritt der Chan-Titel hinzu, ab Murad II. (1420–1451) der Segensspruch *muzaffar dâ'imâ* ‚Siegreich immer', von Selim I. (1512–1520) noch der Titel „Schah". Die Tughra, oft noch mit buntem Blumenwerk durchsetzt und mit Gold gehöht, verlieh im Osmanischen Reich Erlassen und Amtseinsetzungen Rechtskraft (→ Ferman); in der Früh- und Spätzeit taucht sie auch auf Münzen auf, im 19. Jh. auch an Bauten, auf Geräten, Briefmarken und als Goldstickerei auf Samt. Schließlich verselbständigt sie sich zur kalligraphischen Darstellung z. B. von Gebeten oder, in der modernen Zeit, von Firmenzeichen.

Tula, Stadt in Mittelrußland, seit 1705 bedeutende Metallwarenmanufaktur, in der Stahlmöbel mit Verzierungen aus Silber, vergoldetem Silber, Messing oder geschliffenem Stahl, aber auch Kerzenleuchter, Schatullen und Schreibzeug hergestellt wurden. Tula war berühmt für seinen → Niello-Dekor auf Silber.

Tulasilber, Tulawaren → Niello

Tula-Uhren, nennt man die → Taschenuhren, deren silberne oder goldene Gehäuse ornamentale oder figurale Gravierungen aufweisen, deren vertiefte Linien mit → Niello ausgefüllt sind.

Tulpenholz, hartes, dichtes Holz von heller Farbe und roter Maserung, das an rotweiß gestreifte Tulpen erinnert. Es kommt aus Brasilien und Peru.

Tulwar → Säbel

Tummler, im Mittelalter entstandenes Trinkgefäß in Form eines Faustbechers, glockenförmig bis halbkugelig, ohne Standfläche, das sich von selbst wieder aufrichtet. Kommt am häufigsten in Glas oder Silber vor.

Tunicella, auch Tunika, das aus weißem Leinen gefertigte Obergewand des katholischen Subdiakons in Form der → Dalmatik.

Tunika, römisches Untergewand. Im Gegensatz zur → Toga von allen Schichten getragen. Stets gegürtet, zunächst ärmellos, später mit kurzen, dann langen Ärmeln. Die römische Tunika lebt heute noch in folgenden Teilen des → Meßornats fort: als → Albe (weiß, mit Gürtel), als Tunika oder Tunicella (loses, ungegürtetes Gewand) und als → Dalmatik. – Die längere und weitere römische Tunika der Frauen wurde Stola genannt. Von dem Kleidungsstück ging der Name auf seine Besatzstreifen (→ Clavus) über. Daraus entwickelte sich die Stola des Meßornats, ein langes, an den Enden breiter werdendes Band, das der Rangabstufung dient. Der Diakon trägt die Stola als Brustschärpe über der linken Schulter; Priester und Bischöfe tragen sie über der Albe, unter der → Kasel, um Hals und Schultern gelegt und vorn mit beiden Enden bis zu den Knien herabhängend.

Tupilak, ein dämonisches Mischwesen aus Tier und Mensch, entstammt der Vorstellungswelt der grönländischen Eskimos. Ursprünglich ein von Schamanen aus Knochen und Häuten gefertigter und durch magische Gesänge „belebtes" gefährliches Zauberwesen, dazu ausersehen, anderen Menschen Unheil, Krankheit oder Tod zu bringen. Heute ein Motiv der grönländischen Volkskunst. Die meisten Tupilakfiguren werden aus Zähnen und Knochen von Walrossen und Walen geschnitzt. (Abb. s. a. Elfenbein)

Turboschnecke → Muschelpokale

Turiner Majolika, wurde seit dem 16. Jh. hergestellt, die Manufakturen nahmen im 17. und 18. Jh. einen großen Aufschwung. Typisch für die Ware ist die einfarbig blaue oder polychrome Verzierung.

Turiner Porzellan → Vinovo

Turkbaff, persische Bezeichnung für den türkischen Knoten

Tschowal der Yomuten. Russisches Turkestan, 2. Hälfte 19. Jh. 75 × 118 cm. München, L. Bernheimer.

(→ Gjordesknoten). Im Handel werden zuweilen auch ostpersische Teppiche (→ Mesched) so genannt.

Turkmenenteppiche, Teppiche der in Turkestan lebenden Turkmenenstämme mit gemeinsamer Abstammung von den Ogusen. Spezifische Zeichen (→ Göls) lassen sie in Stämme und Unterstämme einteilen. Zu den bekanntesten zählen der → Tekke-Turkmenen-Teppich, der → Ersari, → Salor und → Saryk.

Turkmenische Stickereien, wurden von Teke- und Yomud-Turkmenen als fünfeckige Zierstücke für den Zelteingang hergestellt. Möglicherweise fanden sie für die Sommerjurten Verwendung. In Farbgebung und Musterung ähneln sie den Knüpfarbeiten, doch ist das Grundmotiv des Blütenornaments unverkennbar, die Nähe zu → Bucharastickereien gilt als sicher. Die Arbeiten entstammen dem 19. Jh. und sind von besonderem Reiz. Hin und wieder tauchen einzelne Stücke im Teppichhandel und auf Auktionen auf.

Turmmonstranz → Monstranz

Turnierkragen → Beizeichen

Turnosgroschen, von König Ludwig dem Heiligen von Frankreich ab 1266 geprägter → Groschen im Werte von 12 → Silberpfennigen. Er trägt, von zwei Schriftkreisen umrahmt, ein Kreuz und, von Lilienkranz und Schriftkreis umgeben, ein Kastell, das Stadtzeichen von Tours. Im 14. Jh. wurden zahlreiche deutsche Münzen nach dem Vorbild des Turnosgroschens geschlagen.

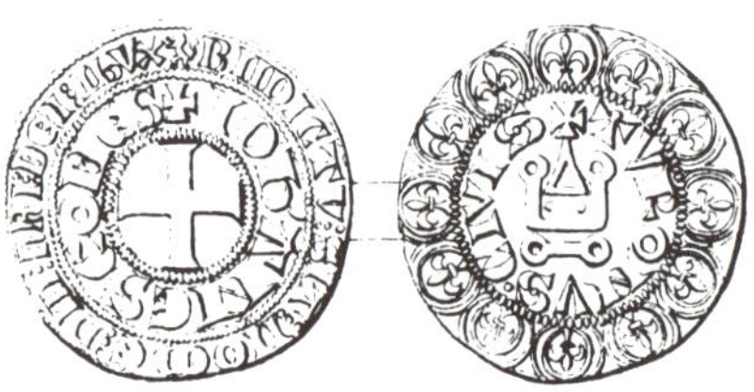

Turnosgroschen

Tutania, eine 1770 erfundene Legierung aus Kupfer, Zink, Antimon und Zinn. Vor allem in → Birmingham wurden kleine Gebrauchsgegenstände aus Tutania hergestellt.

Tuzla, anatolische Gebetsteppiche. Unter diesem Namen in Europa bekannte nomadische Erzeugnisse aus dem weiten Gebiet des Tuzlasees.

Tyg, englisches Trinkgefäß des 17. und 18. Jh.s aus bräunlich glasiertem Steinzeug, vorwiegend mit zylindrischer, oft reliefierter Wandung, das mehrere rund um den Gefäßkörper verteilte, manchmal auch paarweise übereinander angeordnete Henkel besitzt. Es diente zum Umtrunk und sollte jedem Trinker ein unbenutztes Stück des Randes bieten.

Typus → Gemeine Figuren

Tz'u-chou-yao (chin.), schweres sandfarbenes Steinzeug, oft mit weißer Engobe überzogen, die aber den unteren Teil der Gefäße nicht bedeckt, meistens in zügigen Pinselstrichen mit vereinfachten pflanzlichen Motiven in schwarzer Engobe bemalt oder mit schlichtem Ritzdekor und transparent glasiert; hauptsächlich Gebrauchsware, die im Kreis Tz'u-hsien im nordchinesischen Hopei hergestellt wurde und seit der T'ang-Zeit eine kaum unterbrochene Tradition in Nordchina aufweist. Seit der Yüan-Zeit kommt ein reicherer, auch figürlicher Dekor vor, und zur Ming-Zeit hat man gerne blaugrüne Glasuren aufgetragen, während man aus der Folgezeit hauptsächlich gelblichen Glasuren begegnet.

U

'Ud, auch Al'ud, Lud, die Kurzhalslaute, das Hauptinstrument der arabischen Musik, mit kurzem abgeknickten Hals und vier oder fünf Saiten.

Überbauschrank, Kölner Möbel des 16. Jh.s, das den → Stollenschrank ablöste. Ein breites, hohes Untergeschoß trägt einen zurückgesetzten, schmaleren Aufbau, dessen vorkragendes Gesims von Pfeilern, Säulen oder Figuren gestützt wird.

Überfanggläser, aus zwei und mehr verschiedenfarbigen Schichten bestehende Hohlgläser. Die Technik der Überfangens wurde vor allem in der Biedermeierzeit in den böhmischen Hütten zur Vollkommenheit entwickelt. Ihre schönste dekorative Wirkung erhalten Überfanggläser durch phantasievolle Durchschliffe (→ Glasschliff, → Ziersaumgläser), wobei die unteren Schichten freigelegt und ihre unterschiedlichen Färbungen sichtbar werden. Glaskünstler des Jugendstils steigerten die farbige Wirkung der Überfanggläser und bedienten sich als Veredelungstechniken neben dem Schliff vor allem der Säureätzung.

Überbauschrank. Köln, Ende 16. Jh. Bildintarsien, die sich auf den Feldern spiegelbildlich entsprechen. 156 × 112 × 53 cm. Köln, Stadtmuseum.

Überfangglas. Böhmen, um 1830. Rubinglas mit Goldblattdekor, H 11,5 cm.

Überfangreliefschnitt, eine um die Mitte des 19. Jh.s in Mode gekommene Sonderform des Hochschnitts auf → Überfanggläsern. Dabei wurde die das Motiv umgebende Farbenglasschicht bis auf das Grundglas abgetragen und das Motiv selbst durch teilweises Entfernen der Farbenglasschicht zart modelliert und mit einer Binnenzeichnung versehen. Bedeutende Vertreter dieser Gravurtechnik waren Karl → Pfohl, Franz und Paul → Zach und Mitglieder der Münchner Glasschneiderfamilie Schmitzberger.

Uhren(geschichte). Eine Kulturgeschichte der Uhr muß zunächst davon ausgehen, daß es verschiedene, historisch wechselnde Praktiken der Zeiterfassung, -einteilung und -messung gab. Die natürliche Grundeinteilung der Zeitmessung stellte und stellt immer noch der Tag dar. Die Hauptphasen des Mondes ergeben sodann eine leicht übersehbare Anzahl von – abwechselnd 29 und 30 – Tagen, und dies macht die wichtige Rolle erklärbar, die der Monat als Zeiteinheit in den meisten Kalendersystemen spielt. Die dritte Einteilungsmöglichkeit, das Jahr, erfordert zu seiner möglichst genauen Fixierung bereits einfache astronomische Beobachtungen und ist deshalb nicht immer und überall zu der uns so selbstverständlichen natürlichen Zeiteinheit geworden. Jahre und Tage sind durch die Bewegung der Erde relativ zur Sonne bestimmt. So entstanden die ersten astronomischen Instrumente, um die Stellung der Erde im Zusammenhang der übrigen Gestirne zu bestimmen (→ Globus, → Armillarsphäre, → Astrolabium).

Quantitative Verhältnisse der neueren Zeiteinheiten: Nach babylonischen und klassisch-antiken Vorbildern teilte man in Europa bis ins 14. Jh. n. Chr. hinein Tag und Nacht in je zwölf Stunden, die man vom Aufgang bis zum Untergang und vom Untergang bis zum Aufgang der Sonne zählte. Diese sogenannten Temporalstunden sind wegen der verschiedenen Tag- und Nachtlänge in den einzelnen Jahreszeiten ebenfalls unterschiedlich lang. Die Tageseinteilung nach Temporalstunden wurde erst mit dem Aufkommen mechanischer Uhren im Laufe des 15. und 16. Jh.s allmählich aufgegeben. Die Stundenzählung von 0 bis 24 wird auch als Ganze oder Große Uhr oder als Italienische Stunden bezeichnet, die Stundenzählung von 0 bis 12 dagegen als Halbe, Kleine oder Deutsche Uhr. Letztere wurde 1580 in Breslau offiziell eingeführt. Bei der Ganzen Uhr sind mehrere Varianten möglich. Eine davon stellt die sogenannte Nürnberger Uhr dar, die streng zwischen Tag und Nacht unterscheidet, Tag- und Nachtstunden also in gesonderter Reihe zählt, für die Ausgangspunkte den veränderlichen Sonnenauf- und -untergang benützt, den einzelnen Stunden aber immer gleiche Länge gibt.

Bereits seit dem 17. Jh. gab es dann Weltzeituhren, die die Ortszeiten an verschiedenen Punkten der Erdoberfläche durch verschiedenste Vorrichtungen markierten. Die offizielle Festlegung der Ortszeiten erfolgte schließlich schrittweise seit dem Ende des 18. Jh.s. Mitte des 19. Jh.s entstanden dann die Zonenzeiten, die größere Landstrecken einer einheitlichen Zeitzählung zuwiesen. Da die internationale Vereinheitlichung der Zonenzeiten nur stockend vor sich ging, entwickelte man im 19. Jh. beispielsweise gelegentlich Taschenuhren mit zwei oder mehreren gleich rasch umlaufenden, aber nach Wunsch zeitlich verstellbaren Zifferblättern. Die Kulturgeschichte der Uhr ist unter drei Standpunkten zu betrachten. Unter der Frage des künstlerischen Stils, in dem eine Uhr gestaltet wurde, unter der Frage nach der Typenentwicklung und schließlich unter der Frage nach den technischen Errungenschaften des Werkes (→ Uhrentechnik). Bei der Einordnung des künstlerischen Stils, in dem eine Uhr äußerlich und formal gehalten ist, ist für den Sammler die Kenntnis der Ornamentgeschichte (→ Ornament) von größter Wichtigkeit. Daneben existieren freilich noch weitere Kriterien. So ist beispielsweise die gotische Epoche in der Uhrbaukunst – eine Zeit, die sich etwa vom 13. Jh. bis ins erste Drittel des 17. Jh.s erstreckt – durch verschiedene Bauweisen charakterisiert. Die ersten Werke zeigten eine Flachrahmenbauweise. So ist die älteste bekannte bürgerliche Uhr der Welt eine süddeutsche schmiedeeiserne Flachrahmenuhr, die um 1340 hergestellt wurde und bereits einen → Wecker besitzt. Nach der Flachrahmenbauweise setzte sich die Prismenbauweise durch. Es handelte sich dabei um Uhren mit einem offenen, einzeigerigen Räderwerk und mit einem Glockenturm. Stilistisch wurde der gesamte spätgotische Formenapparat übernommen. Die größten Kunstwerke auf diesem Gebiet wurden um 1600 von dem berühmten Schweizer Uhrmacher Liechti hergestellt. Bereits seit etwa 1550 wurden jedoch parallel dazu vorwiegend in Augsburg die ersten Renaissanceuhren verfertigt. Die aus Augsburg und Nürnberg stammenden Türmchen – sowie waagerechten Tischuhren kamen damals zu einer künstlerischen Blüte, wie sie nie wieder erreicht wurde. Die Renaissanceepoche mit ihrem entsprechenden formalen und ornamentalen Dekor dauerte in der Uhrmacherkunst bis etwa 1680. Dann wurde sie vom Barock und Rokoko abgelöst. Auch für diese Stile ist bei formalen Datierungskriterien auf die Ornamentgeschichte zu verweisen. Die chronometrischen Erzeugnisse, die nach dem Empire und dem Biedermeier im Jugendstil um 1900 entstanden, sind dann schließlich die letzten, die man als stilgebundene Uhrenkunstwerke im Kunsthandel anerkennt.

Typengeschichte: Typengeschichtlich beginnt die Entwicklung der Uhr mit jenen Vorrichtungen, die die Zeitmessung von beobachtbaren Naturphänomenen ableiten.

An erster Stelle sind hier die Sonnenuhren zu nennen, die bereits im Altertum in Babylonien, Ägypten, Griechenland und Rom Verwendung fanden. In ihrer einfachsten Form bestehen sie aus einem auf ebener waagerechter Fläche aufgestellten Stab, welcher als Gnomon bezeichnet wird. Daneben existieren bereits auch tragbare Sonnenuhren und die sogenannten Skaphen: ausgehöhlte Halbkugeln, die waagerecht gestellt und dem Zenit zugekehrt wurden. Im Zentrum war ein schattenwerfender Gegenstand angebracht. Der Weg, den die Spitze des Schattens auf der gekrümmten Auffangfläche beschreibt, ist ein Abbild des scheinbaren Sonnenlaufes am Himmel. Auch das ganze Mittelalter hindurch bleiben Sonnenuhren in Gebrauch. Einen neuen Höhepunkt ihrer Geschichte erreichten sie seit der zweiten Hälfte des 15. Jh.s, wo sie zunehmend kleiner und tragbarer gebaut wurden. Gegenüber den sich seit dem 15. Jh. ausbreitenden Räderuhren waren die Sonnenuhren zuerst im Vorsprung. Sie behaupteten sich bis zum Aufkommen der elektrischen Nachrichtenübermittlung in der Mitte des 19. Jh.s als Mittel, um die Räderuhren zu „richten", d. h. sie nach den als bindend angesehenen Angaben der aus astronomischen Beobachtungen gewonnenen Zeitbestimmungen einzustellen. Bei den Sonnenuhren der Neuzeit handelt es sich meist um Metallarbeiten.

Ebenso alt wie die Sonnenuhren sind die → Wasseruhren, die schon den alten Ägyptern bekannt waren. Seit der Wende vom 13. zum 14. Jh. n. Chr. wichen in Europa die Wasseruhren den Räderuhren. Immer wieder tauchen aber Wasseruhren auf, bei denen Trommeln – innen in Kammern eingeteilt, die das Wasser langsam durchfließen lassen – an einer mit den Stundenziffern versehenen Skala herabgleiten. Angeblich stammen diese Uhren aus dem 17. Jh., viele Fachleute glauben aber, daß es sich um Produkte des 19. Jh.s handelt. Außer etwa orientalischen Stücken meist späterer Entstehungszeit wird diese Art der Wasseruhr fast die einzige sein, die heute einem Sammler begegnen könnte.

Im Zusammenhang mit den bisher besprochenen Uhrtypen ist auch noch auf die → Sanduhren und die → Öluhren hinzuweisen. 1284 wurde an der englischen Kathedrale von Exeter die erste mechanische Uhr der Welt in Betrieb genommen. Nun begann der Siegeszug dieser mechanischen Uhren, vor allem der Räderuhren, die ihrerseits wieder in verschiedenste, zeitlich getrennt entstandene Typen zu unterteilen sind. (→ Räderuhren, → Uhrentechnik).

Uhrentechnik. Für den Uhrensammler ist die Kenntnis technischer und mechanischer Kriterien mindestens ebenso wichtig wie das Wissen um die formal-stilistischen Merkmale der äußeren Erscheinungsweise einer Uhr.

Die Geschichte der mechanischen Uhren fängt mit einer Turmuhr an: nämlich mit der 1284 in Exeter, England, gebauten. Mechanische Uhren werden auch als Räderuhren bezeichnet. Allerdings versteht man darunter nicht nur Uhren, an denen Zahnräder angebracht sind, sondern im eigentlichen Sinne Chronometer (→ Schiffschronometer), die selbsttätig auf mechanische Weise den Ablauf der Zeit ohne ständigen Bezug auf die astronomischen Gegebenheiten (wie etwa bei den Sonnenuhren, → Uhren), zu messen erlauben. Räderuhren müssen deshalb ein Zeitnormal – den Zeitstandard – besitzen, das mechanisch angetrieben wird und über Getriebe mit Rädern Zählwerke in Gang setzt, die das Spiel des Zeitnormals messen lassen. Räderuhren werden in der Regel durch Gewichte oder Zugfedern angetrieben. Der langsame und gleichmäßige Ablauf des Werkes wird durch die sogenannte Hemmung (den Gangregler oder das Echappement) erzwungen, die somit das Zeitnormal einer Uhr darstellt. Wann der Zeiger an Uhren eingeführt wurde, ist nicht genau bekannt. Auch war man sich um 1300 noch nicht einig, ob ein Zeiger nach links oder nach rechts laufen solle. Das Wichtigste bei den frühen mechanischen Uhren war die akustische und nicht die optische Zeitanzeige. Gegen Ende des 14. Jh.s einigte man sich auf ein Zwölfstundensystem und auf das Ablaufen des Zeigers von links nach rechts. Um 1398 waren die Uhren sogar schon mit einem Schlagwerk für die Viertelstunden ausgestattet. Der Bedarf nach höherer Genauigkeit mechanischer Uhren verstärkte sich enorm in den astronomischen Kreisen der zweiten Hälfte des 16. Jh.s. Den bedeutendsten Niederschlag dieser Tendenzen zeigen die Uhren des Schweizers Jost Burgi (1551–1632). Burgi konzentrierte sich offensichtlich auf eine Verbesserung der Hemmung. Sein ältestes erhaltenes Werk, die ältere Kasseler Observationsuhr, besitzt noch einen Unruhreif, zusätzlich aber auch ein Zwischenantriebssystem (Remontoir) – eine täglich zweimal emporgehobene Gewichtstasche, die die Ungleichmäßigkeit der Antriebsfeder bei verschiedenen Ablaufstadien beseitigt. Die wichtigste Neuerung Burgis ist aber ein Präzisions-Zeitnormal. Damit ließ sich eine bis dahin unerreichte Genauigkeit im Gang der Uhren erzielen.

Einer der berühmtesten Namen in der Geschichte der Uhrmacherkunst ist der von Peter Henlein (um 1480–1542). Henlein war nachweislich 1509 im Nürnberger Meisterregister eingetragen und wird damals bereits als Uhrmacher erwähnt, der kleine tragbare Uhren anfertigte. Deshalb gilt er gemeinhin als Erfinder der Taschenuhren, der sogenannten → Nürnberger Eier. Es gibt jedoch genügend Beweise, daß Henlein nicht der erste war, der tragbare Federzugsuhren herstellte. Außerdem verstand man zu der Zeit unter tragbaren Uhren keine Taschenuhren. Nachweislich existierte bereits um 1482 in Mantua eine kleine tragbare Uhr mit Federzugenergie. Zu ihrem Antriebssystem gehörten außerdem Schnecke und Sehne. Eine Schnecke ist ein mit spiralförmigen Gängen versehener Mechanismus, um den sich beim Aufziehen der Uhr die Sehne wickelt. Die Schnecke ist durch das Schneckenrad so mit dem übrigen Räderwerk verbunden, daß es sich nur auf dem Schneckenrad in Richtung gegen das Räderwerk hin um seine Welle drehen läßt. Nach der anderen Richtung hin wird sie durch ein Gesperre auf dem Schneckenrad festgehalten. So kann der Mechanismus nach dieser Richtung durch die Feder der Uhr nicht anders herumgetrieben werden, als daß er das Räderwerk zugleich mitbewegt. Da die Kraft der Feder nach und nach abnimmt, nimmt die Größe des Schneckenganges zu, dadurch aber ergibt sich eine gleichförmige Wirkung des Schneckenrades auf die übrigen Räder.

Peter Henlein kann man dann die Erfindung des Stack-Freets, der Federbremse, zuschreiben. Durch eine raffiniert berechnete Kurvenscheibe, an der durch eine Feder ein Gegendruck ausgeübt wird, läßt sich fast dieselbe Wirkung erzielen wie bei dem beschriebenen Schneckensystem. Die Erfindung des Stack-Freets gelangte nach England und wurde dort bis ins 17. Jh. verwertet. Von der Form der Kurvenscheibe kann man sogar das Herstellungsdatum von Uhren ableiten – es existieren darüber genaue Tabellen.

Mit der Entwicklung genauer Uhren eng verbunden ist ja die Ausbildung geeigneter Vorrichtungen, um die Länge der vom Zeitnormal abgegrenzten Zeiteinheit verändern zu können: Bei frühen Uhren dienten dazu Waag, Foliot oder Unrast (so wird die Ausführung eines Foliots für tragbare Uhren bezeichnet). Dazu kamen Veränderungen der Antriebskraft (Verwendung unterschiedlich schwerer Gewichte, Veränderung der Federvorspannung) oder das Regulieren der Amplituden des Foliots durch verstellbare, rückfedernde Prellvorrichtungen, beispielsweise eine Schweinsborste auf einem Führungsarm – wie bei der erwähnten Schweinsborstenregulierung. Diese relativ primitive Regulierung wurde dann um 1670 durch die Spiralfeder abgelöst. Bevor wir uns jedoch dieser Neuerung zuwenden, müssen wir bei unserer Betrachtung noch einmal um einige Jahrzehnte zurückgehen. Um 1640 wurden von Galileo Galilei (1564–1649) Vorformen der Pendeluhren entwickelt, bei denen eine freie Hemmung mit einseitiger Energiezufuhr auf ein Pendel einwirkte (eine Erfindung, die erst hundert Jahre später von Pierre Le Roy bei → Schiffschronometern ausgewertet wurde). Freie Hemmung bedeutet eine Vorrichtung, bei der eine Unruhe, sobald sie ihren Impuls erhalten hat, frei vom Einfluß der bewegenden Kraft schwingt, wie dies z. B. beim Ankergang und der Chronometerhemmung der Fall ist. 1657 war das denkwürdige Jahr, in dem Salomon Coster die erste → Pendeluhr nach Angaben des holländischen Physikers Christian Huygens (1629–1695) in Betrieb setzte. Huygens und Dr. Robert Hook (1635–1703) benutzten diese Eigenschaft zur Genauigkeitsverbesserung tragbarer Uhren. Durch Kombination einer Spiralfeder mit der bereits seit langem üblichen radförmigen Unrast wurde so als Alternativlösung zum Pendel ein neues Zeitnormal geschaffen. Unter einer Unruhe versteht man also das aus einer radförmigen Masse mit einer Spiralfeder kombinierte Zeitnormal, wobei die Spiralfeder als Regulator dient.

Ebenfalls um 1670 wurden von Dr. Hook und dem Londoner Uhrmacher William Clement (tätig Ende des 17. Jh.s) das Sekundenpendel und der einfache Ankergang entwikkelt. Dieser wird auch als rückfallende Ankerhemmung oder englischer Haken bezeichnet. Unter Anker versteht man in der Uhrmacherkunst den ankerförmigen Teil, der bei der sogenannten Ankerhemmung in das Hemmungsrad einfällt und dadurch eine das Laufwerk hemmende Wirkung ausübt. Bei rückfallenden Hemmungen erfährt dabei das am schnellsten gehende Rad des Werkes nach jedem Fortschreiten eine durch den Gangregler verursachte rückläufige Bewegung.

Die Erfindung des Zylinders war Uhrmachern wie George Graham vorbehalten, der 1724 die erste Uhr mit Zylinderhemmung baute. Ein Hohlzylinder, der quer in der Mitte einen mit der Grundfläche parallelen Einschnitt aufweist (Passage), in den das Zylinderrad eingreift, ist dabei an der Unruhe befestigt. Die Zahl der Erfindungen auf dem Gebiet der Ankergänge und Hemmungen häuften sich nun. Um 1760 entwickelte Thomas Mudge (1715–1794) eine auf drei Bewegungsteilen – Rad, Anker und Unruhe – aufgebaute

Ankerhemmung, die als Grundkonzeption in den späteren Schweizer Ankergang einging. Mit dem Chronometerbau von John Harrison wurde eine so große Genauigkeit erreicht, daß die rückläufige Bewegung beim Aufziehen der Uhr schon die Einführung eines Kontra-Gesperrs nötig machte: den Duplex-Gang – das Gangrad besitzt eine doppelte Reihe von Zähnen – und den von Amant entwickelten Stiftengang. Erwähnt sei noch der Schweizer Uhrmacher Perrelet (1729–1826), der den automatischen Aufzug für Taschenuhren nach dem Pedometerprinzip (→ Schrittmesser) entdeckte. 1747 wurde in der Schweiz der wohl berühmteste Uhrmacher aller Zeiten geboren, Abraham Louis Breguet († 1823). Er erfand nicht nur die nach ihm benannte Spiralkurve, sondern baute auch Uhren mit phantastischer Stoßsicherung (→ Parachute). Deren Prinzipien wurden jedoch im vorigen Jahrhundert bald völlig vergessen, und erst 1938 widmete sich die Firma Portescap durch den Incabloc wieder diesem Problem. Außerdem entwickelte Breguet den fliegenden Rubinzylinder. Die hauptsächlich dabei verwandten Saphire und Rubine machten sie zusätzlich bis zu einem bestimmten Grade antimagnetisch. So machte u. a. Pierre Le Roy die bedeutende Erfindung des Tourbillons. So bezeichnet man ein Uhrwerk, in welchem die Hemmung derart angeordnet ist, daß sie mit allen ihren Teilen um das auf der Werkplatte feststehende Sekundenrad herumläuft, wobei die Unruhachse genau über dem Sekundentrieb und in derselben Richtung mit dessen Achse liegt.
Eine der wichtigsten Entdeckungen für Schlagwerkuhren war die von Breguet 1790 eingeführte Tonfeder. Bei Repetitionstaschenuhren konnte man so den Viertel- vom Stundenschlag leichter unterscheiden. Besitzt eine Taschenuhr mit Schlagwerk Tonfedern – und dies ist für den Sammler wichtig –, so muß sie nach 1800 gearbeitet sein. Auf den Markt kommen immer wieder Spindelhemmungen mit Schlagwerk, die mit *Breguet* oder *Breguet á Paris* oder *Breguet et Fils* signiert sind. Breguet hatte schon 1795 eine Geheimsignatur eingeführt. Dabei findet sich immer unter der Zwölferziffer der Namenszug mit der Werknummer. Die unter die Lasur des Emails eingeschnittene Signatur wurde mit einem spitzen Diamantstichel angebracht und kann nur in einem Lichtspiegel bei einem Winkel von ca. 45° gelesen werden. Die perfekteste Konstruktion eines Tourbillons erfand 1924 Alfred Helwig mit einem fliegenden Tourbillon in der → Glashütte.

Uhrkette, eine Kette aus Silber oder Gold, mit der die in der Westentasche befindliche Taschenuhr am Knopfloch der Weste befestigt war. Ein Brauch, der im 17. Jh. aufkam (→ Châtelaine).

Uhrständer, zur Aufbewahrung und Repräsentation der „guten" Uhr, die zur Arbeit nicht getragen wird, gebräuchlich bis in die heutige Zeit vor allem im ländlichen Bereich. Diese bis zu 30 cm hohen Gestelle werden seit dem 18. Jh. aus Holz, z. B. in → Oberammergau, geschnitzt, seit 1804 werden sie im Eisenkunstguß in Berlin hergestellt, außerdem sind Uhrständer aus → Westerwälder Steinzeug bekannt. In figürlicher Ausprägung zeigen sie meist Uhrenhändler, aber auch Zwerge und Tiere wie Hunde und Löwen.

Ukulele, Zupfinstrument, etwas größer als die Mandoline, mit vier Saiten, stammt aus Madeira.

Ulanka → Uniform

Uli-Figuren, bemalte, monumentale und vollplastische Holzskulpturen, mit Phallus und stark entwickelten Brüsten, die aber keine Zwitterwesen darstellen, sondern die männliche Kraft symbolisieren. Innerhalb der → melanesischen Kunst kommen sie in Neu-Irland vor. Die Uli-Figuren sind von Rankenwerk umschlungen und tragen oft kleine Assistenzfiguren auf den Schultern, vor dem Leib oder am Sockel. Der Kopf ist von einer kammartigen Haarraupe geschmückt, die Augen sind meist aus Schneckendeckeln gebildet, im großen, breiten Mund werden die Zähne sichtbar.

Ulmer Fassadenschrank. Mitte 17. Jh. Nußbaumholz, Knorpelwerk, 350 × 222 × 80 cm. Frankfurt am Main, Museum für Kunsthandwerk.

Ulmer Fassadenschrank → Fassadenschrank

Umdruckverfahren, die Bezeichnung für das Übertragen von Darstellungen eines Druckträgers auf Oberflächen aus Keramik oder Email. Dazu wird eine vorher ausgearbeitete Kupferplatte mit feuerbeständiger Farbe eingerieben und auf ein besonders präpariertes Papier abgedruckt, das dann wie ein Abziehbild der zu dekorierenden Oberfläche appliziert wird. Beim nachfolgenden Brand verbindet sich die Farbsubstanz des Druckträgers mit dem Gegenstand, wobei der Druckträger verbrennt und die Darstellung auf dem Gegenstand zurückbleibt. Diese schnelle und billige Dekorationsmethode wurde um die Mitte des 18. Jh.s in England entwickelt (transfer printing). Die frühesten Umdrucke sind über der Glasur meist in Schwarz, später auch in anderen Emailfarben ausgeführt. Drucke in Unterglasur kamen bei Porzellan Ende der fünfziger Jahre des 18. Jh.s auf und spielten im Bereich des Steinguts eine dominierende Rolle.

Breguet-Uhr No. 1914. Frankreich, um 1806.

In Deutschland wurde diese Methode 1766 durch den Franzosen P. Berthevin eingeführt, der in der → Frankenthaler Porzellanmanufaktur Unterglasurdrucke herstellte. Im 19. Jh. waren die Manufakturen in Zell a. Hammersbach, Hornberg, Schramberg, Wallerfangen und Mettlach für bedruckte Ware maßgebend. Die Beliebtheit des Umdruckverfahrens führte zu Sonderentwicklungen, wie das 1810 patentierte Golddruckverfahren oder der Mehrfarbendruck, der in den vierziger Jahren des 19. Jh.s in England entwickelt wurde.

Umschrift → Legende

Unguentarium, kleines griechisch-römisches Behältnis, das zur Aufnahme von Salben (Arzneien), ätherischen Ölen (Parfüms), Schönheitsmitteln oder anderen wertvollen Flüssigkeiten dient; es existierte (als Massenprodukt) das ganze Altertum hindurch. Bei allem Wandel der Form blieb diese doch im Prinzip flaschenförmig. Am eigenartigsten ist die im Hellenismus (3.–1. Jh. v. Chr.) auftretende Spindelform. Da Unguentarien als Grabbeigaben dienten, haben sie sich zu Tausenden erhalten. In Griechenland bestanden sie überwiegend aus Ton, bei den Römern aus Glas.

Uniform. Der Krieger des Mittelalters rüstete und kleidete sich selbst. Mit der Bekleidung und Ausrüstung durch einen Kriegsunternehmer, später den Staat, entstand die gleichförmige Bekleidung, die Uniform. Sie folgte im Laufe der Zeit stets der Männermode, entwickelte dabei aber besondere Kennzeichen. Der Soldat des Dreißigjährigen Krieges trug ein „Kleid", bestehend aus Schuhen mit Überstrümpfen, aus denen sich später die Gamaschen entwickelten, Strümpfen, Hosen und dem Koller. Noch bis 1914 wurde der Rock der Kürassiere so genannt. Später wurde der Koller durch den bis zu den Knien reichenden Rock, auch Rockelaure genannt, ersetzt. Der Soldat schlug die Ärmel um, so daß das andersfarbige Futter erscheint (Aufschläge). Ebenso schlug man ihn an der Brust auf (Rabatten). Unter dem Rock trug man das mit Ärmeln versehene Kamisol oder Justaucorps, aus dem sich später die Weste entwickelte. Im 18. Jh. wurden die Rockschöße umgeschlagen, der Rock wurde knapper, die Aufschläge kleiner. Der Kragen, auch andersfarbig, wurde größer und höher. Mit der Französischen Revolution trat der Frack auf, der bei der Kavallerie Collett genannt wurde. Das Collett hieß bei den Österreichern Spenzer, die Weste auch → Gilet. Um die Mitte des 19. Jh.s erschien, wie in der Mode, der Gehrock, bei der Truppe der Waffenrock. Die Weste verschwand offiziell. Mit der Einführung langer Beinkleider verschwanden allmählich auch die Gamaschen, die immer niedriger geworden waren. In Preußen wurden die Infanteriestiefel, volkstümlich „Knobelbecher" genannt, etwas höher, so daß der Soldat im Feldzug die Hosen „in denselben" trug. Zur Parade wurden die Hosen lang getragen. In Österreich kehrte man nach Versuchen mit Stiefeln zu den für den Gebirgskrieg viel praktischeren Schuhen zurück. Nur Frankreich behielt bis 1914 die Gamaschen, allerdings zum Schluß aus Leder. In England kamen durch indischen Einfluß die Wickelgamaschen auf, die dort *putties* hießen. Zum kleinen Dienst gab es in verschiedenen Heeren einen Waffenrock mit gedeckter Knopfleiste, die Litewka. Der mit zwei Reihen von Knöpfen versehene, bis an die Knie reichende Überrock war das typische Kleidungsstück des preußisch-deutschen Offiziers auf der Straße und im Salon. Er wurde in Österreich meist in den Befreiungskriegen getragen. Interessanterweise sollte er in Deutschland abgeschafft werden, wurde aber bis 1918 stillschweigend „zum Auftragen" gestattet. In Frankreich hieß der Überrock Redingote. Anstelle des Waffenrocks trat in der Wehrmacht die Feldbluse. Sie hatte vier aufgesetzte Taschen und einen niedrigen Kragen. Bei der Luftwaffe kamen Hemd und Binder auf. Kapellenlitzen am Kragen waren bis 1918 der Garde vorbehalten. Sie entstanden aus den mit farbigen oder metallenen Fäden ausgenähten Knopflöchern der barocken Uniform. Die Felduniform alter Zeit wurde durch den Kampfanzug ersetzt. Die aus Ungarn und Polen stammenden Waffengattungen, die Husaren und Ulanen, hatten der Nationaltracht entnommene besondere Uniformstücke. Der Husar trug die engen Beinkleider in Stiefeln (Csismen). Die Hosen waren mit Schnüren und Tressen gesetzt, dem Schojtasch. Eine kurze Jacke in ungarischer Verschnürung (Dolman) wurde durch einen Gürtel, in Preußen Schärpe genannt, gehalten. Den Dolman ersetzte Mitte des 19. Jh.s die langschößige Attila. Über die Schulter trug man im Winter den Pelz. Der Ulan trug die polnische Kurtka die durch eine Leibbinde, in Preußen Paßgürtel genannt, gehalten wurde. Später kam die langschößige Ulanka auf, die in Preußen mit abknöpfbaren Rabatten versehen war. Eine Besonderheit bei den österreichischen Ulanen waren Goldfransen am unteren Rückenteil, der Wasserfall. Um die Truppenteile zu unterscheiden, waren Farbe der Uniform, der Aufschläge, Rabatten und Kragen verschieden, dazu kamen die Achselklappen, auch Schulterklappen genannt, auf denen die Regimentsnummer oder auch der Namenszug stand. An den Hosen trug man farbige Bisen oder Vorstöße, die bei Generalen von roten Besatzstreifen begleitet wurden, den Lampassen. Alles das wurde durch Bekleidungsvorschriften (in Österreich Adjustierungsvorschrift) festgelegt.

Uniformknöpfe, vielfältig gestaltet, wurden mit Regimentsnummern oder auch Regimentsabzeichen versehen. Sie sind seit langem ein beliebtes Sammelgebiet.

Unikum, in der Druckgraphik die Bezeichnung für einen Druck, der nur noch in einem einzigen Exemplar erhalten ist. Unika finden sich vor allem bei → Holzschnitten und → Kupferstichen des 15. Jh.s.

Union Case, eine Erfindung der fünfziger Jahre des 19. Jh.s: Es handelt sich dabei um eine amerikanische Spielart der Bildkästchen, die frühe Photographien wie → Daguerreotypien und → Ambrotypien enthielten und damit schützten. Sammelnswert sind sie vor allem wegen ihrer hübschen Prägemotive. Union Cases wurden aus einem frühen, zerbrechlichen Kunststoff gepreßt; meist waren sie braun oder

Union Case

schwarz eingefärbt. Besonders gesucht sind figürliche Darstellungen wie z. B. die Landung von Columbus in Amerika oder aber Versionen mit mehr als zwei Photographien. Union Cases sind überwiegend rechteckig, es gab jedoch auch achteckige, ovale oder runde Ausführungen.

Union Porcelain Works; aus der Fusionierung zweier Manufakturen in Greenpoint, New York, entwickelte sich die Union Porcelain Works seit 1862 zu einer der bedeutendsten Porzellanmanufakturen der USA. Auf der Philadelphia Centennial Exhibition 1876 wurde eindrucksvolles Hartporzellan ausgestellt u. a. nach den Modellen von dem deutschen Emigranten Karl Miller. Qualitätsvolles Tafelgeschirr wurde durch Tiffany vertreten. Ca. 1910 stellte das Werk die Produktion ein.

Unite, Goldmünze von Jakob I. von England (Jakob VI. von Schottland). 1604 in beiden Königreichen ausgeprägt. Die → Umschrift Faciam Eos in Gentem unam bezieht sich auf die Vereinigung der beiden Länder. Abgelöst durch den → Sovereign.

Universalsonnenring, Sonnenuhr in Form zweier auseinanderklappbarer Ringe und einer Mittelachse mit Schieber, dem sogenannten Monatsschieber, mit dem die unterschiedlichen Sonnenhöhen der jeweiligen Monate eingestellt werden konnten. Hergestellt wurden diese Uhren im 17. und 18. Jh. in Deutschland, Frankreich und England.

Universalsonnenuhr, unrichtige Bezeichnung für eine → Horizontaluhr, deren Zeiger meist in Form eines Vogels, dessen Schnabel die Polhöhe anzeigt – auf eine gewünschte Ortsbreite eingestellt werden kann. Nach ihrem Erfinder werden diese Uhren auch Butterfielduhren genannt. Die relativ häufig im Kunsthandel vorkommenden Universalsonnenuhren wurden fast ausschließlich Ende des 17. und Anfang des 18. Jh.s in Paris hergestellt.

Unruh(e) → Uhrentechnik

Unterglasurfarben → Scharffeuerfarben

Untermalung. Um Rissebildung bei Gemälden zu vermeiden, wird vor dem Malvorgang eine erste Farbschicht auf Leinwand oder Holz aufgetragen. Auch kann durch farbig angelegte Untermalung – zum Teil innerhalb des Bildes in verschiedenen Tönungen – die endgültige Komposition vorgegeben werden. Besonders im 19. Jh. (Franz von Lenbach) wird die Untermalung – etwa für den Hintergrund – durch die nur dünn darüber aufgetragene Lasurfarbe im fertigen Bild gerne zur Wirkung gebracht.

Unteutsch, Friedrich, deutscher Kunsttischler und Ornamententwerfer, tätig um die Mitte des 17. Jh.s in Frankfurt a. Main. Bekannt wurde er durch sein Ornamentstichwerk: „Neues Zieratenbuch den Schreinern ... sehr dienstlich", Nürnberg, in dem er das → Knorpelwerkornament weiterentwickelte.

Urangläser → Farbengläser

Urartu, Name eines altorientalischen Reiches um den gleichnamigen Berg Ararat. Fundplätze in Sowjet-Armenien, der Osttürkei und im Nordwestiran. Der Höhepunkt der Macht Urartus lag im 9. Jh. v. Chr. als Rivale Assyriens. Die Urartäer waren berühmt durch ihr Metallhandwerk. Daher gibt es reiche Funde, meist aus Gräbern: Bronzewaffen (Helme, Köcher, Schilde) und Schmuck (Gürtel, Pektorale).

Urbino, in der zweiten Hälfte des 16. Jh.s Hauptort für Luxusmajoliken, deren Herstellung von Herzog Guidobaldo II. (1538 bis 1574) gefördert wurde. Er berief den Raffaelschüler Rafael del Colle nach Urbino, damit er Vorlagen liefere.

Universalsonnenring mit Monatsschieber. München, Deutsches Museum.

Es arbeiteten zahlreiche Meister nebeneinander, allen voran die Familie Fontana. Am berühmtesten war Orazio († 1571). Er schuf einen Teil der → Apothekengefäße für die herzogliche Apotheke, die später der Wallfahrtskirche in Loreto geschenkt wurden und sich noch heute dort befinden (mehr als 100). Orazio führte 1560 Groteskenmuster (→ Groteske) auf weißem Grund im Stile von Raffaels Loggien ein. Das Hauptwerk dieser Richtung ist das Prunkservice für Guidobaldo II., dessen Reste sich im Bargello in Florenz befinden, eine großartige Sammlung von Schüsseln, Vasen, Kannen, Salzfässern und anderen Gefäßen mit strahlend weißer, völlig undurchsichtiger Glasur. Die Gefäßformen sind durch plastische Masken, Schlangen und Henkel in Form von Satyrköpfen bereichert. Den spaten Stil von Urbino (nach 1580), der schon Rollwerkornamente (→ Rollwerk) zeigt, bestimmte die Familie Patanazzi, die ihre Geschirre mit Historienbildern und Groteskenrändern verzierte.

Urnenuhr, auch Vasenuhr, französische Uhren in Form einer Urne oder Vase auf einem Sockel. Das Material kann Marmor, vergoldete Bronze und auch Porzellan sein. Um den oberen Teil des Gefäßes dreht sich das Stunden- oder Minutenband, ein Pfeil zeigt die Uhrzeit an. Diese Uhren wurden zur Zeit Ludwigs XVI. hergestellt.

Urwappen, Wappen, die nicht verliehen worden sind, sondern aus der Entstehungszeit der Wappen stammen, im Gegensatz zu Briefwappen, deren Verleihung eigens verbrieft wurde.

Uschak-Teppiche, aus Uschak, einer Provinzhauptstadt im mittleren Westanatolien stammende Teppiche, Uschak war im 16. und 17. Jh. Mittelpunkt der osmanisch-anatolischen Teppichknüpfkunst. Der sog. Sternen- oder Medaillonuschak zählt zu den bekanntesten Typen der Blütezeit. Die neuzeitliche Produktion hat vergleichbare Merkmale wie die einfachen anatolischen Erzeugnisse. (Abb. s. a. S. 520)

Uschebtis, seit 2050 v. Chr. in Ägypten als Grabbeigaben verwendete menschliche Figürchen aus Wachs, Holz, Fayence, Stein, selten Bronze, die als Ersatzpersonen, später als Diener des Toten für ihn im Jenseits arbeiten sollen. Das Qualitätsniveau reicht von den königlichen Uschebtis des

Alter Uschak. Kleinasien, Ende 17. Jh. Aus: Bernheimer, Alte Teppiche des 16. bis 18. Jahrhunderts (München 1959).

Uschebtis Nektanebos' II. Ägypten, 30. Dynastie um 350 v. Chr. Blaugrüne Fayence, H 22 cm. München, Staatliche Sammlung Ägyptischer Kunst.

Neuen Reiches (z. B. Tutanchamun) und den porträthaften Steinuschebtis der Saitenzeit (z. B. Petamenophis) bis hinab zur Massenware der unbeschrifteten Tonfigürchen, die zu Tausenden in Manufakturen gefertigt wurden. Häufig beschriftet mit dem 6. Kapitel des ägyptischen Totenbuchs. Viele moderne Fälschungen.

Ushnîsha, (sanskr.), ein bei allen Buddha-Darstellungen vorhandener Auswuchs des Schädels. Er gilt als eines der 32 Weisheitszeichen → Buddhas.

Usk-Ware, gelackte Metallware, die seit 1763 in Usk (Monmouthshire, England) hergestellt wurde. Die Erzeugnisse sind mit der → Pontypool-Ware verwandt. Die Produktion wurde 1862 eingestellt.

V

Vâhana (sanskr.), „Tragende", Tierfiguren, auf denen Gestalten des tantristisch buddhistischen Pantheons, – Bodhisattvas und Gottheiten, thronen; Charakteristikum hinduistischer Götterdarstellung, wie die Zuordnung „weiblicher Entsprechungen", die beide aus der indischen Vorstellungswelt in die buddhistische Ikonographie übernommen wurden; wichtig als Kennzeichen zur Identifizierung. Der Löwe ist Gefährt(e) für die Bodhisattvas Simhanâda und Mañjushrî, den Schutzherrn von Nepal und Tibet (tib. 'Jam-dpal), außerdem für Râkshasa und im Lamaismus auch für Vairocana mit seiner Prajñâ Locanâ. Den Bodhisattva Samantabhadra trägt ein (sechszähniger, weißer) Elefant; dies gilt hauptsächlich für Ostasien, insbesondere Japan. „Die mit dem großen Pfau" ist die Göttin Mahâmayûrî (tib. rMa-bya č'en-mo), in Ostasien „Wissenskönigin" (chin. K'ung-chiao ming-wang, jap. Kujaku-myôô). Thront ungewöhnlicherweise ein Buddha auf einem Pfau, so ist er als Amitâbha zu verstehen; dies trifft jedoch nur für den Lamaismus zu, der auch dem Bodhisattva Avalokiteshvara Pfau oder Löwe als „Reittier" zuordnet. Den Göttinnen Vajravarahî und in Ostasien besonders Maricî (chin. Moli-chih, jap. Marishi-ten) dient ein Schwein als „Gefährt". Drei Gänse tragen die Mondgottheit Candra (jap. Gat-ten), eine Schildkröte den Wassergott Varuna (jap. *sui-ten*), ein Maultier die (eigentlich hinduistische) Glücksgöttin und zudem Schutzherrin von Lhasa, Shrî-devî (tib. dPal-ldam Lhamo), der Göttervogel Garuda den Jina Amoghasiddhi (mit Prajñâ Târâ) und ein Pferd den Jina Ratnasambhava (mit Prajñâ Mâmakî), zwei → Buddhas tibetischer Auffassung. Am meisten begegnet als vâhana ein Büffel oder Stier, namentlich für den stierköpfigen Höllen- und Todesgott → Yama (tib. gShin-rjě, jap. Emma-ten) und seinen grimmigen Bezwinger Yamântaka (→ Yidam), Schützer der Lehre (tib. gShinrje-gčed, jap. Daiitoku-myôô), der im Lamaismus in vielen Aspekten als Funktionsform des Bodhisattva Mañjushrî vorgestellt wird.

Vai → Mende

Vajra (sanskr., „Diamant"), ursprünglich doppelseitiger Faust- oder Donnerkeil (des Indra), meist mit drei- oder fünffach gefingerten Enden; im Buddhismus Szepter und symbolische Waffe zur Vernichtung allen Übels, Symbol für Buddhas reinen, alles durchdringenden Geist und seine unvergängliche Wahrheit; vornehmlich Symbol und Attribut von Göttergestalten in Werken des tantristischen bzw. esoterischen Buddhismus. tib. *rdo-rje,* chin. *chin-kang,* jap. *kongô.* Zwei *vajra* überkreuzt: *vishvavajra;* oft als Ritualzeichen auf der Bodenplatte von Kultfiguren eingraviert.

Vajra in Kombination mit einer Glocke, *ganthâ* (Symbol der Mutterschoßwelt), dient zur Vergegenwärtigung der Vereinigung von männlichem und weiblichem Prinzip (→ Yidam), der Untrennbarkeit von Mitleiden und Weisheit. Amoghasiddhi, der (grüne) Buddha des Nordens, bzw. der Fünfte Dhyâni-Buddha, trägt als Attribut ein Schwert oder das vishvavajra. *Vajra* und *ganthâ* sind die kennzeichnenden Attribute des Buddha Vajradhara, „Vajraträger" (tib. *rDo-rje-'c'ang)* – mit *vajra* und Glocke in den Händen bei vor der Brust gekreuzten Armen –, sowie des Buddha Vajrasattva, „Vajra im Wesen" (tib. *rDo-rje sems-dpa)* – die Hand mit der Glocke in Hüftnähe; beide gelten in Tibet als Âdi- d. h. Ur-Buddha. Als Ritual-Objekte sind *vajra* und *ganthâ* meist aus Bronze oder ähnlichen Legierungen hergestellt, oft vergoldet.

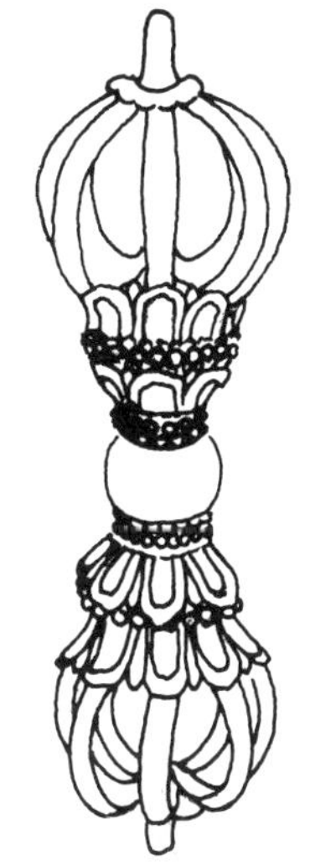

Vajra. Buddhistisches Ritualinstrument.

Valenciennesspitze, Spitze aus Valenciennes im nordfranzösischen Département Nord (bis 1668 zur belgischen Grafschaft Hennegau gehörend). Rokokospitze von besonderer Weichheit, die noch im 19. Jh. als Wäschebesatz beliebt war. Es ist eine geklöppelte Leinenschlagspitze (→ Leinenschlag) mit Netzgrund, der anfangs runde, am Ende des 18. Jh.s rautenförmige Maschen zeigte. Auch in anderen Orten Belgiens und Frankreichs geklöppelte Spitzen mit ähnlichem Grund führen fälschlich den Namen „Valenciennesspitzen".

Vallin, Eugène (1856–1922), französischer Möbelentwerfer des → Jugendstils, in Nancy tätig. Um 1895, unter dem Einfluß Émile → Gallés, wandte sich Vallin vom Formenschatz des → Historismus ab und schloß sich stilistisch der Schule von Nancy (→ Nancy, Schule von) an. Seine Möbelentwürfe wirken nicht so überladen wie die Louis → Majorelles und Émile → Gallés, leben mehr von der Kontur als vom überquellenden Detail.

Vandercruse, Roger → Lacroix (Abb. s. a. S. 522)

Vanitasdarstellungen, Begriff für alle künstlerischen Gestaltungen, in denen der Todes- und Vergänglichkeitsgedanke allegorisch-symbolisch verbildlicht wird. Der zugrundeliegende Gehalt wird im christlichen Sinne zur Eitelkeit, Nichtigkeit und Vergänglichkeit alles Irdischen modifiziert. Der Höhepunkt der Vanitasdarstellungen liegt im 16. und 17. Jh. Im einzelnen wird der Vanitasgedanke verbildlicht mit Motiven wie Skelett, Totenkopf, Tod und Mädchen, Liebespaar mit Tod, → Putten mit Totenkopf usw. Eine Personifikation der Vanitas wird meist als nackte Frau mit Spiegel wiedergegeben. Eine besondere Variante der Vanitasvorstellungen zeigt sich in den sog. Vanitasstilleben, die vor allem im Holland des 17. Jh.s vorkommen. Seifenblasen, Rauch, verlöschende Kerzen, Spiegel, verwelkende Blumen, überreife Früchte, Insekten, angenagte oder beschädigte Dinge aller Art, Musikinstrumente und dergleichen mehr werden hierbei

Kommode von Roger Vandercruse gen. Lacroix. Frankreich, um 1740. Marketerie und vergoldete Bronzebeschläge, 89 × 150 × 66 cm. Paris, Mes. Ader und Picard.

als Sinnbilder der Vergänglichkeit des menschlichen Lebens verstanden. In Landschaftsbildern sind Ruinenlandschaften und Friedhofsdarstellungen meist mit Vanitasideen erfüllt. Eine ebenfalls mit der Vanitasvorstellung zusammenhängende Sonderform stellt der Totentanz dar, bei dem eine Reihe weltlicher und geistlicher Standespersonen in Reigen- oder Tanzhaltung vom Tod abgeholt wird. Der Totentanz hat vor allem in der spätmittelalterlichen Graphik seine Verbreitung gefunden.

Vargueño, Sonderform des spanischen Kabinettschrankes im 16. und 17. Jh. Er besteht aus einem reich intarsierten Kasten mit aufklappbarer Tür, hinter der sich zahlreiche Schubladen und Fächer verbergen, und ruht auf einem gedrechselten Fußgestell.

Vasa Sacra → Altargerät

Vasenmalerei, in vielen Kulturen verbreitete farbige Dekoration von tönernen Gefäßen. Sie besteht bei griechischen Gefäßen („Vasen") aus einem wasser- und säurefesten Überzug aus verdünntem Tonschlicker (dem sog. Firnis), der durch Oxydationsvorgänge beim Brand verschiedene Werte der Erdfarbenskala annehmen kann. Erfunden in der frühen Bronzezeit des 3. Jahrtausends, entwickelte sich in der mittleren Bronzezeit die sog. Mattmalerei. Die minoisch-mykenische Kultur kannte anfangs reiche naturalistische Dekorationen mit Motiven der Pflanzen- und Meereswelt, zeigte aber später eine zunehmend erstarrende Tendenz. Der protogeometrische Stil der frühesten Eisenzeit beschränkt sich auf wenige abstrakte Motive, besonders auf Kreise und Halbkreise, die die jetzt scharf gegliederten Gefäße verzieren. Die Einführung von Mäandermotiven um 900 v. Chr. kennzeichnete den Beginn der geometrischen Vasenmalerei in Athen, in deren Verlauf auch silhouettenhafte Tier- und Menschendarstellungen in den Dekorationsschatz eintreten. Die klar artikulierten Gefäße, z. T. nur für den Grabgebrauch bestimmt, wirken wie überzogen mit geometrischen Ornamentstreifen. Der orientalisierende Stil des 7. Jh.s, der vor allem von Korinth getragen wurde, war durch lebensvoller gezeichnete Tierfriese bestimmt. Im sog. schwarzfigurigen Stil in Athen wurden Darstellungen aus Mythos und Leben bevorzugt; die schwarzen Figuren, deren Binnenzeichnung geritzt ist, stehen auf rotem Grund. Die besten Maler sind durch Signaturen namentlich bekannt: Sophilos, Klitias, Amasis, Exekias. Am Ende des 6. Jh.s setzt der Übergang zum rotfigurigen Stil ein, bei dem die Figuren hell aus dem schwarz überdeckten Grund ausgespart sind; die Binnenzeichnung ist schwarz, ihre Striche wurden mit einer Borste ausgeführt. Die Blütezeit dieses Stils lag am Anfang des 5. Jh.s. Als Maler sind bekannt: Euthymides, Euphronios, Duris, Brygos u. a. Im späten 5. Jh. vertritt Meidias den reichen Stil in dieser Technik. Der rotfigurige Stil setzt sich im 4. Jh. in Athen mit den sog. Kertscher-Vasen weniger sorgfältig, aber oft sehr bewegt fort. Daneben treten bedeutende Produktionsstätten u. a. im griechischen Unteritalien und auf Sizilien auf. Der immer stärkere Illusionismus der Darstellungsweise war mit den beschränkten Mitteln der Firnismalerei bald nicht mehr wiederzugeben. Seit dem Ende des 4. Jh.s gab man daher figürliche Motive weitgehend auf und beschränkte die Ornamentik der schwarzgrundigen Vasen auf Ranken, Girlanden, Blütenmuster u. ä. (Westabhangware in Athen, → Gnathiaware in Unteritalien). Im Hellenismus

Vargueño. Spanien, Mitte oder 2. Hälfte 16. Jh. Einlegearbeit aus Walnuß, Birke, Eibe, Buchsbaum u. a. Hölzern sowie getöntem und naturfarbenen Elfenbein, 153 × 103,5 cm. London, Victoria und Albert Museum.

schwarzfigurig

geometrisch

blühten lokale Gattungen, die auf hellem Tongrund vielfarbige, z. T. sehr qualitätvolle Figurenszenen zeigen (Hadra-Vasen, Centuripe-Gattung, Canosa-Gattung). Es begannen jedoch reliefverzierte Firnisgefäße vorzuherrschen, die um 50 v. Chr. in die römische → Terra sigillata münden. Die griechische Vasenmalerei hat auch außerhalb des griechischen Siedlungsgebietes (Etrusker, Falisker, Latiner, Campaner) breite Nachahmung erfahren.

Vasenteppiche, nordwestpersische Teppiche des 16. und 17. Jh.s, später auch in Zentral- und Südpersien beliebter Musterungstyp mit aus Vasen aufsteigenden Ranken und Blütenzweigen.

Veduten, Städteansichten, Teil- und Gesamtansichten. Vor Erfindung der Buchdruckerkunst auch in Manuskripten und Zeichnungen, seit dem 15. Jh. in Holzschnittbüchern (Hartmann Schedel, Sebastian Münster), später in Kupferstich und Radierung (Braun & Hogenberg, Anfang des 17. Jh.s Eberhard Kieser, Meißners Schatzkästlein, 1623, mit Emblemata [→ Emblem] geschmückte Veduten; Matthäus Merian, 1. Hälfte 16. Jh., Topographien). Im 18. Jh. erschien von Gabriel Bodenehr d. Ä. (1673–1766) die *Force d'Europe,* im 19. Jh. Stahlstichwerke (Meyers Universum, Verlag Bibliographisches Institut, Hildburghausen) sowie lithographische Werke und Einzelansichten.

Wichtig für den Sammler sind Erhaltung und altes Kolorit, das man wie bei → Guckkastenblättern daran erkennt, daß es eher patzig aufgetragen ist und nicht durch das Papier schlägt. Gesucht unter den deutschen Veduten besonders die Städte Düsseldorf, Hamburg, Aschaffenburg, Stuttgart und Hannover.

Vedute. Bordüre mit Städtebildern. Aus: Speed, The Theatre of the Empire of Great Britaine (London 1614).

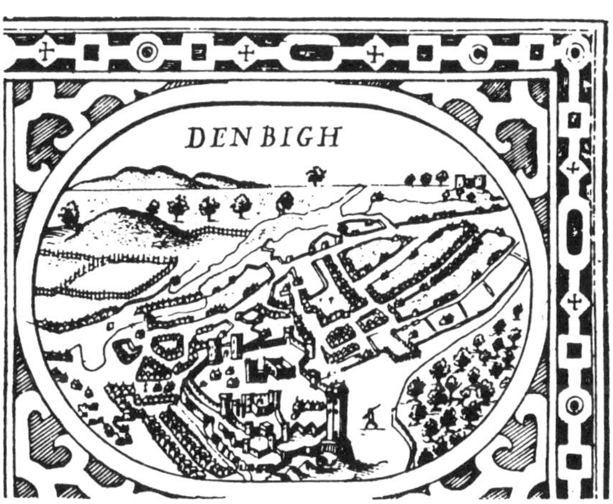

Vegetabilisches Elfenbein, das wie Elfenbein aussehende Nährgewebe der Samenkerne einiger Arten von Steinnußpalmen in Südamerika, Polynesien und Ostafrika (besonders in Abessinien). Das Kernmaterial kann zum Schnitzen und Drechseln verwendet werden. Industriell wird es zu Knöpfen und Würfeln verarbeitet. Es dient auch zur Herstellung von künstlichen Türkisen und Korallen, ist aber wenig dauerhaft und in Schwefelsäure auflösbar.

Veilleuse von Jean Nadal. Paris, Mitte 18. Jh. 86 × 153 × 55,5 cm. Amsterdam, Rijksmuseum.

Veilleuse, 1. → Canapé des Rokoko mit asymmetrischer Lehne, die auf einer Seite weiter herumgezogen oder höher ist als auf der anderen. Veilleusen wurden stets paarweise zu Seiten eines Kamins aufgestellt. Der Typ lebte im Klassizismus als → Récamier weiter. 2. auf hohem Sockel ruhendes kleines Gefäß für Öl mit einem schwimmenden Docht; aus Porzellan oder Fayence. Es dient zum Warmhalten von Speisen oder Getränken. Seit Mitte des 18. Jh.s bis in die sechziger Jahre des 19. Jh.s in zahlreichen Exemplaren hergestellt.

Veilsdorf → Kloster Veilsdorf

Velde, Henry van de (1863–1957), belgischer Architekt, Gebrauchsgraphiker, Innenarchitekt und Designer. Nach dem Malereistudium verschrieb er sich ganz der Architektur und dekorativen Kunst. Er war einer der bedeutendsten Künstler des → Jugendstils. Mitte der neunziger Jahre wurde van de Velde künstlerischer Berater von Samuel Bing und 1901 vom Herzog von Sachsen-Weimar. Von 1904 bis 1914

Mostrichgefäß von Henry van de Velde. Weimar, 1910. Silber mit Glaseinsatz, Deckel mit Elfenbein unterlegt. H 8,3 cm. Hamburg, Museum für Kunst und Gewerbe.

war er Direktor der Kunstgewerbeschule in Weimar. Er war Mitbegründer des Deutschen Werkbundes (→ Werkbund, Deutscher). In Weimar fertigte van de Velde zahlreiche Entwürfe und Modelle für keramisches Gebrauchsgeschirr und Keramikvasen, wandte sich aber gleichzeitig gegen die Produktionstradition der → Bürgeler Töpferei und der → Meißener Porzellanmanufaktur. Außerdem schuf er Entwürfe für Silberbestecke und Tafelgeschirr, für Beleuchtungskörper, Tapetenmuster, Muster für Stoffe, Teppiche, Linoleum, Möbelentwürfe und Innendekorationen. Ausgehend von den Ideen, die William → Morris formuliert hatte, propagierte van de Velde ästhetisch anspruchsvolles Kunsthandwerk. Er wollte die Vervielfältigung mittels maschineller Fertigung. Die von van de Velde entworfenen Stücke sind als Teile einer übergreifenden Gesamtkonzeption von Architektur, Raum und Innenausstattung zu verstehen. In seinen Gestaltungen dominieren Linie, elementare Formgebilde, Ornament und Konstruktion sollen ineinander übergehen.

Velum (lat. Tuch, Decke, Vorhang), liturgisches Tuch zum Bedecken der Meßgeräte in der katholischen und der griechisch-orthodoxen (→ Kalymmaton), teilweise auch der → Abendmahlsgeräte in der evangelischen Kirche.

Venezianische Majolika, folgte in der ersten Hälfte des 16. Jh.s dem Vorbild von → Faenza, in der zweiten Hälfte → Urbino. Die Muster waren orientalisierend. Eigentümlich für Venedig ist eine bläuliche, etwas durchsichtige Glasur.

Venezianische Spitzen. Venedig, bis zum 18. Jh. tonangebend in der europäischen Mode, war auch vom 16. bis 18. Jh. einer der führenden Orte der Spitzenherstellung. Die große Zeit der venezianischen → Nadelspitze war das 17. Jh., wo neben der Flachspitze (Point plat de Venise) der berühmte Point gros de Venise entstand, eine Reliefspitze mit verdickten Umrissen von stark körperhafter Wirkung. Sie zeigt Rankenmuster mit großen Blüten und ist die reinste Verkörperung der Barockspitze, die den engen → Musterrapport der Renaissancespitze sprengt und in Technik und Muster nach Fernwirkung strebt. Ihre letzte Verfeinerung erlebte die Nadelspitze am Ende des 17. Jh.s mit der Rosen- oder Rosalinenspitze, deren Stege mit Röschen und freistehenden Blättchen besetzt sind. Im frühen 18. Jh. verkümmerte sie (*punto a vermicelli,* „Würmchen", Spitze mit wurmartigen Häkchen).

Venezianischer Samt. Als 1314 → Lucca von den Pisanern erobert wurde, wanderten viele Weber aus, u. a. nach Venedig. Sie gründeten an diesem größten Umschlagplatz des Mittelalters für orientalische Waren eine Seidenweberei, die Einflüsse aus Byzanz, den islamischen Ländern und China aufnahm. Im frühen 15. Jh. begann Venedig mit der Weberei von → Samt und überflügelte dadurch Lucca (Muster: → Granatapfel, Distel, Pinienzapfen, Ananas). Im 16. Jh. bürgerte sich Samt mit mehrschichtiger Oberfläche ein. Die venezianische Samtweberei blühte bis ins 18. Jh.

Venezianisches Glas, seit dem 15. Jh., als man in Nordeuropa nur → Waldglas herstellen konnte und die Glaskunst des Orients (→ islamisches Glas) ihren Niedergang erlebte, in Venedig entstandene Hohlglasprodukte von hohem künstlerischen Rang. Schon vor der Mitte des 15. Jh.s verstand man es in Venedig, ein farblos-durchsichtiges Glas zu schmelzen, das im Gegensatz zum farbstichigen Waldglas und seiner relativen Ähnlichkeit mit dem → Bergkristall *cristallo* genannt wurde. Die Glasgefäße selbst waren von einfacher Form. Nach der Jahrhundertmitte entstanden neben den kunstlosen Gebrauchsgläsern wirkliche Kunstformen, die sich in ihrem Aufbau an die zeitgenössischen Goldschmiedarbeiten anlehnten. Vom Formgefühl der italienischen Hochrenaissance sind die geschwungenen Formen der Blütezeit des 16. Jh.s geprägt. Sie sind von äußerster Dünnwandigkeit und graziöser Form. Klassische Beispiele dieser schlicht-eleganten Gläser findet man auf venezianischen Gemälden des 16. Jhs. und auf Stichen deutscher Kleinmeister wie H. S. Beham oder Jost Amman wiedergegeben. In den Stilleben niederländischer Maler haben sich vor allem venezianische Gläser des 17. Jh.s, der Spätzeit und Erzeugnisse flämischer und niederländischer Hütten *à la façon de venise* erhalten. Aus den venezianischen Gläsern des 17. Jh.s spricht der Geist des Barock. Sie sind häufig keine Gebrauchsgläser mehr, wie es die → Flügelgläser waren, sondern reine Zierobjekte. Als im 18. Jh. der veränderte Geschmack dem geschliffenen und geschnittenen deutschen → Barockglas den Vorzug einräumte, geriet das venezianische Glas in Vergessenheit, und die Hütten Muranos verfielen. Erst in der zweiten Hälfte des 19. Jh.s, nachdem sich von den historisierenden Stilen (→ Historismus-Glas) die Neorenaissance als der dominierende durchgesetzt hatte, erwachte das Interesse an altvenezianischem Glas und an alten Glasmachertechniken erneut. Von Antonio → Salviati und seinen Glasmachern auf den Weltausstellungen in Paris und Wien vorgestellte Erzeugnisse fanden begeisterten Zuspruch und Nachahmer in allen europäischen Ländern. Die von dem in Hamburg tätigen Lampenbläser C. H. F. Müller um 1880 geschaffenen Flügelgläser sind ihren venezianischen Vorbildern so ähnlich, daß sie häufig für Arbeiten des 16./17. Jh.s. gehalten werden. Sehr früh wurden in Venedig farbige Gläser hergestellt. Vorherrschende Farben waren Blau, Grün und Rotbraun, daneben gab es Nuancen von Türkisblau, Tiefgrün, Violett, Goldgelb

Venezianische und „à la Façon de Venise"-Gläser. 16. und 17. Jh.

und Blutrot. Zu den Marmorgläsern zählen das rote und gestreifte Jaspisglas mit roten, blauen, gelben und grünen Farbzusätzen (Calcedonio), das → Achatglas, ein in vielen Farben gewölktes Glas, und das braunrote, meist streifig geäderte → Karneolglas. Mit *lattimo* oder *latticino* bezeichneten die Venezianer ihr opak-weiß gefärbtes Glas (→ Milchglas, → Opalglas). Wahrscheinlich nach Funden antiker Glasarbeiten lebte im 15. Jh. in Venedig die Verarbeitung von → Millefioriglas wieder auf. Etwa im zweiten Drittel des 16. Jh.s wurden vorwiegend Perlen und andere → Glaskurzwaren aus Millefioriglas hergestellt. Einen Goldeffekt verstand man auf chemischem Wege beim → Aventuringlas hervorzubringen. Die Emailmalerei auf Glas war zwischen 1460 und 1530 in Übung, wohl angeregt von den emaillierten Gläsern des Orients (→ islamisches Glas). Den künstlerisch interessantesten Emaildekor besitzen die frühen Gläser, auf denen meist figurenreiche Darstellungen, Hochzeitszüge *(coppe nuziali)*, mythologische und erotische Szenen festgehalten sind. Ein beliebter ornamentaler Dekor waren Goldschupen mit Emailpunkten, der auch auf deutschen → emaillierten Gläsern des 16. Jh.s erscheint. Emaillierte → Wappengläser wurden in der zweiten Hälfte des 16. Jh.s für wohlhabende

Besteller aus Deutschland angefertigt. Nur vereinzelt kamen → diamantgravierte Gläser aus Venedig. Als epochemachende Erfindung der venezianischen Glasmacher gelten die → Fadengläser, die sich bis ins Jahr 1540 zurückverfolgen lassen. Durch die Anordnung der Fäden lassen sich unzählige Variationen erzielen. Davon zu unterscheiden sind die durch die Eigenart ihrer Herstellung von den Fadengläsern abweichenden → Netzgläser. Eine venezianische Erfindung des 16. Jh.s ist das Eisglas, dessen unzählige Risse an das Craquelé chinesischer Töpferwaren erinnert. Mit venezianischen Gläsern bezeichnet man alle Erzeugnisse, die in Venedig selbst gefertigt wurden. Gläser *à la façon de venise* erzeugten neben italienischen Hütten in Florenz, Rom, Neapel, Mailand und anderen Städten vor allem Hütten nördlich der Alpen, die von Glasmachern aus Altare (→ Altaristen) und Murano gegründet worden waren, z. B. in Antwerpen (1550), Lüttich, Mézières, Brüssel und Bois-le-Duc. In Österreich arbeitete seit 1428 eine Muraneser Hütte in Wien, ferner in Laibach, Trient, Villach und Graz. Am berühmtesten wurde die Hütte in Hall in Tirol (→ Haller Gläser). Über Österreich gelangte die Kenntnis vom Glasmachen nach venezianischer Art auch nach Böhmen, z. B. in die südböhmische Hütte Heilbrunn bei Gratzen. In Deutschland war um 1542 ein italienischer Glasmacher in Nürnberg tätig, und auch später noch sollen sich dort muranesische Überläufer aufgehalten haben. 1584 wird in München ein venezianischer Glaskünstler erwähnt. Etwa gleichzeitig entstand eine venezianische Hütte in Kassel.

Venezianisches Porzellan. 1. Manufaktur von Francesco Vezzi, 1720 bis 1727 arbeitend, die älteste Porzellanmanufaktur Italiens. Die Porzellanherstellung gelang mit Hilfe des über Wien kommenden → Meißner Vergolders Christoph Conrad → Hunger. Trotz kurzen Bestehens hat die Manufaktur Bedeutendes geleistet. Es wurden vor allem runde und achteckige Teekannen, Teebüchsen und kleine Vasen mit Unterglasurmalerei gearbeitet. Als Dekor waren gemalte Wappen, Chinoiserien, Häuser und Landschaften

Venezianische Porzellan-Teekanne. Um 1720/27. Ehemals Hamburg, Sammlung Georg Tillmann.

beliebt. „Venezia", „Vena" und „Va" in Unterglasurblau kommen als Marken vor. – 2. Manufaktur von Friedrich Hewelcke aus Meißen (1758–63), deren Erzeugnisse sehr selten sind. 1765 wurde sie von Geminiano Cozzi übernommen; unter ihm bestanden enge Beziehungen zur Manufaktur von → Le Nove. Von Cozzi wurden Geschirre, Galanterien und meist unbemalte Figuren hergestellt. Die Marke unter Hewelcke war V, unter Cozzi ein Anker in Rot oder Gold.

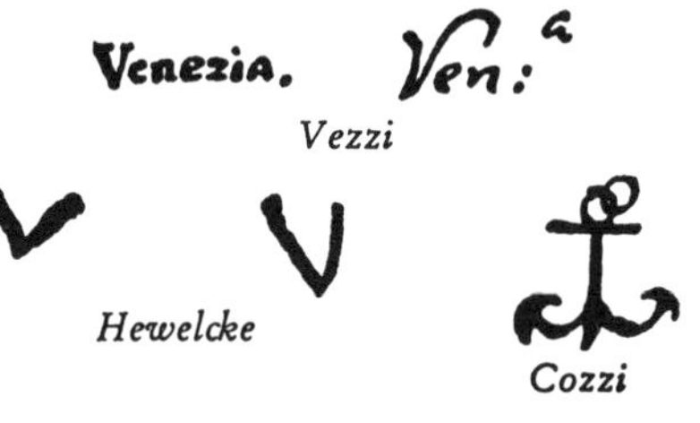

Venus → Aphrodite

Verdüre (franz., Laub), Name für einen Typus von Wandteppichen, die die reine Landschaftsdarstellung ohne figürliche Szenerie zum Thema haben. Die Anfänge der Verdüren reichen bis in die Spätgotik zurück. Ihre formale Ausgestaltung geschieht im 16. Jh. in enger Anlehnung an die Malerei der Zeit, in der die reine, großenteils von Tieren belebte Landschaft zum autonomen Bildthema wird. Verdüren waren auch noch im späten 18. Jh. beliebt. Sie wurden meist als ganze Serien (sog. Zimmer) in Auftrag gegeben. Einige Manufakturen spezialisierten sich daher auch auf Wandteppiche dieses Themas (→ Aubusson).

Vereinigte Werkstätten für Kunst im Handwerk, 1898 in München gegründeter Werkstattverband, dessen Ziel die Erneuerung des Kunsthandwerks im Sinne der englischen → Arts and Crafts-Bewegung war. Zu ihren Gründungsmitgliedern gehörten Hermann → Obrist, Richard → Riemerschmid, Bruno → Paul, Peter → Behrens und Bernhard → Pankok. 1907 werden bereits Filialen in Berlin und Bremen errichtet. Die Vereinigten Werkstätten sind noch heute an ihrem Stammsitz München aktiv.

Verglühbrand → Porzellan

Vergoldung, 1. teilweises oder gänzliches Überziehen einer Körperoberfläche mit Gold, bei Stein, Metall, Holz, Ton, Glas, Leder, gewebten Stoffen, Papier usw. Die wichtigsten Verfahren sind Belegen mit → Blattgold, Aufstreuen oder Auflegen von Gold- oder Bronzepulver, Auftrag von Goldlösungen wie Amalgam, durch galvanische Vergoldung (auf Silber, Kupfer und verschiedenen Legierungen, → Feuervergoldung). Für jede Art des Auftrags, ob rauh (matt) oder geglättet (poliert), ist eine besondere Präparierung der Trägerschicht erforderlich z. B. Ölvergoldung, Leimvergoldung. Metallwaren wie Holz erhalten Blattgoldlagen, entweder auf die aufgerauhte Oberfläche (rauhes Vergolden), auf einen Ölanstrich (mattes Vergolden) oder auf blankpoliertes erhitztes Material. Beim nassen Vergolden ist der Gegenstand bzw. das Teil in kalte oder heiße Goldlösung zu tauchen; auch Eingravieren (z. B. in den Schellacküberzug bei Eisen und Stahl) ist möglich. Vergoldungen auf Glas, Ton und Porzellan müssen, da wenig dauerhaft, in eigenen Verfahren aufgebracht werden.

2. Verzierungstechnik der Buchbinder mittels Streicheisen, Stempeln, Rollen, Fileten, Linien- und Bogensätzen. Vorge-

Verdüre. Flandern, 17. Jh. Wolle. München, Auktionshaus Weinmüller.

Sekretär mit Vernis Martin. Frankreich, Mitte 18. Jh. Rote und goldene Lackarbeiten auf Schwarz, H 150 cm. Paris, Mes. Rheims et Laurin

▽

druckte Stellen der angefeuchteten Lederdecke werden mit Eiweiß grundiert, mit Öl überfahren, mit Blattgold belegt und danach mit den erhitzten Verzierungswerkzeugen nachgedruckt und das überflüssige Gold abgekehrt. Bei der maschinellen Preßvergoldung werden, unter Verwendung von Metallfolien, die Messinggravuren auf der angezeigten Kniehebelpresse abgedruckt bzw. geprägt.

Verlorene Form → Abguß

Vermeil → Feuervergoldung

Vernis Martin (franz., *vernis,* Lack), französische Lackarbeiten des Rokoko (vorwiegend Dosen) aus Papiermaché, die nach den Gebrüdern → Martin benannt wurden, deren Arbeiten sich durch raffinierte Lacklasuren, künstlerische Qualität des Dekors (Schäferszenen, mythologische Darstellungen usw., in der Art von François Boucher und Jean-Antoine Watteau) und die Qualität des von ihnen selbst entwickelten Lacks auszeichnen.

Vernis mou (frz., weicher Firnis, Lack), auch Weichgrundätzung, eine Sonderform der → Radierung. Auf die blanke Kupferplatte wird ein weicher Ätzgrund aufgetragen, entweder eine weiche, klebrige Lackmasse oder eine mit Talg vermischte Masse meist aus Wachs, Harz und Asphalt. Darüber wird ein körniges, dünnes Papier gelegt, auf das mit verschiedenen Bleistiften oder Kreiden gezeichnet wird. Auf die Platte drücken sich Zeichnung und Struktur des Papiers ab. Hebt man das Papier ab, so bleibt der weiche Ätzgrund an der Zeichnung kleben. Die Platte wird dann wie eine Radierung geätzt und abgedruckt. Schon im frühen 17. Jh. wurde mit Vernis mou experimentiert. Besonders beliebt ist diese Technik im späten 18. und frühen 19. Jh.

Verputzen, das Beschädigen oder Angreifen der originalen Farben oder der Pinselstriche eines Gemäldes durch unvorsichtiges oder unsachgemäßes Reinigen. Besonders bei der Entfernung von alten Firnissen und Übermalungen (→ Gemälderestaurierung).

Ver Sacrum, (lat., heiliger Frühling), 1898 gegründete Zeitschrift der „Vereinigung Bildender Künstler in Österreich", in der sich die Ideale und Ziele der Kunst und des Kunsthandwerks Österreichs um die Jahrhundertwende widerspiegeln. Bedeutende Mitarbeiter waren u. a. Koloman → Moser, Josef → Hoffmann und Gustav Klimt.

Versilbern, das Überziehen einer Oberfläche mit Silber, ähnlich der → Vergoldung, durch Verfahren wie Belegen mit

Blattsilber (→ Blattgold), Sieden in Silberlösungen oder Anreiben derselben, Plattieren, galvanische Versilberung u. ä. Die falsche Versilberung erreicht man durch Anreiben eines Amalgams aus Silber (Wismut), Quecksilber und Zinn. Für verschiedene Materialien wie Leder, Holz, Papier etc. sind die Verfahren analog der Vergoldung.

Versus-Populum-Altar → Altar

Vertikaluhren, Sonnenuhren mit vertikal zur Horizontebene angeordnetem Zifferblatt.

Verwechselte Tinkturen → Tinkturen

Vesperbild → Pietà

Vever, Henri, französischer Juwelier und Silberschmied (1854–1942) erbte mit seinem Bruder Paul (1851–1915) 1874 den familieneigenen Juwelierbetrieb. Ihre Arbeiten gewannen in der Folgezeit hohe Wertschätzung und zahlreiche Preise auf Weltausstellungen. Henri publizierte 1908 eine dreibändige Geschichte über den Schmuck in Frankreich, wobei sich der dritte Band vornehmlich mit dem → Art Nouveau beschäftigt. Berühmtestes Stück der Brüder: Sylvia-Anhänger, weibliche Rückenfigur mit Libellenflügeln aus Gold, Email, Achat, Rubinen, Brillanten, 1900 entstanden (Paris, Museé des Arts Decoratifs).

Vexierbilder, scherzhafte bildliche Darstellungen, in denen ein Gegenstand oder eine Figur herauszufinden sind, deren Umrisse gleichzeitig anderen, unmittelbar zu sehenden Gegenständen (Figuren) angehören.

Die Vexierbilder gehen auf den italienischen Maler Giuseppe Arcimboldo (um 1530–93, Mailand) zurück. Sie finden sich in fast allen künstlerischen Techniken von der Renaissance bis ins 19. Jh. Ihre Anwendungsmöglichkeit findet sich besonders bei → Silhouetten. Als Beispiel sei ein Kupferstich von Wenzel Hollar (1607–1677), eine Landschaft, in der ein Kopf im Profil zu erkennen ist (München, Graphische Sammlung).

Vexierglas → Scherzglas

Vexierring, aus dem Südosten nach Europa gekommene Sonderform des Fingerringes, die ein kompliziertes Zusammensetzspiel von mehreren Schienen und Einzelteilen bilden. Seit dem 15. Jh. in Deutschland nachweisbar. Als Weiterentwicklung entstanden in der 1. Hälfte des 19. Jh.s kunstvoll scharnierte Fingerringe, die zum Armband oder zu Ohrringen auseinandergezogen werden konnten.

Vezzi, Francesco → venezianisches Porzellan

Vianen, Adam und **Paul van,** berühmte Goldschmiedebrüder aus Utrecht. Paul, der Jüngere († 1613), ging als Hofgoldschmied Kaiser Rudolfs II. nach Prag und hat hervorragende Plaketten geschaffen. Adam (1570–1627) gilt als Erfinder des Knorpelornaments (→ Knorpelwerk). Lange nach seinem Tod, 1652/54, wurden seine Entwürfe von seinem Sohn Christian veröffentlicht; sie übten dann noch große Wirkung aus.

Vico, Enea, italienischer Kupferstecher und Medailleur (1523–1567), berühmt wegen seiner Kupferstichvorlagen mit Entwürfen von Silbergerät mit Groteskendekoration und → Knorpelwerk.

Victoriatus, römische Münze, Dreivierteldenar (→ Denar) mit Jupiterkopf und Viktoria, der im 2. Jh. n. Chr. für Oberitalien und Illyrien (Donauländer) geprägt wurde.

Vierländer Bauernmöbel, ländliche Möbel aus den Vierlanden bei Hamburg, vor allem aus den Orten Altengamme und Neuengamme. Sie zeichnen sich durch Schnitzarbeiten, meist Kerbschnittornamente aus Vasenformen und floralen Motiven, aus. Ein besonderes Merkmal der Vierländer Bauernmöbel sind die Pfostenstühle aus kantigen Hölzern, deren Kanten abgeflacht sind. Bei den Gestellen wechseln sich Vierkantformen mit balusterartig gedrehten Formen ab; das geschnitzte Rückenbrett zeigt Flachornamentik mit Rosetten und doppelköpfigem Adler (→ Bauernmöbel).

Truhe. Vierlande, 1823. Eiche, Ahorn, Nußbaum, Mahagoni, Jakaranda, 87 × 140 × 67 cm. Hamburg, Museum für Kunst und Gewerbe.

Vierpaß → Dreipaß

Viktorianischer Stil, ungenau zusammenfassende Bezeichnung für die vielfältigen Stiltendenzen während der langen Regierungszeit der Königin Viktoria (1837–1901) in England. Diese Periode läßt sich vielleicht unterteilen in das Early Victorian, ca. 1830 bis 1860 und das High Victorian ab den sechziger Jahren des 19. Jh.s. Die Gestaltung von Produkten aller Art und des gesamten Lebensraumes wird erstmals umfassend erörtert (z. B. → Arts and Crafts-Bewegung, William → Morris) und den Tendenzen des → Historismus (Gothic Revival, der Neogotik in Deutschland gleichzusetzen) entgegengestellt. Damals entstand in England auch eines der ersten Kunstgewerbemuseen der Welt, das Victoria and Albert Museum in London. Architektur und Kunsthandwerk wurden weitgehend geprägt vom billigen Massenwohnungsbau. Sachliche Tendenzen im Gegensatz zu historisierenden setzten sich im späten Viktorianischen Stil mehr und mehr durch, teilweise schon einmündend in den → Jugendstil. Widersprüche zwischen historisierender und „moderner“ Form lassen sich auch in der Produktgestaltung (→ Design) und am Kunsthandwerk beobachten, wo sich einerseits historisch verbrämte, billige und geschmacklose Massenprodukte und andererseits unterschiedlichste Ansätze funktioneller Form begegnen. In der Möbelkunst hielten sich nach der Mitte des 19. Jh.s Neobarock- und Neorokokoformen (Sèvres-Imitationen), am qualitätvollsten fielen noch neoklassizistische Gestaltungen aus. Im Bereich der angewandten Kunst erlebten das Druckwesen und die Buchillustration einen großen Aufschwung. Die Karikatur fand in der Zeitschrift *Punch* (ab 1891) ein adäquates Betätigungsfeld. In den Reproduktionstechniken wurde vor allem die Radierung wieder herangezogen, gleichzeitig war das viktorianische Zeitalter auch die Blütezeit der englischen Porträtphotographie. Der damals sich ebenfalls entwickelnde englische Impressionismus und → Japonismus förderten die frühe Entstehung des englischen Jugendstils (Buchausstattungen oder Tapeten von Arthur Heygate → Mackmurdo).

Vinaigrette, Riechdöschen, kleiner, dosenförmiger Behälter für mit aromatisiertem Alkohol oder Essig getränkte Schwämmchen (Vinaigrette von franz. vinaigre „Essig"), die in der Regel von einem drehbaren, verzierten Gitter in den Döschen gehalten werden. Vinaigrettes gehörten zur Ausstattung der Damen, denen die Riechstoffe bei Erschöpfungszuständen und Migräne zur Erfrischung dienten. Die Vinaigrettes kamen offenbar in der 2. Hälfte des 18. Jh.s in Mode und waren insbesondere im Nordseeküstenraum verbreitet, wo sie teilweise auch Zubehör der weiblichen Volkstracht wurden, so in Norddeutschland, und dann ein beliebtes Hochzeitsgeschenk bildeten. Gefertigt wurden diese Döschen vornehmlich aus Silber, aber auch aus Gold, Elfenbein und Glas mit und ohne Silbermontierung. Häufig sind figürliche Gestaltungen, etwa Herzen, Vasen, Ei- und Fischformen.

Vinaigrettes. Skandinavien, Mitte 18. Jh. Silber, H ca. 6 cm. München, Auktionshaus Weinmüller.

Vincennes-Sèvres, die bedeutendste französische Porzellanmanufaktur, die seit 1760 fast alle europäischen Manufakturen beeinflußte und Spitzenleistungen der Porzellankunst schuf. Sie wurde 1738 als Privatunternehmen im Schloß Vincennes gegründet, ab 1745 stellte man Fritten→porzellan her; gleichzeitig erhielt die Manufaktur ein zwanzigjähriges Privileg des Hofes zur alleinigen Erzeugung von Porzellan mit vergoldeten und bemalten Figuren in Frankreich; 1753 wurde allen übrigen Manufakturen die Porzellanherstellung verboten (bis 1766 in Kraft). 1756 verlegte man die Manufaktur nach Sèvres, wo sie noch heute arbeitet. Ab 1768 wurde gelegentlich, ab 1804 ausschließlich Hartporzellan hergestellt. In der Blütezeit von Sèvres, 1760 bis 1780, wurden einfache, elegante Geschirrformen mit Malereien in einzigartig zarten Farben, wie sie nur auf Frittenporzellan möglich sind, geschaffen, häufig → Fondporzellane; am berühmtesten in zartem Rosa, genannt „Rose Pompadour" (nach der Mätresse Ludwigs XV.). Eine Spezialität waren farbig bemalte, plastische, auf Metallzweigen montierte Blumensträuße aus Porzellan, die für Kronleuchter Verwendung fanden. Für die Figurenplastik lieferten Bildhauer ersten Ranges Entwürfe; am bedeutendsten war Maurice Etienne Falconet (1716–1791, ab 1766 in Rußland). Sèvres stellte bereits ab 1751 Biskuitfiguren (→ Porzellan) her. Um 1770 kam das im Handel sehr gesuchte Juwelenporzellan auf, bei dem getriebenes und ziseliertes Goldblech mit farbigen Emailauflagen auf türkisfarbenen oder blauen Porzellangrund aufgeschmolzen wurde. Es widerspricht dem Werkstoff des Porzellans und zeigt den beginnenden künstlerischen Verfall der Manufaktur an. Vorzüglich geregelt war in Vincennes-Sèvres das Markenwesen; man führte zwei gekreuzte L mit Ziffern und Jahresbuchstaben.

Vinovo-Porzellan, in Vinovo bei Turin zwischen 1776 und 1820 hergestellte Porzellangefäße, Messergriffe und Figuren, die sich an deutsche und französische Vorbilder anschlossen. Die Marke besteht aus einem V mit Kreuz, geritzt oder unter der Glasur.

Viola da gamba → Gambe

Violine, auch Geige, Fiedel, in der Form typisch von den Violen unterschieden, aber daraus entwickelt, so anderes Griffbrett, andere Zargenform, andere Schallöcher, viersaitig in Quinten gestimmt, größerer Ton; zur Violinenfamilie gehören die heutige Viola (Bratsche), das Violoncello und der Kontrabaß; die Violine ist das führende Streichinstrument in der solistischen wie in der Orchestermusik geworden.

Vishvavajra, auch Visvajra (sanskr., Diamantszepter, Donnerkeil) → Vajra

Visier, beweglicher Gesichtsteil des → Helmes, der mit Gitterwerk, Mund- und Augenlöchern versehen ist und gelegentlich die Form eines Tierkopfes hat. Nach den Formen der Öffnung unterschied man ab dem 14. Jh. zwischen Klappvisier (mittels Scharnieren nach oben zu klappen), Absteckvisier (seitlich mit Stiften befestigt), aufschlächtigem und abschlächtigem Visier (in seitlichen Bolzen auf- oder abwärts zu schieben). Visier bei wissenschaftlichen Instrumenten → Absehe.

Visierhelm → Wappen

Visitkarte, Visitkartenphotographie → Carte-de-visite-Photographie

Vincennes-Tasse. Um 1752. Mit blauem Fond und Vögeln in Reserven, H 8 cm. Hamburg, Museum für Kunst und Gewerbe.

Vitrinenschrank, hoher Schrank mit verglastem Oberteil und breit ausladendem kommodenartigem Unterbau. Er wurde Ende des 17. Jh.s in Holland ausgebildet und in Nordwestdeutschland nachgeahmt, vor allem auch im Aachener Eichenmöbel.

Volkstedt, → Thüringer Porzellanmanufaktur, von 1762 bis heute in Tätigkeit. Erst nach anfänglicher Frittenporzellanherstellung (→ Porzellan) ging man zum Hartporzellan über. Die Geschirre, häufig mit plastischem Zierat, sind von → Meißen übernommen und mit deutschen (→ indianischen) Blumen, Landschaften und Figurenszenen bemalt. Eine Besonderheit waren große → Potpourrivasen. Die Plastiken – Hirten, Soldaten, eine Tierhatzgruppe – sind meist ohne Marken. Die Marke der Geschirre, zwei gekreuzte Heugabeln, täuscht die → Schwertermarke vor. Ab 1799 ist die Marke R.

Potpourri. Volkstedt, um 1770. Mit unterglasurblauen Blumen, H 30,5 cm. Hamburg, Museum für Kunst und Gewerbe.

Vollguß → Guß

Vollschmelz → Email

Volute (Schnecke), spiralförmige Einrollung am ionischen Kapitell (→ Säule), die in der Renaissance und im Barock auch anderweitig in der Architektur und im Kunstgewerbe als Schmuckmotiv angewandt wurde. Der Klassizismus verwendete das Volutenmotiv hauptsächlich auch in der Schmiedekunst zur Verzierung von Gittern, Gebäuden, Schmuck, Leuchtern usw.

Vorbrand → Porzellan

Vor der Schrift → avant la lettre.

Vorkragen, Herausragen eines Architekturgliedes oder einer aus der Architektur abgeleiteten Form aus der Fläche.

Vorlagenstiche → Ornamentstiche

Votivgabe, auch Weihegabe, ein aufgrund eines Gelübdes an einen heiligen Ort gestifteter Gegenstand. Der Brauch ist bei fast allen Religionen zu allen Zeiten üblich gewesen. Im katholischen deutschsprachigen Raum kennen wir Votivbilder (Exvotos), und Gebildvotive aus Silber, Wachs, Holz und Eisen → Tonkopfurnen.

Voyeuse, Stuhl der zweiten Hälfte des 18. Jh.s, auf dem man rittlings saß, wobei man auf der hohen Lehne die Arme verschränkte. So konnte man bequem Karten- und anderen Spielen zusehen.

Votivgabe: Kuh, Typ Pasenbach. Oberbayern, 18. Jh. Eisen, 6,2 × 12,3 cm. Nürnberg, Germanisches Nationalmuseum.

Voysey, Charles Francis Annesley (1857–1941), zusammen mit William → Morris einer der wichtigsten Vertreter der englischen → Arts and Crafts-Bewegung. Neben rustikalen, dem Farmhausstil angenäherten Möbeln aus Eichenholz, die er als Ausstattung für die von ihm entworfenen Architekturen anfertigte, stammen von der Hand Voyseys auch zahlreiche Stoff- und Tapetenentwürfe. Zeitlebens ein Gegner des → Jugendstils und später des industriellen → Designs, konnte er doch nicht verhindern, daß sein Ideengut entscheidend beide Bewegungen beeinflußte.

Vredeman de Vries, Hans (1527 bis nach 1604), Architektur- und Ornamentzeichner, (→ Ornamentstiche), 1563–1570 in Antwerpen tätig, danach in verschiedenen Orten Deutschlands und in Prag. Er ist der Erfinder des → Beschlagwerks, zu dessen Verbreitung er durch seine Ornamentstiche wesentlich beitrug. In seinen Möbelentwürfen vertrat er einen klassizistischen Stil, der große Wirkung in den Niederlanden, in Norddeutschland, England und Skandinavien ausübte. 1604 gab er sein Hauptwerk *Perspectiva* heraus, das wesentlich zur Errichtung des Architekturbildes beitrug. Sein Sohn und Schüler Paul gab 1630 in Amsterdam das Möbelstichwerk „Verscheyden Schrynwerk" heraus, in dem der strenge Stil des Vaters bereichert ist.

Vulliamy, Schweizer Uhrmacherfamilie: 1. Justin (1712–1797), emigrierte um 1730 nach London und gründete dort eine Firma. 2. Benjamin (1747–1811), der Sohn von 1., Berater König Georgs III. Er fertigte Standuhren, Stutzuhren und andere Typen, deren Formen stark von französischen Vorbildern beeinflußt war. 3. Benjamin Lewis (1780–1854), der Sohn von 2. wurde zum führenden Uhrenhersteller seiner Zeit. Seine Reiseuhren und anderen Typen zeichneten sich durch ihren hohen Qualitätsstandard aus.

W

Waadtländer Kanne →Walliser Weinkanne
Wachenfeld, Johann Heinrich → Durlacher Fayence
Wachsausschmelzverfahren → Bronzekunst
Wachsend (Heraldik) → hervorbrechend

Wachspuppen. Das Material Wachs entsprach weitgehend dem Wunsch der Puppenmacher, die Köpfe und Gesichter möglichst plastisch und ausdrucksvoll darzustellen. Sie sind bereits um 1700 bekannt. Meist sind dabei allerdings nur die Brustköpfe aus Wachs modelliert, die dann wiederum auf einen Stoffkörper aufgesetzt wurden, dessen Unterarme und Beine ebenfalls aus Wachs oder aus Leder gefertigt sind. Die Frisuren waren entweder aus echtem Haar, Wolle oder Flachs gearbeitet.
Die typische Modelliermasse für die Wachskörper bestand aus drei Teilen weißem Terpentin, vier Teilen Wachs und etwas Schweinefett oder Baumöl. Später kamen dann Paraffin und Ceresin als Modelliermaterial zum Einsatz. Um die Wachsmasse undurchsichtig zu machen, wurde sie mit Zinnober, Volvus oder Mennige gefärbt. Aus den Jahren um 1800 sind sogar Wachspuppen mit beweglichen Schlafaugen bekannt. Dabei verwendete man einen Draht, der durch den Körper gezogen war und so die Augen beweglich machte.
Gute und früher auch schon teure Wachspuppen erkennt man daran, daß die Haare einzeln eingesetzt sind. Bei minderen und damit auch billigeren Modellen sind die Haare büschelweise in einem Mittelschlitz befestigt. Diese Herstellungsart erhöht die Bruchgefahr der Puppenköpfe. Etwa bis zur Mitte des 19. Jh.s wurden die Köpfe der Wachspuppen frei modelliert. Später ging man dann zu einer industriellen Produktionsform über, wobei für die zu gießenden Körperteile Modellformen verwendet wurden.
Zu den berühmtesten Wachspuppenherstellern gehörten die Firmen Montanari und Pierotti. Montanari erregte durch seine wunderschönen Puppen besondere Aufmerksamkeit im Jahre 1851 auf der Londoner Weltausstellung.

Wachsstöcke: links aus Gußeisen, rechts geschmiedet. Neheim-Hüsten, Leuchten-Museum.

Wärmegeräte aus Messing. 17./18. Jh. Oben hängend ein Speisewärmer, daneben eine Bettpfanne, stehend ein Fußwärmer, eine Haube und ein Kohlebecken. Lund, Kulturen.

Wachsstock, Halter eines spiralig gewundenen Wachsfadens mit Docht, aus einer Platte mit senkrechter Stange bestehend. Um die Stange wird der Wachsfaden geschlungen, den oben eine Klammer oder Schere hält. Im 18. Jh. wurden Wachsstöcke häufig in aufklappbare Silberbehälter verschiedener Form mit oben angebrachter Öffnung für den Wachsfaden getan.

Wackeln → Flecheln

Wackerle, Joseph, deutscher Bildhauer und Porzellanentwerfer (1880–1959); einer der bedeutendsten Porzellanentwerfer des frühen 20. Jh.s. Tätig für die Manufakturen in Nymphenburg (1906) und Berlin (1909). Professor in München 1922 an der Akademie und der Kunstgewerbeschule. Seine Porzellanfiguren sind weder dem Stil des 18. Jh.s noch dem Spätklassizismus Münchens (A. v. Hildebrand) unterworfen, sondern sind eigenständige, ausdrucksstarke und vollendet modellierte Bildwerke.

Wärmapfel, auch Wärmkapsel, im Mittelalter und noch in der Neuzeit von Priestern und Laien benutzte kleine Metallkugel mit einer verschließbaren Öffnung zum Einfüllen glühender Holzkohle oder heißen Wassers, die zum Wärmen der Hände während des Gottesdienstes benutzt wurde.

Wärmepfanne, pfannenartiger Behälter für glühende Kohlen aus Messing, Kupfer oder seltener aus Silber, mit langem

Stiel zum Erwärmen von Geschirr. Wärmepfannen wurden auch zum Wärmen der Betten verwendet. Der Scharnierdekkel war reich verziert und ornamental durchbrochen, um die Sauerstoffzufuhr für die glühenden Kohlen zu gewährleisten. Wärmepfannen waren in Europa seit dem 15. Jh. üblich. Seit ca. 1770 wurden sie durch Heißwasserpfannen aus Messing, Zinn, Kupfer oder Steingut mit Schraubverschluß ersetzt.

Wärmglocke, hochgewölbter Silberdeckel von rundem oder geschweiftem Umriß, der im 18. Jh. zum Warmhalten der Speisen über Platten entsprechender Größe gedeckt wurde.

Wärmkapsel → Wärmapfel

Waffenfälschungen, seit Waffen gesammelt werden, gibt es Waffenfälschungen. Im vorigen Jh. wurden besonders in München recht gute Waffenfälschungen hergestellt, meist Rüstungen. Gefährlicher sind „Erhöhungen" an Rüstungen. Ein einfacher Harnisch wurde durch Anbringung von Ätzungen „verbessert". Sie sind meist daran zu erkennen, daß sie nicht auf den Waffenteil hin komponiert sind, sondern daß der Dekor unmotiviert abbricht. Nachbauten moderner Faustfeuerwaffen sind keine Waffenfälschungen, sondern gelten, falls sie markiert sind, als Replika.

Waffenmarken → Feuerwaffen

Wagenfeld, Wilhelm (* 1900), deutscher Industriedesigner; wurde 1929 Leiter der Metallwerkstatt des → Bauhauses. Er lehrte an der Kunsthochschule Berlin, an der dortigen Hochschule für bildende Kunst und der Werkakademie in Dresden. Seit 1930 arbeitete Wagenfeld u. a. freiberuflich für das Glasgewerbe in der Heimindustrie des Thüringer Waldes. Ab 1934 entwarf er Porzellanservices für die → Fürstenberger Manufaktur, die bis 1958 im Handel waren. Nach seiner Professur an der Hochschule für bildende Künste in Berlin, 1947 bis 1949, übernahm er eine Klasse für industrielle Formgebung im Württembergischen Landesgewerbeamt in Stuttgart und arbeitete hier mit der Württembergischen Metallwarenfabrik in Geislingen zusammen. Neben verwendeten Materialien wie Glas, Metall, Silber, Chromnickelstahl und Porzellan experimentierte Wagenfeld auch mit Kunststoffen. Sein Werk zeichnet sich durch Funktionalität, geometrische Klarheit und sensible Werkstoffgerechtigkeit aus, wobei zu seinen Werkmodellen häufig Varianten entwickelt wurden.

Wagireh, geknüpftes Musterstück eines geplanten Teppichs, meist in Kleinformaten von ca. 1,2 × 1,7 m vorkommend.

Wagner, Johann Peter (1730–1809), bedeutender Würzburger Bildhauer, Nachfolger von Johann Wolfgang van der → Auvera, dessen Witwe er heiratete. Wie dieser schuf er Möbel für die Würzburger Residenz, die durch frühe Verwendung von Louis-seize-Motiven (Blattgehänge, Blatt- und Schuppenmuster) auffallen.

Wagner, Otto, (1841–1918), österreichischer Architekt und Formgestalter. Nach einer anfänglich historisierenden Schaffensphase wandte er sich einem neuen → Funktionalismus zu („Nichts, was nicht brauchbar ist, kann schön sein."), der bestimmt war durch die harmonische Verflechtung von Material, Zweck und Konstruktion. Dieser Leitgedanke durchzieht auch sein kunsthandwerkliches Schaffen. Seine bedeutendsten Schüler waren Joseph Maria → Olbrich und Josef → Hoffmann.

Wahrheitstaler, emblematischer Schautaler von Herzog Heinrich Julius von Braunschweig-Wolfenbüttel. Geprägt 1597 und 1598 aus dem gleichen Anlaß wie der → Lügentaler.

Waidbesteck, Waidpraxe → Jagdwaffen

Wakelin, Edward († 1787) und dessen Sohn **John** († ca. 1802), englische Silberschmiede, erzielten in zeitweiser Zusammenarbeit mit J. Parker, W. Taylor und R. Garrard mit ihren Silberarbeiten für Königshaus und Adel beachtliche Erfolge. Werkzeichen: IP über EW oder IW über WT jeweils mit den Federn aus dem Wappen des Prince of Wales darüber.

Wakizashí, neben dem Langschwert, dem → Katana, trug der japanische Krieger auch ein Kurzschwert, das in Form und Gestaltung dem Katana ähnlich war. Es diente auch dazu, den zeremoniellen Selbstmord Seppuku oder Harakiri zu begehen. An der Scheide waren Vorrichtungen, um eine Art Nadel unterzubringen. Sicher scheint zu sein, daß man die kleine Waffe, deren Griff mit dem Wappen des Besitzers geschmückt war, bei Familienfehden im Körper des überwundenen Gegners stecken ließ. Das kleine Messer (Kozuka) ist ebenfalls an der Scheide angebracht. Es hat eine gerade, einschneidige, dem Schwert ähnliche Klinge und einen sehr schön verzierten Griff. Die Waffe diente als Wurfmesser und es wird gesagt, daß man auf 6–7 Meter einen Gegner ins Auge treffen sollte.

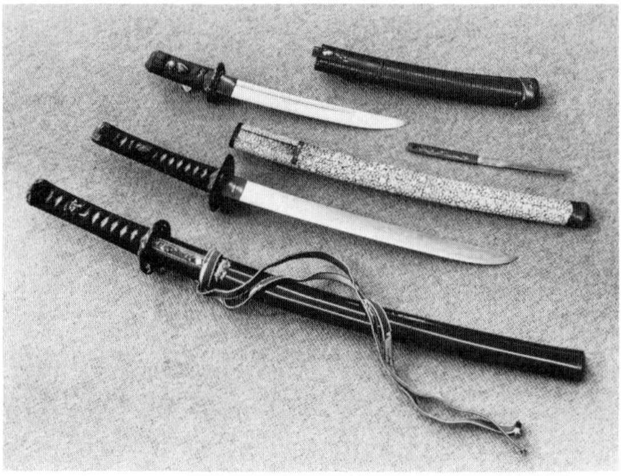

Wakizashí. Verschiedene japanische Kurzschwerter. 19. Jh. L des unteren Kurzschwertes 73,5 cm. Köln, Museum für Ostasiatische Kunst.

Walburgiskästchen, Behältnis für das sogenannte Walburgisöl, eine Flüssigkeit, der man wundertätige Wirkung zusprach und die man beim Grab der Hl. Walburga in Eichstätt fand. Das Öl wurde in Flaschen abgefüllt und in kunstvollen Verpackungen verkauft. Diese oft reich aus Brokat, Spitze und Glassteinen hergestellten → Klosterarbeiten in Form von Kästchen, Truhen, Schränkchen und Sekretären sind in besonders großer Zahl im 18. Jh. entstanden.

Waldenburger Steinzeug, eine bereits im Mittelalter in Waldenburg entstandene Gruppe → sächsischer Töpfereien, die seit dem 15. Jh. salzglasiertes Steinzeug aus einem hellbraunen oder grauen Scherben herstellte. Mit Reliefdekor verzierte Krüge und Kannen wurden im 16. und frühen 17. Jh. produziert. Sie sind schwer vom Steinzeug zu unterscheiden, das die benachbarte Töpferstadt Zeitz erzeugte.

Waldglas, Erzeugnis der Waldglashütten nördlich der Alpen

Herr im Pelzmantel mit Muff als „Winter". Wallendorf, um 1770. H 16 cm. Hamburg, Museum für Kunst und Gewerbe.

seit dem Mittelalter und bis zur Einführung des → venezianischen Glases durch Glasmacher aus Venedig und Altare. Die Glasmasse ist mit Verunreinigungen wie Sandkörnchen und Bläschen durchsetzt und von grünlichem, gelblichem oder bräunlichem Farbton, hervorgerufen durch die mineralischen Bestandteile des verwendeten Quarzsandes und die mangelhafte, weil noch nicht beherrschte Entfärbung des Glases während der Schmelze. Diese Nachteile des Waldglases gelten heute als Vorzüge der daraus hergestellten Gläser, weil die unbeabsichtigten Färbungen oft nachgeahmt, aber nie wieder erreicht worden sind.

Wall, John (1708–76), englischer Arzt und Mitbegründer der Porzellanmanufaktur in Worcester. Leitete die Glanzzeit dieser Manufaktur ein, die sog. „Dr. John Wall Period". Sie dauerte über seinen Tod hinaus bis 1783 an. Wahrscheinlich hatte er sich dort auch als Amateur-Porzellanmaler betätigt.

Wallendorf, → Thüringer Porzellanmanufaktur, von 1764 bis heute bestehend. Neben der üblichen Thüringer Massenware mit unterglasurblauen Blumen wurden auch feinere Geschirre hergestellt. Eine Spezialität waren → Fondporzellane in Schwarz und Dunkelblau. Unter der Figurenplastik finden sich Allegorien, Monats- und Jahreszeitendarstellungen von naiver Frische. Die Marke, ein unterglasurblaues W, ist bewußt der → Meißener Marke angenähert.

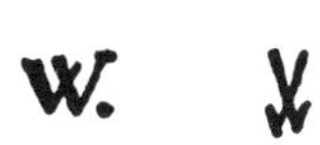

Walliser Weinkanne, in unterschiedlichen Größen (bis zu 10 l Inhalt) auftretende schweizerische zinnerne Deckelkanne verschiedener Formen, vielfach mit Tragkette: Typ 1 mit eingezogenem Fuß und Hals, gedrückt-kugeligem Bauch, zu einem Ausguß erweiterten Lippenrand und herzförmigem, vielfach durch einen Widderkopf verzierten Scharnierdeckel. Typ 2 mit leicht konisch nach oben erweitertem Kannenkörper anstatt des Kugelbauches; Typ 3 mit einem Gefäßkörper in Form eines Kegelstumpfes, der ohne Hals in die Mündung übergeht. Mit gewissen Abwandlungen (prismatische Wandung) tritt der Typ auch als Genfer oder Waadtländer Kanne auf.

Walroßelfenbein, das Material der hauerartig ausgebildeten oberen Eckzähne des Walrosses. Sie werden bei den männlichen Tieren bis 75 cm lang und 3 kg schwer, sind dem echten Elfenbein ähnlich, aber von härterer Konsistenz und daher schwerer zu bearbeiten. Auch die für den Elefantenzahn typische, feine, kurvige Äderung fehlt. Als weiteres Unterscheidungsmerkmal können Veränderungen durch Kristallisationsvorgänge in den Zahnbeinschichten dienen, die beim Elefantenzahnbein nicht auftreten. Walroßzähne werden seit der Besiedlung Grönlands in Nordeuropa, England und Rußland an Stelle von echtem Elfenbein für künstlerische Schnitzarbeiten verwendet. Seit dem 11. Jh. sind Schachfiguren und figürliche Arbeiten für sakrale Zwecke bekannt. Vereinzelt ist Walroßelfenbein auch in Mitteleuropa verarbeitet worden.

Walroßelfenbein. Eskimoschnitzerei. Nordalaska, 19. Jh. Bremen, Überseemuseum.

Walton, George (1867–1933), schottischer Architekt und Designer, ließ sich 1888 in Glasgow als „Kirchen- und Hausdekorateur" nieder. Seine Metallarbeiten nahmen Stilelemente von Charles Rennie → Mackintosh vorweg. Wie dieser gehörte er zu den Hauptvertretern der → Glasgow School of Art. Ab 1897 in London tätig, schuf er Möbel – z. B. die Innenausstattung sämtlicher europäischer Kodakniederlassungen –, Textilien und Glasarbeiten. Er entwickelte das sog. Clutha-Glas, eine bräunlich- oder grünlichschlierige, blasenhaltige Glasart mit Spuren von Aventurin.

Walton-Steingutmanufaktur, in Burslem (Staffordshire), be-

Walzenkrug. Reichsadler mit Jahreszahl 1737. Erfurt. Fayence, H 22,5 cm. München, Privatbesitz.

nannt nach J. Walton (ca. 1780 – ca. 1835). Er stellte Steingutfiguren nach Vorbildern zeitgenössischer Keramikproduktion mit Baum- und Blattwerkhintergründen her. Eingepreßte Marke: Walton.

Walzenkrug, zylindrischer Fayencekrug, meist mit Metallmontierung (Deckel, Daumenrast und Standring aus Zinn oder – selten – Silber), oft geeicht (Maßkrug).

Walzenuhr (Uhr auf schiefer Ebene), zu Beginn des 17. Jh.s gefertigter Uhrentypus, bei dem eine auf einer schiefen Ebene herabrollende Uhr den Regulator (→ Uhrentechnik) vertritt. Ist die Kugel am Ende ihrer gleichmäßig zurückgelegten Laufbahn angelangt, wird sie erneut auf die höchste Position der schiefen Ebene gehoben.

Wandelaltar → Altarretabel

Wandleuchter → Blaker

Wandschirm → Paravent

Wandteppich → Bildteppich, → Gobelin.

Wandtisch, meist rechteckiger Tisch, der nur an drei Seiten dekoriert wurde, die vierte der Wand zugewandte Seite blieb undekoriert. Vor allem in England und Frankreich während des 18. Jh.s sehr verbreitet.

Wanduhr, allgemeinste Bezeichnung für alle Uhren, die an der Wand befestigt werden. Es gibt sie seit der Gotik in den verschiedensten Typen und Stilrichtungen.

Wange, bezeichnet die geschnitzten Seitenwände des Kirchengestühls und, davon abgeleitet, die Seitenbretter bei Bänken und Tischgestellen.

Wangentisch, eine Abwandlung des → Kastentisches.

Wan Li-Porzellan, chinesisches Porzellan von unterschiedlicher Qualität, entstanden während der Regentschaft des Kaisers Wan Li (1573–1619). Charakteristisch für das blau-weiße Porzellan ist die violette Tönung des Unterglasurblaus. Wan Li-Porzellan setzte mit der Verwendung von Emailfarben (→ Wu ts'ai) die Tradition des → Chia-Ching-Porzellans fort. Umfangreicher Export in westliche Länder.

Wanschaff, Karl Georg → Schinkel, Karl Friedrich

Wappen, aus dem mittelalterlichen Waffenwesen entstandene, erbliche farbige Abzeichen zur Fernerkennung. Nach ihren Trägern unterscheidet man Familien- oder Geschlechtswappen, Gemeinschaftswappen (von Ländern, Städten, Korporationen) und Amtswappen, die mit einem bestimmten Amt verbunden sind (Kurfürsten). Die wesentlichen Teile des Wappens sind Schild und Helm mit Helmzier (Zimier) und Helmdecke. Alle über dem Schild befindlichen Teile bezeichnet man als Oberwappen.

Der wichtigste und älteste Teil des Wappens ist der Schild, dessen beliebteste Form Dreiecksschild (in Form eines oben ausgebogenen Dreiecks, in neuerer Zeit oft herzförmig zugespitzt) und Halbrundschild (unten halbkreisförmig) sind. Vom 14. bis 17. Jh. begegnet als Wappenschild auch die → Tartsche (Stechschild, länglich, rund oder viereckig, mit Einschnitt oben rechts, ursprünglich zum Einlegen der Lanze). In Italien kommt zu allen Zeiten der mandelförmige Schild vor. Eine andere typisch italienische Schildform ist der aus der Antike abgeleitete Roßstirnschild. Ledige Frauen führten vom 16. Jh. ab einen Rautenschild. – Heraldische Farben → Tinkturen. Wappenfiguren → Heroldsbilder, → Gemeine Figuren. – Auf dem Schild steht der → Helm, in der Regel nur einer; sind mehrere Wappen in einem Schild vereint (→ Wappenvereinigung, Allianzwappen), so können weitere Helme aufgesetzt werden. Der Wappenhelm folgte den Formen der getragenen → Helme. Der Helm wird erst durch eine aufgesetzte plastische heraldische Figur zum Wappenhelm; diese am getragenen Helm aus bemaltem Leder, Holz usw. gebildeten Figuren heißen Helmkleinod, Kleinod, Helmschmuck (→ Helmzier) oder Zimier. Sie können die Wappenfigur plastisch wiederholen, oft „hervorwachsend"

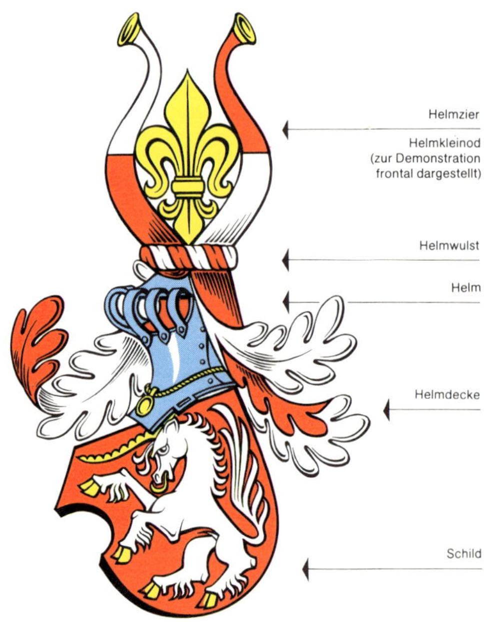

(Zeichnung aus: W. Leonhard, Das große Buch der Wappenkunst. München 1978)

(d. h. nur halb); Heroldsbilder werden auf Brettern oder Flügeln aufgemalt; solche inhaltlich auf das Wappen bezogenen Zimiere heißen Hilfskleinode. Oder der Helmschmuck besteht in ausschließlich zierenden Schmuckkleinoden wie Hörnern, Flügeln (genannt Flüge; „offene Flüge" sind aufgeklappt, „geschlossene" nach hinten gerichtet; → Gemeine Figuren), Hüten, Federn und dergl. Die Vermittlung zwischen Helm und Kleinod geschieht durch die meist gezaddelte (→ zaddeln) Helmdecke, die vom 16. Jh. ab häufig zum Helmband (Helmlör) reduziert ist. Der Wappenhelm kann durch heraldische Rang- und Würdezeichen ersetzt werden: durch → Rangkronen (die in der Zahl der Blätter oder Perlen einen bestimmten Adelsrang bezeichnen), Hüte und Mützen (Kurfürsten-, Herzogshut, Bischofsmütze), durch Amtsabzeichen (Szepter, Marschallstab). Orden wurden neben oder unter dem Schild angebracht oder um den Helm gelegt (→ Goldenes Vlies, → Hosenbandorden).
Die Wappen entstanden im 12. Jh. aus der Notwendigkeit, Einzelkampfer und Heerhaufen für Fernsicht zu kennzeichnen. Zunächst erschien das Wappenzeichen nur auf dem Schild. Im 13. Jh. kam als wesentlicher Teil der Helm mit Zimier und Helmdecke hinzu. Vom 13. bis 15. Jh. entsprach das Wappen der wirklich getragenen Rüstung; damals erlebte das Wappenwesen seine lebendigste Ausprägung und Blüte. Danach wurde das nicht mehr getragene Wappen zu etwas Abgesondertem, wobei das Wappenwesen in Formalismus erstarrte (→ Heraldik, Wappenkunst).

Wappengläser, zu Erinnerungs- oder Repräsentationszwecken mit gemalten oder geschnittenen → Wappen versehene Gläser. Die ältesten Exemplare entstanden gegen Ende des 13. Jh.s. Aus dem 15. Jh. stammt der Brauch, für bestimmte Anlässe, Personen, Zünfte und kommunale Vereinigungen Wappengläser mit Emailmalerei (→ emaillierte Gläser) in Auftrag zu geben. Reich verzierte geschnittene Wappengläser entstanden im Barock (→ Barockglas). (Abb. s. a. S. 536)

Wappenkrüge → Creußener Steinzeug

Wappenkunde → Heraldik

Wappenkunst, gibt Einblick in die Darstellung der Wappen im Lauf der Stilentwicklung. Sie bietet einen Anhaltspunkt für die Datierung der Wappen. War im 12. Jh. die Wappendarstellung auf den Schild beschränkt und zeigt in einfachen und klaren Formen die Schildfigur, so wurden in der Früh- und Hochgotik (13.–14. Jh.) einfache, klare, plakativ ausgestaltete Figuren auf einen großen Schild gemalt, darüber ein Glocken-, Topf- und später Stechhelm mit eindrucksvoller Helmzier, die seit dem 14. Jh. mit kleinen, spitzen oder blattartigen Helmdecken versehen ist.
In der Hoch- und Spätgotik, der Blütezeit der Wappenkunst (15. Jh.), wird in reicher, aber nicht überladener Darstellung die Wappenfigur meist auf einer Tartsche gezeigt, darüber der spitze Stechhelm oder – später – der Bügelhelm, der mit reicher, oft grotesker Helmzier auf einer Helmkrone oder einem -wulst sitzt und von einer bänderartigen, gezaddelten, bewegten und oft verschlungenen Helmdecke umgeben ist. In der Renaissance (16.–Anf. 17. Jh.) wird die Wappendar-

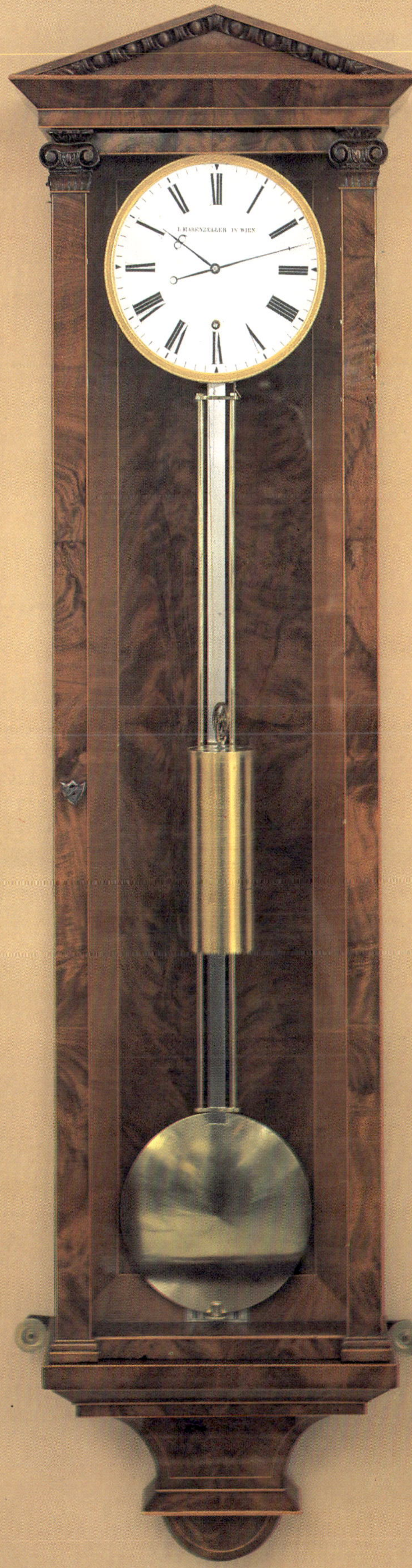

Wanduhr: Jahresuhr. Sekundenpendel mit wirksamer Kompensation, Messingwerk, Grahamgang, Mahagoni-Gehäuse, 124 × 33 cm.

Wappenglas. Sachsen, dat. 1655. Bemalt mit Emailfarben und Gold, H 29,5 cm. München, Bayerisches Nationalmuseum.

stellung ornamental, oft leicht verspielt, prunkvoll stilisiert auf eine geschwungene, gespaltene Tartsche gemalt, deren Rand später durch Rollwerk oder Schnörkel aufgelöst wird. Auf dem Schild steht der Bügelhelm mit phantastischer Helmzier und einer gerollten, eingeschnittenen, wild flatternden und oft überladenen Helmdecke.
Im Barock (17. Jh.) wird die Wappendarstellung verniedlicht, rein ornamental, manieriert, oft mit erfundenen Trophäen geschmückt, immer aber prunkvoll ausgestattet. Der Zweck der Fernerkennung verliert sich über der Vielzahl der Einzelheiten. Über dem Schild, der jetzt meist in Kartuschenform oder rund oder oval erscheint und von einem Reliefrahmen umgeben ist, steht ein oft zu kleiner Spangen- oder Stechhelm, der häufig mit Rangkronen besetzt ist. Die Helmzier wird mit reichen Helmdecken prunkvoll umgeben.
Im Rokoko (18. Jh.) verliert das Wappen jede heraldische Wirkung durch eine naturalistische, reich detaillierte, verspielte und in gebrochenen Farben gehaltene Darstellung, die auf einem meist asymmetrischen Schild erscheint. Darauf steht ein meistens zu kleiner Helm oder eine Rangkrone mit verkümmerter Helmzier, die oft von einer wild wuchernden Helmdecke umspielt wird.
Im Klassizismus (Ende 18.–Anfang 19. Jh.) wird die Zeichnung nur noch oberflächlich heraldisch, meist streng und gekünstelt auf einem kleinen, rechteckigen, ovalen oder runden Schild angebracht, der oft von Blumengirlanden umgeben ist. Darüber schwebt häufig der Helm, die Rangkrone oder der Ranghut.
In der Romantik (19. Jh.) wird die Heraldik der Gotik in oft zu detaillierter und prunkvoller Darstellung nachgeahmt. Neben dem häufig ovalen oder runden Schild mit aufgelöstem Rand wird dem Beiwerk (Fahnen und Trophäen) zu viel Aufmerksamkeit gewidmet.
In der Gegenwart (20. Jh.) knüpft man an die herben, sachlichen und klaren Darstellungen des 13. und 14. Jh.s an und fertigt die Zeichnung nach den Regeln der Heraldik zu der ursprünglichen Zielsetzung der plakativen und deutlichen Fernwirkung.

Wappenmantel → Prachtstücke

Wappenvereinigung, -verschmelzung, die Vereinigung mehrerer Wappen auf einem Schild, die seit dem 13. Jh. vor allem durch Vereinigung mehrerer Herrschaften oder Ämter in einer Hand nachweisbar sind.

Wappenzelt → Prachtstücke

Wardein, staatlicher Münzbeamter, dem die Kontrolle des Feingehalts der → Münzen (Schrot und Korn) oblag. In den skandinavischen Ländern wurde ihm später auch die Feingehaltsprüfung von Gold und Silber (→ Silbermarken) übertragen.

Warenzeichen, wie Wappen gebrauchte Erkennungszeichen für Waren einer Fabrik (Fabrikmarken, Porzellanmarken) eines Handelshauses (Handelsmarken) usw.

Warschau-Fayencen, Erzeugnisse der Belvedere-Manufaktur, die 1774 durch den polnischen König Stanislaus Poniatowski gegründet wurde. Produzierte Fayencen, die stark vom → Chinoiserie-Dekor der Meißner-Manufaktur beeinflußt sind. Die bedeutendsten Stücke sind im japanischen Imaristil geschaffen. Die Erzeugnisse sind gemarkt: B Varsovie, B mit drei nachfolgenden Punkten oder W.

Warzenbecher → Krautstrunk

Wasserfarbenmalerei → Aquarellmalerei

Wasserpfeife → Nargileh

Wasseruhr (Klepsydra), eine Vorrichtung aus zwei kegelförmigen Gefäßen, deren durchlöcherte Engstellen aneinanderstoßen. Das eingefüllte Wasser kann nur langsam aus dem oberen Gefäß ins untere abfließen, und so kann dieser Vorgang als Zeitmessung dienen. Die Erfindung der Wasseruhren ist sehr alt, sie kamen bereits im 2. Jh. v. Chr. in Ägypten auf. In der griechischen und römischen Antike, wo sie angeblich schon um 400 v. Chr. bekannt waren, wurden sie zur Bemessung jener Zeit verwendet, die einem Redner bei einem öffentlichen Vortrag zustand. Freilich waren diese Wasseruhren nicht frei von Mängeln. Da das Wasser bei Kälte erstarrt, gingen diese Uhren im Winter anders als im Sommer. Zu Beginn des Zeitmessungsvorgangs ist zudem der Wasserdruck stärker, d. h. dann fließt das Wasser schneller als zu einem späteren Augenblick.
Auch bei den Chinesen sind Wasseruhren eine sehr alte Erfindung. Hier bestanden sie aus einem runden Gefäß, das am Boden eine kleine Öffnung aufwies. Wurde das Gefäß auf ein Wasserbecken aufgesetzt, drang die Flüssigkeit durch das

Loch in das Gefäß ein, und dieses sank nach und nach tiefer und zeigte so die Zeit an.
Um die Mitte des 17. Jh.s n. Chr. erfand man in England eine Art künstliche Wasseruhr. Ein Zylinder wurde innen in fünf oder sieben Fächer geteilt. Die Trennwände wurden mit einem kleinen Loch versehen, durch das das Wasser von einem Fach ins andere fließen konnte. Dadurch veränderte sich der Schwerpunkt des Zylinders. An beiden Seiten des Zylinders sind Zapfen angebracht, die in einem Gestell liegen, an welchem der Zylinder herabläuft. Der Stand der Zapfen bezeichnet dann die an dem Gestell markierten Stunden. Durch Schnüre, die um die Zapfen gewunden sind, kann diese Wasseruhr aufgezogen werden. Mittels dieser Schnüre konnte man an der Uhr auch ein Schlagwerk oder einen Wecker anbringen oder ein Räderwerk damit in Verbindung setzen, welches seinerseits häufig automatische Spielereien in Bewegung setzte.
Später wurden Wasseruhren in Europa durchgängig durch → Räderuhren ersetzt.

Wasserzeichen, im durchscheinenden Licht sichtbare feine Linien in handgeschöpftem → Papier. Sie entstehen durch das Drahtgitter der Schöpfform, auf die Drahtfiguren (Buchstaben, Wappen usw.) aufgelötet sein können. Diese Kennzeichen der Hersteller geben Hinweise auf Herkunft und Alter des Papiers. Die ersten Wasserzeichen sind vom Ende des 13. Jh.s. Bei Alters- und Herkunftsbestimmungen mit Hilfe der Wasserzeichen ist Vorsicht geboten, da sie schon früh gefälscht wurden. Neuerdings werden auch in maschinell hergestellte Papiere Wasserzeichen eingeprägt.

Watteau-Motive, Darstellungen nach Bildentwürfen des französischen Malers und Zeichners Jean-Antoine Watteau (1684–1721), die entweder plastisch als Statuetten oder als Gefäßmalereien von zahlreichen europäischen Porzellanmanufakturen nachgebildet wurden. Die Werke Watteaus waren durch den zeitgenössischen Kupferstich weit verbreitet und somit als Vorlagen leicht verfügbar, besonders in Meißen, Berlin und Sèvres.

Wayangfiguren, seit dem 11. Jh. auf Java bekannte Schattenspielfiguren, ursprünglich stark stilisierte Ahnen und Götter. Man unterscheidet flache Lederfiguren (wayangkulit), flache Holzfiguren (wayangklitik), runde Holzpuppen (wayanggolek) und Holzmasken (wayangtopeng) für Tanzdramen.
Auf Bali ist nur wayang-kulit bekannt.

Watteau-Motiv auf einer Teekanne. Meißen, um 1750/60. Fond aus purpurviolettem Schuppenmuster, H 11,2 cm. Hamburg, Museum für Kunst und Gewerbe.

Webb, Philip (1831–1915), englischer Architekt, Designer und Kunsthandwerker. Von 1861 bis 1875 war Webb Teilhaber des von William → Morris gegründeten großen Handwerksbetriebes, der unter dem Namen Morris, Marshall, Faulkner und Partner firmierte und für den er in dieser Zeit ausschließlich tätig war. Er entwarf Metall- und Glaswaren, Stickereien und Schmuck, die richtungweisend für den Jugendstil wurden. Seine Möbel sind schwer und massiv in der Bauweise. Eiche war das bevorzugte Material, es wurde gelegentlich in grünlichen oder schwärzlichen Tönen gebeizt, seltener bemalt. Deutlich sichtbare Zapfenverbindungen sind bewußte Rückgriffe auf den mittelalterlichen Möbelbau.

Webekante, in Kettrichtung verlaufende schmale Randpartien von Geweben. Sie werden oft durch Kettfäden, die sich in Material und Farbe von denen des übrigen Gewebes unterscheiden, sowie durch einen Wechsel der Bindung besonders hervorgehoben.

Weber, Franz Joseph, deutscher Porzellanmaler und -chemiker. Arbeitete in der 2. Hälfte des 18. Jh.s in den Manufakturen Ludwigsburg, Frankenthal, Höchst und Ilmenau. Veröffentlichte 1798 die Abhandlung: „Die Kunst das ächte Porcellain zu verfertigen“.

Webrollenhalter. Links: Baule-Jimini. H 16,5 cm. München, Sammlung Eli Ashan. Rechts: Guro. H 20 cm. München, Privatsammlung.

Webrollenhalter, sind besonders in Westafrika verbreitete Arbeitsgeräte, die am Schmalband-Webstuhl verwendet werden. Sie sind holzgeschnitzt, in Form eines nach unten offenen Bügels, in dem sich eine Rolle bewegt. Über diese läuft die Verbindungsschnur, die mittels sog. Litzenstäbe die Kette hebt und senkt. Der obere Teil der Webrollenhalter ist meist mit stammestypischen Symbolen – Menschen-, Tier- oder Maskenköpfchen – versehen, oft in einer der → Afrikanischen Kunst durchaus entsprechenden Art der Personifizierung von Werkzeug und Gerät. Die schönsten Stücke finden sich vielleicht bei den → Baule und Guro-Stämmen, obwohl die Webrollenhalter bei den meisten Stämmen der Elfenbeinküste und Ghanas verwendet werden.

Wechter, Georg d. Ä. (um 1573–86 nachweisbar), Maler und Radierer in Nürnberg, der 1579 eine Vorbildersammlung für Goldschmiede herausgab, die Schweifwerk (→ Beschlagwerk) mit Fruchtbündeln, Blumen, Masken und Gehänge zeigen.

Wecken (Heraldik) → Heroldsbilder

Wecker, Vorrichtung in einer Uhr, durch die zu jeder beliebigen Zeit ein Weckgeräusch erzeugt werden kann. Weckervorrichtungen finden sich sowohl in Verbindung mit Taschen- als auch mit Wanduhren und sind schon seit dem 14. Jh. bekannt.

Wedgwood, Josiah (1730–1795), englischer Keramiker, der Weltruhm erlangte. 1759 begann er → Steingut herzustellen (das ab 1740 in der Grafschaft Staffordshire gebrannt wurde). 1768 baute er eine Steingutfabrik in dem von ihm gegründeten Dorf Etruria (abgeleitet von „etruskisch“, wie man damals griechische Vasen nannte), die sich dank Wedgwoods Organisationstalent und Geschäftssinn zu einem blühenden Unternehmen mit weltweitem Export entwickelte. Es wurden gelbliche Kremware (ab 1765 nach der Königin Charlotte „Queen's ware“ genannt) und gelbes Bamboo, zunächst unbemalt oder mit einfarbigen Landschaften im Umdruckverfahren bedruckt, und weiße Perlware hergestellt, die sich für Blaumalerei eignete. Durch die antikisierenden Tendenzen seiner Zeit (→ Adam, Robert) wurde Wedgwood angeregt, Materialien zu suchen, mit denen er antike → Gemmen, Kameen und griechische → Vasen nachahmen konnte. Dabei entstand 1767 die Basaltware, ein hartes Steinzeug mit schwarzem Scherben, das mit dem Schneidrad auf Hochglanz poliert werden konnte. Daraus stellte Wedgwood Nachahmungen rotfiguriger → Vasen und Büsten klassischer und moderner Dichter her. Von Kameen inspiriert war die um 1775 entwickelte Jasperware, ein verglastes, leicht durchscheinendes Steinzeug, das weiß oder in der Masse gefärbt hergestellt werden konnte. Am beliebtesten waren Gefäße mit weißen Reliefs auf farbigem Grund. In dieser Technik arbeitete Wedgwood über 50 Kopien der → Portlandvase.

Tasse mit Quadriga. Wedgwood. H 5,3 cm. München, Bayerisches Nationalmuseum.

Weesp, holländische Porzellanmanufaktur, die nur von 1757 bis 1771 arbeitete und einfache Geschirre und Figuren herstellte. Als Marke wurden gekreuzte Schwerter mit drei Punkten verwendet.

Wegely, Wilhem Caspar → Berliner Porzellan

Wegmesser → Schrittzähler

Wegner, Hans (* 1914), neben Arne → Jacobsen und Finn → Juhl der bedeutendste dänische Architekt und Möbelentwerfer der vierziger und fünfziger Jahre des 20. Jh.s. Wegner kam, im Gegensatz zu fast allen seinen Kollegen, nicht von der Architektur, sondern unmittelbar von der Kunstschreinerei her. Bei seinen → Sitzmöbeln legt Wegner großen Wert auf perfekte handwerkliche Verarbeitung, sowohl bei der sorgsamen Politur der Oberfläche als auch bei der Ausführung gewisser Teile, wie z. B. Rücklehnen, von Hand. Sein Eßzimmerstuhl aus Teakholz und Eiche mit einem Sitz aus Rohrgeflecht (1949) gehört bereits zu den Klassikern der modernen Wohnraumgestaltung.

Wehenkreuz, kleines Doppelkreuz aus Malachit, das, als Amulett getragen, Hilfe bei der Niederkunft bewirken soll.

Wehenkreuz aus Malachit. Süddeutschland, 18. Jh. H 5,4 cm. München, Bayerisches Nationalmuseum.

Weicher Stil, eine nach dem Erscheinungsbild der Kunstwerke in der deutschen Plastik um 1400 bis 1430 benannte Stilstufe. Anstelle der zuvor üblichen Scharfkantigkeit und Härte in der Darstellung – besonders an Gewandfalten zu sehen – treten nunmehr weiche, fließende Linien mit harmonischer, rhythmischer Bewegung. Der Gesichtsausdruck – besonders der sog. Schönen Madonna – wird lieblich und zierlich, zuweilen hoheitsvoll-mild. Die innige mütterliche Beziehung zum Kinde, gewinnt zarten Ausdruck. Auch in den frühen → Einblattholzdrucken sowie in der Malerei tritt der Weiche Stil auf. Die Bezeichnung Weicher Stil wird von H. Börger (Grabdenkmäler im Maingebiet) 1907 zum erstenmal gebraucht.

Weichporzellan → Porzellan

Weidenbaumtaler, gehört zu einer Serie von Talern, die unter Landgraf Wilhelm II. von Kassel (1627–1637) geprägt worden sind. Die Münze zeigt auf der Rückseite einen von Sturm und Blitz gebeugten Weidenbaum. Die lateinische

Umschrift lautet übersetzt: „Wenn Gott es will, werde ich Erniedrigter aufgerichtet werden.“ Vermutlich sollte auf dem Taler eine Palme als Symbol der Stärke dargestellt werden, der Stempelschneider wählte jedoch die ihm bekannte Form der Weide. Devise und Darstellung weisen auf den Dreißigjährigen Krieg (1618–1648) hin.

Weidenbaumtaler (Abb. verkleinert).

Weidenmuster, ein im → Umdruckverfahren entstandener blauer Chinoiseriedekor, bestehend aus einer stilisierten Weide, einer Pagode und einer Brücke mit Figuren darauf. Th. → Minton soll das Weidenmuster ca. 1780 kreiert haben, das dann bei englischen Manufakturen weite Verbreitung fand und sogar in China kopiert wurde.

Weihegabe → Votivgabe

Weihel, Schleier der Nonnentracht.

Weihnachtskrippe → Krippe

Weihrauchbehälter, verziertes Gefäß zum Aufbewahren von Weihrauchessenz, aus edlem oder unedlem Metall, Holz, Achat oder Muscheln. Erst dosen-, seit dem 12. Jh. schiffchenartig mit Fuß und flachem, zweiteiligem Deckel (lat. *navicula*). Während der Liturgiefeier wird dem Gefäß mit einem Löffelchen Weihrauchessenz entnommen und in das vorgeheizte → Rauchfaß geschüttet (→ Altargerät).

Weihwasserkessel, kleiner Eimer mit Henkel, aus Metall, seltener aus Elfenbein, als Gefäß für das Weihwasser. Dem gegossenen Bronzekörper wurden oft für sich gegossene silberne oder vergoldete Reliefs oder Inschriften aufgesetzt. Zur Besprengung von Altar und Gläubigen wird in den gefüllten Weihwasserkessel der Weihwedel (Aspergill) getaucht, ein Metall- oder Holzstab mit Borstenkopf oder einer durchlöcherten, mit einem Schwamm gefüllten Metallkugel am oberen Ende.

Weihwedel → Weihwasserkessel

Weinbrunnen, ein vom späten 17. bis zur Mitte des 18. Jh.s in ganz Europa üblicher Silber-, Messing- oder mit Zinn ausgekleideter Kupferbehälter in Vasen- oder Urnenform, mit zwei oder mehreren Deckeln und tiefliegendem Zapfhahn.

Weinglasständer, holländischer Ständer des 17. Jh.s aus vergoldetem Silber. Am Ende eines Schaftes sind drei oder vier dekorative Halterungen zum Einhängen von Weingläsern angebracht. Der Schaft war häufig als → Baluster oder in Form einer mythologischen Figur gestaltet.

Weinkühler, Behälter zur Aufnahme von Eiswürfeln oder -wasser, aus Silber oder anderen Metallen für die Kühlung einer oder mehrerer Weinflaschen. Letztere wird auch Weinzisterne genannt. Weinkühler sind urnen- oder vasenförmig geformt und häufig mit einem herausnehmbaren Einsatz versehen. Sie wurden besonders im 18. und 19. Jh. geschätzt. In der zweiten Häfte des 18. Jh.s kamen große, mit Blei ausgeschlagene Holzzisternen auf, die im 19. Jh. die Form antiker Zisternen oder Sakophage annahmen und als eine Art Kleinmöbel anzusehen sind.

Weinprobierschale. Frankfurt am Main, um 1690. Silber, L 15 cm. Frankfurt am Main, Museum für Kunsthandwerk.

Weinprobierschale, kleine, glatte oder getriebene Gefäße aus Silber oder Zinn, die zur Verkostung von Wein dienten. Die Schalen, oft mit graviertem oder punziertem Dekor ver-

Weinkühler. Paris, um 1800. Silber, gegossene Löwenmasken, oberer Zierrand Palmettenfries, darunter Blattfries.

ziert, können henkellos oder mit ein oder zwei Henkeln versehen sein. Die Tradition der Weinprobierschalen geht bis ins Mittelalter zurück. Die frühesten erhaltenen Exemplare stammen aus dem 17. Jh.

Weintrichter, ein zum Umfüllen in die Karaffe bestimmter Trichter aus Silber mit herausnehmbarem Sieb; dazugehörig eine untertassenförmige Schale, auf die der Trichter mit dem Rand nach unten gestellt wurde. Weintrichter sind schon im 17. Jh. nachweisbar. Besonders beliebt waren sie im 18. und 19. Jh.

Weißgold → Edelmetalle

Weißkupfer → Neusilber, → Tombak

Weißpfennig → Groschen

Weißschnitt, Weißlinienschnitt, Hochdrucktechnik, Variante des → Holzschnitts. Hier werden nicht die Linien umstochen, sondern sie werden in den Holzstock eingeschnitten, so daß sie beim Abdruck weiß auf schwarzem Grund erscheinen. Die Verwendung des Weißschnitts läßt sich schon im 15. Jh. nachweisen.

Weißstickerei, Bezeichnung für eine → Stickerei mit weißem Faden auf weißem Grund. → Opus germanicum

Weisweiler, Adam (* um 1750), Pariser → Ebenist deutscher Herkunft, wahrscheinlich aus Neuwied gebürtig, wo er bei David → Roentgen lernte. 1778 Meister-Ebenist in Paris. Über Vermittlung eines Händlers belieferte er die königlichen Schlösser mit seinen prunkvollen, etwas schweren Louis-seize-Möbeln, die statt Marketerie (→ Furnierung) japanische Lacktafeln und sehr reichen Bronzeschmuck (→ Appliken, → Boulletechnik), zuweilen auch Porzellanauflagen zeigen.

Wellenband, ein bereits in vorgeschichtlicher Ornamentik vorkommendes Motiv, das die fließende Bewegung einer Welle stilisiert. Im Möbelbau wurde es im 18. Jh. wieder aufgenommen.

Arbeitstischchen von Adam Weisweiler. Paris, um 1780. H 74 cm. London, Wallace Collection.

Wellenschrank → Frankfurter Schrank

Wellingtonhut, nach dem englischen Feldherrn Wellington benannter Zweispitz des frühen 19. Jh.s, dessen Spitzen nach vorn und hinten zeigten.

Wemyss-Ware, Steinzeugmanufaktur in Wemyss (Schottland), ca. 1790 gegründet, erlebte ihre Blütezeit zwischen 1883 und 1930. Charakteristisch ist ein farbenfroher, rustikaler Unterglasdekor aus Blumen, Vögeln, Früchten etc. Die Produktion wurde 1930 eingestellt, die Modelle von verschiedenen englischen Manufakturen aufgekauft, die die Tradition der Wemyss-Ware weiterführten. Marke: Wemyss.

Werkbund, Deutscher, gegründet 1907 in München, nach seiner Auflösung 1934 Neugründung 1945 zuerst in der DDR, dann in der BRD als Kulturorganisation für die gesamte Umweltgestaltung, vor allem aber für Architektur, Kunsthandwerk und Industriedesign. Der Gründung des Werkbundes ging 1906 die Dritte Kunstgewerbeausstellung in Dresden voraus, in der neue künstlerische Ideen zur Umweltgestaltung erstmals umfassend einem breiten Publikum präsentiert wurden. Der Werkbund setzte sich in der Nachfolge solcher Ziele nicht nur aus Künstlern und Kunsthandwerkern zusammen, sondern auch aus Industrieunternehmern und Kunsthistorikern und des weiteren aus verschiedenen Fachverbänden, um in dieser Zusammenarbeit zu einer Modernisierung ästhetisch gestalteter handwerklicher und industrieller Produkte beizutragen. Die Hauptinitiatoren des Werkbundes veranlaßten deshalb eine Gründung durch zwölf Künstler (darunter Peter → Behrens, Josef → Hoffmann, Joseph Maria → Olbrich, Bruno → Paul, Richard → Riemerschmid) und zwölf kunsthandwerkliche und industrielle Unternehmen. Die kulturpolitischen Ziele des Werkbundes wurden in Flugschriften, von 1912 bis 1916/17 in Jahrbüchern erläutert und publiziert. Der Werkbund initiierte aber auch eine Reihe von Sammlungen ästhetisch geformter Produkte (etwa die Neue Sammlung, seit 1926 im Bayerischen Nationalmuseum, München). Die Auswirkungen des Werkbundes auf die zeitgemäße Formgestaltung waren so groß, daß es bereits 1910 zur Gründung eines österreichischen, 1913 eines schweizerischen Werkbundes kam, die aber beide Mitglieder des Deutschen Werkbundes blieben. Um die Einflüsse der deutschen Formgestaltung zu mindern, wurden durch die Regierungen in England 1915 die Design and Industries Association, in Frankreich 1916 das Comité Centrale des Arts Appliqués gegründet. 1927 folgten die USA mit der Gründung einer entsprechenden Institution. Nach dem Zweiten Weltkrieg entstanden aus solchen Bewegungen weitere Gründungen zum Zwecke ästhetisch ansprechenden Industriedesigns: in England beispielsweise 1944 das Council of Industrial Design, in Frankreich 1951 das Institut d'Esthétique Industrielle. Technisch und ästhetisch gediegene Massenproduktion, Materialechtheit und Materialgerechtigkeit gehörten zu den Zielen des Werkbundes. Auch nach 1945 war die Durchsetzung funktioneller Gestaltung sein Hauptanliegen.

Westerwälder Steinzeug, Steinzeug, das in der Nähe von Koblenz, um Höhr-Grenzhausen gebrannt wird. Der Westerwald war das produktivste Gebiet für Steinzeug im 17. Jh. Es unterscheidet sich von anderen rheinischen Erzeugnissen durch seinen grauen Scherben und die blaue Kobalt- bzw.

dunkelviolette Manganbemalung, die jedoch nicht hier, sondern in Raeren (→ Raerener Steinzeug) erfunden worden war. Durch Zuwanderung von Töpfern aus → Siegburg und Raeren fand eine Verschmelzung mit dem einheimischen Charakter statt. Die heute noch übliche Form des → Humpens wurde im Westerwald geprägt. Auch die Dekorationsmotive, wie die eingeritzten Wellenranken, Zirkelschlag- und Sternornamente sowie die → Knibis- und → Redtechnik auf unbemalten Stücken sind typische Merkmale des Westerwälder Steinzeugs (→ Rheinisches Steinzeug).
Maßgeblich für die hohen Produktionszahlen dieser Massenware war die Fertigung von Vorratsbehältern und anderen Gefäßen für die Hauswirtschaft, nachdem Porzellan und Fayence das Geschirr aus Steinzeug verdrängen. Kennzeichnend für Westerwälder Steinzeug ist der graue, hart gebrannte Scherben, und die „Salzglasur" (der Brand geschieht unter Zusatz von Kochsalz), die das Westerwälder Steinzeug wasserdicht und frostfest machen. Dekoriert ist Westerwälder Steinzeug mit Ritzzeichnungen und blauer, seltener manganvioletter Malerei, die hauptsächlich naturalistische Motive wie Vögel, Blüten- und Rankenornamente zeigt.

Weygang, August, Begründer einer heute noch bestehenden „Feinzinnwarenfabrik" in Öhringen, die seit ungefähr 1885 unter anderem Nachbildungen alter Zinnstücke herstellte, deren tatsächliche Entstehungszeit häufig nicht erkennbar wird.

Whieldon, Thomas, englischer Töpfer (1719–1795), stellte in Fenton Low (Staffordshire) bleiglasiertes Steinzeug und Steingut her. Beliebt waren seine Schüsseln, Teegeschirre und Besteckgriffe. Zwischen 1754–59 war Josiah → Wedgwood Mitarbeiter in der Töpferei. Whieldon verwendete keine Marken.

Wickes, George, englischer Silberschmied († ca. 1770), in London tätig, wurde zum Juwelier des Königshauses ernannt. Merkzeichen: WI oder ein ligiertes GW; GW mit einer Krone darüber und G. W. in gotischer Schrift mit den Federn aus dem Wappen des Prinzen von Wales darüber.

Wiege, ein Kinderbett, das hin- und hergeschwungen werden kann. Über seine Entstehung ist wenig bekannt. Im Mittelalter dominierte die Hängewiege, die an der Decke aufgehängt

Wiege. Egerland, um 1820/30. Kiefer bemalt, H 68,5 cm. Nürnberg, Germanisches Nationalmuseum.

Wiener Porzellan: Don Miguel Zorrero und Hali Nasili Pascha, Zwergfiguren. Um 1744/49. H 12,5 und 12,6 cm. Hamburg, Museum für Kunst und Gewerbe.

war. Im 14. Jh. scheint die Kufenwiege aufgekommen zu sein, die meist als Querschwinger auftritt, mit Kufen am Fuß- und Kopfende, so daß das Kind von einer Seite auf die andere geschaukelt wird, seltener als Längsschwinger mit Kufen in Längsrichtung (vor allem in Westfalen und Hessen) oder als Doppelschwinger mit drehbarem Bettkasten, der in Längs- oder Querrichtung eingestellt werden kann (Nordwestdeutschland). Im Klassizismus kam die Ständerwiege auf, bei der der Kasten zwischen zwei feststehenden senkrechten Pfosten schwingt. Edel geformte, mit geschnitzten Schmuckstreifen verzierte Wiegen sind aus der italienischen Renaissance erhalten. Unter den aus dem 17. und 18. Jh. erhaltenen Wiegen zeichnen sich vor allem die süddeutschen durch reichen Reliefschmuck und reiche Bemalung aus.

Wiegendruck → Inkunabel

Wiener Porzellan. 1. Du Paquier. Dem aus Holland gebürtigen, in Wien lebenden Hofkriegsagenten Claudius Innozentius du Paquier glückte mit Hilfe des Vergolders → Hunger und des → Arkanisten Stölzel (beide aus → Meißen) 1718 die Herstellung von Porzellan. Die Manufaktur arbeitete bis 1744. Als Geschirre stellte man einfache, aber eigenständige Formen her; typisch waren hohe, unten geriefelte oder glatte Schokoladentassen. Die Malerei bestand aus → Chinoiserien, → Bandelwerk, → indianischen und deutschen Blumen. Eine Besonderheit der Manufaktur war → Schwarzlotmalerei mit Gold (Maler: Jacobus Helchis). Figuren waren von untergeordneter Bedeutung. Du Paquiers Geschirre tragen keine Marke, daher die frühere Bezeichnung „Wien vor der Marke".
2. Staatliche Manufaktur, 1744 bis 1784. Sie ist durch Verbesserung der Masse, typische Rokokoformen und den starken Einfluß von → Vincennes-Sèvres gekennzeichnet. Man dekorierte mit galanten Szenen nach französischen Stichen und stellte ab 1760 dunkle → Fondporzellane nach Sèvres-Vorbild her. In der nun häufigen Figurenplastik kommen italienische Komödien- und Canapéfiguren, Putten und Kinder von wienerischem Charme vor; Modellmeister war 1750/

51 Johann Christoph Ludwig Lücke aus Meißen. Ab 1778 treten klassizistische Motive auf (Götter, antike Helden von Anton Grassi, zum Teil nach Abgüssen von Antiken, Familiengruppen in Biskuit). Die Marke, der Bindenschild, kommt in Unterglasurblau und als Preßmarke vor, ab 1783 wurden abgekürzte Jahreszahlen eingepreßt.
3. Sorgenthal, 1784–1805. 1784 wurde die staatliche Manufaktur dem Linzer Wollzeugfabrikant Sörgel von Sorgenthal unterstellt, der sie wirtschaftlich wieder in die Höhe brachte. Sie arbeitete stark antikisierend nach Sèvresvorbildern, vor allem Fondporzellan mit lüstrierenden Farben. Als Bemalung kommen Muster im pompejanischen Stil und Kopien nach Raffael vor. Der Bindenschild wurde weiter als Marke verwendet. 1864 stellte die Manufaktur ihre Produktion ein.

Wiener Regulator, Bezeichnung für in Österreich und vor allem in Wien hergestellte Stand- oder Wanduhren mit langem Pendel, die sehr genau gehen. Häufig ist das Zifferblatt emailiert und das Gehäuse verglast. Seit etwa 1800 waren die Wiener Uhrenhersteller für mehrere Jahrzehnte in Europa führend.

Wiener Sezession → Sezession

Wiener Werkstätten, von Josef → Hoffmann und Kolomann → Moser 1903 gegründetes Kunstatelier, das sich in stilistischer Anlehnung an Entwürfe der → Glasgow School of Art zur Aufgabe gemacht hatte, Möbel, Textilien, Tapeten, Metall- und Glaswaren, Schmuck und vieles mehr von der Idee bis zur Ausführung herzustellen. Viele der hierfür arbeitenden Künstler waren aus dem Kreis um die Wiener → Sezession hervorgegangen. Designer und Handwerker arbeiteten hier Hand in Hand, indem sie die Entwürfe auch ausführten. Die Wiener Werkstätten waren die Pflegestätte des Wiener → Jugendstils. Sie wurden 1932 aufgelöst. Während bis zum 1906 erfolgten Ausscheiden Mosers die Geometrisierung vorherrschendes Gestaltungsprinzip war, entwickelten sich in den Wiener Werkstätten, vor allem ab etwa 1919, phantastische Linienrhythmen und extravagante Farbzusammenstellungen zu dominanter Geltung. Keramik, Glasproduktion, Tapetenentwürfe, exklusive Textilien, Stoffe, Spitzen, Kissen, Wäsche, handgearbeitete Klöppelspitzen, handgestickte Tülldecken und -vorhänge u. a. wurden davon stark geprägt. In den zwanziger Jahren wurden zur Verwirklichung modischer Ensembles immer ausgefallenere Stoffe, Stickereien, Spitzen, Perlarbeiten und handbedruckte Lederarbeiten verwendet. Das Archiv der Wiener Werkstätten befindet sich im Österreichischen Museum für angewandte Kunst in Wien.

Wienhausener Bildteppiche. Im Kloster Wienhausen bei Celle blühte im 14. und 15. Jh. die Wollstickerei von Bildteppichen. Sie sind in kräftigen Farben im Klosterstich (→ Anlegetechnik) ausgeführt. Die Teppiche sind durch Inschriftbänder (in niederdeutscher Sprache) in Streifen geteilt, auf denen, durch Architektur- und Landschaftsmotive getrennt, Einzelszenen aus Heiligenlegenden und zeitgenössischen Ritterepen (Tristan, Parzival) dargestellt sind. Die Entwürfe stammen von wandernden Malern.

Wiesbadener Fayence; eine Manufaktur bestand 1770–1795, die ab 1774 unter der Leitung des früheren → Flörsheimer Direktors Caspar Dreste gute Tafelgeschirre,

Wiener Regulator. Um 1820. Mahagoni, 110 × 27 cm.

Apothekengefäße, Spiegelrahmen und Öfen herstellte. Beliebt waren Teller und Terrinen mit schwarzgeränderten Blumen in leuchtendem Kupfergrün, die Wiesbadener Grüne Familie.

Wilder Mann. Besonders seit dem 15. Jh. werden in der Kunst hauptsächlich als Wappen- und Schildhalter sog. wilde Männer dargestellt. Die Gestalten sind in der Regel am ganzen Körper behaart, nackt, mit Laubgebinden um die Hüfte und auf dem Kopf, zuweilen eine Keule haltend. Sie kommen hauptsächlich in der Volkskunst alpiner Länder, Süddeutschlands und der Schweiz vor und gehen in der Überlieferung als Waldmenschen oder Waldgeister auf Volkssagen zurück. Bekanntes Beispiel im Kupferstich Albrecht Dürers „Das Wappen des Todes", 1503. Seit dem 15. Jh. auch als Schildhalter (→ Prachtstücke), Türbekrönungen, Bronzeleuchter.

Willaume, David, französischer Silberschmied (1658–1741). Um 1687 in England eingebürgert und in London tätig. Ließ 1688 sein erstes Merkzeichen registrieren. Aufträge für das Königshaus und den Adel machten ihn zu einem der erfolgreichsten Silberschmiede seiner Zeit. Er stellte → Weinkühler → Präsentierteller, Kannen, Silberbesteck usw. her. Sein Sohn, David (1693–1761) übernahm 1716 das väterliche Geschäft. Merkzeichen: W oder DW jeweils mit zwei Sternen darüber und einer Fleur-de-lis darunter.

Willems, Joseph, flämischer Bildhauer und Porzellanmodelleur (1715–1766). Tätig an den Manufakturen in → Tournai und 1749 bis 1766 als erster und wichtigster Modelleur in → Chelsea. Schuf Porträtbüsten, Berufsdarstellungen, Nationalitäten und allegorische Figuren.

William and Mary Stil → Barockstil

Willkomm, aufwendiges zeremonielles Trinkgefäß verschiedener Materialien (Silber, Zinn, Glas), vorwiegend in Pokalform, das vom 16. bis 18. Jh. den Magistraten, Zünften und anderen Körperschaften, aber auch Einzelpersonen bei der Bewillkommnung der Gäste zum Umtrunk diente. Es konnte in den verschiedensten Formen gearbeitet sein: in Pokal- oder Humpenform, als menschliche oder tierische Figur (Wappentier) mit abnehmbarem Kopf oder aber in der Gestalt des jeweiligen Arbeitsgerätes der Zunfte.

Wimpel, breites, leinenes Halstuch der Nonnen, das auch den Kopf umhüllen kann.

Wimperg, in der Gotik verbreiteter Ziergiebel, meist von zwei → Fialen gefaßt und auf seinen Schrägen mit → Krabben besetzt, in einer → Kreuzblume endend. Die Giebelfläche ist meist mit durchbrochenem Maßwerk besetzt. In der Spätgotik wird das Maßwerk der Wimperge durch Astwerk ersetzt. Wimperge finden sich im Mittelalter auch an allen architektonisierenden Gegenständen profanen und sakralen Gebrauchs.

Wincanton Delftware, englisches, zinnglasiertes Steingut in Wincanton (Somerset) bei Bristol um 1737–1748 hergestellt. Charakteristisch für Wincanton-Ware ist ein purpur gesprenkelter Fond um weiß ausgesparte Reserven.

Windellade, die an die Tradition des Frankfurter Nasenschrankes (→ Frankfurter Wellenschrank) anknüpfende Variante eines Schrankes, der im 18. Jh. in der Schweiz hergestellt wurde. Das meist mit Nußbaum furnierte Möbel weist im oberen Drittel eine Schranktür und die charakteristischen Nasen als Ecklösung auf. Das Unterteil besteht aus vier Schubladen. Auffallend sind der hohe Sockel, der auf Kugelfüßen ruht, und das ausladende Gesims.

Windmühlenbecher, eine im späten 16. und 17. Jh. in Holland übliche Form des → Sturzbechers mit einer Windmühle am Griff, deren Flügel nach dem Füllen des Bechers durch Anblasen in Bewegung gesetzt wurden. Das Gefäß mußte geleert sein, bevor das Windrad stehenblieb. Die Becher wurden vorwiegend in Silber, gelegentlich auch in Glas mit silbernem Griff gefertigt.

Windmühlenbecher. Dordrecht, 1. Hälfte 17. Jh. Silber, H 23 cm. Amsterdam Rijksmuseum.

Windmühlenuhr, eine Taschenuhr, deren Zifferblatt mit einer Windmühle in einer Landschaft bemalt ist. Die Windmühlenflügel werden durch das Uhrwerk bewegt.

Windsorstuhl, Ende des 17. Jh.s in England entwickelter Stuhltyp, der sich bis heute erhalten hat. Er war ursprünglich aus verschiedenen Holzarten zusammengesetzt: aus Rüster der sattelförmige Sitz, aus Taxus die Rückenlehne, die gleichzeitig als Armstütze vorgezogen ist, aus Esche oder Buche die Beine und die federnden Rundstäbe oder ausgeschnittenen Bretter als Füllung der Lehne. (Abb. s. a. S. 544)

Winogradow, Dimitri Iwanowitsch, russischer Bergbauingenieur und Arkanist († 1758). Befaßte sich seit 1744 in St. Petersburg zusammen mit C. C. → Hunger mit der Herstellung von Porzellan. Sie gelang ihm als erstem in Rußland nach 1750. Auf seinen Experimenten beruht die Gründung der Kaiserlichen Porzellan-Manufaktur, → Sankt Petersburg, die 1775 bis 1790 ihre Blütezeit erlebte.

Windsorstuhl. England, Anfang 18. Jh. London, Victoria and Albert Museum.

Winter, Friedrich, († 1712), schlesischer Glasschneider, empfing 1687 von Christian Leopold Grad Schaffgotsch das Privileg für den → Glasschnitt. Winter spezialisierte sich auf den Hochschnitt. In dieser Technik schuf er die besten Arbeiten barocker deutscher Glaskunst (→ Barockglas). Sein Bruder Martin († 1702), Vetter und Lehrer von Gottfried Spiller, war ebenfalls Glasschneider und seit 1680 in der Potsdamer Glashütte tätig (→ brandenburgische Gläser).
Winterkönigstaler, Taler, die der Winterkönig, Kurfürst Friedrich V. von der Pfalz, während seiner kurzen Regierung als König von Böhmen (1619–20) schlagen ließ.
Winterthurer Fayence → Fayencen
Wirkerborte, Wirkermarke → Gobelinmarke
Wirktechnik, Durchkreuzung von → Kette und Schuß, bei der der Schuß mit der Hand und nur so weit durch die Kette geführt wird, wie Farbe und Zeichnung der Darstellung verlangen; auf diese Weise kann eine mehrfarbige Flächenmalerei in ein textiles Erzeugnis umgesetzt werden. Die Kette ist meist aus farblosem Leinen, der Schuß aus Wolle, Seide oder auch → Metallfaden. – Die Wirkerei ist eine der ältesten Handwerksübungen der Menschheit, die schon im 2. Jahrtausend v. Chr. an Kleiderborten in Kleinasien nachzuweisen ist. Im Abendland wurden seit dem 11. Jh. → Bildteppiche am hohen oder flachen Stuhl gewirkt. Am hohen Stuhl (Haut-lis) waren die Kettfäden senkrecht gespannt; die durch den Schuß gebildete Darstellung wuchs von unten nach oben. Anstelle des anfänglich festen senkrechten Rahmens kam im 14. Jh. ein Stuhl mit drehbaren Walzen in Gebrauch, der eine lange, zusammenrollbare Kette, d. h. ein größeres Format, und auch in der Breite das Nebeneinanderarbeiten mehrerer Wirker, d. h. die Entstehung von → Manufakturen, ermöglichte. Als Vorlage diente ein maßstabgetreuer gemalter Karton, den der Wirker in einem Spiegel hinter der Kette vor sich sah, während auf den Kettfäden selbst die Umrisse der Darstellung aufgezeichnet waren. Am flachen Stuhl (Bas-lis) war die Kette waagerecht gespannt; die Darstellung wuchs von links nach rechts. Der Wirker arbeitete nach der Patrone (ital. Carta rigata), einer vereinfachten Umzeichnung des Kartons, die unmittelbar hinter der Kette aufgespannt war. Das Ergebnis beider Wirkverfahren ist nahezu gleich. Dem Gobelin ist kaum anzusehen, ob er am hohen oder flachen Stuhl gearbeitet wurde.
Wirkteppiche → Bildteppiche
Wirtshausschild, ein Schild, das ein Wirtshaus anzeigt. Meist ein hängendes Schild, das an einem langen Arm so weit vor die Hauswand ragt, daß es von weitem gesehen werden kann. Es ist meist aus Eisenblech oder Schmiedeeisen; das Schild selbst ist bemalt, vergoldet oder auch plastisch gestaltet. Das Wirtshausschild entwickelte sich aus den mittelalterlichen Haus- und Handwerkszeichen.
Wittenberger Heiltumsbuch → Reliquiar
Wladimirskaja, berühmtestes Gnadenbild Rußlands, byzantinisch, 11. Jh., restauriert von → Andrej Rublow (ca. 1370–1428); heute in der Tretjakow-Galerie in Moskau.
Wöchnerinnenschüsseln, Godenschüsseln; vom 15. bis 18. Jh. war es Sitte, Wöchnerinnen als Geschenk Speisen in verzierten Schüsseln zu überreichen. Dafür bildete sich ein Typ von Deckelschüsseln heraus, bei dem der Deckel umgestülpt als Teller dienen kann und die Form der Schüssel in umgekehrtem Sinn wiederholt. Reiche Ausprägung erfuhr er in der italienischen → Majolikakunst, wo die Schüsseln mit passenden biblischen und mythologischen Szenen geschmückt und oft zu vielteiligen, sich nach oben verjüngenden Aufbauten zusammengestellt wurden. In Frankreich waren Wöchnerinnenschüsseln aus → Limosiner Email beliebt. Im 18. Jh. erlangten Straßburger Wöchnerinnenschüsseln Berühmtheit; sie wurden, (nach ihren waagerecht abstehenden ovalen Griffen) Ohrenschüsseln genannt. Für einfache Bedürfnisse waren sie aus Zinn, für verwöhnte Ansprüche

Wöchnerinnenschüssel. Augsburg, 1. Hälfte 18. Jh. Silber, Dm 13 cm. Frankfurt am Main, Museum für Kunsthandwerk.

aus Vermeil (Feuervergoldung). Deckel und Ohren zeigen reichen Reliefschmuck. An anderen Orten Deutschlands und der Schweiz wurden Straßburger Ohrenschüsseln nachgeahmt.

Woilach → Sattel

Wolbeer, Gerhard → Berliner Fayencen

Wolfers, Philippe, belgischer Goldschmied (1858–1929), arbeitete zunächst im Stil des Neorokokos und wandte sich 1892 ganz dem → Art Nouveau zu. Neben Arbeiten in Glas, Edelmetallen und Email spezialisierte er sich zwischen 1897–1904 auf die Herstellung von Schmuck, der häufig orientalisch oder fernöstlich inspiriert war. Dazu verwendete er neben den traditionellen Materialien Gold, Silber, Edelsteine usw. den bis dahin unüblichen Werkstoff Elfenbein. Nach 1910 arbeitete er in einem eher geometrischen Stil. Ein Beispiel dafür war sein Salon auf der Pariser „Exposition des Arts Décoratifs" (1925), für den er jedes Detail selbst entwarf. Er nannte seinen Stil „Gioconda-art décoratif", der die neue Richtung des Art déco-Schmucks der zwanziger Jahre einleitete.

Wolff-Gläser, in der Technik des → Stippens verzierte Gläser von David Wolff (1732–98), dem Nachfolger von Frans Greenwood (1680–1761). Im 19. Jh. wurden Wolff-Gläser nachgeahmt und manchmal mit seinem Namenszug signiert.

Wolfsburg, Carl Ferdinand von, deutscher Jurist und → Hausmaler (1692–1764). Schüler von Ignaz → Bottengruber, unter dessen künstlerischem Einfluß er lange Zeit stand. Wolfsburg malte vorwiegend Bacchantenszenen in Eisenrot und Purpurviolett auf weißer Ware aus Meißen und Wien. Seine Bandelwerkbordüren waren ab 1740 von du Paquier beeinflußt.

Wolkenband, Bezeichnung für ein Ornament, das in kaukasischen und persischen Knüpfteppichen vorkommt. Das sowohl symmetrische als auch asymmetrische Wolkenmuster (in den Bordüren und auch im Fond vorkommend) hat das chinesische Unsterblichkeitssymbol Chi zum Vorbild. Das Muster findet sich unter anderem auf chinesischen, kaukasischen, vor allem aber auf persischen Teppichen während der Regierungszeit der Safaviden (1499–1722).

Wolkenbandkasak, auch Chondzoresk; Bezeichnung für einen im Karabagh-Gebiet entstandenen Teppich, in dem das → Wolkenband als Hauptmuster erscheint.

Woodennickels, münzähnliche Holzscheiben aus den USA. Seit etwa 1930 als eine Art Spenden-Token bei Festen und Jubiläen ausgegeben. Ursprünglich wurden sie im Wert von Fünfcentstücken (Nickel) von den Veranstaltern in Zahlung genommen, häufig aber auch als Souvenir behalten und gesammelt.

Worcester, englische Porzellanmanufaktur (1751 bis heute), die im 18. Jh. Geschirre mit Unterglasurmalerei in Anlehnung an Imariporzellan (→ japanisches Porzellan) und → Meißen herstellte. Ab 1756 wurden Muster von → Vincennes-Sèvres nachgeahmt. Ende des Jh.s. produzierte Worcester als erste Manufaktur Elfenbeinporzellan, eine gelbliche Ware von mattem Glanz, die dann an anderen Orten nachgeahmt wurde. Als Marken kommen W, ein Halbmond u. a. vor.

Wright, Frank Lloyd (1869–1959), der bedeutendste amerikanische Architekt und Möbelentwerfer des 20. Jh.s, dessen Ideen entscheidend unsere heutige Umwelt beeinflußt haben. 1908 schrieb er: „Die befriedigendsten Wohnlösungen sind die, bei denen die meisten oder alle Möbel als Teil des Gesamtkonzeptes integriert sind." Das Ensemble bedeutet für ihn nicht ein Nebeneinander von Architektur, Mobiliar und Dekoration, sondern ein ad hoc geschaffenes Ganzes. Dies erforderte natürlich große Flexibilität des → Designers, sowohl was Formen als auch was Materialien betrifft. So finden sich bei Wright gleichzeitig Wohnzimmerstühle aus Holz und Bürostühle aus gestrichenem Metall, jeweils ihrem Verwendungsort entsprechend. Wright begann als Architekturzeichner im Büro Louis H. Sullivans in Chicago (1888–93), gründete aber schon bald eine eigene Firma, in der er seine persönlichen Ideen verwirklichen konnte. In diesen Jahren entwickelte er das Konzept des „Prairie"-Hauses, eines Landhauses mit gestrichenen hölzernen Vertäfelungen, in dem sich bereits seine Vorliebe für rechteckige oder vieleckige, gegeneinander verschobene Flächen dokumentierte, die auch für seine Möbel kennzeichnend ist.

Wrisbergholzen bei Celle, 1735 von Baron von Wrisberg gegründete Fayencemanufaktur, die bis 1834 arbeitete. Sie stellte unterglasurblau und gelb dekorierte Vasen, Geschirre und Figuren mit bunter → Scharffeuerbemalung im Stil der → Braunschweiger Fayencen her. Als Marke diente ein ligiertes WR.

Wrotham-Ware, früheste → Schlickerware Englands. Sie wurde wahrscheinlich bereits im 16. Jh. in Wrotham (Kent) hergestellt; datierte Stücke finden sich zwischen 1612 und 1739. Der Scherben erscheint rot-braun oder strohfarben unter einer Bleiglasur. Es wurden vornehmlich Kerzenleuch-

Krug mit Bildnis Friedrichs des Großen. Worcester, um 1759. Schwarzdruck, H 14 cm. London, Victoria und Albert Museum.

Teekanne mit Hafenvedute. Würzburg, um 1775/80. H 17 cm. Hamburg, Museum für Kunst und Gewerbe.

ter, Krüge und einfaches Geschirr produziert. Charakteristisch ist der aufgestempelte Dekor aus Blumen, Kreuzen, Sternen, Masken und polsterartig „aufgenäht" wirkenden Feldern. Manche Stücke tragen den Namen oder die Initialen des Töpfers.

Würzburger Porzellan. Wenige Jahre, 1775 bis 1780, bestand in Würzburg eine Porzellanmanufaktur, die einfache Geschirre, Schäfer-, Jäger- und Gärtnerfiguren von lokaler Bedeutung erzeugte. Sie führte die Preßmarke W unter einem Breitoval oder unter CG, dem Monogramm des Besitzers Caspar Geyger.

Wunschjuwel (sanskr. *cintâmani),* knospenförmiges perlenartiges Juwel mit nach oben weisender Spitze, „Perle der Unvergänglichkeit", „die alle Schätze enthält"; als Symbol und Attribut in vielen buddhistischen Darstellungen die Erfüllung frommer Wünsche verheißend; chin. *ju-i,* jap. *hôshu.* Bei Geräten oder in der Architektur verläßlicher Hinweis auf eine Funktion im buddhistischen Kult und bei Einzelobjekten fast immer auch auf ostasiatische Herkunft.

Wursthafen, bauchiger Fayencekrug mit nur leicht eingezogener Mündung, dessen Wandung und Henkel durch Riefelung ornamentiert sind. Nürnberger Sonderform.

Wurzelmaserfurnier → Nußbaum

Wu ts'ai-Ware, (chin. Fünf-Email-Farben). Ein für die → Wan Li-Ära typisches Porzellan (→Wan Lí-Porzellan), bei dem zusammen mit Unterglasurblau die Emailfarben Rot, Grün, Gelb, Schwarz und Purpur verwendet wurden. Diese Technik wurde bereits in der → Chia-Ching-Periode entwikkelt und setzte sich bis in die K'ang-hsi-Zeit fort (→ famille verte).

Wyspiański, Stanisław (1869–1907), polnischer Schriftsteller, Maler und Innenarchitekt. Neben seinen bedeutenden Werken in Dichtung und Malerei schuf er → Kartons für Glasmalereien und entwarf Buchschmuck, Möbel, Interieurs, Stoffe und Metallarbeiten. Seine Zuneigung zu Blumen und Pflanzen ließ ihn zum Hauptvertreter der „floralen Strömung" im polnischen Jugendstil werden.

Wunschjuwel auf Lotossockel

X/Y

X-Füllung, Schmuckmotiv rheinischer, flandrischer und norddeutscher Eichenmöbel von etwa 1450 bis 1550 neben dem → Faltwerk. Die X-Füllung besteht aus sich x-förmig kreuzenden oder berührenden Hohlkehlen und Rundstäben auf ranken- oder ornamentgeschmücktem Grund.
Xhrouet (od. Secroix), französischer Porzellanmaler an den Manufakturen → Vincennes und → Sèvres 1750–1775.
Xylographie, im 19. Jh. gebräuchliche Bezeichnung für Holzschnitt, insbesondere für Holzstichreproduktionen.
Yab-yum (tib., „Vater-Mutter-Geste"), Kombination einer männlichen Gottheit, meist in kraftvoller Ausfallstellung (sanskr. *âlîdha),* mit seiner weiblichen Entsprechung (sanskr. Prajñâ, Weisheit) in einer Haltung sexueller Vereinigung im „Sitz der höchsten Wonne" (sanskr. *mahâsukhâsana),* um so die vollkommene Heils- und Segenskraft aus der Vereinigung des männlichen, aktiven Prinzips, der Energie, mit der allumfassenden Weisheit, dem weiblichen, passiven Prinzip, der Absoluten Leere, und damit die Überwindung von allem Dualismus als Voraussetzung zur Erlangung der Buddhaschaft ansichtig, wirksam und erfahrbar zu machen; typisch für die Kunst des tantristischen Buddhismus. Im (späteren) hinduistischen Tantrismus ist die gleichartige Darstellung, nämlich die Vereinigung von Shiva in einer seiner Erscheinungsweisen mit entsprechender Shakti (Energie), also von männlichem und weiblichem Prinzip, in umgekehrter Weise zu verstehen, wenngleich die kennzeichnende Haltung und viele Details solcherart dargestellte Götterpaare weitgehend gleich erscheinen lassen. Das Thema begegnet vor allem in der Malerei der tibetischen → Thankas wie in der Bronzeplastik; dort unter reicher Verwendung von Vergoldung und Edelsteineinlage oder farbigem Email. In den esoterischen fernöstlichen Buddhismus wurde es nicht aufgenommen. In China kam es nur unter lamaistischem Einfluß, während der Mongolenzeit der Yüan-Dynastie, und nachfolgend unter der Herrschaft der Manchu, in der Ch'ing-Dynastie, in preziösen, doch starren und zunehmend stereotyp werdenden Formen zur Nachbildung.
Yaçebedir, Knüpfteppich aus Westanatolien, zur Bergama-Gruppe (→ Bergama) zählend. Er wird wegen seines dunklen Gesamtfarbbildes auch als Köhlerteppich bezeichnet.
Yad → Toraschmuck
Yaki → Yao
Yakiba → Katana
Yaksas (tibet., weibl. Form: Yaksi), ursprünglich Lokalgottheiten der indischen Volksreligion wurden sie im Buddhismus und Lamaismus zu Vorläufern der Bodhisattvas, vor allem in den Darstellungen auf tibetischen → Thankâs.
Yama (sanskr.; tib. *gShin-rje,* der stierköpfige Todesgott aus dem tantristisch-buddhistischen Pantheon), einer der „Acht Schrecklichen", mit den Attributen Keule und Rad. Seine → Prajñâ ist die Schutzgöttin von Lhasa, Lha-mo (→ Yidam).
Yao (chin. „Brennofen"). Bezeichnung für chinesisches Porzellan und Steinzeug. Das entsprechende japanische Wort heißt Yaki.
Yastik, türkische Bezeichnung für die kleinste Teppichgröße von ca. 40 × 80 cm.
Yatagan, früher im osmanischen Reich weit verbreitetes Hiebschwert mit oft prunkvoller Verzierung. Einschneidig, nach vorn gekrümmt und gegen die Spitze verbreitert, hat es seine Vorgänger bereits im antiken Griechenland. Der Griff ohne Handschutz endet ohrenförmig. Er wird vom 16. Jh. an immer größer. Der Yatagan wird auf dem Balkan fälschlich Handschar (vom türk. *henzer,* Dolch) genannt. Die arab. Inschriften der Klinge nennen oft Hersteller, Besitzer und ein Datum.
Yaure → Baule
Yellow Book, The, englische Vierteljahresschrift, die sich vor allem den ästhetischen Problemen der Kunst widmete. Die neue Bewegung fand hier ihren publizistischen Niederschlag. Berühmt wurde *The Yellow Book* durch die Mitarbeit Aubrey → Beardsleys. Der erotisch-dekorative Reiz seiner Darstellungen wurde von der viktorianischen Gesellschaft heftig kritisiert. Diese Reaktion hatte den Rücktritt Beardsleys und das baldige Ende der Zeitschrift zur Folge.
Yidam (tib., „Wunschgedanken-Bürge"), Gruppe der „Wunschgötter" (sanskr. *ishta devatâ*); Schutzgottheiten im tantristischen (Tibet, Nepal, Mongolei) bzw. esoterischen (China, Japan) Buddhismus, die in friedlicher Form (sanskr. *shânta,* tib. *ziba*) dargestellt werden oder aber in zürnender Form (sanskr. *krodha,* tib. *'k'roba*) bis zur Fürchterlichkeit (sanskr. *bhairava,* tib. *dragpo*). Zur zweiten Gruppe zählen die Vidyârâjas, „Wissenskönige", als Buddha-Manifestatio-

Der Todesgott Yama, auf einem Stier tanzend. Tibet. Bronze, H 19 cm. Bonn, Prof. W. Schulemann.

Yomud. Russisch Turkestan, um 1830. 151 × 153 cm. München, L. Bernheimer.

nen in heilbringend-zerstörerischen Aspekten, und die Dharmapâlas, „Wächter der Lehre", → Bodhisattvas in ihren grimmigen Aspekten, wie z. B. der an einem (manchmal auch drei) Pferdeköpfchen in seinem Diadem erkennbare Hayagrîva, zorniger Aspekt des – Bodhisattva Avalokiteshvara. Alle Gottheiten dieser zweiten Gruppe sind nicht nur in drohender Mimik und Gestik dargestellt, sondern auch mit verschiedenen Waffen und Utensilien zur Vernichtung böser Kräfte ausgestattet. In der fernöstlichen Kunst tragen sie vornehmlich Schwert, Axt, Fangseil, Bogen und *vajra*-Hellebarde; so der in Japan sehr populäre Acala (jap. Fudô Myôô) als Vidyâ-râja-Erscheinung des Ur-Buddha Vairocana. In der lamaistischen Kunst und ihrem Umfeld dagegen sind ihnen grausig erscheinende Attribute in die Hände gegeben, wie Schädelschale (sanskr. *kâpala,* tib. *t'od-pa*), magisches Totenkopfszepter (sanskr. *khatvânga*), Rosenkranz aus Schädeln (sanskr. *mâla*) und Hackmesser (sanskr. *kartikâ,* tibetischen *gri-gug*); außerdem halten sie → *vajras* (tib. *rdo-rje*) verschiedener Art und *ghantâs* (tib. *dril-bu*), die dazugehörigen Glocken, und bekleidet sind sie mit Tigerfellschurz, Schlangengeschmeide und Totenkopfdiadem. Die tantristischen Gottheiten in der zürnenden Form sind fast durchweg mit ihrer zugehörigen → Prajñâ in → *yab-yum* (tib.) „Vater-Mutter-Geste" gepaart; z. B. → Yamântaka, der Todesbezwinger und besondere Schutzgott der Gelugpa, des führenden tibetischen Gelbmützen-Ordens. – Eine Vorrangstellung unter diesen Gottheiten nimmt in Ostasien der oberste Dharmapâla, Mahâkâla, der „Große Schwarze", ein; in Tibet und der Mongolei in zahlreichen Varianten als Zeltschützer (tib. Gur-mgon-po), in China Beschützer von Tempel und Kloster (Ta heit-t'ien), in Japan als der Glücks- und Reichtumsgott Taikoku-ten, meist sechsarmig, mit zwei Armen eine Elefantenhaut hinter sich ausstreckend, oder auf elefantenköpfige Wesen tretend, während er in der friedlichen Form, ganz ohne die üblichen buddhistischen Attribute, wie ein Bauer oder Bettelmönch mit geschultertem Sack dargestellt wird (beliebte Gestalt in der japanischen Kleinkunst, z. B. der Netsuke).

Yi-Hsing, unglasiertes, rotes oder braunes Steinzeug, das seit der ausgehenden Ming-Dynastie in Yi-Hsing (Provinz Kiangsi) hergestellt wurde. Beliebt waren seit dem 17. Jh. hell- oder dunkelrote bis braune Teekannen, die mit eingeprägten Inschriften, ornamentalen Mustern oder naturalistischen Details verziert sind; auch völlig undekorierte Kannen kommen vor. Sie wurden zusammen mit Tee nach Europa exportiert und in Deutschland von Johann Friedrich Böttger nachgeahmt.

Ying-ch'ing (d. i. Schattenblau), weißlich bis hellgelbliches

Porzellan der Sung-Zeit (960–1279) mit eingeschnittenem oder plastisch aufgesetztem Dekor unter blaßblauer, oft fast farbloser, dünner Glasur. Als Herstellungsort wird Ching-te-chen in der Provinz Kiangsi angenommen. Beliebte Ware für den Export.

Yomud, turkmenischer Teppich aus Russisch-Turkestan, dessen Grundfarbe von Dunkelbraun über Violettbraun und Kirschrot bis Ziegelrot reicht. Hauptornamente sind das Dyrnak- und das Kepse-Göl (→ Dyrnak, → Kepse). Bei alten Jomutteppichen zeigt sich auch das → Tauk-Nuska-Göl. Neben Zeltschmuckbändern, Taschen und Schmuck für Pferde und Kamele, fertigten die Jomuten Hauptteppiche bis ca. 2 × 4 m.

Yoruba, afrikanischer Stamm und Bezeichnung für dessen Kunststil. Die Yoruba sind der volkreichste Stamm südlich der Sahara, dessen zahlreiche ehemalige Stadtstaaten durch religiöse und kulturelle Bindungen zusammengehalten wurden. Das Stammesgebiet hat seinen Schwerpunkt in Nigeria mit dem einstigen Kulturzentrum Ife (→ Benin) und erstreckt sich bis in die angrenzenden Länder Dahomey und Togo. Im Unterschied zu der sonst nur lückenhaft erforschten Ikonographie der Kunstwerke anderer afrikanischer Stämme ist uns die Yorubakunst durch die Kenntnis der Stammesmythen und Religion verständlicher geworden. Topographische und stilistische Einordnungen der Werke sind einerseits durch datierbare Funde (Nok-Kultur 400 v. Chr.–300 n. Chr. und Ife zwischen 1200 und 1400 n. Chr.), andererseits durch namentlich identifizierte Künstler und Schulen der jüngeren Vergangenheit möglich geworden. Gerade die Stilvergleiche zeigen eine überraschende Kontinuität in der Formenüberlieferung. Die Yoruba-Kunst ist rundplastisch und naturalistisch mit proportioneller Überbetonung des Kopfes. Runde Formen, volle Gesichter und Lippen sowie bombierte Augen kennzeichnen den Stil. Trotz Missionierung durch Christentum und Islam ist die Stammesreligion als Wurzel des künstlerischen Schaffens noch lebendig, sie kennt neben dem Hochgott weitere sechzehn Hauptgötter *(orisha)*, deren Verehrung spezifische Kultformen entwickelt hat. So wird der vergöttlichte mythische König Shango als Donnergott durch sein Attribut der Doppelaxt vergegenwärtigt, wie sie die entsprechenden Schnitzfiguren *(oshe Shango)* meist über dem Kopf tragen. Eshu dagegen, ein schalkhafter Gott, der für Verwirrungen verantwortlich gemacht wird, ist mit einer Zipfelmütze dargestellt häufig als Stabfigur wiedergegeben, mit zwei weiblichen Begleitfiguren. Die Zukunft – als göttliche Ordnung verstanden wird durch das Ifa-Orakel erfragt: Der Wahrsager entnimmt einer meist figürlich beschnitzten Ifa-Schale *(ajere-ifa)* Palmkerne, wirft sie auf ein mit Mehl bestrichenes Brett *(oqua-ifa)* und deutet aus der Konstellation der sich ergebenden Linien. Das Geheimbundwesen bestimmt auch bei den Yoruba die soziale Ordnung. Für die Riten des auch heute noch mächtigen Ogboni-Bundes werden sog. Edan-Figuren-Paare gefertigt, die miteinander durch Kettchen verbunden sind; Kleinbronzen in Sitzposition mit dem typischen Gestus der vor der Brust übereinander gehaltenen Fäuste. Der Gelede-Bund tritt zu bestimmten Anlässen wie Bestattung und Fruchtbarkeitsfest mit seinen paarweise eingesetzten Masken auf (die im Handel nur selten noch paarweise vorkommen): Stülpmasken von ovaler Grundform mit stark vorkiefrigen, naturalistischen Gesichtern, oft schöner Physiognomie und den verschiedensten phantasievollen Aufbauten. Ganz anders die Epa-Masken: schwere, oft bis zu zwei Meter hohe Schnitzwerke mit Figurengruppen und der Darstellung des Bund-Ahnen „Jagungun“. Die sog. Egungun-Masken dagegen stehen im Zusammenhang mit dem Ahnenkult, erkennbar an den langen „Hasenohren“ und einer Sanduhr über dem meist mit kurzem Bart gestalteten Gesicht. Die bei den Yoruba extrem häufig vorkommenden Zwillingsgeburten haben

Gelede-Maske (eine von einem Paar). Yoruba, Nigeria aus dem Keto-Meko-Gebiet, Anfang 20. Jh. Die auf die frühe Entstehungszeit und den islamischen Einfluß verweisenden Pantoffel auf dem Kopf sind ein Symbol für Macht und Wohlstand. Holz mit Resten von Bemalung, H 16,5, L 27 cm. München, Sammlung Eli Ashan.

Figurengruppe der Yoruba. Nigeria. Shango-Anbeterin mit Gefolge auf dem Weg zur Opferstätte. H 56 cm. München, Schwarz-Weiß-Galerie Stoll.

den sog. Ibeji-Kult entstehen lassen: Beim Tode eines oder beider Zwillinge werden kleine Figuren hergestellt, *ere-ibeji,* denen Pflege und Verehrung zukommt. Die Mutter reibt die Körper der Figürchen mit Rotholzmehl ein, die Frisur mit Indigo, wäscht und füttert die Figuren wie ein Kind. Am Schnitzstil, den Tätowierungen und Attributen läßt sich die Provenienz der Figuren inzwischen schon fast sicher feststellen (so deuten z. B. dreieckige, auf die Brust geschnitzte Amulette auf Gegenden mit islamischem Einfluß hin; die Abeokuta-ibeji wiederum zeigen eine oft leicht vorgebeugte Haltung und einen hohen Frisurenkamm). Die Stammeskunst der Yoruba ist allerdings nicht auf religiöse oder rein kultische Inhalte beschränkt, sie wirkt auch in alle profanen Bereiche des täglichen Lebens hinein; von figuralen Einzelwerken (Mutter-Kind-Darstellungen, Tiermotive usw.) bis zum Kunstgewerbe zeigt sich der Stamm phantasiereich und kunstfreudig.

Yu, altchinesische Weinkanne der Shang- und frühen Chou-Zeit, von rundem oder ovalem Querschnitt, mit Deckel und Bügelhenkel, der meist in zwei Tierköpfen endet (→ altchinesische Bronzen).

Yü → Jade

Yüeh-yao (chin.), porzellanartiges Steinzeug aus dem einstigen Feudalreich Yüeh in Chekiang mit grünlich bis bräunlicher Glasur und skizzenhaft in den Scherben geritztem oder auch gepreßtem Dekor; von der Han-Zeit an entwickelt und zur T'ang-Zeit zu großer Vollkommenheit gebracht. Bei den Gefäßformen sind solche mit trompetenförmig ausschwingendem hohen Fuß charakteristisch. Als die qualitätvollsten Exemplare gelten jene aus dem frühen 10. Jh. n. Chr.

Yürük, türkische Bezeichnung für die voll- oder halbnomadisierenden Volksstämme, die im Westen, Süden und Osten Anatoliens leben. Naive Teppiche mit geometrischen Mustern und vielfach Ziegenhaar im Grundgewebe. Musterformen aus dem Kaukasus und Anregungen aus Westanatolien sind bei den Knüpfarbeiten häufig erkennbar. In Gebetsteppiche vereinzelt längere Woll- oder Haarbüschel, auch blaue Glasperlen, eingeknüpft gegen den „bösen Blick“.

Links: Ifa-Schale. Yoruba, Nigeria. Holz, farbig gefaßt, H 15 cm. München, Sammlung Eli Ashan.

Rechts: Yoruba-Tanzkeule für den Sahngo-Kult. Holz, H 45 cm. München, Schwarz-Weiß-Galerie Stoll.

Yvernel, französischer Porzellanmaler an den Manufakturen in → Vincennes und → Sèvres 1750–1759.

Yüeh-yao. 5.–6. Jh. n. Chr. Hahnenkopfkanne, chinesisches Gefäß, das beim Begräbniszeremoniell verwendet und dem Toten mit ins Grab gegeben wurde. Steinzeug mit Seladonglasur, H 29 cm. Köln, Museum für Ostasiatische Kunst.

Z

Zach, Franz Paul (1820–81), aus Prag stammender Glasgraveur, von 1843 bis zu seinem Tode in München ansässig. Arbeitete ausschließlich für Franz → Steigerwald und gilt neben Karl → Pfohl als Meister des → Überfangreliefschnitts. Zachs Arbeiten gelangten über die Firma Steigerwald zum großen Teil nach England.
Zaddeln, lappenförmig ausgeschnittene Säume der mittelalterlichen Tracht. Zunächst Kennzeichen der Spielleute und Narren. Von etwa 1370 bis 1430 allgemein gebräuchlich.
Zaine → Münze
Zanza → Sansa
Zappler → Pendeluhr
Zarge, 1. schmale Hängekante des Möbels, die sich unter der Tischplatte, am unteren Ende von Schränken und Kommoden oder als Zierleiste unter den Sitzen von Stühlen und → Canapés befindet. 2. die Seitenwände der Streichinstrumente zwischen Decke und Boden, auch bei Trommeln so genannt.
Zebraholz → Koromandelholz
Zecchino → Goldgulden
Zechliner Hütte → brandenburgische Gläser
Zeckel, Johann, deutscher Silberschmied (ca. 1660–1728). Zusammen mit seinen Zeitgenossen → Biller und → Drentwett der bedeutendste Gold- und Silberschmied Augsburgs.

Bierkrug und Deckelpokal von Franz Paul Zach. München, 1849. Farbloses und rubinrot überfangenes Glas, H 22 und 33 cm. München, Stadtmuseum.

Zappler. Deutschland, um 1700. Versilbertes Zifferblatt, Kuhschwanzpendel. H 40 cm. Bern, Auktionshaus Stuker.

Dort hatte er sich um 1698, nach einer Lehrzeit in Wien, angesiedelt und stand bald danach der Zunft der Goldschmiede vor. Er spezialisierte sich auf liturgisches Gerät.
Zejwa, ostkaukasischer Knüpfteppich aus dem Kuba-Gebiet (→ Kuba-Teppiche). Meist in schmalem Längsformat und mit blauer Grundfarbe ist das Feld mit sternförmigen Medaillons gestaltet. Das → Laufender Hund genannte Muster in der Bordüre ist typisch.
Zelebrationsaltar → Altar
Zelleneinlage, in Kastenfassungen eingelegte Edelsteine und Glaspasten, teils in Form von flachen Plättchen, teils gewölbt, die sowohl in der altägyptischen wie in der völkerwanderungszeitlichen Goldschmiedekunst den Charakter vieler Schmuckstücke bestimmten (→ Almandin).
Zellenschmelz → Email
Zeller Manufaktur, bedeutende Produktionsstätte von bedrucktem Steingut in Süddeutschland. Der helle Scherben ähnelt englischen Vorbildern. Aus England stammt auch das in Zell seit dem Anfang des 19. Jh.s angewandte Umdruckverfahren, das der Zeller Ware zu großer Beliebtheit verhalf. Der Dekor weist französische Einflüsse auf.
Zendelbinde → Sendelbinde
Zensurstempel, dient als Hilfsmittel zur Datierung japanischer Holzschnitte. Seit etwa 1770 mußten Holzschnitte der Zensur vorgelegt werden. Zwischen 1791 und 1842 waren Zensurstempel der Regierung üblich, sog. Kiwame-Siegel

(jap., geprüft). In der Spätzeit, z. B. bei Ando Hiroshige, finden sich auf den Drucken zusätzlich noch Datumsstempel.

Zerbst, Sitz einer 1721 durch den weitgereisten Johann Caspar Ripp gegründeten Fayencemanufaktur des Fürsten von Anhalt-Zerbst, die im 19. Jh. in eine Steingutfabrik umgewandelt wurde. Sie stellte im 18. Jh. Kannen, Krüge und Vasen mit schöner Blau- und anderer Scharffeuerbemalung (→ Scharffeuerfarben) her. Zuweilen treten Z oder Zerbst als Marken auf.

Zeschinger, Johann → Fürstenberger Porzellan

Zeugdrucke, Stoffe, die mit → Modeln bedruckt sind (Holzformen, auf denen das Muster erhaben erscheint). Sie wurden seit dem 11. Jh. in Deutschland hergestellt. Als Muster waren Tiere und Blumen beliebt, die oft spiegelbildlich gegeneinandergestellt sind und in versetzten Reihen auf farbiges Leinen oder Seidengewebe aufgedruckt wurden. Man ahmte zunächst ins Abendland gelangte orientalische Seidenstoffe nach (der mittelalterliche Ausdruck für diese Zeugdrucke war Siklate, → Siglaton). Dafür waren Gold- und Silberdruck beliebt. Das Muster wurde dabei mit Leim aufgedruckt, auf den in feuchtem Zustand Silber- und Goldstaub aufgeblasen wurde (→ Teigdruck, → Holzschnitt). Im 13. Jh. kamen eigenständige Muster auf, die Holzformen und damit der → Musterrapporte wurden größer. Die Model des Zeugdrucks sind eine wichtige Vorstufe für den zu Beginn des 15. Jh.s entstehenden → Holzschnitt. Unter dem Einfluß der Graphik drangen dann auch in den Zeugdruck des 15. Jh.s figürliche Darstellungen, vor allem für → Antependien, ein. Einen nochmaligen Aufschwung erlebte die Technik mit verfeinerten Druckfarben in der am Ende des 17. Jh.s aufkommenden Kattundruckerei (→ Kaliko).

Zeugdruckmodel. 19. Jh.

Ziborium → Baldachin, → Pyxis, → Altargerät, → Artophorion

Ziboriumvelum, auch Ziboriummäntelchen, oft mantelähnlicher Behang des Ziboriums (→ Pyxis) aus weißer Seide.

Zick, Name einer berühmten Nürnberger Familie von Elfenbeindrechslern. Schon Peter Zick (1571–1629), der Lehrmeister des Kaisers Rudolf II. in der Drechselkunst, stellte → Contrefaitkugeln her. Sein berühmter Sohn Lorenz (1594–1666) war europaweit als Kunstdrechsler gefragt. Ihn berief Kaiser Ferdinand III. als Lehrmeister nach Wien. Sein Sohn Stephan Zick (1639–1715) schuf die bravourösen Dreifaltigkeitsringe.

Zickzackborte, auch Dreieck- oder Nahtborte. Häufigste Mitläuferzeichnung in Bordüren persischer oder kaukasischer Teppiche.

Ziegler, Jules-Claude (1804–56), französischer Maler, bekannt für salzglasiertes Steinzeug mit reliefiertem Dekor. Arbeitete als Entwerfer für → Sèvres (1838–42). Er schrieb eine der ersten ästhetischen Abhandlungen über Keramik (*Recherches des principes du beau dans l'art céramique,* Paris 1850).

Zierplatten aus Zinn → Tischschoner

Ziersaumgläser, zwei- oder mehrfach überfangene Kristallgläser (→ Überfanggläser) mit geometrischem Schliffdekor. Dabei erhalten die Schliffmuster einen farbigen Saum, der die äußere Wandungsfläche von der inneren Glasschicht trennt. Der Ziersaumdekor wurde in der Glasfachschule im nordböhmischen Haida (heute Nový Bor) entwickelt (→ Borussia-Gläser).

Zigarettenetui, zunächst aus Leder oder Papiermaché gefertigt und mit Blumenmotiven oder geometrischen Mustern verziert. Um 1900 wurde es durch das Metall-Etui abgelöst; es wurde im Stil der Zeit mit Gravuren, Email- und Filigranarbeiten reich gestaltet; besonders qualitätsvolle Exemplare stammen aus der Periode des → Art Nouveau vor allem aus der Werkstatt von Peter Carl → Fabergé, und auch aus dem Art Déco.

Zigarrendose, flacher, rechteckiger Spezialbehälter aus Silber oder Sheffield Plate für Zigarren; in Holland, England und Deutschland seit dem frühen 19. Jh. gebräuchlich; oft kunstvoll getrieben oder graviert.

Zikadenornament

Zikade. Die Zikade als unter der Erde lebendes Tier, das aus der Larve wiedergeboren wird, spielte eine Rolle im chinesischen Totenkult und kommt, reduziert auf ein Augenpaar mit spitz zulaufendem Larvenkörper (woraus sich dann ein lanzettförmiges Ornament entwickelte), häufig als Leitmotiv im Dekor der → altchinesischen Bronzen vor.

Zil-I-Zoltan (auch Sil-i-Sultan, Schatten des Sultans), Rapport eines Blumen- bzw. Blumen-Vasen-Motivs bei persischen Knüpfteppichen, das nach einem Kadscharan-Prinzen benannt ist.

Zimara, Sonderform der →Soutane.

Zimbel, Metallgehäuse mit mehreren Glöckchen, das als Altarglocke dient.

Zimier → Helm, → Wappen

Zinkätzung, Hochdrucktechnik, die Zeichnung wird mit Asphaltlack direkt auf die Zinkplatte aufgetragen. Dann wird die Platte mit verdünnter Salpetersäure geätzt, so daß das nicht bedeckte Metall weggeätzt wird, die Zeichnung bleibt erhaben stehen und kann abgedruckt werden.

Zinkographie, Flachdruck von Zinkplatten, die ähnlich wie Lithosteine geschliffen und geätzt werden können, aber leichter zu handhaben sind. Mittels der Zinkographie sind feinere Abstufungen der Halbtöne zu erreichen. Aus diesem Verfahren entwickelte sich der → Offsetdruck.

Zinn, einer der ältesten Werkstoffe der Menschheit, der seit dem 3. Jahrtausend v. Chr. mit Kupfer zur Herstellung von Bronze (→ Bronzekunst) verwendet wurde. Zinn ist weich, silberweiß und glänzend; sein Schmelzpunkt liegt bei 230 Grad. Es eignet sich hervorragend für Speisegeschirr, da es von Luft, Feuchtigkeit und schwachen Säuren nicht angegriffen wird, weder Geruch noch Geschmack annimmt und nicht gesundheitsschädigend wirkt. Im Altertum und frühen Mittelalter wurde es in Zentralasien, Portugal, Spanien und England gewonnen, ab dem 12. Jh. in Böhmen, vom 15. bis 18. Jh. in Sachsen, bis die Einfuhr überseeischen Zinns den dortigen Abbau zum Erliegen brachte. Zur Verarbeitung wurde Zinn häufig mit Blei legiert, das den Schmelzpunkt senkt und die Geschmeidigkeit erhöht, in größeren Mengen beigefügt, jedoch gesundheitsschädlich wirkt. Daher wurde das Mischungsverhältnis der als Probzinn bezeichneten Legierung gesetzlich geregelt und durch die Zünfte überwacht (→ Zinnmarken; am verbreitetsten „Nürnberger" oder „gemeine Reichsprobe" mit dem Verhältnis eins zu zehn). Zinn erhält seine Form durch Guß. Die Gußformen (für komplizierte Stücke gravierte Messingformen) stellten die Zinngießer zunächst selbst her; vom 17. Jh. ab wurden eigene Formschneider dafür herangezogen (über Guß in geätzten Formen → Holzschnittmanier). Lang blieben in den Werkstätten oft die alten Model in Gebrauch; die Zinngießerkunst gehört zu den konservativsten Zweigen des Kunstgewerbes.
Zur Veredelung kommen besonders zwei Techniken in Betracht: Reliefverzierung, die mitgegossen und vorwiegend bei Prunkstücken angewandt wurde – man nennt reliefverzierte Stücke Edelzinn –, und Gravierung, die meist vom Zinngießer selbst, ab dem 17. Jh. auch von spezialisierten Stechern ausgeführt wurde. Als Vorlagen dienten → Ornamentstiche. Die beliebteste Form der Zinngravur war das → Flecheln. Andere Arten der Metallverzierung wie → Punzen, → Ätzen, Bemalen und Vergolden wurden seltener angewandt. Treiben kam in der Form des → Repoussierens vor. In Norddeutschland hat man Zinn durch Anbringen von Messingornamenten verziert.
Aus romanischer und gotischer Zeit sind → Plaketten, → Ampullen, Pilger-, Wallfahrtszeichen und Taufbecken aus Zinn erhalten.
Zinnernes Trinkgeschirr setzt im 14. Jh. mit den norddeutschen → Hansekannen ein. Hierzu treten im 15.Jh. als typisch spätgotische Formen → Balusterkannen, → Plattflaschen und → Gefußte Kannen. Um 1500 entstehen die schlesischen → Schleifkannen. Mit ihnen beginnt die Blüte der deutschen Zinngießerkunst, die in der zweiten Hälfte des 16. Jh.s Anregungen von Frankreich erhielt. In Frankreich war um die Mitte des 16. Jh.s unter dem Einfluß der Schule von Fontainebleau (→ Renaissance) die Reliefverzierung des Zinns, das Edelzinn, entstanden. Man unterscheidet Gefäße mit rein ornamentaler Reliefzier (→ Arabeskenkannen) und solche mit figürlichem Schmuck, deren Hauptmeister François → Briot war. Er übte großen Einfluß auf die französische und deutsche Zinngießerkunst des 17. Jh.s aus. Das wichtigste Zentrum in Deutschland war Nürnberg, wo Caspar → Enderlein und zahlreiche andere Meister arbeiteten (Hans → Spatz II, → Krönungsteller, → Auferstehungsteller, → Blumenteller). Ein anderes Zentrum für Edelzinn war Straßburg, dessen Hauptmeister, Isaac Faust (1606–1669), ebenfalls stark von Briot beeinflußt wurde. Weitere Produktionsstätten des Edelzinns lagen in Sachsen, dem größten

Zinn-Deckelkrug mit Reliefdekor. Eger, 2. Hälfte 18. Jh. H 16,6 cm. München, Bayerisches Nationalmuseum.

Zinnlieferanten außer Böhmen. Hier wurden Plaketten von Peter → Flötner in Zinn abgegossen und, zu Friesen zusammengesetzt, als Streifen um Krüge und Tellerränder gelegt. Das Zinngerät des 18. Jh.s ahmte Silberformen nach. Als Zentren für diese Art Gebrauchszinn bildeten sich Frankfurt am Main, Straßburg, die Silberschmiedestadt Augsburg und Karlsbad (dessen Suppenterrinen berühmt waren) heraus. Ende des 18. Jh.s ging durch die Konkurrenz von Porzellan und Steingut die Produktion von Zinngeschirr stark zurück, gegen Ende des 19. Jh.s kam sie fast völlig zum Erliegen.
Zinnemailglas → Farbengläser
Zinnenmuster, reziprokes Muster, auch „Medachyl" genannt. Altes Bandornament in zahlreichen Variationen, bei fast allen Knüpfteppichen vorkommend.
Zinnfiguren, in Schieferformen aus einer Zinn, Blei und Antimon-Mischung gegossene und bemalte Flachfiguren auf einer Standplatte, im Maßstab 1 : 60 (28 mm Höhe bei der stehenden Figur). Hergestellt wurden die Figuren von zahllosen Offizinen, daneben haben einzelne Sammler Figurengruppen herausgebracht.
Die ersten bekannten Figuren (Bronze) wurden in Troja gefunden, die ersten einseitig gravierten und gegossenen Zinnfiguren stammen aus der 1. Hälfte des 13. Jh.s und wurden bei einer Ausgrabung in Magdeburg gefunden. Bleiritter wurden Ende des 13. Jh.s an den Kirchentüren als Spielzeug verkauft.
Die große Zeit der Zinn- und Bleifiguren beginnt um 1760 in Nürnberg. Der Zinngießer Johann Hilpert begann Zinnfigu-

ren mit einer Standplatte zu gießen: Soldaten aller Heere, wilde Tiere, Märchenfiguren, Gartenanlagen und Helden der Antike. Überwiegend sind diese Figuren auf der Fußplatte signiert. 1848 führte die Nürnberger Zinnfigurenoffizin Ernst Heinrichsen die sog. Nürnberger Größe, 28–30 mm Höhe der Fußfigur, ein. Daneben waren weiterhin alle Größen von 20 bis zu 70 oder 100 mm verbreitet. Außerdem war besonders in Norddeutschland die Höhe von 40 mm, die hannoversche Größe, verbreitet.
Nach dem Ersten Weltkrieg war die große Zeit der zahlreichen Figuren-Offizinen vorüber. Jetzt wurde aus dem Kinderspielzeug ein Sammlergegenstand, und die Sammlerwünsche bestimmten vorwiegend die → Spielzeugsoldaten-Produktion. Das Ende der Zinnfiguren schien nach dem Zweiten Weltkrieg gekommen zu sein, als es Bestrebungen gab, die Herstellung der Figuren zu verbieten. Eine große Sammlung besitzt u. a. das Deutsche Zinnfigurenmuseum, Plassenburg/Kulmbach.

Zinnfraß, vermutlich durch schlechte Aufbewahrungsbedingungen hervorgerufener Zersetzungsprozeß, bei dem sich Zinn in graues Pulver umwandelt. Früher war die Bezeichnung *Zinnpest* üblich, die Vermutung, von dieser „Krankheit“ befallene Gegenstände würden andere anstecken, waren jedoch unbegründet.

Zinnglasur, eine Glasur, die durch Beimengen von Zinnasche undurchsichtig (deckend) gemacht wird; sie dient als Malgrund für den Dekor, der durch neuerliches Brennen aufgebracht wird; in Europa seit dem 13. Jh. auf → spanisch-maurischer Keramik gebräuchlich; häufig auch bei → Fayencen und Majolika.

Zinnmarken entstanden aus den strengen Vorschriften der Zünfte über das Mischungsverhältnis von Zinn und Blei im Zinngerät (→ Zinn). Um jederzeit den Verfertiger eines Stückes feststellen zu können, war ab dem 16. Jh. das Einschlagen von Meistermarken, die bei der Zunft registriert wurden, vorgeschrieben. Bald wurden außerdem Stadtmarken verlangt. Die meisten Zinngegenstände sind mit diesen beiden oder mit kombinierten Stadt- und Meistermarken versehen. Manche Gegenden (z. B. Sachsen seit dem 17. Jh.) verwendeten das Dreimarkensystem, wobei eine der beiden Marken zweimal eingeschlagen wurde. Im 18. Jh. traten noch große Stempel mit Qualitätsbezeichnungen hinzu. Besondere Verbreitung fand die Engelmarke, mit der bleifrei legiertes Zinn gezeichnet wurde, für das auch die Bezeichnung „Englischzinn“ verwendet wurde. Eine weitere wichtige Qualitätsmarke war die Rosenmarke. Im Gegensatz zu den → Silbermarken, wo die Stadtmarke bei der Prüfung durch den Beschaumeister eingeschlagen wurde, stempelten die Zinngießer, deren Produktion viel umfangreicher war, alle Marken selbst, und die Beschaumeister beschränkten sich auf Stichproben. Die Marken wurden an unauffälligen Stellen mit dem Zeicheneisen eingeschlagen, bei Edelzinn (→ Zinn) zuweilen in der Form mitgegossen. Prunkgeräte tragen häufig keine Marken, da gegenüber dem Kunstwert ihr Materialwert unerheblich ist. Die Zinnmarken stellen eine hervorragende Quelle zur Lokalisierung und Datierung alten Zinngeräts dar.
Die Marken weiterer Gebiete Deutschlands sind in dem Nachschlagewerk von Erwin → Hintze verzeichnet.

Zinnpest → Zinnfraß

Zirkelschlag → Westerwälder Steinzeug

Zischägge → Helm

Zinnmarken

Ziselieren (von franz. *ciseau*, Meißel), die Bearbeitung von Metallen mit Meißel und ähnlichen Werkzeugen wie → Punzen, Schaben, Sticheln usw. zum Zweck der Vollendung gegossener und getriebener Stücke, im Unterschied zum reinen Bildguß. Heute hat das Ziselieren meist nur das Entfernen der Gußhaut, das Ausbessern von Fehlstellen, Trennstellen und Nähten zum Ziel, um den Guß völlig an das Modell anzugleichen (→ Galvanoplastik). Im Kunsthandwerk bezeichnet Ziselieren die ornamentale Verzierung mit den bezeichneten Werkzeugen. In Antike und Mittelalter war die Ziselierung eine künstlerische Oberflächenbearbeitung, die sich über den ganzen Rohguß erstreckte, dessen Weiterbearbeitung beim Schaffen des Gußmodells berechnet war. Die Technik so angewendet, weist Verwandtschaft zur antiken → Toreutik auf. Die verwendeten Werkzeuge sind den antiken heute noch ähnlich.

Ziselierstrich → Beschauzeichen

Zither, volkstümliches Saiteninstrument, bestehend aus einem flachen, flügel- oder trapezartigen Resonanzkasten mit Schalloch und Saiten, die mit dem Daumenschlagring oder Plektron angerissen oder mit bloßen Fingern gezupft werden. Seit dem 17. Jh. vornehmlich in Bayern und Österreich verbreitet. Um 1830 entstanden die beiden hauptsächlich bespielten Typen, die Salzburger und die Mittenwalder Zither.

Zitronengold → Quatrecouleur

Zitzmann, Friedrich (1840–1906), deutscher Glaskünstler, um 1900 in Wiesbaden als Lehrer für Glasbläserei tätig. Zahlreiche seiner Entwürfe für mehrfarbige zarte Ziergläser in Pflanzen- und Blumenformen wurden von der Rheinischen Glashütte Köln-Ehrenfeld ausgeführt.

Zizenhauser Terrakotten, Kleinplastiken, die die Familie Sohn in Zizenhausen (Bodensee) seit dem 18. Jh. herstellte. Negativformen aus Gips wurden mit dem spezifisch graublauen Ton ausgedrückt, die so erhaltenen Figuren gebrannt, bemalt und lackiert (nicht glasiert). Die Größe der Halbfiguren bewegt sich zwischen 10 und 20 cm, Stücke bis 85 cm Höhe sind die Ausnahme. Am bekanntesten sind die Werke Anton Sohns (1769–1841), des „Bildermannes von Zizenhausen". Er arbeitete teilweise nach Kupferstichvorlagen, so z. B. bei seiner Serie schweizerischer Nationaltrachten (106 Stück). 1805 fertigte er den Bildzyklus „Totentanz" im Auftrag des Baseler Magistrats (42 Stück). Weitere Themen sind Kindergruppen, Groteske und Volkssage.

Zonarion, auch Zoni, Gürtel des → Sticharion.

Zopfstil, ungenaue und umstrittene Stilbezeichnung für die europäische und englisch-georgianische Übergangskunst zwischen → Rokoko und → Klassizismus, mit dem Hauptverbreitungsgebiet Frankreich (später → Louis-seize-Stil) und vor allem Deutschland und Österreich. Die Ornamentik des Zopfstils nimmt antike Motive, aber auch Formen des → Manierismus wieder auf. Die Ornamente werden freilich seltener und steifer, Einzelornamente wie → Rollwerk, Lorbeergirlanden, Felder- und Schuppenornamente, → Rosetten, Palmwedel und Medaillons erhalten hohen Eigenwert. Auch in der Möbelkunst ist eine Tendenz zu vereinfachten, tektonisierten Formen festzustellen.

Zuckerdosen, zumeist zum repräsentativen Tischgerät für Tee und Kaffee passend gearbeitete Gefäße, entweder als Bestandteil von Services oder aber mit Kannen und Sahnegießern ein Ensemble bildend. Zunächst sind sie nur aus wertvollen Materialien, aus Silber, selten auch aus Gold, später aus Porzellan gearbeitet. Mit der zunehmenden Verbreitung des Zuckers werden sie zunehmend auch aus den preiswerteren unedlen Metallen, aus Zinn und Messing, verfertigt, sowie seltener aus Irdenware. In der Form sind sie stark dem jeweiligen Zeitstil verhaftet in gewisser Übereinstimmung mit gleichzeitigen großen Terrinenformen. Für Spätbarock und Rokoko typisch sind längliche gebauchte oder geschweifte Stücke mit gerippter Oberfläche, die oft auf geschweiften oder geschwungenen stilisierten Tier- oder Blattfüßen ruhen. Die Exemplare waren damals – wie auch später oft – mit Scharnierdeckel versehen, sowie abschließbar. Für das Empire hingegen sind zylindrische und rechteckige, oft truhenartige Zuckerdosen sowie solche in Form antikisierender Vasen mit gerade ansteigenden Wandungen charakteristisch.

Zuckerstreuer → Streudosen

Zuckerzange, eine Zange aus Silber oder auch silbervergoldet zum Greifen von Zuckerklümpchen; seit dem Ende des 17. Jh.s verwendet. Im 18. und 19. Jh. auch als scherenartiges Greifgerät gebräuchlich.

Zündholzdose, mit der Verbreitung der Zündhölzer seit den 1830iger Jahren aufkommender Behälter aus Silber und Zinn, aber auch aus Irdenware und Holz. Charakteristisch ist die geriffelte Reibfläche zum Entzünden der Streichhölzer.

Zündholzschachtel → Schachtel

Zündkrautflasche → Pulverhorn

Zündt, Matthias (um 1498–1572), Kupferstecher, Goldschmied, Steinschneider und Bildschnitzer in Nürnberg, der 1551 ein Musterbuch für Goldschmiede herausgab, das mit → Maureskcn und → Rollwerk geschmückte Becher in Renaissanceformen enthielt.

Zürcher Porzellan. In Zürich wurde 1763 eine Porzellanmanufaktur gegründet, die zunächst Fritten-, später Hart→porzellan herstellte; sie bestand bis 1790. Es wurden Geschirre in gängiger Form mit Landschafts-, Blumen- und Tierdarstellungen geschaffen, außerdem Figuren von Bauern, Damen, Kavalieren, Göttern und Nymphen. Die Marke war ein unterglasurblaues Z.

Zuckerdose mit Schloß. Danzig, um 1740. Silber, H 8 cm. Hamburg, Sammlung Th. Horst.

Zürcher Porzellan: „Mädchen mit Buch". Zürich, um 1773. H 14 cm. Basel, Historisches Museum.

Zunftpokal der Maurer, sog. Baumöl-Bierkrug. Schlesien, dat. 1650. Zinn, H 25 cm. München, Bayerisches Nationalmuseum.

Züricher Orgelkasten → Frankfurter Schrank
Zugalbe → Albe
Zunderbüchse, Zunderlade, kleiner, länglicher, runder oder eckiger Behälter mit Scharnier-, Stülp- oder Schiebedeckel für die Utensilien zum Feuerzünden. In der Regel mit zwei Fächern, einem für Feuerstein und -stahl, mit denen man den Funken schlug, und einem zweiten für den Zunderschwamm bzw. einen Stoffrest, den man mit dem Funken entzündete. Zunderbüchsen wurden in der Regel aus Metall sowie – insbesondere im volkstümlichen Bereich – aus Holz hergestellt, letztere werden als Zunderladen bezeichnet. Mit der Verbreitung des Streichholzes sind sie im vorigen Jahrhundert abgekommen.
Zunftpokal → Willkomm
Zunftschilder, kunstvoll, geometrisch oder blatt-und rankenförmig geschmiedetes Bandeisen mit Zunftzeichen. Es wies, wie ein großer Wandarm an der Hauswand befestigt, auf eine Werkstätte hin. Zunftschilder waren besonders im 17. und 18. Jh. in den Alpenländern beliebt.
Zuschreibung. Bilder, Plastiken, überhaupt Werke der bildenden Kunst, aber auch Möbelstücke, die nicht signiert sind (→ Signatur) und auch durch keinerlei urkundliche Nachweise als Werk eines bestimmten Meisters oder Künstlers gesichert sind, werden oft mit Hilfe der Stilanalyse, dem Altersbefund und weiteren Untersuchungsmethoden (→ Gemäldedurchleuchtung) einer gewissen Epoche, einem Landschafts- oder Künstlerkreis oder auch einer einzelnen Künstlerpersönlichkeit zugeschrieben (→ Expertise). Solche Zuschreibungen sind um so glaubwürdiger, je mehr wissenschaftlich exakte Untersuchungen vorgenommen wurden unter Berücksichtigung einer gewissenhaften Qualitätskritik; nur so unterscheidet sich die Zuschreibung vom oberflächlichen Gutdünken.
Zustandsdruck, Probeabzug von einer Druckplatte, die sich noch nicht im endgültigen, vom Künstler gewünschten und gebilligten Zustand befindet. Zustandsdrucke sind selten und deshalb von Sammlern besonders gesucht (→ avant la lettre, → Remarquedruck).
Zweibrücken → Pfalz-Zweibrücken
Zweihänder, Bihänder → Schwert
Zweispitz → Kopfbedeckung, militärische
Zweites Empire → Empire
Zweites Rokoko → Louis-Philippe(-Stil)
Zwiebelmuster → Meißen
Zwiebelschüssel, eine Schüsselart, die zwischen 1680 und 1750 in Oberösterreich oder Salzburg entstand. Die große Beliebtheit dieser Hafnerkeramik bestimmt ihr kräftiger Dekor aus breit gemalten Blumenmustern, Schraffierungen und zwiebelähnlichen Ornamentformen in Weiß, Grün und Rotbraun auf schwarzem oder rotbraunem Grund.
Zwillingsring, im späten Mittelalter entstandener Typus des Fingerringes, bestehend aus zwei ineinanderhängenden oder miteinander verzapften Reifen, die sich zu einem zusammenschieben lassen. Bei der Verlobung wurde der Ring zerteilt, bei der Eheschließung zum Zeichen des erfüllten Versprechens wieder zusammengefügt. Auch mit Inschriften wie „Was Gott zusammenfügt, soll der Mensch nicht scheiden". Schönste Exemplare im 16. Jh. Später gab es auch vierreifige Varianten dieses Typus (→ Liebesring).
Zwischengold, auch Zwischgold, eine Silberfolie mit dünner Goldauflage, die von → Faßmalern der Spätgotik als unzulänglicher Ersatz für teures Blattgold verwendet wurde; Oxidierungsgefahr.
Zwischengoldgläser, vermutlich im Riesengebirge und in böhmischen Klöstern entstandene Gläser der ersten Hälfte des 18. Jh.s, mit denen die Technik der antiken *fondi d'oro* (→ römisches Glas) wiederauflebte. Es sind Doppelwandgläser, bei denen zwischen beiden Wandungen Gold- und Silberfolien mit radierten oder mit Lackfarben bunt gemalten Darstellungen eingelegt sind. Die Fuge wurde mit verkittet. Beliebt waren Jagddarstellungen, höfische und religiöse Sze-

Zwiebelschüssel. Oberösterreich, Anfang 18. Jh. Hamburg, Museum für Kunst und Gewerbe (Leihgabe Dr. K. Strauss).

Zylinderbureau. Roentgen-Manufaktur. Neuwied, um 1780–90. Mahagonifurnier, vergoldete Bronze, B 120 cm. Ehemals Sammlung de Lesseps.

Zwischengoldglas. Böhmen, um 1730. Dekor aus Jagdszenen in Zwischengoldtechnik, H 13 cm. München, Bayerisches Nationalmuseum.

nen. Die Technik kehrt noch einmal um 1800 bei den Mildner Gläsern wieder (→ Johann Josef Mildner). Im ausgehenden 19. und zu Beginn des 20. Jh.s wurden Zwischengoldgläser nach alten Vorbildern nachgeahmt (→ Historismus-Glas).

Zwitterprägungen, Münzen mit nicht zueinander gehörenden Stempeln. In der Regel kamen sie durch Zufall zustande, gelegentlich waren sie aber auch beabsichtigt.

Zwollo, Frans (1872–1945), holländischer Juwelier und Metallkünstler. Seine Metallarbeiten in Kupfer und Messing lehnten sich vor der Jahrhundertwende an die → Arts and Crafts-Bewegung an. Später arbeitete er im Stil des →Art Nouveau. Ab 1910 wurden seine Werke geometrischer und geradliniger.

Zylinderbureau, Rollbureau, Schreibtisch, der durch eine Jalousie (auch Tambour genannt) in Halb- oder Viertelzylinderform verschlossen wird. Der Typ bildete sich in Deutschland und Österreich um 1750 an flachen Schreibtischen (→ Bureau plat) aus, bei denen ein halbzylindrischer Jalousieverschluß die ganze Fläche verdeckt; beim Öffnen rollt sich die Jalousie zwischen Rückwand und Schubkästen ein. Der erste → Sekretär mit Aufsatz und Rollverschluß war das berühmte Bureau du roi für Ludwig XV., das Jean François → Oeben begann und das nach seinem Tod (1763) von Jean Henri → Riesener 1769 vollendet wurde (Paris, Louvre). Beim Zurückschieben des Zylinders rückt die Schreibtischplatte vor. Diese Konstruktion, die auch die späteren Rollbureaus zeigen, soll von Graf Kaunitz angeregt worden sein; man nennt den Typ daher Bureau à la Kaunitz oder kurz Kaunitz. Das Bureau du roi ist ein mit Schmuck überladenes Luxusmöbel. Die vergoldeten Bronzen wachsen in Form von Palmen an den Stützen auf. Sie wurden von dem Pariser Bildhauer Jean Claude Thomas Duplessis (Vater, †1774) entworfen. Auch im Zeitalter des Empire blieb das Zylinderbureau noch beliebt.

Literaturverzeichnis

Aegyptiaca

C. Aldred: Die Juwelen der Pharaonen. München – Wien – Zürich 1972
J. Aubert– L. Aubert: Statuettes égyptiennes: Chaouabtis, Ouchebtis. Paris 1974
E. Hornung – E. Staehelin: Skarabäen und andere Siegelamulette aus Basler Sammlungen. Mainz 1976
H. Kayser: Ägyptisches Kunsthandwerk. Braunschweig 1969
A. Lucas – J. E. Harris: Ancient egyptian materials and industries. London 1962
B. Nolte: Die Glasgefäße im alten Ägypten. Berlin 1968
W. M. F. Petrie: Amulets. London 1914
Propyläen Kunstgeschichte, Bd. 15: Das alte Ägypten (hrsg. v. Claude Vandersleyen). Berlin 1975
E. Riefstahl: Ancient egyptian glass and glazes. Brooklyn 1968
G. Roeder: Ägyptische Bronzewerke. Glückstadt 1937

Afrikanische Kunst

H. Baumann: Afrikanische Plastik und sakrales Königtum. München 1969
–: Die Völker Afrikas und ihre traditionellen Kulturen, Bd. 1. Wiesbaden 1975
T. Bodrogi: Afrikanische Kunst. Wien, München und Budapest 1967
J. Cornet: Afrikansiche Kunst. Schätze vom Zaire. Genf 1973
Ph. J. C. Dark: An Introduction to Benin Art and Technology. Oxford 1973
B. Davidson: Afrika, Geschichte eines Erdteils. Frankfurt/M 1966
W. Fagg: African Sculpture. The International Exhibitions Foundation 1970 USA
P. Garlake: The Kingdoms of Africa, The Making of the Past. Oxford 1978
W. Gillon: Collecting African Art. New York 1979
F. Herrmann: Die afrikanische Negerplastik als Forschungsgegenstand. Berlin 1958
H. Himmelheber: Negerkunst und Negerkünstler. Braunschweig 1960
–: Die Dan. Stuttgart 1958
W. Hirschberg: Wörterbuch der Völkerkunde. Stuttgart 1965
U. Klever: Bruckmann's Handbuch der afrikanischen Kunst. München 1975
K. Krieger und G. Kutscher: Westafrikanische Masken. Museum für Völkerkunde Berlin. Berlin 1960
K. Krieger: Westafrikanische Plastik, Veröffentlichungen des Museums für Völkerkunde Berlin, Neue Folge 7, Band I – III. Berlin 1965, 1969 und 1978
M. Kecskesi: Afrikanische Kunst; Katalog zur Ausstellung des Staatlichen Museums für Völkerkunde, herausgegeben von Andreas Lommel. München 1976
J. Laude: Les Arts de l'Afrique noire (Livre de poche). Paris 1966
–: Musée de l'Homme. Paris 1967. Arts primitifs dans les ateliers d'artistes.
–: African Art of the Dogon, The Myths of the Cliff Dwellers. Brooklyn-Museum 1973
E. Leutzinger: Wesen und Form des Schmuckes afrikanischer Völker. Zürich 1950
–: Die Kunst von Schwarz-Afrika. Recklinghausen 1972 und 1976
B. Menzel: Goldgewichte aus Ghana, Veröffentlichungen des Museums für Völkerkunde, Berlin. Berlin 1968
W. Robbins: African Art in American Collections. New York, Washington, London 1966
N. A. Rockefeller/D. Newton/L. Bultin: Meisterwerke der primitiven Kunst. Die Sammlung Nelson A. Rockefeller. Stuttgart – Zürich 1979
P. Salmon u. a.: L'afrique noire, histoire et culture. Brüssel 1976
K. F. Schädler: Afrikanische Kunst in deutschen Privatsammlungen. München 1973
–: Afrikanische Kunst. München 1973
A. Schweeger-Hefel: Plastik aus Afrika. Museum für Völkerkunde Wien. Wien 1969
M. und G. Stoll: Ibeji, Zwillingsfiguren der Yoruba. München 1980
R. F. Thompson: Black Gods and Kings. Los Angeles 1971
M. Trowell: Classical African Sculpture. London 1954 und 1964
D. Westermann: Geschichte Afrikas. Köln 1952
F. Willet: African Art. London 1971
J. Zwernemann: Spiegel und Nagelplastiken vom unteren Kongo im Linden-Museum; in: Tribus Nr. 10. 1961

Allgemeines

M. Baker: A dictionary of antiques. Edinburgh, London 1953
C. A. und H. B. Bogner: The dictionary of antiques and decorative arts. New York 1957
H. Th. Bossert und G. Lehnert: Geschichte des Kunstgewerbes aller Zeiten und Völker. Berlin 1928–1935
B. Bucher: Geschichte der technischen Künste. 3 Bde. Stuttgart, Berlin, Leipzig 1875–1893
–: Reallexikon der Kunstgewerbe. Wien 1884
Das große Antiquitäten-Lexikon. Freiburg 1976
L. Dewiel: Kleine Antiquitäten. München 1973
W. Dexel: Das Hausgerät Mitteleuropas. Wesen und Wandel der Formen in zwei Jahrhunderten. Braunschweig, Berlin 1962
W. Grasser: Antiquitäten als Geldanlage. München 1975
H. Havard: Dictionnaire de l'ameublement et de la décoration depuis le XIIe siècle jusqua'à nos jours. Paris o. J.
J. Jahn: Wörterbuch der Kunst. Stuttgart ^{4}1953
H. P. Katz: Sachmängel beim Kauf von Kunstgegenständen und Antiquitäten. 1973
H. Kohlhaussen: Geschichte des deutschen Kunsthandwerks. München 1955
–: Europäisches Kunsthandwerk. Renaissance und Barock. Frankfurt 1972
R. Linnenkamp: Antiquitäten. Jugendstil. München ^{2}1974
J. Mackay: Kunst und Kunsthandwerk der Jahrhundertwende. München 1975
R. Müller-Mehlis: Kunst und Antiquitäten als Geldanlage. München 1974
E. v. Philippovich: Kuriositäten und Antiquitäten. Braunschweig 1966
P. Phillips: The Collector's Encyclopedia of Antiques. New York 1973
Reallexikon zur Kunstgeschichte. Beg. von O. Schmitt, fortgeführt von E. Gall und L. H. Heydenreich. Stuttgart 1937 ff.
H. Seling: Keysers Kunst- und Antiquitätenbuch. 3 Bde. München 1974–1977
The Connoisseur's handbook of antiques collecting. A dictionary of furniture, ceramics, glass, silver, fine art etc. Hrsg. von H. Hayward. London 1960
The Connoisseur Complete Encyclopedia of Antiques. London ^{2}1975
H. Wellensiek: Antiquitäten im Bild. München ^{2}1975

Antiken

P. La Baume: Glas der antiken Welt I. Köln o. J. [1973]
H. Blümner: Das Kunstgewerbe im Altertum I–III. Leipzig 1885
–: Die römischen Privataltertümer. 3. Aufl. München 1911
G. A. Eisen: Glass. Its Origin, History, Technic I, II. New York 1927
F. Fremersdorf: Figürlich geschliffene Gläser. Berlin 1951
–: Das naturfarbene, sog. blaugrüne Glas in Köln. Köln 1958
–: Römische Gläser mit Fadenauflage in Köln. Köln 1959
–: Römische Gläser aus Köln. Köln 1939
–: Die römischen Gläser mit Schliff und Goldauflage aus Köln. Köln 1967
–: Römisches Buntglas in Köln. Köln 1958
A. Kisa: Das Glas im Altertum. Leipzig 1908
I. Kriseleit: Appliken. In: Forschungen und Berichte 16, 1975

Asiatika

L. Bachhofer: Die Kunst der japanischen Holzschnittmeister. München 1922
M. und C. Beurdeley: Chinesische Keramik. München 1974
E. Bluett: Ming- and Ch'ing porcelains. London 1933
W. Bondy: Chinesische Farbholzschnitte. Berlin 1927
–: K'ang-hsi, München 1923
A. du Boulay: Chinesisches Porzellan. 1974
J. L. Bowes: Japanese enamels, London 1884
N. K. Davey: Netsuke. London 1974
Th. Dexel: Frühe Keramik in China. Braunschweig
M. Feddersen: Japanisches Porzellan. Braunschweig 1961
–: Chinesisches Porzellan. Braunschweig 1972

O. Fischer: Chinesische Farbendrucke. Zürich 1932
– und E. Orlik: Chinesische Farbdrucke. München 1921
K. E. Foster: A handbook of ancient Chinese bronzes. Pomina College, Claremont/Calif. 1949
A. Frank: Chinese Blue and White. London 1970
R. Goepper: Meisterwerke des japanischen Farbholzschnitts. Köln 1973
B. Gray: Early Chinese pottery and porcelain. London 1954
B. Hahn-Woernle: Chinesisches Porzellan. 1974
S. Hara: Die Meister der japanischen Schwertzieraten. Hamburg² 1932
K. Herberts: Das Buch der ostasiatischen Lackkunst. 1959
A. L. Hetherington: The pottery and porcelain factories in China. London 1921
–: Chinese ceramic glazes. London 1937
–: Early ceramic wares of China. London 1924
R. L. Hobson: Chinese pottery and porcelain. London 1915
–: The wares of the Ming-Dynasty. London 1923
–: The later ceramic wares of China. London 1925
–: The Eumorphopoulos Collection. London 1925–1928
–: Handbook of the pottery and porcelain of the Far East in the Dept. of Orient. Antiqu. and of Ethnogr. (British Museum). ³1949
Y. Homma: Masterpieces of Japanese swordguards. Tôkyô 1952
W. B. Honey: Guide to the later Chinese porcelain (Victoria and Albert Museum), London 1927
–: The ceramic art of China and other countries of the Far East. London 1945
G. Jacoby: Japanische Schwertzierarten, Sammlung Jacoby. 2 Bde. Leipzig 1904
J. Jejzlar: Chinesische Graphik. Hanau 1972
–: Ming pottery and porcelain. London 1953
C. F. Kelley und Ch'en Mêng-chia: Chinese bronzes from the Bukkingham Collection. Chicago 1946
O. Kümmel: Das Kunstgewerbe in Japan. Berlin³ 1922
G. Kuroda: Japanische Holzschnitt-Frühdrucke. Yamato 1930
–: Der chinesische Farbendruck. Plauen 1922
–: Die Geschichte des japanischen Holzschnitts. Leipzig 1925–1929
B. Laufer: Chinese clay figures. Chicago 1914
H. A. Lorentz: Chinesische Teppiche. 1975
N. Palmgren: Selected Chinese antiquities from the collection of Gustav Adolf, crown prince of Sweden. Stockholm 1948
F. Perzynski: Japanische Masken. Berlin, Leipzig 1925
J. A. Pope: Fourteenth-century Blue and White (im Topkapu Sarayi Müzesi, Istanbul). Washington 1952
–: Chinese porcelain from the Ardebil Shrine. Washington 1956
B. von Ragué: Geschichte der japanischen Lackkunst. 1967
A. Renker: Papier und Druck im Fernen Osten. Mainz 1936
O. Rücker-Embden: Chinesische Frühkeramik. Leipzig 1923
F. Rumpf: Meister des japanischen Farbenholzschnittes. Berlin 1924
E. A. Séguy: Les lacques de Coromandel. Paris 1923
W. von Seidlitz: Geschichte des japanischen Farbenholzschnitts. Dresden² 1910
W. Speiser: Lackkunst in Ostasien. 1965
K. Stephan: Die Lackierkunst der Völker in der Vergangenheit und Gegenwart, Bd. 1. Japanische Lacktechnik. München 1927
E. F. Strange: The colour prints of Japan. London³ 1910
–: Japanese colour prints. London⁵ 1923
–: Chinese lacquer. London 1926
R. W. Swallow: Ancient Chinese bronze mirrors. Peking 1937
Wu-Gin-Ding: Prehistoric pottery in China. London 1938
P. W. Yetts: Catalogue of the Eumorphopoulos Collection of bronzes, sculpture etc. London 1929/30
E. Zimmermann: Chinesisches Porzellan und die übrigen keramischen Erzeugnisse Chinas. Leipzig² 1923

Bilderrahmen, Spiegelrahmen

M. Cämmerer-George: Die Rahmung der toskanischen Altarbilder im Trecento. Strasbourg 1966
R. Edwards: The Shorter Dictionary of English Furniture. London 1964
W. Ehlich: Bild und Rahmen im Altertum. Die Geschichte des Bilderrahmens. Leipzig 1953
E. Gerhard, K. Klügmann, G. Körte: Die etruskischen Spiegel. Berlin 1843–97
C. Grimm: Alte Bilderrahmen. Epochen – Typen – Material. München 1978
G. F. Hartlaub: Zauber des Spiegels. München 1951
H. Kreisel: Deutsche Spiegelkabinette. Darmstadt 1953

Bildteppiche

J. Coffinet: Arachné ou l'art de la tapisserie. Textes et iconographie. Fribourg 1971
Das große Buch der Tapisserie. Düsseldorf 1965
H. Göbel: Wandteppiche. 6 Bde. Leipzig 1923–1934
D. Heinz: Europäische Wandteppiche. Braunschweig 1963 ff.
R. A. d'Hulst: Flämische Bildteppiche des 14. bis 18. Jh.s. Brüssel 1961
B. Kurth: Die deutschen Bildteppiche der Gotik. Leipzig 1923
–: Gotische Bildteppiche aus Frankreich und Flandern. München 1923
–: Die deutschen Bildteppiche des Mittelalters. 3 Bde. Wien 1926
H. Lanz: Gotische Bildteppiche. ²1964
S. Müller-Christensen: Das Gunthertuch im Bamberger Domschatz. Bamberg 1966
J. Roh: Bildteppiche der Gegenwart. Darmstadt 1955
H. Schmitz: Bildteppiche. Berlin 1919
–: Geschichte der Gobelinwirkerei. Berlin 1922
P. Verlet: Das große Buch der Tapisserie. 1965
M. Vialé: Gobelins. 1974
R.-A. Weigert: La tapisserie et le tapis en France. Paris 1964

Bronze, Eisen, Kupfer, Messing

E. F. Bange: Die deutschen Bronzestatuetten des 16. Jh.s. Berlin 1949
F. Blümel: Deutsche Öfen. Der Kunstofen 1480–1910. Kachel- und Eisenöfen aus Deutschland, Österreich und der Schweiz. München 1965
W. Braun-Feldweg: Metall. Ravensburg 1950
–: Schmiedeeisen. Ravensburg 1952
A. Brünig: Die Schmiedekunst bis zum Ausgang des 18. Jh.s. Bearb. von A. Rohde. Leipzig 1922
W.-D. Dube: Süddeutsche Bronzemörser. Diss. Göttingen 1963
G. Egger: Beschläge und Schlösser an alten Möbeln. München 1975
S. Erixen: Mässing, Svenska manufakturer och konsthandverksprodukter under 400 ar. Stockholm 1943
O. v. Falke und E. Meyer: Bronzegeräte des Mittelalters. Berlin 1935
R. Gentle und R. Feild: English domestic brass, 1680–1810, and the history of its origins. London 1975
H. Heintschel und M. Dawid: Lampen, Leuchter, Laternen seit der Antike. 1975
W. Hentschel: Kursächsischer Eisenkunstguß. Dresden 1955
E. Hintze: Gleiwitzer Eisenkunstguß. Breslau 1928
O. Höver: Das Eisenwerk. Tübingen 1953
O. Kastner: Handgeschmiedet. Linz 1967
A. Kippenberger: Der künstlerische Eisenguß. Wetzlar 1950
H. Landais: Les Bronzes Italiens de la Renaissance. Paris 1958
R. Lister: Decorative Wrought Ironwork in Great Britain. London 1957
–: Decorative Cast Ironwork in Great Britain. London 1960
H. Lüer: Technik der Bronzeplastik. Leipzig 1905
– und M. Creutz: Geschichte der Metallkunst. Stuttgart 1904
E. Meyer: Mittelalterliche Bronzen. Hamburg 1960
L. Meyer: Kupferschmiede einst und jetzt. Hannover 1914
J. Montagu: Bronzen. Frankfurt 1974
K. A. Neugebauer: Bronzegerät des Altertums. Bielefeld, Leipzig 1927
H. Pankofer: Schlüssel und Schloß. München 1973
K. Pechstein: Katalog Bronzen und Plaketten im Kunstgewerbemuseum. Berlin 1968
J. Pope-Henessy: Renaissance Bronzes from the Samuel H. Kress Collection. 1965
H. Schmidt: Bronze- und Eisenguß. Düsseldorf 1958
F. Schottmüller: Bronzestatuetten und -geräte. Berlin 1921
A. Schröder: Deutsche Ofenplatten. 1936
J. Sieveking: Antike Metallgeräte. München 1924
J. Squilbeck: La Dinanderie en Belgique. Brüssel 1943
Studien zum künstlerischen Eisenguß. Festschrift für A. Kippenberger. 2 Bde. 1970
A. J. G. Verster: Schönes Schmiedeeisen. 1964
–: Bronze, Altes Gerät aus Bronze, Messing und Kupfer. Hannover 1966
A. Walcher-Molthein: Zur Geschichte unserer Küchen- und Apothekenmörser. Wien 1917
I. G. Weber: Die Kunst der Ofenplatte im Harzgebiet. 1965
S. Wechssler-Kümmel: Schöne Lampen, Leuchter und Laternen. Heidelberg, München 1962
S. Theisen: Der Eifeler Eisenkunstguß im 15. und 16. Jh. Düsseldorf 1962

H. R. Weihrauch: Europäische Bronzestatuetten 15.–18. Jh. Braunschweig 1967
G. Wietek: Altes Gerät für Feuer und Licht. 1964
G. Wills: Collecting Copper and Brass. London 1962
D. A. Wittop Koning: Nederlandse vijzels. Deventer 1953
H. Wühr: Altes Eßgerät. Darmstadt 1961

China – Japan – Korea
Terukazu Akiyama: Japanische Malerei (Die Kunstschätze Asiens). Genf 1961
Y. d'Argencé: Ancient Chinese bronzes in the Avery Brundage Collection. San Francisco 1966
J. Ayers: Far Eastern Ceramics in the Victoria and Albert Museum. London 1980
N. Barnard: Bronze casting and bronze alloys in ancient China. Canberra und Nagoya 1961
L. Binyon and J. J. O'Brien Sexton: Japanese colourprints. London 1960
K. Brasch: Hakuin und die Zen-Malerei. Tôkyô 1957
A. E. Brockhaus: Netsuke, Versuch einer Geschichte der japanischen Schnitzkunst. Leipzig 1909
J. Cahill: Chinesische Malerei. Genf 1960
T. Carter: The invention of printing in China and its spread westward. New York 1931, 1955
V. Contag und Wang Chi-Ch'Üan: Maler- und Sammlerstempel aus der Ming- und Ch'ing-Zeit. Shanghai 1940
Chewon Kim und Won-Yong Kim: Korea, 2000 Jahre Kunstschaffen. Fribourg 1966
Nihon no Chôkoku, Tôkyô 1960; deutsch: Japanische Plastik, bearb. von Toshimitsu Hasumi und D. Seckel. München 1961
Th. Dexel: Chinesisches Steinzeug. Darmstadt 1957
–: Die Formen der chinesischen Keramik. Tübingen 1955
M. Feddersen: Japanisches Kunstgewerbe. Braunschweig 1960
–: Chinesisches Kunstgewerbe. Braunschweig 1955
O. Fischer: Chinesische Plastik. München 1948
J. Fontein und R. Hempel: China, Korea, Japan (Propyläen-Kunstgeschichte, Bd. 17). Frankfurt/M. und Berlin 1968
H. Garner: Chinese and Japanese cloisonné enamels. London 1962
A. Getty: The Gods of Northern Buddhism. Oxford 1914
A. B. Giswold, Chewon Kim und P. H. Pott: Burma, Korea, Tibet (Kunst der Welt). Baden-Baden 1963
R. Goepper: Kunst und Kunsthandwerk Ostasiens, Ein Handbuch für Sammler und Liebhaber. München 1968
–: in: Keysers Kunst und Antiquitätenbuch, Ein Ratgeber für Sammler und Kunstliebhaber, Bd. 1. München 8. Aufl. 1974
–: Vom Wesen chinesischer Malerei. München 1962
G. St. G. M. Gompertz: Chinese celadon wares. London 1958
–: Korean celadon and other wares of the Koryo period. London 1963
R. Hempel: Zenga, Malerei des Zen-Buddhismus. München 1960
–: Holzschnittkunst Japans; Landschaft, Mimen, Kurtisanen. Stuttgart 1963
J. Hillier: Die Meister des japanischen Farbendruckes, Eine Glanzepoche ostasiatischer Kunst. Köln 1954
J. Hillier and L. Smith: Japanese Prints: 3000 Years of Albums and Books. London Juli 1980
K. Jakobsen: Japanische Teekeramik, Ein Brevier. Braunschweig 1958
Index of Japanese painters, Hrsg. The Society of Friends of Eastern Art. Tôkyô 1959
S. Jenyns: Later Chinese porcelain. London 1965
S. Jenyns und W. Watson: Chinesische Kunst; Gold, Silber, Bronze, Cloisonné, Email, Lack, Möbel, Holz. Baden-Baden 1963
F. M. Jonas: Netsuke. Vermont und Tôkyô 1960
Fujio Koyama: The story of old Chinese ceramics. Tôkyô 1949
J. Kurth: Der chinesische Farbendruck. Plauen 1922
Sh. E. Lee: DuMonts Kunstgeschichte des Fernen Ostens, übers. von S. M. Milczewsky. Köln 1966
M. Medley: A handbook of Chinese art for collectors and students. London 1964
H. Münsterberg: The arts of Japan, An illustrated history. Tôkyô und Vermont 1957
M. Penkala: Far Eastern ceramics; Marks and decoration. den Haag 1963
L. S. Perry: Chinese snuff bottles. The adventures and studies of a collector. Vermont 1960
D. E. Saunders: Mudra, A study of symbolic gestures in Japanese Buddhist sculpture. London 1960
D. Seckel: Buddhistische Kunst Ostasiens. Stuttgart 1957
–: Kunst des Buddhismus; Werden, Wanderung und Wandlung (Kunst der Welt). Baden-Baden 1964
W. Speiser: Chinesische und japanische Malerei. Berlin 1959
W. Speiser, R. Goepper und J. Fribourg: Chinesische Kunst; Malerei, Kalligraphie, Steinabreibungen, Holzschnitte. Zürich 1965
P. C. Swann: Japan, Von der Jômon- zur Tokugawa-Zeit, übers. von I. Schaarschmidt-Richter (Kunst der Welt). Baden-Baden 1965
–: Die Kunst des Fernen Ostens – China, Korea, Japan, übers. v. L. Brüll. München und Zürich 1966
M. Tregear: Chinese Art. (enth. eine Erörterung über die Hauptschulen der chin. Malerei u. v. a.). London 1980
Tseng Yu-Ho Ecke und J. G. Lee: Chinese Calligraphy. Philadelphia 1971
W. Watson: Handbook to the collections of early Chinese antiquities. London 1963
C. A. S. Williams: Encyclopedia of Chinese symbolism and art motifs. New York 1960
Yukio Yashiro und P. C. Swann: Japanische Kunst, übers. von R. Goepper. München und Zürich 1958

Dosen, Miniaturen
J. Bedford: All kinds of small boxes. London 1964
H. und S. Berry-Hill: Antique gold boxes. London. 1960
E. Biesalski: Scherenschnitte und Schattenrisse. 1964
B. Bilzer: Führer durch die Schausammlung Perlmosaiken von J. M. van Selow. Arbeitsberichte aus dem Städtischen Museum Braunschweig. 16. Braunschweig 1969
M. v. Boehn: Miniaturen und Silhouetten. München 1925·
W. Bomann: Bäuerliches Hauswesen und Tagewerk im alten Niedersachsen. Weimar 1941 (Nachdruck Hildesheim 1975)
H. G. Bunke: Dosen. Ein Brevier. Braunschweig 1960
D. Foskett: British Portrait Miniatures. London 1969
J. J. Foster: A Dictionary of Miniature Painters. London 1926
F. Fuhse: Stobwasserarbeiten. Braunschweig 1925
H. Hawley: Fabergé and his contemoraries. Cleveland 1967
W. Holzhausen: Johann Christian Neuber. Dresden 1935
–: Lackkunst in Europa. Braunschweig 1959
H. Huth: Europäische Lackarbeiten 1600–1850. Darmstadt 1955
F. Kirnbauer u. R. Steiskal-Paur: Iserlohner Dosen. Wien 1969
M. Klamkin: The Collector's Book of Boxes. Newton Abbot 1972
T. Kroha: Sparbüchsen. Braunschweig 1959
C. Le Corbeiller: Alte Tabakdosen aus Europa und Amerika. München 1966
A. v. Leer Carrick: A History of American Silhouettes. 1968
E. Leisching: Die Bildnisminiatur in Österreich 1750–1850. Wien o. J.
A. Mayne: British Profile Miniaturists. London 1970
M. Meinz: Schönes Silber. München 1964
J. Müller: Schattenbilder und Scherenschnitte. Dresden 1959
R. und M. Norton: A History of Gold Snuff Boxes. London 1938
C. Pieske: Schattenrisse und Silhouetteure. 1963
H. Rieben: Bildnisminiaturen. Bern 1951
K. Snowman: Eighteenth Century Gold Boxes of Europe. London 1966
M. Wiswe: Hausrat aus Kupfer und Messing. München 1979
J. Woodiwiss: British Silhouettes. London 1965

Elfenbein, Bernstein, Perlmutter, Alabaster
A. Bachofen-Echt: Der Bernstein und seine Einschlüsse. Wien 1949
J. Beckwith: Ivory carving in early medieval England. London 1972
O. Beigbeder: Elfenbein. 1974
R. von Bismarck: Bernstein – das Gold des Nordens. Neumünster 1972
M. Carrá: Elfenbein. 1974
R. Delbrück: Die Consulardiptychen und verwandte Denkmäler. Berlin 1929
D. Gaborit-Chopin: Elfenbeinkunst im Mittelalter. Berlin 1978
H. Grünn: Perlmutterkunst in alter und neuer Zeit. Wien 1963
H. W. Hegemann: Europäische Elfenbeinkunst vom Fin de Siècle bis zum Art Deco. Ausstellungskatalog des Deutschen Elfenbeinmuseums Erbach 1978
–: Ostpreußisches Gold – Arbeiten aus Bernstein. Ausstellungskatalog des Deutschen Elfenbeinmuseums Erbach 1975
R. Koechlin: Les Ivoires gothiques français. Paris 1968
E. L. Marangou: Lakonische Elfenbein- und Beinschnitzereien. Berlin 1971

G. E. Pazaurek: Perlmutter. Berlin 1937
O. Pelka: Bernstein. Berlin 1920
E. v. Philippovich: Elfenbein. Braunschweig 1961
W. Raunig: Bernstein, Weihrauch, Seide. Waren und Wege der antiken Welt. München 1971
A. Rohde: Bernstein, ein deutscher Werkstoff; seine künstlerische Verarbeitung vom Mittelalter bis zum 18. Jh. Berlin 1937
C. Scherer: Elfenbeinplastik seit der Renaissance. Leipzig 1903
G Schönberger: Alabasterplastik 1937
G. Swarzenski: Deutsche Alabasterplastik des 15. Jh.s. Frankfurt am Main 1921
W. F. Volbach: Elfenbeinarbeiten der Spätantike und des frühen Mittelalters. 3 1976

Email

J. B. Barsali: Europäisches Email. 1974
W. Burger: Abendländische Schmelzarbeiten. 1930
M.-M. Gauthier: Emaux du Moyen Age Occidental. Fribourg 1972
K. Guth-Dreyfus: Transluzides Email in der 1. Hälfte des 14. Jh.s am Ober-, Mittel- und Niederrhein. 1954
C. Hasenohr: Email, Goldschmiedeemail, Maleremail, kunsthandwerkliches Gebrauchsemail, neue Emailtechniken. Dresden 1955
H. Matile: Mittelalterliches Email. 1971
E. Mew: Battersea Enamels. London, Boston 1926

Fayence, Hafnerkeramik, Majolika, Steinzeug, Steingut

G. Ballardini: Corpus della maiolica italiana. 2 Bde. 1933–1938
L. v. Bassermann-Jordan: Creußener Steinzeug. Diss. Freiburg 1952
I. Bauer: Hafnergeschirr aus Altbayern. Katalog des Bayerischen Nationalmuseums München. Bd. XV, 1. 1976
A. Bayer: Die Ansbacher Fayencefabriken. Braunschweig 1928
J. Bedford: Wedgwood Jasper Ware. London 1964
–: Old English Lustre Ware. London 1965
–: Toby Jugs. London 1968
A. Behse: Deutsche Fayencemarken-Brevier. Braunschweig 1955
A. und A. Berendsen: Fliesen. Eine Geschichte der Wand- und Bodenfliesen. München 1964
A. Bergmann: Egerländer Porzellan und Steingut. 1975
F. Blümel: Deutsche Öfen. Der Kunstofen 1480–1910. Kachel- und Eisenöfen aus Deutschland, Österreich und der Schweiz. 1965
W. v. Bode und W. F. Volbach: Gotische Formmodel. In: Jahrbuch der Preußischen Kunstsammlungen. Berlin 1918
M. Boyken: Fliesen und gekachelte Räume des 17. und 18. Jahrhunderts. 1955
C. Bülow: Das Kachelbuch. Eine Kunstgeschichte der Wandkachel. 2 1957
W. Burton: Josiah Wedgwood and his pottery. London 1922
A. Caiger-Smith: Tin-glaze Pottery in Europe and the Islamic World. London 1968
W. Chaffers: Collector's Handbook of Marks and Monograms on Pottery and Porcelain. London 1968
J. Chompret: Répertoire de la majolique italienne. Paris 1949
G. Conti: L'Arte della Majolica in Italia. Mailand 1973
E. Cooper: History of Pottery. London 1972
J. P. Cushion: Pottery and Porcelain. London 1972
L. Dewiel: Deutsche Fayencen. München 1977
S. Ducret: Deutsches Porzellan und deutsche Fayencen. 1975
Durlacher Fayencen. Katalog Badisches Landesmuseum Karlsruhe. 1975
H. Eber: Creußener Töpferkunst. München 1913
H. Erdner und G. K. Nagel: Die Fayencefabrik zu Schrezheim. Stuttgart 1973
U. Erichsen-Firle: Katalog Figürliches Porzellan. Kunstgewerbemuseum der Stadt Köln. 1975
O. v. Falke: Das Rheinische Steinzeug. 2 Bde. Berlin 1908
–: Alt-Berliner Fayencen. Berlin 1923
A. Feulner: Frankfurter Fayencen. Berlin 1935
W. Fischer: Die Salzglasur. Coburg 1927
R. Forrer: Geschichte der europäischen Fliesenkeramik vom Mittelalter bis zum Jahre 1900. Straßburg 1901
C. Frégnac: Europäische Fayencen. Stuttgart 1976
A. W. Frotingham: Lustre-Ware of Spain. New York 1951
E. Fuchs und P. Heiland: Deutsche Fayencekultur. München 1926
F. H. Garner und M. Archer: English Delftware. London 1972
J. Giacometti: French Faïence. London 1963
K. Göbels: Rheinisches Töpferhandwerk. 1971
–: Das historische Frechener Töpferhandwerk. 1971
J. G. T. Graesse und E. Jaenicke: Führer für Sammler von Porzellan und Fayence, Steinzeug, Steingut usw. Braunschweig23 1975
R. G. Haggar: The Concise Encyclopedia of Continental Pottery and Porcelain. London 1960
H. Haug: Straßburger Fayence. Darmstadt 1957
O. Hauger: Durlacher Fayencen. Karlsruhe 1951
T. Hausmann: Majolika. Kataloge des Kunstgewerbemuseums Berlin. Bd. VI. 1972
F. H. Hofmann: Geschichte der Bayreuther Fayencefabrik St. Georgen am See. Augsburg 1928
W. B. Honey: European Ceramic Art from the End of the Middle Ages to about 1815. 2 Bde. London 1949–1952
J. Horschik: Steinzeug 15.–19. Jh., von Bürgel bis Muskau. Dresden 1978
F. W. Hudig: Delfter Fayencen. 2 1960
K. Hüseler: Geschichte der Schleswig-Holsteinschen Fayencen im 18. Jh. Breslau 1929
–: Deutsche Fayencen. Ein Handbuch der Fabriken, ihrer Meister und Werke. 3 Bde. Stuttgart 1958
D. Imber: Collecting Delft. London 1968
F. Jaennicke: Geschichte der Keramik. Leipzig 1900
C. H. de Jonge: Delfter Keramik. 1969
J. Justice: Dictionnaire des marques et monogrammes de la faïence de Delft. Gent2 1915
G. Kaufmann: Bemalte Wandfliesen. München 1976
A. Kelly: Wedgwood Ware. London 1970
A. Klein: Rheinisches Steinzeug des 15. bis 18. Jhs. Darmstadt 1954
–: Französische Fayencen des 16. bis 18. Jhs. Darmstadt 1958
–: Nürnberger Fayencen. Darmstadt 1963
–: Keramik aus 5000 Jahren. 1969
–: Deutsche Fayencen. Braunschweig 1976
B. Klesse: Majolika. Katalog Kunstgewerbemuseum der Stadt Köln. 1966
E. Klinge: Katalog Creußener Steinzeug. Coburg 1977
–: Katalog Deutsche Keramik des 20. Jhs. Band 1 und 2. Hetjens-Museum Düsseldorf. 1975, 1978
–. Katalog Deutsches Steinzeug der Renaissance und Barockzeit. Hetjens-Museum Düsseldorf. 1979
–: Siegburger Steinzeug. Düsseldorf 1972
K. Kötschau: Rheinisches Steinzeug. München 1924
H. Kronberger-Frentzen: Altes Bildergeschirr. Tübingen 1964
A. Lane: Early Islamic Pottery. London2 1953
–: Later Islamic Pottery. London 1957
B. Leach: Das Töpferbuch. Bonn 1974
W. Lehnemann: Irdentöpferei in Westfalen. 17. bis 20. Jh. Anchendorff, Münster/Westfalen 1978
W. Lehnhäuser: Glasuren und ihre Farben. Düsseldorf 1976
G. Lewis: A Collector's History of English Pottery. London 1969
C. Liverani: Italienische Majolika. 1960
J. Matusc: Delfter Fayence. Bern/Stuttgart 1977
O. E. Mayer und H. Hellebrandt: Raerener Steinzeug. Aachen 1967
M. Meinz und K. Strauß: Jagdliche Fayencen deutscher Manufakturen. Hamburg 1976
E. Meyer-Heisig: Deutsche Bauerntöpferei. München 1955
H. Miedel: Künersberger Fayencen. Katalog Memmingen 1962
J. Miedel: Künersberg und seine Fayencefabrik. Memmingen 1929
J. Marsson: Die Stralsunder Fayencefabrik 1757–1790
A. R. Mountford: Staffordshire Salt-Glazed Stoneware. London 1971
J. W. Müller: Schleswig-Holsteinische Fayencen des 18. Jhs. Heide 1964
G. Nagel: Fayencen. München 1977
A. Ohm und M. Bauer: Steinzeug und Zinn. Kat. d. Museums für Kunsthandwerk Frankfurt/M. 1977
G. A. Pazaurek: Steingut, Formgebung und Geschichte. Stuttgart 1927
–: Deutsche Porzellan- und Fayencemarken 2 Bde. Leipzig 1925, 1971
M. Penkala: Fayencen und Steingut aus europ. Manufakturen. 1972
P. D. G. Pugh: Staffordshire Portrait Figures. London 1971
B. Rackham: Italian Maiolica. London 1964
–: Early Staffordshire pottery. London 1951
–: Medieval English pottery. London 1961
G. Reineking von Bock: Katalog Steinzeug. Kunstgewerbemuseum der Stadt Köln. 1971, 1976
– und C.-W. Schümann: Katalog Keramik. Kunstgewerbemuseum der Stadt Köln. 1975
–: Keramik des 20. Jhs. – Deutschland. München 1979
K. Reutti: Ausstellungskatalog Mutz-Keramik. Ernst-Barlach-Haus. Hamburg 1966

O. Riesebieter: Die deutschen Fayencen des 17. und 18. Jhs. Leipzig 1921
C. Scherer: Braunschweiger Fayencen. Braunschweig 1929
E. Schirmer: Die deutsche Irdenware des 11. bis 15. Jhs. im engeren Mitteldeutschland. Jena 1938
A. Schönberger: Fayencen. In: Keysers Kunst- und Antiquitätenbuch I. München 1975
M. Scholten-Neess und W. Jüttner: Niederrheinische Bauerntöpferei. 17. bis 19. Jh. Düsseldorf 1971
G. Spies: Hafner und Hafnerhandwerk in Südwest-Deutschland. 1964
–: Braunschweiger Fayencen. Braunschweig 1971
F. Stazzi: Capodimonte. L'Arte delle Ceramica. Mailand 1972
P. Stieber: Deutsches Hafnergeschirr. In: Keysers Kunst- und Antiquitätenbuch, Bd. 3. München 1967
A. Stoehr: Deutsche Fayencen und deutsches Steingut. Berlin 1920
H. Storr-Britz: Ornamente und Oberflächen in der Keramik. Dortmund 1977
K. Strauss: Alte deutsche Kunsttöpfereien. Berlin 1923
–: Die Töpferkunst in Hessen. Straßburg 1925
–: Schlesische Keramik. Straßburg 1928
–: Die Kachelkunst des 15. und 16. Jhs. in Deutschland, Österreich und der Schweiz. Basel 1966
–: Kachelkunst des 15. und 16. Jhs. in Deutschland, Österreich, der Schweiz und Skandinavien. Basel 1972
T. Thomas: Kat. d. Ausst. Villeroy & Boch, Keramik vom Barock bis zur Neuen Sachlichkeit: Stadtmuseum München. München 1976
–: Die Rolle der beiden Familien Boch und Villeroy im 18. und 19. Jh. Saarbrücken 1974
B. Tietzel: Katalog Fayence I. Kunstgewerbemuseum der Stadt Köln. 1980
E. Tilmans: Faïence de France. Paris 1954
D. C. Towner: English Cream-coloured Earthenware. London 1957
–: The Leeds Pottery. London 1963
E. M. Vis und C. de Geus: Altholländische Fliesen. 2 Bde. Amsterdam. Leipzig 1926–1931
–: Bunte Hafnerkeramik der Renaissance in Österreich ob der Enns und Salzburg. Wien 1906
–: Die deutschen Keramiken der Sammlung Figdor. In: Kunst und Kunsthandwerk, Jg. 12, Hefte 1 und 7. 1909
G. Weiss: Ullstein Fayencenbuch. Berlin 1970
P. D. Whitting: A History of Fulham to 1965. London 1970
R. L. Wyss: Winterthurer Keramik. Hafnerware aus dem 17. Jh. Bern 1973
E. Zeh: Hanauer Fayencen. Marburg 1913

Gemmen, Siegel

Antike Gemmen in deutschen Sammlungen. Band I: Staatliche Münzsammlung München. Band II: Stiftung Preußischer Kulturbesitz, Staatliche Museen Berlin, Antikenabteilung. München 1969
E. von Berchem: Siegel. Berlin 1923
F. Eichler und E. Kris: Die Kameen des Altertums im Kunsthistorischen Museum in Wien. Wien 1927
W. Ewald: Siegelkunde. München, Berlin 1914
H. Ewe: Schiffe auf Siegeln. Bielefeld 1972
W. M. Flinders Petrie: Scarabs and cylinders with names. London 1917
–: Buttons and design scarabs. London 1925
H. Frankfort: Cylinder seals. New York 1929
A. Furtwängler: Die antiken Gemmen. Leipzig, Berlin 1900. Nachdruck Amsterdam 1964
H. Gebhart: Gemmen und Kameen. Berlin 1925
T. Ilgen: Sphragistik. Leipzig, Berlin 1919
E. Kittel: Siegel. Braunschweig 1970
E. Kris: Die Meisterwerke und Meister der Steinschneidekunst in der italienischen Renaissance. 1929
G. Lippold: Gemmen und Kameen des Altertums und der Neuzeit. Stuttgart 1922
A. Moortgat: Vorderasiatische Rollsiegel. Köln 1940
M. L. Vollenweider: Die Steinschneidekunst und ihre Künstler in spätrepublikanischer und augusteischer Zeit. Baden-Baden 1966

Glas

M. Amaya: Tiffany. London 1968
D. Ash: How to identify English Drinking Glasses and Decanters. London 1962
A. Bangert: Glas. München 1977
–: Glas, Jugendstil und Art Déco. München 1979
J. Barrelet: La verrerie en France de l'époque gallo-romaine à nos jours. Paris 1953
S. Baumgärtner: Edles altes Glas. Katalog Sammlung Heinrich Heine. Karlsruhe 1971
G. W. Beard: Nineteenth-Century Cameo Glass. Newport 1956
E. Berckenhagen: Berliner und Märkische Gläser. 1956
W. Bernt: Altes Glas. München 1950
K. G. Beyer und F. Kämpfer: 4000 Jahre Glas. München 1966
R. Chambon: L'histoire de la verrerie en Belgique. Brüssel 1955
E. C. Cloak: Glass Paperweights. London 1969
S. Crompton: English Glass. London 1967
Th. Dexel: Gebrauchsglas. Braunschweig 1977
R. Dolz: Gläser. München 1971
O. Doppelfeld: Römisches und fränkisches Glas. 1966
F.-A. Dreier: Glaskunst in Hessen-Kassel. 1969
E. Egg: Die Glashütten zu Hall und Innsbruck im 16. Jh. 1962
E. M. Elville: English and Irish Cut Glass 1750–1950. London[2] 1959
P. Fossing: Glass vessels before glass-blowing. Kopenhagen 1940
C. Friedrich: Die altdeutschen Gläser. Nürnberg 1884
A. W. Frothingham: Barcelona Glass in Venetian Style. New York 1956
F. L. Fuchs: Die Glaskunst im Wandel der Jahrtausende. Darmstadt 1956
Emile Gallé: Keramik, Glas und Möbel des Art Nouveau. München 1974
K. Hetteš: Venezianisches Glas. Prag 1960
H. Hilschenz: Katalog Glassammlung Hentrich. Jugendstil und 20er Jahre. Kunstmuseum Düsseldorf. 1973
P. Hollister: The Encyclopaedia of Glass Paperweights. New York 1969
W. B. Honey: English Glass. London 1946
–: Glass. A Handbook for the Study of Glass Vessels of all Periods and Countries. London 1946
F. W. Hudig: Das Glas. Wien 1925
G. B. Hughes: Old English, Scottish and Irish Table Glass. London 1956
J. Jantzen: Deutsches Glas aus fünf Jahrhunderten. Veröffentlichung des Kunstmuseums Düsseldorf. 1960
F. Kämpfer: Viertausend Jahre Glas. Dresden 1966
A. Kisa: Das Glas im Altertum. 3. Bde. Leipzig 1908
B. Klesse: Katalog Die Glassammlung Krug. München 1965
– und G. Reineking von Bock: Glas. Kataloge des Kunstgewerbemuseums Köln.[2] 1973
R. Koch, L. C. Tiffany: Rebel in Glass. New York 1964
Ch. Küster: Glas, Altonaer Museum in Hamburg, Heft 9. Hamburg 1974
P. La Baume: Glas der antiken Welt. I. Wissenschaftliche Kataloge des Römisch-Germanischen Museums Köln. 1973
A.-E. Liederwald: Niederländische Glasformen des 17. Jhs. Diss. Freiburg 1964
B. M. Lindsey: American Historical Glass. London 1967
F. C. Lipp: Bemalte Gläser. Volkstümliche Bildwelt auf alten Gläsern. München 1974
J. Mackay: Glass Paperweights. New York 1973
G. Mariacher: Edle Gläser. München 1962
P. K. McCawley: Antique Glass Paperweights from France. London 1968
E. Meyer-Heisig: Der Nürnberger Glasschnitt des 17. Jhs. Nürnberg 1963
Ch. Mosel: Die Glas-Sammlung, Bildkat. II d. Kestner-Museums Hannover. Hannover 1957
B. Mundt: Katalog Historismus. Kunsthandwerk und Industrie im Zeitalter der Weltausstellungen. Berlin 1973
F. Neuburg: Antikes Glas. Darmstadt 1962
B. Nolte: Die Glasgefäße im alten Ägypten. Berlin 1968
B. O'Looney: Katalog Victorian Glass. Victoria and Albert Museum London. 1972.
W. Neuwirth: Das Glas des Jugendstils. München 1973
A. Ohm (Bearb.): Europäisches und außereuropäisches Glas, Kat. d. Museums für Kunsthandwerk. Frankfurt/M. 1973
Ostertag: Das Fichtelgebirgsglas. Erlangen 1933
G. E. Pazaurek: Gläser der Empire- und Biedermeierzeit. Leipzig 1976
–: F. Gondelach. Berlin 1927
–: Kunstgläser der Gegenwart. Leipzig 1925
S. Pěsatová und J. Bock: Böhmisches graviertes Glas. Prag 1965
J. Philippe: Le Val Saint-Lambert. Ses cristalleries et l'art du verre au pays de Liège. Lüttich 1973

F. Rademacher: Die deutschen Gläser des Mittelalters. Berlin² 1963
G. M. Ritz: Hinterglasmalerei. Geschichte, Erscheinung, Technik. München 1972
T. Rose: Gläser, in: Keysers Kunst- und Antiquitätenbuch I. München 1975
A. v. Saldern: German Enamelled Glass. Corning New York 1965
–, B. Nolte u. a.: Gläser der Antike. Katalog Sammlung Erwin Oppenländer. Museum für Kunst und Gewerbe. Hamburg 1974
G. Schacke: Die Glaskunst. Ein Handbuch über Herstellung, Sammeln und Gebrauch des Hohlglases. München 1976
G. Schade: Deutsches Glas. Leipzig 1968
J. Schlosser: Das alte Glas. Braunschweig 1965
R. Schmidt: Brandenburgische Gläser. Berlin 1914
–: Das Glas. Berlin 1922
The Journal of Glass Studies. Corning New York ab 1959
W. Schnauck: Glaslexikon. München 1959
W. Spiegel: Böhmische Gläser. 1976
W. A. Thorpe: English Glass. London³ 1961
J. R. Vávra: Das Glas und die Jahrtausende. Prag 1954
R. H. Vose: The Connoisseur Illustrated Guide to Glass. London 1975
W. Wakefield: Nineteenth-Century British Glass. London 1961
G. Weiss: Ullstein Gläserbuch. Frankfurt, Berlin 1974
R. Wilkinson: The Hallmarks of Antique Glass. London 1968

Graphik, Dekorative Graphik, Ornamentstich
P. Babendererde: Dekorative Graphik. Braunschweig 1967
W. Bernt: Die niederländischen Zeichner des 17. Jhs. 2 Bde. München 1957/58
E. Bock: Die Geschichte der graphischen Kunst. Berlin 1930
W. Boeck: Inkunabeln der Bildniskarikatur. Stuttgart 1968
H. Th. Bossert: Das Ornamentwerk. Berlin 1937
–: Ornamente der Volkskunst, 2 Bde. Tübingen 1949 u. 1952
–: Ornamente der Völker, 3 Bde. Tübingen 1955–1959
Ch. M. Briquet: Les Filigranes. Dictionnaire historiques des marques du papier dès leur apparition vers 1282 jusqu'en 1600. 4 Bde. Genf 1907, Neudruck Leipzig 1923, 2. Aufl. New York 1966
F. Brockhaus: Lexikon, 15 Aufl., Lpz. 1928
W. A. Churchill: Watermarks in paper in Holland, England, France etc. in the XVII and XVIII centuries. Amsterdam 1935
B. Degenhart: Europäische Handzeichnungen. Zürich 1943
– und A. Schmitt: Corpus der italienischen Handzeichnungen 1300–1450, Teil I: Süd- und Mittelitalien. 4 Bde. Berlin 1968
U. Eichler: Münchener Bilderbogen, München 1974
C. Eisler: Zeichnungen großer Meister vom Mittelalter bis zur Gegenwart. München 1976
M. J. Friedländer: Die Radierung. Berlin 1921
–: Der Holzschnitt. Berlin³ 1926
M. Geisberg: Der deutsche Einblattholzschnitt in der ersten Hälfte des 16. Jhs. München 1925–1929
–: Die Anfänge des Kupferstichs. Leipzig 1924
–: Geschichte der deutschen Graphik vor Dürer. Berlin 1939
A. Haemmerle: Buntpapier. München 1961
R. Hamann: Deutsches Ornament. Berlin 1937
M. v. Hase: Kat. Spielkarten aus aller Welt. Stgt. 1968
K. Hoffmann: Neue Ornamentik. Die ornamentale Kunst im 20. Jh. Köln 1970
H. H. Hofstätter: Idealismus und Symbolismus. München 1972
F. W. Hollstein: Dutch and Flemish etchings, engravings and woodcuts. 14 Bde. Ab 1949
–: German engravings, etchings and woodcuts. Ab 1954
C. Humbert: Ornamente. München 1970
H.-J. Imiela: Romantik und Realismus. München 1973
P. Jessen: Der Ornamentstich. Berlin 1920
H. Klein: DuMont's kleines Sachwörterbuch der Drucktechnik und grafischen Kunst. Köln 1974
W. Koschatzky: Die Kunst der Graphik. Salzburg 1974
L. Laran: L'estampe. 2 Bde. Paris 1959
G. M. Lechner OSB, Kat. Emblemata. Stift Göttweig/Niederösterreich 1977
M. Lehrs: Geschichte und kritischer Katalog des deutschen, niederländischen und französischen Kupferstichs im 15. Jh. Berlin 1908–1915
H. Leporini: Der Kupferstichsammler. Berlin 1924
–: Die Stilentwicklung der Handzeichnung. Wien 1925
–: Die Künstlerzeichnung. Berlin 1928
J. Liepmann: Der Ölgemälde-Druck. Berlin 1842
F. Lippmann: Der Kupferstich. Berlin⁷ 1963
F. Lugt: Les marques de collections. Amsterdam 1921–1956
L. Meder: Die Handzeichnung. Ihre Technik und Entwicklung. Wien² 1923
S. Metken: Geschnittenes Papier. München 1978
P. Meyer: Das Ornament in der Kunstgeschichte. Zürich 1944
H. Th. Musper: Der Holzschnitt in fünf Jahrhunderten. Stuttgart 1964
Populäre Druckgraphik Europas. 9 Bde. München 1970–1976
Ch. Pieske: Über den Patenbrief, Beiträge deutscher Volks- u. Altertumskunde. 2/3 (1958) 85ff.
G. Schiefler: Meine Grafiksammlung. Hamburg 1974
W. L. Schreiber: Handbuch der Holz- und Metallschnitte des 15. Jhs. 8 Bde. Straßburg 1926–1930
T. Seifert: Kat. Die Karte als Kunstwerk, Bayerische Staatsbibliothek, München 1979
A. Spamer: Das Kleine Andachtsbild: München 1930
K. Sotriffer: Die Druckgraphik. München 1966
A. Speltz: Das farbige Ornament aller historischen Stile, 3 Teile. Leipzig 1914–1923.
H. Spielmann: Kat. Internationale Plakate. München 1972
W. L. Strauss: Der deutsche Einblattholzschnitt von 1550–1600. New York 1975
U. Thieme, F. Becker: Allgemeines Lexikon der Bildenden Künstler. Leipzig 1940
H. Wäscher: Das Deutsche Illustrierte Flugblatt, 2 Bde. Dresden 1955
K. Wagner: Die Geschichte der Lithographie. Leipzig 1914
W. Weber: Saxa Loquuntur. Steine reden. Geschichte der Lithographie. Heidelberg, Berlin 1961
H. J. Wechsler: Meisterwerke der Graphik aus fünf Jhn. Köln 1970
W. Wegener: Die niederländischen Handzeichnungen des 15.–18. Jhs. Kataloge der Staatlichen Graphischen Sammlung München, I, 2 Bde. Berlin 1973
H. Wichmann: Deutsche Ornamentfibel. Leipzig 1942 u. 1950
J. Wiedemann: Ornament heute. München 1972
R. A. Winkler: Die Frühzeit der deutschen Lithographie. München

Ikonen
Felicetti-Liebenfels: Geschichte der russischen Ikonenmalerei. Graz 1972
H. P. Gerhard: Welt der Ikonen. Recklinghausen 1974
Ikonenmuseum Recklinghausen: Katalog Recklinghausen, Neuauflage 1979
Oospenskij-Losski: Sinn der Ikonen. Olten 1952
B. Rothemund: Handbuch der Ikonenkunst. München 1980
H. Skrobuche: Meisterwerke der Ikonenmalerei. Recklinghausen 1961
Talbot-Rice: Die byzantinische Kunst. München 1964
Weitzmann-Chatzidakis: Frühe Ikonen aus Sinai, Griechenland, Bulgarien, Jugoslawien. Wien 1965

Ikonographie
H. Aurenhammer: Lexikon der christlichen Ikonographie. Wien 1959ff.
J. Braun: Tracht und Attribute der Heiligen in der deutschen Kunst. Stuttgart 1943
H. Hunger: Lexikon der griechischen und römischen Mythologie. Wien 1959
F. X. Kraus: Geschichte der christlichen Kunst, 2 Bde. Freiburg 1896–1908
K. Künstle: Ikonographie der christlichen Kunst, 2 Bde. Freiburg 1926–1928
R. Marle: Ikonographie de l'art profane, 2 Bde. LaHaye 1931/32
L. Réau: Ikonographie de l'art chrétien, 3 Bde. Paris 1955–1959
G. Schiller: Ikonographie der christlichen Kunst. Gütersloh 1966ff.
K. Wessel: Reallexikon der byzantinischen Kunst. Stuttgart 1963ff.

Indien
W. G. Archer: Indian Painting. London 1956
–: Indian Miniatures. London 1960
D. Barrett, B. Gray: Indische Malerei. Genf 1963
K. Doehring: Indische Kunst. Berlin 1925
K. Fischer: Schöpfungen Indischer Kunst. Köln 1959
H. Goetz: Indien. Baden-Baden 1959
B. Gray: Treasures of Indian Miniatures. Oxford 1955
R. Grousset: L'Inde. Paris 1941/61

F. Guggenheim: Indische Kunst. Dresden 1923
St. Kramrisch: Indische Kunst. London 1955
N. C. Mehta: Studies in Indian Painting. Bombay 1926
H. Mohde: Das frühe Indien. Stuttgart 1959
R. Pal: Bronzes of Kashmir. Graz 1975
G. Rao: Elements of Hindu Iconography. Madras 1974
H. Rau: Die Kunst Indiens. Stuttgart 1958
C. Sivaramamurti: Indian Sculpture. New Delhi 1961
H. Zimmer: The Art of Indian Asia. New York 1955

Indonesien

T. Bodrogi: Kunst in Indonesien. Wien und München 1972
W. u. B. Forman – V. Šolc: Schwerter und Dolche in Indonesien. Prag 1958
G. Höpfner: Südostasiatische Schattenspiele. Berlin 1967
C. Holt: Art in Indonesia. Continuities and Change. Ithaca, New York 1967
L. Langewis u. F. A. Wagner: Decorative Art in Indonesian Textiles. Amsterdam 1964
C. B. Pink-Wilpert: Das indonesische Schattentheater. Baden-Baden 1976
F. A. Wagner: Indonesien. Die Kunst eines Inselreiches. Baden-Baden o. J.

Islamische Kunst

O. Aslanapa: Turkish art and architecture. London 1971
D. Barrett: Persian painting of the fourteenth century. London 1952
L. Binyon; J. V. S. Wilkinson; B. Gray: Persian miniature painting. London 1933
C. E. Bosworth: The Islamic dynasties. Edinburgh 1967
E. Dietz: Iranische Kunst. Wien 1944
–: Islamische Kunst. Frankfurt, Berlin 1964
–: Die Kunst der islamischen Völker. Potsdam ²1928
M. S. Dimand: A handbook of Mohammedan art. New York 1947
R. Ettinghausen: Arabische Malerei. Genf 1962
–: Türkische Miniaturen vom 13. bis zum 18. Jh. München 1965
E. Gratzl: Islamische Bucheinbände. Leipzig 1924
B. Gray: Persische Malerei. Genf 1961
Hetjens Museum: Islamische Keramik. Katalog Düsseldorf 1973
R. L. Hobson: A guide to the Islamic pottery of the Near East. London 1932
M. Th. Houtsma u. a.: Enzyklopaedie des Islam. 4 Bde. Leiden, Leipzig 1913–1936
E. Kühnel: Die Arabeske. Sinn und Wandlung eines Ornaments. Graz ²1977
–: Die islamischen Elfenbeinskulpturen. Berlin 1971
–: Islamische Kleinkunst. Braunschweig ²1963
–: Islamische Schriftkunst. Graz ²1972
–: Die Kunst des Islam. Stuttgart 1962
–: Maurische Kunst. Berlin 1924
–: Miniaturmalerei im islamischen Orient. Berlin 1923
K. Kreiser; W. Diem; H. G. Majer: Lexikon der Islamischen Welt. 3 Bde. Stuttgart 1974
C. J. Lamm: Mittelalterliche Gläser und Steinschnittarbeiten aus dem Nahen Osten. 2 Bde. Berlin 1929/1930
A. Lane: Early Islamic pottery. Mesopotamia, Egypt and Persia. London 1947
–: Later Islamic pottery. Persia, Syria, Egypt, Turkey. London 1957
G. Marteau; H. Vever: Les miniatures persanes. 2 Bde. Paris 1913
R. Meyer-Riefstahl: The Parish-Watson collection of Mohammedan potteries. New York 1922
G. Migeon: Les arts décoratifs musulmans. Paris 1928
–: Manuel d'art musulman. 2 Bde. Paris 1927
K. Otto-Dorn: Die Kunst des Islam. Baden-Baden 1964
–: Türkische Keramik. 2 Bde. Ankara 1960, Wiesbaden 1961
A. Papadopoulo: Islamische Kunst. Freiburg, Basel, Wien 1977
A. U. Pope: Masterpieces of Persian art. London 1945
–, Ph. Ackermann: A survey of Persian art. 14 Bde. Teheran, London, New York, Tokyo ²1967
A. B. Sakisian: La miniature persane du XIIe au XVIIe siècle. Paris, Brüssel 1929
F. Sarre: Die Ausstellung von Meisterwerken mohammedanischer Kunst in München 1910. 4 Bde. München 1912
–: Islamische Bucheinbände. Berlin 1923
–: Die Keramik von Samarra. Berlin 1925
–: Seldschukische Kleinkunst. Leipzig 1909
– und E. Mittwoch: Zeichnungen von Riza Abbasi. München 1914
B. Spuler, J. Sourdel-Thomine: Die Kunst des Islam. Berlin 1973
S. C. Welch: Persische Buchmalerei. München ²1978
A.-J. Wensinck; J. H. Kramers: Handwörterbuch des Islam. Leiden 1941
R. P. Wilson: Islamic art. London 1957

Judaica

J. Allerhand, H. Künzl, U. Schubert u. a.: Judentum im Mittelalter, Katalog zur Ausstellung Schloß Halbturn, Burgenland. 1978
S. W. Baron: A Social and Religious History of the Jews. New York 1957
E. A. W. Budge: Amuletts and Superstitions. London 1930
Encyclopaedia Judaica. Jerusalem 1972
Dubnow: History of the Jews. New York 1971
J. Gutmann: The Haggadic Motive in Jewisch Iconography. Eretz Israel 6/1960
T. H. Gaster: The Holy and the Profane. New York 1955
H. Graetz: Geschichte der Juden. Berlin 1901
A. Jirku: Die Welt der Bibel, Fünf Jahrtausende in Palästina-Syrien. Stuttgart-Zürich-Salzburg 1957
Jüdisches Lexikon. Berlin 1930
K. Katz, P. P. Kahane, M. Broshi: From the Beginning. Archäology and Art in the Israel Museum. Jerusalem 1968
A. Kohut: Geschichte der Deutschen Juden. Berlin 1898
G. Kisch: The Jews in Medieval Germany. Chicago 1949
Monumenta Judaica, 2000 Jahre Geschichte und Kultur der Juden am Rhein, Beiträge zur Geschichte der Juden in Deutschland. Köln 1963
B. Narkiss: Hebrew Illuminated Manuscripts. Jerusalem 1969
M. Oppenheim: Bilder aus dem altjüdischen Familienleben. Frankfurt/M. 1886
R. Posner/U. Kaploun/S. Cohen: Jewisch Liturgy, Prayer and Synagogue Service through the ages. Jerusalem 1975
A. Rosenzweig: Kleidung und Schmuck im biblischen und Talmudischen Schrifttum. Berlin 1905
A. Rubens: A History of Jewish Costume. London 1967 und 1973
–: Anglo-Jewish-Portraits (I) London, 1935; A Jewish Iconography (II). London 1954
T. Schrire: Hebrew Amuletts, Their Decipherment and Interpretation. London 1966
J. B. Segal: The Hebrew Passover. From the earliest Time to A. D. 70. London 1963
Synagoga, Kultgeräte und Kunstwerke von der Zeit der Patriarchen bis zur Gegenwart, Katalog der Städtischen Kunsthalle Recklinghausen 1961
Philo-Lexikon, Handbuch des jüdischen Wissens. Berlin 1935
S. Wechssler-Kümmel: Schöne Lampen, Leuchter und Laternen. München 1962
Wischnitzer-Bernstein: Symbole und Gestalten der Jüdischen Kunst. 1935.

Kostümkunde

M. Beaulieu: Le costume antique et médiéval. Paris 1951
M. v. Boehn: Die Mode. 8 Bde. München 1963/64
F. Boucher: Histoire du costume en occident de l'antiquité à nos jours. Paris 1965
M. Braun-Ronsdorf: Modische Eleganz. München o. J.
W. Bruhn und M. Tilke: Kostümgeschichte in Bildern. Tübingen 1966
M. Celoir: Dictionnaire du costume. Paris 1951
C. Heuzey: Histoire du costume antique. Paris 1922
L. Kybalová und M. Lamarová: Das große Bilderlexikon der Mode. Gütersloh, Berlin, München 1975
J. Laver: Das Kostüm. Eine Geschichte der Mode. 1951
H. Mützel: Kostümkunde für Sammler. ²1921
E. Nienholdt: Kostümkunde. Braunschweig 1961
E. Pirchan: Kostümkunde. München 1952
E. Thiel: Geschichte des Kostüms. Berlin 1960
M. Tilke: Kostümschnitte und Gewandformen. Tübingen

Lackarbeiten

H. Garner: Chinese Lacquer. London 1979
K. Herberts: Das Buch der Ostasiatischen Lackkunst. Düsseldorf 1955
B. von Ragué: Die Geschichte der Japanischen Lackkunst. Berlin 1967

W. Speiser: Lackkunst in Ostasien. Baden-Baden 1965
Ch. H. Stobwasser: Die merkwürdigsten Begebenheiten aus der Lebensgeschichte von Johann Heinrich Stobwasser. Braunschweig 1830
E. M. H. Sträßer: Ex Oriente Lux. Lackkunst aus Ostasien und Europa. (Katalog) 1977

Lampen
O. von Falke u. E. Meyer: Romanische Leuchter und Gießgefässe der Gotik, Deutscher Verein für Kunstwissenschaft. Berlin 1935
H. Heintschel: Lampen, Leuchter, Laternen seit der Antike. Innsbruck 1975
K. Jarmuth: Lichter leuchten im Abendland. Braunschweig 1967
E. Rebske: Lampen, Laternen, Leuchten. Stuttgart 1962
S. Wechssler-Kümmel, Schöne Lampen, Leuchter und Laternen. Heidelberg, München 1962

Leder
H. Clouzot: Geschmückte Lederarbeiten. Paris 1925
G. Gall: Leder im europäischen Kunsthandwerk, Braunschweig 1965
H. Olligs. Tapeten, ihre Geschichte bis zur Gegenwart. Braunschweig 1970
J. W. Waterer: Leather Craftsmanship, London 1968

Liturgische Geräte, Liturgische Gewänder
Allgemein
R. Berger: Kleines liturgisches Wörterbuch. Freiburg 1969
J. Braun: Liturgisches Handlexikon. Regensburg 1924[2]
R. Fattinger: Liturgisch-praktische Requisitenkunde. Freiburg 1954
G. Podhradsky: Lexikon der Liturgie. Innsbruck 1967

Liturgische Geräte
J. Braun: Der christliche Altar in seiner geschichtlichen Entwicklung, 2 Bde. München 1924
–: Das christliche Altargerät in seinem Sein und in seiner Entwicklung. München 1932
–: Die Reliquiare des christlichen Kultes und ihre Entwicklung. Freiburg 1940
D. Duret: Mobilier, vases, objets et vêtements liturgiques. Paris 1932
R. Lesage: Liturgische Gewänder und Geräte. Aschaffenburg 1959

Liturgische Gewänder
J. Braun: Die liturgische Gewandung. Freiburg 1907
–: Handbuch der Paramentik. Freiburg 1912
–: Die liturgischen Paramente in Gegenwart und Vergangenheit. Freiburg 1924
A. Flüeler: Paramente. Zürich 1949
Glossarium Artis 4: Paramente und liturgische Bücher – Parements et livres liturgiques. Tübingen-Strasbourg 1973
S. Müller-Christensen: Sakrale Gewänder des Mittelalters. München 1955
A. C. Piepkorn: Die liturgischen Gewänder in der lutherischen Kirche seit 1555. Marburg 1965

Malerei
H. Bauer (Hrsg.): Die große Enzyklopädie der Malerei, Maler, Grafiker, Epochen, Stile, Museen der Welt. Freiburg, Basel, Wien 1976
E. Benezit: Dictionnaire des Peintres Sculpteurs Dessinateurs et Graveurs, Librerie Grund 1948–1979
I. Bergström u. a.: Stilleben, die Große Zeit des europäischen Stillebens. Stuttgart-Zürich 1979
W. Braunfels: Meisterwerke europäischer Malerei. Berlin 1955
L. Brieger: Das Genrebild, Die Entwicklung der bürgerlichen Malerei. München 1922
–: Das Pastell, seine Geschichte und seine Meister. Berlin o. J.
K. Clark: Landschaft wird Kunst. Köln 1962
–: Das Nackte in der Kunst. Köln 1958
W. R. Deutsch: Die Aktzeichnung in der Europäischen Kunst 1400–1900. Berlin 1943
M. Doerner: Malmaterial und seine Verwendung im Bilde, bearbeitet von Hans Gert Müller. Stuttgart 1976
M. J. Friedländer: Über die Landschaftsmalerei und andere Bildgattungen. Den Haag, Oxford 1947
–: Über die Malerei. Den Haag 1947 und München 1963
K. Gerstenberg: Die ideale Landschaftsmalerei. Halle 1923
M. Hardie: Watercolour-Painting in Britain, Repr. London 1975
J. Heller: Monogrammen-Lexikon, Bamberg 1831, Reprint Niederwalluf bei Wiesbaden 1971
H. Hofstätter: Tafelmalerei; in der Reihe: Geschichte der Kunst und der künstlerischen Techniken; Band 1. München 1965
P. Hahlbrock/H. E. Killy und E. Roters: Le salon imaginaire, Bilder aus den großen Kunstausstellungen der zweiten Hälfte des XIX. Jhs. Katalog zur Ausstellung der Deutschen Gesellschaft für Bildende Kunst (Kunstverein Berlin) 1968
E. W. Huber: Ikonologie. Mittenwald, München 1978
J. Jahn: Wörterbuch der Kunst. Stuttgart 1966
Kindlers Malerei Lexikon Band 1–6. Zürich 1964 und München 1976
E. Kirschbaum (Hrsg.): Lexikon der christlichen Ikonographie Bd. 1–8. Rom, Freiburg, Basel, Wien 1968
H. Kühn: Erhaltung und Pflege von Kunstwerken und Antiquitäten mit Materialkunde und Einführung in künstlerische Techniken. München 1974
G. Landstetter: Zeichnung, Aquarell. In der Reihe: Geschichte der Kunst und der künstlerischen Techniken, Band 2. München 1965
Langemeyer/Peters (Hrsgb.) Stilleben in Europa. Katalog Baden-Baden 1980
R. S. Mazas u. a.: Europäische Allegorie. München 1961
L. Mazenod (Hrsgb.): Die berühmten Maler, in der Reihe: die Galerie der berühmten Männer Bd. 1–4. Genf 1948
K. G. Nagler: Die Monogrammisten. München, Leipzig 1879
G. Pochat: Figur und Landschaft. Berlin, New York 1973
H. Ruhemann: The Cleaning of Paintings, Problems and Potentialities. London 1968
R. Muther: Geschichte der Malerei Band 1–3. Berlin 1912
K. Scheffler: Geschichte der Europäischen Malerei. Berlin 1927
G. Schiller: Ikonographie der christlichen Kunst, Band 1–4. Gütersloh 1976
A. Skira (Hrsgb.): Die großen Jahrhunderte der Malerei. Genf 1955
U. Thieme/F. Becker: Allgemeines Lexikon der bildenden Künstler von der Antike bis zur Gegenwart. Leipzig 1907
H. Tietze: Die großen Nationalgalerien, Meisterwerke der Malerei aus den großen Museen der Welt. Zürich 1954
M. Valsecchi: Landscape-Painting of the 19 th Century. New York 1978
H. Vollmer: Künstlerlexikon des XX. Jhs. Leipzig 1953
E. Waldmann: Das Bildnis im 19. Jh. Berlin 1921
K. Worringer: Anfänge der Tafelmalerei. Leipzig 1924

Medaillen, Plaketten, Jetons
A. Armand: La médaille italienne des XVe et XVIe siècles. Paris [2]1883
E. Babelon: Les médailles historiques du règne de Napoléon le Grand. Paris 1912
–: Les origines de la médaille en France. In: André Michel: Histoire de l'Art, Band III.
–: La médaille et les médailleurs. Paris 1927
–: Germain Pilon. Paris 1927
–: Pisanello. Paris 1931
–: La médaille en France. Paris 1948
E. F. Bange: Die Bildwerke in Bronze und in anderen Metallen. Berlin 1923
Bernhart, T. Kroha: Medaillen und Plaketten. Braunschweig
W. v. Bode: Die italienischen Bronzen. Berlin 1904
K. Domanig: Die deutsche Medaille. Wien 1907
F. Dvořak: Die Renaissancemedaille in Österreich. Wien 1926
F. Feuardent: Jetons et méreaux. Paris 1904
O. Flämig: Monogramme auf Münzen, Medaillen, Marken, Zeichen und Urkunden. Braunschweig
J. Florange: Armorial du jetonophile. Paris 1902
L. Forrer: Biographical dictionary of medallists. London 1904ff.
J. de Foville: Pisanello et les médailleurs italiens. Paris 1909
J. W. Fredriks: Dutch silver embossed plaquettes. Tazze and dishes from the Renaissance until the end of the eighteenth century. Den Haag 1951
J. Friedländer: Die italienischen Schaumünzen des 15. Jhs. Berlin 1882
G. Habich: Die Medaillen der italienischen Renaissance. Berlin 1924
–: Die deutschen Schaummünzen des 16. Jhs. München 1929–1934
G. F. Hill: A Corpus of the Italian medal of the Renaissance, London 1930
L. Huszar und B. von Procopius: Medaillen- und Plakettenkunst in Ungarn. Budapest 1932
F. Mazerolle: Les médailleurs français. Paris 1902

E. Molinier: Les plaquettes. Paris 1886
H. Nocq: Les Duviviers. Paris 1911
–: Les médailles de Pisanello. Paris 1914
L. Planiscig: Die Bronzeplastiken. Kunsthistorisches Museum in Wien. 1924
N. Rondot: Les médailleurs et les graveurs de monnaies, jetons et médailles en France. Paris 1904
Simonis: L'art du médailleur en Belgique. Brüssel 1900, 1905
H. de la Tour: Catalogue des jetons de la Bibliothèque Nationale: Rois et reines de France. Paris 1897
G. Welter: Reinigung und Erhaltung von Münzen und Medaillen. Braunschweig
A. Wenzel: Auflösungen lateinischer Legenden auf Münzen und Medaillen. Braunschweig

Möbel
Allgemein
J. Aronson: The Encyclopedia of Furniture. London 1970
J. Bahns: Biedermeier-Möbel. München 1979
A. Bangert: Antiquitäten, Möbel. München 1976
L. A. Boger: The Complete Guide to Furniture Styles. London 1961
A. de Champeaux: Le meuble. Paris 1885
R. Dolz: Möbelstilkunde. München 1970
Europäische Möbel von der Gotik bis zum Jugendstil. Katalog Museum für Kunsthandwerk Frankfurt. 1976
Europäische Möbelkunst. 8 Bde. München 1975/76
E. Ferber: Ullstein Möbelbuch. Berlin 1974
A. Feulner: Kunstgeschichte des Möbels. Berlin ^{3}1930
J. Fleming, H. Honour: The Penguin Dictionary of Decorative Arts. London 1977
C. Freytag: Bruckmann's Möbellexikon. München 1978
J. A. Gloag: A Short Dictionary of Furniture. London 1969
–: A Social History of Furniture. Design from 1300–1960. London 1969
A. Gonzales-Palacios: Europäische Möbelkunst. 8 Bde. 1974–1976
E. Gradmann: Möbelstilkunde. Bern 1958
S. Grandjean: Empire Furniture. London 1966
J. Guérin: La chinoiserie en Europe au XVIIIe siècle. Tapisseries, meubles, bronzes d'ameublement. Paris 1911
H. Havard: Dictionnaire de l'ameublement et de la décoration depuis le XIIIe siècle jusqu' à nos jours. 4 Bde. Paris o. J.
G. Himmelheber: Biedermeier-Möbel. Düsseldorf 1979
H. Honour: Meister der Möbelkunst. Von der Renaissance bis heute. München 1972
G. Janneau: Les Meubles. 3 Bde. Paris 1929
E. Klatt: Die Konstruktion alter Möbel. Stuttgart 1973
Th. H. Lunsingh Scheurleer: Rijksmuseum Amsterdam. Catalogus van Meubelen en Betimmeringen. Amsterdam 1952
F. Luthmer und R. Schmidt: Empire- und Biedermeiermöbel aus Schlössern und Bürgerhäusern. 1923
P. W. Meister und H. Jedding: Das schöne Möbel im Lauf der Jahrhunderte. München 1979
E. Mercer: Furniture 700–1700. London 1969
A. G. Meyer und R. Graul: Tafeln zur Geschichte der Möbelformen. 12 Bde. Leipzig 1919/20
H. D. Molesworth und J. Kennworthy-Browne: Meisterwerke der Möbelkunst aus drei Jahrhunderten. München 1975
E. Molinier: Le mobilier au XVIIe et au XVIIIe siècle. Paris o. J.
S. Müller-Christensen: Alte Möbel vom Mittelalter bis zum Jugendstil. München 1974
E. Rettelbusch: Stilhandbuch. Stuttgart ^{9}1974
H. Schafflützel: Die Nutzhölzer in Wort und Bild. Zürich 1946
R. Schmidt: Möbel. Braunschweig ^{9}1965
H. Schmitz: Das Möbelwerk. Die Möbelformen vom Altertum bis zur Mitte des 19. Jhs. Tübingen ^{7}1963
A. G. Schnecke und G. Kappler: Das Möbel als Gebrauchsgegenstand, 4 Bde. ^{3}1932–1951
P. Verlet u. a.: Styles, meubles, décors, du Moyen Age à nos jours. 2 Bde. Paris 1972
O. Wanscher: Möbelkunsten. Studier i Möbelkunsténs Ästetik og Historie. København 1947
F. J. B. Watson: Wallace Collection catalogues, Furniture. London 1956
G. Wernitz: Historische Möbel und Innenräume. 1956
F. Windisch-Graetz: Möbel-Brevier, Barock und Rokoko. Braunschweig ^{2}1968
M. Zweig: Zweites Rokoko. Wien 1924

Amerika
J. Downs: American Furniture: Queen Anne und Chippendale Periods. New York 1967
C. F. Montgomery: American Furniture. The Federal Period. New York 1966
C. Nagel: American Furniture 1650–1850. New York 1949

Deutschland/Österreich
R. von Arps-Aubert: Sächsische Barockmöbel. Berlin 1939
Th. Behme: Schlichte deutsche Wohnmöbel. München 1928
L. Dewiel: Deutsche Möbel des Barock und Rokoko. München 1975
O. v. Falke: Deutsche Möbel des Mittelalters und der Renaissance. Stuttgart 1924
J. Folnesics: Innenräume und Hausrat der Empire- und Biedermeierzeit in Österreich-Ungarn. Wien 1918
F. Hellwag: Geschichte des deutschen Tischlerhandwerks. Berlin 1924
G. Hirth: Das deutsche Zimmer der Gothik und Renaissance, des Barock-, Rococo- und Zopfstils. München, Leipzig 1886
H. Huth: Friderizianische Möbel. Darmstadt 1958
–: Abraham und David Roentgen und ihre Neuwieder Möbelwerkstatt. München 1974
–: Möbel von David Roentgen. 1955
H. Kreisel: Möbel von Abraham Roentgen. 1955
–: Fränkische Rokokomöbel. Darmstadt 1956
– und G. Himmelheber: Die Kunst des deutschen Möbels. 3 Bde. München 1968
F. Luthmer und R. Schmidt: Empire- und Biedermeiermöbel aus Schlössern und Bürgerhäusern. Frankfurt 1923
P. W. Meister und H. Jedding: Das schöne Möbel. München 1979
L. Möller: Der Wrangelschrank und die verwandten süddeutschen Intarsienmöbel des 16. Jhs. Berlin 1956
K. Rosner: Das deutsche Zimmer im neunzehnten Jahrhundert. München, Leipzig 1898
M. Sauerlandt: Norddeutsche Barockmöbel. Elberfeld 1922
G. Schade: Deutsche Möbel aus sieben Jahrhunderten. 1966
H. Schmitz: Deutsche Möbel des Barock und Rokoko. Stuttgart 1923
–: Deutsche Möbel des Klassizismus. Stuttgart 1923
F. Schoenen: Aachener und Lütticher Möbel des 18. Jhs. Berlin 1942
W. Schwarze: Antike deutsche Möbel 1700–1840. Wuppertal 1975
J. Sievers und Karl Friedrich Schinkel: Die Möbel. Berlin 1950
W. Stengel: Quellenstudien zur Berliner Kulturgeschichte. Möbel. Berlin o. J.
L. v. Wilckens, Deutsche Raumkunst in sieben Jahrhunderten. 2 Tle. 1964
M. Zweig: Wiener Bürgermöbel aus der Theresianischen und Josefinischen Zeit. Wien 1922
–: Zweites Rokoko. Wien 1924

England
D. Ash: Dictionary of English Antique Furniture. London 1970
E. Aslin: Nineteenth-Century English Furniture. London 1962
B. Austen: Englische Möbel im Lauf der Jahrhunderte. München 1975
H. Cescinsky: English furniture of the 18th century. London 1919
– und E. R. Gribble: Early English furniture and woodwork. London 1922
K. W. Clouston: English Furniture. London 1975
A. Coleridge: Chippendale Furniture. London 1969
R. Edwards: Georgian furniture. Victoria and Albert Museum. London 1947
–: A history of the English chair. Victoria and Albert Museum. London 1951
–: The Dictionary of English Furniture. London ^{2}1954
– und M. Jourdain: Georgian Cabinet Makers. London ^{2}1955
– und P. Macquoid: Shorter Dictionary of English Furniture. London 1964
G. M. Ellwood: Möbel und Raumkunst in England 1680–1800. Stuttgart ^{3}1913
R. Fastnedge: Sheraton Furniture. London 1962
J. Gloag: English Furniture. London 1973
S. Grandjean: Empire Furniture, 1800–1825. London 1965
E. Harris: The Furniture of Robert Adam. London 1963
J. Harris: Regency Furniture Design. London 1961
G. H. Hayward: Englische Möbel, echt – kopiert – gefälscht. München 1980
M. Jourdain: Regency Furniture. London 1965
E. T. Joy: Chippendale. London 1971

H. Lipps: Englische Möbel. München 1973
J. Löve: Möbel von Thomas Chippendale. 1955
C. W. Musgrave: Adam, Hepplewhite and other neoclassical Furniture. London 1966
–: Regency Furniture 1800–1830. London 1970
D. Nickerson: Englische Möbel des achtzehnten Jhs. Stuttgart o. J.
K. Schroeder: Der Chippendale-Stil. Neuausgabe von Thomas Chippendale: The Gentleman and Cabinet-Maker's Director. 1955
T. Sheraton: Cabinet Dictionary. 2 Bde. New York, Washington, London 1970
R. W. Symonds und B. B. Whineray: Victorian Furniture. London 1962
M. Tomlin: Catalogue of Adam Period Furniture. Victoria and Albert Museum. London 1972
P. Ward-Jackson: English Furniture Designs of the Eighteenth Century. London 1958
G. Wills: English Furniture 1550–1760. Enfield 1971

Frankreich
H. Algoud: Le mobilier provençal. Paris o. J.
Chanoine Arnaud d'Agnel: Le mobilier provençal et comtadin. Paris, Marseille 1930
P. Avril: L'ameublement parisien avant, pendant et après la Révolution. Paris 1929
E. Bonaffe: Le meuble en France au XVIe siècle. Paris 1887
P. Devinoy: Le siège français du moyen âge à nos jours. Paris 1948
S. Eriksen: Early Neo-Classicism in France. London 1974
R. de Félice: Le meuble français du moyen âge à Louis XIII. Paris o. J.
–: Le meuble français sous Louis XIV et la Régence. Paris 1922
–: Le meuble français sous Louis XV. Paris o. J.
–: Le meuble français sous Louis XVI et sous l'Empire. Paris o. J.
J. Gauthier: Le mobilier des vieilles provinces françaises. Paris o. J.
J. Guiffrey: Inventaire général du mobilier de la Couronne sous Louis XIV [1663 bis 1715]. Paris 1887
S. Grandjean: Empire Furniture 1800–1825. London 1966
E. Hessling: Die Louis-XIV-Möbel des Louvre und des Musée des arts décoratifs. Berlin 1910
–: Empire-Möbel. Meisterstücke französischer Kunsttischlerei aus der Zeit Napoleons I. Berlin o. J.
– und W. Hessling: Die Louis-XVI-Möbel des Louvre. Berlin o. J.
G. Janneau: Le meuble léger en France. Paris 1953
–: Les Sièges. Paris 1974
P. Lafond: L'art décoratif et le mobilier sous la République et l'Empire. Paris 1900
D. Ledoux-Lebard: Les ébénistes parisiens (1795–1870), leurs oeuvres et leurs marques. Paris 1965
E. Mannoni: Meubles et ensembles style 1900. Paris 1968
J. Meuvret: Les Ebenistes du 18e siècle français. Paris 1963
J. Nicolay: L'art et la manière des maîtres ébénistes français au XVIIIe siècle. Paris 1956
S. de Ricci: Der Stil Louis XVI. Mobiliar und Raumkunst. Stuttgart 1913
–: Louis XIV und Régence. Raumkunst und Mobiliar. Stuttgart 1929
C. F. de Salverte: Le meuble français d'après les ornemanistes (1660–1789). Paris 1930
–: Les ébénistes du XVIIIe siècle, leurs oeuvres et leurs marques. Paris 1956
R. Stratman: Der Ebenist Jean-François Oeben. Heidelberg 1971
S. Tardieu: Meubles régionaux datés. Paris 1950
A. Theunissen: Meubles et sièges du XVIIIe siècle. Paris 1934
J. Vacquier: Le style Empire. Paris 1924
P. Verlet: Les meubles français du XVIIIe siècle. I. Menuiserie. II. Ebénisterie. Paris 1956
–: Möbel von Henri Riesener. Darmstadt 1955
–: French Royal Furniture. London 1963
F. J. B. Watson: The Wrightsman Collection: Furniture. New York 1966
–: Louis XVI. Furniture. London 1960

Holland
Ch. de Jonghe und W. Vogelsang: Holländische Möbel und Raumkunst 1650 bis 1780. Stuttgart 1922
Th. H. Lunsingh Scheurleer: Rijksmuseum Amsterdam. Catalogus van Meubelen en Betimmeringen. Amsterdam 1952
K. Sluyterman: Huisraad en Binnenhuis en Nederland in vroegere Eeuwen. S'Gravenhage 1918
W. Vogelsang: Holländische Möbel im Niederländischen Museum zu Amsterdam. Leipzig 1909

Italien
E. Baccheschi: Il mobile neoclassico in Italia. Milano 1962
–: Mobili intarsiati del sei- e settecento in Italia. Milano 1964
W. Bode: Das italienische Hausmöbel der Renaissance. Leipzig 1092
V. Brosio: Il Mobile Italiano. Rom 1971
A. Ghelardini: Il Mobile Italiano dal Medièvo all'Ottocento. Mailand 1970
G. Mazzariol: Mobili Italiani del Seicento e del Settecento. Milano 1964
A. Midana: L'arte del legno in Piemonte nel sei e nel settecento. Torino 1924
G. Morazzoni: Il mobile neoclassico Italiano. Milano 1955
–: Il mobile veneziano del settecento. 2. Bde. Milano 1958
A. Pedrini: L'ambiente, il mobile e le decorazioni del Rinascimento in Italia. Torino 1925
F. Schottmüller: Wohnungskultur und Möbel der italienischen Renaissance. Stuttgart 1921
–: Die italienischen Möbel und dekorativen Bildwerke im Kaiser-Friedrich-Museum. Staatliche Museen in Berlin. Stuttgart 1922
P. Schubring: Cassoni. Truhen und Truhenbilder der italienischen Renaissance. Leipzig 1915
T. Tinti: Il mobile Fiorentino. Milano, Roma o. J.

Skandinavien
T. Clemmensen: Danske Møbler. København 1946
–: Møbler paa Clausholm, Langeso og Holstenshuus. København 1946
–: Danish furniture of the eigtheenth century. Copenhagen 1948
C. A. Jensen: Danmarks Snedkere og Billedsnedere. 1536–1660. København 1911
M. Lagerquist: Rokokomøbler signerade av ebenister och schatullmakara i Stockholm. Studier i rokokotidens møbelhantverk och møbeldistribution. Stockholm 1949
–: Georg Haupt, Ébéniste du Roi. Stockholm 1952.
S. Wallin: Nordiska Museets Møbler fran svenska Herremanshem 1–111. Stockholm 1931–1935

Spanien
R. Domeneck: Muebles antiquos españoles. Barcelona 1920
G. Hardendorff-Burr: Hispanic Furniture. New York 1964
D. Sanchez-Mesa: Spanische Möbel. 1974
V. v. Szondy: Spanische Möbel. München 1974

Bauernmöbel
Bauernstuben, Bauernmöbel in den Alpen. Frankfurt 1968
K. Beitl. Landmöbel. Salzburg 1976
F. Colleselli: Tiroler Bauernmöbel. Innsbruck 1974
B. Deneke: Bauernmöbel. Ein Handbuch für Sammler und Liebhaber. München 1969
J. M. Ritz: Alte bemalte Bauernmöbel. München 1968–1970
G. Ritz: Alte geschnitzte Bauernmöbel. München 1974
L. Schmidt: Bauernmöbel in Süddeutschland, Österreich und der Schweiz. Wien 1969
Volkstümliche Möbel aus Altbayern. Berlin 1976

20. Jahrhundert
F. Alison: Charles Rennie Mackintosh as a designer of chairs. London 1974
P. J. Cremers: Peter Behrens. Essen 1928
A. Drexler, G. Daniel: Introcuction to Twentieth Century Designers. London-New York 1959
A. Drexler: Charles Eames – Furniture. New York 1973
H. Eckstein: 50 Jahre deutscher Werkbund. Frankfurt a. M. 1958
H. Eckstein: Der Stuhl. München 1977
Ph. Garner: Möbel des 20. Jhs. München 1980
S. Günther: Interieurs um 1900. B. Pankok, B. Paul und R. Riemerschmid als Mitarbeiter der Vereinigten Werkstätten für Kunst im Handwerk. München 1971
U. Hard af Segerstad: Modern Scandinavian Furniture. London 1964
D. Müller: Klassiker des modernen Möbeldesign. München 1980
G. Naylor: The Arts and Crafts Movement. London 1971
N. Pevsner: Pioneers of Modern Design. Harmondsworth 1960
R. Spade: Eero Saarinen. London 1971
O. Lloyd Wright: Frank Lloyd Wright, His Life, His Work, His Words. New York-London 1970

Münzen

Allgemein

P. Arnold, H. Küthmann, D. Steinhilber: Deutscher Münzkatalog von 1800 bis heute. 5. Auflage. München 1977
G. Förschner: Kleinkunst in Silber, Schraubtaler und Schraubmedaillen. Melsungen 1978.
F. Friedensburg: Münzkunde und Geldgeschichte der Einzelstaaten des Mittelalters und der neueren Zeit. Nachdruck der Ausgabe von 1926. München 1976.
H. Gebhart: Numismatik und Geldgeschichte. Heidelberg 1949
P. Grierson: Coins and medals. London 1954
B. Hobson: Münzen bestimmen. München [2]1970
K. Jaeger: Die deutschen Münzen seit 1871. 12. Auflage. Basel 1979
T. Kroha: Münzen sammeln. Braunschweig [5]1968
–: Lexikon der Numismatik. Gütersloh 1977
A. Luschin v. Ebengreuth: Allgemeine Münzkunde und Geldgeschichte des Mittelalters und der neueren Zeit. Nachdruck der Auflage 1926. München 1976
F. Reinfeld: Münzkatalog der bekanntesten Münzen von der Antike bis zur Gegenwart. München [12]1970
G. Schön: Weltmünzkatalog 20. Jh 1977. München 1976
F. v. Schrötter: Wörterbuch der Münzkunde. Berlin, Leipzig 1930
C. H. V. Sutherland: Art in coinage. London 1955
Die Welt der Münzen. 6 Bde. München 1974
G. Welter: Die Reinigung und Erhaltung von Münzen und Medaillen. Braunschweig [4]1970

Antike

P. R. Franke und M. Hirmer: Die griechische Münze. München [2]1972
P. Gardner: A history of ancient coinage 700–300. Oxford 1918
R. Göbl: Antike Numismatik. 2 Bde. München 1978
W. Grasser: Münzen des Altertums. München 1978
–: Münzen des Mittelalters und der Neuzeit. München 1976
J. Haeberlin: Aes grave. Frankfurt 1910
R. B. Kankelfitz: Katalog römischer Münzen. München 1973
J. P. C. Kent, B. Overbeck, A. U. Stylow: Die römische Münze. München 1973
K. Lange: Antike Münzen. Berlin 1947
–: Herrscherköpfe des Altertums in Münzbildern ihrer Zeit. Berlin, Zürich 1938
–: Götter Griechenlands. Berlin 1946
M. Miller: Münzen des Altertums. 3., von T. Kroha überarbeitete Aufl. Braunschweig 1969
C. T. Seltman: Masterpieces of Greek coinage. Oxford 1949
–: Greek coins. London 1955
E. A. Sydenham: The coinage of the Roman Republic. London 1952
R. Thomson: Early Roman coinage. Kopenhagen 1957

Mittelalter und Neuzeit

P. Arnold, H. Küthmann, D. Steinhilber: Großer deutscher Münzkatalog von 1800 bis heute. München [3]1973
G. C. Brooke: English coins from the seventh century to the present day. London 1950
H. Gebhart: Die deutschen Münzen des Mittelalters und der Neuzeit. Berlin 1930
–: Numismatik und Geldgeschichte. Heidelberg 1949
J. Lafaurie: Les monnaies des rois de France. Paris, Basel 1951–1956
K. Lange: Münzkunst des Mittelalters. Leipzig 1942
A. Luschin von Ebengreuth: Allgemeine Münzkunde und Geldgeschichte des Mittelalters und der neueren Zeit. München, Berlin 1926
C. von Miller zu Aichholz: Österreichische Münzprägungen 1519–1938. Wien 1948
H. Schlumberger: Goldmünzen Europas seit 1800. München [3]1973
G. Schön: Kleiner deutscher Münzkatalog mit Liechtenstein, Österreich und Schweiz ab 1871. München 1976
– und J.-F. Cartier: Weltmünzkatalog 19. Jh. München 1973
A. Suhle: Deutsche Münz- und Geldgeschichte von den Anfängen bis zum 15. Jh. Berlin 1955

Musikinstrumente

R. Bragard: Musical Instruments in Art and History. London 1968
F. Otterbach: Schöne Musikinstrumente. 1975
G. F. Schulz: Alte Musikinstrumente. 1973
W. Stauder: Alte Musikinstrumente. Braunschweig 1972
E. Winternitz und L. Stunzi: Die schönsten Musikinstrumente des Abendlandes. München 1966

Nautik

E. H. H. Archibald, u. a.: Kapitänsbilder. Oldenburg, Hamburg 1978
J. van Beylen: Schiffsdarstellungen auf Hinterglasbildern. In: Kunstgeschichte der Seefahrt. Oldenburg, Hamburg 1966
T. Carstensen, H. J. Hansen, J. Needham: Der perfekte Buddelschiffbauer. Oldenburg, Hamburg 1973
W. Gaunt: Marine Painting. London 1975
H. J. Hansen: Kunstgeschichte der Seefahrt. Kunst und Kunsthandwerk der Seeleute und Schiffbauer. Oldenburg, Hamburg 1966
–: Deutsche Marinemalerei. Oldenburg, Hamburg 1977
–: Galionsfiguren. Oldenburg, Hamburg 1979
– (Herausgeber): Kunstgeschichte der Seefahrt. Oldenburg, Hamburg 1966
–: Schiffsmodelle. Oldenburg, Hamburg 1972
H. Harrison-Huster: Scrimshaw. In: Antiques. New York 1961
J. Meyer, J. Münzing, P. Tamm: Schiffe aus Knochen und Elfenbein. Hamburg 1976
J. Randier: Nautische Antiquitäten. Bielefeld 1974
–: Nautische Instrumente. Oldenburg, Hamburg 1979
W. Timm: Kapitänsbilder, Schiffsporträts seit 1782. Berlin 1971

Nepal

S. Kramrisch: The Art of Nepal. New York 1964
–: Nepalese Paintings. New York 1965
P. Pal: The Arts of Nepal. Leiden-Köln 1974
L. Petech: Mediaeval History of Nepal. Rom 1958
C. Prush: Kathmandu Valley, 2 vols. Wien 1975
D. H. Regmi: Ancient and Modern Nepal, 2 vols. Calcutta 1966
C. Tucci: Preliminary Report of two Scientific Expeditions in Nepal. Rom 1956
B. H. Wood: Nepal Bibliography, Eugene. Oregon 1959

Ozeanische Kunst

T. Bodrogi: Die Kunst Ozeaniens. Budapest 1960
A. Bühler, T. Barrow, Ch. P. Mountford: Ozeanien und Australien. Baden-Baden 1962[2]
–: Kunst der Südsee. Zürich 1969
J. Guiart: Ozeanien. München 1963
W. Schmalenbach: Plastik der Südsee. Stuttgart 1956
H. Tischner-F. Hewicker: Die Kunst der Südsee. Frankfurt a. M. o. J.

Pflege und Erhaltung von Antiquitäten

J.-M. André: Keramik und Glas. Kennen-Restaurieren-Pflegen. 1976
Antiquitäten restaurieren und erhalten. Ein praktischer Helfer für den Kunstsammler. München 1977
D. Chambers: How to Gold Leaf Antiques and Other Art Subjects. 1974
M. Doerner: Malmaterial und seine Verwendung im Bilde. Stuttgart [13]1971
M. F. Fontana: Antiquitäten. Pflegen, bewahren, erneuern. Wels 1975
F. Kelly: Restaurierung von Gemälden und Drucken. München 1973
H. Kühn: Erhaltung und Pflege von Kunstwerken und Antiquitäten. München 1974
H. Ruhemann: The Cleaning of Paintings. 1968

Photographica

H. D. Abring: Von Daguerre bis Heute. Herne 1977
M. Auer: Kameras gestern und heute. Lausanne 1975
–, E. S. Lothrop jr.: Die Geheimkameras und ihre abenteuerliche Geschichte. Seebruck 1978
W. Baier: Quellendarstellung zur Geschichte der Fotografie. München
B. Coe: Kameras. Gothenburg 1978
–: Das erste Jahrhundert der Photographie. München 1979
J. E. Cornwall: Die Frühzeit der Photographie in Deutschland. Herrsching 1979
H. Gernsheim: Die Fotografie. Wien 1971
G. Gilbert: Collecting Photographica. New York 1976
F. Heidtmann: Wie finde ich photographische Informationen? Berlin 1976
F. Kempe: Daguerreotypie in Deutschland. Seebruck 1979
–: Photographie zwischen Daguerreotypie und Kunstphotographie. Hamburg 1977

E. Maas: Die goldenen Jahre der Photoalben. Köln 1977
U. Peters: Stilgeschichte der Fotografie in Deutschland 1839–1900. Köln 1979
U. Scheid: Photographica sammeln. München 1977
Die Photographie. Die Kamera (Time-Life). Verona 1971
W. A. Umstätter: Photographie 1839–1979, Ausstellungskatalog Museum für Verkehr und Technik. Berlin 1980
J. Willsberger: Fotofaszination – Kameras, Bilder, Fotografen. Gütersloh 1975
L. D. Witkin, B: London, The Photograph Collector's Guide. London 1979
F. v. Zglinicki: Der Weg des Films, Die Geschichte der Kinematographie und ihrer Vorläufer. Berlin 1956

Plastik

F. Baumgart: Geschichte der abendländischen Plastik. Köln 1957
R. Biedermann: Steinplastik. Holzplastik. München 1967
J. Boccador, Ed. Bresset: Statuaire Mèdièvale de collection I und II. 1972
W. Braunfels: Meisterwerke Europäischer Plastik. Zürich 1958
J. Gantner: Romanische Plastik. Wien 1948
U. Gertz: Plastik der Gegenwart. Berlin 1953
A. M. Hammacher: The Evolution of Modern Sculpture. London 1969
J. Horswell: Bronze Sculpture of „Les Animaliers". Suffolk 1971
J. Jahn: Wörterbuch der Kunst. Stuttgart 1966
A. Janek: Metallplastik, Tonplastik, Wachsbildnis. München 1964
H. Keutner: Sculpture, Renaissance to Rococo. London 1969
H. Leisinger: Romanische Bronzen. Zürich 1956
G. Lill: Deutsche Plastik. Berlin 1925
W. Messerer: Das Relief im Mittelalter. Berlin 1959
J. Montagu: Bronzen. Stuttgart o. J.
Th. Müller: Meister gotischer Plastik. München 1932
–: Alte Baierische Bildhauer vom Erminoldmeister bis Hans Leinberger. München 1950
–: Die Bildwerke in Holz, Ton und Stein. München 1959
–: Festschrift: Studien zur Geschichte der europäischen Plastik. München 1965
–: Sculpture in the Netherlands, Germany, France and Spain 1400–1500. Harmondsworth 1966
–: Gotische Skulptur in Tirol. Bozen 1976
– und A. Feulner: Geschichte der deutschen Plastik. München 1953
A. Neuburger: Echt oder Fälschung. Leipzig 1924
M. Rheims: La Sculture au XIXe siècle. Paris 1972
W. Sauerländer: Skulptur des Mittelalters. Frankfurt am Main, Berlin 1959 und 1963
H. Schindler: Der Schnitzaltar. Regensburg 1979
P. Vierl: Der Stuck. München 1969
H. R. Weihrauch: Europäische Bronzestatuetten. Braunschweig 1967
H. Wilm: Die gotische Holzfigur. Stuttgart 1940
–, A. Ehrhardt: Alte Kunst, lebendig; Bildwerke einer Privatsammlung. Stuttgart 1942
R. Wittkower: Sculpture, Processes and Principles. New York 1977

Porzellan

Altertumsmuseum und Gemäldegalerie der Stadt Mainz; Katalog Höchster Fayencen und Porzellane. Mainz 1964
H. Angst: Züricher Porzellan. Zürich 1905
J. C. Austin: Chelsea Porcelain at Williamsburg. Williamsburg 1977
M. Bacci: Europäisches Porzellan. [2]1973
L. Balet: Ludwigsburger Porzellan. Stuttgart, Leipzig 1911
A. Bangert: Porzellan. München 1977
F. A. Barrett und A. L. Thorpe: Derby Porcelain, 1750–1840. London 1971
A. Bayer: Ansbacher Porzellan. Braunschweig 1959
R. Behrends: Das Meissener Musterbuch für Höroldt-Chinoiserien. 3 Bde. München 1978
A. Behse: Porzellanmarken-Brevier. Braunschweig 1974
K. Berling: Das Meißner Porzellan und seine Geschichte. Leipzig 1900
–: Festschrift der Kgl. Sächsischen Porzellanmanufaktur Meißen. Dresden 1911
G. Bernard und Th. Hughes: English Porcelain and Bone China. London 1955
E. Biedrzynski: Bruckmann's Porzellan-Lexikon. München 1976
A. Boe: Porsgrunds Porselaensfabrik 1885–1965. Oslo 1967
L. A. Boger: The Dictionary of World Pottery and Porcelain. London 1971
M. Braun-Ronsdorf: Zweihundert Jahre Nymphenburger Tafelgeschirr. Darmstadt o. J.
V. Brosio: Porcellane e maioliche italiane dell'ottocento. Mailand 1960
A. Brüning: Porzellan. Berlin 1907
M. Brunet-T. Préaud: Sèvres, des origines à nos jours. Fribourg 1978
W. Burton: A general history of porcelain. London 1921
W. Chaffers: Collector's Handbook of Marks and Monograms on Pottery and Porcelain. London 1968
H. Christ: Ludwigsburger Porzellanfiguren. Stuttgart, Berlin 1921
J. P. Cushion: Pottery and Porcelain. London 1972
L. Damkert: Handbuch des europäischen Porzellans. München 1974
C. C. Dautermann: Sèvres. London 1970
M. O. Daydi: Das europäische Porzellan. 2 Bde. Bern, Barcelona 1955/1957
J. L. Dixon: English porcelain of the 18th century. London 1952
L. v. Döry: Katalog Höchster Porzellan aus der Sammlung des Historischen Museums in Frankfurt. 1963
R. Dolz: Antiquitäten – Porzellan. München 1969
S. Ducret: Zürcher Porzellan des 18. Jhs. Zürich 1945
–: Meißner Porzellan. Bern 1952
–: Unbekannte Porzellane des 18. Jhs. Frankfurt 1956
–: Meißner Porzellan bemalt in Augsburg. 2 Bde. Braunschweig 1971/72
–: Die Landgräfliche Porzellanmanufaktur Kassel. Braunschweig 1960
–: Das Würzburger Porzellan des 18. Jhs. Braunschweig 1968
–: Fürstenberger Porzellan bis 1800. 3 Bde. Braunschweig 1965
–: Deutsches Porzellan und deutsche Fayencen. Baden-Baden 1975
G. Ehret: Porzellan. München 1979
U. Erichsen-Firle: Figürliches Porzellan. Katalog Kunstgewerbemuseum der Stadt Köln. 1975
M. Ernould-Gandouet: La céramique en France au 19e siècle. Paris 1969
K. H. Esser-H. Reber: Höchster Fayence und Porzellan. Mainz 1964
S. W. Fisher: The decoration of English porcelain. London 1954
–: Porzellan und Steingut in Farbe. 1976
J. Folnesics und E. W. Braun: Geschichte der K. K. Wiener Porzellanmanufaktur. Wien 1907
A. W. Frotingham: Capodimonte and Buenretiro Porcelains. New York 1955
G. Godden: Encyclopaedia of British Pottery and Porcelain Marks. London 1964
–: Illustrated Encyclopaedia of British Pottery and Porcelain. London 1960
–: Victorian Porcelain. London [2]1970
J. G. Th. Graesse und F. Jaenicke: Führer für Sammler von Porzellan etc., bearbeitet von E. Zimmermann. Braunschweig 1975
B. L. Grandjean u. a.: The Royal Copenhagen Porcelain Manufactory 1775–1975. Kopenhagen 1975
H. Gröger: Johann Joachim Kändler. Dresden 1956
C. Hernmarck: Marieberg. Stockholm 1946
F. H. Hofmann: Frankenthaler Porzellan. 2. Bde. München 1911
–: Geschichte der Bayerischen Porzellanmanufaktur Nymphenburg. 3 Bde. Leipzig 1921–1923
–: Das Porzellan der europäischen Manufakturen im 18. Jh. Berlin 1932
W. B. Honey: German porcelain. London 1947
–: Dresden China. London 1947
–: English pottery and porcelain. London 1947
–: French porcelain of the 18th century. London 1950
H. Jedding: Europäisches Porzellan, Bd. 1. München 1971
S. Jenyns: Japanese Porcelain. London 1965
W. D. John: Swansea Porcelain. Newport 1958
C. H. de Jonge: Delfter Keramik. Tübingen 1969
A. M. Joseph: Ming Porcelains, their Origins and Development. London 1971
A. Klein: Europäisches Porzellan im Hetjens-Museum, Kataloge des Kunstmuseums Düsseldorf, Bd. 1. Düsseldorf 1966
E. Klinge: Deutsche Keramik des 20. Jhs. Katalog Hetjens-Museum Düsseldorf. 1975
E. Köllmann: Meißner Porzellan. Braunschweig 1965
–: Katalog Berliner Porzellan 1763–1963. Braunschweig 1966
P. Lahnstein-M. Landenberger: Das Ludwigsburger Porzellan und seine Zeit. Stuttgart 1978
H. Landais: French Porcelain. London 1961
M. Landenberger: Alt-Ludwigsburger Porzellan. 1959
E. Lassen: En Kobenhavensk Porcelaensfabrik Historie/Bing & Grondahl 1853–1978. Kopenhagen 1978

A. Leistikow-Durchardt: Die Entwicklung eines neuen Stiles im Porzellan. 1957
G. Lukomsky: Russisches Porzellan. Berlin 1924
G. Morazzoni: Le Porcellane Italiane. 2 Bde. Mailand 1960
H. Morley-Fletcher: Meissen. London 1971
C. Mosel: Fürstenberger Porzellan. Ausst. Hannover-Bremen-Braunschweig. 1956
A. Mottola Molfino: L'Arte della Porcellana in Italia. 2 Bde. o. O. 1976
W. Neuwirth: Porzellanmaler-Lexikon. 2 Bde. Braunschweig 1975
–: Österreichische Keramik des Jugendstils. Katalog der Sammlung des Österreichischen Museums für angewandte Kunst, Wien
–: Porzellan aus Wien. München 1974
–: Wiener Keramik-Historismus-Jugendstil-Art Déco. Braunschweig 1974
M. Newman: Die deutschen Porzellan-Manufakturen im 18. Jh. 2 Bde. Braunschweig 1977
L. Nikiforova: Russian Porcelain in the Hermitage Collection. Leningrad 1973
Zweihundert Jahre Nymphenburg. München 1948
G. E. Pazaurek: Deutsche Fayence- und Porzellanhausmaler. 2 Bde. Leipzig 1925, Neudruck 1971
R. Plinval de Guillebon: Porcelaine de Paris 1770–1850. Fribourg 1972
E. Poche: Böhmisches Porzellan. Prag 1956
–: Porzellanmarken aus aller Welt. Hanau 1975
K. Roeder: Das Kelsterbacher Porzellan. Darmstadt 1931
– und M. Oppenheim: Das Höchster Porzellan. Mainz 1930
M. C. Ross: Russian Porcelain. Oklahoma 1968
R. Rückert: F. A. Bustelli. München 1963
–: Meißner Porzellan. Katalog Bayerisches Nationalmuseum München. 1966
–, J. Willsberger: Meissen, Porzellan des 18. Jhs. Wien 1977
W. J. Rust: Nederlands Porselein. Amsterdam 1952
M. Sauerland: Deutsche Porzellanfiguren des 18. Jhs. Köln 1923
G. Savage: 18th century German Porcelain. London 1958
–: 17th and 18th century French Porcelain. London 1960
–: Porcelain through the Ages. London 1961
– und H. Newman: An illustrated Dictionary of Ceramics. London 1974
G. Schade: Berliner Porzellan. Leipzig 1978
C. Scherer: Das Fürstenberger Porzellan. Berlin 1909
L. Schnorr von Carolsfeld: Porzellan der europäischen Fabriken. 6., von E. Köllmann neu bearbeitete Aufl. Braunschweig 1974
A.Schönberger: Deutsches Porzellan. München 1949
–: Meißner Porzellan mit Hoeroldt-Malerei. Darmstadt o. J.
K. Schultz und M. Oppenheim: Katalog Frankenthaler Porzellan. Frankenthal und Speyer 1955
C. Sempill: English pottery and porcelain. London 1947
J. L. Sponsel: Kabinettstücke der Meißner Porzellanmanufaktur von Johann Joachim Kändler. Leipzig 1900
W. Stieda: Die Porzellanfabrik zu Volkstedt. Leipzig 1910
W. A. Staehelin: Das Buch vom Porzellan. Herstellung, Transport und Handel von Exportporzellan in China während des 18. Jhs. 1966
F. Stoner: Chelsea, Bow and Derby Porcelain Figures. Newport 1955
E. Strohmer und W. Nowak: Altwiener Porzellan. Wien 1946
Tardy: Les porcelaines françaises. Paris 1950
K. Tasnadi-Marik: Wiener Porzellan. Budapest 1971
I. von Treskow: Die Jugendstil-Porzellane der KPM. Bestandskatalog der Königlichen Porzellan-Manufaktur Berlin 1896 bis 1914. München 1971
J. Twitchett, B. Bailey: Royal Crown Derby. London 1976
O. Walcha: Meißner Porzellan. 1975
G. W. Ware: German and Austrian Porcelain. 1951
B. Watney: English Blue and White Porcelain of the Eighteenth Century. London 1973
G. Weiss: Ullstein Porzellanbuch. Berlin 1970
O. Wiese: Zweihundert Jahre Porzellanfabrik zu Schloß Fürstenberg. Fürstenberg 1947
M. Wienert: Kasseler Porzellan. Kassel 1980
G. P. Woeckel: Die Tierplastik der Nymphenburger Porzellan-Manufaktur. Bestandskatalog 1905–1920. München 1978
G. Zick: Berliner Porzellan der Manufaktur von Wilhelm Caspar Wegely 1751–1757. Berlin 1978
E. Zimmermann: Die Erfindung und Frühzeit des Meißner Porzellans. Berlin 1908
–: Meißner Porzellan. Leipzig 1926

Präkolumbianische Kunst

F. Anton: Die Kunst der Goldländer. Leipzig 1967
G. Baudez: Mittelamerika. München 1967
I. Bernal: The Olmec World. Berkeley 1969
I. Bolz: Kunst aus Mexiko. Essen 1974
–: Guatemala, Kunst der Maya. Köln 1966
H. Bray: El Dorado – der Traum vom Gold. Hannover 1979
G. H. S. Bushell: Peru. London 1693
M. D. Coe: Die Maya. Bergisch Gladbach 1968
–: The Jaguar's Children. New York 1965
H. D. Disselhoff: Das Imperium der Inka. Berlin 1972
– und S. Linné: Alt-Amerika. Baden-Baden 1964
D. Eisleb: Alt-Amerika. Berlin 1974
–: Altperuanische Kulturen I. Berlin 1975
R. Larco Hoyle: Peru. München 1966
W. Krickeberg: Altmexikanische Kulturen. Berlin 1966
L. G. Lumbreras: The Peoples and Cultures of Ancient Peru. Washington, 1974
B. Meggers: Ecuador. London 1966
G. Reichel-Dolmatoff: Colombia. London 1965
M. Schneckenburger: Schätze aus Ecuador. Köln 1974
A. Schulze-Thulin: Kulturen Alt-Perus. Tübingen 1966
H. Ubbelohde-Döring: Kulturen Alt-Perus. Tübingen 1966
J. Soustelle: Mexiko. München 1967

Schmuck

H. Barth: Das Geschmeide. Schmuck- und Edelsteinkunde. 2 Bde. Berlin 1903
E. Bassermann-Jordan: Der Schmuck. Leipzig 1909
H. Battke: Die Ringsammlung des Berliner Schloßmuseums. Berlin 1938
–: Geschichte des Ringes. Baden-Baden 1953
G. Becatti: Ortificerie antiche dalle minoiche alle barbariche. Rom 1955
H. Biehn: Juwelen und Preziosen. München 1965
–: Die Kronen Europas. Wiesbaden 1957
K. Blakemore: The Retail Jeweller's Guide. London 1969
J. Boardman: Greek Gems and Finger Rings. London 1970
G. Bott: Kunsthandwerk um 1900. Darmstadt 1965
–: Ullstein Juwelenbuch. Abendländischer Schmuck von der Antike bis zur Gegenwart. Berlin 1972
E. Bradford: Four centuries of European jewellery. London 1953
K. F. Chudoba und E. J. Gübelin: Edelsteinkundliches Handbuch. 3 1974
A. Clifford: Cut-Steel and Berlin Iron Jewellery. Bath 1971
E. Coche de la Ferté: Antiker Schmuck. 1970
P. Debo: Alte Ringe. Pforzheim 1925
L. Dewiel: Antiquitäten – Schmuck. München 1976
J. Evans: English jewellery from the fifth century A. D. to 1800. London 1921
–: Magical jewels. Oxford 1922
–: English posies and posy rings. Oxford 1931
–: A history of jewellery 1100–1870. London 1970
O. v. Falke: Der Mainzer Goldschmuck der Kaiserin Gisela. Berlin 1913
C. Frégnac: Jewellery from the Renaissance to Art Nouveau. London 1965
M. H. Gans: Juwelen en Mensen. Amsterdam 1961
Gemmological Institute of America (Hrsg.): The Diamond Dictionary. Los Angeles 1960
M. Glower: Viktorian jewellery. London 1951
G. Gregorietti: Gold und Juwelen. Eine Geschichte des Schmucks von Ur bis Tiffany. Gütersloh 1971
A. Greifenhagen: Schmuck der Alten Welt. Berlin 1975
–: Schmuckarbeiten in Edelmetall. Katalog Staatl. Museen Preuß. Kulturbesitz Berlin. Antikenabteilung. 2 Bde. 1974
J. H. Hefner-Alteneck: Deutsche Goldschmiedewerke des 16. Jhs. Frankfurt 1890
R. A. Higgins: Greek and Roman jewellery. London 1961
H. Hoffmann und P. F. Davidson: Greek Gold. Mainz 1965
W. A. von Jenny and W. F. Volbach: Germanischer Schmuck des frühen Mittelalters. Berlin 1933
R. Jessup: Anglo-Saxon jewellery. London 1950
E. Kris: Die Meisterwerke und Meister der Steinschneidekunst in der italienischen Renaissance. 2 Bde. 1975
J. Lanllier und M.-A. Pini: Fünf Jahrhunderte abendländischer Schmuckkunst. 1971
M. D. S. Lewis: Antique Paste Jewellery. London 1970

O. Luzzatto-Bilitz: Antike Jaden. 1974
H. Nemec: Alter Bauernschmuck. München 1973
C. C. Oman: Catologue of rings (Victoria and Albert Museum). London 1930
F. Rademacher: Fränkische Goldscheibenfibeln. München 1940
H. Ricketts: Objects of Vertu. London 1971
H. Rücklin: Das Schmuckbuch. 2 Bde. Berlin 1901
R. M. Shipley: Dictionary of Gems and Gemmology. Los Angeles [5]1951
H. Schmitz: Berliner Eisenkunstguß. München 1926
C. H. Smith: Jewellery. London 1908
A. K. Snowman: The art of Carl Fabergé. London 1962
E. Steingräber: Alter Schmuck. Die Kunst des europäischen Schmucks. München 1956
R. Webster: Practical Gemmology. London [4]1966
L. Wittamer-de-Camps: Le Bijou 1900. Brüssel 1965

Silber und Gold

American Silver. Boston 1906
D. Ash: How to Identify English Silver Drinking Vessels 600–1830. London 1964
–: Dutch Silver. Cambridge 1965
J. Babelon: L'Orfèvrerie française. Paris 1946
L. Bäcksbacka: St. Petersburg Juvelerare, Guld- och Silvermeder 1714–1870. Helsingfors 1951
H. C. Bainbridge: Peter Carl Fabergé. His Life and Work. London 1949
E. F. Bange: Peter Flötner. Leipzig 1926
A. Bangert: Antiquitäten – Gold und Silber. München 1976
J. Banister: An Introduction to Old English Silver. London 1965
C. Bernoulli: Altes Silber aus Basler Privatbesitz. Ausst. Basel, Kunsthalle. 1952
J. H. Bertels: Het Ornament in de Edelsmedkunst. Amsterdam 1956
C. A. Bøje: Hans Tobiesens Sølvsamling. Kopenhagen 1948
G. Boesen und C. A. Bøje: Old English silver. Kopenhagen 1949
–: Old Danish silver. Kopenhagen 1949
H. Th. Bossert und G. Lehnert: Geschichte des Kunstgewerbes aller Zeiten und Völker. Berlin 1921–1935
S. Brault und Y. Bottineau: L'Orfévrerie française du 18e siècle. Paris 1959
H. Brunner: Altes Tafelsilber. München 1964
K. C. Buhler: American Silver. New York 1950
C. G. Bulgari: Argentieri gemmari e orafi d'Italia. Rom 1958
S. Bursche: Tafelzier des Barock. München 1974
S. Bury: Victorian Electroplate. London 1971
M. Clayton: The Collector's Dictionary of the Silver and Gold of Great Britain and North America. London 1971
F. Coarelli, J. Barsali, E. Steingräber: Kostbarkeiten der Goldschmiedekunst. 1974
F. Dennis: Three Centuries of French Domestic Silver. New York 1960
F. Doucet: Silber. München 1973
J. Finlay: Scottish Gold and Silver Work. London 1956
S. Fornari: Gli Argenti Romani. Rom 1968
E. Forssman: Anders Zorns Silversamling. Stockholm 1955
J. W. Frederiks: Dutch Silver. 4 Bde. Den Haag 1952–1961
S. Grandjean: L'Orfèvrerie du XIX^{e}siècle en Europe. Paris 1962
G. Gregorietti: Argenti Italiani. Mailand 1959
C. Gündel: Die Goldschmiedekunst in Breslau. Breslau 1940
Den Haag, Gemeentemuseum, Catalogus van de Centooutsteling vier eeuwer Nederlands Silver. Den Haag 1952
J. F. Hayward: Virtuoso Goldsmiths and the Triumph of Mannerism. London 1976
–: The Courtauld Silver. London 1975
C. Hernmarck: Die Kunst der europäischen Gold- und Silberschmiede 1450–1800. München 1978
H. Honour: Goldsmiths and Silversmiths. London 1971
G. Hood: American Silver: A History of Style, 1650–1900. New York 1971
C. J. Hudig: Zilver van de Nederlandse Edelsmid. 1951
G. H. Hughes: Antique Sheffield Plate. London 1970
Th. und B. H. Hughes: Three centuries of English domestic silver. London 1952
K. Hüseler: Hamburger Silber. Darmstadt 1955
C. J. Jackson: An illustrated history of English plate. London 1911
W. Klein: 600 Jahre Gmünder Goldschmiedekunst. Stuttgart 1947
H. Kohlhaussen: Geschichte des deutschen Kunsthandwerks. München 1955
E. Kris: Kunsthistorische Sammlungen in Wien, Bd. V. Goldschmiedearbeiten, Teil I: Arbeiten in Gold und Silber. Wien 1952
T. Krohn-Hansen: Trondhjems Guldsmedkunst 1550–1850. Oslo 1962
– und R. Kloster: Bergens Guldsmedkunst fra laugstiden. Bergen 1957
E. Lassen: Ske, Kniv og Gaffel. Kopenhagen 1960
H. Leitermann: Deutsche Goldschmiedekunst. Stuttgart 1953
N. Lieb: Meisterwerke Augsburger Goldschmiedekunst, Sonderausstellung Lindau, Städt. Museum. 1950
E. M. Link: Ullstein Silberbuch. Berlin, Frankfurt 1968
Das Lüneburger Ratssilber, Ausstellung Lüneburg, Rathaus. 1956
J. McNab Dennis: English Silver. New York 1970
M. Meinz: Schönes Silber. München 1964
C. T. Müller: Goldschmiedekunst des 18. Jhs in Augsburg und München, Ausstellung Augsburg, Schäzlerhaus, und München, Bayerisches Nationalmuseum. 1952
G. Munthe: Silbersammlung Falck-Simon. Stockholm 1938
W. Neuwirth: Markenlexikon für Kunstgewerbe, Edle und unedle Metalle, Bd. 1, 1875–1900: Wien 1978
H. Nocq: Orfèvrerie civile française du XVIIe au début du XIXe siècle. Paris o. J.
Ch. Oman: The English silver in the Kremlin, 1557–1663. London 1961
–: English Domestic Silver. London [6]1965
–: English Silversmiths' Work, Victoria and Albert Museum. London 1965
K. Pechstein: Goldschmiedekunst der Renaissance. Kataloge des Kunstgewerbemuseums Berlin, Bd. V. 1971
N. Porfiridov: Russian Silver and Enamel, Russian Museum Leningrad. Leningrad 1956
S. Rathke-Köhl: Geschichte des Augsburger Goldschmiedegewerbes vom Ende des 17. bis Ende des 18. Jhs. Augsburg 1964
D. Rittmeyer: Geschichte der Luzerner Silber- und Goldschmiedekunst von den Anfängen bis zur Gegenwart. St. Gallen 1941
A. Rohde und U. Stöver: Goldschmiedekunst in Königsberg. Stuttgart 1959
M. Rosenberg: Geschichte der Goldschmiedekunst auf technischer Grundlage. 1972
F. Rossi: Italienische Goldschmiedekunst. München 1957
G. Schade: Deutsche Goldschmiedekunst. Leipzig, Hanau 1974
W. Scheffler: Berliner Goldschmiede. Berlin o. J.
–: Goldschmiede Niedersachsens, Berlin 1965
–: Goldschmiede Rheinland Westfalens, Berlin 1973
–: Goldschmiede Hessens, Berlin 1976
B. Scheidt: Englisches Silber. [2]1973
R. Scholz: Goldschmiedearbeiten, Renaissance und Barock; Bildhefte des Museums für Kunst und Gewerbe. Hamburg 1974
S. Schoubye: Guldsmede-håndverket i Tønder og på Tønder-egnen. Aarhus 1961
–: Guldsmede-håndverket i Aabenraa 1600–1900. Aabenraa 1962
H. Seling: Silber, in: Keysers Kunst- und Antiquitätenbuch I, hrsg. v. H. Seling. München 1975
–: Die Kunst der Augsburger Goldschmiede 1529–1868, 3 Bde.. München 1980
J. L. Sponsel: Das Grüne Gewölbe zu Dresden. Leipzig 1925–32
Stavenow-Hernmarck: Svensk Silver 1680–1800. Ausst. Stockholm 1934
E. Steingräber: Der Goldschmied. Vom alten Handwerk der Gold- und Silberarbeiter. 1966
–: Europäische Goldschmiedekunst von der Renaissance bis zum Jugendstil. 1973
R. Stettiner: Das Kleinodienbuch des Jacob Mores in der Hamburgischen Stadtbibliothek. Hamburg 1916
H. Stierling: Der Silberschmuck der Nordseeküste, Bd. 1. Neumünster 1935; Bd. 2: Goldschmiedezeichen von Tondern bis Altona. Hrsg. von Wolfgang Scheffer. Neumünster 1955
Straßburg, Alte und neue Straßburger Goldschmiedearbeiten und Uhren. Straßburg 1914
P. Wardle: Victorian Silver and Silver Plate. London 1963
E. von Watzdorf: Johann Melchior Dinglinger. Berlin 1962
E. Wenham: Old Sheffield Plate. London 1955
S. B. Wyler: The book of old silver (mit amerikanischen Marken). New York 1937
–: The Book of Sheffield Plate. New York 1949

Silbermarken
Deutschland
M. Rosenberg: Der Goldschmiede Merkzeichen. Frankfurt ³1922–1928. Bd. 1–3: Deutschland, Bd. 4: Ausland

Belgien
L. A. F. Crooy: L'Orfèvrerie religieuse en Belgique depuis la fin du XVᵉ siècle jusqu'à la Révolution Française. Paris 1911

Frankreich
E. Beuque und M. Frapsauce: Dictionnaire des poinçons maîtres-orfèvres français. Paris 1929
L. Carré: Les poinçons de l'orfèvrerie française du 14ᵉ siècle jusqu'au début du 19ᵉ siècle. Paris 1928
H. Nocq: Le poinçon de Paris. Paris 1926, 1931

Großbritannien
F. Bradbury: British and Irish Silver Assay Office Marks, 1544–1968. Sheffield ¹²1969
Hall-marks on gold and silver wares, issued by the worshipful Company of Goldsmiths, Goldsmiths Hall. London 1949
Ch. J. Jackson: English Goldsmiths and their Marks. London ²1964

Holland
E. Voet jr.: Merken van Amsterdamsche Goud- en Zilversmeden. Den Haag 1912
–: Haarlemsche Goud- en Zilversmeden en hunne merken. Haarlem ²1928
– und P. W. Voet: Nederlands Goud- en Zilvermerken 1445–1951 [Stadtmarken]. Den Haag 1951
– und H. E. van Gelder: Merken van Gaagsche Goud- en Zilversmeden. Den Haag 1941
– und R. Visscher: Merken van Friessche Goud- en Zilversmeden. Den Haag 1932

Österreich
W. Neuwirth: Wiener Gold- und Silberschmiede und ihre Punzen 1867–1922. Wien 1977

Schweden
Schwedische Silberschmiederei 1520–1850, Gold- und Silberstempel. Stockholm 1963

UdSSR
B. Rothemund: Verzeichnis der russischen Gold- und Silbermarken. 1971

Ungarn
E. Kószegly: Merkzeichen der Goldschmiede Ungarns. Budapest 1936

Spielpuppen
M. Bachmann und C. Hansmann: Das große Puppenbuch. Leipzig 1971
J. und M. Cieslik: Puppen. München 1979
E. Dröscher: Puppenwelt. Dortmund 1978
M. Hillier: Puppen und Puppenmacher. Frankfurt 1968
E. King: Puppen und Puppenhäuser. Zollikon 1977

Spielzeug
C. Baecker, D. Haas und C. Jeanmaire: Märklin – Technisches Spielzeug im Wandel der Zeit. Bd. 1–10. Frankfurt/M. 1976ff.
L. Bayer: Spielzeugmuseum Nürnberg. Nürnberg 1978
U. Becher: Als die Züge fahren lernten. Aus den Kindertagen der Modellbahn. Berlin; Düsseldorf o. J. (1979)
M. Bossi: Autohobby. Alle Blechautos der Zeit von 1890–1940. Ivrea o. J.
M. Buhler: Spielzeug zum Aufziehen. Schönes Blechspielzeug der Jahre 1945–1975. Frankfurt/M. 1978
J. Cieslik: Blechspielzeug. Eisenbahnen, Autos, Schiffe und Flugzeuge. München 1980
C. Ellis und W.-D. Flach: Modell-Figuren. Praktisches Handbuch für das Figuren-Hobby. Düsseldorf 1978
B. Emde-Naegelsbach: Spielzeug. Ein Überblick über die Entwicklung und Vielfalt des Spielzeugs. München 1978
A. Fraser: Spielzeug. Oldenburg, Hamburg 1966
T. Gantner und W. Hartmann: Das Spielzeugbuch. Frankfurt 1973
K. Gröber und J. Metzger: Kinderspielzeug aus alter Zeit. 2. völlig überarbeitete Auflage Hamburg 1965
Th. Hampe: Der Zinnsoldat. Ein deutsches Spielzeug. Berlin 1924
P. Hildebrandt: Das Spielzeug im Leben des Kindes. Berlin 1904. Nachdruck Düsseldorf, Köln 1979
H. Kaut: Alt Wiener Spielzeugschachtel. Wiener Kinderspielzeug aus drei Jahrhunderten. Wien 1961
H. und R. Kebbel: Bruckmanns Handbuch der Zinnfiguren. München 1978
W. Kempowski: Wer will unter die Soldaten? München 1976
B. Kiegeland: Eisenbahnmodelle. Die schönsten Kleinserien- und Messingmodelle aus aller Welt. München 1978
E. King: Das große Buch vom Spielzeug. Zollikon 1978
C. F. Kollbrunner: Zinnfiguren – Zinnsoldaten – Zinngeschichte. München 1979.
A. Levy: A Century of Model Trains. Ein Jh. Modelleisenbahnen. London, Villigen 1975
Aus Münchner Kinderstuben 1750–1930. Münchner Stadtmuseum, München 1976
D. Pressland: Die Kunst des Blechspielzeugs. Zürich 1976
P. E. Rattelmüller: Zinnfiguren – Die Welt in der Spanschachtel. München 1971
G. Reder: Mit Uhrwerk, Dampf und Strom. Vom Spielzeug zur Modelleisenbahn. Düsseldorf 1970
U. Reher: Eisenbahnspielzeug. Gestaltung, Produktion, Handel, Anlagen, Spiel. Frankfurt am Main 1978
H. Retter: Spielzeug. Handbuch zur Geschichte und Pädagogik der Spielmittel. Weinheim 1979
W. Schmarbeck: Modellautos mit System gesammelt. Die Garage im Wohnzimmer. Stuttgart 1970
Schönes Spielzeug aus alten Nürnberger Musterbüchern. Herausgegeben von Christa Pieske. München 1979. (Teil-Reprint eines Nürnberger Musterbuchs der Biedermeierzeit)
Das Sonneberger Spielzeugmusterbuch von 1831. Spielwaren-Mustercharte von Johann Simon Lindner in Sonneberg herausgegeben von Manfred Bachmann. Leipzig, Würzburg 1979
G. R. Williams: Das große Buch der Modellautos – international. Frankfurt am Main 1977

Stile
Die Dreißiger Jahre, Kat. Schauplatz Deutschland. Köln 1977
R. Hamann: Geschichte der Kunst, 2 Bde. München 1952
A. Hauser: Kunst und Gesellschaft. München 1973
Keysers Europäische Stilkunde, München 1964
Knaurs Stilkunde, 2 Bde. München, Zürich 1976
P. Maenz: Art Deco zwischen 2 Weltkriegen. Köln 1974
–: Die 50er Jahre. Stuttgart 1978
P. Meyer: Euroäische Kunstgeschichte, 2 Bde. München 1978
Ullstein Kunstgeschichte, 20 Bde. Frankfurt am Main, Berlin 1963
W. Weisbach: Stilbegriffe und Stilphänomene. Wien 1957
L. von Wilckens: Grundriß der abendländischen Kunstgeschichte. Stuttgart 1967
Zwischen Kunst und Industrie. München 1975

Stoffe, Stickereien, Spitzen
M. Braun-Ronsdorf: The History of the Handkerchief. Leigh-on-Sea 1967
F. Deuchler: Die Burgunderbeute. Bern 1963
M. Dreger: Entwicklungsgeschichte der Spitze. Wien 1910
O. v. Falke: Kunstgeschichte der Seidenweberei. Berlin 1921
E. Flemming: Das Textilwerk, neu bearbeitet von R. Jaques. Tübingen 1957
R. Forrer: Die Kunst des Zeugdrucks vom Mittelalter bis zur Empirezeit. Straßburg 1898
T. Frauberger: Handbuch der Spitzenkunde. Leipzig 1894
I. Gierl: Stickerei in Bauernstuben. Rosenheim 1974
R. Grönwoldt: Webereien und Stickereien des Mittelalters. Hannover 1964
C. Hopf: Anatolische Stickereien. Leipzig 1912–13
R. Jaques: Deutsche Textilkunst. München 1953
M. Jarry und M. Dobry: Gobelinstickerei. München 1976
M. E. Jones: A History of Western Embroidery. London 1969
B. Markowsky: Europäische Seidengewebe des 13.–18. Jhs. Kataloge des Kunstgewerbemuseums Köln, Band 7. Köln 1976
E. Meyer-Heisig: Weberei, Nadelwerk, Zeugdruck. München 1956
J. Petrakis: The Needle Arts of Greece. New York 1977
A. Rapp: Schweizerische Mustertücher. Bern 1976

H. Schmidt: Alte Seidenstoffe. Braunschweig 1958
M. Schuette: Gestickte Bildteppiche und Decken des Mittelalters. Leipzig 1930
–: Alte Spitzen. Braunschweig 1963
– und S. Müller-Christensen: Das Stickereiwerk. Tübingen 1963

Teppiche
H. Bidder: Teppiche aus Ost-Turkestan. 1964
E. Biedrzynski: Bruckmann's Teppich-Lexikon. München ²1975
W. von Bode und E. Kühnel: Vorderasiatische Knüpfteppiche aus alter Zeit. Braunschweig 1955
R. de Calatchi: Orientteppiche. Geschichte, Ästhetik, Symbolik. 1968
M. Campana: Orientteppiche. ²1973
P. Collingwood: The Techniques of Rug Weaving. London 1968
W. Dreczko: Teppiche des Orients. ⁷1975
K. Erdmann: Europa und der Orientteppich. Mainz 1962
–: Siebenundert Jahre Orientteppich. 1966
–: Der orientalische Knüpfteppich. Tübingen 1975
H. J. Fahrenkamp: Teppiche. München 1974
F. Formenton: Das Buch der Orientteppiche. München 1974
E. Gans-Ruedin: Handbuch der orientalischen und afrikanischen Teppiche. München ²1974
–: Orientteppiche des 19. und frühen 20. Jhs. München 1975
H. Haack: Echte Teppiche. München ⁸1973
D. Heinz: Alte Orientteppiche. Darmstadt 1956
Hildenbrand: Der Persische Teppich und seine Heimat. Zürich 1951
A. Hopf: Eine Sammlung edler orientalischer Teppiche. Tübingen 1961
R. G. Hubel: Ullstein Teppichbuch. Berlin 1969
J. Iten-Maritz: Der anatolische Teppich. München 1976
C. W. Jacobsen: Oriental Rugs: a Complete Guide. London 1962
H. Jacoby: ABC des echten Teppichs. Tübingen ³1966
K. Larson: Rugs and Carpets of the Orient. London 1966
J. G. Lettenmair: Das große Orientteppichbuch. München 1976
W. Loges: Turkmenische Teppiche. München 1978
H. A. Lorentz: Chinesische Teppiche 17.–20. Jh. München 1975
J. V. McMullan: Islamic Carpets. New York 1965
S. A. Milhofer: Die Teppiche Zentralasiens. Hannover 1968
–: Orientteppiche. 1974
–: Das goldene Buch des Orientteppichs. ⁵1976
R. Neugebauer und S. Troll: Handbuch der orientalischen Teppichkunde. Leipzig 1930
A. Pope: A Survey of Persian art. Bd. 3 und 4. London, New York 1939
H. Ropers: Morgenländische Teppiche. 10., von R. Dicke bearbeitete Aufl. Braunschweig 1972
F. Sarre und H. Trenkwald: Altorientalische Teppiche. Leipzig 1926–1928
J. Schlosser: Der schöne Teppich in Orient und Okzident. München 1971
E. Schmutzler: Altorientalische Teppiche in Siebenbürgen. 1933
U. Schürmann: Bilderbuch für Teppichsammler. 1960
–: Teppiche aus dem Kaukasus. 1964
–: Zentralasiatische Teppiche. 1969
S. Troll: Altorientalische Teppiche. Wien 1951
K. Zipper: Orientteppiche. Das Lexikon. Braunschweig 1970
–: Türkische Teppiche. Ein Brevier. Braunschweig 1972

Terrakotta, Vasen
P. E. Arias und M. Hirmer: Tausend Jahre griechische Vasenkunst. München 1960
J. D. Beazley: Etruscan Vase – Painting. Oxford 1947
–: Attice Black-figure vase-painters. Oxford 1956
–: Attic Red-figure vase-painters. Oxford ²1963
J. Boardman. Athenian Black Figure Vases a Handbook. London 1974
–: Athenian Red Figure Vases. London 1975
E. Buschor: Griechische Vasen. München 1969
M. H. Callender. Roman Amphorae. London 1965
R. J. Charleston: Roman pottery. London 1955
R. M. Cook: Greek painted pottery. London 1960
Corpus Vasorum Antiquorum (Internationale katalogmäßige Erfassung aller antiken Tongefäße). Seit 1923
A. Furtwängler und K. Reichhold. Griechische Vasenmalerei. München 1924
G. Kleiner: Tanagrafiguren. Berlin 1942
R. Lullies und M. Hirmer. Griechische Vasen der reifarchaischen Zeit. München 1953
S. Mollard-Besques: Les terres cuites grecques. Paris 1964
E. Pfuhl: Malerei und Zeichnung der Griechen. München 1923
G. M. A. Richter und M. J. Milne: Shapes and names of Athenian vases. New York 1935
E. Rhode: Griechische Terrakotten. Tübingen
A. Rumpf: Malerei und Zeichnung. München 1953
H. Sichtermann: Die griechische Vase. Berlin 1963
E. Simon: Die griechischen Vasen. München 1976
F. Winter: Die Typen der figürlichen Terrakotten. Berlin 1903

Tibet
A. H. Francke: The Antiquities of Indian Tibet. Calcutta 1914–26
A. Grünwedel: Mythologie des Buddhismus in Tibet und der Mongolei. Berlin 1900
H. Hoffmann: Die Religionen Tibets. München 1956
S. Hummel: Geschichte der tibetischen Kunst. Leipzig 1953
J. C. Huntington: The Style und Stylistic Sources of Tibetan Painting. Los Angeles 1969
L. Jisl, V. Sis, J. Vanis: L'art tibétain. Paris 1958
D. I. Lauf: Das Bild als Symbol im Tantrismus. München 1973
–: Verborgene Botschaft tibetischer Thangkas. Freiburg 1976
J. Lowry: Tibetan Art. London 1973
M. T. de Mallmann: Introduction à l'iconographie du tântrisme bouddhique. Paris 1975
H. E. R. Martin: Die Kunst Tibets. München 1977
O. Monod: Peintures tibétaines. Paris 1954
R. Nebesky-Wojkowitz de: Oracles and Demons of Tibet. Den Haag 1956
B. C. Olschak: Mystic Art of ancient Tibet. London 1973
Ph. Rawson: L'art du tantrisme. Paris 1973
F. Sierksma: Tibet's terrifying dieties. Den Haag 1966
M. Singh: L'art de l'Himalaya. Unesco 1968
D. Snellgrove: Himalayan Pilgrimage. Oxford 1961
G. Tucci: Indo-Tibetica. Rom 1932–1941
–: Tibetan Painted Scrolls. 3 vols., Rom 1949
–: Tibet. Genf 1973
–: Geheimnis des Mandala. Weilheim 1972
L. A. Waddell: The Buddhism of Tibet or Lamaism. London 1895
E. u. R. Waldschmidt: Art Treasures from the Himalayas. London 1969

Uhren, wissenschaftliche Instrumente und Automaten
J. Abeler: Alt-Bergische Uhren und die Uhrmacher-Familien im Bergischen Land o. J.
–: 5000 Jahre Zeitmessung. 1968
–: Das Wuppertaler Uhrenmuseum. Berlin 1971
–: Ullstein Uhrenbuch. Berlin, Frankfurt 1975
R. Albrecht: Die Räderuhr. Rothenburg o. J.
Ch. Allix und P. Bonnert: Carriage Clocks. Their history and Development. 1974
F. Aßmuß: Technische Laufwerke einschließlich Uhren. Berlin 1958
G. H. Baillie: Britten's old clocks and watches and their makers. London 1973
–: Watchmakers and clockmakers of the world. London 1966
M. Ballweg: Bruckmann's Uhrenlexikon. München 1975
E. M. Barraud: Barraud. The Story of a family. London 1967
E. von Bassermann-Jordan: Alte Uhren und ihre Meister. Leipzig 1926
–: Die Standuhr Philipps des Guten von Burgund. Leipzig 1927
– und E. von Bertele: Uhren. Braunschweig ⁷1969
C. F. C. Beeson: English Church Clocks. London und Chichester 1971
G. Bender: Die Uhrenmacher des hohen Schwarzwaldes und ihre Werke. 2 Bde. Villingen-Schwenningen 1976/78
G. A. Berner: Illustriertes Fachlexikon der Uhrmacherei. La Chaux-de-Fonds 1965
E. v. Bertele: Präzisions-Zeitmessung in der Vor-Huygensschen Periode. Wien 1954
–: Jost Burgis Beitrag zur Formentwicklung der Uhren. Wien 1955
–: Zur Geschichte der Aequationsuhren. Wien 1956
–: The rolling-ball time standard. 1957
H. v. Bertele: Globen und Sphären. Lausanne 1961
M. Bobinger: Alt-Augsburger Kompaßmacher. Augsburg 1966
–: Kunstuhrmacher in Alt-Augsburg. Augsburg 1969
K. Bormann: Orgel- und Spieluhrenbau. Zürich 1968

D. Bowers: Encyclopedia of Automatic Musical Instruments. New York 1972
S. Bradbury: The Evolution of the Microscope. Oxford 1967
W. Brandes: Alte japanische Uhren. Braunschweig
F. J. Britten: Old clocks and watches and their makers. London 1969
–: Watch and Clock Makers' Handbook, Dictionary and Guide. Reprint der 11. Aufl. 1915. London 1976
E. Bruton: The Longcase Clock. London 1967
–: Clocks and Watches. Feltham Middlesex 1968
–: Hallmarks & Date Letters on Gold & Silver. London 1970
A. Buchner: Vom Glockenspiel zum Pianola. Prag 1959
–: Les automates, Paris 1959
T. B. Camerer: The story of watches. London 1952
A. Carstanjen, Rechenschlagwerk. 1958
H. Cescinsky und M. R. Webster: English Domestic Clocks. New York 1968
A. Chapuis: A travers les collections d'horlogerie. 1942
–: De horlogiis in arte. Lausanne 1954
– und E. Jaquet: The Swiss Watch. London 1970
V. L. Chenakal: Watchmakers and Clockmakers in Russia 1400 to 1850. London 1972
Conservatoire National des arts et métiers. Catalogue du Musée d'Horlogerie. Paris 1949
T. P. Camerer Cuss: The Country Life Book of Watches. London 1967
–: The Camerer Cuss Book of Antique Watches. London 1976
J. E. T. Clark: Music Boxes, Birmingham 1948, erweiterte 3. Auflage. London 1961
G. Daniels, English and American Watches. London 1967
–: The Art of Breguet. London 1975
M. Daumas: Scientific Instruments of the 17th and 18th Centuries and their Makers. London 1972
E. Develle: Les horloges Blesois au XVIe et au XVIIe siècle. 1917
E. J. Dijksterhuis: Christiaan Huygens. Haarlem 1951
E. L. Edwardes: The Grandfather Clock. Altrincham ^{3}1971
E. Gelis: L'horlogerie ancienne. Paris 1949
M. Groaman: English Clocks. London 1967
N. Goodison: English Barometers, 1680–1860. London 1969
R. T. Gould: The Marine Chronometer. Exeter ^{4}1973
A. Gümbel: Peter Henlein, der Erfinder der Taschenuhren. Halle 1924
R. T. Gunther: The Astrolabes of the World, 2 Bde. Oxford 1932
S. Guye und H. Michel: Uhren und Meßinstrumente des 15. bis 19. Jh.s Zürich 1971
J. F. Hayward: English watches. London 1969
A. P. Herbert: Sundials Old and New. London 1967
M. Huber: Die Uhren von A. Lange & Söhne, Glashütte/Sachsen. München 1977
E. Jacquet und A. Chapuis: Histoire et technique de la montre suisse. Basel 1954
E. T. Joy: The Country Life Book of Clocks. London 1967
H. Jüttemann: Die Schwarzwalduhr. Braunschweig 1972
R. Kaftan: Illustrierter Führer durch das Uhrenmuseum der Stadt Wien. Wien 1929
B. Kiegeland: Uhren. München 1976
A. Kistner: Die historische Uhrensammlung. Furtwangen 1925
–: Die Schwarzwälder Uhr. Karlsruhe 1927
H. Kocher: Automatische Uhren. 1969
A. Leiter: Die Uhr. Pforzheim 1967
J. A. Lepaute: Traité d'horlogerie. ... les pendules et les montres. Paris 1975
H. A. Lloyd: The Collector's Dictionary of Clocks. London 1969
–: Old clocks. London 1970
L. M. Loske: Die Sonnenuhren. Berlin ^{2}1970
A. Lübke: Die friesische Uhr. 1958
L. A. Mayer: Islamic Astrolabers and their works. 1956
K. Maurice: Die französische Pendule des 18. Jh.s Berlin 1967
–: Von Uhren und Automaten. München 1968
–: Die deutsche Räderuhr. München 1976
W. E. K. Middleton: The History of the Barometer. London 1964
W. L. Milham: Time and timekeepers. New York 1947
N. H. N. Mody: Japanese Clocks. London 1968
E. Morpurgo: L'orologio e il pendolo. Roma 1957
–: Nederlandse klokken- en horlogemakers vanaf 1300. Amsterdam 1970
R. Mühe: Uhren und Zeitmessung. Furtwangen 1972
– und H. M. Vogel: Alte Uhren. München 1976
A. W. J. Ord-Hume: Collecting Musical Boxes. London 1967
B. Palmer: Book of American Clocks. New York 1966
R. Panicali: Zifferblätter der Französischen Revolution. Lausanne 1972
L. Pippa: Masterpiece of Watchmaking. Lausanne 1967
H. Pohl und H. Hohe: Die Rathausuhr, das Wahrzeichen Ochsenfurts. 1952
D. J. Price: Some Early English Instrument Makers. 1955
–: The First Scientific Instrument of the Renaissance. 1959
A. Protz: Mechanische Musikinstrumente. Kassel 1943
J. D. Robertson: The evolution of clockwork. London 1972
F. B. Royer-Collard: Skeleton Clocks. London 1969
D. Schenk: Die Uhrmacher von Winterthur und ihre Werke. Winterthur 1959
J. O. Scherer: Antike Pendulen. Bern 1957
G. Schindler: Uhren. München 1975
J. L. Sellink: Dutch Antique Domestic Clocks. Leiden 1973
E. Sidenbladh: Urmakare i Sverige. Stockholm 1947
E. Simon: Mechanische Musikinstrumente früherer Zeit und ihre Musik. Wiesbaden 1960
E. Smith: Reparieren alter Uhren. 1973
R. W. Symonds: A Book of English Clocks. London 1950
–: Thomas Tompion, his Life and Works. London 1969
D. Tallis: Musical Boxes. London 1971
Tardy: La pendule française des origines à nos jours. Paris 1961–64
W. Treue: Kulturgeschichte der Schraube. München 1954
The United States Time Corporation, 400 years in the history of watch making, 1525–1925. New York 1925
Th. Ungerer: Les horloges astronomiques et monumentales. Straßburg 1931
H. Weiss-Stauffacher: Musikautomaten und mechanische Musikinstrumente. Zürich 1975
F. Wiget: Montres anciennes. 1951
J. Willsberger: Zauberhafte Gehäuse der Zeit. Düsseldorf 1974
A. Wins: L'horloge à travers des âges. Mons 1924
A. Wissner: Astronomische und mathematische Instrumente im Deutschen Museum zu München. München 1958
H. Wühr: Alte Uhren. Darmstadt 1974
J. Zeeman: De Nederlands Stoelklok. Assen 1969
A. P. Zeller: Uhren. 1974
E. Zinner, Deutsche und niederländische astronomische Instrumente des 11.–18. Jhs. München ^{2}1972
–: Aus der Frühzeit der Räderuhr, München 1954
–: Die Sanduhr, Die Uhr. 1955
–: Uhren auf Bildnissen. In: Neue Uhrmacher-Zeitung 1957
–: Die Augsburger Uhrmacherei von 1550–1650. In: Neue Uhrmacher-Zeitung 1958

Verschiedenes

H. R. d'Allemagne: Les cartes à jouer du 14e au 20e siècle. Paris 1906
Altonaer Museum in Hamburg: Kat. der Ausstellung Tee, zur Kulturgeschichte eines Getränks (bearb. v. G. Kaufmann, Ch. Küster, G. Westermann). Hamburg 1977
K. Bachmann: Die Spielkarten. Ihre Geschichte in 15 Jahrhunderten. 1932
A. E. Boothroyd: Fascinating Walking Sticks. London 1973
R. Büll: Das große Buch vom Wachs. München 1977
C. Dike: Les Cannes a Systeme. Genf 1980
H. Helwig: Handbuch der Einbandkunde. Hamburg 1953–55
D. Hoffmann: Die Welt der Spielkarte. München 1972
U. Klever: Stöcke. München 1980
H. Kohlhaussen: Minnekästchen im Mittelalter. Berlin 1928
–: Geschichte des deutschen Kunstgewerbes. München 1955
V. Kutschera: Spielzeug. Salzburg 1975
G. Schiedlausky: Essen und Trinken. München 1956
R. Scholz: Humpen und Krüge. München 1978
H. Schreiber: Einführung in die Einbandkunde. Leipzig 1952
K. Stein: Canes and Walding Sticks. York, Pennsylvania 1974
Stille Museen. Spezialsammlungen und Fachmuseen in der BRD und West-Berlin. München 1976
H. und S. Wichmann: Schach. München o. J.

Volkskunst

A. Amereller: Votivbilder. München 1966
M. Bachmann und R. Langen: Berchtesgadener Volkskunst. Leipzig 1957
K. Breitl: Liebesgaben. Zeugnisse alter Brauchkunst. Salzburg 1974
G. Benker: Altes bäuerliches Holzgerät. München 1976
R. Berliner: Die Weihnachtskrippe. München 1955

H. Bucher: Hinterglasmalerei in der Böhmerwaldlandschaft und in Südbayern. München 1936
J. Cuisenier: Die Volkskunst in Frankreich.
A. Fuchs: Die Raimundsreuter Hinterglasmalerei. Passau 1965
T. Gebhard: Alte bäuerliche Geräte. München 1969
I. Gierl: Trachtenschmuck aus fünf Jahrhunderten. Rosenheim 1972
C. und L. Hansmann: Viel köstlich Wachsgebild. München 1955
L. Hansmann und L. Kriss-Rettenbeck: Amulett und Talisman. München 1966
O. Kastner: Die Krippe. Linz 1964
L. Kriss-Rettenbeck: Ex Voto. München 1975
–: Bilder und Zeichen religiösen Volksglaubens. München 1963
R. Kriss und L. Kriss-Rettenbeck: Das Eisenopfer. München 1957
–: Das Votivbild. München 1958
E. Meyer-Heisig: Die deutsche Bauernstube. Nürnberg 1952
–: Deutsche Volkskunst. München 1954
–: Deutsche Bauerntöpferei. München 1955
H. Nemec: Tier und Jagd in der Volkskunst. München 1974
G. M. Ritz: Der Rosenkranz. München 1963
–: Hinterglasmalerei. München 1972
E. Schlee: Schleswig-Holsteinische Volkskunst. Flensburg 1964
–: Die Volkskunst in Deutschland; Ausstrahlung, Vorlagen, Quellen. München 1978
L. Schmidt: Volkskunst in Österreich. Wien-Hannover 1966
–: Hinterglas. Zeugnisse einer alten Hauskunst. Salzburg 1972
K. H. Waggerl: Schöne Sachen. Bäuerliches Brauchgut. Salzburg 1974
P. Weninger: Volkskunst der Alpenländer. Frankfurt 1971
H. Wühr: Alte Küchen und Küchengeräte. Darmstadt 1954

Vorderasien
L. v. d. Berghe: Bibliographie analytique de l'Archéologie de l'Irān ancien. Leiden 1979
–: The Bronzes of the Shepherds and Horsemen of Luristen, Archaeologia viva I, 1. Paris 1968
H. Garner: Oriental blue and white. London 1954
S. Kroll: Urartu, ein wiederentdeckter Rivale Assyriens. Münster 1980
J. Mellaart: Excavations at Hacilar I–II. Edinburgh 1970
U. Moortgat-Correns: Reallexikon für Assyriologie Bd. III. 1971
W. Orthmann: Der Alte Orient, Propyläen-Kunstgeschichte Bd. 14. Berlin 1975
Transactions of the Oriental Ceramic Society. London, seit 1921

Waffen, Rüstungen, Militaria
D. W. Bailey: Perkussions-Gewehre. Stuttgart 1974
C. Blair: European armour. London 1972
G. Bock und W. Weigel: Handbuch der Faustfeuerwaffen. Melsungen 1974
W. Boeheim: Handbuch der Waffenkunde. Leipzig 1890
–: Meister der Waffenschmiedekunst vom 14. bis ins 18. Jh. Berlin 1897
W. Y. Carman: Dictionary of Military Uniforms. London 1977
C. A. de Cosson und W. Burges: Ancient helmets and examples of mail. London 1881
–: European court swords and hunting swords. New York 1929
–: Handbook of arms and armour, European and Oriental. New York 1930
A. Essenwein: Qellen zur Geschichte der Feuerwaffen. Leipzig 1872
O. Gamber: Harnischstudien. Jahrbuch der Kunsthist. Slg. in Wien, 50. 1953
A. Grosz und B. Thomas: Katalog der Waffensammlung in der Neuen Burg. Wien 1936
E. A. Haenel: Kostbare Waffen aus der Dresdner Rüstkammer. Leipzig 1923
J. F. Hayward: Swords and daggers. London 1951
–: European firearms. London 1955
–: Die Kunst der alten Büchsenmacher. Hamburg 1968/69
J. H. von Hefner-Alteneck: Waffen, ein Beitrag zur historischen Waffenkunde vom Beginn des Mittelalters bis gegen Ende des 17. Jh.s. Frankfurt 1903
A. Hoff: Aeldre Dansk Bøssemageri. Kopenhagen 1951
–: Windbüchsen und andere Druckluftwaffen. Hamburg 1977
–, H. D. Schepelern, G. Boesen: Royal arms at Rosenborg. Kopenhagen 1956
C. Gaier: Four Centuries of Liège Gunmaking
H.-D. Götz: Waffenkunde für Sammler. Stuttgart 1973
U. Knispel: Faustfeuerwaffen. München 1974
–: Gewehre. München 1975
Sir G. F. Laking: A record of European armour and arms through seven centuries, London 1920–1922
T. Lenk: Steinschloß-Feuerwaffen. Hamburg 1973
Sir J. Mann: European arms and armour, Wallace Collection catalogues. London 1962
A. Meyerson: Stockholms Bössmakare. Stockholm 1936
W. K. Neal: Spanish Gansand Pistols. London 1955
–, D. H. L. Back: Great British Gunmakers 1740–1790. London 1975
H. Nickel: Ullstein Waffenbuch. Berlin 1974
Général Niox: Le Musée de l'Armée, armes et armures. Paris 1917
P. Post: Das Zeughaus Berlin. Berlin 1929
H. L. Peterson: Alte Feuerwaffen. Wels 1965
H. Ricketts: Feuerwaffen. Stuttgart 1974
H. Schedelmann: Die Wiener Büchsenmacher und Büchsenschäfter. Berlin 1944
J. Schöbel und J. Karpinski: Prunkwaffen, Waffen und Rüstungen aus dem Historischen Museum Dresden. Düsseldorf 1973
K. v. Seeger: Marschallstab und Kesselpauke. Stuttgart 1941
H. Seitz: Blankwaffen. Braunschweig 1965
H. Stöcklein: Meister des Eisenschnitts. Eßlingen 1922
G. C. Stone: A glossary of the construction. Decoration and use of arms and armor etc. New York 1934
B. Thomas: Deutsche Plattnerkunst. München 1944
–: Harnische. Wien 1947
–: L'arte milanese dell'armatura. In: Storia di Milano 11, 1958, S. 708 ff.
– und O. Gamber: Die Innsbrucker Plattnerkunst. Innsbruck 1954
– und H. Schedelmann: Die schönsten Waffen und Rüstungen aus europäischen und amerikanischen Sammlungen. Heidelberg, München 1963
R. William: Buch der Waffen. Düsseldorf 1977

Wappenkunde
E. v. Berchem: Siegel. Berlin 1923
–: Heraldische Bibliographie. Berlin 1937
–, D. L. Galbreath, O. Hupp; Beiträge zur Geschichte der Heraldik. Berlin 1919
M. du Blason: Handbüchlein der Heraldik. 1948
H. Bresslau: Handbuch der Urkundenlehre für Deutschland und Italien. Berlin 1968
Dahlmann-Waitz: Quellenkunde der Deutschen Geschichte, 10. Aufl., Bd. I. Stuttgart
A. Eitel: Über Blei- und Goldbullen im Mittelalter. Ihre Herleitung und erste Verbreitung. Freiburg 1912
W. Ewald: Rheinische Siegel. In: Publikationen der Gesellschaft für Rheinische Geschichtskunde. Bonn 1905
–: Siegelkunde. In: G. Below – Fr. Meinecke, Handbuch der mittelalterlichen und neueren Geschichte, Abt. IV. München-Berlin 1914
D. L. Galbreath: Handbüchlein der Heraldik. Lausanne 1948
– und L. Jéquier: Lehrbuch der Heraldik. Lausanne, München 1978
E. Gritzner, Heraldik. In: Grundriß der Geschichtswissenschaft, hg. A. Meister, 4, 1. Leipzig 1912
–: Grundsätze der Wappenkunde. Leipzig 1890
F. Hauptmann: Wappenkunde. München, Berlin 1914
A. M. Hildebrand: Wappenfibel. [14]1943
H. Hussmann: Über deutsche Wappenkunst. Wiesbaden 1973
Th. Ilgen: Spragistik in A. Meister, Grundriß der Geschichtswissenschaft I, 4. Leipzig 1912
E. Kittel: Siegel. In: Bibliothek für Kunst- und Antiquitätenfreunde, Bd. XI, Braunschweig 1970
Koerner, Handbuch der Heroldskunst. Görlitz 1920–1933
W. Leonhard: Das große Buch der Wappenkunst. München 1976
O. Neubecker: Wie finde ich ein Familienwappen? Kleine Wappenkunde für jedermann. Berlin 1956
–, J. P. Brooke, Little, R. Tobler: Heraldik – Wappen – Ihr Ursprung, Sinn und Wert. Frankfurt 1977
–, W. Rentzmann: Wappenbilder-Lexikon. München 1974
F. Philippi: Siegel. Urkunden und Siegel in Nachbildungen für den akademischen Gebrauch, H. 4. Leipzig 1914
O. Posse: Die Siegel der deutschen Kaiser und Könige von 751 bis 1913. Dresden 1909–1913
Th. de Renesse: Dictionaire des Figures Héraldiques. Brüssel 1894–1903
J. B. Rietstap: Armorial Général. Berlin 1934

H. Rolland und J. B. Rietstap: Illustriertes allgemeines Wappenbuch. Lyon 1953
P. E. Schramm: Die deutschen Kaiser und Könige in Bildern ihrer Zeit, Teil 1. 751–1152. Leipzig, Berlin 1929
G. A. Seyler: Geschichte der Heraldik. Leipzig 1885–1889
J. Siebmacher: Großes und allgemeines Wappenbuch. München 1976
K. Stadler: Deutsche Wappen. Bremen 1964–71
B. Stalins: Vocabulaire-Atlas Hêraldique en six Langues. Paris 1952

Zinn
F. Aichele: Zinn. München 1977
M. Belloncle: Les Etains. Paris 1968
W.-L. Berger: Zinn. 1974
K. Berling: Altes Zinn. Berlin 1920
F. Bertram und H. Zimmermann: Begegnungen mit Zinn. Prag 1967
G. Bossard: Die Zinngießer der Schweiz und ihr Werk. Genf 1920, 1934
H. H. Cotterell: Old Pewter. Its Makers and its Marks in England, Scotland and Ireland. London 1929, Nachdruck 1963
H. Demiani, F. Briot: Caspar Enderlein und das Edelzinn. Leipzig 1897
R. Dolz: Zinn. München 1970
B. A. Douroff: Etain français. Paris 1960
B. Dubbe: Tin en tinnegieters in Nederland. Zeist 1965
J. Gahlnbäck: Russisches Zinn. 2 Bde. Leipzig 1928/1932
H.-U. Haedeke: Zinn. Braunschweig 1973
–: Sächsisches Zinn. 1975
–: Zinn, in: Keysers Kunst- und Antiquitätenbuch I, hrsg. v. H. Seling. München 1975
E. Hintze: Nürnberger Zinn. Braunschweig 1976
–: Die deutschen Zinngießer und ihre Marken. 7 Bde. Leipzig 1912–1931
Kayserzinngegenstände. Katalog des Museums für Kunst und Gewerbe, Sammlung Hentrich, Hamburg
U. Huber und G. Oertel: Siebenbürgisch-sächsisches und anderes Zinn. Reichenberg 1936
Th. Kohlmann: Zinngießerhandwerk und Zinngerät in Oldenburg, Ostfriesland und Osnabrück. Göttingen 1972
–: Altes Zinn aus dem westlichen Niedersachsen. Cloppenburg 1972
J. Laughlin: Pewter in America. 2 Bde. Massachusetts 1969
R. F. Michaelis: British Pewter. London 1969
–: Antique pewter of the British Isles. London 1955
L. Mory: Schönes Zinn. München 1975
–: Zinn in Europa. Regionale Krug- und Kannentypen. München 1972
L. Mory, E. Pichelkastner, B. Höfer: Bruckmann's Zinnlexikon. München 1977
C. A. Peal: British Pewter and Britannia Metal. London 1971
M. Pieper-Lippe: Zinn im südlichen Westfalen bis zum Anfang des 19. Jh.s. Münster 1974
P. E. Rattelmüller: Zinnfiguren. Die Welt in der Spanschachtel. München 1971
A. Riff: L'orfèvrerie d'étain en France. Straßburg 1925/26
K. Ruhmann: Edelzinn aus der Sammlung Dr. Karl Ruhmann, Ausst. Tiroler Landesmus. Ferdinandeum. Innsbruck 1960
Tardy: Les poinçons des étains français. Paris 1968
F. Tischer: Böhmisches Zinn und seine Marken. 1928. Nachdruck 1973
A. J. G. Verster: Das Buch vom Zinn. 1963
E. Viebahn: Bergisches Zinn. Wuppertal 1978
D. Vital: Die Churer Zinngießer. Chur 1979
P. Weiner: Zinnkunst in ungarischen Sammlungen. Budapest 1971
G. Wolfbauer: Die österreichischen Zinngießer und ihre Marken. 1934

Bildnachweis

A. C. L., Brüssel: 433. – Adant, Paris: 204, 306 rechts unten u. oben, 342 links unten. – Archives Photographiques, Paris: 426 oben. – Asia: 500 links oben. – L. Bernheimer, München: 520 oben links, 548. – Bildarchiv Foto Marburg: 43 links, 194 links. – German Bogner, München: 73, 83 oben rechts, 215, 222, 265 oben, 293, 353, 447, 461 rechts, 512 oben. – Rob Braunmüller, München: 466 unten rechts. – Hermann Claasen, Köln: 362, 532 unten, 547 unten. – Crown, London: 122, 196 unten, 359 oben, 398. – Deutsches Ledermuseum, Offenbach am Main (Christel Knetsch): 304, 305, 306, (2), 344 unten. – Rainer Gaertner, Bergisch-Gladbach: 22, 252. – Girandou, Paris: 25 links oben, 754 rechts unten. – S. R. Gnamm, München: 67, 107 unten, 302, 326 rechts, 439. – Anne Gold, Aachen: 259 oben. – Walter Grasser, München: 11, 18 rechts oben, 26 unten, 34 links unten, 54 links und rechts unten, 55, 59 links, 71 links unten, 72 rechts unten, 134 links unten, 135 links oben, 140 rechts oben, 141 rechts oben, 145 rechts, 162 (2), 177 rechts oben, 182, 190, 193 links oben, 200 rechts oben und links unten, 201 rechts oben, 202 links unten, 208 links oben, 212 rechts unten, 214 rechts unten, 218, 221, 230 links, 240 rechts oben, 251, 273 rechts oben, 275 unten, 280 unten, 282 unten, 287 unten, 326 links, 333, 346 links oben, 357, 365 unten, 395, 413 unten, 417 rechts oben und unten, 422 (2), 441 links, 452 links oben und unten, 454 links, 457, 461 links, 472, 476, 495 rechts, 512 unten, 539 links oben, 754 links. – H.-J. Heyden, Hamburg: 80 (2), 170 unten, 282, 308 rechts, 325, 338 oben, 383 links, 402 links, 415 oben, 425 links unten, 537 oben, 539 unten rechts, 555 unten links. – Claus Grimm, München: 467 links. – Gundermann, Würzburg: 330, 372, 471. – Ernst Hahn, Zürich: 321. – Claus Hansmann, München: 528 rechts. – Friedrich Hewicker, Kaltenkirchen/Holstein: 539 oben rechts. – Christine Kerber, München: 468 unten links. – Walter Klein, Düsseldorf: 317 unten. – Kunstgewerbemuseum, Prag: 60 unten Mitte, 541. – Kunsthalle Kiel: 83 unten links. – Kunstsammlungen Bochum: 47 rechts oben. – Kunst- und Antiquitäten, Hannover: 27, 31 unten, 32, 44, 45 linke Spalte Mitte, 51 rechts oben, 61, 65, 82, 95, 96, 97, 100 links oben, 102, 107 oben, 108 unten, 114, 115, 119, 123, 132, 133, 141 (2), 148, 156, 157, 159, 168, 172, 173 unten, 179 oben, 183, 191, 192, 195, 197 links (2), 212 links, 213 rechts oben, 223, 227, 241 (2), 249 rechts unten, 253, 257 unten, 264 (2), 265 unten, 266, 278, 279, 283, 286 unten, 289, 294, 295, 297, 312 rechts unten, 314 (2), 315 oben, 321 oben, 329, 345, 355 unten, 374, 380 oben, 385, 388, 391 unten, 400, 410 unten, 411 oben, 412, 419, 431 (2), 438 links, 444, 449 links, 473 rechts, 482, 489, 492 rechts, 517, 524, 535, 542, 557 rechts. – Landesbildstelle Rheinland, Düsseldorf: 120, 391 links. – Landesgewerbeamt Baden-Württemberg: 31 rechts. – Werner Lengemann, Kassel: 469 oben links. – Linden-Museum, Stuttgart: 151 oben, 280 links, 290, 315 unten links, 453 unten. – Manfred Meinz: 504 links. – Ann Münchow, Aachen: 6. – Nationale Forschungs- und Gedenkstätten der klassischen deutschen Literatur, Weimar: 85 oben rechts. – Photo Meyer KG, Wien: 63, 400 rechts. – Elsa Postel, Berlin: 417 links unten. – Erwin Pszolla, München: 508 unten. – Mes. Rheims et Laurin, Paris: 527 unten. – Rheinisches Bildarchiv, Köln: 22 unten rechts, 94 oben links, 202 rechts unten, 277 oben, 424, 456. – Rheinisches Museum, Köln: 288. – Sperryn's, London: 224. – Sammlung Uwe Scheid, Dierikon: 23, 111, 112, 129, 272, 301 (3), 380 unten, 393, 394, 488, 518. – K. Scherb, Wien: 343. – Georg Schödl, München: 274. – Staatliche Kunstsammlungen, Dresden: 103 rechts oben. – Staatliche Museen Preußischer Kulturbesitz, Berlin: 75 oben links. – Staatliches Museum Schneeberg, Berlin: 75 oben links. – Marianne Stöckmann, München: 538 unten links. – Lilly Stunzi: 483. – Taylor and Dull, New York: 116 rechts. – Jutta Tietz-Glagow, Berlin: 206 oben. – Gabriel Urbánek, Prag: 312 oben. – Verlagsarchiv: 454 rechts oben und unten, 455, 458, 464, 465 oben (2), 522 unten rechts, 523 rechts, 466 links, 468 oben links, 470, 477, 486, 487, 493, 506, 511, 513 oben, 516, 526 links unten, 552 (2), 556 unten. – Verwaltung der staatlichen Schlösser, Gärten, Seen, München: 127 links, 355 oben, 370, 427 rechts oben. – Auktionshaus Weinmüller: 80, 84 links (2), 527 oben, 529 links. – Gerd Wipfler, Pforzheim: 103 unten links, 382 links. – Kurt Woisetschläger: 205. – Dick Wolters, Rotterdam: 387 (2).

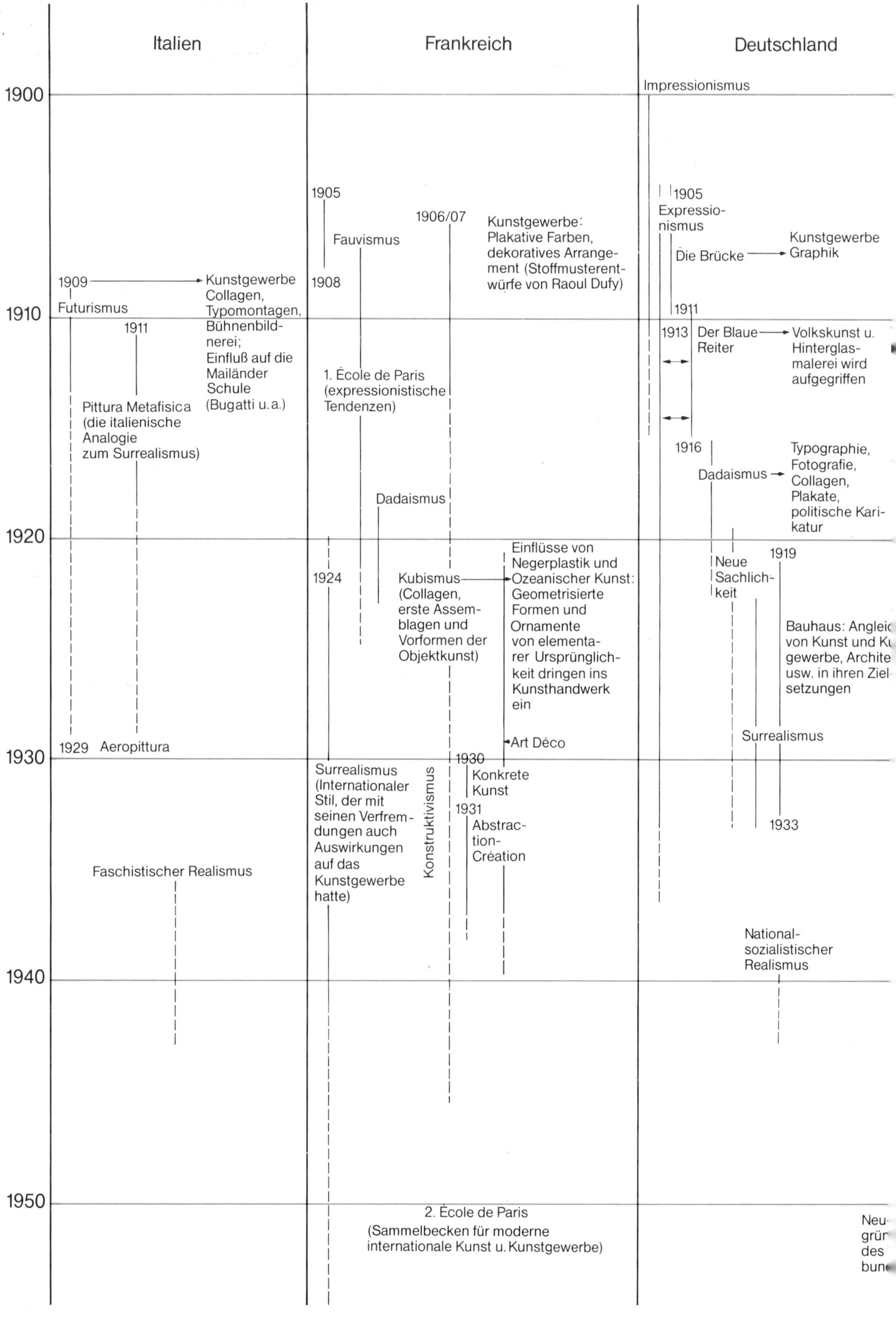
Italien
Frankreich
Deutschland
1900
1910
1920
1930
1940
1950
Impressionismus
1905
Fauvismus
1908
1906/07
Kunstgewerbe: Plakative Farben, dekoratives Arrangement (Stoffmusterentwürfe von Raoul Dufy)
1905
Expressionismus
Die Brücke
Kunstgewerbe Graphik
1909
Futurismus
Kunstgewerbe Collagen, Typomontagen, Bühnenbildnerei; Einfluß auf die Mailänder Schule (Bugatti u.a.)
1911
Pittura Metafisica (die italienische Analogie zum Surrealismus)
1911
1913
Der Blaue Reiter
Volkskunst u. Hinterglasmalerei wird aufgegriffen
1. École de Paris (expressionistische Tendenzen)
1916
Dadaismus
Typographie, Fotografie, Collagen, Plakate, politische Karikatur
Dadaismus
1924
Kubismus (Collagen, erste Assemblagen und Vorformen der Objektkunst)
Einflüsse von Negerplastik und Ozeanischer Kunst: Geometrisierte Formen und Ornamente von elementarer Ursprünglichkeit dringen ins Kunsthandwerk ein
Neue Sachlichkeit
1919
Bauhaus: Anglei von Kunst und K gewerbe, Archite usw. in ihren Ziel setzungen
Art Déco
Surrealismus
1929
Aeropittura
1930
Konkrete Kunst
1931
Abstraction-Création
Konstruktivismus
Surrealismus (Internationaler Stil, der mit seinen Verfremdungen auch Auswirkungen auf das Kunstgewerbe hatte)
1933
Faschistischer Realismus
Nationalsozialistischer Realismus
2. École de Paris (Sammelbecken für moderne internationale Kunst u. Kunstgewerbe)
Neu grür des bun